总编纂—王志民

诸子百家普及丛书

儒家

杨朝明 房伟 著

尊道明德 崇礼守仁 修齐治平 天下大同

中国人民大学出版社
· 北京 ·

诸子百家普及丛书

编 委 会

教育部重大攻关项目“稷下学派文献整理与数据库建设研究”阶段性成果

山东省齐文化传承与示范区建设协同创新中心重点项目

序　言

王志民

“诸子百家普及丛书”根据《汉书·艺文志·诸子略》所列十家学派而编纂，包括《儒家》《道家》《阴阳家》《法家》《名家》《墨家》《纵横家》《杂家》《农家》《小说家》，各自独立成册，共十本。由对各学派素有研究的著名专家学者合作撰写，是一套普及性、通俗性、大众化的学术丛书。

一

春秋战国时代的诸子百家争鸣，是中国文化史上最辉煌灿烂的文化景象。由于社会的巨大变革，“礼崩乐坏”，文化下移，私学兴起，各种出身的知识分子大量产生，形成了一个特殊的“士”阶层，这为诸子百家的产生准备了充足的人才条件。数百年中，列国纷争，诸侯割据，争霸图强，战乱频仍；各国之间，群雄崛起，风云变幻，在竞相以实现一统天下为目标而鹿死谁手迄未可知的情势下，各国统治者殚精励治，变法图强，都需要大量的人才来为自己出谋划策，奔走效力。人才多

寡成为国家力量的衡量标准，各国统治者尊重人才，“礼贤下士”就成为最普遍的现象和备受崇尚的风气了。而在这种风气的推动下，具备各种知识与才能的“士”，面对激烈复杂的斗争和出将入相、功名利禄的诱惑，也都深深地卷入这一时代大潮中。他们或游说各国，喜议政事，发表政见，以干世主，成为搅动天下局面的大政治家；他们或总结历史，研究现实，谋划未来，长于思辨，善于论说，聚徒讲学，成为名重一时的大学者。他们因而形成了学派林立、异说纷呈、九流十家、竞相争鸣的文化奇观。值得提出的是，德国现代哲学家雅思贝尔斯提出：在公元前 800 年至公元前 200 年，人类的精神基础同时地并各自独立地在中国和其他文明古国开始奠定，形成了直到今天人类仍然附着在这种基础上的“轴心时代”理论。目前中国学术界越来越多的人接受这一观点，将以诸子百家争鸣为主要标志的春秋战国时代称为中华文明史上的“轴心时代”。

纵观战国时期的诸子百家争鸣，其主要特点和巨大历史贡献至少可以从以下三个方面来总结：

1. 思想解放，学术自由，理论创新，哲学突破。在“礼崩乐坏”社会巨变中产生的“士”，从原有的“天道”“神道设教”的神学说教中解放出来，从神圣不可动摇的社会等级秩序桎梏中解放出来，从各国统治者求贤若渴的“礼贤下士”中获得地位上的平等、自由和独立。这种空前的思想自由的社会环境，为来自不同出身、地域、经历、喜好的“士”们各擅其说，标新立异，创造了条件，从而形成了不同的思想流派，带来理论的创新和哲学的突破。儒家是周礼的传承与维护者，

创新性提出“仁者爱人”的核心思想，仁、礼结合，将外在的等级制度与内在道德伦理的自觉意识结合起来，从而形成儒家制度化的理论主张。道家“哲学突破”的创始性更鲜明：提出以“道”为核心的理念。道为万物之根本，所谓“道生一，一生二，二生三，三生万物”。道法自然，以虚无为本，以因循为用，讲无为而治。墨家创始人墨翟本为儒家之徒，却独创学派，并猛烈批判尚礼乐、讲“仁”学的儒家学派，主张兼爱、非攻，节葬、非乐。法家则是从现实的政治需要出发，为寻求富国强兵之策而形成的一种改革的思潮，其先驱是伟大改革家管仲；战国时代则有主张道法结合的齐法家，和讲严刑峻法为特征的三晋法家。而阴阳五行家的邹衍，原来也是一个信奉儒学而且想大有作为的人，但在实践中感到不被人接受，于是将阴阳、五行合论，创造出“其语闳大不经”的大九州说及五德终始之论，终成一大学派。名家是以提倡循名责实为学说，提倡“正名实”、重思辨的学派，是逻辑学的创新者。值得注意的是，各学派内部，也充满了标新立异的活力。孔子去世后，“儒分为八”；墨家也分为：相里氏之墨、邓陵氏之墨、相夫氏之墨；这都是在儒、墨“显学”传承发展过程中，因创新而各有突破的结果。传至汉代司马谈首论六家学派，其“要旨”所在，正在于其理论创新和突破。诸子百家理论上的创新建树，是中华文化的智慧之源，影响极其深远。

2. 胸怀天下，服务现实，围绕政治，出谋划策。诸子百家应时而生，一经出现即与政治紧密相连。战国时期最大的政治就是一统天下。这就决定了诸子百家争鸣

始终围绕着政治这个主轴展开，从各个方面提出建国方略和一统天下的主张。儒家主张以“仁政”获取民心，包括“制民之产”，保护发展小农经济，实现天下大同。道家黄老学派以虚无为本，以因循为用，主张因俗简礼、无为而治、休养生息。墨家则主张兼爱天下，反对战争，主张尚贤、尚同以治国。法家的主张最实用，以奖励耕战，谋求富国强兵；以法、术、势三足鼎立的统治理论，谋求建立统一的中央集权君主专制国家。阴阳家邹衍则以“五德转移，治各有宜，而符应若兹”的五德终始理论，为大一统提供了合法的依据。名家看似对政治并不实用，但却正是针对战国时代礼法名存实亡，强调“名乎其实”“名实相符”，以让天下一切走上正轨。纵横家是为统一天下奔走呼号的一个特殊群体，或以合纵游说六国，或以连横游说秦王，目的都在于促进大国兼并，最终实现天下统一。农家的重农主张，杂家兼容各家学派的思想主张，目的都是为大一统的实现做理论上的准备。总之，所谓诸子百家学术，实与现实政治紧密结合，中华民族大一统理念与分久必合思想和传统的形成，实与战国诸子百家争鸣密不可分。

3. 大师辈出，人才济济；著书立说，经典传世。辉煌的时代，培育出非凡的文化巨人。孔子、老子、墨子、庄子、孟子、孙子、荀子、商鞅、韩非等一大批影响中国历史进程的伟大人物出现在这个时期，而伟大人物的出现，又进一步推动了诸子百家争鸣的繁盛与发展。这些各学派的大师和代表人物，除了以其卓越的思想创新、理论建树和哲学突破彪炳史册外，还在至少两个方面做出了历史性贡献：一是培养了大批人才。他们

大多为了实现政治抱负、思想传承及在争鸣中占据优势，广招生徒，培植后学，每个学派，实际上也是一个私学教育集团。儒、墨两家，号称“显学”，突出特点即在弟子众多，人才丛生。孔子杏坛讲学，亲授弟子竟有 3 000 人之众；墨子为反对战争曾率弟子数百人持械守城，可见当时弟子众多。战国之世，不仅“孔、墨徒属弟子，充满天下”，而且人才济济，多有成就，所谓“孔墨之后学，显荣于天下者众矣，不可胜数”。其他学派大师也大多徒属众多，人才辈出。因而师承相传，思想发展，学派繁盛，声势浩大。二是各派大师，著书立说，留下大量著作，被后世奉为经典，成为此后两千多年中国思想文化之源。孔子编定“五经”，不仅在汉代成为文化主流，而且后世所谓的儒家经典，其主体皆源于此。儒家经典《论语》《孟子》，既入“十三经”之数，又特列宋代之后“四书”之中，犹如中国人的《圣经》。《老子》《庄子》为道家之经典，称为《道德经》《南华经》。《荀子》《韩非子》皆为儒家、法家集成之作，对中国政治、文化影响巨大。传为管仲遗著、实际成书于战国时期的《管子》，被称为中国早期政治智慧集大成之作，为历代治国者提供了丰富的政治营养。战国诸子百家，实为此前中华文明成果之总结者、传承者，又为其后中华文明发展之开启者、奠基者。

二

战国时期诸子百家争鸣的思想学术文化中心就是设在齐国故都临淄的稷下学宫。

1. 稷下学宫的兴衰发展历程大致可描述为：初创于田齐第三位国君齐桓公（田午，公元前 375—公元前 357，在位），繁荣于齐威王时。齐宣王时期，扩大学宫规模，建筑高门大屋；封官加禄，吸引各派学者，鼓励百家争鸣，人数多至数千人，达到发展的鼎盛期。闵王时国破君亡，学宫遭废，襄王复国而稷下“中兴”。直到末代国君齐王建时，存而渐衰；公元前 221 年，秦国灭齐，学宫消亡。其存在时间基本与田齐政权相始终，前后历经六代国君，凡一百五十余年。

2. 稷下学宫是诸子百家争鸣的唯一学术中心。战国诸子百家的形成，固然与各国延揽人才、大兴养士之风有直接的关系，但如果没有一个百家汇聚的文化中心，“争鸣”的局面也是难以形成的。然而，在战国那样一个大国割据、战争频仍的时代，遍考养士之所，却少有百家学派汇聚之地。当时以养士最为著名者当属“四君子”：楚有春申君，齐有孟尝君，赵有平原君，魏有信陵君。他们都曾宾客云集，名闻天下，但在他们那里却并没有形成学术文化中心。考其原因约有以下几点：一是人数虽多，层次低下。“四君子”养士，都在“三千余人”以上，但往往“不分贵贱，客无所择”；寄食者众，有才者寡。二是服务私门，学派难入。其养士多为救急解困，主要在务实和功利层面，各派学者真正投奔者甚少。三是因人而养，聚散无常。人在则聚，人去则散。学术成就最高者当属战国末期的吕不韦，他养士三千余人，并“使其客人人著所闻”，集论而成了《吕氏春秋》；但随吕氏之亡，其士也如昙花一现，作鸟兽散。战国私门养士，风气虽炽，灿如云霞，但都未形成稳定

的学术文化中心。

战国之君，以礼贤养士最著名者首推魏文侯。他“师卜子夏，友田子方，礼段干木”，以致“四方贤士皆归之”，如李悝（kuī）、翟璜（huáng）、吴起、西门豹、乐（yuè）羊等崇尚变法图强的政治家，都聚集魏国，实行变法图强，魏成一时之霸主。但魏处秦、楚、韩、赵大国之间，疲于征战，且魏文封侯之后七年即去世，国力渐衰，在魏国并未形成一个稳定的文化中心，其学术贡献也难与稷下并论。

考察战国学术，能够成为诸子百家争鸣中心，且存在时间最长、规模最大、成果最丰、影响最深远的，唯有稷下学宫。其原因在于它有三大特点：

其一，机构开放。齐国君主延揽各国人才，不遗余力。稷下学宫尊重学者的独立自主精神，在管理上采取机构开放、来去自由的政策。一是待遇优厚。齐国统治者在稷下建设“高门大屋，尊崇之”，足见校舍之富丽堂皇；齐宣王一次封七十六名稷下先生为上大夫，足见地位之高，待遇优厚。二是来去自由。游学是其主要形式：学生可以自由来稷下寻师求学；先生也可以自由在稷下招生讲学；可以个人游学，也可以从者数百人集团游学。来者，热情欢迎，精心安置，以礼厚待；走者，以礼相送，重金馈赠。三是学者治校。齐国统治者对稷下管理充分信任、重用学者，荀子曾“三为祭酒”；在具体事务管理上，则充分尊重学者：教学内容设置，教学活动安排，师生之间，先生与先生之间，教学或学术辩论，全由稷下先生们自主组织。如此优厚、开放、宽松的办学方式，吸引各国学者纷至沓来，增加交流，开

阔视野，扩大见闻，打破了私学界限，学无常师，思想活跃，促进了学术的交流、争鸣和人才的培养、成长。

其二，思想兼容。齐国统治者对稷下各家学派制定“百家争鸣，兼容并包”的方针，实行诸子百家各派平等，多家并存的政策。从文献记载看，儒、法、道、墨、阴阳、名家及农家、兵家，举凡当时重要的学术流派都曾在稷下先后存在发展。由于思想解放，地位平等，学术活跃，各派学者尽管有不同甚至相反的主张，却都能在稷下立足、讲学、争鸣，吐纳吸收，提升发展。甚至还往往出现派中有派、派中分枝的现象。例如：学宫中儒家就分孟氏之儒、荀卿之儒，而且两派之间，观点有异，相互攻伐；道家分宋钘（xíng）派，尹文派，田骈、慎到派和环渊派。各派思想也由于百家争鸣的深入，而逐渐融合或者发生演变。诸子百家充分利用稷下讲坛，传播思想，广收徒属，扩大影响；多家思想并争，各派观点齐鸣，在争鸣中融合，在融合中发展，最终实现了各派的共荣、创新、发展。

其三，学术自由。稷下学宫的学术自由主要体现在两个方面：首先，尊重学者，平等礼遇。齐国君主不以政治干涉学术，不以好恶而行褒贬，稷下学宫所体现的学术自由，主要展现为统治者与学者之间的地位平等和尊重学术的理念，这一点史所难寻。尤其值得提出的是：稷下学宫是田齐政权的国办机构，“喜议政事”是其基本功能，“各著书言治乱之事，以干事主”是稷下先生的强烈愿望，因而，他们可以对齐统治者独立自由地发表政治见解甚至提出批判反对意见，而齐统治者则对各种意见，一概采取从善如流、平等相待的态度，这

就是一种更为珍贵堪称典范的平等精神了。其次，尊重学术，鼓励争鸣。稷下有所谓“谈说之士期会于稷下”的记载，即指各派学者按约定时间举行集会，展开“争鸣”。集会对所有人员开放，通过演讲、辩论，各家学派都能畅所欲言，充分发表自己的观点，也能积极吸收别家思想。稷下的学者们大都能言善辩，田骈、邹衍、邹奭（shì）还因雄辩而得“天口骈”“谈天衍”“雕龙奭”等雅号，可以想见，稷下先生的辩论，在形式上是不拘一格的：或双方互辩，或舌战群儒；或先生之间，或弟子之间，甚或师生之间；或大会演讲，或小会研讨；或处堂上，或在树下。他们在辩论中各抒己见，互不相让，竞长论短，争论不已，形成了百家争鸣的热烈场面。

稷下学宫不仅是战国诸子百家争鸣的唯一学术文化中心，还是中国历史上最早的大师云集的高等教育大学堂，也是为现实政治服务、带有高端智库性质的政治参议院。它的出现，是中华文明史上一个最独特的创新。郭沫若曾评价说：“这稷下之学的设置，在中国文化史上实在是有划时代的意义的。”事实不仅如此，放在世界文明史上，也是一个奇迹。稷下学宫与雅典的柏拉图学园在公元前四世纪差不多同时出现，分别在世界的东、西方以相似的方式展现出人类早期文明的智慧之光。它们都是世界上最早的集高等教育与学术研究为一体的思想学术文化中心，各具特色，共同创造了世界文明史上的辉煌：稷下学宫为广揽人才而创，具有浓厚的政治色彩；柏拉图学园为传播思想、科学而设，具有鲜明的科学理念。前者汇聚诸子，多派并存，思想交融，

形成百家争鸣的局面；后者传承师说，探求真理，追求科学，培育独立思考之精神。前者为中国秦汉大一统帝国的形成做了理论上的充分准备，对中国政治、文化、教育发展影响甚大；后者为西方大学教育奠基，对西方哲学、自然科学发展影响深远。稷下学宫与柏拉图学园极大地影响了东、西方不同学术思想与文化传统的形成，共同为构筑丰富多元的世界文明做出了卓越的历史贡献。

三

本丛书的编纂，缘起于稷下学宫发祥地山东省淄博市、临淄区政府 2017 年拟规划建设“稷下学宫与诸子百家文化园”重大文化工程项目。受市、区党委、政府的信任和委托，我担任了《展陈文案学术研究报告》项目负责人。为此，我们聘请国内高校十数名对先秦诸子百家素有研究的权威学者共同组成了项目组。经过近两年的努力，项目组圆满完成三十余万字的《报告》，同时形成了一百五十余万字的《资料汇编》，为本丛书的编纂奠定了基础。

2019 年，以我为首席专家组成的课题组，获批教育部重大攻关项目“稷下学派文献整理与数据库建设研究”立项。为了更深入、全面地开拓、展示稷下诸子百家的发展背景和学派面貌，以原项目组学者为主体，于 2019 年底正式启动了本丛书的编纂。

本丛书是弘扬优秀传统文化的普及性、通俗性读物。希望通过深入挖掘、阐释、解读“轴心时代”诸子

百家的历史渊源、学派概况、代表人物、主题思想、历史地位、深远影响，让广大人民群众全面认识民族精神的形成轨迹和丰富内涵，坚定文化自信，促进中国优秀传统文化的创造性转化和创新性发展。同时立足当代，着眼未来，从文明互鉴、文化交流的角度，努力挖掘世界文明“轴心时代”在中华大地上涌现的诸子百家的价值内涵和世界意义，讲好中国故事，让中国文化走出去，增强人类命运共同体的广泛认同，为构建不同文明和谐共荣的发展之路发挥更加积极作用。

本丛书编纂的总体要求是：权威学者写小书，以确保学术质量。每册 10 万字左右，融知识性、权威性、趣味性和普及性于一体；既适合国内大众阅读欣赏，又适宜向海外翻译推介，传播弘扬中华优秀传统文化。对于学派的表述，一方面要求有坚实的文献依据，尽量吸收相关考古新发现和学界形成共识的研究新成果，以提高读物的知识性和学术含量；另一方面要求尽量选取典型故事表述思想，以浅近语言阐述哲理；处理好具体与抽象、个别与一般、部分与整体的关系；做到主线清晰，纲举目张，故事生动，内容形象；语言文字则要求简洁易懂，以通俗书面语为主；一般不引用大段文献原文；疑难生僻字加注标准汉语拼音；配以必要的图表、画像等，让读者喜闻乐读。

在本丛书编纂过程中，我们与各位主撰者共同组成了编委会，实行统一策划、统一体例和撰写要求；多次组织研讨会，对各卷的撰写提纲和书稿逐一进行了反复研讨、审稿、统稿；各位作者通力合作、反复修改、竭尽心力；中国人民大学出版社积极支持丛书的研讨、统

稿、定稿和出版工作。我们衷心希望历经数载精心编纂的这套丛书，能让广大读者在赏心悦目的阅读中，领略中华文化的深邃魅力，获取知识的无穷力量。

2021 年 8 月 16 日

目　录

导 言

儒学与中国社会历史文化

如果把中国儒学比作一棵树，那么，我们不仅要看清孔子以来儒学的树干与枝叶，还应看到孔子以前儒学发达的根系，否则，如何理解这棵大树的生生不息？怎样去施肥浇水、培根固元，进而让它在新的时代结出新的硕果？实际上，孔子以前，中国文化已经有一个漫长的发展与积累，孔子学说的特点恰恰在于“祖述尧舜，宪章文武”“述而不作，信而好古”。由此看来，跳出儒学本身来看儒学，从而对其进行阶段性的认识很有必要！

中国儒学当然有不同的发展阶段，人们也有不同的分期方法。我们可以把中国儒学放在整个中国社会历史的发展中，分为三个时段看待，即先秦时期、秦汉以至清朝、近代以来，进行考察。

第一，先秦时期是“原始儒学阶段”。这一时期尤其是夏、商、周三代，是儒学萌生与创生时期，最终在春秋战国时期形成了早期儒家学派。在这一时期，孔子主张“修己安人”和“仁政”“德治”，强调“正名”，带有明显的“德性色彩”。

第二，秦汉以至清朝是“儒学发展阶段”。这一时期是中国的帝制时代。在两千多年的时间里，虽然儒家学者“宗师仲尼”，致力于探索儒学精义，发展了儒学，但儒学与政治结合，并且走向民间，与皇权社会和专制政治发生了密切联系。

第三，近代以来是“儒学反省阶段”。这一时期，皇权政治结束，中国开始进入民权时代，被动地融入世界，人们开始了对儒学与社会关系的反思与反省。如果放眼儒学的全部历程，可以说，今天仍处在这一反思与反省阶段。

对儒学进行这样的划分，有两个时期就显得十分关键：一是秦汉之际，二是清末民初。秦汉是中国专制政治的建立时期，与先秦时期不同的是，这一时期政治上皇权至上。为适应专制政治的需要，儒学逐渐强化君权、父权和夫权，慢慢蜕变，染上了显著的“威权色彩”，呈现出为后世所诟病的“缺乏平等意识和自由理念”，也与现代社会格格不入。近代以来，尤其是甲午中日战争以来，中国社会特殊的历史变动，促使人们反思自己的民族文化。在帝制时代，孔子被尊崇到极高地位，儒学是统治学说，因此，新文化运动的矛头自然直指孔子，借以打倒儒学和传统文化。这种“全盘性反传统主义”的运动，其思维方式上存在偏颇是显而易见的。但是，在客观上，它主要指向具有“威权色彩”的儒学，这一时期，人们把被扭曲了的儒学主张看得更加清楚。

相比之下，认识理解儒学在秦汉之际的境遇及变化最为根本、最为紧要、最为关键。先秦时期，作为“百家争鸣”的一部分，儒学在与各派的争鸣与融合中得以发展，强调自觉修身，以人为本，崇礼明德，重视教化。

秦始皇“焚书坑儒”政策的实施，使儒家经典受到了重创，儒学进入低谷期。但秦朝实行暴政，导致了秦朝这个统一王朝的覆灭。秦朝二世而亡的深刻教训，也使得继起的汉朝统治者不能不细细反思，他们认识到，“仁义不施”是造成强秦覆灭的根本原因，认识到“纯法”之治“严而少恩”的弊端。以此为鉴，汉初统治者倡导黄老之学，与民休息。但“清静无为”“因循为用”的道家学说并不能有效适应封建大一统政治的需要，相反，儒学在“列君臣、父子之礼，序夫妇、长幼之别”方面的优长则有利于封建宗法与专制统治的加强。于是，在经过反复辨析、权衡利益得失后，汉代统治者最终选择了儒学。儒学在这一时期发生了质的变化，由民间学术上升为官方学术，儒学与政治紧密结合起来，呈现出明显的纲纪观念与浓重的“威权政治”色彩。

实际上，西汉统治者选择以儒学治国，却改变了原始儒学德性政治思想的浓郁色彩，这一点，在汉高祖刘邦那里就已经显露出了端倪。而刘邦对于儒生与儒学态度的转变也意味深长、发人深思。开始的时候，刘邦似乎对儒学、儒家没有多少兴趣。刘邦是一位起于小吏的草头天子，对儒学缺乏基本的了解，他即位称帝之初，对儒家的《诗》《书》等典籍没有丝毫兴趣，对儒家典籍的教化作用一无所知。可是，后来的刘邦却与先前判若两人。他在《手敕太子书》中说："吾遭乱世，当秦禁学，自喜，谓读书无益。洎践祚以来，时方省书，乃使人知作者之意。追思昔所行，多不是。"路过鲁地时，他甚至还"以太牢祠孔子"。他对孔子和儒学的态度发生了根本转变。

刘邦对孔子和儒学的态度由谩骂、蛮横转为敬重、尊崇，主要缘于当时残破现实的逼迫。汉初，经济极度凋敝，政治混乱，民怨沸腾。历史的曲折多难和巨变，给新兴的汉王朝提出了时代的主题，他们不能不思考如何建立自己的统治秩序，改变当时的残破局面，正视这突如其来的国家学说的空缺。当战争的烟尘散尽之后，他们首先思索的是秦朝二世而亡的教训。那时的思想家一针见血地指出，汉代不能再像秦朝那样"用刑太急""仁义不施"，不知教化，于是，他们试图用儒家的礼仪建立汉朝的统治秩序。然而，直接引导刘邦态度转变的则是叔孙通、陆贾等汉初儒生。他们正视现实、顺应时势，注重实际问题的解决，在探索和选择维护统治的指导思想过程中，可能会更注重考量学说的实证性。因此，被司马迁称为"汉家儒宗"的叔孙通制定汉代朝仪，对刘邦的刺激可能会更大一些。当时，仪法混乱，"群臣饮酒争功，醉或妄呼，拔剑击柱"，刘邦为此大为伤神。而叔孙通提出制定朝仪时，刘邦还不怎么相信，说"可试为之"，并且特意指出不要搞得太复杂，要适合汉初君臣的理解能力。然而，当礼仪施行于朝廷后，刘邦才由衷地感到"为皇帝之贵也"，并拜叔孙通为太常，“赐金五百斤”，连他的弟子也都做了郎官。这件事肯定对刘邦转变对孔子和儒学的态度起了重要作用。

在叔孙通身上，就十分鲜明地体现出汉代儒学的转变。叔孙通十分通达且“知当世之要务”，这是汉儒与先秦儒家的一个重要的不同点。读《史记》和《汉书》中叔孙通的传记，给人印象最深的是他能察“时变”，审时度势，在秦汉之际的动荡岁月中游刃有余。他多次易主，实际上是在选择可事之君。他跟随刘邦后，仍然“与时变化”，他把“不知时变”的儒士称为“鄙儒”。

秦汉时期已与春秋战国时期不同。孔子时代，世界多元，孔子可以像“择木之鸟”那样在列国之树中进行选择。秦汉之时，多元的世界归于一统，此时只有一棵皇权大树，儒者无选择余地，因此，如果再像孔子那样“道不同不相为谋”，便意味着永世不用。更何况，即使像孔、孟那样的儒学大师，也是一生凄凄惶惶，到处奔走，在当时众树林立的情况下，仍然没能找到适合的栖身之所。叔孙通显然也是在寻找可栖之树，他几经选择，终于归从了即将取得天下的刘邦。后来，他极力寻找儒家与皇权的结合点，以求儒学和儒生受到重视。也许，如果没有叔孙通等人的“变通”或者“圆通”，儒学成为官学也许就无从谈起。

儒学的这种转变当然存在一个过程。到汉武帝“罢黜百家，独尊儒术”，儒学上升为“独尊”的官学，自然也不可避免地演变为政治统治的有力工具。但是，尽管儒术已经“独尊”，儒者中的某一个人如果违背了统治者的一己之欲，仍然会遭到统治者的严惩，甚至危及生命。儒生为了更好地适应社会的发展，也变得唯唯诺诺，唯君主是从。自儒学被定于一尊后，儒学也就成为国家思想与政治生活的重要组成部分。

西汉时期，经学兴盛，其原因正在于此，正像班固在《汉书》中所说的那样："自武帝立五经博士，开弟子员……百有余年，传业者寖盛，支叶蕃滋……盖禄利之路然也。"可见传经的目的已不仅仅在于弘道，着眼点也放在了现实政治层面，与当时的政治紧密结合起来。于是，经学博士们为了满足统治者的需要，甚至不得不改变经文原意，例如，在强调民本的同时，他们会自觉不自觉地抛弃孟子的"君轻"论，放弃荀子的"从道不从君"论，而代之以突出君权的"尊君卑臣""君为臣纲"等，从而强化君主专制的理论。

成书于西汉时期的《礼记》《大戴礼记》，作为儒家的重要经典，就体现出了显著的威权政治的特色。在这两部书中，有大量与《孔子家语》相同的材料，只是《礼记》与《大戴礼记》都进行了一定的改动。如果详加比较，就可以看出《孔子家语》的用词更为近真。也就是说，仅仅从儒生改造儒家经典所透漏的信息，我们就可以明显看到汉代儒生价值观念的转变，与先秦经典相比，汉儒改造后的儒家论述处处闪现着帝制时代所特有的纲纪观念，散发出浓重的汉代威权政治的气息。在这些典籍里，先秦儒家提倡的以重修身、重民，以及君臣之间互尽义务、彼此信任为特征的德性政治被遮蔽起来，在君臣、上下之间，要求更多的是臣对君的忠诚，至此，儒学蜕变为两千多年帝制时代君主独尊的威权政治学说。

对中国儒学进行这样的划分，有助于对儒学价值的认识。作为思想文化，孔子儒学的影响之大可以说罕有匹敌，而对其价值认识的分歧之大竟然也无与伦比。孔子学说影响之所以大，是因为它的形成有一个十分广阔的文化背景，如此才成就了孔子的博大与高深。不难理解，文明的发展是加速度的，无论是文献记载还是出土资料，都证明我们以往对中国古代文明发展程度的估价严重偏低了，如果我们再不能走出迷茫，就很难对中华文明的发展有正确的理解与评价；如果不能理解孔子等早期儒家的博大，就很难对后儒的“宗师仲尼”有准确的理解。近代的学者们说得好：“孔子以前的中国文化差不多都收在孔子手里”，“自孔子以前数千年之文化，赖孔子而传”。没有对孔子思想“集大成”特点的准确认知，或者思维停留在疑古思潮盛行的那个时期，科学认识孔子和儒学就无从谈起！

了解这一点十分重要！在中国不断遭受外敌入侵，在中华民族生死存亡的时期，希望中华民族走出低谷，关注民族命运的人都思考文化问题，具有“保守”传统的人多看到了原始儒学的真精神，而对孔子、儒学与传统文化持“激进”立场的人，则更多地看到了作为“专制政治灵魂”的那个“偶像的权威”。难怪“新启蒙运动时期”有学者提出要“打倒孔家店，救出孔夫子”，我们确实应该关注原始儒学，分清“真孔子”和“假孔子”，澄清误解，明辨是非，正确对待儒学与中国传统文化。

将中国儒学分为这样三个阶段进行认识，当然绝不是简单地“回到孔子”。如果“正本清源”“返本开新”意味着否定历代学术的发展，那将是极大的误读。我们当然不是也不能抹杀历代学者的贡献，我们只是为了更好地理解儒学在当代社会的境遇，从而更好地认识儒学。谁也没有并且不会无视儒学发展过程中呈现出的流变与阶段性特征，不会无视历代儒学大师等的贡献。

元朝元武宗即位时命翰林起草诏书，其中有一句话说得好："先孔子而圣者，非孔子无以明；后孔子而圣者，非孔子无以法。"如果也这样理解后儒之于孔子的关系，就会减少很多误解。如果我们不尽可能全面、整体地认识孔子和早期儒学，就说不清孔子以后的儒学发展与孔子的关系。事实上，还有不少人似乎无视众多"孔子遗说"的存在，不能理解孔子所处时代中华文明已有的漫长发展，凭着只言片语的孔子言论，进行"老道的""经验式"解读，难以了解孔子思想"全体"，不能把握中华文化精髓。

从儒学自身的发展看，"反思"与"反省"仍然在进行。随着学术事业的进步，人们对儒学的变化看得更清楚了。正如有西方人士所看到的，因为有了孔子的学说，"伟大的中华民族比世界上别的民族更和睦和平地共同生活了几千年"。时间过去了两千多年，社会发生了巨大变化，人们却仍然立足于孔子所确立和阐述的那些价值观念。这样的认识为越来越多的学者所认同。

不过，当下人们对于孔子儒学的理解，还带有明显的过渡性特征。不言而喻，研究儒学如果不能把握"精髓"，就有可能竞相树旗立帜，标新立异，各执己见；推广儒学如果不能抓住"要领"，就有可能舍本逐末，事倍功半，乃至南辕北辙。"说者流于辩，听者乱于辞"，儒学怎能发挥经世化民的作用？**只要走近孔子那**

颗伟大的心灵，认真借鉴先圣先贤的智慧，就能看清通向大同世界的理想之路。只有深入走近孔子与儒学的世界，世界儒学的天地才能更加澄净，儒学才能照亮人心、温暖世界。

第一章

儒学的深厚渊源

孔子是儒家学派的创始人，对于他在中国文化史上的地位，不少学者有精到的阐述，例如，钱穆先生指出：

> 孔子为中国历史上第一大圣人。在孔子以前，中国历史文化当已有两千五百年以上之积累，而孔子集其大成。在孔子以后，中国历史文化又复有两千五百年以上之演进，而孔子开其新统。①

其实类似的说法很多，孔子思想乃是集他此前数千年文化之大成的结果。那么，孔子之前的中国文化到底处于一种什么样的状态？是茫昧无稽，还是高度发展？又体现出哪些特色？只有对孔子之前中国文明漫长发展

① 钱穆. 孔子传. 北京：三联书店，2002：1.

的宏阔文化背景有准确和深入的把握，才能知晓孔子学说、儒家思想的渊源，从而真正理解孔子的伟大之处和儒家思想的博大精深。

一、 漫长古代文明的滋养

中国古代文明，在孔子之前已经有了数千年的演进和积累，在文明的时空广度、思想深度和理论高度上比之古代埃及、巴比伦、印度和希腊文明也不遑多让。尤其是，当考古学的发展为我们打开一个通向古代文明的大门之时，透过幽暗的“时空隧道”，我们可以发现在时间长河的另一端，有着美妙绝伦、令人叹为观止的文明之光。所以，孔子集上古文化之大成进行理论创制并非一句空话，辉煌灿烂的中国上古文明为儒家思想的产生提供了坚实的文化基础。

（一）中国有五千年的文明史

在传世文献中，虽然有关史前及夏商文明的记载较为模糊甚至阙如，但中华文明有五千年应不成问题。如司马迁《史记》以“五帝本纪”为开端追述上古文明；孔子以“略闻其说”“吾闻诸老聃”（《孔子家语》）等形式，讲述其心目中“难言”的上古圣王。然而，近代以来的疑古思潮，如胡适的“东周以上无史”、顾颉刚的“上古茫昧无稽”等论断，不仅使“三皇五帝”不可信，就连古史体系中夏、商二代的真实性都存在问题。

李学勤先生说：“中国古代有大量典籍，不少流传至今，但涉及文明初期的材料究竟是有限的。研究这方面应以考古材料为主，已成为学术界的共识。”① 考古学上通常将城市的出现、文字的产生、金属的使用以及礼制的形成等作为判断进入文明时代的要素。近年来考古发掘与出土文献的最新研究成果表明，“三皇五帝”时代并非茹毛饮血，中国社会早已由蒙昧迈进了文明的门槛。

中国早期城市具有防御和保护功能，是政治权力的工具与象征。龙山时期的文化遗存中已发掘出城址，如河南登封王城岗城址、淮阳平粮台城址和山东寿光边线王城址等。登封王城岗城址包括相连的东西两小城，合计面积约 2 万平方米，城内有建筑基址。淮阳平粮台城址为正方形，面积约 3.4 万平方米，城内有建筑基址，城门有门卫房建筑，并发现排水管道等遗迹。寿光边线王城址略呈梯形，面积约 4.4 万平方米，有内外两城，城基下有奠基牺牲。② 有学者认为：“夯土城墙高大、坚固，城门较窄，有的还设门卫房，这是封闭和防卫职能的表现。有的城内还有奠基牺牲的遗存，是显示统治权力的象征。由于社会结构的变化，这已与原始社会聚落址有本质的不同。”③ 此外，上述这些龙山文化城址，和古书记载的上古都邑有相合处，如传说太昊都陈，即今淮阳；禹都阳城，即今登封。安阳后岗在殷墟范圈内，更不待言。周代，淮阳为陈国国都，寿光为纪国国都，

---

① 李学勤. 李学勤说先秦. 上海：上海科学技术文献出版社，2009：13.

② 曲英杰. 论龙山文化时期古城遗址//田昌五，石兴邦. 中国原始文化论集. 北京：文物出版社，1989.

③ 孙广清，杨育彬. 从龙山文化城址谈起——试论中国古代文明的起源. 华夏考古，1994 (2).

章丘为谭国国都。传世文献记载的这种情形，恐怕不会是编造或偶合。

摩尔根在《古代社会》中指出，文明“始于标音字母的发明和文字的使用”。恩格斯肯定了这一看法，并说野蛮时代的高级阶段“由于拼音文字的发明及其应用于文献记录而过渡到文明时代”①。可见，文字是文明的一项重要因素。在《荀子》《韩非子》《吕氏春秋》等传世文献中，有关中国文字起源的记载很多，时间上可追溯到黄帝时期。考古发掘的成果显示，仰韶、龙山文化时期中国就已出现了刻在陶器上的符号，如陕西临潼姜寨的一个符号极像甲骨文的“岳”；山西襄汾陶寺龙山文化居址的一个陶扁壶上，有毛笔朱书的“字”字和其他两个符号；河南舞阳贾湖龟甲上出现了像甲骨文的“目”和“户”字。后者墓葬的年代，据碳素测定应不晚于公元前6000年。而大汶口墓葬所出土的陶器上的文字，甚至被人们称为我国现行文字的“远祖”，赋予划时代的意义。即至迟从公元前6000年起，中国象形文字就已经出现，经过长期的发展，至商代形成较为成熟的甲骨文体系。

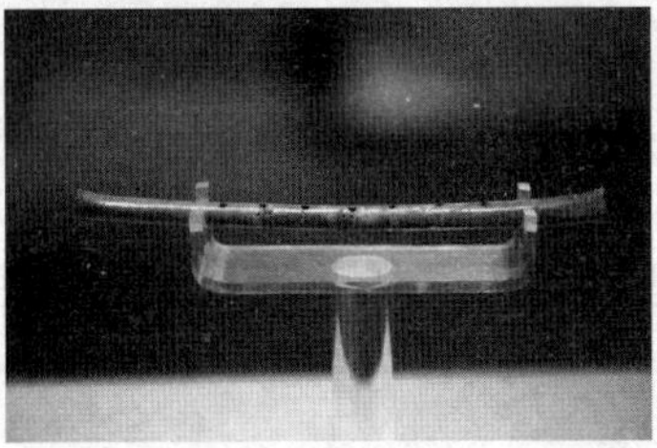

图1-1　舞阳贾湖遗址出土的骨笛

① 马克思恩格斯选集：第4卷. 北京：人民出版社，2012：34.

现代考古学证明，不少古国文明时代的开始与青铜时代的到来大体相当。在中国，商代已经是青铜时代，而且青铜器的制作工艺非常精湛，四羊方尊、后母戊大方鼎等，都堪称世界工艺史上的奇迹。青铜器的铸造技术并非一蹴而就，它应该有长时期的发展过程。就目前发掘来看，虽然我们至今还不能断定青铜器与祭祀是怎样发生关系的，但由商代的祭祀可以推断，青铜器作为祭器应经过了长期的发展演变。如在河南登封王城岗的城堡遗址中发现了青铜容器残料。在具有“太昊之墟”之称的河南淮阳县龙山文化城址的遗物中发现了铜炼渣。正因青铜器的制作和使用在中国人的生活中占据中心地位，所以学者们也将此时称为中国青铜时代，而它的开始不会迟于公元前两千年。

礼仪性建筑中心也是文明的标志之一。应该注意到，中国古代的祭祀崇拜是礼制的一部分，有敬祖追远的特点，因此君主的宫室和宗庙常不分离。这使得古代城市中罕有突出、独立的礼仪性建筑。不过，在年代较早的一些考古遗址中，还是发现了礼仪性建筑的存在。如 1983 年，在辽宁凌源、建平间的牛河梁发现了红山文化的“女神庙”遗迹①；1987 年，在浙江余杭瑶山发现良渚文化的“祭坛”遗迹②。此外，专用于一定礼制仪式的礼器也有发现，其中最具有特色的是玉器。按《周礼》记载，礼玉有璧、琮、圭、璋、璜、琥六种，

---

① 辽宁省文物考古研究所. 辽宁牛河梁红山文化“女神庙”与积石冢群发掘简报. 文物，1986 (8).

② 浙江省文物考古研究所. 余杭瑶山良渚文化祭坛遗址发掘简报. 文物，1988 (1).

这些在考古发掘的文化遗存中都可以找到渊源。①

总之，考古发掘的成果可以证明，孔子心目中的“三皇五帝”时代其实已经踏入了文明的门槛。尤其是考古学上的“龙山文化”与“五帝”时期大体相一致，说明儒家心目中的五帝圣王应有真实历史的素地。虽然中国上古社会的真实状况还有待更多的地下考古成果的佐证，但目前的研究至少已表明，中国拥有五千年文明史的说法是可以采信的。

（二）尧、舜以来的礼乐创制

孔子祖述尧舜，传述了尧舜创制以及夏、商之礼。也就是说，周公制礼作乐所继承的前代文化成果，其实也是孔子思想的渊源。

中华先人对礼的探索起步很早。汉代许慎在《说文解字》中说：“礼，履也，所以事神致福也，从示从丰。”古人所说的事神主要就是祭祀神灵，所以，凡有事神行为即可认为已经有“礼”，而在考古中发现的神庙、祭坛等，都可以视为原始宗教礼仪存在的表征。

礼者，理也。礼的概念很宽泛，作为农耕文明的中华先人，他们在思考社会如何稳定与发展的问题，他们要促进部落、宗族的团结，于是思考相关的法则与规定，产生了一系列的制度与仪式。例如，“礼”作为祭祀神灵的行为就有悠久的历史传统。高炜根据大汶口文化晚期、龙山文化时期出土玉器、漆木器和陶器存在一定规则的特点，推测在龙山文化时期礼制就已基本形

① 杨朝明，房伟. 孔子文化奖学术精粹丛书·李学勤卷. 北京：华夏出版社，2015.

成。他说："虽然当时并无太牢、少牢的区别，祭祀用牲也只限猪一种，但大斝（jiǎ）内煮猪首所具有的神圣意义还是显而易见的。"所以他说："至龙山文化时期，用牲现象尤为普遍，并且更规则化了，显出等差，即由原始习俗演变为礼制。"① 这说明，与之时间相当的尧、舜时期，中国的礼制已基本形成。

实际上，在中国传统社会普遍认同的观念中，尧、舜等圣王以礼俗为基点，经过理性思考，对礼制进行了初步建构，奠定了此后中国礼乐文明发展的基石。只是在疑古及科学实证主义思潮的影响下，这一观念才逐渐被抛弃。

尧、舜时期的礼乐创制也为出土文献所证实，如郭店楚墓竹简《唐虞之道》中赞誉舜"爱亲尊贤"，一方面他用禹治水、益治火、后稷治土，以足民养生；另一方面，他还令伯夷守礼、夔守乐，以教化民众。礼乐教化在舜的施政中起着重要作用。时至今日，我们不能再怀疑中国古代典籍中关于尧、舜时期的那些生动记载。有学者说中国文化应从尧舜时代讲起，非常有道理。

在尧、舜的基础上，夏、商礼制又有了新进展。禹传启，家天下，禹奠定了王位世袭制国家的基石。当王位世袭制确立后，影响中国既深且远的宗法制才有牢固的根基，禹无疑有开创之功。在此基础上，至迟到了商代的帝乙时期，立嫡观念就已经确立。如帝乙本想立微子启为太子，但太史却以法据理力争，认为微子启与纣

---

① 高炜. 龙山时代的礼制//庆祝苏秉琦考古五十五年论文集. 北京：文物出版社，1989：240.

王虽为同母所生，但在微子启出生时，其母是妾而非妻，所以只能立纣王为继承人。虽然至商代末期，宗法制还不能算十分成熟，但嫡长子继承制已由雏形趋向严格。①

与宗法制相连接的是夏、商时期确立的祭祀制度。由于宗庙在社会生活中占据显赫地位，宗庙礼制尤其是祭祖成为夏商宗庙祭祀的代表，禘、郊、祖、宗、报等则是其中最重要的典祀形式。只是因文献记载的阙如，居今日而详言夏、商礼制还存在诸多困难。不过考古发掘的相关成果，却为研究此问题提供了不少新材料。就目前发掘的遗址来看，自夏代始逐渐形成一整套较完整的礼器，以青铜器和玉器最具代表性，而且吉、凶、军、宾、嘉五礼已见雏形。

我们虽然还不能将尧舜以来的社会面貌完全展现出来，但传世文献及考古发掘的研究表明，至少在此时，中国古代社会家国同构的体系已基本确立，礼制已初步成形。这些都为儒家学派的产生提供了历史的参照。

二、 周代礼乐文化的涵育

在中国文化史上，周公具有极其重要的地位。周公的地位就在于他总结了夏商以来的中国文化，吸收历史经验，经天纬地，制礼作乐，奠定了中国礼乐文化的基础。没有周公就不会有传世的礼乐文明，没有周公就没

① 陈戍国. 中国礼制史·先秦卷. 长沙：湖南教育出版社，1991：126－127.

有儒家的历史渊源，以德礼为主的周公之道世世相传，春秋末期遂有孔子以仁、礼为内容的儒家思想。因此，要廓清儒家思想的渊源，必须重视以周公制礼作乐为代表的周代礼乐文化。

（一）周公制礼作乐及其影响

中国在跨进文明门槛的时候，礼乐文化已发轫并形成。但从人文理念的角度来考察，礼乐具有规范人的行为和调整人际关系的功能应始于周初，或者说，礼乐成为人们在社会生活中的行为规章，是自周公制礼作乐开始的。

周公

周公姓姬，名旦，是周文王第四子，周武王之弟。由于这种特殊关系，周公在殷周之际的政治格局中始终处于非常重要的位置。从武王克商夺取天下起，周公就是最重要的辅助者。武王去世之后，周公辅助成王，摄理政事，尽心竭力，更是为周初的政治稳定与社会发展立下了赫赫功勋。

周公出生于一个非凡的部族中，这个部族便是我们上古以及夏、商、周“三代”时期的周部族。与夏、商两个部族一样，周部族也是一个具有悠久历史的部落。周人善于经营农业，他们先祖名弃，曾经是尧的农师，与夏禹、商契一起服侍过舜。由于弃擅长农耕，舜把他封在邰（tái），号称“后稷”。

“后稷”作为掌管农业的职官世代延续，直到夏朝政治衰败，弃之子不窋丢弃官职，率领部族迁至戎狄之间。过了两代，公刘又率部迁居到了豳（bīn）地，在这里发展农业。八代后，古公亶父复修后稷、公刘之业，积德行义，受到部族拥戴。时熏育等戎狄部族来犯，古公亶父又将部属迁至周原。再经季历、姬昌（周文王），周族日渐强盛，已具备承天命、得天下的条件。经过牧野一战，周武王成为拥有四海、天下的共主。

在翦（jiǎn）灭商朝的过程中，周公是武王的得力助手。武王去世后成王即位，周公作为辅相，以冢宰的身份摄政，经略天下，担负起辅佐成王的任务，对稳固周朝统治起了至关重要的作用。《尚书大传》载：“周公摄政，一年救乱，二年克殷，三年践奄，四年建侯卫，五年营成周，六年制作礼乐，七年致政成王。”基本概括了周公的历史功绩。

在扫平叛乱、开始营造成周之后，周公自然要思考使周王朝长治久安的具体措施。周公深谋远虑，他继承夏、商以来的传统，总结殷商灭亡的教训，综合分析周初的国情与民情，适应当时社会政治的需要，从而开始制定周朝的典制，以用作天下的纲纪。周代的礼乐制度内容十分广泛，大体可分为吉、凶、军、宾、嘉五大方面，细分之有所谓“经礼三百，曲礼三千”之说。大而至于政治、军事，小而至于衣冠、陈设，无不包括。当然，这并不是说周代的礼乐制度全部出自周公之手，周礼的制定与完善可能经过长期的过程，周公在此发挥了主导作用。从这个意义上说，周公的“制礼作乐”应是确凿的历史事实。

《仪礼》一书出自周公，或者它与周公存在密切的关系。周公制礼还应包括制定刑罚等方面，《逸周书》的《尝麦》篇已经明言“正刑书”，这很可能就是作《九刑》。《周礼》据说也出于周公，该书全面系统论述了周朝的国家体制和官吏职掌。周代金文如赐命礼、职官制度等显示了《周礼》的重要价值，研究者还发现，《周礼》四分之一以上的职官与西周职官相似或相同，足以证明西周政礼的存在。

周公制礼作乐，将中国传统的礼乐文化推向了新的高度。实际上，人们常常说起的“周礼”既包含设官分职、体国经野的礼制，也包含冠婚丧祭等礼仪，这些都表明礼的具体内涵。周公不仅使周代礼制更加完善和具体化，还把“以德配天”“敬德保民”思想融入礼乐制度，使得周人的政治体现为道德和制度的合一，礼成为治国治民的大法，规范着全体社会成员的言行。

周公制礼作乐的实践活动成为后世儒家的典范。孔子是儒学的创始人，在礼坏乐崩的春秋末年，他向往

“郁郁乎文哉”的周代礼乐制度，一生孜孜以求的便是周公的事业。孔子剔除了周公礼乐思想中的宗教成分而使之人文世俗化，进一步传承和发展了中华礼乐文明。在孔子心目中，周公是最令人佩服的古代圣人之一，因此才会经常梦见周公，而当他年老体衰，恢复礼乐制度几近无望时，也会说自己衰老得太厉害了，好久没有梦见周公了，以此隐晦地表达对“道”之不行的感叹。孔子儒家之学导源于周公，无怪乎汉代以后人们常常“周孔”并称。

（二）鲁国文化是孕育儒家思想的载体

鲁国是周公的封国，由周公之子伯禽代为赴任。周之最亲莫如鲁，鲁国初封，不仅获得丰厚赏赐，而且相对于其他封国来说，还得到了行天子之礼的“特权”。周天子特许鲁国享有天子礼乐，正是为褒奖周公之德。“先君周公制周礼”，因此，鲁国人对周礼有一种亲切感，在行为上循礼而动也成了十分自然的事情。

鲁文化具有重视礼乐的特色，这首先与鲁国的政治使命有关。鲁有代表周王室镇抚徐、奄、淮夷，从而传播宗周文化的政治使命。为强化周朝统治，伯禽等人花费了很大气力改变当地风俗，力图把周的文化传统推广开来。鲁国因而成为周代在东方推行礼乐制度、维护统治的重要据点。

鲁国适宜农桑的地理环境，客观上也要求鲁国推行西周礼乐制度。“尊祖”和“敬宗”是宗法制度的基本信条，人们依照与周王的血缘亲疏以及嫡庶、长幼等关系，确立起贵族之间的贵贱、尊卑等各种等级差异，从而形成确立伦理规范和行为准则的具体名分。西周正是这样一种典型的宗法式农业社会，鲁国则承继了周人的重农传统，因此客观上要求形成与之相适应的文化上的重礼风格。

各种条件的结合，使鲁国成了典型的周朝礼乐的保存者和实施者。在鲁国，礼乃是人们的行为准则，上自鲁公，下至卿士，无不循礼而动。不论是“国之大事”，还是往来小节，如君位继承、祭天祀祖、对外战争、朝聘会盟，以及燕享、乡射等无不如此，否则就会受到指责，甚至被视为“不祥”的举动。周代礼乐文化对鲁国社会生活产生了极大影响。而其中最为重要、影响后世既深且广的，当然是培育了以孔子为代表的儒家学派。

春秋末年，鲁国依然保存着较为完整的礼乐典籍，这种文化氛围深深影响了孔子，培养了他“信而好古”的特点。孔子自幼受礼的熏陶，他为儿嬉戏时，便“常陈俎豆，设礼容”，对周代传统的礼乐制度表现得十分执著。成年后，凭借着对周礼的了解，成为有名的知礼之人。当时，鲁国违背礼乐制度的情况层出不穷，孔子对鲁国违背礼乐传统处，如季氏“八佾舞于庭”，“三家者以《雍》彻”，“季氏旅于泰山”等多有评论指责。

由于宗法制度逐渐解体，周代礼乐出现崩坏之势，属于王官之学的典章制度也逐渐失传。然而，礼乐文化毕竟是鲁国的立国之本，以孔子为代表的有识之士便收拾遗散，试图保存、弘扬礼乐传统。孔子所学以礼、乐为主，他的思想学说便是在此基础上集合西周以来之典章制度、伦理道德而形成。

需要指出的是，孔子创立儒家思想，也离不开对以齐文化为代表的其他各地文化的吸收和借鉴。孔子曾经周游列国，在那时山川阻隔、交通不便的情况下，各个区域的文化都呈现出各自不同的特色，都会对孔子的思想产生一定的影响，而对孔子影响较深的自然应该是齐国的文化。

齐鲁近邻，两国之间联系很多，互为婚姻之国，往来不断。鲁国内乱之时，孔子曾经到齐国。除研究学习管仲学说，孔子还与齐国君臣进行交流，闻听、学习《韶》乐，感受音乐的境界。孔子本人还曾经参与同齐国的外交活动。齐国也常常向鲁国学习，管仲改革乃有吸收鲁文化之长、补齐文化之短的深意，晏婴也曾经与齐景公一起到鲁国观鲁礼，孔子到齐国时，齐景公也不失时机地问政于孔子。可以说，齐、鲁两国文化上沟通不断，这使孔子有机会更多地接触齐国君臣，更直接地了解齐国文化，而这对他个人思想的形成发挥了重要作用。

第二章

孔子创立儒家学说

孔子是中国传统文化的象征和代表！春秋末年，面对礼坏乐崩的社会状况，孔子深入思考人性和人的价值，探寻人与人相处的法则，寻求治国之道，建构了以礼、仁、中庸、大同等为基本内容的思想学说。他开创私学，整理古代文化典籍，培养了大批优秀人才，创立了儒家学派。孔子不仅是他之前数千年中国文化的集大成者，又是他之后两千五百余年中国文化的开创者。孔子儒家思想成为中国传统文化的主干，奠定了中国人的生命本色。

一、 孔子的人生经历

孔子（前 551—前 479)，名丘，字仲尼，鲁国人。孔子的祖先是宋国贵族，为商朝王室的后裔。武王灭商后，西周曾封商纣王之子武庚于殷商旧地。后来，武庚与管叔、蔡叔等发动叛乱，兵败被杀。平叛后，商纣王庶兄微子启被封于商朝旧都，建立宋国。

先师孔子行教像

微子启正是孔子的远祖。微子启以后，四传至湣公共。湣公长子弗父何让国于其弟，弗父何为卿。孔子先祖遂由诸侯成为卿大夫。传至弗父何曾孙、孔子七世祖正考父，他久为上卿，连续辅佐宋戴公、武公、宣公，以谦恭著称。其子孔父嘉继任宋大司马，逢宋太宰华父督作乱，宋殇公被弑，孔父嘉亦被杀。孔父嘉的后代因此避难奔鲁，丧失卿位。

孔子曾祖父防叔曾任鲁防邑宰，祖父伯夏事迹无考。孔子父亲叔梁纥以勇力著称，因战功封鄹（zōu）邑大夫。叔梁纥年老时娶颜氏女徵在为妻，后生孔子。

孔子早年丧父，颜徵在带他迁居鲁城，过着贫困的生活。因此，孔子早年不得不从事各类体力劳动。孔子做过管理仓廪的“委吏”，还做过管放牧牛羊的“乘（chéng）田”。

孔子在少年时就矢志于学，他摆设祭祀用的礼器，演习礼仪，显示出与其他同龄人不同的兴趣爱好。15 岁时，孔子就立志于修己安人之道，至老而不辍。孔子对自己的好学精神充满自信，他说：“十室之邑，必有忠信如丘者焉，不如丘之好学也。”（《论语·公冶长》）一般人中，有能做到忠信的，但很少有能做到好学不倦的，孔子唯因好学不倦，才成为博学多闻之人。

孔子因“好学”而“博学”，并声名远播。30 岁时他已经确立了人生的方向。孔子授徒讲学，主张“有教无类”，凡是束带修饰，到了一定的年龄的人向他请教，他没有不加以教诲的。孔子弟子众多，有“弟子三千，贤者七十二”的美誉，其弟子既有平民子弟，也有贵族子弟，鲁国大夫孟僖子的儿子孟懿子就曾向孔子学礼。

自鲁宣公以后，鲁国政权实际被以季氏为首的三桓掌控。昭公初年，三家又瓜分了鲁君的兵符军权。孔子对季氏的僭越行为非常不满。昭公二十五年（前 517），鲁国内乱，昭公奔齐，孔子也离鲁至齐。在齐国，齐景公向孔子问政。不过当时齐国的政权被大夫陈氏掌控，景公虽欣赏孔子却未能重用。

孔子在齐不得志，遂返回鲁国。此时的鲁政权虽掌握在季氏手中，但季氏实际上又受制于其家臣阳货。孔子对这种陪臣执国政的状况非常不满，也不愿出仕为政。他集中精力整理文献，教授弟子，从远方来求学的人几乎遍及各诸侯国。

直到鲁定公八年（前 502）十月，由于阳货篡权叛乱，鲁国内外交困，时年已经 51 岁的孔子受命于危难之中，被任命为鲁中都（今山东汶上西）宰。执政一年，政绩显著，四方皆则之。次年，孔子便被擢（zhuó）升为司空，掌土木建筑。不久，他又被擢升为大司寇，掌管国家司法、刑狱及社会治安，与“三卿”并列。

化行中都

甫一上任，孔子即展示出非凡的外交才能。鲁定公十年（前 500）夏，齐景公与鲁定公在夹谷（今山东莱芜境内）会盟，孔子任鲁国相礼。孔子预见到齐必以强凌弱，遂劝告鲁君说：“有文事者必有武备，有武事者必有文备。”（《史记·孔子世家》）使鲁国派遣左右司马带兵前往。会盟之初，齐奏莱夷之乐以揶揄鲁君，被孔子斥退；齐又引出倡优、侏儒，孔子据礼下令处死。孔子识破了齐国的阴谋，临危不惧，以礼法斥责对方，以武力辅助文事，迫使齐国放弃了事先策划的阴谋，并在盟誓后归还了侵鲁的郓（今山东郓城东）、汶阳（今山东泰安西）、龟阴（今山东泰安南）田土。

夹谷之会后，孔子又提出了“堕三都”的主张。叔孙氏因家臣曾据郈（hòu）叛乱，主动拆除了封邑的城堡。在拆毁季孙氏的费都时，费宰公山不狃（niǔ）率兵袭击鲁都，孔子带军抗击获胜，公山不狃奔齐。孟孙氏本来赞同堕都，但家臣公敛处父力抗堕邑，导致了“堕三都”的失败。

孔子励精图治，与闻国政三月而鲁国大治。但鲁国君臣却沉于声色，怠于政事，疏远孔子。执政的季桓子甚至不顾及礼的约束，不仅三日不听政，而且郊祭以后，也不将祭肉赠予大夫。孔子安邦定国的愿望已不可能实现，遂在绝望中忍痛弃官去鲁，带领一批弟子，开始了长达十四年的“周游列国”生涯。

孔子五十五岁离开鲁国，可谓颠沛流离。他先至卫国，始受卫灵公礼遇，后又受监视，恐获罪，不得不前往陈国。过匡地，他们被围困五天。解围后原打算过蒲至晋，但因晋内乱而未往，只得又返卫。但卫灵公怠于政事，不用孔子。后来，卫国内乱，孔子离卫经曹国至宋国。宋国司马桓魋（tuí）欲杀孔子，孔子微服过宋，经郑国至陈国，是年孔子六十岁。其后，孔子往返陈、蔡多次，曾被困于陈蔡之间，绝粮七日。解围后，孔子至楚，不久楚昭王死。卫出公欲用孔子，返卫后，孔子虽受“养贤”之礼遇，但仍不见用。

鲁哀公十一年（前 484），冉有归鲁，率军在郎战胜齐军。季康子派人迎回孔子，孔子遂归鲁，时年六十八岁。

孔子回到鲁国后，鲁人尊以“国老”。起初，鲁哀公与季康子常以政事相询，但仍然不重用孔子。归鲁后的孔子致力于整理文献，继续从事教育。他的晚年，连续遭受失去爱徒颜回、子路和爱子孔鲤的巨大创痛。

鲁哀公十六年（前 479），孔子逝世，葬于鲁城北泗水之上。

二、 孔子的思想学说

孔子熟悉夏、商、周三代文化，向往“圣王”之治，尊崇由周公制礼作乐而奠定的周代文化。他以继承和发扬礼乐文化传统为己任，追求“讲信修睦”的“大同”社会，希望建立一个人人相互关心、个个仁爱礼让的和谐盛世，由此而形成了以礼、仁、中庸、大同等为核心内容的思想体系。

（一）天下为公，讲信修睦

孔子追求的社会理想境界是“天下为公”。“公”与“共”相通，强调的是人的公共意识与社会公德。人们生活在一起，每个人都不是独立的个体存在，因而对每个人都有“社会性”的要求。

在“天下为公”的社会里，人人都应该思考自己的社会性内涵，而不应自私自利。天下的管理者要照顾人们的共同利益，管理者是人们共同选出的贤德者。全体成员都为社会积极贡献，不是为自己的私利而劳作，人们不应占有财物为自己独享。人与人之间互相关心、互相帮助，共享和平安乐。未成年人受到很好的教育健康成长，成年人有合适的工作发挥作用，老人得到赡养安度晚年，鳏寡孤独之人都能得到照拂与关爱。这样的社会没有坑蒙拐骗，没有阴谋诡计，没有弱肉强食，没有野蛮欺诈，也没有盗窃乱贼，人们生活安闲平和，甚至可以夜不闭户。这便是孔子心目中的“大同”社会。

弟子侍坐（山东曲阜，孔子研究院）

《论语·先进》记载，孔子与子路、曾点、冉有、公西华师徒五人一起谈话，孔子让他们各言其志。子路欲使国家人人有勇气，冉有欲使人人富足，公西华愿意做小司仪。曾点最后发言，他想象到了暮春三月，人们已经穿上了春天的衣服，他能够与一伙成年人，带领一帮孩子，到沂河里洗洗澡，在舞雩台上吹吹风，一路唱着歌走回来。与其他三人相比，曾点的志向看起来并不远大，但孔子对曾点十分赞赏。孔子说："吾与点也!"（《论语·先进》）在孔子看来，曾点所向往的正是一番升平景象，这种宁静的生活，只有在国家强盛、人民富足，没有内忧外患的情况下才能实现，正与"大同"社会的理念相契合。

在与弟子们"农山言志"时，孔子的这一理念表现得更为具体生动。据《孔子家语·致思》记载，孔子到鲁国北部游览，登上农山山顶，弟子子路、子贡、颜渊在旁边陪侍。孔子请三人分别谈谈自己的志向，子路更想做一位勇武的将军，子贡则希望发挥自己的辩才，但颜回与他们都不同。颜回希望能辅佐贤明的君主，施行父义、母慈、兄友、弟恭、子孝这五种教化；用礼乐教导民众，让百姓不用去修建城墙，无须越过护城河去打仗，将刀枪剑戟都熔铸成农具，在原野湖畔放牧牛马，夫妇没有分别的苦痛思念，天下永远没有战争的灾难。

对于子路的“勇”、子贡的“辩”，孔子也都有认可，但他似乎更赞叹颜回的志向。颜回讲完，孔子非常严肃地说：真是美好的德行啊！在颜回的理想境界中，子路“无所施其勇”，子贡“无所用其辩”。很显然，颜回的志向十分契合孔子的“王道”理想，这与孔子的“大同”社会理想完全一致。

（二）治国以礼，为政以德

“礼”是孔子政治思想学说中最基本的范畴。面对春秋末年“礼仪废坏，人伦不理”的危局，孔子积极推崇周礼。在他看来，周礼以血缘关系为纽带，补充了夏、商之礼的有益成分，融合法律、礼仪、风俗、道德而为一完备体系，制度、典章更为完备文雅。但是，孔子主张“复礼”，绝非要简单地复原周礼，而是要通过恢复礼制变天下“无道”为“有道”，改变“礼坏乐崩”的现实。

孔子非常重视礼的作用，在他看来，如果没有礼，就无法按照一定的规矩敬奉天地之间的鬼神；没有礼，就无法辨明君臣、上下、长幼的位置；没有礼，就无法区别男女、父子、兄弟之间的亲属关系，以及姻亲、朋友之间交情的厚薄。这就是说，无论国家治理，还是人际交往，都离不开礼的规范。广义来讲，礼还包括乐在内。礼的作用在于“别异”，即区分上下、贵贱的层级；乐的功能则是“合同”，即保障不同身份、地位的人和谐共处，亲爱融洽。礼与乐相互为用，最终达到人心安定、社会和谐的目的。

国家的治理离不开礼，孔子主张以“礼”为标准来处理各种社会关系，尤其是处于关键环节的君臣关系。孔子既提出臣事君以忠，同时也强调君使臣以礼。齐景公问政于孔子，他以“君君，臣臣，父父，子子”作答。孔子认为，无论君还是臣，都应当加强自身的修养，以礼作为维系君臣之间社会政治关系的准则，达到君仁、臣忠。

杏坛礼乐

“礼”是人人都应遵循的法则，包含表面的“礼仪”与内在的“礼义”两个层面。所谓“礼仪”，指的是礼的仪式、仪程、仪节，“礼义”是指礼的道德准则。“礼仪”是以“礼义”为根本的，人们只有懂得礼义，了解到礼的本质，才能自觉接受礼的约束，使之内化成为一种自觉的秩序意识。可见，“礼”以“德”为内容，以“敬”为实质。

“礼”既是一种政治主张，也是一种伦理要求。《大学》开篇即说道：“大学之道，在明明德，在亲民，在止于至善。”要达至“至善”之境，则自天子以至于庶人，都要积极修身。孔子特别强调从政治国者的表率作用，他说：“其身正，不令而行；其身不正，虽令不从。”（《论语·子路》）又说：“君子之德风，小人之德草，草上之风，必偃（yǎn）。”（《论语·颜渊》）对治国者而言，他们必须修身以礼，治国循礼，为政以德，只有正人必先正己，才能达到善治。所以，为政治国，就应当抓住根本，使人人加强德性修养，知礼明礼，谨慎戒惧，敬而守之。

“尊尊”与“亲亲”是礼的两个重要原则，体现出礼的存在具有天然的合理性，因此孔子说：“礼也者，理也。”（《礼记·仲尼燕居》）如果人人都能自觉守礼，依礼行事，循礼而动，便是孔子所说的“有耻且格”，而要达到这种效果，还离不开为政者的示范，即“道之以德，齐之以礼”（《论语·为政》）。显然，治国以礼、为政以德体现出极高的政治智慧，是政治的最高境界。

（三）孝悌仁爱，推己及人

为了达到礼治目标，孔子提出并深刻阐发了“仁”的思想。在《论语》中，“仁”字出现多达109次，也可见“仁”在孔子思想中的地位。

在孔子之前，已有关于“仁”思考。孔子则继承发展了西周以来重视人伦关系的传统，对“仁”的思想加以充实、提高，并使之系统化，从而形成自己明确而又完整的仁的思想体系。

孔子有关“仁”的学说是在思考“礼”的基础上逐

渐阐发的。孔子说："克己复礼为仁"（《论语·颜渊》），又说："人而不仁，如礼何？人而不仁，如乐何？"（《论语·八佾》）"礼"与"仁"既有区别又有联系。"礼"是向外求，而"仁"是向内求；礼有外在的约束性，而仁则要靠内在的自觉。礼与仁密不可分，以礼的标准求仁，修己爱人；用仁的自觉复礼，实现等级有序。仁是礼的主要内容，礼是仁的外在表现。

"仁"是一种内在的道德修养，即人与人之间的关爱，孔子谓之仁者"爱人"。仁爱源于何处？孔子认为："仁者，人也，亲亲为大。"（《礼记·中庸》）人之为人，必须孝敬父母，仁爱的逻辑起点正在于人类最根本的父母与子女之间的亲情。父母与子女之间的爱，乃出于真实的天然情感，带有原始、自然的特点，但又超越了原始情感，具有普遍的道德性。家庭中的各个成员靠"亲情"联系起来，所以才有很强的亲和力和凝聚力。所以，"仁"在家庭成员的相互关系中存在，而"孝道"则是最基本的表现形式。鲁哀公向孔子请教为政之要，孔子就曾提出，树立仁爱的观念要从亲爱自己的双亲开始，由此来教化民众尊敬别人，乐于听从政令。假如能把这种教化方法扩大开来治理天下，那么就不会有什么办不到的事情。

孔子提倡的"仁爱"以血缘亲情之爱为基础，不断向外延展。以"亲亲"作为起点或第一步，"爱人"则是"仁"的第二步。由于血缘之"亲"与非血缘之"人"属于同类，因此由"爱亲"到"爱人"便具有了逻辑上的必然性。孔子向往的仁爱境界正是这种"泛爱众"的状态，即人们不只亲爱自己的双亲，不只爱护自己的子女，在赡养孝敬自己的长辈时，也不要忘了别人家里的长辈，在呵护抚育自己的子女时，也要爱护别人家里的孩子，使得老年人都能安享晚年，壮年人有用武之地，年老丧夫或丧妻及失去父母、残疾的人都得到供养。

从“爱亲”到“爱众”，是社会发展对文化发展提出的要求。孔子生活的时代，建立在血缘关系基础之上的宗法社会组织已经基本上被建立在地缘关系基础上的阶级社会组织所取代。那么，孔子的“仁”学既要对建立在宗族血亲基础上的“爱亲”加以肯定，同时又必须有所突破和发展，把“仁者爱人”扩大到整个社会的人际关系。

孔子的仁爱思想并非仅仅局限于人类社会，而是已经扩展到自然界的万事万物。在孔子心目中，山之可乐、可爱，不仅在于山之高大、险峻、雄奇、秀丽、壮观，还在于山上山下草木生长，鸟兽繁衍，生机盎然。为保护自然环境，孔子反对乱捕乱杀，他捕鱼用钓竿而

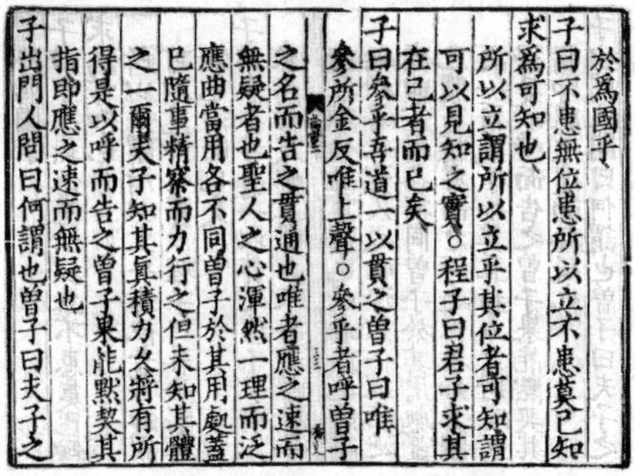
於爲國乎、
子曰不患無位患所以立不患莫己知
求爲可知也、
所以立謂所以立乎其位者可知謂
可以見知之實。程子曰君子求其
在己者而已矣、
子曰參乎吾道一以貫之曾子曰唯
參所金反唯上聲。參乎者呼曾子
之名而告之貫通也唯者應之速而
無疑者也聖人之心渾然一理而泛
應曲當用各不同曾子於其用處蓋
已隨事精察而力行之但未知其體
之一爾夫子知其眞積力久將有所
得是以呼而告之曾子果能默契其
指即應之速而無疑也
子出門人問曰何謂也曾子曰夫子之

夫子之道，忠恕而已矣

不用网，以免把幼小的鱼苗捕捞上来；他用带生丝的箭射鸟却不射杀巢宿的鸟，因为杀巢宿的鸟会将鸟一巢打尽。这种生态资源节用观体现了孔子的仁爱之心。孔子认为，只有心中充满仁爱之情，才能做到热爱大自然中的山水，对水中之鱼、山中之鸟充满爱心。

为了说服人们心悦诚服地将这种仁爱理念转化为个人的行为准则，即从理论上沟通“爱自己”和“爱他人”以及“爱万物”之间的逻辑联系，孔子提出了“推己及人”的思维方式。所谓“推己及人”，就是我们常说的“将心比心”“换位思考”。实际上，“仁”本身就含有“推己及人”之义，在郭店楚简中，“仁”字从身从心，上下结构，其含义是“反求诸己”，加强自身修养。孔子更是将“推己及人”视为他自己一贯坚持的原则，弟子曾参则将之概括为“忠恕”。按照宋儒朱熹的解释，“忠”是“尽己”，即“己欲立而立人，己欲达而达人”（《论语·雍也》）；“恕”则是“推己”，即“己所不欲，勿施于人”(《论语·颜渊》）。这就是说，“仁”的内涵包括了尽己之“忠”与推己之“恕”，两者是一体之两面，是相辅相成的。一方面是“己欲立而立人，己欲达而达人”，自己要想有所成就，也帮助别人有所成就；自己想通达，也帮助别人通达。另一方面是“己所不欲，勿施于人”，即自己不喜欢做的事情，也不要强加于人。也就是尊重、宽容别人，设身处地为别人着想。

作为提升仁德修养的方法，“推己及人”的“忠恕”之道被孔子终身奉行。他也经常以此教导弟子，当子贡向孔子请教终身奉行的原则时，孔子回答说：

"其恕乎！己所不欲，勿施于人。"（《论语·卫灵公》）"己所不欲，勿施于人"被广泛赞誉，得到世人的认可，恰恰说明了孔子仁爱学说的思想高度和深度。

孔子以"仁"为核心建构了一套完整的道德体系，"仁"成为各种道德范畴的基本出发点，孝、悌、忠、信、礼、义、廉、耻等道德规范其实都是"仁"的具体体现。在"仁"的基础上，孔子还倡导以"爱亲人"为出发点，不仅"爱人类"，更要"爱自然"，从而建立一个充满"仁爱"精神的社会。"仁"是孔子留给中国人和中国文化最宝贵的遗产，在此基础上，早期儒家乃至中国传统文化因此而具有了"天人合一""厚德载物""推己及人"的博大胸怀。

（四）中正不倚，与时偕行

孔子提出了"中庸"的概念，并把它作为最高的准则应用到社会实践中。"中"谓中和、中正，"庸"谓常、用。中庸就是"用中"，以不偏不倚、无过无不及并且切合时宜的态度为人处世，从而达到"和"的状态。

孔子的"中庸"思想渊源有自。尧告诫舜应该"允执其中"，真诚地坚持中庸之道。"允执其中"也成为孔子心目中上古三代圣王传"道统"的不二法门。出土文献清华简《保训》则记载了周文王临终前给姬发讲述上古三代圣王如何"求中""得中"，进而"用中"的故事。这表明，"中"的观念，在上古以来的治国理念中有着重要的地位，孔子所提倡的中庸思维方式正是对前人思想的继承与发展。

"中庸"思想具有很强的实践性，在社会生活的各个方面，孔子都采用中庸的思维方式。在政治实践中，孔子十分看重刑罚之“中”，主张以礼“制中”。孔子曾教导子路说，名分不正，说起话来就不顺当合理；说话不顺当合理，事情就办不成；事情办不成，礼乐也就不能兴盛；礼乐不能兴盛，刑罚就不会得当；刑罚不得当，百姓就不知怎么办才好。所以，君子定下名分，才能够说话顺当合理，说出来才一定能行得通。君子对于自己的言行，是从不马马虎虎对待的。孔子的话表明，刑罚并非单纯的断案理狱，还应该考虑到刑罚的结果对社会民众的教化作用。只有礼乐兴，刑罚才能中正合理。礼乐不兴，则刑罚不中。

在孔子看来，符合礼的就是中，以礼为标准追求中道，就是“以礼制中”。孔子认为，每个人都有自己在不同社会关系中的具体位置。每个人都是社会的人，身份都是复合的。只有以礼约束自己，做好该做的事，社会才会和谐。所以，《大学》要求“为人君止于仁，为人臣止于敬，为人子止于孝，为人父止于慈，与国人交止于信”。这就是要人们各正其名、各安其分、各尽其力，定位好自己，做好分内事。

当然，礼乐本身是不断发展变化的，孔子也非常强调“权变”与“时中”，他认为处理事情要权衡轻重缓急，审时度势，随时势的变化而处“中”。所以，他说：愚昧却喜欢自以为是，卑贱却喜欢独断专行。生于当代却一心想回到古代。这样做，灾祸一定会降临到自己的身上。孔子决不复古倒退，也不蔑视古人，而是与时偕行。正因如此，孟子才称赞孔子为“圣之时者”，并从内心“私淑”孔子其人。

孔子的中庸思想也主导了他对世界的看法，并决定着孔子人生境界的高度。在孔子看来，人应当遵循自然与社会的运行法则，应当效法先王。孔子对自己心目中的圣王尧帝在法天道上的成功大加赞赏，他说："大哉尧之为君也，巍巍乎，唯天为大，唯尧则之。"（《论语·泰伯》）天道高于人道，天道应指导人道，反过来，人道也应效法天道。孔子在区别"天""人"概念的基础上，把"人"作为万物之灵长与"天""地"并列，称为"三才"。

在孔子的心目中，中庸是一种鲜能久持的"至德"，很少有人能长期做到，所以他不能与行为上符合中庸之道的人交往，只能与狂者、狷者相交往了。孔子夸奖颜回说："择乎中庸，得一善，则拳拳服膺而弗失之矣。"中庸，说起来容易做起来难。人们进行是非选择似乎没那么难，但坚守正确的选择却很不容易。孔子更希望人们言行合乎中道，学习颜回"不贰过"的精神，择善固执，至诚无息，选择了中庸之道，就要执守不变。

孔子赋予古代的"中"以"时""权"的意蕴，奠定了"中庸"在儒家思想中的地位。"中庸"不仅是认识世界的基本方法和处事准则，而且成为中国人的思维方式。

三、 孔子的历史贡献

孔子将毕生精力投入教育，开创私学，形成了系统的教育思想，打破了"学在官府"的传统，使学术中心下移民间。他结合自己的教育事业，整理了“六经”等典籍，留下了宝贵的历史文化遗产。孔子从事教育的过程，也是他创立儒学的过程。孔子与他的弟子共同形成了中国最早的儒者群体，形成了儒家学派。孔子对中国历史产生了巨大影响，有力地促进了文化的发展和社会的进步。

（一）开创私学

孔子以前，学在官府，教育由贵族阶级垄断。春秋以来，贵族教育没落，官府收藏的典籍文献开始散落民间，在官学中任教的人也流散到平民中去。作为下层的“士”，孔子较早揭起私学旗帜，招收弟子，推动了学术下移。在各国，鲁国是私学出现较早的国家。春秋中期，柳下惠可能曾经举办私学，只是限于材料，详细情况不得而知，就现有资料看，孔子的私学应是中国教育史由“学在官府”发展为“学在民间”的标志。

孔子授教

孔子重视教育，源于他对教育作用的认识。从国家的发展看，孔子认为，治理好一个国家，要有三个基本条件，即人口众多、生活富裕及社会教育。三者是依次递进的关系，人口和物质财富是基础，没有物质基础谈不上教育的发展，而解决了基本的生活问题之后，国家要真正富强，还必须依靠教育。从个人的成长看，孔子认为，教育在人的发展过程中起着关键作用。在中国历史上，孔子首次提出性相近、习相远的论述，认识到后天教育的重要价值。

凡是到了一定年龄的人向孔子求学，孔子都会加以教诲。古时八岁学小艺，履小节，诸如书写之事、长幼之节等；十五岁束发之时则开始学大艺，履大节，诸如先圣礼乐、朝廷之礼等。孔子所教，乃穷理、正心、修己、安人之学，此即所谓大人之学。对于这类学问，年龄太小者不能理解，故孔子所收学生必须达到一定的年龄。孔子自己表示，凡是已经束带修饰，年龄达到十五岁以上的孩子，他都一视同仁，传授学问。关于孔子弟子的数量，历来有“弟子三千”之说。孔子长期从事教学活动，收授弟子众多，“三千”乃取其整数。当然，这三千多弟子情况各有不同，但学业有成的则有七十多人。

在长期的教学实践中，孔子总结、创造出了一套科学的教学方法，形成了系统的教育思想。因材施教是对孔子教育方式与原则的精到总结。孔子善于根据学生在学业和性格上的特点，对不同的学生用不同的方法进行教育。南宋朱熹谓之“孔子教人，各因其材”。孔子常耐心地听学生表述个人志向、看法，了解自己的弟子，把握每一位弟子的个性，从而循循善诱，根据不同的特点进行教育引导。他主张“听其言而观其行”，注意学生的所作所为，观看他所走的道路，考察他的感情倾向，而不是单凭公开场合的表现做出判断，只有这样才能透彻了解一个人的思想面貌，从而有的放矢地进行教导。孔子具有识人、察人的能力，这也是他作为伟大教育家的优秀素质。

在此基础上，孔子还注意启发诱导，循序渐进。孔子说：“不愤不启，不悱不发。举一隅不以三隅反，则不复也。”（《论语·述而》）在教学时必先让学生认真思考，已经思考相当时间但还想不通，然后可以去启发他；虽经思考并已有所领会，但未能以适当的言词表达出来，此时可以去开导他。教师的启发是在学生思考的基础上进行的，启发之后，应让学生再思考，获得进一步的领会。运用这种启发式的方法，能够增强学生的学习动机，可以收到良好的教育效果。

孔子教育的基本目的是培养“志道”和“弘道”的志士和君子。他以“朝闻道，夕死可矣”（《论语·里仁》）的精神追求“道”，但孔子一生不得志，就把志道、弘道的希望寄托在弟子身上。他说：“人能弘道、非道弘人”（《论语·卫灵公》），“士志于道，而耻恶衣恶食者，未足与议也”（《论语·里仁》），“笃信好学，守死善道”（《论语·泰伯》），“志士仁人，无求生以害仁，有杀身以成仁”（《论语·卫灵公》）。他的学生也颇有体会，如曾参说：“士不可以不弘毅，任重而道远。仁以为己任，不亦重乎？死而后已，不亦远乎！”（《论语·泰伯》）子夏曰：“百工居肆以成其事，君子学以致其道。”（《论语·子张》）可见，“传道”和“学道”是孔门师生共同的目的。在这种精神的感召下，孔子培养了一大批优秀人才，他们散游诸侯，大者师傅卿相，小者友教士大夫，为社会的进步做出了重要贡献。

孔子提倡“有教无类”，认为不分贵贱贫富，人人都可以入学受教育。孔子的弟子来自各个诸侯国，如齐、鲁、宋、卫、秦、晋、陈、蔡、吴、楚等，分布地区十分广泛。他们出身于不同的阶层，大多数出身平民，如穷居陋巷、箪食瓢饮的颜回；卞之野以黎藿为食的子路；穷困至于三天不举火，十年不制衣的曾参；蓬户不完的原宪；父为贱人，家无置锥之地的仲弓。也有个别商人出身，如曾从事货殖贩卖的子贡。还有少数出身于贵族，如鲁国的孟懿子和南宫敬叔等。出身或阶层并不是孔子选择学生的标准，孔子能做到兼收并蓄，一视同仁，教之成才，这不仅说明作为教育家的孔子拥有博大胸怀，同时也展现了孔子教育艺术的高明善化。孔子“有教无类”思想打破了旧的教育格局，使下层人民也有了受教育的机会，顺应了历史发展的潮流，对社会进步、文化发展起到了极大促进作用。

孔子热爱教育事业，他把毕生的精力都倾注到了教育事业上面。他敏而好学，诲人不倦，教学相长，以德服人。作为教师，孔子说自己“发愤忘食，乐以忘忧，不知老之将至云尔”（《论语·述而》），又说“三人行，必有我师焉”（《论语·述而》），孔子本人就是一位师者的典范，被后人誉为“万世师表”。

（二）整理“六经”

“六经”是指《诗》《书》《礼》《易》《乐》《春秋》

六种典籍。孔子以前，学术官有，典籍文献由官府保存。春秋以来，情况发生了巨大变化，周王室衰微，《礼》《乐》《诗》《书》等典籍缺废。在周末“官守”散失时代，孔子是第一个保存文献的人。孔子自称“述而不作，信而好古”（《论语·述而》），并说“我非生而知之者，好古，敏以求之者也”（《论语·述而》），他本着这种精神不断地学习、研究、整理古代文化典籍。

删述六经

在早年收徒讲学的同时，孔子就已开始修订《诗》《书》《礼》《乐》等典籍。周游列国返回鲁国后，孔子自称“七十而从心所欲不逾矩”，达到了人生的最高境界，心中更加澄然，更专心于研究整理古代文献。

《诗》，后世又称为《诗经》。孔子认为《诗经》内容丰富，思想纯正；可以激发人的感情，可以洞悉人的内心，可以促进人的团结，可以抒发人的怨气；近到可以明白如何侍奉父母，远到可以让人明白如何侍奉君主；还可以多认识一些鸟兽草木的名字。《诗》还可以使人“温柔敦厚”，具有陶冶性情、表情达意的作用，所以孔子非常重视“诗教”。孔子在教学中首先进行的就是《诗》的教学，他特别强调人如果连《周南》《召南》都没有学过，那就好像面对墙壁傻站着一样。人如果不学《诗》，说话就不会得体。在长期的传授过程中，《诗》出现了错讹，曲调离谱，或有句而不能成章，或有章而不能成篇。孔子留意搜求，核对校勘，对《诗》的语言文字进行一定的统一整理，还删除重复篇章，调整了篇章编次。孔子还进行了“正乐”的工作，孔子说：“吾自卫反鲁，然后乐正，《雅》《颂》各得其所。”（《论语·子罕》）

《书》，又称《尚书》《书经》。在孔子之前，已经有《夏书》《商书》《周书》等散篇流行于世。孔子认识到三代时期文献的思想和价值，便广泛搜求，把零散的资料汇编成集。对于《书》，孔子所做的工作，主要是“编次”和“纂”，即对古代文献进行汇集编排。孔子认为《尚书》可以使人“疏通知远”，他十分重视，不仅作了《书序》，还进行断限和选材，舍弃了尧舜以前的材料。从此，《书》就成为孔子所编订的这部文献总集的专称。

《礼》是指的《仪礼》。《仪礼》现存十七篇，记载了周代所倡导和施行的有关仪节制度和行为规范。《仪礼》十七篇的某些内容可能是周公“制礼作乐”时所规定的一些礼仪。《礼记·杂记》曾记载孺悲从孔子学习士丧礼，以后才有了著于竹帛的《士丧礼》。由此可知，《仪礼》中的其他篇章也很有可能与孔子有关，《仪礼》应当经过了孔子的整理与传授。

《乐》今已失传。对于六经中的“乐”何指，人们看法不一。先秦、秦汉时期，人们《诗》《书》《礼》《易》《乐》《春秋》并提，历史上有名为《乐》的书籍存在应该没有问题。有人认为，《乐》本来有经，只是因为秦始皇焚书而归于亡佚。亦有人认为，由于《诗》具有可以"弦歌"的特征，它原来只是附于《诗经》的乐谱或者举行礼仪活动时所奏的乐曲，未必有经文存在。对于作为"六经"之一的《乐》，今天可以从《周礼·大司乐》和《礼记·乐记》等篇之中略知其中的一些精神。在音乐上，孔子造诣很深，在齐闻《韶》乐，三月不知肉味；孔子曾与鲁国的太师谈论音乐，他从声调方面说明乐的发展。他晚年自述道：我从卫国回到国以后，乐才得到了整理，《雅》乐和《颂》乐回到了它们应在的位置。孔子对乐进行了加工和整理，确有"正乐"之功。

《春秋》是我国的第一部编年体史书，系孔子根据鲁国史书修编而成。该书纪事起自鲁隐公元年（前722），迄于鲁哀公十四年（前481），以鲁国为主，记录了春秋242年的历史。《春秋》是孔子基于世道衰微的社会现实而作。其时诸侯纷争，礼崩乐坏，君臣父子名分紊乱，孔子深为忧虑，于是作《春秋》以警诫乱臣贼子。孔子在特殊历史条件下写成《春秋》，寄寓了孔子的"微言大义"，具有针砭时弊、规范世人的意义。

《周易》本为卜筮之书，有"经"有"传"。"传"又称为《易传》，《易传》有八个部分，共十篇，所以又叫做《十翼》。孔子之前，《周易》长期流传，春秋时鲁国还出现了论述卦象的《易象》。晚年的孔子对《周易》产生浓厚的兴趣，他说：再借给我几年时间，退回到五十岁开始学《易》，就不会有大的过失了。今本《易传》虽然非成于一时一人，但其思想却属于孔子，在一定意义上，可以说孔子就是《易传》的作者。1973年，长沙马王堆汉墓出土了帛书《易传》，其中的《要》篇记载了孔子晚年研究《周易》的情况。孔子肯定《周易》有往圣遗教，他所要探讨的是《周易》蕴含的义理，并说："后世之士疑丘者，或以《易》乎？"由此推测，孔子与《易传》的关系非同一般。

"六经"经由孔子的整理、阐发、解释与传播，为此后两千多年里中华文化的发展奠定了坚实的基础，保障了中华文化的传承与进步。

（三）创立儒学

在孔子创立儒学之前，社会上已经有"儒"的存在。作为学术派别，"儒"与"儒家"既有联系又有区别。东汉许慎《说文解字》说："儒，柔也。术士之称。从人，需声。""儒"字从"人"，是从事某种职业的一类人。

有学者考证，"儒"在殷商时期已经存在了。甲骨文中作"需"，像以水冲洗沐浴濡身之形。在祭祀、相礼等行为中，儒者常常斋戒沐浴，"儒"字作"需"或"濡"很有道理。中国很早就有重死观念与丧葬、祭祀等礼仪，"儒"精通丧葬、祭祀等各种礼仪，最初的"儒"可能就是贵族礼仪中的相礼。

西周时期注重教化，由于"儒"在社会中的特殊身份和地位，他们又成为隶属于司徒之官的一种教职，他们以"六艺"为教，向人们传授知识。但这时候的"儒"很可能只是以教育贵族子弟为主的官儒，与孔子儒学之“儒”还有区别。

春秋以来，官学解体，学术下移，原来从事祭祀礼仪和“六艺”之教的“儒”地位下降，流散至各地，以赞礼、相礼而谋生。孔子早年可能也是这样一位儒者，他勤奋好学，知识丰富，名声远播。随着对社会认识的逐步深入，他不再局限于以相礼谋生，而是致力于教化人心，治理社会。孔子收徒授学，培养弟子，逐渐形成了儒家学派。

可见，“儒”与“儒家”既有联系又有不同，如冯友兰先生所言，儒家与儒为两名，并不是同一的意义。儒指以教书相礼为职业的一种人，儒家指先秦诸子之一派。儒为儒家所自出，儒家之人或亦仍操儒之职业，但二者并不是一回事。后来在儒之中，有不止于教书相礼为事，欲以昔日之礼乐制度平治天下，予昔日之礼乐制度以理论根据者，此等人即后来之儒家。孔子不是儒之创立者，但是儒家之创立者。

孔子自身思想的发展也有一个历史过程。孔子关注现实，积极入世，他思考的中心是如何使社会安定，形成了以“礼”为核心的政治思想。他早年关注最多的是“礼”，步入社会后，他念念于怀的，是怎样以周代礼乐重整社会。他到处推行“礼”的主张，却事与愿违，处处碰壁，他开始越来越多地提到“仁”，议论“仁”与“礼”的关系，孔子“仁”的学说逐步得到拓展和完善。随着社会阅历的增加，孔子的人生境界逐渐提高，晚年更达至“从心所欲”的佳境，并在《易传》中阐发了自己的哲学思想，他的“中庸”思想也臻于成熟。孔子所建构的仁、礼、中庸等思想体系也成为儒家学说的核心内容。

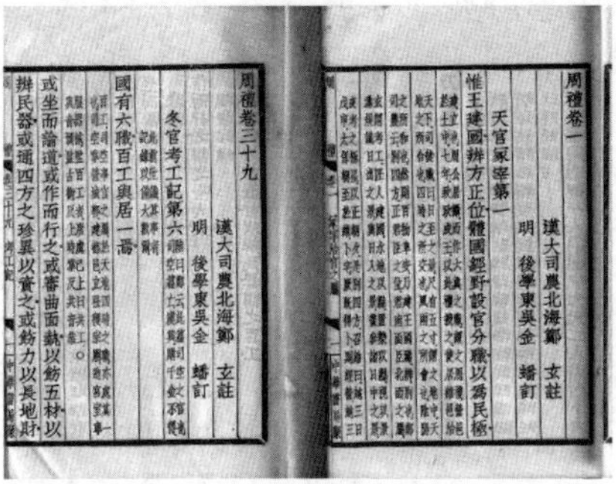
周禮卷一
漢大司農北海鄭 玄註
明 後學東吳金 蟠訂
天官冢宰第一
惟王建國辨方正位體國經野設官分職以爲民極

周禮卷三十九
漢大司農北海鄭 玄註
明 後學東吳金 蟠訂
冬官考工記第六
國有六職百工與居一焉
或坐而論道或作而行之或審曲面埶以飭五材以辨民器或通四方之珍異以資之或飭力以長地財

《周礼》

孔子在承继三代文明尤其是周代礼乐文明的基础上，集上古文化之大成，以创造性转化的立场创立儒家学说，开文明之新统，承上启下，继往开来。在此后的两千五百多年里，儒学成为中国传统文化的主流和正统，其影响不仅波及东亚，而且远播全球，至今仍发挥着不可或缺的作用。

（四）底定中国人的生命本色

在中国文化的星河之中，孔子无疑是最为耀眼的一颗巨星。对于中华文化精神的奠基与确立，恐怕没有哪一个人能够与孔子相提并论。孔子及儒家思想为中国人构筑了精致的精神家园，孔子在中国文化的“轴心时代”中具有的“轴心”地位是不可撼动的。正如唐君毅先生在《孔子在中国历史文化的地位之形成》一文中所说的：“孔子与中国之历史文化，亦以万缕千丝，密密绵绵，以相连接，如血肉之不可分，已形成一整个之中华民族之文化生命。”

一种文明区别于其他文明的重要标志就是思维方

式。儒家所塑造的思维方式正是中华民族智慧的最高凝结。中华民族的思维方式，主要体现于“天人合一”“知行合一”“持中守正”，而这三种最博大、最精致、最独特的思维方式，恰恰也都是儒家式的。孔子将《周易》中的天、地、人“三才”之道与儒家性命、仁义学说连接在一起，为儒家的“人道”学说提供了形而上的哲学依据，这种“天人合一”整体式、综合式思维与西方人习惯于“主客二分”的分析式思维方式完全不同。孔子认为，社会安定的最终决定因素在“人”，人需要将所获得的知识落实于人生与社会的实践之中，通过不断提升个人修养来完善自我与他人、与社会、与世界的关系。中国人因此崇尚“真知力行”以求善，这与西方崇尚“为知识而知识”实为两途。孔子对“中庸”哲学方法阐扬最力，使持中守正成为一种思维方式乃至价值准则。中国人因此崇尚立身正派，处事中正，追求公正，反对歪门邪道，反对偏激，反对怪力乱神。

任何一种文明，都有其核心价值体系，体现着评判是非曲直的价值标准，潜移默化地影响着人们的行为方式。儒学作为中华文化的主干，其所提倡的以人为本、崇伦尚德、经世致用、天下大同等塑造了中华民族的核心价值体系。比如，中华文明崇尚“实用理性”，而不重视“思辨理性”，这正是儒家“经世致用”的价值取向的反映。儒家之道，是修己安人之道，是内圣外王之道。在孔子和儒家看来，修己是安人的前提，内圣是外王的基础，但最终落脚点还在于入世，希冀在外王层面有所作为，或安邦定国，或扶危济困，或为官一任造福一方。可以说，正是孔子及儒家的存在，使得自上古以来华夏文明积淀而成的基本价值取向和民族品格得以塑造成形。

孔子不仅是这种价值体系的创立者和倡导者，更是践行者。他以一己之力为中国人开辟了一个“学以成人”的成长维度，用自己的一生为后世提供了人格典范。孔子之“学”目的不仅仅是“学而优则仕”，还包括不断提升自己内在的精神境界，把自己能做的和该做的都做到饱满，让自己在不断的成长中获得无可比拟的巨大的精神愉悦。孔子为我们留下了一种坚韧、豁达的人生态度，时间越久越能感受到孔子温润、博大的气象。

时至今日，孔子思想中的仁爱、诚敬、忠恕、孝悌、信义及天下观念、包容精神等价值观念仍在世界范围内得到认可。儒学具有普世特点。儒学在从诞生到现在的两千多年里，经历了“中国的儒学”“东亚的儒学”“世界的儒学”等不同阶段。作为一种强调“礼闻来学，未闻往教”的“学习型文明”，儒学的传播并不是如某

曲阜孔庙大成殿

些“传教型文明”那样借助于武力，而是依靠文明的向心力。儒学由中国向海外传播、扩散始于公元1世纪前后。自彼时起，儒学在朝鲜（包括古代的高句丽、新罗、百济）、韩国、日本、越南及欧洲部分国家得到了不同程度的传播，并在东亚形成了“儒家文化圈”，成为世界多元文明中最耀眼的文明体系之一。

自孔子创立儒家学派以来，儒学以其开放、包容的特点，在与其他思想的互补、交融中日益发展，成为中国传统文化的主干。千百年来，儒家思想涵养着中华民族的精神世界，其精髓存在于每一位中华儿女的血脉之中。

第三章

孔门弟子传承儒学

孔子与他的弟子共同组成了早期儒者群体。孔子逝世后，他的弟子们散游于诸侯之间，或从政，或经商，或授徒讲学，或隐居研究。他们都敬仰孔子，以弘扬儒学为己任，在儒学早期发展中发挥了至关重要的作用。

一、 孔子弟子宣扬儒家学说

孔子学而不厌，诲人不倦，弟子众多。孔门师徒之间教学相长，感情笃深，关系密切，他们互相爱护，甚至亦师亦友，和谐融洽。不论孔子为政之余，还是漫长的周游列国期间，总有弟子相伴左右。孔子弟子视孔子“犹父”，孔子也视弟子“犹子”。他们之间虽然没有血缘关系，但孔子弟子“丧夫子如丧父”，为孔子服丧三年，子贡甚至服丧六年，形成了拟血缘亲情的关系。

不过，孔子弟子性格各异，资质不同，且师从孔子有先有后，因而影响有大有小，对孔子学说与早期儒学的贡献也有不同。《论语·先进》篇中曾列举了孔门弟子在德行、言语、政事以及文学等方面各具所长者，品德行为最好的有：颜渊、闵子骞、冉伯牛、仲弓。长于辞令的有：宰我、子贡。擅长办理政事的有：冉有、季路。熟悉古代文献的有：子游、子夏。“四科”弟子仅是列举而已，其他弟子亦各有特色，如曾参、颛（zhuān）孙师、言偃、有若、澹（tán）台灭明等。这里仅举其重要代表来进行介绍，以从中了解孔门弟子之贡献。

（一）颜回

颜回（前 521—前 481），字子渊，少孔子三十岁，春秋末年鲁国人。颜回家境贫寒，生活窘迫，但他安贫乐道，对学术孜孜以求，是孔子最得意的弟子。

颜回

在孔子弟子中，颜回以“德行”著称，是道德践履的典范。他表现卓异，努力追随、掌握并力行孔子学说，去追求道德上的最高境界。孔子的君子之德感召着他，颜回认识到，一个人的思想学说越不为人们理解，不为世道所容，越能见到这个人的信念与情怀。

孔子不轻易以“仁”许人，但他却明确地说颜回是仁人！在孔子看来，仁作为一种崇高德行，在一般人身上能够存在就很了不起，而颜回却能“三月不违仁”。颜回如此，在于他能不断坚持善的积累，在日常的生活中把修德行仁落到实处。因此，孔子感叹道，用箪进饭，用瓢饮水，住在简陋的小巷中，别人都不能忍受这种穷困清苦的生活，颜回却没有改变他的乐趣，他的品质是多么高尚啊！后世遂把这种境界称为“孔颜乐处”。

（二）仲由

仲由（前 542—前 480），字子路，春秋末年鲁国人。他生性好勇，年轻时经常身披野猪皮，头上插着色彩斑斓的公鸡毛，还带着佩剑，以显示自己对勇力的重视。拜师孔子后，他逐渐认识到文化素养对个人发展的重要作用。

子路非常好学，经常向孔子提出各种问题，主要有三方面：一是与做人有关，包括问强、问勇、问君子、问士、问礼、问孝、问完人等；二是与政事有关，包括问政、问事君、问贤人治国等；三是对历史人物、历史事件的评价，包括问管仲、问子产、问中行氏等。对子路的问题，孔子总是给予耐心回答。在孔子耐心开导下，他逐步改正了鲁莽的缺点。

仲由

子路尊重孔子，拳拳之心溢于言表。在周游列国期间，他们困厄重重，子路或亲自驾车，或充当侍卫，随时准备以他的生命保护孔子。无论匡地被围，还是蒲邑被困，最后的脱身都得力于子路。

子路曾有短暂的从政生涯，做卫国的蒲邑宰。在施政过程中，子路坚守孔子提倡的德治主张，将此边鄙之地治理得井井有条。孔子看后，赞赏有加。子路还孝行突出，他“百里负米养亲”的德行被后世广为流传。

子路终身遵循孔子教诲，按照“君子”的标准要求自己，他在卫国内乱中遇难，临死时之时还不忘整理衣冠，展现了君子的尊严。后“仲由缨”就成为不怕牺牲、慷慨赴死的象征。

（三）端木赐

端木赐（前 520—？），字子贡，春秋时期卫国人。在孔门弟子中，子贡以能言善辩著称，他既是当时著名的商人，也是孔门中最具外交才能的弟子。

子贡

子贡善于经商，能够凭借聪明才智把握行情，因而是孔门弟子中最富有的一个。子贡还具有外交方面的才能，对当时的国际形势产生了很大影响。齐国本欲攻打鲁国，存亡之际，子贡分别前往齐、吴、晋、越等国进行游说，使鲁国转危为安，得以保存，同时还使齐国陷入混乱，吴国遭到灭亡，晋国更为强大，越国得以称霸。所以，各诸侯国的国君对子贡都十分尊重。

虽然子贡才华出众，但他却是一个谦虚而自知的人。孔子问他说："你和颜回哪个更强些？"子贡回答说："我怎么敢和颜回比？他得知一件事，可以推知十件事。我得知一件事，只能推知两件事。”孔子对子贡的回答也表示赞同。而当有人说子贡比孔子更贤能时，他立刻以房屋围墙为喻进行反驳，认为孔子的学问非常高深，犹如几丈高的围墙，只能找到合适的门路，才能看到其中的丰富和美好，但现实中能够找到这种门路的人却非常少。这不仅表明了子贡的自知，更显示了他对孔子思想的深刻理解，以及他对孔子的爱戴与崇敬。

（四）卜商

卜商（前 507—?），字子夏，春秋时期卫国人。子夏家境贫穷，时常衣衫褴褛。后来在孔子的培养下，子夏在古代典籍保存、经学传承等方面做出了重要贡献。

子夏

子夏主张“学而优则仕”，这对后世中国人的人生追求产生了深远影响。孔子强调“修己以安人”，认为

“修己”是齐家、治国、平天下的基本出发点。子夏深刻领会老师的学说，在“修己”问题上，尤其强调“学”的重要意义。在担任莒父宰时，鲁哀公向其咨询政事。子夏告诉鲁哀公，“五帝”这样的上古圣王如果没有老师，他们的功业也不可能彰显于天下，因此人只有通过学习才能实现安国保民。

子夏对于诸经皆有钻研，尤其精于《春秋》之学。孔门弟子对于孔子所整理的《诗》《书》《礼》《乐》等典籍皆有所学，而在后来接续孔子事业并以经书从事教育、传授弟子的，子夏是最为突出的一位。在对典籍的理解上，他不仅能领会孔子的思想，而且能对孔子有所启发。对于《诗经·卫风·硕人》中形容女子笑靥可人的句子，孔子特别指出，这句诗旨在告诉人们，要先有洁白的底子，然后再涂以色彩，子夏马上意识到礼文也要在质朴、纯真之后。孔子由此称赞子夏是能启发他的人，而且可以一起讨论《诗》。孔子还以《春秋》授子夏。子夏经过卫国去晋时，有读史的人说“晋师三豕涉河”，子夏马上听出“三豕（shǐ）”为“己亥”之误，可见其精于春秋史事。《韩非子·外储说右上》《春秋繁露·俞序》等都记载了子夏对《春秋》的论说，如此皆能说明子夏与《春秋》的密切联系。

子夏还为儒家经典的诠释与传授做出重要贡献。子夏以辨章析句、发明本意的方法来释读儒家经典，此“章句”之学促进了儒家经典的广泛传播。子夏亦曾经收徒授学，孔子去世后，子夏居卫国西河地区，教弟子三百人，后来又成为魏文侯的老师。《论语·子张》中记有“子夏之门人”与子张的对话，《墨子·耕柱》也有关于“子夏之徒”的记载。

（五）曾参

曾参（前 505—前 435），字子舆。春秋末年鲁国人。在孔子弟子中，曾参是道德修养比较全面的一位，尤其强调“省（xǐng）”“信”“孝”等，他对孔子学说的理解非常精到而深刻。由曾子及其弟子所组成的“洙泗学派”，上承孔子，下启子思，是孔门后学中发展孔子学说的重镇之一。

曾参

曾子特别注重内心的修省（xǐng），其修养方法最突出之处在于，主动发自内心的自我反省而无须外人强制。所以他每天都要多次反省自己，例如，为他人做事情有没有不诚实、不尽心的地方呢？与朋友交往中有没有不守信的地方呢？在实际行动中有没有贯彻老师的思想学说呢？《大学》为曾子写定，在《大学》中也有君子“慎其独”的说法，所谓“慎独”，就是一个人独处时也不要做出违背道德之事来。“省身”与“慎独”都是具有很高道德素养的表现。

曾子格外注重“信”。曾子“杀猪教子”的故事可谓千古美谈。曾子之妻为哄骗孩子不跟自己去集市，答应回来杀猪给他吃。但回来之后，她又说这只不过是跟孩子开玩笑罢了。曾子很严肃地批评妻子，认为这会给孩子带来不好的影响。于是，他毅然杀了猪给儿子吃。

曾子亦以“孝”著称。《孝经》出于曾子，其中全面阐发了孔子关于“孝”的学说。在曾子看来，家庭伦理乃是政治伦理的基础，人应当事亲以孝，注重孝道。只有谨慎地办理父母的丧事，诚心诚意祭拜祖先，民众才会受到感化，德行也会趋向敦厚，最终使近者亲善、远者来附，从而天下安定和谐。

曾子不仅关注“孝”的理论，在现实生活中，他也是一个不折不扣的孝子。为孝敬父母，曾子甚至走向极端，大家所熟知的“曾子耘瓜受杖”的故事就是其中之一。他的这种行为，近似于一种“愚孝”，在当时就被孔子严厉批评。曾子孝亲的事例还有很多，如“曾子不吃羊枣”“曾子不过胜母坊”等等。曾子孝亲的言行，始终贯穿着一个“敬”字，这也是曾子能够成为孝行典范而彪炳千古的根本原因。

孔子在世时，儒家思想的影响范围主要是孔子师徒所到之处，仍限于以齐、鲁为中心的地域。孔子去世后，门下弟子散游各地，子夏将儒家思想北传与澹台灭明南传遥相呼应，不仅使孔子学说在更大范围内产生影响，而且使儒学有机会与其他地域文化相互碰撞，为儒家思想的发展创造了条件。在南传与北进的同时，曾子、子思等人则继续在鲁、齐等地深耕，也加深了孔子学说在诸侯、士大夫间的影响。孔子弟子通过交友、开坛授学、潜心研究等方式弘扬孔子学说，尤其是通过友教诸侯、士大夫方式，使孔子学说在社会上层获得了较大的生存空间，儒学也因此在战国时期成为“显学”。

二、 子思汇集整理孔子遗说

孔伋（前 483—前 402），字子思，鲁国人。孔伋是孔子之孙，他年幼好学，直接受到孔子的教诲，后又师从曾参。孔伋一生历尽艰辛，生活贫困，曾为鲁穆公之师。在政治上，他刚傲不屈，忠恳诚实。在思想上，他继承发展孔子学说，作《中庸》，开启了儒家心性论的

子思

先河。他还专门辑录孔子言论，《论语》《孔子家语》的最初编订可能就出自子思之手。

在孔子去世以后，子思逐渐成为孔门后学的中心人物。当时有不少人跟随子思学习，比较著名的有县成、胡毋敬、曾申、申祥等。以子思为中心，形成了孔子之后一个重要的儒家派别——子思之儒。战国时期大儒孟子曾受业于子思之门人，后世便把子思、孟子一系合称为“思孟学派”。子思在孔子到孟子的思想传承中发挥着桥梁作用，被后世尊为“述圣”。

（一）子思与《中庸》

子思继承和发扬了孔子的中庸思想，建立了以中庸为核心的学说。他将“中庸”作为最高的道德和自然法则，讲述天道和人道的关系，主张“执两用中”，致中和，处理事情不偏不倚，无过无不及。

子思还把中庸与人性道德联系起来进行考察，他以“至诚”作为最高的道德境界和世界本原，论述了“尊德性”与“道问学”两种修养形态，提出以“至诚”的态度使人与天道合一，做到“极高明而道中庸”，达到天人合一的境界，以赞天地之化育。

汉代司马迁在《史记·孔子世家》中明确说“子思作《中庸》”。此后，郑玄、孔颖达、朱熹等大儒都遵循此说。“子思作《中庸》”的说法也得到了出土文献的证实。1973 年 12 月，湖南长沙马王堆 3 号汉墓出土了一批帛书，其中一篇经庞朴先生考证，被命名为《五行》篇。其中提到“仁义礼智圣”五种“德之行”，而这种说法又见于《孟子》，因此庞朴先生认为这正是荀子非难的思孟五行学说。李学勤先生则进一步将《尚书·洪范》、帛书《五行》与《中庸》三者进行比较研究，指出“仁义礼智圣”系子思所首倡。

郭店楚简《缁衣》《五行》《成之闻之》《尊德义》《性自命出》《六德》等篇中与《中庸》有不少相通之处，如《性自命出》论及“性自命出，命自天降”，这与《中庸》“天命之谓性，率性之为道”一致，《尊德义》的体例与《中庸》等也颇为近似。《中庸》中的“天命”“性”“慎独”“中和”“诚”等重要范畴，在郭店楚简的相关篇章中得到了丰富和发展，且都与子思及其学派相关。由于郭店楚简是战国中晚期的作品，故《中庸》应在此之前，当是战国早期的作品。子思是战国早期人，正好符合。可见，这些出土帛书和竹简都与子思有一定的关联，同时也证实了《中庸》一书出于子思。至于今本《中庸》中明显不属于战国时期的个别表述，没有改变《中庸》主要意思的表达，并不影响子思作《中庸》的合理性。

《中庸》以及出土简帛的相关篇章展示了战国时期以子思为代表的儒家学派的思维方式，即超越日常道德训诫，上升到以心性为本体的高度。所以，子思开创了儒家的“心性”学说，在由孔子到曾子再到孟子这一儒家“内求”发展路径中起到了至关重要的作用。

（二）整理孔子遗说

“孔子遗说”是指孔子生前所留存下来的言论。孔子“述而不作”，但其长期从事教育工作，培养了大批弟子。当然，随着文献的传播、流传，孔子言论更多地以“子曰”“孔子曰”“夫子曰”等形式呈现。所有这些遗说，除少量为后世诸子假托外，绝大多数系由孔子弟子记录。孔子去世后，曾子为群伦推重，孔子嫡孙子思也从而问学，因此，曾子应是纂辑孔子遗说的前期召集人和主持者。但纂辑孔子遗说绝非短期可完成，曾子以后，主持其事者当是子思。

子思辑录、整理孔子遗说得到了文献记载的印证。传世的子思相关著作大致有三种类型。其一是子思本人的作品，其二是子思弟子或后学辑录的子思言行事迹，其三是子思辑录的孔子言行。其中，第三类在子思作品中占据着很大的篇幅。比如《礼记》中《中庸》《表记》《缁衣》《坊记》四篇、郭店楚简《穷达以时》《成之闻之》、上博简《从政》等皆应属于此类。其中，郭店楚简《成之闻之》与上博简《从政》屡次出现的“闻之曰”，就是指“子思听闻孔子说”。

《论语》和《孔子家语》的最初编订可能出自子思。“论”是指集合简册、比次群言，“语”则是指弟子听闻于孔子的言论。因而，“论语”就是孔门弟子把从孔子那里得来的话汇辑集合起来的意思。《论语》是由孔子弟子及再传弟子结集而成，由于《论语》记有曾子临终之言，且其后的《孟子》多次征引《论语》中的句子，因此，结集的时间当在孔子去世后不久，大约在曾子去世后、孟子出生之前，即公元前 428 年至公元前 372 年。再结合这一时间段内儒学传承的状况，以及《论语》注重做人、修身的思想主旨，内在逻辑与孔子、曾子的思想一脉相承，所以，子思整理、选辑、编订《论语》无疑最接近事实。

《孔子家语》又名《孔氏家语》，或简称《家语》，是一部记录孔子及孔门弟子思想言行的著作。这部著作汇集了大量孔子的言论，再现了孔子与弟子、孔子与时人谈论问题的许多场景。此外，还有经过整理的孔子的家世、生平、事迹以及孔子弟子的材料。按照汉人孔安国的说法，《论语》与《孔子家语》的编撰时代一致，那么，《孔子家语》的编纂也一定与子思有重要的联系。

《孔子家语》的名字，在《史记·孔子世家》可见。按照司马迁的描述，孔子去世后，“孔子家”成为诸生演习讲礼的场所，成为弟子后学缅怀、追思恩师的场所。弟子后学住进孔子原来的居堂中，除了按时举行礼仪，他们还将各自整理保存的孔子的“讲课记录”汇聚到一起。可以想象，随着孔子的逝世，弟子后学失去了恩师，也失去了自己精神的寄托，因此，他们便聚汇孔子言论，集中孔子学说，最终在孔子之孙子思的主持

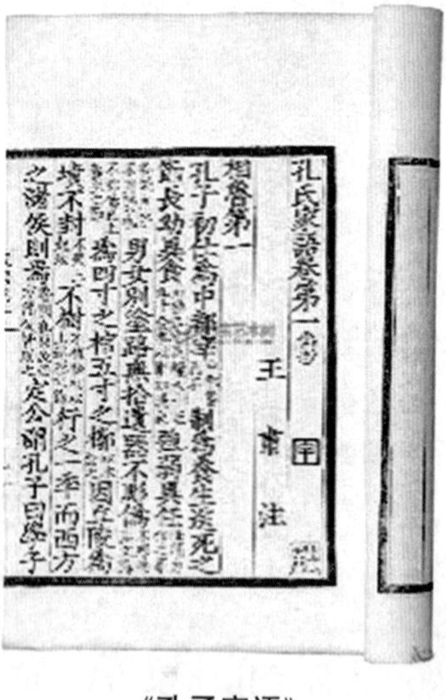
孔氏家語卷第一　王肅注
相魯第一
孔子初仕爲中都宰　制爲養生送死之節長幼異食彊弱異任男女別塗路無拾遺器不彫僞爲四寸之棺五寸之椁因丘陵爲墳不封不樹行之一年而西方之諸侯則焉定公謂孔子曰學子

《孔子家语》

下，共同编辑了《孔子家语》。

子思编纂《孔子家语》，应当是该书的第一次汇编，此后经过战国秦汉的流传和散乱，孔子的后裔孔安国对该书进行了再次编辑整理，并以孔氏家学的形式使之流传下来，直至三国时王肃为之作注并公之于世，这部记载孔子言行的重要典籍才重见天日。

第四章

继往开来的亚圣孟子

孟子，名轲，战国时期邹国人。孟子的生卒，史籍无明确记载，一般认为，孟子晚于孔子百年左右，生于公元前 372 年，卒于公元前 289 年。孟子的近祖是春秋时鲁国“三桓”之一的孟孙氏。现存典籍少有关于孟子父亲的记载，但孟子的母亲却是后世“贤母”的典范。孟母通晓礼义，施三迁之教，对孟子的影响应相当深厚。

孟子曾受业于子思之门人，后来经过刻苦学习钻研，得以开门授学，其弟子有公孙丑、万章、乐正子、公都子等。中年以后，孟子游走于诸国之间，推行仁政学说，但其理念却难以获得统治者的青睐，政治主张一直不得实施。到孟子垂暮之年，他开始与弟子序《诗》《书》，述仲尼之意，作《孟子》七篇。在当时的局势下，孟子与诸国国君、贵族、学者等交流、交锋，不仅

孟子

扩大了儒家的政治影响，也在孔子、子思等的基础上扩展、深化了儒学的理论内涵，从而为早期儒学发展开辟了新的一页。

作为充满世间关怀的思想家，孟子一生致力于推行“王道”，他对儒家义理进行了多层面、多角度的阐发，不仅使儒家学派有效抵制了杨、墨诸家的挤压与侵蚀，更极大充实了儒家思想的学理与内涵。孟子的这些努力，使他无可争议地成为早期儒学发展的又一高峰，被后人尊为“亚圣”。

一、 孟子“道性善”

性善论是孟子仁政学说以及伦理学说的理论基石，也是孟子对儒家思想发展做出的重大贡献之一。后人对孟子的性善论有着很高评价，宋人程颐认为，孟子有大功于后世的原因就在于其言性善，孟子关于性善、养气的论述，皆为前圣所未发。

在中国思想史上，对于人性问题的思考很早就已开始。早在孔子以前的典籍中，有关人性的问题就曾被多次提及，当然这些还只能算是关于人性的朦胧意识。至孔子时，孔子明确提出了“性相近也，习相远也”（《论语·阳货》），这在人性问题上，较前人推进了一大步。孔子之后，孔门弟子宓子贱、漆雕开、公孙尼子之徒皆言性有善有恶。作为儒家心性学说体系的开创者，子思也对人性问题提出了许多新的认识，他认为人性是人与生俱来的、不教而能的喜怒哀乐之情，要建立和谐的社会秩序，首先必须顺应人性。

到了孟子时代，关于人性的观点共有四种，有“性无善无不善”、“性可以为善，可以为不善”、“有性善，有性不善”以及孟子所主张的“性善论”（《孟子·告子上》）。对于其他几种论述，孟子并非一概反对，比如他承认人性善恶与外在环境有着密切关系，也认为物质财产对于一般民众道德水平的提高发挥着基础性作用。但孟子也认识到，其他几种言说人性的方式只是对人性的外在概括和描述，并没有突出人的道德主体性，无法确立人生的信念和目标，不能给人以精神的方向和指导，更不能安身立命，满足人的终极关怀。因此，孟子道性善，采取了不同的思维进路。

孟子肯定人有善性。首先，他认为善性是天赋予的，人心是向善的，每个人都有仁义理智的善性，与“水之就下”是一个道理。其次，他还强调“人有善性”

可以在经验世界中得到证明。孟子提出，当人们突然看见有孩子要掉进井里的时候，人人都会产生惊慌恐惧而又同情的心理。此“心”是在没有任何目的、没有任何预期的心理状态下产生的，是发自于内的善性。孟子以此“示例”说明，任何人在生活中都会有本心、良心的呈现，即人皆有善性。

既然人有善性，那么其内在依据何在？孟子曾告诉公都子：“恻隐之心，人皆有之；羞恶之心，人皆有之；恭敬之心，人皆有之；是非之心，人皆有之。恻隐之心，仁也；羞恶之心，义也；恭敬之心，礼也；是非之心，智也。”（《孟子·告子上》）孟子还讲：“恻隐之心，仁之端也；羞恶之心，义之端也；辞让之心，礼之端也；是非之心，智之端也。”（《孟子·公孙丑上》）孟子将仁、义、礼、智“四德”与恻隐、羞恶、恭敬、是非相联系，并认为恻隐、羞恶、辞让、是非“四心”是仁、义、礼、智的发端，这是孟子在儒家思想发展中的一个重要贡献。

儒家心性学说是由子思及其弟子开启的，到了孟子的时代，则达到一个高峰，其中仁、义、礼、智“四德”一直是重要内容。郭店楚简《五行》成书于《孟子》之前，其“经文”部分被认为是子思的作品，文中“五行”乃指仁、义、礼、智、圣；马王堆帛书《五行》的思想内容则与郭店楚简《五行》具有一致性。后来荀子批评思孟五行学说，但未明言“五行”具体何指；唐代时，杨倞为《荀子》作注，他提出“五行”即“五常”仁、义、礼、智、信；近人郭沫若则认为思孟学派的“五行”指仁、义、礼、智、诚。由此不难看出，仁、义、礼、智始终是思孟五行学说的基本构成部分，其重要性不言而喻。

在这一发展脉络中，孟子的贡献在于，他把人性善的基点由血缘亲情转换到恻隐、羞恶、辞让、是非等更为普遍的道德情感中。孟子还曾讲“可欲之谓善”（《孟子·尽心下》），这实际是说，“善”不受外在条件的限制，完全可以由自我掌握。在他看来，恻隐、羞恶、辞让、是非“四心”可以表现为具体的善行，由心善完全可以肯定性善。假如“四心”因为种种原因而没有表现出善，这仍不影响内在禀赋本身仍然为善。可见，孟子是以内在的道德禀赋为善，认为这种道德禀赋可以表现为具体的善行，这是一种主体自主、自觉的内在标准。

仁、义、礼、智“四德”与恻隐、羞恶、辞让、是非“四心”是孟子构建其性善论的基石。在此基础上，孟子又进一步论证善才是人性的根本。

首先，孟子通过人与禽兽的区别来界定人性。孟子认为，人作为一个物类是有共性的，这种共性可分为三个层次，一是人有相似的体貌，二是人对味、声、色等有共同的感受，三是人对礼义有共同的心理需求，其中第三个层次是人类共性中最高的层次。这说明人不仅有共同的生理需求，更重要的是具有共同的心理需要，这种共同的心理需要就是人具有仁、义、礼、智四种向善的本能，这才是人类区别于动物的根本标志。

孟子强调人的善端的“扩而充之”，这与孔子的“推己及人”以及“能近取譬”的“为仁之方”一脉相承，只是孟子更为强调善端的本能性、固有性而已。总之，孟子是从人与禽兽的区别上来把握人性，进而找出人“异于禽兽者”的根本原因所在。

其次，孟子通过思维器官与感觉器官的区分来界定人性。孟子认为，耳、目等感觉器官不能思考，具有盲目性，在接触外界事物时，常常会因外物的引诱而受蒙蔽，很容易把人引向歧途。只有具备思维功能的“心”才是可靠的，“心”可以通过思维找到自己内心所固有的善性。由于“心”这一思维器官有清醒的自觉性，所以孟子强调人应先立足于自己的本心。归根结底，孟子是为了说明人的一切活动都会受到“心”这一思维器官的支配，人所具有的一切“善端”都是“心”思维的结果。

最后，孟子又通过对“性”和“命”的区分来界定人性。人本身具有动物性，要满足自身生理的要求以保障生存，这是人的天性；但那些声、色等人之所欲的实现会受到外在条件的限制，这就是“命”。孟子认为，人的仁、义、礼、智等道德行为，固然会受到客观必然性的限制，却属于人之固有“善端”的发挥，因而是人之“性”而不是“命”。显然，“性”与“命”是有区别的，只有将其区别开来，才能更好地理解“人性”。

孟子“道性善”，其用意并非仅仅在于对“性”做客观的描述与分析，而是将“性”看作人之为人之所在，进而通过对“性”的反省、自觉，使人们确立人生信念，安身立命，实现终极关怀，最终实现整个社会的和谐稳定。也就是说，孟子论性，不是为论性而论性，而是有他的政治社会追求，根本上还是为了救世，为了教化君臣、民众。因此，在反观自身，反省人性的基础上，按性善的要求修治自己，便成了题中应有之义。常人也有恻隐、羞恶、辞让、是非之心，也就是同样具备善端，只是常人还没有将自身善性扩而充之。而从善如流、扩充善性，则是尧、舜等圣人区别于常人的最显著之处。如果做到了，整个社会自然会进入一种和谐稳定的完美样态中。

此外，孟子并不否认人有不善的事实，但这与人性无关，都是由外部环境的影响造成的。孟子说，牛山上的树木本来是茂盛而美丽的，但是由于不断遭到砍伐和牛羊的啃噬，才变成了光秃秃的荒山。这并不说明牛山的本性是不能生长树木。人性也是一样，人由于受外部环境的引诱，有时会有不善的举动，道理都是一样的。孟子还举例说，在丰收的年景里，少年子弟多会懒惰，在有灾祸的年景里，少年子弟会有暴力倾向，也是外界的环境影响造成的。

在战国那样一个充满血腥气息、人性颠倒的时代，孟子能够热情赞美和讴歌人性，这在先秦时期可以说独树一帜，在儒学发展史上的意义十分重大。更为重要的是，孟子从“人之所以为人”的角度，将人类之性与动物之性区别开来。孟子开启了内求诸己、扩充善端的教化模式，为社会中形形色色人提供了修己入圣的法门，在思想史上具有显著意义。孟子从性善论的角度，认为仁是人的天赋本性，是人固有之善端。这种主体意识，解答了孔子“仁学”理论没有解答的问题，并使之获得了一个理论基础，这是儒学发展史上的一次飞跃。

二、 孟子的仁政学说

孟子“四德”与“四心”之说为其“仁政”学说提供了内在依据，他提出，正因为“人皆有不忍人之心”，所以才能行“不忍人之政”。“不忍人之心”就是每个人都有怜悯体恤别人的心理，即仁心；“不忍人之政”就是不忍心伤害人民的政策，即仁政。在孟子看来，尧、舜、禹、汤、文、武诸位先王深怀仁心，发而为政，是推行仁政的典范。所以，只有效法先王施行仁政，才会实现平治天下。

礼门义路（山东邹城，孟府）

遵循“王道”，提倡“民贵君轻”，主张重义轻利是孟子仁政学说的主要内涵。“王道”是指以仁德治理天下，与之相对应的是“霸道”，是指以权势来进行统治。孟子坚定支持“王道”政治，反对“霸道”。孟子认为，“王道”是以德服人，人民会心悦诚服，可以一统天下；“霸道”崇尚暴力，虽可以成为大国，但无法真正收服人心。在孟子的时代，诸侯争霸，战争不断，孟子反对以征伐来实现统一，主张行王道，施仁爱于民。与之相关联的是，孟子对暴君、虐政进行了深刻的揭露和批判。他认为残暴的君主是独夫民贼，人民可以起来诛杀他。所以汤、武革命是合理的，而桀、纣、幽、厉等人则是罪有应得，这是对传统礼法观念的一种突破。孟子还抨击了当时的统治者只贪图个人享受，不问人民疾苦，不顾人民死活的暴行。他告诫梁惠王，如果厨房内有肥肉，马厩里有壮马，但老百姓却面有饥色，野地里到处是白骨，这就等于是带着野兽来吃人。野兽自相残杀，人尚且厌恶它；作为老百姓的父母官，如果不能避免这种率领野兽来吃人的情况发生，那么就没有资格来担任这个职位。

孟子提倡“民贵君轻”，他说：“民为贵，社稷次之，君为轻。”（《孟子·尽心下》）在治理国家、统一天下的过程中，老百姓是最重要的，国家政权是次要的，国君是更次要的。

孟子这一思想是对中国古代“民本”思想的继承和发展。孟子之前，“民本”思想就已产生，在《尚书》《国语》《左传》等典籍中多有记载，这直接影响了早期儒家的政治理念。孔子接受和继承了西周以来“敬天保民”的思想，提出对老百姓要以教化为先，节用而爱护，轻用民力，适时征发力役。

孟子的“民贵君轻”思想则是把中国古代的“民本”思想发展到了一个新的高度。在孟子看来，民心向背是政权稳固与否的决定因素，只有得到老百姓的支持，才能拥有天下，因而民众自然比君主更为重要。面对梁襄王如何才能统一天下的追问，孟子认定民心归服才是关键。所以，孟子才会认为，适宜作战的时令、气候不如有利于作战的地形重要，有利于作战的地形不如齐心协力、上下团结重要，只有民心归服才是统一天下的决定性因素。孟子甚至把民心置于天意之上，认为民心即代表天意，民心才是至高无上和不可违抗的。

重义轻利也是孟子仁政学说的重要内容。在处理义利关系上，孟子主张对统治阶层与民众要区别对待。统治者应着重于道义，孟子见梁惠王时就特别强调，如果一个社会仅以利己作为终极目的的话，必然会使各种矛盾激化，不可避免地发生争夺、残杀，甚至毁家亡国。反之，如果能“去利怀义”，君臣父子都能以仁义相处，王道政治就会出现。如果君主是仁义之君，上下争行仁义之事，君主便可在不言利之中实现大利，即王天下。对于民众而言，孟子认为只有在获得实际的利益后，才能讲仁义。也就是说，孟子要求统治者满足人民对于“利”的正当要求，还“利”于民，用看得见、摸得着的物质利益，来晓谕人民，安抚人心。

如何才能施行仁政？孟子有明确而具体的主张：

第一，要让民众有稳固的产业收入。孟子认为百姓逐利是正常的，民众对于“利”的基本需求应当得到满足，特别是人们生存所必需的衣、食、住、行等。这个问题解决得好，才有可能引导人民“从善”与“为仁”。他告诉齐宣王，“制民之产”是施行仁政的根本，百姓如果没有稳定的产业收入，无法维持自身的生存，就会为了维持生计而背离道德。为此，执政者必须首先为百姓创造、提供必要的产业，使其生产所得能够满足日常生活的需要。孟子将“制民之产”视为执政者推行道德教化的物质保障和前提，他把经济基础与道德教化有机结合起来，这是对孔子“富而后教”思想的重要发展。

对于让民众获得稳固产业收入的方法，一方面，孟子提出要给予民众土地，他曾分别向梁惠王和齐宣王讲述了同样的观点，五亩田宅，种上桑树，五十岁以上的人就能穿上丝织品了。鸡、猪、狗等家畜，不要耽误繁殖的时机，七十岁以上的人就有肉可吃了。一百亩的田地，不要耽误农时，数口之家就可以不挨饿了。重视学校教育，宣讲孝悌的道理，头发斑白的老人就不必在路上头顶肩扛干重活了。如果能做到这些，天下归服就成为必然。另一方面，孟子还提出了“井田制”的主张，方圆一里的土地为一井田，每一井田九百亩，中间一块是公田。八家各授给私田一百亩，共同耕作公田。完成公田的农事，然后才可以耕种私田。孟子认为，划分田界非常重要，田界划分不公正，井田的面积就不平均，作为俸禄的田租收入也就不会公平合理，因此暴君和贪官污吏必定要搞乱田界。田界划分正确了，分配土地、制定俸禄就轻而易举了。他把划分田界作为施行仁政的开端。

第二，国家赋税的课征应该有所节制。孟子主张轻税薄敛，对人民征收赋税要有明确规定。从前周文王治理岐地，农民的税率是九分抽一，做官的世代承袭俸禄，关口和市场上只维持秩序而不征税，到湖泊池塘捕鱼不受禁止，处罚犯罪的人不牵连到他的妻室儿女。孟子认为这是后世应当效法的典范。他还主张只收农业税而不对其他行业收税。对农业税的征收，主张实行劳役税的“助”法，反对实物税的“贡”法。农业税的税率，他认为“什一而税”和耕者“九一而助”比较合理。如果赋敛过重，便会侵害百姓利益。

第三，尊贤重教。在孟子看来，先有“仁人”然后才有“仁政”，所以，他大力提倡尊贤使能。孟子希望统治者贵德而尊士，让贤者在位，能者在职，广泛招揽人才，形成人才济济的局面。对于贤能之人的选拔，孟子认为应该重视体察民意，左右亲近之人都说好，不可轻信；众位大夫都说好，也不可轻信；全国的人都说好，然后考察他。发现他真有才干，然后再任用他。左右亲近之人都说不好，不要听信；众位大夫都说不好，也不要听信；全国之人都说不好，然后去考察他。发现他真的不可用，然后再罢免他。左右亲近之人都说可杀，不要听信；众位大夫都说可杀，也不要听信；全国之人都说某人可杀，然后去考察他。发现他该杀，然后再杀他。选贤任能的过程中重视民意，这才是合格执政者。此外，孟子还特别注重从下层社会选拔人才，他对出身贫贱的舜、胶鬲、傅说等人都给予了高度的评价。

教化是统治者施仁政、争得民心的重要条件。孟子非常注重道德教化，认为德治要胜于政刑。政刑使得百姓畏服，但教化却可以获得百姓的喜爱，赢得民心。孟子提倡通过学校教育来宣讲孝悌的道理，用伦理道德来教导民众，使父子有情，君臣有义，夫妇有别，长幼有序，朋友之间有诚信。

孟子说：“我所希望的是向孔子学习。”孔子“贵仁”，孟子则高扬“仁学”主题，并将其推向深化，提出了仁政学说，从而将“仁”的精神提升到一个新的高度。为实施其“仁政”学说，孟子与孔子一样，奔走于各诸侯国之间。然而，当时诸侯争战正酣，急功近利是当时各国统治者的普遍心态，因此，当孟子津津乐道于仁政理论的时候，像齐宣王一样“左右张望，把话题扯开了”的做法就是极其自然的了。但是，孟子的仁政学说在战国时代虽说只能是一种美好的愿望，但它对百姓利益和幸福的重视却是人类的不懈追求，所以即使跨越两千多年，“仁政”依然是后世政治家的施政理想，直到今天仍然具有积极的意义，闪耀着历史的光辉。

三、 孟子的人格修养论

孟子提出了“大丈夫”人格范式，并为实现这一理想人格提供了具体的可操作途径。与孟子同时代的纵横家景春认为公孙衍、张仪之流是“大丈夫”，因为如果他们发怒，诸侯都会害怕；如果他们平静下来，天下则太平无战事。但孟子却不以为然，他认为“大丈夫”应该居仁由义，知时通变，不论富贵、贫贱、威武这些外部境遇如何改变，都依然会坚守道义。

孟子的人格修养论与孟子自身的气质性格密切相关。孟子有着中国传统士人的骨气和傲气，有着舍我其谁的气魄、胆识，他向诸侯进言，从不把诸侯高高在上的地位放在眼里，决不被他们的权势所吓倒。同时，在百家争鸣的形势下，面对其他学派的非议，他也无所畏惧，勇敢地进行反击，捍卫和发展了儒家学说。这本身就是一种“大丈夫”人格的体现。

想要成就大丈夫人格，孟子说那就要养成一种“浩然之气”作为内在的精神支撑。“浩然之气”是孟子理想人格理应具有的精神状态。不过，即使在孟子本人看来，“浩然之气”也很难用语言文字描述清楚。原因在于，一方面，孟子深知语言具有言不尽意的限制性，另一方面，孟子认为“浩然之气”乃是个人所体验到的一种精神状态，难以验证。

当然，浩然之气“难言”却并非不能言，孟子认为，所谓“浩然正气”是指一种无声无形、广大刚强的精神状态。因为“至大”，浩然之气无所不在，无所限量；因为“至刚”，浩然之气无所不胜，不可屈挠。孟子还认为，这种“浩然之气”并非生来就具有的，而是人本有的善性，经过对义与道的正确体认和把握，并持之以恒地调养、精心认真地培育，从而最终造就出的凛然于世间、至大至刚的天地正气。这样的浩然之气显然是修养实践过程中所追求的一种生命境界，是道德精神的力量。当至大至刚的“浩然之气”充塞天地时，也就必然会养成“大丈夫”的理想人格。

浩然之气并非与生俱来，也并非可轻松获得，因此掌握涵养“浩然之气”的方法就非常重要。孟子认为，涵养浩然之气首先要“直养而无害”。所谓“直养而无害”，意即应当让自己的浩然之气，从自己固有的“四端”那里，自然而然地、顺直地生发出来，在成长的过程中，不要人为地去遏止它，干涉它。

孟子强调“直养而无害”意味着涵养浩然之气应当顺乎气的自然发展脉络，不应过度人为把持，但这也不是说要完全放弃人为的努力，或者全凭自然。所以，孟子还提出涵养浩然之气要“配义与道”，也就是说在涵养过程中要有必要的道德修养工夫。一方面要将涵养“浩然之气”作为个人自觉自愿的行为，不能带有任何的功利性目的，不能强行逼迫，揠苗助长。另一方面，涵养“浩然之气”贵在长期坚持。“浩然之气”的养成靠的是平时一点一滴善行的日积月累，而不是受外在影响偶然之间做出的义举。用今天的话讲就是，一个人做点好事并不难，难的是一辈子做好事。

培养大丈夫人格除了要在内在主观方面修养“浩然之气”，还必须经受外在客观方面长期而艰苦的磨炼。孟子说：“天将降大任于是人也，必先苦其心志，劳其筋骨，饿其体肤，空乏其身，行拂乱其所为，所以动心忍性，曾益其所不能。”（《孟子·告子下》）形成大丈夫人格，不仅“心志”要经受痛苦的磨炼，而且身体也要接受劳累、饥饿、穷乏的考验，在其实践的过程中，还必然遭遇许多失败、挫折，行为总是不能如意。孟子认为，这种失败、挫折对于造就大丈夫人格是非常重要的，因为只有经受这样的考验才能培养出“动心忍性”的坚韧意志，才能增加卓越的非同寻常的能力。这样内在“浩然之气”的修养与外在艰难困苦的磨炼，使得一个人身心内外都得到了修养磨炼，最终成就大丈夫人格。

第五章

作为儒家别宗的荀子

荀子名况，字卿，赵国人，生于战国末期，后来汉代人为避汉宣帝讳又称其为孙卿，具体生卒年代不详。荀子一生曾经游历齐、燕、楚、赵、秦等国。他在齐国时间较长，以在稷下学宫的活动为主。齐宣王时，荀子年十五岁，开始到齐国游学。① 甚至到了齐襄王时期，他已是稷下学宫资格最老的人，成为稷下儒家的代表人物。

荀子是一位与战国晚期的社会现实非常切近的思想家。他不仅吸收了那个时代所有学说的精华以充实自己的学说，更为重要的是，他从礼学的角度极大地扩展了

---

① 《史记·孟子荀卿列传》记载荀子年五十始游学于齐，不过根据应劭《风俗通义》以及其他有关资料，《史记》中的年“五十”应该为“十五”之误。

荀子

儒学的内涵，使得儒家内圣外王之学变得更加坚实可行。

一、荀子的“隆礼重法”思想

作为孔子后学，荀子重点发展了早期儒学中“礼”的思想，使儒学的内涵更加丰满。荀子对孔子礼学的继承和发展，不仅在于明确了礼的各种社会政治规定，使礼的操作更切实可行，而且在于深化了礼的内涵，把礼看作是个人修身的根本和维护社会等级以及治国的根本，人类道德规范及社会治理的最高规范。这样，就使儒家的礼学达到了一个空前的高度。荀子对礼学的发扬，使他成为继孔子之后与孟子并驾齐驱的儒学代表。

谈到荀子礼学，不能不提周公、孔子以及子弓（仲弓）对荀子的巨大影响。

在荀子的心目中，周公可谓儒者楷模，至诚至圣。荀子曾把儒者分为大儒、雅儒、俗儒、俗人，并明确称周公为大儒。而且，他还把人臣分为大忠、次忠、下忠、国贼四等，又以周公为大忠。《荀子·臣道》指出："若周公之于成王也，可谓大忠矣。"此外，《荀子·解蔽》还称赞说："故德与周公齐，名与三王并，此不蔽之福也"。这里，"周公"与"三王"并提，二者相并而有区别，"三王"即早期儒家常常说到的"三代之明王"，习惯上属于"先王"的行列，周公与他们的区别也就是他属于荀子心目中的"后王"。

此外，荀子自称其学说承自孔子及其弟子仲弓，并且荀子在《荀子·儒效》中还说"非大儒莫之能立，仲尼、子弓是也"，《荀子·儒效》开篇就说："大儒之效：武王崩，成王幼，周公屏成王而及武王以属天下，恶天下之倍周也……"可见把周公、孔子和子弓同置于"大儒"之列，在这里，周公与孔子地位相等，这正是荀子心目中的周公，也正是他心目中的"后王"。这里彰显出来一个思想学说的传承统绪，即：周公—孔子—子弓—荀子，这也是荀子礼学形成的渊源和脉络。

周公是文王之子、武王之弟、成王的叔父，在商末周初这一王朝鼎革的历史时期，他不仅帮助武王取得了天下，更辅助成王巩固了天下。他本人多才多艺，高瞻远瞩，富于政治智慧，尤其在周朝取得天下以后，面对周初风云变幻的复杂形势，他成功地解决了殷商的遗臣和顽民等问题，彻底消除了复辟的隐患，还推行分封制，建立了西周新的统治秩序。更为重要的是，周公提倡“敬德”，制定礼乐，从政治思想方面，强化了西周王朝的统治。

仲弓

从本质上讲，“敬德”乃是加强周统治集团的内部团结，其标准在于遵守礼乐制度。周公制礼作乐，明确了人与人之间的等级名分制度，规定了君臣、父子、兄弟、夫妻、朋友之间的上下尊卑关系。因此，只要人们的行为合乎礼乐制度，就是发挥了“敬德”精神，周朝的政权就可以保持巩固。无论敬德思想还是礼乐制度，对巩固周朝政权都起了重要的作用，对后世也影响极大。

在荀子看来，周公的作为有两点很值得肯定：其一，周公拥戴成王而继承武王掌管天下，乃是“恶天下之离周”；其二，周公返政成王，乃是“明不灭主之义”。周公的功效可谓“大儒之效”！

孔子是周公之后的又一位礼乐大师。孔子“祖述尧舜、宪章文武”，主张仁政德治，但他的仁政思想是在其礼治思想基础上阐发开来的，他曾说：“人而不仁，如礼何？人而不仁，如乐何？”（《论语·八佾》）为了保证礼制的施行，孔子又注重刑罚。据《孔子家语·刑政》记载，孔子曾经说过：“太上以德教民，而以礼齐之。其次以政焉导民，以刑禁之，刑不刑也。化之弗变，导之弗从，伤义以败俗，于是乎用刑矣。”即最好的方法是用道德来教化人民，用礼制来同化他们；其次才是用政令法制教导，用刑罚来禁止他们的行为，用刑的目的不在于刑罚。教化后不改变，教导又不听从，伤风败俗的人，只好用刑来惩罚他们。在这里，孔子指出刑之用乃以德为前提，刑只用于愚顽不化、不守法度的人。刑以止刑，刑以佐教，宽猛相济，这其实正符合孔子的一贯主张。

孔子以后，荀子推崇仲弓，尊称其为“子弓”，或者有格外敬重仲弓以至于以之为自己学说所宗之人的意义，就如同《墨子》书中称墨子时往往使用“子墨子”那样。更为重要的是，荀子与仲弓在思想上的高度一致。《论语·雍也》中，孔子称赞仲弓（冉雍）的政治才能，说：“冉雍这个人可以让他做官。”还比喻说：“犁牛的儿子长着赤色的毛，整齐的角，虽然不想把它用作牺牲来祭祀，山川之神难道会舍弃它吗？”认为像仲弓这样的贤才必须推举出来。

孔子重视仲弓的才能，主要着眼于政治方面。而仲弓的政治思想恰恰与荀子完全合拍。《论语·雍也》记载说："仲弓问子桑伯子。子曰：'可也，简。'仲弓曰：'居敬而行简，以临其民，不亦可乎？居简而行简，无乃大简乎？'子曰：'雍之言然。'"即仲弓问孔子子桑伯子这个人，孔子回答说："他行事简单。"仲弓说："居心恭敬而行事简要，这样来治理人民，不是也可以吗？内心简单而又简单行之，不是太简单了吗？"对仲弓"居敬行简"的思想，孔子表示完全赞同，这与孔子、荀子的思想有相通之处。

从孔子到荀子思想的过渡，仲弓是一个重要的中间环节，其中最为重要的材料是《孔子家语》的《刑政》篇。《孔子家语》长期被视为伪书，严重影响到了对该书的利用，现在，学术界已经认识到了此书的价值，也开始正确对待该书。《刑政》篇记述孔子与弟子仲弓之间的对话，谈论的是刑罚与政教问题，故以"刑政"名篇。《刑政》篇中所记述的孔子关于刑罚的论述，闪烁着孔子政治思想的智慧之光。《刑政》记述孔子与仲弓的对话，显示了仲弓的思想倾向。该篇与孔子"德主刑辅"的政治思想相应，他主张德政，也不排斥刑罚，认为"为政以德"是政治的根本，刑罚是德政的必要补充。

在《上海博物馆藏战国楚竹书》中有《中弓》一篇，为我们提供了研究荀子、仲弓学术的宝贵材料。该篇内容属于孔子与仲弓对话的记录，是先秦时期标准的语录体文献。该篇简文第十六枚的简背有"中弓"二字，应该是本篇的标题，本篇可以称为《中弓》或《仲弓》。从初步的编连看，该篇明显可区分为孔子弟子向孔子询问“为政”与“事君”两大事类。从该篇内容看，它与传世文献尤其是《论语》等都有相同、相通之处，反映了仲弓的思想倾向，也昭示了这一资料的宝贵价值，这证明我们的上述认识是正确的。

荀子的政治主张，显然继承了孔子、仲弓等的礼、法结合的思想。《论语·为政》记载孔子说：“道之以政，齐之以刑，民免而无耻；道之以德，齐之以礼，有耻且格。”孔子的意思是，用政纪来教导民众，用刑罚来规范民众，民众往往会为了侥幸逃脱而不顾忌耻辱；用道德来教导民众，用礼义来规范民众，民众就不仅有明确的是非之心而且真心归附。在这样思想的影响下，荀子的思想呈现出了“礼治”与“法制”并重的特征。仔细研究《孔子家语》等，很容易发现荀子与孔子、仲弓思想的高度一致。

荀子重视“礼”学，恰恰是继承了孔子的思想传统。《荀子》中有《礼论》篇，是荀子阐发“礼”的起源、内容和作用的文章。在该篇中，荀子解释了“礼”的产生与社会功能：“人生来就有欲望，想要得到而得不到，就会去追求，追求却没有度量分界，就会发生争斗，发生争斗就会导致混乱，混乱就会导致穷苦。先王厌恶其混乱，因此制礼义来区分，来教养人的欲望，供给人的需求，使欲望不必穷尽事物，事物不必屈从于欲望，两者相持而长，这就是礼的起源。”很明显，荀子把“礼”解释为调解财产关系、调解社会关系的伦理范畴和标准，是“先王”为了调节人们的欲望、避免战乱而制定出来的“度量分界”。荀子的“礼”已经包含了“法”的思想，所以他的“法”实际上也就是在他所处的社会中起不成文“法”的作用，这就是有了调和礼、法的倾向。

荀子认为，“礼”的内容虽包含“事生”“送死”“祭祀”“师旅”等等，实质上不外乎“养”和“制”，即所谓“养人之欲”以及“贵贱有等，长幼有差，贫富轻重皆有称者也”。荀子强调礼的重要性，他在《荀子·大略》中指出：“人如果没有礼就不能生存，事情如果没有礼就不会成功，国家如果没有礼就不会安宁。”他认为礼是治国的根本乃至衡量一切的最高标准，即“人道之极”，同时也是至高无上、永恒存在的最高原则。所以，他在《荀子·礼论》中指出，天地、日月、四时、星辰、江河、万物、好恶、喜怒，都有一定的顺序，万物变化却不混乱，都是礼在起作用。

在荀子的心目中，礼应当是人们社会生活、政治生活、文化生活和物质生活的规范。礼起着一种规范、法式的作用，为人们的活动、行为规定界限和标准。社会成员必须尊重和遵守礼的规定，所以，《荀子·礼论》中说：“不法礼，不足礼，谓之无方之民；法礼，足礼，谓之有方之士。”意思是没有规矩就不成方圆，因此礼在国家政治生活中有极其重要的作用。荀子还指出君主也要用礼统率群臣、治理国家，在《荀子·儒效》中他认为：“礼者，人主之所以为群臣寸尺寻丈检式也。”他又在《荀子·王霸》说：“国无礼则不正。礼之所以正国也，譬之犹衡之于轻重也，犹绳墨之于曲直也，犹规矩之于方圆也，既错之而人莫之能诬也。”指出有了礼作为尺度标准，就好像衡器可以称量轻重、木匠的绳墨可以判断曲直、直尺圆规可以用于确定方圆一样，礼也能用来衡量人们的行为，只要人们的视听言行都符合礼的规定，国家就能治理得好。由于荀子以人性为“恶”，并不符合礼的要求，因此，要使人们的视听言行符合礼的标准，就必须改变人的本性。礼作为一种规范、法式，就起着导化和矫饰人性的作用，荀子强调“明礼义以化之”，主张通过礼义的教化，诱导人们“化性起伪”，去“恶”从“善”。

在强调礼治的同时，荀子还强调法治。在《荀子·君道》中他说：“法，是治理国家的开端。”以“法”为实现统治不可缺少的重要方面。荀子认为，通过礼义教化，可以“赏不用而民劝，罚不用而民服”，这是礼治的优越性。但是，礼义的教化又不是万能的，社会上总有礼义所不能教化的人，对于不能用礼义教化的所谓“嵬琐”，就只能待之以刑罚。荀子这里所说的“嵬琐”，其实就是孔子所说的“化之弗变，导之弗从，伤义以败俗”的人。荀子指出要用礼来对待善的人，用刑罚来对待不善的人，即《荀子·王制》中说的：“以善至者待之以礼，以不善至者待之以刑。”荀子主张，要把礼义的教化同法制的刑赏结合起来。他反对“不教而诛”，也反对“教而不诛”和“诛而不赏”。在《荀子·富国》中他指出说：“故不教而诛，则刑繁而邪不胜；教而不诛，则奸民不惩；诛而不赏，则勤励之民不劝。”即，不教化就诛杀，刑罚就会繁重而且邪恶滋生；只用教化而不用刑罚，奸民就得不到惩罚，只惩罚而不奖赏，勤快的人民就不会被劝服。可见，荀子对于法制上的赏罚手段也是非常重视的。

在荀子的社会政治思想中，“礼”是居于核心地位的观念。在《荀子·劝学》中他曾明确说："礼者，法之大分，类之纲纪也。"指出礼是核定国家法律和其他一切规章制度的准绳。因此，在《荀子·君道》中他提出治国的指导思想应该是"隆礼重法""尚贤使能"，又在《荀子·大略》中说："君人者，隆礼尊贤而王，重法爱民而霸。"指出君主做到注重礼、尊重贤才就会称王，重视刑法、爱惜人民就会称霸。他继承和损益了孔子、仲弓的思想，突出强调了"礼学"，又十分重视刑罚在治国中的辅助作用。这种倾向与法家主张有相近之处，后期法家的代表人物韩非子、李斯都出于荀子门下，应与此不无关系。

二、 荀子的"制天命而用之"

在中国古代思想中，"天命"是一个十分重要的概念。"天命"与"天道"既有联系又有区别，如果说"天道"是具有本体论意义的客观范畴，那么，"天命"则属于天人关系的范畴。从孔子到荀子，早期儒家注重天人关系，他们在思考社会管理与人生等问题时，将自己的学说建立在天道观与人性论的基础之上。由"天道"而"人性"，"天命"是一个重要的环节，"天道"通过"天命"降于人，赋予人以"人性"。以此为出发点，儒家进一步思考"人道"，使自己的主体意识反映自身的本质属性，从而沟通"人道"与"天道"。

既然"天命"关乎天、人，存在于天、人之际，那么，人思索"天命"，从而认真对待"天命"就是非常自然而且必须重视的问题。作为西周以来天命神学的一个总体性范畴，“天”或者“天命”具有多重含义。人们认为“天”可以分为自然之天、意志之天、义理之天。以其具有庄严而神圣的性质，它可以指上天的意志，也指上天主宰之下人们的命运。但是，不论如何，人们对“天”的认识总是建立在“人间”基础上的，如果“天”不与“人”发生联系，“天”不“命”之于“人”，也就无所谓“天命”，所以，人们认识“天道”，思索“天命”，都是基于“人”或者“人道”。

在孔子的论述中，“天命”的含义比较复杂。孔子多次说到的“天”同样具有不同含义，但大要归结，都可理解为具有主宰意义，对于人的生死寿夭、吉凶祸福、尊卑贵贱、贫富穷通，乃至国家的盛衰存亡，具有某种决定意义。自然，孔子对于“天”和“天命”的认识，与春秋以来人们对于“天”“天道”“天命”的认识相应。郑国人子产所谓“天道远，人道迩”，正是那时期人们对于“天道”认识的概括。对“天”“天道”的认识，决定了人们对“天命”的态度。在孔子心目中，“天”与“天命”虽难以捉摸，但“天道”却有一定的运行规律，这促使他认识到应在遵循天道前提下致力于人事，即所谓“尽人事而知天命”。

在这一点上，荀子较孔子的认识有了很大的进展。荀子说：“从天而颂之，孰与制天命而用之!”这里的“制天命而用之”一语实际反映了他对于天命自然的态度，他主张不能单纯地去适应自然，而是要积极、主动地改造自然。要正确理解这一点，关键在于对“制”字的准确把握。许慎在《说文解字》中指出：“制，裁也。从刀从未。未，物成有滋味可裁断。”因此，后之学者多将“制”“裁”连用。理解荀子“制天命而用之”一语也是如此，如唐代学者杨倞注解该句说：“颂者，美盛德也，从天而美其盛德，岂若制裁天之所命而我用之。谓若曲者为轮、直者为桷，任材而用也。”王先谦在《荀子集解》中也继承了这一说法。由上述前贤看法可知，传统所谓“制”，实有利用、顺应、顺势之义，并没有所谓的“与之对抗”“斗争”“征服”的意思。

其实，人何以能够“胜天”呢？事实上，历史已经无数次地证明，人在自然灾害面前常常显得十分渺小，违背自然规律，常常招致失败乃至灾祸。仔细分析《荀子》文本，看不出荀子思想中有所谓“人定胜天”的意思，而要理解荀子“制天命而用之”的真正内涵，有必要结合上下文重新诠释。

荀子的“明于天人之分”主张，即将天、人两分的思想，是正确理解荀子天命思想的前提所在，也是正确把握荀子“制天命而用之”思想的关键所在。作为中国哲学的核心范畴，“天”与“人”是思想家思考的中心问题，中国古代哲学就是围绕“天人之辨”发生并且展开的。以前，说到“天人关系”，一般认为荀子与孔、孟不同，孔、孟等人多言“天人合一”，荀子则言“天人之分”，现在，新材料尤其是郭店楚简的发现，使我们认识到孔子、孟子、荀子在这一点上并没有明显的不同，仔细分析材料，不难发现“天人相分”不是荀子一人的专利，同时，荀子也不是没有“天人合一”的思想。

《荀子·天论》系统地阐发了荀子自然观。针对当时天有意志、治乱在天、天命可畏等观点，荀子进行了深刻的论述。在他看来，天生万物不是上天或神意的体现，也不是人为的结果，而是一个自然过程，他将这称作天职；同时，他将星辰的旋转变化、日月的交替出现、季节更替、阴阳的相互作用以及万物在这一过程中出生、成长，称作天功。荀子认识到“天职”“天功”是自然法则，客观实在，所以他说“唯圣人为不求知天”。荀子又说到所谓“天养”“天政”，他说：“财非其类以养其类，夫是之谓天养。顺其类者谓之福，逆其类者谓之祸，夫是之谓天政。”（《荀子·天论》）“天养”“天政”同样具有自然法则、规律的意义。对此，荀子主张积极认识和利用，以造福人类。

天道运行的规律、斗转星移等自然现象都是客观的存在，所谓：“天行有常，不为尧存，不为桀亡”，“不为而成，不求而得”，“列星随旋，日月递照，四时代御，阴阳大化，风雨博施，万物各得其和以生，各得其养以成，不见其事而见其功”（《荀子·天论》）。荀子在此看到的是一个无意志、无目的的自然界。因而从另一个角度说，“天”与“人”是有分别的，天无善恶、福祸之意，人并不能因自己修德或者作恶而得到赏罚。因此，天是天的事，人是人的事，二者之间并不存在必然的联系，更不存在所谓“天人感应”之类神秘的东西。“明于天人之分”的本质目的，不是要人们去迷信自然之“天”，而是要认识“天命”，并按照其内在规律性利用它。

显然，在这个问题上，荀子是寄予了一种政治关怀的。《荀子·天论》的以上论述，并非简单地为了论述一个客观世界的存在，其所关注的重心，乃在于人如何把握客观世界的规律，实现社会的治理。在荀子看来，社会的治乱、国家的存亡、人的吉凶祸福，都是由人的行为所决定的，而与天的意志没有必然联系。他希望人都明白“天”与“人”的不同，明确各有自己的职分，二者不可混淆。在这样的基础上，荀子进一步提出了“制天命而用之”，从而顺应自然，而不是在自然面前消极被动，做到“应时而使之”，即顺应时令并为我所用；“骋能而化之”，即施展人的才能使万物根据人的需要而变化；“理物而勿失之”，即管理好万物而不是抛却它们。由此可以看出，荀子的“制天命而用之”与孔子的“知天命”理念非但不相矛盾，且有其内在理路的一致性。说到底，它们都是早期儒家“灾妖不胜善政”观念在不同时代的哲学呈现。

三、 荀子的“性恶论”

荀子主张人性恶，但他却认为人人都可以为善，用他的话说，就是“涂之人可以为禹”，即积善全尽可以为圣人。在这一点上，荀子与孟子是相同的，因为孟子赞同“人皆可以为尧、舜”的看法，所以，荀子的性恶论与孟子的性善论似乎并没有什么根本上的不同。正因如此，清代大学者戴震也在其所著《孟子字义疏证》中议论荀子的性恶论说：“此与性善之说不惟不相悖，而且若相发明。”甚至有学者提出疑问：“涂之人可以为禹，即孟子所谓人皆可以为尧、舜，但改尧、舜为禹耳。如此，则何必自立一说乎？”这倒显示了孟、荀在人性学说上的一致性。

在人性论上，孟、荀二人确实是殊途而同归的。孟子言“性善”所注重的是人生而固有的各种“善端”，所以性必须继续扩充；荀子所言性乃指自然生就的本能，顺性则走向恶，故而性必须加以改造，“善”生于人为的礼义教化。所以，他们的人性主张看起来截然相反，但两者的归结点却是一致的，即他们从强调人的社会性出发，都认为人的本质价值的真正实现在于道德仁义。

孟子把性善作为仁义的根底，荀子则把仁义作为改造人性的武器和结果。孟、荀都认为尧、舜是圣人，是人的价值的最高体现，是做人的典范。孟子与荀子为了鼓励人们修仁义之道，提出了“人皆可以为尧、舜”的富于鼓动性的号召。孟子教导人们努力去发扬自己的善性，沿着仁义的道路前进，从而成就为尧、舜；而荀子却教导人们努力用礼义改造自己，认为改造的尽头就是变成尧、舜。两人的不同点在于，孟子引导人们向内下工夫，修心养性，荀子则强调自我改造与社会改造。

荀子处在孟子之后，他的性恶论是在批评孟子人性善学说的基础上形成的，因而具有其独有的特色与价值。

首先，荀子的性恶论在揭示人的性伪之分的内在冲突时，也言明了人的欲望与性情可能导致邪恶的客观事实。如果简单地进行归纳，庄子的人性论可以称为自然人性，孟子的人性论可以归结为道德人性，到了荀子那里，自然人性与道德人性的外在的冲突，便转化成了人自身的理性与感性的冲突。荀子认为人都会不可避免地受到内在感性生命冲动的支配，但是人人又都有理性意志，往往能够做到抑制感性，以使之与礼义契合。如若不是礼义教化的作用，人们趋向于邪恶便是十分自然的事情。

荀子提出性恶论，可能与他所处的时代具有直接的关系。当天下乱离之际，人们朝不保夕，在礼义道德的呼吁被战争的呐喊所淹没的时候，邪恶的事实不断地呈现出来。荀子在时代上稍后于孟子，他比孟子看到了更多的征战与杀伐，因此他也比孟子更多地注意到了争夺、残贼、淫乱之类。孟子之时，已经出现了“争地以战，杀人盈野；争城以战，杀人盈城”的局面，到荀子的时候，各国之间的兼并战争更是血雨腥风不断，在这样的历史文化背景下，荀子提出了他的性恶论。

不少人认为，人性恶对于推动历史的进展是有益的，它甚至远远超出了人性善的理论，由此，人们认为看到了人性恶的问题，也就看到了历史发展的杠杆。例如，恩格斯在《路德维希·费尔巴哈和德国古典哲学的终结》中说：“黑格尔指出：‘有人以为，当他说人本性是善的这句话时，是说出了一种很伟大的思想；但是他忘记了，当人们说人本性是恶的这句话时，是说出了一种更伟大得多的思想。’在黑格尔那里，恶是历史发展的动力的表现形式。这里有双重意思，一方面，每一种新的进步都必然表现为对某一神圣事物的亵渎，表现为对陈旧的、日渐衰亡的、但为习惯所崇奉的秩序的叛逆；另一方面，自从阶级对立产生以来，正是人的恶劣的情欲——贪欲和权势欲成了历史发展的杠杆。”①

① 马克思恩格斯选集：第 4 卷. 北京：人民出版社，2012：244.

在专制时代，性恶论的提倡为君主专制提供了合理性论证，《荀子·性恶》说："故古者圣人以人之性恶，以为偏险而不正，悖乱而不治，故为之立君上之势以临之，明礼义以化之，起法正以治之，重刑罚以禁之，使天下皆出于治，合于善也。"意思是说人性中贪婪欲望的无限膨胀，必然会导致人与人之间对社会与自然有限资源的不断纷争，为避免相互之间的残害与争斗，避免社会秩序的混乱，就必须建立社会道德的规范，对人的欲望加以限制和改造。在这样的过程中，社会中的君权、道德、刑法也不断地被制定与完善。

荀子的性恶论最为积极的一面，在于它为提倡隆礼重教做出了哲学上的铺垫。在荀子看来，人之性恶说找到了世界种种罪恶的根源。那么，既然人性是恶的，就应当摒恶向善，改变人性。如何向善？人的道德理性从哪里来？人们会自然发出这样的疑问："人之性恶，则礼义恶生？"

对此，荀子在《性恶》篇中也有探讨，他说："凡礼义者，是生于圣人之伪，非故生于人之性也。……圣人积思虑、习伪故，以生礼义而起法度，然则礼义法度者，是生于圣人之伪，非故生于人之性也。"即，礼义产生于圣人的人为努力，而不是本来就产生于人的本性。圣人深思熟虑，常习人为的事情，从而使礼义和法度产生和建立。也就是说，要改变人性之恶，就应当用圣人的礼义法度引导与教化，这是礼义产生的必要性所在。既然人的欲望和情性的扩张会导致邪恶的产生，那么就应该加强礼义教化。所以荀子说："故必将有师法之化，礼义之道，然后出于辞让，合于文理，而归于治。”一定要有了师长和法度的教化，礼义的引导，然后人们才会从推辞谦让出发，遵守礼法，最后达到社会的太平。因此，在人性恶学说的基础上，荀子才倡导了他的“化性起伪”的思想，这正是他人性学说的价值导向。

与孟子比较，荀子的生活年代相对较晚，已属于战国后期。其时，政治局势的混乱无序与思想文化的激荡交融恰成鲜明对比，荀子生活在这战乱和百家争鸣的时代，以救世安民为己任，博采众长，标新立异，却又归宗儒家，为早期儒学的继承与发展做出了重要的贡献。

第六章

儒学独尊地位的确立

先秦时期，孔子主张修己安人，强调正名、德治和仁政，带有明显的“德性色彩”。秦汉以后，为适应专制集权的需要，儒学开始出现转变，逐渐强化了君权、父权和夫权，形成了显著的“威权色彩”。如果说中国儒学的发展在历史上呈现出由“德性儒学”向“威权儒学”的转变，那么，秦汉时期无疑是这种转变的完成阶段，其具体表现就是儒学独尊地位的确立。

儒学由诸子百家之一发展为定于一尊的主流意识形态，是秦汉以后中国社会政治发展的必然。在这一过程中，原始儒学所具有的德性色彩毫无疑问遭到了严重扭曲，不过与此同时，许多儒家学者也在寻求儒学与现实社会的契合点，他们在吸收融合先秦各流派思想基础上，对先秦儒学进行了改造，为此后的儒学发展开启了新的道路。

一、秦代儒学与“焚书坑儒”

秦代儒学是中国儒学发展史上不可或缺的重要一环。先秦时期，儒学不仅在东方六国广为传播，产生了深刻影响，其影响力还远达秦国，对向来以法家立国的秦地也产生深刻影响。秦统一中国后，这种影响力一直在持续，儒学在秦王朝的政治制度构建、社会教化等方面仍发挥着重要作用。

秦朝的文化政策以法家为指导而兼容并蓄，旨在达成思想文化领域的统一，这对儒学的传播创造了有利条件。不过终秦之世，受到文化高压政策的影响，儒家思想的发展非常缓慢且水平不高。法家政策的极端化还造成了“焚书坑儒”的悲剧，对儒学发展的损害显而易见。秦朝二世而亡，由于深刻的社会变革，儒学发展出现了一定的转向，逐渐失去原始儒学的精神内涵，转而加快与专制制度的结合，开启了汉代儒学发展的方向。

（一）儒家思想与秦代社会

从商鞅变法开始，秦就以法家思想立国，因而得以迅速强大。秦始皇时，秦朝又“焚书坑儒”，对中国文化的发展带来了严重影响。于是，人们往往以为儒家思想在秦代地位低下。可事实却并非如此，由于儒家思想在调整君臣、父子、夫妇等人伦关系中发挥着特殊的作用，儒家与秦代社会仍有着密切联系。

儒家思想对秦代社会的影响从秦国尚未统一之前就已有体现。《吕氏春秋》形成于秦国统一天下基本已成定局之时，此书写作就是为秦统一后施行中央集权提供理论基础，被认为是“大一统”时代到来之前构建统一意识形态的初步尝试。《汉书·艺文志》将《吕氏春秋》纳入“杂家”之列，此处所谓“杂”，并不是指杂乱无章，而是融会贯通、会聚各家的意思。从内容看，《吕氏春秋》虽兼取各家之长，融会儒、墨、道、纵横之学，但处处体现出儒家思想的影响，儒家所提倡的民本、德治等基本主张均占有很大比重。

尽管秦始皇没有将《吕氏春秋》作为宪政纲领，秦统一六国后，仍然尊崇法家，但是，秦朝也注重吸收儒家思想，征用、礼遇经生、儒士，其最主要的表现就是广置博士。秦朝设置博士之官的具体年代不可考定。秦始皇时曾征聘学者七十余人，授以博士之官，又召集两千多“文学”“方术”之士配置于博士之下，谓之诸生。其中，“文学”就是指《诗》《书》等典籍的研习者。可见，在这些“百家”博士之中，不少人应该是与儒学有关的博士。秦朝时不但召集博士、诸生，还允许博士、诸生参与议论朝政，不论秦始皇还是秦二世，都经常与博士、诸生议论政事，允许他们发表自己的见解，见诸《史记》的就有议帝号、议封禅、议分封等记载。秦设置博士，推动了秦文化与以齐鲁文化为代表的东方文化的合流，进而促进了儒学的传播，这对于儒学的延续无疑具有重要意义。

儒家的“大一统”思想对秦王朝有着重大影响。大一统，即“以一统为大”，强调“一”的本根性和始基性，指政令、法度、思想的统一，体现了儒家的社会治理方案，也为秦代维护天下一统提供了思想资源。众所周知，秦朝建立后，秦始皇实行专制集权，天子成为唯一的立法者，他自视为始皇帝，帝位可由二世三世传至无穷，实现政令、帝位的一统；同时，他还统一币制、统一度量衡、统一法律制度，为经济发展提供了便利条件；此外，秦始皇还实施了统一文字的措施，以秦国的文字为基础制定小篆，在全国统一推行，推动了中华文化共同体的发展。可见，秦始皇不但实现了统治疆域的“大一统”，而且从制度上彻底解决了强干弱枝的政治课题，真正实现了治权一统。

儒家的道德观念深深影响了秦代精英群体。如《史记·李斯列传》记载，当公子扶苏接到秦始皇要他自杀的遗诏时，蒙恬（tián）怀疑其中有诈，于是建议扶苏先做查证以确定是否属实，但扶苏却说“父而赐子死，尚安复请”。公子高请求殉葬，他说“臣当从死而不能，为人子不孝，为人臣不忠”。甚至当胡亥谋求篡位时，他考虑到的还是“礼”的原则，他认为：“废兄而立弟，是不义也；不奉父诏而畏死，是不孝也。”可以看出，“忠”、“义”和“孝”等道德观念深植于他们的内心，影响着他们的抉择。

秦代精英阶层受儒家道德观念的影响同样为出土文献所证实。1975 年，在湖北省云梦县睡虎地秦墓中出土了一批竹简，共 1 150 余枚。其中一部分竹简，共 51 枚，置于墓主人“喜”的腹部前，因开篇有“为吏之道”四字而被称为《为吏之道》，其内容主要叙述的是秦代为官从政必须遵守的道德行为规范。综观简文，其中有许多重民和实行德政的内容，如，要求官员修身养性，主张谨慎、正直、慈孝、忠信等，要具备忠、孝、义、仁、清廉、勤奋等素质；还对官吏的行为提出要求，强调宽柔爱民，正行修身，喜为善行，为民兴利等。这些内容亦可见于《礼记》《大戴礼记》《说苑》等，贯穿着儒家的道德观念。简文中出现了大量与儒家主张相类似的词语和思想，一方面反映了随着秦文化与六国文化的融合，儒家思想对秦代社会生活的影响不断深入；另一方面也表明秦国的统治政策在调整，以法为本，以儒为用，以期达到亲民、惠民而用民的目的。秦代社会精英阶层所践行的这些道德观念必然也会影响到平民，进而影响社会风气，同时，这在客观上也推动了儒学的传播及其社会功能的发挥。

泰山刻石（北京故宫博物院藏明拓本）

秦代对儒家文治教化的作用是有所肯定的，在众多秦代石刻中，经常可以看到与道德教化有关的内容。会稽刻石中就有“饰省宣义，有子而嫁，倍死不贞。防隔内外，禁止淫佚，男女絜诚”。泰山刻石中有“男女礼顺，慎遵职事，昭隔内外，靡不清净”。峄山刻石中更是明确提到“孝道显明”。可见，儒家的礼仪及孝、贞等伦理规范均有涉及。在文化及社会政策等方面，秦代对儒家思想还是认可的。

不过由于秦朝仅历时 15 年，而且崇尚法家学说，加之后期又实行禁私学的思想文化政策，儒学在秦代确实没有取得引人注目的成就，但不可否认，儒学以各种方式介入了秦代的政治，仍在继续发展。

（二）“焚书坑儒”

“焚书坑儒”是发生在秦始皇时期的两个重大文化事件。“焚书”与“坑儒”时间有先后，背景各异，性质有别。二者的发生是当时思想较量、政治斗争的必然结果，折射出秦朝的政治方向和文化原则，具有政策上的连续性。历经“焚书”与“坑儒”这两个事件的打击，儒学遭受了巨大损失。

秦始皇的一场宴会，平地里掀起一场“封建”之争。而这场争论，又点燃了焚书之火。秦始皇三十四年（前 213），秦始皇设宴于咸阳宫。宴会进行中，有博士 70 人前来敬酒，仆射周青臣发表了一番颂词，赞扬秦始皇的功绩，他认为秦始皇把诸侯国改置为郡县，人人安居乐业，不必再担心战争，功业可以传之万代。但是博士齐人淳于越却不以为然，他有些“不识趣”地说道：“殷、周能统治天下千余年，得益于其分封子弟、功臣，以此作为辅佐。而如今，您虽拥有天下，但您的子弟却仍是平民百姓，一旦出现田氏代齐之类的祸患，没有他们的枝辅，那么谁会来救援呢？”随后他又进一步说：“凡事都应从历史中吸取教训，不师法古人而妄图实现长久之治是不可能的。刚才周青臣当面阿谀，其实是在加重陛下的过失，这不是忠臣所为。”

周青臣与淳于越关于“分封”与“郡县”的议论，秦始皇并没有当场做出决断，而是将此付诸廷议。在廷议中，李斯认为，五帝时期以来至于夏、商、周三代，其制度不是简单的重复与因袭，而是各有所依据，时代不同，制度就会有变化，因而淳于越提倡的效法古代是不可取的，实在是惑乱民心。当今天下一统，分辨是非黑白一切本应取决于皇帝一人，可是现在私学不绝，长此以往，势必会危及君主的权势。

李斯之言不仅否定了分封制，而且借此打击了官学、私学，其目的就是钳制言论，统一思想。为此，李斯向秦始皇提出了“焚书”的建议，他说：“臣请史官非秦记皆烧之。非博士官所职，天下敢有藏《诗》、《书》、百家语者，悉诣守、尉杂烧之。有敢偶语《诗》、《书》者弃市。以古非今者族。吏见知不举者与同罪。令下三十日不烧，黥为城旦。所不去者，医药、卜筮、种树之书。若欲有学法令，以吏为师。”“制曰可。”（《史记·秦始皇本纪》）

由此可见，“焚书”涉及史记类、《诗》《书》类及百家语类等典籍文献，其最为重要的目的是禁止任何人以古非今。对于不同种类的书籍，朝廷采用了不同的管理方法，史记类只能保留秦史，即使史官所藏六国史、周史等也都要焚毁；《诗》《书》类，博士官可以收藏于官府，但不可互相讨论；百家语类，同样只能由博士官收藏，但百家语尚可以谈说、称引。除此之外，医药、卜筮、种树、法令之书由于具有实际用途，因而不在焚烧之列。最终，秦始皇同意了李斯的建议。

李斯所上焚书之建言在当时产生了重大影响，这在出土文献中得到了印证。属于这一时期的秦代写本，从内容上看都与之符合。李学勤先生在《简帛佚籍与学术史》一书中认为，马王堆帛书中确定属于秦写本的，一件是《篆书阴阳五行》（暂名），书中避讳“正”字，把“正月”改为“端月”。另外《五十二病方》从字体看也可能是秦代的抄本。这两种书籍，前者是术数之类，后者是医药之书，因不在禁毁之列而得以流传。

如果说焚书之祸起因于分封与郡县之争，那么发生在秦始皇三十五年（前212）的“坑儒”之灾则是由两位方士“诽谤”皇帝引起的。

据《史记·秦始皇本纪》记载，侯生、卢生为秦始皇求仙药不成，而依照秦律，如果方术不能应验，他们就要处死，于是他们逃亡而去。由于此前方士韩众、徐市等也去无踪影，秦始皇为之震怒，他说道：“为了使国家太平，我招集大量文学方术之士，但这些方士却打算炼丹得到奇药，而且韩众离去后一直不来复命，徐市等人耗费巨万最终还是没有得到仙药，只是每天传来一些为奸谋利的事情；我对卢生等人很尊敬，赏赐丰厚，如今却诽谤我，来加重我的不仁；通过派人查问，在咸阳的一些诸生还制造怪诞邪说来惑乱百姓。”于是，他下令收取的天下书籍，凡不合时用的全部烧毁；又派御史审问诸生，对于触犯法禁的460多人，全部在咸阳活埋，并使天下知之，以儆效尤。其他更多的犯禁者则发谪徙边。

在此事件中，另一个看似不相干的人物公子扶苏也受到影响，付出了惨重代价。扶苏是秦始皇长子，《史记·秦始皇本纪》说他“为人仁”，可见其受儒家思想的影响。对于“坑儒”一事，扶苏不同意秦始皇的做法，他进谏道：“天下初定，远方百姓尚未归附。儒生们都学习和效法孔子，现在您用严厉的刑罚绳治他们，恐怕会引起天下动乱。”秦始皇非常不满，把他派往北方的上郡。

秦始皇所坑杀的到底是方士还是儒生？《史记·秦始皇本纪》记载，秦始皇提到卢生等人诽谤自己，诸生在咸阳妖言惑众，因为这两点，他才大开杀戒。在史料中，虽并未直接出现儒的字样，但由于公子扶苏有言“诸生皆诵法孔子”，因而诸生不可能不与儒有关联。显然，所坑杀的既有方士，又有儒生。另外，许慎《说文解字》曰，“儒，柔也，术士之称”，而方士亦称方术士，二者都属术士范畴。儒生与方士皆有共指，故将二者混用也属情理之中。

秦朝建立后，秦始皇虽设置博士官、采纳儒学的举措，但是儒生们依然在朝野上下发表“以古非今”“相与非法教”的言论，甚至还要求秦王朝改变“以刑杀为威”“专任狱吏”的法家传统，这些显然是秦始皇绝不可能接受的。“焚书”“坑儒”事件的发生，显然有政治方面的因素，但更深层次的原因还在于文化，“焚书”与“坑儒”之所以出现在秦朝，其实与秦的文化传统有着密切的关系。可以说，正是秦文化与东方六国文化的巨大差异，加之帝国大一统的政治体制与东方儒生们自由议政之间的尖锐矛盾不断凸显，最终导致了“焚书”“坑儒”这样的极端事件。

“焚书”与“坑儒”本为两个相对独立的事件，他们是秦帝国文化专治政策的直接体现，并非针对儒学、儒生的专门事件，其根本目的在于统一思想，在“焚书”与“坑儒”的过程中并没有贯穿消灭儒生、儒学的动机和目的。然而经此浩劫，儒家在秦代遭遇的打击是灾难性的。大批儒家典籍毁于一炬，儒家所提倡的私学教育受到打击，儒家的政治精神亦受到摧残，这都对后世儒家的发展产生了深远影响。

二、 汉初儒家反思与“罢黜百家”

汉朝建立之初，民生凋敝，百废待兴。从国家层面看，巩固来之不易的政权，探寻长治久安的治国道路是非常重要的任务。当时的政治家、思想家对秦二世而亡的教训进行了深刻反思，他们认识到“仁义不施”是造成强秦覆灭的根本原因，也认识到“纯法”之治“严而少恩”的弊端。以此为鉴，汉初统治者曾大力倡导黄老之学，与民休息。与此同时，在这种相对宽松的政策环境下，儒学也获得了发展的机遇，开始走向复兴。汉武帝时，政治、思想上的大一统成为社会需求，以董仲舒为代表的儒家学者审时度势，把握时代的脉搏，积极吸取众家之长，不断深化儒家学说的内涵，使之适应当时的社会需求，形成了具有浓厚威权色彩的理论体系，开启了儒学独尊的历史进程。

（一）汉初儒家反思国家治理问题

秦消灭东方六国，建立了统一的大帝国。但统一后，秦始皇没有采取顺应民心的措施来安抚百姓，反而施行以吏为师、以法为教的政策，加剧了社会矛盾，仅延续二世便消亡。汉代的建立者对此有深刻认识，为避免重蹈秦之覆辙，他们认真吸取教训，认识到需要构建因时、因势而变的思想体系才能使汉朝长治久安。

面对西汉初年的社会状况，以陆贾、贾谊、叔孙通为代表的儒者，大力宣扬儒家仁义、德治学说，对法家片面崇尚法治和黄老清静无为的思想提出了批评，同时又会通融合其他各家思想，对儒学进行创新。

陆贾（约前240—前170），西汉思想家、政治家、外交家。陆贾早年追随刘邦，汉得天下后，陆贾经常在刘邦面前称引《诗经》《尚书》等儒家典籍，刘邦讨厌儒生，因而骂道："我马上打得天下，要《诗》《书》何用?"陆贾反驳说："在马上得到天下，岂能在马上治理?"随后陆贾援引历史，以商周和秦朝的兴亡为例，向刘邦说明行仁义的重要性，指出"逆取"和"顺守"的不同。刘邦听后，面有惭色，便命陆贾著书论述秦亡汉兴、天下得失的道理，以资借鉴。陆贾作为西汉前期力倡以儒学治国的第一位思想家，以其特有的身份，适用的主张，扩大了儒学的影响，而且促进了儒学与现实政治的结合。

贾谊（前200—前168），西汉初年著名的政论家、文学家。汉文帝曾征召其入朝，立为博士。一年之中，贾谊被破格晋升为太中大夫，深得汉文帝器重。贾谊在坚持原始儒学的基本精神前提下，根据当时的实际需要，提出某些切实致用的政治原则。他把实行礼治作为当务之急，同时不忽视仁义，把仁与礼结合起来。他的思想充分表明儒学是最适宜治国安邦的，可以说，贾谊加速了儒学的政治化进程。

叔孙通，汉初薛（今山东滕州）人。秦时以文学被征为待诏博士，后转投刘邦，被司马迁誉为“汉家儒宗”。叔孙通不同于一味埋首儒家经典的儒生，而是知当世要务，以致用为宗旨，开启了儒学与皇权结合的新路径。他通晓儒家礼仪，借助诸如制订朝仪和宗庙仪法等具体事务来证明儒学并不是毫无用处，而是实实在在的“守成”之学，并由此为儒生在西汉政权里争得一席之地。

汉初儒家群体对前代兴亡的思考，对儒家学说的宣扬，为儒学的发展带来了新的机遇。最直接的表现，就是汉高祖刘邦对儒学态度的巨大转变。刘邦取得天下之初并没把儒生放在眼里。他把秦朝的仪礼法规全部取消，只是保留了一些简单易行的规矩，当儒生在他面前谈论儒家经典时，他也是以大骂作为回应。叔孙通降汉之初，总是一身儒生打扮，刘邦见了非常讨厌，叔孙通只好改变自己的服装，而当他穿上按楚地习俗裁制的短袄时，刘邦则非常高兴。

由于朝仪缺失，西汉初年的朝堂之上混乱不堪，与刘邦一起打天下的布衣将相在朝廷饮酒作乐、争论功劳，有的醉酒后狂呼乱叫，甚至拔出剑来砍削庭中立柱，这给刘邦带来很大困扰。当叔孙通等人提出制定朝仪时，刘邦还不怎么相信，仅说“可试为之”，并且特意指出不要搞得太复杂，要适合汉初君臣的理解能力。然而，当礼仪施行于朝廷后，刘邦才由衷地感到身为皇帝的尊贵。

刘邦对儒学态度的转变是一个长期的过程，不过制定朝仪这件事一定对此产生了积极影响。后来，汉高祖十二年（前195），刘邦来鲁城，以太牢之仪祭祀孔子，对孔子表达了极高的礼遇。刘邦是中国历史上首位祭祀孔子的皇帝，开了历代皇帝亲到曲阜祭祀孔子的先河。

汉高祖幸鲁祭孔图

（二）董仲舒“天人三策”与汉武帝“罢黜百家”

董仲舒（前179—前104）是西汉时期著名的思想家、政治家。他早年跟随公羊学派的大师子寿研习《公羊春秋》（又称《春秋公羊传》），治学精思专一，志无他顾，以至于三年不照看自己的园圃，其精心钻研学问到如此的程度，着实令人钦佩。万事从来贵有恒，正是这种坚持，为他后来的成就奠定了基础。

董仲舒吸取了阴阳家、道家、墨家等理论，建立了一个以“天人合一”论为核心、以“阴阳五行”为框架、以“三纲五常”为内容的理论模式。董仲舒认为天是有意志、有知觉、能主宰人类命运的人格神，是至高无上的，天的意志和主宰作用则是通过阴阳五行的变化

董仲舒

来体现。对于天人关系，他提出“天人感应”说，认为天人同类，人副天数，人类社会秩序亦按照“天道”而制，故人从形体精神到政治道德观念都须依“天道”而行事。“三纲”“五常”等伦理纲常由永恒不变的天所决定，天道不可移易，人道亦然。在政治思想方面，董仲舒批判地吸收了刑名法术之学，建立了以“德主刑辅”为主要内容的政治理论体系。

董仲舒的著作很多，后人合为《春秋繁露》，今存17卷82篇。更为重要的是，董仲舒所建立的新的儒家思想体系，为巩固和加强中央集权提供了理论依据，成为汉代乃至整个中国传统社会国家治理理论的基础。正是由于其对儒学的发展与转化做出了重要贡献，董仲舒被后人誉为“阐道醇儒”。

在中国历史上，西汉时期的“天人三策”是一个重大的标志性事件，也是董仲舒人生的巅峰时刻。因善治

《春秋》，董仲舒在汉景帝时曾被推举为博士，但并未发挥太大作用。汉武帝即位后，令各地推举优秀人才，董仲舒也在这时得到了推荐。元光元年（前134），汉武帝策问，董仲舒对策三篇，得到了汉武帝的认可，史称“天人三策”。

作为当时的最高统治者，汉武帝最为关心的当然是国家治理问题：世道盛衰的规律是什么，天人、古今是何种关系？帝王该如何施行王道？对于汉武帝的种种疑惑，董仲舒一一作答。董仲舒认为，国家的治乱废兴不是由“天命”主宰的，而是取决于君主自身。不过，君王的不同做法也会导致上天分别做出“祥瑞”或“灾异”的反应。祥瑞则是受命之符，是众望所归、民心所向的象征，而灾异则是上天的谴告。因此，人君不能丢弃先王的治国之道，要正己心，立教化，兴太学，求贤才，不轻易使用刑罚，由更化而达善治。

在对策的最后，董仲舒特别提出，《春秋》所推崇的“一统”是天地永恒的原则，是古今共通的道理。但现如今经师所述的道理彼此不同，人们的议论也多有不同，诸子百家研究的方向不同，意旨也不一样，因此人君便不能掌握统一的标准，法令制度多次改变，百姓则不知道应当怎样遵守。要改变这种局面，就要把凡是不属于“六艺”之列、与孔子学术相违背的思想一律禁止。邪僻的学说消失，思想便可统一，法令制度才能明确，百姓也就能知道遵从的对象了。

董仲舒强调应该用儒家思想来指导治国理政，提出了“推明孔氏，抑黜百家”的主张。汉武帝采纳了这个建议，实行“罢黜百家，表彰六经”的政策，实现了治国指导思想的转变。

汉武帝采纳董仲舒的建议而“罢黜百家”并最终使得儒学能够定于一尊，这一过程实际上是逐渐展开的，经历了对儒术进行选择、提升到最终独尊等阶段。在董仲舒之前，汉武帝本人就渐重儒术，他任命的重要官员窦婴、田蚡、赵绾、王臧等皆明儒学。他还设置五经博士，后又为博士置弟子 50 人，特别推崇《春秋》公羊学，将公羊学家阐发的“大一统”“大复仇”等《春秋》大义作为治国的依据。

汉武帝后，昭帝始元六年（前 81）又召开了“盐铁会议”。此次会议表面上是讨论盐铁专营、酒专卖等具体政策，但背后却是治国指导思想的争论，是汉代儒法之争的一次集中体现，也是儒学意识形态化的重要环节。甘露三年（前 51），汉宣帝在未央宫石渠阁“诏诸儒讲五经异同”，并且“亲称制临决”，史称“石渠阁会议”。石渠阁会议形成了一些共同的结论，提高了经学的地位，儒家经学作为主流意识形态较为完整地建立起来。直至东汉建初四年（79），汉章帝亲自主持了白虎观会议，讲议五经同异，使诸儒共正经义，后又命班固将讨论结果编成《白虎通义》，作为官方典籍公布。白虎观会议和《白虎通义》的编辑，实际上是把儒家经义系统化和法典化，标志着统一经学建立的完成，儒学独尊的地位也得以通过政权的力量最终确立。

三、 两汉经学的发展

经学是训解和阐述儒家经典的学问，它承载着中国人的价值观念，是中国人为人处世的基础所在，也是整个中华文化的基石。两汉时期是经学兴盛的时代。自汉武帝“罢黜百家，表彰六经”，儒家经学正式开启。今文经学在其早期发展中占有优势，历经130多年的发展，到了汉哀帝时，古文经学又开始兴起。东汉末年，郑玄融合今、古文经学，二者趋于合流。

（一）今文经学与古文经学

由于写就经书所采用的字体不同，汉代经学有今文、古文的区别。“今文”是指汉代通行的隶书，“古文”则是指秦朝统一之前的古文字。

汉初流传的经传文本都是用隶书写定的，如伏生所传的《尚书》、高堂生所传的《礼》以及公羊氏和胡毋生所传的《春秋公羊传》等。后来一些先秦时期用六国古文字书写的经传文本相继被发现，人们将之称为“古文经传”，相应地就将当时流行的用隶书书写的经传文本称为“今文经传”。研究今文经传就称为“今文经学”，研究古文经传就称为“古文经学”。严格来讲，汉代今、古文经学之争始于汉哀帝时刘歆（xīn）请立古文经博士之后，此前虽有儒家经学，却谈不上有今、古文经学之争。

今、古文经学的不同除体现在字体、版本及文本内容外，最本质的区别则在于二者的研究进路上。

今文经学家注重“通经致用”。西汉初年，如何实现和巩固国家的政治统一，是当时社会面临的重大议题。在此时刚刚兴起的今文经学对此有着深入思考，比如，胡毋生受业于公羊寿，后将原本口传的《春秋公羊传》书于竹帛，他借用孔子“圣人”和《春秋》“经典”

的权威来论述“大一统”思想。而为了论证“大一统”思想的神圣性和正确性，同样善治《春秋》公羊学的董仲舒出于“神道设教”的目的，建构了以“天人感应”为主轴的思想体系，既用以驯服臣民，也用来限制王权，使中央集权统治运行在既定的政治轨道中。董仲舒的这套理论对于西汉王朝建构政治上的统一，无疑发挥了巨大而积极的作用。直到东汉末年，何休继承董仲舒思想著《春秋公羊解诂》，他为《春秋公羊传》制定义例，以“尊王攘夷”为《春秋》之大义，以“三科九旨”为《春秋》之微言。他还提出诸如“张三世”“通三统”等理论，同样具有现实政治意义。可见，以《春秋》公羊学所代表的今文经学，最为重视的就是以“六经”等儒家经典来影响社会。今文经学家提出的“大一统”“通三统”“张三世”等思想，成为后世政治变革的重要理论资源。

然而今文经学家对于儒家经典的解读具有很大的武断性和随意性，发展到西汉后期更是趋于琐碎化和谶(chèn)纬化。有今文经学家甚至用十余万言解说《尚书》中的《尧典》，“曰若稽古”四字也用了三万言去解说。这些做法破坏了儒家经典的固有意涵，而古文经学的兴起便是对这一趋向的拨乱反正。

汉文帝时，朝廷废除“挟书之律”，并号召献书，因而陆续发现了一些用战国时期的文字写成的经书。比较知名的包括，汉景帝子鲁恭王刘余从孔宅壁中发现《尚书古文经》、《礼古经》、《春秋古经》、《论语》和《孝经》等，河间献王刘德从民间收集的《周官》、《尚书》、《礼》、《礼记》、《孟子》和《老子》等。

古文经大多偏重史事与制度，如《左氏春秋》（又称《春秋左氏传》）所记叙的是史事，与《春秋公羊传》重视“微言大义”的风格不同；《毛诗》重诗本事和名物制度，与《齐诗》、《鲁诗》、《韩诗》重视大义阐发的风格不同。《周礼》更是典章制度的大荟萃。因而，古文家治学非常重视文字训诂和古史考证，这一点与今文经学存在很大不同。

这些用古文写成的经籍最初只是在民间流传。汉成帝时，刘向校读藏于皇帝秘府中的古文经籍；哀帝时，刘向的儿子刘歆发现古文《左氏春秋》，引《左传》解释《春秋》，他提出增置《左氏春秋》《毛诗》《逸礼》《古文尚书》学官。哀帝征求诸儒意见，遭到今文经学家的强烈反对。刘歆又联合房凤、王龚作《移让太常博士书》，谴责太常博士。虽然最终未获成功，三人还被外放去做郡守，但也引发了中国学术史上的今、古文经之争。平帝时，王莽利用政治上的权势，把古文经籍立为博士。

东汉建武初年，尚书令韩歆欲为《费氏易》《左氏春秋》立博士，今古文之间又产生了一次较大的争论，代表今文经学的范升先后与韩歆、陈元等进行辩难，光武帝刘秀亲自主持了这次辩论。据《后汉书·陈元传》记载，范升和陈元辩论后，光武帝立左氏为学官，以李封为博士，但公卿以下仍有很多人反对，到李封病死，左氏博士又被废。直到东汉末年，郑玄之学兴起，经今、古文趋于统一。

（二）谶纬的盛行

言灾异、重谶纬是汉代经学的普遍现象，其中以公羊学为代表的今文经学表现得最为明显。谶纬对两汉思想文化的演变产生过深刻而全面的影响。

“谶”即“图谶”，是指用诡秘的隐语、预言向人们昭示未来的吉凶祸福、治乱兴衰。通常呈现为荒诞不经的文字或图像，大都带有特定的现实政治目的。先秦时期普通的占验之书也可被称作谶书，但是当《河图》《洛书》在汉代广泛流行之后，“图谶”往往专门用来指《河图》《洛书》这一类图书。与“谶”相比较，“纬”较为晚出。“纬”就是以神学、阴阳灾异之说附会儒家经典进行解经的“纬书”。“纬”之实质乃是对经学做神学的解释，并把这种解释假托于孔子。

就形式而言，谶、纬有别。不过到了西汉末期，纬书越来越多地用“妖妄之词”来附会经传之说，谶言则成为其内容的重要来源，而谶书也由原来的假托天命逐渐发展到假托儒家圣王。这样，“谶书”与“纬书”又有了一定的相通之处，二者在内容上常常相互引用，两者之间的分别也日益缩小。由此开始，“谶”“纬”互通，逐渐合流。

汉代谶书中影响最大的是《河图》与《洛书》。《河图》《洛书》的基本内容，由于文献的散佚湮没，已经不得而知。据现存载录的零散材料看，其所反映的内容包括天文占验、地理情况、受命帝王的祥瑞、符命之类的神话等，充斥着荒诞与迷信，不过这些内容在当时却为整个社会所信奉和推崇。此外，还有围绕《河图》与《洛书》而产生的各种谶书，二者之间有着依附性的关系，据学者考证，目前见于古代征引，以“河图”名篇的，有《河图叶光纪》《河图赤伏符》《河图皇参特》

等；以“洛书”名篇的，则有《洛书摘亡辟》《洛书兵钤势》《洛书说征示》等等。

汉代纬书的主要内容，包括天文占验和符命说。其中符命说主要有两方面内容：一是伏羲、神农、黄帝、孔子、刘邦等禀受天命的种种祥瑞，这些内容与当时儒生为奉承统治者或抬高儒家经典之地位所做的努力有关，如《礼纬含文嘉》等；二是进行灾厄的推算或论证历代帝王受命终始之期，这项内容主要体现在《易纬》诸篇中。

在两汉时期，谶纬对社会的影响是全方位的。政治上，谶纬被用来制造舆论以配合夺取政权或巩固统治。王莽篡汉，大量利用谶纬。他利用“告安汉公莽为皇帝”的白石代行天子之位，后来，为配合篡权的需要，哀章造谶《天帝行玺金匮图》及《赤帝行玺邦传予黄帝金策书》，谓王莽应为真天子，王莽则应谶代汉，改国号为“新”。东汉光武帝刘秀假借《河图赤符伏》的谶语为自己登基称帝制造舆论，即位之后，他向天下公布由他钦定的 81 篇谶纬类著作，以谶纬为国家意识形态，谶纬之学流行。此后，东汉帝王大都倚重谶纬之学，他们在颁布历法、制定礼仪、任命官员、裁定经义等方面都曾依图谶而行事。

思想上，谶纬对汉代经学的影响同样非常深刻。谶纬与今文经学关系非常密切，董仲舒的天人感应、灾异符瑞等思想成为谶纬之学形成的直接理论基础。东汉何休在作《春秋公羊解诂》时更是大量引用谶纬以注经，如对于哀公十四年（前 481）春“西狩获麟”一事，何休就借图谶大加发挥，将孔子描绘成神怪、巫师，至于端门血书、飞鸟赤书之言，更是荒诞不经之谈。

谶纬与古文经学的关系同样复杂。在东汉之前，古文经师对于谶纬基本上持赞同态度，在思想上还影响了谶纬，比如纬书对于辟雍、封禅、巡狩等制度的论述就受到了刘歆的影响。到了东汉，有些古文经师虽然对谶纬提出批评，但由于谶纬所具有的“国宪”地位，古文经师也不得不从图谶中寻找资源以争取上层的认可。汉章帝时贾逵曾上书称《左传》与图谶相合，其目的就是促进朝廷对于《左传》《古文尚书》《毛诗》的古文经传的承认，古文经学亦缘此而有一大发展。

谶纬之学虽提倡“尊经”“崇圣”，其学说中亦含有经学的内容，但其主要思想却违背了传统的儒家精神。因此，在谶纬思潮泛滥时，不断有学者起来抵制、批判，如桓谭、尹敏、张衡、荀悦、王充等人。

桓谭认为，谶出《河图》《洛书》，是后人妄复加增而成，视为出自孔子，这是很大的谬误。尹敏提出，谶书并非圣人所作，其中多近鄙别字，颇类世俗之辞。张衡主张，应当收藏图谶，一禁绝之。荀悦则抨击谶纬符瑞。后来刘勰在《文心雕龙·正纬》中认为他们四人对谶纬的批评各具特色，桓谭疾其虚伪，尹敏戏其浮假，张衡发其僻谬，荀悦明其诡诞，都是精深的论述。

王充在其中最具代表性，他作《论衡》，对当时所流行的各种虚妄学说进行批判，而其中很大一部分就是针对谶纬之学的。王充认为，天地阴阳合气，万物自生，天乃是自然无为之天，不具有任何道德、神学属性。以天地万物自然生成为基础，王充得出了谶纬之学的人副天数、天人感应、灾异谴告乃虚妄之言的结论，从根本上动摇了谶纬之学的理论基础。他重视理性思维，注重耳目、闻见等感觉经验的重要性，从而否定了所谓的圣人先知、生知，为神圣化了的孔子去魅。总之，王充秉持自然主义的天道观，主张一切诉诸客观事实和验证，有力批判了谶纬思想中的感应论、目的论以及神圣化的思想，为东汉末期至魏晋思想的转变开辟了道路。

还需要说明的是，王充与谶纬之学的关系其实较为复杂，他虽然全力批判谶纬学说，但也不可避免地受到谶纬的影响，这在《论衡》一书中表现得尤为突出，如《论衡》一书常引用或化用纬书，这表明王充不仅熟悉谶纬而且多受其影响。

（三）郑玄会通今、古文经学

今、古文经学在东汉时期体现出既对立又交融的特色。由于今、古文经学在经书性质和对经文的解释上有着明显的区别，导致东汉时期两派出现多次论争，此后还由学术观点的争论演变为学派甚至是政见之争，二者各守门户，相互攻击。

不过，尽管东汉的今文经学与古文经学有着较为明确的学派划分，但这并不意味着二者完全割裂，它们在学术上还是有所交融的。东汉建国之初，光武帝刘秀立五经博士，大都属今文经学，但属于古文经的《左氏春秋》首次置学官也出现在这一时期。汉章帝则亲自主持了白虎观会议，讲议五经同异，使诸儒共正经义，命班固将讨论结果编成《白虎通义》，其内容是以今文经学为主，同时记载大量谶纬的内容，强化了今文经学的神学性。《白虎通义》虽仍属今文经学的体系范畴，但不能否认的是，古文经学家参加白虎观会议，并与今文学者进行论争，这也使得《白虎通义》在经说解释上兼采了今、古文经义，总体上呈现出会通而驳杂的经义阐释特色。这种状况促进了东汉一代“会通”学风的逐渐形成以及兼通各经的经学家的先后出现。在这样的背景下，东汉末出现郑玄这样的“通学”大家也就是很自然的事情了。

郑玄

郑玄（127—200），字康成，北海高密（今山东高密）人。他会通两汉今、古文经学，对二者进行了全面的加工改造，遍注群经，创立郑学，对当时及后世都产生了深远而巨大的影响。

郑玄早年入太学受业，先师事京兆第五元先，学习《京氏易》《公羊春秋》《三统历》《九章算术》等，后又随东郡张恭祖学习《周官》《礼记》《左氏春秋》《韩诗》《古文尚书》等。从早年的学习内容看，郑玄既学习

《京氏易》《公羊春秋》等今文经学的著作，也有《周官》《左氏春秋》《古文尚书》等古文经书，这些学习的经历为他此后会通今、古文经学奠定了基础。

郑玄后来又西行拜入马融门下学习，学成东归时，马融对郑玄寄予厚望。这段学习经历奠定了他以古文经学为主的学术立场。回到山东后，郑玄一面客耕东莱，一面致力于讲学，门下弟子成百上千。

在当时，何休是今文经学的大家，他好公羊学，排斥古文经学，著有《公羊墨守》《左氏膏肓》《谷梁废疾》等著作，抨击《春秋左氏传》《春秋谷梁传》不值得研究。郑玄针锋相对，作《发墨守》《针膏肓》《起废疾》反驳何休。何休读了郑玄的文章后，非常佩服。郑玄兼通今古文经学，对何休的批驳切中要害，奠定了古文经学在东汉的学术地位。

郑玄以毕生精力从事经学活动，注释典籍、撰述著作之多，可谓空前。《后汉书·郑玄传》记载，郑玄所注释的典籍有《周易》、《尚书》、《毛诗》、《仪礼》、《礼记》、《论语》、《孝经》、《尚书大传》、《中候》和《乾象历》等，他自著的书又有《天文七政论》、《鲁礼谛祫义》、《六艺论》、《毛诗谱》、《驳许慎五经异义》和《答临孝存周礼难》，共一百多万字。此外，《隋书·经籍志》还著录其《周官礼》12 卷、《丧服经传》、《丧服谱》及讳书类注释。

郑玄遍注群经，“会通”是其最大特色。所谓“会通”，主要是指郑玄注经不守门户之见，兼采今、古文经说，并以己意将今、古文经说加以融合。比如，他作《毛诗传笺》，本之古文《毛传》，同时也采用齐、鲁、韩三家今文诗说。在注《仪礼》时，针对今、古文经不同的用字，郑玄则根据经义来判断采用哪种文字，若采用的是今文经的说法，他也会同时收录古文经的用字，反之亦然。

郑玄笺注经籍不仅依据经义而选择今、古文经说，还有意调和二者之间的矛盾。如针对《礼记》“刑不上大夫”的说法，郑玄并没有同许慎一样直接否认，而是分析这种说法产生的原因，既依古文说承认大夫及其以上的贵族可被处刑，又吸纳了今文所重视的尊贤之义，指出大夫与庶人之刑的区别。显然，郑玄的注释有意融合今、古文经异说，从而对经文做出他认为较为合理的注解。

郑玄会通今、古文经学对东汉乃至后世经学发展产生了深远影响。他总结和融通了汉代以来的众家经注，突破了今、古文经学的学派壁垒，推动了两汉经学的统一。他的学说被称为“郑学”，在当时有着很强的学术影响力。就经学论，这一时期被后世称为“小统一时代”。魏晋以后的许多经学家的经籍注疏都以郑玄的笺注为本，唐人孔颖达等人纂修《五经正义》，其中《毛诗正义》和《礼记正义》用的都是郑玄的笺注，贾公彦作《周礼义疏》和《仪礼义疏》，也以郑玄的注释为本。

第七章

“三教之争”中的儒家

道教是中国土生土长的宗教，佛教则自两汉之际传入，它们历经魏晋南北朝时期的发展，至隋唐时期形成儒、释、道三教鼎立的格局。在长期的历史发展中，儒、释、道三家相互争论辩难、相互交融，深刻影响着汉代以后中国学术思想的发展走向。

一、魏晋玄学

玄学是魏晋时期的主要社会思潮。“玄”是“无”的意思，魏晋名士借用《老子》“玄之又玄，众妙之门”中“玄”的概念范畴，讨论有与无、本与末的关系，“玄学”因此而得名。玄学是儒家与道家相互融合而产生的一种新的思想体系。魏晋时期思想界的主流由经学演变为玄学，这是中国思想发展史上的重大转变。这一转变的产生，既是当时政治社会变迁在思想方面的反映，又与儒家思想内在的发展、转换有关。

（一）“名教”衰微与玄学产生

“名教”是指儒家的礼法名分之教。自罢黜百家、独尊儒术以来，儒家思想逐渐成为当时社会的主流意识形态，儒家礼制所规定的每个人的社会地位以及与此地位相符合的行为规范，成为人们为人处世的根本。所以，儒家“名教”既是社会政治制度和道德规范的总称，也是维持统治秩序的基本原则，它在维护社会稳定等方面起了非常重要的作用。不过，从东汉开始，“名教”的弊端逐渐暴露出来，产生了严重的社会危机，再难起到稳定社会秩序的作用。

儒家经由政权的力量而成为主流意识形态，但与此同时，各种政治势力对于经学解释权的影响也越来越大。面对被边缘化的情况，不少儒生开始以“君子”相标榜，顽强地恪守古典知识，坚持理想主义，抵抗政治权力的侵蚀，从入世为官来实现价值，转移到超越世俗，以坚守道德、人格、真理来体现价值。这进一步加剧了各种政治势力与儒生之间的紧张，进而招致了党锢之祸。党锢之祸使儒家原来幻想的凭借知识、人格与权力相抗衡的想法彻底破灭，知识阶层不得不转而寻求一种更个人化的独立自由的精神境界。当这种心态与老、庄等道家思想资源相融合，便很快向玄学转变，成为当时的主流社会思潮。

当时政治环境的压力还促使人们开始探究宇宙的本

源，追寻思想幽深玄远的终极依据。虽然董仲舒在西汉时期构建出一个以阴阳五行为核心的宇宙论，但是这种经过改造的儒家思想总体来说还是一种与现实有着极大关联的思想体系，无法有效解决宇宙与人性的终极依据这一问题。尤其是当汉代经学发展到汉魏之际，明显呈现出既烦琐而又迷信的状态。经师精于词义疏通，而疏于经义阐发，结果章句愈繁，意义愈昧，已经不能适应时代的需要。

当经学消解，儒家无力解决社会和政治中存在的问题时，寻求新的思想资源成为必然。道、法、名、兵等先秦时期的诸子之学因而再次受到关注，汉末魏晋之际出现了诸子学复兴的局面。不过，当时人们主要是从诸子学中寻找政治谋略和方法措施，并未涉及建构思想体系、建立独立学派的问题。所以，尽管当时的诸子之学蜂拥而起，显示出各种可能的发展方向，但是始终没有离开儒家思想这条轴线。

曹魏时期的名理学对于玄学的形成起到了关键作用。名理学最初源于对设官分职、选拔官员等具体制度的建设和思考，与将“德行”和“才能”作为判断人才优劣的传统标准不同，名理学把人才优劣归结为“情性”，针对“才性”的界定和识别进行思辨、探讨和总结，予以抽象化和一般化，探究深层次的理论。这对于玄学儒道合流的倾向、“辨名析理”的抽象思维方法等都具有很大的启迪作用。

（二）玄学的发展及其代表人物

玄学的主题是自然与名教的关系，具体表现为对本与末、有与无等关系的思考。道家明自然，儒家贵名教，如何处理儒道之间的矛盾使它们会通无碍，是玄学的热门话题。由于自身所处的历史时代不同，玄学家对名教与自然关系的见解也各具特色，具有代表性的有何晏、王弼、阮籍、嵇康以及裴頠（wěi）、郭象等。

何晏、王弼生活的年代处于魏王帝曹芳正始年间，这一时期正是玄学的形成期。他们开始探讨有无、本末、体用等抽象论题，以兼注《老子》《周易》《论语》为学术特色，振起玄风，开启了魏晋玄学。何晏主张以“无”为立论之本，提倡“贵无论”，作《道德论》《论语集解》；王弼则提出“以无为本”，认为应当“举本统末”“崇本息末”，注重调和名教与自然、孔子与老子的关系，作《老子道德经注》《周易注》《论语释疑》等。

何、王二人在年龄上相差 30 余岁，却是忘年交，私交甚笃。王弼在 17 岁时结识何晏，被许为“后生可畏”。作为年长者，何晏对王弼推崇有加，二人本各自注释《老子》，当何晏听到王弼对于注释《老子》的心得时，认为王弼的注释要远胜自己，于是放弃注释，改而作《道德论》。

阮籍、嵇康代表着玄学的进一步发展。他们二人与山涛、刘伶、阮咸、向秀、王戎五人被合称为“竹林七贤”。作为竹林七贤的领袖人物，阮籍和嵇康都主张越名教而任自然，蔑视礼法，轻视世务，他们任性自肆，纵酒放达，以自己的生命来体证和实践玄学精神，使魏晋玄学真正成为一种具有影响力的社会思潮。

《竹林七贤与荣启期》砖印模画

西晋中叶，以裴頠、郭象为代表的“中朝名士”将玄学推向成熟阶段。裴頠从玄学内部修正了“贵无论”的偏差，提出了“崇有”的哲学；郭象则通过《庄子》文本的解读，将名教与自然的关系阐释为“神器独化于玄冥之境”，二者不再截然不同，而是互为存在的依据。

（三）儒释道三教并行

东晋后期，玄风消歇，佛教逐渐风靡流行来，到南北朝时期，佛、道二家进一步得势，与儒学形成三教并行的局面。

魏晋以来，儒学虽在社会意识形态失去独尊地位，但其作为中国文化的“底色”依然在社会中发挥着自己的社会功能，并以一种家学形式，作为士族的精神支柱影响着社会和思想学术。比如，在施政过程中，南北朝诸帝无不有崇儒兴学之举，这说明儒家学说和儒学所倡导的原则仍然是他们用来维护社会稳定的主要工具。特别是北方少数民族政权的统治者多信奉佛教，时常对于其中的神仙方技陷溺不可自拔。但在建立政权后，为了组织行政机构，巩固统治地位，往往也需要大规模地借鉴汉族政权的组织形式、典章制度以及与之相配的社会伦理规范。这样，儒学就成为他们接受和采纳的意识形态。

佛教作为外来宗教，一般认为是在西汉末年传入我国。汉哀帝元寿元年（前 2 年），大月氏（zhī）国的使者伊存把《浮屠经》口授给博士弟子景庐，这是佛教传入中国之始。佛教初传入中国时，并未产生较大的影响，这时信奉佛教的人很少，东汉明帝的异母弟楚王刘英是文献记载中较早信仰佛教的人。汉明帝永平十年（公元 67 年），开始有汉译本佛经出现。及至魏晋南北朝，由于玄学清谈渐盛，佛教则更多依附玄理。玄学化是魏晋南北朝时期佛教与中国本土文化融合的主要表现形式，汤用彤先生在《汉魏两晋南北朝佛教史》中将之称为“佛教中国化的佛玄阶段”。比如，三国时期一些佛教僧侣试图用玄学来讲解《般若经》，有的甚至把“儒典之格言”与“释教之明训”等量齐观。正是通过魏晋玄学这一中介，佛教得以在中土站稳脚跟，进而步入独立自主发展的时期。

道教属于中国本土宗教，尊老子为其祖师，是中国民间巫术依托道家理论建立的宗教团体组织。魏晋南北朝时期，道教有了较大发展，出现了独立的道教组织。这一时期的道教有两次重大变革，一次是北魏寇谦之对天师道进行了改造，注重内丹、外丹的修炼和道教仪轨制度的建立。一次是刘宋时期陆修静充实官方道教的内容。道教长生不死、修道成仙的理论进一步系统化、理论化。此时道教的代表人物还有葛洪、陶弘景等人。

儒释道三教之间既有融合也有碰撞。佛教传入之初，面临着语言与经典的翻译问题。在翻译佛经和传播教义时，佛教徒常常援引、借用道家和儒家的名词术语，以便于理解和沟通。还有不少佛教徒乃是由儒、道入佛者，原本精通儒学，旁通老庄，后来接触佛教，被佛教所吸引，遂出家为僧。

道教在这个时期也开始兼容儒家、佛教思想。晋代道教葛洪认为儒道本来“殊途同归”，二者既可以互相补充，又可以互相调和，他力图把道教长生成仙的幻想与儒家的纲常名教结合起来。寇谦之吸收了佛教的轮回思想，对道教和佛教在生死形神问题上的矛盾进行调和。陆修静则把一些佛教科仪引入了道教。

不过，随着佛教的传播与壮大，佛、道间的本质性差异越来越明显，为争得自身的政治地位与信众，他们之间进行了激烈的论辩。在不同时期，佛道论争的焦点各有侧重，魏晋主要围绕“夷夏之辨”、儒佛的作用以及佛教、道教谁先谁后的“辈分”问题等；南朝时则围绕“形神”“有无”等问题展开辩论。

儒佛争论的一个重要议题是礼制。晋成帝时期，庾冰执掌朝政，主张沙门见皇帝应该行跪拜礼。这招致佛教徒的反对，僧人慧远则作《沙门不敬王者论》，认为在俗与出家是不同的，服章、礼法自然应该不同。俗人在家奉法，应当遵循名教礼法，尊亲敬祖；出家僧人则已是“方外之宾”，当然不应该对君主行跪拜礼。

三教之间的碰撞，在这一时期最为激烈的表现，则是北魏太武帝和北周武帝的两次灭佛事件。他们在位时都曾经以政府命令禁绝佛教，摧毁佛寺塔像经卷，强制僧尼还俗，佛教徒称之为“法难”。虽然两次灭佛原因各异，但都与当时意识形态建构的需要有密切关系，当统治集团支持时，佛教则获得发展，而当给予打击时，佛教则衰落。由于北魏太武帝认为佛教发展与政权、经济、文化等各方面均存在冲突和矛盾，因而采取了彻底毁灭佛教的政策。不过太武帝的灭佛政策非但未能毁灭佛教，反而在一定程度上刺激了佛教的进一步复兴，尤其是推动了北方地区佛教的发展，南北佛教在规模上的差距扩大。后来，北方战乱不断，课役繁重，百姓“绝户而为沙门”者众多。寺院占据大量土地影响了均田制的推行，众多附户导致政府的力役兵源减少。到了北周武帝时期，寺院经济已经对北周政权造成严重威胁。面对北齐的强大，以政治利益和军事需要为主因的灭佛事件由此展开，扭转了北周、北齐的实力对比，影响深远。

二、 隋唐儒学

隋唐时期，统一的中央集权帝国重新建立起来，这是自秦汉以来又一个统一的时代，中华文明在长期战乱分裂之后达到了又一个高峰。隋唐的统治者为了政治上统一的需要，也注重在文化上进行整合，提倡正统的伦理道德观念。在这一背景下，儒学由南北朝时期的分裂状态重新走向统一，儒家经学在官方的鼓励之下达到新高度。

（一）孔颖达与《五经正义》

隋唐初期，统治者充分认识到儒学对政治和文化的作用，积极倡导儒学，在这一过程中，儒学再次繁盛起来。由于经历了魏晋南北朝长期的政治分裂，南北朝时期的儒学在学术思想、典籍版本、经义解释等方面有着根本不同，这就阻碍了儒学自身的发展。为了克服这一问题，实现思想统一，唐太宗便下令进行儒家经典的统一。

《五经正义》是唐代颁布的官方儒学经籍定本，由孔颖达等奉唐太宗之诏令而修纂，系两汉以来儒家经学义疏的结集。其中包括《周易正义》14 卷，《尚书正义》20 卷、《毛诗正义》40 卷、《礼记正义》70 卷、《春秋左传正义》36 卷。

孔颖达

孔颖达，字仲达（又字冲远），是孔子第 32 代孙。他自幼聪慧，八岁时候，就能够日诵千言。及其年长，精通《左氏传》《郑氏尚书》《王氏易》《毛诗》《礼记》，兼善历算，善于书文。他曾经拜访同郡的刘焯（zhuó），刘焯为隋时著名大儒，名重海内，门下弟子众多。因此，当孔颖达造访之时并不待之以礼。一直到孔颖达针对经籍疑惑之处进行解读时，所阐发多有出人意料之处，刘焯大为惊奇，非常佩服，遂“改容敬之”。

隋大业年间，孔颖达以明经入仕，授为河内郡博士。隋炀帝在东都洛阳征集诸儒、国子秘书官等学士辩难，孔颖达虽年幼反为其中最优异者。到唐太宗平定洛阳的时候，孔颖达被引为秦王府文学馆学士，自此跟随唐太宗，历任国子司业、太子右庶子等职。孔颖达于贞观二十二年（公元 648 年）病逝，赠太常卿，谥号为曰宪，陪葬于太宗之昭陵。

孔颖达曾与魏征合撰《隋书》，还参与修订《五礼》，并撰《孝经义疏》等，然其最大功绩当是奉诏编纂《五经正义》。编纂的过程主要分为两个环节，第一个环节采用了标准的注经底本，即以颜师古所注定的《五经定本》为底本并参以陆德明《经典释文》；第二个环节是撰写义疏。《五经正义》对前人注疏进行取舍总结，如《周易》用王弼注，《尚书》用孔安国传，《春秋左氏传》主要用杜预集解，《毛诗》主要用郑玄注，《礼记》主要用郑玄注。当时的许多著名学者都有参与其中，孔颖达是主持者和主要负责人，发挥着主导作用。

《周易正义》是《五经正义》的第一部。孔颖达认为，古时圣人作《易》，目的在于通神明之德，类万物之情。王弼作《周易注》，去芜存菁，注意发掘《周易》里的哲学性义理，祛除此前五行感应之臆说，并用《老子》解《周易》，以玄学思维诠释易理，使《周易》的学术地位显著提高。孔颖达故以王弼注为主，并融会汉代易学的部分内容，收入《周易正义》中。

《尚书正义》所采用的是当时通行的孔安国《古文尚书》本。孔颖达详细考证了西汉刘向、刘歆，东汉贾逵、马融、服虔，西晋杜预，但均“不见孔传”，他认为孔传本《古文尚书》长期隐而不见，至东晋初梅赜（zé）献上朝廷才为世人所知。

在西汉时期，《诗经》曾有齐鲁韩毛等诸家之注，其中，毛解为古文经学一派，出现最晚。在《毛诗古训传》基础上，东汉郑玄撰有《毛诗传笺》，对《毛诗》加以引申发展，影响很大。《毛诗正义》所用传注，既尊《毛传》《郑笺》，又博采其他汉魏诸家学说，能够客观地对待原有疏文，务求能准确诠释《诗经》之微言，终唐之世，人无异词。

孔颖达不取《周礼》和《仪礼》，而用《礼记》，这是因为《礼记》本附于经书，文字简明而周全。东汉郑玄注《礼记》，内容平实详密，历来为儒者所看重。至唐初尚存有皇侃、熊安生等注本。《礼记正义》选用东汉郑玄的《礼记注》，以皇侃的义疏为基础，补充以熊安生注本。

杜预撰有《春秋经传集解》30卷，大行于世，故孔颖达以之为蓝本，更采汉注众书，成为对唐以前《左传》注疏的总结梳理。《春秋左传正义》偏重以史实来诠释《春秋》，在史实陈述、阐发中更容易体现出儒家的重要理念。

撰定完成，太宗即令“天下传习”《五经正义》。高宗时期，又对新发现的一些脱误之处进行了修订，永徽四年（公元653年）重新颁布《五经正义》，科举考试中之经文、经义，即以此为准。至此，经过隋以及唐初统治者和学者的共同努力，重新实现了儒家经典的统一。

《五经正义》的撰写过程中坚持“疏不破注”原则，做到了融汇诸家而不盲从，多择其善说，并且多有推进，是汉代以来经学发展的最高水平。

《五经正义》的完成，标志着儒学正式结束了长期以来的分裂歧出状态，重新进入了经学一统的稳定发展阶段，达到了繁盛时期。清人皮锡瑞著有《经学历史》，他在“经学统一时代”一章中总结说：“自《正义》定本颁之国胄，用以取士，天下奉为圭臬。唐至宋初数百年，士子皆谨守官书，莫敢异议矣。故论经学，为统一最久时代。”

《五经正义》的修订颁布，是对隋唐之前儒家经学的一次体系性的总结，使经分古今、学分南北的儒学重归于一统。所以，《五经正义》不仅是内容、音义、训诂上的总结，更是对儒学学术分野的一次深入推进和整理，通过儒学与科举的结合，儒学能够以清晰一致的知识结构影响社会数百年。

（二）韩愈、李翱及儒学的新转向

《五经正义》的颁定实现了儒家经学的再次统一，也促进了版本、训诂等学问的复兴。但是，面对以佛、道为代表的宗教学说的冲击，儒家在理论体系和价值体系的建构方面却没有太大进展，儒家“内圣外王”的理论逻辑始终没有完整确立。为回应当时社会现实的挑战，中唐以后，一批以天下为己任，勇于承担时代使命的儒家学者，开始转而发掘儒学的内在真谛，进行理论创设，其中的代表性人物有韩愈、李翱等。

韩愈

韩愈“文起八代之衰”，为唐宋八大家之领袖。他排斥佛老，努力诠明儒学要义，接续儒家道统，践行儒家精神，实乃儒学重生之先导。韩愈一生之中著作极为丰富，去世后其作品被合为《昌黎先生文集》。

韩愈重新总结了仁、义、道、德等儒家核心的原则，他将“仁”释为“博爱”，将“行而宜”作为“义”的标准，认为只有实现“仁”与“义”的统一，才能达到“道”，成为“圣人”。韩愈认为，仁义是儒家之道的实质内容，而“德”不过是儒家之“道”的外在形式。由此，韩愈提出一个由尧、舜、禹、汤、文、武、周公、孔、孟相传而来的儒家“道统”，并自命其为孔、孟心传“道统”的继承者，以抗衡佛教之“法统”。

韩愈在佛、道之外，完整地建构了以“伦理”为特色的“儒道”之统，它不仅是儒家一派之学说，实际上，也正是中华民族思维的常在模式，是我们一以贯之的思维模式。《原道》所提倡的“先王之道”理论框架，以一切日常行为为修行基础，强调修齐治平之路径，重新强调了《大学》之义。同时，《原道》的强调重点和论述思路明显不同于中唐之前儒家“疏不破注”的训诂之学，它将儒学从趋于僵化的汉唐经学引入新的心性之学。因此，韩愈所提倡的“道统说”开创了儒学的新境地，为宋以降重新恢复儒学正统开了理论先河。

韩愈还提出“性三品”说。儒家心性之学一直以来是儒学的核心内容，从孔子《论语》中“性相近，习相远”发凡，一直到战国“百家争鸣”中的孟、荀之辩，善、恶之论蔚为大观。在孟子、荀子、扬雄三人的人性善恶之争的基础上，韩愈对人性与人情等进行重新分析，进而以性、情相分的视角对儒家的性情之说进行了拓展。韩愈之时，有“性”“情”概念区分的趋势，他所作《原性》是中唐时期儒家心性之说的总结。在《原性》一文中，韩愈讲到：“性也者，与生俱生也；情也者，接于物而生也。”他明确提出性与情是相分的，人性与生俱来，情则是在成长中逐步产生的情感。前者可分为仁义礼智信五端，而后者分为喜怒哀乐等七情。在此基础之上，韩愈认为性之品有上中下三个层次，上品者可以在社会中以礼自持，克服一切诱惑；下品者，则是率情纵性，任由外物诱惑；中品者则居于其间。韩愈在承认每人都具有向善之根基的基础上，将人的道德层次分为三个等级，而外发为三品的原因则在于人在现实生活中受情感、欲望等不同因素的影响做出不同反应。韩愈所提倡的三品说，本质上承认人一切向善，人们可以通过教育提高自己的道德修养，升华人性，这也为后来宋儒“天地之性”与“气质之性”的划分提供了思路。

韩愈对儒学“道统”的推崇，很大程度上与当时儒学受佛道二教之冲击有关。他反对佛教，出发点正在于维护儒家之“道统”以及天下之安泰。因此，他自为东都（洛阳）分司官之时，就贬斥佛教徒。在理论上，其观点集中体现在进呈给宪宗的《论佛骨表》，《旧唐书》收录其文。在文中，韩愈首先说佛教只不过是夷狄之一教而已，在未传入中原之前，先王都能长命百岁，并致天下太平。而“汉明帝时始有佛法，明帝在位才十八年耳。其后乱亡相继，运祚不长，宋、齐、梁、陈、元魏已下，事佛渐谨，年代尤促。”反而是自汉明帝以后那些崇信佛教的皇帝们命祚不长。按照孔子的教诲，“敬鬼神而远之”，因此，请将佛骨毁坏，以绝天下人对其的疯狂崇拜。这在当时上层普遍佞信佛教，造成社会经济破坏的中晚唐时期，无疑具有重要的现实意义。

韩愈作为中唐儒学复兴与转型的肇端及中心人物，以其文章、理论、品质，凝聚了一大批志同道合的知己好友，如柳宗元、皇甫湜（shí）、白居易、刘禹锡等，他们在思想观念乃至济世情怀上均有一致之处，李翱是其中的代表性人物。

李翱，字习之，据考其约生于 772 年，卒于 841 年，年龄略小于韩愈。25 岁时在汴州与韩愈相识。从此，追随韩愈，勤奋好学。在 27 岁时，他又娶韩愈堂兄侄女为妻，一直是韩愈的学生、亲人和朋友。二人在思想、行迹上有颇多相似之处，同为中晚唐时期儒学发展的重要代表人物。他推崇韩愈而又有所发明，推动了儒学的新转向。有《李文公集》存世。

李翱在29岁时作《复性书》三篇，集中体现了他主张的“复性说”。李翱推崇《中庸》，勾勒了一个以《中庸》为核心的“道统”概念。他认为子思得孔子思想的真谛，从而作《中庸》，后传于孟子，孟子又传于公孙丑、万章之徒等。秦朝时焚书坑儒，《中庸》遭毁，仅存单篇流传，从此以后，一直到唐朝，儒家的这一道统几乎灭绝。儒家心性之学日趋没落，以至于人们皆以为儒家不言说性命之道，因而大都入于释、道二教以求解。李翱欲通过其学说“以理其心，以存乎其人”，以“弗虑弗思”“寂然不动”“斋戒其心”“诚明”为复性之法，恢复人的善良本性，以达到至诚、平和的心性境界。

李翱还提出了“性善情恶”的人性论，他认为性是天赋与人的聪明才智和道德品质，情是后天环境引起的嗜欲好恶。性本皆善，而情则本恶。圣人之所以为圣人，是因为其本性清明，在他们身上能始终保持性的本然，故为善。而人性之所以动荡不清，则是因为情欲趋恶。所以凡人则因其终身沉溺于情而始终不能自觉其本性。人性虽然皆善，但情却因圣、凡而不同，这就是圣人有情却似没情，凡人有性而不能见性。此外，李翱还看到了性、情不能分离的关系，情是性所派生的，性是情的基础，二者互相依存、互相作用。而要实现圣人之性，则必须恢复人之善性，去掉人之恶情，才能达到性情善恶统一于一身。

李翱融释、道入儒，以儒家思想为基础，对佛教天台宗“止观”“无性有情”说、禅宗“人人皆有佛性，人人皆可成佛”“明心见性”论、老庄“虚静”“心斋”“坐忘”“反性”“复初”以及唐代道教司马承祯的《坐忘论》进行了吸收、改造，进而形成一个系统的儒家心性论思想体系。无论是在方法上还是在内容上，均为此后儒学进一步吸收融合佛道，完成儒家思想的创新发展奠定了基础。

《李翱问禅图》局部

第八章

理学时代的儒家思想

理学是以儒学为主干，融摄佛道两家的智慧，综合创造而成的新儒学形态。11 世纪以后，在长达 700 多年的时间里，理学在社会中居于主导地位。从学派上讲，理学包括了邵雍的象数学、周敦颐的濂学、张载的关学、王安石的荆公新学、程朱理学、陈亮的永康学派、叶适的永嘉学派、陆王心学，以及元代的许衡、吴澄和明代的王艮、罗钦顺、王廷相、李贽等人的学说。其中最重要者，毫无疑问是程朱理学和陆王心学。而之所以把这些不同派别统称为宋明理学，是由于它们都围绕理、气、心等本体性范畴展开，并且共同塑造了这个时代的民族精神。理学家对哲学问题的探讨，无论从深度和广度上都超过了以往任何一个时期，在理论思维方面达到了很高的水平，对人类思想史的发展也做出了极大的贡献。

一、程朱理学

程朱理学是指以宋代程颢、程颐和朱熹为代表的理学学派。它肇始于北宋周敦颐，奠基于北宋二程，完成于南宋朱熹，是理学中影响最大的学派。程朱理学以“理”为宇宙万物本原，强调“理一分殊”，对人性学说和格物致知说等均有较系统的论述，为学提倡用敬，主敬以立其本，穷理以致其知，反躬以践其实。该派自南宋后期逐步受到统治阶层的重视和倡扬，元、明、清三代一直在思想界居统治地位。主要人物还有杨时、谢良佐、游酢、吕大临、罗从彦、李侗、黄榦、陈淳等。

（一）宋初三先生：理学的先驱

“宋初三先生”是指胡瑗、孙复、石介三人，他们著书立说，广收弟子，开讲学风气，共同倡导儒学，在北宋儒学的复兴中起过重要的作用，为理学的产生打下了基础、开辟了道路，因而被认为是理学的先驱。

宋初三先生在当时已是知名的经学家，他们都特别重视《易》和《春秋》这两部儒家经典，原因在于他们治经是为巩固北宋政权，而《易》和《春秋》正适合作为其理论根据。胡瑗长于《易》学，今存《周易口义》，由其弟子倪天隐整理而成。孙复以《春秋》见长，今存有《春秋尊王发微》12 卷，他治《春秋》主张直抒“圣人”微旨，反对汉唐以来的章句注疏之学，对宋儒义理之学有开启之功。石介所著《易口义》《易解》等虽然均已亡佚，但从一些零散的资料及其存世的《徂徕文集》来看，石介对《易》和《春秋》都曾有所涉猎。

宋初三先生还通过申论儒家道统来振兴儒家的忠孝仁义学说，他们突出孔孟的地位，极力标榜儒家正统，宣扬孔孟的伦理教化。宋初三先生认为，佛、道二教提倡“臣抗于君，子敌于父”，这与儒家所提倡的伦理纲常是不相容的，对于政权的巩固也极为不利，因而极力反对佛、道与儒峙而为三。同时，他们对于当时所流行的四六美文“西昆体”也持否定态度，认为这有碍于“圣人之道”。

宋初三先生还是当时有名的教育家，他们的学术思想也是在教学过程中通过讲授阐发出来的。北宋开国之初，专重科举，不注意兴学办教育。而由科举选拔出来的人才，往往不适世用。当时，国家面临内忧外患，在这种情况之下，他们积极从事教育，兴办学校，为国家培养各种专门人才。

孙复科举落第后，在石介的帮助下，在泰安建学馆，开始聚徒讲学。后来，他又到太学讲学，影响颇大。石介丁忧在家时，一边耕作，一边讲学。据说，石介讲学后，跟随其学习的门人弟子很多。太学之兴，自此开始。胡瑗也是落第之后在苏州开始聚徒讲学，他在长期的教学实践中积累了丰富的教学方法，被称为“苏湖教法”，这也是其教育实践中最精彩的地方。胡瑗的教法引起了朝廷的高度重视，朝廷将他教授弟子之法应用于太学教育，还编成《学政条约》。宋初三先生都曾经为国子监直讲，不仅为国家培养出一大批通今博古的有用人才，而且对于宋及宋以后的学校教育也产生了很大影响。

宋初三先生刻苦攻读圣贤之书，都有复兴儒学的决心，并付诸行动。虽然他们还没有能够建构起新儒学理论体系的框架，没有从哲学的高度提出儒学需要解决的新问题，没有建立起一套严密的逻辑体系，但他们已为宋代新儒学的产生制造了舆论。他们都广收弟子，大开讲学风气，把自己的思想倾向传播到各阶层人物，为北宋统治阶级培养了大批的有用人才，这些人对理学兴起也做出了贡献。

（二）王安石与荆公新学

王安石（公元 1021 年—公元 1086 年），字介甫，号半山，抚州临川（今江西抚州市）人，北宋著名的政治家、文学家。他是熙宁变法的领导人物，同时也潜心研究经学，著书立说，被誉为“通儒”，创立“荆公新学”，促进宋代“疑经变古”学风的形成。

王安石

宋初，随着社会危机的日益加重，新的社会改革已经迫在眉睫。王安石执政后，为培养人才，不仅改组太学和地方学校，调整科举制度，还设立机构重新训释《诗》《书》《周礼》等经义，编纂《说字》，以创立“新学”。因为王安石曾被封为“荆国公”，所以他所开创的“新学”被称为“荆公新学”。荆公新学产生于宋仁宗嘉祐、宋英宗治平年间，兴盛于宋神宗熙宁、元丰年间，在北宋后期官方意识形态中处于主导地位，也是王安石变法的指导思想和理论基础。

嘉祐八年（公元1063年）王安石母卒，他奉柩归江宁，居母丧三年。这期间，王安石潜心学术，《淮南杂说》《洪范传》及《性情》《五霸》《兴贤》《委任》等文就完成于此时。而此时，王学的研究重点正是“道德性命之理”，其传世著述《洪范传》中，保留了大量的性命之理、道德之意的内容，其中重视道德性命之学的特点非常明显。而在此之前，宋代学术对“道德性命之理”并不重视，自王氏之学兴，士大夫则非道德性命不谈。可见，王安石对于北宋学术风气的转变影响颇大。

经过在江宁聚徒讲学，王安石的学说得到了进一步传播，从者甚众，荆公新学初步形成。熙宁二年（公元1069年）二月，王安石出任参知政事，推行新法。为了达到“经术造士”的目的，他提出要重新训释经籍，发掘先王经典中的微言大义，倡明义理，解除一直以来对经学的误解，从而借助经学达到化民成俗的目的。熙宁六年（公元1073年）三月，王安石亲自提举经义局，进行学术探讨和理论创新，并在诸多儒家经典中选择了《诗》《书》《周礼》，王安石亲自撰写《周官新义》，组织王雱、吕惠卿等编撰《尚书义》和《毛诗义》，合称《三经新义》。同时，为解除对经学的曲解，王安石认为有必要通过训释文字，来达到通经义的目的。出于这种考虑，王安石撰著《字说》，与《三经新义》相辅并行。熙宁八年（公元 1075 年）元月，《三经新义》修成奏御，不久即颁行天下，作为全国学校的统一教材和科举考试标准，一时学者无敢不传习。至此，荆公新学已成为北宋社会居统治地位的意识形态。

荆公新学兼重义理与训诂，从义理的角度修撰《尚书义》、《毛诗义》、《周官新义》；但又不废训诂，著有《字说》20 卷。可以说，王安石既是振兴义理之学的先锋，又是复兴训诂的先驱。荆公新学的另外一个特色在于，王安石能够坚守孔孟之道，以儒为宗，援佛及诸子百家以入儒。这使得儒家学说中的义理大为丰富和充实，有效提高了儒学的地位。

（三）北宋五子：理学的奠基者

“北宋五子”是指周敦颐、邵雍、张载、程颢、程颐。经过他们的努力，理学最终形成，正是基于这一原因，后世合称他们为“北宋五子”。

宋代中叶，周敦颐作《太极图》一幅及《太极图说》一篇。区区一幅太极图、寥寥 250 多字的《太极图说》，却推明阴阳五行之理，阐发心性义理之精微，为宋明理学构筑了广远而深宏的本体论基础，因而周敦颐本人被后世理学家尊为“理学宗主”。在《太极图说》中，周敦颐回答了诸如世界是如何产生的、人与自然的关系是什么、人应该如何修养等问题，其中提出的无极、太极、阴阳、五行、动静、无欲等一系列概念，成为宋明理学的基本范畴。

对于宇宙的起源问题，周敦颐提出“无极而太极”。他把道教的“无极”视为宇宙的本原，把儒家的“太极”视为无极的派生物，由无极而为太极，由太极的阴阳运动而生五行，由五行的运动而生万物，生男女，万物生生变化无穷。周敦颐借助于道教的无极概念比较好地解决了宇宙万物和人类的发生、发展与统一问题，从而为宋明理学提供了本体论方面的依据。

周敦颐还提出了“主静立人极”的伦理观。在他看来，正像世间万物因有不同禀赋而形色不一那样，人也因为心性受感万物而有善恶之分。因此，他主张“主静”而“立人极”。“主静”在于“无欲”，无欲故静。而要消除欲念以达到无所欲求的境界，则需要“无思”“无为”的精神内省工夫。所以，周敦颐“主静立人极”实际上是说，人应通过内心的道德修养，遏制思想，制约情感，不偏不倚，定之以中正仁义，使个人行为符合伦常标准。

大约与周敦颐同时，张载也在关中地区倡导儒家思想。他摒弃佛、老，敦守儒经，以“知礼成性”与“变化气质”教育弟子。政治思想上，他提倡三代礼教，并亲率弟子践行；认识论上，他提出见闻之知、德性之知；在人性论上，他提出气质之性、天地之性；在宇宙观上，他提出元气本体论。以上这些都是宋明理学的基本命题。

张载发展了中国古代气一元论的思想传统，提出“太虚即气”。他认为，万物的本源是“太虚”，太虚由“气”构成，气则是客观世界的物质实体，是可以认识的。万物是复杂变化的，这也为“气”本身所固有。这种变化又有其规律，而要掌握这种规律，就要通过不断地反省，发现自己的本然之性，改变自身气质之性，使性与天道合一，达到内外一致的“诚”的境界。

邵雍的贡献主要体现在对于宇宙本原及其演化规律的探讨上。他创造了象数体系，认为世界万物均由一个总的本体“太极”演化而来，然后“一分为二”生出阴阳，“四分为八”生出八卦，再后依次分化，遂生世间万物。邵雍还指出太极为心，以心为太极，则宇宙万物生于心，宇宙的法则就是我心的法则。由此，邵雍认为人的认识并不在于如何把握客观外界，而在于如何认识自心。他以为宇宙间的万事万物在本质上与人体的构造并无太大差别，天有四时，地有四方，人则有四肢，故而最终天地与人合一。这样，邵雍便将儒学原来的经学传统转换为心性之学，从而为理学的最终形成奠定基础。

经过周敦颐、张载、邵雍等人的共同努力，宋明理学的体系便大致形成。而理学作为一种典型的新儒学形态正式形成，还要归功于程颢和程颐。二程思想的中心都在“理”或“道”。在程颢看来，理不仅总摄天地万物，而且存在于一切事物之中，是万物本源和人类社会的最高准则。程颐也主张天理论，他认为世界上只有一个绝对的理，包括人在内的万物都是由理派生出来的。社会制度与伦理纲常也是天理的表现，理的原则推之四海而皆准，不能违背，要顺理而行。

“理”是宇宙本原，那么如何才能认识理、体认理的真谛？程颢提出，“心”生来就具有知晓万物之理的

“良知良能”，心是理，理是心。知理由心，而要使自己的心不被外物所迷惑，必须超然于物质、精神的欲望之外，只有这样，才能认识天理。程颐认为，理为人内心所固有，只是由于被外欲所诱惑，理、心不能合而为一。人欲和天理是对立的，人欲往往导致天理的丧失，为此，认识天理应“求于体”“求于内”，应主动地“存天理，灭人欲”，极力克制自己的欲念。

（四）朱熹：理学的集大成者

理学自宋初发端以来，中经周敦颐、张载、邵雍、二程等人发展，到南宋中期，由朱熹集其大成。朱熹的思想是元、明、清时代占统治地位的官方理论，在中国传统社会后期产生了重大影响，清朝康熙皇帝称他为“集大成而绪千百年绝传之学，开愚蒙而立亿万世一定之规”。

朱熹

朱熹五岁即开始跟随父亲读书，十四岁时又遵父命师事于二程的信徒刘子翚（huī）、胡原仲、刘勉之。同时也大量阅读其他书籍，禅、道、文章、楚辞、诗、兵法等事事要学，兴趣非常广泛，知识面很宽。三十岁时，他正式拜程颐的三传弟子李延平为师，专心于性命义理之学。从此敛华就实，反博归约，经过一定时期的积累，贯精粗，合内外，对文献之精蕴、百家学说之异同都能毫分缕析，了如指掌。

在自然观方面，朱熹认为“理”或“天理”是宇宙的本原或根本，天、地、人都是因“天理”而存在，都是由最根本的“理”所产生。对于周敦颐的“太极”，朱熹也用“理”来解释，他认为太极只是天地万物之理，在天地言，则天地中有太极；在万物言，则万物中各有太极。这样就把周敦颐的思想纳入洛学的体系中。在理、气关系上，朱熹认为理为根本，气则依附于理。气为形而下，理为形而上。然而，理也不能够脱离气而独立存在，天下没有无理之气，也没有无气之理。

朱熹在讲到宇宙的统一性和多样性问题时，着意发挥“理一分殊”的思想，认为万物各具一理，万理同出一源。之所以如此，原因在于他认为“理”是宇宙万物的唯一本原和共同本质，是多样性统一的根据，他同时还认为统一的理又使万物表现为多样性。为了更好地说明二者的关系，他借用了佛教的“月印山川”来解释，《朱子语类》记载朱熹曾说：“如月在天，只一而已，及散在江湖，则随处可见，不可谓月已分也。”

在人性论方面，朱熹把“天地之性”与“气质之性”纳入自己的体系。朱熹认为性是天理的体现，是形而上的本然状态；人禀气而生，是形而下的有形存在。

人和万物都是天理的体现，人是禀气而生的，万物也是由气而构成的。据此，人与物一样。然而，从另一个角度讲，人与物又有根本的不同，只有人才有仁、义、礼、智、信，而物则没有。人的这种本性就是天理，天理从来就不可能有不善的状态。朱熹区分天命之性与气质之性的意义在于，强调人的根本使命就是要认识到自身的善性，在气质之性上下工夫，克服自身的本然的劣性。

朱熹还发展了“道心”与“人心”这两个概念。朱熹认为“道心”源于生命之正，是从纯粹的天命之性发出来的，所以是至善的；即使愚昧的小人，也具有天命之性，因而不能无道心。“人心”是从气质之性发出来的，可善可不善；即使上智的圣人，也是理气结合出来的，不能不具有气质之性，所以也不能没有人心。可见，朱熹没有把“人心”与“人欲”完全等同起来，没有把“道心”与“人欲”绝对对立起来，对“人欲”必须革尽，对“人心”则不能消灭，而只能使它听命于“道心”。这样，朱熹在继承张载思想的基础上更为明确地解决了心与性情之间的关系问题。

修养论上，朱熹继承二程尤其是程颐的思想而又有所发展。在持敬问题上，程颐把“涵养须用敬，进学在致知”作为修养的两大纲目，朱熹进而发挥为持敬说和格物致知论，认为敬是为学修养的立脚点，是圣人第一之要法。周敦颐也曾提出过“主静”的主张，认为“无欲故敬”，朱熹认为周敦颐的主静主张稍有偏失，要求过高，很难获得实践中的运用。朱熹的居敬并不是目的，而只是工夫，居敬的目的在于“穷理”，而穷理又是“格物致知”的工夫。

此外，朱熹一生致力于儒家经典的整理与注释，对于儒学的发展做出了重要的贡献。他对于儒家的经书如《诗》《书》《易》《礼》等均有研究，而且都有专门的著述，于《春秋》学也有《资治通鉴纲目》。然而，朱熹在经学方面的最大贡献是注释和刊刻“四书”，撰著《四书集注》。

宋代以前，儒家经典以“五经”最为重要，而专门记述孔子及其弟子言论的《论语》一书，在《汉书·艺文志》中只列于“六艺略”之后，被视为幼学之书，其地位较低显而易见，《孟子》一书更不在其列。唐代以来，道统说产生，人们论列儒家学说的传承，希望能够树立一个由孔子经过曾子、子思传到孟子的儒家道统；另外，宋代以后，理学兴起，学者们多谈性理之学，孟子的地位逐渐提升。尤其是宋代的二程以及朱熹等人特别推崇《孟子》，以及《礼记》中的《大学》《中庸》两篇，使三者与《论语》合为“四书”，并将其提高到经的地位，与“五经”并列。这样，“四书”之名由此而来。朱熹倾其一生精力撰成《四书集注》，“四书”始结集成书。

《四书集注》全书共19卷，其中最早成书的是《论语集注》和《孟子集注》。最初，朱熹先取二程及其门人、学侣数家之说编成《论语要义》，为便于童子学习，又作《论语训蒙口义》；后来，复取二程、张载、范祖禹、吕希哲、吕大临等12家之说，荟萃而成《论语精义》《孟子精义》，后改名为《论语集义》《孟子集义》。《四书集注》中的《论语》和《孟子》的“集注”就是在两书“集义”的基础上编成的。以后，朱熹又相继完成了《大学章句》和《中庸章句》。朱熹于“四书”用力最勤，他研究和注释“四书”，编撰《四书集注》，先后用了40余年的时间。朱熹在书中选取前人注解并附己意，多从义理上加以发挥，既注重文字的诠释，也注重义理的阐述，是以义理解经的代表作。

《四书集注》是朱熹哲学思想的重要代表作之一，通过注释，朱熹将个人哲学的世界观和人性论进行阐发。该书不仅论证精微，而且强调人伦日常，充分体现了理学以理为最高范畴的思想体系以及强调认识和修养方法、注重道德实践的特点。随着朱熹地位的提高，《四书集注》受到越来越多的重视。朱熹以后，他的门人在编辑《朱子语类》时，将有关“四书”的语录置于“五经”之前。元明两朝，在学者的眼中，“四书”已经重于“五经”，甚至科举考试也都如此，直到清朝一直相沿未改。

程朱理学的发展也并非一帆风顺。南宋乾道、淳熙年间，相对宽松的学术与思想环境，使理学大为兴盛，以吕祖谦为代表的金华学派，以胡宏、张栻为代表的湖湘学派，以朱熹为代表的闽学学派，以陆九渊为代表的心学学派在这一时期都得到了充分的发展。但宋宁宗即位后，却发生了“庆元党禁”。理学因而受到沉重打击，成为“伪学”，理学家也成了“逆党”。在此后的20余年间，理学一直受到禁锢和压抑。在这一时期，魏了翁、真德秀两人，慨然以斯文为己任，讲习而服行儒学，党禁既开之后，儒学遂明于天下后世。

与此同时，以陈亮为代表的永康学派和以叶适为代表的永嘉学派不满于理学家空谈心性义理，提出学术经世。特别是朱熹与陈亮通过书信往来围绕道、王霸、义利等展开辩论，时间上从淳熙十一年（公元 1184 年）开始，到淳熙十三年（公元 1186 年）结束，这就是历史上著名的“王霸义利之辨”。这表明当时正统理学之外，功利主义思想的影响正在扩大。

朱熹一生致力于宣扬理学，建立了一个庞大而又精深的新儒学思想体系。他总结先前儒家学者的贡献，积极回应当时的社会问题，从而使儒学真正摆脱几百年来佛教与道教的冲击，重新恢复了权威和信心。从元代开始，朱子学成为中国的官方哲学，它不仅深刻地影响了中国的传统思想文化，而且传播到国外，尤其是东亚诸国。朱子学在政治和思想文化领域内都占有重要地位，产生了很大影响。

二、 陆王心学

陆王心学是宋明时期以陆九渊、王阳明为代表的理学流派。南宋时，陆九渊倡言“心即理”，提出“人同此心，心同此理”“吾心即宇宙”的“简易”“直截”主张，被称为“心学”。宋代以后，由于程朱理学成为官方正统思想，陆学式微。到明代中期，陈献章由朱学转到陆学，创建了“自得之学”，开明代心学之端。王阳明更以陆学传人自居，提出“心外无物”“心外无理”等命题，在认识论上提出“致良知”的方法，即先发明本心，致其良知，而后将心中的良知赋予外物，使得万事万物均蒙得本心之善的色彩，达到人格修养上的完善状态。在方法论上，王阳明提出了“知行合一”论，以反驳朱熹“知先行后”说。王阳明是陆九渊之后影响最大的心学家，后人将二人的学说合称为“陆王心学”。

自阳明心学产生后，王学得到了广泛的传播与发展，其中以王畿、钱德洪为代表的浙中王门，以邹守益、聂豹、罗洪先为代表的江右王门和以王艮为代表的泰州学派最为著名。他们对王门后学的发展起到了巨大的促进作用，产生了深远的影响。

（一）陆九渊创立心学与鹅湖之会

陆九渊（公元 1139 年—公元 1193 年），字子静，号存斋，江西抚州金溪（今江西临川县）人，南宋著名理学家、思想家、教育家，宋明理学中心学一派的创始人。他曾在贵溪象山建精舍讲学，自号象山居士，后世称象山先生。

陆九渊

陆九渊所在陆氏家族以诗书传家，州里闻名，宋孝宗曾称赞陆氏“满门孝悌”。陆九渊的父亲陆贺，被赠宣教郎，潜心典籍。陆九渊自幼颖悟，性若天成。三四岁时曾问父亲“天地何所穷际”，以至于“深思至忘寝食”，极善于发问。七八岁时，他便开始读《论语》《孟子》，当听到有人诵读程颐语录时，便问：“伊川之言，奚为与孔子、孟子之言不类?”从此对程颐的理学发生怀疑。十一岁时，常常夜间秉烛检书，勤于思考。十三岁读《论语》时曾发出这样的议论：“夫子之言简易，有子之言支离。”到了二十岁时就能够对经书融会贯通。有一天，当读到古人对“宇宙”二字的注解“四方上下曰宇，往古来今曰宙”时，恍然大悟道：“原来无穷！人与天地万物，皆在无穷中者也。”二十四岁以《周礼》中举，三十三岁又以《易经》中举。四十三岁时赴国学，讲习《春秋》。四十七岁回乡讲学，“乡曲长老亦俯首听诲。每诣城邑，环坐率二三百人，至不能容，徙寺观。县官为设讲席于学宫，听者贵贱老少，溢塞途巷。”五十岁开讲于象山，名讲堂为精舍，四方学者云集。他居山五年，来见求学者数千人。此时，经过长期的深化和完善，他的学说已经达到了完成阶段。

陆九渊强调心的主观作用，建立了以“心即理”为核心的“心学”体系。他认为充塞宇宙的万物之理就在心中，伦理纲常等无不是人人所固有的“本心”。他还将自己的世界观、方法论加以综合，提出其心学的主旨在于明理、立心、做人，这也是其心学方法所要达到的终极目标。在确认世界皆是“理”的产物或体现的前提下，体认万事万物皆心所生。

“明理”在于“立心”，这都是扩充主观自我的思维过程，最后仍落实到“做人”上来。基于此，陆九渊反对从客观事物中寻求知识，认为“此心此理，我固有之”，“人皆有是心，心皆具是理。”同时，他还认为耳聪目明皆由自己，对待父母要孝，对待兄长要悌，这些都是心本来就具有的，不必向他人求取。为此，陆九渊还提出了“存心”“去欲”的道德修养方法，认为只要自己的心通达顺畅，即使在贫贱患难之中，也是会有福德的。

陆九渊继承孟子“尽心”说，发展了程颢“心是理”的命题。他认为首先应该“先立其大”，然后再反身内求，这样就能达到自我反省、自我认识、自我完善的境地。此外，陆九渊心学在形成过程中明显受到了禅学的影响。如陆九渊反对实践，主张安坐瞑目，时常夜以继日，修心养性，这显然是受了佛教禅宗“顿悟”修炼方法的启示。

随着陆九渊心学思想的传播，其影响力逐渐增大。朱熹常有“恨不识之，不得深扣其说，以献所疑”的急切之望，陆九渊也有问道四方、结识朱熹之雅意。淳熙二年（公元 1175 年），吕祖谦正在福建崇安与朱熹编辑理学书籍，于是邀约在江西金溪的陆九渊相会于铅山鹅湖寺。与会者除朱熹、陆九渊之外，还有陆九渊的兄长陆九龄、临川守赵景明及其所邀请的刘子澄、赵景昭诸人。

鹅湖之会的中心议题是修养方法，同时也涉及本体论上的问题。在修养方法上，朱熹主张从博览群书和观察外物来启发对理的认识，强调的重点是“道问学”和即物穷理；陆九渊则从心即理的本体论出发，在修养方法上主张先发明本心，而后使之博览。所谓“发明本心”，就是开拓发掘自己的心灵世界，通过自我反省、自我认识，以达到道德的自我完善。他反对朱熹多在读书穷理上下工夫的主张。陆九渊把自己的方法概括为易简功夫，而把朱熹的方法讥讽为烦琐破碎的“支离事业”，这也引起朱熹的不满，朱熹指责陆氏兄弟的方法为“空疏”。双方不断提出自己的主张，辩论非常热烈。

鹅湖之会实际上是以朱熹、陆九渊、吕祖谦为首的南宋理学三大学派举行的一次规模盛大的学术研讨会。三大学派相互切磋，是南宋学术史上最重要的一次集会，在理学史上有很大的影响。鹅湖之会后，吕祖谦希望朱、陆二说会归为一的初衷并没有达到，朱、陆的学术思想不仅没有统一，反而更明确了其分歧所在。从此，朱、陆的信奉者各为一派，朱学被称为“理学”，陆学被称为“心学”。

（二）王阳明集心学之大成

王阳明（公元 1472 年—公元 1529 年），名守仁，字伯安，号阳明，曾因筑室于会稽阳明洞，又创办过阳明书院，人称阳明先生。心学经南宋陆九渊的发端，明代陈献章的发展，至王阳明时已臻鼎盛。他构建起以“致良知”“知行合一”为特色的心学思想体系，把明代儒学推到了一个新的高度，是心学集大成者。后人将他的学说和陆九渊的学说并称为“陆王心学”。

青年时代的王阳明曾在朱熹的影响下尝试格物穷理。有一次他想到朱熹说过一草一木都有理，都应格过，由此逐步变成圣人。于是，他与一个朋友以庭前的竹子为对象，面对翠竹，冥思苦想地“格”了七天，结果没有穷到“理”，两人反而都因此累倒。后来他被贬到贵州龙场，在艰难困苦的条件下，思考圣人处此将何所为，大悟“圣人之道，吾性自足”。“龙场悟道”使王

王阳明

阳明得出一个结论，理完全内在于我们的心中，不是存在于外部事物，因而提出了心即理和心外无物的思想。

王阳明所谓“心即理”，是指人的知觉活动的展开有其条理，这些条理就是人的行为的道德准则，而非指客观知识性的“理”。比如，王阳明认为仁孝忠信之理就是“心之条理”，皆始发于人心，是人心在发用流行过程中所呈现出来的自然条理，即道德准则与秩序，所以仁孝忠信之理乃本于人心，而非存在于父母、君、友、民身上。所以，“理”之根源不在心外，“理”是内在于人心、为人所固有的道德原则。由此王阳明还提出“无心外之理，无心外之物”，此处“物”并不是泛指山川草木等实物，主要指意义结构、实践行为中的“事”，此“物”之“理”实际上正是指“善”之“理”，亦即道德原理与道德法则。

王阳明在“心”“理”合一的基础上提出了“知行合一”说。王阳明的“知”只是主观形态的知，“行”则包括人的实践行为和心理行为，二者是不能割裂的。他明确强调：“真知即所以为行，不行不足谓之知。”首先，当我们用知来说明人的道德知识水平时，必然意味着这个知是与行相联结的。其次，“不行不足谓之知”是强调人的认识来源于实践。

王阳明还从动态的过程来理解知与行相互联系、相互包含的关系。意识属于知，若就意识活动是外部行为的开始来说，在此意义上，它是行为过程的一部分，从而可以说就是行。同理行为属行，但就行为是思想的实现或实践是观念的完成来说，行可看成整个知识过程的终结，即知识过程的最后阶段，从而可以说就是知。因此，“知”中有“行”的因素，“行”中有“知”的因素。

王阳明特别强调“行是知的工夫”，这是指“知”以“行”为自己的实现手段。这样没有什么独立的先于行或与行割裂的知，要达到知就必须通过行。同时行也不是一匹瞎马狂奔，它有知作为指导。所以，行不能无主意，故行不离知；知不能无手段，故知不离行。知和行是不可分离的。

王阳明用“心理合一”和“知行合一”来论证“心”本体，这集中体现在他的“致良知”思想上。“致良知”不仅具有道德修养方法的意义，而且更重要的是成为王阳明“心”学思想的核心，并由此出发形成了心学本体论体系。王阳明认为，良知即是天理，是人的内在理性的凝聚，他在《传习录》中说：“良知是天理之昭明灵觉处，故良知即是天理。”如何“致良知”？王阳明说一方面人应扩充自己的良知，扩充到最大限度，另一方面把良知所知实在地付诸行动，加强为善去恶的道德实践。

王阳明在晚年提出“四句教”，即**“无善无恶心之体，有善有恶意之动，知善知恶是良知，为善去恶是格物”。**嘉靖六年（公元1527年）秋，王阳明被调赴广西平息少数民族暴乱。临行前一晚，应弟子钱德洪、王畿之请，他在越城天泉桥上详细阐发了这四句话的内涵，对自己的心学思想体系进行了总结。“四句教”作为王阳明的“心学”宗旨，讲的是本体与工夫、道德的内心体验与日用常行的修养、悟与修的关系问题。首句“无善无恶”讲本体，而本体即是人在道德修养中对自性本质的体验，后三句“有善有恶”“知善知恶”“为善去恶”是讲工夫，而所谓工夫仅是指良知内部的心、意、知、物等自身的调节机制。

王阳明曾提出“破山中贼易，破心中贼难”，这实际上是对他自己一生努力和追求的简要概括。他一生的主要功绩不在于“破山中贼”，镇压叛乱和起义，维护明王朝的统治，而在于“破心中贼”。为了破除人心中的私念，他提出“良知”说，倡导“致良知”以成圣人，他所创建的“心学”思想体系代表了儒家思想的新发展。王阳明的一生也在努力践行其“致良知”的学说，他为人正直耿介、言行一致，堪称一代楷模，为世人树立了榜样。中国古代儒家所倡导的“内圣外王”“仁智合一”的思想，在王阳明的一生中得到了最充分、最完整的体现。

（三）王门后学的学术与思想

在阳明心学的传播发展与普及中，王门后学起到了巨大的促进作用。黄宗羲在《明儒学案》中将王门后学划分为“浙中”“江右”“南中”“楚中”“北方”“粤闽”等六大派系，其中以浙中王门和江右王门最为著名。王艮作为阳明弟子，其自身即别有倾向，开创泰州学派一支，黄宗羲则另设《泰州学案》，对其主要思想加以论述。

浙中是王守仁的家乡，也是阳明心学的发源地。黄宗羲在《明儒学案·浙中王门学案》中称：“姚江之教，自近而远，其最初学者，不过郡邑之士耳。龙场而后，四方弟子始益进焉。”浙中王门后学的主要代表人物有徐爱、钱德洪、王畿、季本、黄绾、陆澄、顾应祥、张元忭、胡瀚等人。徐爱、钱德洪和王畿三人最具代表性，但是三人的学术思想各有不同。

江右王门学派，系指明代中后期江西一带的王门后学，并享有“王学正宗”的称誉。黄宗羲在《明儒学案·江右王门学案》总序中评价道：“姚江之学，惟江右为得其传，东廓、念庵、两峰、双江其选也。再传而为塘南、思默，皆能推原阳明未尽之旨。是时越中流弊错出，挟师说以杜学者之口，而江右独能破之，阳明之道赖以不坠。盖阳明一生精神，俱在江右，亦其感应之理宜也。”不但肯定了江右王学思想上对阳明心学的继承，也肯定了他们在王学传播中的积极作用。其主要代表人物是邹守益、聂豹、罗洪先等。

泰州学派由王艮创立。因王艮为江苏泰州人，故名。泰州学派主张“百姓日用即道”，将百姓日用视为道的内容、道的标准，凡不符合百姓日用的，则被视为异端。强调平日率性所行、纯任自然便是道，将道世俗化、平民化。王艮虽是王守仁的弟子，但他的思想却有自己的鲜明特色。如“致良知”，王艮解释为“复初”，这是对王守仁“致良知”学说的发挥。伦理观上，他们宣传“明哲保身”“安身立本”，有人指责其贪生怕死，但这也反映了下层人民要求个性独立、尊重人格的主张，以理论的方式反映了平民的呼声，因而赢得了广大群众的支持。这一颇有特色和价值的思想，被人称为“淮南格物”。政治上，他们主张仁政，务本而节用，企图通过平民教育和发展经济来改革社会，实现理想。教育上，他们不满书院讲学形式，提倡沿途聚讲，向广大平民宣讲伦理道德。他们用通俗的文字语言启发人们学习，宣传学习的乐趣。他们注重并推行平民教育。其重百姓日用，沿途聚讲，使知识深入下层，产生了重要影响。其坚强不屈的战斗精神，正是其影响的重要方面。主要代表人物有王栋、王襞（bì）、林春、徐樾、赵贞吉、颜钧、何心隐、胡直、罗汝芳等。泰州学派的主要著作包括王艮《心斋王先生全集》、王襞《王东崖先生遗集》、徐樾《波石语录》、何心隐《何心隐集》、胡直《胡子衡齐》和罗汝芳《近溪子文集》等。

第九章

儒学在近代的坎坷命运

从鸦片战争到五四新文化运动，西方文明的输入大体经历了器物层次、制度层次、文化层次三个阶段。中国人对西方文化的认识也历经了“知其然”“知其所以然”“知其必然”的过程，五四新文化运动则真正从理论上、实践上终结了儒学的独尊地位。当然，儒学独尊地位的终结，并不意味着儒学自身学说的消失，而是为反思儒学提供了更广阔的背景，在风雨中成长起来的现代新儒学就是儒学发展中长出的新枝丫。

一、 儒学独尊地位的终结

清代前期，实学思潮和乾嘉朴学曾为儒学的发展带来一些新的方向，但随着鸦片战争的爆发，中国逐渐沦为半殖民地半封建社会，救亡图存成为时代需求，加之西学的冲击，儒学从神坛跌落为落后保守的桎梏。但是，儒学作为中国传统文化的主干，无论时人如何对待它，它都是不可缺席的一个主角。儒学在近现代向新文化的转换发展需要长期探索，是个复杂的过程。

（一）清代儒学的新发展

清代儒学的新发展体现在实学思潮和乾嘉朴学两个方面。清代早期，学者们在严厉批判王学末流的基础上，追求更为实在的学问，形成一股实学思潮。实学思潮包含非常丰富的内容，如以气本论代替理本论，提倡“经学即理学”，研究兵、农、水利等经世之学，顾炎武、黄宗羲、王夫之和颜元是其中的杰出代表。后来随着清朝统治的稳固，思想受到压制，实学之路越走越窄，渐渐地被局限在对经典的整理、考据上，从而形成了乾嘉时代的朴学，以惠栋、戴震、段玉裁、王念孙等为代表，他们对于儒学的传承和弘扬产生了重要作用。

1. 实学思潮

明末清初，常被人称为“天崩地裂”的时代，王朝覆灭、政权易主、西学东渐、工商业兴盛，一切都在发生着深刻的变化。动荡的时代，更容易产生伟大的学问、伟大的思想家。这一时期，“一些最敏锐的心灵”痛定思痛，对社会、对民族、对国家、对历史进行了深刻的反思，从而形成了内容丰富、影响深远的“实学思潮”。实学既是适应历史现实的需要而产生，更是中国学术思想发展的必然结果，是对已经走向空疏、衰败的宋明理学的反动，它内容深刻而丰富、影响广泛而深远，将中国儒学由宋明理学推进至又一全新的阶段。

实学思潮的兴起，首先来自王学内部对王学自身的反思和批判，以孙奇逢、陈确、李颙（yóng）等人为代表；随着王学的没落，程朱理学作为王学的反面，重新登上历史舞台，但由于矫枉过正，理学最后成为官方学说，也渐渐走向形式化和衰落。在心学与理学的范围之外，顾炎武、黄宗羲、王夫之、颜元四大家是实学思潮的骨干人物，他们的学术思想规模宏大、不拘一格、影响深远，从各自的角度丰富了实学的内涵。

顾炎武

王夫之

黄宗羲

明清实学的基本特征是“崇实黜虚”。所谓“崇实黜虚”，就是鄙弃宋明理学空谈心性、任意解读经典的作风，在一切社会领域和文化领域中提倡一个“实”字，要求本实心、兴实风、说实话、做实事、建实功，一切都要有实实在在的内容和成效，而不是一味地空谈。因此，实学不是一门具体的学问，它只是一种学风或学术倾向的体现。实学的倾向，遍及当时思想文化的各个层面，就儒学方面看，主要有三个突出的特征：

第一，以实在的“气学”代替空虚的“理学”。宋明理学很注重理论探讨，哲学气氛很浓，他们非常重视抽象的“理”（或称“天理”），往往把抽象的“理”与具体的事物分开，从而形成一组概念对，如道与器、理与气、体与用、天命之性与气质之性等等，并认为前者优先于后者，更具有根本意义。这实际上也就造成了空谈义理的弊端。坚持实学的学者们，把这一关系整个颠倒过来，比如理气关系，他们就认为气是根本，理不过是气之理，如果没有气哪还有理存在？以黄宗羲为例，虽然他可以说是王学的嫡传，但他既坚持“盈天地皆心”，又大力提倡“盈天地皆气”的观点，这就是对王学理论的一种修正。理论上的这种趋实的倾向，成为实学思潮形成的原动力。

第二，以实实在在地读书、回归经典，来代替对经典的任意解释和发挥。人们常说“明人不读书”，受王学的影响，晚明学者大多轻视读书，而喜欢高谈义理，被称为“游谈无根”，意思是只凭自己的空口而谈，没有经典的依据。每个人都谈自己的意见，最后意见满天飞，到底谁说的是正确的？这就需要一个标准，而这个标准，在当时来说，只能通过回归“六经”“十三经”等儒家经典而获得。于是崇尚实学的学者们大力提倡回归经典，他们认为提出一切观点都要有经典的依据，要先去读懂经典，再来谈学问。这样一来，学风一下子就由空谈转为务实，重新开始了对经典的审视与研读。比如，顾炎武鲜明地提出“经学即理学”，黄宗羲开始对儒学史进行系统研究和整理，等等，都是这方面典型的代表。

第三，致力于追求“经世致用”的务实学问。这一时期实学思想家的思想不再像宋明理学家那样，侧重于对天理、人性等抽象理论的探讨，他们虽然也不回避这些问题，但更加开放、务实。他们普遍认为，任何思想都要有用才行，要能够落实、能够实现，能够经世治国。所以，他们关心社会问题、政治问题、经济问题、教育问题，凡是与现实、国计民生有关的话题，他们都非常关心，甚至对于天文、水利、地理、军事等专门学问也一一进行研究，许多人既是思想家，又是某一方面甚至多方面的专家。他们中的许多人甚至接触到了当时刚传进来的西学，这使得他们的学术视野非常广博、非常开放，也使实学思潮有了更深厚的基础。

2. 乾嘉朴学

明清之际顾炎武等人所倡导的经世致用之风，以及在此基础上形成的实学思潮，对清代学术走向影响很大。到了乾隆、嘉庆年间，在学术内部发展与社会环境等多方面的影响下，学者们更是全面继承与发展了顾炎武等人的治学方法，以整理、考订古代典籍为主要工作的考据学蔚然成风，成为当时的学术主流，人们称之为“乾嘉朴学”。

朴学，即质朴之学，是针对理学空谈心性、“束书不观，游学无根”的空疏学风而言的。在治学上，乾嘉学者主张重视材料与证据，顾炎武将其治学方法归结为“读九经自考文始，考文自知音始”。他们倡导解经由文字入手，以音韵通训诂，以训诂通义理。这种治学方法实际上就是汉儒训诂考订的方法，所以又有“汉学”或“考据学”之称。其研究范围以经学为主，而衍及小学、音韵、史学、天文历算、地理、典章制度、金石、校勘、辑佚等等。这种倡导回归经典的朴实治学之风在当时极为兴盛，因此，清代考据学同汉代经学隋唐佛学、宋明理学被梁启超称为我国文化史上的四大思潮。

在这一思潮下，清代涌现出一批卓有成就的朴学大家。他们由于地域的不同，所处时期的不同，而呈现为不同的派别、不同的治学特色。

吴派，因其代表人物惠栋为江苏吴县（今苏州市）人而得名，另外，其主要成员，例如沈彤、江声、余萧客、王鸣盛、钱大昕、江藩等学者也大都是苏州或者邻近苏州的“吴”人。吴派学术并非始于惠栋，但最终集大成于惠栋，后有其弟子、后学发扬光大，遂使得此派学术特征更加明显。这一派的治学特点表现为尊经好古，以汉为宗；识字审音，重视文字训诂等。

相对于吴派，皖派因其代表人物戴震为安徽休宁人而得名，其主要弟子如程瑶田、金榜、洪榜、汪绂（fú）等也都是安徽籍人，另有段玉裁、王念孙、孔广森等，属于江苏、山东等地。因此，皖派实际上是以安徽徽州地区为中心，由戴震及其弟子组成的汉学研究群体。在治学特点上，戴震一派注重实事求是，不盲目崇汉信古，因此梁启超称赞戴震具有“科学精神”。

继吴、皖两派之后，在南方的文化重镇——扬州，又活跃、成长起来一个从事纯汉学研究的学派，因其主要成员大都是扬州府籍，所以人们称之为“扬州学派”。代表人物有汪中、王念孙、刘台拱、任大椿、焦循、阮元、江藩、凌廷堪、王引之等人。从时间上看，扬州学派要晚于吴、皖两派，主要活跃于乾隆后期至嘉庆、道光年间，是乾嘉朴学后期的一个学术代表；从学术渊源上看，扬州学派深受吴、皖两派影响，也可以说是由两派分化演进而来的一个学术派别，因此其代表人物，许多是惠栋或者戴震的弟子、后学，但他们的学术研究，既继承发扬吴、皖两派之长，又开创形成了自己的学术风格——治学规模更为广博，研究方法更为缜密，思想上更为兼容会通。扬州学派承继吴、皖两派，将乾嘉朴学推至顶峰，在中国儒学史上贡献突出。

乾嘉时期，在以经学考证为主要内容的朴学蔚然大观，以至于“家家许郑，人人贾马”的同时，还有一部分学者沉潜、执著于主流学术之外。他们不主攻经学，甚至学术路向也与主流学术迥然不同，但他们的治学精神以及治学方法，却不可避免地受到乾嘉学风的影响，因此，他们往往也被视为乾嘉朴学的重要分支，比如浙东学派就是其中的代表。

浙东学派，是指由浙江东部的学者组成的一个学术派别。浙江向来是人文荟萃之地，清朝初期，学术研究更是繁荣异常。当时，以钱塘江为界，分为浙东和浙西两个学术圈子。二者学术同出于明末的刘宗周，以经世为目的。但浙西学术表现为表彰朱熹学术，尊朱以经世；而浙东学术则偏重于史学研究，治史以经世。浙东学术历史悠久，清朝初期的黄宗羲、万斯大、万斯同等在经、史领域都有重要贡献，他们反对宋儒的空疏臆断，主张重视经之本义；主张历史研究必须经世致用。这些主张，对乾嘉朴学的兴起，都有着重要的启蒙意义。至乾嘉时期，全祖望、邵晋涵、章学诚等继承浙东学术传统，他们或者经史兼顾，或者以史治经，成为浙东学派的重要代表，也成为乾嘉朴学的重要一支。

乾嘉学者常常因为钻故纸堆而为人诟病，但他们却发展出一种“一切靠材料与证据说话”的研究方法，具有某种“科学精神”。在这一方法的指导下，乾嘉学者们成果丰硕、流派纷呈，许多儒家经典正是得益于他们的整理、考订和释读，才让我们今天能够读得懂、读得顺，从这个角度讲，乾嘉朴学对于儒学的传承和弘扬产生了重要作用。

（二）社会动荡中的儒学反思

近代儒学是在深重的民族危机中艰难前行的。清帝国处在风雨飘摇之中，英、法、美、俄西方列强环伺，新兴的日本也虎视眈眈，整个中国生灵涂炭。从 1840 年鸦片战争起，一系列侵略战争的爆发及不平等条约的签订，带来割地赔款的屈辱，西方文化也借此强势进入中国，强烈冲击着中国古老的文化传统，儒学面临着前所未有的生存险境。

面对深重的民族危机，有识之士开始思考如何在西方强势入侵的形式之下，通过学习西方的先进科学知识，建立完善的近代工业体系，赶上时代步伐，从而改变中国落后挨打的局面，这就是历史上的洋务运动。

洋务运动的主导人物是清王朝的上层官僚，他们属于传统的儒家士大夫。在民族存亡的关键时刻，他们血脉中沉寂已久的经世致用精神被唤醒，他们对西方科学技术持肯定和积极学习的态度，但同时也有着强烈的道统观念与民族意识。在如何对待西方文化这个问题上，他们主张经世致用，变器卫道，中体西用，这些观点有着鲜明的儒家特色。

至 19 世纪末期，以康有为为首的维新派提出“托古改制”“返本开新”等口号，为时代注入了许多新的内容，带来了清新的空气。维新派的勇士们采用公车上书、维新变法等形式，为国家的前途命运四处奔走、出谋划策，一声声呼号犹如春雷，叫醒了许多沉睡中的国民。

《新学伪经考》和《孔子改制考》是康有为在维新变法前刊行、在当时影响深远并被“奉旨毁版”的两部著作。这是两部用今文经学观点阐释儒家经典和表彰儒家创始人孔子的书，也是资产阶级改良派在戊戌变法时期的两部主要变法理论著作。第一部以破除守旧理论的古文经典为主，第二部以树立孔子改制的变法理论为主，二者紧密联系，形成康氏变法理论的体系。

《新学伪经考》和《孔子改制考》作为维新变法的理论著作，在宣传维新变法思想方面起了极其重要的作用。梁启超曾称《新学伪经考》是思想界的一大飓风。而《孔子改制考》对当时思想界的震动，比《新学伪经考》更巨大，对守旧派的打击更沉重，对维新运动的鼓吹更直接，故梁启超把它称作“火山大喷火、大地震”。

《大同书》同《新学伪经考》《孔子改制考》一样，也是康有为为维新变法而作的重要理论专著。《大同书》主要指出变法的光明前景。三者紧密联系，形成维新变法的理论体系。

维新变法的失败，标志着资产阶级改良道路在中国走不通。进入 20 世纪，帝国主义更加猖獗，清朝政府腐朽落后，几乎成为“洋人小朝廷”，中华民族到了濒临灭亡的边缘。有良知的中国人发自肺腑地发出“救亡”的喊声，于是有了辛亥革命。

1905 年，孙中山以其领导的“兴中会”为主体，联合其他一些团体，成立了“中国革命同盟会”，提出十六字纲领。孙中山作为辛亥革命的灵魂人物，其思想代表了辛亥革命的主导思想。他从现实需要出发，既对以儒家学说为代表的中国传统文化进行反思和改造，将其中优秀思想精神古为今用，又有对欧美文化的扬弃，使之融入中国文化的思想体系中，带有明显的中国特色。

孙中山书法“天下为公”

资产阶级民主革命不同于维新派“托古改制”的传统形式，他们不依靠孔子的声势，不靠经书的“微言大义”，所用的是“欧洲思潮”，把批判的矛头指向中国固有的传统意识形态。这集中表现在三个方面：一是反对专制君权，批判“王者受命于天”的君权神授说，主张建立民主共和国。二是批判孔子及儒学，指出孔子并不是至圣，不过是忠君与法古者。中国资产阶级革命派认为只有批倒孔子、儒学，破除人们对孔子的迷信，才能取得革命的胜利。三是强烈批判传统礼教，把道德革命作为反清、建立民主共和的思想准备。于是，等级森严的“三纲五常”成为矛头所至的重点。儒学受到了强烈的冲击。这一时期的民主革命运动是对于儒学的一次声讨。

在此期间，与资产阶级革命派持不同观点的国粹派也在不断地寻找出路。国粹派是 19 世纪末、20 世纪初形成，以章太炎、刘师培为代表的一个学术派别。章太炎在《东京留学生欢迎会演说辞》中对国粹的内涵、提倡国粹的目的做了解释："为甚提倡国粹？不是要人尊信孔教，只是要人爱惜我们汉种的历史。这个历史，是就广义说的，其中可以分为三项：一是语言文字，二是典章制度，三是人物事迹。"国粹派的目的在于弘扬中国传统文化的精华，提高民族意识，反对全盘西化。他们并不排斥西学，而是主张大力吸取西学以提高人们的意识。国粹派以"古文经学"论治，并试图将治经导向纯学术研究的范畴，体现了传统经学向近代的转换。

经过多次武装起义，1911 年的辛亥革命推翻了帝制，资产阶级革命派终于取得了胜利，中国历史掀开了新的一页。辛亥革命结束了清朝的统治，结束了两千多年的封建专治，带来了前所未有的政治变动，也带来思想上的巨大变革。两千多年来，儒学一直作为帝制下的官方意识形态，雄踞中心的位置。帝制没有了，儒学所依附的庞大机构顷刻间分崩离析，儒学面临着前所未有的困难和挑战。

1912 年，中华民国临时政府成立，中国进入了民主共和时代。南京临时政府在文化政策上发布废止读经和停止尊奉孔子等命令，引起了强大的社会反响，反而在思想文化领域引燃了尊孔崇儒的思潮，其中最有代表性的是声势浩大的孔教会。1912 年 10 月，陈焕章、沈曾植、梁鼎芬等人在上海成立了孔教会，陈焕章任会长。王锡蕃、刘宗国等在济南发起成立孔道会，推康有为为会长。1920 年 4 月，徐世昌、徐琦在北京成立孔社，旨在阐扬孔学，巩固国基。同年 10 月，沈维礼在上海发起环球尊孔总会。严复、林纾、梁启超等学界名流二百余人发起成立孔教公会。1913 年 9 月，第一次全国孔教大会召开，推康有为任孔教会总会长，陈焕章任干事。孔教会以陈焕章主编的《孔教会杂志》和康有为主编的《不忍》杂志为主要舆论阵地，宣传尊孔崇儒，提出把孔教定为国教。一时间，全国各地纷纷成立分会或支会，尊孔的呼声与势力遍及各地。

不过，孔教会极力模仿外来宗教的形式，试图确立宗教的组织方式、教义等，这并没有为大众所认可与接受。他们还将西方宪政的社会改革路线及方式与中国固有的传统文化生硬地糅合在一起，实质上只是一种非中非西的夹生饭，很难发挥作用。加之孔教会深陷当时的政治泥潭中，与军阀混战、污暗政治相连，为人所不齿。所以，孔教既有自身的限制与决策上的失误，为社会局势所不许，其最终为社会所弃，似乎已是历史的命定。

（三）“打倒孔家店，救出孔夫子”

五四时期是中国社会“大转型”时期，这是“三千年未有之大变局”。鸦片战争以来，中国社会文化从传统向现代转型，1905 年废除科举制度，1911 年推翻帝制，五四新文化运动兴起，各种思潮、主义如潮水般涌入，政治与文化革命、社会与文化转型风起云涌，传统士阶层出现分化并趋于解体，新型知识分子诞生，文化思想领域出现了倡导“新思潮”“新学说”的激进的反传统思潮，现代化进程就在这样的背景下启动并急速推进。

西方的坚船利炮打开了中国国门，国家多事之秋又遇上了没落的政治，人们满目都是衰世的种种特征，诸如疲弱无能、贪污贿赂、徇私枉法、敲诈勒索、结党营私，这种局面何以应对列强的侵凌与欺辱？

起初，人们可能还没有意识到问题的严重性，以为外来侵略者不过是凭借骑射火炮之类的长技，中国虽然技不如人，但仁、义、礼、智、信等“纲常”与“道德”却尽善尽美，远胜于人，这才是中国真正的优势。但是，甲午中日战争中国一败涂地，惊醒了中国人的“五千年大梦”，好像这时人们才开始真正睁开眼睛看世界。

近代中国以屈辱的方式融入世界，知识精英们“看世界”时几乎都伴随着内心的挣扎与徘徊。不少人突破了旧的观念，却不知道脚跟站在哪里，因此，有的人“多变”“古怪”，有的人“激进”“狂放”，其实这都可以看作对“三千年未有之大变局”的“恐慌性反应”。

其实那个时候，不少人心中充满了矛盾与纠结。也许，五四新文化运动的意义与魅力正在于此。在各种思潮、主义或意识形态的嬗替中，人们都在思索，不过不少人一时还看不清方向。我们无法假设，如果西方不是以那种强硬的霸道方式进入中国，伴随近代化的过程，中国会不会有一个固有精神的重建。可是，正像强盗闯进家门胡作非为的时候，最要紧的是“抵御外侮”那样，再好的“道德伦理说教”也显得苍白和迂腐。学术界喜欢谈论明朝中后期的所谓“资本主义萌芽”，大概旨在说明列强的侵入改变了中国固有的轨迹。

难怪许多人表现得茫然。就像后来的林语堂那样，他编写《孔子的智慧》，向西方介绍孔子，又写了独幕剧《子见南子》“亵渎孔子”。还是林语堂更了解自己，他称自己有“一捆矛盾”。他表示希望老子与美国汽车大王畅谈心曲，孔子与英国内阁总理推杯换盏，还幻想居住的英国山庄里有美国暖气以及日本太太、法国情妇、中国厨师……他在新旧文化交汇、中西文化碰撞的夹缝中挣扎，他是历史的缩影，可视为文化转型的人格符号。

林语堂对中国人讲西方，对西方人讲中国，难道这样会通中西就是“20世纪的智慧人物”“真正的世界公民”了吗？他评判自己“两脚踏中西文化”，表面看是因为他“不中不西”又“亦中亦西”，实际上更可能是因为他想弄清自己到底应该“中”还是应该“西”。实际上，这是五四以来很多人对孔子、儒学与中国传统实质说不清楚的表现。

但孔子及儒学的影响无处不在，影响着社会的各个领域。儒学此前是社会的主流意识形态，长期占据统治地位，它是一种传统，是一种力量，任何保守与革新都绕不开它。辛亥革命推翻了帝制，建立了共和；袁世凯却窃取国权，反对民主共和。辛亥革命后曾废止读经，袁世凯却一反常态，极力尊孔。给人们的感觉是，尊孔与复辟就像一对孪生兄弟不可分离，似乎复辟需要尊孔，尊孔是为了复辟。于是，新文化运动的倡导者、民主主义的思想启蒙家们围绕尊孔与复辟问题进行了深入的讨论。

人们在如何对待孔子及儒学问题上出现的矛盾与纠结，实际源于“孔子”和“儒学”本身。许多人没有意识到，在两千多年与社会政治结合过程中，孔子思想、儒家学说曾在人们的有意无意之间发生了很大改变。这种改变，主要是由突出的“德性政治色彩”染上了浓郁的“威权政治色彩”，时间是在由王权时代进入帝制时代之后。

五四时期的思想世界，“批孔”多是针对具有威权政治色彩的儒学，其锋芒所指，其实都是在帝制时代被扭曲和异化的那些内容。

被扭曲、被异化可谓不一而足。例如汉代官方编辑了《礼记》《大戴礼记》，其中很多孔子遗说与《孔子家语》相同或相通，只要简单比较就可以明显看出，《礼记》《大戴礼记》中有许多适应专制政治的字词改编。其他对孔子遗说的曲解也有很多，例如孔子说为政要“君君，臣臣，父父，子子”，其本义与《大学》“为人君止于仁，为人臣止于敬；为人子止于孝，为人父止于慈”一致，有人却解释为强调君权与父权。再如，孔子说“民可使，由之；不可使，知之”，却被读作“民可使由之，不可使知之”，以为孔子“主张愚民政策”。如此等等，不一而足。

汉代以来的历代铺陈与解读，一方面弘扬与发展了儒家思想，帮助人们更好地走进孔子与早期儒家的思想世界，另一方面也使威权思想的影响越来越大。五四以来特殊的社会政治环境，使人们对孔子遗说的理解更无法脱离威权思想的巨大影响。例如陈独秀指出，要彻底反对官僚专制的政治制度，仅仅像辛亥革命那样进行政治斗争是不够的，必须找到它的思想根源，即旧纲常、旧伦理，而儒家学说正是中国旧的“伦理、政治之大源”，因此必须反对“儒教孔道”。儒家认为，社会道德与生活，莫大于礼；古代政治，莫重于刑。而《礼记·曲礼》曰：“礼不下庶人，刑不上大夫。”于是陈独秀说："此非孔子之道及封建时代精神之铁证也耶?"直到今天，这样理解的人依然不少。

其实，这被看作具有"贵族特权"的"铁证"同样是一个误解。《孔子家语》有一篇《五刑解》，对此说得很清楚。孔子认为无礼生乱，主张礼以坊民；刑罚之设，旨在设立防线，以无人作乱为最高境界，为政之要务在于堵塞致乱之源。对于刑罚、礼仪之于大夫、庶人，并不是一般人所认为的"大夫犯罪，不可以加刑；庶人之行事，不可以治于礼"。在孔子看来，对于作为管理者的为政之人，重要的在于以礼教化，在于"御其心"，使其明于"廉耻之节"。"刑不上大夫"是对为政大夫的更高要求，绝不是使之免于处罚，而是让其"自请罪""跪而自裁""不失其罪"。至于庶人，因其忙于劳作，不能充分习于礼仪，"礼不下于庶人"只是不责求其礼仪完备而已。

从1917年2月1日起，吴虞在《新青年》连续发表六篇文章，一条一款地抨击"孔教"。他的文章所批判的，正是"专制制度""家族制度""男尊女卑"之类。吴虞的第一篇文章名曰《家族制度为专制主义之根据论》，直指传统中国的家族制度，他认为这样的家族制度是专制政治的基层组织，这种尊卑贵贱之义，"其流毒诚不减于洪水猛兽"，会"牵掣"阻碍中国社会"完全发达"。他还有《儒家主张阶级制度之害》等文章，以为孔教主张尊卑贵贱的阶级制度，这种制度"由天尊地卑演而为君尊臣卑、父尊子卑、夫尊妇卑、官尊民卑。尊卑既严，贵贱遂别"，于是得出惊人之论，认为要造就新国民，就要彻底打倒"孔教"思想。

吴虞的文章因被陈独秀喜爱而发表，这些文章被称为“讨孔檄文”。胡适则称吴虞为“只手打倒孔家店的老英雄”，是“中国思想界的清道夫”。在当时“天崩地裂”的时代，人们认为要接受新思想、新学说，就必须进行“儒教革命”，进行“儒教转轮”，因为孔子思想已经不适应社会的发展。这实际是那时不少人的共同看法，如陈独秀在《吾人最后之觉悟》一文明确指出：“三纲之根本义，阶级制度是也。所谓名教，所谓礼教，皆以拥护此别尊卑、明贵贱制度者也。”

在他们看来，孔子只是与现代不相适应，而在古代社会，孔子的确是一个伟大的人物。例如李大钊说：“孔子于其生存时代之社会确足为其社会之中枢，确足为其时代之圣哲。”陈独秀也说对“孔学优点，仆未尝不服膺”。看起来，人们似乎并没有否定孔学的一切，只是集中批判孔子的等级制度思想，因此他们希望重启儒学内部的改造，以适应新时代的潮流。

可以看出，人们希望中国进步，因此，批孔的着眼点是其中所谓“不合现代生活”“不适于今日之时代精神”的“三纲”。他们的逻辑很简单，“古今之社会不同，古今之道德自异”，既然“三纲”之说为“一切道德政治制度之大原”，就不能用孔子之教义来“挽救世风”。陈独秀说得明白，他担心的是“不适今世之孔道，支配今世之社会国家”，更担心其“将为文明进化之大阻力”，担心孔道成为“社会进步的最大障碍”。

五四批孔把传统儒学作为专制主义的思想基础来批，把儒家伦理作为自由平等的对立面来批，自然也把矛头指向传统儒学，在政治上具有显著的进步意义。总体看五四时期的"批孔"思潮，给了我们十分有益的启示，这就是旧的不适应时代的传统需要剔除，但不反对"反传统"却不等于不反对"反传统主义"，我们应客观理性对待自己的文化传统，不能将中华传统一概否定。

孔子儒学自产生以来，还从没受到过像五四时期这样激烈的"攻击"与"批判"，作为中国传统社会的主流思想，它长期占据着意识形态的主导地位，五四时期以及后来人们对孔子的批判，实际上也是对孔子儒学内在精神被遮蔽的一种反弹。换句话说，五四时期提倡科学与理性，它结束了"盲目尊孔"的"旧时代"，开启了反思儒学的新时代。

对孔子儒学的反思将是一个漫长的过程，从五四到"文革"，从"文革"到今天，我们对儒学的反思一直在路上。就对儒学正本清源的理解而言，这样的反思似乎还需要时间。如果说王权时代具有"德性色彩"的孔子儒学在帝制时代染上了浓重的"威权色彩"，那么到了民国以后的"民权时代"，我们更需要纠正这样的扭曲与异化，拂去孔子儒学身上的历史尘埃，揭示并大力发扬儒学真精神。

五四开启的"批孔"思潮，让人们去思考、辨析、研究孔子儒学与社会历史的关系，站在今天的时代高度上，我们看清楚了五四"批孔"的得与失，其所得在于不再盲目崇信，开始理性思考和辩证对待；其所失在于没能看清儒学在秦汉时期尤其是汉代威权政治化的变化，有人以为儒学本身存在根本问题，例如吴虞就认为，儒家以"孝悌"二字为两千多年来专制政治与家族制度联结之根干而不可动摇，所谓"孝悌"、家族是专制政治的“基层组织”，这其实是对儒学以及中国古代文化的根本否定。

如前所说，许多人看到了儒学在传统中国的巨大作用，他们没有也不能从根本上否定孔子儒学。例如李大钊说，他自己抨击孔子，不是抨击孔子本人，乃是抨击孔子为历代君主所雕塑之偶像的权威，抨击专制政治的灵魂。在那个时期，新文化运动的广泛发展，民主与科学的精神深入人心，反帝反封建的爱国主义运动广泛开展，于是各种思想的冲突碰撞日益激烈，与之同时，中国政治舞台上也不断上映着批孔改制与托孔复辟的话剧，五四以后新启蒙运动时，学者张申府提出了“打倒孔家店，救出孔夫子”的口号。

要“救出孔夫子”可不是轻而易举的事情。从新启蒙运动时期至今，围绕认识孔子、儒学与传统，我们走过了一个曲折的路。也许这条路本来就该是这个样子，看起来曲折，实际是在进步，是否定之否定基础上的不断进步。新派反对用孔子的伦理思想抵制西方民主思想，是以反对以孔子思想为一统的文化专制主义的面目出现的，在当时不可避免地与保守孔子儒学真精神的学者之间存在一定的隔膜，但对提倡思想自由和学术民主，对反帝反封建的爱国救亡斗争具有积极意义。

事实上，与五四“批孔”同时，不少人依然坚守儒学，深入思考孔子儒学的价值和意义。五四以后的几十年间，对孔子儒学的思考进一步深入，实际上也是受五四“批孔”思潮的推动。吴虞当然是一个特殊人物，是一个悲剧性人物，诚如有人所说，吴虞“侧身新文化运动，功在反儒；他反儒的核心，在于非孝”，具有中国传统文化常识的人都能看出，这其实是要把中国传统文化“连根拔起”。所以，钱穆先生指出，我们不能以为我们站在以往历史最高之顶点，这是“一种浅薄狂妄的进化观”。再如程树德先生，他处在七七事变后国难当头的岁月里，患病在身，以“目难睁不能视，手颤抖不能书”的病弱之躯，自己口述，他人代笔，历时九年，撰述成洋洋八十万言的巨著《论语集释》，他顽强不屈，孜孜于《论语》研究，除了意在弘扬文化，还希望端正视听，匡谬纠偏，用他自己在《论语集释》自序中的话说，就是“间执孔子学说不合现代潮流之狂喙，期使国人之舍本逐末、徇人失己者俾废然知返”。

在近代以来那些动荡的岁月里，有那么多先进的中国人思考和关切国家前途与民族命运，虽然对待孔子儒学的态度不同，但他们都是国人的骄傲。人们的讨论和争议，使“真实的孔子”越来越清晰地呈现出来，中华民族传统文化也更加富有生机与活力。那时，历史学家柳诒徵有《论中国近世之病源》一文，他说：“今日社会国家的重要问题，不在信孔子不信孔子，而在成人不成人，凡彼败坏社会国家者，皆不成人者之所为也。苟欲一反其所为，而建设新社会新国家焉，则必须先使人人知所以为人，而讲明为人之道，莫孔子之教若矣。”孔子儒学的这一特性恰是中国文化真精神之所在。

总之，五四新文化运动是民主科学与传统儒学冲突的必然发展，这时期的评孔和“批孔”表面看使孔子儒学受到严重创伤，但强烈激荡了那时的思想文化界，客观上使孔子思想、儒家学说获得“新生”。陈独秀、李大钊等人的“反孔”，客观上是对帝制时代利用孔子儒学的清算，启示了对儒学传统的进一步探究。另外，即使在“批孔”最激烈的日子里，仍有梁漱溟这样的学者坚守儒家的传统，充分肯定孔子的价值。这对今天正本清源地理解孔子儒学，认识中国传统文化，提供了更多借鉴。

二、现代新儒学

现代新儒学又称现代新儒家，是指 20 世纪以来，面对西学东渐、传统儒学衰败而兴起的以复兴儒学人文精神，重振儒学价值，实现传统儒学的现代转化为目的的一种人文思潮。现代新儒学之“新”，是相对于传统儒学尤其是宋明儒学而言的。由于宋明儒学也曾被称为“新儒学”，为了区别于宋明“新儒学”，学界就把 20 世纪以来的儒学思潮加上了“现代”两个字。

（一）现代新儒学的主要任务

牟宗三在《儒家学术之发展及其使命》一文中，系统地阐发了有关儒学发展的三个时期的理论。他认为，第一期是孔、孟、荀的典型铸造时期，第二期是宋明儒学彰显绝对主体性时期，第三期是当下儒学的发展，将在坚持儒家道德精神的前提下促成科学发展和实现民主建国。

现代新儒家认为，儒学在不同的时代面临不同的境遇和不同的挑战，因此，儒学在不同的时代有不同的发展及其不同的历史责任。先秦儒学面临春秋社会大变革所带来的礼乐崩坏局面，孔孟以承接西周礼乐教化自居，通过他们的损益与理论创造，将礼乐转化为个人自觉的道德实践，从而确定了儒家内圣之学的基调。孔孟儒学在汉武帝以后以经学的姿态获得了发展，经学历经汉代 400 多年的发展，完成了它的使命与责任。魏晋以后，佛道二教兴盛，中国文化的发展离开儒学的主流而歧出。宋代，理学以儒家的政治伦理思想为主干，吸收佛、道的理论成果，并从形而上学的高度对佛、道进行批判和扬弃，最终构建了儒家道德的形而上学体系。理学从理论上说明了心性之学的圆满，人内在的德性真实与超越的形而上实体是二而一的，心体与性体是二而一的。面对西学的有力冲击，传统儒学不仅失去了官学地位，而且其学说、传统人伦道德等受到了广泛地批判。现代新儒家重新阐发儒家的内圣之学，确立儒家的伦理精神象征，使儒家的道统得以延续和发扬光大。现代新儒家认为宋明儒学有“内圣强而外王弱”的缺陷，并对外王理论也有诚心的讨论，但无实质的突破，他们的主要理论建树依然是对儒家内圣之学的阐发。然而，这并不意味着现代新儒家是宋明理学的现代翻版，用冯友兰的话说，现代新儒家对宋明理学是“接着讲”而不是“照着讲”，也就是说，现代新儒家给予儒学以现代的诠释。

（二）20 世纪的现代新儒学

现代新儒学自 20 世纪 20 年代以来，已逐渐发展成为具有国际影响并兴起影响当代中国文化建设的重要人文思潮。大致说来，现代新儒学在 20 世纪经历了三个阶段的发展：

第一，现代新儒学的初创及其理论重建阶段，大约从 20 世纪 20 年代至 1949 年。现代新儒家在儒学受到欧风美雨的强烈冲击及来自国内的一系列批判的空前厄运下，重建并复兴儒学，使儒学在现代生活和世界文化中具有一定的地位。代表人物是梁漱溟、张君劢（mài）、熊十力、冯友兰、贺麟、钱穆等人。

梁漱溟

其中梁、张、熊三人起步于 20 年代，在重视中西文化差异的同时，强调中国文化在本质上又可包含西学，以佛学和柏格森的生命哲学阐发儒家的心性之学，开启了现代新儒家的基本发展方向。冯、贺、钱起步于 30 年代，他们注重中西文化的相同点，直接以西方哲学的方法改造中国哲学。冯友兰以西方哲学中的逻辑分析方法改造程朱理学，贺麟则将新黑格尔主义与陆王心学相结合，使传统哲学在体系化、逻辑化方面取得了有力进展。这一时期的新儒学产生了两个唯心论哲学体系，熊十力的心性本体论的新唯识论哲学体系和冯友兰的新理学哲学体系。

第二，新中国成立后，现代新儒学在大陆失去生存空间，而转移到港台地区，是为现代新儒学的第二个发展时期。主要代表人物是牟宗三、唐君毅、徐复观、方东美等。

牟宗三

他们致力于中国文化和儒家思想精神的延续与发展。1958年元旦，唐君毅、牟宗三、徐复观和张君劢联名发表的《为中国文化敬告世界人士宣言》，强调中国的历史文化是一活的生命存在，对它的研究要有同情和敬意的态度，敬意增加一分，了解也就随之增加一分。他们还强调宋明理学建立的心性之学在中国文化中的重要地位，认为此心性之学是中国学术思想的核心，是中国思想中有天人合德说的真正理由所在。该宣言承认中国历史文化中缺乏近代意义的民主和科学，却认为中国文化本身能开拓发展出科学和民主。牟、唐、徐、方作为现代新儒学的新一代传人，他们对西方的了解超过了他们的前辈，在他们的思想理论体系中的中西融合也更为全面、深刻，但是他们却更情绪化、情感化，尤其是在一些重大问题的评价上，如对孔子、对五四运动的评价上。他们明确提出了“返本开新”的思想纲领，并把“开出新外王”（民主与科学）作为自己重要的理论任务。他们虽然融合中西，各自创建了精密而深奥的理论体系，却是多在心性之学上的挖掘，而如何开出新外王，就成了一个难以实现的梦。

第三，20 世纪 80 年代以来现代新儒学不仅在港台地区有了长足发展，而且在海外也获得了一定的传播，成了具有国际影响的文化学派，时至今日还在发展之中，是为现代新儒学的第三个发展阶段。代表人物是杜维明、刘述先、蔡仁厚等。

作为现代新儒家第二代的传人，他们大多长年游学讲学于海外，既具有良好的中国传统文化功底，又受过系统的西学训练，因此，他们思想开放，视野广阔，富有现实感，并力图克服前辈们的缺陷，以客观理智的态度去思考历史和现实问题，谋求达到思想上的新境界。他们一方面致力于新儒学思想的宣传，另一方面致力于儒学与现代化的探讨，总结近百年来中国现代化的经验教训，寻求中国文化的未来发展之路。

结　语

大力弘扬中国儒学真精神

孔子是伟大的思想家，也是历史上引起巨大争议的思想家。到目前为止，世界上大概还找不出第二个人像孔子这样，在过去两千多年里受到那么多关注。关于孔子及儒家思想的评价，很多看法和观点明显对立。时至今日，模糊认识依然存在。

面对瑕瑜互见的儒学，我们要“剔除其封建性的糟粕、吸收其民主性的精华”，必须明确上述“文化景观”形成的复杂原因，搞清这种“文化景观”形成的历史过程。

在对待孔子与传统文化的问题上，人们的态度形成明显的两极还是近代以来的事情。近代以来，不少人将中国落后挨打的原因归结为传统文化的腐朽，强化和放大了人们对传统文化负面影响的认识。于是，在 20 世纪的一个时期内，中国形成了一个“反传统的传统”，似乎中华民族要摆脱苦难就必须摒弃传统文化。近代以来学术上的疑古思潮，对此起到了推波助澜的作用。从思想文化史的角度看，近代疑古思潮是宋代以来疑古思潮的继续，但二者又存在明显不同。后者是为了“卫道”（即“捍卫儒家道统”）而疑古，前者则是为摒弃传统而疑古。在“古史辨”运动中，学者们更是由“疑古史”演变到“疑古书”，我国古代文化典籍遭到前所未有的怀疑。

经过最近 30 多年的学术研究，尤其是随着地下早期文献资料的面世，我们对相关学术问题看得比以往更清楚了。原来，秦汉以来儒学出现过一个显著变化，即原始儒学（先秦时代的儒学）具有明显的“德性色彩”，而汉代以后的儒学则具有明显的“威权色彩”。原始儒学的代表人物如孔子等强调“正名”，主张“修己安人”和“仁政”“德治”；汉代以后的儒学适应封建专制制度的需要，逐渐片面强调君权、父权和夫权，儒学慢慢蜕变，呈现了为后人诟病的“缺乏平等意识和自由理念”等特征，与现代社会显得格格不入。对于这一点，我们如将有关文献相互比较，就能够清晰地看出来。比如，**所谓“君君，臣臣，父父，子子”，孔子讲的是为人君止于仁，为人臣止于敬，为人子止于孝，强调君臣父子各尽其本分，后来才逐渐演变为对君权、父权、夫权的片面强调。所谓“刑不上大夫”，根据《孔子家语》中的记载，孔子所说的意思是一个尊贵的人也应该是一个高尚的人，大夫犯了死罪贵在自裁，用不着通过刑罚来进行惩罚，在汉代以后它才成为维护贵族特权的一个依据。**

今天，很多学者包括外国学者都承认这一事实：因为有了孔子，中华民族比世界上别的民族更和睦、更和平地共同生活了两千多年；当今时代，一个昌盛、和谐的社会在很大程度上仍然立足于孔子所确立和阐述的很多价值观念。新文化运动的矛头直指孔子，是因为他在封建专制时代受到尊崇，儒学一直是统治学说。这样看来，一些当年对孔子和儒学传统持“保守”立场的人，更多看到了原始儒学的真精神；而一些对孔子和儒学传统持“激进”立场的人，则更多地看到了作为“封建专制灵魂”的那个“偶像的权威”。

回望两千多年来儒学与中国社会的关系，我们可以更好地把握孔子及儒家思想的内涵和价值。儒学与封建专制统治的结合，使之片面强调君权、父权与夫权，“缺乏平等意识和自由理念”，但原始儒学“正名”“修己安人”“仁政”“德治”等核心价值观念依然深入人心。我们不应把二者混为一谈，而应更加关注原始儒学，分清“真孔子”和“假孔子”，澄清误解、明辨是非，弘扬原始儒学的真精神。

后　记

当前，人们时常用“儒学热”“国学热”来形容中华优秀传统文化传播、发展的现状。相较于过去，的确呈现了令人欣慰的局面，但事实上它还远远没有真正“热”起来，我们对儒学、对传统文化的认知依然非常有限。所以，我曾在多个场合提出，**做好孔子思想、儒家学说等中华优秀传统文化的弘扬，要从两个方面来实施：一个是登峰，一个是落地。**

所谓“登峰”，即我们必须认识到儒学的博大精深，如果对中国文化几千年的形成过程不了解，不能正本清源地去了解儒学在历史上发挥的重要作用，对儒学的认识一定会有很大障碍。登峰之后，还要“落地”。“落地”就是接地气，不能躲在象牙塔里，而是真正走到大众的心中，引导大家用儒家的智慧去处理人与人、人与自然的关系，进而求得人心的和顺、天下的和谐。孔子讲："道不远人，人之为道而远人，不可以为道。"真正的"有道"之人，会明白"道"离我们每个人都很近。

本书的写作正是对正本清源、推动儒学"登峰""落地"思考的一次最新尝试。立足于对儒学发展阶段的新思考，我们将传世文献与出土文献、考古发掘成果相结合，对孔子思想"集大成"的特征、原始儒学的德性色彩、儒学由德性向威权的转变、儒家与释道两家的分歧与融合等进行了系统论述。本书内容翔实，语言平易，相信对于读者全面了解儒家思想的发展变迁、精神实质会起到重要作用。

在书稿写作过程中，首先由我本人确定整体思路及写作提纲，房伟则承担了大量的整理工作，对书稿的完成用力颇多。

衷心感谢王志民、孙中原、白奚、方铭、曹峰、邢滔滔、于孔宝、王威威、卜祥伟等前辈和同道的信任、帮助，他们为本书提出过宝贵的修改意见和建议，为本书增色不少！中国人民大学出版社认真负责，提出了许多中肯的意见，非常感谢他们的辛勤付出！

由于学识所限，加之时间紧，本书一定存在不足，尚祈方家指正。

杨朝明

二〇二一年七月十五日

图书在版编目（CIP）数据

儒家/王志民总编纂；杨朝明，房伟著. --北京：中国人民大学出版社，2021.8

（诸子百家普及丛书）

ISBN 978-7-300-29810-8

Ⅰ.①儒… Ⅱ.①王… ②杨… ③房… Ⅲ.①儒家-通俗读物 Ⅳ.①B222-49

中国版本图书馆 CIP 数据核字（2021）第 178957 号

诸子百家普及丛书

儒家

总编纂　王志民

杨朝明　房　伟　著

Rujia

出版发行	中国人民大学出版社		
社　　址	北京中关村大街 31 号	邮政编码	100080
电　　话	010－62511242（总编室）		010－62511770（质管部）
	010－82501766（邮购部）		010－62514148（门市部）
	010－62515195（发行公司）		010－62515275（盗版举报）
网　　址	http://www.crup.com.cn		
经　　销	新华书店		
印　　刷	涿州市星河印刷有限公司		
开　　本	787 mm×1092 mm　1/32	版　　次	2021 年 8 月第 1 版
印　　张	63　插页 20	印　　次	2024 年 12 月第 4 次印刷
字　　数	1 160 000	定　　价	200.00 元（全 10 册）

中国人民大学出版社读者信息反馈表

尊敬的读者：

感谢您购买和使用中国人民大学出版社的 ________________________ 一书，我们希望通过这张小小的反馈表来获得您更多的建议和意见，以改进我们的工作，加强我们双方的沟通和联系。我们期待着能为更多的读者提供更多的好书。

请您填妥下表后，寄回或传真回复我们，对您的支持我们不胜感激！

1. 您是从何种途径得知本书的：

□书店　　□网上　　□报纸杂志　　□朋友推荐

2. 您为什么决定购买本书：

□工作需要　　□学习参考　　□对本书主题感兴趣　　□随便翻翻

3. 您对本书内容的评价是：

□很好　　□好　　□一般　　□差　　□很差

4. 您在阅读本书的过程中有没有发现明显的专业及编校错误，如果有，它们是：

____

____

____

5. 您对哪些专业的图书信息比较感兴趣：

____

____

____

6. 如果方便，请提供您的个人信息，以便于我们和您联系（您的个人资料我们将严格保密）：

您供职的单位：______________________________

您教授的课程（教师填写）：______________________________

您的通信地址：______________________________

您的电子邮箱：______________________________

请联系我们：黄婷　程子殊　王新文　王琼　鞠方安

电话：010-62512737，62513265，62515580，62515573，62515576

传真：010-62514961

E-mail：huangt@crup.com.cn　chengzsh@crup.com.cn　wangxw@crup.com.cn
crup_wy@163.com　jufa@crup.com.cn

通信地址：北京市海淀区中关村大街甲59号文化大厦15层　　邮编：100872

中国人民大学出版社

总编纂—王志民

诸子百家普及丛书

道家

曹峰 著

尊道贵德　虚怀天下　无为而无不为

中国人民大学出版社

·北京·

诸子百家普及丛书

编委会

教育部重大攻关项目“稷下学派文献整理与数据库建设研究”阶段性成果

山东省齐文化传承与示范区建设协同创新中心重点项目

序　言

王志民

“诸子百家普及丛书”根据《汉书·艺文志·诸子略》所列十家学派而编纂，包括《儒家》《道家》《阴阳家》《法家》《名家》《墨家》《纵横家》《杂家》《农家》《小说家》，各自独立成册，共十本。由对各学派素有研究的著名专家学者合作撰写，是一套普及性、通俗性、大众化的学术丛书。

一

春秋战国时代的诸子百家争鸣，是中国文化史上最辉煌灿烂的文化景象。由于社会的巨大变革，“礼崩乐坏”，文化下移，私学兴起，各种出身的知识分子大量产生，形成了一个特殊的“士”阶层，这为诸子百家的产生准备了充足的人才条件。数百年中，列国纷争，诸侯割据，争霸图强，战乱频仍；各国之间，群雄崛起，风云变幻，在竞相以实现一统天下为目标而鹿死谁手迄未可知的情势下，各国统治者殚精励治，变法图强，都需要大量的人才来为自己出谋划策，奔走效力。人才多

寡成为国家力量的衡量标准，各国统治者尊重人才，“礼贤下士”就成为最普遍的现象和备受崇尚的风气了。而在这种风气的推动下，具备各种知识与才能的“士”，面对激烈复杂的斗争和出将入相、功名利禄的诱惑，也都深深地卷入这一时代大潮中。他们或游说各国，喜议政事，发表政见，以干世主，成为搅动天下局面的大政治家；他们或总结历史，研究现实，谋划未来，长于思辨，善于论说，聚徒讲学，成为名重一时的大学者。他们因而形成了学派林立、异说纷呈、九流十家、竞相争鸣的文化奇观。值得提出的是，德国现代哲学家雅思贝尔斯提出：在公元前 800 年至公元前 200 年，人类的精神基础同时地并各自独立地在中国和其他文明古国开始奠定，形成了直到今天人类仍然附着在这种基础上的“轴心时代”理论。目前中国学术界越来越多的人接受这一观点，将以诸子百家争鸣为主要标志的春秋战国时代称为中华文明史上的“轴心时代”。

纵观战国时期的诸子百家争鸣，其主要特点和巨大历史贡献至少可以从以下三个方面来总结：

1. 思想解放，学术自由，理论创新，哲学突破。在“礼崩乐坏”社会巨变中产生的“士”，从原有的“天道”“神道设教”的神学说教中解放出来，从神圣不可动摇的社会等级秩序桎梏中解放出来，从各国统治者求贤若渴的“礼贤下士”中获得地位上的平等、自由和独立。这种空前的思想自由的社会环境，为来自不同出身、地域、经历、喜好的“士”们各擅其说，标新立异，创造了条件，从而形成了不同的思想流派，带来理论的创新和哲学的突破。儒家是周礼的传承与维护者，

的学术文化中心。

战国之君，以礼贤养士最著名者首推魏文侯。他“师卜子夏，友田子方，礼段干木”，以致“四方贤士皆归之”，如李悝（kuī）、翟璜（huáng）、吴起、西门豹、乐（yuè）羊等崇尚变法图强的政治家，都聚集魏国，实行变法图强，魏成一时之霸主。但魏处秦、楚、韩、赵大国之间，疲于征战，且魏文封侯之后七年即去世，国力渐衰，在魏国并未形成一个稳定的文化中心，其学术贡献也难与稷下并论。

考察战国学术，能够成为诸子百家争鸣中心，且存在时间最长、规模最大、成果最丰、影响最深远的，唯有稷下学宫。其原因在于它有三大特点：

其一，机构开放。齐国君主延揽各国人才，不遗余力。稷下学宫尊重学者的独立自主精神，在管理上采取机构开放、来去自由的政策。一是待遇优厚。齐国统治者在稷下建设“高门大屋，尊崇之”，足见校舍之富丽堂皇；齐宣王一次封七十六名稷下先生为上大夫，足见地位之高，待遇优厚。二是来去自由。游学是其主要形式：学生可以自由来稷下寻师求学；先生也可以自由在稷下招生讲学；可以个人游学，也可以从者数百人集团游学。来者，热情欢迎，精心安置，以礼厚待；走者，以礼相送，重金馈赠。三是学者治校。齐国统治者对稷下管理充分信任、重用学者，荀子曾“三为祭酒”；在具体事务管理上，则充分尊重学者：教学内容设置，教学活动安排，师生之间，先生与先生之间，教学或学术辩论，全由稷下先生们自主组织。如此优厚、开放、宽松的办学方式，吸引各国学者纷至沓来，增加交流，开

阔视野，扩大见闻，打破了私学界限，学无常师，思想活跃，促进了学术的交流、争鸣和人才的培养、成长。

其二，思想兼容。齐国统治者对稷下各家学派制定“百家争鸣，兼容并包”的方针，实行诸子百家各派平等，多家并存的政策。从文献记载看，儒、法、道、墨、阴阳、名家及农家、兵家，举凡当时重要的学术流派都曾在稷下先后存在发展。由于思想解放，地位平等，学术活跃，各派学者尽管有不同甚至相反的主张，却都能在稷下立足、讲学、争鸣，吐纳吸收，提升发展。甚至还往往出现派中有派、派中分枝的现象。例如：学宫中儒家就分孟氏之儒、荀卿之儒，而且两派之间，观点有异，相互攻伐；道家分宋钘（xíng）派，尹文派，田骈、慎到派和环渊派。各派思想也由于百家争鸣的深入，而逐渐融合或者发生演变。诸子百家充分利用稷下讲坛，传播思想，广收徒属，扩大影响；多家思想并争，各派观点齐鸣，在争鸣中融合，在融合中发展，最终实现了各派的共荣、创新、发展。

其三，学术自由。稷下学宫的学术自由主要体现在两个方面：首先，尊重学者，平等礼遇。齐国君主不以政治干涉学术，不以好恶而行褒贬，稷下学宫所体现的学术自由，主要展现为统治者与学者之间的地位平等和尊重学术的理念，这一点史所难寻。尤其值得提出的是：稷下学宫是田齐政权的国办机构，“喜议政事”是其基本功能，“各著书言治乱之事，以干事主”是稷下先生的强烈愿望，因而，他们可以对齐统治者独立自由地发表政治见解甚至提出批判反对意见，而齐统治者则对各种意见，一概采取从善如流、平等相待的态度，这

就是一种更为珍贵堪称典范的平等精神了。其次，尊重学术，鼓励争鸣。稷下有所谓“谈说之士期会于稷下”的记载，即指各派学者按约定时间举行集会，展开“争鸣”。集会对所有人员开放，通过演讲、辩论，各家学派都能畅所欲言，充分发表自己的观点，也能积极吸收别家思想。稷下的学者们大都能言善辩，田骈、邹衍、邹奭（shì）还因雄辩而得“天口骈”“谈天衍”“雕龙奭”等雅号，可以想见，稷下先生的辩论，在形式上是不拘一格的：或双方互辩，或舌战群儒；或先生之间，或弟子之间，甚或师生之间；或大会演讲，或小会研讨；或处堂上，或在树下。他们在辩论中各抒已见，互不相让，竞长论短，争论不已，形成了百家争鸣的热烈场面。

稷下学宫不仅是战国诸子百家争鸣的唯一学术文化中心，还是中国历史上最早的大师云集的高等教育大学堂，也是为现实政治服务、带有高端智库性质的政治参议院。它的出现，是中华文明史上一个最独特的创新。郭沫若曾评价说：“这稷下之学的设置，在中国文化史上实在是有划时代的意义的。”事实不仅如此，放在世界文明史上，也是一个奇迹。稷下学宫与雅典的柏拉图学园在公元前四世纪差不多同时出现，分别在世界的东、西方以相似的方式展现出人类早期文明的智慧之光。它们都是世界上最早的集高等教育与学术研究为一体的思想学术文化中心，各具特色，共同创造了世界文明史上的辉煌：稷下学宫为广揽人才而创，具有浓厚的政治色彩；柏拉图学园为传播思想、科学而设，具有鲜明的科学理念。前者汇聚诸子，多派并存，思想交融，

形成百家争鸣的局面；后者传承师说，探求真理，追求科学，培育独立思考之精神。前者为中国秦汉大一统帝国的形成做了理论上的充分准备，对中国政治、文化、教育发展影响甚大；后者为西方大学教育奠基，对西方哲学、自然科学发展影响深远。稷下学宫与柏拉图学园极大地影响了东、西方不同学术思想与文化传统的形成，共同为构筑丰富多元的世界文明做出了卓越的历史贡献。

三

本丛书的编纂，缘起于稷下学宫发祥地山东省淄博市、临淄区政府 2017 年拟规划建设“稷下学宫与诸子百家文化园”重大文化工程项目。受市、区党委、政府的信任和委托，我担任了《展陈文案学术研究报告》项目负责人。为此，我们聘请国内高校十数名对先秦诸子百家素有研究的权威学者共同组成了项目组。经过近两年的努力，项目组圆满完成三十余万字的《报告》，同时形成了一百五十余万字的《资料汇编》，为本丛书的编纂奠定了基础。

2019 年，以我为首席专家组成的课题组，获批教育部重大攻关项目“稷下学派文献整理与数据库建设研究”立项。为了更深入、全面地开拓、展示稷下诸子百家的发展背景和学派面貌，以原项目组学者为主体，于 2019 年底正式启动了本丛书的编纂。

本丛书是弘扬优秀传统文化的普及性、通俗性读物。希望通过深入挖掘、阐释、解读“轴心时代”诸子

导　言

道家：中国文化的一种基因

如果没有儒家，中国就不成其为中国，这是毫无疑问的。但是如果我们说，如果没有道家，中国也不成其为中国，这一点可能很多人未必有切身感受。读了这本书，我希望你能发自内心地认同这种说法，并且对中国传统文化有更为完整的、更为同情的了解。道家和儒家一起构成了中国本土文化的基础和支柱。中国人的身体里面流淌着道家的血液，中国人的文化基因里面深深地烙上了道家的痕迹。

中国文化是一种阴阳互补、正反相合的文化，中国古代思想具有辩证的、多元的、兼容的特征。

作为土生土长的文化，儒道两家如同中国文化的鸟之两翼，缺了任何一个方向，这只大鸟都飞不起来。正因为有儒家和道家的相互补充、相互激荡，中国文化才会具有强大的弹性和韧性，才会拥有持久的、旺盛的活力，才不至于走向狭隘和极端。

如果说儒家具有正向、阳刚、入世、进取、建设、踏实、稳重、传习、守成的品格，那么道家就构成了反向、阴柔、出世、谦退、批判、质疑、轻灵、求变、创新的品格。

道家把中国人的思维和精神引向了玄默、清静、灵妙、超越、自然的一面，把中国人的行为和举止引向了谦卑、柔和、简约、舍得、放下的一面。

道家是一种养心之术，学习道家，可以培养开放的心灵、轻松的心情、明净的心态、空灵的心境。

道家是一种处世之法，学习道家，可以培养辩证的思维、沉着的气度、宽广的胸怀、博大的眼界。

道家提出的“无为”“自然”“虚静”“柔弱”“谦下”“不争”等观念对中国哲学、文学、科技、艺术、医学、养生、宗教、军事等产生了深远影响。道家思想以其对宇宙、社会和人生的整体思索和独特领悟，呈现出永恒的价值与生命力。

在历史上，道家特殊的思维方式、生命体验、审美情趣、文化品格不仅仅对古代中国和东亚各国产生影响，甚至在欧美等国也得到广泛的爱好与推崇。著名哲学家张岱年说：“道家，其理论之湛深，思想之缜密，实超过了儒墨两家”；著名英国学者李约瑟认为：“中国文化就像一棵参天大树，而这棵大树的根在道家。”

因为把“道”看作是万物生成、存在、运动、发展的总根源、总依据，所以提倡这一思想的人被统称为道家。

道家的创始人一般认为是生活于春秋晚期的老子。

历代主要代表人物还可以举出关尹、杨朱、彭蒙、田骈（pián）、慎到、宋钘（xíng）、尹文、庄子、文子、鹖（hè）冠子、淮南子、河上公、严遵、王弼、阮籍、嵇（jī）康、郭象、葛洪、成玄英、王玄览、李荣、司马承祯、杜光庭等等。黄帝、彭祖是传说中的道家。伊尹、姜太公、范蠡（lǐ）、张良、曹参、司马谈、司马迁、曹操、陶渊明、李白、苏轼、刘基、傅山、曹雪芹等中国文化名人身上也有浓厚的道家倾向。

主要著作除了《老子》《庄子》外，还有《文子》《列子》《鹖冠子》《黄帝四经》《淮南子》《抱朴子》等，《管子》《韩非子》《吕氏春秋》《黄帝内经》等书中也包含着很多道家的内容。

“道家”一词最早出自西汉初年的《史记》，在《史记》的最后一篇《太史公自序》中，司马迁抄录了一篇父亲司马谈写的《论六家要指》，在这篇文章里，司马迁把先秦最有影响的思想总结为“阴阳、儒、墨、名、法、道德”六家，这里的“道德家”简称“道家”。

司马谈认为这六家中，其他五家各有所长各有所短，只有道家能够“使人精神专一，动合无形，赡足万物”，使自己精神高度集中，从容应对万事万物。“因阴阳之大顺，采儒墨之善，撮（cuō）名法之要”，兼采百家之长。“与时迁移，应物变化，立俗施事，无所不宜”，能够灵活应变、与时俱进。“指约而易操，事少而功多”，做什么事情都能够以最小的付出获取最大的收功，而且还能够保养身心，不会使精神受到太大损害。

当然，通常提到的道家更多指的是秦汉之际特别流行的那种积极入世的黄老道家。西汉中期以后，儒家取代道家，成为官方推崇的主流思想，但汉中期以后的儒家事实上兼容了包括黄老道家在内的百家思想。而道家开始远离政治，专注养生。魏晋之后，侧重精神修炼的老庄道家以及侧重身体修炼的道教，取代了早期的道家，尤其是道教，以宗教的形式传承了道家的思想，甚至把老子、庄子都变成了道教的神仙。

第一章

道家的先驱

虽然我们公认老子是道家的鼻祖，但是老子思想也一定有他的来源。《老子》一书为了追求绝对与永恒，刻意隐去了所有的人名、地名、时代名。但是通过《老子》可以知道，其中引用了很多前人的智慧。

例如《列子·天瑞》引了《黄帝书》的内容，“谷神不死，是谓玄牝。玄牝之门，是谓天地之根。绵绵若存，用之不勤。”类似的话也出现在了《老子》第 6 章。第 36 章“将欲歙（xī）之，必固张之；将欲弱之，必固强之；将欲废之，必固兴之；将欲夺之，必固与之。”第 58 章“祸兮福之所倚，福兮祸之所伏”之类的话也应该不是老子自创，很有可能是对民间智慧的引用。

老子作为一名春秋末年周王室的史官，既了解天道的奥秘，又洞悉人世的兴衰。因此他的书应该是春秋以前人类智慧的结晶。

和儒家等其他学派不同的是，道家的眼界非常宽阔，它不局限于小范围的人际关系，不拘泥于一时一地的成败得失和情感交替，其眼光更容易朝向天地、朝向历史，因此在看问题的时候，往往也会比较冷静、无情，就像《老子》第五章说的那样，“天地不仁，以万物为刍（chú）狗；圣人不仁，以百姓为刍狗。”

因此，道家人物一般都具有宏大的眼光、冷静的思维，追求精神的逍遥、生死的解脱。从这样一个角度来看，道家的先驱们大多是这样一些人物：他们有的是上察天文、俯视地理的通达天道之圣人；有的是看惯人间生死、历史兴亡的智者；有的是不愿被功名利禄所束缚、刻意与尘世保持距离的隐者，当然这几重身份也可以为同一个人在不同的时期所兼有。例如老子在周天子身边的时候，应该是一个既精通天道又熟悉历史的史官，而当他因为不满政局而出走之后，就成了“自隐无名”的人。所以司马迁称赞老子时说，“君子得其时则驾，不得其时则蓬累而行。”（《史记·老子韩非列传》）

按照这样的特征去找寻道家的先驱，那么我们就很容易在老子之前找出许多在精神上相似的人物来。

一、 以黄帝为代表的掌握天道的圣人

在今人心目中，黄帝作为五帝之首，既是中华民族血缘上的共祖，也是中国历史上第一位统一天下、奠定中华的君主，是第一位将人类带入文明时代的“人文初祖”，但这样的形象，是在历史中逐渐形成的。作为距今四千多年的人物，黄帝的时代还没有文字，更不可能

有典籍存在，所以，黄帝是一个活跃在神话传说中的人物。而这样的神话传说，很多是由道家、道教来传承的。

古人所绘黄帝像

黄帝有很多身份，如军事家、修道者、成仙者、发明家等，据说挖井、钻木取火、车、船、音乐、弓箭等都是他发明的。在古代，发明是一件非常神圣的事情，不是普通人能做到的。什么人才能做到呢？就是通天的人，懂得天道的人，也就是古代的那些巫师。

一些关于黄帝的传说，描述他住在神山上面，和宇宙相通。或说他有一根神木，借助这根神木可以沟通天

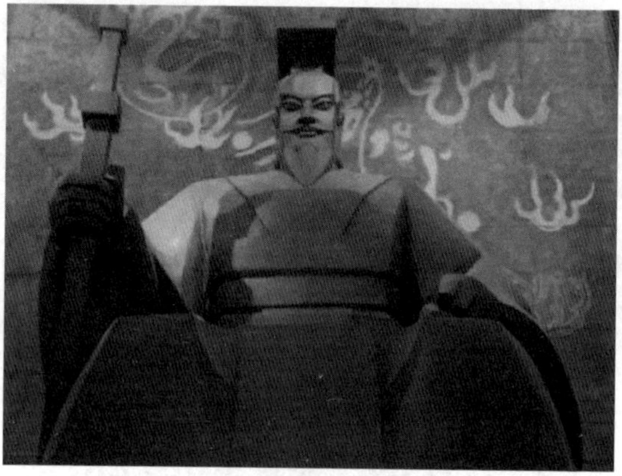

今人所塑黄帝像

人。似乎这个人身上迷信的色彩很浓，在今天看来，这或许不可思议，但在古人的世界里，迷信和理性往往很难区分，巫师正是天道的创造者、传承者，而天道有着非常理性的成分，黄帝可以说就是掌握天道的巫师的总代表。

《史记》的第一篇是《五帝本纪》，而《五帝本纪》记载的第一人就是黄帝，司马迁用了四个字来总结黄帝，那就是"法天则地"，也就是黄帝能够以天地的规律为行动的法则。《五帝本纪》说：

> 黄帝获宝鼎，迎日推筴（cè）……顺天地之纪，幽明之占，死生之说，存亡之难。时播百谷草木，淳化鸟兽虫蛾，旁罗日月星辰水波土石金玉，……节用水火财物。

所谓"迎日推筴"，是说黄帝借助宝鼎来观测太阳的运行，用蓍（shī）草来推算历法，预知节气日辰。对于中国这个以农为本的社会来说，节气历法的确定可谓是头等大事。

所谓“顺天地之纪，幽明之占，死生之说，存亡之难”，是说黄帝能够顺应天地四时的规律，通过占数了解阴阳的变化，从而讲解死生、存亡的道理。

所谓“时播百谷草木，淳化鸟兽虫蛾，旁罗日月星辰水波土石金玉，……节用水火财物”，指的是黄帝能够按照季节播种百谷草木，驯养鸟兽蚕虫，使天地间没有灾异，使土石金玉为民所用，教导百姓有节度地使用水、火、木材及各种自然资源。

因此，著名学者钱穆概括说：“黄帝……上知天文，推测日月星辰的运行，预知四时季节的转换。中知人事，别男女，异雌雄；制作用具，建造房屋；畜牧鸟兽，化野为驯。下知地利，播百谷，植草木；利用土、石、金、玉。”

总之，传说中黄帝是一位通晓天文地理，播种百谷草木，创制衣冠、舟车、音律、医学的神奇的人物，当然四千年前的黄帝不可能有这么多神奇的贡献，而是后人把许多促进人类进步的发明都归到了他的头上。但是，可以想象，在老子之前，有很多类似黄帝这样的天道总结者、传播者。

道家的“道”很大程度上来自于对于天道的体认和把握，因此，黄帝成为道家中的重要人物绝非偶然。例如在马王堆帛书《黄帝四经》中，黄帝成为一个创生的英雄，将天地“始判为两，分为阴阳，离为四时”；在中国古代最重要的医书《黄帝内经》中，黄帝掌握身体的奥秘，开创了“法于阴阳，知于术数，食饮有节，起居有常”、“恬淡虚无，真气从之，精神内守”（《黄帝内经·素问·上古天真论》）的祛病养生之术。

在道家看来，“法天则地”乃是文明建构的第一步，是一切制度、礼仪、秩序、规范的首要条件。

道家视天地人为相互联动的一个整体，特别强调根据宇宙秩序来指导人类的政治行为，认为政治行动必须从自然原理中寻求合法性依据。通过对天文地理的认识与把握，利用自然的规律，借助自然的权威来管理人事，代天立言、替天行道，就成为道家政治思想中最为关键的部分，黄老道家尤其强调这一点。

在此基础之上，人类的政治行为便是轻而易举的事。在道家文献中，黄帝被描绘为既能够“执一”又能够“无为”的人。“执一”说的是他能够掌握最高的统治原则，“无为”说的是他不需要借助强制的手段就能取得很好的政治效果。

《周易·系辞》说“黄帝、尧、舜垂衣裳而天下治”，《管子·任法》也说黄帝、尧、舜治理天下，“不思不虑，不忧不图，利身体，便形躯，养寿命，垂拱而天下治”。“其民不引而来，不推而往，不使而成，不禁而止。”后世《千字文》将其总结为“坐朝问道，垂拱平章”。

“垂衣裳”“垂拱”都是对古代帝王无为而治的形象描述，如果衣裳和手是垂着的，那就是一副清净无忧、闲适安逸的模样，无所事事，平心静气，不需要卷起袖子，事必躬亲。统治者不需要任劳任怨，全靠臣下百姓自我管理，天下反而获得大治。这就是道家竭力推崇的“无为而治”。在故宫交泰殿里就有一幅康熙皇帝御书的

“无为”匾，可见，这后来成了中国古代君王最理想的统治方式。

这样一位具有通天本领的半神半人的巫师，在道家看来，一定是因为修道得道才能如此神异，因此道家文献中描绘过许多黄帝问道之事。例如《庄子·在宥》记载了黄帝问道于广成子，广成子教导他“无老女（汝）形、无摇女（汝）精”的长生之道。《列子·黄帝》记载了黄帝梦游华胥国而彻悟治国之道在于清静无为的故事。

而后世的道教则把黄帝完全神仙化了。例如《列仙传》就记载了黄帝升仙的场景：

> 黄帝采首山之铜，铸鼎于荆山之下，鼎成，有龙垂胡髯（rán）下迎帝，乃升天。群臣百僚悉持龙髯，从帝而升，攀帝弓及龙髯，拔而弓坠，群臣不得从，望帝而悲号。

这是说黄帝在首山采铜，在荆山铸鼎。鼎铸成之后，有龙垂着胡须来迎接黄帝，于是黄帝骑龙飞升。群臣百官急忙抓住龙须和黄帝的弓，也想跟从升天，结果龙须脱落，弓也落地，群臣无法跟从，只能伏地痛哭。

天人相应、天人感应是中国自古以来的思维模式，古人相信人身体的结构就是自然的一部分，身体的机理体现着自然的规律。因此“长生久视”者也一定是与自然同呼吸共命运的人。就像本书在后面详细描述的那样，养生理论是道家思想的重要组成部分，因此在道家先驱中，不乏这类通过养生以修道，或者因为得道而懂得养生的人，彭祖就是其中的典范。

彭祖，彭姓，或曰姓籛（jiān）名铿（kēng）。据说从尧舜时代一直活到商代，“长年八百，绵寿永世”，以长寿闻名。擅长“吹呴（xǔ）呼吸，吐故纳新，熊经鸟申”的为寿之道，即懂得调养气息，善于向动物学习强身健体的方法。上海博物馆藏战国竹简（以下简称“上博简”）《彭祖》论述了从养生到治国的道家理论。清华大学藏战国竹简（以下简称“清华简”）《殷高宗问于三寿》中彭祖作为高寿者向殷高宗传授了人世间的存亡兴坏之道。彭祖也是孔子心目中仰慕的人，《论语·述而》说“述而不作，信而好古，窃比于我老彭。”

彭祖像

二、 以姜太公为代表的洞察人生的智者

除了通过观察、了解和掌握天道以指导人生和政治实践，中国古人还特别注重从生活的场景、人生的遭际、历史的兴亡中揣摩、体味、总结各种经验教训，告诉世人如何合理安排人事，不要重蹈前人覆辙。

在道家的文献中，这样的人物频频出现。这里按照时代的顺序，对伊尹、姜尚、鬻（yù）子、商容等人的事迹作一些描述。

伊尹，夏末商初人氏。伊姓，名挚（zhì），有莘（shēn）氏人，最初是仆人身份，因为善于烹调，获得夏王朝下面一个方国国君商汤的信任，通过烹调之道进说治国之理，辅助商汤灭了夏朝，为商朝的建立立下功劳。

例如清华简《汤处于汤丘》就有这方面的生动记载，此文先讲伊尹如何善于“食烹之和”，在成功地“以滋味悦汤”之后，受到商汤赏识。商汤很快意识到“食烹之和”的道理和“和民”之道是一样的，即完全可以借助烹调之道来治国治民。于是商汤不顾自己身份的尊贵，三顾茅庐前往伊尹住地请教，甚至引起侍从的不满。由于伊尹和商汤的精心策划，商国不仅国力迅速强大，而且还成功地取代夏朝建立了商朝。

清华简中还有一篇《汤在啻（chì）门》，说的是商汤向伊尹请教留存于今的“古之先帝之良言”，也就是古代伟大的帝王是如何认识把握人世间最为根本的问题的。这个根本问题可以总结为“何以成人？何以成邦？何以成地？何以成天？”四大问题。即构成“人”“邦”“地”“天”各自最为重要的因素究竟是什么。可见，这里面既有人事的经验，也有天道的奥秘。

就像前面说的，通达天道之圣人和看惯人间的智者，其身份往往是重合的，伊尹就是这样的典范。对于商汤的提问，伊尹的回答简明而神秘，那就是“五以成人，德以光之；四以成邦，五以相之；九以成地，五以将之。九以成天，六以行之。”显然，伊尹好用神秘数字来传递宇宙间的重要信息，当然，这未必是伊尹思想的真实记载，而有可能是战国时人的杜撰，但是把这样的学说附会到伊尹身上，可能也不是完全没有历史的影子。

姜太公，亦作姜尚，商末周初人。姜姓，吕氏，名尚，一名望，字子牙，因其先祖辅佐大禹平治水土有功，而被封于吕，故以吕为氏，所以也称吕尚。

相传姜子牙 72 岁时在渭水之滨的磻（pán）溪垂钓，遇到了求贤若渴的周文王，被封为“太师”，称其为“太公望”，这就是姜太公的由来，后来又被周文王之子周武王尊为“师尚父”。姜太公辅佐武王伐纣建立了周朝，后世被封于齐国。

磻溪垂钓以待文王的故事，应该是后人的美好想象，历史学者一般认为是以文王为代表的姬姓族群和以姜尚为代表的姜氏族群联合起来击败了商人族群。在这个过程中，姜太公更多地扮演了军事家的角色，其军事理论后来被收入《六韬》等书中。

《六韬》本来一直被怀疑是本伪书，但 1972 年在山东临沂银雀山汉墓发现的竹简中有《六韬》，证明了此书至少部分内容在先秦已经形成。该书的内容大部分是如何善于利用矛盾、积极把握时机的韬略。《史记·齐太公世家》记载：“周西伯昌之脱羑（yǒu）里，归与吕尚阴谋修德以倾商政，其事多兵权与奇计，故后世之言兵及周之阴权皆宗太公为本谋。”说的是周文王姬昌当年还是商王朝下面一个方国的国君，被商纣王关在了羑里，从那里逃脱之后，就与姜太公合议如何推翻商朝，而姜太公贡献了很多军事上的谋略，这些在克商过程中形成的军事学说，用姜太公的名义将其记载了下来，因此后人将姜太公视为兵法和权谋的始祖。甚至纵横家也从中获取灵感。如《战国策·秦策》记载：“（苏秦）得太公阴符之谋，伏而诵之，简练以为揣摩。”

道家思想中有很多地方与兵家高度一致，尤其是随机应变、动态考量的灵活思维，以及以弱胜强、韬晦不露的行为方式。例如《六韬·三疑》说：“夫攻强，必养之使强，益之使张；太强必折（shé），太张必缺”，这就是欲擒故纵之道。和《老子》第36章“将欲歙之，必固张之；将欲弱之，必固强之；将欲废之，必固兴之；将欲夺之，必固与之”的说法高度一致。

此外，姜太公在政治上推行尊贤尚功、因循民俗的政策，是为开黄老道家政治哲学的先声。《史记·鲁周公世家》记载了这么一段史事：

周人成功夺取政权之后，分封有功之臣，姜太公被封于齐国，才过了五个月，就来向周王报告，说政事都已经安排好了。此时周公摄政，就问他：“怎么这么快?”姜太公说：“我简化了君臣上下的礼仪，也没有改变当地的风俗和习惯。”而周公分封到了鲁国，他派儿子伯禽去处理政务，伯禽过了三年才回来述职。周公问他：“为什么这么迟?”伯禽答道：“我改变了当地的风俗、礼仪，让他们在父母死了之后必须服三年之丧。”周公听了之后十分担忧：“这样下去，鲁国将来肯定向齐国俯首称臣。因为如果政治烦琐而不简易，那百姓就不会与君主亲近；如果君主能够平易近人，则百姓一定会归附他。”

后来历史的发展印证了周公的预测，推崇儒家那套繁琐礼仪之道的鲁国果然一直强大不起来，而没有那么多条条框框的齐国因为政令简单易行，百姓的意愿得到尊重，所以在春秋战国时代始终是最强大的国家之一。姜太公所实行的这条路线正是《老子》57章所说“圣人云：我无为而民自化，我好静而民自正，我无事而民自富，我无欲而民自朴”的生动写照。

姜太公这套灵活简易的治国方式后来被管仲很好地继承了下来。在《管子》一书中，我们可以看到很多类似的通过君主清净无为、因循民情，从而充分调动百姓的主动性、积极性、创造性的记载，所以，这个“圣人云”很可能就是姜太公或者管仲的话。

姜太公像

鬻子姓芈（mǐ），名熊，商末周初的人，为楚国先祖。《史记·楚世家》记载后世楚王熊通之言，“吾先鬻熊，文王之师也”。可见和姜太公一样，鬻子也做过周文王之谋臣。

据《史记·周本纪》记载，鬻子在做文王之师时，甚至比姜太公年龄更大，已经九十岁了。周文王说“老矣”，想要劝退他。鬻子却说：“使臣捕兽逐麋（mí），已老矣；使臣坐策国事，尚少也。”意思是与野兽搏斗，

鬻子像

那我已经老了。如果开动脑力，出谋划策，那我还年轻着呢。在古代，长寿的人往往是智慧的象征，古人相信不谙世事者容易早亡，而充满智慧才能长寿，他们的经验也更值得听取。所以道家人物也往往被塑造成寿星。如彭祖、姜太公、鬻子都是这样，老子也是如此。

刘勰（xié）《文心雕龙·诸子》说："至鬻熊知道，文王谘询，馀文遗事，录为《鬻子》。"《汉书·艺文志》诸子略道家类著录有《鬻子》二十二篇，但早已亡佚，现在只有后人重新辑佚之后编定的书。

从一些文献引用的鬻子语录看，其中确实有浓厚的道家味。鬻子的主要思想是去名、贵柔、随顺自然，如《列子·杨朱》引鬻子的话说"去名者无忧"，即不受名利束缚的人才能过上自在的生活。《列子·天瑞》引鬻子的话说"运转亡已，天地密移，畴（chóu）觉之哉？

故物损于彼者盈于此，成于此者亏于彼。损盈成亏，随世随死。往来相接，间（jiàn）不可省，畴觉之哉？”鬻子感叹人太渺小，宇宙太大，宇宙运转不已，普通人却很难感受到。就像盈亏、死生一样，事物相互对待，相互转化，连一点间隙都没有，谁能感觉得到啊（畴觉之哉）？这和《庄子·齐物论》说的“方生方死，方死方生”非常接近，鬻子感叹，这样的眼界和智慧只有得道之人才能体察和会通。《列子·黄帝》还引了鬻子以下这段话：

> 欲刚，必以柔守之；欲强，必以弱保之。积于柔必刚，积于弱必强。观其所积，以知祸福之乡。

这是说，祸福总是相互包含、相互依存，世界上没有固定不变的东西，怎样才能参透事物发展的规律，让自己立于不败之地呢？最好的办法就是学习柔弱之道，因为从自然的现象和人生的经验来看，柔弱胜过刚强，这是屡试不爽、颠扑不破的道理。鬻子这些话，显然和《老子》第 58 章“祸兮福之所倚，福兮祸之所伏”，第 76 章“坚强者死之徒，柔弱者生之徒。是以兵强则不胜，木强则兵。强大处下，柔弱处上”是一个道理。

在《老子》里面，我们找不到老子的老师是谁，但也有文献记载说商容是老子之师。如《淮南子·缪称》说：“老子学商容，见舌而知守柔矣。”就是说，老子向商容学到的主要是守柔之道。《高士传》对此有更生动的描述：

> 商容，不知何许人也，有疾。老子曰：“先生无遗教以告弟子乎？”……容张口曰：“吾舌存乎？”

（今人所塑吐舌像）

曰："存。"曰："吾齿存乎？"曰："亡。""知之乎？"老子曰："非谓其刚亡而弱存乎？"容曰："嘻！天下事尽矣。"

这说的是，老子在商容将死之际，向他请教最后的遗训。商容向老子张口吐舌，表示年老的自己虽然刚硬的牙齿早已掉落，但柔软的舌头依然尚存，让老子明白柔弱胜刚强的道理，而且只要懂得这一条原理，"天下事尽矣"，即天下之事没有不可以应付的了。从今天我们读到的《老子》来看，其中确实反反复复地申说了柔弱胜刚强的好处。可见老子学说对于人事的经验和智慧有着非常多的吸收。

《老子》中的话，有很多与民间谚语很接近。《战国策·魏策》引了《周书》的一段话："将欲败之，必姑辅之；将欲取之，必姑与之。"这段话不见于现存的《尚书》与《逸周书》，看来出自亡佚了的《周书》。《吕氏春秋·行论》引了"《诗》曰：'将欲毁之，必重累之。将欲踣（bó）之，必高举之。"这段话也不见于现存的《诗经》，应该属于佚了的《诗》。可以想象，这些话都被老子熟读过，为他创作"将欲歙之，必固张之；将欲弱之，必固强之；将欲废之，必固兴之；将欲夺之，必固与之"提供了灵感。

《列子·说符》提到了一句周代的谚语："周谚有言：察见渊鱼者不祥，智料隐匿者有殃。"《韩非子·说林上》也提到一句古代的谚语："古者有谚曰：知渊中之鱼者不祥。"《列子》这两句话说的是，深渊中的鱼很难被人发觉，如果发现了这个隐匿的秘密，就会出现不祥。靠智巧算出隐藏者的人反而会有灾殃。为了证明这个谚语，《列子》还讲了一个故事，说的是一个叫郄（qiè）雍的人善于审视强盗的相貌，晋侯就专门派他去识别强盗，强盗无不落网。余下的强盗走投无路，只能把郄雍杀了。

《韩非子·说林上》在引用时也配了一个故事。说的是齐国大夫隰（xí）斯看透了国君的心思，本想做投其所好的事，但中途又停了下来，因为他觉得如果被国君知道秘密被人看破，那自己就变得危险了，到那时讨好不成反而害了自己。因此这里"渊中之鱼"比喻的是国君的心思。这个故事和《列子》中那个故事一样，讲的都是察觉隐秘之类的小聪明并非大智。

另外，《六韬·守土》有所谓“无借人利器，借人利器则为人所害，而不终其世”的箴言。所以当我们看到《老子》第 36 章“鱼不可脱于渊，国之利器不可以示人”这两句话的时候，就容易明白，老子在创作时很可能借用化用了这些民间的格言金句，但又做了理论的升华。这些谚语还有许多权谋术的影子在里面，老子则用这些谚语引申出了“微明”这种洞察玄妙、见微知著的能力以及“柔弱胜刚强”的方法和原理。

三、以许由为代表的远离尘世的隐者

白云黄鹤道人家、一琴一剑一杯茶。羽衣常带烟霞色，不染人间桃李花。

这是道教南宗五祖之一的白玉蟾所作《道情》，讲的是作者渴望远离喧嚣人世，摆脱世俗牵累，与轻风细雨为伴，在白云深处安家。这样的人物、这样的情怀，并不是到了后世道教产生之后才有的。在先秦时期，已经出现了不少刻意避世的隐者，他们不事王侯，高尚其事，厌倦人间功名利禄，主动疏离主流社会，追求不受拘束、自由自在的生活。

如《论语·宪问》篇提到“四避”：“贤者辟世，其次辟地，其次辟色，其次辟言。子曰：作者七人矣。”孔子说，在他身边，回避乱世、回避乱邦、回避不好脸色、回避恶言恶语的人已经有七个（一说“七”是“十”之误）了。在凡人看来，这些都是怪人，著名学者李零说这样的怪人有这样几类，一是持不同政见者；二是前朝的遗老，或辞官不做的人；三是隐逸山林、躬耕陇亩的人；四是放浪形骸、不拘礼节的狂士。

在道家文献中，这样的人物很多，而且还往往作为正面的形象来形容。著名学者冯友兰说：“道家者流盖出于隐者。”著名学者萧萐（shà）父说：“道家基本上属于没落贵族下降而形成的逸民或隐士集团，以失势退隐的在野派自居。”二者都有一定的道理。老子最后选择“自隐无名”，肯定受到过这些刻意避世的隐者群体的影响，《庄子》和《列子》里面大量刻画了这些人的行迹，这里也按照时代先后作一些描述。

许由，字仲武，颍（yǐng）川阳城人。生活于尧舜时代，隐居于箕（jī）山，依山而食，就河而饮。《庄子·逍遥游》记载，帝尧听说许由是一位贤人，多次提出想将天下让给他。帝尧把许由比作日月，而把自己比作火把，“日月出矣，而爝（jué）火不息，其于光也，不亦难乎！”

把许由比作雨水，而把自己比作给庄稼灌水的人，“时雨降矣，而犹浸灌，其于泽也，不亦劳乎！”在日月和雨水面前，火把和灌溉不是显得多余吗？所以帝尧不愿尸位素餐，想把君王之位让给真正懂得治理的人。

但是许由却不愿意为名声所累，拒绝了尧的请求。他的理由是，如今天下已治，若自己取而代之，便是坐享治天下之名，而“名者，实之宾也”，何必要那个虚名呢。他不仅不愿意代尧治理天下，甚至连耳朵里听到尧以天下相让的话都觉得难受，甚至做出到河边洗耳的夸张举动。他说：“鷦（jiāo）鷯（liáo）巢于深林，不过一枝；偃（yǎn）鼠饮河，不过满腹。”如果每个人都像鷦鷯、偃鼠那样，没有太多的奢求，满足于朴素的生活，那么复杂的社会治理也就没有用武之地了。

在尧舜时代，类似的人还有善卷，这是一个自得于天地之间、逍遥于尘垢之外的隐者。《庄子》的《让王》和《盗跖》都提到了这个人。据说帝舜想把天下禅（shàn）让于善卷，善卷坚决不受，去而隐入深山洞穴之中。现在宜兴的善卷洞据说就是他的藏身之处。

《让王》篇形容了舜让天下于善卷的故事：

> 舜以天下让善卷，善卷曰："余立于宇宙之中，冬日衣皮毛，夏日衣葛絺（chī）。春耕种，形足以劳动；秋收敛，身足以休食。日出而作，日入而息，逍遥于天地之间，而心意自得。吾何以天下为哉！悲夫，子之不知余也。"

可见善卷满足于春耕秋收、日出而作、日落而息的生活状态，与自然融为一体，而不愿接受外在羁绊，所以权位对他而言就是多余之物。

类似的隐者，在《庄子》里面还有很多，如《则阳》篇记载的陆沉者、市南宜僚等。当然，这些出现于寓言之中的人物，或许是庄子为了阐述自己的思想而进行的文学创造。但是，一定是历史上有大量类似的传说，才有可能让庄子心向往之，并通过他们的言行去述说道家理想，凭空捏造是不可能塑造出这么多生动形象的。

孔子当年周游列国时，就遇到了好多位这样的隐者或者狂人，他们和孔子及其门徒格格不入，对于孔子致力于推行礼乐制度的言行总是讽刺挖苦，不过孔子还是比较大度的，对他们并没有太多微词，有时还非常尊重，可见这些人在社会上有着不小的影响。

例如《论语》里面出现的荷蓧（dí）丈人、长沮、桀溺、楚狂接舆就是这一类人。这些人集中出现于《微子》篇中，荷蓧丈人“不仕无义”，即不愿意出来做官，也不推崇儒家倡导的社会职责与等级礼仪。长沮、桀溺以耕种为业，不与世事，不仅不羡慕孔子，而且还劝孔子门生与其跟从孔子，不如跟从他们这些“辟世之士”。

楚狂字接舆，是楚地的一个隐士，他披发佯狂，远离政治。接舆曾与孔子有过一面之缘，《微子》云：“楚狂接舆歌而过孔子曰：‘凤兮凤兮！何德之衰？往者不可谏，来者犹可追。已而，已而！今之从政者殆而！’”就是说接舆把孔子比作凤鸟，对他尚存爱惜之情。他用歌声来表达对于政治的彻底失望，诚恳劝告孔子不要汲汲于仕途。“往者不可谏，来者犹可追”，政治已经不可救药，从政是一件危险的事，现在回头还来得及。

《庄子》对于这次见面有更深入的描述。除了那首歌之外，接舆还进一步感叹道：“方今之时，仅免刑焉！福轻乎羽，莫之知载；祸重乎地，莫之知避。”这个世道能够免除刑戮就不错了。幸福比羽毛还轻，还不知道怎么取得。祸患比大地还重，却不知道如何回避。所以，庄子借助接舆之口，进一步表达了远离政治、避害全生的思想。

孔子与接舆的这次见面，可以说是主张进取的儒家和主张退隐的道家之间，第一次正面的交锋。后来接舆作为避世绝俗、恣意超然的人格象征广为后世推崇，他的形象不断地出现在后代具有道家色彩的文人作品中。如屈原《楚辞·涉江》曰：“接舆髡（kūn）首兮，桑扈蠃（luǒ）行。”桑扈和接舆同样是隐士，他们剃发裸身，完全不受世俗约束。陶渊明在《归去来兮辞》中写道：“悟以往之不谏，知来者之可追。”李白的《庐山遥寄卢侍御虚舟》更为有名：“我本楚狂人，凤歌笑孔丘。手持绿玉杖，朝别黄鹤楼。”

这些人就是与孔子同时代的早期道家人士，他们主张清静无为，消极避世，怀疑与批判现有的价值观。在他们看来，孔子到处奔波，汲汲于整治天下，是“知其不可而为之”。他们所代表的隐世思想同孔子的入世思想正相对立，认为社会的礼崩乐坏之势凭借个人的力量无法遏止，所以说“滔滔者，天下皆是也，而谁以易之?”与其从政，不如避世，甚至离群索居、遁迹山林。总之，这群人内心充满失望、痛苦与不安，对社会秉持怀疑与批判的态度。

怀疑与批判是重要的道家精神。《老子》里面就有大量对于恶劣统治强烈不满、并予以尖锐批评的语言。道家有时候看上去一副冷漠的模样，这是因为他们有着清醒的头脑，总是与政治保持距离，不被种种假象所迷惑。但是在其冷漠的外表下面，其实怀藏着悲天悯人的火热心肠。当然，当道家发现自己无力救世的时候，他们也最为豁达，善于消解现实的苦难，为自己开辟世俗之外的田园净土，打造精神独立的逍遥天地，在山水之间享受自由洒脱、白云野鹤般的生活。这些精神境界和行为方式，显然始于先秦的隐者。

第二章

道家的创始——老子

老子是道家的创始人，也是世界级的思想家，他的思想对中国乃至世界的文明进程产生了巨大影响。《老子》（又称《道德经》）是中国历史上被注释最多的书籍，也是被翻译成外文语种最多的中国古籍，有统计表明，《老子》是世界上仅次于《圣经》被出版最多的书籍，可见得到了全世界人民的喜爱。

《老子》一书虽然只有短短五千言，却充满了无穷的魅力，犹如永不枯竭的清泉活水，也犹如深不可测的汪洋大海，吸引我们永远吟唱下去、永远解读下去。老子思想是一个开放的系统，为后人提供了人们无穷索取智慧、不断激活心灵的可能性。因此，我觉得用“老子永远不老”来形容老子，可以说最为妥帖。不仅老子思想永远不老，我们学习老子的人心灵永远不老，人类也会因为老子而永远灵动和年轻。

现存最早的老子石像，唐代，现藏于西安碑林

泉州清源山老君石像，约塑造于唐或北宋

唐代吴道子绘老子像，现藏于苏州玄妙观

元代赵孟頫所绘老子像

一、老子其人

老子是否真实存在，实际上是一个谜。

《史记·老子列传》中关于老子只有寥寥五百来字，却涉及三个人物，即李耳、老莱子和周太史儋（dān），这三个人都可以称为“老子”的候选人。但这三个人物横跨春秋晚期到战国中期，所以司马迁说“盖老子百有六十余岁，或言二百余岁，以其修道而养寿也。”也就是说，司马迁只能用老子因为修道而长寿来试图解释这一不可思议的现象。因此，“老子”很有可能不是一个人，而是生活在春秋晚期至战国中期一些道家人士的合称。

关于李耳，司马迁说：“老子者，楚苦县厉乡曲仁里人也，姓李氏，名耳，字聃（dān），周守藏室之史也。”就是说，这个名叫李耳的老子是楚国人，其实老子是陈国人，因为陈国被楚国所灭，所以也可以说老子为楚国人。

老子出生的区域，大致在今天河南南部、安徽北部。现在河南鹿邑和安徽涡阳为哪里是老子故里而争得非常激烈。虽然从今天的行政区划看，两地归属于不同省份，但在古代其实是同一个区域，所以，可以说这两个地方都是有可能的。

李耳曾任“周守藏室之史”，即在周王室掌管档案图书的官吏。史官是最为熟悉天道规律、朝代变迁、存亡兴坏的人。如前面说的那样，这些都是道家思想的渊源。老子又在天子身边，自然眼光和境界不同于凡人。

河南鹿邑（传说中的老子故里）

安徽涡阳（传说中的老子故里）

因此，由老子体悟、总结出道家的基本原理，并形成道家第一部典籍，并非偶然。

司马迁接着提到了太史儋（dān）："自孔子死之后百二十九年，而史记周太史儋见秦献公曰：'始秦与周合，合五百岁而离，离七十岁而霸王者出焉。'或曰儋即老子，或曰非也，世莫知其然否。"就是说孔子死后一百二十九年，又出来一个老子，这人也是周王室的太史，名叫“儋”，还对秦献公（约公元前 424 年—前 361 年或前 362 年）说了一段周命将终，秦祚（zuò）当兴的预言。从后来秦果然成就霸业来看，这个预言还非常准确。但司马迁对此人是否为老子半信半疑，所以说“莫知其然”，但他已经看到了秦王朝代替周王朝的历史变迁，可能觉得能如此精准预言的人非老子莫属吧。

司马迁还提到了老莱子：“老莱子亦楚人也，著书十五篇，言道家之用，与孔子同时云。”这个老莱子和孔子的时代相同，留下了一部著作，有十五篇。

总之，究竟谁是老子，司马迁没有作出定论，而是留下了李耳、太史聃和老莱子三种可能性。我想，之所以会有三个老子，可能是因为周王室史官的职位是世袭的，就像司马迁家族就世代做史官，因此有可能代代都被称为老子。另外，道家人物大多推崇“无名”，不欲闻名于世，有如神龙，“迎之不见其首，随之不见其后”，所以很难留下关于他们的确切记载。就像前面说的，《老子》里面没有留下作者以及时代的任何信息。不像《论语》，记载的都是真实的人物，要还原孔子的时代和他的生平，非常容易。同时，这也反映出《老子》这部书籍很可能不是一时一地一人之作，而是在较长的历史时期里，由多位“老子”合作完成。

除了身世之外，司马迁在《老子列传》里面着重讲了两件事情。这两件事情应该和春秋晚期的李耳或者老莱子有关，而与太史儋无关。一件事情是孔子向老子问礼，另一件事情是老子出关隐居。

著名学者高亨曾推算老子大约生于公元前 571 年，

比孔子年长二十岁，中年时遭权贵迫害，一度避难于鲁国，孔子问“礼”就发生于此时。老子后来又回到周王朝，公元前516年，周王朝发生内乱，老子约在此时离开洛邑，西出函谷关，最终流落并客死于他乡。所以，撰写《道德经》是老子五十多岁以后的事。

孔子问礼于老子的故事，看来在先秦时期已经广为流传了。除了《老子列传》，《史记》的《仲尼弟子列传》《孔子世家》《礼记·曾子问》《庄子·天运篇》等文献都曾记载过这件事，汉代墓葬里面更是大量出现这一题材的画像石。说明从战国时代到两汉，老子的地位确实很高，儒家也不否认这一点。但是魏晋之后，儒家完全成为主流思想，再大肆渲染屈尊问礼的事有损孔子的光辉形象，这种画像就绝迹了。

孔子向老子问礼（汉画像石）

《史记·老子列传》是这样记载这个问礼的故事的：

> 孔子适周，将问礼于老子，老子曰：“……君子盛德，容貌若愚。去子之骄气与多欲，态色与淫志，是皆无益于子之身。吾所以告之，若是而已。”

这里，老子以一种长辈的身份教导孔子，为人处世不要过于张扬、过于外露，盛德之人反而是最谦卑、最低调的。去掉身上的“骄气”“多欲”“态色”“淫志”，只要做到这一点，就足够了。

老子的教导确实符合道家虚静寡欲、深藏不露的宗旨。而孔子在拜见老子之后，也对老子表示了发自肺腑的敬佩，他说：“鸟，吾知其能飞，鱼，吾知其能游，兽，吾知其能走。走者可以为罔，游者可以为纶（lún），飞者可以为矰（zēng）。至于龙吾不能知，其乘风云而上天。吾今日见老子，其犹龙邪!”

这是把老子比作了神龙。鱼鸟走兽都有手段可以对付，而乘风驾云直上云天的龙则是无法驾驭的。司马迁的思想受到了道家的深厚影响，同时对孔子也很敬佩。但在这里，他借助孔子之口，表达了对老子几乎膜拜的崇敬。

在《老子列传》中，司马迁最后记录了老子出关并著书的经历：“老子……居周久之，见周之衰，乃遂去。”就是说，老子目睹周王朝的衰败，失望地离开王都，准备隐居。到了边关时，负责边关守备的长官“令尹喜”说：“子将隐矣，强为我著书。”“令尹喜”担心老子的道德之学会在其隐居后消逝，于是强迫他著书立说，于是才有了“五千余言”、分为上下两篇的《老子》。后世在此基础上，又陆续踵事增华，添加了青牛、紫气等等元素，使老子出关著书之事变得更加神秘。

至于老子的归宿，司马迁只用了五个字形容：“莫知其所终”。司马迁并未指明关令尹喜所守之关位于何

老子骑牛出关图

处，一般认为是函谷关，之后老子就骑着青牛，继续西行，没了消息。有传说称其归隐于陕西终南山楼观台，也有传说称老子晚年在甘肃临洮落脚，为归隐之人教炼内丹，养生修道，得道后在临洮超然飞升，这种传说一定和道教有关。不过有传说认为老子最终归隐地离洛阳不远，就在栾川老君山。

函谷关

老君山

二、《老子》其书

如前所述，老子晚年为避周王室内乱，离开王都，骑着青牛向西而行，准备隐居。在出关时被"关令尹喜"强留著书，于是有了"五千余言"的《老子》。但就像前面说的，或许有若干个老子，他们都为《老子》的形成做过贡献。因此《老子》有可能不是一人一时一地之作，而是经历较长的时期后逐渐完善的。

就目前掌握的资料看，《老子》和《道德经》作为正式名称可能要到西汉才出现。战国晚期的《韩非子》中虽然有《解老》《喻老》两篇，但不清楚这个"老"指的是老子这个人的思想还是《老子》这本书。

通过研究证明，《韩非子》是先解释《德》的部分，后解释《道》的部分，所以那时候的《老子》文本有可能是《德》篇在前、《道》篇在后。到了汉代早期，《老子》可能已经成为经书了。因为汉初实施黄老之治，以窦太后为代表的统治者推崇道家，规定皇家子弟必须读《黄帝》和《老子》。有了最高统治者的重视，政府颁布法令，将其规定为经书是完全可能的，所以《道德经》的名称很可能在汉代以后出现。

我们今天所谓《老子》今本，公认指的是三国时期王弼注释的八十一章本。在那之前和之后还有很多重要的版本，例如郭店楚简本、马王堆帛书甲乙本、北大汉简本、河上公本、严遵本、傅奕本、王弼本、想尔注本。通过考察这些版本中文句的差异、注释的内容，我们可以研究老子思想及《老子》一书在历史中的发展变迁。了解这些文本的情况是《老子》入门的第一步，限于篇幅，这里主要介绍郭店楚简本、马王堆帛书甲乙本、北大汉简本、王弼本。

郭店楚简本指的是 1993 年湖北荆门郭店村出土的用楚国文字书写的竹简《老子》，这是目前所见最为古老的《老子》文本，抄写于战国中期。根据竹简的形制，可分为甲乙丙三篇，其总量只有今本的三分之一，也很少有和今本完全重合的章节，就是说绝大部分内容只是今本某一章里面的一段话。没有看到书名，没有发现分章，也看不出已经分为“道”和“德”两篇的迹象。因为没有发现超出今本的全新内容，所以大部分学者认为这是一个节选本，即完整的《老子》在这之前已经形成，而墓主只根据自己的喜好挑了一部分抄写。但也有学者认为这个不完整的本子正好证明《老子》那时还处在形成之中，全本要到战国晚期才最终形成。

马王堆本指的是 1973 年从湖南长沙马王堆汉墓中发掘出来的帛书《老子》，有两个抄本，即《老子》甲本和《老子》乙本，甲本使用的文字是篆书，乙本使用的是隶书，这两个本子都分了上下篇，上篇自称为“德”、下篇自称为“道”，但还没有明确的分章。随葬马王堆帛书的三号墓下葬于汉文帝时期，如果那个时期《老子》已经被官方认定为经书，那么也不妨将这两个《老子》抄本称作《德道经》。马王堆帛书《老子》大约有五千多字，结构和内容和今本已经非常接近。可见在西汉初年，《老子》已经基本定型。

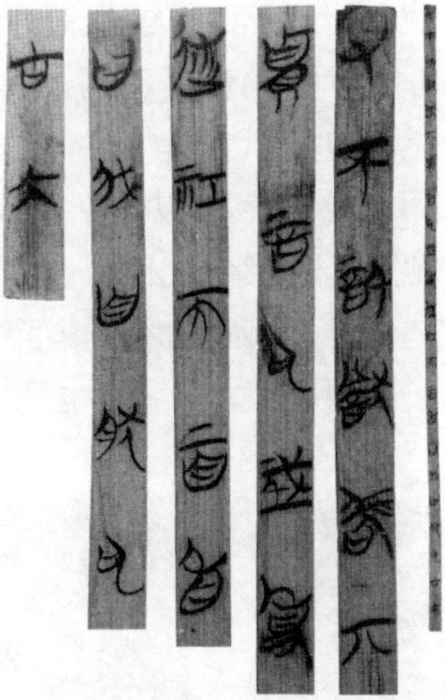

郭店楚简本《老子》

再说北大汉简本，2009 年北京大学收藏了从海外抢救回归的一批西汉竹书，其中就有《老子》，共 220 余枚竹简，近 5300 字。从其书法的风格判断，其抄写不会早于汉武帝时期。这是继郭店楚简本、马王堆帛书本之后出土的第三个《老子》古本，保存非常完好，残缺部分只有全书篇幅的百分之一，是迄今为止保存最为完整的《老子》古本。而且其中首次发现了《老子上经》和《老子下经》的篇题，可以分别对应《德》篇和《道》篇，所以这也是一部《德道经》。此书已经有明确的分章，为 77 章本。77 这个数字究竟是有意为之，还是偶然结果，还在探讨之中。

王弼本指的是三国时期思想家王弼为之作注的文本，上为《道》篇，下为《德》篇。这个文本影响最深、流传最广。我们今天常用的所谓“《老子》今本”或“《老子》通行本”指的就是王弼本。王弼本为 81 章本，这个数字显然受到汉代宇宙论的深刻影响。因为汉人相信天道可以用神秘数字加以概括，而《老子》作为打开宇宙奥秘的钥匙，在结构上也一定符合数字的规律，因此就把《老子》人为地拆分成了 81 章。东汉时代的严遵本《老子》是 72 章，显然也和古人对于数字 9 的崇拜有关。

帛书《老子》乙本

王弼像

三、 老子主要学说

如果说孔子主要关注的是人与人的社会关系，老子的眼光则更为高远、更为开阔，他关注的是包括人与人关系在内的人与自然的关系。他认为，人类社会的问题不能仅在人际关系中解决，不能仅用人的思维去解决，而必须置身于天地的范围，站在“道”的高度，运用“道”的思维，才能从根本上解决问题。

为此，老子在中国思想史上第一次提出了“道”这个具有根本意义的哲学概念。把“道”视为包括人在内的万物发生的根源、存在的依据。

作为道家创始人，老子几乎提出了所有道家的重要概念，如“道”“德”“无为”“自然”“玄德”“玄”“一”“朴”“反”“柔弱”“不争”等等。其“道法自然”“无为而无不为”“治大国若烹小鲜”等学说以及“正言若反”的思维方式，“报怨以德”的宽容胸怀，对后世产生了极大影响。其学说融合了宇宙论、本体论、工夫论与境界论。它既是一种哲学理论，也是一种政治学说。既是对宇宙奥秘的深刻体悟，也是对人生经验的全面总结。

1. 作为第一主角的“道”

在《老子》学说中，“道”是第一主角。

首先，“道”是最具超越性的存在。在老子之前，中国古人普遍相信“天”“帝”是万物的最高主宰，而老子认为，从时间上看，“道”的出现比天和帝还要早，所以是“天地之始”，是“帝之先”。但老子并不是又新创了一个神，“道”虽然具有最高的地位，也具有主宰的功能，但“道”不是救世主，不是崇拜的对象，不需要无条件地服从，而是人类理性思考到达最高程度的产物。

其次，“道”是最具否定性的存在。我们不能用“道”是什么去解释“道”，只能用“道”不是什么去理解“道”。因为人虽然是万物之灵，但依然属于万物，具有万物的有限性。“道”则正好相反，“道”不是万物，而是万物之始、万物之宗、万物之本。当人站在有限的立场去理解无限的“道”时，这个“道”只能从不同的角度用无限否定的方式去表达，例如，如果比照事物的外部特征，那么，“道”就是“无名”“无形”“无声”“无味”“无穷”“无有”“无象”的；如果比照人事，那么，“道”就是“无事”“无为”“无功”“无用”“无知”“无己”“无我”“无私”“无心”的；如果比照情感，那么，“道”就是“无情”“无欲”的；如果比照认知，那么，“道”就是“无思”“无虑”的；如果比照存在的场域，那么，“道”就是“无处”“无服”“无常”“无待”的。总之，这个否定的序列可以无止境地排列下去。

如果“道”什么都不是，那岂不是和人毫无关系？老子告诉我们，与“道”之间的关系才是最为根本的关系。因为“道”生万物，没有“道”就不可能有万物的出现。同时，万物之所以拥有形形色色的形状、具备各种各样的机能，都是“道”赋予的。所以第 39 章说：“天得一以清，地得一以宁，神得一以灵，谷得一以盈，万物得一以生，侯王得一以为天下贞。”这里的“一”就是“道”。

最后，“道”和万物其实又是一体的。万物的变化无处不体现着“道”的规律，万物的运行也最终体现为始于“道”且归于“道”。就如第 25 章所言：“有物混成，先天地生。寂兮寥兮，独立不改，周行而不殆，可以为天下母。吾不知其名，字之曰道，强为之名曰大。大曰逝，逝曰远，远曰反。”

“道”虽然看不见、摸不着，但却真真切切地存在着，远在天边，近在眼前，无所不能，无处不在。但是只有圣人才能够体悟，能够践行。所以，老子说：“上士闻道，勤而行之。中士闻道，若存若亡。下士闻道，大笑之。不笑不足以为道。”（第 41 章）只有极少数人能够与道同行，大部分人将信将疑，还有不少人认为“道”就是个笑话，这是因为他们的认知水平永远达不到这个高度，反而觉得“道”是可笑的东西。

老子说：“大道废、有仁义；慧智出，有大伪；六亲不和，有孝慈；国家昏乱，有忠臣。”（《老子》第19章）“失道而后德，失德而后仁，失仁而后义，失义而后礼。夫礼者，忠信之薄而乱之首。”（《老子》第38章）老子认为，建立在政治制度之上的文明社会，其实是大道分裂、“至德之世”走向衰退之后出现的产物。社会之所以出现越来越多的问题，是因为离开大道越来越远，所有的制度规范、价值理念也只能对应局部的问题，只有克制贪欲、放弃智巧，才有可能回归整全的大道，找到解决问题的根本方法。因此，老子无情的批判，目的是为了真正的救世，冷酷的面庞、犀利的眼光下藏着火热的心肠。日本物理学家、诺贝尔奖得主汤川秀树曾指出：“老子是在两千多年前就预见并批判今天人类文明缺陷的先知。老子似乎用惊人的洞察力看透个体的人和整体人类的最终命运。”

因此《老子》一书，归根结底是一部论道、体道、学道、执道的书。

2. 作为第二主角的“德”

在《老子》学说中，“德”是第二主角。

《老子》一书可以被分成“道”“德”两篇，又被称作《道德经》，虽然不等于《道经》里面不讲“德”，《德经》里面不讲“道”，但这样划分，至少证明仅仅讲“道”还不够，只有道德并立、遵道贵德，才能完整地理解老子思想。在司马谈的《论六家要指》里面，“道家”又被称为“道德家”。司马迁说先秦有很多道家人物，他们“皆原于道德之意”，当然只有“老子深远矣”。

《老子》第 51 章说：“道生之，德畜之，物形之，势成之。是以万物莫不尊道而贵德。”一般认为，这一段是老子的生成论。可以看出，这个生成论里面有两个最重要的面向：一个是“道生之”，一个是“德畜之”。万物之所以能够生成，“道”只是提供了发生的源头和存在的保障，而万物出生之后如何继续成长，如何实现自我、成就自我，则是“德”关注的重点。

就是说，老子的“道”不是只负责万物的出生，而是关照着万物从生到死的所有过程。在万物生成过程中，“道”和“德”担任了不同的角色，发挥着不同的职能，没有“德”的参与，《老子》生成论是不完整的。《管子·心术上》说：“虚无无形谓之道、化育万物谓之德”，就是对这一理论的重新阐发。

这种思维，有些类似天地、乾坤、阴阳、父母和合生成万物的模式，在《周易》为代表的古代思想中是十分常见的。《老子》显然也继承了这一点。

西周以来，中国人极为重“德”，儒家还进一步将“德”伦理化，变成了人的善良本质。老子也看到了“德”的重要性。他将“德”作了两重转化。一方面，如《管子·心术上》解释的那样，“德者，得也”。就是说，“德”是万物从“道”那里获得的最为重要的属性。在老子看来，只有两种人“德”的能量最强，一是初生的婴儿，“含德之厚，比于赤子。”（第 55 章）还完全没有受到后天的污染和摧残，甚至神奇到“蜂虿（chài）

虺（huī）蛇不螫，猛兽不据（jǐ），攫（jué）鸟不搏”（第 55 章），即猛兽毒虫都不会去伤害他。所以老子希望人“常德不离，复归于婴儿。”

另一方面，如《韩非子·解老》解释的那样，“德者，道之功也”。“德”是“道”之功能的体现。这一点，我们在后面再详谈。

这样一来，归根结底，“道”还是第一位的，“德”就是“道之德”。就是说，《老子》中的“道”一身二任了，既是虚无本体自身，又是万物的种子，或者是作用于万物的方式。这样，老子从“德”的角度，将“道”具体落实到了万物。从万物生成来看，没有“道”则无以发生、出现，没有“德”则无以繁育、成长。

3. “无为”是“道”的行动方式

前面提到，“无”是“道”的重要特征。如果从认识的角度看，“道”是无名无形的话，那么从行动的角度看，“道”就是“无为”的。人无法知道“道”是什么，但不可以不知道“道”的作用方式，并以此作为行动指南。这一行动方式就是“无为”。如果“道”是“无为”的，那么执道的圣人也一定是“无为”的。

老子特别推崇“无为”。在《老子》书中，“无为”是仅次于“道”和“德”的关键词。老子并非不食人间烟火，他提出道论，归根结底是想从根本上解决人类的问题。老子有他的行动原则，这个原则就是“无为”，在他看来，“无为”是最为理想的施政方式。如“道常无为而无不为，侯王若能守之，万物将自化”（第 37 章）、“不言之教，无为之益，天下希及之。”（第 43 章）

所示，他在书中反复地讴歌“无为”的好处。

“无为”不是什么也不做。《淮南子·修务》就说“无为”并不是“寂然无声，漠然不动，引之不来，推之不往”。而是不妄为、不强为、不折腾，减少“有为”。就是以“道”的方式治理天下，按照天地的规律行事，因循百姓的人情行事。这样君主不必鞠躬尽瘁，劳心焦神，臣下可以各尽其责，百姓可以自我管理，统治者可以取得最佳的政治效果。所以说是一种最高的“为”、合理的“为”。如“为无为，事无事，味无味”（第63章）所示，“无为”正是“为”的对象或结果。

“无为”不同于当时社会上其他学派所提倡的“有为”，而是一种特殊的“为”。在老子看来，有所不为有时甚至比有所为更重要，儒墨等学派所普遍提倡的“有为”，并不是根本性的“为”，是用一种有限的“为”去解决另一种有限的“为”，属于治标不治本，无法从根本上解决问题。或者说越“有为”，矛盾越深化，当这些治世之药已经没有什么疗效时，不如放弃不用。如果说儒墨等学派是在做加法，老子要做的是减法，只有走向“有为”的反面——“无为”，才是彻底的解决之道。

关于“无为”思想，道家后来有非常丰富的表述。在《老子》中，“无为”主要指的是节欲、克制、谦逊、守柔、处下、不争的立场。在政治上表现为屈君伸民，通过克制统治者的欲望，减少对于民众的强制，来保障百姓获得更多的生机。在《文子》中，指的是要学习江海虚怀若谷的品格，“古之善为君者法江海，江海无为以成其大，洼下以成其广，故能长久。”（《文子·自然》）在《韩非子》中，指的是在君主专制前提下依法行事，君无为，“去智与巧”；臣有为，各尽其能。“事在四方，要在中央。圣人执要，四方来效”，“各处其宜，故上下无为”（《韩非子·杨权》）。在汉初黄老之治这里，对于“无为而治”的理解是与民休息，如《汉书》说：“孝惠高后之时，海内得离战国之苦，君臣俱欲无为，故惠帝拱己，高后女主制政，不出房闼（tà），而天下晏然，刑罚罕用，民务稼穑，衣食滋殖。”

4. “自然”是“道”的最高理想

在老子看来，政治的最大问题，不在于消除所有的矛盾，而在于将矛盾降到最低点，不在于给予百姓所需要的一切，而在于给予百姓自由伸展的足够空间。要做到这一点，最重要的出发点就是圣人的“无为”，而圣人“无为”的结果是百姓的“自然”。

启功书法“道法自然”

在《庄子》等后期的道家文献中，“自然”被提升为一个重要的哲学概念，表示天地万物的本性是自然而然的，天地万物存在运行的根本法则是自然而然的。但在《老子》那里，“自然”主要指的是圣人“无为”的结果，即圣人的无意识、无目的、不干预、不强制，必将导致百姓的自发性、主动性、积极性、创造性。这种自发性、主动性、积极性、创造性用一个词来概括，那就是“自然”。

如下所示，在《老子》中，圣人“无为”与百姓“自然”的对应非常多见，几乎都是原因和结果的关系。

> （圣人）悠兮其贵言〔原因〕→功成事遂，百姓皆谓我自然〔结果〕（第17章）

这是说，最好的统治者悠然自得，很少发出政令。其结果是即便取得了成功，百姓还会说这是他们自己做到的。

> 是以圣人欲不欲，不贵难得之货。学不学，复众人之所过。〔原因〕→以辅万物之自然，而不敢为。〔结果〕（第64章）

圣人克制欲望和放弃“有为”之学，来补救众人的过失，其结果是辅助促成了万物的自然发展，而自己不敢妄为。

如果我们把目光转向《老子》中其他以“自”为首的词，那么，可以发现这种因果关系在《老子》中屡见不鲜。如57章的因果结构可以如下所示：

> 我无为〔原因〕，→而民自化〔结果〕。
> 我好静〔原因〕，→而民自正〔结果〕。
> 我无事〔原因〕，→而民自富〔结果〕。
> 我无欲〔原因〕，→而民自朴〔结果〕。

这是说统治者无为则百姓自我化育；统治者好静则百姓自我端正；统治者不造事生非则百姓自我富足；统治者没有贪欲则百姓自然淳朴。这里的“好静”“无事”

“无欲”就是“无为”，而“自化”“自正”“自富”“自朴”就是“自然”。即通过统治者向民众作出退让，为深受压迫的民众减压卸负，通过减少统治者的有为，让人民获得喘息之机，赢得民心，挽救岌岌可危的政治局面。

要想实现“无为而治”，高明的统治者（圣人）必须首先拥有“玄德”。《老子》虽只有五千余言，惜墨如金，但是有一句话却反复说了多遍，最典型的是第51章的“生而不有，为而不恃，长而不宰，是谓玄德”。就是说，圣人所要担任的只是一种辅助的角色，著名学者刘笑敢、王中江都提出，在《老子》中，“道”及其圣人只不过扮演一个保姆而已，这就是“辅万物之自然而不敢为”。

所以，“自然”意味着不受外力干预的自在的状态，这就是“道”要实现的最高理想。执道的圣人从不以生成者、主宰者自居，竭力把对万物和百姓的控制和影响降到最低点，让万物和百姓获得最大的生存空间、获得自由自在的生活可能，形成无拘无束、生机勃勃的生动局面、和谐景象。

5. 柔弱不争是圣人的处身之道

中国古代哲人有着丰富的辩证法思想，《老子》对此作了极大的继承和发挥。在“道”与“万物”构成的世界里，“道”是超越对待的，就像《列子·天瑞》说的那样，“能阴能阳，能柔能刚，能短能长，能圆能方，能生能死，能暑能凉，能浮能沉，能宫能商，能出能没，能玄能黄，能甘能苦，能膻能香。”而万物的世界则充满了相互对待。《老子》在第 2 章就指出了这一点，“有无相生，难易相成，长短相较，高下相倾，音声相和（hè），前后相随”，就是说，万物都是由正反两方构成的，正反两方相反相成，形成一个既对立又统一的矛盾体。没有“有”就没有“无”，没有“难”就没有“易”，没有“长”就没有“短”，没有“高”就没有“下”，没有“音”就没有“声”，没有“前”就没有“后”。

《老子》中有近一半篇章提到成对的概念，除了上述五个对子以外，还有左右、轻重、白黑、强弱、损益、拙巧、主客、贵贱、进退、正反、正奇、虚实、宠辱、难易、吉凶、彼此、阴阳、雌雄、善恶、贵贱、祸福等等，总计有八十多次。像《老子》这样密集地使用和讨论成对的概念，是非常少见的。

如果《老子》仅仅是静态地解剖事物，指出两两相对的因子是相辅相成、缺一不可的，那并没有多少高明之处。老子进而以一种动态的思维看出正反两方是相通的，事物的发展都是从一个方向向着另一个方向转化。卑小总会走向高大，柔弱总会走向雄强，生命总会走向死亡；反过来，就是新的一次轮回和转化。这种思维在《周易》中也有集中体现，如果这样的话，那么《老子》和《周易》也就属于同一层次。

然而，老子有他的独特之处，有他的伟大之处。

或许是从天道的规律中获得领悟，或许是从人生的经验中得到启发，或许是从军事的博弈中受到震撼，老子发现，在自然界中，在人世间里，总是柔弱的一方占据了上风，笑到了最后，而强硬的一方看似能逞强一时，但却往往提前败下阵来。因此他提出了一条“柔弱胜刚强”的铁律。

自然界中，“上善若水，水善利万物而不争。”（第8章）“天下莫柔弱于水，而攻坚强者莫之能胜。以其无以易之。弱之胜强，柔之胜刚。天下莫不知，莫能行。”（第78章）水遇到方的容器就变成方的，遇到圆的容器就变成圆的，似乎是最柔弱的，然而，水滴石穿，没有水不能攻克的地方。因此，“天之道，不争而善胜”（第73章）。而人世间呢，正好相反，老子发现，强横逞凶者都不得好死，“强梁者不得其死”（第42章）、“勇于敢则杀”（第73章）。“兵强则不胜”（第76章），用兵逞强，结果走向毁灭；“甚爱必大费，多藏必厚亡”（第44章），过分吝惜反会付出大的代价，过于收敛，反而招致惨重的损失。

所以老子特别推崇“水”、“牝（pìn）”、“谷”、“婴儿”等意象，因为在事物对立转化的两极运动过程中，“反”“弱”“小”的一方，总是代表着新生、希望、生命力，反而更为旺盛、更为持久。所以他希望人能像水、女性、婴儿那样柔弱、卑下，甘于寂寞、屈辱，处在新生、弱小、生动的一面，这样就能尽可能地远离死亡、腐朽，摆脱外在污染，保持生命活力。

所以，老子推崇柔弱不争，就像“曲则全，枉则直，窪（wā）则盈，敝则新，少则得，多则惑”（第22章）说的那样，委屈曲者反能保全，弯曲者反能正直，卑下者反能盈满，凋敝者反能新生，少取者反能多得，贪多者反会迷惑。并将其视为人立于不败之地的根本法则。

“天之道，利而不害。圣人之道，为而不争。”（第81章）天道利人而不害人，圣人之道，虽有所为，但谦卑不争。凡事不走极端，留有余地，通过不争来躲避灾祸。

老子那个时代，战争非常频繁。尸横遍野、血流漂杵、生灵涂炭，老子看得太多太多，所以他是坚定的反战者，但他的反战不是以战止战，而是尽量避免挑起战争，就是在军事上，不敢取攻势，宁愿取守势。“用兵有言，吾不敢为主而为客，不敢进寸而退尺。”（第69章）不敢进一寸，宁愿退一尺。“勇于不敢则活”（第73章），竭力不主动挑起杀伐争斗，以避免杀身之祸。

“不争”的极致，乃是“报怨以德”（第63章）。因为，“报怨以德”虽然包含着难以忍受的委屈和让步，但比起“怨怨相报”，仍然是明智的选择。

6. 逆向思维是圣人的思维方式

在《老子》书中，老子明确提出了他的政治目标，那就是“无为而无不为”（见第37章、48章）。此外还有“为无为，则无不治”（第3章）、“圣人无为，故无败”（第64章）、“以其终不自为大，故能成其大”（第34章）、“以其不争，故天下莫能与之争”（第66章），等等，都是类似的表述。

这里可以发现一种非常明显的思维方式，即普通人只知道向前，而老子告诉我们想要向前必先向后，我们将其称为逆向思维，老子就是逆向思维的大师。

老子的精辟之处在于“有无”“正反”的两极互动

中，他更重视“无”，更重视“反”。凡人只看到“有”之存在，看不到“无”之功用，只知道正面的价值取向，不知道反面的价值取向。老子则不同，他看穿了事物必然走向反面的不可逆转性，积极利用物极必反的原理，将反向的视野和思路发挥到极致，以反求正，力图使自身在万物轮转之中永远立于不败不衰之地。

整个一部《老子》，无处不在表达着这样的逆向思维。

例如第 66 章劝说领导者“欲上民必以言下之，欲先民必以身后之”。想要成为一个好的领导者，必须首先礼贤下士、尊重民众，不要在人民面前趾高气扬、盛气凌人。

老子还举了一个生动的例子，他说为什么有的国君要自称“孤、寡、不榖（gǔ）”，即自称“孤人”“寡人”“不善的人”呢？这是因为都懂得“贵以贱为本，高以下为基”的道理啊。作为领导者要甘于“处众人之所恶”（第 8 章），甚至“受国之垢”（第 78 章），“受国不祥”（第 78 章），能够忍受国家之屈辱，能够承担国家之灾难，具有忍辱负重的精神，才能博取民众的同情和亲近。

老子生活的时代，大大小小的国家有很多。老子大国要做“天下之牝”，即大国要在天下扮演母性的角色，因为“牝常以静胜牡”（第 61 章）。

依据盛极必反的原理，通过对事物发展必然规律的预测，老子忠告世人不要贪得无厌，相反，要学会谦逊、克制、处下、知足，不要让自己过早走向终点。甚至需要不惜牺牲利益或尊严，以避免衰退的开始。从一开始就留出让步的空间，保持伸展的余地。所以第 9 章说："持而盈之，不如其已。揣而棁（ruì）之，不可长保。金玉满堂，莫之能守。富贵而骄，自遗其咎。功遂身退，天之道。"

根据道的循环运动和运动规律，事物总是从无到有，又从有回到无，一旦事物发展到极盛的时候必然会走向衰落，可是人一旦到达极盛处，没有不洋洋得意、自满自得的，这样往往会招致灾祸，加速走向衰落。因此老子将"弱"视为"道之用"，要求人能够"不自是""不自矜"。《庄子・天下》也说"坚则毁矣，锐则挫矣"，都是告诉人们物极必反，盛极必衰，天下万物的自然规律就是月满则亏、花盛而败。

同时，正因为世界上的事物无不在向着相反的方向运动，因此人的行动就可以遵循这种发展的规律，顺其自然，待机而动。因此老子将"反"视为"道之动"。然而，普通人往往只会被事物的发展势头牵着走，只有道家圣人才能够反其道而行之，预估事物发展的方向，提前做出应对之策，甚至创造条件让事物朝着有利于自己的方向转变。后世道家积极利用物极必反的原理，将反向的视野和思路发挥到了极致。例如范蠡（lǐ）在辅助越王勾践成就大业后隐退江湖开始经商，由于他善于运用"人弃我取，人取我予"之道，很快就积累了巨大财富，成为后世商人的模样。

所以，老子的眼睛总是向着人们别人不想看、不爱看的地方，正因为这样他才具有了穿透时空、深入本质的能力。《老子》一书，无处不以这样一种"正言若反"的方式告诉人们，通过逆向思维导出的结果才更为合理、更为强大。所以老子告诫人们要"知不知""学不学”“为无为”“事无事”，希望人们“上德若谷”，最高的德其实并不像高山那样巍峨、太阳那样明亮，反而像山谷那样幽深、宁静。

上德若谷

附录： 历代主要《老子》注释

郭店楚简《老子》的发现，说明至少在战国中期，老子思想已经广为流行。《庄子》中有不少老子的事迹和语录。《韩非子》中有专门用于阐释老子思想的《解老》和《喻老》两篇文献，说明战国末期《老子》可能已经成为经典。《汉书·外戚传》说汉初“窦太后‘好黄帝、老子言，景帝及诸窦皆读《老子》，尊其术’。”这是历史上第一次最高统治者将老子思想具体运用到政治生活中。历代为《老子》作注者不计其数，包括一些帝王，如唐玄宗李隆基、宋徽宗赵佶（jí）、明太祖朱元璋、清世祖顺治都曾为《老子》作注。老子在世界上也深受爱戴，俄国文豪托尔斯泰、德国著名哲学家海德格尔都曾翻译并研究《老子》。这里用图表对历代最重要的《老子》文本和注释作些介绍。

书名	注释者或整理校定者	成书时间	注本简介
《韩非子》中的《解老》和《喻老》	韩非子注解	战国末期	《解老》和《喻老》是目前所见对《老子》最早的注释。见于《韩非子》一书，应该是战国末期的作品。从所引《老子》先后关系看，《韩非子》看到的《老子》文本《德》经在前、《道》经在后。韩非对《老子》作了不少创造性发挥，尤其是从“无定理”的角度对“道”作出注释，阐述了“常变”之“道”的重要性，从而支持变法的必要性。
河上公本《老子》	相传为河上公所注	一般认为此书形成于西汉之后	即《河上公老子道德经章句》，为 81 章本。河上公又称河上丈人，据说是战国时人。《高士传》云：“河上丈人者，不知何国人也。明老子之术，自匿姓名，居河之湄，著《老子章句》，故世号曰河上丈人。”应该是汉以后的道家人士假借河上丈人的名义为之。此书侧重从养生角度解释《老子》。

续前表

书名	注释者或整理校定者	成书时间	注本简介
严遵本《老子》	严遵注解	西汉末年	严遵，字君平。西汉末年隐士，隐居成都市井中，以给人看相为业。看相的钱足够自养，就闭肆下帘讲授《老子》。著有《老子指归》，为72章本。现在仅余德经部分。其思想对魏晋玄学、唐代重玄学都产生过影响。
傅奕本《老子》	傅奕校定	唐代初期	据说是北齐后主高纬武平五年（公元574年）彭城人开项羽妾冢所得，所以其时代大约与马王堆帛书老子《甲本》相当。傅奕本保存了较多的古句、古语、古字，是《老子》各种传本比较有价值的一个本子。
想尔注本《老子》	相传为张道陵注解	东汉末年	这是道教早期教派五斗米道作为丹经使用的本子。书已散失，其残本于清末发现于敦煌莫高窟，据考证是六朝抄本。此书用删、增、改字的方法，对《老子》原文进行修改，把“道”神格化，解释为可以赏善惩恶、镇邪制顽的人格神。此书是研究早期道教思想的珍贵资料。

续前表

书名	注释者或整理校定者	成书时间	注本简介
《御注道德真经》	唐玄宗李隆基注解	唐代中期	唐玄宗在位 45 年，于 735 年和 755 年两度对《道德真经》进行注疏，首次注疏采用河上公本《老子》，20 年后又重新采用王弼本加以注释。其宗旨“在乎理身理国”。今天在河南鹿邑太清宫等地，仍存有唐玄宗时代留下的《道德经》碑幢。他在位期间，对老子的尊崇达到顶峰，成为“万教之祖”。
《老子解》	苏辙注解	北宋中期	北宋老学的代表性著作，尤其发扬了将道教、儒教、佛教三教融合的时代精神，取得了很高的理论成就。
《御解道德真经》	宋徽宗赵佶注解	北宋末年	宋徽宗于政和元年（公元1118年），下诏把他的《御解道德真经》颁行天下。他在《道经》开篇注云：“道者，人之所共由。德者，心之所自得。道者，亘万世而无弊。德者，充一性之常存”；在《德经》开篇注云：“道无方体，德有成亏，合于道则无德之可名，别于德则有名之可辨”。文句精彩，见识精微。

续前表

书名	注释者或整理校定者	成书时间	注本简介
《道德真经注》	吴澄注解	宋元之际	此书一反历来81章的体例，自创68章分法。以理学为基础，以儒学比附《老子》，认为圣王是仁与不仁、善与不善之一体两面。可以说是儒家的《老子》注。
《明太祖高皇帝御注道德真经》	明太祖朱元璋注解	明代初期	朱元璋在登基后第六年御注《道德经》并颁布天下。朱元璋对《道德经》有很多独到的理解。他称《道德经》“乃万物之至根，王者之上师，臣民之极宝，非金丹之术也”；将《道德经》视为统治者最好的老师、臣民百姓最珍贵的精神瑰宝，把《道德经》的地位和意义推崇到了相当高度。明朝开国之初免赋税、节开支、兴教育、反贪官等政策的形成，与太祖推崇《道德经》有一定的关系。

续前表

书名	注释者或整理校定者	成书时间	注本简介
《御制道德经》	清世祖爱新觉罗·顺治注解	清代初期	清世祖顺治，大至治国安邦，小至诗文书法，均卓有成就。他对《道德经》作过精到注解。《御制道德经序》说：“老子之书，原非虚无寂灭之说、权谋术数之谈，是注也，于日用常行之理，治心治国之道，或亦不相径庭也。”
《老子本义》	魏源注解	清代末年	魏源生活的时代，内有白莲教、太平天国、边疆少数民族的反叛，外有西方列强以坚船利炮轰开了清王朝闭关锁国的大门。作为一名儒生，他发现在儒家典籍中找不到有效的治国方略，而《老子》富含盛衰之理，于是他把《老子》当做救世之书来解读。

第三章

道家的发展——老庄学派

庄子是老子之后最为重要的道家人物。如果说老子更多从宇宙的、历史的角度关照人类全体的命运，庄子则主要从心灵的、当下的角度关注人类个体的命运；如果说《老子》本质上是政治哲学，那么将《庄子》称为生命哲学更为恰当。庄子更多追求个人的自由、个体的超越，提倡率性任意的自然人生，奉行全性保真的贵生主义，采取安时处顺的人生态度，向往超然洒脱的精神境界。

老子之后，道家的发展大致可以划分为三个方向，那就是老庄道家、黄老道家以及道教。先秦时期，老庄道家和黄老道家从不同角度对老子思想作出了创造性转化。老庄道家以《庄子》《列子》为主要代表，与现实政治保持一定距离，通过身心修炼以契合大道，注重个人心灵的自由与境界的逍遥，渴望回到那个万物一体、道通为一的乌托邦的世界。魏晋以后，老庄道家成为道家的主流。

黄老道家以《文子》《黄帝四经》《鹖（hé）冠子》等文献为主要代表，将道家理论与社会实践结合起来，通过天道指导人事，利用因循的方式管理社会，追求成本最小效益最大的无为政治。本书后面我们会对黄老道家作出详细的解读。

魏晋以后，在借用道家人物和典籍的基础上，道教进一步将道家发展成为一种宗教的理论与实践。老子被奉为道德天尊和太上老君，庄子成为南华真人，列子成为冲虚真人。本书后面我们将对道教作出简要的概述。

一、庄子其人

庄子名周，宋国蒙人（今安徽省蒙城县）人，这个地区，离老子的故乡也不远，所以这是一片道家气氛特别浓郁的区域，想必对庄子思想的形成产生了直接的影响。庄子所处年代为战国中期，大约与梁惠王同时，可能在前369年—前286年之间。史书关于庄子的记载极为稀少，所以其生卒年月、家世渊源、师承关系均不详。只知道他曾做过管理漆园的小吏，后隐居于穷闾（lǘ）陋巷，曾以织履糊口，过着极其贫困的生活。据说楚威王闻知庄子有才，便派了两名使者，以厚币礼聘，请他为相，但被庄子所拒。此事虽未必可信，但与庄子藐视权贵、甘居无名的处世风格吻合。

庄子像

《庄子》最后一篇是《天下》篇，对当时思想界作了全面的评述。从《齐物论》来看，庄子对于各种学说、观点是极为熟悉的，同时他和“学富五车”的惠施是好朋友，两人经常相互切磋交流。因此，可以想象，庄子一定受过很好的教育，读过大量的书籍，和那个时代的学者也有着密切的往来，否则《庄子》一书的产生是难以想象的。从庄子冷峻的态度和对人生的透彻体悟来看，他似乎经历过大起大落的命运。我常常在想，庄子究竟生活在怎样的环境？他长着什么模样？或许用曹雪芹的生平来想象庄子是最合适的，庄子的前半生可能也过着锦衣玉食的生活，但后半生却穷困潦倒，正因为有巨大的人生落差，才淬炼出了如此精彩的作品。

《庄子·天下》有对他的评价：

> 独与天地精神往来，而不敖倪于万物，不谴是非，以与世俗处。……上与造物者游，而下与外死

生、无终始者为友。

这是说只有庄子既能与博大而玄妙的天地精神往来，又能够平等地对待、尊重万物；既超越了凡人狭隘的是非观念，又能够与世俗之人和好相处。上能够与大道同游，下可以和那些超越生死、泯灭终始的人为友。说明庄子是一个既超凡脱俗，但又在我们身边的活生生的人。

闻一多曾说："中国人的文化上永远留着庄子的烙印。"李泽厚也说："中国文人的外表是儒家，但内心永远是庄子。"可以说庄子滋养、塑造了中国人自由洒脱的精神气质、与儒家的刚健务实正好形成阴阳互补。从汉初开始，庄子思想就不断被人诠释、传扬。《淮南子》最早把老子和庄子融合在一起，形成"老庄道家"这一说法。魏晋之际向秀、郭象对庄子作出了开创性的诠释。后世道教将庄子神化，奉为神灵，唐玄宗天宝年间他被封为"南华真人"，其书被封为《南华真经》。宋徽宗时庄子被封为"微妙元通真君"。庄子对中国文学艺术的影响更为深刻。一流作家如阮籍、陶渊明、李白、苏轼、曹雪芹等，都对庄子五体投地。

二、《庄子》其书

《庄子》一书是庄子本人及其门弟作品的合集。也不排除其中有一些是先于庄子、被庄子所收集和利用的资料，大约形成于战国到秦汉之际。《汉书·艺文志》著录有五十二篇，经过西晋郭象整理、删减之后存三十三篇，我们目前看到的就是这个郭象确定的文本。

全书多以“寓言”“重言”“卮（zhī）言”作为表达形式，文字汪洋恣肆，意象雄浑飞越，想象奇特丰富，情致滋润旷达、超凡脱俗、崇高美妙。《齐物论》《逍遥游》《秋水》等是其中的名篇。《史记》记载庄子“其学无所不窥，然其要本归于老子之言，故其著书十万余言，大抵率寓言也”。历代《庄子》注本，以郭象注、成玄英疏最为重要。

郭象本《庄子》又分内、外、杂三个部分，其中内篇七，外篇十五，杂篇十一。内篇由七篇构成，即《逍遥游》《齐物论》《养生主》《人间世》《德充符》《大宗师》《应帝王》。一般认为，这七篇是由庄子自著，是《庄子》一书中最为精华的部分。《逍遥游》论述精神的自由与逍遥；《齐物论》提出消除人类中心意识、抛弃偏见、尊重万物，齐是非、外生死；《养生主》侧重精神与形体的保养；《人间世》描述人间的险恶与无奈。《德充符》强调精神的作用；《大宗师》推出道德与能力都达到顶点的真人或宗师；《应帝王》重点在于无为而治。

外篇由《骈（pián）拇》等十五篇构成，杂篇由《庚桑楚》等十一篇构成，在思想的集中和文章的凝练上无法与内七篇相比。所以有些内容可能是庄子搜集的资料，有些内容可能成于庄子后学之手。但也有不少好的作品，例如《秋水》篇几乎是内七篇思想的再现，而且有非常高的文学成就；《天下》篇则为我们描述了战国中期百家争鸣的热烈场面。

三、庄子主要学说

1. 自由的精神

试问古代中国人中，谁的心灵最自由、最灵动，谁的思维最开放、最有创造力，那这个人一定是庄子。

《庄子》的第一篇是《逍遥游》，逍遥就是人的身心获得最大自由的状态，庄子希望人的灵魂能够以逍遥的姿态在宇宙中漫游。庄子敏锐地感受到，大部分人的一生其实是平庸的，甚至是痛苦的。人从出生开始，就被束缚于各种各样的限制中不能自拔，这些限制来自于种种外在的约束，例如维持生命的各种必不可少的自然资源，维持社会的各种政治制度与礼教规范，还有的来自于自己的内心，即人甘心接受这些约束而不再挣扎，从而渐渐沉沦下去，每天只能小心翼翼、战战兢兢、无可奈何、浑浑噩噩地活着而已。

庄子觉得这样的人生是可悲的，他用了一个字来描述这种“束缚”，那就是“待”，“待”就是各种各样的条件，需要的条件越多，人生就越不自由。彻底的无待则等同于最大的自由。更可悲的是，庄子那个时代的人早已不能体验，甚至早已忘记了何谓自由。庄子做的第一步就是唤醒人的自由意识，他要唤醒那些卑微的小我，重新塑造一个大写的人。

《逍遥游》给人的第一感觉就是汪洋恣肆。庄子以仰天俯地的气魄、震天撼地的规模，描述了什么是自由，什么是最大的自由。

《逍遥游》创造了一个成语，那就是“鹏程万里”。“北冥有鱼，其名为鲲（kūn）。鲲之大，不知其几千里也。化而为鸟，其名为鹏。鹏之背，不知其几千里也；怒而飞，其翼若垂天之云。”“有鸟焉，其名为鹏，背若泰山，翼若垂天之云，抟（tuán）扶摇羊角而上者九万里，绝云气，负青天，然后图南，且适南冥也。”“鹏之徙于南冥也，水击三千里，抟扶摇而上者九万里，去以六月息者也。”这段脍炙人口的语言，几乎中国人都在课堂上朗读过。通过对于这段经典的学习，庄子在我们每个人的心里都插上了鲲鹏的翅膀。因为这些巨大无比、在天地之间尽情翱翔的“鲲”和“鹏”，完全突破了人间的想象，是绝对自由的象征。

与之形成对比的是小鸟斥鴳（yàn），斥鴳居然对大鹏不屑一顾，笑着说：“彼且奚适也？我腾跃而上，不过数仞而下，翱翔蓬蒿之间，此亦飞之至也。而彼且奚适也？”大鹏要去哪里啊，我在草木之间飞上飞下，不过数尺而已，不也很快乐吗？这就是庄子著名的哲学命题“小大之辩”，庄子通过斥鴳比喻那些庸庸碌碌、浑浑噩噩的人，比喻那些已经麻木、僵死的灵魂，讽刺那些自以为是的小知者完全不懂得“道”的宏大和无限。

在庄子的时代，人们相信得道成仙者可以突破肉体的局限，从而自由地支配自己的身体。例如列御寇可以“御风而行”，即列御寇可以通过驾驭风雨突破时空局限。但是庄子认为列御寇还是“有待”的，“夫列子御风而行，泠（líng）然善也，旬有五日而后反。彼于致福者，未数数然也。此虽免乎行，犹有所待者也。”列子看上去挺得意，有飘飘然脱离尘世的本事，但是没有风，他就不能成行，这就是“有所待”。也就是说，庄子连人们心中的神人也没有放在眼里，他要打破一切的束缚，将彻底的自由拓展到极致。

当然，这并不是说庄子相信鲲鹏的存在，这应该是庄子想象出来的。庄子借助鲲鹏的逍遥，目的是告诉人们自由的可贵，激发人们突破人生的困境，追求精神的自由，这正是人类存在的最高价值所在，这个目标或许难以实现，但是仅仅将其揭示出来，也有着极大的意义。

2. 开放的心灵

唤醒精神的自由之后，第二步就是建立开放的心灵。

庄子注意到，人类之所以没有开放的心灵，往往是因为人处于自我封闭的、自以为是的状态。《庄子》中大量的篇幅都是在描述这种恶劣的心灵状态，庄子指出，社会上充斥着是非之争，人们都以为自己才是唯一正确的，都想把意志强加给对方。因此，人类社会充满了勾心斗角、相互敌对，而这正是由于心灵的狭隘、偏见引起的。

在《秋水》篇里，庄子写了那个“坐井观天”的经典故事，通过井底之鼃（wā）与东海之鳖的对话，凸现了井底之鼃眼界的渺小与见识的狭隘，衬托出大海的辽阔深远。东海之鳖告诉井底之鼃，海之大，用“千里之远”不足以形容，海之深，用“千仞之高”不足以测量。大禹的时代，十年中有九年发洪水，但大海不会漫溢；商汤的时代，八年中有七年大旱，但水位没有缩减。井底之鼋听了之后口瞪目呆、惊慌失措。

这里，大海是无穷之道的象征，而“井底之鼋”则是自以为是的无知小人的象征。唐代韩愈在《原道》中一针见血地指出：“坐井而观天，曰天小者，非天小也。”天地、宇宙的无限、无穷、无尽、无涯，远远超出了人的视野和人的想象，人生最长也不过百年，受到时空极大限制的人类，却要宣称自己的见识唯一正确，岂不是大言不惭？

在庄子看来，凡俗之人犹如坐井观天的青蛙，不仅对于宇宙的浩渺、大道的深远毫无了解，却津津乐道于有限的知识、计较于可笑的是非。庄子还写了一个蜗牛角之争的故事。据说在蜗牛的左角，有一个国家叫做触氏，在蜗牛的右角，有一个国家叫做蛮氏。这两国为了争夺领土发生战争，结果惨烈到“伏尸数万”的程度。在人类看来十分可笑的事情，不是同样也在人类身上发生吗？庄子利用这个类似小人国的故事，嘲笑人类其实没有什么两样，都是自以为是的可怜虫。

《齐物论》里有一个“朝三暮四”的寓言。现代成语中的“朝三暮四”用来谴责那些说话、办事经常变卦、不负责任的人。然而这个词最初的含义并不是这样的。

这个寓言说的是狙（jū）公（养猴者）与猴子之间的故事。狙公告诉猴子每天的食物是早上三升橡子，晚上四升橡子，猴子不高兴。狙公改口说，那好吧，早上四升，晚上三升如何？猴子非常开心。庄子认为这种狙公欺骗猴子的把戏，正是人间的象征，这个故事形象而深刻地指出，人间劳心劳神，争得不可开交的是是非非，站在大道的角度来看，其实并无本质上的差别，“劳神明为一，而不知其同也”。所以圣人要以“天钧”作为衡量的标准，不要斤斤计较那些毫无意义的是非之争。

“沉鱼落雁”的成语也来自庄子。我们现在用这个词形容女子容貌之美丽，类似“闭月羞花”。但在庄子那里同样是用来批判人类的自我中心主义。庄子针对当时社会上津津乐道的“正色”（最美的颜色）、“正味”（最佳的味道）、“正处”（最好的居住方式）提出了质疑，比如面对人世间都普遍欣赏的美女，鱼看见就会沉入水底，鸟看见就会高飞，麋鹿看见就会逃走，动物对美女的这种态度不是喜悦，而是害怕，因为视其为天敌。庄子以此来说明自然间并无价值、审美上并无绝对的固定的标准。所谓“正色”“正味”“正处”只是人设定的标准而已，可以因人而异、因时而异。因此政治上、伦理上所谓的“仁义之端”“是非之涂”，也不过是一种狭隘的认识。

庄子的思想确实是深刻的，人类所有价值观、审美观都是人为的产物，一定会受到特定时空如地理、风俗、历史、人文的限制。乌鸦在中国是不吉利的鸟，人们处心积虑想把它赶走，但只要飞出国门，就不会有如此悲惨的待遇。白鸽是和平的象征，已经深入人心，但在民国以前却没有这样的观念，因为它是西化的产物。中国人过去只忌讳“4”这个数字，现在受到西方的影响，连“13”也避之不及。这样下去，人类历史越长，要避忌的东西就会越多，可是，数字是无辜的，有问题的是人类自己。

解决问题的根本之道，在于建立开放的心灵，而建立开放心灵的根本之道在于树立万物平等的观念。所以《齐物论》说："物固有所然，物固有所可。无物不然，无物不可。"在庄子看来，虽然万物千姿百态、千差万别，但在作为终极根源、终极依据的"道"面前，万物都来自于"道"，都有其存在的合理性，因而也都是平等的，没有什么孰高孰低、孰贵孰贱。"故为是举莛（tíng）与楹（yíng），厉与西施，恢恑（guǐ）憰（jué）怪，道通为一。"从"道"的层面看，小如细草和大如房柱，病态丑陋的人和明媚美丽的西施，宽大的、奇变的、狡诈的、妖异的东西，从"道"的立场看，没有什么分别，万物都可以打通界限，走向统一。

因此，"天地与我并生，万物与我为一"（《齐物论》）。圣人眼中没有遗弃之人、无用之人，没有遗弃之物、无用之物。不能用人类狭隘的"有用"观念去判断万物的作用。无小用可能有大用，无此用可能有彼用。庄子笔下描写了很多残疾人，在正常人眼里他们是"无用"的，而正是他们的"无用"，使得他们得以免除过度的徭役，或者得以避免被驱赶上战场死于炮火。

想要建立开放的心灵和万物平等的观念，关键在于打破主体和客体之间的对立。对此，庄子用"知鱼之乐"作了生动的诠释。

"知鱼之乐"出自《秋水》，是庄子与名家的代表惠子在濠梁上展开辩论时引出的话题。庄子说："鱼游得那么自在，真是快乐呀。"惠子说："你又不是鱼，怎么知道鱼的快乐呢?"庄子说："你不是我，怎么知道我不知道鱼的快乐呢?”惠子说:“我不是你,当然不知道你的快乐。但你也不是鱼,所以你无疑不知道鱼的快乐。”庄子说:“刚才你说‘你怎么知道鱼快乐?’就知道我知道鱼的快乐。怎么还问我?我是在桥上知道的。”

这是一场非常有名的辩论,又称“濠梁之辩”,从逻辑上讲,惠施是正确的,而庄子近乎诡辩。但实际上庄子是在调侃惠施,因为惠施的辩建立在人对事物认知的基础上,主客是分离的,主体和客体之间无法自由地实现感通。而在庄子的世界里,主客是平等的,物我是浑然一体的,所以能够从容体会鱼儿之乐。

所以,庄子要“吾丧我”,破除那个狭隘的小我,建立那个具有天地境界的万物一体的大我。《齐物论》最后讲了“庄周梦蝶”的故事,我想用意就在于此。

> 昔者庄周梦为胡蝶,栩栩然胡蝶也,自喻适志与。不知周也。俄然觉,则蘧(qú)蘧然周也。不知周之梦为胡蝶与,胡蝶之梦为周与?周与胡蝶,则必有分矣。此之谓物化。

庄子梦见自己变成一只蝴蝶,飘飘荡荡,轻松惬意,以至于忘了自己就是庄周。等他醒来,又对自己还是庄周感到惊奇疑惑。究竟是庄周梦变为蝴蝶呢,还是蝴蝶梦变为庄周?庄周与蝴蝶既有分别,又可以合二为一,这就是“物化”。如何突破人的渺小和局限,“物化”不失为一条豁达的途径。所谓“物化”正是主动放弃寻求人与万物之间的差别,从而以最为平等、最为谦逊的姿态打破物我的差别,寻求与万物的齐同。

庄周化蝶图

3. 自然与天性

《庄子》中有一篇叫做《刻意》，此篇描写了当时社会上被普遍赞赏的五种人，那就是“为亢”者、“为修”者、“为治”者、“为闲”者，“为寿”者。

第一种人“刻意尚行，离世异俗，高论怨诽，为亢而已矣，此山谷之士，非世之人，枯槁赴渊者之所好也”。这种人故意地把自己和社会对立起来，作出一副洁身自好、不同流俗、卓然不群、高尚其行的姿态。他们愤世嫉俗，避居山林，刻砺身心，以身殉志。这可能指的就是宁死不食周粟的伯夷叔齐之类清流人士。

第二种人“语仁义忠信，恭俭推让，为修而已矣，此平世之士，教诲之人，游居学者之所好也。”这种人有着满腔热情、崇高理想，游说各国，招徒讲学，孜孜不倦地向人宣扬他们关于仁爱、道义、忠贞、恭敬、节俭、辞让的主张。这可能指的就是孔子、孟子、墨子之类救世之徒。

第三种人“语大功，立大名，礼君臣，正上下，为治而已矣，此朝廷之士，尊主强国之人，致功并兼者之所好也。”这些人显然有着强烈的政治追求，希望得到统治者的赏识，能够身居朝廷、发号施令、开疆拓土、建千秋伟业、立万世英名。这可能指的就是商鞅、吴起之类的政治家，或者苏秦、张毅之类的纵横家。

第四种人“就薮（sǒu）泽，处闲旷，钓鱼闲处，无为而已矣，此江海之士，避世之人，闲暇者之所好也。”这些人清心寡欲、不理世事，行吟河畔、寒江独钓，徜徉于山水之间，醉心于自然之美，过着闲淡的生活。杨朱、詹何、子华子、陈仲之类注重修心养身的人士就是其代表吧。

第五种人“吹呴（xǔ）呼吸，吐故纳新，熊经鸟申，为寿而已矣，此道引之士，养形之人，彭祖寿考者之所好也”。这些人专注于呼吸吐纳之道，向动物学习各种舒筋活血的健身技巧，严格管理自己的身体，一心一意追求长寿延年。庄子自己点出了这些人的代表，那就是彭祖之类的人。

仔细想想，两千多年过去了，虽然社会和环境发生了巨大的改变，但我们如今所处的社会，其实这样的人还是非常多见的，或者说我们的一生，就是在不断地变换着这些角色。但庄子却认为这些人并不值得称道。作为一位道家，庄子对第二和第三种人加以批判，这是完全可以理解的。可如前面《道家的先驱》一章所展示的那样，第一、第四、第五种人中，有不少正是道家人士或倾向于道家的人，庄子为什么也要提出批判呢？

原因很简单，在庄子看来，他们不是真正的道家，他们都是“刻意”之人。刻意就是有意为之，有意为之就是不自然，自然就是不刻意。《庄子》书中提到“自然”的地方并不多，但不出现“自然”不等于没有自然的思想。我们完全可以说，自然是庄子思想的核心理念，是他为人处世的最高原则。

如果说在老子那里，自然思想主要说的是不要束缚万物的自然，那么在庄子这里，自然思想主要说的是不要破坏万物的自然。自然是万物天然的、本然的、没有被外界污染的、最为纯真的东西。如果我们做什么事，都是有意为之，最终是为了达到一个明确的目的，那我们就会强迫自己，也强迫别人和外物按照自己的意愿去发生改变。

庄子并不是对人间冷眼相看、离群索居的人，他就生活在现实之中。就像他在《人间世》中说的那样，“子之爱亲，命也，不可解于心；臣之事君，义也，无适而非君也，无所逃于天地之间。是之谓大戒。”即亲子之间、君臣之间正常的伦理纲常、制度规范是人所无法逃避的现实，没有必要加以否定。他反对的是通过压制、改变事物的天性来满足某些人的意志。

庄子发现，现实生活中到处都存在着违背天性的事情，严重者甚至削足适履、续凫（fú）截鹤。如《骈拇》云：“长者不为有余，短者不为不足，是故凫胫虽短，续之则忧；鹤胫虽长，断之则悲。故性长非所断，性短非所续，无所去忧也。”水鸭的腿虽短，但不能加长，鹤腿虽长，却不能截短，它们各有各的用处，也各有各的美，如果强求一致，就会产生悲剧。在《骈拇》篇中，庄子甚至将种种戕（qiāng）害人类天性的社会规范，比作类似穿牛鼻络马首的行为，这些规范越周密，人类的命运就越悲惨。

在《刻意》中，庄子毫不留情地批判了不少貌似道家的人士，如果他们看似无为散淡的生活需要大量的人工来换取，或者他们的言行举动，完全就是一种沽名钓誉、装腔作势，为了博取外人关注的表演，这些人只是假的道家，反而失去了自然真性。大隐可以隐于市，只要你有一颗善于摆脱外在束缚、始终保持童真的心灵，就不必藏于深山、隐于江海。

庄子并不反对长生之道，但如果不顾生老病死的自然规律，而有意拉长并无生命质量的寿命，或者追求的仅仅是“养形”，即身体的长寿，而不能“养神”，即在精神上与宇宙间的大化流行同在同行，终究是没有意义的。

总之，凡是刻意为之的，就是不自然的，凡是不自然的，就不值得欣赏。就像《渔父》说的那样：“真者，精诚之至也。不精不诚，不能动人。故强哭者，虽悲不哀；强怒者，虽严不威；强亲者，虽笑不和。”只有内不强迫自己、外也不强迫他人或他物，做什么事都能够尊重自己的意愿、尊重事物的天性，才能够让自己获得最大的从容和快乐。

《列子·黄帝》记载了这样一个故事：

> 海上之人有好沤（ōu）鸟者，每旦之海上，从沤鸟游，沤鸟之至者百住而不止。其父曰：“吾闻沤鸟皆从汝游，汝取来，吾玩之。”明日之海上，沤鸟舞而不下也。

这个故事虽然没有在《庄子》中出现，但典型地反映着庄子的自然之意。“海上之人”完全没有支配驾驭他物之心，所以海鸥每天和他自由自在地快乐嬉戏，主客物我完全融为了一体。然而当他的父亲强迫他把海鸥抓来，供他玩耍时，海鸥就只在空中飞舞而不肯下来。可见，目的性强的行为反而不能遂人愿。人生要像不羁之舟，无目的、不预设、不刻意、不做作，这才是实现美好人生的最佳法则。在《刻意》中，庄子推出了他心目中最理想的人，那就是：

> 不刻意而高，无仁义而修，无功名而治，无江海而闲，不道引而寿，无不忘也，无不有也，澹然无极而众美从之，此天地之道，圣人之德也。

就是说，不刻意，反而能够达到有意为之所达不到的效果，使世界上的一切美好都能围绕在他身边。这就是“天地之道，圣人之德”，但这样的“天地之道，圣人之德”该如何实现呢？

4. 心斋与坐忘

《庄子》就是一部体道、修道、悟道之书，和所有道家一样，庄子认为，社会的问题、个人的问题，都必须通过“得道”才能获得根本解决。但是如何才能得道呢？《庄子》书中提到了很多修道的工夫和得道的体验。最为著名的就是“心斋”与“坐忘”。

“心斋”出自《人间世》，其中有一段孔子和颜回之间的对话，二人都化身成为修道之人。颜回问孔子怎样才能做心灵的斋戒，即怎样才能让心灵得到洗礼。孔子回答说：

若一志，无听之以耳而听之以心，无听之以心者而听之以气。听止于耳，心止于符。气也者，虚而待物者也。唯道集虚。虚者，心斋也。

颜回啊！你要专心致志，摒弃杂念。不要用耳朵去听，而要用心去听。不要用心去听，而要用气去听。耳朵用来听声、心用来与外界交往。只有“气”才能虚无柔顺，自由应对万物，而道就凝聚于虚无之中。所以“心斋”，就是让自己的心虚无明净起来的工夫。

孔子告诉颜回，只有抛弃用感官来感知外物的方式，以虚无之心对待万物，才能真正地认识世界、把握世界。因为不仅仅耳朵等感官是有限的，不可能全面而准确地接受信息，即便最为灵敏的人心，作为肉体的器官，同样也存在着各种限制，因此感官是不可信的。只有让人心变成集聚精气的场所，使心灵虚无到极致，人心才能摆脱偏见，放弃执着，以谦卑的、平等的、包容的姿态拥抱这个世界。

“坐忘”出自《大宗师》，其原文是：“堕（duò）肢体，黜（chù）聪明，离形去知，同于大通，此谓坐忘。”这同样说的是，不要相信身体的能耐，放弃自以为是的聪明，端坐净心、物我两忘，使个体生命与宏大宇宙相融合，与大道成为一体。

这里面出现两个大的问题，一个关于心、一个关于气。《庄子》在第一篇《逍遥游》里，描写了鲲鹏之游可以直上九天、直下五洋，惊心动魄、畅快淋漓。可是如果这样的游只存在于想象中，和我们每个人又有什么关系呢？庄子告诉我们，人可以获得逍遥之游，但必须要通过两大关口：第一，放弃人心的执着，第二，借助气化的流行。

首先，现实生活中种种烦恼和困境很大程度上都因心而起。《天地》篇云：“夫道，覆载万物者也，洋洋乎大哉！君子不可以不刳（kū）心焉。”所谓“刳心”就是清空心胸、排除杂念。人世间之所以存在无休止的争辩争斗、无穷尽的烦恼痛苦，就是因为存在种种是非利害之心、好胜用智之事。因此，修道的第一步是“刳心”，即做减法，通过由外而内，损之又损、层层递进的修道工夫，消除成见，摒除杂念，不用智巧，直觉把握，最终使心境虚静纯明，与道合一。

这种心灵的修炼功夫，又必须通过“气”的集聚和凝练才能实现。在庄子看来，万物的世界只是现象而已，因此是虚幻的、充满差异的，“气”才体现着背后的统一性与真实性。不管是万物之初的“道”，还是千变万化的现实世界，都是“气”或浑然一体或流变万方的体现。固化了的身体和陷溺了的心灵是人生的假象，虚而能化、精而能神的“气”才是世界的真实。正是通过“气”，渺小的人才可以和宏大的“道”联结起来，通过个体之气与天地之气的交往，人获得了找到生命本源、生命价值、生存方式的途径。借助气的大化流行，人就可以真正“游”起来，体验到与天地万物融为一体的美妙境界。因此，在《庄子》这里，心学和气学是不能分离的。

《逍遥游》中列举了由低至高的四种层次的人。第一，“知效一官，行比一乡，德合一君而徵一国者”，才智足以胜任一个小的官职，品行符合周围的要求，道德可以让国君满意、能力能够取信一国之人，这是社会上绝大部分人士追求的目标，但这是最低的层次。第二，“举世而誉之而不加劝，举世而非之而不加沮，定乎内外之分，辩乎荣辱之竟”者，世上的人都赞扬，他也不会因此更加努力、世上的人都非难，他也不会因此更加沮丧，清楚地知道荣辱之别、物我之分，也不是最高的境界。第三，像列子那样可以“御风而行”的人，已经少之又少了，因为他还是“有待”的，所以仍然不是最高的境界。第四，“乘天地之正，而御六气之辩，以游无穷者”，只有这样的人才能把握万物的规律，驾驭“六气”的变化，鹏程万里，遨游于无穷的境界。但这样的人，未必一定要身体上的出世，也可以是精神上的出世。未必一定要腾云驾雾于天地之间，也可以从容游戏于尘世之中。庄子在其书的一开始，先设置了这样一个精神之“游”的崇高目标，而后面的心论和气论，可以说都是为如何才能“游”起来而展开的。

5.“材”与不材

前文提到，庄子并不一定欣赏那种抛弃家庭、离开社会、隐入山林、一心苦修的得道方式。他认为即便在人世间、在滚滚红尘中也能与道同在，这就是“心隐”，即使心灵得以隐居的方式。

庄子认为，“古之所谓隐士者，非伏其身而弗见也，非闭其言而不出也，非藏其知而不发也，时命大谬也。”（《缮性》篇）最高的隐士并非想要把自己隐藏起来不见人，并非希望封闭自我而不说话，并非愿意韬光养晦而不发挥，那是因为生不逢时啊。“当时命而大行乎天下，则反一无迹；不当时命而大穷乎天下，则深根宁极而待，此存身之道也。”当他们生活于有道之世，可以将主张大行于天下时，也是恬淡自然，不见有为之迹的。当他们遭遇无德之世，困顿于天下时，就深藏本性，保持宁静的心态，等待时运的转变，这就是他们保全自身的方法。

正因为万物无限渺小，所以庄子对于命运的不确定性、无常性、偶然性有清醒的认识。身体性命乃天地之一部分，最好的生存方式就是与天地的变化相浮沉，不因外界的纷乱扰动内心的宁静。尤其在一个险象环生的社会，积极进取之心不仅无法为社会带来益处，反而不能保全自身。唯有将有限的生命投入到无限的时空洪流之中，安于时运，顺应变化，随时进退，方能全生保身。

庄子明白精神上可以出世，游于无何有之乡、广漠之野。但身体则不能不入世，只能任其自然，与世推移。《山木》篇描述了这样一个故事，庄子在带学生出游途中，在山中发现一棵茂盛的树木因为“不材”，即不能为人所用，而免遭砍伐。出山之后留宿于朋友家，朋友杀鹅款待他们，在会叫和不会叫的鹅中，其中一只鹅因为“不材”（不会鸣叫）遭到宰杀。这下学生困惑了，树因为“不材”得享天年，而鹅却因为“不材”而中道夭亡，同样“不材”，为什么命运会如此相反。这实际上正是人生的现实写照，命运没有规律可循，一个普通的人很难将自己的命运掌握在自己手中。

对此，庄子表示“周将处夫材与不材之间”，即他将处于“材”与“不材”两者之间。什么叫处于“材”与“不材”之间？我想可以有两种解释。第一，这是一种“知其不可奈何而安之若命”的处世之道，“材”也行，“不材”也可。或者既不去刻意追求“材”，也不去刻意使自己“不材”。这个世界有自己能够改变的，也有不能改变的。对于我们不能改变的事情，不必痛哭流涕，更不必鱼死网破，对生命造成更大的伤害。第二，这是一种“庖（páo）丁解牛”式的生存方式，“庖丁”的那把刀之所以用了十九年而刀锋如新从不卷刃，就是因为他善于在骨骼脉络的缝隙之间游刃有余。看到庖丁解牛的文惠君因此而悟出了养生之道，那就是如何在人生的夹缝中安顿救护自己的生命与心灵，既不使自己因为有用而遭罪，也不让自己没用而被抛弃。

“材”与“不材”之间，作为一种生存技巧，需要有更高的境界来支撑，那就是与道同游，《山木》篇说：“与时俱化，而无肯专为；一上一下，以和为量，浮游乎万物之祖。”只有与道同游，才能从容周旋于各种关系之中。《山木》篇还说：“人能虚己以游世，其孰能害之！”“虚己”就是“无所用心于世”，彻底地放弃自我。这就回到了前面提到的精神上的逍遥之游，只有内心获得真正的释怀，豁达恬淡，谁也伤害不了你，这才算是真正的人生修行。

6. 安时与处顺

庄子不仅能够泯是非、合天人，还能够齐生死。对于常人而言，生和死体现着巨大的差异，也是情感上很难逾越的一道鸿沟。但是在庄子看来，“生也死之徒，死也生之徒。孰知其纪？人之生，气之聚也。聚则为生，散则为死，若死生为徒，吾又何患？”（《知北游》）

如同春夏秋冬的自然变化一样，死生只是气的聚散而已。既然同出于“一气”，那么气聚则生，气散则亡。死亡只是另外一种形式的存在，或者说是一种向着自然的回归。生与死不过是宇宙大化流行的一个阶段、一个节点而已，并没有什么本质的差异。

庄子还说：“死生，命也，其有夜旦之常，天也。人之有所不得与，皆物之情也。”死生就像昼夜的轮换那样正常，是完全自然的现象，为人力所不能干预。生死互为开始，互为结束，方生方死，方死方生，生生死死不断循环，才构成这个纷繁多彩的世界。我们又为什么要因此而过分悲伤、害怕呢？

所以《养生主》中秦失在吊唁老聃时说：“适来，夫子时也；适去，夫子顺也。安时而处顺，哀乐不能入也。”认为老聃应时而生，应时而去，顺从了自然的变化，既然不能用得失之心去衡量老聃之死，也就用不着产生剧烈的快乐或悲伤。因此，如果用一句话形容庄子的生死观，那就是“安时而处顺”。

“鼓盆而歌”是《庄子》里面的著名寓言，出自《至乐》篇，也表达了类似的生死观。庄子在妻子死后，非但没有痛哭流泪、伤心万分，反而鼓盆而歌。在常人看来，这样做不近情理、不可思议，但这正是庄子生死观的自然流露。庄子并非是无情之人，“是其始死也，我独何能无概然”。然而，从终极的角度看，生死不过是气化流行的一种表达方式，死亡只是回归于大化流行之中，有什么可痛苦的呢？

《庄子》中有大量的内容谈到生死，里面有很多生动的故事和精辟的言论。

例如当庄子将死，弟子们讨论如何将其厚葬时，他提出要“以天地为棺椁，以日月为连璧，星辰为珠玑，万物为赍（jī）送。”（《列御寇》）即以天地为棺，以日月星辰万物为随葬品，把自己回归天地之间，以实现永生，这是何等洒脱的气概。

《大宗师》中，南伯子葵向高寿的女偊（yǔ）询问“色若孺子”的原因时，女偊详细描述了名为“撄（yīng）宁”的修道过程以及心理感受：

> 参（sān）日而后能外天下；已外天下矣，吾又守之，七日而后能外物；已外物矣，吾又守之，九日而后能外生；已外生矣，而后能朝（zhāo）彻；朝彻，而后能见独；见独，而后能无古今；无古今，而后能入于不死不生。

即修道之人随着境界的提升，可以不断抛弃外界的牵挂，首先是三日之后可以将天下置之度外（外天下）；接着是七日之后可以将身外之物置之度外（外物）；最后是九日之后可以将生死置之度外（外生）；只有将生死置之度外，心情才能如朝阳般明澈（朝彻），才能体认绝对的大道（见独）。只有体认绝对的大道，才能进入无限的时间之流（无古今）中，从而领悟到不死不生的最高境界。

如《大宗师》所云：“孰知死生存亡之一体者，吾与之友矣！”庄子只想和这种能够领会“死生存亡之一体”之得道者做朋友。既然同出于“道”，那么死生就没有本质的区别。“夫大块载我以形，劳我以生，佚我以老，息我以死。故善吾生者，乃所以善吾死也。”

“道”（大块）既给了我身躯、生命，也同时用老去使我获得安逸，用死亡使我安息。所以如果给予我生是一种善行的话，那么给予我死，也是一种善行。庄子希望人不要善生恶死，不以死生累心，而要以顺其自然之心去看待这件事情。

《庄子·大宗师》中还记载了这样一个故事：

> 子来有病，喘喘然将死。其妻子环而泣之。子犁往问之，曰：“叱！避！无怛（dá）化！”倚其户与之语曰：“伟哉造化！又将奚以汝为？将奚以汝适？以汝为鼠肝乎？以汝为虫臂乎？”

子来病得快死了，妻子在痛哭。子犁前往看视，让他妻子走开，不要惊扰他由生而死的变化。然后对子来说：“伟大的造物主正在对你施加造化啊，不知道会把你变成什么，变到哪里去。会变成老鼠的肝吗？会变成虫子的手臂吗？”子来则坦然接受这一造化的过程，并最终“成然寐，蘧（qú）然觉”，在仿佛熟睡中安然离世，又像惊喜似地回到人间。

可以说，在佛教进入中国之前，庄子是面对生死最为坦荡、最为达观的人，因为有庄子的存在，中国的生死观才提升到了无上崇高的境界。

附录： 老庄学派的代表人物与主要文献

老庄道家以《庄子》《列子》为主要代表。老庄道家虽然也以“道”为论述的中心，但如果说老子的“道”主要是超越万物的“道”，那么庄子的“道”则主要是遍在于万物的“道”。老庄道家特别强调超越个人的局限，通过“心斋”“坐忘”的修身，借助气化流行的信仰，加上丰富夸张的想像，体验与天地共生、与万物一体的逍遥境界。老庄道家追求的是个人心灵的解脱与自由，期待的是身处尘世的宁静与平和。魏晋以后的道家主要指的就是老庄道家，其典型如竹林七贤对于个性的高度张扬，其极端如《列子》笔下扬朱的离经叛道。老庄道家对于中国人的人生态度、处事方式，尤其对于中国人的艺术、美学产生了巨大影响。

人物与文献	简介
关尹	关尹是春秋末期的人，据称是老子弟子。《吕氏春秋·不二》云：“关尹贵清。”《庄子·天下》将关尹与老聃并举，说他们都是“古之博大真人”。关尹主张“在己无居，形物自著。其动若水，其静若镜，其应若响”，“未尝先人而常随人”。传世的《关尹子》是后人伪作。
子华子	子华子是春秋末期晋国人，大约与孔子同时代。著有《子华子》，今不存。《庄子》《列子》《吕氏春秋》等战国时期著作，都有关于他的记载。他以善于养生闻名，主张“贵生”“全生”等观点，强调人的生命比政治权力更为可贵。
杨朱	杨朱是战国时期魏国人，其思想散见于《庄子》《孟子》《韩非子》《吕氏春秋》等文献。《孟子》说“杨朱、墨翟之言盈天下。天下之言，不归杨则归墨”（《孟子·滕文公下》）。可见在孟轲生活的时代，杨朱的影响很大。杨朱思想主要表现为“拔一

续前表

人物与文献	简介
杨朱	毛而利天下不为”。这看上去是一种极端的个人主义思想，但从《列子·杨朱》看，其思想表现为对于社会“不损一毫”以及自己“不利天下”两个侧面，即主张对于外物既“不与”也“不取”，对于自我既不损一毫也不增一分，实际上是一种摒弃物利、遗世独立而专注于精神修养的养生观。他认为人人独善其身，不去干扰天下，反而能使天下大治。
詹何	詹何是战国时期楚国人。以善于养生闻名。认为“重生”的同时必然“轻利”（《吕氏春秋·审为》），反对纵欲自恣的行为。同时强调治国之前必须首先治身，“未尝闻身治而国乱者也，又未尝闻身乱而国治者也”（《列子·说符》）。
《列子》	列子，姓列，名御寇，郑国人，在古籍中又写作列圄（yú）寇、列圉（yú）寇或子列子，生活于战国早期。在《庄子》一书中屡次出现，如在《庄子·逍遥游》中被神仙化，说他是“御风而行”的得道高人。《战国策·韩策》言列子“贵正”。而《尸子·广泽》与《吕氏春秋·不二》则说“列子贵虚”。留存至今的《列子》虽然是一部后人重新整理编撰的书籍，但也保留了大量先秦的材料。总体来看，《列子》接近《庄子》的思想。
《淮南子》	《淮南子》是汉武帝时期淮南王刘安招致宾客集体编写的一部书籍，利用道家思想对战国以来各家思想作了创造性综合，内容涉及道论、德论、宇宙论、生成论、气论、自然论、无为论、工夫论、境界论、人性论、认识论、阴阳五行观、养生观、鬼神观、幸福观；是目前为止所见最为完整、全面的

续前表

人物与文献	简介
《淮南子》	道家著作。东汉为之作注的高诱在序中指出："其旨近老子淡泊无为，蹈虚守静，出入经道。……其义著，其文富，物事之类无所不载。然其大较，归之于道。"虽然东汉班固《汉书·艺文志》将其归入"杂家"，清代《四库全书总目》亦将其归入"杂家"，但就其"讲论道德，总统仁义"的性质来看，显然是以道家为统领兼容百家。其道家思想既有老庄道家倾向，又有黄老道家倾向，老庄道家倾向似乎更浓厚一些。

第四章

道家的发展——黄老学派

如前所述，中国古代与道家相关的思想有三种载体影响最大，那就是老庄道家、黄老道家、道教。但过去只有老庄道家和道教为人所知。其实，从先秦到魏晋的很长一段历史时期里，有一种强势思潮曾经极为流行，影响甚大，这就是黄老道家。黄老道家是一种关于宇宙、人类、历史的整体认识，是一种“天——地——人”互动的思维，是一种以道家为主导的政治哲学和人生哲学，既有丰富的理论性，又有强烈的现实性。作为战国秦汉思想史的一条主线，黄老思想的研究具有重要意义。对于中国思想史而言，黄老道家研究占有极为重要的地位。

相对而言，老庄道家对社会的批判性比较强，与现实保持一定的距离，冷眼看待人世的种种是非与矛盾，有一定的消极退隐倾向，尤其追求个人心灵的自由与道遥。黄老道家则不同，这一派道家希望在道家理论的指导下，让人们过一种有节度的、有规律的生活。之所以推崇天道，之所以突出养生，之所以强调虚无与因循，甚至之所以兼综百家，都不能离开这个宗旨。人不能随心所欲，不能胡作非为。需要实行一种克制、让步、妥协的行为方式，以最大限度地避免各种矛盾，以最小的代价获得最大的效益。

所以，黄老道家是一种行动的理论，一方面，借用以黄帝为代表的知识、技术、文化系统（例如阴阳五行），作为天道观的体现与象征；另一方面，把老子道统万物、无为而治的思想落实到具体的政治实践中。鼎盛时期的黄老道家是一种以道家思想为主干，援名、法入道，借用阴阳家框架，重视儒家的伦理教化，不否定固有文化传统，着眼于建构现实的价值和秩序，具有操作可能性的、实用主义的政治思潮。

对黄老道家有过深入研究的著名学者蒙文通曾经指出："百家盛于战国，但后来却是黄老独盛，压倒百家。"黄老道家曾在战国秦汉之际大为流行，成为一种时代话语。两汉之后，其数术的部分尤其是养生的技术和理论被道教吸收，以"黄老道"的形式保存和发展下来。

一、 作为一种行动理论的黄老道家

1. 黄老为何能够联姻

"黄"即黄帝、"老"即老子。这个名称始于汉初，被后世传为美谈的文景之治就是遵循了"黄老"之道。

那么为何那个时候“黄”和“老”能够同时受到尊崇，且能够联姻呢？相传黄帝诞生于距今 4700 多年前，老子则诞生于距今 2500 多年前，可以说这两个人彼此时间跨度甚大，是不可能有交集点的。因此，只能说是以黄帝为代表的学说系统和以老子为代表的学说系统，存在着融通、互补的可能性，才使得两者逐渐相互靠拢、接近了。

如前所述，老子之学有着博大的胸怀、长远的眼光，是一种高屋建瓴的形而上的道论，但也存在一定的缺陷，即理论过于玄远、抽象、虚无，缺乏可以实际运用的纲领和手段。

以黄帝为代表的学说则正好弥补了这个缺陷。这种学说可以将天文、历法、政治、经济、军事、医疗、养生完整地、系统地、有机地关联在一起，使人类所有行动都可以从自然原理中找到合法性依据。

如前所述，在中国古人心目中，黄帝就是一个替天行道的人，他能够把握天地人一切关系中所遵循的根本原理。在《黄帝四经》中，黄帝被塑造成一个神话式的人物，他将天地“始判为两，分为阴阳”，与“天之道”融为一体，代天地建立法则，并贯彻于人间。在《汉书·艺文志》中，托名黄帝的书最多，和天文、历法、占卜、养生、医疗、兵法、权谋都有关系。这正符合黄老道家强调让“执道者”治理天下，通过顺应天道实现无为之治的理念。

这些原理具有“道”的绝对性、神圣性、正当性和合理性，但不是《老子》那种妙不可言、只能体会不能言传的“道”，而是看得见摸得着、可以理解、可以效仿的“道”。真正帮助《老子》思想摆脱局限、弥补缺陷的，就是这个托名黄帝的系统。

黄帝系统的加入，使得“道”既保持了神圣性、绝对性，又把《老子》中虚无缥缈的“道”转化成了可以认识可以效法的天道。因此，将以老子为代表的“道”作为思想的基础，将以黄帝为代表的“天道”作为行动的法则，贯穿着本与末、道与用、道与术相对应的思维，正是黄老道家的特征。

在《史记·乐毅列传》中，司马迁描述了一个黄老学派传承的谱系，那就是“乐臣公学黄帝、老子，其本师号曰河上丈人，不知其所出。河上丈人教安期生，安期生教毛翕（xī）公，毛翕公教乐瑕公，乐瑕公教乐臣公，乐臣公教盖公。盖公教于齐高密、胶西，为曹相国师。”也就是说，虽然“黄老”这个名称始于汉初，但有可能很早就有人试图将两者结合起来，并发展成为一个有着独立师承关系的学派。这个学派的理论到了汉初大放光芒。

不过实际上，黄老道家思想极为复杂、多元，其源流、传承、发展应该不止这一系。我们今天主要从学术宗旨的立场来概括黄老道家的思想，将其视为以道家理论为主导，思想内涵丰富庞杂，在战国秦汉之际有着具体政治实践的一种政治思潮。

2. 从天道到人事

黄老道家有个非常重要的特点，那就是特别重视天道，把天道作为“道”的具体体现，把天道视为人类行动的最佳参照，而黄帝正是天道的化身。因为天道是看得见、摸得着、能够切身体会，而且从王公到庶民都不得不遵循、不得不效法的自然规律，因此具有强大的绝对性和权威性。这也是黄老道家为什么要“因阴阳之大顺”的原因，因为“阴阳之大顺”就是自然的法则和禁忌。黄老道家要让社会政治和大众生活完全按照自然法则来运行，而黄帝和阴阳家的学说正是自然法则的代表与体现。

例如《吕氏春秋》是黄老思想指导下写成的一部治国大全，此书按照“春主生、夏主长、秋主收、冬主藏”的天地自然运行之道，来阐述和指导人事活动，强调“凡举事无逆天数，必顺其时，乃因其类”，要求人事活动应当与天地四时相对应、协调，并将音乐、色调、方位、祭祀、政令、人事、物候等搭配起来，建立了一个天人互动的运行体系。

这种理论对后代影响很大，无论是养生还是社会活动，古人都强调不能超过“春生夏长秋收冬藏”这个度数，春夏秋不能做冬天的事情，例如出兵、修城等等，不然天就要降下灾异。用今天话讲，就是人必须与自然和谐共存。

《吕氏春秋》有一个精巧的布置，那就是十二纪。“凡十二纪者，所以纪治乱存亡也，所以知寿夭吉凶也。”十二纪先记录四季十二月的天文、历象、物候，然后以阴阳五行学说为指导，对天子的衣食住行乃至行事政令作出详细的规定。强调统治者一定要跟天道相合拍，在行动上完全做到天人合一。这里，十二纪就是“道”，代表着人们可以认识、可以遵循，并不得不遵循的天地法则。总之，天道带有不以人的意志为转移的强制性和权威性，这就要求君主必须掌握这个具有必然性和规律性的天道，去治理国家，解决一年四季中的经济政治问题。

黄老道家代表作马王堆帛书《黄帝四经》也是一部讲述天道的书，这本书的叙事有个既定的框架，即一定是在天、地、人三重架构中展开的。人类在日常生活中必须揆（kuí）天验地，顺应自然，使三者咸当，建立起和谐统一的良好关系。这种天、地、人一体，人必须顺应天地，但人在其中又可以有所作为的思想，在古代被称为“三才”思想。

如《经法·六分》篇就说，“王（wàng）天下者之道，有天焉、有人焉、有地焉。三者参用之，□□而有天下矣”，“□□”是两个缺字，帛书在这里正好残损了，但不影响理解。要想取得天下，就必须同时把握天、地、人“三才”之道，虽然“三才”之道中天地之道更重要，人必须无条件遵循，但这不是说人在里面就一点作用也不起，完完全全像个奴隶一样匍匐在天地的权威之下，人道可以发挥积极的作用，但这种作用主要指人与天地之道的积极配合。

《黄帝四经》里面有大量关于天地之道的描述，基本上可以分为两类：一类是日月运行、四时更替等表现为理、数、纪的宇宙法则和秩序，另一类指的是阴阳消长、动静盈虚、刚柔兼济的宇宙原则和道理。这两者都是人所要把握的天道。

我们首先来看所谓的秩序与法则。天道之“道”之所以被人效法，就在于天道有它的绝对性、永恒性，是经过世世代代验证的、颠扑不破的规则，像《经法·道法》里面所讲的，“天地有恒常，万民有恒事。……天地之恒常，四时、晦明、生杀、柔刚；万民之恒事，男农、女工。”《经法·道法》在解释为什么需要“男农、女工”这样的“恒事”时，使用了天道决定人事的思维，正因为“天地”呈现出“四时、晦明、生杀、柔刚”这些规律性的原则，所以人类也必须严格对应。显然，这样的对应符合中国这个农业社会的需求。《称》篇也说：“天制寒暑，地制高下，人制取予。”取予之道就是人的行为之道，应该和天的寒暑、地的高下形成美妙的和谐。不然“取予不当，留之死亡。天有环刑，反受其殃。”人的行为如果不能与天地合拍，就会受到天地的惩罚。

同样，《经法·四度》说，“日月星辰之期，四时之度，动静之位，外内之处，天之稽也。高下不蔽其形，美恶不匿其情，地之稽也。君臣不失其位，士不失其处，任能毋过其所长，去私而立公，人之稽也。”《经法·四度》在解释人间社会为何必须君臣有位，尊卑有分，每个社会成员为何必须各行其责、各尽其能，但又不能彼此影响、相互干扰时，使用的是一种类比的思维，那就是天地已经为人类提供了模范和榜样，“日月星辰”“四时”的运行是有条不紊、符合期度的，“动静”的节奏、“外内”的结构是明确无误的，地势有高有下、土壤有肥有瘦是一目了然的。这就是“天之稽”“地之稽”，即天地的法则。与之相应，就必然有所谓的“人之稽”，即人类也必须去私立公，建立起人人都守本职、人人都明其责的公平社会。

说到中国古代的法思想，我们马上就会想到商鞅、韩非子，其实这是不完整的。商鞅、韩非子虽然提倡一切行动以法律为准绳，法律面前人人平等，但有一个人却可以不受其约束，这个人就是君主，因为法律最终是为君主专制服务的。这种法思想虽然有利于富国强兵，使所有力量都集中于一人之手，保障了秦统一中国，但也导致了君主高度集权，成为中国古代社会难以除去的祸根。黄老道家则不同，天道的权威性和约束力覆盖到社会上从君主到百姓的每一个人，因此这是一种体现着绝对公平公正的法思想。

在黄老道家那里，天道还可以理解成一种循环往复、盛极必衰、阴阳互补、交替不已的原理，这些原理在《黄帝四经》里面也有体现。这本书里面有大量相互对立的概念，例如阴阳、男女、内外、刑德、文武、动静、刚柔、雌雄、逆顺、生杀、取予、吉凶、兴废，等等，这些概念我们总体上可以用“阴阳”两个字来代表。也就是说，政治不是机械、僵化、简单地去模仿、套用天地间那些确定不易的禁忌和规范，而是要注意观察、揣摩、提炼天地间阴阳消长的节律以及万物之间那些看似复杂、实则充满规律的辩证关系。例如《十大经·观》提出“秉时以养民功，先德后刑，顺于天”。这是说，统治者应该依据一文一武、一阴一阳、一刑一德的节拍以及四时的变迁来安排人的政治活动，比如说杀伐庆赏等等，把德治和刑治有机地结合起来。

著名学者丁原明指出，通观《黄帝四经》中的四篇帛书，“其宗旨就是把环周往复、交替不已的天道作为人道、人伦和人群社会秩序的本体论依据，教人从天道的盈缩、正反、动静变化过程中领悟治国治民、统一天下和为人处世所应当遵循的原则和范式”。这个概括相当精准。

从天道到人事的思维不仅仅体现在国家治理上，黄老道家相信人体是天地的一部分，治身与养生同样必须效法天地之道，接受天地规律的制约，需要“行其数、循其理、平其私”（《吕氏春秋·序意》）。以《吕氏春秋·孟春纪》的养生思想为例，依五行学说，春季属木，阳气渐盛，万物萌生，是生养的季节。这就要求人们做与时令季节相符的事情，比如，不要杀伐伤生，不要过度熬夜，多吃时令蔬菜、水果等。现代社会，凭借高度发达的科技，人们似乎不再需要根据四季轮转的规律遵循天地之道，可以摆脱天地运行体系的支配了，其实这是一种妄想。如果毫无顾忌、肆意妄为，必然会破坏身体的平衡，引发各种病患，结果适得其反，得不偿失。

总之，黄老道家认为，人的一切政治行动必须从自然原理（这些自然原理同时也是禁忌系统）中找到合理性依据，准确把握自然的节奏，然后按照自然的规律和节拍从事人事，取得最好的治理之道。依据天道法则制定出来的人间法则，才具有必然性和合理性，才具有最大的认可度和公共性，这就是所谓的由天道的固然推出人事的必然。这样黄老的理论就变成天经地义了。这些正是儒家、墨家理论所不具备的、黄老道家独有的特色。

3. 从养生到治国

在中国古代，可以说道家是最重视养生的，彭祖、鬻子、姜太公、老子都以长寿闻名。但是在养生与治国的关系上，老庄道家与黄老道家有较大的区别。老庄道家往往把养生和政治活动对立起来，认为政治活动影响养生，如果在身体与天下之间进行选择，老庄道家会毫不犹豫地选择身体。例如《庄子·让王》中记载了这样一个故事：

> 韩、魏相与争侵地。子华子见昭僖（xī）侯，昭僖侯有忧色。子华子曰："今使天下书铭于君之前，书之言曰：'左手攫之则右手废，右手攫之则左手废，然而攫之者必有天下。'君能攫之乎?"昭僖侯曰："寡人不攫也。"子华子曰："甚善！自是观之，两臂重于天下也，身亦重于两臂。韩之轻于天下亦远矣，今之所争者，其轻于韩又远。君固愁身伤生以忧戚不得也！"

这个故事说的是，韩国与魏国争一块地，韩国的君主为此劳形交瘁。子华子劝他说，左手抓一样东西右手就要砍掉，右手抓一样东西左手就要砍掉，但是抓住东西的人就会拥有天下，你会抓取吗？韩王说我不会的。子华子说，可见两个手臂比天下重要，而人的身体比手臂更重要；韩国比起天下来微不足道，而你现在争得那块地比起韩国又微不足道，你何必为此愁坏了身体呢？子华子就用这种形象的比喻打消了韩王争地的念头。

《让王》篇还说："道之真以治身，其绪余以为国家，其土苴（jū）以治天下。……今世俗之君子，多危身弃生以殉物，岂不悲哉！……今且有人于此，以随侯之珠，弹千仞之雀，世必笑之。是何也？则其所用者重而所要者轻也。”庄子认为大道的主体是用来养生的，大道的剩余可以用来治国，大道的糟粕才用来治天下。这是把养生和治国极端对立起来。他还认为社会上的人都在牺牲自己宝贵的身体去换取一些没有意义的东西，这无异于用珍贵的随侯之珠去打已经飞得很高的鸟，实在是得不偿失。

然而，人不可能生活在一个毫无矛盾的社会。在黄老道家这里，养生是重要的，治国也是不可回避的，但这两者并不冲突。黄老道家强调，只有真正懂得养生的人，才有资格治国，才有能力治国。所以老子说“故贵以身为天下，若可寄天下。爱以身为天下，若可托天下。”（第 13 章）也就是说，圣人治国与治身的思路完全一致，一个懂得养生治身的人自然就懂得治国之理，所以要把国家交给那些贵身爱身的人。

《吕氏春秋》对于先养生后治国的道理有很详细的论述。据《先己》篇记载，商汤曾向伊尹请教，“欲取天下若何?”伊尹先回答说：“天下不可取。”但这是卖个关子，接着又说：“可取，身将先取。”因此《先己》篇总结道，“凡事之本，必先治身”。而具体的养生之道就是“啬其大宝。用其新，弃其陈，腠（còu）理遂通。精气日新，邪气尽去，及其天年”。“大宝”就是自己的身体。只有不断地吐故纳新，肌理才能通畅，精气才能增长，邪气才能压制，从而使人得以终其天年。长沙马王堆汉墓是汉初高级贵族的墓地，其中曾发掘出“导引图”，都是一些强身健体的动作图案。可见在秦汉之际，黄老道家的养生之说不是空头理论，而是具体的实践。

《吕氏春秋》的《执一》篇也同样提出，“为国之本，在于为身”，“身为而家为，家为而国为，国为而天下为”。对于治国理政的天子而言，治身更应该成为“基本功”，因为“身者，所为也；天下者，所以为也”，“为天下者不于天下于身”，只有先管理好自己的身体，才能管理好国家。故“先圣王成其身而天下成，治其身而天下治”。在《执一》篇中，身体、家庭、国家和天下四者，“异位同本”，都是“一理之术也”。

所以，如著名哲学家冯友兰说的那样，在黄老之学那里，养生跟治国是一个道理的两个方面。只有懂得养生的人，才能真正治理好国家。和“修身齐家治国平天下”一样，道家也强调一切之本在于自身，跳过治身直接治国是不可能的。

如“至于大道之要，去健羡，绌聪明，释此而任术。夫神大用则竭，形大劳则敝。形神骚动，欲与天地长久，非所闻也。”（司马谈《论六家要指》）所示，真正高明的统治者，并不看重脑袋的聪明和身体的强健，因为那都是有限的。人的精神“大用则竭”，人的身体“大劳则敝”，精神耗费得太多必然会衰竭，身体使用得太多必然会劳累，如果身体和精神都得不到养护，还想与天地同久，那是不可能的。

4. 从“不可道”到“道可道”

老子的“道”是“非常道”，玄远深邃、绝言超象，无法通过感官感知和把握，无法用普通的语言去表述，无法成为知识学习的对象，无法用“是什么”的判断、推理方式去求得。这方面老子有很多论述。

例如老子说“道可道，非常道”（第1章）、“道常无名”（第 32 章）、“道隐无名”（第 41 章）。能用普通语言来说明、命名的“道”只是普通之道，而非恒常的、绝对的、真正的道。用语言来说明“道”，只能适得其反，与“道”渐行渐远。“道”在老子眼中“其上不皦（jiǎo），其下不昧”（第 14 章），既不光亮，也不阴暗。“迎之不见其首，随之不见其后”（第 14 章），“无状之状，无物之象”（第 14 章），无形无象、恍兮惚兮，没有普通物体的形状、样貌和名称。普通人只能认识可见、可闻、可触的形象，只能处理感觉器官感知范围内的信息，老子认为这种有限的知识非但不能帮助人认识“道”，反而会成为体会“道”的妨碍。所以，他提出了一个近乎不可思议的结论，“为学日益，为道日损”（第 48 章）。

黄老道家则将“道”落实为具体的、可感的，并且不得不遵循、不得不效法、具有天生之可信性与权威性的“一”或者“天道”。

例如上博简《凡物流形》说：“是故一，咀之有味，嗅［之有臭］，鼓之有声，近之可见，操之可操，握之则失，败之则槁，贼之则灭。”这是说“一”（即“道”）这个东西，咬上去、闻上去有味道，敲击它会出声，靠近了看得见，拿在手里可以使用。但是如果想独占它、破坏它，那么“一”就会失去、会枯槁、会消亡。这和老子说的“道之出口，淡乎其无味。视之不足见，听之不足闻”（第 35 章）形成了鲜明的对比。这反映出，从老子到黄老，“道”已经完全从感官无法感知、语言无法表达、知识无法论证的对象变成人人可以触摸、亲近的对象了。

黄老道家的文献，几乎都在致力于揭示那些看得见、摸得着、可以用感官感知、可以用语言表达、可以用知识描述、可以有实际效验的天道，因为只有诉诸人类共通的情感和理性，“道”的权威性和绝对性才能得到最真实的体验，才能得到最普遍的认可。

例如，《鹖冠子·泰鸿》设计了泰皇和泰一的对话，泰皇是上古帝王的名称，而泰一就是天道的别称。泰一告诉泰皇，最高的神明就是“天地人事三者”之一体。泰皇在建立人间政治秩序时，必须“散以八风，揆（kuí）以六合，事以四时，写以八极，照以三光，牧以刑德，调以五音，正以六律，分以度数，表以五色，改以二气，致以南北，齐以晦望。”所谓“八风”就是八方之风，“六合”就是天地四方，“四时”就是春夏秋冬，“八极”就是八方之极，“三光”就是日月星，“刑德”就是恩赏和杀伐，“五音”就是宫商角（jué）徵（zhǐ）羽五种音律，“六律”指十二律中的六个阳律，“度数”指各种自然法则，“五色”指青赤白黑黄五种颜色，“二气”指阴阳二气，“南北”指太阳运动的南北回归线，“晦望”指月亮的盈亏。这些都是自然界直接开示于人，而人可以明确感受得到的度数与法则。这里，要注意的是“散”“揆”“事”“写”“照”“牧”“调”“正”“分”“表”“改”“致”“齐”这些用词，其对象虽然是天道的体现，但无不诉诸着人的情感、意志、目标、举动，因此要实现的是人的现实愿望。

除了天道的规则和秩序可以被人感知和效法，黄老道家还对天道的运行作出价值的判断，从中悟出道德的要素，并将其总结和表达出来。例如，《鹖冠子·王鈇》

认为天道的秩序也是一种德性的体现。例如“诚出诚入，南北有极”的“日”体现出的是“诚”之德；“信死信生，终则有始”的“月”体现出的是“信”之德；“列星不乱，各以序行”的“星”体现出的是“明”之德；“四时当名，代而不干”的“时”体现出的是“因”之德；“前后左右，古今自如”的“法”体现出的是“一”之德。《鹖冠子·道端》更明确地把“仁人”“忠臣”“义臣”“圣人”这“四大夫”的位置比附于“左”“前”“右”“后”，因为“左法仁，则春生殖；前法忠，则夏功立；右法义，则秋成熟；后法圣，则冬闭藏”。认为“四大夫”分别拥有的“仁”“忠”“义”“圣”四德就是对春夏秋冬之德性的直接承袭。

总之，如《鹖冠子·著希》所述：“道有稽，德有据。”黄老道家用可“稽”、可“据”的方式，使老庄道家以来模糊难识的“道”明晰化了。一方面，黄老道家并没有否定“道”的核心作用，仍强调“道”是万物的总根源和总规律；但另一方面，黄老道家不再突出“道”的玄妙与神秘，而是试图从具体、形象的层面对“道”作出阐释。在对“道”加以体会、参验、总结、描述的基础上，人间的政治设计、制度建构也相应完成。

5. 虚无与因循

老子虽然提出了“无为而无不为”，但是把重心放在了“无为”，即不妄为、不强为上。而黄老道家则更强调“无不为”，“无为”是为了实现“无不为”而采用的合理方式。

那么如何才能实现“无为而无不为”？黄老道家认

为可以分两步走，第一步是“虚无为本”，第二步是“因循为用”。对此，司马谈《论六家要指》有非常明确的总结：“道家无为，又曰无不为，其实易行，其辞难知。其术以虚无为本，以因循为用。”这是把“虚无”和“因循”当作了一种方法和技术，其里面的原理虽然难懂，但是操作起来并不难。

所谓“虚无为本”，指的是得道之人必须让自己的心灵处于绝对“虚无”的状态。因为“道”就是虚无的，“天之道虚，地之道静。”“动不见其形，施不见其德，万物皆以得，然莫知其极。”（《管子·心术上》）“道”给万物施予了恩德，万物皆因此而化生、成长，但是人却看不到其动作，不明白其奥秘。相反，“道”虽然在无形中作用于万物，但却不会受到万物的影响和牵制。《庄子·应帝王》说：“至人之用心若镜”，即最高明的人其心就像一面镜子，对于镜子面前的事物既不迎也不送，虽然有所应对，但是不会在心中留下痕迹，所以能够“胜物而不伤”，既把控外物又不被外物伤害。黄老道家对“道”的这种神秘作用格外推崇，竭力将其转化为实用的技巧。

这一技巧就是“因循”。《心术上》要求高明的统治者“恬愉无为，去智与故”，“因也者，舍己而以物为法者也。”“因也者，无益无损也。”“去智与故”与“舍己”，指的都是去除一切主观偏见，“无益无损”和“以物为法”指的是尊重对象的实际情况，让对象彻底地、充分地、全面地展现出来，并以此作为认知和行动的客观标准。所以高明的统治者，其行动一定是没有预设的、是后发的，行动的依据来自于对象的性质和特征。

这就是《心术上》说的“感而后应，非所设也，缘理而动，非所取也。”只有达到彻底的“虚无”，在纷繁复杂的事物面前，才有可能做到冷静观察、从容应对，以静制动、以柔克刚，做万物的主人。

因此，可以说黄老道家是中国古代最具理性精神、最尊重事实、最实事求是的一派。他们的因循主要体现在两个方面，一个是因循天地之道，即因时制宜、因地制宜，让社会政治和大众生活完全按照来源于自然秩序的法则运行，顺应各地的自然地理环境和民风习俗，不做有损于天道与人事规律的事情，这样就能实现公平而有效的统治。这方面前文已经做了很多交代。

另外一个就是因循人情，强调尊重人的自然本性，充分调动人的主动性、积极性。如《慎子》说“人莫不自为（wèi）也”，人都是为自己打算的。“化而使之为我，则莫可得而用矣”，如果领导者掌握住这条规律，让百姓为我所用，而不是强人所难，那什么事情都好办了。以韩非子为代表的法家在此基础上，提出好逸恶劳、趋利避害就是人的自然本性，提倡君主充分利用赏罚两种手段，使百姓为我所用。

黄老道家还将这种“虚无”的理论转化成了以静制动、以柔克刚的君主御臣之术。例如《管子·心术上》说：“人主者立于阴，阴者静。故曰动则失位。阴则能制阳矣，静则能制动矣。”这是把君臣关系比作了阴阳的互动关系，强调有道的君主要处于阴的位置，因为阴代表静，而阳代表动，一动就容易暴露自己的位置，从而被属下有机可乘。

韩非子虽然是法家，但他其实对于黄老道家有深刻的领会和运用。例如《韩非子·主道》就说："君无见(xiàn)其所欲。君见其所欲，臣将自雕琢。君无见其意。君见其意，臣将自表异。""去好去恶，臣乃见素，去旧去智，臣乃自备。"君主不要把自己的好恶、倾向表现出来，这样臣下就没有机会揣摩君主心思，无法有选择地说话，只能把他们最真实的一面完整地表现出来。《韩非子·主道》还说："虚静以待，令名自命也，令事自定也。虚则知实之情，静则知动者正。有言者自为名，有事者自为形，形名参同，君乃无事焉。"这样韩非子就把从"虚无"到"因循"的理论转化成了"形名参同"的政治理论，因为黄老道家相信，在形而下的世界中，万物一旦确定了"形名"之后，就都有自我管理、自我监督、自我成就的功能，而最好的统治者正好可以充分利用这一点，通过自己的"虚静"以实现"天下无事""无为而治"。

汉初的司马谈对此有深刻的认识，所以他在《论六家要指》中总结道："虚者道之常也，因者君之纲也。"

6. 形名与刑德

"形名"与"刑德"是黄老道家文献中常见的两个概念，从中可以了解黄老道家独特的世界观念、认知手段和行动方法。

从老子开始，几乎所有的道家都有一种基本的思维结构，那就是"道""物"二分，"道"是"无名""无形"的，"物"是"有名""有形"的。所以《老子》说："无名，天地之始；有名，万物之母。"（第1章）也就是说，"无名"的"道"是天地万物之始源；而

"名"是用来区分、描摹、认识、管理万物的。

既然万物离不开"形"和"名"，那么对于试图为现实世界构建秩序的黄老道家来说，仅仅强调"道"不能用"名"和"形"去认识和把握是不够的。我们发现，《黄帝四经》等黄老道家的著作中，对于"形名"有着超乎寻常的重视，通过"形名"去认识万物、管理社会就构成了黄老道家独特的政治观。因此，"形名"也常常写作"刑名"，以强化其规范的意义和效应。

首先，有着明确等级和分职的社会管理需要"必分其能，必由其名。"（《庄子·天道》）所以"形名"是不可缺少的"治之具"。《黄帝四经》特别强调"执道者"必须认识和把握"刑名"，只要"刑名"树立起来，则天下的治理就容易做到。《经法·道法》说："见知之道，唯虚无有。虚无有，秋稿（毫）成之，必有刑名。刑名立，则黑白之分已。"意思是："见知"（即认识把握世界）之道，在于采取虚而无有的态度，如果采取了虚无的态度，即便再小的事物，也必有它的"形名"。事物的"形名"确立了，则"黑白之分"即事物的特征、位置和是非标准也建立起来了。《黄帝四经·十大经·观》说人间社会最初是"无恒"（即"无常""无序"）的，具体表现为"逆顺无纪、德疟（虐）无刑、静作无时、先后无名"，于是黄帝命大臣力黑"见黑则黑、见白则白。"通过上述《经法·道法》"刑名立，则黑白之分已"可知，"见黑则黑、见白则白"指的正是确立"形名"，即确定每个事物应有的位置。

其次，强调道之"无名""无形"并不是最终的目标，通过"无名""无形"的"道"去把握"有名""有形”的万物才是最终的目的。万物的问题想要在万物的世界内部解决，必须跳出“有名”“有形”的束缚，站在“无名”“无形”的“道”的高度，从根本上解决万物中存在的问题。这种思维具体表现为以“道”为体，以“名”“法”为用的理论结构以及君主与臣民截然不同的认识原理。因此，“形名”只能制约臣民，不能制约站在“执道者”立场上的君主。唯有“执道者”能由“道”至“名”，并建立政治秩序，这样就保证了君主在政治上的垄断权，这样“执道者”就控制了发源于“道”这一最为根本的政治资源，从而使其立于无人能挑战的绝对地位。这方面的论述，《韩非子》的《扬权》最为经典。《扬权》说，“君臣不同道，下以名祷。君操其名，臣效其形，形名参同，上下和调也。”在这里“形名”就成了君主操纵臣下的工具。

最后，在黄老道家的政治语境中，“执道者”需要依赖“形名”系统自发地发挥作用，通过“物自为正”，帮助圣人实现“无为”。因为“形名”具有规则、规范的意义。因此，“形名”一旦确立，就能自发地产生规则、规范的效应。这方面的论述也非常多，如《韩非子·扬权》说：“故圣人执一以静，使名自命，令事自定。”《黄帝四经·经法·道法》说：“凡事无小大，物自为舍。逆顺死生，物自为名。名刑已定，物自为正。”“是故天下有事，无不自为刑名声号矣。刑名已立，声号已建，则无所逃迹匿正矣。”

因此，黄老道家利用“形名”学说，既建构起通过“无名”“无形”去把握“有名”“有形”的宏大理论，也建构起利用形名参同统御臣下的具体法术。这些不是空洞的玄想，而是有实际内涵的、可操作的实用主义政治理论。这种思想虽以形而上的“道”为首，但融合“名”“法”，强调制度、法规的建设。其理念和战国中晚期为绝对君主专制政体服务的名分制度其实非常吻合，即每个人都有其确定的位置、确定的职业、确定的奋斗目标，统治者只要利用这种名分制度，就可以把握每个人的欲求和发展方向，使行政效率得以大幅度提高，使统治变得轻而易举。

如果说“形名”是对事物作出认识和判断，并为事物建立规范的工具，那么“刑德”就是天道秩序下人类行动最基本的原则。“刑德”有点类似“阴阳”，但与其又有很大不同，如果说“阴阳”表示世界由截然相反的两种元素构成，“刑德”就表示世界上截然相反的两种行动法则。

“刑德”本来是一组表示赏罚含义的概念，如《韩非子·二柄》所云：“何谓刑德？曰：杀戮之谓刑，庆赏之谓德。”“刑”是杀伐之义，“德”是庆赏之义。因此“刑德”类似于“胡萝卜加大棒”的统治方式。在阴阳学说的影响下，“刑德”又成为一组阴阳化的概念，“刑”象征着月亮、“德”象征着太阳；“刑”为阴为杀，“德”为阳为生。黄老道家很大程度上是在天道阴阳学说的基础上使用这一概念。“刑德”也可以换言之为“文武”“生杀”等，最佳的政治手段就是所谓的“文武并立”“一生一杀”。

如前面说的那样，推天道以明人事是黄老道家一个重要的思维方式。在黄老道家看来，天道的运行轨迹很大程度上可以归结为“刑”与“德”之间的循环往复，因此“刑德”就具有了天道的必然性和绝对性，导致人间的政治也必然如此。《黄帝四经》的《十大经·姓争》说：“天德皇皇，非刑不行；缪（mù）缪天刑，非德必倾。刑德相养，逆顺若成。”就是说天道光有“德”不行，光有“刑”也不行，只有两者结合起来，才能形成合理的秩序。《十大经·姓争》说：“德则无有，措刑不当。居则无法，动作爽名。是以受其刑。”如果统治者既不向百姓施予恩德，刑罚上又随心所欲。政治的行为无论是动还是静，都没有一个标准，那么势必会受到天的惩罚。因此，一“德”一“刑”、“刑德相养”，以灵活的节奏，配合时令的迁移，掌握“养生”和“肃杀”之间的平衡，是黄老道家心目中统治者必须掌握的一门政治艺术。

总之，需要在适当的时候“生”、适当的时候“杀”，准确掌握“生杀”的时机与节奏，不然就会“功溢于天”，即政治行动超过合理的限度，或者“功不及天”，即政治行动尚未达到合理的限度，导致“故有死刑”或“退而无名”的结果。只有“功合于天”，即统治者的行动恰到好处，这样才能“名乃大成”。

但“刑”与“德”之间还是有先后顺序或者说主次顺序的，如《黄帝四经·十大经·观》说到“春夏为德，秋冬为刑。先德后刑以养生”“夫并（秉）时以养民功，先德后刑，顺于天”所示，先德后刑，先“养生”后“肃杀”正是自然界的必然程序与规律。在《黄帝四经》中，“刑德”也可以换言之为“文武”“生杀”等，最佳的政治手段就是所谓的“文武并立”“一生一杀”。如《经法·君正》云：“因天之生也以养生，谓之文；因天之杀也以伐死，谓之武。”“审于行文武之道，则天下宾矣。”在文武、生杀之间，同样是重文轻武，先生后杀。如《经法·论约》明确指出：“始于文而卒于武，天地之道也。”如果是武功在前，则必须以加倍的文德继之。《经法·四度》说：“因天时，伐天毁，谓之武。武刃而以文随其后，则有成功矣，用二文一武者王（wàng）”。顺天之时，讨伐天要灭亡的国家，这就是“武”的含义。但是军事行动之后一定要有文德安抚，这样才会成功。而且用于文德的力气必须倍于武功，这样才有可能称王。

黄老道家说的“刑德”虽然来自天道阳阳观，但并不拘于此，而是加入了人的主观能动性。据《尉缭子》记载，梁惠王请教尉缭子，“黄帝刑德，可以百胜，有之乎?”尉缭子回答说：“刑以伐之，德以守之，非所谓天官时日阴阳向背也。黄帝者，人事而已矣。”（《尉缭子·天官》）也就是说，不能把黄老道家的“刑德”简单理解为“天官时日阴阳向背”这些风水意义上的数术，而是圣人对天道透彻理解基础上的理性把握。

7. 道法结合

说到中国古代的法思想，我们马上就会想到法家。其实，黄老道家不仅对“法”的作用及其操作有着丰富而系统的论述，而且由于以“道”及“天道”作为法的依据，所以在“法”的客观性、普遍性、统一性、公共性等被西方视为“自然法”问题的思考上，远比法家深刻。因此如果要探究中国古代“法”的精神，我们不应该忘了黄老道家。

我们往往用“援道入法”“道法结合”来概括黄老道家的政治思想，甚至用“道法家”来形容黄老道家。在黄老道家盛行的战国秦汉之际，“天下大争”“天下大治”是历史的现实，也是历史的呼唤。如何在中国走向统一之际，在礼崩乐坏之后如何重建社会的秩序，而且建立超越一国一族之上的全天下的秩序，是当时的思想家们要思考的首要问题，黄老道家也不能回避，既要坚持道的立场，又要树立法的观念，于是，从“道”走向“法”，“道”与“法”相结合，就成为历史的必然。

在现存的黄老道家文献中可以看到很多关于“法”的讨论。例如，《黄帝四经》中的第一部是《经法》，《经法》的第一篇是《道法》，从其位置和命名就可以看出黄老道家对于“法”异乎寻常的重视。《道法》的第一句就是“道生法”，可见黄老道家既突出“道”的重要性，又强调“法”的重要性。

老子几乎不讲“法”，而且对具体的法条法规还持批判的态度，他认为“法令滋彰，盗贼多有”（第57章），就是说，法律的制定越多越复杂，社会矛盾越得不到解决。因此他用“无为”和“玄德”作为根本治理之法。然而，既然黄老道家以良好的社会治理作为自己的理想，就必须解决现实中的种种问题，其视野必须面向公共领域中出现的种种矛盾。为了彻底而有效地解决这些矛盾，就不得不寻找一个公平公正、超越时空、让全天下人都服从和认可的最高规范。

那么，从哪里去寻得这一规范呢？如果仅仅依赖人为制定的法则，那么这样的法则不仅是有局限性的，而且很容易被人自己破坏。于是，黄老道家就把普遍的

"道"和人定的"法"结合了起来，使之成为一种既具备超越性、普遍性，又有现实性、有效性的规范。

老子虽然不讲"法"，但他的"道"未必和"法"无关。既然"道"是宇宙的实体，万物产生的源头、万物存在的依据，那么"道"也就是一种最高的理性、最高的正义，是一种终极的公平。从这个意义上讲，老子的"道"具备了法的精神，具备以超越性、普遍性、绝对性为特征的法的要求。因此，只要承认道生万物，承认从"无名""无形"可以走向"有名""有形"，那么，形而下的万物也就必须以形而上的"道"作为终极的依据。所以，从逻辑上讲，从老子这里开出法的思想是完全可能的。

然而，"法"不仅仅需要超越性、普遍性、绝对性，也需要有效性、现实性。显然这从老子那里无法得到满足，于是黄老道家又把目光投向了"天道"，以黄帝为代表技术和知识系统，把超越国家、超越民族、超越时代的"天道"观总结和提炼了出来。这种天道，不仅同样具有统一性、普遍性、客观性，而且是看得见、摸得着、不以人的意志为转移、不得不加以遵循的具体规范。例如《鹖冠子·环流》描述了圣人如何依据天道而生法的过程：

> 斗柄东指，天下皆春；斗柄南指，天下皆夏；斗柄西指，天下皆秋；斗柄北指，天下皆冬。斗柄运于上，事立于下。斗柄指一方，四塞俱成。此道之用法也。……一之法立，而万物皆来属。

就是说北斗运行已经向人间显示了确定不移的天

道，人间圣王以此为法，就可以起到让“万物皆来属”的神奇效应。其中的原理，我们在前面的“从天道到人事”一节里，已经说得很清楚。

结合“道”与“天道”的理论，怀抱“天下大治”的理想，黄老道家在中国历史上比法家更早建立起一套完整的法思想。尤其在法的理念上，黄老道家的思考更为深入。

首先，黄老道家并不就法论法，而是时刻考虑法的源头和保障的问题。按照万物生成的原理，道生万物实际上也是一个道生“名”“法”的过程，“名”代表着对于事物性质的判断，而“法”代表着在此基础上的行动和手段。所以“法”不是突然发生的，由道到法，中间存在着一个对事物加以认知和判断的阶段，那就是“名”。以《黄帝四经》为例，其法思想可以扩展为“道——名——法”的思想。如《经法》篇既说“道生法”（《道法》），但同时又提出“执道者”在“天下有事”时，第一步就是“必审其名”。“是必为福，非必为灾。是非有分，以法断之；虚静谨听，以法为符。”是非的确定就是“审名”的结果，“是非有分之后”才能进入到“以法断之”“以法为符”的实际行动。

其次，黄老道家把法的地位和作用提到了几乎与“天地”相等的位置，这在中国历史上是前所未有的，也就是说，法超越了一切，代表着最大程度的公共性。

在战国时期，黄老道家引发了一场大规模的公私之辩，例如《吕氏春秋·去私》说：“天无私覆也，地无私载也，日月无私烛也，四时无私行也，天下而莫敢不听。”法律具有类似天地日月四时这种大公无私、天下必从的性质。黄老道家特别强调“立公去私”的重要性。《鹖冠子·度万》说：“法者，使去私就公。”《慎子·威德》说：“凡立公，所以去私也。”《黄帝四经·经法·道法》也说：“法者，引得失以绳，而明曲直者也。故执道者，生法而弗敢犯也，法立而弗敢废也。故能自引以绳，然后见知天下而不惑矣。”能够“执道”的统治者明白，“法”是用来明曲直，辨是非的，一旦建立了法的系统和威严，就不能随意侵犯、废弃。有了法之后，“见知”（认知管理）天下就成为一件轻而易举的事。因此，就像《慎子·君臣》说的那样，“无法之言，不听于耳；无法之劳，不图于功；无劳之亲，不任于官。官不私亲，法不遗爱，上下无事，唯法所在。”无为而治可以简单化为法的治理。

在此基础上，黄老道家重新定义了君主、臣子的性质，即君主、臣子都是为实现天下之公平而设置的，不是倒过来的，天下成为君主、臣子的私物。例如《慎子·威德》说：“古者立天子而贵之者，非以利一人也。曰：天下无一贵，则理无由通，通理以为（wèi）天下也。故立天子以为（wèi）天下，非立天下以为（wèi）天子也。”天子作为“至贵”之人，是全天下普遍之理的代表，所以负有重大的责任。《吕氏春秋·贵公》也讲：“昔先圣王之治天下也，必先公，公则天下平矣……天下，非一人之天下也，天下之天下也。阴阳之和，不长一类；甘露时雨，不私一物；万民之主，不阿一人。”就像“阴阳之和”“甘露时雨”一样，法律代表着最大程度的平等性和开放性，不是某一个人的意志，也不是为某一群人服务的。

最后，黄老道家认为，“法”虽然具有绝对性和权威性，但并不是固定不变的，会随着时代、地域、风俗的变迁而发生变异，因此不能守株待兔、僵化固执，而要随时做出调整。所以韩非子在《解老》篇里区分了“道”和“理”，认为“理”就是定理，相当于法，是不变的，而“道”则是“无定理”的，“理”最终要接受“道”的支配，这就是所谓的“道者，万物之所然也，万理之所稽也。”因此，按照“道”的原理去“生法”的圣人不被教条所束缚。慎子也说：“以力役法者，百姓也；以死守法者，有司也；以道变法者，君长也。”（《慎子逸文》）对此，司马谈在《论六家要指》中有很好的总结：“有法无法，因时为业；有度无度，因物与合。故曰‘圣人不朽，时变是守。’”（《史记·太史公自序》）

8. 尊重贤能

基于对道德原则普遍性、个人能力有限性、政治行为有效性的怀疑，《老子》与《庄子》对于贤能救世的观点表示出相当的警惕，甚至加以嘲讽。但黄老道家既认识到个人能力的有限，又希望达到最大程度的政治效益，因此在维护君主权威的前提下，通过最高领导者的“无为”与“尊贤”，以充分调动各种贤能之士（帝师与贤臣）的技术与能力，就成为黄老道家“贤能”认识的主要倾向。

道家认为包括人在内的万物有是有限、有待的。任何人都只能处于特定的空间，站在特定的立场，得到有限的认识，发挥有限的作用。因此，人应该尊重别人的智慧和能力，不能迷信自己智慧的绝对性、自己能力的无穷性。如“为（wèi）一人聪明而不足以遍照海内，故立三公九卿以辅翼之”（《淮南子·修务》），“天地无全功，圣人无全能，万物无全用”（《列子·天瑞》）所示，道家清醒地认识到，除了整全万能的大道，即便天地与圣人也不是十全十美的，就圣人而言，其能力有短长、其智慧有局限，所以需要设置贤能之士予以辅助，最高明的统治者必然善于利用他人的智慧。同时，就像《慎子·民杂》说的那样：“民杂处而各有所能，所能者不同，此民之情也。大君者，太上也，兼畜下者也。下之所能不同，而皆上之用也。”道生万物，能力各不相同，最高明的统治者必须懂得有容乃大。因此，司马谈在《论六家要指》中说道家能够“因阴阳之大顺，采儒墨之善，撮（cuō）名法之要”（《史记·太史公自序》），虚怀若谷、博采众家之长是道家的特色。

如“天道圜（yuán）、地道方，圣人法之，所以立天下。……主执圜、臣处方，方圜不易，其国乃昌。”（《吕氏春秋·圜道》）“得天之道者为帝、得地之道者为三公。”（《吕氏春秋·行论》）所示，黄老道家认为，人间各种政治关系是天地间各种关系的翻版，人间各种政治关系必须如天地间各种关系一般呈现出互补、协调的面貌。基于这样的理念，黄老道家在贤能政治上有不少特殊的设计，仿佛各种贤者的出现不是为了解决人间已经发生的政治问题或矛盾，而完全是为了与天地之秩序相合拍。例如《鹖冠子·道端》说：“是以先王置士也，举贤用能，无阿于世。仁人居左，忠臣居前，义臣居右，圣人居后。左法仁，则春生殖；前法忠，则夏功立；右法义，则秋成熟；后法圣，则冬闭藏。……此四大夫者，君之所取于外也。”这里的“四大夫”，完全是一种想象出来的官职，但在恪守“从天道到人事”之准则的黄老道家而言，则是必然的设计。

利用和把握贤能之士的要点在于遵循万物之“自然”，即充分利用万物的多元性和互补性，尽可能多地选拔、善用各种专业人士，激发他们的主动性、积极性、创造性，同时扬长避短，相互配合，从而“兼用而材使之”，最大限度地发挥人才的作用。对此《文子·自然》以“用兵之道”作了形象的说明，即善用兵者“轻者”“重者”“贪者”“廉者”“信者”五种不同的人才全部都用，不能只取一种。轻者就是勇猛的人，“勇者可令进斗，不可令持坚”；重者就是持重的人，“重者可令固守，不可令凌敌”；贪者就是贪婪的人，“贪者可令攻取，不可令分财”；廉者就是清廉的人，“廉者可令守分，不可令进取”；信者就是守信的人，“信者可令持约，不可令应变”。这五种人，各有其长各有其短，所以“圣人兼用而材使之”，既物尽其用，又扬长避短，这样就不至于“守一隅而遗万方，取一物而弃其余”了。

黄老道家提倡按照是否贤于君主来划分人才，并给予相应的待遇。例如，《鹖冠子·博选》就把人划分为五种：

> 权人有五至：一曰伯己，二曰什己，三曰若己，四曰厮役，五曰徒隶。

黄老道家所重视的主要还是“伯己”（百倍于己）

或“什己”（十倍于己）之才，对于这些贤于君主的人，黄老道家给予极高的评价和礼遇。《鹖冠子·博选》说：“北面而事之，则伯己者至。”只有放下南面而王的至尊，屈居于北面，给予最高的待遇，能力百倍于己的人才会来辅助你。“先趋而后息，先问而后默，则什己者至。”只有疾步走到对方身边，向对方表示问安后便不敢发声，表示出谦卑之意，能力十倍于己的人才会来辅助你。“人趋己趋，则若己者至”，对方动自己才敢动，能力于己相仿的人才会来辅助你。“凭几据杖，指麾而使，则断役者至”，靠着几案，拿着权杖，颐指气使的话，仆役就会来靠近你。“乐嗟苦咄，则徒隶之人至”，暴跳呵斥、盛气凌人，那就只有奴隶过来了。“故帝者与师处，王者与友处，亡主与徒处。”所以成帝的人与师长相处，成王的人与朋友相处，亡国之主则与徒役相处。

黄老道家就用这种形象的方式，宣扬了人才的重要性。在黄老道家的文献中，有一类很特别，我们称其为“帝师类文献”，里面都是帝师和贤明有为君主之间的对话，例如各种黄帝类书籍中黄帝与岐伯，清华简《殷高宗问于三寿》中的彭祖与殷高宗，上博简与《大戴礼记》共有之《武王践阼》中的周武王与姜太公，银雀山汉简与传世文献共有之《六韬》中的周文王与姜太公。这些被称为帝师者往往是天道的化身，黄老道家就是以这样的方式既宣告了天道的重要性，又强调了贤能的重要性。

9. 重视用兵

道家与兵家有密切的关系，在其《孙老韩和说》一文中，著名学者李泽厚甚至认为兵家是老子思想的重要来源。虽然《老子》以反战为基调，但也提到了一些用兵之法，如“以奇用兵”（第 57 章），“用兵有言：吾不敢为主，而为客；不敢进寸，而退尺。”（第 69 章）道家反向、辩证、灵活、机动的思维和军事学说有很多相似之处。

黄老道家论兵之处甚多。黄老道家的文献大部分都涉及军事。例如《黄帝四经·十大经》很大程度上就是一部有关黄帝军事行动的记录。《鹖冠子》中有《世兵》《兵政》篇，《淮南子》也有《兵略》篇，都是专门讨论军事的文献。托名姜太公的《六韬》、以尉缭子名义记录的《尉缭子》、记录范蠡言行的《国语·越语下》都是专门的军事理论。有学者认为张家山汉简《盖庐》记录的是伍子胥的军事学说。而这些篇章公认都具有黄老道家的倾向。

黄老道家中有这么多的兵书，以及与军事有关的人物，可见从老子到黄老，对于战争的态度发生了巨大改变。黄老道家所处的时代“天下大争”，而黄老道家又是一种注重现实效应的政治思想，改变了老子“不争”的立场，旗帜鲜明地提出“不争亦无成功”（《黄帝四经·十大经·五正》。《鹖冠子·世兵》明确提出“五帝在前，三王在后，上德已衰矣，兵知俱起。黄帝百战，蚩尤七十二，尧伐有唐，禹服有苗。”历史的发展是通过战争来完成的，只有兵刑可以救德教之穷，只有国富兵强才能先得意于天下。因此，黄老道家明确地认识到，战争是统一天下、安定社会的重要手段。

黄老道家的军事理论非常丰富，对战争的正当性、战争的准备、战争的手段、战争的进程、战争的影响、战后的处理等，都有系统的论述。例如关于战争的正义，黄老道家相信，和天下治理的正当性一样，战争的必要性、合理性，同样来自于“法天则地”，只有替天行道，讨伐天之所灭，那才是正义的战争。如果不得不争，首先要符合天道。“故唯圣人能尽天极，能用天当。”“功成而不止，身危有殃。”（《经法·国次》）只有圣人才能够体悟把握天所赋予的尺度（“天极”“天当”），军事行为既要达到最佳的效果，又不能“功成不止”，一味逞强，不然就会陷入新的危险境地。同时，战争过程中，必须及时把握天所赋予的时机，否则无法取得彻底的胜利。这涉及黄老道家“时”观念，我们下一节会作详细论述。

这里，我们主要介绍在黄老道家军事理论中，是如何将道家“先屈后伸”、“以柔克刚”当做一种军事战术加以发挥和利用的。

《黄帝四经·十大经·正乱》描写了黄帝与蚩尤之间的战争，黄帝最终战胜蚩尤，使用的正是“絫（léi）而高之，踣（bó）而弗救”之术，其意为“层层抬高他的地位，高到让他自己向前扑倒下来，谁也救不了他”。和《黄帝四经》有密切关系的上博简《三德》也有类似的话，那就是“兴而起之，思（使）蹎（diān）而勿救”。黄帝发现，蚩尤充满贪欲，骄横奢侈，荒淫无度。而自然的规律和人事的经验证明，极度丰盈终将变成歉贫，过于充裕终将走向竭尽，一味给人好处的结果反而会给对方造成危害，于是他故意助长蚩尤的骄奢淫逸，等到蚩尤穷途末路时，再将他惩办治罪。在《正乱》篇中，这种谋略又被总结为“遂是其逆而戮其身”，即先使其恶贯满盈，然后一举打倒。这和老子所谓“将欲歙之，必固张之；将欲弱之，必固强之；将欲废之，必固兴之；将欲夺之，必固与之”（第 36 章）的先屈后伸、欲擒故纵之术如出一辙。

据《国语·越语下》记载，越国在吴越战争中失败之后，范蠡向越王勾践献上的“定倾者与人”的策略也有类似之处。所谓“定倾者与人”就是以谦卑的姿态使敌人放松警惕，具体措施就是“卑辞尊礼，玩好女乐，尊之以名”，即让勾践先以极其谦恭的礼节向吴王求和，再贿以珍贵玩器、歌舞女乐，并奉之以最尊贵的名号。从而使吴王夫差不再斩尽杀绝，给勾践逃生和复国的机会。民间流传的越女西施的故事似乎也从侧面印证了当时勾践为诱惑吴王而采取的策略。同时，范蠡还建议勾践“王其且驰骋弋（yì）猎，无至禽荒；宫中之乐，无至酒荒；肆与大夫觞饮，无忘国常”，让勾践装出沉迷于驰骋田猎、饮酒享乐而无心于朝政的假象，以麻痹吴王，使之放松警惕，从而加速其败亡。在《黄帝四经·十大经·顺道》中，黄老道家将其总结为“立于不敢，行于不能；战示不敢，明执不能。”即过意做出一副“不敢”“不能”的样子，以迷惑对方，从而后发制人，将战争的局势始终把握在自己手中。

所以，即便强调要“争”，强调要赢得战争的胜利，至于取胜的方式，黄老道家还是坚持以柔克刚的，一方面，如上所述，柔弱可以是一种假象，用来掩盖自己的实力，等到时机成熟便可一招制敌。另一方面，作为道家的传承者，黄老道家依然坚信老子所说的“坚强者死之徒，柔弱者生之徒。是以兵强则不胜，木强则兵。强大处下，柔弱处上。”（第 76 章）因此，始终要让自己处于“柔弱”的、充满生机活力的境地，这方面最典型的论述，就是《黄帝四经》的雌雄节理论。

所谓雌节，又称为“阴节”“弱节”，雄节又称为“阳节”“凶节”。著名学者陈鼓应总结道：“举凡守愚持拙、光而不耀、进退有节、不敢为先、不自大骄人、谦卑逊下、静而不争等等，均属雌节的范畴；相反，则为雄节。”在刚柔、进退、强弱、攻守、动静、盈缩中，柔、退、弱、守、静、缩的一方更为有利，因为代表的是生长、创造、平和、稳定、谦虚、谨慎，而刚、进、强、攻、动、盈的一方则代表着危险、骄傲、自满、贪婪、冒进，依据事物必然走向其反面的规律，处于“雄节”的一方必然提前灭亡。

黄老道家深谙人性，知道“凡人好用雄节”，即逞强好胜。凡处于雄节的人，毫无疑问会“大人则毁，小人则亡。以守不宁，以作事不成。以求不得，以战不克。厥身不寿，子孙不殖。”但是如果人能够有意识地使用“雌节”，那么，“富者则昌，贫者则谷。以守则宁，以作事则成。以求则得，以战则克。”（《十大经·雌雄节》）

同时，黄老道家熟知“赢缩转化”的规律，“阳至而阴，阴至而阳”，事物的发展变化遵循着阴阳转化规律，阳气致极就变为阴，阴气致极则转为阳，用兵之道亦是如此。当敌人阳气正盛的时候，我方要“固守勿与”，“阳节不尽，轻而不可取”，应该“尽其阳节，盈吾阴节而夺之”（《国语·越语下》），待其阳气耗尽，就能轻而易举地取得胜利。类似的话也出现于《黄帝四经》，“守弱节而坚之，胥雄节之穷而因之。”（《十大经·顺道》）可见守柔守雌之道在黄老道家中非常流行。

10. 应时而动

道家特别强调把握时机，如《老子》说“动善时”(第 8 章)。“时”首先是天地运行规律的体现。作为一个农业国家，错过了节气，就预示着政治、经济、军事等所有的方面都将失去依靠。所以古代的思想家或统治者没有人敢公开宣称自己可以违逆天时，黄老道家更是反复强调天时的重要性。如从养育民众的角度看，《黄帝四经》强调“毋夺民时”（《经法·君正》），“毋乱民功，毋逆天时，然则五谷溜熟，民乃蕃滋。”（《十大经·观》）。“民时”、“民功”就是与农业生产相配套的时间顺序以及生产活动。这样只有顺应天时，五谷才能丰收，人口才能繁殖，在中国古代，这是最基本、最首要的事情。

从国家治理的角度，《黄帝四经》提出“夏起大土功，命曰绝理”。（《经法·亡论》）即如果在夏天发动民力修巨大的工程是丧天害理的事情。“动静参于天地谓之文，诛禁时当谓之武。”“因天时，伐天毁，谓之武。”（《经法·四度》）何谓“文武”，农业活动不违背天地规律叫作“文”，军事活动既是正义的，能够讨伐“天谴”，又与天地运动的节拍相吻合，即不误农时，这才是真正的“武”（《经法·四度》）。《经法·论约》说：“三时成功，一时刑杀。”一年中有三个季节不能杀伐，只有冬季才可以惩恶治乱，人间动静如果违背了这一规律，那国家就会乱套。

上面说的这些“时”，都是固定不变、周而复始的大规律，容易被人把握和服从。但还有很多时候，“时”虽然也是阴阳变化、天道环周的体现，但却瞬息万变、不易察觉。因此，圣人一定是善于把握时机、取予得当的人。

著名学者龙晦曾指出，“重视时机的观念正是‘黄学’和‘老学’之间最大的差异。”黄老道家虽然也推崇守柔不争，但并非是无条件地一味地谦让。当天机来临时，要果断地做出行动，错过时机，反受其乱。《黄帝四经》指出圣人异于常人之处，就在于“当天时，与之皆断。”我们现在经常使用的“当断不断，反受其乱”就是出自《黄帝四经》的（《十大经·观》《十大经·兵容》指出“天固有夺有予”，如果“弗受”，那就“反随以殃”。就是说，人间的统治者如果不能顺从配合天时天命，做出生杀取予的举动，那么这个统治者也会受到天的制裁。

强调时机是用兵作战极其重要的一点，这是由军事活动的特征决定的。《黄帝四经·十大经·姓争》说：“时反以为机。”圣人最重视“时反”，天道环周的过程，就是事物朝着自己对立面运动的过程，这正是政治家、军事家由弱转强、由衰转胜、反小为大、反败为胜的机遇。如果能够在“时反”之机把握机遇，就容易取得胜利，反之则会受到惩罚。因此，“时”的思想就是善于洞察矛盾发展过程和可能方向，并主动加以利用的思想，使自己成为矛盾运动的主人，而不是被矛盾牵着鼻子走。这体现出古人对于天道的透彻理解和把握，以及高超的行动艺术。

对“时反”规律的认识，在《国语·越语下》中表现为范蠡“赢缩转化”的思想，“赢缩”本来是一个天文学术语，向前为“赢”，退后为“缩”。“赢缩转化”就是时机的体现。《国语·越语下》中详细描述了范蠡引导勾践遵循“持盈者与天，定倾者与人，节事者与地”的规律，分三步走，最终灭吴的过程。越王勾践急于复国，总是在时机尚未成熟的时候计划行动。而范蠡总是说“未可也”，并告诉他必须遵照“赢缩转化”的规律，“得时无怠，时不再来；天给（jǐ）不取，反为之灾；赢缩转化，后将悔之”。一切行动的关键全在于“时”，准确地把握天道回还的轨迹，是领兵作战、养育民众、治理国家的关键。

当最后勾践伐吴复国成功之后，吴王夫差派使臣前来求和，希望能仿效当年吴王给勾践留下生路的旧事，也不要把事情做绝。但范蠡坚决不许，他的理由依然是不能违逆天时，他向越王进谏曰：“臣闻之，圣人之功，时为之庸。得时不成，天有还形。天节不远，五年复反，小凶则近，大凶则远。”也就是说，如果不斩尽杀绝，那么按照“赢缩转化”的原则，吴国就有可能像越国一样又死而复生。《黄帝四经》也说，在诸侯战争之中要“尽天极”“用天当”，如果“不尽天极”，就会“衰者复昌”，难以从根本上取得胜利，但如果“过极失当”，也会“天将降殃”（《经法·国次》）。

附录：稷下学宫与黄老道家

稷下学宫对诸子百家兼容并包，促成了先秦时期最为灿烂的百家争鸣、百花齐放的局面。但从历史记载看，在活跃于稷下学宫的诸子中，人数最多、势力最强、著作最丰、影响最大的当属黄老道家，例如彭蒙、田骈、慎到、宋钘（xíng）、尹文、季真、接子、环渊都是道家。慎到思想介于道家与法家之间，宋钘思想介于道家与墨家之间，尹文思想介于道家与名家之间。稷下道家的道论、天论、气论、心论、人性论对各家都产生了深刻影响。儒家中孟子的“精气”“夜气”“浩然之气”学说、荀子的“解蔽”“心术”“大清明”“虚一而静”学说，可能都受到过道家的影响。稷下道家的主要理论与观点，集中体现在《管子》的《内业》《心术》上下、《白心》《形势》《宙合》《枢言》《水地》等文献中。

学者	国别	时间	文献出处	事迹
彭蒙	齐国	约公元前370年—公元前310年	《庄子》《尹文子》	稷下学宫中最有影响力的学者之一。最主要的观点是“齐万物以为首”。“万物皆有所可，有所不可”，尊重万物的多样，强调心灵的开放。
田骈	齐国	约公元前370年—公元前291年	《庄子》《淮南子》《吕氏春秋》《荀子》	学习于彭蒙，得不言之教。其要领是“贵齐”，主张“齐万物以为首”，要求摆脱各自的是非利害，回到“明分”“立公”的自然之理，从“不齐”中实现“齐”。但是荀子说他“尚法而无法”（《荀子·非十二子》）。

续前表

学者	国别	时间	文献出处	事迹
季真	齐国	战国，时间不确定	《荀子》《韩非子》《庄子》	《庄子·则阳》提到“季真之莫为”。这是一个类似第一推动力的问题，季真认为“莫为”，即不存在一个发源者、主宰者。
接子	齐国	与季真同时	《荀子》《韩非子》《庄子》	《庄子·则阳》提到“接子之或使”。这是一个类似第一推动力的问题，接子认为“或使”，即认为存在着一个发源者、主宰者。
环渊	楚国	战国，时间不确定	《史记》	一作娟环、便娟，又称娟子、涓子。战国时思想家，楚国人，曾在稷下学宫讲学。《史记·孟子荀卿列传》说他曾著《道论》“上下篇”，《汉书·艺文志》著录《蜎子》十三篇，均已亡佚。
尹文	齐国	约公元前360年—公元前280年	《庄子》《尹文子》	于齐宣王时居住在稷下。《庄子·天下》中将尹文与宋钘合说，认为他是一个愿意牺牲自我、成全天下的人。后世有依托尹文的名字形成的《尹文子》。此书以道家思想为核心，吸收各家尤其是名家思想，强调“名”在政治中的重要性。

续前表

学者	国别	时间	文献出处	事迹
慎到	赵国	约公元前390年—公元前315年	《庄子》《荀子》《慎子》	长期在齐国稷下讲学，其主要思想有三：一是弃知去己；二是一任于法；三是自然之势。有比较显著的道法结合的思想倾向。现流传于世的《慎子》一书，只是一个辑佚本，道家思想已经不浓厚，主要内容是论述“势”“法”“公”的重要性。韩非子对他的思想有很多吸收。但是荀子说他“尚法而无法”（《荀子·非十二子》）。
宋钘	宋国	约公元前370年—公元前291年	《孟子》《庄子》《荀子》	曾游于稷下学宫，备受尊重，被称为“宋子”，班固说“孙卿道宋子，其言黄老意”。鼓吹“见侮不辱”“情欲寡浅”。即不会因为外在的荣辱、是非而扰乱自己的内心。同时“崇俭”“非斗”，有接近墨家之处。荀子批评他不懂得建立等级秩序的重要。

二、 汉初黄老之治

1. 窦太后与文景之治

窦太后原名窦漪（yī）房（？—公元前135年），是汉文帝的夫人、汉景帝的母亲、汉武帝的祖母，是汉初刘邦、吕后之后的实际统治者，影响跨度大约有七十年。

窦太后出身平民，幼时尝尽民间疾苦。曾入宫侍候吕后，后被赐予代王刘恒。刘恒即位后窦姬被立为皇后。景帝即位后尊其为皇太后。建元元年，汉武帝即位，尊其为太皇太后。在她掌握朝政的时期，大力推行“贵清静而民自定”的黄老政治。在她的影响下，汉初黄老之治取得巨大成功，实现了“文景之治”。

窦太后特别喜欢黄老，很多历史记载都提到这一点。比如说像《史记》的《孝武本纪》里面就说“会窦太后治黄老言，不好儒术”，即窦太后不喜欢儒家那套东西，而喜欢黄老。《汉书》的《外戚传》说：“窦太后好黄帝、老子言，景帝及诸窦皆读《老子》，尊其术。”景帝就是汉景帝，诸窦就是窦氏家族的人，窦太后规定他们都要读《老子》，尊崇黄老之术。

在《史记·儒林列传》里有这么一个故事。“窦太后好《老子》书”，“召辕固生问《老子》书”，辕固生是当时比较有名的一个儒家。“固曰：‘此是家人言耳。’”辕固生很看不起老子，他说这只是普通人家的东西，普通人读的书罢了。“太后怒曰：‘安得司空城旦书乎?’”司空是管工程的，城旦是什么呢？就是那种被押来修工程的人，我们今天说来就是犯人。窦太后非常恼怒，说这本书怎么就比不上你们儒家的书籍？你们儒家的书籍跟管制犯人的书一样。太后不满，于是“乃使固入圈刺豕（shǐ）”，要处罚他，让辕固生到猪圈里面去刺杀野猪，等于是要他的命。“景帝知太后怒而固直言无罪，乃假固利兵，下圈刺豕，正中其心，一刺，豕应手而倒。”景帝看不下去，生了怜悯之心，觉得他只是直言，把自己的心里话讲出来有什么罪？就给他一把利刃。辕固生一剑正中野猪的心，野猪倒了下来。太后看到以后默然，“无以复罪”，没有再进一步处罚他。

到了汉武帝十五岁登基的时候，他内心其实想扶植儒家集团，于是“隆推儒术，贬道家言”，他想用这种方式来控制朝政，打击当时已经是太皇太后窦氏的外戚集团。这时候窦太后虽然已经快七十岁了，而且已经双目失明，但还是坚决反击，甚至逼得几个倡导儒术的官员自杀，所以这次儒家集团的斗争最终以失败告终。窦太后去世以后，汉武帝任用他的舅舅田蚡（fēn）为丞相，开始对窦太后集团进行压制。田蚡的做法就是“绌黄老刑名百家之言”，以黄老刑名为代表的百家之言不再提倡，而专门提倡儒术，这就有了大家都熟知的汉武帝以后的独尊儒术。独尊儒术是从董仲舒献上《天人三策》开始的，而董仲舒献《天人三策》就在窦太后死后的第二年，所以这不是偶然的。

就事实而言，汉初用黄老的理论来治国，显然起到了很好的政治效果。因为到汉初为止，中国已经经历了几百年的大大小小的战争，社会极度贫困。我们看一些汉初的记载就知道，当时的贵族连马车都坐不起。即使帝王坐的马车连同样颜色的四匹马都找不全。当时要做的事情就是恢复社会生机和活力。到了汉武帝时期，社会变得富裕了，而且非常富裕，国力强大。汉武帝开疆拓土，做了很多大事。其实这前面有一个黄老政治的积累，可以帮助他来实现雄才大略。

2. 曹参与盖公

曹参（？—公元前 190 年），字敬伯，西汉开国功臣，是继萧何后的汉代第二位相国。

曹参最早做的是一个诸侯王的相国，那个诸侯王就是齐王。据《史记·曹相国世家》记载，曹参刚到齐国的时候，他“尽召长老诸生，问所以安集百姓”，就是说他召集当地的长老、有知识的人士，问到应该怎么做才能够让天下太平，让百姓安定、富有。“如齐故诸儒以百数”，当地有地位有学问的人很多，数以百计，但“言人人殊，参未知所定”，大家各讲各的，曹参不知道该听谁的。“闻胶西有盖（gě）公，善治黄老言，使人厚币请之”，听说胶西有一个叫盖公的人，他懂得黄老之术，于是曹参派人带了很重的礼物去请他。然后“既见盖公，盖公为言治道贵清静而民自定，推此类具言之”，盖公对他讲，最好的政治就是“贵清静而民自定”。

“贵清静而民自定”完全就是老子的理论，例如《老子》里面就有“我无为而民自化，我好静而民自正，我无事而民自富，我无欲而民自朴”（第 57 章），主要意思就是执政者不要折腾，让老百姓自己来管理自己，自己拯救自己，其他“推此类具言之”即可，就是说有一个基本的方针，其他照着去做就可以了。“参于是避正堂，舍盖公焉”，于是曹参甚至跟盖公住在一起，做了他的学生。“其治要用黄老术”，他的政治纲领主要就是黄老术。“故相齐九年，齐国安集，大称贤相”，曹参在齐国做了九年的相国，齐国治理得非常好，大家都说这是一位非常贤明的相国。

后来曹参官至丞相，继续推行黄老之术，崇尚清静无为，与民休养生息，政治上一遵萧何旧章，有“萧规曹随”之美称。可见盖公的治国思想对汉初治国方针的制定有很大的影响。

太史公说“参为汉相国，清静极言合道。然百姓离秦之酷后，参与休息无为，故天下俱称其美矣。”（《史记·曹相国世家》）这句话是太史公司马迁的评语，他说曹参政治的主要精神就是清静，这种清静的政治实际上合乎黄老道家的精神，因为当时刚刚脱离秦国的暴政，最重要的事就是清静无为、与民休息，曹参做到了这点，所以大家都喜欢他、称赞他。

所以当时存在以曹参为代表的这样一批信奉黄老理论的官员，曹参后来做了汉代的丞相，继续实行这套理论。这套理论的基本精神用《老子》的话来讲就是“治大国若烹小鲜”，就是无为而治、不折腾，充分发挥老百姓自己的主动性、创造性、积极性。

3. 黄生与辕固生

汉初，儒家和黄老道家的对立非常严重，甚至到了水火不容的地步。可以说这既是因为政见不同，也是因为两家都想得到皇室的独家支持。据《史记·儒林列传》记载，这两家曾经有过一次非常激烈的争论，代表黄老道家的是黄生，代表儒家的是辕固生，就是前面提到的那个拿着刀子去刺野猪的人。辕固生是齐人，曾做过清河王的太傅，也就是一个诸侯王的老师。“以治《诗》，孝景时为博士”，因为善于研究《诗经》出名，在景帝时被立为博士。

黄生与辕固生曾在汉景帝前，争论商汤对夏桀、周武王对商纣王发动的革命究竟是非正义的“弑”还是顺应天命的正义行动。黄生说：“汤武非受命，乃弑也。”就是说，黄生站在道统万物的立场上，认为君主的地位至高无上是天经地义的，君主的地位不可以轻易变动。因此他认为儒家推崇的商汤、周武王并不是接受了什么天命而取代夏桀、商纣，实际上就是以下犯上的叛乱，所以只能用臣下篡位的“弑”来形容。“弑”这个词显然是贬义的、是大逆不道。

辕固生则说：“不然。夫桀纣虐乱，天下之心皆归汤武，汤武与天下之心而诛桀纣，桀纣之民不为之使而归汤武，汤武不得已而立，非受命为何？”意思是夏桀、商纣暴虐无道，所以天下人心都归了商汤、周武王，汤武是顺随天下人心去诛杀桀纣的。所以汤武是不得已而立。这不就是受命吗？

我们知道儒家尤其孟子是赞赏革命的，如果一个人失道失德，那么下面的人可以取而代之，这符合天命。孟子有个说法，所谓天命就是民心，民心所向就是天命，顺随民心就是顺随天命。辕固生坚持的就是这个观点。但是黄生说：“冠虽敝，必加于首；履虽新，必关于足。”他说君主就是君主，臣下就是臣下。帽子虽然旧，还是要戴在头上的，鞋子虽然新，还是要穿在脚上的。这个上下之分是不能乱的。桀纣虽然失道，但是他还是君主，汤武虽然圣明，毕竟是臣下。如果君主失行，有不对的地方，臣下要正言匡过，按照后来的说法就是要犯颜直谏、冒死直谏才行。你现在不这样做，反而因为他的过失而去诛杀天子，然后“代立践南面”，自己做皇帝，这不是“弑”是什么呢？

你知道辕固生说什么？“必若所云”，要是按你这么说的话，“是高帝代秦即天子之位，非邪？”这一下击中要害了。我们的汉高祖刘邦不就是取代了秦皇的位子吗？听到这里，景帝只能无奈地说：“食肉不食马肝，不为不知味；言学者无言汤武受命，不为愚。”就是说吃肉不一定非要吃马肝，因为马肝是有毒的，没吃过马肝不等于说你不懂得肉的滋味，读书人不讨论“汤武受命”这件事不等于说你没有学问。实际上是在打马虎眼，顾左右而言他。

因为这个问题太要害了，不好谈，只好不谈了。“是后学者莫敢明受命放杀者”，后来的学者再也不敢讲这个问题了。

这实际上点到了汉代政治的要害。汉代政治继承的是秦代体制，这是一个金字塔式的体制，一个君主专制的体制，当然不允许以下犯上。所以西汉早年的种种政治行为，大部分是在扫平诸侯王，就是怕诸侯王有一天会起来造反。之后中国两千年的封建社会，难道不就是在践行黄老政治吗？臣下可以直谏，即使有些昏庸残忍的皇帝不听，把你当场拖下去杀掉，臣下也不能起来革命。

汉代政治实际上黄老和儒家两家的理论都借鉴，即便汉武帝后来独尊儒术，背后还是有黄老与法家的影子。汉人发现过分强调法家、黄老，会产生很多问题，那就是太绝情。因为他们看到秦代二世而亡是因为暴政。贾谊的《过秦论》是非常有名的一篇政论，他说秦为什么会灭亡，主要就是因为“仁义不施”。因此德政还是非常重要的。表面上汉武帝以后不再以黄老为主，可能是因为他金字塔顶尖的位子已经稳固了，所以如何建立君主专制体制的问题不再那么紧迫。不然的话，这个问题一定还会讨论下去。

4. 丙吉与牛

如前所言，黄老道家认为一切政治行动必须从自然原理（这些自然原理同时也是禁忌系统）中找到合理性依据，准确把握自然的节奏，然后按照自然的规律和节拍从事人事，这才是最好的政治。只有依据天道法则制定出来的人间法律，才具有必然性和合理性，才具有最大的认可度和公共性，这就是所谓的由天道的固然推出人事的必然。这样的思路在汉初非常盛行。把握天道是最高统治者最为重要的政务。汉初的丞相丙吉就是这样一位实践黄老天道理念的政治家。

《汉书·丙吉传》记载，有一年春天，丙吉外出，遇行人斗殴，其中一人头破血流，横尸路边。丙吉却不闻不问，驱车而过。过一会儿，他看到老农赶的牛步履蹒跚、气喘吁吁，却马上让车夫停车询问缘由。下属不解，问丙吉何以如此重畜轻人？丙吉回答说：“丞相是国家的高级官员，所关心的应当是国家大事。行人斗殴，有京兆尹等地方官处理即可，无须一国之相亲理。我只要适时考察地方官的政绩，有功则赏、有罪则罚就可以了。而问牛的事则不同。现在是春天，天气还不应该太热，如果那牛是因为天太热而喘息，那今天的天气就不太正常，农事势必会受到影响。”

今天很多人从这个故事里面学到所谓管理的经验，就是领导在工作中要明确责任，谁分管，谁负责，权限多大，都要清楚明白，责任到人。做领导的不能“事必躬亲”，被小事缠住，误了大事。但我从这里看到的其实是黄老道家政治理念在汉代的影响。就是说像丞相这样仅次于黄帝的高级官僚，他要考虑的不是社会矛盾的发生以及如何处理，而是要考虑更高深的问题，那就是天道的问题。比如阴阳是不是和谐，天人是不是和谐，牛喘息可能是一种征兆，预示着天灾可能会降临，丙吉作为丞相就必须及时做好预案，来防患于未然。

附录： 具有黄老倾向的主要文献

文献	简介
《管子》四篇	《管子》四篇指《内业》《心术上》《心术下》《白心》，成于稷下学宫黄老道家之手。强调通过心的修炼，使道以精气为载体，进入修道者心中。这样修道者就能从容应对万物，而不被万物所制约。
《韩非子》四篇	《韩非子》四篇指《解老》《喻老》《主道》《扬权》。前两篇是韩非对《老子》的解释。后两篇是道家理论指导下的君王政治理论。强调“君臣不同道”“君无为而臣有为”。
《鹖冠子》	主要思想是以天道指导人道，认为天人同构，人事需顺应宇宙结构与自然的运动变化。重视在国家结构设置中选贤任能，通过贤能使人事与天道完美相合。

续前表

文献	简介
《文子》	《文子》在道家道、德理论的基础上，对老子思想有所突破。主要是肯定、融合了“仁义礼”，将“德仁义礼”总结为国家治理的“四经”，可以视为是儒道融合的黄老道家。
《吕氏春秋》	《吕氏春秋》分十二纪、八览、六论，共26卷、160篇。高诱说《吕氏春秋》“此书所尚，以道德为标的，以无为为纲纪。”此书以道家思想为主干贯穿全书始终，融合各家学说，依据天地之道来统御人间政道。
《黄帝四经》	强调以天道为规范，以刑名为审度管理天下的工具，突出阴阳、文武、刑德、雌雄节的作用。具有兼综各家的倾向。学界一般认为此书是黄老道家的代表作。
《九主》	《九主》通过伊尹和商汤之间的对话，介绍了九种类型的君主，全面肯定的只有“法君”，因为他能够效法天地之道，顺应人间之法，成为“圣王”“得道之君”。
《太一生水》	《太一生水》可以分为上下两个部分，上半部分是与“太一”及“水”相关的宇宙生成论，下半部分通过中国特殊的地理形势引申出“天道贵弱”的原理。
《恒先》	《恒先》可以分作上下两部分，上半部分重在宇宙生成论，下半部分重在人间政治思想。上下两部分彼此之间有“道论”与“政论”的对应关系，上半部分的宇宙生成论为下半部分的政治思想提供理论依据，由此导出“自生”“自为”的政治哲学。

续前表

文献	简介
《凡物流形》	上博楚简《凡物流形》记载了九个“闻之曰”，借助前人之言或经典之言，通过对“一”“心”等重要观念的论述，试图对世间万物的存在原理作出解答，并以此指导政治行动。
《三德》	从用语、用韵、思想构成看，上博楚简《三德》和《黄帝四经》有密切关系，《三德》所见“皇后”应该就是《黄帝四经》中的“黄帝”。《三德》的内容和儒家、阴阳家关系也很密切。可见黄老道家是一种包容百家的、具有实用主义色彩的政治理论。
《殷高宗问于三寿》	《殷高宗问于三寿》是清华大学所藏战国竹书中的一篇。形式上是殷高宗武丁和少寿、中寿、彭祖（即高寿）之间的问答。这篇文献通过自然规律、天人关系讲解人事之理，又兼容百家、探讨人性，称得上是黄老道家的先声。

第五章

道家与玄学

先秦时代是道家起源、发展、鼎盛的时期，诞生了老子、庄子这样的世界级思想家，形成了老庄道家和黄老道家两大思想流派，给中国的政治与文化带来了巨大的影响。汉之后，由于汉武帝实行“独尊儒术”的政策，道家开始退出前台，转向幕后。除了《淮南子》之外，再没有出现重量级的道家作品。然而，东汉末年到魏晋时期，由于政治的黑暗、儒家的没落、士人自我意识的觉醒，谈玄论道风气盛行。道家学说再次兴盛，出现了一大批道家人物。为了区别于先秦道家，历史上把这一批道家称之为“新道家”。同时，民间开始积蓄力量，把道家往道教的方向改造，道教正式登上历史舞台就在东汉末年及魏晋南北朝时期。

魏晋之际，士大夫以玄学清谈为高尚之事。玄学清谈主要研究《老子》、《庄子》与《周易》三部书，时称

“三玄”。王弼把孔子描述成道家人物，他的《老子》注强调有无本末之辨，将道家哲学思辨推向高峰。郭象的《庄子》注具有“身在庙堂之上”“心无异于山林之中”的“内圣外王”的取向。可以说王弼、郭象都有糅合儒道的特征。阮籍、嵇康等人通过注释《庄子》，批判社会的黑暗，寄托玄远旷达的神思。这批“新道家”的主要论题有“贵无”、“贵有”之辨、言意之辨、有情与无情关系之辨、自然与名教关系之辨。

一、 王弼与《老子》

王弼，字辅嗣，生于公元226年（魏文帝黄初七年），死于公元249年（魏齐王嘉平元年），魏晋玄学的主要代表人物及创始人之一。王弼是少年奇才，只活了24岁，他的人生虽然短暂，但学术成就卓著。他著有《老子注》《老子指略》《周易注》《周易略例》《论语释疑》等。他的《老子》文本在后代最为流行，我们今天所说的《老子》今本或者通行本指的就是王弼本。他注解的《周易》后来被儒家认可，被纳入十三经等经典解释体系之中。

王弼用道家理论解释《周易》，强调“得意忘象”“得象忘言”。汉代流行的章句之学，尤其易学，注重对于经典的解释，随文考释训诂，但是往往墨守师法，不敢推陈出新。而且考证极为繁琐，往往皓首不能穷经。因此学问多，出“意”少，个性、思想性非常薄弱。而王弼及魏晋玄学注重本体、扫象出意、别开生面、另立旗鼓，一改过去沉闷无趣的学风。

王弼把老子学说归结为“以无为本”“崇本息末”的本体论，通过对本末、有无、众寡、母子、一多关系的排列，强调本、无、寡、母、一的重要性，这使得老子的形而上学特征更为强化，消解了汉代宇宙论的繁复以及谶（chèn）纬的荒诞，以一种理性的玄思取代了汉人关于天人关系的机械比附。在政治思想上，王弼通过哲学上的一多关系，引出人事上“以寡治众”“以君御民”的道理，实际上为中国大一统中央王朝的建立和稳固提供了理论基础。

王弼虽然是《老子》的注释者和老子思想的发明者，但对孔子评价也很高。《世说新语·文学》记载，王弼认为“圣人体无，无又不可以训，故言必及有；老、庄未免于有，恒训其所不足。”意思是，既然道家的“无”是不可言说的，老子、庄子却说了那么多，这其实不是真正的道家。而孔子“述而不作”，所以“老不及圣”，即老子不如孔子。王弼积极会通儒道的行为，与那个时代儒家已经成为社会思想主流有很大关系，后来儒家在很大程度上接受了王弼的思想，这样就提升了儒家思想的思辨高度，为后来宋明理学的出现开辟了道路，也为中国古代成为一儒一道、一阴一阳、一刚一柔、一文一武的、弹性的、有机的社会提供了思想资源。

二、郭象与《庄子》

郭象，字子玄，约生于 252 年，卒于 312 年。少（shào）有才理，好《老》《庄》，能清言，《世说新语》记载：“郭子玄语议如悬河泻水，注而不竭。”即郭象好辩论，且口若悬河。“时人咸以为王弼之亚”，当时人认为他的才华可以与王弼相比。

郭象以注释《庄子》闻名，通过他的《庄子注》，我们才得以对庄子思想有比较全面的把握，同时郭象作为一名大思想家，也对庄子思想作了不少创造性的发挥。

“自生”“独化”“性分”“名教即自然”是郭象几个比较有名的观点。首先，郭象彻底否定了造物主的存在，“明生物者无物，而物自生”（《在宥》注）、“故造物者无主，而物各自造”（《齐物论》注），消解了道家一向坚持的“道”是万物总根源、总依据的观念，更强调万物自然的重要性，从而使“自然”跻身道家最重要、最基本的概念，也使“万物”的价值得到前所未有的开发和提升。

正因为万物是自生的，那么每个个体的生命进程，就都是自足而化的，背后不存在依托或推动，因此万物的“化”就是“外不资于道，内不由于己，掘然自得”（《大宗师》注）的“独化”。正因为是“独化”的，所以“自然”就是万物之性，每种物都有其“自然之分”，这就是“性分”。人只要“自守其分”，就会达到完美的自我成就。

在这样的思想逻辑推动下，郭象必然会走向“足性”与“逍遥”。他改造了庄子的小大之辩，不再以身心的突破、精神的自由作为唯一的追求目标，而认为万物无论小大，都有其存在的价值和合理性，每个个体只要使“自然之性”得到充分体现，就可以完成各自的“逍遥”。“使群材各自得，万物各自为，则天下莫不逍

遥矣。”（《秋水》注）

现实政治中的道德规范、名分制度、贵贱等级，也是“性分”的自然体现，因此“名教即自然”就成为郭象思想的必然归属。他说：“仁义自是人之情性。”（《骈拇》注）表面看来借助于外力的名教规范，其实就存在于人的自然本体之中，是“天理自然”，“天性所受”。就像“牛马不辞穿落者，天命之固当也。苟当乎天命，则虽寄之人事，而本在乎天也。”（《秋水》注）牛可以负重、马可以驰骋，利用牛马的这一特性为人类服务，就是利用了牛马的天性。因此适当的人为，如落马首、穿牛鼻，并不能完全否定。

一般认为，郭象思想是对竹林七贤以来，思想过于狂放、个性过于张扬、对于社会毫无实质性贡献的一种批判和纠正。和黄老道家一样，郭象为道家注入了新的活力，使之可以为现实生活提供道家的思想资源。他的《庄子注》进一步推动了儒道的合流，用道家理论论证儒家纲常伦理的合理性，使儒道的互补具有了现实性和可行性。

郭象还对《庄子》的原始文本进行了大幅度改造，今天的 33 篇本《庄子》就是郭象确定的。日本高山寺所藏镰仓时代《庄子》手抄本《天下》篇末尾有段跋语，被认为是郭象所作。记载郭象把“或似《山海经》，或似（占）梦书，或出《淮南》，或辩形名”的内容全部删除了。这确实是非常可惜的，这样做或许是出于好心，但阉割了庄子思想的真实性、复杂性和开放性。

三、竹林七贤

“竹林七贤”指的是魏晋时期的嵇康、阮籍、山涛、向秀、刘伶、王戎、阮咸七位名士。他们因常在当时山阳县（今河南焦作）的竹林之下喝酒、纵歌、肆意酣畅，所以被称为“竹林七贤”。由于魏晋时期政治黑暗、灾害频仍，大多数人无法平安地度过一生，或死于人祸、或死于天灾。面对残酷的现实，饱受心灵的痛苦，又难以与之对抗，这些人于是接受了道家遨游宇宙、与天地合一的虚幻理想，追求心灵的自由和精神的超越。

竹林七贤

这一派人虽然在思想倾向上不完全一致，但总体上是回归老庄的，尤其是《庄子》。如嵇康说：“老子、庄周，吾之师也。”（《与山巨源绝交书》）他们中有多人都为《庄子》作过注，如阮籍有《达庄论》，向秀有《庄子注》。庄子在中国思想史上的地位，从此时开始得到前所未有的提高。

借助老庄的思想资源，“竹林七贤”追求自然而放达的生活，嘲笑儒家礼乐制度的虚伪，重视人间真情的流露。如阮籍幼年丧父，兄嫂对他关照甚多。有一次嫂子回娘家，阮籍专门去送别，结果却被人讥笑，说他无视礼教对于男女之别的规定。于是阮籍愤而提出“礼岂为我辈设?”（《世说新语·任诞》）对这些扼杀人性的礼教表达了强烈的不满。

这些名士大多蔑视名位，如嵇康提出“若以大和为至乐，则荣华不足顾也；以恬澹为至味，则酒色不足欽也。苟得意有地，俗之所乐，皆粪土耳。”（《答〈难养生论〉》）。但其实他们并不一味地反礼教，而且阮籍还提出“礼乐正而天下平”（《乐论》）的观点。但是当时的礼教已经变得非常繁琐和不近人情，反而成了人性的桎梏。而且在魏晋时期，政治多变，人生无常，士人稍有不慎就有没顶之灾。嵇康就是以莫须有的罪名被杀的，所以一些士人借助道家的资源，谈玄论空不问世事，他们或者遁入山林，抚琴抒情、借酒消愁，甚至故意做出各种出格的行为来掩盖自己的真实想法，或者发泄心中的不满。

例如阮籍好饮酒，“胸中垒块，故须酒浇之。”（《世说新语·任诞》）他知道“步兵校尉营”有美酒，就专门设法弄到“步兵校尉”的官职，为的就是一醉方休。他曾一次性醉酒六十天，从而成功拒绝了与当权者司马氏的联姻。酒在这里成为释放天性、排拒强权的最好手段。

这些士人往往把精力和兴趣集中在功名利禄之外的地方，越名教而任自然，在远离红尘的地方寻得人生的归属。如阮籍“兀然弹琴长啸，以此终日”（《太平御览》卷602引）嵇康“临刑东市，神气不变，索琴弹之，奏《广陵散》”。在砍头前还能坦然弹奏《广陵散》，可见他已经彻悟“齐生死”之意了。

他们对于琴声、长啸的爱好，也是以一种特殊的方式表达出道家“得意忘言”的真谛，即人的语言已经不足以表达真意，只有通过最为纯真、最为朴素的方式才能体现他们的神思玄想。《晋书·阮籍传》曾记载这样一件事：“籍尝于苏门山遇见孙登，与商略终古及栖神道（dǎo）气之术，登皆不应，籍因长啸而退。至半岭，闻有声若鸾（luán）凤之音，响乎岩谷，乃登之啸也。遂归著《大人先生传》。”说的是阮籍曾经去山中寻访著名的修道者孙登，希望能够向他请教神仙导引练气方面的技术，但孙登不回答，于是阮籍长啸而退。走到半山上，听到像是鸾凤的鸣叫回荡在岩谷，正是孙登在长啸。阮籍回去后便写了《大人先生传》。可见，孙登是用另外一种更为精妙的语言在做回答。

“竹林七贤”称得上中国历史上极为奇特的一批人，他们对于道家的继承主要局限于消极避世的思想，模仿的是先秦那些高尚其事、不事王侯的隐逸之人，对道家养生、自然、逍遥、放达的理念有具体的阐发和实践。在他们之后，中国历史上再也没有出现过这么大规模的道家共同体。

四、魏晋风流

包括“竹林七贤”在内，魏晋出现了一大批这样的践行道家自然精神的人，《世说新语》对此有很多有趣的记载。这批名士独特的言行，被后人概括为“魏晋风流”或“魏晋风度”。可以说，“魏晋风流”是道家自然精神滋养出来的一种独特的气质。

“自然”一词首见于《老子》，指的是百姓因为圣人的克制、让步、不干涉，从而可以自己决定自己的命运，激发出巨大的生命力和创造力。在《庄子》那里，“自然”指的是万物没有受到任何外界干扰的、本来的、固有的天性。魏晋“新道家”给“自然”一词赋予了新的生命，注入了新的血液。“自然”成为“道”的本性，因此任何由“道”所生之物也都具有这种天真烂漫、无拘无束的本真状态，“自然”成为每一个自由的心灵所要追求的最高的理想。由此，“自然”成为与“道”同样重要的哲学概念。

这里主要通过魏晋名士交友的故事，来讲讲他们是如何体现“魏晋风流”的。《世说新语·贤媛》曾提到过这样一个故事，说山涛与嵇康、阮籍关系“契若金兰”，非同一般。山涛妻子韩氏觉得他们之间关系不正常，有同性恋的嫌疑。于是山涛专门邀请二人前来住一宿，并让妻子偷窥，在观察了一个通宵之后，山涛妻子得出结论：第一，是山涛的才气不如嵇阮二人，第二，“以识度相友”。就是说他们是在以见识和气度交往，因此绝对不是泛泛之交、利益之交，而是神交，是超越了名教藩篱的真正的交友之道。

除了妻子偷窥，《世说新语·任诞》还记载了一个丈夫暗察的故事：

> 阮公邻家妇，有美色，当垆（lú）酤（gū）酒。阮与王安丰常从妇饮酒。阮醉，便眠其妇侧。夫始殊疑之，伺察，终无他意。

说的是阮籍的邻家妇女长得很有姿色，在酒馆卖酒。阮籍和王戎常到她店里买酒喝，阮籍喝醉了，就睡在她身旁。邻家女的丈夫起初怀疑他们关系不正常，后经多次暗中观察，发现阮籍对他妻子并没有丝毫非礼之处。

阮籍醉卧邻家图

这说明这些名士们虽然任性放纵，不受礼法的拘束，蔑视儒家的虚伪，但是在他们身上却体现出了天真自然、毫不做作、光明磊落的一面。

魏晋名士对待朋友，有时到了“每一相思，千里命驾”的程度，让人感动。而王羲之的儿子王徽之“雪夜访戴”的故事，似乎完全漠视了朋友的存在，但不能说这就违背了交友之道。

一天夜里大雪纷飞，王徽之一觉醒来，打开窗户，四处望去，眼前是一片纯净无瑕的世界。忽然间想到了朋友戴逵。因当时戴逵远在曹娥江上游的剡（shàn）县，于是王徽之连夜乘小船前往，经过一夜才到。但是到了戴逵门前，王徽之又转身返回了。旁人不可思议，王徽之却说：“吾本乘兴而行，兴尽而返，何必见戴?”这真的是突破了普通朋友间的交往模式，完全不顾礼数，但是我们相信戴逵是不会责怪他的。

除此之外，王徽之还留下过“子野吹笛”的佳话。

有一次王徽之坐船外出，刚好看到恒子野从岸上经过。王徽之不认识他，只听说过桓子野擅长吹笛。于是便派人传话给恒子野，说：“听说你擅长吹笛，能否为我吹奏一曲。”恒子野听说过王徽之的名声，尽管他已是显要仍然立即掉头下车，为他吹奏了三支曲子。吹完上车就走，双方没有交谈过一句话。

这真是人与人之间最纯真的、最干净的关系了。没有一丝的强迫，也没有一丝的做作。可以说虽然这些名士的行为任诞狂放，却足以感人，有种孩子般的透明和天真。这是因为具有“魏晋风度”的人，身上有种超越感，不计较个人的得失和一己的喜忧，做到了彻底的无我，在行动上就能以生命的本色支配行为，从而达致最大程度的潇洒不羁，这就是自然精神最好诠释。

第六章

道家与道教

自魏晋南北朝至清末，道家的名下是包括道教的。因此道家和道教并无区分，或者说道教就是道家的传承者。到了近代之后，作为宗教的道教和作为哲学的道家才被区分开来。

如果去除道教的糟粕，专注其精华，那么道教高度的形上智慧、法天贵真、超然自适的审美情趣，会让沉浸于红尘忙碌中的人们产生舒适的精神感受；其“贵柔”“上德”的理念可以成为社会治理的借鉴；道教对天地万物的亲近和兴趣会持续激发人们去探索自然、宇宙的奥秘。今天我们有必要加大对道教思想在现代语境下的研究、阐发；通过弘“道”之路，释放人们的创造性和活力，化解生态危机、转变生存方式、实现世界和平，引导人们活得更为本真、睿智、平淡、柔和，助力人们更加自信地追求美好生活。

一、 从思想到宗教

东汉末年，儒家思想已是主流，佛教开始在中国生根发芽，道家则被创造性地利用和改造，成为一种民间宗教，即道教。首先，在思想上，道教继承老庄学说，以《道德经》《南华经》为主要思想载体，视“道”为终极概念，使其成为理论基石，但是将“道”神秘化、神格化，使老子成为教主，使庄子、列子等成为神仙。其次，在形式上，道教将信奉者组织化，通过宫观集合起专业的修道人士，通过各种仪轨使宗教仪式程序化、格式化，通过各种修炼方式使肉体与精神按照人的意愿得到更有效的控制，通过斋醮（jiào）祈禳（ráng）等各种法术为人消灾祛病，从而能够更好地满足社会各阶层宗教上的需求。

1. 老庄的神格化

老子本来只是一个春秋晚期的史官，然而随着道家思想的发扬光大，到了后代，中国人渐渐地把老子从人变成了神，从史官变成了教主。有三件事情，可能促使了老子升格，一是皇家的重视，二是佛道斗争的激烈化，三是道家宗教化之后的偶像需求。

后世有传说称老子出函谷关（今河南灵宝县东北）后，过散关（今陕西宝鸡市西南），入甘肃，经游天水、陇西、临洮、兰州、酒泉等地后，又回到陇西，落户临洮，最终在临洮东山“飞升”。临洮县岳麓山至今还有“超然台”、“说经台”、“飞升崖”、“文锋塔”（又名“笔锋塔”，相传为老子写经插笔的地方）等与老子有关的遗迹。

甘肃临洮（传说中的老子飞升地）

所谓“飞升”或者“羽化”，就是道教对于圣者去世隐晦的表达。可想而知，这是道教盛行之后，对于老子行踪的一种附会，这种附会很可能在早期道教形成之际就出现了。但是据说老子在临洮“飞升”后，其子嗣在此繁衍生息。到了唐太宗李世民时，《氏族志》已称“李氏凡十三望，以陇西为第一”。唐代皇家出身鲜卑，但为了入主中原，需证明自己出生高贵光辉，就认了老子李耳为自己的祖先，这就有力地抬升了老子的神圣地位。

后来道佛相争日趋激烈，“老子西去”演化成了“老子化胡”，说老子出关西去之后化为佛陀，把他的教导传化到西域。因此，印度佛教就成了老子教导的结果，这样道教就高于佛教了。当然这是荒诞不经的，但反映出佛教传入之初道佛相争的激烈程度。

如《三国志·魏书·倭人传》记载："老子西出关，过西域之天竺（zhú），教胡。浮屠属弟子别号。"《后汉书·襄楷传》也提到："或言：老子入夷狄为浮屠"。南齐的顾欢所著《夷夏论》云："老子入关，之天竺维卫国。国王夫人名曰净妙。老子因其昼寝，乘日精，入净妙口中。后年四月八日夜半时，剖左腋而生，坠地即行七步。于是佛道兴焉。"这是把"浮屠"即佛陀当作了老子的弟子，甚至编造出佛陀母亲（净妙）因老子受孕，后剖开左腋而生的神话。可见"老子化胡"之说曾一度盛行。也有人认为这种说法其实对佛教在中国的顺利传播起到了很大的促进作用，因为这样一来，佛教就成了道教的变种，借助道教的庇荫才得以在中国生根开花。

今天，对老子的神化已经格式化了。道教通过"一气化三清"的理念，塑造了所谓"元始天尊"、"灵宝天尊"、"道德天尊"三种形象，我们今天进入道观，常常可以看到这三位天尊的塑像。或曰老子是"道德天尊"的化身，或曰"一气化三清"都是老子的变现。这和东汉末年形成的张陵（即张道陵）、张鲁五斗米道团有很大关系，这一派后来成为"正一教"的前身，晚唐以降江西龙虎山逐渐成为正一道的祖庭。宗教需要偶像，正是这一派最早把老子变成了"太上老君"，并以宗教的口吻重新解释了《老子》，就是《老子想尔注》。

一气化三清

张道陵像

庄子在他的书中塑造了大量神仙式的理想人物，如“至人”“神人”“真人”等等。直到魏晋玄学时期，庄子还只是被视为伟大的思想家。但是道教在传播其思想的同时，开始直接利用此书中各种称号来形容道教世界中的各路神仙。例如“真人”在后世的道教系统中，主要指凡人通过修炼而升天成仙者。庄子绝对想不到，他自己有朝一日也会成为“真人”。到了唐代，庄子被官方认定为“南华真人”、其书为《南华真经》，文子被官

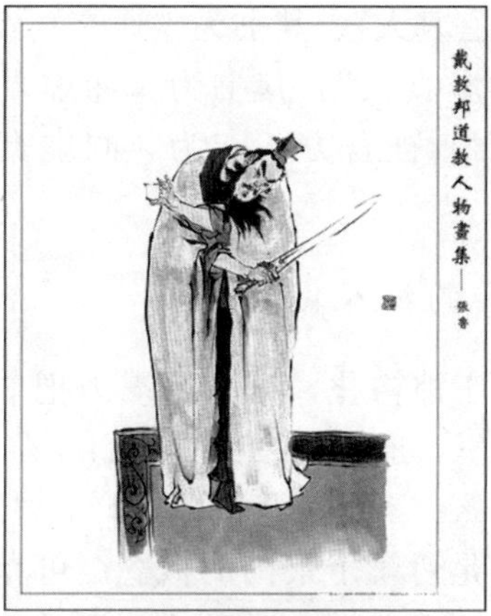

张鲁像

太上老君

方认定为“通玄真人”、其书为《通玄真经》，列子被官方认定为“冲虚真人”、其书为《冲虚真经》，庚桑子（即“亢仓子”）被官方认定为“洞虚真人”、其书为《洞虚真经》。

2. “道”的拟人化

除了把老庄神格化，道教还竭力把“道”拟人化。在《老子》那里，道不是一种具体的存在物，而是无名无形、不可描摹、不可言状的。这样，“道”就只能是思辨的产物，是哲学上最高的概念。可是这样的“道”难以让信众产生顶礼膜拜的冲动，因此，需要将“道”拉回人间，使之可以既有无上的权威，又有亲近服从的可能。这里以《老子想尔注》为例来加以说明。

《老子想尔注》早已亡佚，后来又出土于敦煌莫高窟，是个六朝《老子》的抄写本，现藏于大英博物馆。“想尔”据说是个仙人名称，据著名学者饶宗颐考证，《想尔注》始于张道陵祖孙三代，是早期道教的重要典籍，是道家转向宗教神学的标志。此书据“河上公章句本”将《道德经》本文删定为整 5 000 字，分上、下二篇，以应“老子五千文”的说法。说是注释《老子》，其实只是一个借口，因为通过删、增、改字的方法，此书利用宗教神学理论对《道德经》加以重新诠释和解说。例如，《老子》第七章云：“非以其无私邪，故能成其私。”意思是说，正因为圣人无私，反而成全了他的私。但《想尔注》却把“私”改成了“尸”，并注曰：“不知长生之道，身皆尸行耳”，“故能成其尸，令为仙士也”。这样就符合了长生成仙的教义。

《想尔注》最突出的改造，就是将《老子》中作为哲学范畴的“道”人格化、神格化。例如《老子》中对“道”的描述有“吾不知谁之子，象帝之先”（第 4 章）、“吾所以有大患者，为吾有身，及吾无身，吾有何患”（第 13 章），这两处的“吾”都指代作者或圣人，而《想尔注》曰：“吾，道也。帝先者，亦道也。与无名万物始同一耳”。把“道”与“吾”同一起来，更能体现《道德经》是由得道仙人（太上老君）亲口传授的，同时使得“道”具有了人格化的色彩和主观意识，从而将原本的客观的、抽象的“道”，具体化为有欲有言，有喜怒哀乐，对人有教导、遣使、诫禁、可以主人生死的人格神。

例如关于“希言自然”（第 23 章），《想尔注》曰：“自然，道也，乐清静。”关于“五味令人口爽”（第 12 章），《想尔注》曰：“道不食之。”关于“夫佳兵者不祥之器”（第 31 章），《想尔注》曰：“兵者非道所熹，有道者不处之。”这样《想尔注》就赋予了“道”世间普通人的喜怒哀乐，如喜清静、恶怒恶兵、不好食五味、不欲珍贵之货、荣华富贵等。有了明确的爱憎情绪，“道”的拟人化就落到了实处。

但通过拟人化，只使“道”具有了被人信奉的基础，要成为宗教中被信仰的对象，“道”还需要获得近似神明的神性和地位，即向“神”转化，成为无所不能、至高无上的存在。于是如“道尊且神，终不听人”（第 35 章注），“道性不为恶事，故能神”（第 37 章注）所示，《想尔注》频繁、反复将“道”与“神”并列而谈。甚至如“自然者与道同号异体，令更相法，皆共法道也”（第 25 章注）所示，《想尔注》将“道”凌驾于“自然”之上，认为“自然”只是“道”的一个分体，变成“自然”法“道”而存在，这不符合《老子》原意，其目的只有一个，那就是使“道”具有至高至尊、独一无二的地位。

最后，《想尔注》直接将“道”塑造为全知全能的神，可以主宰世间的一切并行使神的职责，如“道设生以赏善，设死以威恶”（第 20 章注），“见恶人，诫为说善，其人闻义则服，可教改也。就申道诫示之，畏以天威令自改也”（第 17 章注）所示，对于恶人恶事，“道”会以“天威”威慑，加以赏罚。这样《老子》就被改造成了一部训诫之书，具有了法律的功效，可以直接利用老子语录，对信徒行使赏善惩恶、镇邪制顽。

《想尔注》将“道”等同于“一”，认为“一”散形则成为气，聚形则成为太上老君，“令布道诫，教人守诫不违，即为守一矣。不行其诫，即为失一也。”（第 10 章注）这样，“道”和“一”，既是宇宙本源，又是太上老君，哲学家老子就成为了五斗米道所信奉的神。

虽然“道”在《想尔注》中被人格化、意志化，但不是没有限制的。《想尔注》明确反对将“道”具象化，认为“道”存在于世间万物之中，无处不在却没有形貌，看不见摸不着，“令有服色、名字、状貌、长短，非也，悉邪伪耳”（第 14 章注），认为“道”有颜色状貌之说都是伪伎，这样做还是为了维护“道”的神秘性，防止“道”的权威任人恶用。

《想尔注》把宇宙三分为天宫、人间、地宫，构建起一个完整的神仙世界。为了证明神仙世界的可能性，《想尔注》大力宣扬“长生不死”的可能。“法道”的目的就是获得长生。一方面，人可以通过行道守诫修成长寿的仙士，另一方面，人灵魂不死，如果人能积极地行善修道，那么即使死去也会居于“太阴”，从而死而复生；如果不能尊道，则会进入“地宫”，这才是真正的死亡。这里的“太阴”就是后来道教所说的“天宫”的雏形。

神仙世界里设有专门的仙吏，也称为天官，以管理赏善罚恶的事务，依据人之所为分记左右契，并与人之寿数挂钩，行善事记左契，增寿；行恶事记右契，减寿。

就这样，《想尔注》依据人间的想象和愿望，一方面构建起人人向往的神仙世界，一方面又通过“道”赏善罚恶的功能，参与到现实秩序的安排、人伦道德的建设。这样就符合了宗教的要求，既能满足普通人精神超越的追求，又对现实社会具有实际指导的作用。后世的道教虽然不像《想尔注》这样恶意地删改、片面地注解《老子》，但是把老子和“道”神格化的倾向是不变的。

3. 道教典籍的出现

学界通常认为《太平经》是早期道教的代表性经典。著名学者汤用彤认为《太平经》在黄老道家向道教过渡环节中居于继往开来的关键地位，“上接黄老图谶（chèn）之道术，下启张角、张陵之鬼教。”

《太平经》是西汉以来流传的方士类书《天官历包元太平经》《包元太平经》《太平清领书》的合集。主要采用问答体，即真人（弟子）问，神人（天师）答。其思想主要涉及宗教哲学、医学养生、神仙方术、政治伦理、家庭伦理、善恶承负之说等。三国年间，有人上奏东吴孙权，说此书妖妄不经，结果传播者于吉被孙权砍头。《后汉书·襄楷传》说此书虽多巫觋（xí）杂语，但“专以奉天地顺五行为本，亦有兴国广嗣之术。”《神仙传》也说：“专论阴阳、否泰、灾眚（shěng）之事，有天道，有地道，有人道，云治国者用之，可以长生，此其旨也。”可见思想确实非常驳杂，开启了后世道教上天入地、无所不包，时而高度理智、时而荒诞不经的气质与特征。

《太平经》的经义，据学者研究，大致可以分为以下四个方面。

一是构筑了早期道教的神学思想，提出了神仙不死、身中神、求长生等观念，规划了一套完整的教内位阶品级系统。

二是以阴阳五行学说为理论基础，以“无为而无不为”的黄老学说为治国方针，为帝王太平之治提出了一套理想的统治术。认为天人感应、天人一体，人的作为必将影响天道，天则以损伤疾病、灭国亡家来体现惩戒之意。《太平经》认可儒家的伦理道德，拥护明君清官。以神的权威劝诫和警告昏君和贪官污吏。《太平经》还有一些类似早期社会主义的思想，要求平等，反对剥削，希望建立人人劳动、周济贫穷的平等社会。

三是记载了辟谷、食气、服药、养性、返神、房中、针灸、占卜、堪舆、禁忌等各种方术。尤其重视符咒，认为服符诵咒能够驱邪求福、治病长生，要求信徒进行斋戒、首过、祈禳（ráng）、叩拜及育经等活动。后世道教之“术”，基本上不出此框架。

四是《太平经》包含浓重的劝善思想，提出了所谓

“承负”善恶观。即如果人类作恶太多，则天地必降灾异，殃及后人。如果先人犯有过失，积累日多，就得由后辈子孙负其过，前者为“承”，后者为“负”。相反，如果前人为善积福，则后人受荫。以《老子》为代表的道家认为“道”是超越善恶的，“上善若水”，最高的“善”要像水那样不偏不倚，能方能圆，包容万物，善利万物而不争。后世道教虽然以道家作为思想的基础，但为了适应世俗生活，从道教形成之初就有劝人向善的倾向，这就进入了人伦的世界。《太平经》劝善思想有点类似于先秦时提出的“积善之家必有余庆”，不过也可能受到过当时佛教“三世因果”说的影响。唐宋以后，道教界的劝善书越来越多，以各种神仙的名义劝人弃恶从善，最终获得个人的健康以及家庭的安宁，甚至得道成仙。

葛洪是促使道家走向道教的重要人物。《抱朴子》为葛洪所作，包括内外两篇。葛洪的核心范畴“玄”“道”“一”“气”均来源于道家。以“玄”“道”“一”“气”作为理论基础，葛洪建立起道教的神仙体系。同时，葛洪还关注人世间的成败兴衰，提出了“道本儒末”的思想，并指出具体的处世之道和治国之策。

唐代皇帝由于姓李，故对老子及道家和道教非常重视。认老子为先祖，封其为“祖神”、“族神”，追号老子为“太上玄元皇帝”。《旧唐书》载，开元十九年“并崇玄学，置生徒，令习《老子》《庄子》《文子》《列子》，每年准明经例考试。”《老子》改称《道德真经》较早，唐玄宗时期，又为庄子、文子、列子、庚桑子等道家人物制“号”，庄子号为南华真人，文子号为通玄真人，列子号为冲虚真人，庚桑子为通虚真人。并将其所著书改为真经。即把《庄子》改为《南华真经》、《文子》改为《通玄真经》、《列子》改为《冲虚真经》，《亢仓子》为《洞虚真经》，这就是所谓的四部真经，并将这四部著作列为科举考试的书目，可见当时道教的流行以及对道家经典的重视。

道教历来重视保存与汇集重要书籍，《道藏》就是道教的资料集，历史上，《道藏》曾经是规模最大的专业类丛书。现在的《儒藏》《子藏》其实都是向《道藏》学习的产物。《道藏》卷帙浩繁，共 5 485 卷，512 函，是收藏道教经典及相关书籍的大型丛书。对于《道藏》的编纂，有人认为始于南北朝时期，有人认为始于初唐，至今已历时一千多年。可以分为三洞、四辅、十二类，搜集了周秦以下道家子书及六朝以来道教经典，还有论集、科仪、戒律、符图、法术、宫观山志、神仙谱

道藏

录、道人传记等。一些濒临失传的诸子百家著作，如《墨子》《公孙龙子》等中国古代典籍也因为《道藏》而得以保存，所以对于中国文化的流传而言，《道藏》功德无量。我们今天所说的《道藏》是明代编纂的。

4. 重玄理论的产生

道家与道教都既有“道”也有“术”。相对而言，道家更重“道”，而道教更重“术”。不过在道教长达两千年的传播过程中，也产生了不少重要哲学家以及重要的理论。

值得一提的是产生于唐代的重玄学。著名学者汤一介说“如果我们把先秦道家看成是道家思想的第一期发展，把魏晋玄学看作道家思想的第二期发展，那么我们能否说唐初重玄学为道家思想发展的一个新阶段呢?”可见重玄学在道家思想史上具有重要的地位。

唐初重玄学的主要代表人物是成玄英，成玄英曾经注解过《老子》和《庄子》。他的“重玄”之说虽然出自《老子》“玄之又玄，众妙之门”，但这个“重玄”并不是深之又深、远之又远的意思，这双重的“玄”都应该读为动词，亦即双重否定，否定之否定。

《老子》第 1 章说“无名，天地之始；有名，万物之母；故常无欲，以观其妙；常有欲，以观其徼。此两者，同出而异名，同谓之玄。玄之又玄，众妙之门。”这句话在后世基本上是这样去解释的，即“无名”“无欲”要高于“有名”“有欲”，修道之人达到“无名”“无欲”的境地，就是进入了“玄之又玄”的“众妙之门”。因此，这是用“无”去否定“有”。也有人认为连

成玄英像

“无”也要加以否定，这样才能真正地、彻底地进入“众妙之门”。

然而在成玄英看来，无论哪种解释，都还是有所执着、有所拘泥的。真正的修道之人不仅要遣去“有”，也要遣去“无”，做到有无双遣。但这还是“一玄”。不仅有无双遣，如果连“玄”也加以遣去，这才是“玄之又玄”，亦即“重玄”。

因此，这是“一玄”和“又玄”（即重玄）相对的思路，“一玄”，即第一次否定，遣除“有”和“无”，但如果“滞于此玄”，仍然不够，须再遣此“玄”，“遣之又遣”，经历多重否定。通过对自身执滞的不断遣超，冥灭一切欲望，在圆融无碍中获得精神上的绝对自由。

所以“重玄学”是一种道家工夫论，但这种工夫论不是外丹内丹的修炼工夫，而是一种哲学思辨。不同于早期道教对于肉体生命的追求，“重玄学”试图在心灵上、精神上破除外在物的束缚，在不断减损、不断超脱的过程中，使主体能够心无挂碍、自然无滞地直契真道，进入重玄仙境。其思维方式的产生有可能受到过佛教中观学说的影响，也有可能是中国思想自身的产物，因为与之类似的思维还有所谓的“双遣”、“双非”。在郭象那里，“双遣”、“双非”都出现了。那么，郭象这种思维又是来自何处？我们发现在汉简本《老子》中，有所谓“损之又损之”、“玄之又玄之”的说法，或许这就是早期文本中“双遣”“双非”思想的表达方式。

唐代道士王玄览是“以佛解老”的典型代表，提出一切事物和现象都是心识的产物，他说“心生诸法生，心灭诸法灭”。“法本由人起，法本由人灭，起灭自由人，法本无起灭。”这和佛教唯识宗的“唯识无境”很相似。唐代道士司马承祯首先提出性命双修之学，认为以此可以达到庄子“坐忘”之境。唐代道士杜光庭把“体”“用”范畴引入道教，为《老子》的解释开拓了新的视野，也为宋明理学的发生提供了思想资源。这几位都堪称道教哲学家，限于篇幅，只能作此简单介绍。

二、道教流派与修炼方式

道教出现之后，从黄老道家那里大量吸收了阴阳、方技、历数等技术与手段，使道教成为一种可以用于内视存思、金丹服食、养生成仙的修炼之术，或者可以步罡（gāng）踏斗、召神除魔的消灾祛病之术。同时，道教设计出极为复杂的神仙系统和宗教仪式，使之为民间信仰提供服务。历史上，道教派别庞杂，流传至今，主要可以归为两派，一是杂糅民间信仰、以符咒形式服务民众的“正一”派。二是持清净无为态度，行内丹修炼之法的“全真”派。当然这不是绝对的，“正一”派也有性命修炼，而全真派也有斋醮之事。

1. 天师道的创始

在中国道教发展史上，天师道的产生是一个重大的事件。

如前所述，道教起源于东汉末年，作为一种宗教，需要建立一个组织将信众联合起来。当时，这样的组织有两个，一个是张角创立的太平道，还有一个是张陵创立的五斗米教。

太平道流行于北方，之所以称之为“太平道”应该与尊奉《太平经》为经典并推行“致太平”的政治理念有关。张角，钜鹿人，自称“大贤良师”，奉事当时流行的黄老道，善于用符水咒语替人治病。东汉末年，战争不断、疾疫流行。张角一边治病救人，一边发展信众，短时间内便聚集数十万人，遍及青、徐、幽、冀、荆、扬、兖、豫八州。后来他按军事编制，将信众分为三十六“方”。在“苍天已死，黄天当立。岁在甲子，天下大吉”的口号下，发动了黄巾军起义。黄巾军虽然一时规模巨大，但后来被曹操在内的汉朝官军剿灭，大部分信众被收入曹操麾下。“太平道”自从遭此打击后再没能恢复元气。因此太平道可以说是道教创立的一次尝试。

黄巾起义

与太平道同时兴起的是五斗米道，五斗米道的创立者是张陵，后被尊称为张道陵或张天师。张陵是沛国丰人，据称是张良的后代。相传，他早年曾在江西云锦山修道炼丹，“丹成而龙虎现”，后世遂将此山改称“龙虎山”。炼丹有成后的张陵又到了四川成都鹤鸣山，靠以符水咒语替人治病的方式发展信徒，因为只要交五斗米便可入会，于是这个组织被称为“五斗米道”。五斗米道尊奉老子为“太上老君”，而且如前所述，还形成了一部用来训诫信徒的《老子想尔注》。修行符箓、接引神仙、祈晴求雨、驱邪降妖，一直是这一派的主要活动。

到了张天师孙子张鲁时期，干脆在今陕西汉中地区建立了一个政教合一的割据政权，但这个政权很快就被曹操所灭。第四代天师张盛则回到了江西龙虎山，因此龙虎山就成了以天师道为主体的正一派的祖庭。到了唐末、五代时期，龙虎山一系张氏家族在官方的扶持下，在教内及社会上确立正统地位，遂成为公认的汉中张天师一脉的代表者，并以此为基础建构出张天师世家谱系，又历经宋、元两朝发展为天师道、正一道传承的核心家族。张道陵子孙已经沿袭六十多代，至今其后代在道教界都有崇高地位。

早期道教门派极多，后来又分出上清、灵宝、清微、净明等各派，出现了葛洪、魏夫人、陶弘景、寇谦之、杜光庭等重要人物。这些派别到了元代都被归于正一派旗下，和全真派形成区别。

正一派道士可以在家修行，可以结婚生子，也不忌荤腥，修行重在自觉。平时主要在宫观或城隍庙等地为信众提供讲经说法、举行香供、斋醮道场等服务。

2. 全真道的兴起

到了金代末年，道教界又出现了一位重量级的人物，以新的理念、新的组织、新的传播方式、新的修炼方式吸引信众，形成了很大的势力，这个人就是王重阳。王重阳原名王中孚，入道后，改名王喆，字知明，号重阳子。“全真”一词出自《庄子·盗跖（zhí）》，意为顺应本性、保持本真状态。王重阳重视“求返其真”、“永全真性”的内修之道，在山东宁海自题其庵名为“全真”，所以入道者都称为全真道士。

王重阳对于道教界一个重要的改革是出家修行。其实，金王朝的统治区域是过去的北宋北部地区，北宋非常重视道教，但是传统道教烧炼外丹那一套到北宋时已

王重阳与北全真七子

经备受质疑。而道教的斋醮科仪，虽然为民间提供了宗教的需求，但却越来越流于形式。当时盛行的佛教要求僧尼削发修行，必须集体居住于寺庙，这样有更多的约束，也便于管理。而反观道教，则因为没有那么多的清规戒律、组织松散，于是在百姓心目中，便不如佛教那么有威信。

有鉴于此，王重阳创教之后，便主张道士要严守清规戒律、苦修苦行，像僧尼那样出家，住在茅庵之中，不蓄养妻室，不杀生、偷盗、邪淫、妄语、饮酒，过简单自然的生活。他本人在修行之初就舍弃妻女离家修行，后来又度化了已经成家立室的马钰、孙不二夫妇，劝导他们也出家皈依。王重阳特别强调去除世俗欲念，他认为酒色财气会令人沉沦，丧乱失神，只有过着简朴的生活，才有可能在修行上取得成功。这样便整肃了以往道教萎靡杂乱的风气，使人耳目一新。

在教义上，王重阳继承钟离权、吕洞宾的内丹炼养之学，认为内丹是通向正道的阶梯。他对于成仙的理解与追求不同于传统道派，不再以肉身不死为目标，而转向内在心性的修炼，强调还原“真性”。王重阳认为当时社会上流行的诸多修道方术皆为旁门小术，只能养身，不能养性修命，因此不是真正的修仙之道。

在修行上，王重阳主张柔弱清静、少思寡欲，但也不强求一律。在《三州五会化缘榜》中，他教导会众饥来吃饭，睡来合眼，不必刻意打坐、刻意学道，一切顺其自然，只需屏除杂念，心中清净即可。

据学者研究，王重阳的弘道方式，主要通过四个方面展开，就是诗词劝谕、异行吸引、长生激励、会社为媒。据说王重阳有诗词千余篇，分为《全真前后集》传于后世。他的劝人修道诗大部分写得通俗易懂、朴实无华，起到了迅速让人劝善变俗的作用。

另外，据说王重阳曾掘“活死人墓”在其中修行两年。隆冬严寒时节，他每天也只吃一餐素斋，穿布衣草鞋，却精神饱满，脸上洋溢着春意，令人称奇，这些都促使信众迅速对他产生敬畏。王重阳提出长生成仙并不难，只要心中保持清静，使真性复苏，自然就会结就金丹，步入长生成仙之正道。

王重阳曾带领核心弟子在山东半岛建立了全真道的民间社团组织——“三州五会”，而且入会极为简单。王重阳并不提倡会众学习道教义理，也不提倡学习内修功法，只是要求屏除杂事、心中清净。这是一种面向普通民众的全真修道方便法门，与学习义理需要一定的文化基础以及学习内修需要充裕的时间和生活保障等完全不同。这样很快就在民间打开局面，一时间，当地民众入“会”者云集，胶东半岛成为早期全真道的活动中心。正是凭借这些手段，王重阳能够在民族矛盾和社会矛盾都非常尖锐的北方中国自创一派，短短几年里，就将全真道从陕西传到了山东。

王重阳在思想上是比较开放的，当时儒、释、道三教并行已经是事实，他主张三教平等，倡导“三教从来一祖风”，尤其重视调和与儒家忠孝伦理的冲突。全真道内以修习《道德经》为主，同时兼修《孝经》《般若波罗蜜多心经》，这样就为全真道的发展奠定了良好的社会基础。

从终南山出山之后，王重阳的传教足迹遍及北部中国，从者甚多，最著名的就是所谓“北全真七子”，即马丹阳、谭处端、刘处玄、丘处机、王处一、郝大通、孙不二。其中又以“长春真人”丘处机最为著名，丘处机就是那位以 74 岁高龄远赴西域，劝说成吉思汗止杀爱民的道士，成吉思汗被他不顾生死、一心为民的精神感动，对他格外礼遇，三次召见，询问治国和养生之法，并尊他为神仙，赐他虎符、玺书，命他掌管天下道教，还下诏免除道院、道士一切赋税差役。全真道因此得到进一步的发扬光大。

总之，王重阳刷新了道教界的风气，在全真道的大旗下，重整了北方中国的道教力量。他故世后，通过弟子们的积极传播，全真道在全中国开枝散叶，形成了和传统正一教派势均力敌的派别，直到今天，仍然是道教界的主流之一。

成吉思汗会见丘处机

3. 身心的修炼

外丹内丹均为道教修炼身心的方法。丹本是一种红土矿物，即丹砂，俗名朱砂。因道家炼药多用朱砂，以至于后世用“丹”来表示药剂。

外丹也叫做金丹，指的是使用一定的器皿，如丹炉，将铅汞等各种自然界的材料调和在一起，通过烧制之后炼成的丹药。这本来是中医常见的一种药物炮制方法，但如果炮制时原料、器具、环境、方法有特殊讲究，且目的只用于长生不老时，外丹就成特指了。

从先秦开始，追求养生之道的道家即流传这样一种看法，即通过服食特殊的东西可以使人延年不死。如秦始皇多次派方士徐福到海上神山去寻访仙药。汉代方士李少君给汉武帝开过特殊的仙方，《史记·孝武本纪》对此事有记载：

祠灶则致物，致物而丹沙可化为黄金，黄金成以为饮食器则益寿，益寿而海中蓬莱仙者可见，见之以封禅则不死，黄帝是也。

这是说，先要祭祠灶神，使炉灶里的东西按照人的意愿发生变化，这样丹砂就可以变成黄金。其次，要用黄金作为饮食器具，可以延年益寿。益寿之人就有资格遇到海上仙人，对其加以祭祀就有机会点化成仙。“于是天子始亲祠灶，而遣方士入海求蓬莱安期生之属，而事化丹沙诸药齐（jí）为黄金矣。”于是汉武帝亲自祭祀灶神，开始走上炼金服食的道路。这应该史书上关于外丹炼制最早的记载。同时期的淮南王刘安也醉心于此，他炼丹的副产品就是发明了豆腐。此外《淮南子》留存至今的只有《内书》，据说还有《外书》和《中书》，《中书》专门言“神仙黄白之事”，那就是求仙和炼制黄金白银之道，《汉书·刘向传》也说刘安著有《枕中鸿宝苑秘书》，“言神仙使鬼物为金之事”。可见李少君、汉武帝、刘安都是外丹的早期实践者。

魏晋时期，社会上从上到下，都好服丹药，当时称之为“五石散”。例如何晏“美姿仪，面至白”，他自己说就是因为“服五石散，非唯治病，亦觉神明开朗。”王羲之因为书法被人喜爱，所以留下了不少手札，这些手札中不少内容都是与人交流服食“五石散”的感受。《晋书·王羲之传》中的记载：“羲之雅好服食养性”，“与道士许迈共修服食，采药石不远千里，遍游东中诸郡，穷诸名山，泛沧海。”魏晋时贵族受道家影响很大，追求精神上的洒脱不羁、飘飘欲仙，所以魏晋风流的形成可能和服食丹药有很大关系。这方面，鲁迅《魏晋风度及文章与药及酒之关系》有很多描述。

东汉时期魏伯阳所著《周易参同契》，结合周易、黄老、炉火三事，第一次把炼制丹药的药物、火候、过程、原理全面建构起来，因而被后人称为“万古丹经王”。

此书把丹炉想象成天地，其中便有阴阳乾坤的变化。其鼎炉的设计既有技术性的需要，又被赋予了义理的解释。如早期的鼎炉是太一炉和悬胎鼎。太一炉可能就是后来的八卦炉，开八个门，本为便于通风均温，但被解释为八卦之象。太一炉和悬胎鼎的炉形被说成是圆天方地，其上下结构被解释为符合乾坤二卦，因而是宇宙模式的静态体现。这种天地设位、乾坤定位的太一炉和悬胎鼎后来发展成为上水下火鼎，这本是一种蒸馏器，其功能在于阻止热量散发，或据水的蒸发来确定火候，而且炼丹还要求转动鼎炉，于是就被解释为符合水火坎离的变动，故以既济鼎、未济鼎命名，宇宙模式也就从静态的发展为动态的了。

关于药物及其配伍的原理，《周易参同契》说：“丹砂木精，得金乃并。”（中篇第 11 章），意思是丹砂属火，火由木中而生，故火为木之精英。金能生水，水由金中而出，故水源于金，金因为火练方能成器。就炼丹而言，金被火炼方能成就丹砂，所以说“得金乃并”。道家认为，既然金玉之类是自然物中最不容易腐烂的，那么，服食金丹之后，人的身体就可以变得像金玉那样不再腐坏，从而长生不老。

虽然今天看来，道士们为了寻求不老之术，而痴迷于探索自然原理的精神十分可贵，也确实无意制造出了豆腐、火药等造福人类的东西。但外丹长期服用或服食过量会导致中毒，因为铅汞等重金属具有毒性，道士炼丹虽着意于去除丹毒，终究会有残留，等到毒素在体内累积到一定程度必然毒发身亡。魏晋时期盛行的五石散同样带有很强的毒性，药王孙思邈曾呼吁世人“遇此方，即须焚之，勿久留也”。五石散的药性燥热，服后使人全身发热，会产生一种迷惑人心的短期效应。

所以，历代都有道士热衷于为皇帝炼制丹药，但没有一个皇帝因此长寿，因此被认为欺君而被砍头的道士为数不少。唐末五代以后心性论思潮兴起，道教的成仙理念也由传统的肉体长生转向元神不死，这促使道教对于长生不死的追求从“外求”金丹大药转向“内在”元神的炼养。内丹开始取代外丹，成为道门修炼理论的发展重点。

其实内修的方术早在先秦时期就已出现，《老子》的“专气致柔”、《庄子》里面的“心斋”、“坐忘”、“朝彻”、“见独”，《管子》里面的“心术”、“白心”应该都和练气、养神、修心的工夫有关。一般认为内丹的修炼分为性功和命功，性功主要是精神修炼，命功主要是形体的修炼，只有把两种修炼功夫结合起来，性命双修，才能精神舒适、延年益寿。《管子·白心》所说“形性相葆”就是此意，可见古人早已领会其重要性。

不过，“内丹”还不是一般意义上的内修之术，可能是接受了外丹的影响，“内丹”学说把身体也看作是一个炉鼎，将人体内的精、气、神三种生命要素，配合以行气、导引、呼吸吐纳等操作实践，在体内结成丹神（元神），从而达到不死成仙的目的。

内丹修炼有四个基本步骤：

第一，炼精化炁（qì）。此为筑基阶段，就是将宇宙及人体中的能量（“精”）转化为“先天一炁”。

第二，炼炁化神。此为养胎阶段：将“炁”与“神”合炼，乾坤交结而成金丹，进而形成“丹胎”（元神、阳神）。

第三，炼神还虚。又称“上关”“九年关”。“丹胎”显现婴儿之形后，移入上丹田。经九年（此为虚指，借达摩面壁九年之说）功夫——前三年乳哺温养、后六年逐渐成长，遂炼就纯阳之神，进入出神入化的境界。

第四，炼虚合道。又称“粉碎虚空”或“虚空粉碎”，这是内丹修炼的终极目标。阳神可以自由出窍，从此超越客体、超越自我，或留驻人间积功累德，或功行圆满而升入仙境。

内丹练得好，可控制体内气息运动，进入心空、神静、意定的境界，使得身体舒畅、精神自如。若练得不好，则会走火入魔，戕害身心。

内丹大致可以分为两派，即金丹派南宗与北宗（全真道）。入宋以降，有关钟离权、吕洞宾的信仰崇拜，与内丹术不断结合而形成了钟吕丹法，二人遂被奉为内丹鼻祖。钟吕丹法主张性命双修、形神并炼，以凝结精、气、神为基本功，以摄取先天一炁为要诀。

在具体的操作实践上，又因入手处的不同而分为不同派别，即先修命，后修性和先修性，后修命。“命”指外在的形体、生命、能量、物质等；“性”指内在的心性、思想、精神等。

金丹派南宗丹法比较重命功，主张先修命、后修性，先术后道。金丹派北宗亦即全真道丹法比较重视性功，主张先修性、后修命，先道后术。

入元以后，金丹派南、北二宗逐渐合流，遂形成了南、北“五祖”的说法，金丹派南宗“五祖”是：紫阳真人张伯端，杏林翠玄真人石泰，道光紫贤真人薛道光（薛式），泥丸翠虚真人陈楠，琼琯（guǎn）紫清真人白玉蟾。金丹派北宗“五祖”是：东华帝君王玄甫、正阳帝君钟离权、纯阳帝君吕洞宾、纯佑帝君刘海蟾、辅极帝君王重阳。

外丹鼎炉

内丹修炼

4. 宫观的形成

道家亲近自然、爱护自然，自古以来形成了与大自然和谐共生的理念。中国大江南北到处都有奇峰异峦，自古以来就有许多修道之人在其中隐居、修炼、合药、成仙。这些地方远离红尘，清净吉祥，修道之人可以饱览壮丽景色，吸收天地精华，领会万千气象，激发神秘体验。

道教形成以后，以修道为终身追求的人士往往出没于这些绝佳胜景之间，渐渐有人开始对仙山进行有意规划。如葛洪《抱朴子》就提到了华山、泰山、霍山、恒山、嵩山、少室山、长山、太白山、终南山、女几山、地肺山、王屋山、抱犊山、安丘山、潜山、青城山、峨眉山、绥（ruí）山、云台山、罗浮山、阳驾山、黄金山、鳖祖山、大小天台山、四望山、盖竹山、括苍山等二十余座，认为“此皆是正神在其山中，其中或有地仙之人。上皆生芝草，可以避大兵大难，不但于中以合药也。若有道者登之，则此山神必助之为福，药必成。”

洞天福地观念就是在这样的背景中产生的。“洞”意味着“通”，洞室可上通于天，“福”指福祥，就地修道可得福度世。道教认为洞天福地乃是上天遣群仙或真人统治之所，道士居此修炼则可得道成仙。

据说唐朝的司马承祯在王屋山修道期间，对洞天福地学说进行了系统整理，首次提出了十大洞天、三十六小洞天和七十二福地的说法，并编集成《天地宫府图》。他还在每个地点“安排”了一个仙人坐镇。如十大洞天之首王屋洞府又称“小有清虚之天”，坐落在河南济源市的王屋山，属西城王君治之；三十六小洞天之首霍桐山洞，名霍林洞天，在福州长溪县，属仙人王纬玄治之；七十二福地之首的地肺山，在江宁府句容县界，昔陶隐居幽栖之处，真人谢允治之。即今江苏镇江句容境内茅山。

后来，道教的神圣空间除了洞天、福地，还延伸到靖治、水府、神山、海岛等，具体说来就是十大洞天、三十六小洞天、七十二福地、十八水府、五镇海渎、二十四治、三十六靖庐以及十洲三岛。

当然，现实世界中既没有仙境也没有仙人存在。但由于洞天福地均有实指，而且历代道士不断地在其中建宫立观，精勤修行，为后人留下了许多的人文景观、历史文物和神话传说，使得中国的自然景色变得更加生动美好。同时，由于洞天福地的观念影响深刻，不少文学作品也受到感染。据说《西游记》中孙悟空居住的花果山水帘洞，就是按照道家洞天福地的说法想象出来的。

洞天福地

留存至今的著名宫观，大都建造于对道教历史产生深刻影响的地方。例如在后世认为是老子出生地之一的河南鹿邑，形成了太清宫，这是历代帝王祭祀老子最多的地方。陕西终南山据说是老子西行出关后曾经讲经之处，现在成为著名景点楼观台。

江西省鹰潭市贵溪县境内，有道教正一派的祖庭，那就是龙虎山天师府。正一派分支很多，位于江苏省句容市与金坛市交界处的茅山道院是上清派的祖庭。而灵宝派祖庭江西阁皂山宫观在历史上已经荒废，现有的宫观都是新修的。全真道兴起之后，出现了三大祖庭，那就是埋葬王重阳遗骨的陕西户县重阳宫、位于山西省芮城县的永乐宫和北京白云观。

值得一提的是，湖北十堰武当山宫观群，就是明代永乐皇帝为推崇玄天上帝以及隐逸高道张三丰，按照皇家规格修建起来的，极为壮观。其他还有四川都江堰青城山宫观群、山东青岛崂山宫观群、安徽黄山市休宁县的齐云山宫观群。目前中国道教协会位于北京的白云观，这是丘处机会见成吉思汗之后在北京的修行、羽化之地。

武当山金顶

第七章

道家与中国文化

由于道家追求玄妙神秘的“道”的意境，追求虚静无为的处世方式、宁静淡泊的人生理想、超凡脱俗的生活感受、潇洒放达的自由境界、不受拘束的想象空间，因此，道家最大程度地激发了心灵的生机、艺术的想象，给诗歌、书画等艺术创作赋予了无穷的创造力和生命力。中国古代最好的艺术往往都是道家熏陶的结果。

道家思想强烈影响了中国人的创作心态。北宋初年著名隐逸诗人林逋写道：“即今休去便休去，若觅了时无了时”，轻松自如，全然放下，这既是创作者的最佳心境，也是他希望传达给读者的生动意趣。

道家思想也强烈影响了中国人对于美的评价，中国人甚至认为只有那些脱去烟火气的、洗尽铅华的、稚拙的、天真的、有点憨痴的，有时甚至是有点丑的作品才是好的。

道家思想不固执、不僵化、应时而动，随机应变的立场，虚心的、谦逊的、克制的人生态度，全面的、完整的、联系的、辩证的认识方法，强烈影响了中国人的思维方式、行为方式。这种思想尤其在书画等艺术，医术、武术等方术，军事、商业等事业中，大放异彩。

一、 道家与文学

道家影响了中国人的各个方面，造就了中国人的独特气质。尤其在文学艺术方面影响更大。著名学者陈鼓应指出，中国文学史上出现的“童心”说、“性灵”说和“真趣”说等，都与《庄子》中强调真情实意存在深刻的关系。

此外，道家认为，无形比有形、超越比现实、想象比写实、空虚比实际、变动比停滞更为本质、更为重要，无限的想象力和创造力正由此而来，大文学家往往从道家那里汲取过无穷的营养。

躬耕自织的陶渊明生活于南北朝时期的东晋与刘宋之际（公元 365 至 427 年），钟嵘在《诗品》称他为“古今隐逸诗人之宗”，朱熹也评价说：“渊明所说者庄、老，然辞却简古”。自古以来，陶渊明和道家的关系都为人津津乐道，被认为是先秦道家隐逸思想在后世的杰出代表。在现实中，他“不为五斗米折腰”，辞官归隐、寄情田园，慨叹“复得返自然”的悠然自得；在理想中，他向往“阡陌交通，鸡犬相闻”的怡然自乐，构筑了淳朴美好、令人神往的“世外桃源”。

陶渊明最具道家精神的诗句是“结庐在人境，而无车马喧。问君何能尔？心远地自偏。采菊东篱下，悠然见南山。山气日夕佳，飞鸟相与还。此中有真意，欲辩已忘言。”这表明作者虽然仍住在人世间，不会去追求虚无缥缈的神仙生活，然而生活中已与官场断绝了关系，不相往来应酬，这正是道家追求的隐逸。只有有了隐逸生活的闲适，才能以悠然的心态欣赏山中早晚的佳景与飞鸟的自由自在，在最为平凡的人世生活中获得独有的精神快乐。

著名学者徐复观认为，老庄道家的自然思想在文学上的成熟的体现，“只能首推陶渊明的田园诗”。“真意”以及“真”等是陶渊明反复运用的概念，他注重对于人生真谛的追寻和体验，慨叹当时的社会伪多真少。他的诗运用自然质朴的写作手法，表达了一种乐于山水，不与世俗同流合污的真性。

李白是最有想象力的古代诗人，他的一生喝酒谈玄、散发弄舟，向往长生不老、成仙成神，这和他的道教信仰有很大关系。他正式履行过入教仪式，成为受过符箓的道士，在生活方式和情感方式上丝毫没有儒家的严谨和佛家的悲观，一派道家的洒脱、自由、豪放、不羁。他曾用生动的语言、美好的想象大量描述道家仙境。例如他的《古风》其七：

五鹤西北来。飞飞凌太清。仙人绿云上。自道安期名。

两两白玉童。双吹紫鸾笙。去影忽不见。回风送天声。

我欲一问之。飘然若流星。愿餐金光草。寿与天齐倾。

还有《有所思》歌：

> 我思仙人，乃在碧海之东隅，海寒多天风。白波连山倒蓬壶，长鲸喷涌不可涉，抚心茫茫泪如珠，西来青鸟东飞去，愿寄一书谢麻姑。

这些都是李白对神仙生活的向往与歌颂，对长生不老的期待和追求。

曹雪芹的《红楼梦》更是大量运用道家意向，处处可见道家精神。著名学者余英时曾指出曹雪芹“最欣赏的古人是阮籍，最爱好的古籍是《庄子》。”曹雪芹字梦阮，阮指阮籍，他的朋友写诗形容他“狂于阮步兵”、“步兵白眼向人斜”等等，都是将他与阮籍相提并论。

《红楼梦》开篇出现的太虚幻境正是化用于道家“太虚”观念，而镶嵌在太虚幻境牌坊上的对联“假作真时真亦假，无来有处有还无”，也充分体现出道家对于人世间真假、是非、善恶的看破与超越。那块通灵宝玉本来只是大荒山无稽崖的一块石头，在未被锻炼通灵之前，原处于与道合一的无悲无喜的状态，处于一种绝对的虚静之中。而当锻炼通灵思凡下界之后，便同最初的虚静状态、同本根道体相背离了。

道家率意尚情，曹雪芹尤其突出了这一点。《红楼梦》第二回说到贾雨村与朋友在酒肆聊天，将天下之人分为三种：禀正气之人、禀邪气之人，以及阮籍、嵇康等正邪二气相混之人，而贾宝玉就属于这第三类人。这类人往往“任意任情”。《红楼梦》第八回脂砚斋的批语说“按警幻情榜，宝玉系‘情不情’，凡世间之无知无识，彼俱有一痴情去体贴。”

现在的读者多以为曹雪芹是肯定黛玉而否定宝钗的。从道家的角度看，当年曹雪芹未必是这个意思。贾宝玉梦游太虚幻境时，见到的《金陵十二钗正册》，其他十位金钗都是各人各诗，只有林黛玉和薛宝钗合用一首诗："可叹停机德，堪怜咏絮才。玉带林中挂，金簪雪里埋。"随后仙女歌唱《红楼梦》组曲，其中的《红楼梦引子》歌词是："开辟鸿蒙，谁为情种，都只为风月情浓，因此上演这怀金悼玉的红楼梦。""怀金悼玉"中的"金"指薛宝钗，"玉"指林黛玉。再之后警幻仙子将自己的妹子配与宝玉，书中形容她"其鲜艳妩媚，有似乎宝钗，风流袅娜，则又如黛玉"，其名"兼美"。兼美意思是两人的美合二为一，这又是作者将钗玉并举的暗示。

四十二回脂砚斋的批语也说："钗、玉名虽二个，人却一身，此幻笔也。"可见作者原本的意图是钗、玉并立，写出现实两种不可兼得的美，并无贵此而贱彼。在道家看来，每一物都有其好的、美的、合理的地方。黛玉和宝钗各有其美，黛玉是任情率性之美，宝钗是宽容通达之美。而我们现在的红楼评价反而落入了《庄子·秋水》中所说："以物观之，自贵而相贱"的低俗层次，而曹雪芹其实秉持的是"以道观之，物无贵贱"的立场。

二、 道家与书法

书法是中国独特的艺术表达形式。人在写字时，不思声色，不思得失，不思荣辱，心无烦恼，形无劳倦。

写到物我两忘、心手双畅的时候，可以使躯体和精神彻底放松，这正是道家追求的淡泊宁静的意境。

王羲之《快雪时晴贴》

最好的书法作品自由洒脱、烂漫天成、宁拙毋巧、返璞归真，去掉一切矫饰，达到“质朴无华”的艺术至境。这与老子“大巧若拙”的思想极为相似。

书法是一门艺术，有着自身的规矩，需要高度的技巧，而且这些技巧无不符合道家原理。如书法用笔讲究欲左先右、欲上先下、隔空取势，随意赋型，这些难以言传之妙正应和了道家“无中生有”的情趣。

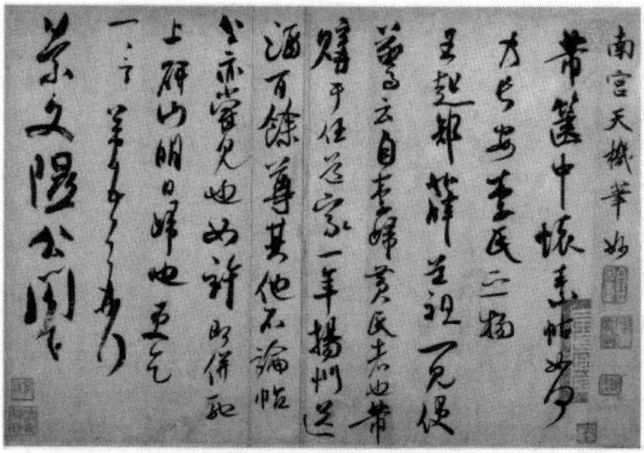

米芾（fú）书法

高明的书法将规矩、技巧寓于方圆、快慢、疏密、浓淡、粗细、大小、收放、错落的协调之中，讲究结构正而不固，笔致中而不重、气息柔而不僵、风姿奇而不怪、精神凝而不滞，反对千篇一律，千人一面，更反对死板做作，从而使作品体现出无穷的生机和活泼的魅力。在游刃有余、得心应手的书写过程中完成的美妙作品几乎是独一无二、无法复制的，这正符合道家“道法自然”的理想。

书法以线条为符号，但如果仅仅满足于线条、结体的美观，那还是形而下层次的符号。王羲之的《书论》云：“凡书贵乎沉静，令意在笔前，字居心后，未作之始，结思成矣。”孙过庭《书谱》也说书法是“好异尚奇之士，玩体势之多方；穷微测妙之夫，得推移之奥赜（zé）。”书法作品中的线条运动就是“物之精者”，很难用言语表述清楚，具有很大的模糊性。所以欣赏书法作品，可以与文辞内容一起进行理解，也可以撇开文辞内容单从线条的运动中寻找玄机。意在笔先，字居心后，让无形的意操纵有形的字，让线条化作流动的气韵，在运动中表达出微妙的意境，才能创作出上佳的作品。这正和道家“得意忘形”的理念相吻合。

因此一个好的书法家往往深得道家精髓。王羲之的书法艺术之所以登峰造极，与其信奉道教，书、道合一有很大的关系。《晋书》记载王氏家族“世事张氏五斗米道，又精通书道。”王羲之晚年隐居修性于浙江嵊州金庭道教胜地“第二十七洞天”，与道士共修服食，卒后，亦葬于此地。王羲之的书法风姿绰约、潇洒飘逸，结体自然生姿，不露人工凿痕，望之惟逸、发之惟静，流露出一种超凡脱俗的美。

三、 道家与绘画

山水画在中国古代的盛行，和古代文人的精神追求有很大关系，因为山水画满足了古代文人希望暂时逃避现实烦恼，在自然胜境中获得片刻宁静的愿望。因此，好的山水画往往是由钟情道家的文人创作的，他们刻意描绘道家那些神奇梦幻般的境地，人物大多画得非常小，逍遥遨游于山水之间，好像和自然完全融为一体。这些画不求形似，只求能够游心太虚、驰情入幻，抒发心意、寄托情怀。其中格调最高的，正是那些出色表现出淡泊宁静、回归自然道家意境的画作。

山水画的主题中有很多是道教所向往的“洞天福地”。例如明代仇英的传世代表作刻画了流传千古的胜境“桃花源”隐逸主题：一位隐士在松下临溪而坐，身前是一处溶洞，童子们不远处忙着摆果奉茶，远处白云缭绕于青山之间。仇英的作品多见状若灵芝的祥云以及青绿的山水，它们往往象征着仙境；尤其是仇英所钟爱的“溶洞”图像，并非世俗意义的一处岩窟，而是承继了道家神学思想的“洞天福地”。

明仇英《玉洞仙源图》及其局部，故宫博物院藏

文人画在中国古代绘画中占有重要地位，这些画大多是具有道家情怀的人创作的，他们不是为了画而画，而是为了直抒胸臆。例如北宋著名文学家、书法家苏东坡一生坎坷，数次濒于生死险境。他早年做过张易简道长的弟子，是道家随遇而安、超然物外的思想支撑了他，让他能够自我调节，获得精神解脱，进入“一蓑(suō)烟雨任平生”、“归去，也无风雨也无晴”的大境界。在《送沈逵赴广南》一诗中，苏轼曾写道：“功名如幻何足计，学道有涯真可喜。”

苏东坡偶尔也会作画，流存于世的《枯木怪石图》，据说拍出了4.6亿元的天价。此画非常简单，枯木状如鹿角，怪石形若蜗牛。枯木自然虬屈，逆顺有势，怪石随意横卧，挣扎扭曲，但显示出顽强活力、不屈精神。用他自己的话说，他的画就是“怪怪奇奇，盖是描写胸中磊落不平之气，以玩世者也”。

苏东坡《枯木怪石图》，私人收藏

再如元代诗书画三绝的大家倪瓒（zàn），被后人称为“倪高士”。元蒙统治者为巩固统治，大力发扬道家思想，所以元代文人画道家精神最浓。倪瓒是元代隐士的代表性人物，他同父异母的长兄倪昭奎就是当时道教的上层人物，曾请“真人”做幼时的倪瓒的家庭教师。因此倪瓒生活和艺术创作都受到了道家文化的影响，强调极度的纯洁与自然。据说他请人担水，后面那桶就不喝了，怕受了屁的污染。他的画喜欢大段留白，风格清润，平淡天真，笔简意远，惜墨如金。他自己曾说“仆之所谓画者，不过逸笔草草，不求形似，聊以自娱耳。”后人评价他的画“无一点尘土”。

写形状物，不求形似，但求神似，不求用笔细致周

倪瓒《鹤林图》，现藏中国美术馆

到，只求消除心中块垒，抒发心中意气。世界上对于中国画评价最高的地方正在于此，即中国人做到了艺术为人服务，而不是人做艺术的奴隶。艺术的天空中留下的是纯粹和天真，鄙弃的是实用和世俗。

四、 道家与易学

易学和道家有着许多相似的思维，都有一个超越万物的存在（“太极”与“道”），都用阴阳两分来观察、概况事物，都有在阴阳变动过程把握事物发展轨迹的辩证思路，都在天人合一的框架中把握自然与人事的关系。历史上，早期道家很有可能受过早期易学影响，而后来易学的发展又显然受到道家的影响。

有学者认为《道德经》有可能发挥了古代三《易》之一《归藏》的思想，《归藏》的首卦是坤，坤卦是纯阴之卦，象征着柔顺，而老子最强调的就是守柔不争，例如他以“慈”、“俭”、“不敢为天下先”作为三宝，而且特别崇尚雌性之德，这与坤道的理念正相吻合。

《易传》是先秦时期对《周易》加以解释的重要书籍。虽然后世将其视为儒家著作，侧重其修养品德以转变命运的理论，但实际上此书形而上的意识和辩证思维和道家非常相近。例如《易传·系辞》云“太极生两仪，两仪生四象，四象生八卦”，类似于《老子》“道生一，一生二，二生三，三生万物。万物负阴而抱阳，冲气以为和”（第42章）的宇宙生成观思路。《易传·系辞》云“形而上者谓之道，形而下者谓之器”，和道家“道”“物”二分的理论几无二致。《易传》中“得意忘象”、“得象忘言”的言意论思想和老子“道不可名”、“为道日损”的说法、庄子“得兔忘蹄”、“得鱼忘筌”的说法非常接近，都强调最高的存在无法用语言表达，要想接近那个最根本的东西，只能做层层剥离的工作，舍弃一切外在的形式。

正因为《周易》和道家在思维方式上高度一致，所以三国时代的王弼能够同时注释《老子》和《周易》，并将两者融会贯通，在中国哲学史上将思辨推到新的高度。

后世道教致力于将《周易》、道家、道教融为一炉。例如东汉魏伯阳著有《周易参同契》，参，三也，即《周易》、黄老、炉火三事。同，通也。契，符合也。说明此书以此“三事”讲解炼丹之事。此书把周易卦爻(yáo)、黄老养性、炉火炼丹三者掺杂，融为一体，以说明炼丹、养性之理，是现存最早的丹经著作。其中既有烧炼金丹以求仙药的外丹说，也有靠自身修炼精气神的内丹说。著名学者王明指出，与汉人学《易》以推究灾异与占候吉凶不同，魏伯阳以《周易》会通其他经典，秉承《京氏易》《易纬》和黄老自然之道，旨在修大丹、服大丹而已。《参同契》开启了以《易》作丹的先河，对后世内外丹派的影响极大。

据说，对宋明理学的形而上学构建产生重大影响的“太极图”、“先天图”以及河图洛书都是陈抟（tuán）披露出来，并传到儒门中的。宋太祖赵匡胤在即位前曾和一位华山道士下了一盘棋，这位道士说如果你将来得了天下，要把华山送给我，赵匡胤当时不以为意，欣然答应，结果输掉了整个华山，这位道士就是陈抟。这样说来，儒学史上的又一高峰，是通过一位道人之手，在将易学研究推向新的领域之后，才催生出来的。

五、 道家与中医

道家与中医均来源于古代的“巫史”传统，二者有不可分割的联系。两者都把人体视为一个复杂而有机的生命系统，因此注意从整体的、系统的观点看待人的身体。两者都有意识地强调天、地、人相参的世界统一性，并以此为规律来理解和把握人体的生理病理机制。两者都主张从阴阳五行的角度分析人体的结构，从人与外界的相互关系、人体各脏器相互关系的角度，辩证地分析疾病的发生、提出施治的手段。道家与中医都强调形神并重，身心并养，都对心灵治疗有很大帮助。

因此“道”“医”相通，两者有着相同的理论基础。中医认为人体自身是一个整体，人体与自然环境密不可分。自然环境的四季变化，是各种疾病产生的重要因素，不同的地域环境赋予了人们不同的体质，体质又是疾病发生的内在条件，决定了人体对外界刺激的反应性不同。这和道家“天道”与“人道”一理的宗旨是相通的。

《黄帝内经》是我国现存最早的医学著作，主体部分形成于战国时期，但也经后世的编定和增补。主要分为《素问》《灵枢》两个各部分，每部分八十一篇，共一百六十二篇。采用黄帝与臣下问答的形式来解答疾病成因与治疗方式。其主要观点和道家颇多相通之处，如《黄帝内经·素问·阴阳应象大论》云：“黄帝曰：阴阳者，天地之道也，万物之纲纪，变化之父母，生杀之本始，神明之府也。”其理论一是从阴阳关系出发，以阴阳和合为目的的阴阳观；二是从精气关系出发，以涵养精气、通于神明为目的的精气观；三是从天人关系出发点，以因天养生为目的的天道观。

《素问》篇有这么一段话：“黄帝问于岐伯曰：‘用针之服，必有法则焉，今何法何则？’岐伯曰：‘法天则地，合以天光。’黄帝曰：‘愿卒闻之。’岐伯曰：‘凡刺之法，必候日月星辰四时八正之气，气定乃刺之。’……岐伯曰：‘星辰者，所以制日月之行也。八正者，所以候八风之虚邪以时至者也。四时者，所以分春秋冬夏之气所在，以时调之也。八正之虚邪，而避之勿犯也。’”和黄帝相关的书籍，很多都是虚构黄帝跟他的老师、跟他的弟子之间的对话，这里的岐伯就是黄帝之师。此文讲的是针刺之法，岐伯说用针要以天为法、以地为则，还要与日月星三光相合。就是说用针之际，必须要配合日月星辰、春夏秋冬八正之气。

而且用针之法在岐伯看来和治国之术没有什么两

样。例如，在《黄帝内经·灵枢·外揣》里有这么一段话："黄帝曰：'余愿闻针道，非国事也。'岐伯曰：'夫治国者，夫惟道焉。非道，何可小大深浅，杂合而为一乎?'"就是说，不要以为我在讲医疗养生，医疗养生和治国之道是一回事，都要对道加以尊崇、加以奉行。

这个"道"在《灵枢》的《逆顺肥瘦》篇里有明确说明："黄帝问于岐伯曰：'余闻针道于夫子，众多毕悉矣。……'岐伯曰：'圣人之为道者，上合于天，下合于地，中合于人事，必有明法，以起度数，法式检押，乃后可传焉。'"就是说。我讲的这个道，实际上就是天地人三者的相互联动，相互因果，所以这是整体意义上的天道。因此，我们可以说黄帝是天道的总代言人。用今天的话讲，就是最善于把握自然规律的人。

东晋道士葛洪说"古之初为道者，莫不兼修医术，以救近祸焉。"（《抱朴子内篇·杂应》）古代的道士在修道的同时，也多精于医术，认为社会实践与生命炼养一理相通，因此葛洪就"以药物养身，以术数延命，使内疾不生，外患不入"（《抱朴子内篇·论仙》），成为著名医学家。因此古代有"十道九医"之说，可见道家与医学的紧密关系。

一般"道医"指的是道教特殊的治疗活动。一方面道教"以医传道，借医弘道"。另一方面，"道医"从道家理论出发，更加重视导引、辟谷、内丹等强身健体的养生成仙之术，形神兼治。同时，"道医"也利用画符、咒语等方法，通过心理治疗的手段为民众消灾祈福。

中医的精髓在于治疗"未病"，强调预防治疗，使大病重病不至于发生。治疗的方法也主要是干预和辅助，即不把病人看作纯粹的治疗对象，而在于激发病人自身的抵抗力和免疫力，不盲目投药、不大量投药，依靠病人主动战胜病魔。这和《老子》所以“为之于未有、治之于未乱”“辅万物之自然而不敢为”的思想完全一致。

战国时代的著名军事家庞煖对赵悼襄王（前236—前245）解说怎样才是最高明的统治时，以神医扁鹊为例。庞煖说有一次魏文侯问扁鹊：“你们兄弟三人谁的医术最高明?”扁鹊回答：“长兄最好，二兄次之，扁鹊我最差。”长兄视病人神态，即知其是否有病，病情尚未显露，就已经为其根除，所以名声不出于家门。二兄可以在病情显露于毫毛时为其诊治，名声不出于闾（lǘ）巷。而我扁鹊，到病情显露于肌肤之间时才能为其诊治，又是治血脉，又是下猛药，却闻名于诸侯。魏文侯由此悟出最高明的统治是“治之无名，使之无形。至功之成，其下谓之自然”的无为之道。可以说，扁鹊长兄的医术正是“为之于未有”，将病情消灭于萌芽状态了。

六、 道家与武术

中国传统武术的用处一是养生，二是搏击。养生武术，如马王堆帛书《导引图》、华佗“五禽戏”等，主要是人类模仿动物的各种动作，配合呼吸运动，以求强身健体。其观念与方法，很多都来源于道家循天道以养生的理论。搏击武术，继承道家谦下不争的理念，不好勇斗狠、不以求胜为荣。当产生实际搏击行为时，则强调“以静制动”、“以柔克刚”，在双方博弈运动中，积极抓住时机、利用对方的弱点，让对手自己处于下风。

两千年前的马王堆帛书《导引图》上有四十四个图像，可以分为医疗功和健身功两种，其中很多功法是由模仿动物的动作设计的，比如螳螂、鹤、熊等，类似《庄子·刻意》说的“熊经鸟伸”。从功法的具体形式来看，导引图可以分为四种：一是徒手运动；二是器械操作；三是行气吐纳；四是意念活动。既强调对四肢五官的锻炼，又重视对呼吸和精神的修养，动静兼顾。

太极拳是中国武术的杰出代表，既可以用来养生，也可以用来搏击。太极拳之所以得此名称，据说与形似“弄丸”有关。邵雍《自作真赞》有：“弄丸余暇，闲来闲往”，并自注云：“丸谓太极”。著名学者潘雨廷指出：“习太极拳者，知分合为要，能合成一球为贯。凡太极拳之动作，处处作抱球状，或谓武当内家拳当练一石球，此即庄子所记之宜僚弄丸。然不论丸之大小皆属于外，太极拳者，更当练球于内，懂劲而体味全身成球，方能如《拳论》所谓‘人不知我，我独知人’。”可见太极拳虽然形成较晚，但具体实践可能在先秦时期已经出现，如《庄子·徐无鬼》就记载过“宜僚弄丸”的神技，其原理就是用身体模仿宇宙运行，用身体阐释道生万物、阴阳开合之理。到了后来，练习者不再操作具体的球，而只是在意念中体会玩味太极运行、一气贯通的原理，并由外到内、形性双修，变成一种既有高深哲理，又有实际功效的健身运动。当太极拳的修炼达到一定层次，可以体会到道家“致虚”“守静”“返璞”“归真”的崇高境界。作为其主要策略的“以静制动”、“以柔克刚”、“后发先至”等理论，既和道家守柔不争的理念相通，也和道家善于在对立双方的运动态势中把握先机的辩证思维有关。

七、 道家与园林

道家强调顺应天道、形神相葆，进则治国用兵、兼济天下，退则养生延命、自求多福。如果是退，就需要一个好的归宿。因此，构筑园林的目的往往是借此远离红尘与喧嚣，让自己能够与山水融为一体，寄情于山水之中，逍遥于自然之间，调养身心，返璞归真。好的园林往往大量融入了道家的理念，在时空布置中饱含着对于阴阳、有无、虚实、动静、内外、高低、抑扬、疏密、藏露等元素的灵活运用。

在道家传说中，东海有蓬莱、方丈、瀛洲三座仙山，是仙人居住的地方。秦始皇曾数次派方士赴传说中的东海三仙山求取长生不老之药，都没有成功。于是，他在自己的兰池宫中挖池筑山模仿仙境，以满足其接近神仙和渴求长生的强烈愿望。汉武帝也在上林苑的建章宫中，挖太液池，筑湖中三岛，分别象征传说中的蓬莱、方丈、瀛洲三座仙山，模仿再现道教所描述的超脱世俗的虚幻世界。这是历史上第一座以“一池三山”自然仙境为造园题材的园林。此后，“一池三山”成为中国传统园林的经典布局模式，唐代大明宫后苑中的太液池、清代圆明园的福海和蓬岛瑶台、北海琼华岛等，都是道家思想在园林中的直观反映。这种造园甚至影响到日本，如日本京都的枯山水庭院就直接承袭海上三山的经典命题。

日本枯山水

苏州拙政园

中国园林被称为“咫尺山水”，就是说能够在咫尺中表达自然之美。园林设计贵在取法自然，追求“虽由人作，宛自天开”的造园意境，推崇大巧若拙、不事雕琢的道家审美。不像西方园林那样刻意追求中轴对称的布局形态，景物布局尽量遵循因地制宜的原则，“宜亭斯亭”“宜榭斯榭”“景到随机”“得景随形”，将人工美和自然美相互融合，造就出“天人合一”的园林景观。受道家虚静观的影响，园林多避直求曲、贵柔尚静。受道家的阴阳观的影响，园林中山环水抱、山水相依，一阴一阳、一高一低，形成对立统一的格局，稳定而有生机。

八、 道家与音乐

道家对于音乐有着独特的理解。老子说“大音希声”，至善至美的音乐属于“道”的范畴，是一个完全的整体，乐音还不曾从中分离出来，因此不存在不同音声、音调、音色的对立。一旦形成了具体的声音，能够为人所闻，就形成了特定的声音属性，也就有了对立，不再变得完满。而这种落实到形而下的声音，如果不合理地加以使用，有可能对人性造成戕害，所以老子又说“五音令人耳聋”。

今天人们把最美妙的声音称之为“天籁之音”，这个名词出自《庄子》。《庄子·齐物论》在解说“天籁”时说：“夫吹万不同，而使其自已也。咸其自取，怒者其谁邪?”庄子的“天籁”是对“地籁”、“人籁”有限性和差别性的超越。同时，他认为由万物独特属性自然产生的声音就是天籁，这种声音没有任何人为的做作和矫饰的成分，没有任何外在的主宰和压迫，是万物本性自发的体现。

西汉独尊儒术之后，音乐成为儒家的附庸，只具有礼乐教化的作用。西晋新道家嵇康的《声无哀乐论》提出："声音以平和为体，而感物无常。心志以所俟（sì）为主，应感而发。然则声之与心，殊途异轨，不相经纬"；又说："声音自当以善恶为主，则无关于哀乐，哀乐自当以感情而后发，则无系于声音"，此处的"善恶"是对音乐是否悦耳动听作出的判断。在嵇康这里，声音不再具有儒家礼乐的规劝教化功能，而被赋予了较纯粹的审美价值，在艺术的层面上得到了肯定。音乐的"解放"与新道家"越名教而任自然"、重视个体与自我的思想有必然的关联。

道教音乐是在道教科仪中演奏的，因此其主要特点是庄严肃穆。顺应自然之道，"和阴阳、定五行"，是道教音乐的追求与标杆。同时，为表现道教的清静、神秘的思想，道教音乐也有恬静、舒缓、缥缈的特点。此外，与民俗音乐的融合是道教音乐的一大特色，通俗的音乐形式在一定程度上促进了道教在民间的传播。

九、 道家与军事

前文提到，《老子》与兵家有密切关系。著名学者李泽厚指出："《老子》哲学的基本观念可能与先秦的兵家思潮有关系"。在《道德经》中出现了许多与兵家谋略相关的论述，如第 36 章云："将欲歙之，必固张之；

将欲弱之，必固强之；将欲废之，必固兴之；将欲取之，必固与之”。即用兵之道贵在把握矛盾运动的方向，积极创造对自己有利的局势。又如第68章云：“善为士者，不武；善战者，不怒；善胜敌者，不与；善用人者，为之下”等，指出了在军事活动中，不好勇斗狠、不冲动易怒、不主动挑起战争，甚至主动示弱，甘为人下，才是取胜的法宝。可以说，老子的哲学思想很多都是在纷乱时势下，从用兵的战略、战术的意义出发，通过总结归纳军事、政治的规律推导出来的。后世兵家的谋略，又通过老子思想的引领，改变了只有“术”没有“道”的现象，被赋予终极性的理论根源。而法家的君王南面之术，可以说实际上是道家对政治、军事谋略作出高度概括之后产生的思想。

在中国历史上，很多军事家具有道家身份或有道家思想倾向，例如姜太公、范蠡、张良、诸葛亮、刘伯温等，这不是偶然的。道家长于居安思危、见微知著、为之于未有、治之于未乱。道家不拘泥于一时的利害、吉凶、祸福、好歹、进退，而能从长远的、全局的角度思考问题。道家善于在瞬息万变中把握矛盾，创造时机，使事态朝着有利于自己的方向发展。这都是一个“运筹于帷幄之中，决胜于千里之外”、虚实相生、以奇用兵的优秀军事家所需要具备的素质。

范蠡深谙以柔克刚之道，辅助越王一举击溃吴国，并使其不得翻身，之后又功成身退，成为富甲天下的陶朱公；诸葛亮在司马懿前避实就虚，深不可测，司马懿终不敢进犯；李世民思贤若渴，以其善下之，所以群贤毕至；朱元璋在草莽遍起的时代，不敢为天下先，提出了脍炙人口的“高筑墙，广积粮，缓称王”的战略方针，待时而成，终得天下。这些都是善于将道家思想转变成军事谋略的典范。

在军事中积累的经验后来也成为道家为人处世的平衡法则。通过对阴阳、雌雄、动静、取予、屈伸、隐显、实华、强弱、卑高等等矛盾对立转化关系的深刻把握，可以帮助人们在日常生活中，快速地有效地选择出最正确、最得体的方案。例如道家所提倡的做人的学问，有时指向实事求是、光明磊落、宽容大度；有时指向敢于决断、顾全大局、能谋善断，但背后万变不离其宗的是能伸能屈，善于选择，懂得放弃。这是一种关于尺度、分寸的学问，这样既可以防止别人伤害自己，又能广交人脉，左右逢源，在人生之路上增加竞争力，达到事事无阻，路路畅通。

十、 道家与商业

古人早就悟出商业不同于农业。“贾人，夏则资皮，冬则资絺（chī），旱则资舟，水则资车，以待乏也。”（《国语·越语上》）商人需要了解事物发展的完整过程，需要远见卓识，从而早做准备，长期打算，待时而动。

同时，商业的经营有时如同国家的管理，有时如同战场。商业过程中的偶然性、突发性、不可预见性的因素远远大于农业，因此需要商人面对复杂多变的局势，洞察事物变迁的各种征兆。如果不能对超越性的“道”有深刻体悟，很难以沉着冷静的心态，驾驭纷繁的形势，把握时机的变迁，应对成败的落差，调节心理的起伏。因此成功的商人往往是对“道”有着深刻了解和把握的成功人士。

在这方面，范蠡就是一个成功的范例。范蠡是早期黄老道家的代表人物。春秋末期，吴国与越国交战，越国大败，国灭在即。越王勾践以极其谦恭的姿态献上厚礼，以求自保，但吴王夫差不放过他。此时范蠡奉劝越王勾践“身与之市”（《史记·越王勾践世家》），即不惜用自己的身体与吴王夫差交易，在吴国做了三年人质，采用种种自渎之法，使吴王放松了对他的警惕，最终得以保全性命。

越王勾践卧薪尝胆期间，范蠡积极推行励精图治、富国强兵之策，辅佐越王勾践东山再起，最终吞灭吴国。功成之后，范蠡果断隐去，激流勇退，化名为鸱（chī）夷子皮，成为一名商贾。据说他选择陶（今山东菏泽市定陶区）作为自己的经商据点，因为这是“天下之中”，东邻齐、鲁；西接秦、郑；北通晋、燕；南连楚、越，是最佳经商之地。他将政治和军事智慧运用到商业中，综合考量时节、气候、民情、风俗等因素，把握好天时地利，顺应自然规律，运用“人弃我取、人取我与”的策略以治产，短短几年，他便经商成功成为巨富。传他三次致富，又三次散财。后人用“忠以为国，智以保身；商以致富，成名天下”形容他，许多商人供奉他的塑像，称其为财神。

据《史记·货殖列传》记载，范蠡还提出了“农末俱利”的思想，即认为谷物价格太高会损害工商业者的利益，工商业受损害就无人愿意从事，经济就会发生困难。谷价如果过低，又会损害农民利益。因此要把谷价限制在一定的幅度之内，使之对农业和工商业都有利。这正符合《老子》的平衡之道："天之道，其犹张弓与？高者抑之，下者举之；有馀者损之，不足者补之。"（第77章）所以，范蠡也可以说是中国古代成功运用道家理论从事经营管理的鼻祖。

道家思想对商业尤其是企业的运行具有一定的指导意义。商亦有道，商业规律与自然和社会的规律紧密关联。只有顺应自然、社会的规律，才能更好地开展经济活动。同时，政治上的君王南面之术，在商业和企业管理中同样也非常重要。一个好的商人或企业家，需要在一个健全的商业制度中，进行宏观掌控，并充分发挥人才的主动性和创造性，以获得最大的经济效益。另外，可持续发展是道家思想对商业的一个重要指导，企业只有长远规划，符合人类发展的需求以及自然资源的调配，才能做到盛久不衰。

十一、道家与科技

道家思想与自然界的关系最为密切。与儒家不同，在天人的关系中，道家的志趣更多地置于超脱了人伦、社会关系的天道之上。他们探求世界的真理，发现自然的规律，顺应万物的本性。这种"以物观物"的思想，和今日"自然科学"的范畴有契合之处。

道家的自然科学，尤以医学与化学最为卓著。道教的炼丹术是中国古代化学的起源。据说豆腐就是汉代刘安与道士们在八公山上炼丹的过程中偶尔发明的。刘安是汉初分封的淮南王，喜欢和方术之士一起研究长生不老之术，据说他们用山中的清泉磨制豆汁，又用豆汁培育丹苗，豆汁和石膏、盐起了化学反应之后，形成了鲜嫩绵滑的东西。然后又反复试验，终于使豆乳凝固成块，他们把这种东西取名为“菽（shū）乳”，后来改称“豆腐”。众所周知，火药的发明，也是道士们在对自然物一次次的排列组合过程中，偶尔碰撞出来的产物。所以，道士们无穷的想象和大胆的探索，大大造福了我们这个世界。没有道家，中国文明的精彩将大打折扣。

道教长生思想是炼丹术得以产生的根源，历代文人雅士，乃至帝王贵戚都对炼丹术有浓厚的兴趣。炼丹术即人工合成制剂，是近代化学的前身。中国古代的炼丹术大量利用铅、汞、砷、矾以及各种矿物材料、动植物元素进行制药研究，虽然没有使用西方的科学思维，但也在某些化学领域获得了卓越的成就。

道家道教有非常发达的养生之道与成仙之术。道教通过各种技术、手段，追求益寿延年乃至羽化登仙。服气、导引、存思、守一、服食、辟谷等道术，使得道教在医学、生物学、心理学、体育学、营养学、养生学等多个领域取得了极为独特的成就，直至今日仍有许多理论和实践的价值。

此外，道家道教在天文、物理等领域也有很大的贡献。

道家尤其重视天道，因此几乎所有著作都会谈及宇宙论和生成论。如《太一生水》有宇宙源自太一与水的奇妙构想；《淮南子·天文训》有“道始于虚廓，虚廓生宇宙，宇宙生气”的气化论思想；《列子·天瑞》有

“太易”“太初”“太始”“太素”的万物生成过程的描述。葛洪所著的《浑天论》，建构了宇宙天地模型。对自然规律的探求又使得道家思想家们精研星象、历法。道家思想家对人类居处时空场域进行刻画和研究，成为中国古代天文学、物理学中重要的组成部分。

十二、儒道互补

中国传统文化是一个多元的、动态的体系，学派纷呈，内外互动，多姿多彩。在诸子百家之中，地位最高、影响最大的两位思想家无疑是孔子和老子；渗透最深、流传最久的学派无疑是儒家学派和道家学派。儒道两家思想的并立与互补，是源远流长、贯穿中国历史始终的基本脉络，体现了中国思想的阴阳互动、刚柔兼济的特色。其他各教诸家都围绕这个基本脉络而展开自己的思想，外来的佛教文化也是通过儒道互补的途径实现其中国化的目标。抓住了儒道互补，就抓住了中国思想发展史的大纲。

可以说，每一个中国人身上都有老子或孔子的影子，只不过有的人身上老子多一些，有的人孔子多一些。而中国历史上的成功者，往往是将两者有机地结合起来、运用自如的人。可以说，《道德经》与《论语》两部书、老子和孔子两位人物正好代表了古代中国文化的两大侧面、两大基调、两大境界、两种特质、两种性格、两种符号。其他都不过是其衍生、延伸、扩大、转型……而已。从某种意义上讲，中国文化的发展和演变主要是以孔子为代表的儒家和以老子为代表的道家之交响与变奏，他们分别引领的儒道两派各领风骚数千年，其影响还将持续下去。

如果说，有那么一种生命智慧，它渗透到政治、思想、文化、心理的各个层面，扩散到社会各个阶层各个角落，凝聚成一种国民性格，那就是由儒道共同组合而成的、进退自如、富有弹性的人生取向。中国历史文化之所以数千年来能够历久弥新、饱经磨难而不中断，中国人之所以数千年来能够以一种既庄重又潇洒的态度对待自然、社会与人生，可以说，正是儒道两家从思想上提供了主要的源泉和动力。儒家的人文主义和道家的自然主义之间形成的一种有效张力，使两者间时而彼此冲突制约，时而彼此互补融通，共同推动了中国文化的发展。说儒家是中国文化的主流，或者说道家是中国文化的主干，都不免偏颇。儒道两家犹如鸟之两翼、车之两轮，相辅相成、形影不离。假如只有儒家而没有道家，或只有道家而没有儒家，中国文化失去的不是一半的光彩，而是全部的光彩，中国文化也将无从谈起。

结　语

老子为何骑牛而行

我常常在想，老子为什么骑着青牛出关隐居，他为什么不骑马呢？事实上，老子那个时代已经有马车了。《老子》里也提到了“拱璧以先驷马”，即拱抱玉璧在前，驷马牵拉的华美车辆在后这种风光的场面。老子作为国家级高官，也完全有这个条件。然而如果老子骑的是马，难免会是一付趾高气扬、意气风发、一往无前、领袖群伦的样子。古人在塑造老子形象的时候，一定觉得这样不符合老子谦和、平静、散淡、闲适的形象，老子应该是慢悠悠的，无意显摆、无意张扬、无所用心、无所牵挂。如果端个架子、一本正经，那就不是老子了。

道家是一个敏感的人群，他们在物质上容易满足，但是在精神上却不容易满足。当别人看着地的时候，他们总是看着天。因此他们总是显得孤独而不合群，或者

说看上去很合群，但在他们心里其实无时无刻不希望自己如行云野鹤般逍遥自在。

道家有时是冷眼旁观者、冷静批判者、成熟思想者。著名作家杨绛说："世间最好的人生，是你不索取、不攀附、不低眉，却能活得最贞静、最优雅、最安然。"我想这就是道家的最好写照。

道家有时又是真正的行动者，只不过他们在行动时更懂得让步、懂得克制，善于运用策略，善于创造生机，不把自己逼进死胡同。道家重视的"为之于未有、制治于未乱"，更是居安思危、防微杜渐的大智慧。西方著名科学家爱因斯坦说："智者解决问题，天才预防问题。"道家就具有这种天才般的思维。

道家认为天地之间潜藏着提示万物存在最佳方式的总规律，人类必须遵循这一规律才能合理地生存下去，如果用一个字来形容这种总规律，那就是"道"。人类快乐。

朴素简约、天人合一的生活方式让我们学会节制、学会知足，放弃无尽的索取与无穷的欲望，与自然和谐共处。

刚柔兼济、动静交织的辩证思维，让我们学会机智灵动、与时俱进，善于把握全局、高屋建瓴（líng），实现游刃有余的人生。

这些理念不仅对于当代，而且对于未来，不仅对于中国，而且对于世界，都将产生深远而积极的影响。

后　记

我长期从事中国古代哲学尤其道家的研究，但平时主要就自己感兴趣的问题展开研究，而且使用的是学术语言，还从来没有使用比较通俗的语言对道家做过全面而系统的描述。有一次，在学界与政界都有很高地位、也是本书主编的王志民教授邀请我参加山东淄博市稷下学宫文化创意园项目，主要工作是为文化创意园撰写展板，而我主要负责道家部分，这才有了对道家进行全面概括的尝试。之后王志民教授又鼓励我们将既有文案作进一步扩充，变成一本书，而我也确实有这样的愿望，借此机会对中国道家的历史、人物、学说、影响做一次全面的整理，于是就促成了这本小书的问世。在此首先衷心感谢王志民教授提供的机缘和长期的鼓励。

写这样一本通俗性读物，其难度不亚于写学术论著。学术研究本着“知之为知之，不知为不知”的宗旨，可以不必涉猎自己不熟悉的领域。而这本小书必须将道家的基本情况对读者做一个全面的交代。有些自己长期深耕的领域，写起来会比较得心应手。有些自己比较生疏的领域，就不得不借此机会加深了解。比如道教的部分，因为不是自己的专业，毕竟有些心虚。写成之后，先请著名的道教学者、中国人民大学姜守诚教授看了一遍，他为我做了仔细的修改，有些地方我就直接使用了他修改的文字。在此，对于姜守诚教授的无私援助表示衷心感谢。

本书写作过程中，王志民教授组织丛书作者多次讨论，包括王志民教授在内，孙中原教授、白奚教授、方铭教授、杨朝明教授、邢滔滔教授、于孔宝教授、王威威教授以及房伟、卜祥伟两位青年学者都从各种角度对本书提出过建设性的意见。在此有必要记录他们的名字，以示感恩。

稷下学宫文化创意园文案写作过程中，我指导的两位博士生裴健智和俞风帮助我查找搜集了不少资料，此书的完成有他们的功劳。

最后还要感谢中国人民大学出版社外语分社的所有老师们，是你们认真细致、不厌其烦的工作，促成了此书的问世。

图书在版编目（CIP）数据

道家/王志民总编纂；曹峰著. --北京：中国人民大学出版社，2021.8
（诸子百家普及丛书）
ISBN 978-7-300-29810-8

Ⅰ.①道… Ⅱ.①王… ②曹… Ⅲ.①道家-通俗读物 Ⅳ.①B223-49

中国版本图书馆 CIP 数据核字（2021）第 178951 号

诸子百家普及丛书
道家
总编纂　王志民
曹　峰　著
Daojia

出版发行	中国人民大学出版社		
社　址	北京中关村大街 31 号	邮政编码	100080
电　话	010－62511242（总编室）		010－62511770（质管部）
	010－82501766（邮购部）		010－62514148（门市部）
	010－62515195（发行公司）		010－62515275（盗版举报）
网　址	http://www.crup.com.cn		
经　销	新华书店		
印　刷	涿州市星河印刷有限公司		
开　本	787 mm×1092 mm　1/32	版　次	2021 年 8 月第 1 版
印　张	63　插页 20	印　次	2024 年 12 月第 4 次印刷
字　数	1 160 000	定　价	200.00 元（全 10 册）

中国人民大学出版社读者信息反馈表

尊敬的读者：

感谢您购买和使用中国人民大学出版社的 ______________________ 一书，我们希望通过这张小小的反馈表来获得您更多的建议和意见，以改进我们的工作，加强我们双方的沟通和联系。我们期待着能为更多的读者提供更多的好书。

请您填妥下表后，寄回或传真回复我们，对您的支持我们不胜感激！

1. 您是从何种途径得知本书的：

□书店 □网上 □报纸杂志 □朋友推荐

2. 您为什么决定购买本书：

□工作需要 □学习参考 □对本书主题感兴趣 □随便翻翻

3. 您对本书内容的评价是：

□很好 □好 □一般 □差 □很差

4. 您在阅读本书的过程中有没有发现明显的专业及编校错误，如果有，它们是：

____

____

____

5. 您对哪些专业的图书信息比较感兴趣：

____

____

____

6. 如果方便，请提供您的个人信息，以便于我们和您联系（您的个人资料我们将严格保密）：

您供职的单位：______________________________

您教授的课程（教师填写）：______________________________

您的通信地址：______________________________

您的电子邮箱：______________________________

请联系我们：黄婷 程子殊 王新文 王琼 鞠方安

电话：010-62512737，62513265，62515580，62515573，62515576

传真：010-62514961

E-mail：huangt@crup.com.cn chengzsh@crup.com.cn wangxw@crup.com.cn crup_wy@163.com jufa@crup.com.cn

通信地址：北京市海淀区中关村大街甲59号文化大厦15层 邮编：100872

中国人民大学出版社

总编纂—王志民

诸子百家普及丛书

阴阳家

阴阳五行　中国古人的思想律和世界观

白奚　田宝祥　著

中国人民大学出版社
· 北京 ·

诸子百家普及丛书

编委会

教育部重大攻关项目“稷下学派文献整理与数据库建设研究”阶段性成果

山东省齐文化传承与示范区建设协同创新中心重点项目

序 言

王志民

“诸子百家普及丛书”根据《汉书·艺文志·诸子略》所列十家学派而编纂，包括《儒家》《道家》《阴阳家》《法家》《名家》《墨家》《纵横家》《杂家》《农家》《小说家》，各自独立成册，共十本。由对各学派素有研究的著名专家学者合作撰写，是一套普及性、通俗性、大众化的学术丛书。

一

春秋战国时代的诸子百家争鸣，是中国文化史上最辉煌灿烂的文化景象。由于社会的巨大变革，“礼崩乐坏”，文化下移，私学兴起，各种出身的知识分子大量产生，形成了一个特殊的“士”阶层，这为诸子百家的产生准备了充足的人才条件。数百年中，列国纷争，诸侯割据，争霸图强，战乱频仍；各国之间，群雄崛起，风云变幻，在竞相以实现一统天下为目标而鹿死谁手迄未可知的情势下，各国统治者殚精励治，变法图强，都需要大量的人才来为自己出谋划策，奔走效力。人才多

寡成为国家力量的衡量标准，各国统治者尊重人才，“礼贤下士”就成为最普遍的现象和备受崇尚的风气了。而在这种风气的推动下，具备各种知识与才能的“士”，面对激烈复杂的斗争和出将入相、功名利禄的诱惑，也都深深地卷入这一时代大潮中。他们或游说各国，喜议政事，发表政见，以干世主，成为搅动天下局面的大政治家；他们或总结历史，研究现实，谋划未来，长于思辨，善于论说，聚徒讲学，成为名重一时的大学者。他们因而形成了学派林立、异说纷呈、九流十家、竞相争鸣的文化奇观。值得提出的是，德国现代哲学家雅思贝尔斯提出：在公元前 800 年至公元前 200 年，人类的精神基础同时地并各自独立地在中国和其他文明古国开始奠定，形成了直到今天人类仍然附着在这种基础上的“轴心时代”理论。目前中国学术界越来越多的人接受这一观点，将以诸子百家争鸣为主要标志的春秋战国时代称为中华文明史上的“轴心时代”。

纵观战国时期的诸子百家争鸣，其主要特点和巨大历史贡献至少可以从以下三个方面来总结：

1. 思想解放，学术自由，理论创新，哲学突破。在“礼崩乐坏”社会巨变中产生的“士”，从原有的“天道”“神道设教”的神学说教中解放出来，从神圣不可动摇的社会等级秩序桎梏中解放出来，从各国统治者求贤若渴的“礼贤下士”中获得地位上的平等、自由和独立。这种空前的思想自由的社会环境，为来自不同出身、地域、经历、喜好的“士”们各擅其说，标新立异，创造了条件，从而形成了不同的思想流派，带来理论的创新和哲学的突破。儒家是周礼的传承与维护者，

创新性提出“仁者爱人”的核心思想，仁、礼结合，将外在的等级制度与内在道德伦理的自觉意识结合起来，从而形成儒家制度化的理论主张。道家“哲学突破”的创始性更鲜明：提出以“道”为核心的理念。道为万物之根本，所谓“道生一，一生二，二生三，三生万物”。道法自然，以虚无为本，以因循为用，讲无为而治。墨家创始人墨翟本为儒家之徒，却独创学派，并猛烈批判尚礼乐、讲“仁”学的儒家学派，主张兼爱、非攻，节葬、非乐。法家则是从现实的政治需要出发，为寻求富国强兵之策而形成的一种改革的思潮，其先驱是伟大改革家管仲；战国时代则有主张道法结合的齐法家，和讲严刑峻法为特征的三晋法家。而阴阳五行家的邹衍，原来也是一个信奉儒学而且想大有作为的人，但在实践中感到不被人接受，于是将阴阳、五行合论，创造出“其语闳大不经”的大九州说及五德终始之论，终成一大学派。名家是以提倡循名责实为学说，提倡“正名实”、重思辨的学派，是逻辑学的创新者。值得注意的是，各学派内部，也充满了标新立异的活力。孔子去世后，“儒分为八”；墨家也分为：相里氏之墨、邓陵氏之墨、相夫氏之墨；这都是在儒、墨“显学”传承发展过程中，因创新而各有突破的结果。传至汉代司马谈首论六家学派，其“要旨”所在，正在于其理论创新和突破。诸子百家理论上的创新建树，是中华文化的智慧之源，影响极其深远。

2. 胸怀天下，服务现实，围绕政治，出谋划策。诸子百家应时而生，一经出现即与政治紧密相连。战国时期最大的政治就是一统天下。这就决定了诸子百家争鸣

始终围绕着政治这个主轴展开，从各个方面提出建国方略和一统天下的主张。儒家主张以“仁政”获取民心，包括“制民之产”，保护发展小农经济，实现天下大同。道家黄老学派以虚无为本，以因循为用，主张因俗简礼、无为而治、休养生息。墨家则主张兼爱天下，反对战争，主张尚贤、尚同以治国。法家的主张最实用，以奖励耕战，谋求富国强兵；以法、术、势三足鼎立的统治理论，谋求建立统一的中央集权君主专制国家。阴阳家邹衍则以“五德转移，治各有宜，而符应若兹”的五德终始理论，为大一统提供了合法的依据。名家看似对政治并不实用，但却正是针对战国时代礼法名存实亡，强调“名乎其实”“名实相符”，以让天下一切走上正轨。纵横家是为统一天下奔走呼号的一个特殊群体，或以合纵游说六国，或以连横游说秦王，目的都在于促进大国兼并，最终实现天下统一。农家的重农主张，杂家兼容各家学派的思想主张，目的都是为大一统的实现做理论上的准备。总之，所谓诸子百家学术，实与现实政治紧密结合，中华民族大一统理念与分久必合思想和传统的形成，实与战国诸子百家争鸣密不可分。

3. 大师辈出，人才济济；著书立说，经典传世。辉煌的时代，培育出非凡的文化巨人。孔子、老子、墨子、庄子、孟子、孙子、荀子、商鞅、韩非等一大批影响中国历史进程的伟大人物出现在这个时期，而伟大人物的出现，又进一步推动了诸子百家争鸣的繁盛与发展。这些各学派的大师和代表人物，除了以其卓越的思想创新、理论建树和哲学突破彪炳史册外，还在至少两个方面做出了历史性贡献：一是培养了大批人才。他们

大多为了实现政治抱负、思想传承及在争鸣中占据优势，广招生徒，培植后学，每个学派，实际上也是一个私学教育集团。儒、墨两家，号称“显学”，突出特点即在弟子众多，人才丛生。孔子杏坛讲学，亲授弟子竟有 3 000 人之众；墨子为反对战争曾率弟子数百人持械守城，可见当时弟子众多。战国之世，不仅“孔、墨徒属弟子，充满天下”，而且人才济济，多有成就，所谓“孔墨之后学，显荣于天下者众矣，不可胜数”。其他学派大师也大多徒属众多，人才辈出。因而师承相传，思想发展，学派繁盛，声势浩大。二是各派大师，著书立说，留下大量著作，被后世奉为经典，成为此后两千多年中国思想文化之源。孔子编定“五经”，不仅在汉代成为文化主流，而且后世所谓的儒家经典，其主体皆源于此。儒家经典《论语》《孟子》，既入“十三经”之数，又特列宋代之后“四书”之中，犹如中国人的《圣经》。《老子》《庄子》为道家之经典，称为《道德经》《南华经》。《荀子》《韩非子》皆为儒家、法家集成之作，对中国政治、文化影响巨大。传为管仲遗著、实际成书于战国时期的《管子》，被称为中国早期政治智慧集大成之作，为历代治国者提供了丰富的政治营养。战国诸子百家，实为此前中华文明成果之总结者、传承者，又为其后中华文明发展之开启者、奠基者。

二

战国时期诸子百家争鸣的思想学术文化中心就是设在齐国故都临淄的稷下学宫。

1. 稷下学宫的兴衰发展历程大致可描述为：初创于田齐第三位国君齐桓公（田午，公元前 375—公元前 357，在位），繁荣于齐威王时。齐宣王时期，扩大学宫规模，建筑高门大屋；封官加禄，吸引各派学者，鼓励百家争鸣，人数多至数千人，达到发展的鼎盛期。闵王时国破君亡，学宫遭废，襄王复国而稷下“中兴”。直到末代国君齐王建时，存而渐衰；公元前 221 年，秦国灭齐，学宫消亡。其存在时间基本与田齐政权相始终，前后历经六代国君，凡一百五十余年。

2. 稷下学宫是诸子百家争鸣的唯一学术中心。战国诸子百家的形成，固然与各国延揽人才、大兴养士之风有直接的关系，但如果没有一个百家汇聚的文化中心，“争鸣”的局面也是难以形成的。然而，在战国那样一个大国割据、战争频仍的时代，遍考养士之所，却少有百家学派汇聚之地。当时以养士最为著名者当属“四君子”：楚有春申君，齐有孟尝君，赵有平原君，魏有信陵君。他们都曾宾客云集，名闻天下，但在他们那里却并没有形成学术文化中心。考其原因约有以下几点：一是人数虽多，层次低下。“四君子”养士，都在“三千余人”以上，但往往“不分贵贱，客无所择”；寄食者众，有才者寡。二是服务私门，学派难入。其养士多为救急解困，主要在务实和功利层面，各派学者真正投奔者甚少。三是因人而养，聚散无常。人在则聚，人去则散。学术成就最高者当属战国末期的吕不韦，他养士三千余人，并“使其客人人著所闻”，集论而成了《吕氏春秋》；但随吕氏之亡，其士也如昙花一现，作鸟兽散。战国私门养士，风气虽炽，灿如云霞，但都未形成稳定

的学术文化中心。

战国之君，以礼贤养士最著名者首推魏文侯。他“师卜子夏，友田子方，礼段干木”，以致“四方贤士皆归之”，如李悝（kuī）、翟璜（huáng）、吴起、西门豹、乐（yuè）羊等崇尚变法图强的政治家，都聚集魏国，实行变法图强，魏成一时之霸主。但魏处秦、楚、韩、赵大国之间，疲于征战，且魏文封侯之后七年即去世，国力渐衰，在魏国并未形成一个稳定的文化中心，其学术贡献也难与稷下并论。

考察战国学术，能够成为诸子百家争鸣中心，且存在时间最长、规模最大、成果最丰、影响最深远的，唯有稷下学宫。其原因在于它有三大特点：

其一，机构开放。齐国君主延揽各国人才，不遗余力。稷下学宫尊重学者的独立自主精神，在管理上采取机构开放、来去自由的政策。一是待遇优厚。齐国统治者在稷下建设“高门大屋，尊崇之”，足见校舍之富丽堂皇；齐宣王一次封七十六名稷下先生为上大夫，足见地位之高，待遇优厚。二是来去自由。游学是其主要形式：学生可以自由来稷下寻师求学；先生也可以自由在稷下招生讲学；可以个人游学，也可以从者数百人集团游学。来者，热情欢迎，精心安置，以礼厚待；走者，以礼相送，重金馈赠。三是学者治校。齐国统治者对稷下管理充分信任、重用学者，荀子曾“三为祭酒”；在具体事务管理上，则充分尊重学者：教学内容设置，教学活动安排，师生之间，先生与先生之间，教学或学术辩论，全由稷下先生们自主组织。如此优厚、开放、宽松的办学方式，吸引各国学者纷至沓来，增加交流，开

阔视野，扩大见闻，打破了私学界限，学无常师，思想活跃，促进了学术的交流、争鸣和人才的培养、成长。

其二，思想兼容。齐国统治者对稷下各家学派制定“百家争鸣，兼容并包”的方针，实行诸子百家各派平等，多家并存的政策。从文献记载看，儒、法、道、墨、阴阳、名家及农家、兵家，举凡当时重要的学术流派都曾在稷下先后存在发展。由于思想解放，地位平等，学术活跃，各派学者尽管有不同甚至相反的主张，却都能在稷下立足、讲学、争鸣，吐纳吸收，提升发展。甚至还往往出现派中有派、派中分枝的现象。例如：学宫中儒家就分孟氏之儒、荀卿之儒，而且两派之间，观点有异，相互攻伐；道家分宋钘（xíng）派，尹文派，田骈、慎到派和环渊派。各派思想也由于百家争鸣的深入，而逐渐融合或者发生演变。诸子百家充分利用稷下讲坛，传播思想，广收徒属，扩大影响；多家思想并争，各派观点齐鸣，在争鸣中融合，在融合中发展，最终实现了各派的共荣、创新、发展。

其三，学术自由。稷下学宫的学术自由主要体现在两个方面：首先，尊重学者，平等礼遇。齐国君主不以政治干涉学术，不以好恶而行褒贬，稷下学宫所体现的学术自由，主要展现为统治者与学者之间的地位平等和尊重学术的理念，这一点史所难寻。尤其值得提出的是：稷下学宫是田齐政权的国办机构，“喜议政事”是其基本功能，“各著书言治乱之事，以干事主”是稷下先生的强烈愿望，因而，他们可以对齐统治者独立自由地发表政治见解甚至提出批判反对意见，而齐统治者则对各种意见，一概采取从善如流、平等相待的态度，这

就是一种更为珍贵堪称典范的平等精神了。其次，尊重学术，鼓励争鸣。稷下有所谓“谈说之士期会于稷下”的记载，即指各派学者按约定时间举行集会，展开“争鸣”。集会对所有人员开放，通过演讲、辩论，各家学派都能畅所欲言，充分发表自己的观点，也能积极吸收别家思想。稷下的学者们大都能言善辩，田骈、邹衍、邹奭（shì）还因雄辩而得“天口骈”“谈天衍”“雕龙奭”等雅号，可以想见，稷下先生的辩论，在形式上是不拘一格的：或双方互辩，或舌战群儒；或先生之间，或弟子之间，甚或师生之间；或大会演讲，或小会研讨；或处堂上，或在树下。他们在辩论中各抒己见，互不相让，竞长论短，争论不已，形成了百家争鸣的热烈场面。

稷下学宫不仅是战国诸子百家争鸣的唯一学术文化中心，还是中国历史上最早的大师云集的高等教育大学堂，也是为现实政治服务、带有高端智库性质的政治参议院。它的出现，是中华文明史上一个最独特的创新。郭沫若曾评价说：“这稷下之学的设置，在中国文化史上实在是有划时代的意义的。”事实不仅如此，放在世界文明史上，也是一个奇迹。稷下学宫与雅典的柏拉图学园在公元前四世纪差不多同时出现，分别在世界的东、西方以相似的方式展现出人类早期文明的智慧之光。它们都是世界上最早的集高等教育与学术研究为一体的思想学术文化中心，各具特色，共同创造了世界文明史上的辉煌：稷下学宫为广揽人才而创，具有浓厚的政治色彩；柏拉图学园为传播思想、科学而设，具有鲜明的科学理念。前者汇聚诸子，多派并存，思想交融，

形成百家争鸣的局面；后者传承师说，探求真理，追求科学，培育独立思考之精神。前者为中国秦汉大一统帝国的形成做了理论上的充分准备，对中国政治、文化、教育发展影响甚大；后者为西方大学教育奠基，对西方哲学、自然科学发展影响深远。稷下学宫与柏拉图学园极大地影响了东、西方不同学术思想与文化传统的形成，共同为构筑丰富多元的世界文明做出了卓越的历史贡献。

三

本丛书的编纂，缘起于稷下学宫发祥地山东省淄博市、临淄区政府 2017 年拟规划建设“稷下学宫与诸子百家文化园”重大文化工程项目。受市、区党委、政府的信任和委托，我担任了《展陈文案学术研究报告》项目负责人。为此，我们聘请国内高校十数名对先秦诸子百家素有研究的权威学者共同组成了项目组。经过近两年的努力，项目组圆满完成三十余万字的《报告》，同时形成了一百五十余万字的《资料汇编》，为本丛书的编纂奠定了基础。

2019 年，以我为首席专家组成的课题组，获批教育部重大攻关项目“稷下学派文献整理与数据库建设研究”立项。为了更深入、全面地开拓、展示稷下诸子百家的发展背景和学派面貌，以原项目组学者为主体，于 2019 年底正式启动了本丛书的编纂。

本丛书是弘扬优秀传统文化的普及性、通俗性读物。希望通过深入挖掘、阐释、解读“轴心时代”诸子

百家的历史渊源、学派概况、代表人物、主题思想、历史地位、深远影响，让广大人民群众全面认识民族精神的形成轨迹和丰富内涵，坚定文化自信，促进中国优秀传统文化的创造性转化和创新性发展。同时立足当代，着眼未来，从文明互鉴、文化交流的角度，努力挖掘世界文明“轴心时代”在中华大地上涌现的诸子百家的价值内涵和世界意义，讲好中国故事，让中国文化走出去，增强人类命运共同体的广泛认同，为构建不同文明和谐共荣的发展之路发挥更加积极作用。

本丛书编纂的总体要求是：权威学者写小书，以确保学术质量。每册 10 万字左右，融知识性、权威性、趣味性和普及性于一体；既适合国内大众阅读欣赏，又适宜向海外翻译推介，传播弘扬中华优秀传统文化。对于学派的表述，一方面要求有坚实的文献依据，尽量吸收相关考古新发现和学界形成共识的研究新成果，以提高读物的知识性和学术含量；另一方面要求尽量选取典型故事表述思想，以浅近语言阐述哲理；处理好具体与抽象、个别与一般、部分与整体的关系；做到主线清晰，纲举目张，故事生动，内容形象；语言文字则要求简洁易懂，以通俗书面语为主；一般不引用大段文献原文；疑难生僻字加注标准汉语拼音；配以必要的图表、画像等，让读者喜闻乐读。

在本丛书编纂过程中，我们与各位主撰者共同组成了编委会，实行统一策划、统一体例和撰写要求；多次组织研讨会，对各卷的撰写提纲和书稿逐一进行了反复研讨、审稿、统稿；各位作者通力合作、反复修改、竭尽心力；中国人民大学出版社积极支持丛书的研讨、统

稿、定稿和出版工作。我们衷心希望历经数载精心编纂的这套丛书，能让广大读者在赏心悦目的阅读中，领略中华文化的深邃魅力，获取知识的无穷力量。

2021 年 8 月 16 日

目　录

导　言

阴阳家——中国人的思想律

阴阳家是阴阳五行家的简称，顾名思义，这个学派的主要学说就是阴阳的思想和五行的思想以及这两种思想的奇妙组合，而其他学派的主要思想则是从它们的学派名称上看不出来的。对于普通的中国民众来说，阴阳家的思想很可能是他们最为熟悉的，因为中国的民间文化带有十分浓重的阴阳五行的色彩。自古以来，阴阳五行就是中国人的思维框架，人们习惯于用阴阳五行的眼光看待周围的世界，可以说，中国人眼中的世界就是一个阴阳五行的世界。

在先秦百家争鸣时期的重要学派中，阴阳家是最后一个出场的，但不同于其他学派的是，它是以一种十分高调的、轰轰烈烈的方式出场的。阴阳家的理论一经提出，立刻就在社会上引起了轰动，特别是列国的君主们个个像打了鸡血一样竞相追捧。那些野心勃勃的君主从中看到的是由自己来完成一统天下大业的梦想，那些惴惴担心被别人吃掉的弱小国家的君主也把这一理论当作救命的稻草，来给自己打气。阴阳家的创始人邹衍一时间红遍了天下，所到之处都受到了最高规格的接待，住在专门为他建造的宫殿中，以老师的身份接受君主们的卑身礼敬和虚心求教。如果说先秦百家争鸣时期是中国古代知识分子最有尊严、最受重视的时代，那么邹衍受到的尊崇和追捧则是历史上其他任何一位思想家都望尘莫及的。

令人扼腕的是，邹衍及其传人的著作早已遗失于历史的烟云中，我们只能从一些间接的材料中窥见阴阳家思想的概貌和某些令人振聋发聩的理论片段。不过这并不妨碍我们确认阴阳家在中国思想文化史上的重要地位。《史记·太史公自序》最早对先秦时期的诸子百家划分学派，太史公说："夫阴阳、儒、墨、名、法、道德，此务为治者也"。在六大学派中，阴阳家被排在了首位。在太史公眼里，阴阳之理是"天道之大经"和"天下纲纪"，是天地万物最基本的运行规律。"顺之者昌，逆之者不死则亡"，顺应阴阳之理就是顺应天道，这是人类面对自己生活于其中的世界所要遵守的最重要的原则，其他学派所确立的各种原则都应该以天道阴阳的原则为前提。也许正是基于这样的认识，太史公才把阴阳家列在了六大学派中的首位。

《史记》说邹衍“深观阴阳消息”而创立了阴阳家学说，邹衍通过长期观察天地间阴阳二气的运行，发现了阴阳消长的普遍规律，并把这种通过对大自然的深刻理解而总结出来的规律运用到人类社会生活的方方面面，特别是用来指导政治生活，从而提出了轰动一时的阴阳五行家思想。太史公说先秦的各个学派皆“务为治者”，都是以匡正天下治理国家为目标，而阴阳家由于深通天地万物阴阳运行变化的基本规律而获得了独特的优势，在百家中独树一帜，但其毕竟也是“务为治者”，同样也以服务社会指导政治为目标，所以阴阳家的轰动效应主要表现在政治舞台上。不仅当时的列国君主都把阴阳思想作为实现自己政治目标的理论支撑，而且秦汉大一统之后的每一次改朝换代，阴阳思想都被用作政权合法性的论证工具，其在王朝的政治生活中居于崇高的地位。不仅如此，自汉武帝“独尊儒术”之后，阴阳家的理论部分地融入儒学的思想体系，在历朝历代的官方意识形态中都扮演着重要的角色。

阴阳五行学说是古代先民对自己生活于其中的物质世界的起源、本质和规律进行哲学解释的初步尝试，是一种朴素的世界观，包含着一定的科学的、合理的因素，我们不应简单地把它视为封建迷信。

在漫漫的历史长河中，阴阳五行的思想逐渐渗透到中华文化的方方面面，古代的科学技术、天文历法、宗教、伦理、医药学、建筑学、审美、文学艺术乃至丧葬习俗等方方面面都渗透着阴阳五行思想的影响。阴阳五行学说中的核心理论，比如天人合一、整体思维、普遍联系、对立转化、运动变化、阴阳平衡、五行生克、和谐统一等，一直都是中医的理论基础和实践的指导思想。可以说，中医的理论体系就是基于阴阳五行的理论构建起来的，没有阴阳五行思想就没有中医。

在基层民众的社会生活中，阴阳五行的影响更为巨大和深远，从民众的宗教信仰到各种民间习俗，阴阳五行都充当着主要的理论依据。不可否认的是，阴阳家原本就有神秘的色彩，长期以来，阴阳五行的思想逐渐与民间流行的各种迷信和方术相融合，让它们披上了阴阳五行的外衣，为它们提供了理论根据和指导。在我们现今的民间文化中，仍然可以看到大量的占卜、算命、算卦、看相、风水等，都和阴阳五行息息相关，诚如梁启超所言，阴阳五行是“二千年迷信的大本营”。

所有这些都使得中华传统文化具有了阴阳五行的鲜明色彩，阴阳五行早已成为中国人习以为常的思维框架和指导人们行为的基本原理。中国人做事当前总是习惯性地先用阴阳五行的框架来思考，不大容易接受别的思考方式。此种情况正如著名学者顾颉刚所说，阴阳五行是“中国人的思想律”。这句话是对阴阳五行思想的精准把握，这个“思想律”至今仍顽强地发挥着一定的作用。可以说，阴阳五行思想是中国传统文化的特色内容，它存在于我们的文化基因中，我们对它的看法可以见仁见智、褒贬不一，但我们都不能轻视它的存在。

第一章

阴阳家的学派概况

阴阳家是阴阳五行家的简称。虽然阴阳家在先秦诸子百家中最晚出现，但阴阳和五行的观念早在西周时期就已经存在了。《汉书·艺文志》说："阴阳家者流，盖出于羲（xī）和之官。"这里的"羲和"指的是上古时代的日神。还有一种说法认为"羲和"是制定时令、历法的天神。按照我们现代人的理解，所谓的"羲和之官"，大概就是商周时期掌管天文历法的政府部门。《汉书·艺文志》还说，阴阳家的长处在于"敬顺昊天，历象日月星辰，敬授民时"，意思也是说阴阳家与中国古代的天文历法之间有着很深的渊源，无论是日月的轮转、季节的变换，还是人间的祸福凶吉，都和它有很大的社会之所以出现各种各样的问题，就是因为背离了“道”。因此，道家对于人类社会制度、技术文明的发展，始终保持着清醒的反思和冷静的批判，提示人们努力找寻合乎天地规律的社会管理模式和个人存身之道。为此，人类必须信守虚静无为的人生理念，必须保持尊重万物的谦虚姿态，必须拥有反向入手的思维模式，必须培养兼容并包的博大胸怀，必须坚持从天道到人事、从养生到治国的行为模式。

现代工业社会的迅猛发展，使得新兴技术大量涌现、产品过剩、信息爆炸、人际交往的速度日益加快、人类欲望的满足永无止境。在人类享受到越来越多文明成果的同时，地球资源的消耗以及生存环境的破坏也越来越严重。快速的节奏、剧烈的竞争，使得人类始终处于高度紧张与疲劳之中，导致了各种身体疾病以及心理障碍的发生、加剧。

我们必须反思人类的生产和生活方式是否存在着严重的问题。如何健康地、合理地、有节制地、可持续地发展下去、生活下去，道家思想为我们提供了丰富的思想资源。

例如万物齐同的平等观、谦逊观让我们学会尊重、学会善待，放弃人类中心主义，放弃价值单边主义，创建一个利而不害、和而不同的地球家园。

虚静无为、道法自然的管理模式、教育理念让我们学会包容、学会慈爱，让每一种生命都能充分展现个性、获得生机。

致虚守静、返璞归真的养生观、生死观，让我们学会珍惜、学会达观，超越肉体的束缚、体验逍遥的关系。

一、 阴阳观念的产生和发展

我们都听说过牛郎织女的故事，其大致的情节是：天帝的孙女织女厌倦了天宫的生活，私下凡间，嫁与牛郎为妻，过上了男耕女织的生活。天帝知晓此事，将织女抓回天宫，只准许她与牛郎在每年的农历七月七日隔着天河相见。牛郎与织女的爱情感动天地，连喜鹊都行动了起来，在天河上为他们搭起了一座桥，使得他们有情人终可相会。牛郎织女的爱情故事就像《古诗十九首》所描述的那样："迢迢牵牛星，皎皎河汉女。纤纤擢（zhuó）素手，札札弄机杼（zhù）。终日不成章，泣涕零如雨。河汉清且浅，相去复几许？盈盈一水间，脉脉不得语。"后来，唐代杜牧有"天阶夜色凉如水，卧看牵牛织女星"的佳句，宋代秦观又有"纤云弄巧，飞星传恨，银汉迢迢暗度"、"柔情似水，佳期如梦，忍顾鹊桥归路"的千古美词。这些诗词还有我们现在的传统节日"七夕"，可以说都与牛郎织女的爱情故事有关。

实际上，牛郎织女的故事最早是由牵牛星、织女星衍化而来，这里面既体现了人们对自然天象的崇拜，又蕴含了阴阳交互的朴素原理。先秦的文本当中就有关于"牵牛星""织女星"的记载。《诗经·小雅·大东》说："维天有汉，监亦有光。跂（qí）彼织女，终日七襄。

虽则七襄，不成报章。睆（huàn）彼牵牛，不以服箱。”事实上，《诗经》当中关于“牵牛星”“织女星”的记载，是经得起现代天文学的检验的，因为按照实际的观测结果，古人所命名的“牵牛星”与“织女星”确实居于银河的两岸。那么，我们就要追问：“牵牛星”“织女星”又与中国传统思想文化中的阴阳观念有何关系呢？按照《礼记》的说法，“大明生于东，月生于西，此阴阳之分，夫妇之位也”，而我们知道，民间一直以来都有“东为尊，西为卑”的说法，我们再看“牵牛星”与“织女星”的分布情况，按照古人的考察，牵牛星恰好是居于东的，而织女星是居于西的。显然，从对这两颗星星的命名上，我们可以看到了中国古人的良苦用心。往深了讲，这里面就蕴含着阴阳交互的朴素原理以及人道与天道相呼应、人伦与天伦相配合的思维方法，毕竟牛郎织女的故事背后不仅是男女婚恋的问题，还有天人关系的问题。

阴阳的本义是指日照向背，后来才延伸成为一个哲学概念，用来表示宇宙、自然、天地间所蕴含的关系与规律。《国语》曾记载西周时期的伯阳父说：“阳伏而不能出，阴迫而不能蒸，于是有地震。”那么也就是说，早在先秦时期，古人就用阴阳失序的说法来解释地震的发生。《左传》也说过：“阴淫寒疾，阳淫热疾。”这又是用阴阳失调的说法来解释疾病的发生。《国语》《左传》所记载的内容足以表明阴阳的观念在东西周时期是比较流行的。

从文化上讲，阴阳观念的产生与原始社会或者说上古时代的图腾崇拜、生殖崇拜是有很大关系的。那时候的中国古人，无论是田间耕作，还是上山打猎、出海捕鱼，可以说整个生产、生活受天气的影响都是很大的，尤其是发源于黄河流域的农耕文明，十分依赖温度、光照和水分，久而久之，人们便形成了对天地、自然的敬畏之心。古人向天地、自然表达自己敬畏之心的方式，就是将太阳、月亮、水、火还有一些凶猛的野兽当作自己的崇拜对象，从而求取它们的护佑与赐福。古人一方面敬畏自然，一方面又观察自然的变化，希望能够利用自然。阴阳的观念便在这样的敬畏与观察中产生。这是就人与自然的关系来讲，就人与人的关系以及人自身的生存、发展而言，阴阳的观念也同样适用。

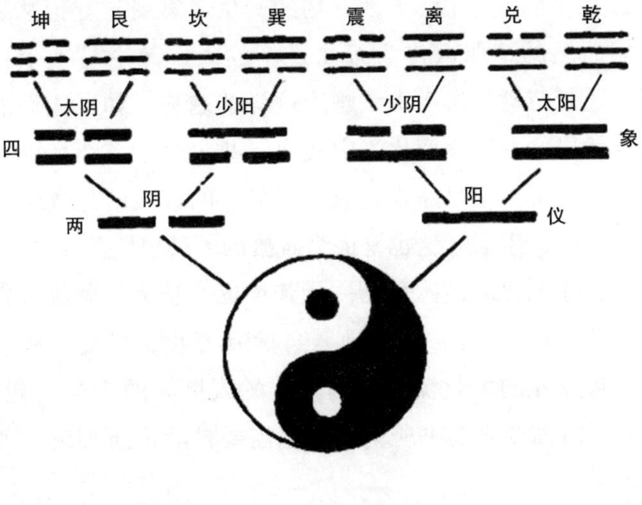

在《周易》当中，“阳”被表示成一杠，“阴”被表示成两杠，也可以说是中间断开的一杠。这样的表示方式是十分生动的，它有利于古人演示一些比较复杂的卦象，也有利于后人对《周易》卦象的解读。从这样的表示方式中，我们能够看到一些生殖崇拜的意味。如果说一杠是男性阳根的象征，那么两杠就是女性阴部的象征。当然，从文化的角度，我们甚至可以将阴阳这一观念产生的渊源从生殖崇拜、图腾崇拜，一直推到最早的创世神话以及宇宙生成的问题上去。

《周易·系辞》说：“天地絪蕴，万物化醇（chún），男女构精，万物化生。”《老子》也说：“谷神不死，是谓玄牝（pìn），玄牝之门，是谓天地根。”这两处文字所描述的其实就是天地初创之时的状况。在古人看来，天地的创生与男女的交媾（gòu）是一样的道理。因为在古人的心目当中，天地万物的产生、发展与变化都是自然而然的，那么作为万物之一的人，无论是生殖繁衍，还是劳动生产，也该顺应这样的趋势，如果人们能从自然界的发展、变化当中找出一些规律来，那可以说再好不过了。很显然，顺应自然最好的方式就是效法自然而生存、生活，这也是最为直接的一种思路。

实际上，从盘古开天、女娲（wā）造人，到伏羲作卦、孔子释《易》，从天地、自然到万物、男女，从整体的自然界的大化流行，到具体的人世间的生老病死，这一切既需要被史书所记载，也需要被后世所理解，那么这当中的关键就是建立一套思想系统了，于是，阴阳的观念便被一步一步地揭示了出来。在中国传统思想文化中，男女交媾是人类繁衍后代、传续生命的基本方式，它对于一个家庭、一个宗族的意义是非常大的，而阴阳互动是对男女交媾的绝佳表达。由此，我们就可以知道，阴阳的观念不仅关乎自然，而且关乎我们人类自身以及人类社会的方方面面，包括政治、伦理、生活、文化等。

当然，在一般的意义上，我们也认为阴阳观念的产生是基于对天地、自然的长期观察以及对生产、生活的经验概括。《黄帝内经》这样说道："阴阳者，天地之道也，万物之纲纪，变化之父母，生杀之本始，神明之府也。"在中国古人看来，阴阳之道就是自然界与人类社会不断变化、不断发展的内在规律。换句话说，我们所生活的世界，能够以现在这样一种面貌呈现在我们眼前，主要就是阴阳之道在起作用。《黄帝内经》还说："阴阳者，数之可十，推之可百。数之可千，推之可万。万之大不可胜数，然其要一也。"在中国古人看来，阴、阳不仅是这个世界存在的基础，而且是整个世界变化、发展的本质，因为从阴、阳二气中，我们可以推导出成百上千的事物。

显然，古人是希望通过阴阳的观念来解释整个宇宙、天地、自然的生成、变化与发展的，并且这样的一种意愿与诉求可以说是十分强烈的。但问题在于，要实现这样的一种意愿与诉求，就需要将阴阳的观念不断地归纳、不断地抽象。《黄帝内经》说：“水火者，阴阳之征兆也。”“阴阳者，血气之男女也。”这两句话的重点不在于宏观的宇宙、天地、自然，而在于现实生活中的水火和男女。那么，我们就要问了：古人为什么要将阴阳同水火、男女联系起来呢？显然，在古人眼中，解释宇宙、天地、自然如何生成、如何发展、如何变化只是第一步，接下来的第二步才是更加关键的，那就是解决人与宇宙、天地、自然的关系，这里面又包含着人如何在现实中、在这个世界上更好地生存、生产、生活的问题。

古人所采用的一个方法是：将阴阳观念从具体的层面逐步抽象，然后又让它作为一种普遍的观念笼罩我们的生活，再一点一点地渗入我们的生活中，使它与我们人类自身，与我们生活世界中的水、火、土、木等事物逐一地产生联系。例如：将水火看作是阴阳在大自然中的一种具体征兆，将男女看作是阴阳在人的生命方面的某种转化与呈现。如果我们将上面所谈到的《黄帝内经》的文字内容放在一起来看，就会发现这里面其实体现出一种思维上的统一、一种方法上的结合，从哲学上讲，这就是抽象和具体的统一、普遍与特殊的结合。显然，在中国古人看来，首先我们要仰望星空，要对我们所生活的外部世界保持一定的好奇心，要用自己的思维和知识去理解宇宙、去融入自然；其次，在现实生活中，我们总是面临生存方面各种各样的挑战，那么我们就不得不切切实实地从自身出发，利用自然界的一切资源来发展自己、完善自己，这大概就是中国古人关于人和自然的关系的一些基本理解。

中国古人很早就形成了自己的宇宙观和世界观。在古人看来，我们所面对的万事万物，相对于自我而言，其实都是外在的，而这些外在的事物无不依照自然规律而运转。古人所理解的自然规律主要有两个方面的内容：一方面是对立与矛盾，一方面是依存与配合，比如天与地、昼与夜、热与寒、火与水、明与暗等。在古人眼中，不仅自然界的很多现象与事物，例如天地、昼夜、日月、山水、寒暑等，可以用阴阳的观念来解释，而且连人类社会的内部关系以及人自身，例如男女、长幼、贵贱、盛衰等，也可以用阴阳的观念来看待。

“阴阳”这个词，顾名思义，包含“阴”“阳”两个部分，往深了说，其实就是（寒）阴与（暖）阳二气、（静）阴与（动）阳两种状态。如果说“阴”在中国古代主要指与女、冷、暗、柔、沉、静等相关的事物与属性，那么“阳”在中国古代主要指的就是与男、热、明、刚、动等相关的事物与属性。在中国哲学中，“阴阳”是一个比较质朴、应用也比较广泛的概念，阴阳既是对现象背后的规律的一种抽象描述，又是中国古人认识万物以及自身的一种思维观念。在中国古人看来，首先是阴阳的矛盾、对立，然后才是阴阳的转化、消长，而这两个部分合在一起，就是我们所要追寻的现实世界变化、发展的基本规律。如果说这样一种自然而然的规律有某种内在的本质，在古人看来，这种本质就是阴阳；如果说世界周而复始地运转、发展，这背后有某种内在的动力，在古人看来，这种动力就是阴阳交互。

老子在《道德经》里说："道生一，一生二，二生三，三生万物，万物负阴而抱阳，冲气以为和。"在道家创始人老子看来，世界上的事物一经产生，就不可避免要与其他事物之间产生一些直接或间接的联系，而一事物与另一事物的联系过程中，其实就蕴含着阴阳交互的作用。这阴阳交互的作用既包括对立的一面，又包括转化的一面。从对立到转化，其实就导向了一种整体的平衡，这就是所谓的阴阳相合；从转化到对立，则带来了某一阶段性的张力，这张力之中即充斥着新的矛盾，这就是所谓的阴阳相反；矛盾的对立状态不断发展、变化，也会孕育新的生机、滋生新的事物，这就是所谓的阴阳相生。

在老子看来，阴和阳不是静态的，而是动态的，无论是阴和阳的互相对立，还是阴和阳的互相转化，都内在地蕴含着一种动力、一种动能，这也是我们所生活的世界能够不断变化、有序运转的动力和动能。阴阳的对立统一既表现人们为对宇宙自然的抽象认识，又表现为对社会生活的具体认识。用阴表示寒、暗、女、柔等面向，而用阳指代热、明、男、刚等面向，这是从概念上、观念上来对世界上的人或事物作一区分、归类，可以说在这个层面上，人们更强调阴和阳的对立属性。紧接着，在更为广泛、更为现实的层面上，阴和阳的交互作用便体现出来了。就人们所感受到的光来说，光的明与暗其实就是不断变化、交替出现的。就人与人的交往以及人类社会的发展历史来说，男与女的交互、交媾保证了生命的延续。此外，季节的寒暑变化、力量的刚柔相济也是如此。显然在这些层面上，人们更看重阴和阳的和合属性。

《周易·系辞》说："一阴一阳之谓道。"在阴阳的观念下，任何事物都不是孤立存在的，一事物总是与周围的其他事物具有或多或少的联系；任何事物也不是静止不动的，一事物总是随着时间的推移、空间的转移而发生着运动。有了联系，就有了矛盾，矛盾只有在一定程度上得以解决，事物才会不断地发展、变化，这就是中国古人的阴阳之道。在先哲眼中，世界上的万事万物包括人类自身，都是阴和阳这两种基本因素相互作用的结果，换句话说，我们所生活的世界之所以诞生、演变乃至形成，主要得益于阴和阳的相互作用，这正是自然世界生机勃勃的缘由，也是人类社会生生不息的本质。阴阳的相互作用主要表现为阴阳的转化与消长。所谓转化与消长，主要指的就是从阴到阳、从阳再回到阴，具体说来，就是随着时间的推移，阴一点点变为阳，阳到了极致，又一点点转为阴，这就是所谓"阴极则阳生，阳极则阴生”也。

古有三易，分别是《周易》《连山易》《归藏易》，其中《周易》对中国古人的影响是最大的。古人围绕《周易》发展出各个方面的学问，例如人们所热衷的《周易》预测学。《周易》预测学有一项很重要的内容，那就是生辰八字的推算，这里面一个主要的依据就是阴阳的运行与变化。具体说来，阴和阳构成人的两股气质、两种能量，每个人的阴阳二气在时间、空间两个维度上有着各自不同的变化，这变化既与人自身的活动有关，又与外在的自然世界有关。在中国古人看来，这一切的变化都有一定的规律可循，只要把握了这个变化的规律，就可以把握命运，生辰八字的推算就建立在这样的基础之上，整个《周易》预测学的功能也体现在这上面。客观地说，周易预测其实是有一定的科学依据的，但它和现代科学所提倡的理性分析、逻辑论证仍然是很不一样的。《周易》的系统由太极开始，太极生两仪，这两仪便是阴阳，阴阳生四象，四象生八卦，八卦再生，便是六十四卦。在整个周易的系统中，太极是初始，而阴阳是根本，一切的变化说到底也都是阴阳的变化，了解了这一变化，才算是了解了《周易》。

在《周易》和《老子》之后，将“阴阳”的范畴引入社会生活和政治伦理领域的，其实是战国中期的黄老之学。《黄帝四经》以阴阳的观念来解释季节的变化，把四季的推移看成是阴阳消长的结果，然后再将它上升到天人关系的理论高度，使它不断地理论化、系统化，这样就形成了“顺天授时”“敬授民时”的思想，也就是用大自然运行变化的节律，对人们的社会生活特别是农业生产进行总体性的指导。《经法》说：“天地有恒常，万民有恒事……天地之恒常，四时、晦明、生杀、柔刚；万民之恒事，男农、女工。”黄老之学认为，四时、晦明都是阴阳二气的运动变化，生杀指的是草木的生长与凋零，也是阴阳二气的作用；柔刚指的则是阴阳在运动过程中所表现出来的两种相反的气质或特性。《黄帝四经》将这些同农业生产对应起来，这表明黄老道家已经认识到了其中的规律。基于这种认识，《黄帝四经》才开始强调“因天时”。《十大经》说：“静作得时，天地与之；静作失时，天地夺之。”意思是说，能否顺应自然界的阴阳变化，乃是我们在现实世界中行事成败的关键。这些思想在《管子》《吕氏春秋》等其他黄老学著作中都得到了不同程度的发展，并由指导农业生产一步步地发展为对整个人类社会活动的全面指导，当然，一个比较突出的方面，其实是对政治活动的指导。用阴阳理论指导政治活动是古代天人合一思想的一个重要方面，我们后面所要讲到的“阴阳刑德”就是其中一个体现。对“阴阳刑德”的系统表述主要见于《管子》一书，后来《吕氏春秋》又对它作了补充和完善。这种发端于黄老学的特色理论最终成为阴阳家学派的主体思想之一，对后世产生了较为深远的影响。

总之，阴阳最初表现为对自然的直观认识，后来才逐渐具有了形而上的哲学意味。《老子》提出“万物负阴而抱阳，冲气以为和”，认为阴阳的对立统一是万物普遍具有的属性。《周易》提出“一阴一阳谓之道”，认为阴和阳的相互作用是宇宙间最根本的规律。《黄帝四经》将阴阳思想应用于社会政治，这可以说是黄老道家对早期阴阳思想的一种发展。作为中国哲学的重要观念，阴阳对于中国古代思想文化的形成与演变有着独特的贡献。

二、 五行观念的产生和变化

在中国历史上，“高祖皇帝斩白蛇”的故事一直为人们所津津乐道，这个故事出自《史记·高祖本纪》。话说刘邦有天夜里喝醉了酒，有人慌忙来报，说有一条大白蛇拦在路上，士兵无法通行。刘邦十分淡定，冲上前去，一剑就将大白蛇斩成了两截。后来，有人报告刘邦：一位老妇人在斩杀白蛇的地方痛哭流涕，老妇人说那白蛇是她的儿子，乃是白帝之子化身而成，不幸被赤帝之子斩杀了。此事一传十，十传百，很快天下人都知道了。人们说：以赤帝之子的身份斩杀白帝之子，这是冥冥中自有定数。后来刘邦取了天下，建立汉朝，斩杀白蛇之事便成了他传奇人生当中的一段佳话。

为什么要讲这个故事呢？因为它跟我们要讨论的五

行观念有很直接的关系。这则故事当中的“赤”与“白”其实对应的是“火”与“金”，这也就意味着古人在这一事件中运用了五行学说中火克金的哲学思想，来为自己的政治需求而服务。通过这个故事，我们也能看到阴阳家对于后世的影响。五行相克的思想被阴阳家邹衍转化为政治领域的“五德终始”说，使得五行的理论学说一下子具有了政治哲学层面的意义。

五行的观念在西周时期已经出现，我们在《尚书》当中就能够发现关于“五行”的一些记载。五行指金、木、水、火、土五种元素，古人把它们看作是构成万物的五种基本质料，并用它们来解释物质世界的起源和变化。如果说阴阳与图腾崇拜、生殖崇拜以及一些创世神话有关，一直属于华夏民族比较核心的思想内容，那么五行在中国古代早期的思想文化系统中的地位便要相对边缘一些。

《尚书·洪范》明确说道：“五行，一曰水，二曰火，三曰木，四曰金，五曰土。”什么是“行”呢？郑玄《洪范注》这样解释：“行者，顺天行气也。”显然，五行的“行”既是一种动作，也是一种称谓。如果说五行的“行”是一个动态的名词，那么“五行”便指向五种动态、五种变化。也就是说，“五行”更强调金、木、水、火、土这五种基本要素的属性与作用，正是这五种基本要素的组合、交互构成了整个自然世界以及自然世界的万事万物。

《尚书·大传》说："水火者，百姓之所饮食也；金木者，百姓之所兴作也；土者，万物之所资生也，是为人用。"西周时期，人们主要是从生存、生产、生活的角度来考察自然界的，之所以提出金、木、水、火、土，也是因为这五种元素与人们的生存、生产、生活的关系最为密切。在古人看来，水和火是日常生活所必需的，木和金则是劳动生产所必需的，土象征农田、土地、大地以及故土、乡土、家园，它既是万物生长之本，又是人类生存之源，因此"五行"之中，土的意义最为深远、地位最为重要。《国语》就说过："先王以土与金、木、水、火杂，以成百物。"从这里，我们就能看出"土"在"五行"里的优先地位。

关于"五行"，我们会有两个疑问：第一，为什么是"五"而不是"四"或者"六"呢？第二，为什么是金、木、水、火、土，而不是其他的什么物质呢？显然，作为"五行"而成组出现的金、木、水、火、土，在思想上一定经过了较为漫长的历史演变过程。这样的一种组合到了西周时期或才真正确定下来，从此成为人们考察自然现象、解决现实问题的一种思维模式。

郭店简里面有一篇叫《五行》的文章，学界一般将它视为儒家的作品，认为它是儒家后学关于五行思想的集中阐述。值得注意的是，《五行》里面所提到的"五行"其实是政治、伦理层面的仁、义、礼、智、圣，而不是我们传统意义上所理解的金、木、水、火、土。

仁、义、礼、智、圣可以说是儒家针对人类社会所提出的五种价值准则，金、木、水、火、土则是古人所归纳的构成物质世界的五种基本元素。由此，我们就可以知道，在阴阳家出现之前，“五行”在人们心中还不算是权威的理论，远不如阴阳的观念那么流行、那么普遍。

通过传世文献《洪范》篇和出土文献《五行》篇，我们可以知道关于“五行”到底是什么这一问题，当时的思想界至少给出了两种答案。相较之下，金、木、水、火、土的说法更占上风、更受认可，而仁、义、礼、智、圣的说法更像是儒家的独创，还需要时间去检验、需要有人去论证。《左传》也提到了一种说法：“水、火、金、木、土、谷谓之六府。”这里已经说到了金、木、水、火、土之“五行”，只不过多了一个“谷”。“谷”即谷物，主要指农作物，它与人们的农事、劳作以及生存、生活息息相关，在这个意义上，可说这里的“六府”与金、木、水、火、土的“五行”说法并没有多大的差异，我们大可将“谷”看作是“土”的一种延伸，《左传》只是强调一下、突出一下而已。

在长期的生活实践中，人们的认识不断发展，对“五行”观念的理解也逐渐深入，久而久之，便发现“五行”之间存在着相生和相克的关系。“五行相生”即木生火、火生土、土生金、金生水、水生木。“五行相克”又叫“五行相胜”，即木胜土、土胜水、水胜火、火胜金、金胜木。五行的观念对后来中国思想文化的发展产生了直接的影响，无论是宫、商、角、徵（zhǐ）、羽之五音，青、赤、黄、白、黑之五色，还是酸、甘、苦、辛、咸之五味，感、知、触、视、察之五觉，说到底都是中国古人对五行学说的展开与发挥。慢慢地，人们发现物质世界里的一切似乎都可以由金、木、水、火、土这五种基本要素所构成。人们越发地意识到，物质世界的存亡、变化以及建立在物质世界之上的人类生活，仿佛都是五行相生相克的规律在起作用。于是，“五行”的思想开始被广泛运用于政治、经济、军事、生活各个方面。

三、 阴阳与五行的合流

一种思维方式要想被人们所接纳，不仅要有观念层面的指引性，还要有现实层面的应用性。阴阳作为一种观念、一种意识，可谓根深蒂固，但阴阳作为一种方法、一种学说，在现实层面的应用、推广也经历了一个相对较长的过程，其中颇为关键的一步就是阴阳与五行的合流。

历史上，阴阳的观念产生更早一些、影响更广一些，而五行的观念产生相对晚一些、影响也相对小一些。西周时期，五行的思想或只是被提出而尚未被推广，阴阳的观念虽然较为流行，但适用的范围也十分有限。通过《尚书》《周易》等传世文献，我们明显发现：

战国以前的阴阳、五行观念，较之后来《管子》《黄帝四经》所记载之思想内容以及邹衍的阴阳五行学说，可以说差别极大。更为关键的一点是，在战国中期以前，阴阳与五行几乎是各自独立发展的，二者在学理上鲜有交集，阴阳的观念主要在南方流传，五行的观念主要在北方流传。后来，在稷下学宫与百家争鸣的思想背景下，这两种原本互不相干的观念才走到一起，有了合流的趋势。尤其是在稷下学宫开放、自由、包容、兼纳的风气下，辩者、学人开始将阴阳、五行这两种公共的思想资源放在一起讨论。

黄老学派是当时稷下学宫最为重要的学术流派之一，通过《管子》等文本，我们发现黄老道家对阴阳与五行有了一定程度地吸收和发挥。我们甚至可以认为，整个西周以来，与阴阳、五行相关的思想资源，在稷下学宫尤其是在黄老道家那里得到了很好的归置。邹衍的阴阳五行学说之所以出现，更是与这些思想资源在稷下学宫的流传以及黄老道家的继承、发展有很大的关系，这里面似乎还隐藏着一条极为重要的思想线索，那就是古老而朴素的阴阳、五行观念，经由稷下学宫的讨论、黄老道家的归纳与发展，最终在以邹衍为代表的阴阳家那里被转化为成熟而系统的阴阳五行学说。

阴阳与五行的合流最早见于《管子》。阴阳观念在春秋时期只是在自然世界的讨论中被使用，到了战国时代才被引入社会领域。在马王堆帛书《黄帝四经》中，阴阳学说有了重要的发展，体现于以“敬授民时”和“阴阳刑德”为基本内容的“四时教令”思想被提出。这里需要注意的一点是，《黄帝四经》中并没有出现五行的思想。事实上，这种阴阳与五行相分离的情况在当时乃至更早的典籍中可以说是比较普遍的。

《黄帝四经》大约成书于战国早、中期之际，可见当时阴阳与五行仍各有分际，尚无合流的迹象。而在《管子》的《幼官》《四时》《五行》《轻重己》等文章中，呈现在我们面前的已经是一些融阴阳与五行为一体、以阴阳说为精神实质、以五行说为表现形式的完整的世界图式，尽管这些图式还有待于进一步完善，但已经是很了不起的思想成就。《幼官》等篇的阴阳五行图式标志着阴阳说与五行说的合流。然而这一合流并不是一举完成的，而是经历了一个探索、尝试、由分离到并存再到合流的过程，这个过程在《管子》书中可以清楚地看到。

在《管子》书中，《幼官》《四时》《五行》《轻重己》这组文章通篇都是阴阳五行思想，并各自配成了以五行相生为序的大同小异的宇宙图式。这些图式的配成标志着阴阳与五行合流的实现。《幼官》选择了五方作为五行与时令结合的突破口。在五行所配成的五花八门的项目中，东南中西北五方是一个最初的也是最重要的项目，它在五行体系中具有基础的地位。没有五方，五行体系就无法架构分布，就形不成图式。因而五行与时令结合的关键是解决五方与时令的搭配问题，《幼官》从方位下手，可以说是抓住了问题的要害。这样的安排看似很严整，但是最要害也是最困难的问题并没有解决，那就是在一年的季节中没有给相当于土德的“中”留下位置。

《四时》将“中央土”安排在南方与西方之间即夏季与秋季之间的位置，这样，《四时》的五行相生序列就一目了然了，其五行图式也更直观和顺理成章。《四时》采取了不同的处理方法，用“土德”称之。这样，土德的作用就是辅助、协调四时的运作。在五德里，土德是居中的，故对其余四德似乎又有统领的作用。然而，“中央土”虽被说成是具有这样的重要作用，但毕竟也没有改变在一年的时间序列中不占天数这一事实，故而仍然是为了凑数的虚设。

事实上，如果不打乱一年分为四季的时间单位体系，要想使五行方位与四时节令配合，就不得不非常勉强地在四季中间插入这个虚设的“中央土”，否则就无法给出一个完整的世界图式。邹衍杜撰了与四时并列的“季夏”这一概念。到了《吕氏春秋》，“季夏”成了夏季第三个月的名称，在原来的“季夏”的位置上又恢复了“中央土”的提法，这种做法当是直接取自《管子·四时》。然而无论是邹衍的“季夏”还是《吕氏春秋》的“中央土”，都与《管子》的“中央土”一样，从字面上看虽然与其他四季并列，可实际上都没有在一年中占据确定的位置，也就是说，都未曾打破正常的四季各领三月的时间单位系统，因而仍然是虚设。

《五行》篇的思路与《幼官》《四时》大不相同。也许是看到了《幼官》《四时》的症结所在，它采取了另一种处理方式，在四时上做文章，试图避免前者遇到的麻烦。作者用五行等分一岁之日，从四时的每一时里扣下若干天留给“中央土”，这样就将一年分成五个七十二日，配以木火土金水五行。从形式上看，这种分法确实较完满，似乎弥补了《幼官》《四时》五行图式的缺陷，但是，这种形式上的完满是以打乱正常的时间系统为代价的，因而注定是行不通的。五行说虽然包含了一定的日常生活经验于其中，但它作为一种世界观，用虚设的联系来解释世界，把观察到的一切都塞进五行图式这个先验的框架中，本质上是一种非科学的臆造，因而可以任意拼凑涂改。而关于四时的学说则大不一样，它有坚实的生产生活基础和足够的客观根据，是自然界运行的客观规律在人们头脑中的如实反映。一年分为春夏秋冬四季的观念由来已久，在人们头脑中根深蒂固，不容随意改变，一旦原有的时间概念系统被打乱，人们将无所适从，生产和生活会陷入极大的混乱。

《幼官》与《四时》的五行图式虽然于形式上难圆其说，但毕竟是以五行来适应四时，即“播五行于四时”，并没有打乱正常的时间概念系统，人们尚可接受。而《五行》的图式为了追求形式上的严整，不惜打乱四时系统来迎合五行，实为削足适履之举，断难被人们接受。《五行》此举本来是为了避免四时与五行相配的麻烦，但又保留了四时的名称，篇中有“春者土师也，夏者司徒也，秋者司马也，冬者李也”之文，这既表明了作者的混乱，又表明了四时的概念难以从人们头脑中抹去。《五行》的尝试是失败的，故而为《吕氏春秋·十二纪》《礼记·月令》和《淮南子·时则》所不取。

《轻重己》的作者将四季各分为二个等分，遂将一年分成了八个四十六日，其首日分别称为春始、春至、夏始、夏至、秋始、秋至、冬始、冬至，按时发布政令。这实际上不过是在四季基础上的进一步划分而已，并没有什么新内容。而且这种更为细致的八分法反而带来了麻烦，使得五行说更难以与之搭配。应该承认，阴阳与五行的合流是中国古代哲学理论自身发展的内在需要，是一种合乎逻辑的必然结果。阴阳与五行本是中国古史系统中发生在不同地域的两种文化类型，长期以来处于彼此独立的发展状态。两者虽然模式各异，但都试图解释世界的本质、万物的生成和宇宙变化发展规律，本有交融合流的可能。战国百家争鸣的兴起，特别是稷下学宫的创立和发展，为阴阳和五行的合流提供了难得的机会和良好的条件。《管子》中《幼官》《四时》《五行》《轻重己》四篇的阴阳五行图式，标志着阴阳五行合流的初步实现。

在《管子》之前，阴阳和五行好比一堆零散的部件，《管子》实现了阴阳五行的合流，始将这些部件装配成整体。从此，阴阳五行说采取了新的理论形态，进入新的发展阶段，严格意义上的阴阳五行说才正式确立。五行说的一大特征是高度程式化，具有一种外在的形式美，但抽象程度不够高，缺乏自我运动的内在动力，而这恰恰是阴阳说的长处。阴阳说与五行说的结合正好可以取长补短：以四时教令为基本内容的阴阳学说采取了五行的图式，二者一表一里，相得益彰。

就五行方面来说，由于吸收了阴阳学说，阴阳之理作为一种内在的基本精神浸透于整个五行图式中，这就使得五行图式获得了内在的动力而得以运转起来，并能够用抽象的原理来解释世界。就阴阳方面来说，由于吸收了五行说程式化的优点，采取了五行的外壳，这就使得阴阳说在形式上更加严整和规范，在表现手段上也更加丰富和生动，这对于阴阳之理的展开和具体化是十分有利的。阴阳与五行的合流，如果分开来看，可以说它们各自都飞跃到了一个新的发展阶段，如果合起来看，则标志着阴阳五行说作为中国古代思想文化的框架已经初步形成，从而开创了中华文化发展的新阶段。而这一创造性的理论工作正是由《管子》开始的。

由于管子学派以及黄老学派的出现，关于阴阳与五行的论述丰富了起来、也立体了许多。黄老道家尤其是管子学派也开启了结合阴阳和五行的思想工作，但如何通过阴阳、五行等思想观念将天、地、人的关系真正地构建起来，并使它们切实地发挥作用，仍是摆在他们面前的理论难题。后来，这一理论难题终于在邹衍、邹奭（shì）等阴阳家那里得到了阶段性的解决。邹衍基于稷下的学术资源和理论创造之上，将阴阳的观念和五行的思想充分地结合了起来，提出了“五德终始说”“大小九州说”等一些极具创造性的理论，使得阴阳五行学说得以系统化、现实化，从而奠定了阴阳家在战国后期诸子百家中不可替代的思想地位与学术地位。作为阴阳家的代表人物，邹衍、邹奭可谓将阴阳和五行的功能和价值发挥到了极致。这也就意味着阴阳五行的合流在黄老道家尤其是在《管子》那里只是开始，它真正之成熟、全面之发用还是在阴阳家那里，是以邹衍的阴阳五行学说的问世为标志的。

阴阳家将阴阳、五行真正地合二为一并使之系统化、现实化，这便产生了阴阳五行学说。阴阳五行学说乃是中国古人认识世界、解释世界的主要理论方法之一。在古人眼中，阴、阳二气乃是世界的本质存在，阴阳互动是自然世界与人类社会得以变化发展、生生不息的内在原理，而五行是物质世界得以形成的五种基本要素，金、木、水、火、土这五种要素既互相生发又互相克制则是物质世界的主要运行方式。阴阳和五行之间的关系到底是怎样的呢？在先秦的文献当中，阴阳观念的出现总体上早于“五行”，“五行”学说的产生也基于“阴阳”观念之上，两者相较，阴阳更具有本质性，换句话说，五行基本上就是阴阳的展开。

关于阴阳和五行的关系，唐代李觏（gòu）的说法最为清楚：“天降阳，地出阴，阴阳合而生五行。”只要我们把李觏的说法稍微展开一下，脑海中马上就会浮现出一副“阴阳合而生五行”的壮阔图画。在中国的远古神话中，创世之初的世界本是一片混沌，长期的混沌之后，天地初开，气流弥漫，久而久之，清阳之气上升，阴浊之气下沉，地气上升成为云，天气下降化作雨，自然世界从此有了生机。显然，在中国古人的视野里，阴阳参与了世界的诞生与万物的生成，有了阴和阳，自然世界的万事万物才有了运转、变化、发展乃至循环的可能，例如生、长、收、藏之动态过程，其背后的原理便是阴阳。在阴、阳二气的相互作用下，便有了金、木、水、火、土之五行。

从学理上讲，阴阳观念是五行学说得以确立的理论基础，五行学说是阴阳观念的发展与扩充。如果说世界上的万事万物是具体的内容，则可说阴阳与五行都是抽象的内容。但若仅就阴阳和五行来说，便知阴阳的抽象性更强、更具有本质的意义，五行与具体事物的关联更近、对具体事物的作用更为直接。如果将具体事物看作内容，则其存在形式便是五行；如果将五行也看作内容，则其存在形式便是阴阳。在这两组关系中，后者都是前者的主导，在中国古人看来，没有后者，前者则不复存在。也就是说，没有阴阳，便没有五行；没有金、木、水、火、土这五行，便没有这世界上的万事万物。

如果我们将阴阳、五行与世界上的万事万物这三者放在一起考察它们之间的关系的话，可以说阴阳是最为抽象的，是天平的一端，万事万物是最为具体的，是天平的另一端，在两者之间起连接与中介作用的便是五行。在这组关系中，我们可以说五行既有抽象的一面，又有具体的一面，抽象的这一面连着阴阳，具体的这一面则连着万事万物。阴阳通过五行的形式作用于万事万物，万事万物以五行相生相克的方式发展、变化，从而显现阴阳的观念以及阴阳互动的本质。

四、阴阳家的出现

阴阳家是先秦诸子百家中最后出现的一个学派。阴阳与五行原本是两种互不相干的思想观念，后来合在一起才产生了阴阳五行的学说。邹衍、邹奭等思想人物出现以后，阴阳家很快声名鹊起，阴阳五行的学说也得以发扬光大。在《史记・论六家要旨》中，阴阳家列在首位，位于儒家、道家、墨家、法家、名家之前，这足以说明阴阳家在当时的学术影响之大、思想地位之高。

我们知道，“阴阳家”是“阴阳五行家”的简称，既然是简称，那为什么是“阴阳家”而不是“五行家”呢？大致说来，阴阳的观念对于邹衍、邹奭等人所创立的学派而言明显更为重要、在他们的思想学说中的地位也更为关键，甚至我们可以说较之五行，阴阳的观念才是阴阳五行学说的基础。

“阴阳家”这一称谓由司马谈《史记・论六家要旨》一文最先给出，这也就意味着在先秦的时代，存在很多思想特点较为鲜明的学派，但他们并没有确定的称谓，就好比一个人没有名字或者一个人有很多名字，这都会带来一些不必要的麻烦。司马谈首先站出来解决了这一麻烦，他从史官的身份出发，基于自己对六家的认知，给出了儒、道、墨、法、名、阴阳等六种命名。一般而言，对人、事物或对象作出命名，往往需要遵循两个原则：一是准确，二是简明。那么较之“阴阳五行家”以及“五行家”，“阴阳家”的命名无疑更为妥当，因为它既准确又简明。

《史记・天官书》说：“终始古今，深观时变，察其精粗，则天官备矣。”这里的“天官”一词值得关注。在司马迁看来，“天官”的职能在于究古今、观时变、察精粗，但与注重考察现实之政治、伦理的儒家、墨家不同，“天官”所重点考察的乃是天文、天象、地理、时令等自然变化，这正是阴阳家所擅长的领域。司马迁又说：“天则有日月，地则有阴阳。天有五星，地有五行。”这里对于阴阳、五行观念与天地、日月之间的关系有着十分清楚的交代，那就是日月星辰所指向之天文、天象与自然世界、人类社会所指向之阴阳、五行是互相对照、彼此呼应的，这显然也是阴阳家的观念与思路。

《汉书·艺文志》当中是这样说的：“阴阳家者流，盖出于羲和之官。敬顺昊天，历象日月星辰，敬授民时。此其所长也。及拘者为之，则牵于禁忌，泥于小数，舍人事而任鬼神。”这段文字对于我们理解阴阳家这一学术流派及其思想学说很有帮助。前面已经说过，所谓“羲和之官”主要指商、周时期对天文、天象加以观测、进行记录的官吏，在班固看来，这正是阴阳家的渊源所在。这里提到的“历”和“时”，分别指历法和时令，也属于阴阳家思想学说的重要组成部分。据史料记载，中国古人早在先秦时期就已经发明出了不少观测天文的仪器，他们借助这些仪器来观测日月星辰及其运行规律，并通过这些规律来制定人间的历法。“羲和之官”在商、周时代虽然政治地位并不高，但功能却是十分强大的，因此影响的范围往往也很广泛。

在阴阳家的思想体系中，天文、历法、时令这三者是息息相关、密不可分的，它们的关系本质上体现为自然世界与人类社会的关系，也就是说，在阴阳家看来，天象在一年四季中的变化往往影响甚至支配人们的生产、生活，因此人们需要去关注它，如果人们对天象以及天象背后的自然法则不够重视，就会遭到天的警示与惩罚，“异象”与灾难就会降临人间。阴阳家十分强调“四时教令”对于人们生产、生活的指引作用，这就需要对“天时”，例如年、月、日、晦、朔、望、四季、节气等，做到尽可能客观、准确、及时地把握，而要做到这一点，不仅需要丰富的知识和技术，还需要足够的经验和智慧。

通过上面的分析，我们可以知道：《汉书·艺文志》所指出的顺乎天意、观测天象、制定历法、授民以时，基本上就是阴阳家的要义所在，也是阴阳家的优势所在。但班固同时指出，阴阳家的这些思想学说发展到后来，其神秘性的一面被过分地夸大，现实性的一面反而被严重地忽视，一些人沉迷于天象的观测和术数的推演，希望借此预知自己的命运甚至改变未来的运势，这无疑是十分悲哀的，毕竟阴阳家的思想初衷并非如此，阴阳家的理论归旨也不在此。后人的这样一番改造，可以说既妨碍了自身的发展，也误解了阴阳家的本意。

《盐铁论》曾判定阴阳家“以儒术干世主”，如果我们顺着这一线索往回追溯，便知它指向的主要是《周易》。邹衍等人后来提出的阴阳五行学说，主要是在稷下之学与黄老之学的基础上对西周以来的阴阳、五行观念做了进一步的组合和转化，而阴阳观念以及阴阳交互的原理可谓集中于《周易》之中。《周易·系辞》说："暑往则寒来，寒暑相推而岁成焉。"这里面即蕴含着阴阳的观念以及阴阳交互的原理。《周易》认为，天地、自然、宇宙的运行、变化是有规律的、有周期的、有循环的。

到了阴阳家那里，阴阳的观念被进一步展开。在邹衍、邹奭等人看来，天之道与人之道本质上是相通的，自然世界的万事万物有周期性的变化，人类社会的政治运转当然也是如此，邹衍的"五德终始说"便是这么提出的。从思路和方法上讲，阴阳、五行观念本身就具有极其丰富的内涵，后来通过稷下学宫的争鸣、论辩与学术碰撞，阴阳和五行作为两种独立的思想观念开始被结合在一起，变成了阴阳五行思想，这样一来，所产生的思想力量就更大了，所带来的理论可能也更多了。邹衍的"五德终始说"便是阴阳五行思想的创造性发展，也是"推天道以明人道"的理论典范。

冯友兰后来在《中国哲学史》一书中认为阴阳家出于"方士"，也有一定道理。据史书记载，西周时期的方士多与天文、术数有关，这类人不仅有知识、有见地，而且有技术、有本领。在阴阳家出现以前，方士这一群体主要从事一些天文观测、地理考察方面的工作，如果出现一些无法解释的自然现象，他们便视之为“异象”，并以阴阳的观念以及阴阳交互等原理予以暂时性的回应。邹衍的阴阳五行学说产生以后，方士这一群体原来所拥有的知识、见地、技术、本领便被重新组合到了一起，从而成为人们在政治、伦理领域以及生产、生活方面的思维范式和行动指南之一。因此，认为阴阳家出于“方士”或许过于绝对，但判定“方士”乃是阴阳家的源出之一可谓大致无误。

在历史上，阴阳家的出现以及阴阳五行学说的形成主要有内、外两个方面的原因：内在方面是指邹衍等人对西周以来的阴阳、五行观念的创造性转化；外在方面则是指邹衍、邹奭等阴阳家人物在齐国尤其是稷下学宫与其他各家所开展的学术交流、思想争鸣以及从中所获得的学说滋养、理论启示。由此，我们就可以知道，就阴阳五行学说的形成而言，除了邹衍、邹奭等人的思想努力以外，稷下学宫乃至整个齐国所掀起的学术争鸣浪潮也起到了重要的推动作用。

那么我们不禁要问：作为诸子百家思想争鸣与学术交锋的中心，稷下学宫为何是在齐国而不是在秦国等其他六国？实际上，齐人的思想从一开始就很少受到各种条条框框的限制，久而久之，就形成了自由、主变、善于创造的风气。自姜太公治齐以来，齐国农、工、商并举，多种经济成分并存，多样性的经济就会带来多样性的思想文化。商业的发达促进了齐国同外界的交流，使齐国的思想文化较之其他各国更为活跃，更易于接受外来的思想学说，这都为后来齐国在学术文化层面的繁荣提供了有利的条件。稷下学宫创立以后，齐国自然而然地取代了鲁国，成为战国时期的学术文化中心。

稷下学宫集中体现了齐文化的优点，表现出充分的开放性、涵容性和创造性。稷下学宫是当时各派学者的荟萃之地，不仅儒、道、墨、法、名、阴阳几大学派在这里唱主角，就连农家、小说家等影响较小的学派也没有受到排斥，也都在学宫中占有一席之地。事实证明，稷下学宫兼容各家学说的结果是积极的、富有新意的。一方面，齐文化中原有的优秀内容不但没有因此受到冲击而衰弱，反而由于吸收了百家之长而增强了生命力，获得了发展和提高。《管子》就是如此通过博采众长，既保持了自己的特色，又以更为成熟、更为丰满的崭新面貌得以出现。另一方面，稷下学术通过兼容百家、交流融合而得以推陈出新，涌现出了黄老学派、荀子之学等极有价值的新学派和新学说，大大地丰富了古代学术文化的内容。

齐国位于东方，与列国相比，地理环境较为优越。齐国东有黄海，北有渤海，南有泰山，西有清河，四面都是天然屏障，堪称“四塞之国”，进可攻，退可守。齐国的自然条件得天独厚，宜于发展农业。齐国又是铁制农具使用较早的国家，春秋中期时，铁制农具已经广泛应用于齐国的农业生产；加上特有的鱼、盐、桑、麻，齐国很快就成为了列国中的首富。雄厚的经济实力使齐国在诸侯争雄中处于十分有利的地位，也为稷下学宫的创立提供了充分的物质条件。西周初期，强国只有几个，经过春秋战国长期的兼并战争，其他几个大国都相继衰微了，只有齐国始终保持着强国的地位，即使在战国七雄时期，也与秦国并称“东帝”“西帝”。在兼并战争日趋频繁、规模不断升级的形势下，谋求富国强兵、以图统一天下的政治需要乃是齐国建立稷下学宫的直接原因。

齐国之所以能够长盛不衰，除了地理环境优越、物产丰富等自然条件以外，也和历代统治者卓有成效的经营有关，例如对贤才的选拔和重用。春秋以来，新兴的士阶层开始活跃于政治舞台，引起了齐国统治者的及早重视。在列国中，齐国养士的传统最为悠久。田氏家族经过了近三百年的苦心经营，最终取得了齐国的政权。他们十分清楚“士”在自己夺权斗争中所起的重要作用，深知“得士则昌，失士则亡”的道理，自然要把大批的“士”长期控制在自己手里，让他们为巩固政权献计出力，同时又可防止其他家族重演自己篡齐的故伎。于是，田齐政权以国家的身份养士，创立了稷下学宫，并把它作为一项既定的国策，使之正规化、制度化。可以说，稷下学宫是变私家养士为国家养士，是田氏私家养士在新形势下的继续和扩大。

齐国历史悠久，有着其他列国所不及的良好的文化传统和民主风气，统治者们也有良好的文化素质和开明的文化政策，这是稷下学宫得以产生的一个关键性条件，也是唯独齐国能够成为战国学术文化中心的主要原因。齐国是个滨海国家，浩瀚无垠、诡谲（jué）多变的大海很早就激发了齐人的奇思遐想，赋予齐人以广阔的胸襟、爽朗的性格和浪漫的精神，孕育了博大的齐文化。若说经济、军事、社会之持续发展乃治国之常规，那么借助思想、文化之力量巩固其政治权力之合法性与正当性，对彼时初露峥嵘的田齐政权而言便可说是当务之急。而思想、文化层面之崛起，最有效之方式莫过于学术争鸣与思想论辩，于是兼具政治功能与学术功能的稷下学宫在齐国应运而生。正是借助稷下学宫的绝佳平台，邹衍、邹奭才得以传播、发展、深化其思想学说，从而创立阴阳家学派。

较之先秦其他各家，阴阳家出现的时间最晚，客观而论，这对阴阳家是有好处的，因为可以对其他各家的思想学说予以评估、借鉴并加以拓展、转化。在宇宙学领域，阴阳家吸取了道家尤其是《老子》的思想学说，例如“人法地，地法天，天法道，道法自然”、“道生一，一生二，二生三，三生万物，万物负阴而抱阳，冲气以为和”等，从而发展出了自己的宇宙演化论。在政治学领域，阴阳家也从夏商周三代的思想宝库当中获取了不少的思想资源，其中《尚书·洪范》等文献所记载的“五行”思想可以说价值最大。在黄老道家融合“阴阳”“五行”的思想基础上，阴阳家又对“五行”思想与影响深远的“阴阳”观念作了创造性转化，由此形成了独具特色的阴阳五行学说，这当中就有足以左右王朝更迭、君主更替这等大事的“五德终始说”。在伦理学领域，阴阳家对儒家的“仁、义、礼、智”以及“亲亲”“孝悌”等思想颇为认同，作为阴阳家代表人物的邹衍不仅以阴阳五行的思想学说为之证明，而且提出一系列天文、历法、气象、地理等方面的理论方案使之得以落实。

在先秦的诸子百家中，真正在天文、历法、天象、地理这些领域有所建树的，仅有邹衍、邹奭所代表的阴阳家。司马谈在《论六家要旨》一文中将阴阳家列为首位，可见阴阳家在战国后期到汉代初期这一历史阶段具有极其重要的思想地位。按照《史记·太史公自序》以及《汉书·艺文志》的记载，阴阳家的思想主旨在于“序四时之大顺”，“敬顺昊天，历象日月星辰，敬授民时”，这里面就包含了后世所讲的“四时教令”。但这方面的思想未必是阴阳家的首创，因为在阴阳家出现之前的半个多世纪，《黄帝四经》《管子》对此已有记载，这表明阴阳、五行的观念曾在稷下学宫被学者们、辩者们激烈地讨论过。这些经过争鸣、论辩的思想主张，后来被黄老道家、管子学派的思想人物融入自家的学说之中，这就是我们通过《黄帝四经》《管子》等文献资料所看到的内容。

然而正如前文所论，《黄帝四经》中只见阴阳而不见五行，说明在它成书时阴阳的观念与五行的思想尚停留在各自独立发展的阶段，还没有任何合流的迹象。《管子》书中对于阴阳与五行的合流有较为明确的记载，但从思想史的角度而言，管子学派乃至黄老学派只是拉开了阴阳、五行合流的思想序幕，系统化、现实化的程度远远不够，在邹衍、邹奭等一批阴阳家出现以后，阴阳与五行的合流才得以延续并最终完成。由此，我们就可以知道，出现在稷下学宫里的诸子百家以及他们彼此之间的学术争鸣、思想论辩，对黄老道家以及黄老之学具有直接的影响，紧接着，黄老道家所融汇、所阐发、所记载的有关阴阳、五行的思想内容，又对阴阳家思想的形成尤其是邹衍阴阳五行学说的问世有所助益。

基于以上的讨论，我们可以说以邹衍、邹奭等人为代表的阴阳家乃是先秦时代一切阴阳、五行观念的集大成者。阴阳家的思想内容一部分是对《黄帝四经》、“四时教令”“阴阳刑德”“阴阳灾异”“阳尊阴卑”以及《管子》阴阳、五行合流等思想内容的接续，一部分则反映于先秦以及两汉的传世文献之中。一方面借助《吕氏春秋》《淮南子》《春秋繁露》等文献，我们或多或少能够发现与阴阳家有关的文字、语句或段落，而且这几个文献与阴阳家出现、活跃的时代较近，所以资料的真实程度、可靠程度也能够有所保证；另一方面则需借助一些专门讲述阴阳、五行等思想与专门论述天文、历法等领域的文本，例如《尚书·洪范》以及《礼记·月令》等，虽然我们难以证实《洪范》《月令》一定是阴阳家的作品，但这两篇文章与阴阳家的关系的确十分密切，对此，我们可以做一个大胆的推测：《洪范》与《月令》要么是官方或儒家等其他学派对阴阳家及其思想的介绍与评述，要么就是阴阳家人士所作而后被官方或儒家等其他学派收录在了自己的文集之中。

在中国思想史上，阴阳家最为盛行的阶段是战国后期到西汉前期。汉代刘歆等人曾对彼时较为活跃的阴阳家人士作了分类：第一类主攻天文，借助天文、天象以及天地、自然背后的规律、法则来预测凶吉，其预测的范围既包括政治、社会等公共领域，也包括个人生活与私人领域；第二类主攻历法，从时间和历史中归纳出一套适用于人类社会的生活规范，从而切实地、具体地对人们的生产、作息等方面加以指引；第三类主攻五行，用金、木、水、火、土这五种基本元素来解释天地万物，并进一步推演到政治、伦理以及现实生活的各个方面；第四类主攻占卜，这方面并不是阴阳家的专长，毕竟用蓍（shī）草、龟甲占卜吉凶，自《周易》以来已经较为普遍，对阴阳家而言，他们要做的便是延续这一占卜的传统并使这一传统在战国后期乃至秦汉时代继续发扬光大；第五类主攻相术、风水，此乃对于阴阳五行学说的充分展开，阴阳家在天文、天象、历法、地理等领域的研究是比较独到的，较之其他各家，阴阳家在这些领域具有相当大的理论优势，秦汉年间的阴阳家人士显然不会放过这么好的思想资源，他们将这些内容加以组合，并广泛应用于现实生活的多个领域，例如宅地与墓地的安置、婚期与丧期的选择等，这便使得阴阳家的学说长久以来都受到下层民众的青睐，在民间产生了巨大的效应，时至今日，相术、风水在中国的农村地区仍有影响。

总而言之，以邹衍、邹奭为代表的阴阳家的思想学说，例如“五行相生”“五行相胜”“五德终始”等理论对中国古代的政治、经济、军事、科学以及人们日常生活可谓产生了深远的影响，直到今天还有一定的效力。说到底，阴阳家的阴阳五行学说，就是古代先民试图了解自己所生活的物质世界的奥秘，对其中的本质和规律做了抽象的哲学思考，由此总结和发展出来的一套理论。这些古老的学说当中包含着一定的朴素唯物主义的思想，也包含着一定的科学因素。因此，我们不应该轻易地将其全盘否定，也不应该笼统地将其视为封建迷信。

第二章

阴阳家的代表人物

战国时期，齐国出现了著名的“三邹”。《史记·孟子荀卿列传》说：“其前邹忌，其次邹衍、邹奭。邹奭者，齐诸邹子，亦颇采邹衍之术以纪文。齐人颂曰：‘谈天衍，雕龙奭’。”第一位乃是邹忌，齐桓公田午时期出任大臣，齐威王时期拜为相国，晚年又辅佐齐宣王治理国家。《战国策》有《邹忌讽齐王纳谏》一文，生动记述了邹忌向齐威王谏言从而使得齐国在政治上显赫一时的故事。邹忌之后，便是阴阳家的代表人物邹衍、邹奭，他们发展了阴阳五行学说，活跃于稷下学宫，在战国后期享有盛名，在先秦诸子百家中亦有重要地位。

一、邹衍

史书中关于邹衍的真实记载不算很多，但由于阴阳家这个学派本身具有一定的神秘色彩，而邹衍又是阴阳家的话题人物，所以关于他的一些生动而传奇的故事就在民间流传开了。相传邹衍到了燕国，有人嫉妒他的才华，故意污蔑他、在背后说他的坏话。原本十分器重邹衍的燕惠王听信谗言，一气之下竟将邹衍抓了起来。邹衍受了冤枉，仰天大哭。这一哭，神奇的事情发生了，明明是夏日，天上竟然下起了霜雪，这就是有名的“六月飞霜”的故事。当然，“六月飞霜”的故事还有另外一个版本：传闻邹衍拥有预判天气变化以及通过天之“异象”预知人事的能力，他认为“六月飞霜”就是天对人的警示与惩戒。民间后来有一出戏叫《六月雪》，可能就是邹衍这一传奇故事的演化。

史料中还记载了邹衍“黍（shǔ）谷吹律”的故事。这个故事在李白的诗里亦有呈现，正所谓“燕谷无暖气，穷岩闭严阴。邹子一吹律，能回天地心”。“黍谷吹律”的故事是这样的：据说当时的燕国十分贫弱，诸侯侵扰不断，百姓流离失所。燕昭王即位之后，广纳贤才，希望改变燕国积贫积弱的局面。邹衍就是在这个时候来到了燕国，得到了燕昭王的重用。为了制定一些切实有效的政治措施与改革方案，邹衍奔赴燕国各地进行考察。当他抵达渔阳郡时，发现这里寒气逼人，寸草不生，庄稼也难以长成。于是，邹衍登上一座小山，吹起了律管，这一吹便是三天三夜。邹衍走了以后，渔阳郡的气象发生了变化，仿佛一夜之间从冬天迈入了春天，冰雪消融，细雨润物，万象更新，再之后，庄稼长势喜人，五谷丰登。为了纪念邹衍，渔阳百姓将他吹律的小山唤作黍谷山，并特意建了一座祠，取名邹子祠，立了一个碑，碑上写作“邹衍吹律旧地”，此碑一直保存至今，此地便是现在北京的密云。

邹衍，战国后期齐国人，著名的稷下先生。《史记·孟子荀卿列传》称邹衍为“谈天衍”，刘向《别录》解释道：“邹衍之所言五德终始，天地广大，尽言天事，

故曰‘谈天’。”这条文字提供给我们三点重要的信息：第一，邹衍口才杰出，擅长论辩，尤其喜谈天事，例如天文、天象、天意等；第二，邹衍善言“五德终始”，从金、木、水、火、土之“五行相胜”一直谈到现实之政治事功；第三，邹衍常论“天地广大”，尤其值得关注的是他所提出的“大小九州说”。《史记·历书》更说：“是时独有邹衍，明于五德之传，而散消息之分，以显诸侯。”这就表明在阴阳家兴起的战国后期，邹衍本人及其阴阳五行学说的思想可以说享有盛名，尤其是“五德终始说”的政治理论，深受各国君王、诸侯、政客的推崇。

邹衍早年学习儒家思想，然而发展得并不顺利，于是他整合了一切与阴阳、五行相关的思想资源，形成了一套系统庞大的思想学说，由此成为阴阳家的代表人物、阴阳五行学说的集大成者。邹衍似乎掌握了那个时代大量的文献材料，甚至连名山大川、珍奇异兽都有所关注。邹衍对一切自然界的变化充满了兴趣，他将这一切的变化归为阴阳的变化，并认定阴阳之交互就是自然世界之所以变化、发展的内在原理。邹衍敏锐地观察到世界上的万事万物并不是孤立存在的，而是互相联系的，并且这种联系不是盲目的、任意的，而是有条件的、有依据的，在邹衍看来，这条件和依据就是金、木、水、火、土之五行的相生相克。邹衍认为，即便是政治层面的君王更迭也有其内在的规律，也可以通过阴阳五行学说获得合理的解释，这就是后来的“五德终始说”。

《史记·封禅书》裴骃（yīn）《集解》中引了两段如淳的话，对于我们考察邹衍的阴阳五行学说十分重要。其一：“今其书有《五德终始》，五德各以所胜为行。秦谓周为火德，灭火者水，故自谓水德。”其二：“今其书有《主运》，五行相次转用事，随方面为服。”如淳是三国时候的人，他说“今其书有《五德终始》”，又说“今其书有《主运》”，那必是亲眼见到了邹衍的著作，也说明邹衍的著作在当时还是存在的、流行的。

那么，《终始》《主运》究竟是邹衍的两部著作呢？还是《邹子》书中的两个篇章呢？从如淳的话里，我们还无法断定。倘若结合相关史料，便知《终始》《主运》乃是《邹子》书中的篇目。《史记·孟子荀卿列传》司马贞《索隐》说道：“按刘向《别录》云邹子书有《主运篇》。”《汉书·郊祀志》又说：“邹衍以阴阳主运显于诸侯。”《史记·孟子荀卿列传》则说：“（邹衍）乃深观阴阳消息而作怪迂之变，《终始》《大圣》之篇十余万言。”这些材料皆可证实《终始》《主运》均为《邹子》书中之篇名。至于这两篇的内容，如淳的话中其实有所揭示：《终始》所论乃是朝代更替兴废的历史观；《主运》所论则是四时教令的政治思想，它们可谓构成了邹衍阴阳五行学说的两个重要方面，如果说前者的理论基础是“五行相胜”，则可说后者的理论依据是“五行相生”。

邹衍的学说以闳（hóng）肆、怪迂为特色。无论是讲宇宙的最初状态，还是讲万物的生成过程，邹衍的学说都给当时的人们留下玄妙、神秘的印象。但恰恰是这些玄妙的理论反而让邹衍声名大噪，以至于“王公大人初见其术，惧然顾化”，惊骇不已。很快，邹衍就以阴阳五行学说显名于世。《史记》说邹衍“其语闳大不经”，可见他的学说体系非常庞大，上至天文下至地理，无所不讲、无所不包。邹衍的思想学说内容繁多，小到农事生产、大到天地宇宙。邹衍既从具体的生活事物入手，把握生产、生活层面的经验与规律，进而拓展至社会、自然、宇宙、世界之方方面面；也从天文、天象的宏观角度着眼，观察阴阳的消长变化，并从宏观的变化中归纳出可操作、可落实的现世方案，例如如何根据天气、天象的变化来保全自身、开展生活，到后来，他甚至依据一些“异象”的发生来推测人世间的凶吉。

据《史记·孟子荀卿列传》记载，邹衍的阴阳五行学说先是在齐国流行，邹衍在齐国受到了齐王的推崇，后来就游走于列国之间。他到了魏国，魏惠王亲自到郊外去迎接并执宾主之礼。一个国家的君主亲自出城迎接，两人之间“执宾主之礼”，平起平坐，就像是接待外国元首一样，这样的接待规格可以说是非常高。邹衍来到赵国，赵国的首相平原君“侧行撇席”。平原君是战国时期著名的四公子之一，是赵国的掌权人物，他见到邹衍时，不从邹衍面前走过，而是侧着身子过去，还亲自为邹衍擦去座席上的灰尘，对邹衍极其恭敬。邹衍来到燕国，燕昭王不仅亲自迎接，还亲手拿着扫帚为邹衍清扫道路，并且走在邹衍前面为他引路，并拜他为师，“请列弟子之座而受业”。这样的礼遇规格就更高了，他们的关系甚至都不是宾主的关系，而是师生的关系了。燕昭王还为邹衍建了一座黄金台，并“身亲往师之”，他不是把邹衍请到他的宫殿里来，而是亲自跑到邹衍那里去做学生。纵观战国时期的整个历史，一位思想家受到列国君主如此高规格的礼遇，应该说邹衍做到了登峰造极、无以复加。

邹衍的思想学说在战国后期引发热议，各家诸子、后学皆期盼与他正面论辩、争鸣学术。邹衍出使赵国，平原君希望他能与公孙龙就“白马非马”的命题展开辩论。据刘向《别录》记载，邹子说：“不可。彼天下之辩有五胜三至，而辞正为下。辩者，别殊类使不相害，序异端使不相乱，抒意通指，明其所谓，使人与知焉，不务相迷也。故胜者不失其所守，不胜者得其所求。若是，故辩可为也。及至烦文以相假，饰词以相惇，巧譬以相移，引人声使不得及其意。如此，害大道。”在邹衍看来，论辩的结果应当是观点越辩越清、道理越辩越明，但公孙龙“白马非马”的命题以及公孙龙本人讨论问题的方式往往会使论辩陷入困境与纠缠之中，以至于混淆是非、颠倒黑白，邹衍不愿看到这样的结果发生，因此拒绝与公孙龙就“白马非马”的命题展开辩论。

邹衍的思想学说无疑是精彩、丰富的，据《汉书·艺文志》记载，汉代可见的包括邹衍在内的阴阳家人物的著作尚有二十几部三百多篇，可现如今，这些著作基本上都失传了，其中就包括邹衍所著的《邹子》以及邹奭所著的《邹奭子》，这对我们来说无疑是一种巨大的思想损失。

二、邹奭

邹奭，齐人，战国后期稷下先生。《史记·孟子荀卿列传》在描述齐国稷下学宫的盛况和稷下先生受到的优礼厚待时，多次提到邹奭，并说他“颇采邹衍之术以纪文”，可见邹奭善于文辞，并且发展了邹衍的思想，是邹衍阴阳五行学说的重要传人。

前文说过，邹衍、邹奭乃至阴阳家的思想学说之所以出现，一个重要的客观条件就是稷下学宫与稷下之学。学术思想的繁荣和发展离不开各种思想的互相影响、互相促进，战国中期以前学术思想的发展之所以不够快，一个主要的原因就是缺少交流的环境和氛围。具体说来，就是缺少一个能使

学者们经常聚在一起进行切磋争辩的固定场所。稷下学宫的创立和长期存在为学术思想的发展搭建了一个平台，极大地方便了学者们之间的互相了解和交流，为古代学术思想的繁荣发展创造了条件。

在稷下之学的推动下，战国中期的学术思想可谓迎来了发展的黄金时代。如果我们将春秋晚期到战国早期这一百多年的学术发展状况与稷下时期的一百多年作一比较，就不难发现，无论是学者的数量、学派和著作的多寡，还是讨论问题的深度和广度，两个时期都有相当大的差距。这表明先秦时期的学术思想不是等速发展的，而稷下时期就是一个加速发展甚至可以说飞跃发展的时期。进入稷下时期之后，严格意义的百家争鸣才真正开始。稷下学宫就是百家争鸣的主要场所，百家争鸣乃在稷下学宫得以展开。

稷下学宫位于齐国都城临淄（今山东淄博）稷门附近。公元前 374 年，齐桓公田午创立稷下学宫，作为田齐政权的官办学府与学术思想阵地，以荟集贤才、谈辩议政、争鸣学术、著书立说为主要宗旨。稷下学宫历经齐桓公、齐威王、齐宣王、齐湣王四代君王之撑持，在长达七十余年的时间里，其百家争鸣之中心位置始终不可撼动。公元前 286 年，齐湣（mǐn）王灭宋，引起燕、赵、韩、魏、秦五国的强烈不满。公元前 284 年，乐毅率领五国联军先在济西之地击溃齐军，后又攻占齐都临淄。湣王被杀，田齐几近亡国，稷下诸子与辩者群体自此离散、各奔东西。公元前279年，齐将田单以火牛阵击退燕军，收复失地，迎齐襄王复国，稷下学宫重获生机。稷下学宫在荀子“三为祭酒”时期迎来了最后的辉煌，奈何“夕阳无限好，只是近黄昏”，公元前221年，秦国灭齐，稷下学宫彻底退出历史舞台。

稷下学宫在齐宣王时势头达到最盛，吸引了包括邹衍在内的很多思想人物。《史记·田敬仲完世家》有云：“宣王喜文学游说之士，自如邹衍、淳于髡（kūn）、田骈（pián）、接予、慎到、环渊之徒七十六人，皆赐列第，为上大夫，不治而议论，是以齐稷下学士复盛，且数百千人。”田齐承袭春秋以来的养士之风，将天下众多才智之士招至稷下，并给予显赫的地位与优厚的待遇，这就为百家争鸣的发生与名辩思潮的兴起提供了充足的现实条件。稷下经常举办“期会”之活动，“期会”的主要形式就是辩论，邹衍、邹奭等人即以出众的辩才与精湛的思维于云云辩者中脱颖而出。

《史记·荀卿列传》说：“邹衍之术迂大而闳辩，奭也文具难施；淳于髡久与处，时有得善言。故齐人颂曰：‘谈天衍，雕龙奭，炙毂（gǔ）过髡’。”裴骃《集解》引刘向《别录》说：“邹衍之所言，五德终始，天地广大，尽言天事，故曰谈天。邹奭修衍之文，饰若雕镂龙文，故曰雕龙。”唐代李善注引刘歆（xīn）《七略》说：“田骈好谈论，故齐人为语曰：‘天口骈。’天口者，言田骈子不可穷其口，若事天。”“谈天”“雕龙”之名乃指邹衍、邹奭二人之口若悬河、能言善辩，“炙毂过”（通“輠”（guǒ），古时车上盛油之器皿）则指淳于髡的思维与言辞像被加热了车油的车那般快捷，“天口”之称更是对田骈杰出辩才的充分肯定。就稷下辩者所谈论之内容来看，一部分玩弄词语、触及抽象问题，另一部分言说政治、关注现实问题。

《史记》以“雕龙”二字来形容邹奭擅长文辞、言辩，从那以后，“雕龙”就成了一个历史典故，在史料中大量出现。《文心雕龙》的“雕龙”二字即来自于此。《文心雕龙》篇首这样说道：“夫文心者，言为文之用心也。昔涓子琴心，王孙巧心，心哉美矣，故用之焉。古来文章，以雕缛成体，岂取邹奭之群言雕龙也？”意思是说：以“心”撰“文”自古以来都是十分了不起的，涓子所撰之书谓之《琴心》、王孙子所撰之书谓之《巧心》，即是如此。作者刘勰（xié）在创作这部书时同样付出了巨大的心思与心力，这绝非一般人所能达到，这就是“文心”的来意。至于“雕龙”，当然也是有说法的，司马迁最早用这两个字来形容邹奭的文采精妙、言辞瑰丽，像雕镂龙文一样，刘勰的作品也是如此，于是便想到用它来命名。《文心雕龙》是中国历史上最著名的文学理论作品之一，其以优美的语言、细致的论述为世人所称道，并流传至今，现在看来，以“雕龙”二字来命名可以说十分妥帖。《文心雕龙》强调对传统美学、文学乃至语言表达方式的突破，这也与邹衍、邹奭等阴阳家的旨趣与追求相一致。作为战国后期思想界的代表人物，邹衍、邹奭可谓集先秦诸子百家之思想资源于一身，并最终将这些思想资源都吸收到整个阴阳五行的思想体系之中，这既符合人类社会思想文化演变与发展的基本规律，也是阴阳家及其阴阳五行思想学说兼容性、延伸性、创新性的充分体现。

在稷下百家争鸣的学术环境中，各家学说一方面既进行着激烈的争鸣，另一方面又在争鸣中互相吸取、互相渗透、互相贯通，在很多问题的看法上逐步形成了共识，学术思想的发展逐渐呈现出交融、综合的趋势，从而产生了一些新的理论、新的流派。例如，黄老之学、荀子之学、精气理论、阴阳五行学说等都是学术思想综合创新的结果。在稷下学宫的学术氛围中，一些陈旧的概念被翻出来重新阐释和讨论，一些毫无关联的观念被巧妙地组合到了一起，阴阳和五行的合流即是如此。黄老学派将稷下先生、稷下辩者关于阴阳与五行的讨论整理、记述下来，又对它们作了融合、归纳，由此形成了“四时教令”“阴阳刑德”“阴阳灾异”“阴阳尊卑”等一些新的思想学说。

黄老学派在稷下活跃的时间较长，可以说对阴阳家的邹衍、邹奭等人在思想上是有所影响的。邹衍、邹奭统合阴阳五行，很大程度上借鉴、吸取、利用了黄老学派所归纳的关于阴阳五行的思想内容，换句话说，《管子》所呈现的阴阳五行合流、《黄帝四经》所发展的阴阳五行思想，为阴阳家的产生、阴阳家思想体系的形成提供了一定的理论条件。

总而言之，作为阴阳家之代表人物，邹衍、邹奭与稷下学宫之间可谓有着极为密切的思想联系，他们在此游说、访学，而且著书、立说。《汉书·艺文志》将邹衍、邹奭列为稷下先生，将《邹子》四十九篇、《邹子终始》五十六篇、《邹奭子》十二篇看作稷下之学的理论成果，这充分说明邹衍、邹奭等人在彼时的稷下学宫乃至齐国拥有极大的名声与影响力。在稷下之学以及黄老之学那里，邹衍、邹奭接续了阴阳五行的思想传统，提出了全新的阴阳五行学说，完成了阴阳五行的合流任务，最终创立了阴阳家这一学术流派。

第三章

阴阳家的主要思想

作为春秋战国时期诸子百家之一，阴阳家在中国古代思想史上可谓具有极其重要的地位。阴阳家以邹衍、邹奭为代表人物，以阴阳五行学说为基本思想。由于阴阳家的文献早已失传，所以我们考察阴阳家及其阴阳五行学说的思想内容，主要还是借助《周易》《尚书》《黄帝四经》《管子》《吕氏春秋》等先秦文献以及《淮南子》《春秋繁露》等秦汉文献。阴阳五行学说的理论贡献在于将先秦的阴阳与五行作了创造性地转化，这就使得阴阳家的思想既在哲学层面有了坚实的依据，又在现实层面能够有所发挥，既可用于解释宇宙、自然、天地之玄妙变化，又可用于解答政治、社会、人伦之现实问题，换句话说，整个天文和人文的内容在阴阳家那里获得了相对的统一。

一、 阴阳家的时令思想

在阴阳家的思想学说之中，“四时”的地位是十分突出的，因为它是阴阳、五行结合之后向现实世界进行转化的一个重要枢纽。《汉书·艺文志》说：“敬顺昊天，历象日月星辰，敬授民时，此其所长也。”对天文、天象尤其是日月星辰的观察和把握乃是阴阳家较之先秦其他诸子百家的优势所在。阴阳家正是从天文以及历法的维度出发，以“敬顺昊天”“敬授民时”为依据，以“四时教令”为手段，将阴阳的观念和五行的思想加以拓展、转化，从而应用到了人类社会的政治、伦理以及生产、生活等多个层面。“四时教令”的主导思想是天人合一的理念，即强调人的社会行为必须依循天地、阴阳以及四时的变化规律。“四时教令”最初被用来指导农业生产，即所谓“敬授民时”，后来便成为君主安排政治活动的准则。

《史记·太史公自序》说道：“夫阴阳、四时、八位、十二度、二十四节，各有教令，顺之者昌，逆之者不死则亡。”这可说是对阴阳家“四时教令”这一思想内容的集中概括。所谓“四时”即春、夏、秋、冬四个季节；“八位”即立春、春分、立夏、夏至、立秋、秋分、立冬、冬至八个节气；“十二度”乃是古代天文学家关于日月运行以及节气变化的生动表述，具体包括星纪、降娄、鹑（chún）首、析木等十二种说法；“二十四节”指的就是立春、雨水、惊蛰（zhé）、春分、清明、谷雨、立夏、小满、芒种、夏至、小暑、大暑、立秋、处暑、白露、秋分、寒露、霜降、立冬、小雪、大雪、冬至、小寒、大寒二十四节气。在司马迁看来，时令、月令、节令等内容都与阴阳五行学说有关，亦经由阴阳家之手而发扬光大，当然，像二十四节气这样成熟的思想内容绝非某一思想家、某一学术流派的独创，而是中国古人经验与智慧长期积累的结果，后来汉武帝将它纳入《太初历》，从此它便成为人们从事农耕活动的历法依据。

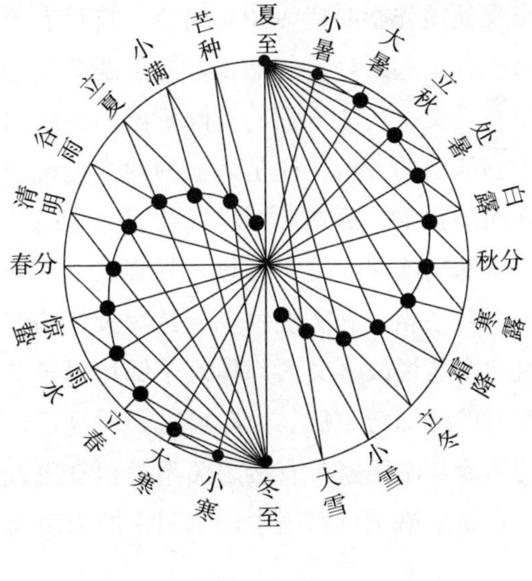

那么，问题来了：中国人十分推崇的二十四节气究竟与阴阳家有何关系呢？事实上，二十四节气直到今天还能被人们所接受，说明它不仅体现了中国古人的经验累积、智慧凝结，而且包含了与自然规律相符合的、具有一定有效性与科学性的理论内容。通过司马迁的记载，我们知道古人关于时令与自然的看法是一步一步发展成熟的，从最初的阴阳之二分、到春夏秋冬之四时，再到立春、春分、立夏、夏至、立秋、秋分、立冬、冬至之八位，最后才形成了我们现在所看到的较为完整的二十四节。从二分、四时，到八位、二十四节气，整个历法的思想内容显然经过了一个不断完善的过程，而且这一过程是有时间性的，是有学术力量在背后推动的。司马迁的结论指向阴阳家，也就是说在司马迁看来，阴阳家的出现使得先秦时代一切与时令、自然有关的思想学说都被统合了起来，换句话说，二十四节气的形成就是阴阳家在天文、历法方面的实际贡献。民间对于阴阳家代表人物邹衍的了解往往是从他的两个传说故事开始的，即前面所讲的“黍谷吹律”和“六月飞霜”。燕地气寒，于是邹衍吹律，使得温热之气到来、田地得以种黍。至于六月飞霜，其实说白了就是对天气的变化有所预判。这两个传说故事其实都体现了邹衍对于节气、气候以及农时的熟知与掌握。由此可见，司马迁认为二十四节气的形成与阴阳家有直接之关系是很有道理的。我们知道，在先秦诸子百家当中，阴阳家的出现与兴起是最晚的，这也就意味着阴阳家有充分的时间和能量来吸收儒、墨、道、法等各家的思想资源以及更早之前的阴阳、五行等诸多思想学说。中国古人很早就窥测天象、节气以及自然界的变化，累积了很多时令、气候与农时方面的经验、智慧，到了春秋战国时期，儒家、黄老道家也对这些问题有所关注，但他们的焦点与重心终究不在这里，所以真正从理论层面对时令、气候、历法以及农时等问题加以充分整合、进行创新发展的只有阴阳家。在阴阳家看来，所谓的二十四节气，不过就是阴、阳二气在不同时段的发展变化，比如阳气到了极致、阳气最盛之时就是夏至，立夏之后阴阳转化，盛极而又生阴。

《史记·太史公自序》说道：“夫春生夏长，秋收冬藏，此天道之大经也，弗顺则无以为天下纲纪，故曰‘四时之大顺，不可失也’。”古人以农业为主，整个社会亦以农耕、农事以及土地为重，因此阴阳家强调春生、夏长、秋收、冬藏乃“天地之大经”，这是非常有现实意义的。“生、长、收、藏”其实指的是《周易》当中“四象”的展开状态，而本质上又由阴阳二气的变化所致，所谓“阴阳生四象”就是这个道理。

《周易》说：“君子所居而安者，易之序也。”《周易》的系统有其内在的秩序，除了六十四卦的卦序以外，还包含四象之序、五行之序等，而这一切的本质可说是阴阳二序，也就是阴阳的互动与转化。在《周易》

的系统里，阴阳与四象的关系比较明确，四象从阴阳二序之中生出并展开，落实到自然世界与人类生活当中就有多个方面的表现，例如春、夏、秋、冬之四时。何为自然规律？从春到夏，从夏到秋，从秋到冬，从冬再到春，周而复始，这就是最基本的自然规律。在古人看来，“四时”就是“四象”在现实世界的呈现与展开，人们依据“四时”之变化而生活，这既是对自然规律的遵循，也是对天道、天理以及《周易》“阴阳生四象”这一原理的遵循。

春、夏、秋、冬之四时具体表现为“生、长、收、藏”之变化。在阴阳家看来，由生到长，由长到收，由收到藏，每一个过程、每一个环节都依照自然规律而进行，都自然而然地发生，这便符合春、夏、秋、冬之“四时教令”。阴阳家还指出，从上一个环节到下一个环节的变化之所以发生，主要是五行相生相克的自然法则在起作用，这也就意味着阴阳之道以及阴阳五行学说的确立对于自然世界以及人类生活的生、长、收、藏既是一种保护，也是一种制约。

在历史上，“四时教令”的思想乃是对西周以来的阴阳观念的进一步转化。《管子》一书向来被视为稷下之学与黄老之学的代表作品，但透过《四时》《幼官》《五行》等篇之文字内容，亦可见阴阳五行以及“四时教令”之思想痕迹。《管子·四时》开篇就说道：“阴阳者，天地之大理也；四时者，阴阳之大经也；刑德者，四时之合也。刑德合于时则生福，诡则生祸。”《四时》还强调“务时而寄政”，要求君主发布各种政令必须合于“四时阴阳之大经”，并按照东南中西北与木火土金水相配的程式，依四时之序，在不同的季节发布不同的政令。《四时》强调，春季以木德（星德）行事，夏季以火德（日德）行事，秋季以金德（辰德）行事，冬季以水德（月德）行事。至于土德，虽然看似没有在一年中占据明确的位置、没有相应的“事”，但实质上它居于中央，具有统领其余四德的功能作用。后来，邹衍将“中央土德”提了出来，使之成为与春夏秋冬四季并列的一个季节，并称其为“季夏”。

“五德”的用事是按照五行相生的顺序依次进行的，符合一年中四季推移的顺序。这就是《四时》所谓“务时而寄政”，此学说在战国时代是相当流行的。“务时而寄政”的“四时教令”思想是稷下黄老之学的一大创造。最早见于《黄帝四经》，《管子》又有所发展，后来又对《吕氏春秋》《礼记》《淮南子》和董仲舒有所影响。《吕氏春秋》“十二纪”中的“四时教令”思想相比《管子》更为详尽、细密、严整，它将这一思想由每一季具体贯彻到每一月，可说是对于《管子》“四时教令”思想的继承和发展。

在《管子·幼官》篇中，管子学派还提出了“随方面为服”的理论。所谓“随方面为服”，乃是指与五方相配，“随”五行的运转而改换方位，转到哪一“方面”

就“随”哪一“方面”“为服”。这种转移也是以四时相随与五行相生为序的。《幼官》所记载的“四时教令”思想与《四时》《五行》等篇所论略同，而其根据不同季节对君主的服饰、饮食、起居等诸种方物所做出的具体规定却为别篇所无。《四时》《五行》只要求君主施政必须“人与天调”，《幼官》则进一步要求君主个人的饮食起居等日常生活也必须与阴阳四时的运行相协调。

将阴阳观念与“四时”“刑德”相联系，这一思路后来被阴阳家所继承。阴阳家极为注重“四时”，将“四时教令”放在阴阳的观念以及阴阳交互的原理之下来讨论，并认为“四时”如天地、自然一样，是一种必然的秩序，人们在生存、生产、生活层面理应遵循它。“四时教令”的思想虽然不是阴阳家之首创，但由阴阳家发扬光大从而被后世普遍接受却是不争的事实。阴阳观念在春秋时期还只是被用来解释流星、陨石、地震、洪涝等异常现象，进入战国时期，这一观念开始被黄老道家引入社会领域，用于解释政治、伦理。阴阳家出现以后，阴阳的观念以及阴阳交互的原理真正进入人们的生活领域。

“四时教令”就是阴阳观念的一种理论转化，它强调人们在进行劳动生产、在开展社会生活的时候，都应该遵循阴阳的观念以及阴阳交互的原理，也就是说要按照阴阳之气的消长变化来安排自己的劳动和生活。再说得明白一点，就是人们的行为方式、生活习惯要和时令尤其是春生、夏长、秋收、冬藏的季节更替规律相适应。那么，为什么我们一定要这样做呢？大概在阴阳家看来，四季变化乃是阴阳的一种转化形式，而阴阳的观念和阴阳的交互作用是天地、自然、世界得以运转、发展的本质，人乃天地、自然、世界之一员，故唯有认识它、把握它、顺应它，我们自身的生存和发展才能得到保障。

阴阳家关于天文、历法方面的思想论述在《礼记·月令》一文当中有较为详实的记载，其中就包括“四时教令”之思想内容。《月令》认为一日的不同时段可对应不同的季节特征，具体而言，清晨如春，中午如夏，傍晚如秋，夜间如冬。《月令》还认为不同的地理位置也可对应不同的季节特征，具体而言，北方主冬，南方主夏，东方主春，西方主秋，中原主土。此处值得关注的一点是，为了满足东、西、南、北、中之“五位”与不同季节特征的逐一对应，《月令》的作者也采用了“季夏”的说法，并将它放在春、夏、秋、冬四季之中，这样“四”就成了“五”，“五位”与“五季”便完成了配对。如果我们认为春、夏、秋、冬代表了中国古人的时间观，东、南、西、北代表了中国古人的空间观，那么时间之“五季”与空间之“五位”的统合为一，其思想史意义就可以说十分重要了，因为这既是时间与空间的配合，又是自然现象与人类生活的组合，它表明先秦的哲人们在解释文本、阐发学说、勾连现实方面已然具有较为成熟的理论思维与颇为广阔的学术视野。

从历史事实上看，现存史料也表明“四时教令”思想在战国时期始终是阴阳五行学说的主流。在稷下黄老之学的奠基之作《黄帝四经》中，“四时教令”的思想已有了一定的雏形。这种早期的“四时教令”思想以“敬授民时”和“阴阳刑德”为主要内容，其中却不含五行观念。而在其后的《管子》一书和更为晚出的《吕氏春秋》中，“四时教令”的思想则吸纳了五行观念，变得复杂起来。“四时教令”所吸纳的并不是所有的五行观念，而只是其中五行相生的内容。因为五行相生是一种顺向的次序，它合于四时阴阳运行之序，很容易被纳入“四时教令”的学说体系，并成为“四时教令”思想的一个重要的理论基础，“四时教令”遂被认为是符合于五行运行的规律。这种结合了五行学说的“四时教令”思想在《管子》《吕氏春秋》等典籍中都有较为完整的保存。

以五行相生说为理论基础的“四时教令”思想既是战国中期以后阴阳五行学说的主流，也是阴阳五行思想大行于世的具体表现。然而无论是从阴阳五行学派的学术要旨来考察，还是从学术思想发展的实际情况来考察，我们都可以发现，现在人们在论及邹衍学说时所讨论的只是邹衍关于“五德终始”的历史观和“大小九州”的地理观，并没有涉及有关“四时教令”的政治理论。这显然与邹衍在学术史上的地位不符，邹衍的学说中若没有“四时教令”的内容，他何以有资格作为阴阳五行家的集大成者？邹衍既然是公认的阴阳五行家的主要代表人物和集大成者，那他对战国以来作为阴阳五行思想主流的“四时教令”思想必有集中的阐述和精到的发挥，可惜这部分内容已随《邹子》的全部亡佚而湮没不彰。

总而言之，阴阳家认为天地间充满着阴气和阳气，这两种性质相反的气始终处在不停的运动中，在一年中此消彼长，这种运动的结果和表现就是四季的变化。阴阳家强调人的社会行为特别是政治行为一定要和天地之间阴阳运行的节律相协调、相符合，不同的时节采取的行动要符合当下时节的变化节律，否则就会造成阴阳失调，出现各种问题。前面我们已经提到过，阴阳观念在春秋时期主要还是用来解释自然现象的，特别是一些异常的灾害性的自然现象，而到了战国时期，阴阳观念被引入到人类社会的领域，用来指导人们的社会生活。古代的先民在长期的生活实践中，逐步观察和领悟到一年中季节的变化其实就是阴阳二气此消彼长的过程。从春天到夏天，阳气逐渐上升，阴气逐渐下降，这个时节政府应该出台一些措施，诸如禁止伐木、打猎等，以保护万物的生长。到了夏至这一天，阳气上升到极致并开始下降而阴气开始逐渐上升。这种阴阳变化的节律在自然界的表现就是万物的春生、夏长、秋收、冬藏。阴阳家认为人间的统治者要根据自然界阴阳二气的变化来安排各种活动特别是政治活动，不能和它相违背，否则就会招致灾祸。因此，阴阳先是被用来指导和保障农业生产，后来才被用来指导人们的社会生活特别是政治生活与伦理生活。

二、 阴阳家的政治方案

“阴阳刑德”的理论是阴阳五行学说在政治领域的展开与应用。关于“阴阳”，前面已经作了充分的论述，这里不再赘述。所谓“刑德”，其实就是施政的两种基本手段。“刑”就是刑政，指刑罚、法令等强制性的政治手段；“德”就是德政，指仁德、劝赏、教化等温和的政治手段。刑、德二者相辅相成、缺一不可，在具体的运用中往往需要交替使用，这一点很早就被统治者所认识到，成为西周时期重要的政治经验。不过在这些早期的政治经验中，“刑”与“德”还只是作为纯粹的治国方略出现，尚未与阴阳之道联系在一起，到了战国中期，随着“阴阳刑德”思想的问世，这一问题才算得以解决。

阴阳家著作的佚失致使我们在论述“阴阳刑德”思想时不得不回到《黄帝四经》《管子》等一些黄老学乃至稷下学的文本当中。稷下之学有一个鲜明的思想特点，那就是诸子百家的思想互相融汇、各取所长。正是在这样的思想风气下，黄老学派与管子学派才得以发展壮大，他们吸取了同期各家的思想精华，这其中就包括对于阴阳观念的发展与应用。

《黄帝四经》将阴阳思想应用于社会政治，首创了“阴阳刑德”的思想。《黄帝四经》第一次把法治与德治这两种较为对立的学说结合起来，提出了刑德并用的政治主张，而这种政治主张正是以阴阳思想为其理论根据的。《黄帝四经》认为，为政之所以要刑、德相辅并用，是因为人道必须效法天道，天道有阴有阳，为政就要有刑有德，并根据宇宙间最基本的自然现象——阴阳四时的运行流布，为刑与德的施行确立根据和法式。

《黄帝四经》的《十大经》一文中记载了黄帝的言语：天地剖判之前，“无晦无明，未有阴阳，阴阳未定，吾未有以名。今始判为两，分为阴阳，离为四时……德虐之行，因以为常。”“德虐”即德刑，这是说德与刑的施行要以阴阳运作的规律为常。《十大经》还说：“刑晦而德明，刑阴而德阳。”那么我们不禁要问：刑德究竟如何以阴阳为常？《黄帝四经》的做法是使刑、德与四时相配，所谓“春夏为德，秋冬为刑，先德后刑以养生”，“夫并时以养民功，先德后刑顺于天”。春夏两季阳气充盈，万物萌发生长，宜施行德政；秋冬两季阳气下降，阴气上升，万物肃杀凋残，此时宜施行刑政。由于四时之序是春夏在先秋冬在后，故而要先实行德政教化，让万民休养生息，再随之以刑政，这就是“顺于天”。这一理论被后来的《管子》进一步发挥，成为阴阳学派创始人邹衍学说的思想来源，秦汉时期的重要著作《吕氏春秋》《淮南子》以及《春秋繁露》都深受这一理论的影响。

关于刑与德如何转换的问题，《黄帝四经》提出了“赢阴布德”“宿阳修刑”的理论，作为“春夏为德，秋冬为刑”的具体化。《黄帝四经》的作者认为，当阳气发展到极盛时便开始转衰，阴气转盛，这种变化表现于外，就是草木开始枯萎凋败；而当阴气发展到极致时阳气就开始转盛，这种变化反映于内，那就是万物内部萌发的生机。自然界是这样，人类社会也必须依此而行，当秋冬已尽阴气盈满时阳气即开始萌发，此时正是万物孕育生机的时候，应开始布施仁德（“赢阴布德”）；当春夏已尽阳气停止发展时阴气便开始上升，此时正是万物由盛转衰的契机，应开始修饰刑罚（“宿阳修刑”）。这就是“刑德”转换为用的天道观根据。

《黄帝四经》还对违反阴阳法则的行为提出了警告，《十大经》云：“其时赢而事绌，阴节复次，地尤复收，正名修刑，蛰虫不出，雪霜复清，孟谷乃肃，此灾乃生。”“赢”为生长，“绌”为收缩，“阴节”指秋冬季节。这段话的意思是说春夏是万物生长的季节，应实行仁德宽厚的政治，如果此时正名修刑，就会促进阴气发展、地气收缩，表现为昆虫蛰伏不出、霜雪降落、谷物凋敝等本应秋冬才有的现象，造成灾害。同样的道理，秋冬两季阴气充盈，本应施行严急的政治，如果此时刑罚驰懈，实行宽仁的德治，就会使得本已停止发展的阳气不正常地发展，使地气不能收缩，将会出现天气炎热、蛰虫不伏、草木复荣等反常现象，并造成灾害。

从《黄帝四经》这些议论中，我们可以看到“阴阳刑德”思想的严重弊端，它过于强调天道与人事的对应关系，不免流于牵强、机械和简单化，终至得出错误的结论。关于刑德并用的思想本来是《黄帝四经》对古代政治理论的一个重要贡献，但由于机械地规定了春夏行德政、秋冬施刑政，从而不自觉地又将刑、德分离并对立起来，使本已形成的正确认识又陷入错误之中。此外，自然界的气候变化本是极为复杂的，某个季节中出现暂时的反常气候或少见的自然现象，亦属偶然中有必然，本不足为奇，但《黄帝四经》却把偶然的自然现象和自然灾害解释为人事未能符合天道所致，这不仅失之牵强，而且容易诱发阴阳家那样的弊端，也就是《史记》和《汉书》所指出的“大祥而众忌讳，使人拘而多所畏”和“牵于禁忌，泥于小数，舍人事而任鬼神”。

接下来我们来看管子学派关于“阴阳”观念的阐述与发挥，这里面也隐含着“阴阳刑德”的思想。《管子·四时》说：“阴阳者，天地之大理也；四时者，阴阳之大经也；刑德者，四时之合也。刑德合于时，则生福，诡则生祸。”在管子学派看来，整个天地、自然、万物之变化流行其内在的原理与规律乃是阴阳的互动与消长，如果说春、夏、秋、冬之四时运行是阴阳这一原理在自然世界的展开，那么刑德二者便是阴阳这一规律在社会领域的应用。在《黄帝四经》之中，我们也发现黄老道家在阐发其政治哲学的时候，有效地吸收了阴阳的观念以及阴阳互动的原理，这才产生了“阴阳刑德”的思想。但问题在于，这样一种思想究竟如何运用？“阴阳”与“刑德”具体在政治层面又该如何配合呢？

就《管子》与《黄帝四经》所展现的内容来看，关于这方面的论述并不透彻。基于思想史的演进线索，我们大胆推测：这余下的理论建设与理论完善的工作乃是由后来的阴阳家所完成的，这中间的连接便是稷下学宫与稷下之学，没有这中间的过渡，黄老道家的理论思想既得不到论证，也无法为后来的阴阳家所汲取。那么，由黄老道家开启、由阴阳家完成的“阴阳刑德”思想之真义到底是什么呢？

综合《黄帝四经》《管子》的内容以及阴阳家的学说便知：所谓“阴阳刑德”即“刑阴而德阳”，如同世界之本质有阴、阳二气，国家之治理也有刑、德两种方式。从阴阳的观念出发，可将“刑”与“刑政”视为“天”施加于人类社会的威严，可将“德”与“德政”视为“天”施加于人类社会的恩典。基于这两方面的内容，可知“阴阳刑德”的思想如果落实到现实政治上，其基本的主张便是恩威并施、刑德兼治。在黄老道家以及后来的阴阳家的理论设计下，“阴阳”或是逻辑的第一层，作为一切得以成立之基本观念；“四时”或为逻辑的第二层，作为自然世界之展开方式；“刑德”或为逻辑的第三层，作为现实政治之运作手段。这三个层面的内容是环环相扣的，具体说来，四时是阴阳的显现，而刑德是四时的展开，而这三者的配合恰恰反映了自然世界与人类社会之间的紧密联系，能够将这一联系揭示出来从而使之真真切切地发挥作用、产生效果，这也是阴阳家的一大思想目标。

沿着思想史的脉络，我们发现在阴阳家之后，“刑德”的思想又被法家的韩非子所吸纳。《韩非子·二柄》有云：“何谓刑德？曰：杀戮之谓刑，庆赏之谓德。”从这里我们可以看到，“刑”“德”乃是战国时期君王治理国家、处理政事的手段、方式。“刑”主要是以惩戒、训斥的手段来控制民众、管理国家，“德”主要是以奖励、恩赐的方式来安抚民众、收拢人心。由此，我们就可以知道，这里的“德”并不是我们一般意义上所理解的儒家的“德”，也不是道家的“道德”之“德”，而是法家意义上的作为政治手段的“德”，它与“刑”相配，成为君主治国之“二柄”。在法家看来，“刑”和“德”二者不可偏废，只有相互配合、相互补充，才能达到一定的效果。基于以上论述，我们又可串联起一条思想史的线索：“刑德”的思想或最早产生于稷下学宫，经过黄老道家以及阴阳家的发扬与改造，长期以“阴阳刑德”的思想形态存在，韩非子为了重振法家之学，便将“刑德”观念重新取出，融入法家的法、术、势等思想资源之中。

秦汉时期，虽然作为学术流派的阴阳家风光不再，但在思想文化领域，阴阳五行学说仍旧盛行。《淮南子·兵训略》说“阴阳”“刑德”“五行”等皆是“天道”的重要内容。《淮南子》的“天道”概念或是从黄老道家以及庄子后学那里继承而来，但含义与原来相比有所不同。这里的“天道”更接近于阴阳家所关注的天文、天象以及由此所推出之天意、天命。按照《淮南子》这段文字的记载可知：一方面“刑德”在汉代仍与“阴阳”“五行”保持着紧密的思想联系，这主要得益于阴阳家在战国后期以来的贡献和努力；另一方面“阴阳”“刑德”“五行”这几个被战国后期的阴阳家熔为一炉的思想观念到了汉代反而成为天文研究、天象观测以及《周易》预测的有力资源。

《淮南子·天文训》还说：“阴阳刑德有七舍。何谓七舍？室堂庭门巷术野。十二月德居室三十日，先日至十五日，后日至十五日，而徙所居各三十日。德在室则刑在野，德在堂则刑在术，德在庭则刑在巷，阴阳相德则刑德合门。八月二月，阴阳气均，日夜分平，故曰刑德合门。德南则生，刑南则杀，故曰二月会而万物生，八月会而草木死。”这段文字的大意是说：阴阳二气各司其职，阴气与“刑”相关，指向压制、肃杀之方面；阳气与“德”相关，指向容纳、伸展之方面。阴阳二气存于人间，其主要场所包括室、堂、庭、门、巷、术、野等。十二月的时候，阳气先在内室停留三十天，即冬至之前十五天、冬至之后又十五天，而后便转移到各舍，每一舍停留三十天。当阳气在内室时，阴气就在郊野之地；当阳气在厅堂时，阴气就在街头之地；当阳气在庭院时，阴气就在巷尾之地。阴阳二气相当时，它们便聚于门前。春分时，阳气弥漫，故而万物延展、生长；秋分时，阴气弥漫，故而万物凋零、枯萎。

虽然学术界一般将《淮南子》看作黄老道家乃至杂家在汉代的发展与转型，但通过前面这段文字以及书中其他有关“阴阳刑德”的记载，可知《淮南子》除了延续道家尤其是黄老道家的思想传统以外，还受到阴阳家等其他各家的思想影响。这里将“阴阳刑德”与历法、数理、地理相联系，从思路和方法上讲，乃是在阴阳家“四时教令”等阴阳五行学说的基础上，又向人们的生产、生活尤其是劳作、居住等具体的方面迈进了一步。这样的一番操作实质上已经将原来的思想观念、理论学说转化为民俗民风、日用伦常，这样的转化对中国古人尤其是普通民众的日常生活与行为方式可谓产生了不小的影响。

在阴阳五行学说中，“阴阳刑德”最能体现自然与政治的关联。如果说阴阳的互动、消长是自然界得以存在、变化的本质规律，那么“刑德”便是阴阳观念以及阴阳互动、消长这一规律在人类社会尤其是政治领域的展开。“刑德”与阴阳、四时的配合可以说是阴阳家极力强调的一点。因为一旦有所违背，不仅无法生福，还会产生祸端，也就是说，“刑德”的施行与落实如果不合时令，本质上会导致阴阳二气的失衡，这在阴阳家看来就是灾祸来临的预兆。

客观而论，作为阴阳家的一种规定与设计，“阴阳刑德”在理念层面上有一定意义，若是落到现实层面，则往往导向好、坏两个方面。如果统治者对于“刑德”的把握顺应阴阳的观念以及阴阳消长的原理与规律，那么就会带来积极的、有利的现实效果，既风调雨顺，又政通人和。反之，如果统治者对于“刑德”的把握违背阴阳的观念以及阴阳消长的原理与规律，那么也将带来消极的、不利的现实效果，或灾祸不断，或民不聊生。这里面也体现出一个朴素的哲学理论，那就是过去、现在与未来的关系，或者说现实性与可能性的关系。现实是真实的存在，也在真实地发生，现实之所以如此，固然有一些偶然性因素的影响，但真正起决定性作用的乃是一些必然性的因素。例如恒久信念、不懈努力，对于人的发展而言更为必要，而所谓运气、机遇对于人的发展而言则相对次要，对于结果的影响也更为偶然一些。从哲学上讲，可能是尚未实现的现实，而现实是已然实现的可能，如果我们对于未来的把握是建立在现实的基础上的，那么与之相关的预测便不可说全无道理。

就“阴阳刑德”的思想来看，如果人类社会的一切道德规范、法律制度既符合人性，又符合天性，也就是说既有利于人，又不违背自然，那么这样的道德规范、法律制度在价值判断上便可说是好的、良性的，从阴阳家的角度讲，这样的“刑德”一定符合阴阳的观念以及阴阳消长的原理与规律，而一切符合阴阳之道的“刑德”之术可以说就是良性的制度设计，相应的，良性的制度设计一定带来良性的结果，从哲学上讲，这便是完成了从可能性到现实性的转化，也获得了现实性与可能性的统一。就方法论而言，“阴阳刑德”思想的最终形成既可说是黄老道家以及阴阳家充分把握自然世界与人类社会之内在规律的结果，又可说是稷下名士以及邹衍、邹奭等阴阳家积极发挥主观能动性与抽象思维的结果。

总而言之，在人类的各种社会活动中，阴阳家最为重视阴阳理论对政治活动的指导，他们根据阴阳运行的规律，对君主的政治活动提出了很多详细的具体的指导。他们认为从春天到夏天是阳气上升、阴气下降的过程，这两个季节中阳气是占主导地位的，万物都呈现生长发育的状态，在这样的时节就应该实行一种温和的、仁德的政治，称之为“德政”。具体来说，就是要多制定一些保障性、奖励性的措施，以利于万物的生长和人们德行的养成，以此来实现人的行为和阴阳之气的运行相协调、相一致。从秋天到冬天是阴气上升、阳气下降的过程，在这两个季节中，阴气是占主导地位的，这样的时节就应该实行相对严厉的、带有强制性的政治措施，称之为“刑政”，这也就意味着伐木、打猎、处决犯人、军事上的征伐等活动，都该在秋冬季节进行。阴阳家把这样的原则总结出来，称之为“人与天调”“务时而寄政”，这也是“阴阳刑德”的主旨所在。

三、 阴阳家的神秘色彩

阴阳家的思想学说具有一定的神秘色彩，例如“阴阳灾异”。“阴阳灾异”作为一种理论，它的主旨在于用阴阳理论解释自然灾异的发生，强调不正确的社会和政治活动会导致阴阳失序而引发灾异，主张用人事服从天道的方式实现阴阳之协调有序从而避免灾异。在中国古代思想史上，“阴阳灾异”的理论可以说对社会和政治活动都产生了深远的影响。

重视自然灾异并试图对自然灾异作出解释，这是中国古代思想的一个重要特点。在西周以来的文化传统中，对自然灾异的原因主要有两类不同的解释：一种是神秘主义的方式，把自然灾异看成是主宰者“天”的意志的体现，看成是上天对人特别是统治者的不当行为的警告和惩罚，这可能来源于更为古老的原始宗教和天命论的传统；另一种是用自然界自身的原因来解释，例如用天地间阴阳之气的失序来解释地震等异常自然现象。阴阳家的“阴阳灾异”理论继承了这两种解释方式并做了关键性的推进，把自然界的天地阴阳同人类的社会活动特别是政治活动联系了起来，强调和关注两者之间的密切关系，认为灾异的出现是阴阳失序的结果，而阴阳失序的原因则是由于政治上的失误所致。在阴阳家看来，灾异与其说是天灾，不如说是人祸，换句话说，社会政治的刑德失当乃是天地间阴阳失调、人世间灾异不断的直接原因。

在阴阳家看来，所谓的“灾异”或者说自然界的异象，其成因不在于自然界本身，而在于人类社会对于自然规律与自然法则的违背。自然规律与自然法则中最主要的便是阴阳的观念以及阴阳互动的原理，换句话说，人们在政治、伦理上以及具体的社会生活、劳动生产中未能顺应自然而行事，导致局部地破坏了阴阳的平衡状态，所谓“灾异”便是每一次阴阳失衡的结果。在历史上，“阴阳灾异”可说是上古时代“天”神信仰在战国中后期的一次重演，黄老道家在《黄帝四经》中记载了这一思想事件的发生，阴阳家则在当中扮演了思想推动者的角色。

就思想内容本身而言，如果说“阴阳刑德”的思想更像是黄老道家的主张，则可说同样载于《黄帝四经》的“阴阳灾异”思想更像是阴阳家的学说。之所以强调“更像”，其实也是表明一种倾向，事实上，这几种思想既与黄老道家有关，又与阴阳家有关，只不过当我们对每一种思想作具体的分析时，不得不将它与我们常规意义上所理解的黄老道家、阴阳家各自本身的思想进行对照，从而得出一种相对客观的观点，认为它更贴近黄老道家的思想或更契合阴阳家的学说。

“阴阳灾异”这一思想的特点是十分鲜明的，因为它涉及天文、天象甚至一些自然界的异象，而这些不像是黄老道家会关注的内容，也不是黄老道家所擅长的领域，从思想形态上讲，它更接近阴阳家的理论尤其是邹衍的阴阳五行学说。如果我们置身于春秋战国的历史语境下，一定会惊讶于“阴阳灾异”这一思想所拥有的解释力和所产生的影响力，它也是阴阳家以及邹衍的阴阳五行学说得以兴起的一个很重要的原因。

阴阳家认为人类的社会和政治活动如果能和天地之间阴阳运行的节律变化相吻合、相协调，那么就会诸事顺遂、风调雨顺，人与人之间也会和谐，做事情也会更容易成功；如果人的行为和阴阳运行的节律不符甚至相反，就会导致阴阳的失序、失调，阴阳运行的正常秩序就会被打乱，这样的话，就会出现各种各样异常的、对国家不利的甚至灾害性的自然现象。阴阳家认为灾异的出现就是天对人类不当行为的一种反应、一种警告。比方说，春天和夏天本来应该是万物生长欣欣向荣的季节，但是有时会出现不正常的草木凋零的景象，秋天和冬天本来应该是万物停止生长的季节，有时却会出现草木返青的不正常现象。阴阳家认为这些不正常的情况都是人的行为没有依循阴阳之序，没有和阴阳节律相配合所导致的。再比如，冬天出现打雷和夏天出现霜雪，再如旱灾、水灾、虫灾、瘟疫等不正常的、灾害性的现象，阴阳家统统称之为“阴阳灾异”。

在阴阳家看来，“阴阳灾异”出现的原因是阴阳的失序失调，而阴阳的失序失调又是由人类的不当行为所导致的，或者说是由人类的社会行为特别是政治行为的失误所导致的。所以阴阳家认为每当灾异出现的时候，统治者首先要从自己身上找原因，反思、检讨自己，看看自己哪些地方做得不妥，从而及时地采取措施、改正错误，让自己的行为重新符合阴阳之序，以此补救不利的局面。

阴阳家关于“阴阳灾异”的论述显然有一些神秘主义的内容，但是我们也应该看到，他们强调人的行为特别是政治行为一定要和阴阳之序相符合相配合，这是符合科学认识的，强调人的行为要以尊重自然规律为前提也是比较合理的。此外我们还可看到，阴阳家认为人和自然之间的关系是双向的，人在自然面前不是完全被动的一方，不是单向地被自然所决定的，人的行为也可以在一定程度上和自然产生互动，也就是说人的行为也可以影响到自然界的运行。所以，在阴阳家看来，阴阳灾异与其说是天灾，不如说是人祸。客观而论，这样的思想在历史上能够起到一些积极的作用，对统治者的行为可以产生一定的制约，能够让统治者在发号施令的时候心中有所忌惮，迫使他们不断去反思，纠正自己的错误。

令人惊讶的是，阴阳家的“四时教令”“阴阳刑德”“阴阳灾异”等思想后来发展得越来越烦琐、越来越复杂，内容上已经无所不包了。以君主的活动为例，阴阳家对君主在不同季节甚至不同月份的一举一动都做出了具体的规定。比方某一特定季节，君主要住在与相应季节相符的日光朝向的房子里，出行时走哪个方向的城门，用什么样颜色的马来驾车，吃什么味道的饭菜，穿什么颜色的衣服，听什么曲调的音乐，甚至用什么颜色的木头来生火等，这些都是规定好了的。这些政令的发布，每个月有每个月的讲究，不能有任何的差错。阴阳家认为这些规定是必须遵守的，“顺之者昌，逆之者不死则亡”，只要顺应了这套规定，国家就会繁荣昌盛，违反了就会“不死则亡”，后果非常严重。

《史记·太史公自序》认为“阴阳之术，大祥而众忌讳，使人拘而多所畏”，评价阴阳家的说法过于神秘、忌讳太多，容易使人做起事来畏首畏尾。《汉书·艺文志》进一步指出，如果拘泥于阴阳家这一套说法，就会“牵于禁忌，泥于小数，舍人事而任鬼神”，容易倒向鬼神迷信。不过，司马迁在《史记》中也指出，阴阳家的思想学说中仍然包含着一些合理的因素，它符合“四时之大顺”和“天道之大经”，故而“不可失也”。倘若对阴阳五行学说不加理会，这样的态度也是不对的。《汉书·艺文志》也说道，阴阳家“敬顺昊天，历象日月星辰，敬授民时，此其所长也”，这些合理的内容正是阴阳家的思想价值所在，是需要被我们传承和发展下去的。

四、 阴阳家的伦理内容

阴阳家把自然界和人类社会生活中所能观察到的一切物象统统划归为阴、阳两类，属于阳的一类居于主导和支配的地位，即“尊”的一方，属于阴的一类居于从属和被支配的地位，即“卑”的一方，例如天阳地阴、昼阳夜阴、主阳臣阴、上阳下阴、男阳女阴、父阳子阴、贵阳贱阴等。决定这一切的是“阴阳大义”，即人道取法于天道，天道之阴阳决定了人道之尊卑贵贱。在这些对应的关系中，重点是人类社会的伦理关系，这表明阴阳家其实是为了给人间的伦理秩序寻找天道观方面的理论根据，为了对尊卑有序、贵贱有等的伦理秩序进行形而上的哲学论证。

阴阳尊卑的思想影响极为深远，在中国古人看来，尊卑有序、贵贱有等是一个社会赖以维持的基本秩序，只要这个秩序不乱，社会就可以正常运行。反之，一旦这一基本秩序被打乱，社会必然出现危机。在中国古人心目中，一个差异鲜明、等级确定的社会是公平合理的，上下尊卑、长幼亲疏各有分寸才是理想的社会秩序。这种理想的社会秩序。也是由天地之间阳尊阴卑的基本关系所决定的。

“阳尊阴卑”的思想载于《黄帝四经》之中，这无疑既使我们对于战国以来各家思想的相互融汇有了更深入的认识，也使我们确信诸子百家正是通过稷下学宫这一争鸣、论辩的场所完成了对其他各家学说的吸收以及对自身思想理论的推进。因为“阳尊阴卑”就是各家思想融汇的一个典范。鉴于“阳尊阴卑”这一思想载于《黄帝四经》中，我们姑且将它看作是黄老道家的学说主张，但如果从思想史的角度而言，“阳尊阴卑”这一思想当中其实蕴含着浓厚的阴阳观念与尊卑思想，我们甚至可以直截了当地认为它就是阴阳观念与尊卑思想的组合。如果将阴阳观念和尊卑思想放在整个先秦思想史的视野之下，便会清楚地发现“阳尊阴卑”这一思想与儒家、阴阳家的联系。

“阳尊阴卑”思想可谓《黄帝四经》继“阴阳刑德”之后对于早期阴阳观念的另一发展，其基本思路在于将阴阳思想运用于社会伦理从而论证等级制度的必然性和合理性。《黄帝四经》有一篇文章叫《称》，所讨论的事情就是在“凡论必以阴阳大义”的前提下，将阴阳推广应用于人伦关系的各个方面，例如：“主阳臣阴，上阳下阴，男阳女阴，父阳子阴，兄阳弟阴，长阳少阴，贵阳贱阴……制人者阳，制于人者阴。”

《黄帝四经》中列举了“君臣”“上下”“男女”“父子”“兄弟”“长少”“贵贱”等多组关系，并将君、上、男、父、兄、长视为“贵”的一方，判定它们居于上位，将臣、下、女、子、弟、少视为“贱”的一方，判定它们居于下位，又将“贵”的一方、居于上位者视为“阳”的象征，将“贱”的一方、居于下位者视为“阴”的象征，如此一来，自然世界的阴、阳便与人类社会的卑、尊搭配了起来，形成了某种结构上的统一，并且此结构中的一切尊卑关系都是确定不变的，它像是人间的一道律令，主宰着一切的政治关系和伦理关系，更重要的是它的背后有一个强大的阴阳观念以及阴阳互动的原理在支撑，这无疑强化了它的合法性与稳固性。

“阳尊阴卑”的思想在《黄帝四经》中所占的比重虽然不大，但对后世的影响却极为深远。阴阳家继承了《黄帝四经》的“阳尊阴卑”思想，并将其融入自家的阴阳五行学说体系。到了汉代，董仲舒将此思想纳入儒家学说的理论构架之中，发展出了整套的纲常名教之说，使其成为维护封建等级制度的理论内容。

黄老之学的基本特征在于道、法结合，但这并不意味着它仅从法家那里获取思想资源，实质上，黄老之学的很多观念来自儒家，例如上文所提到的“尊卑”思想。黄老道家的很多学说也受到墨家的启发，《黄帝四经》就有关于“兼爱”“尚贤”“节用”等理念的阐述。这是往前推，接下来我们往后推。到了战国后期，随着邹衍阴阳五行学说的问世，阴阳家在思想上迎来了高峰，一切与阴阳、五行相关的思想内容皆被吸收到了阴阳五行学说的体系之下，“阳尊阴卑”的思想也不例外。

在阴阳家的推动下，《黄帝四经》里所记载的这些与阴阳相关的思想主张才真正地被人们所知晓。到了汉代初期，董仲舒又将这些思想内容纳入儒家的政治哲学当中，成为其“天人感应”“大一统”思想的有力注脚。至此，诸如“阳尊阴卑”之类的理论内容才算真正地完成了它们的思想使命，作为中国古代政治伦理的一个侧面以及中国传统思想文化的一份遗产得以保留下来。

事实上，《管子》《黄帝四经》等文献所论之“四时教令”“阴阳刑德”“阴阳灾异”“阳尊阴卑”等内容后来都成为阴阳家思想学说的重要构成。按照学界的一般看法，阴阳家的出现是先秦诸子百家中最晚的，大约是在战国后期，那也就意味着《黄帝四经》所记载的这些说法要早于阴阳家的出现。如果说这中间有一条思想发展与演变的线索的话，那么黄老道家《黄帝四经》一书中所涉及的有关阴阳、五行的内容，就是后来邹衍的阴阳五行学说得以产生以及阴阳家得以形成的主要思想资源之一。

我们今天已然知道，《史记·太史公自序》所谓“因阴阳之大顺，采儒墨之善，撮（cuō）名法之要”指的并不是传统意义上的以老子、庄子为代表的主流道家，而是长期被思想史、哲学史置于一旁的黄老道家。据大量的文献资料记载，真正在战国中后期以及汉代初期这两个历史阶段拥有较高的思想地位的也是黄老道家，而不是老庄之学或庄子后学，这也就意味着道家在老子之后至少出现了庄子之学、黄老之学两个分支。就政治影响与实际效果而言，黄老之学在战国中后期以及汉代初期这两个历史阶段的表现要远胜于庄子之学。因为在稷下学宫，黄老道家对儒家、墨家、名家、法家等其他各家的思想都有不同程度的整理、借鉴、吸取、归纳，这一点我们透过《史记》所记载的一些汉初的政治事件与思想事件便可看出。

通过《尚书》《周易》等文献，我们知道阴阳的观念与五行的思想出现极早，而且阴阳的观念在西周时期还颇为流行，但不同时期人们对于阴阳、五行观念到底是如何理解的、有没有进一步的诠释、这些理解和诠释又是如何传达到邹衍那里的？这些问题可谓一直困扰着我们。而《黄帝四经》等黄老文本的出现，尤其是“四时教令”“阴阳刑德”“阴阳灾异”“阳尊阴卑”等内容的展开，则为我们提供了这方面的素材。

显然，《黄帝四经》里所提到的这些内容乃是战国中期各家学者在稷下学宫围绕阴阳、五行观念所进行的一些思想讨论。由此，我们就可以知道，由于这一时期学术争鸣、思想论辩浪潮的兴起，阴阳与五行先后成为诸子百家热议的话题，这也就意味着阴阳与五行并不是阴阳家的思想专利。在整个战国中后期，诸子百家包括黄老道家都对阴阳与五行的话题产生了浓厚的兴趣，只不过邹衍的阴阳五行学说提出以后，阴阳家很快占据了阴阳与五行这个话题的理论高地，其他各家这才陆续退回到各自的思想领域，不再执着于阴阳与五行方面的理论突破。

五、五行的相生与相克

较之阴阳观念，五行观念内部的关系要稍微复杂一些，毕竟其关联的元素更多。“五行”最初只是并称，它们彼此之间或无任何先后顺序与逻辑关系可言。随着时间的推移，人们才逐渐发现，五行之间其实存在着相生相克的特殊关系。五行相生，即木生火、火生土、土生金、金生水、水生木。五行相生的提出，说明古人发现了五行之间存在着相辅相成的关系，即前者衍生后者，亦推动后者，此乃古人在认识自然方面的又一次深入。

《尚书·洪范》一文不仅提到了阴阳的观念，还论及了五行的思想。虽然在西周时期，阴阳的观念更为流行、更为普遍，人们更喜欢用阴阳的观念来认识和理解天地、自然乃至万事万物，但透过《洪范》的文字内容，可知五行的思想在当时已经出现，官方也将它收录到了《尚书》当中，只是广大民众还没有真正认识到它的作用和价值。

《洪范》指出金、木、水、火、土这五行乃是自然世界最为重要的五种物质，也是构成自然世界最为基本的五种要素。具体而论：五行之中，“木曰曲直”，代表生长；“水曰润下”，代表流动；“火曰炎上”，代表能量；“金曰从革”，代表坚硬；“土爰（yuán）稼穑（sè）”，代表大地，意义最为深厚。五行从数字的原理开始，然后采用类比与联想，将自然世界和人类社会的各种事物都看作是金、木、水、火、土及其扩展、转化的结果。例如，将兵器、锁链、盔甲、钱币等视为金的衍生；将树木、青草、木椅、木屋等视为木的衍生；将浓雾、冰雪、液体、河流等视为水的衍生；将火焰、火药、火山、雷电等视为火的衍生；将田地、沙漠、洞穴、高山等视为土的衍生。五行之中，古人最看重土，认为生命的源头在于大地，因而将人和动物归为“土”行。

显然，较之后来出现的阴阳家与阴阳五行学说，《洪范》所记载的阴阳、五行观念明显要简单得多，甚至可以说粗糙得多。但这正是思想发展与演变的基本规律，如果没有西周时代的阴阳与五行观念，就没有后来的阴阳家，阴阳五行学说的发展、转化也就无从谈起。与西周时期的思想学说不同，阴阳家旨在用阴阳的观念以及阴阳交互的原理来解释宇宙的生成和天地自然的运行；而用五行的思想以及五行相生相克的原理来解释现实世界中的万事万物及其形成、发展与归属；更为重要的一点在于，它在黄老道家的基础上对阴阳与五行的观念作了进一步地融合、转化，并以此论证现实世界的政治、伦理以及指引人们的生产、生活。这既是它的理论突破，也是它的思想贡献。

五行相生的原理乃是基于金、木、水、火、土这五种基本元素的自身属性以及它们之间产生关联以后的反应、效果而得出。我们今天理解金、木、水、火、土等物质，往往会从物理学、化学、生物学等自然科学的角度出发，但对于古人而言，在知识水平较低的情况下，只能借助于经验的归纳。

所谓五行相生，即木生火、火生土、土生金、金生水、水生木之循环。“木生火”很好理解，中国古代一直以来都有钻木取火的神话传说。《韩非子·五蠹》说道：“有圣人作，钻燧（suì）取火，以化腥臊，而民悦之，使王天下，号之曰燧人氏。”唐代罗隐《两同书》说：“昔伯益凿井，燧人钻木。”清代袁枚《新齐谐》说：“教燧人皇帝钻木取火，以作大烹。”由此我们可以知道，燧人氏钻木取火一事并不是空穴来风。事实上，直至今天，钻木仍被视为野外生存最好的取火方式之一，因为从科学的角度完全可以解释它、接受它，简而言之，就是我们物理学上所讲的摩擦生热原理。但对于古代先民而言，若想获得一些行之有效的结论、方法，关键在于实践经验的长期积累，此外也需要一些灵感和想象力的辅助。“火生土”指的是事物在火中焚烧之后化为灰土；“土生金”指的是金属在土石中冶炼而成；“金生水”指的是金属熔为液态；“水生木”指的是植物依赖水分而生长。从表面上看，“五行相生”是人们基于生存、生产、生活方面的种种经验而归纳出来的结论，但实质上到处体现着人类社会与自然世界之间密切而又微妙的关联，正是这样一种关联使得人们在认识自然、利用自然的同时，又不得不敬畏自然、顺应自然。

中国古人一直以来都有很好的形象思维与类比思维，因此，五行相生相克的学说一经产生，很快就扩展和引用到现实生活的方方面面，成为人们解释自然现象、推测人生命运的法宝。毫无疑问，较之阴阳观念，由五行相生与五行相克所构成的五行学说在现实层面的指向性、功用性更强，后来阴阳家兴起，阴阳五行学说得以推广，五行的观念以及五行相生相克的思想亦很快被人们所理解、所接受。但与此同时，我们也应该认识到阴阳和五行皆为中国古人对天地、自然层面的规律把握以及对生产、生活层面的经验归纳，比起我们日常所学到的知识和所习得的技术，它们更为抽象、更为宏观。如果说日常的知识与技术可称之为“术”，那么阴阳的观念与五行的学说便可称之为“道”。没有“道”的支撑，“术”的发挥便无从谈起。

总而言之，中国古人最早认为金木水火土五种物质是构成万物的基本元素。从中国古代最早的典籍中关于五行的记载来看，五行之间起初是没有什么联系的，到了后来，人们发现了五行之间存在着相生、相克两种规律性的现象，五行相生，木生火，火生土，土生金，金生水，水生木，木再生火，循环不已。五行相生的发现使得五行的排列顺序固定化，即木、火、土、金、水。“五行相生”说的提出表明中国古人对物质世界的本质性、规律性已经有了比较深刻的认识。

完整的五行学说包含五行相生与五行相克两方面的内容，这两个方面彼此之间相互依存、相互补充。五行相生不单单指事物的生发、生成，还指事物之间的互相促成、互相推进，即互利的一面。同理，五行相克也不单单指事物的寂灭、衰败，还指事物之间的互相克制、削弱，即互损的一面。“木生火—火生土—土生金—金生水—水生木”，即意味着木类的事物对火类的事物有利，火类的事物对土类的事物有利，土类的事物对金类的事物有利，金类的事物对水类的事物有利，水类的事物对木类的事情有利。同理，“木克土—土克水—水克火—火克金—金克木”，也就意味着木类的事物对土类的事物有害，土类的事物对水类的事物有害，水类的事物对火类的事物有害，火类的事物对金类的事物有害，金类的事物对木类的事物有害。

较之“五行相生”，“五行相克”的情况似乎更好理解。人类在与自然世界接触的过程中最先感受到的就是矛盾与冲突，万事万物之间都是如此，尤其是像金、木、水、火、土这类基本元素，人们在日常生活中随处可见，因此也最先把握到它们之间的化学反应。中国古人很早就意识到除了“天”与天道这一根本以外，其余的万事万物都不是绝对强大的，都不具有抵御一切的能力，而较之于金、木、水、火、土之基本物质，人的有限性更为凸显。就金、木、水、火、土这“五行”而言，草木生长而使土地松动，故“木克土”；水入土中即被吸收，故“土克水”；水可灭火，在社会生活中最为常见，故“水克火”；金属遇火而熔化、变形，故“火克金”；金属坚硬而草木柔软，故“金克木”。在五行相克的架构之中，没有绝对的强者，也没有绝对的弱者，它们相互克服、相互制约，久而久之，反而形成了较为稳定、颇有生机、内含动力的发展链。

“五行相克”又叫“五行相胜”。早在《左传》中，就出现了“水胜火”和“火胜金”的说法，五行相胜的提出反映了古人认识到五行之间存在的两两对立和一方克服并取代另一方的关系。《孙子》中则出现了“五行无常胜”的看法，《墨子》中也出现了“五行毋（wú）常胜”的说法，对五行相胜说提出了质疑。这一方面说明了古人对自然认识的深入和探索的精神，另一方面则说明五行观念以及五行相生相克的原理在战国中后期逐渐受到思想界的重视乃至世人的瞩目。从哲学上讲，五行相生相克的关键在于和谐、平衡、稳定。

相生与相克是五行观念的两个基本方面，此二者相互蕴含、缺一不可。相生和相克并不是绝对的，而是相对而言的，这一点对于我们理解五行观念非常重要。正因为相生与相克是相对而言的，所以它们之间才呈现出既相互制约、又相互依存的关系。简而言之，有生才有

克，有克乃有生，反之，无生则无克，无克亦无生。五行相生和五行相克的理论反映了古代先民探求自然事物之间的普遍联系和相互作用的强烈意愿，包含着原始的、朴素的哲学世界观和辩证法思想。后来，五行相生和五行相克的理论被赋予了道德和政治的含义和属性，用来解释和论证人类社会的伦理关系和历史上朝代更替的内在规律。

总而言之，五行相生和相克的现象是古代先民对物质世界长期观察得出的经验性认识，五行相生相克的理论是古人探索自然事物之间普遍联系和运动规律的思想成果。在中国古人的眼中，五行就代表着自然万物，代表着物质世界，古人通过五行之间的复杂关系认识到万物之间存在着普遍的联系和相互作用，这就是古人心目中的世界。应当承认，这些古老的认识中包含着一定的朴素的唯物论思想和辩证法思想，也包含着一定的科学道理。到了汉代，人们对五行相生相克的关系更加熟悉，认识也更加深刻，人们把这两种关系整合在一起，用一句话来概括，叫作“比相生，间相胜”，“比”就是一个挨着一个，木、火、土、金、水之间按顺向的关系前者生成后者，推动后者，不会错乱；“间”就是间隔，木、火、土、金、水之间每隔着一个就是相克的关系。汉代人用一个图来表示“比相生，间相胜”的关系，非常的形象且简单明了，这个图被称为“五行图”，从汉代开始在民间非常流行。

六、从五行到“五”的搭配

“五行”学说成熟之后，“五”这个数字就具有了特殊的意义，逐渐程式化，成为一种固定的思维模式。人们将从自然界与人类社会观察到的、存在于人体和人的思想中的各类事物都按照“五”这一思维模式同五行一一搭配，统统塞进“五”的框架之中。《尚书·洪范》所说的“水曰润下，火曰炎上，木曰曲直，金曰从革，土爰稼穑。润下作咸，炎上作苦，曲直作酸，从革作辛，稼穑作甘”，可能是关于五行与五味相配的最早记录。

在《周易》《左传》《国语》等传世文献中，不仅出现了东、西、南、北、中之“五位”，宫、商、角、徵、羽之“五音”，公、侯、伯、子、男之“五等”，鼻、目、口、舌、耳之“五官”，酸、苦、甘、辛、咸之“五味”，青、赤、黄、白、黑之“五色”等，还出现了五行与五位、五音、五味、五色的搭配，到了战国时期，这种搭配已然十分普遍。在《管子》的《四时》《幼官》《五行》这几篇文章中，我们便发现了五行与五位、五色、五味等搭配的成熟化。值得注意的是《五行》一文将一年分为“甲子木行御”“丙子火行御”“戊子土行御”“庚子金行御”和“壬子水行御”五个阶段，这样的设定也充分体现了五行的观念与五行相生相克的思想。就先秦以及秦汉的文献来看，与“五”相关的常见搭配有：

五行	木、火、土、金、水
五方	东、南、中、西、北
五色	青、赤、黄、白、黑
五味	酸、苦、甘、辛、咸
五臭	膻、焦、香、腥、朽
五音	角、徵、宫、商、羽
五纪	星、日、岁、辰、月
五官	目、舌、口、鼻、耳
五季	春、夏、季夏、秋、冬
五脏	肝、心、脾、肺、肾
五气	风、暑、湿、燥、寒

续表

五志	怒、喜、思、悲、恐
五牲	羊、鸡、牛、犬、豕
五谷	麻、黍、稷、麦、菽
五兵	矛、戟、剑、戈、盾
五器	规、衡、绳、矩、权
五金	铅、铜、金、银、铁
五果	李、杏、枣、桃、栗
五事	视、言、思、听、貌
五德	明、从、睿、聪、恭
五常	仁、礼、信、义、智
五数	八、七、五、九、六
五帝	太皞（hào）、炎帝、黄帝、少皞、颛（zhuān）顼（xū）

孙诒让《周礼正义》引皇侃《论语义疏》有云："改火之木，随五行之色而变也。榆柳色青，春是木，木色青，故春用榆柳也。枣杏色赤，夏是火，火色赤，故夏用枣杏也。桑柘色黄，季夏是土，土色黄，故季夏用桑柘也。柞（zuò）楢（yóu）色白，秋是金，金色白，故秋用柞楢也。槐檀色黑，冬是水，水色黑，故冬用槐檀也。"一些学者将这段文字看作是《邹子》的一部分佚文，对此我们无法作出清楚的判定，但可以肯定的是，这些文字与邹衍的阴阳五行学说乃至阴阳家的思想之间的联系是十分密切的。这段文字提供给我们一个十分重要的信息，那就是以"春、夏、季夏、秋、冬"

之“五季”分别对应木、火、土、金、水之“五行”以及东、南、中、西、北之“五位”。正因为有了“季夏”这一增设，“四季”才得以扩充为“五季”，才能进一步与“五行”的思想相配，才算真正符合五行相生的原理。毕竟春、夏、秋、冬四个季节在地位上是相当的，换句话说，并没有哪一个季节能够与“土”相配而享有中央的地位，所以才要独创出“季夏”来配“土”。这里不仅体现出对五行观念的重视，而且透露出对“五”的搭配的推崇。

在历史上，“五”的搭配背后体现的乃是“数”与数理文化。平心而论，数理文化在中国传统文化当中的地位并不突出，但作为中国传统文化的一个侧面、一种构成，它的功能与价值不容忽视。《左传·僖（xī）公十五年》说：“物生而后有象，象而后有滋，滋而后有数。”这里所提到的“物”、“象”与“数”的关系问题在先秦的时代是比较有代表性的。大概在中国古人看来，任何一种真实存在的事物都有其基本的形态、形象，随着人们对事物了解程度的不断加深，这些形形色色的事物之间的关系也逐渐清晰起来，它们或从属于不同的类，或无从归类，它们彼此相较总有相同之处与差异之处，如此一来，逻辑的意识、观念以及方法便在人们的头脑中被激发了出来，而获得逻辑判断的前提是建立“数”的思维。有了逻辑判断乃至逻辑应用的需求，便有了数理文化在中国古代社会的形成与发展。《周易·系辞上》说："天数五，地数五。"又说："天数二十有五，地数三十，凡天地之数五十有五。""五"以及"五行"思想便是数理文化发展到一定阶段的产物。

为什么重视"五"这个数字呢？我们可以做这样一番推测。首先，人的一只手有五根手指，其次，我们在日常生活中多用五根手指来做简单的算数，例如小花受家人和邻居的嘱咐上街买醋，母亲让买两瓶醋，邻家的李阿姨让买三瓶醋，如此简单的运算不需要算盘或计算器，不需要纸和笔来记，到了小卖铺，小花只需要向售货员比出五根手指即可。再者，从数学上讲，"五"的两倍是"十"，那么也就是说以"五"为一组有利于算数和统计，中国人之所以喜欢用"正"字来记录数值，也是因为一个"正"字的笔画刚好是五。人们对"五"这一数字的推崇、对"五行"思想乃至阴阳五行学说的认可，一方面说明了数理文化在中国传统文化当中拥有一席之地，一方面又说明人们仍希望利用数理文化来更好地认识自然、理解生活。

总而言之，五行学说出现了之后，"五"这个数字就成了一个具有特殊意义的数字，逐渐被标准化、程式化，形成了一种固定的套路、固定的思维方式。人们把他们观察到的所有的事物，不管是自然界中的还是人类社会中抑或是人的身体上的，甚至还有人的思想中的，总之所有方方面面的事物，都用"五"这个数字来进行归类和整理，于是就出现了各种各样的关于"五"的搭配。重要的是，不论什么性质的五类，都和金木水火土五行逐一对应，毫无错乱。在和五行搭配的事物分类中，最早出现的是五方、五色、五味、五声等，到了后来，搭配的范围就不断扩大，越来越多、越来越普遍，人们把观察到的所有事物都尽可能地与五行逐一对应，这样一来，古人眼中的世界就成了一个五行的世界。

我们都知道一年是春夏秋冬四季，但是在阴阳家的“五季”说里，却多出了一个季夏。“季夏”这个概念是阴阳家杜撰出来的。那么为什么要杜撰这么一个概念呢？因为春夏秋冬四季，四是偶数，而五行的五是单数、奇数，奇数的五无法和偶数的四对应相配，于是他们就杜撰出来一个季夏的概念，在夏季和秋季之间插入一个季夏，这样一年就凑成了五个季节了，正好可以完美地与五行相配。这个季夏和其他季节不一样，其他季节是实的，根据阴阳家的理论，春夏秋冬每一个季节各有九十天，而中间的季夏一天也没有，是虚设的。但是阴阳家说这个季夏非常重要，它居于中间，对四季起一种协调、调配、统领的作用。所以，季夏这个概念是阴阳家为了凑足五这个数字而杜撰的，为了构建起五行学说的体系，只能是想一些这样的办法。

再看五数：八、七、五、九、六。中国古代没有零这个数字，那也应该有九个数字。但是没有办法，为了和五行对应搭配，只好从里面选了八七五九六这五个数字，用八来配木，七来配火，五配土，九配金，六配水，其他的数字就舍弃了。还有五日，甲乙丙丁戊己庚辛壬癸，五日实际就是十个天干，正好分为五组，分别对应五行。但是我们知道，在中国古代的干支纪年法中，除了十天干，还有十二地支，这十二地支一个也不能舍弃，实在不好办，只好绕开不提了。还有五帝：太皞、炎帝、黄帝、少皞、颛顼。远古时期的五帝本来就有不同说法，还有帝喾（kù）、尧、舜等，并非只有五个人，但是为了满足体系的需要只能选取五个，别的只好舍弃了。类似的还有五纪，不同的典籍里也有不同的说法。此外，五牲、五谷、五兵、五志、五虫、五器、五金、五果、五菜等分类，也都没有完全统一的说法。那么也就是说，五行的这些搭配并不是非常固定的，往往有不同的组合。由于内容本就不确定，只是从众多的选项中选取五个，再拿来与金木水火土五行一一搭配，因而所产生的组合也就难免生硬一些。

中国古人对“五”这个数字真的是有一种特殊的情感。在五行观念的支配之下，对万事万物进行归类并逐一与五行搭配是一种典型的中国文化，也是中国式的智慧。先民们试图用这样一种理论来看待世界，来解释世界的本质和规律。以五行的学说对世界进行哲学性的思考，探索事物的普遍联系和相互作用，把自然、社会、人类自身、政治生活、伦理生活甚至是人的思想都看成是一个统一的、有内在联系的、相互作用的整体，这当然是有意义、有价值的。五行学说是中国传统思想文化的重要内容，它由来已久且影响深远，可以说长期支配着中国人的思维和行为，甚至在我们今天的日常生活中，仍然可以看到它的影响，例如在中医领域，五行学说就是重要的依据之一。但话说回来，五行学说终究还是朴素一些、直观一些，它并不是建立在严谨的实证基础之上，其中有很多牵强附会、生搬硬套、东拼西凑的内容，甚至是削足适履、画蛇添足的内容，也是问题多多。

七、“阴阳鱼”与太极图

中国古人的类比思维和形象思维十分发达，这一点不仅体现在华夏民族的象形文字之中，而且体现于古代先哲所创设的宇宙图式之中，例如我们所看到的“阴阳鱼”，又名“太极图”。在历史上，真正将阴阳的观念从复杂的卦象中提取出来并表述为较为明确的义理的并非《易经》，而是后来的《易传》。我们知道，《易经》和《易传》合起来才是完整的《周易》。实质上，《易传》并不仅仅只是我们理解《易经》的辅助性内容，就整个中国古代易学发展、演变的视角来看，《易传》更重要的贡献其实在于提炼出了隐含在《周易》文本之中的哲学思想和深刻义理。在《易传》当中，阴阳作为一种思想观念被提到了一个很高的位置，阴阳观念本身的义理也被充分地揭示了出来，其中最重要的一点便是阴阳二元的对立统一，例如“一阴一阳之谓道”“阴阳不测之谓神”“阴阳合德而刚柔有体”等。流传千年的“阴阳鱼”（“太极图”）这一宇宙图式便是对阴阳二元对立统一这一义理的生动表达。

借助“阴阳鱼”这一宇宙图式来揭示阴阳的对立统一思想，此乃中国古人智慧非凡的体现。古人最早认识和把握阴阳的观念可以说有几个比较重要的切入点，例如寒和热、静和动、上和下。人从出生到长大、到衰老再到死亡，可以说无时无刻不在感受，而在种种的感受当中，人对于温度、动作、位置的感受是较为直接的、较为强烈的，随着年龄的增长与经验的积累，我们便可把握到热寒、动静、上下这每一组概念内部相互矛盾、又相互依存的对立统一关系。后来，人们为了将自己所认识到的这样一种关系乃至规律固定下来并使它长久地留存下去，便有了形式化的追求，希望将它表示为某种符号、图式，“阴阳鱼”便是这一背景下的精神产物。

透过“阴阳鱼”这一图式，我们可以看到它所承载的诸多思想内容：首先，阴和阳既相互矛盾、又相互依存；其次，阴和阳共同构成了一个完整的太极，虽然它们各自是不同的、有差异的，但从整体上看它们又是平衡的、和谐的。由此，我们就可以知道，“阴阳鱼”大概是中国古代思想文化史上内涵最深、外延也最广的象征与图式，它所传达出的“和合”与“和生”思想可以说是中国古代哲学最为注重的两个观念，也是中国古人最为推崇的生命状态与价值追求。

在历史上，“阴阳鱼”这一宇宙图式绝非先秦诸子百家之中的某一家、某一人的创意，而是夏、商、周之先哲以及后来的儒家、道家、阴阳家等思想人物不断推进、接力创作的结果。阴阳家无疑是整个思想接力的最后一棒，阴阳五行学说以及邹衍的若干理论为“阴阳鱼”这一宇宙图式注入了更多的思想内涵，而这一切的思想内容又是对西周以来的阴阳观念的提炼与转化，其中与“阴阳鱼”关系最为密切的乃是循环的理念。

“循环”一词虽直至汉代才出现，但循环的理念早已有之。司马迁《史记·高祖本纪》说：“三王之道若循环，终而复始。”这便将我们的视线又拉回到了夏、商、周三代。《周易》将循环的思想渗透到了卦象当中，例如第六十三卦“既济”，说的就是水火相遇、形势将变、盛极而衰的道理。老子在论述“道”的时候，也多次谈到循环往复的原理，例如《老子》第四十章所言：“反者道之动。”这里的“反”通“返”，即指明循环往复的运动变化，便是“道”的作用。在我们的日常生活中也处处体现着循环往复的原理。一个钟表从零点启动，转动一圈，又回到零点，这便是一个循环；季节的变化也是如此，从春到夏，从夏到秋，从秋到冬，从冬再到春，即完成了一个循环。如果说《周易》和《老子》最早从天地、自然的发展变化之中把握到了循环的理念，则可说阴阳五行学说的产生以及阴阳家的出现使得“循环”真正从理念转化为了现实。而今，透过“阴阳鱼”等宇宙图式以及相关的解释文本，我们既能够看到阴阳的对立统一思想，也能够看到“循环”的变化发展之道，这一切可以说离不开《周易》《老子》以及阴阳五行学说的贡献。

大约是受到“阴阳鱼”的启发，阴阳家出现以后，便着力于宇宙图式的勾画。

阴阳家的思想人物从阴阳五行学说出发，建立了一种阴阳和五行相配的宇宙图式，试图对宇宙万物的本质和规律作出根本的、总体的、终极性的解答。这个宇宙图式以五行为框架，以阴阳为动力，万事万物都与五行相配而被容纳到这个框架中，在阴阳的推动下，万物随着阴阳的消长有序地运行，形成一个接一个的周期。人类社会的一切活动，下至民众的日常生活，上至君王的政事安排乃至人类历史的发展演变，也都囊括在这个宇宙图式中。阴阳家的宇宙图式把世界看成一个系统的、有序的、运动的整体，试图为人类的社会活动寻找天道观的依据，反映了古代先贤试图把握世界的本质和规律的努力。虽然其中有大量想象的、比附的甚至神秘的东西，但也具有一定的科学的内容。

八、“五德终始”的历史观

“五德终始”乃是阴阳家代表人物邹衍的思想学说，学术界对此基本没有异议，很多的史料记载也可以证明这一点。《文选·魏都赋》李善注引《七略》说：“邹子有《终始五德》，从所不胜，土德后木德继之，金德次之，火德次之，水德次之。”王应麟《汉书·艺文志考证》说：“方邹衍推五德之运，人视之，特阴阳末术耳，若无预于治乱之数也。及至始皇始采用之，定为水德。以为水德之治，刚毅戾（lì）深，事皆决于法，刻削毋仁恩和义，然后合五德之数。于是。急法，久者不赦，则其所系岂小哉!”

《汉书·艺文志》记载阴阳家类著录有《邹子终始》五十六篇，可惜久已亡佚，幸赖《史记》《汉书》等零星之记载得以知其大概。“五德终始说”的影响主要体现于先秦以及秦汉这一历史时期，汉代以后逐渐减弱，但在一些细节上，我们还是能够发现阴阳家这一学说的功能和价值，比如古代诏书开头的“奉天承运，皇帝诏曰”，所谓“承运”指的就是五德终始。

在君王更迭的问题上，邹衍将金、木、水、火、土之“五行”转化为“五德”，五德即五种德性，他认为金、木、水、火、土作为五种天然的德性相克乃是历代君王更迭的内在规律，换句话说，历代君王的更迭往往与五德相克的规律相系相符。邹衍以“五德”解释历代君王更迭的学说，后被称为“五德终始说”。邹衍的“五德终始说”又被称为“五德相胜说”。在众多的传世文献中，《吕氏春秋》对于邹衍“五德相胜说”“五德终始说”的记载可以说最为集中、最为充分。

显然，五德终始是邹衍的社会历史观，他用五行运转的理论模式来看待社会历史，用来解释历史上各个朝代更替的原因和规律。这个五德终始学说是邹衍独创的特色理论，邹衍在列国诸侯中之所以特别有名，主要就是靠的这个五德终始学说。五德终始也叫作五德转移，五德就是五行之德，就是土德、木德、金德、火德、水德。邹衍认为，历史上每一个朝代都在五行之德中拥有自己相对应的那一德，这个德就决定了这个朝代的历史命运。五行之德依照五行相胜的规律，始终处在运动转移之中，所以历史上的朝代也是处在不停的交替和循环中，一个朝代的终就意味着另一个朝代的始，所以叫五德终始。

邹衍认为，历史上任何一个朝代都不能永远存在，都一定会有消亡的那一天，也一定会有一个新的王朝出现来代替它。当一个新的盛大的王朝即将出现的时候，上天会降下一些稀奇的、带有吉祥意义的物象，名曰符应，或曰符瑞，用来表示上天对新的王朝的认可和支持。黄帝在位时，上天显现巨型的蚯蚓和蝼蚁的图像，黄帝认为这是“土”气旺盛的象征，于是顺应土德，着与土的颜色相近的黄服；大禹继位以后，上天显现秋冬草木欣欣向荣的景象，大禹认为这是“木”气旺盛的象征，于是顺应木德，着与木的颜色相近的青服；商汤在位之初，上天显现锃亮之刀剑器具，商汤认定这是“金”气旺盛的象征，于是顺应金德，着与金的颜色相近的白服；到周文王继位时，一只火鸟口衔丹书立于社庙之上，文王认为这是“火”气旺盛的象征，于是顺应火德，着与火德颜色相近的红服。这便是“五德相胜说”“五行相胜说”的原则在现实政治层面的有力展现，如果我们按照这一原则推演下去，就会知道代替火的必将是水，无论上天显不显现“水”气旺盛的图像，作为周朝替代者的新王，一定会从水德的象征意义出发，制定符合水德的政治措施和礼法规范。

在邹衍看来，中华文明是从黄帝开始的，因而黄帝是土德，其后依次出现的夏、商、周分别是木德、金德和火德。现在周王朝气数已尽了，快要结束了，不久就会出现一个盛大的、大一统的新王朝来代替它，周王朝是火德，根据五行相胜的规律，灭火者水，取代周王朝的新王朝一定是水德。这也就意味着，谁要是拥有了水德，谁就能够一统天下。在阴阳家看来，这也就意味着从一个朝代到另一个朝代，每一次更迭其实都由五行相胜的规律所支配。因此，“五德终始说”既是邹衍的历史观，也是邹衍的政治观。邹衍的逻辑在于黄帝尚土德，故夏禹尚木德，因木克土；商汤尚金德，因金克木；文王尚火德，因火克金；秦代尚水德，因水克火；到了汉代又尚土德，因土克水，这也完成了一个五德相克、五德相胜的循环，所谓“终始”即从始从终、终又到始，也是循环之意，故而“五德终始”也就是“五德”之循环。邹衍认为，历史上每一个朝代都有自己所对应和符合的一德，它决定着该朝代的命运。在邹衍看来，“五德”的运转与历史的发展往往是同步的，一个朝代的“终”就意味着另一个朝代的“始”。倘若代表火德的周王朝气数将尽，则必有象征水德的新王朝取而代之。

在邹衍活跃的战国末期，结束战乱实现统一的大趋势已经日益明朗，各大诸侯国的君主们最关心的事情就是如何完成统一天下的大业。在这一时期，列国已经越打越少了。最初号称是天下万国，春秋时期还有好几十个国家，战国早中期还有十二诸侯，到后来就剩下所谓七雄了。七雄的实力是不均衡的，东方的齐国、南方的楚国和西方的秦国是一流强国，是最有可能统一天下的，虽然那个时候还是列国争雄，但是列国之间的政治、经济、军事优势已经逐渐集中到两三个主要的国家了。虽然这些国家之间的国力是有起伏和变化的，但是结束分裂、实现统一这个趋势已经是越来越明朗了。对于这个趋势，列国君主们心里也都很明白，由七雄中的某一个国家来实现统一，这是迟早的事情。

邹衍的五德终始学说正好出现在实现统一的前夜，这个时候的列国君主们，他们最关心的事情是什么呢？首先不要被别人吃掉，然后不断发展强大，从而完成统一天下的大业。列国的君主们做的都是同一个梦。邹衍的学说在这个时候出现，可谓迎合了列国君主的心理，亦符合他们的野心。事实上，越是弱小的国家，越需要这样的学说来壮胆、打气，因此像燕国这样的国家就特别尊崇邹衍。所以作为阴阳家代表人物的邹衍在这一时期站出来，列国君主都把他奉为上宾，争相优待他。由此可见，邹衍在列国中一炮走红，主要靠的是五德终始的学说。我们甚至可以说，邹衍的这一学说，就是为这一时期的君主们量身打造的，就其思想内容而言，可谓迎合了彼时乃至后世的许多君王在政治上追求大一统的宏大愿望。

在君王眼中，“五德终始说”所蕴含的王权观念正是他们所需要的，换句话说，邹衍推出“五德终始说”的时机极佳，故而能够引起轰动效应而“显于诸侯”。《史记·封禅书》说：“邹子之徒，论著终始五德之运，及秦帝，而齐人奏之，故始皇采用之。”《史记·秦始皇本纪》又说：“始皇推终始五德之传，以为周得火德，秦代周德，从所不胜。方今水德之始，改年始，朝贺皆自十月朔。”作为一种理论工具，“五德终始说”为秦代以来的王朝更迭在政治上确立合法性与正当性提供了有效的范式，最终成为秦始皇、汉高祖等历代君王的政治武器。秦始皇统一六国后，充分利用邹衍的五德终始说，将秦朝取代周朝类比为“水胜火”，以“水德”之名来建立政权，并且制定一整套与“水德”相应的政治措施。

作为周王朝替代者的秦始皇可以说是对“五德相胜说”的第一践行者，毕竟之前的黄帝、大禹、商汤、文王都是邹衍按照阴阳五行学说一个阶段一个阶段地推演出来的，而秦始皇是第一个自觉采纳“五德相胜说”的君王，着与水德相配的黑色朝服，行与水德相配的礼法制度。如果我们按照“五德相胜说”的逻辑再往下推，便知“水德”发展到极限，必然要转移到“土德”上去。如此一来，整个五行之间的相克关系便完成了一个循环，既然是循环，便可以说是有规律的，这规律即可称之为“五德终始说”。

邹衍将“五行相胜”的理论应用于政权更迭与政治演变的层面，从而建构了“五德终始”的学说。按照邹衍的说法，历代的王朝更替都可以在“五德终始”的学说框架下获得某种正当的解释，换句话说，在阴阳家看来，不是邹衍发明或创造了“五德终始”的学说，而是邹衍揭示了这一学说，它早于历代的政权与王朝而存在，既是政治演变的内在规律，也是阴阳五行学说在人类社会尤其是政治建设领域的呈现与扩展，从哲学上讲，这便具有了形而上学的意味，因为阴阳家将它看作一种先天的图式、一种本质性的存在。那么“五德终始说”的本质到底是什么呢？从政治学与思想史的角度讲，可以说它是一种历史循环论，它认为整个人类社会的政治发展、政权更替是有既定的规则的，如此一来，人类在政治层面的历史就变成了一种常态化的存在，一切的政权形式都由金、木、水、火、土五种德性所代表，反过来，这五种德性所代表的政权形式按照周而复始的规律不断地运转下去，这就是阴阳家所揭示的人类政治的实质。

说到这里，我们就不难看出“五德始终”这一学说的问题所在。历史怎么可能是一种常态化的存在呢？这一个历史循环里的水德所代表的王朝，跟下一个历史循环里的水德所代表的王朝怎么可能是一样的？这里面有众多政治、经济、社会、文化等层面的因素需要考虑，它们之间可能存在某方面的共性，但差异性与特殊性也是显而易见的。“五德终始说”的最大贡献在于揭示了政治的发展变化是整个人类社会发展变化的一部分，由于人类社会的整体趋势是向前的、进步的、更替的，那么政治的形式包括政权、朝代在内也当是向前的、进步的、更替的。但问题在于向前、进步、更替并不意味着一定是循环的，政权的形式在不同的历史阶段往往会呈现出不同的政治内容。因此，我们或可将“五德终始说”作为一种解释政权更迭、君主更替的思想方案，对于被解释的朝代而言，这一方案可能有效，也可能无效，事实上，从秦代到宋代，很多君主乃至哲学家、政治家都试图用它来解决政治的合法性问题。

由上可知，“五德终始说”作为一种政治理论并不完美，它的缺陷在于会使人在观念上陷入历史循环论的误区。如果我们回顾中国古代史抑或整个世界史乃至人类史，就会发现：历史是由时间这条线将大大小小的历史事件一个个地串联起来的，能够被写入历史的事件，即便再小，放在它的那个时代也都是大事件，但我们能够说历史上所有大大小小的事件都具有某种必然性吗？这还不包括那些被历史所淹没了的事件。显然，更恰当、更客观的说法应该是必然性与偶然性的统一，或者说是连续性与断裂性的统一，毕竟这样的历史才是更加真实的历史、才是有血有肉的历史。从这个意义上讲，可知“五德终始说”并非中国古代王朝更迭、君主更替的必然规律与普遍原理，它只是统治者和政治家解释政权合法性的一种范式、一种方案。

九、“大小九州”的地理观

《尚书·禹贡》一文乃是中国地理史上第一篇专门记述地域划分的文章。《禹贡》首次提出“九州”的说法，将当时的“天下”也就是整个中华大地分为了九个区域，这便是冀、兖（yǎn）、青、徐、扬、荆、豫、梁、雍九州。文中还对每一州的土地、河流、山脉、物产、交通等具体状况都作了具体的介绍，例如：冀州的赋税较高，徐州的贡品有五色土、桐木和绸绢，荆州的贡品有象牙、犀牛皮和珍珠，青州在渤海和泰山之间，豫州之水先流入洛河、后流入黄河，兖州的草木茂盛，扬州的泥土潮湿，梁州有疏松的黑土，雍州则多为黄土。在今看来，《禹贡》以山脉、河流来划定地域，这一方法是十分科学的。在思想史上，我们一般谈到夏、商时代，总是认为当时的人们普遍信仰神灵、巫觋（xí），无论是是官方、还是民间，都弥漫着神秘主义的气息，然而《禹贡》所秉持的态度、所采用的方法、所呈现的内容实则是客观的、真实的、质朴的，在当时生产力水平不高、交通不便、测绘手段不足的情况下，《禹贡》所达到的知识成就与思想成就可谓令人惊叹。

邹衍的“大小九州说”便是基于《尚书·禹贡》关于“九州”的记述而阐发的。较之《禹贡》的“九州”之论，邹衍的“大小九州说”视野更大、立意更远。如果说《禹贡》更多是对华夏地域的描绘与记述，则可说邹衍更多是对世界图景的推测与勾勒，前者主要立足于客观、经验的层面，后者主要立足于宏观、抽象的层面。从思想史的角度而言，若无《禹贡》关于“九州”的划分与记载，邹衍的“大小九州说”便无从谈起，因为思维层面的逻辑展开与理论推测往往是以知识、经验或现实的素材为基础、为依据、为条件的。中国自上古以来就有所谓“九州”的说法，这也是中国古人一直以来所理解的“天下”。然而在邹衍看来，这样的理解是有局限性的、是狭义的，从地理上讲，这只是真正意义上的“天下”的一小部分，也就是说，如果说整个世界是一个“大州”，那么中国古人所居住之地域仅仅是其中的一个“小州”。

“大小九州说”反映了邹衍的地理观。邹衍雅号“谈天衍”，谈天必说地，《史记·孟子荀卿列传》中保留了他提出的“大小九州说”的概貌。邹衍从“小九州”的地理方位出发，由近及远地勾勒出整个世界的大致轮廓，这便有了“大九州”的构想。邹衍的“大小九州说”的大体内容是：中国名为“赤县神州”，由冀州、兖州、青州、徐州、扬州、荆州、豫州、梁州、雍州组成，这就是《禹贡》所说的“九州”，此为“小九州”。“大九州”说的则是世界，赤县神州只是“大九州”中的一个州。“大九州”之外有大海环绕，名叫“裨海”。这样的“大九州”世界上共有九个，九个“大九州”之外还有更大的海洋“大瀛海”环绕，“大瀛海”的边际称为“八极”，这才是天地的尽头。按照邹衍的“大九州”说，赤县神州不过是天下的九九八十一分之一。在历史上，邹衍的“大小九州说”打破了“中国即天下，天下惟有中国”的传统观念，把“中国”和“天下”两个概念区分开来，大大开拓了人们的眼界。在邹衍的构想中，“大九州”作为一个整体构成了偌大的陆地世界，大瀛海将它围在中间，也将一些怪兽远远隔开，从而使得人类过上安定的生活。

邹衍的“大小九州说”提出州外有州、海外有海，这在先秦时代是十分超前的，这样的思想观念中也蕴含着一定的科学性。在春秋战国时期，人们对于海洋的了解和把握几乎为零，尤其是深居内陆的六国民众，可想而知邹衍“大小九州说”的阐发对人们已有的认知所造成的冲击必然是十分巨大的。邹衍能够提出“大小九州说”，显然与他所处的客观环境以及他在稷下学宫的经历有关。邹衍一生的大部分时间都在齐国，而齐地恰恰临近海洋。据史书记载，齐国重视工商业的发展以及与周边各国的贸易往来、文化交流。如此一来，无论是齐地的官员还是民众都极大地开阔了视野。视野一旦打开，一些不同寻常的想法很快就会产生，邹衍的“大小九州说”即是如此，这里面既有想象力的充分发挥，也有对地理环境的客观考察。从本质上讲，邹衍的“大小九州说”乃是对整个世界图景的描绘与勾勒，像这种视野极其开阔、主题极为宏大的学说与构想，在秦国等其他六国的学者、官员乃至民众那里是难以想象的，但对于临近海洋的齐国名士而言则是可能的。

邹衍的“大小九州说”展现给人们的可以说是一个有穷大的世界，但亦可说是一个无限大的世界，因为世界的尽头在哪里，没有人知道，但邹衍想到了这一点，并对此抱有强烈的好奇心，这种探索和追求的精神是十分可贵的。我们之所以认为邹衍的“大小九州说”是一种高明而深刻的理论，主要基于两点因素：第一，它是基于充分的史料和一定的考察而得出的；第二，它体现出邹衍个人非凡的想象力和探索力。这些探索与想象具体是如何展开的？由于文献的缺失，现已不得而知。但仅就“大小九州说”所呈现出的思想内容而言，着实令人惊叹。

客观而论，“大小九州说”是思想家邹衍的一种地理观。我们前面说了，邹衍的著作都遗失了，但是幸亏《史记》里有一段文字保留了邹衍“大小九州说”的概貌。我们的祖国自古就叫中国，“中国”这个词里边有一个中字，顾名思义就是认为我们是位于中央的国家，是天下之中央。中国之外就是四夷之国，四夷都是文明程度不高的，都是我们中国的附属国，是我们安抚的对象。所以在古人的观念中，中国就是天下，天下就是中国，这个观念是由来已久的、深入人心的，这个天下，用我们今天的眼光来看就相当于是全世界。邹衍提出的“大小九州说”颠覆了这种认识，打破了这种传统的看法。

邹衍为什么用“九”而不用别的数字来表述他的地理观呢？因为“九”这个数字在中国文化里很特殊，它表示的并不一定是六七八九那个九，而是数字中最大的那个数字，实际上是表示最多、最大的意思，比如九天就不一定是第九重天，而是中国人能想象到的最高的天。所以“大小九州说”其实是用朴素的方式表达了一种宇宙无限论，大九州中的一个就已经相当于全世界了，那么九个这样的大州合起来的天下就相当于我们今天所谓的宇宙了。所以“大小九州说”既是邹衍的地理观，也是邹衍的宇宙观，它描述的可以说是一个无限广大的世界、一个无限广大的宇宙，它突破了当时人类想象力的边界，它要表达的实际上是一种宇宙无限论。

“大小九州说”的出现表明了那个时期的航海有了长足的发展。齐国是一个滨海国家，齐国人不断地出海，接触外面的世界，不断带回来一些海外的奇闻奇物，人们对这些奇闻再进行不断地演绎，就得出了天外有天的猜测，猜测到了我们居住的世界之外还有更大的世界。“大小九州说”这样的学说不大可能出现在像赵国、鲁国、秦国这样的内陆国家，因为他们连海洋都没见过，不大可能产生这样的思想。这样的学说，只能在齐国这样的有海洋文化特色的国家才可能出现。所以我们认为，“大小九州说”乃至阴阳家学说在某种意义上也是齐文化的产物。“大小九州说”的提出在当时引起了轰动效应。《史记》记载说：“此言诡异，闻者惊骇，王公大人初见其术，惧然顾化。”可见这个学说在当时是非常惊人的，听到的人都感到恐惧，尤其是王公大人们第一次听到这样的学说，都吓得面面相觑，说不出话来。“大小九州说”在当时引起的轰动效应很可能不亚于我们今天听到外星人报道的反应。

我们都知道“徐福东渡”的故事。徐福曾经只是秦始皇身边的一名御医，他率领三千童男童女东渡日本，造就了中日文化交流史上的一段佳话。那么，问题来了：究竟是什么因素、什么观念促使徐福想要走出本土、一路东渡呢？从思想史的角度讲，其实就与邹衍的“大小九州说”有直接的关系。

徐福是齐国人，擅长一些神仙方术，而阴阳家的集大成者邹衍正是齐国人，阴阳家的思想学说又对当时流行于民间的神仙方术影响很大，所以徐福基本上是邹衍的信徒，用一个当下时髦的词——“迷弟”来形容也不过分。“大小九州说”是邹衍在自然、地理领域最重要的一种学说，该学说的一个主要贡献在于它开阔了人们的想象力，扩展了人们的视野，使人们第一次意识到原来在我们所认知的世界之外，其实还有更大的海域、更大的世界。徐福生在齐国，也曾临海而居，对邹衍的学说一定很有共鸣。

按照《史记》的记载，秦始皇大概是希望自己长生不老，这样自己的皇位就可以得到绝对的巩固，自己的帝国也可以永久地发展下去而不被取代。有了这样的强烈愿望之后，秦始皇自然会想尽一切办法，例如炼丹、求仙、问道。这一天，徐福上书，说海上有蓬莱、方丈、瀛洲三座仙山，上面住有神仙，有神仙，则必有长生不老之法。秦始皇一听，乐坏了，命令徐福马上动身，还给他配备了充足的人手、粮食和物资。后来的结果大概让秦始皇失望了，徐福东渡多年，无功而未返。徐福和随从们在东渡的途中遇到什么人、发生了什么事、活着还是死了？可以说众说纷纭，由于这段历史距离我们已有两千多年了，所以我们能够知道的真相很少，更多的则是一些民间的传说故事。《后汉书》与《三国志》里也有关于“徐福东渡”的一点记载，说他到了一个名叫“澶（chán）洲”的海岛，这个岛在中国的东南方向，而当时的“倭国”、也就是今天的日本也就在这个方位。日本的一些史料中对“徐福东渡”一事也有记载，如《日本国史略》即说“秦人徐福来，童男女三千人”。还有一些说法更加夸张，说徐福不仅到了日本，还到了琉球群岛、济州岛。

那么回到我们一开始的问题：徐福为什么确信在中国的版图之外一定有海岛、有他国、有外族呢？这是基于怎样的一种观念呢？这里我们不仅要假设徐福的动机，还要假设秦始皇的动机，也许东渡的真正目的在于领土的扩张，而不是获取什么长生不老的仙药。那么这样的动机与目的有没有理论的支撑呢？答案是有的，这便是邹衍的“大小九州说”。**战国后期，邹衍已经明确指出中国之外还有他国、中国的海域之外还有其他的海岛、中国所处的大州之外还有其他的大州，进一步讲，世界版图之大远远超出世人的想象。《吕氏春秋》就曾隐约地透露出秦始皇的雄心与抱负，所谓“北至大夏，南至北户，西至三危，东至扶木，不敢乱矣”。**

第四章

阴阳家的历史影响

阴阳家最为盛行的时期是从战国后期到西汉前期，《吕氏春秋》《淮南子》《春秋繁露》等文本皆深受阴阳家及其思想学说的影响。阴阳家的理论内容不仅作用于政治、伦理等宏观层面，而且影响到人们的生产、生活等具体领域。自远古以来，中国古人便以“天”为贵，无论是劳动生产，还是日常生活，都祈求上天能赐予福祉，渴望过上温饱、安定的生活。阴阳家的出现使得人们生存、发展的诉求以及预知运势、推测命理的愿望有了实现的可能。

一、 阴阳家的利弊得失

阴阳家的出现与阴阳五行学说的兴起，乃是阴阳、五行两种观念不断发展的必然。在中国思想史上，阴阳的观念出现极早，《周易》《老子》《庄子》《管子》《黄帝内经》等传世文献当中均有所见。阴阳原本是一组日常生活的名词，后来逐步具有了抽象的含义，《老子》《周易》赋予了阴阳概念以哲学意义，自此时起，阴阳就成为中国古代思想中地位很高、影响很大的观念范畴。五行的说法最早见于《尚书》，其他古文献中则所见甚少。

相较之下，阴阳的观念在西周时期已经影响极大，而五行的观念直至百家争鸣、稷下学宫时代才逐渐受到重视，最突出的表现便是《管子》所开启的阴阳五行合流之思想趋势。“五行”作为构成物质世界的五种基本元素，后来成为中国古人解释自然与社会诸多现象、问题的思维模式之一。“五行”从不被民众熟知，到人们纷纷笃信，这中间大概经过了几百年之久。当阴阳的观念和“五行”的思想放置在一起，这一理论学说便拥有了非比寻常的解释力。

战国后期，邹衍、邹奭等人创立了阴阳家，发展、转化了西周以来的阴阳五行思想并使之不断系统化、成熟化、现实化。邹衍、邹奭等人之所以能够将阴阳家的学说改造成功、发扬光大，可以说与它们在稷下学宫受到各家思想的浸染、影响与启发大有关系，这其中除了思想特色较为鲜明的儒家、道家、墨家、名家、法家以外，还有一些思想混杂、兼容并收的学术流派，例如融合道、法的黄老学派，例如王、霸并治的管子学派，今天的学术界一般将管子学派整体上看作是黄老学派的一支，认为它是黄老道家在稷下学宫的思想产物，又将整个黄老学派归为道家，认为它总体上是对老子之学的继承、发展与转化。可以说，从稷下学宫的诸子百家包括黄老道家那里汲取思想资源而为己所用，这既是阴阳家积攒能量、锐意进取的主观愿望，也是战国后期学术争鸣、思想论辩的客观需要。

邹衍的阴阳五行学说（包括颇为著名的"五德终始说""大小九州说"），对于商、周以来的天命论以及"敬天"思想有所继承、有所发挥，但这并不意味着邹衍乃至整个阴阳家的思想学说就是复古的、落后的，事实恰恰相反，阴阳家的思想学说尤其是邹衍的阴阳五行学说对于战国后期乃至秦、汉时期的政治、伦理以及人们的社会生活、劳动生产等各个方面都产生了积极的影响。

对于西周以来的阴阳、五行两种观念，阴阳家不仅有所继承、有所吸收，而且有所发展、有所转化。因此，邹衍的阴阳五行学说并非天命论的再现，而是在天命论的基础上融入天文、历法、时令、地理等多个领域，以使自然世界与人类社会之间的关系更为紧密，使自然世界与人类社会之间的交融更为丰富。邹衍、邹奭等人发扬了“阴阳消长，五行转移”的思想，将阴阳、五行与天象、季节相配，从而发展出一整套适用于祭祀、农事、婚娶、丧葬等活动的思想学说。

先秦以后，虽然阴阳家这一学术流派几乎销声匿迹，但是阴阳家的思想内容尤其是邹衍、邹奭等人的阴阳五行学说却得以流传，一部分被董仲舒吸收到了政治儒学当中（例如“天人感应说”“大一统说”），成为治国的方略之一；一部分被汉代及其以后的黄老道家与道教所汲取，成为修身养性、功夫修炼的重要方式之一。在《吕氏春秋》《淮南子》《春秋繁露》乃至《史记》《汉书》等传世文献中，阴阳家的思想学说可谓随处可见。

阴阳家以及阴阳五行思想的影响还体现于医药领域。作为《黄帝内经》的理念基础，阴阳五行的思想几乎是从头到尾地贯穿于整本书中，《阴阳应象大论》《阴阳离合论》《阴阳别论》等文章甚至对阴阳五行这一思想观念本身作了深刻的阐释，如“阴阳者，天地之道也，万物之纲纪，变化之父母，生杀之本始，神明之府也”“天有四时五行以生长收藏，以生寒暑燥湿风；人有五脏化五气，以生喜怒悲忧恐”等论述。

另外，《四库全书》当中所收录的《宅经》多以八卦、阴阳、五行等思想为依据来确定住宅、房屋的具体位置，这里面除了用到《周易》的理论，还涉及阴阳家的阴阳五行思想，如“夫宅者，乃是阴阳之枢纽，人伦之轨模”“宅有五虚令人贫耗，五实令人富贵”等论述。

较之先秦其他各家，阴阳家的思想特质是十分明显的，因为它所关注、所擅长的一些领域恰恰是其他各家所忽视的、所遗忘的，例如阴阳、五行、方位、时序、季节、月令、干支等。阴阳家在贯通天、地、人三者上可谓付出了巨大的努力，既有主观层面的思想创新，又有客观层面的实践创造，能够在这两方面都有建树并将它们有效地结合在一起，可见阴阳家的贡献是卓著的，它在先秦诸子百家中的地位也是无可取代的。

总而言之，阴阳家的产生同古代的天文历法和农业生产有密切的关系，阴阳五行学说是我们古代的先民探索周围的世界，对自己生活于其中的物质世界的起源、本质、规律等进行思考和哲学解释的一种努力和尝试，其中包含有朴素的世界观，也包含着一定的科学因素。阴阳家不仅善于认识宇宙、自然，而且总能将认识到的结果应用于人类社会的政治、伦理以及人们的生产、生活，这一点是十分了不起的，这说明邹衍、邹奭等阴阳家拥有极其敏锐的洞察力与极其深刻的理解力。实质上，阴阳的观念和五行的思想当中本就蕴含着人类社会可依循、可践行的学说与方法，对于这一点，阴阳家一直有着清醒的认识，这也是他们的思想学说能够在战国后期乃至秦汉时期爆发巨大能量、产生深远影响的重要原因。阴阳家强调对阴阳交互规律的遵循，强调“序四时之大顺”“敬顺昊天，历象日月星辰”“敬授民时”，这些思想都有合理的因素。

阴阳五行学说把自然、社会中的一切事物都看成一个统一的、有序的整体，有其合理之处，但这一理论并不是建立在可靠的科学实证的基础之上的，在这个五行思维支配下的框架中，不难看出有很多牵强附会、东拼西凑、生搬硬套、削足适履、画蛇添足的内容。《史记·太史公自序》评价阴阳家“大祥而众忌讳，使人拘而多所畏”，《汉书·艺文志》也说阴阳家“牵于禁忌，泥于小数，舍人事而任鬼神”，也就是说阴阳家的思想学说发展到后来被注入了不少神秘主义的内容，过分地强调吉凶祸福，讲究禁忌，过于烦琐，这严重束缚了人们的思想，总觉得一切都是被鬼神决定好了的，人在行动之前要猜测鬼神之意，这样就很容易走上迷信的道路。

二、 改朝换代的论证工具

在先秦诸子百家当中，阴阳家与天文、天象的关系最为密切。虽然早在商、周时代，人们便以天象的变化来预测人世的凶吉，但是直到阴阳家出现以后这样的行为方式才流行起来。

按照邹衍、邹奭等人的设计，基于天文、天象所获得的阴阳五行法则无论对于国家的政治、伦理等宏观层面，还是对于人们的生产、生活等具体领域，都是十分适用的。显然，天文、天象乃至时令、历法、地理这些被其他诸子百家所忽视的内容，到了阴阳家的手里，反而成了至关重要的理论资源，成为他们思想学说的重要组成部分。

阴阳家善于将自己所观测到的天文、天象，用阴阳的观念以及阴阳交互的原理来解释，这是就自然世界而言；阴阳家还将阴阳的观念与五行的思想加以转化，力求实现天文和人文、天道和人道的统一，若如此，则可将自然世界的规律、原理应用于人类社会的政治、伦理以及人们的生产、生活之中。阴阳家将阴阳、五行的观念从自然世界迁移、转化至人类社会的各个领域，这一方面加深了自然世界与人类社会的联系，另一方面又强化了“天”的神秘性与权威性。

实质上，无论是商周之际的“敬天保民”思想，还是墨家的“天志”“明鬼”理念，其实都强调天是可主宰的、有意志的，这无疑在增加天的神秘性的同时，也强化了天的权威性。阴阳家的思想学说也有这方面的倾向，在邹衍、邹奭等人看来，天不仅仅表现为天文、天象，更为重要的一点是，天通过天文、天象来传达某种意志，这些意志往往对自然、对人间有所指涉，无论是作为君王，还是作为民众，都要积极地去观察天文、天象，以求领会天的意志，君王要遵循天的意志来治理国家，民众要遵循天的意志来开展生活，也就是说天文、天象便是天与人之间沟通的中介，是天的意志的显现与象征。

邹衍对于阴阳五行学说的发展与转化主要体现在政治、伦理以及人文、地理领域。在邹衍的“五德终始说”和“大小九州说”里，我们可以看到他一方面将整个世界描述成了一幅图像，将自己所处的地域、国家放在了这个图像的中心位置，即“大九州”里的“小九州”，在邹衍看来，这“小九州”就构成了整个中国的版图，这可说是空间意义上的体认；另一方面，面对一个时代到另一个时代的转变、一个王朝到另一个王朝的更迭，邹衍仍然希望将它简化为某种不变的图式、浓缩为某种既定的规律，一个绝佳的方案便是将五行相胜的原理迁移过来，转化为“五德终始说”，这可说是时间意义上的体认。

“五德终始说”作为一种思想学说，其初衷之一或在于限制君主个人的权力意志与政治企图。邹衍认为，国家政权的变更不以个人的意志为转移，这里的所谓“个人”自然包括王侯将相在内，而且重点指向的就是君主。邹衍为了论证“五德终始说”，便一直将它的源头追溯到宇宙、天地、自然上去，并用阴阳的观念以及阴阳交互的原理与规律将它们统一起来。然而当“五德终始说”真正落在具体的历史时空之下时，还是不可避免地沦为改朝换代的论证工具。

“五德终始”的学说沦为改朝换代的论证工具，最典型的例子还是秦始皇。阴阳五行学说从先秦流传下来，得到了秦始皇的欣赏，尤其是其中“五德终始”的内容，他很快就采用了。邹衍的“五德终始”宣称周王朝是火德，取代周的新王朝一定是水德，于是秦王朝便宣称自己是“水德”，由此论证自己取代周王朝是顺承了天命。秦始皇依照“水德”制定了整个秦代的典章制度，发展出了一系列与水德相配的政治措施与行为规范。由此，我们就可以知道，秦始皇乃是“五德终始说”的第一个实践者。秦汉以后，改朝换代的新王朝往往都要根据“五德终始”的原则“改正朔，易服色”“封泰山，禅梁父”，以示自己掌握政权是“奉天承运”、受命于天，阴阳家的“五德终始说”遂成为论证大一统王权政权合法性的重要工具。**客观而论，“五德终始说”既是一种理论工具，也是一种价值范式，既可以解释历史上的朝代变更、政权更替，也可以解释政权的合法性问题，至于解释得是否合理、是否为世人所信服，那是另一回事，仁者见仁、智者见智。**

三、 走向神仙方术

陈独秀曾于1918年撰写《阴阳家》一文，对阴阳家的思想学说予以批判，文中说道：“最为害于中国者，非儒家乃阴阳家也；儒家公羊一派，亦阴阳家之假托也。一变而为海上方士，再变而为东汉、北魏之道士，今之风水、算命、卜卦、画符、念咒、扶乩（jī）、炼丹、运气、望气、求雨、祈晴、迎神、说鬼，种种邪僻之事，横行国中，实学不兴，民智日僿（sài），皆此一系学说之为害也。去邪说正人心，必自此始。”在陈独秀看来，较之儒家的思想，阴阳家的学说对世人的妨害更大，他列举了十几项内容，比如风水、算命、卜卦、画符、念咒等，并认为这些所谓“邪僻之事”无一不与阴阳家有关，他的结论在于阴阳家是一切迷信邪说的始作俑者。而今来看，陈独秀的说法和论断值得商榷。

就陈独秀所列举的内容来看，例如算命、卜卦、画符、念咒、炼丹、运气等，基本上属于《周易》预测以及道教修炼等领域，与阴阳家本身的思想学说可谓关系不大，再如求雨、祈晴、迎神、说鬼等内容，可谓民间方术之扭曲、变形，亦与阴阳家的阴阳五行学说及其在天文、天象、历法、地理方面的探索颇为不同。陈独秀之所以这样说，除了因为他学术判断上的偏差以外，也受到他所处的时代以及他所接受的自由、民主等思想观念的刺激与影响，另外，这也从侧面说明无论在古代还是近代、无论是学者还是民众，都对阴阳家及其思想学说有着极大的误解。尤其是秦汉以后道教兴起，其对于阴阳家的阴阳五行学说以及《周易》的卦象爻辞等内容的吸收，可以说极大地启发了后来者，于是乎阴阳、五行乃至天文、历法相关的一切思想理论便纷纷转入神仙方术乃至民间各种光怪陆离之行为方式之中。这虽然客观上有利于阴阳家及其阴阳五行学说在民间的长期流传、普及与泛化，但更为严重的结果便是人们对于阴阳家这一学派及其思想学说本身产生质疑和诟病。

陈独秀将阴阳家的思想学说完全置于科学的对立面，他认为科学乃是“对于事物之观念，综合客观之现象，诉之主观之理性而不矛盾之谓也”，而阴阳家的“符瑞五行之说，惑世诬民；地气风水之谈，乞灵枯骨”。陈独秀固然看到了中国传统社会的一些问题，例如长期流行于民间的风水、八字、算命等旧俗，这里面也确实有阴阳、五行的思想成分，但这并不意味着它们与战国后期以来的阴阳家及其阴阳五行学说有必然的联系，因此可以说陈独秀对阴阳家的批评是有失公允的。我们不能将一切与封建迷信相关之思想产物的存在都归咎于阴阳家，事实上，这样一些旧俗乃是《周易》卦象、阴阳五行、道教方术在民间的演化与变形，因此阴阳五行说的成因是十分复杂的，不能全然以现在的眼光和思维去评价它、批评它，如果我们想要得出一个尽可能客观的结论，无疑还是要先将它置于具体的历史场景下再去看待。

试想：古人为何将自身的命运寄托于上天、鬼神以及其他外物，而不是像我们现代人那样信赖知识、理性和科学？常言道“取其精华，去其糟粕”，真正是封建迷信的东西，我们当然应该反对，但在反对之前，我们首先应该心平气和地去了解它，了解它所产生的背景、它所拥有的功能、它所导致的结果。如果我们知道了它的来龙去脉，必会不由地心生悲悯，因为任何一个时代都有大量知识匮乏、思维简单的底层民众，他们总是需要一些类似于信仰的东西来指引他们安度余生，这就又涉及对于中国古代思想文化自身之形态与特质的评判与分析。

中国的近现代史本质上是政治、社会、思想、文化各方面大变革、大转型的一段历史。因此，废旧立新成为那个时代的核心命题。梁启超曾说："阴阳五行说，为二千年来迷信之大本营。"这个话如果放在近现代的中国求新、求变的时代背景下可谓颇有意义，但若纵观中国古代思想史的发展与演变，便知这样的论断同陈独秀《阴阳家》一文并无分别。而今，我们回头去看中国古代的阴阳五行，首先应该将先秦时代的阴阳家尤其是邹衍的阴阳五行学说，与后世所传扬的、民间所盛行的阴阳先生、八卦道人作一区分，客观而论，前者是一学术流派，有其深刻的学术思想和理论学说，而后者几乎是民间化、世俗化的产物。秦汉以后，人们对阴阳五行观念的解读和应用达到了泛滥的程度，道教兴起以后，人们又将这些思想内容与神仙方术结合在了一起，这便有了长期活跃于中国民间尤其是底层社会的阴阳先生、八卦道人，在一些文化水平普遍较低、知识素养相对较差的落后地区，他们往往被奉为通灵之人而备受民众的追捧。

抛开时代背景不论，我们或许可以认为梁启超所指向的并非是阴阳家的阴阳五行学说思想本身，而是利用阴阳五行学说哄骗民众、谋取利益的所谓神仙方术之士，因为他们不光利用了包括道家、阴阳家在内的百家之学，而且利用了包括道教、中医在内的本土资源，长此以往，便使得中国传统思想文化当中混入了颇多迷信的成分。我们今天讲“取其精华，去其糟粕”，说到底便是要将这部分迷信、庸俗、无益的内容从真正的文明与文化当中分离出去。

在中华优秀传统文化的脉络当中，阴阳五行是十分关键的一环，也是极其重要的组成部分，我们不能说这一切都归功于战国后期出现的阴阳家，但可以肯定的是，包括邹衍的阴阳五行学说在内的阴阳家及其思想内容的出现，对于阴阳五行这一领域的学术贡献是毋庸置疑、无可取代的，因为它不仅创造性地转化了阴阳与五行，还将天文、天象、历法、地理等领域引入其中，使得阴阳五行从此成为一个思想整体，使得天文和人文、天道和人道之间获得了真正的联系，使得人类社会的政治、伦理乃至人们的生产、生活从此有了切实可依的自然法则与价值规范，从思想史的角度而言，这对于后来长期处于主流意识形态地位的儒学而言也是一种极好的理论补充，对于中国古人乃至中国当代较为传统、保守的一些地区的人们而言，阴阳五行的影响不仅体现在行为方式上，而且体现在思维意识上，如果我们对此有深入的了解，便知用“根植”二字来形容也丝毫不过分。

在历史上，阴阳五行学说从一种思想理论演变为鬼神方仙之术，可谓与汉代“天人感应”思潮的兴起以及谶（chèn）纬神学的泛滥有关。两汉时期，一些政治家、思想家开始借助神性与神秘主义来回应政治、伦理、社会、文化等各个层面的问题，很快经学家们也加入了这一阵营，他们从这种神性与神秘主义里发展出了自己的神学，并以此解释儒家的经典、宣传儒家的思想。谶纬之学的内容既传承与发挥了《周易》的若干思想精神，又借鉴和吸收了阴阳家的阴阳五行学说。和阴阳家一样，谶纬之士也注重对天文、天象的推测和把握，在一些政论家、经学家眼中，日月星辰的分布、运行和变化，与人们的生产、生活以及政治、伦理之间有着直接而密切的关系，似乎把握了天地、自然的变化，就可以预知整个时代的走向。谶纬之学的思想史意义还在于对董仲舒“天人感应”思想的推广以及对整个政治儒学的推进。

谶纬之学作为一种新的思想浪潮，在一定程度上为汉代的思想领域注入了活力，使得人们在讨论宇宙、自然乃至政治、伦理等问题时有了新的视角，为社会生活注入了新的内容、新的话题。但与此同时，谶纬之学也带来了较为严重的后果：它一方面为汉代的儒学、经学乃至当时的整个思想文化增添了宗教与神学的色彩，使得政治儒学的思想轮廓不再清晰；另一方面使得先秦的阴阳五行学说几乎沦为神仙方术的滥觞。自此以后，人们对于天文、天象的关注、重视程度与日俱增，对于一些自然现象尤其是一些所谓“异象”，例如地震、陨石、月食等的发生变得十分敏感，人们认为异象的发生一定与个人、宗族乃至国家当下之运势相关，长此以往，这样的心理作用便会转化为对一些神秘力量的信赖、崇拜，倘若再被所谓的“仙道”“巫婆”所利用，那便与封建迷信没有什么不同。

总而言之，秦汉以后，阴阳家作为一个独立的学派已经不复存在，但是它的思想渗透到了以儒、道两家为主体的中国传统文化的深层结构里面，特别是深入到民间生活，成为和人们的日常生活密切相关的民间文化的重要组成部分，也成为民间文化中神秘主义和迷信内容的重要来源，使得中国传统文化具有了浓厚的阴阳五行的色彩。邹衍创立的阴阳五行学说本来是一种哲学思想，但是后来逐渐就走了样，和民间的迷信相结合，演变成了鬼神方仙之术，讲鬼神，讲长生不死，讲得道成仙的方术，以至于后来邹衍的传人中出现了很多神仙方士。在战国晚期到秦汉之际，这些方士特别流行，他们热衷于迎合帝王以及帝王们长生不死的幻想。特别是秦始皇和汉武帝，他们都是出了名的长生不死的追求者，到处求仙寻药，但最终都白忙一场。既然弄不到现成的不死药，那就自己炼，这样就出现了炼丹术。他们服食丹药，相信借助丹药的神奇力量能够实现长生不死。阴阳家的这些内容在汉代大为流行，汉代盛行天人感应的神秘思想，董仲舒的学说里就大讲天人感应，阴阳五行学说和天人感应思想的结合刺激了谶纬神学的发展和泛滥。在整个汉代，神仙方术谶纬迷信盛行应该说和阴阳五行学说的作用是分不开的。

阴阳五行思想是一种哲学，是一种学术思想，和先秦时期的儒家、道家、法家、墨家、名家一样，都有各自的理论体系，只是阴阳家有一些神秘的色彩而已。但是邹衍之后，正如《史记》所说的，“燕齐海上之方士，传其术不能通”，就把邹衍的学说给传走样了，开始和社会上的各种迷信方术结合，阴阳五行大量地吸收了迷信方术，迷信方术则披上了阴阳五行的外衣，流传起来就更快了。秦汉时期，阴阳五行的思想对宫廷政治和社会上层的影响比较大，越往后就越走向民间，以至于阴阳五行对底层民众的影响逐渐凸显。

虽然阴阳家的著作在秦汉时期已经销声匿迹了，但阴阳家的思想在邹衍、邹奭之后仍有流传。身为算术家、养生家的萧吉就是阴阳五行思想仅有的几位传承者之一。《隋书·萧吉传》这样说道：“萧吉，字文休，梁武帝兄长沙宣武王懿之孙也。博学多通，尤精阴阳算术……及隋受禅，进上仪同，以本官太常考定古今阴阳书。”

萧吉年轻的时候个性孤傲，与王公大臣不怎么来往，就连当时的权臣杨素都不放在眼里，因此仕途不顺利，时常遭受他人排挤。直到公元 594 年，因为一份上书，萧吉的人生才出现重大转折。那年，萧吉上书隋文帝，表达了“考定古今阴阳书”的意愿与决心，大谈阴阳五行，说得头头是道。通过他上书的内容，我们发现：从青年、中年到老年，萧吉对君王、权贵的态度其实是有所改变的。据一些史料记载，萧吉晚年时还参与了宫廷内部的皇位之争。《隋书》讲道：萧吉曾向隋文帝报告，说“东宫多鬼魅，鼠妖数见”。东宫是太子的地方，东宫出现“鬼魅”与“鼠妖”，这岂不是大凶之兆？萧吉的上报使得太子的形象受到了极大的损害。从当时的局势上看，萧吉无疑是在配合晋王一方的力量来对抗太子一方，这里所说的晋王就是后来的隋炀帝杨广。不得不说，萧吉的改变与妥协是有意义的，最直接的效果就是为自己赢得了一展才学的机会。

晚年的萧吉一头扎进书堆里，编辑、整理了大量的阴阳家资料，在当时的学术圈子里获得了认可。可能受刘歆《五行传》的影响，晚年的萧吉又陆续撰写完成了《五行大义》等多本重要的著作，为阴阳五行思想的继承与发展做出了极大的贡献。可以说，在儒、释、道并行的隋代，作为阴阳家与阴阳五行思想的传承者与代言人，萧吉的地位在当时是十分独特的，也几乎是不可取代的。萧吉的《五行大义》在后来的唐、宋时期产生了比较大的影响。在北宋李昉等人所撰写的《太平御览》

当中就有《五行大义》的一些引文以及由此所展开的关于阴阳五行思想的一些讨论，例如“土在四时之中，处季夏之末，阳衰阴长”等。

四、 融入儒学

阴阳家的历史命运与墨家、名家相似，先有秦始皇的焚书坑儒，后有汉武帝的罢黜百家，前者导致先秦典籍文献的大量失传，后者使得儒家成为主流的意识形态。此后，包括阴阳家在内的诸子百家从此被遗弃在历史的角落，其思想与学术地位也急转直下。唯一值得庆幸的是，虽然作为思想流派的阴阳家在秦汉时期就已逐渐消亡，阴阳家的典籍在历史的变迁中也逐渐遗失，但阴阳家的思想学说、观念理论却以各种各样的方式留存了下来，比如在一些汉代的典籍尤其是儒家的经学著作中，就有许多阴阳家的思想片段与学说印迹，比如董仲舒“天人感应”与“大一统说”就明显受到阴阳五行学说的启发与影响。

汉武帝的“罢黜百家，独尊儒术”以及董仲舒的“天人感应”“大一统说”所造成的思想氛围无疑是凝重的、压抑的。在这样强大的思想氛围下，阴阳家的阴阳五行思想亦被纳入其中，并逐渐沦为了神秘化、权威化、政治化、民间化的理论工具。汉代经学家伏生在《尚书大传》中说道：“水火者，百姓之所饮食也；金木者，百姓之所兴作也；土者，万物之所资生也，是为人用。”伏生将自然世界的金、木、水、火、土之五行与人类社会的衣食住行、日用伦常相联系，这基本上就是延续了阴阳家的思路。

在汉代的文献中，关于天文、天象方面的论著极多，《史记》有《天官书》，《汉书》则有《天文志》和《五行志》。《天官书》《天文志》在天文、天象方面的理论探索受阴阳家的影响很大。《五行志》主要讨论自然灾异与阴阳五行的关系，而这恰恰是阴阳家较为关注的问题。《淮南子》曾对汉代社会某一年的自然“异象”作了归纳：一月大地不解冻、二月不闻雷声、三月春风不止、四月草木无实、五月天落冰霜、六月五谷不收、七月凉风不至、八月雷声不止、九月不下寒霜、十月不结冰冻、十一月动物不眠、十二月草木不凋落。《淮南子》认为这些“异象”乃是阴阳失调的表现，而导致阴阳失调的关键在于政令不畅，具体而言，就是国家的政令没有得到各级官员的贯彻、没有产生令人满意的效果，从思路上讲，这基本上是对阴阳五行思想及其神秘主义面向的延伸与放大。

如果我们对《春秋繁露》等文本做一番细致地解读与分析，就不难发现：在董仲舒的政治儒学思想中，阴阳家及其阴阳五行学说的色彩也是极其浓郁。实质上，以董仲舒为代表的汉代儒者十分重视阴阳家等先秦诸子百家所遗留的思想资源，以阴阳五行为代表的先秦思想理论也的确在汉代政治儒学发展及其理论体系建构的进程中发挥了巨大的作用。后世的儒者一度将董仲舒视为阴阳家的信徒，认为董仲舒的儒学理论有导向阴阳家的可能，原因亦在于此。

董仲舒还从阴阳五行的思想观念出发，论证“三纲五常”的正当性。《春秋繁露》说：“天者，万物之祖，万物非天不生，独阴不生，独阳不生。阴阳与天地参，然后生。”因为“阴阳与天地参”，所以它可以成就万物。在董仲舒看来，阴阳的观念当中蕴含着自然界以及人类社会存在、发展的基本法则，这便是阴阳的对立统一，明确了这一点，人类社会的各种伦理关系就可以有的放矢。又说：“君臣父子夫妇之义，皆取诸阴阳之道。君为阳，臣为阴，父为阳，子为阴，夫为阳，妻为阴。”显然，董仲舒正是基于阴阳的对立统一法则，设定了君臣、父子、夫妻等人伦关系，并将每一组人伦关系都放在“尊卑有序”的伦理结构之中，于是就有了封建制与宗法制意义上的“三纲”，即君为臣纲、父为子纲、夫为妻纲。

在《春秋繁露》中，董仲舒提出了很多重要的观点，例如“前德而后刑”“大德而小刑”“阳为德，阴为刑”“阳，天之德；阴，天之刑”“贵阳而贱阴”等。如果我们将《春秋繁露》的文字内容与《黄帝四经》中的“阴阳刑德”“阳尊阴卑”等思想内容相比较，就会发现二者之间的紧密联系。在历史上，董仲舒乃至整个汉代的政治儒学都在很大程度上借鉴、发展了先秦的阴阳五行思想，《黄帝四经》和《春秋繁露》在思想内容上的相似、相关、相通，已经很好地说明了这一点，我们这里之所以说是借鉴、发展，而不说是袭用，也是有依据的。

董仲舒不仅明确论述了“阴”与“阳”、“刑”与“德”的关系，还阐发了“先经而后权”“故阳常居实位而行于盛，阴常居空位而行于末”等观点，而这些观点与孔子、孟子以及《周易》《春秋》等先秦儒家的思想主张可谓一脉相承，由此我们可以看到，对阴阳五行思想的借鉴与发展不仅没有改变董仲舒的儒学立场，反而推动了汉代政治哲学的变革，换句话说，董仲舒“天人感应说”“大一统说”的提出很大程度上得益于阴阳五行思想，这里面既包括邹衍的“五德终始”“大小九州”等思想学说，也包括《黄帝四经》《管子》等黄老道家文本中所记载的相关内容。

董仲舒认为，天之道是有秩序的、有规律的、有法则的，天道的秩序、规律和法则不仅适用于自然世界，也适用于人类社会，因此人们理应遵守天道的秩序去生活，顺应天道的规律去劳作，依循天道的法则去行事。那么天道的秩序、规律和法则的思想内容是什么呢？在董仲舒看来，便是“有序而时”“有度而节”“变而有常”。对于人们而言，要想了解天道、认识天道，最为直接、最为基本的方法就是观察一年四季的天象变化，另外一种方法便是“思”与“行”相结合，一边“思”一边“行”，如果所做之事是合乎道德的、合乎正义的、合乎礼法的，则说明自己的思想、行动顺应了上天的法则、意志，在此，天的神秘性与人格化就充分地体现出来了，“天人感应”的色彩也可以说十分浓厚了。

《春秋繁露》还说：“木生火，火生土，土生金，金生水，水生木，此其父子也。木居左，金居右，火居前，水居后，土居中央，此其父子之序，相受而布。”为了确立儒家“三纲五常”的合法性，董仲舒将金、木、水、火、土之“五行”与父子、君臣之伦理联系在一起，认定自然界物质的形成与人类社会关系的构成是同一道理，从思路和方法上看，这主要是借鉴了阴阳家的阴阳五行思想，尤其是邹衍的“五德终始说”。

董仲舒在《春秋繁露》中还说道：“天有四时，王有四政，四政若四时，通类也，天人所同有也。庆为春，赏为夏，罚为秋，刑为冬。庆赏罚刑之不可不具也，如春夏秋冬不可不备也。”此处，董仲舒将春、夏、秋、冬之“四时”与庆、赏、罚、刑之“四政”相对，在提出“四时，通类也，天人所同有也”这一观点的同时，也捍卫了“四政”这一儒家统治之术的合法性与正当性。从来源上讲，春、夏、秋、冬之“四时”乃是先秦时代遗留下来的公共的思想资源，庆、赏、罚、刑之“四政”可以说是汲取并发展了法家“刑赏二柄”的思想主张。至于“四时”与“四政”相配这一理论方案的提出，主要还是受到了阴阳家的启发，毕竟其基本的思路还是将自然世界与人类社会相勾连、以时令变化来解释现实政治，而我们知道先秦诸子百家中，只有阴阳家在这方面着力最多，影响也最大。

五、 对中医的影响

阴阳五行的思想对中国文化的方方面面都产生了深刻的影响，我们不可能面面俱到地讲，这里仅以中医为例。说起受阴阳五行思想对中国文化的影响，最深、最多的应该就是中医。

阴阳五行学说中的核心理论，比如天人合一、整体思维、普遍联系、对立转化、运动变化、阴阳平衡、和谐统一等，都是哲学思想，这些哲学思想一直都是中医理论的核心内容，是中医的理论基础和指导思想。在中医领域，阴阳作为核心观念，阴阳的对立统一作为基础理论被写入药典。与西医的针对性治疗相比，中医在病理上更强调整体性、综合性。中医认为，人之所以患病，其病因在于身体的阴阳失衡，因此治愈的关键在于如何使人的身体恢复到正常的平衡状态，这种平衡即阴和阳两种要素的平衡、阴和阳两种机能的均衡协调。

再从五行的观念来看，在中医里，五行之金、木、水、火、土是不能作为原材而直接入药的，就《黄帝内经》的论述来看，五行更多是一种学说、一种方法。也就是说，“五行”只可以从学理上、医理上解释很多疑难问题，或者作为治疗疾病、搭配药材的学术依据。显然，在中国古人看来，五行之金、木、水、火、土不单单只是自然界某种基本的物质，更是抽象意义上构成自然世界的五种基本元素，换句话说，并不是每一个具体的事物都可以从物理、化学、生物上分解为金、木、水、火、土各个基本物质，而是说世界上的万事万物本质上都是金、木、水、火、土之五行相生相克的结果。

中医认为，五行的相生相克、相辅相成作为一种规律、一种法则，不仅适用于自然界的万事万物，而且适用于人自身。换句话说，如果说自然界是一个万事万物互相作用、互相联系的统一整体，那么作为生命体的人也是如此。在中医看来，人的五脏就好比物质世界之五行，两者的运行原理其实是相似的、一致的，只不过一者在内，一者在外。此外，中医认为，只要生活在世界上，人的生存、生产、生活，包括人体的五脏就必然与物质世界之山水、天地、自然乃至构成物质世界之五行发生交集、产生联系，那么，我们所要追求的理想状态其实就是人与自然的和谐、人体与外界的统一。

古人很早就提出了心、肺、脾、肝、肾之“五脏”的说法。为了使“五脏”的说法具有更强的说服力、公信力和传播力，古人第一时间就想到了阴阳的观念，并且尝试在阴阳的观念和“五脏”的说法之间建立某种联系。古人的这种做法倒也不算复杂，那就是对“阴阳”的观念加以改造，其中以《黄帝内经》的做法最具代表性，使“二”变为“五”，将原来的“阴”“阳”二者变为“太阳”“太阴”“至阴”“少阳”“少阴”五种，使它们分别对应于心、肺、脾、肝、肾。

此外，古人还将春、夏、秋、冬之四季变化与人的五脏以及整个身体的状态联系起来，作为解释病理的依据之一。因为心位于膈之上，所以为阳，又因心所对应的季节为夏，夏亦为阳，如此一来，心便属于阳上加阳，即《黄帝内经》所讲的“阳中之太阳”，所以在中医看来，心便是人体当中阳气最盛的部位，人们之所以普遍喜欢冷静而厌恶燥热，原因也在于此，而只有暂时性地达到了某种内外的平衡、主客的平衡、阴阳的平衡，身心才能感到舒适。

可以说，在中医领域，阴阳平衡是病理的第一层，五行相生相克则是病理的第二层。换句话说，阴阳平衡是病理的本质和关键，五行相生相克则是调理阴阳平衡的主要方法与常规手段。例如：中医常以“木”之属性解释肝脏，常以“水”之属性解释肾脏，常以“金”之属性解释肺脏，常以“土”之属性解释脾脏，常以“火”之属性解释心脏。作为中国哲学的重要组成部分，中医哲学既注重外在的药物调理，又强调内在的工夫静养，而无论是医者的调理，还是患者的静养，在方式、方法上主要依据的就是五行相生相克的理论。

中医的理论体系就是基于阴阳五行的理念构建起来的。中医的具体内容，比如气血运行、精神津液、生理病理、脏腑经络、辨证施治等这些关于生命的理论和实践都是在阴阳五行的理论基础之上建立起来的。中医的用药讲药理药性，讲方剂、针灸、处方等这些医疗实践也都是在阴阳五行学说的指导下进行的。所以在阴阳五行的理论框架和思维方式之下，中医就形成了一个独一无二的理论体系和实践体系，它可以合理地解释生命活动的机制和规律，可以合理地说明疾病发生的原因，指明恢复健康的途径，可以有效地指导中医的临床诊断、辨证施治和处方用药、甚至日常的养生保健等，这些都渗透着阴阳五行的理念，都是在阴阳五行思想指导之下的。中医是中华文化的宝藏，几千年来保障了中国人的健康，造福了世世代代的华夏子孙。可以说，如果没有阴阳五行的思想，就没有中医的理论和实践。所以，阴阳五行的理论是不可轻易否定、不可轻易抛弃的。

现在社会上对中医有各种各样的看法，当然也存在着一些非议，说中医不科学，否定中医等，这种看法其实是以西医为标准，把西医当作是唯一科学的医学体系，这本身就不能说是一种科学的态度。诚然，中医的理论体系和医疗实践不是建立在现代医学的理念之下的，它的理论基础是阴阳五行思想，当然不可能完全符合现代西方的科学理念，但中医以自己的方式，同样探知了生命的奥秘，指导了数千年的医疗实践，维持了世界上最大民族的长期延续和发展。所以我们应该珍视中医这一宝贵的文化遗产，毕竟中医里有很多独到的、符合现代科学且行之有效的内容，而且中医和西医可并存，可形成互鉴互补的良性关系。

六、中国人的“思想律”

顾颉（jié）刚在《古史辨》中谈道：“阴阳五行是中国人的思想律，是中国人对于宇宙系统的信仰，二千余年来，它有极强固的势力。”这样的论断是不是准确？有没有道理？

阴阳的观念在中国古人的思想世界里出现较早。一些西方哲学家将中国古代的阴阳观念理解为“不在场”和“在场”，这一点颇为耐人寻味，倘若我们仔细地推敲、斟酌，就会发现这样的理解有其道理。为什么这么说呢？因为古人最早用“阴”和“阳”来象征自然，比如用“阴”来表示黑夜、月亮，用“阳”来表示白天、太阳，其中的道理不言自明，在我们的日常生活中，昼夜是交替出现的，其具体的表现就是日月的交替，即月亮退去而太阳出来，太阳落下而月亮升起，一昼一夜的交替完成也就意味着一天的结束。人们掌握了这样的变化规律，便以这样的交替来计算时间、规划生活。

那么试问：当太阳出现的时候，月亮当真是消失了吗？而今，我们都知道：之所以出现白天和黑夜、阳光和月光，主要是因为地球本身不透明且不停地自转，当太阳光照向地球时，处于正面的这一半即被照亮，便形成白昼，而处于背面的那一半接收不到太阳光，便形成黑夜，也就是说，同一时间里，太阳的光芒只能照亮地球表面的一半。从哲学上讲，当白昼、太阳所指向的“阳”在人们的视野中显现时，黑夜、月亮所指向的“阴”便在人们的视野里隐藏了起来，也就是说，阴和阳总是一者显现而一者隐藏的，而且它们总是在这两种状态之间来回切换、交替变化。

正如《春秋繁露》所说：“天道大数，相反之物也，不得俱出，阴阳是也。”在古人看来，明与暗、阴与阳的交替不仅是天地万物变化发展的自然规律，也是人类社会可依傍、可应用的生存法则，因为在阴阳的观念以及阴阳交互的原理当中，我们仿佛看到了世间万物生生不息、生机勃发的原动力与生命力，而这正是人类社会包括人们在政治、伦理以及生产、生活领域所迫切需要的。从这里我们可以看到，中国古人实质上是从阴阳的观念里找到了生存与发展的思想和力量，而阴阳的交互可以说就是阴阳在自然世界以及人们生活世界的交替出场，在古人眼中，阴阳的交替出场及其价值功能对于天地万物、芸芸众生而言皆是适用的。

古代先哲很早就揭示出了阴阳的观念以及阴阳交互的原理。在现代的学术体系下，我们一般将辩证法看作是西方哲学的产物，但实质上，矛盾对立统一的理论在中国古代的思想世界里也有所反映，在《周易》《老子》等先秦文献中，有关这方面的朴素表达非常之多，只不过和西方哲学相比，先秦的诸子百家们对于矛盾对立统一的辩证思想的阐发更多是基于经验体认的层面，而非逻辑归纳的层面。

“矛盾”一词最早见于《韩非子》，这便是我们现在常说的“以子之矛攻子之盾”，但矛盾对立统一的辩证思想早在《周易》《老子》中就有突出的体现。《周易》所谓“一阴一阳之谓道”，即蕴含了阴、阳二气既彼此对立、又相互依存的辩证思维。《周易》又说：“一阖（hé）一辟谓之变，往来不穷谓之通。”这主要说的是阴阳的交互作用，阴和阳作为矛盾内部的双方，既相互对立，又相互统一，既相互依存，又互相转化。

以阴阳的观念解释天文、天象以及自然世界里的诸多现象，比如地震、海啸、台风、陨石、日食、月食等，在夏、商、周的时代较为普遍，《尚书》《春秋》《诗经》《楚辞》《国语》等先秦的传世文献对此皆有记载。显然，在古人看来，阴阳的思想观念与天文、人文都有密切的关系：一方面，观测天象有利于人们客观地把握自然；另一方面，推测天象之变化有利于确保人们正常的劳动生产与社会生活。阴阳家基于这两点还发展出了新的学说与理论，那就是将阴阳的观念与历法相结合，这样一来，就使得天文、天象的观察、观测成为一门学问、一套知识，并且使它与人们的社会生活有了更加紧密的联系。人们运用阴阳的观念以及观念互动的原理来解释天文、天象乃至整个自然世界的变化，并将这变化的规律加以总结、归纳，使之成为人们生产、生活可以依赖的法则和规范，这便是历法的早期雏形。

随着时间的流逝与历史的演进，关于阴阳的论述越来越丰富、越来越充分，到了宋代，尤其是在周敦颐、邵雍等人那里，阴阳的观念甚至具有了形而上学的意味。易学家周敦颐《太极图说》说："无极而太极。太极动而生阳，动极而静，静而生阴，静极复动。一动一静，互为其根。分阴分阳，两仪立焉。"在周敦颐看来，阴和阳乃是构成世界的基本因素，有了阴和阳的互动，才有世界的运转、变化乃至发展。这便使我们联想到了数学上的"二进制"。

在二进制中，"0"和"1"这两个简单而基本的数字可以建构起一个虚拟而复杂的世界，这也是当前网络世界与电子信息时代赖以形成的基础原理。如果我们将阴阳的观念和二进制的原理加以类比，就会发现：在自然世界，阴和阳也具有二进制当中"0"和"1"的创生功能与建构作用，只不过，二进制里的"0"和"1"是在某种既定的程序与规则下有逻辑地运行、展开，这种程序与规则最初往往由人所设定、被人所赋予，而阴阳交互的创生与建构乃是顺应自然的规律与法则的、是自然而然的，人们只能逐渐揭示它，而无法真正左右它、掌控它。那么也就是说，较之二进制的"0"和"1"，阴和阳同样具有建构性，但它们建构的方式是不同的，前者是逻辑的，后者是自然的，前者是演绎的，而后者是创生的。此外，阴阳和二进制中的“0”和“1”还有一个共同之处，那就是它们可以通过人的思维和智慧被认识、被揭示乃至被模拟，哲学家和科学家分别将它们表述为某种图式、公式，对它们加以分析、论证，从而使更多的人能够了解之、应用之。

讲完阴阳的观念以及阴阳交互的原理，我们再讲一下五行以及五行相生相克的原理。中国古代的五行学说的贡献在于将人的五脏与外界的五方、五音、五色、五味、五气等内容放在一块解释，这就使得人与外界之间被有效地连接了起来，如此一来，整个世界就被中国古人放在了五行的体系之中。这样做的好处是包含于这一体系的人与人、人与万物、万物与万物之间由此建立了密切的联系而不再孤立，久而久之，这样的联系还会使得每一个事物都在这一体系中获得各自的位置，使得个体意义上的每一个人也在这一体系中明晰自己的身份。

如果我们对比东、西方哲学史，就会发现西方也有类似五行的说法，例如四元素说，它们都是关于物质世界构成的基本看法，只不过各自的理论背景不同。五行观念产生于先秦，四元素说则产生于古希腊，从地理环境上讲，先秦和古希腊完全不同。古希腊所处的是一种相对开放的海洋性地理环境，海岸线曲折绵长，港湾众多，但土壤贫瘠，山多地少，从事农耕活动的条件极差，因此古希腊很早就开始了海上贸易，这也使得古希腊人大多具有进取的精神、自由的意识、开阔的眼界、广博的见识，古希腊的哲学乃至整个古希腊的思想文化传统也是在这样的地理环境与生存条件下才逐步形成的。

相较之下，古代中国所处的环境要相对封闭一些、稳定一些。中国地处欧亚大陆东部，虽然山地、高原、丘陵较多，但是内部平原广阔，黄土肥沃，又有长江、黄河这样的水源优势，因而产生农耕文明的时间极早。从历史上讲，虽说到了秦代，中国才真正出现大一统的局面，但实质上，大概自夏、商、周开始，中华文明的稳定性、中华民族追求安稳生活的心理以及中国古人较为温和的性格已经逐渐形成，而这一切皆与古代中国所处的地理环境的封闭性、稳定性特征有关。由此，我们可以知道，从宏观与整体上讲，中国的先秦和古希腊无论是在地理环境上还是在文化形态上，都可以说差异巨大。但如果我们在历史尤其是思想史的维度将二者作一比较，会发现二者之间在某些具体的方面存在相似之处，尤其是在思想文化上，二者有很多可以对话、交流的地方。

时至今日，我们仍惊讶于雅斯贝尔斯所提出的“轴心时代”的说法，那就是几乎在同一历史时期即公元前500年前后，东西方相继涌现出了伟大的思想人物，在古希腊有苏格拉底、柏拉图、亚里士多德，在中国的先秦有孔子、老子、墨子，在古印度出现了释迦牟尼等。如果我们沿着“轴心时代”的线索细致地比较下去，就会发现更多相似或相通的细节，例如先秦时期后期墨家、名家在一些逻辑命题、逻辑理论上与古希腊时期亚里士多德在形式逻辑上的遥相呼应，又如先秦的五行观念以及后来的阴阳五行学说与古希腊的四元素说在揭示物质世界的基本构成方面的相近。

就古希腊哲学的发展脉络来看，水、火、土、气这四种元素的提出可谓经历了一个较为漫长的思想演变过程。“古希腊哲学之父”泰勒斯最早提出水是万物的本原，是构成物质世界的基础，因为水无所不在、变化多端，既可以液体的形态存在，又可转化为气体与固体。之后，米利都派的哲学家阿那克西美尼也提出了一个惊人的观点，他认为“气”是物质构成的基本元素，他所谓的“气”更接近于我们今天所说的客观存在的、物理学意义上的空气，它跟先秦道家乃至后来道教所讲的“气”都有所不同。很快，赫拉克利特又指出“火”的重要性，他认为万物由火而生，火是物质构成的基本元素。有了这些理论的铺垫，“四元素说”的提出也就顺理成章了。恩培多克勒在前人尤其是毕达哥拉斯的基础上，提出构成物质以及整个物质世界的基本元素并非一个，而是四个，这便是水、火、土、气。恩培多克勒还指出，这四种元素由于受到吸引力与排斥力的影响，因而彼此之间产生了较为复杂的关系，它们有所混合又有所分离。在历史上，恩培多克勒的“四元素说”已经有了些许抽象化的倾向，开始抽象地解释宇宙生成论层面的一些问题，只不过这样的倾向并不明显、也不充分。

到了柏拉图、亚里士多德时期，古希腊哲学真正显现出理性与思辨的光芒，思想家们开始从几何学、物理学各个维度出发解释世界、揭示自然，并探求万事万物得以形成的奥秘，这也就意味着西方的自然科学之花正从古希腊的哲学园地一点点地开出。在这个意义上，我们可以说“四元素说”是西方世界关于宇宙、世界、自然、物质等领域的最初认知，虽然这种理论在今人眼中未免粗疏一些，但是它所引导的思维方向、所传达的探索精神对于后来西方自然科学的发展可谓弥足珍贵。

相较之下，先秦时期的五行观念更为朴素、更为直观。中国古人将金、木、水、火、土这五者视为物质世界的基本构成，并将五行的相生相克作为自然世界乃至人类社会发展、变化的内在原理。由于文献资料佚亡较多，我们今天很难得知金、木、水、火、土这五种元素是如何被组合在一起而成为“五行”的，但通过《尚书》《周易》《黄帝内经》等传世文献，我们还是能够感受到中国古人试图通过某种物象来解释自然世界并以此在自然世界与人类社会之间建立联系的诉求和渴望。

基于以上对阴阳、五行两种观念以及它们各自所展开的原理的分析，我们发现：从西周时期到春秋战国时期，再到秦、汉时期，整个思想发展的趋势是从单一逐渐走向复杂的。西周时期，无论是官员、学者，还是普通民众，他们只是知晓并遵循一些广为流传的观念，例如“天命”“自然”“阴阳”“五行”等；到了春秋战国时期，随着老子、孔子、墨子等人以及《尚书》《周易》等作品的出现，一些零碎的观念开始被组织在一起，便有了若干种较为完整的思想学说；而后，随着百家争鸣的出现、稷下学宫的兴起，各家的思想学说汇聚一堂，互相批驳，互相补充，黄老道家等学派以及《黄帝四经》《管子》等文本便是在这样的思想氛围和学术浪潮下产生的；到了战国后期，以邹衍、邹奭等人为代表的阴阳家一方面继续着统合阴阳与五行的思想事业，一方面发展出了“五德终始”与“大小九州”等全新的思想学说；秦汉时期，法家之学、黄老之学与政治儒学相继成为官方的主流意识形态，作为学术流派的其余各家纷纷遭受排挤，但它们的思想内容却被充分地吸收、转化、融汇，正因如此，我们才会在《吕氏春秋》《淮南子》乃至《史记》《汉书》等传世文献中看到儒家、道家作为主流主动吸收、转化、融合阴阳家、墨家、法家、名家等其他各家思想的情形；倘若我们将之后参与进来的佛学、道教等思想形态也考虑在内，那么这样一种从单一走向复杂的思想趋势与发展脉络就更清晰不过了。

先秦时代的思想文化从单一走向复杂的转折点在于百家争鸣。彼时的诸子百家各自所关注的问题与领域是不太一样的。儒家、墨家更加关注政治、伦理层面之问题，墨子批判孔子，后来孟子又批判墨子，这便引发了百家争鸣的第一个思想高潮。墨家发展到“墨辩”开始转向论辩与逻辑，这对稷下学宫的辩者群体以及惠施、公孙龙等名家辩者都产生了直接的影响，也由此形成了战国中后期的名辩思潮。道家、阴阳家也关注人类社会之政治、伦理问题，只不过较之儒家、墨家，他们的思路明显更加迂回、进路更加抽象、理论特色也更加鲜明。正是在百家争鸣日益激烈化、思想交织与融汇日趋复杂化的背景与形势之下，阴阳、五行这两种原本独立的观念开始走向合流。在黄老道家与稷下学者的努力下，阴阳五行思想有了一定程度的推进。

到了战国后期，邹衍以阴阳五行思想为基础，发展出了“五德终始说”和“大小九州说”等一系列极具创新性的思想内容，这不仅标志着作为学术流派的阴阳家在思想史上真正出现并且火速兴起，而且意味着阴阳五行思想的理论性与现实性终于被真正地结合了起来，作为一种理论学说，它对于人类社会的政治、伦理领域以及人们的生产、生活层面的作用力与影响力也被逐渐地展现了出来。

与道家相比，阴阳家的哲学意味要弱一些；与儒家相比，阴阳家在礼乐教化方面的努力也少一些，但阴阳家自有它的理论特色与学说优势，它之所以成为战国时期诸子百家中较为重要的一股思想力量，乃是因为它在形而上、形而下两个不同维度上都有不俗的贡献。《周易》有云：“观乎天文，以察时变。”如果说中国古代也有自己的天文学的话，那么根据天象的变动来预测人间的吉凶便是它的主要任务之一，这人间的凶吉既包括宏观的政治、伦理层面，也包括个人的劳动生产、社会生活层面，阴阳家即敏锐地洞察到了这一点。阴阳家的贡献一方面体现在用阴阳的观念和五行的思想去揭示天地、自然、宇宙，另一方面则体现在用阴阳的观念和五行的思想去解释政治、伦理、生活。如果说儒家的视野是逐步收缩到现实世界之内，则可说阴阳家的目光是逐渐拓展到生活世界之外。阴阳家的兴起以邹衍阴阳五行学说的确立为标志。

在邹衍的阴阳五行学说当中，“五德终始说”与“大小九州说”最为引人关注。“五德终始说”为政权更替、君主即位提供了一种合法性的解释；“大小九州说”则为人们认识世界、认识自我提供了一种突破性的构想。可以说，在贯通天、地、人方面，儒家有儒家的理论，道家有道家的思想，墨家有墨家的主张，阴阳家也有阴阳家的创见。正因为他们在面对一些重要的时代问题时，都能及时地提出各自的创造性方案，才使得整个春秋战国时期的思想界、文化界、学术界变得异常活跃，也才有了诸子百家的争鸣浪潮与后世所谓的轴心时代。

在此后的两千多年里，儒家始终占据着中国古代思想领域的主流地位，但这并不意味着先秦时代的其他诸子百家就全都消失不见，实质上，消失的只是作为学术流派的墨家、法家、名家、阴阳家，它们的思想内容并没有随着学派的消失而消失，相反，它们的思想内容多以文字以及文本的形式被保留了下来并流传至今。像道家这样的学派，由于经历了黄老之学的转型，反而在汉代初期焕发了第二次思想生命，短暂地成为主流的意识形态。汉武帝“罢黜百家”“独尊儒术”之后，儒家便在思想领域成为真正的支配者，以董仲舒为代表的汉代儒者在思想形态上对孔孟的原始儒学进行了极大地改造，而这改造的关键便是吸收其他各家的思想精华而为己所用，其中最明显的一点在于对阴阳家的思想尤其是阴阳五行学说的借鉴和发挥，例如将阴阳的观念、五行的思想纳入“天道”与“王道”的构建之中，又如将阴阳的对立统一原则作为“三纲五常”以及整个伦理关系得以确立的内在依据。

说完了阴阳的观念、五行的观念以及阴阳五行的合流，还有百家争鸣以及中国古代的思想流变，最后我们再回归到阴阳家以及阴阳五行学说本身，尝试着从整体上对它作一评价，并分析顾颉刚为何说阴阳五行乃是“中国人的思想律”。在历史上，阴阳家的出现以及邹衍的阴阳五行学说的问世，一方面可以说是一次理论上的突破、创造性的发展，另一方面我们又可以说这是阴阳观念长期绵延以及五行观念亟待发展的某种必然，换句话说，阴阳观念在人们的心中保留太久以至于固化，五行观念内涵丰富却不被人们所接纳，这既是某种危机，又是某种契机。作为阴阳家代表人物的邹衍最早察觉到了这一危机与这一契机，在他看来，如果不作理论上的改变，阴阳五行或将名存实亡；反之，一旦对阴阳与五行进行创造性地转化，这些理论学说则会马上鲜活起来，作为学术流派的阴阳家也将从此在诸子百家中拥有一席之地。事实证明，邹衍的学术创新是颇为成功的，他几乎以一己之力使阴阳五行学说在战国后期得以挺立，亦为阴阳家这一学术流派在中国思想史以及中国哲学史上赢得广泛赞誉。

邹衍的阴阳五行说在战国后期十分流行，后来邹衍在齐国的继承者们把这种学说呈献给秦始皇，得到了接受和采用。阴阳五行学说中的一些神秘色彩也被汉代流行的天人感应和谶纬神学加以发挥和运用。汉代以后，阴阳家虽几乎隐匿，但阴阳五行学说作为一种独特的哲学思想在社会政治和文化领域却显示出极强的渗透力，产生了深远的历史影响。秦汉儒家关于明堂月令的思想就取自阴阳五行家，从秦汉开始到后来的历代王朝，为了宣示自己执政的合法性和正统性，往往都要“改正朔、易服色”，阴阳五行学说就是这种行为的深层理论依据。西汉时期，汉武帝接受了著名学者董仲舒“独尊儒术”的建议，奠定了儒家思想在后世两千年的官方意识形态的地位，董仲舒的儒家思想就吸收了大量的阴阳五行思想，用来论证儒家的伦理道德学说。宋代以后，儒家思想在理论形态上发展到新的高度，同吸收阴阳五行的理论滋养和利用阴阳五行进行理论论证有很大的关系。

阴阳家的阴阳五行思想不仅对后来的中国古代社会具有深远的意义，而且作为一种思想文化跨越了国界，对东亚的日本、韩国等也产生一定的影响。据史料记载，阴阳家的阴阳五行学说于公元 6 世纪传入日本，与道教的神仙方术一齐渗透到日本的本土思想文化之中。据考证，公元 10 世纪，日本传世文献上所记载的“阴阳道”就与阴阳家的传入以及阴阳五行学说的流行大有关联。由于时代背景与文化传统的不同，彼时日本的阴阳道在思想气质上已与中国先秦的阴阳家有了十分明显的差别，但不可否认的一点是，日本阴阳道的产生之初还是或多或少受到了中国先秦的阴阳家及其阴阳五行学说的直接影响。阴阳道在天文、历法、卜筮、祭祀等很多方面都留有阴阳五行学说的痕迹，在官制、服丧、婚配等细节上亦选取了阴阳与五行的理念与元素，而这些学说、理念与思想元素皆源于中国的先秦，尤其是阴阳家学派及其阴阳五行理论。

总而言之，在漫长的历史发展过程中，阴阳五行思想渗透到中国文化的方方面面及其深层结构之中，成为中国人特有的、习以为常的思维方式。梁启超说，阴阳五行是两千年迷信的大本营，顾颉刚说阴阳五行是“中国人的思想律”，此两种说法都有一定的依据和道理。任何学说和流派的产生、发展都由具体的历史环境所决定，都有其生命周期和流风余韵，阴阳家也是如此。

后　记

我对阴阳家的关注始于 20 世纪 90 年代中期，写过一篇论证阴阳说和五行说合流于战国时期的《管子》一书的文章，此后又陆续发表了几篇有关阴阳家的文章，逐渐形成了自己对阴阳家的一些看法。也是由于这个机缘，我接受了撰写这套丛书中《阴阳家》一书的任务。

我从事中国古代哲学的教学与研究快四十年了，早已习惯于撰写学术研究性较强的文字，如今需要写普及性、通俗性的文字，这对我来说倒是一件难事，于是想到了邀约青年学者合作。田宝祥博士专攻中国古代哲学，受到过系统严格的专业训练，读书时的表现就相当优异，现为兰州大学哲学系青年教师，他思想活跃，为人也活跃灵动，擅长用生动灵活的语言表达自己的学术观点，他之所长正好可以弥补我之所短，所以我们一拍即合。我负责提出观点，构思全书的内容和框架，我以前积累的关于阴阳家的研究成果也可以为本书的写作所用。田宝祥博士作为本书的执笔者，负责全书的具体写作、材料的搜集取舍和细节的安排。从开始写作到修改和定稿，我们根据丛书策划者和出版社的要求，对写作计划和书稿进行过多次商讨、调整和修改。

在本书付梓之际，我要特别感谢我的合作者也是本书的执笔者田宝祥博士，书稿是他动手撰写的，书中的众多细节都饱含着他的聪明才智和辛劳。本丛书最后敲定由中国人民大学出版社出版，这是本丛书的幸运，我觉得应该特别感谢出版社的同仁，每次修改和审稿定稿他们都全程参加，提出了很多珍贵的意见和具体的指导，这种精益求精的敬业精神是不多见的，也为本丛书的质量提供了保障。

本书虽然是个小册子，但又是按照严格的学术规范和严肃负责的态度写出来的。关于阴阳家的靠谱的普及读物并不多，希望这本书的出版能为广大读者了解阴阳家多一种放心的选择。

白　奚

2021 年 8 月于首都师范大学寓所

图书在版编目（CIP）数据

阴阳家/王志民总编纂；白奚，田宝祥著．--北京：中国人民大学出版社，2021.8

（诸子百家普及丛书）

ISBN 978-7-300-29810-8

Ⅰ.①阴… Ⅱ.①王… ②白… ③田… Ⅲ.①阴阳家-通俗读物 Ⅳ.①B227-49

中国版本图书馆 CIP 数据核字（2021）第 178954 号

诸子百家普及丛书

阴阳家

总编纂 王志民

白 奚 田宝祥 著

Yinyangjia

出版发行	中国人民大学出版社		
社　　址	北京中关村大街 31 号	**邮政编码**	100080
电　　话	010－62511242（总编室）		010－62511770（质管部）
	010－82501766（邮购部）		010－62514148（门市部）
	010－62515195（发行公司）		010－62515275（盗版举报）
网　　址	http://www.crup.com.cn		
经　　销	新华书店		
印　　刷	涿州市星河印刷有限公司		
开　　本	787 mm×1092 mm　1/32	**版　　次**	2021 年 8 月第 1 版
印　　张	63　插页 20	**印　　次**	2024 年 12 月第 4 次印刷
字　　数	1 160 000	**定　　价**	200.00 元（全 10 册）

中国人民大学出版社读者信息反馈表

尊敬的读者：

感谢您购买和使用中国人民大学出版社的 ________________________ 一书，我们希望通过这张小小的反馈表来获得您更多的建议和意见，以改进我们的工作，加强我们双方的沟通和联系。我们期待着能为更多的读者提供更多的好书。

请您填妥下表后，寄回或传真回复我们，对您的支持我们不胜感激！

1. 您是从何种途径得知本书的：

☐书店　☐网上　☐报纸杂志　☐朋友推荐

2. 您为什么决定购买本书：

☐工作需要　☐学习参考　☐对本书主题感兴趣　☐随便翻翻

3. 您对本书内容的评价是：

☐很好　☐好　☐一般　☐差　☐很差

4. 您在阅读本书的过程中有没有发现明显的专业及编校错误，如果有，它们是：

____

____

____

5. 您对哪些专业的图书信息比较感兴趣：

____

____

____

6. 如果方便，请提供您的个人信息，以便于我们和您联系（您的个人资料我们将严格保密）：

您供职的单位：________________________________

您教授的课程（教师填写）：________________________

您的通信地址：________________________________

您的电子邮箱：________________________________

请联系我们：黄婷　程子殊　王新文　王琼　鞠方安

电话：010-62512737，62513265，62515580，62515573，62515576

传真：010-62514961

E-mail：huangt@crup.com.cn　chengzsh@crup.com.cn　wangxw@crup.com.cn
crup_wy@163.com　jufa@crup.com.cn

通信地址：北京市海淀区中关村大街甲59号文化大厦15层　邮编：100872

中国人民大学出版社

总编纂—王志民

诸子百家普及丛书

法家

王威威 著

法与时转 立公去私

中国人民大学出版社

·北京·

诸子百家普及丛书

编委会

教育部重大攻关项目“稷下学派文献整理与数据库建设研究”阶段性成果

山东省齐文化传承与示范区建设协同创新中心重点项目

序　言

王志民

“诸子百家普及丛书”根据《汉书·艺文志·诸子略》所列十家学派而编纂，包括《儒家》《道家》《阴阳家》《法家》《名家》《墨家》《纵横家》《杂家》《农家》《小说家》，各自独立成册，共十本。由对各学派素有研究的著名专家学者合作撰写，是一套普及性、通俗性、大众化的学术丛书。

一

春秋战国时代的诸子百家争鸣，是中国文化史上最辉煌灿烂的文化景象。由于社会的巨大变革，“礼崩乐坏”，文化下移，私学兴起，各种出身的知识分子大量产生，形成了一个特殊的“士”阶层，这为诸子百家的产生准备了充足的人才条件。数百年中，列国纷争，诸侯割据，争霸图强，战乱频仍；各国之间，群雄崛起，风云变幻，在竞相以实现一统天下为目标而鹿死谁手迄未可知的情势下，各国统治者殚精励治，变法图强，都需要大量的人才来为自己出谋划策，奔走效力。人才多

寡成为国家力量的衡量标准，各国统治者尊重人才，“礼贤下士”就成为最普遍的现象和备受崇尚的风气了。而在这种风气的推动下，具备各种知识与才能的“士”，面对激烈复杂的斗争和出将入相、功名利禄的诱惑，也都深深地卷入这一时代大潮中。他们或游说各国，喜议政事，发表政见，以干世主，成为搅动天下局面的大政治家；他们或总结历史，研究现实，谋划未来，长于思辨，善于论说，聚徒讲学，成为名重一时的大学者。他们因而形成了学派林立、异说纷呈、九流十家、竞相争鸣的文化奇观。值得提出的是，德国现代哲学家雅思贝尔斯提出：在公元前800年至公元前200年，人类的精神基础同时地并各自独立地在中国和其他文明古国开始奠定，形成了直到今天人类仍然附着在这种基础上的“轴心时代”理论。目前中国学术界越来越多的人接受这一观点，将以诸子百家争鸣为主要标志的春秋战国时代称为中华文明史上的“轴心时代”。

纵观战国时期的诸子百家争鸣，其主要特点和巨大历史贡献至少可以从以下三个方面来总结：

1. 思想解放，学术自由，理论创新，哲学突破。在“礼崩乐坏”社会巨变中产生的“士”，从原有的“天道”“神道设教”的神学说教中解放出来，从神圣不可动摇的社会等级秩序桎梏中解放出来，从各国统治者求贤若渴的“礼贤下士”中获得地位上的平等、自由和独立。这种空前的思想自由的社会环境，为来自不同出身、地域、经历、喜好的“士”们各擅其说，标新立异，创造了条件，从而形成了不同的思想流派，带来理论的创新和哲学的突破。儒家是周礼的传承与维护者，

创新性提出“仁者爱人”的核心思想，仁、礼结合，将外在的等级制度与内在道德伦理的自觉意识结合起来，从而形成儒家制度化的理论主张。道家“哲学突破”的创始性更鲜明：提出以“道”为核心的理念。道为万物之根本，所谓“道生一，一生二，二生三，三生万物”。道法自然，以虚无为本，以因循为用，讲无为而治。墨家创始人墨翟本为儒家之徒，却独创学派，并猛烈批判尚礼乐、讲“仁”学的儒家学派，主张兼爱、非攻，节葬、非乐。法家则是从现实的政治需要出发，为寻求富国强兵之策而形成的一种改革的思潮，其先驱是伟大改革家管仲；战国时代则有主张道法结合的齐法家，和讲严刑峻法为特征的三晋法家。而阴阳五行家的邹衍，原来也是一个信奉儒学而且想大有作为的人，但在实践中感到不被人接受，于是将阴阳、五行合论，创造出“其语闳大不经”的大九州说及五德终始之论，终成一大学派。名家是以提倡循名责实为学说，提倡“正名实”、重思辨的学派，是逻辑学的创新者。值得注意的是，各学派内部，也充满了标新立异的活力。孔子去世后，“儒分为八”；墨家也分为：相里氏之墨、邓陵氏之墨、相夫氏之墨；这都是在儒、墨“显学”传承发展过程中，因创新而各有突破的结果。传至汉代司马谈首论六家学派，其“要旨”所在，正在于其理论创新和突破。诸子百家理论上的创新建树，是中华文化的智慧之源，影响极其深远。

2. 胸怀天下，服务现实，围绕政治，出谋划策。诸子百家应时而生，一经出现即与政治紧密相连。战国时期最大的政治就是一统天下。这就决定了诸子百家争鸣

始终围绕着政治这个主轴展开，从各个方面提出建国方略和一统天下的主张。儒家主张以“仁政”获取民心，包括“制民之产”，保护发展小农经济，实现天下大同。道家黄老学派以虚无为本，以因循为用，主张因俗简礼、无为而治、休养生息。墨家则主张兼爱天下，反对战争，主张尚贤、尚同以治国。法家的主张最实用，以奖励耕战，谋求富国强兵；以法、术、势三足鼎立的统治理论，谋求建立统一的中央集权君主专制国家。阴阳家邹衍则以“五德转移，治各有宜，而符应若兹”的五德终始理论，为大一统提供了合法的依据。名家看似对政治并不实用，但却正是针对战国时代礼法名存实亡，强调“名乎其实”“名实相符”，以让天下一切走上正轨。纵横家是为统一天下奔走呼号的一个特殊群体，或以合纵游说六国，或以连横游说秦王，目的都在于促进大国兼并，最终实现天下统一。农家的重农主张，杂家兼容各家学派的思想主张，目的都是为大一统的实现做理论上的准备。总之，所谓诸子百家学术，实与现实政治紧密结合，中华民族大一统理念与分久必合思想和传统的形成，实与战国诸子百家争鸣密不可分。

3. 大师辈出，人才济济；著书立说，经典传世。辉煌的时代，培育出非凡的文化巨人。孔子、老子、墨子、庄子、孟子、孙子、荀子、商鞅、韩非等一大批影响中国历史进程的伟大人物出现在这个时期，而伟大人物的出现，又进一步推动了诸子百家争鸣的繁盛与发展。这些各学派的大师和代表人物，除了以其卓越的思想创新、理论建树和哲学突破彪炳史册外，还在至少两个方面做出了历史性贡献：一是培养了大批人才。他们

大多为了实现政治抱负、思想传承及在争鸣中占据优势，广招生徒，培植后学，每个学派，实际上也是一个私学教育集团。儒、墨两家，号称“显学”，突出特点即在弟子众多，人才丛生。孔子杏坛讲学，亲授弟子竟有 3 000 人之众；墨子为反对战争曾率弟子数百人持械守城，可见当时弟子众多。战国之世，不仅“孔、墨徒属弟子，充满天下”，而且人才济济，多有成就，所谓“孔墨之后学，显荣于天下者众矣，不可胜数”。其他学派大师也大多徒属众多，人才辈出。因而师承相传，思想发展，学派繁盛，声势浩大。二是各派大师，著书立说，留下大量著作，被后世奉为经典，成为此后两千多年中国思想文化之源。孔子编定“五经”，不仅在汉代成为文化主流，而且后世所谓的儒家经典，其主体皆源于此。儒家经典《论语》《孟子》，既入“十三经”之数，又特列宋代之后“四书”之中，犹如中国人的《圣经》。《老子》《庄子》为道家之经典，称为《道德经》《南华经》。《荀子》《韩非子》皆为儒家、法家集成之作，对中国政治、文化影响巨大。传为管仲遗著、实际成书于战国时期的《管子》，被称为中国早期政治智慧集大成之作，为历代治国者提供了丰富的政治营养。战国诸子百家，实为此前中华文明成果之总结者、传承者，又为其后中华文明发展之开启者、奠基者。

二

战国时期诸子百家争鸣的思想学术文化中心就是设在齐国故都临淄的稷下学宫。

1. 稷下学宫的兴衰发展历程大致可描述为：初创于田齐第三位国君齐桓公（田午，公元前 375—公元前 357，在位），繁荣于齐威王时。齐宣王时期，扩大学宫规模，建筑高门大屋；封官加禄，吸引各派学者，鼓励百家争鸣，人数多至数千人，达到发展的鼎盛期。闵王时国破君亡，学宫遭废，襄王复国而稷下“中兴”。直到末代国君齐王建时，存而渐衰；公元前 221 年，秦国灭齐，学宫消亡。其存在时间基本与田齐政权相始终，前后历经六代国君，凡一百五十余年。

2. 稷下学宫是诸子百家争鸣的唯一学术中心。战国诸子百家的形成，固然与各国延揽人才、大兴养士之风有直接的关系，但如果没有一个百家汇聚的文化中心，“争鸣”的局面也是难以形成的。然而，在战国那样一个大国割据、战争频仍的时代，遍考养士之所，却少有百家学派汇聚之地。当时以养士最为著名者当属“四君子”：楚有春申君，齐有孟尝君，赵有平原君，魏有信陵君。他们都曾宾客云集，名闻天下，但在他们那里却并没有形成学术文化中心。考其原因约有以下几点：一是人数虽多，层次低下。“四君子”养士，都在“三千余人”以上，但往往“不分贵贱，客无所择”；寄食者众，有才者寡。二是服务私门，学派难入。其养士多为救急解困，主要在务实和功利层面，各派学者真正投奔者甚少。三是因人而养，聚散无常。人在则聚，人去则散。学术成就最高者当属战国末期的吕不韦，他养士三千余人，并“使其客人人著所闻”，集论而成了《吕氏春秋》；但随吕氏之亡，其士也如昙花一现，作鸟兽散。战国私门养士，风气虽炽，灿如云霞，但都未形成稳定

的学术文化中心。

战国之君，以礼贤养士最著名者首推魏文侯。他“师卜子夏，友田子方，礼段干木”，以致“四方贤士皆归之”，如李悝（kuī）、翟璜（huáng）、吴起、西门豹、乐（yuè）羊等崇尚变法图强的政治家，都聚集魏国，实行变法图强，魏成一时之霸主。但魏处秦、楚、韩、赵大国之间，疲于征战，且魏文封侯之后七年即去世，国力渐衰，在魏国并未形成一个稳定的文化中心，其学术贡献也难与稷下并论。

考察战国学术，能够成为诸子百家争鸣中心，且存在时间最长、规模最大、成果最丰、影响最深远的，唯有稷下学宫。其原因在于它有三大特点：

其一，机构开放。齐国君主延揽各国人才，不遗余力。稷下学宫尊重学者的独立自主精神，在管理上采取机构开放、来去自由的政策。一是待遇优厚。齐国统治者在稷下建设“高门大屋，尊崇之”，足见校舍之富丽堂皇；齐宣王一次封七十六名稷下先生为上大夫，足见地位之高，待遇优厚。二是来去自由。游学是其主要形式：学生可以自由来稷下寻师求学；先生也可以自由在稷下招生讲学；可以个人游学，也可以从者数百人集团游学。来者，热情欢迎，精心安置，以礼厚待；走者，以礼相送，重金馈赠。三是学者治校。齐国统治者对稷下管理充分信任、重用学者，荀子曾“三为祭酒”；在具体事务管理上，则充分尊重学者：教学内容设置，教学活动安排，师生之间，先生与先生之间，教学或学术辩论，全由稷下先生们自主组织。如此优厚、开放、宽松的办学方式，吸引各国学者纷至沓来，增加交流，开

阔视野，扩大见闻，打破了私学界限，学无常师，思想活跃，促进了学术的交流、争鸣和人才的培养、成长。

其二，思想兼容。齐国统治者对稷下各家学派制定“百家争鸣，兼容并包”的方针，实行诸子百家各派平等，多家并存的政策。从文献记载看，儒、法、道、墨、阴阳、名家及农家、兵家，举凡当时重要的学术流派都曾在稷下先后存在发展。由于思想解放，地位平等，学术活跃，各派学者尽管有不同甚至相反的主张，却都能在稷下立足、讲学、争鸣，吐纳吸收，提升发展。甚至还往往出现派中有派、派中分枝的现象。例如：学宫中儒家就分孟氏之儒、荀卿之儒，而且两派之间，观点有异，相互攻伐；道家分宋钘（xíng）派，尹文派，田骈、慎到派和环渊派。各派思想也由于百家争鸣的深入，而逐渐融合或者发生演变。诸子百家充分利用稷下讲坛，传播思想，广收徒属，扩大影响；多家思想并争，各派观点齐鸣，在争鸣中融合，在融合中发展，最终实现了各派的共荣、创新、发展。

其三，学术自由。稷下学宫的学术自由主要体现在两个方面：首先，尊重学者，平等礼遇。齐国君主不以政治干涉学术，不以好恶而行褒贬，稷下学宫所体现的学术自由，主要展现为统治者与学者之间的地位平等和尊重学术的理念，这一点史所难寻。尤其值得提出的是：稷下学宫是田齐政权的国办机构，“喜议政事”是其基本功能，“各著书言治乱之事，以干事主”是稷下先生的强烈愿望，因而，他们可以对齐统治者独立自由地发表政治见解甚至提出批判反对意见，而齐统治者则对各种意见，一概采取从善如流、平等相待的态度，这

就是一种更为珍贵堪称典范的平等精神了。其次，尊重学术，鼓励争鸣。稷下有所谓“谈说之士期会于稷下”的记载，即指各派学者按约定时间举行集会，展开“争鸣”。集会对所有人员开放，通过演讲、辩论，各家学派都能畅所欲言，充分发表自己的观点，也能积极吸收别家思想。稷下的学者们大都能言善辩，田骈、邹衍、邹奭（shì）还因雄辩而得“天口骈”“谈天衍”“雕龙奭”等雅号，可以想见，稷下先生的辩论，在形式上是不拘一格的：或双方互辩，或舌战群儒；或先生之间，或弟子之间，甚或师生之间；或大会演讲，或小会研讨；或处堂上，或在树下。他们在辩论中各抒己见，互不相让，竞长论短，争论不已，形成了百家争鸣的热烈场面。

稷下学宫不仅是战国诸子百家争鸣的唯一学术文化中心，还是中国历史上最早的大师云集的高等教育大学堂，也是为现实政治服务、带有高端智库性质的政治参议院。它的出现，是中华文明史上一个最独特的创新。郭沫若曾评价说：“这稷下之学的设置，在中国文化史上实在是有划时代的意义的。”事实不仅如此，放在世界文明史上，也是一个奇迹。稷下学宫与雅典的柏拉图学园在公元前四世纪差不多同时出现，分别在世界的东、西方以相似的方式展现出人类早期文明的智慧之光。它们都是世界上最早的集高等教育与学术研究为一体的思想学术文化中心，各具特色，共同创造了世界文明史上的辉煌：稷下学宫为广揽人才而创，具有浓厚的政治色彩；柏拉图学园为传播思想、科学而设，具有鲜明的科学理念。前者汇聚诸子，多派并存，思想交融，

形成百家争鸣的局面；后者传承师说，探求真理，追求科学，培育独立思考之精神。前者为中国秦汉大一统帝国的形成做了理论上的充分准备，对中国政治、文化、教育发展影响甚大；后者为西方大学教育奠基，对西方哲学、自然科学发展影响深远。稷下学宫与柏拉图学园极大地影响了东、西方不同学术思想与文化传统的形成，共同为构筑丰富多元的世界文明做出了卓越的历史贡献。

三

本丛书的编纂，缘起于稷下学宫发祥地山东省淄博市、临淄区政府 2017 年拟规划建设“稷下学宫与诸子百家文化园”重大文化工程项目。受市、区党委、政府的信任和委托，我担任了《展陈文案学术研究报告》项目负责人。为此，我们聘请国内高校十数名对先秦诸子百家素有研究的权威学者共同组成了项目组。经过近两年的努力，项目组圆满完成三十余万字的《报告》，同时形成了一百五十余万字的《资料汇编》，为本丛书的编纂奠定了基础。

2019 年，以我为首席专家组成的课题组，获批教育部重大攻关项目“稷下学派文献整理与数据库建设研究”立项。为了更深入、全面地开拓、展示稷下诸子百家的发展背景和学派面貌，以原项目组学者为主体，于 2019 年底正式启动了本丛书的编纂。

本丛书是弘扬优秀传统文化的普及性、通俗性读物。希望通过深入挖掘、阐释、解读“轴心时代”诸子

百家的历史渊源、学派概况、代表人物、主题思想、历史地位、深远影响，让广大人民群众全面认识民族精神的形成轨迹和丰富内涵，坚定文化自信，促进中国优秀传统文化的创造性转化和创新性发展。同时立足当代，着眼未来，从文明互鉴、文化交流的角度，努力挖掘世界文明“轴心时代”在中华大地上涌现的诸子百家的价值内涵和世界意义，讲好中国故事，让中国文化走出去，增强人类命运共同体的广泛认同，为构建不同文明和谐共荣的发展之路发挥更加积极作用。

本丛书编纂的总体要求是：权威学者写小书，以确保学术质量。每册 10 万字左右，融知识性、权威性、趣味性和普及性于一体；既适合国内大众阅读欣赏，又适宜向海外翻译推介，传播弘扬中华优秀传统文化。对于学派的表述，一方面要求有坚实的文献依据，尽量吸收相关考古新发现和学界形成共识的研究新成果，以提高读物的知识性和学术含量；另一方面要求尽量选取典型故事表述思想，以浅近语言阐述哲理；处理好具体与抽象、个别与一般、部分与整体的关系；做到主线清晰，纲举目张，故事生动，内容形象；语言文字则要求简洁易懂，以通俗书面语为主；一般不引用大段文献原文；疑难生僻字加注标准汉语拼音；配以必要的图表、画像等，让读者喜闻乐读。

在本丛书编纂过程中，我们与各位主撰者共同组成了编委会，实行统一策划、统一体例和撰写要求；多次组织研讨会，对各卷的撰写提纲和书稿逐一进行了反复研讨、审稿、统稿；各位作者通力合作、反复修改、竭尽心力；中国人民大学出版社积极支持丛书的研讨、统

稿、定稿和出版工作。我们衷心希望历经数载精心编纂的这套丛书，能让广大读者在赏心悦目的阅读中，领略中华文化的深邃魅力，获取知识的无穷力量。

2021 年 8 月 16 日

目　录

导 言

法家——中国传统法治模式的塑造者

司马迁是众所周知的伟大史学家，但对于他的父亲司马谈大家可能就要陌生许多。司马谈将先秦思想概括为阴阳家、儒家、墨家、名家、法家、道家。“法家”是六家之一，是先秦思想中重要的一派。而在先秦典籍中，作为一个学派名称的“法家”还没有出现。《孟子·告子下》中说到“入则无法家拂（bì）士”，这里的“法家”是指深明法度的大臣。法家在春秋时期萌芽，在战国初期形成，在战国中后期得到巨大发展。法家人物及其思想直接影响着当时的社会变革和各国的竞争形势，以法家思想为治国指导的秦国先后兼并韩、赵、魏、楚、燕、齐六国，于公元前 221 年统一中国。但是，强大无比的秦王朝如昙花一现，二世而亡，法家思想也给人留下了只能短期求得国家富强而无法做到长治久安的印象。经此大起大落的法家，从此一直处于争议之中。

法家的出现和法家思想的起源，与春秋战国时期的社会形势有着直接的关系。西周实行以嫡长子继承制为中心的宗法封建制度。在这一宗法封建体系中，周天子是天下的大宗，周天子分封诸侯，诸侯是各国的大宗，诸侯之下还有卿、大夫、士。各阶层的关系是“天子建国，诸侯立家，卿置侧室，大夫有贰宗，士有隶子弟，庶人工商，各有分亲，皆有等衰（cuī）”（《左传·桓公二年》）。

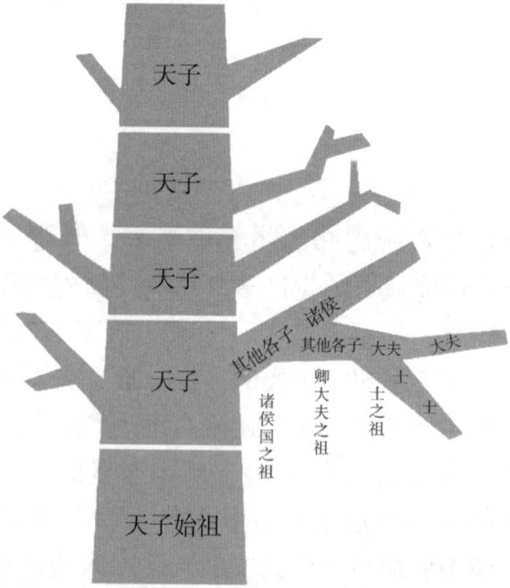

西周宗法封建制度示意图

这样的等级结构看上去非常稳定，却也埋下了摧毁自身的危机。从上面看，周天子直接统治的范围（“王畿（jī）”）会越来越小，实力会越来越弱，同样的问题也会出现在诸侯国内部；从下面看，士是最低等级，士的嫡长子仍为士，其余诸子会被淘汰出这一体系，成为平民百姓，由此，士这一阶层会有反对宗法封建制的倾向，从而成为推动社会变革的重要力量。

春秋时期，周天子的权威已经下降，诸侯权力不断扩大，诸强国或称雄一时，或各霸一方，弱国小国则或归服，或灭亡。司马迁在《史记·太史公自序》中说："春秋之中，弑君三十六，亡国五十二，诸侯奔走不得保其社稷者不可胜数。"西周以来的礼乐制度日益失去了规范作用。孔子在《论语》中说，这是一个天子失去制作礼乐和发令征伐的权力、"礼乐征伐，自诸侯出"，"自大夫出"的混乱时代，甚至出现了"陪臣执国命"的现象。进入战国时期，社会失序现象越发严重，周天子已名存实亡，诸侯国之间的兼并战争愈演愈烈，百姓饱受战乱和暴政之苦。

春秋时期的管仲、子产等卓越的政治家，为了应对社会变局，解决社会问题，摆脱现实困境，推行了政治、经济、军事上一系列的革新措施。但是，他们的主要身份是实践者，具有一些法家色彩的思想观念，还没有提出比较成型的法家理论，可以说是法家的先驱。直至战国初期在魏国变法的李悝（kuī）编著《法经》，法家才真正形成。

为了把法家看得更清楚，可以在法家内部进一步划分。当然，依据的标准不同，划分的结果也就不同。

按照地域，法家可以分为"三晋法家"和"齐法家"。"三晋"是战国时期韩、赵、魏三国的合称。韩氏、赵氏、魏氏原来是晋国六卿中的三个，公元前 453

年，三家联手打败了执政的智氏，此后逐步瓜分了晋国的土地和政权。公元前403年，周威烈王承认韩、赵、魏三家为诸侯，史称“三家分晋”，《战国策》《史记》《资治通鉴》等史书将这三个由晋国分裂而来的国家合称为“三晋”。三晋是法家的主要发源地。李悝辅佐魏文侯，担任过北地守、魏相。吴起是卫国人，先为鲁将，后为魏将。在任西河郡守期间，吴起以李悝的法家思想为指导进行改革，后因奸臣排挤而来到楚国进行变法。商鞅也是卫国人，曾做过魏相公叔痤（cuó）的家臣，了解李悝和吴起的变法理论以及实践，后携带李悝的《法经》来到秦国，得到秦孝公重用而主持变法。申不害是郑国人，郑国被韩国所灭，他被韩昭侯任用为相，推行变法。慎到是赵国人，在赵国完成学业，曾游学于齐国稷下学宫，是著名的稷下先生。战国末期法家思想的集大成者韩非，是韩国的公子。西周初年，姜尚（姜太公）被封于齐。春秋末年到战国初年，齐国政权逐渐被田氏所掌握。在魏文侯的帮助下，公元前386年，田和被周安王册封为齐侯，史称“田氏代齐”。田齐在政治、军事、经济强盛的同时，学术也极其繁荣，稷下学宫在其中扮演了重要的角色。各家各派的学者汇聚稷下学宫，针对各种话题发表自己的主张。在稷下学者中，有一些人推崇管仲，对管仲的治国经验和思想感兴趣，并写出了相关的文章，形成了《管子》一书。《管子》中所包含的法家思想被归为“齐法家”。另外，因为慎到是著名的稷下先生，也有学者将他归入齐法家。齐、晋两地有不同的地域文化，齐法家和三晋法家各具特色。

按照时间顺序，法家可以分为“前期法家”和“后期法家”。“前期法家”是指战国初期和中期的法家，代表人物有李悝、吴起、商鞅、申不害和慎到。在战国时期，各国先后开展了变法运动，前期法家的人物大多是各国变法的领导者。“后期法家”指战国后期的法家，以韩非子、李斯为代表。韩非子的贡献在于理论建构，李斯则主要是参与了秦国的“法治”实践。

从思想内容上看，商鞅最重视“法”，申不害以谈“术”为主，慎到则重视“势”，三者常被称为法家中的法、术、势三派。**韩非子以黄老道家思想为基础，将商鞅的“法”、申不害的“术”和慎到的“势”融为一体，并对齐法家的思想有所吸收，成为法家思想的集大成者。**

不同地域、不同年代、不同法家人物的思想有各自的特点，但是法家思想和其他各家相比又有着鲜明的共同特征。法家推崇“法”在国家治理中的作用，主张“法治”。“法”的古字写作“灋”，由“氵”“廌（zhì）”“去”三部分组成。“法”像水一样平正，所以从“水”；“廌”是古代传说中的一种神兽，能明辨是非曲直，“廌”可以用来抵触不正直的一方，使不正直者离开它，所以从“廌”、从“去”。可以说，**“法”从字源上来看就包含了公平、公正的意义，有去除邪恶的含义。**法家所讲的“法”的主要形式是公布的成文法，但从广义上说也可以包括各种规则制度。法家将立法权交给君主，但是要求君主在立法时不能主观臆断，而要遵循天道、顺应时代、依据人情、考量民力，还要权衡法律实施会带来的利弊得失。在执法方面，法家要求以法为赏罚的

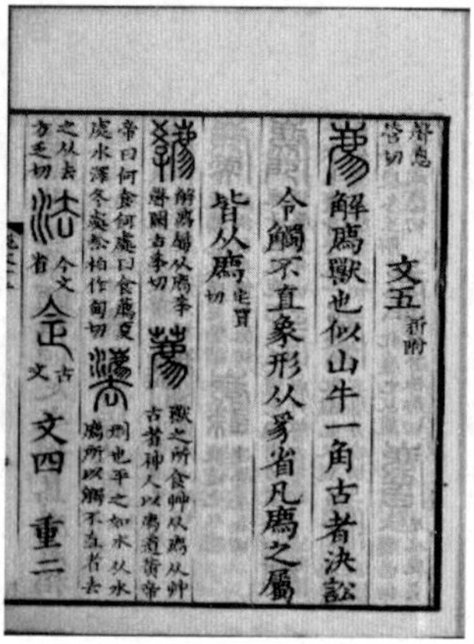
文五 新附
解廌獸也似山牛一角古者決訟令觸不直象形从豸省凡廌之屬皆从廌 宅買切
解廌屬从廌孝聲闕古孝切
獸之所食艸从廌从艸古者神人以廌遺黃帝帝曰何食何處曰食薦夏處水澤冬處松柏作甸切
刑也平之如水从水廌所以觸不直者去之从去 方乏切
今文省 古文
文四 重二

《说文解字·法》

依据，有功必赏，有罪必罚，法这一赏罚标准不因为人的身份、地位而发生变化。法家认为人性好利，承认人追求利益的合理性，不对好利人性做善或恶的价值判断，也不要求通过教化等方式改变人性，而是主张因循和利用人的好利本性，建立赏罚制度，以赏罚引导人的求利行为，将个人的求利行为引向对国家利益的增进。法家认为历史处于变化之中，不同时代的社会状况不同，社会问题不同，社会治理的方式也不同，反对固守过去的礼法而不知变通。法家认为当时是国与国之间比拼力量的时代，比拼的结果直接关系到国家的生死存亡，而耕战是增加国家力量、实现国家富强的首要途径，因此，法家主张通过厚赏重罚督促民众从事耕战。

法家思想和很多法家人物一样命运多舛（chuǎn）。在汉以后，法家思想虽然淡出了政治和思想舞台，但还在通过不同的渠道传承，实际上也仍然在现实政治中被应用，却很难说实现了思想上新的大发展，这是非常令人遗憾的。生活于现代的人们经常会将法家所畅想的法治和现代法治作区分，说前者是“以法治国”，法是君主的工具，后者是“依法治国”，法是治国的根据。实际上，除了“以法治国”外，法家所讲的“任法”“垂法而治”“缘法而治”，都是遵循、依据法来治理国家的意思。人们也会以法家强化君主权力而不是用法来限制君主权力为由来否定法家的“法治”，甚至说法家的“法治”就不是“法治”。仔细看来，在法家的理论逻辑中，君主权力和法治是站在一边的，法治固然要尊君，而君权也是实行法治的保障。**在他们的法治理想中，君主实际是实行法治的工具人。**当然，理想在现实中是怎么样，又是另一个问题。此外，他们对立法、执法的要求也包含着契合现代法治的因素，甚至能够为当今的法治建设提供不一样的思路。这些思想中的闪光点就像蒙尘的珍珠，依然在等待我们去发现。

第一章

法家的先驱——管仲与子产

一、 管仲相齐与齐桓霸业

管仲，名夷吾，是春秋时期杰出的政治家和思想家。关于他的出生年，有公元前 716 年、公元前 723 年、公元前 725 年等不同说法，无法确知。管仲卒于公元前 645 年。管仲和鲍叔牙是少时好友，管仲家中贫困，经常占鲍叔牙的便宜，但鲍叔牙始终善待他，没有因为这些事而有什么怨言。管仲说："当初贫困时，我曾经和鲍叔一起做生意，分钱财时总是给自己多分一些，鲍叔知道我家里穷，并不认为我贪财。"后来，鲍叔牙侍奉齐国公子小白，管仲侍奉公子纠。公元前 686 年，齐国发生内乱，齐襄公被杀。当时在国外的公子纠和公子小白率兵回国争夺君位。管仲带兵伏击小白，用箭射中了他的衣带钩，小白诈死逃脱。小白先到齐国，得到高傒（xī）等重臣的拥戴，立为国君，是为齐桓公。公子纠被杀，管仲被囚禁。鲍叔牙向齐桓公力荐管仲，说自己在宽惠爱民，治国不失权柄，忠信以交好诸侯，制定礼仪示范四方，披甲击鼓、立于军门以鼓舞士气这五个方面都不如管仲，要成就霸业，非管仲不可。齐桓公于是不计前嫌重用管仲，凭借管仲的辅佐称霸诸侯，匡正天下。孔子一向很吝啬于“仁”的评价，却称赞管仲说：“桓公九合诸侯，不以兵车，管仲之力也！如其仁！如其仁！”（《论语·宪问》）

管仲

鲍叔牙

管仲相齐的四十余年间，在经济、政治、军事等方面进行了一系列的改革，成绩卓著。他的改革措施和思想主要保存在《史记·管晏列传》、《国语·齐语》和《左传》中。《管子》一书虽托名管仲，但一般认为成书于齐威王、齐宣王时期的稷下学宫，并非管仲的作品。其中，《大匡》《中匡》《小匡》三篇记载了管仲的言行，与《国语·齐语》相对应，可以作为研究管仲及其思想的参考。

管仲在齐国推行的改革措施主要有以下几个方面：

（1）“相地而衰（cuī）征”的赋税政策。“衰”是等级、等差的意思。“相地而衰征”就是按照土地质量的高低、数量的大小分成不同的等级，依照不同的等级来确定征收赋税的数额。这并不仅仅是一次税收政策的改革，实质上是动摇了旧有的土地所有制。商周时期实行的土地制度是井田制，因为土地被道路和沟渠分隔成方块，形状像“井”字，所以称作“井田”。关于井田制，《孟子·滕文公上》中说：“方里而井，井九百亩，其中为公田，八家皆私百亩，同养公田。公事毕，然从敢治私事。”每一方里的土地为一个井田，每一井田有九百亩，中间一百亩是公田，围绕公田的八百亩为私田，由八户人家分别耕种，而公田由这八家共同耕种。公田耕种完毕，人们才能去处理私人事务。

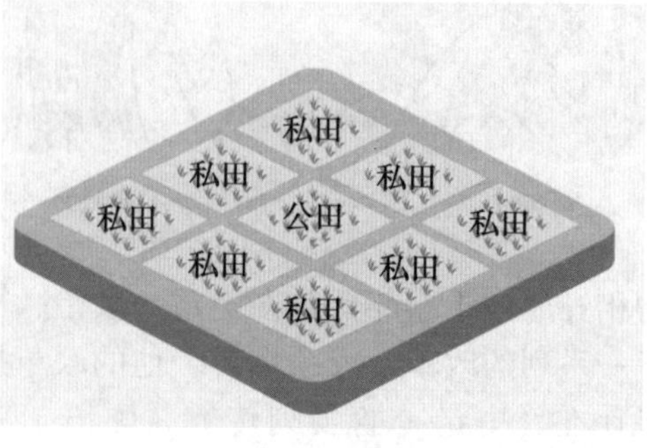

井田制示意图

私田并不是归耕种者所有，而是归君王所有。大家所熟悉的“普天之下，莫非王土”（《诗经·小雅·北山》）说的就是这种土地所有制。春秋时期，随着铁制农具和牛耕的出现，生产水平提高，劳动效率大大提升，越来越多的荒芜之地被开垦出来。这些新开垦出来的土地被私人占有，不交赋税。**“相地而衰征”将这些事实上私有化的土地纳入征收赋税的范围，已经具有了承认其合法性的意味。**鲁宣公十五年（公元前 594 年），鲁国实行“初税亩”，按亩征税，公开承认了土地私有。秦简公七年（公元前 408 年），秦国实行了“初租禾”，不区分公田和私田，一律按亩征税。这一系列的赋税改革将井田制一步步推向了终结。

（2）统一行政组织和军事组织。强大的军队是实现霸业的基础。为了提高军队的军事力量，管仲提出“作内政而寄军令”的主张，就是把行政组织和军事组织统一起来，依靠组织的力量来提高军队的实力。具体措施是“参其国而伍其鄙”。将全国分为二十一乡，工商之乡六个，士农之乡十五个。由国君统率十一个乡，高子统率五个乡，国子统率五个乡，是为三军。这就是“参其国”。在国都之外的地区，确定五家为一轨，轨有轨长。六轨为一邑，邑有邑司。十邑为一卒，卒有卒长。十卒为一乡，乡有良人。三乡为一属，属有大夫。五属设五个大夫。这就是“伍其鄙”。卒伍之人，世代居住在一起，有福同享，患难与共，行动默契，能够做到人与人相保，家与家相爱，用来防守能保证阵地稳固，用来战争就能取得胜利。

（3）建立人才选拔和考核制度。一乡之内，“有为义好学、聪明质仁、慈孝于父母、长弟闻于乡里者”，“有拳勇、股肱（gōng）之力、筋骨秀出于众者”，由乡长向国君报告，国君亲自接见。如果有这样的人才而乡长没有报告，就是“蔽贤”，属于犯罪行为。推举出人才以后，要委任官职，考察他办事的能力；调查乡里的意见，而加以验证；召其共坐，观察他的素质。通过考核的，就待时任用，各方面表现优秀的贤才可以被提拔为上卿的助手。这一考核制度称为“三选”。**这样的人才选拔和考核制度，在一定程度上突破了官爵和待遇世袭的“世卿世禄制”，为品德好、能力强的普通人提供了发挥才能的机会，为国家的发展、强大提供了人才保障。**

（4）“几而不征”的关税政策。管仲重视农业，提出了“无夺民时，则百姓富”的思想，同时，他也特别重视商业，提倡诸侯国之间通商，实行“关市几而不征”的政策。“几”通“讥”，是检查、稽查的意思，“征”指征税。“几而不征”就是对诸侯国之间来往的货物只稽查而不征税。这一政策减轻了关税负担，促进了商品经济的发展，增强了国家的经济实力。

管仲的这些改革措施不仅成就了齐国的霸业，也影响了后来各个诸侯国的变法运动。他的富国强兵、以法治国、选贤任能等思想被后来的法家所继承和发展。

二、 子产铸刑书与法的公开

郑国的子产也是春秋时期的风云人物。子产，姓公孙，名侨，是郑穆公的孙子。郑简公二十三年（公元前543年）做了郑国的执政，开始在郑国推行改革。据《左传·襄公三十年》记载，**子产的改革首先是“使都**

鄙有章，上下有服”。就是让国都和边远的地方各有规章，贵贱尊卑有不同的衣冠服饰的区别。这是整顿社会秩序的举措。第二，“田有封洫（xù），庐井有伍”。“封”指田地之间的界线，“洫”指田地间的水道。“田有封洫”的意思是重新划定田界、整修水道，这样有利于灌溉，可以提高粮食产量，还可以应对贵族占田、私田无序开垦等情况。“庐”指房舍，“井”指井田。在井田制中，八家共一井，因此称共一井的庐舍为庐井，也可泛指房舍田园。“庐井有伍”是什么意思呢？一种说法是以五家为一伍，建立起严密的户籍制度；另一种说法，“伍”是“赋”的借字，指纳田税，“庐井有伍”是指在重新划定田界的基础上征收田税。子产后来还在“田有封洫，庐井有伍”的基础上实行了“作丘赋”，按田亩征收军赋。第三，“大人之忠俭者，从而与之；泰侈者，因而毙之”。对卿大夫中忠诚俭朴的人进行推举，骄纵奢侈的官吏则要依法惩治。这些改革措施最初得不到郑人的理解，民众对子产恨之入骨，唱起了这样的歌谣：“拿走我的衣冠来收税，拿走我的田地来征赋。谁能杀死子产，我助他一臂之力！”改革实行三年后，民众享受到了改革的好处，开始为子产大唱赞歌：“我有子弟，子产教诲他们；我有田地，子产帮助我增加产量；子产如果死了，谁能继承他呀！”

子产的另一创举是“铸刑书”。这件事发生在郑简公三十年（公元前 536 年），子产将法令条文刻铸在青铜鼎之上，将之公布于众。从清华大学藏战国竹简《子产》可知，子产的刑书以夏、商、周三代的刑、令为来源，包含郑刑、野刑、郑令、野令四部分。**这是中国最**

早公布的成文法，在法律史上具有划时代的意义。现在来看，将法律条文公布于众是理所当然的事情，如果大家都不知道法律的具体内容，又如何知道怎么做是合法的，怎么做是违法的呢？但是在当时，“法”是贵族的秘密武器，贵族们相信“刑不可知，则威不可测”。百姓不知晓法，就不会对自己受到的处罚产生质疑；百姓的命运完全掌握在贵族手中，就会对贵族产生敬畏、恐惧。

子产“铸刑书”这一举措对这一“秘密法”传统发起了挑战，因而引发了轩然大波。子产公布《刑书》以后，晋平公太傅叔向给子产写了封信，说：“我本来对您抱有希望，现在却彻底失望了。从前先王衡量事情的轻重来确定刑罚，并不制定刑法，就是害怕民众有争讼之心。……一旦民众知道有法律，就会对在上位者不恭敬；在有诉讼时就会以刑书为根据为自己争辩，企图侥幸取得成功。这样，天下就没法儿治理了。夏朝制定了《禹刑》，商朝制定了《汤刑》，周朝制定了《九刑》。这三种刑法都是产生在三朝衰微、政令不被遵守之时。现在您执掌郑国国政，‘作封洫’，‘立谤政’，制定三种刑律，又铸刑书，以此来治理民众，不是太难了吗？民众将放弃礼仪而征引刑书，从此踏上争讼之道，触犯法律的案件会越来越多，贪腐贿赂也就日益盛行。恐怕您还在世之时郑国就要衰败了！”（《左传·昭公六年》）

从信中内容可知，叔向对子产的这些改革无一认同，对“铸刑书”尤其不满。面对叔向的批评，子产回复道：“正如您所说的，我没有那么大的能力，无法考虑到子孙后世，我只求能挽救当世。”法律因为需要向民众公开，为了政权的稳定，立法者在立法的时候就不得不考虑民众的意愿，否则就会引起民众的激烈反对而失去民心，这样就对立法者行使立法权形成了约束。法的公开可使百姓知晓法律条文的内容，民众是否犯罪，如果犯了罪要接受什么样的处罚，就是由法来确定的，而不是由在上位的贵族来决定，他们就不必再畏惧那些贵族。而且，民众知晓法律就可以用法律作为武器来保护自己免受冤屈，这也有监督执法者是否枉法的作用。**子产坚持将法公开，限制了贵族垄断法律、任意刑杀的权力，也为法家实行法治创造了前提条件。**

此外，子产“不毁乡校”所体现出的民本思想也被传诵至今。郑国人常常聚在乡校里，褒贬执政者和各项施政措施。郑国大夫然明对子产说：“不如把乡校毁掉，怎么样？”子产说：“为什么要毁掉呢？人们干完活到那里聚会，议论施政措施的好坏得失。他们赞赏的，我们就继续推行；他们讨厌的，我们就改正。这是我们为政的老师，为什么要毁掉它呢？我只听说尽力做善事来减少怨恨，没听说依仗权力能防止怨言。靠权力来制止这些议论，就像堵塞河流一样，一旦洪水大决口，伤害的人必然更多，那时就无法挽救了。不如现在开个小口子进行疏导，听取他们的议论并把它当做治病的良药啊!”（《左传·襄公三十一年》）从这一事件中可以看到子产对民意的重视。孔子赞赏子产的这一做法，感叹道：“以是观之，人谓子产不仁，吾不信也。”

子产关于为政“宽”“猛”的看法对中国古代的治国理念也有着深远影响。“宽”是宽大、宽容的意思，德政、礼教、轻刑属于“宽”；“猛”是严厉、刚猛的意思，重刑重罚就属于“猛”。《左传·昭公二十年》载，子产重病在身，就对子太叔说：“我死以后，您一定会执政。只有那些德高望重的人才能用宽容的政策使民众顺服，其他的就不如严厉施政。”他还打了个比方，火势猛烈，人们看见就害怕，所以很少有人死于火中；水性柔弱，人们容易亲近它，常在水中嬉戏，所以很多人就溺死在水里。很明显，火用来比喻严厉的政策，人们畏惧严厉的政策就像畏惧熊熊烈火，从而能够小心谨慎，保护好自己；水用来比喻宽容的政策，宽容的政策看上去无害，却会让人怠慢放纵而走向罪恶的深渊。子产去世后，子太叔执政，他不忍心严厉而推行了宽容政策。郑国于是出现很多盗贼，聚集在芦苇丛生的湖泊里。子太叔很后悔没有听从子产的警告，于是出动军队去消灭了湖泊中的盗贼，从此盗贼的活动才消停了些。孔子评价此事说：“好啊！政令宽容民众就会怠慢，怠慢了就用严厉的政策来纠正。政策严厉民众会受到伤害，民众受到伤害就施行宽容的政策。宽大和严厉相互协助，政治才能和谐。”“宽以济猛，猛以济宽”是孔子的想法，也就是我们所熟悉的“宽猛相济”。

那么，孔子真正理解了子产和子太叔吗？我们先仔细看看子产本人的态度。他虽然承认宽容政策很有吸引力，但是对执政者的品德和影响力的要求太高，想要以德服人，太难了，而严厉的政策更易执行，更有效果，他的本义并不是要宽容和严厉相互协助。而子太叔为政先宽后严，也只是亡羊补牢的无奈之举，并不是赞成政令宽容民众怠慢后再用严厉的政策来纠正，否则就不会有他悔不当初的情节出现。而且，**从火和水的比喻来看，宽容政策与严厉政策相比，看上去可亲可近，实际可能带来对民众更大的伤害，就像被水溺死的比被火烧死的人更多，可见子产的心已经偏向了严厉政策。**

后世的法家选择严厉的法治而抛弃德治，并认为重刑是爱民利民，可以说是延续了子产的思路。《韩非子·内储说上七术》还对子产的临终嘱托做了改造。子产重病将死，对子太叔说：“我死后，您一定会执政，治理民众一定要严。火看着严酷，所以很少有人被烧伤；水看着柔和，却很多人被溺死。您必须严厉地执行刑罚，不要让人们因为您的柔弱而触犯法令。”这里子产对宽容政策的肯定已经不见了，直接变成了倡导严刑重罚。

在子产执政时，无论推行什么政策，有个人总是发出质疑和责难，这个人就是大夫邓析。《荀子·非十二子》说邓析“不法先王，不是礼义”，可见他反对西周以来的礼治，与将“礼”视为“天之经，地之义”的子产相比更为激进。邓析对子产铸在青铜鼎上的刑书不满意，于是私自编写了一部成文法，刻在竹简上，人称

“竹刑”。但是，对于“竹刑”的具体内容，我们已不得而知。

邓析

邓析聚众讲学，向人们传授法律知识和诉讼方法，还帮助别人打官司。《吕氏春秋·离谓》说邓析“与民之有狱者约，大狱一衣，小狱襦（rú）袴（kù）。民之献衣襦袴而学讼者不可胜数”。因为收费低廉，人们纷纷找他帮助打官司，参加他的法律培训班学习诉讼。

邓析极其擅长辩论，能够左右逢源，颠倒黑白。《列子·力命》说他“操两可之说，设无穷之辞”，《吕氏春秋·离谓》说他“以非为是，以是为非，是非无度，而可与不可日变”。《离谓》中记载了这样一个故事：洧（wěi）河发水，郑国的一个富人被水冲走淹死了。有人打捞起富人的尸体，富人的家人知道了就去赎买，但对方的要价很高。富人的家人很是无奈，就找邓析给出主意。邓析说："你安心回家吧，那人只能将尸体卖给你，别人又不会买。"于是富人的家人就耐着性子不再去求买尸体。打捞到尸体的人着急了，也请邓析给出主意。邓析又说："你放心，富人的家人只能向你买，别处又买不到。"这件事情的结果不得而知，但我们也能大致知道"两可之说"的意思了。

在邓析的引领下，郑国出现了一股新的潮流，"郑国大乱，民口欢哗"，严重威胁到当时的政治统治秩序。在子产、子太叔之后任郑国执政的驷歂（chuán）无法应对这种局面，于是杀了邓析，但使用了邓析的"竹刑"。杀其人而用其法，"竹刑"的价值可见一斑。

在子产铸刑书 23 年之后，即公元前 513 年，晋国赵鞅和荀寅（yín）向民众征收"一鼓铁"铸造刑鼎，把范宣子所制定的"刑书"刻在铁鼎之上，公之于众。此举遭到了孔子的批评："晋国要亡国了！晋人已经失去了治国的法度。贵贱等级不出现错乱，称之为法度。晋文公当年设立了执掌位次的官员，制定了被庐之法，因此而成为盟主。现在放弃这样的法度，而铸刑鼎，民众都依照刑鼎做事，还能尊敬从政的贵族吗？贵族还怎么能守住祖业呢？贵贱失去秩序，国家还能存在吗？而且，范宣子所作的刑书，是晋国乱制的起始，怎么能以此作为大家遵守的法度呢？"（《左传》昭公二十九年）孔子说了这么多，核心在于批评铸刑鼎破坏了贵贱等级制度。

子产铸刑鼎，邓析作竹刑，赵鞅、荀寅铸刑鼎，掀起了成文立法的新潮流，使法具有了"公开性"的特征，孕育出了罪刑法定、公正执法的观念。

第二章

前期法家
——李悝、吴起、申不害、慎到

一、李悝著《法经》与法家的形成

魏国是战国时期最早实行变法的国家，变法的成功使魏国的实力迅速增强，引得其他国家纷纷效法。在魏国推动变法的是魏文侯，而在魏文侯变法中，李悝是一位核心人物。李悝约生于公元前 455 年，卒于公元前 395 年。他辅佐魏文侯，先后担任过北地守和魏相。李悝提出了**“尽地力”**和**“善平籴（dí）”**的经济改革措施，主张通过激发农民的生产积极性来发展农业，增加赋税收入，以实现富国强兵和稳定社会秩序的目的。

《汉书·食货志上》记载了李悝“尽地力”“平籴

法”等改革措施的具体内容。“尽地力”的意思是充分利用土地的生产能力，使地无旷土。李悝做了细致的计算：百里见方的区域，土地有九万顷，山地、大湖、村居占去三分之一，还有六百万亩田地，精耕细作的话，每亩的粮食产量可增加三斗，百里区域的粮食产量就可增加一百八十万石，如果耕作不勤奋细致，每亩的粮食产量会减少三斗，百里区域的粮食产量就会减少一百八十万石。因此，李悝提出要让民众精耕细作，充分发挥土地的生产能力，提高亩产量，来发展农业生产。

李悝认为，粮食的价格太贵会损害士、工、商的利益，太贱又会损害农民的利益。士、工、商受到伤害，就会出现离散，农民受到伤害，国家就会贫困。因此，粮价太贵或者太贱，都会伤害一方。善于治理国家的人，能够找到两全其美的办法，既能不伤害士、工、商，又能鼓励农民从事农业生产。李悝又算了一笔账：一个以种田为生的五口之家，种地百亩，一年的收成是一亩一石半，打成粟是一百五十石，去除十分之一的税，余一百三十五石。一人每月需要一石半口粮，五口人一年九十石，余四十五石。卖出三十石，得一千三百五十钱，去除各种祭祀的费用三百钱，余一千零五十钱。一人全年穿衣大致需要三百钱，五口人一千五百钱，还差四百五十钱。这还不包括疾病死丧的费用以及上交的赋税。农民依靠种田无法摆脱贫困，怎么会有心思勤勉耕种呢！

为了解决这样的问题，李悝提出了“平籴法”。“平籴法”是按照年成丰歉和灾情大小等情况，对粮食采取相应的收放政策，以此来调整粮食的供需，稳定粮食价格。先要考察上熟、中熟、下熟三种好年成农民的丰收情况。上熟农民增收四倍，可以余下四百石粮食；中熟增收三倍，可以余下三百石粮食；下熟增收一倍，可以余下一百石粮食。遇到小的灾荒，就只能收获一百石；遇到中等程度的灾荒只能收获七十石；而遇到大的灾荒只能收获三十石。在上熟之年，官府可以收购农民多余的三百石粮食，农民自己储备一百石；中熟之年，官府可以收购多余的二百石；下熟之年，官府可以收购多余的一百石。如果遇到小的灾荒，官府就把下熟之年收购的粮食卖出去；遇到中等程度的灾荒，就把中熟之年收购的粮食卖出去；遇到大的灾荒，就把上熟之年收购的粮食卖出去。这一“取有余以补不足”的办法，解决了丰年多粮、灾年少粮的难题，可以保证粮食的价格不会在丰收之年下跌，也不会在灾荒之年上涨，也就解决了前面所说的米贵伤民、谷贱伤农的问题。魏国在推行“平籴法”后，很快就富强起来。

李悝的另一重大贡献是编著了《法经》，这是法家诞生的标志。可惜的是，《法经》早已佚失。据《晋书·刑法志》的记载，《法经》包括《盗法》《贼法》《网法》《捕法》《杂法》《具法》六篇。李悝认为一国的政事之中，禁止盗贼最为迫切，所以把《盗法》《贼法》放在最前面。“盗”指偷盗或抢夺财物的人或行为，《盗法》所涉及的是侵害他人财产的犯罪；“贼”指作乱叛国、危害人民的人或行为，《贼法》所涉及的是危害国家安全和他人人身安全的犯罪。《网法》和《捕法》是关于囚禁、审判、追捕盗贼和其他犯罪者的程序、守则和方法的规定。《杂法》则是关于一般违禁行为的处罚规定，比如轻佻狡诈、翻越城池、聚众赌博、贪污贿赂、奢侈浪费、逾越制度等。还有《具法》一篇，是依法惩处时按照具体情节加重或者减轻刑罚的规定，这是对审判者审理案件时的定罪量刑空间作了限定。李悝的《法经》“集诸国法典”之大成，开创了成文法典编纂的体例结构，为后世立法的蓝本，影响极其深远。

李悝著《法经》

此外，《汉书·艺文志》著录“《李子》三十二篇”，班固自注：“名悝，相魏文侯，富国强兵。”此书也早已失传。现在，我们可以在其他古籍中看到李悝的一些法治思想。《说苑·政理》中记载了魏文侯和李悝关于如何治国的一段对话。李悝认为要把国家治理好非常简单，“食有劳而禄有功，使有能而赏必行，罚必当”，只需给付出劳动的人以衣食，给有功劳的人以俸禄，任用有能力的人，赏罚要得当、必行。魏文侯觉得自己已经做到了赏罚得当，为什么民众还是不能亲附呢？李悝回答，那是因为国内有一批无功受禄“淫民”！这些人并没有为国家立下什么功劳，靠着父亲有功劳就过上了锦衣玉食、奢华享乐、声色犬马的生活，民众心有怨气，又怎会全心全意为国出力呢？应该剥夺这些人的俸禄，追回给他们的赏赐，用来招纳四方的贤人。这就叫做“夺淫民”。魏文侯听从了李悝的建议，果然成效明显。所以说，赏罚得当不仅要做到有功之人得赏、犯错之人受罚，还要做到无功之人不得赏、无错之人不处罚。而且，“使有能”，那些没有能力的贵族子弟就不能获得官职，“夺淫民”，那些没有功劳的贵族子弟就不能得到俸禄和赏赐，这实际上是对世卿世禄制的重大挑战。

《说苑·反质》记载了魏文侯和李悝关于刑罚起源问题的讨论。李悝认为刑罚起源于奸诈邪恶、恣意放荡的行为，奸邪之心由于饥寒而产生，而饥寒源于雕刻镂花、精美织锦等奢侈之事对农事和女工的伤害。因此，处罚奸邪并不能解决根本的问题，应该禁止技巧，防止奢侈之事伤害耕织，避免出现国家贫困、民众奢侈的现象。国家贫困、民众奢侈，贫穷的人就会去做奸诈邪恶的事情，富有的人就会恣意放荡。如果任由国家贫困、民众奢侈的现象发生，就是在逼迫民众去做奸诈邪恶的事情；民众做了奸诈邪恶的事情而被处罚，实际上是在给民众挖坑、设陷阱。**李悝的思考并不是简单停留在通过刑罚禁止奸邪这一层次，而是进一步追索民众触犯法令的根本原因，要求治理者为民众提供可以不为奸邪的环境和条件，避免民众因饥寒交迫而触犯法令，这些思想弥足珍贵。**同时，这里也体现了李悝对农业的重视。

二、 吴起变法及其法家思想

吴起是李悝之后法家学派的另一代表人物，卫国人，约生于公元前440年，卒于公元前381年。曾师从名儒曾申（曾参之子），后因其母去世，而吴起没有归家服丧，曾申恼怒吴起不孝，和他断绝了师生关系，吴起于是转学兵法。适逢齐国攻打鲁国，鲁君用吴起为将，大获全胜。后因他人离间而被鲁君怀疑，吴起离开鲁国来到魏国。魏文侯用吴起为将，率兵攻击秦国，占有了原本属于秦国的河西地区，成立西河郡，吴起被任命为西河郡守。在任西河郡守期间，吴起以李悝的法家思想为指导进行了一系列的改革，使西河郡成为魏国西部边境的坚强壁垒。在魏武侯时，吴起声名很大，后受到奸臣诋毁而失去了武侯的信任，于是离开魏国来到楚国。楚悼王仰慕吴起的才能，任用他为令尹，开始了大刀阔斧的全面改革。吴起的改革措施主要有：制定、公布法令，并严格执行；取消贵族三代以后子孙的爵禄，逐步废除世卿世禄制，并将旧贵族迁徙到地广人稀的边境；精简机构、裁减冗员，将节约的财富用于军队给养，加强军事训练，以实现强兵的目标；整顿吏治、杜绝私人请托之风，选贤任能、罢黜无能之人。通过吴起的变法，楚国得以富强一时。楚悼王死后，宗室大臣作乱，吴起死于乱箭，身遭肢解，他的变法就此夭折，楚国的国力也日益衰弱。

《汉书·艺文志》记载吴起著有兵书48篇，但早已失传。今本《吴子》包括《图国》《料敌》《治兵》《论将》《变化》《励士》六篇，大致定型于唐代，在北宋时被收入《武经七书》，流传很广，其中应该保留了吴起的一些思想。

吴起

《吴子》六篇的主题是论兵，但在探讨军事问题的过程中也体现出了法家思想。《论将》篇认为一国的将领应慎重对待五件事，即“理”“备”“果”“戒”“约”。“约”是简约的意思，“约者，法令省而不烦”，是说法令简明而不烦琐，这样才容易被理解。不仅法令要简明，刑罚还需严厉，这对于战胜敌人至关重要。吴起说，鼙（pí）鼓金铎（duó），是听觉号令，旌旗麾（huī）帜是视觉号令，禁令刑罚是用来约束全军的法纪。耳朵听命于声音，所以声音必须清楚；眼睛听命于颜色，所以颜色必须鲜明；军心受刑罚约束，所以刑罚必须严厉。

《论兵》篇讨论了如何治理军队的问题。魏武侯问吴起："进兵之道何先?"吴起回答说："先明四轻、二重、一信。"其中的"二重"就是"进有重赏，退有重刑"，"一信"就是赏罚有信。吴起认为，战争的胜利并不在于人数的多少，而在于军队的治乱情况。"如果法令不严明，赏罚没有信用，鸣金不停止，擂鼓不前进，虽有百万之众，又有什么用处呢?"这里强调了法令严明、重赏重刑、赏罚有信、令行禁止对于治理军队的重要性。

《励士》篇探讨了如何鼓励将士立功的问题。魏武侯问吴起"严刑明赏"是否足以保证战争胜利，吴起认为，仅仅严明赏罚仍然不够，还要尊崇有功的将士，以此来勉励全体将士。"君举有功而进飨（xiǎng）之，无功而励之"，这样就能够激励士气，让全军都乐于听从命令，乐于参战，乐于效死。武侯采纳了吴起的建议，于祖庙设席，分三排座位宴请士大夫。有上等功劳的坐前排，享用上等酒席，使用贵重餐具。立二等功的坐中排，酒席、餐具较差一些。没有功劳的坐后排，有酒席，但没有贵重餐具。宴席之后，又在庙门外按照功劳大小赏赐有功人员的父母妻子。每年派人慰问、赏赐死难将士的家属，表示他们没有被忘记。三年后，秦国出兵到达西河边境，听到这一消息，数以万计的魏国士卒不待命令就自动穿上盔甲奋勇抗敌。

吴起因为早年曾学于曾申，思想中包容了儒家德治、礼教的因素。在《图国》篇中，他提出“昔之图国家者，必先教百姓而亲万民”，“是以圣人绥之以道，理之以义，动之以礼，抚之以仁”。治理国家和军队首先要教化百姓，亲近万民，要用“道”来安定天下，用“义”来治理国家，用“礼”来动员民众，用“仁”来抚慰民众。成汤讨伐夏桀而夏民喜悦，周武王讨伐殷纣王而殷人赞誉，就是因为成汤和武王修此四德，而桀纣却没有。吴起认为，明主治国需对内修文德，对外强武备，二者缺一不可。他举例说，从前承桑氏的国君，只重视文德，废弛武备，因而亡国。有扈（hù）氏的国君依仗着兵多，恃勇好战，而忽视文德，也丧失了国家。《史记·孙子吴起列传》中讲到这样一段插曲。武侯泛舟黄河顺流而下，半途中回头对吴起说：“这山川如此险要、壮美，是魏国的瑰宝啊！”吴起回答说：**“政权的稳固在于仁政德治，而不在于地势险要。三苗氏、夏桀、殷纣的领土地势都很险要，但是他们不施仁德，一个一个地都被灭掉了。如果国君不修德，那么同船的人都会成为他的敌人。”**这里所体现出的“修德”思想与《图国》具有一致性。

三、 申不害的任法、 重术

在李悝、吴起之后，申不害对法家理论的发展也有重要的贡献。申不害约生于公元前 385 年，卒于公元前 337 年，郑国人，后郑国被韩国所灭，因而成为韩国人。

韩国国土面积小，国力弱，又处于秦、魏、楚几个大国之间，可以说是危机四伏。韩昭侯想改变这样的被动局面，任用申不害为相，推行变法。申不害在辅政的15年间，帮助韩昭侯推行法术之治，“内修政教，外应诸侯”，韩国的国力有了较大的提升，让其他的诸侯国不敢侵犯。

申不害

《史记·老子韩非列传》讲：“申子之学本于黄老而主刑名。著书二篇，号曰申子。”《汉书·艺文志》著录《申子》有六篇，已经佚失。现存有关申不害思想的材料比较少，《艺文类聚》《北堂书钞》《太平御览》中有零星的佚文，《韩非子》中有涉及申不害事迹和思想的内容。《群书治要》中所保存的《大体》篇相对比较完整。《大体》篇主要阐发了无为思想和刑名思想，体现出了司马迁所说的“申子之学本于黄老而主刑名”的特点。

与其他法家人物一样，申不害主张“法治”：“君必有明法正义，若悬权衡以称轻重，所以一群臣也。”君主治国需有确定的法令，并将法作为治国的依据、统一群臣民众行为的标准，就像用权衡去称量物体的轻重一样。“圣君任法而不任智。”“任”是由着、听凭的意思。圣明的君主治理国家应该听凭“法”来决断而不依着自己的智慧。这是反对君主以个人的意见干涉法的执行。“君之所以尊者，令。令之不行，是无君也。故明君慎之。”法令的执行是君主至尊地位的体现，君主应该谨慎对待。但是，《韩非子·定法》批评申不害忽视了法令的统一性。韩国是三家分晋而建立的国家，虽然制定、颁布了韩国的新法和新君之令，但是没有废除晋国的旧法和先君之令。旧法和新法相互对立，前后的政令相互冲突，臣民就可以利用这些法令之间的矛盾来谋求私利。如果你说我违反了新法或新君之令，我可以说我遵守的是旧法或先君之令。这样，虽然制定、颁布了新的法令，但是并不能够真正被遵守。

《韩非子·外储说左上》中记载，韩昭侯觉得法度实行起来非常困难，就问申不害要怎么办。申不害回答：“法者，见功而与赏，因能而受官。今君设法度而听左右之请，此所以难行也。”法是君主施行赏罚的标准，有功则赏，按照能力授予官职，实行起来其实很简单。但是韩昭侯设立了法度却又因为左右亲信的请求而改变，使法无法成为一个确定的赏罚标准，才使法度难以落实。韩昭侯听从了申不害的建议。之后，申不害请求韩昭侯委任他的堂兄做官。昭侯回答说：“你教我按照功劳和能力授予官职，如果听从你的请求，不就违背了你教给我的治国原则了吗?”《韩非子·内储说上七术》中还讲到“韩昭侯使人藏弊裤”的故事。韩昭侯让人把破旧的裤子收藏起来，侍从认为他太不仁爱，把破旧的裤子收藏起来而不赏给近侍。昭侯解释说：“明君连自己的一个皱眉一个微笑都要重视，皱眉有皱眉的目的，微笑有微笑的目的。裤子岂止是一个皱眉一个微笑啊。我一定要把它给予有功劳的人，所以现在要收藏好。”君主的裤子虽然破旧了，依然代表了君主的认可，只能赏赐给有功之人。

申不害以重“术”而闻名。“术”是隐藏于君主心中，驾驭臣下、防范百官的方法，即《韩非子·难三》所说的“术者，藏之于胸中，以偶众端而潜御群臣者也”。《申子·大体》讲：“善为主者，倚于愚，立于不盈，设于不敢，藏于无事，窜端匿疏，示天下无为。”显示出有余，别人就会来掠夺；显示出不足，别人才会来帮助。刚强的东西容易折断；高耸的东西容易倾倒。申不害告诫君主做人做事要低调再低调，要显得愚笨、不足、不勇敢，用无所事事的样子隐藏自己，在天下人面前塑造出无所作为的形象。这样，身边的人会亲近他，远方的人会归顺于他。

如果君主无所作为，国家不就乱套了吗？申不害却说，鼓不干预五音，却能够成为五音之主，有道之君不去干预百官的事务，却能够成为治理国家的主人。君主应该做什么，臣下又应该做什么，他分得清清楚楚。“君设其本，臣操其末。君治其要，臣行其详。君操其柄，臣事其常。”君主掌控根本，臣下把握末节；君主制定纲要，臣下负责具体实施；君主掌握权柄，臣下处理日常事务。所以说，君主的“愚”不是真的“愚”，君主的“不盈”不是真的“不盈”，君主的“不敢”不是真的“不敢”，君主的“无事”也不是真的“无事”，君主的“无为”更不是真的什么事儿都不干。**君主只掌握治国的根本，不去做具体的事务，也不干涉臣下做事，这是君主的“无为”；臣下各当其位、各尽其职，这是臣下的“有为”。**这是一种“君无为而臣有为”的无为政治模式，是申不害对老子思想的发挥。

“无为之治”是老子重要的治理理念，他认可百姓自然发展的能力，主张不对百姓的发展进行干涉。但是，人们却无法想象没有君主治理的社会可以秩序稳定、和谐发展。为了使老子的无为之治更加贴近现实、更可操作，有一些学者开始在“无为”的主体上做文章，申不害就是其中之一。“君设其本，臣操其末”这样的分工可以满足国家治理的各方面需要，可以让臣下的能力完全为君主所用，又可以保证君主牢牢掌握自己的权力。申不害还有一个很形象的比喻，“明君如身，臣如手。君若号，臣如响”。明智的君主就像人的身体一样，而臣下就像人的手；君主就像发声的号，臣下应之如回声。总之，臣下完全听从君主的指挥。他还说，君主要让自己像车轮中间的毂（gǔ）一样，而臣下就像车轮的辐条，辐条的根部凑在毂上，始终受毂的控制。

君主是决定臣下得利或受害的关键，臣下为了谋取私利而关注着君主的一切，君主就会成为臣下共同关注的目标。《韩非子·外储说右上》中说：“人主者，利害之轺（yáo）毂也，射者众，故人主共矣。是以好恶见则下有因，而人主惑矣。”因此，君主的好恶如果表现出来，臣下就能够发现，他们的行为就有所凭借，他们会投君主所好、避君主所恶，君主因而被迷惑。在解说的部分，韩非子引用了申不害的言论。申子曰："上明见，人备之；其不明见，人惑之。其知见，人饰之；其不知见，人匿之。其无欲见，人伺之；其有欲见，人饵之。故曰：吾无从知之，惟无为可以规之。"申不害认为，君主显露出自己的明察，臣下就会防备他；君主显露出自己的糊涂，臣下就会迷惑他。君主显露出自己的智慧，臣下就会花言巧语奉承他；君主显露出自己的愚昧，臣下就会隐瞒真情蒙蔽他。君主显露出自己的无欲，臣下就会探察他；君主显露出自己的欲望，臣下就会利用他的欲望引诱他。因此，只有"无为"的方法才可以隐藏自己来窥测臣下。这一观点与《大体》中的看法是一致的。

韩非子说申不害教韩昭侯用"术"，所以我们还可以通过韩昭侯对"术"的使用从侧面了解申不害的"术"。韩非子在《内储说上七术》中讲了几个韩昭侯用"术"的故事。韩昭侯假装丢了一个指甲，非常焦急地寻找，近侍就割掉自己的指甲献给他。昭侯就知道了近侍在欺骗他。韩昭侯派使者出去巡视，使者回来后，韩昭侯问他："你看到了什么？"使者回答："没看到什么特别的。"韩昭侯又追问："没看到什么特别的，那看到了什么？"使者想了想说："我在南门外看到小黄牛在道路左边吃禾苗。"昭侯对使者说："不要告诉别人我问过你这件事。"本来国家就有命令，在禾苗生长期，禁止牛马进入农田毁坏禾苗，现在已经有牛马进到农田里，说明官吏们没有认真办事。韩昭侯于是下命令让官吏立即把牛马进入农田毁坏禾苗的情况上报，有遗漏的，加重处罚。结果，官吏上报的情况却没有南门外的小黄牛。昭侯说："还有遗漏。"官吏再去细查，发现了南门外的小黄牛。经此一事，官吏都认为昭侯明察，再也不敢玩忽职守、为非作歹。韩非称这种"术"为"挟知而问"，就是故意用自己已经知道的事情去问臣下。

"术"为君主蒙上了一层神秘的面纱，臣下对君主一无所知，君主却似乎对臣下无所不知，这样，君主就能牢牢地控制臣下，而不会被臣下蒙蔽和控制。申不害的"术"后来被韩非子所继承和发展，成为其思想体系中的重要部分。

四、慎到的尚法、贵势

与李悝、吴起、申不害、商鞅不同，前期法家的另一代表人物慎到是一位坐而论道的理论家。他是战国中期赵国人，从国籍看应属于三晋法家，但他曾经游学于齐国稷下学宫，是当时享有盛名的稷下先生，因而也有学者将他归为齐法家。他的思想有较强的黄老道家色彩，是由道家转向法家的人物。《庄子·天下》中记载了慎到思想的内容，主要体现了他思想中道家的一面。慎到同其他法家人物一样"尚法"，主张以法治国，但又重视用"势"，强调"势"对君主治国的重要性，被看作法家重势派的代表，他的势论也成为韩非思想的重要来源。

司马迁在《史记·孟子荀卿列传》中说慎到著"十二论"。班固的《汉书·艺文志》著录《慎子》四十二篇，但是在宋代时《慎子》已大部分佚失而只剩余一卷，有《威德》《因循》《民杂》《德立》《君人》五篇。清严可均据《群书治要》又辑出《知忠》和《君臣》两篇，共七篇。此外，在《太平御览》《艺文类聚》《意林》等书中还可见到《慎子》的一些佚文。

慎子　守山閣叢書
周慎到撰　金山錢熙祚錫之校
威德
天有明不憂人之暗也○原刻脫也字依治要補下句同地有財不憂人之貧也聖人有德不憂人之危也○原刻危作厄依治要改天雖不憂人之暗○原刻脫之字依治要補闢戶牖必取己明焉則天無事也地雖不憂人之貧○原刻脫之字依治要補伐木刈草必取己富焉則地無事也聖人雖
卷一　中華書局聚

清钱熙祚校守山阁丛书本《慎子》

（一）尚法

慎到对“法”的特征、“法”的作用和目的有着多方面的阐发。首先，法具有确定性，能够“定分止争”。这里的“分”指权利、责任的范围。慎到讲了“百人逐兔”的故事。一只兔子在田野里奔跑，有成百的人在后面追赶，并不是说，一只兔子足够分给一百个人，而是因为兔子的所有权还没有固定下来。所有权没有固定下来，就是唐尧那样圣王也会去追逐，何况是普通群众呢！而成群的兔子堆在市场上，行路的人看都不看一眼，这并不是人们不想得到兔子，而是因为这些兔子的所有权已经确定了。所有权确定下来，即使是品性粗野的人也不会再去争执。慎到通过这个故事，提出了确定权利、责任对于止息纷争的重要性，进而提出治理天下国家，必须“定分”。

“百人逐兔”的故事

法是一种规范，一种标准，可以统一天下人的行为，“法者，所以齐天下之动”。这一作用的发挥类似于用权衡、尺寸称量轻重和长短，因为准确、客观、简便，是非对错和法的规定相比照就能一目了然，所以能够防止诈伪行为的发生。“有权衡者，不可欺以轻重，有尺寸者，不可差以长短，有法度者，不可巧以诈伪。”《慎子·威德》还提出，法不仅能规范人的行为，而且能够统一人心：“法虽不善，犹愈于无法，所以一人心也。”“法虽不善，犹愈于无法”极易引起误解。此处的“不善”并不是“恶”的意思，而是完善、完美的意思。**慎到认为，法虽然不完善，但是有法还是比没有法好，它能够用来统一人的心思。**人心不乱，国家就不会乱。而如果没有法，人心就乱了，人心乱了，国家就乱了，“故治国无其法则乱”。可以说，法不是万能的，但是没有它是万万不能的。

法是最为公正而且非常稳定的制度，“法者，……至公大定之制也”。它的最大作用是使私心、私情、私利不能实现，“法之功，莫大使私不行”。《慎子·威德》篇对此进行了具体说明。用投钩的方法分配财产，用投策的方法来分马，这些方法并不能做到平均，但是能让那些分得多的人心安理得，分得少的人心无怨言。所以说，用蓍（shī）草、龟甲来占卜，是为了确立“公识”；用权衡来确定重量，是为了确立“公正”；用书契进行约定，是为了确立“公信”；用尺子、量具来度量，是为了确立“公审”；制定法制规章，是为了确立“公义”。慎子用钩、策、蓍龟、权衡、书契、度量打比方，论证稳定的政策和法令对于治国的重要性。钩、策、蓍龟、权衡、书契、度量虽然不能够做到绝对的公正，但是不掺杂任何人的私心、私情，不考虑任何人的私利。同理，法制规章确立了“公义”，排除了个人的私心、私情和私利，“立公”则能“弃私”。《慎子·君臣》还特别提出了“官不私亲，法不遗爱”的主张，就是说，任用官员不能对亲近之人有所偏私，执法不能将自己喜欢的人置于法外。**实行法治就要严格依照法律和规定办事，秉公执法，不徇私情。**如果确立了法律，却又徇私枉法，慎到认为这样的状况比没有法还糟糕，“其乱甚于无法”。

慎到还提出并探讨了立法权的归属、执法的主体、法的约束对象等问题。“以道变法者，君长也”，这是说立法权为君主掌控。君主的立法权要如何行使？慎到讲道：“法非从天下，非从地出，发于人间，合乎人心而已。”**法不是从天上掉下来的，也不是从地里长出来的，而是社会的产物，立法应该建立在符合社会现实、顺应人性人情的基础之上。**社会在变，法也不能固守不变，“守法而不变则衰”，君主应该“以道变法”，也就是说，法不能随意变更，而是要依据“道”，符合“道”。君主立法以后，民众要接受法的规定，依法行事，“以力役法者，百姓也”；各级官吏要用生命维护法的执行，“以死守法者，有司也”。需要注意的是，这里是说在社会中的角色不同，在法治运行中所承担的责任不同，并不是说法只是用来管理民众的。在慎到看来，法具有至高地位，任何人都应遵守而不能背离。有智慧的人不能超越法律来谋划，善辩的人不能超越法律来发表言论，士人不能背离法律来赢得名声，臣子不能违背法律来建立功绩。**慎到还讲了这样一段话：“我喜可抑，我忿可窒，我法不可离也；骨肉可刑，亲戚可灭，至法不可阙（quē）也。”我的喜好可以压抑，我的忿恨可以止息，可是法律不能背离；至亲可以受刑，亲属可以残灭，至上的法律不能破坏。**个人的喜怒哀乐、骨肉至亲，在与法发生冲突时，都可以舍弃，可见他维护法治立场之坚决。

《慎子·君人》篇分析了“法治”之利和“身治”

之弊，提出了“事断于法”的主张，坚决反对“舍法而以身治”，“诛赏予夺，从君心出”。君主治国，如果舍弃法治而实行人治，诛杀、奖赏、任用、罢免由君主个人的喜怒好恶来决定，就会出现同功不同赏，同罪不同罚的情况，怨恨由此产生。即使奖赏和惩罚都得当，得到奖赏的人还是想要更多，受到惩罚的人都期望减轻刑罚，大家都不满意。分配马匹和分配田地的时候不是由人直接分配，都要使用工具，并不是这些工具比人有智慧，而是因为使用工具能去除私怨。因此，君主依法治国，诛杀、奖赏、任用、罢免都由法决定，每个人都因自己的行为而受到相应的奖赏和刑罚，而不再指望君主能够增加一点奖赏或减轻一点刑罚，人们心里不会产生怨恨，君臣上下就能够和睦相处。

（二）重势

慎到思想中更为著名的是“势治”说，他创造性地阐述了“势”的重要性，并探讨了君主如何运用权势来实行“法治”的问题。**在慎到看来，君主有了权势，才能“令行禁止”；如果没有权势，即使是圣贤也无济于事。**他形象地把君主和权势的关系比拟为飞龙、腾蛇和云雾的关系。飞龙在天上高飞需要云，腾蛇在空中游走要依靠雾，一旦云雾消散，腾蛇、飞龙就和地上的蚯蚓没什么区别，这是因为它们失去了所要依靠的东西。贤人之所以屈服于不肖的人，是因为贤人所拥有的权力太轻；而不肖的人之所以服从贤人，是因为贤人的地位尊贵。在尧还是普通百姓的时候，连他的邻居都指挥不了；在他做了帝王的时候，就能做到令行禁止。慎到由此得出结论，贤德并不能使不肖者服从，而权势却能使贤人屈服。

除了云和雾，慎到还用了很多比喻来说明势对于君主治国的重要性。毛嫱、西施是天下最美的人，如果给她们戴上丑恶的面具、穿上兽皮和粗麻布衣，那么，看见她们的人都会绕着走；如果给她们换上美丽的细布衣裳，那么，行路的人见了都会停下脚步注视、凝望。由此看来，美丽的细布衣裳可以让美女更美，而难看的衣服会让美女也变得令人嫌恶和厌烦。这是用美丽的衣服可以提升颜值来说明势的作用。河水从很高的地方冲击而下，就像离弦的箭一样，流速非常之快，即使是四匹好马拉的车也追不上。水的流速本身没有马跑得快，但是占据了高的地势，速度就加快了。这是用地势对水的流速加成说明势的作用。航海的人坐着就到了越国，这是因为有船；行路的人站着就到了秦国，这是因为有车。秦国和越国虽然距离遥远，有了器械，就很容易到达。这是用器械帮助人们远途来说明势对于君主治国的作用。

慎到虽然强调君主处于上位具有至高地位和权势，但认为尊立君主并不是为了谋取君主个人的私利，而是为了天下的公利。“古者立天子而贵之者，非以利一人之也。”“故立天子以为天下，非立天下以为天子也；立国君以为国，非立国以为君也；立官长以为官，非立官以为长也。”（《慎子·威德》）古代设立天子并给他尊贵的地位，是为了天下人的利益，而不是为了天子才设立了天下；设立国君是为了国家民众的利益，而不是为了国君才建立了国家；设立长官是为了各个部门事务的管理，而不是为了长官才设立了各个管理部门。天子和国君掌握权势不是目的，而是实现天下利益和国家利益的手段，不能把这一关系弄反了。

慎到虽然重“势”，要求国君“权重位尊”，但他并非君权至上论者。在君与法的关系上，始终坚持“事断于法”，反对“舍法而以身治”，“有法而行私”。在慎到看来，君主的权威和势位，只有同“法治”结合，严格依法办事，才能实现天下大治。

（三）无为而治

前面讲到，申不害提出了“君设其本，臣操其末”的无为政治模式。慎到则明确提出了“君臣之道，臣事事而君无事，君逸乐而臣任劳”的观点。臣下做事而君主不用做事，君主安逸享乐而臣下辛苦工作。臣下竭尽智慧和能力来做好各种具体事务，君主无须干预，坐享其成就可以，如此，国家的政事都可以办好，这就实现了老子所说的“无为而无不为”。如果君主身处上位却事必躬亲，抢在臣下之先把各种事情做好，这是代替臣下担负责任、承受辛苦，臣下反而安逸享乐。君臣之道颠倒，这是导致臣下背叛君主、国家出现祸乱的根源。而且，君主的智慧未必比众人都高超，想要什么事情都做好，是能力所不允许的。退一步说，即使君主的智慧最高超，他的精力也有限，每件事都亲力亲为就会劳累疲倦，最后还是没有办法做好所有的事情。

那么，如何能实现君主的无为之治呢？如何能让臣下尽职尽责呢？慎到在《因循》篇中提出了“因人之情”的观点，“因也者，因人之情也”。“因”是因循、随顺的意思，也有利用的意思。而“人之情”就是“自为”。“自”是行为的目的，“自为”是说以自己的利益为行为的目的，为自己的利益打算。慎到认为没有人不是为了自己的利益行为的，“人莫不自为也”。他还举例说，“匠人成棺，而无憎于人，利在人死也”。匠人做棺材，他并不是憎恨他人，但是他希望他人死亡，因为别人的死亡正是他的利益所在。“家富则疏族聚，家贫则兄弟离，非不相爱，利不足相容也”。家族富有的情况下关系疏远的宗族都可以聚在一起，家族贫穷的时候，手足兄弟都会互相背离，并不是兄弟之间不相爱，而是利益的问题。而君主治理国家应该因循和利用人的这一倾向，因为人的“自为”，就会为了丰厚的报酬而努力，这样才能够为君主所用。而如果要把人们的“自为”变成“为我”，让他们都为了君主的利益考虑和行为，这些人就不能够被君主所利用。“故用人之自为，不用人之为我，则莫不可得而用矣”。

因为每个人的能力不同，要实现君主“无为”还要善于用人。《慎子·民杂》讲：“民杂处而各有所能，所能者不同，此民之情也。……下之所能不同，而皆上之用也。”每个人都有自己的能力，各自的能力有所不同，这是民众的常情。君主处于上位应该对各有专长的人才兼容并蓄，而不设定一个目标来要求别人达到，也不以一个标准对不同能力的人进行取舍。这样，能力不同的人都能为君主所用，每一个人都能够凭借自己的才能得到俸禄，而不会去羡慕别人得到的赏赐和钱财，这就是**“以能受事，以事受利。若是者，上无羡赏，下无羡财”**。除了要依照人的能力用人之外，慎到还提出了“工不兼事，士不兼官”的思想，工匠不兼做其他的事情，士人不兼任其他官职。工匠专心致志地去做一件事情就容易完成，士人一心一意地恪守一个官职就更容易胜任。

除了被作为慎到思想标签的势论之外，他对法的性质、作用、目的的分析，对立法来源和依据的看法，对执法、守法的重视，对法治与人治关系的揭示，对人性自为的讨论，以及他的因循思想、用人思想，都极大丰富和深化了法家的理论。

第三章

前期法家——商鞅

商鞅，公孙氏，名鞅。战国时期卫国人，因而也称为卫鞅。秦孝公二十二年（公元前 340 年），因军功被封於商十五邑，号为商君，因而称为商鞅。商鞅年轻时曾经做过魏相公叔痤的家臣，公叔痤在病重之时将他推荐给魏惠王，希望魏惠王能把国政交给他，但魏惠王并未采纳公叔痤的建议。商鞅听说秦孝公下令求贤，便来到了秦国。**《史记·商鞅列传》中记载了商鞅四次觐见秦孝公的过程。商鞅第一次见孝公，用“帝道”劝说秦孝公，秦孝公一边听一边打瞌睡。商鞅第二次见孝公，把“王道”说得淋漓尽致，但还是不合孝公的心意。商鞅第三次见孝公，用“霸道”去说服孝公，引起了孝公的兴趣。商鞅第四次见孝公，和孝公讲“强国之术”。孝公与他相谈甚欢，不知不觉地移动双膝靠近商鞅，谈了几天都不觉得厌倦。**商鞅得到秦孝公的重用而主持变法。商鞅不仅是先秦法家中变法最有成效的实践者，他对法家思想的发展成熟也做出了重要贡献。商鞅重视立法，将变法的各项内容以法律的形式公布于民众，变法中几乎所有政治、经济、军事政策都通过法律来体现和实施。商鞅在制定法律的同时也重视法的执行，强调法律面前人人平等，禁绝私情对执法的干扰，赏罚完全以法为准，而且认为在上位者必须带头守法，以使国内人人守法。

商鞅

《汉书·艺文志》法家类著录有《商君》29篇，兵家类著录有《公孙鞅》27篇。《公孙鞅》已佚失。现存《商君书》共24篇，其中《刑约》和《御盗》内容已佚失。《商君书》旧题商鞅撰，但也有商鞅以后的后学作品，我们这里暂且不做分别。

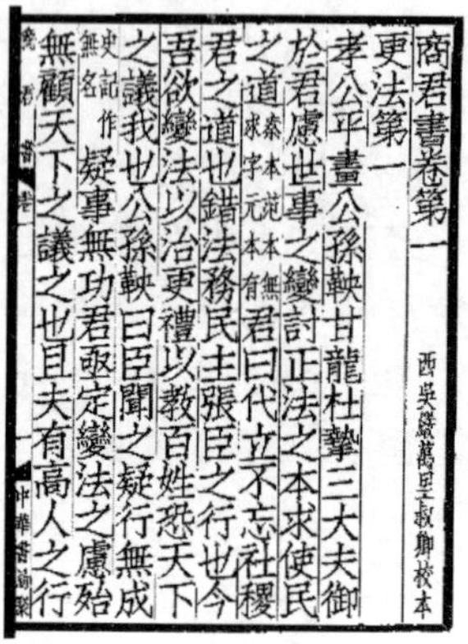
商君書卷第一
西吳嚴萬里叔卿校本
更法第一
孝公平畫公孫鞅甘龍杜摯三大夫御於君慮世事之變討正法之本求使民之道秦本范本無求字元本有君曰代立不忘社稷君之道也錯法務民主張臣之行也今吾欲變法以治更禮以教百姓恐天下之議我也公孫鞅曰臣聞之疑行無成史記作無名疑事無功君亟定變法之慮殆無顧天下之議之也且夫有高人之行

四库备要本《商君书》

一、 商鞅变法的内容

在变法之前，商鞅与保守派的甘龙、杜挚围绕该不该变法的问题展开一场激烈的大辩论，商鞅对甘龙、杜挚的有力回击打消了秦孝公的顾虑。秦孝公任命商鞅为左庶长，在秦国推行全面的改革。**在实施变法之前，商鞅担心民众不相信自己，就命人在国都后边市场的南门竖起一根三丈高的柱子，随即贴出布告：“谁能把这根木头搬到北门，就奖励十金。”围观的民众迷惑不解，并没有人来搬动。商鞅又出示布告说：“有能搬动的奖励五十金。”有人抱着试探的态度把木头搬到了北门，商鞅立刻兑现了五十金的奖励。这样，民众开始相信商鞅令出必行，不会欺骗大家。**商鞅在秦国的第一次变法正式开始。

商鞅第一次变法的主要内容有：

（1）制定连坐法，构建全民监督网络。《史记·商鞅列传》中有记载："令民为什伍，而相牧司连坐。"把民户五家编成一伍，十家编成一什，各户之间互相监视、检举，一家犯法，十家都要连带。具体情况有三种。"不告奸者腰斩"，对于奸恶的行为知情不报，会被处以腰斩的刑罚。"告奸者与斩敌首同赏"，揭发奸恶的可以得到和斩敌首级同样的奖赏。而斩敌首级不仅能得到爵位的晋升，还能得到田宅、官位等利益，诱惑非常之大。"匿奸者与降敌同罚"，"匿奸者"与"不告奸者"相比情节更加严重，隐匿奸恶的人要接受和投降敌人一样的惩罚。而投降敌人不仅自己会被诛杀，家产会被没收，全家人都会被连累。商鞅的这一举措是为了保证奸恶行为被发现从而进行惩处，消除人们侥幸逃脱惩罚的心理，从而使奸恶的人和行为都销声匿迹。

（2）实行小家庭制度。"民有二男以上不分异者，倍其赋。"一家之中如果有两个以上的壮丁而不分户的，赋税加倍。这种小家庭制度是对旧有的宗法制大家庭的突破，可以把大家庭中剩余的劳动力挖掘出来，让他们都将精力投入到农耕中，提高生产效率，增加国家收入。

（3）奖励军功，禁止私斗。"有军功者，各以率受上爵；为私斗者，各以轻重被刑大小。"有军功的人，各按标准升爵受赏；为私事斗殴的，按情节轻重分别处以大小不同的刑罚。爵位和福利待遇的高低一律取决于军功，这一措施为普通民众提供了获得富贵的渠道，可以使民众乐于将自己的力量投入到战斗中，可以增强国家的军事实力，禁止私斗又有利于维持国内的安定。

(4) 重本抑末。“僇(lù)力本业，耕织致粟帛多者复其身。事末利及怠而贫者，举以为收孥(nú)。”“本业”是指男耕女织的农桑业。“末利”是指手工业和商业。致力于农业生产，让粮食丰收、布帛增产的免除自身的劳役或赋税。因从事工商业或懒惰而导致贫穷的，全都收为官奴。

(5) 废除贵族特权。“宗室非有军功论，不得为属籍。”爵位依靠军功获得，而那些旧贵族，即使是国君的宗室族人，没有军功也不能获得爵位。这实际是废除了贵族的世袭特权，那些宗室贵族不再能够仅凭血缘就终身享受荣华富贵。

(6) 明确尊卑等级。“明尊卑爵秩等级，各以差次名田宅，臣妾衣服以家次。有功者显荣，无功者虽富无所芬华。”明确尊卑爵位等级，各按等级差别占有土地、房产，家臣奴婢的衣裳、服饰，也按照各家的爵位等级决定。有军功的显赫荣耀，没有军功的即使很富有也不能显荣。西周实行公、侯、伯、子、男五等爵，如果按照这一爵位制度，立功之人很快就无爵可晋了。商鞅变法时制定了十七级赐爵制(见《商君书·境内》)，后逐渐形成了二十级爵位制度。秦国的士兵只要斩获敌国甲士的一颗首级，就可以获得爵位一级、田一顷，宅地九亩和仆人一个。斩杀的首级越多，获得的爵位就越高。

商鞅初次在秦国变法，触动了旧贵族的利益，引起他们的强烈反对，而数以千计的百姓也来到国都说新法带来很多不便。在这关键时刻，太子触犯了新法。这可以说是给商鞅出了个大难题。商鞅说：“法之不行，自上犯之。”但太子是国君的继承人，不能施以刑罚，于是他对监督太子行为的老师公子虔和传授太子知识的老师公孙贾处刑。太子被抓了典型以后，秦国人就老老实实遵照新法做事了。新法推行十年，秦国发生了翻天覆地的变化。百姓家给人足，心情愉悦，路上没人捡别人遗失的东西占为己有，山林里也没有了盗贼。人民勇于为国家打仗，不敢为私利争斗，乡村、城镇的社会秩序都很安定。

由于变法的成功，秦国在对外战争中不断取得胜利，秦孝公十年，商鞅由左庶长升为大良造。大良造是当时秦国的最高爵位，掌握一国的军政大权。

大良造鞅镦 故宫博物院藏

秦孝公于公元前 350 年命商鞅征调士卒，营造新都，并于次年将国都迁至咸阳，同时命商鞅在秦国国内进行第二次变法。第二次变法的内容有：

（1）下令禁止父子兄弟同居一室。“而令民父子兄弟同室内息者为禁”。这是在实行小家庭制度方面的进一步推进。在第一次变法中，只要不在意多交赋税，还是可以不分家，这里则是直接禁止了。

（2）设立县制。“而集小乡邑聚为县，置令、丞，凡三十一县”。把零星的乡镇村庄合并成县，总共合并划分为三十一个县，每个县设置县令、县丞。县令、县丞由中央委派。这一措施加强了中央的权力，废除了分封制。

（3）废井田，开阡陌。“为田开阡陌封疆，而赋税平”。“阡陌”指田间纵横交错的小路，“封疆”指划封土地的疆界，“阡陌封疆”是指井田上的界限。“开阡陌封疆”就是铲除井田上的界限。按照《史记·秦本纪》的记载，在商鞅第二次变法期间实行了“初为赋”，对于土地按照面积大小和品质优劣来征税，这样可以使赋税平衡。这一改革措施承认土地私有，允许自由买卖，标志着井田制的崩溃。

（4）统一全国的度量衡。“平斗桶权衡丈尺”。在商鞅变法之前，秦国各地的度量衡不统一。商鞅铸造了一批量器，颁发到各地作为标准量器使用。出土于晚清时期的商鞅方升，全长 18.7 厘米，内口长 12.5 厘米，宽 7 厘米，深 2.3 厘米，容积约 201 毫升。器壁三面及底部刻有铭文，其中有“爰积十六尊五分尊壹为升”，是说以十六又五分之一方寸的容积为一升。统一度量衡方便商品交换，有利于经济发展，也方便国家征收赋税和发放俸禄，为之后秦始皇统一六国度量衡奠定了基础。

商鞅方升 上海博物馆藏

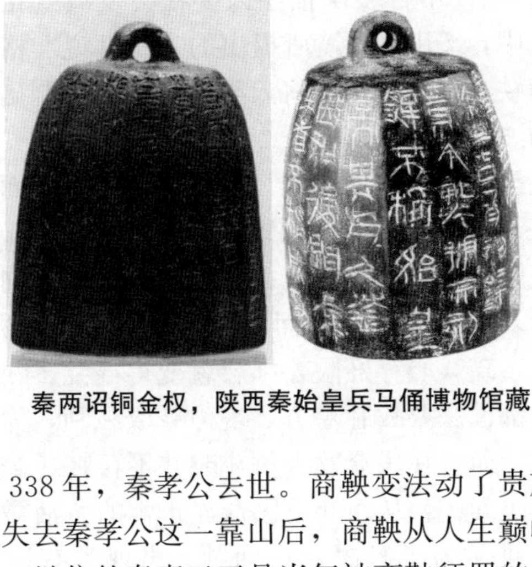

秦两诏铜金权，陕西秦始皇兵马俑博物馆藏

公元前 338 年，秦孝公去世。商鞅变法动了贵族们的奶酪，在失去秦孝公这一靠山后，商鞅从人生巅峰骤然跌落谷底。继位的秦惠王正是当年被商鞅惩罚的太子，公子虔等人告发商鞅“欲反”，秦惠王下令逮捕商鞅。商鞅无奈出逃，至边关，想要投宿客舍，客舍主人见他未带凭证，告诉他说，按照商君之法，留宿无凭证的客人是要被连坐的。商鞅想去魏国，但魏国因他曾生擒公子昂，拒绝他入境。商鞅走投无路，只好回到自己的封邑，举兵抵抗，战败后被带回咸阳，车裂示众。商鞅虽死，商鞅变法的成果却得以延续。商鞅变法改变了秦国的土地所有制，加强了君主权力，废除了贵族特权，促进了农业生产，加强了军事力量，使秦国的国力大幅提升，为秦统一六国奠定了基础。

二、 因时变法

《商君书》中曾多次描绘人类社会发展变化的历史进程，其中，《开塞》篇所提出的“三世说”格外引人注意。商鞅在这段文字中将人类产生到君主制确立的过程划分为“上世”“中世”“下世”三个时期。“上世”时期在人类产生之初，民众只知晓自己的母亲而不知晓自己的父亲，他们的处世原则是爱自己的亲人，喜欢私利，并且因为爱自己的亲人而将人与人的关系划分出亲近和疏远，因为喜欢私利而心存奸险。由于人数众多，又都划分亲疏，心存奸险，社会就变得混乱。在这一时期，民众都设法要战胜对方，竭力夺取私利，为此就发生了争斗，而且在民众发生争斗时并不存在一个正确的准则来解决问题，从而导致民众连正常的生活需求都没有办法保证。为了解决这一问题，出现了有道德的贤人，为民众确立了不偏不倚的公正标准，主张无私，民众因而变得喜欢仁爱。人类社会于是进入新的发展时期，商鞅称之为“中世”。在这一时期，民众以崇尚贤人的观念代替了爱自己亲人的观念。仁者将爱护他人作为自己的事务，而贤者把推举贤人当作自己的原则。贤人拥有普通民众所缺乏的道德和智慧，从而被民众所推崇而拥有了权威，并在一定程度上实行了对民众的教化和对社会的治理。但是在贤人治理的“中世”时期，人口众多却没有制度，长期把推举贤人作为原则，于是又发生混乱。为了结束混乱的状态，圣人出现了，划定了土地、财货、男女的分界，也就是确认了民众对土地、财货的所有权以及夫妻之间的权利义务关系，这就是“定分”。分界确定而没有制度不行，因而创立了法律制度，对侵犯他人权利的行为进行制裁，即“立禁”。法律制度已经创立却无人执行也不行，因而设立了官职。官职已经设立却没有人统一领导不行，因而设立了君主。**“立官”和“立君”是为了保证法律的执行。**这就是“下世”时期。这一时期有了法律和执行法律的政权机构，也有了管理民众、领导官吏的最高统治者君主。商鞅还对三世的特征做出了概括，“上世”的特征是“亲亲而爱私”，“中世”的特征是“上贤而说仁”，“下世”的特征为“贵贵而尊官”。

关于“上世”“中世”“下世”究竟是历史上的哪个时期，很多学者想一探究竟。有学者认为“三世”反映了春秋战国时代之历史。春秋初期是贵族政治时期，即“亲亲而爱私”的“上世”；之后平民阶级得势，儒墨都倡导“尊贤使能”，这就是“上贤而说仁”的“中世”；而贤者以材智互争雄长，君主厌恶而制裁他们，战国末期就是“贵贵而尊官”的“下世”。有学者认为商代是奴隶社会，周代是初期封建社会，二者都是亲亲政治，可以对应“上世”。到春秋战国之交，各国招贤纳士，造成战国时代的上贤政治，可以对应“中世”。到了战国末年，士人复杂，于是又逐渐压抑士人，控制言论，变成贵贵政治，这就是“下世”。商鞅的“三世”和史实并不能很好地对应，说明此段文字中的论说重点并不在于真实还原历史发展的进程，而是关于人类社会国家和制度演化的逻辑推理。我们也没有必要非把“三世”和真实历史对应起来。

如前文所讲，商鞅提出“上世”“中世”“下世”分别具有“亲亲而爱私”“上贤而说仁”“贵贵而尊官”的特征，不同的时代具有不同的社会问题，而解决不同社会问题的制度也不相同。因而，他认为，**时代在变化，社会的问题和需要也会发生变化，治理的方式和实际采用的社会制度应该顺应特定时代的社会需要，应该能够解决现实的问题，而不应该固执地遵循古代的治理方式和古代的制度。**

《史记·商君列传》和《商君书·更法》记载了秦国实行变法之前商鞅和甘龙、杜挚那场论争的内容。秦孝公想要通过变更法度来治理国家，改变礼制来教化民众，却担心被非议。商鞅支持变法，提出“法者所以爱民也，礼者所以便事也。是以圣人苟可以强国，不法其故，苟可以利民，不循其礼”。法度，是用来爱护民众的；礼制，是为了方便行事的。所以圣人治理国家，如果能够使国家富强，就不必去沿用旧有的法度。如果能够让民众得到好处，就不必去遵循旧的礼制。

甘龙则提出反对意见，认为“圣人不易民而教，知者不变法而治”，圣明的人不去改变民众的旧习俗来施行教化，有智慧的人不改变旧有的法度来治理国家。顺应民众旧有的习俗来实施教化的，不用费什么辛苦就能成就功业；根据旧有的法度来治理国家的人，官吏熟悉礼法，民众也安乐。

商鞅回应道："三代不同礼而王，五霸不同法而霸。"夏商周三代同样实行礼治而王天下，但所用之"礼"也不相同，五霸同样实行法治而称霸诸侯，但所用之"法"也不相同。采用礼治还是法治，以及采用什么样的礼、什么样的法均应根据当时的社会需要来确定。有智慧的人能创制法度，而愚蠢的人只能受法度的约束；贤能的人变革礼制，而没有才能的只能受礼制的束缚。受旧有礼制制约的人，不能够同他人商讨国家大事；被旧法限制的人，不能同他人讨论变法。

杜挚也劝秦孝公慎重考虑，如果没有百倍的利益不要改变法度，如果没有十倍的功效不要更换使用工具，效法古代法制没有什么过错，遵循旧的礼制不会有偏差，这就是"利不百，不变法；功不十，不易器"，"法古无过，循礼无邪"。

商鞅用不同时代、不同帝王采用不同的治国方法进行了反驳。伏羲、神农施行教化但是不用诛杀，是德治的代表。黄帝、尧、舜与之不同，采用诛杀但不过分，这是法（刑）治的代表。文王、武王都是针对当时的形势建立法度、制定礼制，这是礼法之治的代表。这些古代圣王的治理方式各有特点，他们所用的礼和法各不相同，如果说要去效法古代的礼法来治理当代的国家，应该去效法哪个朝代的古法呢？又要遵循哪个礼制呢？而且，商汤、周武王称王于天下，并不是因为他们遵循了古代法度；殷朝和夏朝的灭亡，也不是因为他们更改了旧有礼制。既然如此，违反旧有法度的人，不一定就该遭受责难；遵循旧有礼制的人，也不一定值得肯定。商鞅在此提出了**“礼法以时而定，制令各顺其宜”，“治世不一道，便国不必法古”**的名言，集中体现了他的变法观。

《商君书·画策》也表达了这样的观点。在昊英氏统治的时代，允许民众砍树捕杀野兽，是因为当时民众少而树木、野兽多。黄帝治理天下时禁止捕杀幼小的野兽，不让人们吃鸟蛋，官吏没有奴仆，死了不用棺材埋葬。昊英、黄帝所做的事不一样，却都能称王天下，因为时代不同。神农治理天下时，男人耕种让人有饭吃，女人织布让人有衣穿；不用刑罚和政令就能安定天下，不用军队就能称王天下。神农去世后，人们开始以强凌弱，以众欺寡，于是黄帝制定了君臣上下之间的道德准则，父、子，兄弟间的礼仪，夫妻之间的原则，对内使用刑罚，对外用军队征伐，同样是因为时代不同。商鞅认为神农和黄帝采用不同的治理方式根源于时代的变化，黄帝在制定礼义规范的同时使用刑罚和征伐，是为了解决“以强胜弱，以众暴寡”的社会现实问题。在商鞅看来，治理国家和天下应该采取哪一种治理方式，使用什么样的社会制度，并没有一个确定不移的标准，不能说哪一种好，哪一种不好，正确的做法是根据社会现实的需要来选择适合的治理方式。

《画策》讲：“昔之能制天下者，必先制其民者也。”能控制天下的人一定是首先控制他的民众。那么，如何才能控制民众呢？要了解民众。民众又是什么样的呢？《商君书·算地》篇有许多关于人性问题的讨论：“民之性，饥而求食，劳而求佚，苦则索乐，辱则求荣，此民之情也。”“羞辱劳苦者，民之所恶也。显荣佚乐者，民之所务也。”“民之生，度而取长，称而取重，权而索利。”此外，《商君书·错法》讲：“人生而有好恶。”《商君书·赏刑》也讲：“民之欲富贵也，共阖棺而后止。”由这些文献可见，商鞅是从人的生理需求和心理欲望的角度来理解人性，认为人有好恶，好名利，欲富贵，追求显贵、光荣、安逸、快乐，憎恶羞耻、侮辱、疲劳、痛苦。概括来讲，商鞅认为人是喜欢利益、追求利益的，人所喜欢的“利”包括物质利益，如土地、财物、爵禄等，也包括精神利益，如名誉、地位、声望等。《商君书·君臣》篇还有个比喻：“民之于利也，若水于下也，四旁无择也。”人民趋利而行，就像水向低处流一样，是没有选择的。

需要注意的是，《商君书·开塞》提出了“古之民朴以厚，今之民巧以伪”的看法，认为古时的民众朴实又宽厚，现在的民众巧诈而虚伪，这是不是说古时的民众就不好利呢？并不是，因为该篇同时讲到在人类发展第一阶段的“上世”民众“亲亲而爱私”。但是，人的好利表现会因为人的需求与物质财富数量的比例关系而发生变化。当人口的数量较少，物质财富比较充足，人们满足个人需求的难度较小，人和人之间的利益冲突也会相对较小，民众一般不需要为了满足自己的利益而使用各种手段，因而会表现得比较朴实敦厚。《商君书·画策》中就讲到“昔者昊英之世，以伐木杀兽，人民少而木兽多”，那是物质财富比较充足的时代。而随着人口数量的增加，有限的物质财富比较难于满足所有人的需要，人与人之间的利益冲突就会加剧，民众要满足自己的需求就必须和他人进行激烈的竞争，为了在竞争中获胜就会使出各种诈伪的手段，民众就变得狡诈虚伪了。

也就是说，**好利的人性会随着时代的变化而有不同的表现。**在古代，民众朴实又宽厚，所以可以使用德治，正如《商君书·算地》所讲："故效于古者，先德而治。"而商鞅所生活的时代，正是民众因为利益而激烈争斗的时代，《商君书·算地》就讲道："今夫盗贼上犯君上之所禁，而下失臣子之礼，故名辱而身危，犹不止者，利也。"为了利益，盗贼违反了君主的禁令，失掉臣子的礼仪，名声遭受耻辱而生命受到威胁，仍然不能停止。这时用德治根本行不通，必须用刑罚来解决。这就是《算地》所说的"效于今者，前刑而法"。

三、 奖励耕战

治国所要面对的不只是本国的民众，还要处理国与国之间的关系。商鞅所处的时代也是国与国之间激烈竞争的时代，国家的实力直接关系到生死存亡，因此，如何使国家昌盛兴旺、富有强大是商鞅所面对的最为迫切的问题。他认为国家兴旺富强的原因在于农耕和作战，这就是《商君书·农战》篇所讲的"国之所以兴者，农战也"。《商君书·算地》也讲："入使民尽力，则草不荒；出使民致死，则胜敌。胜敌而草不荒，富强之功可坐而致也。"对内能够使民众竭力耕种，土地就不会荒芜；对外让民众奋勇杀敌，就能战胜敌国。既能战胜敌国而土地又不荒芜，国家的富强便唾手可得了。

但是，务农非常辛苦，而战争又非常危险，如何能够让民众愿意去耕种和作战呢?《商君书·算地》提出，民众会去做非常辛苦或者非常危险的事情，是出于利益的权衡。民众活着就会计算自己的利益，面对死亡会考虑自己的名声。如果土地能够给民众带来利益，他们就会竭力耕种；如果对外作战能够给民众带来美名，他们就会拼死作战。因此，君主应该确立奖赏和惩罚的标准，设立荣誉名称和爵位，让尽力于农战的民众能够得到利益和美名。战士有斩得敌人首级、捉得俘虏的功劳，一定要让他的爵位足以荣耀，俸禄足够食用。农民扎根在乡村耕作，要让他们过上比较富足的生活。这就是我们常说的“奖励耕战”。国家为民众提供了这样一个可以堂堂正正获得财富、爵位、名誉的渠道，民众也不必再为了升职加薪而走后门、拉关系了。

不仅如此，商鞅还强调，要保证农战是民众获得利益和美名的唯一渠道。也就是说，要让那些不从事农战的人得不到利益和美名。《商君书·慎法》讲：“民之欲利者，非耕不得；避害者，非战不免。境内之民莫不先务耕战，而后得其所乐。”民众追求利益，不竭力耕种就得不到；想要避免伤害，不去作战就不能够免除。这样，国内的民众就都致力于耕战，然后才能得到他们想要的安乐。商鞅称之为“利出壹空”。“空”通“孔”，是途径、渠道的意思。《商君书·农战》篇认为当民众看见国家给人们的利益都是从农耕与作战这一途径发出，便会为了获得利益而专心从事农耕和作战。

为什么要把民众的获利途径限制在农战呢？商鞅认为，因为民众都好逸恶劳，如果在农战之外还存在其他的获利途径，民众通过利益计算，发现其他的职业更加安全舒适，又同样可以得到财富和利益，就一定会选择逃避辛苦的农耕和危险的战争。《商君书·农战》讲到当时的国内有这样的现象，民众都说："农耕和作战可以逃避，而官职和爵位同样可以得到。"那些有才华的豪杰都要改变自己的职业，而专研《诗》《书》，好的可以得到高官厚禄，差一些的也能谋得一个官职；那些地位低微的平庸之人便去经商，或者从事手工业。更严重的是，民众之间还会互相影响。从事农耕和作战的民众有一千人，而出现一个研习《诗》《书》和巧言善辩的人，那么，这一千人都会受到这个人的影响，对从事农耕作战就松懈了。从事农耕作战的民众有一百人，出现一个人去从事手工业，那这一百人都会受到这个人的影响，也会放松了农耕和作战。如果民众都逃避农战，国库的粮食会减少，兵力会衰弱，国家富强的根基就此失去，别说称王天下，国家的安全都会受到严重的威胁。

在商鞅看来，民众逃避农战会带来国家的贫弱甚至危亡，而研习儒家的经典成为民众逃避农战获得富贵的重要途径，因此，是否研习儒家经典，是否推崇儒家的思想，成为决定国家兴旺还是贫亡的关键。《商君书·去强》中讲，如果一国之内有礼、有乐、有《诗》、有《书》、有善、有修、有孝、有弟、有廉、有辩，君主就无法让民众专心作战，国家必定衰弱危亡，如果没有这些经典和思想观念的研习和传播，君主就可以让民众专心作战，国家必能兴旺进而称王天下。《商君书·靳令》篇还将礼和乐，《诗》和《书》，修善和孝弟，诚信和贞廉，仁和义，非兵和羞战称为"六虱"，"六虱"之下各有两种，一共是十二种。商鞅提出，君主除了要以赏禄为手段鼓励农战之外，还要清除那些对耕战无用的东西，多多制定禁令，限制民众发挥那些不利于农战的才能，禁止民众学习儒家那些空洞浮华的经典和思想，约束民众从事游说等不正当职业。

另一个影响农战的因素就是商业和手工业。《商君书·外内》中说，境内之事，农事最为辛苦，如果农民贫穷而商人和手工业者富有，谁会愿意去从事辛苦的农事呢！因此，商鞅主张通过提高粮食价格，增加商业和手工业赋税的办法增加商人和手工业者的负担，让民众放弃经商和手工业而回归农业。如果粮食价格高，而其他产业的赋税重，不从事农业生产的人就不得不高价买粮，高价买粮就不合适，而另一方面，粮食价格高农民就获利多，农业生产获利多，从事农业生产的人就会多。两边的利害一比较，民众就会放弃商业和手工业，而将力量都集中到农业上了。

在奖励耕战，禁止无用和末业之外，君主也要在价值观念上引导民众，让民众以从事耕战为荣，以逃避耕战为耻。《商君书·壹言》讲，圣人确立法令政策、改变风俗的目的就是让民众早晚从事农业。民众之所以会喜欢农耕、愿意打仗，是因为看见君主尊重从事农耕和作战的人，而轻视那些喜欢空谈的说客和靠技艺吃饭的手工业者，更鄙视到处游学的人。《商君书·君臣》中说了相反的情况，如果君主尊崇那些瞪眼睛、撸胳膊来表现勇武的人，那些垂着衣裳高谈阔论的人，那些常年依附权贵、为私门效力的人，民众就会放弃农战而去做这些事情了。

四、重刑禁奸

人人都有好恶，商鞅认为，君主一定要了解民众喜欢什么，又厌恶什么，针对人的好恶来规范和引导人的行为。《商君书·错法》讲：“人生而有好恶，故民可治也。……好恶者，赏罚之本也。”民众的喜欢和厌恶是奖赏和刑罚能够发挥作用的根本。如果民众什么都不喜欢，君主就没有办法可以激励他们去做事情，如果民众什么也不厌恶、不害怕，君主也没有办法禁止他们做什么事情了。“夫人情好爵禄而恶刑罚，人君设二者以御民之志，而立所欲焉。”民众都喜欢爵禄而厌恶刑罚，所以君主可以利用民众的喜欢和厌恶设置爵禄和刑罚。《商君书·算地》讲：“夫刑者所以禁邪也，而赏者所以助禁也。”民众厌恶刑罚，君主设置刑罚来惩治邪恶的行为，民众为了不受刑罚就不会去做邪恶的事，所以刑罚可以发挥禁止邪恶的作用。民众喜欢奖赏，君主设置奖赏去奖励善行，民众为了得到奖赏就会去做善事，而不去做邪恶的事，所以奖赏也可以辅助刑罚发挥禁止奸邪的功能。就像商鞅变法中，规定“有军功者，各以率受上爵；为私斗者，各以轻重被刑大小”，“为私斗者，各以轻重被刑大小”就是发挥“夫刑者所以禁邪”的功能，“有军功者，各以率受上爵”就是发挥“赏者所以助禁”的功能。在二者的配合之下，就实现了百姓“勇于公战，怯于私斗”的结果。

奖赏和刑罚在国家治理中都很重要，但二者相比较，商鞅更重视刑罚的威慑作用。在《商君书》中，关于奖赏有厚赏、轻赏、不赏等不同的看法，但是“重刑”确是一贯的主张。如前文所讲，商鞅认为在当时激烈的竞争社会，民众狡诈虚伪，他们会为了获得利益而置礼法而不顾，不仅德治不能解决当时的社会问题，轻刑也不能带来社会安定，只有重刑才能禁止民众为了求利而做出奸诈邪恶的事情。

人们常常将商鞅的重刑主张和暴政联系在一起，但是，商鞅反复强调实施重刑的目的并不是刻意伤害民众，而是要充分发挥法的威慑作用，让民众因为对重刑的畏惧而不敢犯法，民众都不敢犯法的结果就是任何刑罚都不需要实际使用，这就是“无刑”。所以说，**“无刑”才是重刑的目的，通过重刑实现无刑，这叫做“以刑去刑”。**大家翻一翻《商君书》，就会发现商鞅真是很卖力地申说他的这一观点。比如，《商君书·画策》讲：“刑重者，民不敢犯，故无刑也。”《商君书·赏刑》讲：“重刑连其罪，则民不敢试。民不敢试，故无刑也。”商鞅还说，古代的帝王制定法令，有将人处死的，有砍断犯人脚的，有在犯人脸上刺字涂墨的，他们都不是为了伤害民众，而是要有效地禁止奸邪阻止犯罪。如果采用轻刑，结果会怎么样呢？刑罚轻，民众没有畏惧之心，犯罪就多，刑罚就用得多，这就是“以刑致刑”。有些事情，看上去冷冰冰、血淋淋，结果却无比美好，重刑就是如此；有些事情，想象中会让人人欢喜，结果却极其残酷，轻刑就是如此。

死刑应该是最重的刑罚了，《商君书·赏刑》篇中就规定了“罪死不赦”的几种罪行，包括“不从王令”“犯国禁”“乱上制”，还有“守法守职之吏有不行王法者”。同样是死刑，在古代还有痛苦程度不同的死法，适用于严重程度不同的犯罪。-《汉书·刑法志》记载，商鞅增设了凿颠、抽胁（xié）、镬（huò）烹等刑罚。“凿颠”就是凿开头颅，“抽胁”是抽去肋骨致死，“镬烹”是用鼎镬把人煮杀。但是，“重刑”之“重”总是有限度的，为了进一步提高刑罚的威慑力，商鞅主张不仅要“重刑”，而且刑罚还要株连到他们的父、母、妻、子等无辜的人身上。这就是“重刑连其罪”。《赏刑》篇中，“守法守职之吏有不行王法者”，执行法令的官吏、担任现职的官吏有不实行君主法令的，除了“罪死不赦”，还会株连父、母、妻、子。可能有的人被巨大的利益所诱惑敢于铤而走险，甚至有人将其所实施的犯罪行为视为高尚的事业，心甘情愿以身试法，但是如果会株连到他们的父、母、妻、子，为父、母、妻、子考虑，他们也许会做出不一样的选择。

对于罪大恶极的人使用重刑无可厚非，但是商鞅认为重刑不仅适用于严重的犯罪，而且更要适用于轻罪。《商君书·说民》讲：“故行刑重其轻者，轻者不生，则重者无从至矣，此谓治之于其治者。行刑，重其重者，轻其轻者，轻者不止，则重者无从止矣，此谓治之于其乱也。”当然，这不符合“罪刑相适应”的原则，但是商鞅有自己的逻辑。如果对轻罪使用重刑，民众就连轻罪都不敢犯，更不用说犯重罪了。而如果重罪用重刑，轻罪用轻刑，民众因为刑罚轻就还会犯轻罪，而轻罪都不能停止，重罪更是没有办法消灭了。商鞅还把轻罪重刑提到了强国之根本的高度：“故重轻，则刑去事成，国强。重重而轻轻，则刑至而事生，国削。”对轻罪用重刑，结果是刑罚不需使用，事业可成，国家强大。重罪用重刑，轻罪用轻刑，刑罚越来越繁多，乱事也越来越多，国力就被削弱了。

商鞅还有“刑用于将过”（《开塞》）的提法。他认为，如果在已经犯罪之后用刑，对遏制犯罪的效果并不够好，应该在没有犯罪之前就使用刑罚。就是说，在犯罪的准备阶段就要通过“告奸”等方式了解到准备犯罪者的情况，并及时处以刑罚。在商鞅看来，刑罚提前介入，民众就不会动犯罪的念头，这样才不会产生严重的犯罪行为。

是不是刑罚足够严厉百姓就不敢犯罪了呢？并非如此。《商君书・画策》讲：“国皆有禁奸邪刑盗贼之法，而无使奸邪盗贼必得之法。为奸邪盗贼者死刑，而奸邪盗贼不止者，不必得。”国家虽有禁止奸诈邪恶和对盗贼处以刑罚的法令，但却没有使犯法的人一定被捕获的办法。作了奸诈、邪恶、盗、贼之事要被处死，可以说是重刑了，可是犯奸、偷盗的现象却不断发生，这是因为做了这些事的人不一定被发现，也不一定被抓住。《商君书・算地》也说，如果应该受刑的人漏网逃脱，百姓就会邪僻放纵，存着逃脱处罚的侥幸心理，而去触犯法律、追求私利。因此，商鞅在主张重刑的同时，提出要有使犯法之人一定被抓到的办法，这样民众才真正不敢犯法，从而实现“无刑”，这就是《商君书・赏刑》篇所说的“刑重而必得，则民不敢试，故国无刑民”。在刑侦技术高度发达的今天，尚且有那么多的案件没有办法锁定凶手，在当时的条件下，这根本就是不可能完成的任务。商鞅想到一个办法，实行连坐，让邻里之间互相监视、举报。不告或隐匿的重罚，告奸的重赏。官吏之间也要互相监督，知道其他人的罪行，并能向君主揭发检举的人，不仅自己能免受刑罚，而且不分富贵贫穷，都能继承被举报官吏的官爵、土地和俸禄。

要实现“无刑”，重刑和必得缺一不可。有很多学者探讨过“刑”在儒家德治思想中的作用，认为儒家的政治理想之一是“刑错”，孔子提倡德治，便是要实现“无讼”“刑错”。“刑错”出自《史记·周本纪》，“故成康之际，天下安宁，刑错四十余年不用”。这里的“错”是废弃、搁置的意思，“刑错”就是说因为无人犯法，虽然设置了刑法，但被搁置起来而没有使用的机会。商鞅“无刑”的目的实际与孔子及儒家一致，只是商鞅主张通过“重刑”达到，儒家主张通过道德教化达到。

五、 缘法而治

《商君书·开塞》篇的“三世说”既描写了历史的变化，也说明了权力和法律的起源。“法”通过“定分”“立禁”来解决社会混乱的问题，以实现社会安定，而“立官”和“立君”都是为了保证“法”的执行。在《商君书·君臣》篇中，商鞅直接通过古与今的对比论证了君主、官吏、法制产生的过程及其必要性，更为简洁，可以和《开塞》篇对照理解。古时没有君臣上下之分，也就是未立君主之时，民众纷乱无序，因此圣人通过贵贱、爵位、名号来区别君臣上下的关系，这就是《开塞》篇所讲的“立君”。国土广，民众多，物资丰富，因此圣人设立五官来管理，这就是“立官”。民众数量多就会出现各种奸邪之事，因此圣人创立法制作为行为标准来防止奸邪，这就是“立禁”。君臣上下的等级关系、五官的分职、法律的限制是为了解决社会的纷乱无序而产生，也是防止社会混乱的保证。只有国君尊贵，命令才能被执行；官吏清明，政事才有常规；法律制度明白清楚，民众才惧怕刑罚。如果君主的命令不被服从，五官分职却没有常规，法令制度已经设定却私惠风行，国家就会危险、混乱。因此，君主要慎重地对待法令，不合法的言论不听，不合法的行为不推崇，不合法的事情不做；言论合乎法的就听从，行为合乎法的就推崇，事情合乎法的就推行。

法令是人民的生命、治国的根本。《商君书·定法》讲，治理国家却抛弃法令，就好比想不挨饿却抛弃粮食，想不挨冻却舍弃衣服，想要到东方却向西走一样。《商君书·弱民》讲，如果舍弃法度来治理国家好比要远行却没有牛马，如同想渡过大河却没有船，又像要衡量轻重却舍弃权衡的工具。《定法》中也讲到了“百人逐兔”的故事，说明“法”可以确定人的权利范围，即“名分”。名分确定，奸诈的人也可以变得正直诚实；名分不确定，尧、舜都会违法，何况普通百姓呢！因此，**通过法确定名分，国家的发展趋势一定是“治”，这就是“势所必治”；不确定名分，则国家的发展趋势一定是“乱”，这就是“势所必乱”。**如果“势所必乱”，则越治理越乱；如果“势所必治”，再加上治理，国家会更加安定。《弱民》还提出，如果不严明法令，一个土地广阔、人口众多、兵力强大的国家也会面临危亡。商鞅拿楚国和秦国之间的鄢郢之战为例说明这一道理。楚国的民众行动迅速而统一，行军快如旋风；手持的长矛像蜂蝎的刺一样锋利，身披的铠甲像金石一样坚固；又有长江、汉水、汝河、颍水、邓林、方城作为国家的屏障。可是秦国军队到来，攻下楚都鄢郢（yān yǐng）如同摧枯拉朽。各方面都占据优势的楚国作战却不能取胜，防守不能坚固，这就是不修明法度的结果。

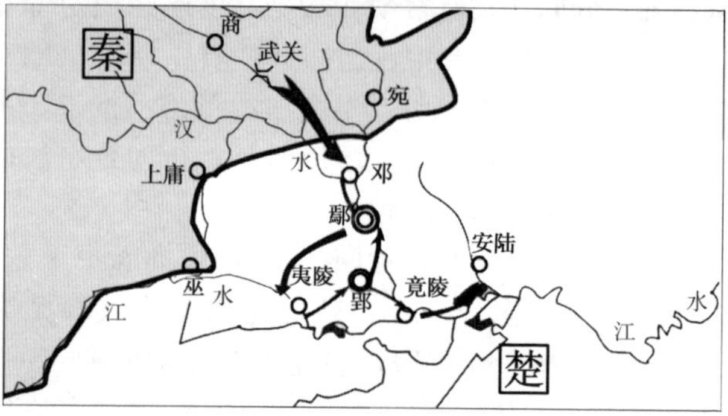

秦楚鄢郢之战示意图

法如此关键，如此强大，因此，商鞅提出君主要"任法而治""垂法而治""缘法而治"。《商君书·慎法》讲："破胜党任，节去言谈，任法而治矣。"明主治理国家，片刻都不能忘掉法度，能够打破并战胜党羽和奸巧，制裁并取消虚妄无用的言谈，一切依照法度进行治理。《商君书·壹言》讲："秉权而立，垂法而治。""垂法"的意思是垂示法则。君主掌握权力，主持朝政，法就在那里，作为治理国家的依据。《商君书·君臣》讲："明王之治天下也，缘法而治，按功而赏。""缘"是沿着、顺着的意思。"缘法而治"就是依照法来治理国家的意思。明君治理天下，遵照法度来处理政事，按照功劳进行奖赏。**商鞅还提出，君主依照法度治理国家，能够营造出人们不能犯罪、不能做坏事的形势。**《慎法》讲，君主“任法而治”，官吏除了法度之外没有凭借，即使再奸巧也做不了坏事，百姓除了战争没有施展能力的地方，即使再奸诈也不能做出坏事。也就是说，除了法所提供的道路，人们就无路可走。《画策》也说，假如形势使人不能做坏事，“势不能为奸”，即使是盗跖一样的人也变得诚实可信；假如形势能让人做坏事，“势得为奸”，即使是伯夷一样高洁的人也令人怀疑。

商鞅主张法令应该公开，使“万民皆知所避就”，使“吏不敢以非法遇民”（《商君书·定分》）。他也认为法具有普遍适用性，刑罚对不同等级、不同身份的人一视同仁，这就是他所说的“壹刑”，“所谓壹刑者，刑无等级”（《商君书·赏刑》）。也就是说，法具有公开、公平、公正的特点。法是赏罚的标准，赏罚必须具有法律根据。《商君书·修权》讲：“故立法明分，中程者赏之，毁公者诛之。”通过立法明确权利和责任，符合法的规定的会得到赏赐，危害国家利益的就要受到惩罚。《商君书·禁使》主张要“赏随功，罚随罪”。赏赐依据功劳，刑罚根据罪行。没有功劳就没能得到赏赐，没有罪行也不应被处以刑罚。因为法是公平、公正的，以法为依据的赏罚就是公平、公正的。《商君书·错法》认为，那些弱国、亡国的君主，并不是没有赏赐爵禄，而是他们赏赐的方法出现了错误。三王、五霸赏赐爵禄所达到的功效比其他君主高一万倍，是因为他们所遵守的赏罚原则正确。明君任用臣民，一定是因为他们对国家有功劳，奖赏一定是加在他们的功绩上。论功行赏的原则明确，民众就会争着立功。商鞅反对君主不以法度为依据赏罚，而因为私情而给予没有功劳的臣民爵禄，这样会导致国家贫弱，社会政治混乱。

而且，君主还要做到有功必赏，有罪必罚，以此取信于民。《商君书·错法》讲，民众只要尽了力，就能得到爵位，建立了功绩，就能得到奖赏。君主如果能够让民众像相信太阳和月亮一样相信这一点，民众就会用尽全力去建功立业，军队就会天下无敌。《商君书·修权》说“民信其赏，则事功成；信其刑，则奸无端”，民众相信朝廷的赏赐，功业就能成就，民众相信朝廷的刑罚，奸邪就不会产生。与此相反，“故多惠言而克其赏，则下不用。数如严令而不致其刑，则民傲死”。如果君主只有口头的恩惠，而不赏赐有功之人，臣民就不肯效力；如果君主三令五申，却不执行刑罚，民众就会轻视死刑。**前面说，要实现“无刑”，重刑和必得缺一不可。到这里，我们要说，重刑、必得之外，还需加上必罚，这一通过刑罚的威慑力来实现“无刑”的链条才完整。**

此外，商鞅经常将“法”与“私”对言，也就是说，“法”为“公”，体现公共利益。如前文所讲，“法”通过“定分”“立禁”来解决社会混乱的问题，以实现社会安定，所以说，法“利天下之民”，为保护和增进公共利益服务。而且，**在商鞅的设想中，“立官”和“立君”都是为了保证“法”的执行，也说明“法”的制定不是为君主和官吏个人的私利服务的。**他批评当时的君主将“一国之利”独占为个人的私利，而臣子所掌握的权力本应为一国民众的共同利益服务，却被用来为自己谋取私利，这是君臣的私利对公共利益的侵犯，是使国家陷于危险的原因，他进而提出："故公私之交，存亡之本也。"因此，他要求君主做到"公私之分明"，主张"任法去私"，"不以私害法"，反对"释法任私"，"以私害法"，认为"任法去私""不以私害法"则国家安定，"释法任私""以私害法"则社会混乱。

"任法去私""不以私害法"就是要求执法者严格遵照法的规定执行，不能受私利、私意、私情、私欲的干扰，不能伤害法的权威。《商君书·赏刑》讲了晋文公杀颠颉（jié）和周公杀管叔、流霍叔的故事。晋文公想要严明刑罚以使百姓亲近服从，于是招集所有的卿相、大夫。颠颉迟到了，执法官请示晋文公定罪，晋文公说："对他用刑吧。"执法官于是腰斩了颠颉来示众。晋国的将士、民众都有了畏惧之心，说："国君对颠颉那么喜爱、重视，尚且能够依法治罪，对于我们，又怎会留情呢！"此后，晋国的将领和士兵，听到停止前进的命令，就像被砍断了脚一样马上停止，听到进攻的命令，就像流水一样迅速前进，没有人敢于违令。可见，晋文公用颠颉犯轻罪而处以重刑的办法，晋国就得到了治理。管叔、霍叔是周公的兄弟，参与了庚武叛乱。周公大义灭亲，杀了管叔，流放了霍叔，说："他们是犯了法的人。"天下人都说："亲兄弟犯了罪都要被处罚，更何况我们这些疏远的人呢？"于是，天下变得安定有序。

商鞅还提出，通过法治的长期实施，可以实现民众的"自治"，并最终实现"天下大治"。《商君书·定分》篇建议君主设置主管法令的法官、法吏，让通晓法令条文的人来担任。主管法令的官吏承担学习、传达和解释法令的责任。民众和其他官吏想要了解法令，可以向主管法令的官吏请教。主管法令的官吏如果不能切实传达法令或不能明确解答民众的询问，就会被处以相应的惩罚。设置法官、法吏来解答民众在法令上的疑问，民众都懂得法令就不会犯法，官吏知道民众了解法令也就不敢用非法的手段对待民众。民众能够明白法令所规定的利害之处，从而自觉地用法令规范和约束自己的行为。可见，民众对法的服从已经从他律变成了自律，这就是商鞅所讲的“自治”。民众都能自己管好自己，就可以实现天下大治。《商君书·说民》讲“故王者刑赏断于民心”，“故有道之国，治不听君，民不从官”，认为在法治国家，民众对法熟悉并从内心认同，他们将法作为判断是非的标准和行为的准绳，政事的处理不需要听从君主，民众也不需要服从官吏，这也是“自治”。

《商君书·靳令》篇更是直接提出了“述仁义于天下”的政治理想。商鞅认为圣君掌握刑赏，可以辅助仁爱，如此则能使民众心悦诚服，从而发挥民众的力量，“德”就是力量的产物。圣君掌握这一点，就能够成就“仁义”于天下。大家可能会很奇怪，商鞅不是一直很激烈地反对德治，批评仁义吗？我们回想一下，商鞅在《商君书·画策》中将德治和法治进行比较，他认为，德治好，还是法治好，是运用德治还是选择法治，要看当时的社会情况。因此，他反对德治，批评仁义，是从他所生活时代的社会现实出发的。但是，**通过“任法而治”“缘法而治”“垂法而治”，营造出“不得为奸”的形势；依靠重刑、必得、必罚，形成强大的威慑力，使民众不敢犯法，从而实现“无刑”；同时，通过普法教**

育使民众从内心认同法律而自觉守法；在这样高度法治化的社会中，就可以建立起最高的道德。而如果在当时激烈竞争的时代直接实行德治，倡导仁义，结果会走向暴乱，这就是《商君书·开塞》中所讲的“此吾以杀刑之反于德而义合于暴也”。《开塞》篇还具体解释了如何从一国的法治发展到成就“仁义”于天下。一国之内施行赏罚，可以实现一国的安定和强大；两国同时施行，那么两个安定而强大的国家就会相互制衡，从而使战争少发；天下的国家都这样做，最高的道德就会重新建立起来。“至德复立”，“述仁义于天下”，这才是商鞅的政治理想。

通读《商君书》，会发现其中的大部分内容都和利用刑赏督促民众从事耕战以实现国家富强相关，但是，如果以为国家富强就是商鞅的政治理想却过于简单武断了，他的格局要大得多！

第四章

刑德并用、礼法兼容的齐法家
——《管子》

战国时期，田姓贵族取得齐国政权，历经桓公、威王、宣王、湣（mǐn）王、襄王、王建各代，其国力在威王、宣王之际尤其强大。田齐的学术也极其繁荣，稷下学宫是当时百家争鸣的中心。“稷”是齐国国都临淄（今山东淄博）一处城门的名称，学宫设在稷门附近，所以称为稷下学宫。稷下学宫创建于田齐桓公执政时期，在齐宣王时规模十分庞大。《史记·田敬仲完世家》讲：“宣王喜文学游说之士，自如邹衍、淳于髡（kūn）、田骈（pián）、接予、慎到、环渊之徒七十六人，皆赐列第，为上大夫，不治而议论。”各家各派的学者在稷下学宫发表议论，撰写文章。《管子》这本书就是稷下学者的作品集。

《管子》一书在战国时已经非常流行。《韩非子·五蠹》讲：“藏《商》《管》之法者，家有之。”其中的《管》就指《管子》。韩非多次引用《管子》中的文字，并认为是管仲所说。司马迁在《史记·管子列传》中自称曾读《管子》，也把《管子》看作管仲“著书”，肯定管仲之书“世多有之”。西汉刘向编辑《管子》，说《管子》的不同抄本有 564 篇。他校订删除重复的篇章，最后确定 86 篇。现存《管子》76 篇，其余 10 篇仅存目录，内容已经佚失。《管子》一书非一人之书，也不是一时之作，内容非常丰富，包括了法家、道家、儒家、阴阳家、名家、兵家等不同学派的思想观点。《汉书·艺文志》将其列入子部道家类，但《隋书·经籍志》将其列入法家类，《四库全书》亦列入子部法家类。《管子》全书中可归入“齐法家”的篇目包括《任法》《法法》《版法》《版法解》《明法》《明法解》《重令》《七法》《禁藏》《牧民》《八观》《五辅》《正世》《治国》《形势》《枢言》《君臣上》《七臣七主》等。

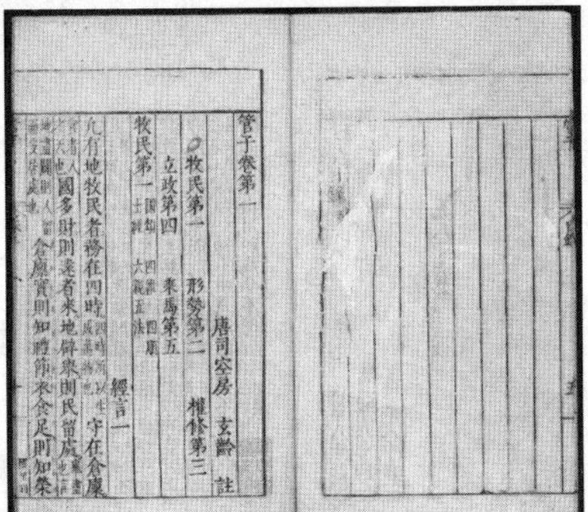
管子卷第一
唐司空房　玄齡　註
牧民第一　形勢第二　權修第三
立政第四　乘馬第五
牧民第一
經言一
凡有地牧民者務在四時守在倉廩
國多財則遠者來地辟舉則民留處
倉廩實則知禮節衣食足則知榮

《管子》

一、以法治国

“以法治国”出自《管子·明法》篇：“以法治国，则举错而已。”“举错”是施行、运用的意思。作者认为，以法治国不过是运用法处理各种事务，不需要做其他事情，非常简单易行。《明法解》是对《明法》的逐句解说，这一篇解释“以法治国，则举错而已”说：“明主者，一度量，立表仪，而坚守之。故令下而民从。法者，天下之程式也，万事之仪表也；吏者，民之所悬命也。故明主之治也，当于法者赏之，违于法者诛之。故以法诛罪，则民就死而不怨；以法量功，则民受赏而无德也。此以法举错之功也。”明君统一标准，建立准则，而且坚决地维护，因此，命令下达民众就服从。法是天下的规程、万事的准则。明君治国，合法的就奖赏，违法的就处罚。这样，依法治罪，民众受死也不会抱怨；依法量功，民众受赏也不必感恩。这些都是运用法处理事情的功效。简单来说，就是君主确立法令这一标准，并严格依法进行赏罚，民众则守法听令。

《管子》常常用各种度量工具与法做类比。除了刚刚讲到的“度量”“仪表”，《管子·七法》讲：“尺寸也，绳墨也，规矩也，衡石也，斗斛（hú）也，角量也，谓之法。”《管子·七臣七主》说：“法律政令者，吏民规矩绳墨也。”“尺寸”“绳墨”“规矩”“衡石”“斗斛”“角量”作为一种确定的标准，可以用来测定长短、直曲、轻重、大小、多少，可以用来划定方圆。法度也具有确定性，能发挥衡量是非曲直功过的功能。《管子·明法》讲："是故有法度之制者，不可巧以诈伪；有权衡之称者，不可欺以轻重；有寻丈之数者，不可差以长短。"有了法的规定，人们就不能通过诈伪来取巧；有了权衡的称量，人们就不能用轻重来欺骗；有了寻丈的计算，就不会出现长短的差错。《管子·明法解》解释说，凡事都有法的规定，群臣都出于公正之心处理政事而不敢为奸。民众明白君主是依法行事的，所以官吏差使他们，合法就服从，不合法就不做。民众用法和官吏相牵制，臣下依法为朝廷办理事务。奸诈的人不能欺骗君主，嫉妒的人无法运用他的害人之心，进谗阿谀之人不能施展他们的机巧。即使是千里之外，人们也不敢为非作歹。这就是"有法度之制者，不可巧以诈伪"。

《管子·明法》认为，君主"以法治国"应该坚持以法为根据，而不掺杂私人的因素，就像用权衡称重量，用尺寸量长短一样，"不淫意于法之外，不为惠于法之内也"，不在法度之外费心思，也不在法度之内行私惠。《管子·明法解》解释说，君主用法度来控制天下、禁止奸邪，用法度来统治海内、供奉宗庙；私意会滋生祸乱、助长奸邪而危害公正，会蒙蔽君主、丧失正道而导致危亡。法度得以推行国家就安定，私意通行国家就混乱。明主治国，即使是自己心爱的人，无功也不赏，即使是自己憎恶的人，无罪也不罚。依照法度来检验得失功过，不合法度的事就不留意。这就是"不淫意于法之外"。赏有功，诛有罪，是为天下兴利除害。杂草不铲除，就会危害禾苗；盗贼不诛罚，就会伤害良民。行私惠而奖赏无功的人，民众就想讨好君主获得利益；行私惠而赦免有罪的人，民众就会轻慢君主而轻易为非作歹。明君不会弃公法而行私意，这就是“不为惠于法之内”。

君主执法应一视同仁，不能徇私，这是法家一贯的主张，《管子》中也是反复阐述。《管子·任法》讲：“不知亲疏、远近、贵贱、美恶，以度量断之。……以法制行之，如天地之无私也。”不分亲疏、远近、贵贱和美丑，一切都用法度来判断。君主完全依照法制办事，就好像天地对万物那样没有私心。作者提醒君主，不能被贵臣所威胁，不能接受富人的贿赂，不能让低贱者讨好，不能让近臣亲昵，不能被美色迷惑，执法之心要坚定而不能动摇。《管子·禁藏》讲：“故明王慎之，不为亲戚故贵易其法。”“亲戚”指有血缘或婚姻关系的人，“故贵”是指故交和权贵。明君慎行法令，不为亲戚、故交、显贵之人改变法令，官吏会对法令比师长还敬重，百姓会对政教比祭祀祖先还重视。这样，法虽然制定出来，却无需使用；刑罚虽然设置，却并不需要执行。这就是“故法立而不用，刑设而不行也”。就是说，**君主不徇私情，严格执法，可以实现“无刑”。**

《管子·任法》中的一段话被很多人关注：“有生法，有守法，有法于法。夫生法者，君也；守法者，臣也；法于法者，民也。君臣上下贵贱皆从法，此谓为大治。”**君、臣、民在法的面前扮演不同的角色，君主是立法者，臣下是法的具体执行者，民众是法的效法者。但是，法律是至高无上的，无论是谁，都应该遵从法。**《管子·法法》讲到政令不被遵守的最终原因是君主“不以身先之”，提出“禁胜于身，则令行于民矣”。君主不以身作则，他发出的命令民众就不会服从，如果禁律能够管束君主自身，政令就可以行于民众。篇中还讲到，明君想要民众守法听令，就要制定法律来管理自己，建立礼仪来规正自己，这就是“置法以自治，立仪以自正”。有道的君主，施行法令、修定制度，总是先于民众亲身实践的，这就是“是以有道之君，行法修制，先民服也”。**在法家文献中，讲君主“守法”也讲得很多，但主要意思是说君主治理国家、执行赏罚要以法为依据，而作者在这里明确提出了君主应该以法令来约束自己的观点，非常宝贵。**法家重视法的权威，但也强调君主地位的尊贵，那么，法与君究竟谁的地位更高呢？当二者发生冲突的时候应该听谁的呢？《管子》不仅明确提出了君主应接受法的约束，《管子·法法》还提出了“不为君欲变其令，令尊于君”的观点，不为君主个人的私欲改变法令，法令比君主更尊贵。**这是明确了法令具有最高的权威，法的权威大于君主的权力。**

关于赏罚的标准，《管子》中的观点比较复杂。《管子·正世》提出，古时英明的君主，设立的奖赏有薄有厚，禁令有轻有重，但并非故意使之不同，而是“随时而变，因俗而动”。就是说，赏罚的厚薄轻重并没有一个固定不变的标准，而应随着时代而变化，依据风俗而变动，达到“赏必足以使，威必足以胜”的效果即可。如果人民性情急躁而行为邪僻，奖赏就不可不厚，禁令就不可不重。赏薄，民众不以为有好处，就不肯尽力；禁轻，民众就不会畏惧，恶人还是会违法犯禁。这就是“赏不足劝”，“刑罚不足畏”，说明在这样的情况下使用薄赏轻刑不适当。因此，作者提出，“夫民贪行躁，而诛罚轻，罪过不发，则是长淫乱而便邪僻也，有爱人之心，而实合于伤民”。治理贪利而且行为狡诈的民众，如果刑罚轻，罪过不能被揭发，就是助长淫乱而方便为恶。看上去有爱民之心，实际上是伤害人民。《管子·法法》用刨根究底的方式揭示了政令不能被遵行的一系列原因，其中的一个环节就是赏罚太轻，作者认为，赏罚重，并能够信赏必罚，再加上君主以身作则，政令才能被遵行。但是，《管子》又认为赏过多或刑过重都会失去民心。《管子·君臣下》讲：“致赏则匮，致罚则虐。财匮而令虐，所以失其民也。……夫赏重，则上不给也；罚虐，则下不信也。”奖赏过多会导致国家贫穷，国家贫穷就无法保证“信赏”，刑罚过重则导致暴虐，暴虐民众就不信服。此外，《管子》中也有轻刑主张。《管子·五辅》提出：“弛刑罚，赦罪戾，宥小过，此谓宽其政。”放宽刑罚，赦免罪恶，宽恕小错，这是德治的内容，说明此篇在赏罚标准的问题上更多吸收了儒家的观点。

我们在讲“以法治国”的时候，有时说“法”，有时说“令”，有时说“刑”，有时说“律”，有时说“法令”，有时说“法律”，它们之间究竟是什么关系呢？大家知道，我国现行的法律体系以宪法为统帅，以法律为主干，行政法规、地方性法规是重要组成部分。《管子》关于国家法律体系的构成、不同法律形式的异同均有讨论，值得重视。《管子·七臣七主》依据功能对法的具体形式进行了区分：“夫法者，所以兴功惧暴也。律者，所以定分止争也。令者，所以令人知事也。”法的作用是“兴功惧暴”，“兴功”依靠赏，“惧暴”依靠罚，因此，**这里的“法”应该是关于赏罚标准的规定。**“律”的作用是“定分止争”，这又会让我们想起慎到和商鞅所讲的“百人逐兔”的故事，**“律”应该是规定了人的权利和责任，以此防止人与人之间因为权责不明确而产生纠纷。“令”是君主发布的命令，告诉民众要做什么事或不许做什么事。**“令”比“法”更为具体、更为直接，因此，《管子》一书对“令”是否被遵行极度重视。**“令”的等级低于“法”，其制定要以法为根据，而不能违反法的规定，所以《管子·君臣上》说“君据法而出令”。**法、律、令又有共同性，“法律政令者，吏民规矩绳墨也”，虽然形式和作用不同，但都是官吏和民众的行为准则。

法和刑又有什么关系？很多人认为法家的“法”就是“刑”，甚至认为中国古代的“法”就是“刑”。《尚书·吕刑》讲：“苗民弗用灵，制以刑，惟作五虐之刑，曰法。”在这里，“刑”被称为“法”。子产铸刑书，邓析作“竹刑”，赵鞅、荀寅铸刑鼎，也说明在他们的时代“刑”是“法”的主要内容。如果说“法”是关于赏罚的规定，“刑”则是关于罚的规定，“刑”常常代替“罚”和“赏”相连或相对使用，这样看来，“刑”应该是“法”的组成部分，而且是非常主要的部分。但是，“法”又不仅仅是“刑”。《管子·明法》中有“使法择人”“使法量功”的说法，说明**“法”的内涵比“刑”更广**，可以包含人才选拔和考核的规定，这在现在的法律体系中应该属于行政法规或行政规章。

《管子·任法》认为“以法治国”有古老的渊源，黄帝和尧都是实行法治的：“昔者尧之治天下也，犹埴

（zhí）之在埏（shān）也，唯陶之所以为；犹金之在垆（lú），恣冶之所以铸。其民引之而来，推之而往，使之而成，禁之而止。故尧之治也，善明法禁之令而已矣。”尧治理天下，明确地发布应该做什么和禁止做什么的法令。民众招之即来，推之即去，役使他们就能成功，制止他们就能停止。他们就像模具里的黏土，任凭陶工去制作；又像炼炉里的金属，任凭冶工去铸造。“黄帝之治天下也，其民不引而来，不推而往，不使而成，不禁而止。故黄帝之治也，置法而不变，使民安其法者也。”黄帝治理天下，民众不用招引就来，不用推动就去，不用役使就能成事，不用禁令就能停止。黄帝的治理方法是确定了法就不改变，**民众养成守法习惯而能够自觉依法行事，不需要君主发布命令让他们去做什么或者不做什么。**尧能够让民众唯令是从，即“引之而来，推之而往，使之而成，禁之而止”；黄帝之治只有“法”而不需要“令”，即“不引而来，不推而往，不使而成，不禁而止”。二者同为法治，但比较来看，尧治理之下的民众仍然缺乏安分守法的自觉。值得注意的是，《管子·法法》中讲：“明君在上位……引之以绳墨，绳之以诛僇（lù），故万民之心皆服而从上，推之而往，引之而来。”可见，明君的法治只能达到尧之治的层次，黄帝之治的“不引而来，不推而往，不使而成，不禁而止”应该是法治的理想状态。

黄帝像

二、使法择人

管仲相齐时就非常重视人才，建立了人才的选拔和考核制度。《管子》一书在这一方面有着比较全面的阐发。《明法》提出："是故先王之治国也，使法择人，不自举也；使法量功，不自度也。"先王治理国家，依据法度来选拔人才，而不是自己推举，依照法度来衡量功劳，而不自行揣度。而这一观点的提出正是接着"以法治国，则举错而已"，说明**以法为依据进行人才的选拔和考核是以法治国的重要内容。**

为什么要"使法择人""使法量功"呢？作者认为，如果君主放弃法度，依照虚名用人，看到夸赞的人多，就奖赏，看到诋毁的人多，就处罚，同党之间就会互相吹捧让君主重用，诋毁非同党的人让君主废黜，结果是忠臣无罪而受罚，奸臣却无功而富贵。看到这样的情况，人臣会觉得私交更重要，他人的夸赞和诋毁能决定自己的前途和命运，自然就重视私交而轻视公法，重视结党而不求实绩了。他们可以反复奔走于私人的家门，而一次也不到朝廷上来；为了自家的利益百般思虑，却一点儿也不为国事费心。朝廷所属的人员虽然数量众多，但不拥护君主；百官虽然设置齐备，却不治理国事。这种情况叫做"国中无人"。"使法择人，不自举也；使法量功，不自度也"就是要去除人才选拔和考核中人为的主观因素，以客观的法为标准。这样，贤能不可能被埋没，不肖之徒也不可能伪装；被夸赞的人不能进用，被诽谤的人也不能被罢免。**臣下互相夸赞以及诋**

毁、诽谤他人不再有用处，个人的能力和功绩才是被任用和提升的决定因素，臣下就不会再用心于发展私人关系，而会努力提高自己的能力，尽力做出实际的功绩。

“使法择人”和“使法量功”要怎样操作呢?《管子·明法解》有详细的解释。明君选拔人才，对于号称有勇气的人，就用当兵来测试他；对于号称有智慧的人，用官职来测试他。在军队里有功劳就提拔他，在官职上有成绩就任用他。用战功来评定勇敢和胆怯，用官职的业绩来鉴定聪明和愚蠢，这样，勇、怯、愚、智，就像黑白一样分明。君主依照法度验证人的言论来考察他的实际，让人担任官职来考察他的功绩，“以法案其言而求其实，以官任其身而课其功”，这就是“使法择人”。所谓的功劳是指保障君主安全、为万民谋得利益。不同身份、不同职位的人所建立的功劳不同。军士的功劳是破敌军、杀敌将，战有胜、攻有取，让君主没有危殆灭亡的忧虑，百姓没有死亡被俘的祸患；官吏的功劳是奉行君主的法令，治理好境内的政事，使强大的不欺凌弱小的，人多的不残害人少的，万民乐于尽力来侍奉君主；大臣的功劳是匡正君主的过错，挽救君主的失误，彰明理义来引导君主，让君主没有邪僻的行为，也没有被欺骗蒙蔽的忧患。君主分清职责而考核功劳，有功劳的奖赏，乱治者处罚，赏罚的施加，都能适当，“明分职而课功劳，有功者赏，乱治者诛，诛赏之所加，各得其宜”，这就是“使法量功”。

《管子·立政》这一篇有“治国有三本，而安国有四固”的提法。国家的治乱取决于“三本”，仅仅依靠杀戮刑罚是不够的；国家的安危取决于“四固”，仅仅依靠城郭险阻是不能固守的。可见“三本”和“四固”的重要性。而这“三本”和“四固”都和君主用人相关。什么是“三本”呢？“君之所审者三：一曰德不当其位；二曰功不当其禄；三曰能不当其官；此三本者，治乱之原也。”**君主需要注意以下三个问题：臣下的品德和地位是否相称，功劳与俸禄是否相称，能力和官职是否相称。**如果三个方面都能相称，则国家得治，如果不相称则国家混乱。因此，对于德义没有显露于朝廷的人，不能授予尊贵的爵位，否则，贤良的人就得不到进用；对于功绩没有显现于全国的人，不能给予优厚的俸禄，否则，勤奋的人就得不到鼓励；对于治事能力不能得到民众信任的人，不能担任重要的官职，否则，有才能的人就得不到重用。什么是“四固”呢？“君之所慎者四：一曰大德不至仁，不可以授国柄。二曰见贤不能让，不可与尊位。三曰罚避亲贵，不可使主兵。四曰不好本事，不务地利，而轻赋敛，不可与都邑。此四务者，安危之本也。”君主要谨慎对待四种人：标榜道德却不仁的人，不可授予国家大权；见到贤能而不能谦让的人，不可以授予尊贵的爵位；掌握刑罚而不施与亲贵的人，不可以统帅军队；不重视农业、不注重地利而轻率地征收赋税的人，不可以做都邑的官长。这四项是国家安危的根本。为什么这么说呢？只有标榜道德而真正做到仁，才能得到众人的支持；只有见到贤能而能谦让，才能让大臣们同心协力；只有掌握刑罚不避亲贵，才能够震慑敌国；只有重视农业、注重地利，慎重征收赋税，才能让民众怀恋自己的田产。如果用人不当，掌握国家大权的卿相得不到众人支持，地位尊贵的大臣不能同心协力，军队的统帅不能令人畏惧，民众不怀恋自己的田产，国家就面临危险了。

以“法”为依据严格官吏的选拔和考核，就是为了让官吏的品德与地位相称，功劳与俸禄相称，能力与官职相称。从中可见，《管子》对人才的要求，是既重视能力，也重视品德，甚至品德常常处于优先的地位。《管子·问》讲：“爵授有德，则大臣兴义。”爵位授予品德高尚的人，大臣们就能崇尚道义。《管子·君臣上》提出：“论材量能，谋德而举之，上之道也。”考评能力，衡量品德，然后加以举用，这是君主的职责。《管子·君臣下》讲：“其选贤遂材也，举德以就列，不类无德；举能以就官，不类无能；以德弇（yǎn）劳，不以伤年。”君主在选拔贤材的时候，要选拔品德好的人进入高位，不能包括无德之人；要选拔有才能的人担任官职，不能包括无能之辈。把品德放在功劳之上，不因资历年限而加以限制。

另外，**每个人的能力不同，有所长，也有所短。君主用人要用其所长，而不要求全责备。**《管子·形势解》讲：“明主之官物也，任其所长，不任其所短，故事无不成而功无不立。乱主不知物之各有所长所短也，而责必备。”明君管理人和物，任用人和物的长处，而不用他们的短处，所以事情没有不成功的，功业没有不能建立的。乱主不懂得人和物都各有所长又各有所短，因而求全责备。作者举例说，考虑事情确定计划，辩明礼义，这是人的长处却是猿猴的短处；攀缘爬高，这是猿猴的长处却是人的短处。如果用猿猴的长处去要求人，他的政令就无人听从，任务也无法完成。《管子·君臣上》也讲："是以明君之举其下也，尽知其短长，知其所不能益，若任之以事。"明君举用臣下的时候，要全面了解他的短处和长处，了解他的才能的极限，才委任给他适当的职务。作者还同时看到了另一面，贤人侍奉君主的时候，也要完全认识自己的长处和短处，认识到自己能力的限度，按照自己的能力来接受官职。君主和臣下都能遵守这样的原则，百姓男女就都能治理好。

《管子》还非常重视人才的培养。《管子·权修》提出："一年之计，莫如树谷；十年之计，莫如树木；终身之计，莫如树人。"这段话大家非常熟悉。打算一年就有收成，种植谷物最合适，打算十年能有成果，种植树木最合适，如果做终身的打算，培养人才最合适。人才培养需要一个漫长的过程，但是依然值得。"一树一获者，谷也；一树十获者，木也；一树百获者，人也"。种植谷物，是播种一次有一次的收获；种植树木，是种植一次而有十次的收获；培育人才，则是培育一次有百次的收获。如果能耐心地培养人才，巧妙地使用人才，举大事就能取得神效，这是称王天下的必经门径。

培养人才，任用人才，考核人才，人才的才能和智慧都能为君主所用，国家的各项事务都能够处理好，君主就可以清闲无事了。《管子·明法》讲："主虽不身下为，而守法为之可也。"《管子·明法解》解释说，明君让有才智的人贡献出他的计策，让有能力的人发挥出他的作用。用他们前面的言论考察后面的结果，能契合就赏赐，不能契合就惩罚。遵循法度来衡量，自己就不需烦劳又可使百官分工尽职。《管子·形势解》讲："明主之举事也，任圣人之虑，用众人之力，而不自与焉。"

明君做事，采用圣人的谋略，任用众人的力量，而不是亲自去办，所以事成而福至。昏君自恃聪明，而不采用圣人的谋略；自己逞能，而不任用众人的力量；一意孤行而不听劝谏，所以事败而祸生。

三、以人为本

如今，“以人为本”的理念已深入人心，它最早被提出来是在《管子·霸言》篇，“夫霸王之所始也，以人为本”。古时称天下之主为“王”，诸侯中的最强者为“霸”。成就称王天下和称霸诸侯的事业要从哪里开始呢？作者认为要从“以人为本”开始。“本”的本义是草木的根或者靠近根的茎干，引申为事物的根基、主体。**“以人为本”的意思就是以人民为根基。**要争夺天下，首先要得到人民的拥护和支持，这就是“得人”。得到天下大多数人拥护的，就能成就王业；得到半数拥护的，就能成就霸业。《管子·五辅》中也讲，当今的那些君主，大的想一统天下，小的也想称霸诸侯，却不重视“得人”，结果轻则兵败地削，重则国亡身死。《管子·形势解》中有个形象的比喻，蛟龙是水族的神灵，凭借水而显示神威，失去水神威就消失了，“人主天下有威者，得民拥护则威立，失民拥护则威废”。蛟龙和水的比喻很容易让我们想到慎到所讲的龙蛇和云雾的比喻，不同的是，慎到的云雾是在讲“势”的重要性，而这里的“水”是讲“民”的重要性，而“威”相当于“势”。“蛟龙得水立其神，人主得民成其威”，就像蛟龙凭借水而显示神威一样，**君主是因为得到民众的拥护才**

具有威势，也会因为失去民众的拥护而失去了威势，而不是因为有了威势才得到民众的拥护。

要得到民众的拥护和支持，就要“顺民心”。**《管子·牧民》讲：“政之所兴，在顺民心。政之所废，在逆民心。”**政令之所以能够推行，在于顺应民心；政令之所以废弛，在于违背民心。“民心”指民众的意见、情感和意愿等，“民知”“民情”“民意”都可包含在“民心”之内。**“顺民心”就要听取民众的意见、顺应民众的情感、满足民众的愿望。**《管子·君臣上》提出要全面听取民众的意见：“夫民别而听之则愚，合而听之则圣。虽有汤武之德，复合于市人之言。”每个人都有自己的立场和角度，对相同的事情会有不同的意见和看法，如果分别地听取，偏听偏信，就是愚蠢的；而将民众的意见综合起来，就能了解真实的情况，就是圣明的。即使是商汤、周武王这样具有高尚道德的君主，也要综合吸取众人的意见。君主能够了解民众的意见，顺从人心，安适人情，一切从众人的心意出发，这样，命令发出就不会有阻碍，设置了刑罚却用不着。这是说，**君主听取民众的意见来制定法令，法令顺应民心，民众就会守法听令，因而能实现“无刑”。**《管子·牧民》中也说：“下令於流水之原者，令顺民心也；……令顺民心，则威令行。”把政令下达在流水的源头上，就是要政令顺应民心，能做到顺应民心，威令就可以被遵行。

《管子·牧民》则强调要满足民众的欲求：“民恶忧劳，我佚乐之。民恶贫贱，我富贵之，民恶危坠，我存安之。民恶灭绝，我生育之。”民众厌恶忧患辛劳，我就让他们安逸快乐；民众厌恶贫穷低贱，我就让他们富有尊贵；民众厌恶危险困难，我就让他们安全稳定；民众厌恶毁灭断绝，我就让他们生育繁衍。因为我能给民众带来安逸快乐，他们就可以承受忧患辛劳；我能给民众带来富有尊贵，他们就可以忍受贫穷低贱；我能给民众带来安全稳定，他们就可以承担危险困难；我能让民众生育繁衍，他们就不惜献出生命。这是说，如果君主能够让民众确信自己的欲求能够满足，自己的愿望终会实现，即使君主的命令会让他们承受自己所厌恶的一切，他们也会服从。与此相反，无论出于何种目的，如果君主不能让民众得到他们所喜欢的，却总是让民众承受他们所厌恶的，那么，即使有严刑和杀戮，民众也不会服从君主的命令，更别说真心地去拥护和支持了，这就是“故刑罚不足以畏其意，杀戮不足以服其心。”刑罚繁重而民众内心却没有真正畏惧，法令就无法推行；杀戮众多而民众内心却不服，君主的地位就危险。总之，“顺民心”就可以“得民”，得到民众的支持、拥护和顺从，“逆民心”就会“失民”，民众就会疏离、背叛。

在民众的各种喜好和欲求中，利益、富贵尤为重要。《管子·五辅》讲：“然则得人之道，莫如利之。”《管子·治国》讲：“凡治国之道，必先富民。”作者认为民众富裕就容易治理，民众贫穷就难以治理。这是为什么呢？民众富裕就安居乡里、重视家庭，安居乡里、重视家庭就会尊敬君上而害怕犯罪，这样的民众就容易治理。民众贫穷就不安于乡居、不在意家庭，就敢于对抗君上而违反禁令，这样的民众就难以治理。这一点很好理解，民众过上富裕的生活，满足于自己现有的生活状态，就不愿意因为犯罪而失去这一切，而生活贫困甚至一无所有的人没有什么可以珍惜的，没有什么害怕失去的，就敢于为了利益铤而走险。因此，要治理好一个国家，一定要先让民众富裕起来。

《管子》中提出了一系列的富民措施，其中最重要的就是发展农业。《管子·治国》中提出，想要富民必须重视粮食生产，要鼓励民众从事农业，粮食生产是“众民”“强兵”“广地”“富国”的根本，增产粮食是君主的重大任务，是吸引民众和治理国家的正确途径。作者举例说，过去的七十九代君主，法度各异，号令也不相同，却都能统一天下，原因就是国富而粮多。国富粮多来源于农业，发展农业要先禁止生产和经营奢侈物品的手工业和商业。现今从事奢侈品生产和经营的人，工作一天的收入可以吃用五天，可农民终年辛苦劳动，还无法维持一家的生活。这样，民众就会放弃农业而从事奢侈品的制作和经营，土地也就荒芜，国家就会贫穷。要解决这样的问题，君主就要想办法均衡不同行业的收入。农民专一务农的收入可以和其他各业均衡，田野就能得到开垦，粮食就会增多，国家就会富裕；农民收入多了，奸巧之事就不会发生。国家富裕又安定，就可以走上成就王业的道路。作者以舜为例说明这个道理。舜第一次迁徙建成了“邑”，第二次迁徙建成了“都”，第三次迁徙建成了“国”。他并没有使用严刑重罚和禁令，而人民都归附他，是因为离开他的人必然受害，归附他的人必然得利。能为人民兴利除害正是先代圣王能让天下人民归附的原因。所谓“兴利”，就是做有利于农业发展的事；所谓“除害”，就是禁止有害于农业的事。

从作者的论述中我们也可以看到，民众富裕不仅易于治理，也能够实现国富。法家有富国强兵的目标，但是对于如何实现国富以及民富和国富的关系会有不同看法。三晋法家也讲富民，但是他们的思路是通过法的规定让民众以有利于国家的方式实现自己的富裕，也就是通过民众的求富行为实现富国目标。而在《管子》中，民富与国富可以说是一体的，民富则国富，民贫则国贫。《管子》中还有藏富于民、与民分利的主张，《权修》讲“府不积货，藏于民也”，《霸言》讲“以天下之财，利天下之人”。国家应该把财富藏于民间，而不应该时时处处与民争利。

民众不仅有物质需求，期望得到财利，实现富贵，还有情感的需求，希望得到关爱。因此，君主要得到民众的拥护，仅仅是富民、利民还不够，还要做到爱民。《管子·版法解》讲：“凡众者，爱之则亲，利之则至。是故明君设利以致之，明爱以亲之。徒利而不爱，则众至而不亲；徒爱而不利，则众亲而不至。”对民众爱护，他们就会亲近；给民众利益，他们就会归附。因此，明君提供利益来招引他们，显示爱意来亲近他们。**只有利益而没有爱护，民众归附却不亲近；只有爱护而没有利益，民众亲近却不会归附。爱民与利民一同施行，民众对君主就不仅归附，还会亲近。**《管子》还强调，君主对民众的爱、利要做到没有遗漏、没有偏私，要去除私心，《管子·版法》提出了“兼爱无遗”，“有众在废私”，《管子·版法解》解释说：“而众者，不爱则不亲，……是故明君兼爱以亲之。”“凡君所以有众者，爱施之德也。爱有所移，利有所并，则不能尽有。”君主之所以能够赢得民众的拥护，是因为有爱民和施利于民的品德。如果爱民之心有了偏私，对于利益有所兼并，就不能赢得所有民众的拥护。这就是“有众在废私”。

君主爱民、利民是“以德治国”的要求。《管子·正》讲：“爱之生之，养之成之，利民不得，天下亲之，曰德。”爱护民众，生育民众，供养民众，成全民众，利于民众，却不自居有德，让天下人都亲近，这叫做“德”。“爱民无私曰德”，爱护民众而无私心叫做“德”。“致德，其民和平以静”，施行德政，民众就能平和安静。《管子·五辅》篇提出了“德有六兴”，即“厚其生”“输之以财”“遗之以利”“宽其政”“匡其急”“振其穷”。开辟田野，建造住宅，重视种植，勉励士民，鼓励耕作，整修房屋，这叫做“厚其生”。开发潜藏的财源，输送积压的物资，修筑道路，便利关市贸易，慎重送迎商客，这叫“输之以财”。疏导积水，修通水沟，排放泛滥的洪水，清除淤积的泥沙，开通堵塞的河道，修筑渡口的桥梁，这叫做“遗之以利”。薄收租税，轻征捐赋，放宽刑罚，赦免罪恶，宽恕小错，这叫做“宽其政”。供养老人，体恤幼孤，救济鳏寡，问候疾病，吊慰祸丧，这叫做“匡其急”。送衣服给挨冻的人，送饮食给饥渴的人，救助贫寒人家，赈济破败人家，资助面临绝境的人，这叫做“振其穷”。这些德政措施涉及民众生活的各个方面，可以保障民众的生活需要，满足民众的愿望和欲求。

施行德政的对象不仅是国内的民众，还有其他的诸侯国。《管子·霸言》讲：“夫欲用天下之权者，必先布德诸侯。”《管子·君臣下》讲：“故德之以怀也，威之以畏也，则天下归之矣。”《管子·形势解》也讲：“能心行德，则天下莫能与之争矣。”对内行德政，赢得民众的支持和拥护，对外行德政，得到天下人的归附，这样就可以成就王业。

需要注意的是，《管子》主张爱民利民的“德治”，而三晋法家之所以批评德治的一个原因就是德治会和法治发生冲突，影响法的公正执行，《管子》对这一可能发生的冲突也有明确的意识。《管子·法法》说，“法重于民”，“不为爱民枉法律”，“不为爱民亏其法，法爱于民”，法律比民众更重要，明智的君主不能为了爱民而歪曲法律、破坏法令，法令比民众更值得爱惜。又说：“计上之所以爱民者，为用之爱之也。为爱民之故，不难毁法亏令，则是失所谓爱民矣。”君主之所以爱民，是为了使用他们，爱民不是目的，只是手段。如果为了爱民的缘故，不惜破坏法令，民众不服从法令就无法为君主所用，爱民也就失去它本来的意义了。可见，**在“爱民”与法治发生冲突时，《管子》还是站在法治的立场上，主张维护法的尊严。**

四、 礼义廉耻

《管子》重视民意，强调得民心对于政权稳定的重要作用，这一点与三晋法家有较大的区别。《韩非子·显学》讲：“民智之不可用，犹婴儿之心也。”《韩非子·南面》也讲：“适民心者，恣奸之行也。”此外，三**晋法家主张“以法为教”，“以吏为师”，常常批评道德教化不合时宜，没有效果，《管子》则是既主张以法治**

国，又重视道德教化。《管子·牧民》提出："国有四维。一维绝则倾，二维绝则危，三维绝则覆，四维绝则灭。……何谓四维？一曰礼，二曰义，三曰廉，四曰耻。""维"的本义是系物的大绳，引申为关键的意思。礼、义、廉、耻是四个维系国家政权的关键要素。国家有这四维，就像被粗大的绳子系住一样，安全而稳定。如果一维缺失，国家就会倾倒；两维缺失，国家就面临危险；三维缺失，国家就会颠覆；四维缺失，国家就会灭亡。作者在这里提出了道德教化的内容，就是礼、义、廉、耻，并且认为礼、义、廉、耻的教化直接关系到国家的存亡兴衰。

"礼"在"四维"之中处于首位。《说文解字》讲："礼，履也。所以事神致福也。从示，从豊（lǐ）。""豊，行礼之器也。"最初的"礼"指祭神所用的器物和祭神祈福的仪式。后来泛指宗法等级制度以及相应的礼节仪式、行为规范。《管子·五辅》中提出礼有"八经"，就是"上下有义，贵贱有分，长幼有等，贫富有度"。上与下、贵与贱、长与幼、贫与富体现了人与人之间的等级关系，不同等级之间的交往都有应该遵守的准则，上与下各有礼仪，贵与贱各有本分，长与幼各有等次，贫与富各有限度。作者认为，如果上与下没有礼仪就会混乱，贵与贱不守本分就要争夺，长与幼没有等次就要叛离，贫与富没有限度就会失其节制，国家因此而混乱。如果这八个方面的准则都能得到遵守，君主就能公正而不偏私，臣下就能忠诚而不结党，父母就能慈爱和顺地教育子女，子女就能恭敬地孝顺父母，兄长就能宽厚地教诲弟妹，弟妹就能和顺地敬重兄长，丈夫就能专一而敦厚；妻子就能劝勉而守贞。国家因此和谐稳定。

還者杜預亦言自父至高祖皆不敢斥言計許君卒於恭
宗已後自恭宗至世祖適五世世祖已上雖高帝不諱葢
漢制也此書之例當是不書其字但書上諱二字書其字
則非諱也今本有篆文者後人補之不書故其詁訓形聲
俱不言假令補之則曰祜福也从示古聲祜訓福則
當與祿禠等爲類而列於首者尊君也古音第五部
禮 履也 見禮記祭義周易序卦傳履足所依也引伸之凡所依皆曰履此假借之法履履也禮履也履同而義不同
所目事神致福也从示从豐 禮有五經莫重於祭故禮字从示豐者行禮之器
豐亦聲 靈啓切十五部
古文禮
禧 禮吉也 行禮獲吉也釋詁曰禧福也
从示喜聲 許其切一部
禛 目眞受福也从示眞聲 此亦當云从示从眞
眞亦聲不言者省也聲與義同原故諧聲之偏旁多與字
義相近此會意形聲兩兼之字致多也說文或偁其會意
略其形聲或偁其形聲略其會意雖則渻文實欲互見不
知此則聲與義隔又或如宋人字說祇有會意別無形聲

《说文解字·礼》

“义”是适宜的、正当的行为原则。一般来说，“礼”是礼节仪式、行为规范，但是为什么要规定这样的礼节仪式、行为规范，而不是其他的呢？因为“礼”的内核是“义”，要反映“义”这一行为原则。《管子·牧民》说“义不自进”，就是说，人做事要遵循“义”这一原则，不要通过不正当的手段为自己谋取功名利禄。“不自进，则民无巧诈”，如果人人都能遵循适宜的、正当的行为原则，就不会有欺诈的事情发生。问题是，一个人面对不同的社会关系、处理不同的社会事务，能够遵循一个固定的行为原则吗？并不能。“义”不是一个一刀切的标准，针对不同的人、不同的关系，不同的事务有不同的要求。《管子·五辅》中提出了

“义有七体”。什么是七体呢？用孝悌慈惠来奉养亲属，用恭敬忠诚来侍奉君主，用公正友爱来推行礼节，用端正谦逊来避免犯罪，用节俭省用来防备饥荒，用敦厚朴实来防备祸乱，用协调和睦来防备敌寇。这七个方面是人们在处理社会中各种人际关系和社会事务时的行为准则。七个方面都能做到，各种社会关系之间的冲突就能够完美调和，各种社会事务可以得到很好解决，社会就能够安定发展。

“廉”的本义是殿堂的侧边，引申指人正直、刚直、品行方正。《管子·牧民》说“廉不蔽恶”，具有“廉”这一品行的人不会掩饰自己的错误。能够做到不掩饰自己的错误，行为自然就端正，这就是“不蔽恶，则行自全”。“耻”的意思是羞耻、羞愧。《管子·牧民》说“耻不从枉”，“枉”的意思是弯曲、不正，这里指邪恶不正的人和事。人有羞耻心，就不会趋从于邪恶不正的人和事。不趋从于邪恶不正的人和事，邪乱的事情就不会发生，这就是“不从枉，则邪事不生”。羞耻感会成为人道德自觉的内在驱动力，我们犯了错会觉得羞耻，觉得丢脸，为了维护自己的尊严和荣誉，就会自觉地要做好人、做善事。

对民众进行礼、义、廉、耻的教化，要从道德认知的培养开始，要知道什么是善，什么是恶，什么是直，什么是枉，什么是好，什么是坏。《管子·牧民》讲“仓廪实则知礼节，衣食足则知荣辱”，“仓廪实”“衣食足”是人的物质需要的满足，是道德教化能够有效的前提，而“知礼节”和“知荣辱”是道德教化的起点。《管子·五辅》讲，民众一定先“知礼”，然后才能恭敬，尊让，做到少长贵贱不相逾越，这样乱事就不会产生而祸患也不会出现。民众一定先“知义”，然后才能中正，和睦团结，生活安定，办事有威信，这样就可以防务巩固而战争胜利。如果缺失了“知礼”“知义”这一起点，或者这一起点出现错误偏颇，之后的德行培养就都会落空，道德教化的目的也无法实现。就像现实中的某些人，是有做好人做好事的热情，却不知道什么是善，什么是恶，什么是好，什么是坏，举着正义的大旗，自以为做着非常高尚的事业，实际却是在行恶毒之事，甚至违法犯罪。

礼、义、廉、耻的教化要从小处入手，一点一点积累。《管子·权修》提出要“谨小礼、行小义、修小廉、饬小耻”。要求民众守礼，就不能不重视小礼，不重视小礼，而要求民众遵守大礼，是不可能的；要求民众行义，就不能不践行小义，不践行小义，而要求民众行大义，是不可能的；要求民众廉正，就不能不重视小廉，不重视小廉，而要求民众行大廉，是不可能的；要求民众有羞耻心，就不能不整顿小耻，不整顿小耻，而要求民众懂得大耻，是不可能的。总之，统治民众，要让他们谨慎小礼、践行小义、修养小廉、整顿小耻，禁止做小的坏事，这不仅是教化民众的方法，也是治理国家的根本。

通过教化，民众能够守礼、行义、廉正、有耻，成为有道德的人。不仅如此，《管子·牧民》讲“四维张则君令行”，受到礼、义、廉、耻教化的民众能够听从君主的命令。《管子·权修》也讲：“凡牧民者，使士无邪行，女无淫事。士无邪行，教也。女无淫事，训也。教训成俗而刑罚省，数也。”“教”是教育、指导的意思，“训”是教导、教诲的意思。这里认为，通过教训，可以让男人没有邪僻行为，让女人不做淫乱之事，进而形成良好的社会风气，刑罚也就会减少使用。这是通过道德教化来助力法治的思路。

儒家相信君主个人的魅力，倡导以德化民。《论语·颜渊》说：“君子之德风，小人之德草，草上之风必偃。”执政者的道德品质就像风，平民百姓的道德品质就像草，当风吹过来的时候，草就会随着风的方向倒。《管子》也认为君主如果能为民众做出道德表率，就可以感化民众，从而提升民众的道德水平。就是说，**君主想要民众成为什么样的人，要自己先成为那样的人。**《管子·君臣上》讲：“是故有道之君，正其德以莅民，而不言智能聪明。”“主身者，正德之本也……身立而民化，德正而官治。治官化民，其要在上。”《管子·君臣下》讲：“君之在国都也，若心之在身体也。道德定于上，则百姓化于下矣。”《管子·侈靡》还用了一连串的比喻来说明君主身教的效果。教化就像秋云的高远，能触发人心的悲情；像夏云的恬静，能浸润人的身体；又像皓月的寂静深邃，激起人哀怨的情思；像流水一样浩荡，引人深思又令人神往。教化的开始，是君主本身具有良好的品德，就像秋云在天空出现，贤人和不肖之人都会受到感化。此外，君主还要发挥价值引领的作用，他想让民众拥有什么样的道德品格，就去喜好、赞赏这样的品格。《管子·法法》讲，民众追随君主，不是追随他所说的话，而是追随他的喜好。君主喜好勇敢，民众就看轻死亡，君主喜好仁德，民众就看轻钱财。因此，**明君想要民众守法听令，就要肯定和推崇法**

令，以法令约束自己，民众受到君主的引导，自然愿意接受法的约束。

《管子》要求君主通过爱民和利民满足民众的物质需求和精神需要，如果民众的需要得不到满足，赏罚和道德教化都无法发挥作用，但是君主不能因为爱民而破坏法令。《管子》又重视道德教化，认为道德教化可以让民众服从君主的法令，不触犯刑法，道德教化可以和法治相配合。我们一般会把德治看作儒家的专利，把法治看作法家的标签，《管子》倡导法治，也推崇德治，重视道德教化，形成了刑德结合、礼法并用的齐法家的特色。

第五章

法家的集大成者——韩非

韩非是韩国的公子，王室成员。关于韩非的出生年份，学者们有公元前 280 年、公元前 295 年、公元前 298 年等不同看法，我们无法得到标准答案，只能确定他生活于战国后期，经历了韩釐（xī）王、韩桓惠王、韩王安三个国君在位的时代。韩非因为口吃而不善言辞，但是善于著书。他多次上书韩王，希望韩王能实行法治，富国强兵，但都未能见用。看到韩王不修明法制，不知依靠权势控制群臣，不奖励耕战，却听信虚言浮说，尊重儒侠，韩非十分愤慨。于是，他针对社会现实中的种种问题，总结历史上的成败得失，写成《孤愤》《五蠹（dù）》《内储》《外储》《说林》《说难》等几十篇文章。他和李斯都是荀子的学生，韩非的才华令李斯自愧不如。

韩非得不到韩王任用，他的思想却得到了秦王嬴政

韩非子

的赏识。有人将韩非的文章传到了秦国，秦王读到《孤愤》《五蠹》，不由赞叹：“我要是能见到这个人，并与他交往，就死而无憾了！”李斯说：“这些文章是韩非写的。”秦王发兵攻韩，韩王只得派韩非出使秦国。秦王见到韩非很是高兴，但并没有任用他。李斯、姚贾挑拨离间，说韩非是韩国的公子，终究还是会维护韩国的利益，而不能忠心为秦国效力，如果将他放回韩国又对秦国不利，不如给他加个罪名，依法处死，于是韩非被降罪入狱。韩王安六年（公元前 233 年），李斯派人送毒药给韩非，让他自杀。韩非想面见秦王申诉，却没有机会，被迫自尽于狱中。等到秦王后悔又想起用韩非，为时已晚。

据《史记・老子韩非列传》记载，韩非著书共十万余言，《汉书・ 艺文志》著录《韩子》五十五篇。现在流传的《韩非子》无论字数还是篇数都和史书中的记载相符。但是，也有很多学者对书中一些篇章的作者提出疑问。我们认为，先秦古书在编辑和传播过程中均会出现各种文献问题，除《存韩》篇后半部分可以确定是李斯所作，其他的证据尚不足以证明某篇一定不是韩非的作品。《韩非子》一书基本上能够代表韩非思想。

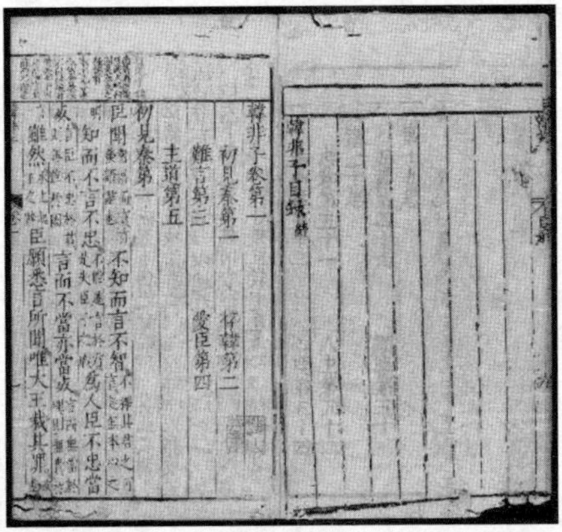
韓非子目錄
韓非子卷第一
初見秦第一 存韓第二
難言第三 愛臣第四
主道第五
初見秦第一
臣聞不知而言不智 知而不言不忠 為人臣不忠當死 言而不當亦當死 雖然 臣願悉言所聞 唯大王裁其罪

《韩非子》

韩非的公子身份，使他尤其关注韩国的处境和生死存亡的问题，也使他对权力斗争的残酷真相有更深切的感受，对政治现状中的各种复杂问题有更清晰的了解。在他之前，商鞅重视“法”，申不害重视“术”，慎到重视“势”。韩非子高举“法”的权威，教给君主因“势”用“术”，集法家思想之大成，形成了法、术、势一体的治国理论。

一、 人性好利

君主采用什么样的方式来治理国家，取决于对人性的基本看法。《韩非子·解老》讲："人无愚智，莫不有趋舍。""趋舍"即取舍，也就是好和恶。韩非认为无论是愚笨之人还是聪明之人，都有自己所喜欢的事物，也有自己所厌恶的事物。对于人喜欢什么，又厌恶什么，他有更为具体的说明。《韩非子·难二》讲："好利恶害，夫人之所有也。"《韩非子·奸劫弑臣》讲："夫安利者就之，危害者去之，此人之情也。"《韩非子·心度》讲："夫民之性，恶劳而乐佚。"就是说，**人人都喜欢利益、厌恶伤害，喜欢安逸、厌恶辛劳，会接近利益而远离伤害，这是人的天性。**《韩非子·外储说左上》还说人人都有"自为心"。"自为"在《慎子》中也有出现，意思是为自己打算，以自己的利益作为行为的目的。也就是说，人的本性是利己的，而不是利他的。

韩非举了很多例子来说明人是好利、自为的。比如，鳝鱼长得像蛇，蚕长得像毛毛虫。人们看到蛇就会惊恐害怕，看到毛毛虫就会汗毛竖起。但是养蚕的妇女用手拿蚕，捕鱼的人手捉鳝鱼，因为蚕和鳝鱼可以让他们获利，利益的诱惑使他们克服了内心的恐惧，成为像孟贲（bēn）、专诸一样的勇士。夫妻之间也充满了利益计算。卫国有一对夫妻在祈祷，妻子说："保佑我没有灾难，得到一百捆布币。"丈夫就问她："你为什么要这么少呢?"妻子回答说："如果多了你就会去买小老婆。"普通夫妻之间尚且如此，君主和后妃、夫人之间的算计更为残酷。丈夫和妻子之间没有骨肉恩情，宠爱就亲近，不爱就会疏远。妻子如果不被宠爱，她的孩子也会被疏远。后妃、夫人担心自己年老色衰会被疏远鄙视，自己的孩子就不能成为继承人。只有当母亲做了太后而儿子做了君主以后，才能够做到令行禁止，因此，后妃、夫人、太子会盼望君主早死，甚至用毒酒杀人、绞杀行刺等事件时有发生。韩非甚至认为父母和子女之间也存在利益计算。他讲到民间生了男孩就互相祝贺、生了女孩就杀死的现象，认为父母之所以做出这样的选择，是考虑到今后的利益，是为了长远利益打算的。父母对于子女，尚且用利弊计算相对待，何况是没有父子亲情的人呢？

许多人认为韩非和他的老师荀子一样主张人性恶，实际上，他只是对人性进行了事实判断，并没有对好利恶害、自为的人性做出善或恶的评价。他认为，**虽然有的行为被评价为善，有的行为被评价为恶，但实际上行为者都是受利益的驱使，目的是自为，利己，而不是为他、利人。**《韩非子·备内》篇举例说，医生为了救人吸吮病人的伤口，口含病人的污血，造车的人希望人人富贵，做棺材的人希望人早死，后妃、夫人、太子希望君主早亡。并不是医生和卖车的人善良，而是因为医生治好了病人能够得到报酬，人人富贵车子才能卖得出去。也并不是做棺材的、后妃、夫人、太子这些人都恶毒，而是因为人不死棺材卖不出去，君主不死，后妃、夫人、太子掌握不了权势。也就是说，如果做好人、做好事能够获得利益，人人都会为了获利去做好人、做好事，如果做坏人、做坏事能够获得利益，在没有约束的情况下，人就会去做坏人、做坏事。

在整个社会中，人的行为都是为了获取自己的利益而避免伤害，这样的看法似乎冷酷无情，韩非却认为人人追求利益的行为可以形成良好的人际关系，能够促进社会的和谐发展。他在《韩非子·外储说左上》中用父母和孩子之间的矛盾与雇工和主人的合作进行对比。人在婴儿时，父母如果对他的抚养比较马虎，孩子长大了就会埋怨父母；等孩子长大成人，对父母的供养微薄，父母就要责骂孩子。如果怀有“相为”“为他”的想法，认为每个人都应该为他人考虑，进而要求他人“为我”考虑，这不合于“自为”“为己”的本性，即使是至亲的父母与子女都会因为对方不够为自己考虑、不能满足自己的要求而互相埋怨、责骂。相反，主人雇用雇工来播种耕耘，为了让雇工更尽力地耕地，他给雇工提供丰盛的饭菜和成色足的钱币，雇工为了得到丰盛的饭菜和成色足的钱币而尽力快速地、高质量地耕作。主人和雇工之间并没有父子之间的亲情，他们的行为都是从自己的利益出发，以利己为目的，却可以建立起和谐友善的互利合作关系。可见，**人的好利、自为并不必然地导向人与人之间的争夺和社会混乱，也可以促进人与人之间的合作和社会的安定。**

君臣之间地位不同，利益不同，也可以为了各自的利益而实现君臣之间的合作。称霸诸侯、称王天下是君主的大利，富贵是臣子的大利。君和臣的利益虽然不同，但追求利益这一点却是相同的。因此，韩非认为君主应提供正当的途径让君臣双方均能实现各自的利益。如果可以通过正当的途径来获得自己的利益，让自己富贵，臣下就会尽心竭力来侍奉君主，同时也可以使君主获得称霸诸侯、称王天下的大利；如果不能通过正当的途径得到利益、实现富贵安乐，臣下就会利用阴谋诡计来侵犯君主的利益从而使自己获利。

好利、自为的人性论也是韩非法治主张的基础。**韩非认为要依据人的好利、自为本性制定赏罚制度。**《韩非子·八经》讲："凡治天下，必因人情。人情者，有好恶，故赏罚可用。""因"是凭借、利用的意思。要治理好天下，必须凭借和利用人好利恶害的本性。因为人有好恶，喜好利禄而厌恶刑罚，所以奖赏和刑罚就可以发挥其激励和禁止的作用。通过赏罚对个人的求利行为进行引导，对增进国家和君主利益的行为进行奖赏，对损害国家和君主利益的行为进行惩罚，人们就会为了得到奖赏去做对国家和君主有利的事，而避免去做对国家和君主有害的事。奖赏和刑罚可以使用，禁约法令就可以建立起来，君主只需依靠法术、严明赏罚，就可以实现自己的统治目的。我们从前过多关注了韩非人性论和荀子人性论的联系，但韩非不对人性进行善恶评价，主张因循和利用"好利""自为"的人性进行赏罚和实现法治，这样来看，他的人性论与商鞅、慎到等前期法家的人性论有着一脉相承的关系。

二、 时移世易

与商鞅一样，韩非也认为人类历史处于变化之中，在不同的时代，人类社会所面临的现实问题不同，解决问题的方式就不一样，这就是"世异则事异"，"事异则备变"。《韩非子·五蠹》中提出了"上古之世""中古之世""近古之世"和"当今之世"的时代区分。在"上古之世"，人口稀少，而鸟兽众多，人们无法承受禽兽虫蛇的侵害，为了解决这一问题，圣人发明在树上建木屋的办法来避免各种伤害；人们食用生的瓜果和蚌蛤（gé），食物腥臊恶臭而伤害肠胃，许多人生病。为了解决这一问题，圣人发明了钻木取火的办法烧烤食物，除掉腥臊臭味。在“中古之世”，洪水泛滥，为了解决这一问题，鲧（gǔn）和他的儿子禹先后负责疏通河道。在“近古之世”，夏桀和殷纣统治残暴，为了解决这一问题，商汤和周武王起兵讨伐桀纣。

韩非主张人性“好利”“自为”，并和商鞅一样认为这一本性会因为时代的差异、社会条件的变化而有不同的表现。与商鞅相比，韩非对人性在不同时代会有不同表现及其产生不同表现的原因有着更为直接的论证。《韩非子·五蠹》中有一段重要的论述。在古代，男人不用耕种，野生的果实就足够吃；妇女无需纺织，禽兽的皮就足够穿。人口少而财物有余，所以人们就不需要为了满足自己吃和穿的需求而互相争夺。在韩非所生活的时代，人们养育五个儿子还不算多，每个儿子又养育五个儿子，祖父还在世就会有二十五个孙子。人口众多，而财物与人的需求相比变得匮乏，人们费尽力气劳作，还是不能够满足吃穿的需求，所以民众就会互相争夺，即使使用重赏严罚，仍然不能避免社会发生混乱。

韩非将当时的社会现实与古代进行比较，指出古代人口少，相较而言资源十分丰富，而当今社会由于人口增多，资源有限，在人们的需求和欲望与物质财富的供应无法平衡时，争夺不可避免。**古代社会人与人不争夺，而当今社会却人人争利，并不是人性发生了变化，而是环境和条件发生了变化，不争与争是相同的人性在不同条件下的不同表现而已。**韩非举例说，尧统治天下的时候，住的非常简陋，吃的非常粗糙，衣着非常素朴，他的生活条件堪比现在看门的奴仆。禹统治天下的时候，亲自拿着农具带领人们劳动，累得大腿消瘦，小腿无毛，他的辛劳程度堪比奴隶。如此来看，古时的人把天子之位让给其他人，不过是在逃避看门奴仆般的生活条件，摆脱奴隶般的繁重劳动。现在的县令虽然只是很小的官职，他的子孙却在他去世之后仍然能世世代代享受富贵的生活，因此人们都很看重这样的职位。古时的人可以轻易地辞掉天子之位，现在的人却难以舍弃县令那么小的官职，并不是古人道德高尚而今人品德低下、唯利是图，而在于古代的天子之位和现在的县令之职的实际权势以及所带来的利益大小不一样。居住在山上的人要到谷底打水，水因而珍贵，逢年过节会用水作为礼品；居住在洼地的人饱受水涝灾害，还要花钱雇人来挖渠排水。荒年的春天青黄不接，连自己的幼弟也不肯管饭；而在丰年的秋天，即使是疏远的过客也要招待吃喝。这并不是疏远亲人而偏爱过客，而是因为家里存粮的多少不一样。因此，古时的人轻视财物，并不是仁义，而是由于财物充足；现在的人互相争夺，并不是卑鄙，而是由于财物匮乏。好利恶害是古今之人共同的本性，古人辞掉天子的职位和今人争夺官位都不过是权衡利害的结果；古人不争而今人争夺，是因为财物的多寡不同，并不是人性的改变。

“世异则事异”的历史观是韩非变法主张的基础。社会处于变化之中，治理方式和社会制度应该随着时代的不同、社会问题的差异而改变。《韩非子·五蠹》讲：“不期修古，不法常可，论世之事，因为之备。”《韩非子·心度》讲："法与时移而禁与能变。"因为韩非所处的时代正在经历一场社会的大变革，所以旧的治理方式和社会制度必然不能解决新的社会问题，要求采用新的治理方式，制定新的社会制度。**在已经发生变化的新时代固守旧有的解决社会问题的方式是极其可笑的。**韩非讲道，如果在夏朝还有人用在树上建窝棚和钻木取火的方法生活，一定会被鲧、禹耻笑；如果在殷周时代，还有人把疏通河道作为要务的话，就一定会被商汤、武王耻笑；在当今之世要是还有人推崇尧、舜、禹、汤、武王的治理方式并加以实行，就一定会被当今的圣人耻笑。

韩非子还讲了著名的"守株待兔"和"郑人买履"的故事。在田中耕地的宋人偶然之间捡到了撞死在树桩上的兔子，便放弃了耕作，每天守着树桩，期待着再一次不劳而获。想要买鞋的郑人按照自己的脚量好了尺码，去集市时却忘了带上，他宁可回家取尺码也不肯用自己的脚试试鞋子是否合适。在韩非看来，如果在社会情况已经发生变化时仍然固守旧有的治理方式，而不愿意针对新情况、新问题改变，就像"守株待兔"的宋人和"宁信度，无自信"的郑人一样愚蠢可笑，结果必然是一无所获。《韩非子·五蠹》中就断言："今欲以先王之政，治当世之民，皆守株之类也。"《韩非子·外储说左上》也讲："夫不适国事而谋先王，皆归取度者也。"想用"先王之政"治理"当世之民"的就是儒家。儒家和道家都有怀古情节，生逢乱世，但一直憧憬着回复早已远去的黄金时代，而韩非则是抛弃幻想、直面现实的。**他所批评的不适合新时代的旧的治理方式和社会制**

度主要指儒家所提倡的仁义之治和礼治。

守株待兔

韩非所生活的时代是人人争利的时代，他提出："夫古今异俗，新故异备。如欲以宽缓之政，治急世之民，犹无辔（pèi）策而御驿马，此不知之患也。"（《韩非子·五蠹》）韩非主张针对"急世之民"而实行"法治"，而儒家想依靠君主树立道德典范来感化民众并培育民众的道德自觉，就属于无法有效治理"急世之民"的"宽缓之政"。《韩非子·八说》讲，古时人口数量少而互相亲爱，财物丰富而轻视财利、容易谦让。由于人口增多，财物稀缺，人与人之间的竞争越发激烈。上古之人在道德上互相竞争，中世之人在智谋上互相较量，而当今的时代则成为弱肉强食的力量之争。处于竞争激烈的时代，行礼谦让，推崇仁慈恩惠，称道仁义忠厚，就像用蚌壳做的除草农具和简陋的手推车，不合时宜，不是圣人的治国之道。《韩非子·五蠹》也讲，古代的周文王地处丰、镐（hào）一带，方圆不过百里，他施行仁义感化了西戎，统一了天下；徐偃王统治着汉水以东，方圆五百里，他同样施行仁义，有三十六个国家割地朝贡，却引来楚文王的忌惮而被灭国。周文王施行仁义而一统天下，徐偃王施行仁义却招致国家灭亡，施行仁义这一点相同，结果却完全不同，是因为时代已经发生了变化。这样的史实恰恰说明仁义之治只适用于古代而不适用于当今社会。

韩非在《显学》中讽刺儒者用古者圣王仁义之治游说君主就好像巫祝祝福大家长生千岁、延寿万年，只是好听的虚言，却没有实际的功效。英明的君主应该致力于做实际效用的事情，抛弃无用的空谈，而关于仁义之治的各种言论就是应该被抛弃的空谈。《韩非子·外储说左上》中还有一个小孩过家家的比喻。小孩在游戏中把尘土、烂泥、木头当作饭、菜和肉，但是土饭泥羹不能充饥，所以他们天黑就要回家吃饭。仁义就如同过家家用的土饭泥羹没有实际功用，奉行古代帝王的仁义之道并不能治理好国家。在韩非所生活的时代，韩、赵、魏三国追求仁义，国家衰弱混乱，而秦国不追求仁义，国家安定强盛，这也说明，仁义对于治国害多利少。

三、 审慎立法

法家多将立法权归于君主，韩非也是如此。《韩非子·问辩》说“法自君出”，《韩非子·饰邪》说“君之立法”，《韩非子·守道》说“圣王之立法也”，《韩非子·用人》讲“明主立可为之赏，设可避之罚”。因为法是君主所立，很多人会认为君主可以随意制定和颁布自己喜欢的法令，废除自己厌恶的法令，赏罚归根结底还是由君主一人决定。实际上，韩非对“立法”有很多要求，君主并不能全凭个人喜恶来确立或废除法令。

韩非认为，“法”是解决现实问题的最优方法，正如《韩非子·问辩》所讲，“法者，事最适者也”。但是，“世异则事异”，“事异则备变”（《韩非子·五蠹》），时代在发展变化，现实的社会情况也会随之改变，要解决的社会问题也变得不一样，解决不同社会问题的方法当然也不一样。**立法者要研究时代的变化，把握新的社会情况，聚焦于新的社会问题，制订符合新时代、新情况，能够解决新问题的法令。**韩非处于一个新时代，旧有的法令制度必然不能符合新的社会情况，解决不了新出现的社会问题，这就要求制定新法以代替旧法。他举例说，如果伊尹不改变殷法，太公不改变周法，商汤、武王就不可能称王天下，如果管仲不更改齐法，郭偃不更改晋法，齐桓公、晋文公也不可能称霸诸侯。

韩非主张根据新的社会情况制定新法，新法会与原有的旧法发生冲突，因此，应该在颁布新法的同时废除旧法，以保持一国之法的统一性。韩非就曾批评申不害虽然善于用“术”却忽视了法的统一性。法令不统一，是为人们提供了合法地不遵守法令的渠道，会让法失去它的权威性。此外，适合社会现实情况、能够解决社会问题的法令一旦确立，就应保持稳定，君主不能够随意更改或废除。韩非用镜子和衡器与法作类比来说明保持法的稳定性有多重要。镜子保持明亮，美丑就会显现出来，衡器保持平正，轻重就能衡量出来。摇动的镜子不能保持明亮，就没有办法判定美丑，摇动的衡器不能保持平正，就不能准确地衡量出轻重。韩非在解释老子的“治大国者若烹小鲜”时提出“治大国而数变法，则民苦之”，说明了频繁改变法令的危害。“法”是关于赏罚标准的规定，人们会根据“法”的规定做可以让自己获利的事情，而避免会让自己受罚的行为。如果赏罚的标准经常变化，原来可以得到奖赏的行为不再受赏，人们就要放弃自己在做的事，重新去做可以获利的事，这样会使投入大大增加而所获利益大大减少，“劳而少功”，甚至“劳而无功”。就像烹饪小鱼时经常扰动会把鱼肉翻烂，法令经常变化会让人们苦不堪言。因此，法要统一，也要稳定，这就是“法莫如一而固”（《韩非子·五蠹》）。韩非还警告君主，法令不断更改是亡国的征兆。

“法”规定了赏罚的标准，韩非要求这一标准要适当，《韩非子·用人》讲：“明主立可为之赏，设可避之罚。”就是说，奖赏是人们可以得到的，惩罚是人们可以避免的。如果赏罚标准的确定不适当，奖赏的要求太高，人们无论如何努力也不可能得到，惩罚的要求太过苛刻，人们无论怎样小心谨慎也无法避免，“法”也就失去了规范人们言行的功能。韩非还提出，奖赏的丰厚程度要有切实的激励作用，惩罚的轻重程度要有切实的警示效果，这就是《韩非子·守道》所讲的“圣王之立法也，其赏足以劝善，其威足以胜暴”。**人都是好利恶害的，个人的利益是行为的目的。如果需要付出的利益多而所获得的奖赏少，人们就不会为了获得奖赏去做“法”所鼓励的事情；如果获得的利益多而得到的惩罚少，人们仍然会去做“法”所禁止的事情。韩非子主张重刑就是出于这样的理由。**

《韩非子·六反》中批评了“重刑伤民，轻刑可以止奸”的观点。所谓“重刑”就是利益少而刑罚重；所谓“轻刑”就是利益多而刑罚轻。民众衡量奸邪行为可以获得的利益和所应承担罪责的大小轻重，如果利多、刑轻，民众就会选择为获利而犯法，奸邪的行为不但不能被禁止而且会越来越多，刑罚也会越用越多，这就是“以刑致刑”。如果利小、刑重，人们就不愿意为了小利而犯法，奸邪的行为能够被禁止，刑罚也就无需使用，这就是“以刑去刑”。而且，重刑所能禁止的奸邪轻刑未必能禁止，而轻刑能够禁止的奸邪重刑必然能禁止，因此，君主设立重刑，奸邪就全被禁止了。韩非子引用了先圣的谚语说：“不踬（zhì）于山，而踬于垤（dié）。”人不会被高山绊倒，却会被小土堆绊倒。因为山高大，人们就会小心遵循；而土堆矮小，人们容易粗心大意。轻刑就像小土堆，会让民众不经意而摔跤。这和子产用水、火来比喻为政的“宽”和“猛”思路近似。韩非认为，**如果实行轻刑，民众就会因为轻视而犯罪，等人犯罪了再加以惩罚，就是给民众设置了陷阱，这才是对民众的伤害！**

韩非在《韩非子·内储说上七术》中用“殷法刑弃灰”等事例说明“重刑”的道理。在大街上倒灰是非常小的事情，但在殷法中会被处以断手这样的重刑。子贡认为这一规定太过严酷，就请孔子解惑。孔子解释说，在街上倒灰会眯到别人的眼睛，继而惹人发怒，引起争斗，甚至导致家族之间的残杀。在街上倒灰这样的小事却可能引起严重的后果，从可能的结果来看就不是一件小事，所以对他们处以刑罚是可行的。**这里主张按照行**

为可能带来的后果而并不是实际发生的后果进行处罚，体现了预防性的立法观念。此外，人们都厌恶、惧怕重刑，而不在街上倒灰是容易做到的事情，让人们做到容易的事，就可以避免他们所惧怕的刑罚，这合乎治理的原则。荀子提出“刑称罪则治，不称罪则乱”（《荀子·正论》），反对重罪轻刑，也反对轻罪重刑。韩非并没有继承老师的观点，而是接受并发展了商鞅的重刑主张。如果说商鞅提倡重刑更多的是让人们不敢犯法，韩非则更多地论证了“重刑”可以让人们不愿意犯法。

韩非在《韩非子·难二》中提出“夫刑当无多，不当无少”的看法，认为**确定刑罚的标准不在于刑罚用得多还是用得少，而在于是否适当。**如果刑罚标准适当就无所谓多，如果刑罚标准不适当就无所谓少。他讲了“晏子贵踊”的故事。齐景公走访晏子，问晏子市场上什么贵什么便宜，晏子回答说：“断脚人用的假足贵，平常人穿的鞋子便宜。”景公追问缘故，晏子说：“因为刑罚太多了。”景公很惊讶，认为自己太残暴了，于是减去五种刑罚。韩非子认为晏子不去考察景公的刑罚是否适当，而用刑罚太多劝说景公，这是不懂得治国之道的过错，是很荒唐的。爱惜茅草会损害庄稼，宽容盗贼会伤害良民，减轻刑罚，实行宽惠，就是便利奸邪而伤害好人，这不是治国的好办法。**这个茅草的比喻又为反对轻刑提供了一个视角，就是对犯罪者宽容就无法保护好人免受伤害。**

虽然韩非致力于宣扬法治的优越性，但他承认并不存在完美无缺、所向无敌的“法”，任何“法”的施行都会有利有弊，在解决问题的过程中也会遇到困难。他

晏婴

在《韩非子·八说》中用战争、洗头和医治做类比来说明这一点。在残酷的战争中，能够攻克敌方的大都城，击溃十万之众的军队，虽然士兵伤亡惨重，武器装备大量损坏，但仍然值得庆祝。洗头的时候会掉发，医治的过程会流血伤肉，不能因为有这些害处，就放弃洗头和治病。他还引用先圣的言论，“规有摩而水有波”，作为衡量标准的圆规会有误差，再平静的水面也会有波纹。任何事物都有利有害，不能因为存在有害的方面就放弃，而应该“出其小害计其大利也”。立法者也不能因为一项法令有弊端、有害处就放弃，而要懂得权衡利弊、得失。

韩非尤其重视事物、言论、行为、制度在解决现实问题中的功效，“有功”则被肯定，“无功”则被否定。什么是“功”呢?《韩非子·南面》讲：“凡功者，其入多，其出少，乃可谓功。”“其入多”指获得的利益多，“其出少”指失去的利益少。利多弊少、得多失少就是“有功”，利少弊多、得少失多则是“无功”。韩非讲了很多故事进行说明。《韩非子·外储说左上》中有“墨子为木鸢（yuān）”的故事。墨子用三年时间制作木鸢，只飞了一天就坏了。弟子赞叹墨子的手艺精巧，墨子却说制造车輗（ní 车辕前端与车衡相衔接的部分）的人手艺更高超。他们用细小的木头，不到一天的时间，制造出的车輗能牵引重物，到达遥远的地方，又经久耐用。在今天看来，木鸢这一最早飞行器的制作成功是科学技术史上的一大创举，但韩非所遵循的并非科学家的思维方式。从“功”的角度判断，制作木鸢付出多，收益少，而制造车輗付出少，收益多，被肯定的是制造车輗的人。这一篇中还有一个“讴癸（guǐ）筑武宫”的故事。宋王召讴癸为修建武宫的人唱歌，讴癸唱的时候，走路的人驻足倾听，修筑的人不觉疲倦。宋王召射稽来唱歌，射稽唱的时候，走路的人脚不停歇，修筑的人感到疲倦。但从功效上比较，讴癸唱歌时修筑的人只筑了四板且不够坚固，射稽唱歌时筑了八板且更加坚固。韩非也不遵循艺术家的思维方式。衡量唱歌好与坏的标准并非是否悦耳动人，而是功效，所以射稽的才艺要比讴癸更高超。**“法”不可能只有利而没有弊，权衡利弊、得失，利多弊少、得多失少的“法”可以制定和施行，而利少弊多、得少失多的“法”就不能够制定和施行。**

总之，“法”的制定应该符合新时代的社会情况，能够很好地解决现实问题；一国之法应保持统一，法令之间不能够出现相互矛盾的情况；在社会情况没有发生大变化的情况下，君主不可随意变更已经颁布施行的法令；“法”所确定的赏罚标准应适当，奖赏可能得到，其丰厚程度足以激励人们行善，惩罚可以避免，其轻重程度足以禁止奸邪；“法”无法做到完美无缺，但利大于弊的法令方能确立、施行。韩非子对可立之“法”的这些要求说明君主行使立法权并不能随意而为，但他并没有提供一个有效的途径约束君主必须遵守这些立法原则。

四、公正执法

“法”是关于赏罚标准的成文规定，“法”的执行也就是以“法”为标准进行赏罚。韩非将赏罚权称为“二柄”，“二柄”就是“刑”和“德”，“刑”指杀戮的权力，“德”指奖赏的权力。韩非强调，赏罚权必须由君主一人同时掌握。也就是说，韩非认为不仅关于赏罚标准的确定即立法权由君主掌握，“法”的执行权也应由君主掌握。

韩非所讲的“法”具有普遍的适用性，作为赏罚的依据，无论什么样的身份和地位均需接受法的制约。同时，“法”对臣民也没有偏私，无论亲疏贵贱，在法令面前都是平等的。《韩非子·有度》讲：“法不阿（ē）贵，绳不挠曲。……刑过不避大臣，赏善不遗匹夫。”法不迁就权贵，也不歧视贫贱，不问身份地位一律以法为依据进行赏罚，这就像墨绳不会为了迁就弯曲而改变自己的平直一样。《韩非子·主道》讲："是故诚有功则虽疏贱必赏；诚有过则虽近爱必诛。"即使是地位低下的匹夫，他的行为按照法律的规定应该得到奖赏也不会被遗漏；即使是身份尊贵的大臣，他的行为如果按照法律的规定应该接受刑罚也必须执行。

作为法的执行者，君主是否能够做到对臣民一视同仁就至关重要。君主虽然掌握国家的最高权力，但也和其他人一样有自己的情感和欲望，有自己的喜怒哀乐，有关系亲近的人，有关系疏远的人，有自己喜欢的人，也有自己厌恶的人。这些情感和欲望，都会对执法的公平、公正产生干扰，甚至带来破坏。**韩非特别重视这一点，他强调法一旦确立颁布就具有了权威性，所有的人和事均应以法为依据进行评判，不能让君主个人的喜怒和好恶干扰法的执行，更不能放弃确定的作为赏罚依据的法，而依凭君主无常的喜怒和好恶进行赏罚。**《韩非子·用人》讲，在最安定的国家，君主以法为依据进行赏罚而不以自己的喜怒之情为依据，臣子和民众因为触犯刑法被杀，而不是因为君主的愤怒无辜受害。法的权威于是得以树立，奸邪之人就会被慑服。以法为依据而进行赏罚，充分发挥法的劝善禁奸的作用，君主就可以高枕无忧而臣下可以愉快地从事本业，这样的恩德不仅能泽及当世而且能流传万代。

君主容易对自己所爱之人、关系亲近之人不忍心处罚，从而枉法。因此，对自己亲爱之人依法处罚，最能树立法的权威，让臣下和民众信服。《韩非子·主道》讲："近爱必诛，则疏贱者不怠，而近爱者不骄也。"

《韩非子·外储说右上》用多个事例论证了“不避亲贵，法行所爱”的思想。晋文公询问狐偃怎样才能达到刑罚的最高境界，狐偃回答说：“刑罚不避开亲近的人和地位尊贵的人，法律要实施到你宠爱的人身上。”晋文公认同狐偃的看法。在第二天的田猎中，文公所亲近宠信的颠颉迟到，文公腰斩了颠颉，来彰显有法必依的决心。

在《韩非子·外储说右上》中，韩非还提出了王子犯法也应依法处置的主张。楚庄王有法规定：“群臣、大夫、诸公子入朝，如果有马蹄踩到屋檐下滴水处的，执法官砍断他的车辕，杀掉他的车夫。”太子入朝触犯了这一规定，执法官依照规定进行处罚，砍断了太子的车辕，杀了驾车的车夫。太子很生气，去向庄王哭诉，请求庄王替他报仇，杀了执法官。庄王说：“法律是使宗庙得到敬重、使国家政权获得尊严的工具。执法官能够维护法制、服从命令而使国家政权受到尊重，是国家的忠臣，怎么可以诛杀呢?”可见，韩非认为，**法的尊严不可侵犯，无论卑贱还是尊贵，均应以法为依据赏罚，这也是维护君主地位、保护国家政权的根本。**

韩非讲了一个吴起休妻的故事。吴起拿着丝织的带子给他妻子看，说：“你给我织一条这样的丝带。”丝带织成以后和原来的那条比较，新织丝带更好。吴起问妻子：“让你织一条一样的丝带，现在新织的这条更好，为什么呢?”妻子说：“我用的材料是一样的，只是多用了些工夫，所以更好。”吴起说：“这不是我的吩咐。”他让妻子穿好衣服，把她休回了娘家。妻子的父亲来求情，吴起说：“我在家也从不说空话。”虽然和妻子有夫妻之情，虽然只是在家庭关系之中，虽然妻子没有完全按照吴起的要求去做而是做得更好，还是被吴起休回娘家。这件事非常不合常情，却体现了法家之人对信赏必罚原则的严格遵守。

还有大家熟悉的曾子杀猪的故事，也说明守信的重要性。曾子的妻子去集市，小儿子跟在她后面哭泣。曾子的妻子说："你回家去，等我从集市回来给你杀猪吃。"她从集市回来，曾子打算抓一头猪来杀。妻子阻止说："我不过是和小孩子开玩笑罢了。"曾子说："可不能和小孩子开玩笑。小孩心智不成熟，要靠父母做出样子才会跟着学。你现在欺骗他，就是在教儿子学会欺骗别人。做母亲的欺骗孩子，孩子就不会信任母亲，这不是教育的好方法。"于是就把猪杀掉煮了。

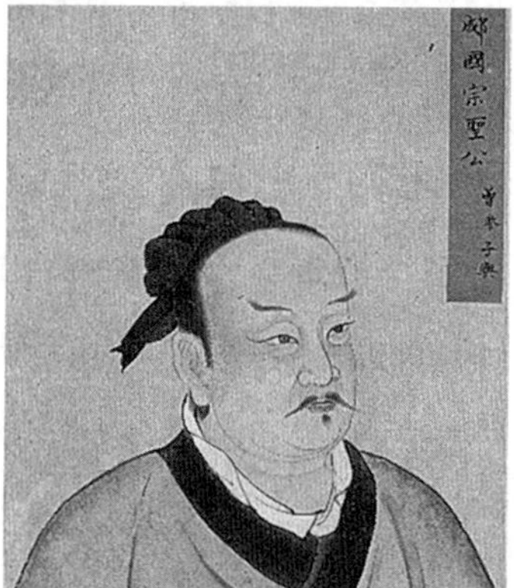

曾子像

还有一个卫嗣君用一座城池引渡逃犯的故事。卫嗣君在位时，有个囚犯逃到了魏国，替魏襄王的王后治病。卫嗣君派人求魏王允许用五十金赎回囚犯，使者往返五趟，魏王就是不答应，卫嗣君就决定用左氏城来交换逃犯。群臣劝说卫君："用一个大城邑去交换一个逃犯，值得吗？"卫君嗣说："如果法令不能树立威信，诛罚不能兑现，即使有十个左氏城也没有好处；如果法令能够树立威信，诛罚都能够兑现，即使失去十个左氏城也没有损害。"魏王听说后不禁感叹："卫嗣君一心想治理好国家，我不答应他的要求是不吉利的。"于是用车子将逃犯送到卫国，无条件地交给了卫嗣君。

韩非主张重刑，但是为什么有些罪行刑罚很重还是有人触犯，因为犯法之事不必然被知道，犯法之人不必然被抓到，被抓到也不必然被惩处。**虽然有重刑，但是如果不能做到"必罚"也没有用处，人们会有逃脱处罚的侥幸心理。**韩非在《韩非子·内储说上七术》中讲到"丽水之金不守"的事例，在荆南之地的丽水之中有金子，很多人偷偷去采金。关于采金的处罚非常重，被抓到的人会被腰斩，但是人们还是不能停止偷偷采金的行为。因为不必然被抓到。正是基于这一逻辑，卫嗣君宁愿付出一座城池也要把逃犯抓回来接受刑罚。

相反，**如果君主在执法中不能排除自己的喜怒好恶等情感、欲望的牵制，无法做到信赏必罚，就会让亲近的人心存侥幸，而不去守法，让关系疏远的人感受不公，对君主和法失去信任，也不愿意守法。**《韩非子·内储说上七术》讲："爱多者，则法不立。"君主如果因为爱的情感而不能依法处罚，就会伤害法的权威。《韩非子·用人》也讲："释仪的而妄发，虽中小不巧；释法制而妄怒，虽杀戮而奸人不恐。罪生甲，祸归乙，伏怨乃结。”法作为赏罚的标准就像射箭时的箭靶。如果不以箭靶为标准而胡乱射箭，即使射中了很小的东西也不算技术高超；抛弃了法律制度的标准而胡乱发怒，即使屠杀刑戮，奸邪之人也不会恐惧；一个人犯罪却处罚另一个人，人心的怨恨就会积聚。

韩非还指出，如果以君主的喜怒、私心为依据对臣民进行赏罚，君主的心意难以知晓、喜怒难以猜中，赏罚没有确定的标准，臣民对自己的行为的后果就无法预见，必然手足无措。臣民即使自己行为不当，受到处罚的时候也不会认为是自身的原因，而会怨恨君主。君主和臣民结怨，就会导致臣民背叛君主，这是非常危险的。**如果以法为依据进行赏罚，法为民众所共知，民众对自己的行为会受赏还是受罚有所预见。当臣民受到了惩罚，他们会认为自己之所以受到惩罚是因为触犯了法律，因而会将过错归于自身而不会怨恨君主。**这就是韩非在《韩非子·外储说左下》中所说的“以罪受诛，人不怨上”。他用孔子弟子子皋（gāo）做狱吏的故事进行说明。孔子的弟子子皋做狱吏时曾对一个人执行过刖刑，受刑的人被派来把守城门。有人在卫君面前污蔑孔子图谋作乱，卫君于是打算捉拿孔子。孔子和弟子们一起逃跑。断足的守门人引导子皋逃到门边的屋子里，官吏没有抓到他。半夜，子皋问断足守门人说：“我砍了你的脚，现在是你报仇的时候，为什么你还肯帮我逃走?”断足守门人说：“我被砍掉脚，是我触犯了法令，罪有应得。当您按刑法给我定罪时，您反复推敲法令，先后为我说话，很想让我免除惩罚，等到罪刑确定，您心里的不快都表露了出来。您并不是徇私照顾我才这样做，而是出于与生俱来的仁爱之心。这便是我心悦诚服并要报答您的原因。”可见，在以法为依据罚当其罪的情况下，人们即使遭受诛罚，也不会心生怨恨。

同理，因为立功而得到赏赐，臣下可以心安理得地接受，也用不着感激君主，这就是“以功受赏，臣不德君”。韩非讲了“翟璜（huáng）乘轩”的故事。田子方从齐国来到魏国，远远看见一辆尊贵的轩车，田子方以为是魏文侯，就把车子赶到旁路上回避。车到跟前，原来只有翟璜。田子方问道：“您怎么乘这样的车呢？”翟璜说：“魏君计划攻打中山，我推荐了翟角；攻打中山，我推荐乐羊；攻占中山后，魏君忧虑如何治理，我推荐了李克。因为这些功劳，魏君就把这辆车赏赐给我了。”田子方说：“翟璜得到的赏赐还是比不上他的功劳呢！”

而儒家所提倡的仁义之治不仅没有用，还会和法治相冲突，干扰法的执行，伤害法的权威，从而导致法治败坏、国家弱乱。《韩非子·奸劫弑臣》讲：“夫施与贫困者，此世之所谓仁义；哀怜民众不忍诛罚者，此世之所谓惠爱也。夫有施与贫困，则无功者得赏；不忍诛罚，则暴乱者不止。”把利益施与贫困之人，便是世人所说的“仁义”；怜悯民众，不忍诛罚，便是世人所说的“惠爱”。而以法治国要求依照法这一标准信赏必罚，无功不得赏，有罪必诛罚。“仁义”则是无功而赏，“惠爱”则是有罪不罚，这是对法的直接否定，法治又如何能维持呢？正如《韩非子·难三》所讲：“惠之为政，无功者受赏，而有罪者免，此法之所以败也。”

韩非甚至将不能使无功者得赏的观点推向极端，认为即使民众因受灾即将饿死也不能以财物施救。《韩非子·外储说右下》讲，秦国遭遇饥荒，民众面临着严重的生存危机，但秦昭王认为秦法是让民众有功受赏，有罪受罚，如果开放五苑的蔬果养活民众，就是有功无功的民众都得到赏赐，这违反了“有功而受赏”的原则，会使法治败坏、国家混乱，因而不能施行。

在韩非思想中，君主执法权的行使也受到限制，但是，如果君主不接受这些限制而任意妄为，也没有直接对君主进行惩罚、制裁的措施。韩非认为，君主犯错臣下只能进行劝谏，君主暴虐无道，臣民也不得讨伐。虽然韩非常常警告君主如果不守法，又不听劝谏，必然国家弱乱，最终招致国亡身死的结局。但是，如果君主不在意这样的警告也没有什么办法。

五、以法为教

如果法只是外在的行为规范，人们愿意守法只是基于利益的算计，在可以通过不守法而获利的情况下，法这一行为标准就会被抛弃，所以，为了防止人们犯法必须构建起没有任何漏洞的立法和执法体系，而为了实现这一目的，就会出现很多极端的手段。如何使人们基于对法的权威性的认同而守法，而不只是计算利害、权衡利弊后的选择？正是为了解决这一问题，韩非提出了“以法为教”的主张。

“以法为教”的明确提出在《韩非子·五蠹》中。韩非认为，用法令进行教化，可以达到“其言谈者必轨于法，动作者归之于功”的效果。“言谈者必轨于法”是说言论合乎法的规定；“动作者归之于功”是说行为以建功为依归，而“功”正是法所规定的受赏的根据。也就是说，用法令进行教化可以保证民众的言行合乎法的规定。此外，《韩非子·说疑》提出：“赏有功，罚有罪，而不失其人，方在于人者也，非能生功止过者也。”也就是说，正确地实施赏罚，其所教育的也只是受赏和受罚之人，而对其他人的警示作用并不直接，所以通过正确实施赏罚来劝善止奸还不可靠，该篇于是从相反的方面提出如何充分发挥法禁止奸邪的功能：“是故禁奸之法：太上禁其心，其次禁其言，其次禁其事。”禁止臣民做违反法令的事只是最低的层次，其上是禁止臣民发表不合法的言论，最好的是禁止臣民有不合法的想法。与《韩非子·五蠹》相对照，“其言谈者必轨于法，动作者归之于功”还缺少人心对法的规定的认同，法应该成为人心唯一认同的标准。所以说，**韩非的“以法为教”并非只是对外在行为的要求，也并非只是刑罚的威胁和奖赏的诱惑，而是要深入人心。**《韩非子·用人》讲“故以表示目，以鼓语耳，以法教心”。这里明确指出，“以法为教”是直指人心的，是对“心”的教化。

“以法为教”的内容主要是国家所颁布的各种法令条文，还可包括对这些法令条文的解释。在执行“以法为教”的同时，韩非提出“无书简之文”。“书简之文”承载了不同家、不同派的思想。韩非要求禁绝书简之文的研习和传播，将其排除在教化的内容之外，这样，法令就成为人们唯一可以知晓的行为标准。通过不断的学习，不仅可以使人们将法作为言行的标准，而且可以培养人们的是非观念，即以合法为“是”，以违反法令为“非”，这就是“心”对“法”的认可。

为了便于普通民众对条文规定的了解，韩非对法令的制定和表达有很多要求。首先，法令对需要裁断的事情的规定要详尽。《韩非子·八说》讲：“法省而民讼简……明主之法必详尽事。”法令条文太过省略，民众就会轻慢。所以，法令条文规定要详尽，使民众通过学习法令条文就能够知道如何行为。其次，法令条文的语言表达要确定易解，所以韩非反对“恍惚之言”和“微妙之言”。《韩非子·忠孝》讲：“恍惚，无法之言也。”《韩非子·五蠹》讲：“微妙之言，上智之所难知也。今为众人法，而以上智之所难知，则民无从识之矣。”“恍惚”的意思是隐约模糊、无法辨认。“微妙”的意思是深奥玄妙。即使是具有高超智慧的人，也很难把握“恍惚之言”和“微妙之言”的确切意义，如果用这样的语言表达众人所应遵循的法令，文化水平很低的民众根本就无法理解。最后，法令条文要统一而稳固，使民众人人都能够了解。《五蠹》讲“法莫如一而固，使民知之”，统一则不会带来法条之间的冲突使民众困惑，稳固则不会使民众因为法令经常改变而不能了解。这样详尽、明确、统一、稳固的法令是容易教给民众的，所以《韩非子·用人》讲“其教易知，故言用”。

与“以法为教”前后相随的是“以吏为师”。“以吏为师”所解决的是“以法为教”由谁来直接执行的问题，其中的“吏”不是指所有的官吏，而是专指各级法官、法吏。按照这个要求，即使是孔子这样的圣贤也是没有资格做老师的。对于法官、法吏如何具体执行法令的教化，韩非并没有具体说明，《商君书·定分》对“为法置官吏”的制度、意义以及法官法吏的职责有详细的解说，可以参考。此外，云梦睡虎地秦简中有一篇《法律答问》，采用问答的形式对秦律的一些条文、术语以及律文的意图进行解释，也包括关于诉讼程序的说明，可能是法官法吏解答其他官吏和民众疑问的记录，可以说是“以吏为师”的真实记录。

云梦睡虎地秦简

1975 年 12 月在湖北省云梦县睡虎地秦墓中出土

很多学者评价韩非是“反道德主义者”或“非道德主义者”，认为韩非只讲利害和赏罚而不讲善恶，韩非讲“以法为教”，而完全否定道德教化。实际上，韩非也讲善恶，也有他所推崇的道德品质，只是他所讲的善恶与儒家的善恶不同，他所推崇的道德品质与儒家所推崇的不同。

《韩非子·有度》讲：“刑过不避大臣，赏善不遗匹夫。”《韩非子·定法》讲：“赏存乎慎法，而罚加乎奸令者也。”两相对照可见，赏给予善行，也就是慎法，罚加于过错，也就是奸令，也就是说，慎法的行为是

"善"，奸令的行为是"过"，是"恶"。《韩非子·守道》讲："圣王之立法也，其赏足以劝善，其威足以胜暴，其备足以必完法。"法是确定的赏罚标准，符合赏的标准的行为会得到奖赏，这样的奖赏能够激励善行，也就是说，符合法的奖赏标准的这一行为是"善"的，而需要惩罚的行为则是"恶"的。《韩非子·制分》也讲："其治民不秉法为善也，如是，则是无法也。"直接提出治民应该以法作为善的标准。所以说，韩非思想中的"是""非"和"善""恶"以法度为判断标准，合法为"是"，为"善"，犯法为"非"，为"恶"。所以，《韩非子》一书中也会"独善之民""自善之民""善人"等表达方式。

在韩非看来，民众不仅好利，而且好名。《韩非子·八经》讲："民之性，有生之实，有生之名。"有的人活着是为了物质利益，有的人活着是为了获得美名。《韩非子·诡使》甚至提出"民之急名也，甚其求利也"的观点，认为民众对名誉的追求比对物质利益的追求更为急切。所以，君主治国在依法赏罚的同时，也要重视"名"的作用。《韩非子·五蠹》讲"誉辅其赏，毁随其罚"，《韩非子·八经》提出"赏誉同轨，非诛俱行"。在"赏慎法""罚奸令者"的同时，一定要给予相应的"善名"和"恶名"。对"善""是"的行为进行奖赏，也要给予赞誉，对"恶""非"的行为进行惩罚，也要给予谴责。民众的行为不仅受赏罚的引导，也受毁誉的引导，所以，依法赏罚，也要依法毁誉。赏罚和毁誉如果不适当，受到奖赏的行为却被谴责，受到惩罚的行为却被赞誉，民众不仅无法树立以法为善恶标准的目标，而且会对法这一行为标准本身产生怀疑。那么，民众的是非善恶观念会发生混乱，“以法为教”就会失去效果。《韩非子·外储说右下》讲：“夫赏所以劝之，而毁存焉；罚所以禁之，而誉加焉。民中立而不知所由。”《韩非子·五蠹》也讲：“毁誉、赏罚之所加者相与悖缪(miù)，故法禁坏而民愈乱。”

韩非并非不要道德，不要道德教化，只是要求道德评价和道德教化要与法一致，要与“以法为教”相配合。**在禁绝书简之文和先王之语的同时进行“法”的教化，使“法”成为唯一的行为标准，再通过是非、善恶等判断和毁誉等评价，建立法与是非、善恶的直接联系，让民众从心中认同“法”就是判断是非、善恶的标准。**

六、以势服人

韩非关于“势”的讨论和慎到思想相比更复杂，内容也更丰富。他在《韩非子·难势》中讲：“夫势者，名一而变无数者也。”“势”这个“名”只有一个，但它的含义却有很多变化。因此，理解韩非的“势”，要放到前后文的具体语境中进行具体分析。

在韩非思想中，“势”具有事物的变化趋向、趋势的意思。《韩非子·观行》讲：“天下有信数三：一曰智有所不能立，二曰力有所不能举，三曰强有所不能胜。”“天下有信数”，“信”是确定无疑的意思，“信数”指确定无疑的法则、规律，包括以下三种：一是有智慧的人也有办不成的事；二是大力士也有举不起来的东西；三是强大的人也有不能战胜的对手。他举例说，即使有尧的智慧，没有众人的辅佐，大功就建立不起来；有乌获的力气，得不到别人帮助，也不可能举起自己；有孟贲(bēn)、夏育的勇猛，没有法术作为保障，仍然不能一直取胜。乌获能举起千钧却举不起自己，并不是他的身体比千钧重，而是因为“势不便”。离朱易于看清百步之外的毫毛，却难以看到自己的眉睫，并非百步近而眉睫远，是“道不可”。就是说，事物的变化发展有其特定的趋势，这一变化趋势是人力所无法改变的，所以要“因可势”，依照事物可能的变化趋势行为，就能够事半而功倍。

“势”在韩非思想中更多是“权势”的意思，尤其是君主的权势，如《韩非子·八经》讲：“势者，胜众之资也。”“资”意为凭借、条件。势是君主所以能驾驭群臣、统治民众的凭借、条件。韩非以孔子和鲁哀公为例，论证了民众屈服于权势，却很少被仁义所感化的观点。孔子修养德行、宣扬儒家学说而周游列国，可是天下信服他的仁义思想而给他效劳的门徒只有七十人，与之相反，鲁哀公是个才智低下的君主，但他拥有君主的权势，因此境内的民众无不臣服。孔子虽是圣人，却一样臣服于鲁哀公，他也并不是被鲁哀公的仁义所感化，而是屈服于君主的权势。凭借权势，像鲁哀公这样能力低下的君主也可以让孔子一样的圣人贤者臣服。《韩非子·功名》用高山和船作比喻，又用桀和尧为例，论证了“势”是君主驾驭天下的凭借这一观点。一尺长的木头立在高山上，就能俯临千仞深的峡谷，木头并不长，但是位置高。千钧重物依靠船能浮起来，锱铢（zī zhū）轻物没有船就会沉下去，并不是千钧轻而锱铢重，而是有没有船的浮力的差别。夏桀做天子控制天下，不是因为他贤，而是因为权势重；尧做普通人，管理不好三户人家，不是因为他不贤，而是因为地位卑贱。短木居高临下凭借的是位置，不肖者制服贤人凭借的是权势。这里的观点和论证方式可以说是直接来自慎到的势论。

韩非在《韩非子·难势》中提出并论证了“贤势不相容”和“势之足用”的观点。他首先转述了当时学者对于慎到“势之足以治天下”这一观点的批评。慎到用飞龙乘云、腾蛇驾雾来比喻君主和权势的关系，认为飞龙和腾蛇失去了云雾就和蚯蚓、蚂蚁没什么两样，对于龙蛇来讲，重要的是云雾，对于君主来讲，重要的是权势。批评者认为，龙蛇能腾云驾雾飞行，是因为他们天生资质就高；而蚯蚓、蚂蚁即使有云雾的依托，依然不能腾云驾雾飞行，是因为他们天生资质就低。夏桀、商纣统治天下的时候，有天子的威势作为凭借，仍然不能避免天下大乱，因为夏桀、商纣的资质低。桀、纣无德才，用势而天下乱；尧、舜贤能，用势而天下治。他们所用之“势”并无区别，治乱的后果却不相同。可见，君主是否有德才可以决定治乱，“贤”比“势”更重要。而且，权势既不能保证让贤人用它，也不能保证不肖的人不能用它。贤人用它天下就大治，不肖的人用它天下就大乱。从人的资质来看，贤能之人少而不肖之人多，因此，如果用“势”治国，则凭借权势来祸乱天下的人多，而利用权势来治理好天下的人少。不贤的人掌握了权势，就好比给吃人的老虎添上了翅膀。夏桀、商纣造高台、挖深池来耗尽民力，用炮格的酷刑来伤害民众的生命。桀、约能够胡作非为，是因为天子的权势成了他们的翅膀。可见，权势会滋长虎狼之心、造成暴乱，是天下的大祸害。这一观点认为权势与国家的治乱兴衰没有直接的对应关系，可是慎到却说权势足以治理好天下，慎到的看法太过浅陋。

韩非为了反驳这一观点提出了“自然之势”和“人设之势”的区别：“夫尧、舜生而在上位，虽有十桀、纣不能乱者，则势治也；桀、纣亦生而在上位，虽有十尧、舜而亦不能治者，则势乱也。故曰：‘势治者不可乱，而势乱者则不可治也。’此自然之势也，非人之所得设也。”虽然学者们很重视韩非的这一区分，但对于什么是“自然之势”，什么是“人设之势”仍是语焉不详。学者们一般从“生而在上位”的角度来理解“自然之势”，把“自然之势”理解为世袭的王位。但是，这一解释无法明确“自然之势”的内容，也无法解释韩非所说的“势治”和“势乱”，世袭的王位怎么会有治和乱的区别呢？实际上，韩非所讲的意思是：尧舜在上位，那么社会的变化趋势是“治”，即使十个桀、纣也不能改变这一趋势；相反，如果桀、纣在上位，那么社会的变化趋势是“乱”，即使十个尧舜也不能够扭转这一趋势。如果变化趋势为“治”就不可能变成“乱”，如果变化趋势为“乱”就不可能变成“治”，这就是韩非所说的“自然之势”。这一“自然之势”正是人力所无法改变的事物（包括社会）的变化趋势，和前文所讲到的“智所不能立”“力所不能举”“强所不能胜”的“势”所指是相同的。在韩非的论述中就是尧、舜和桀、纣所处的位置所引起的，如果尧、舜处上位，则变化趋势为“治”，如果桀、纣处上位，则变化趋势为“乱”。

因此，韩非的“自然之势”指事物变化的趋势而并非“世袭的王位”。这个“势”的意思和商鞅所说的“势所必治”“势所必乱”中的“势”相同，和慎到所讲的“势”不一样。

韩非对“自然之势”的阐述紧随世人对慎到的批评，因此学者们一般认为韩非是把慎到和批评者所讲的“势”看作“自然之势”。实际上，**韩非提出“自然之势”，是为了说明尧、舜和桀、纣在上位，其治、乱的趋势是“自然之势”，不可改变。**因此，尧、舜在位则天下大治，和桀、纣在位而天下大乱，是“自然之势”，并不能用来论证“人设之势”被贤者所用则天下大治、被不肖者所用则天下大乱的观点，也不能得出“势不足以治天下”的结论。

韩非又用“自相矛盾”的寓言来论证“贤势不相容”的观点。卖矛和盾的人吹嘘他的盾很坚固，说“任何东西都不能刺穿它”，又吹嘘他的矛很锋利，说“任何东西它都能刺穿。”有人问他：“用你的矛刺你的盾，会怎么样呢?”他就哑口无言了。为什么哑口无言呢?因为任何东西都不能刺穿的盾和任何东西都能刺穿的矛，是不能同时存在的。依照贤治的原则，贤人是不受约束的；依照势治的原则，是什么都能约束的，不受约束的贤治和什么都能约束的势治就构成了矛盾。贤治和势治不能相容就很清楚了。因此，需要在二者之间进行选择，而不能够同时使用。

在韩非看来，尧舜那样的圣王至多千年才能出现一位，如果等待尧舜在位方能实现天下大治，那就要等待千年才能有一个治世。而桀、纣那样的暴君也是至多千年才出现一位，现实中的君主无论德行修养还是智力水平都属于中等，不及尧舜那么好，但也不会像桀纣那么坏，他称之为“中主”。“中主”治国，就不会出现“必治”或者“必乱”的“自然之势”。而“人设之势”就是为资质中等的君主服务的。资质中等的君主如果坚守法度、掌握权势，就可以把国家治理好；如果背离法度、丢掉权势，就会使国家陷于混乱。因此，**君主是否掌握“人设之势”与国家治乱有直接关系，“人设之势”足以保证中等资质的君主治理好国家，也就是“势之足用”**。如果放弃势和法而去期待尧、舜在位而天下治的“自然之势”，则在一千世的混乱之后才有一世太平；如果坚守法度、掌握权势而到出现桀、纣在位而天下乱的“自然之势”，则是一千世的太平之后才有一世混乱。两相比较，法和势比贤者更可靠，认为治国“必待贤”的观点并不正确。

由上可见，**“势”在韩非思想中主要有两方面的意义：一方面指事物变化的趋势，一方面指权力、权势。**韩非为了回应当时学者对慎到“势之足以治天下”的攻击进而论证“贤势之不相容”，“势之足用”的观点而将“势”区分为“自然之势”和“人设之势”，分别对应这两方面的意义。

“势”是君主最重要的凭借，如果没有了“势”，君主就会失去对国家的控制。《韩非子·喻老》在解释《老子·第三十六章》“鱼不可脱于渊”这一段时讲道：“势重者，人君之渊也。君人者势重于人臣之间，失则不可复得也。”如果人君的权势旁落，无法夺回，最后必然国亡身死。韩非经常用马的筋力和虎豹的爪牙做比喻来说明权势之于君主的重要性。马之所以能负重拉车走很远的路，是凭借筋力；君主之所以能控制天下、征伐诸侯，是凭借权势。权势就是君主的筋力。如果臣下取得了君主的权势，君主就失去了力量从而丧失对国家政权的控制。虎、豹之所以能胜过人而擒住各种野兽，是凭借爪牙，如果虎、豹失去了爪牙，就会被人所制服。权势就是君主的爪牙，统治民众的君主如果失去了权势，就好比虎、豹失去爪牙，只能被人控制。他也常用宋桓侯和齐简公为例说明君主失去权势的悲惨结局。宋桓侯把自己的权势给了子罕，齐简公把自己的权势给了田常，结果自己被杀而国家政权也丧失了。

更具体地说，**君主权势的主要内容是赏罚权。**韩非在《韩非子·二柄》中说："明主之所导制其臣者，二柄而已矣。二柄者，刑、德也。何谓刑、德？曰：'杀戮之谓刑，庆赏之谓德。'""柄"就是权力，"二柄"包括"刑"和"德"，也就是杀戮的权力和奖赏的权力。杀戮的权力和奖赏的权力是明主用来控制臣下的手段。君主独自执掌赏罚大权，群臣就会因为畏惧君主用刑的威势而不敢做坏事，也会因为贪图奖赏而尽力做好事。如果君主听任臣下去行使赏罚权，民众就会畏惧和归附于拥有赏罚权力的大臣，而轻视和背离无权无势的君主。而且，**赏罚二柄必须由君主一人同时掌握，无论是杀戮之刑，还是庆赏之德，其中之一落入臣下手中，君主就会被臣下控制甚至杀害。**韩非又用宋桓侯和齐简公为例说明这一观点。田常从君主那里请得爵禄赏赐群臣，采用小斗斛进大斗斛出的方法向民众施恩，齐简公失去奖赏的权力，就被田常杀掉了。子罕对宋桓侯说：

“民众都喜欢奖赏，您亲自施行，民众都厌恶杀戮刑罚，就让我来承担吧！”宋桓侯失去了刑罚权力，就被子罕劫持了。田常用了奖赏而齐简公就被杀，子罕用了刑罚而宋桓侯就被劫持。奖赏的权力和刑罚的权力只失去其中的一个尚且如此结局，更何况两者同时被臣下掌握呢！

韩非在《韩非子·外储说右上》中把那些窃取君主权势用来为非作歹的人比作恶狗和社鼠。宋国有一个卖酒的人，量酒公平，待客殷勤，酒也香甜醇美，酒旗挂得高高的十分显眼，酒却直到变酸了都卖不出去。他疑惑不解，就去问长者杨倩，杨倩问他：“你养的狗凶吗？”他说：“凶。”杨倩说：“人们是怕狗呀！”齐桓公问管仲：“治国最怕什么？”管仲回答：“最怕社坛里的老鼠。建社坛的人把木头竖起来并涂上泥巴，老鼠咬穿木头，藏身其中。想用烟火熏，又担心烧毁木头；想用水灌，又怕泥巴掉下来。这就是捉不到社鼠的原因。现在君主的近侍，在朝廷外依靠权势榨取民众的利益，在朝廷内就相互勾结欺瞒君主。官吏不杀他们，就会扰乱国法，杀他们，君主就有危险。他们控制着君主，是国家的社鼠。”臣下掌握权势、操纵法令，让人民知道，为他卖力必有好处，不为他卖力必有祸患，这就是猛狗。如果掌权的大臣像猛狗，身边的近侍像社鼠，而君主却毫无察觉，国家如何能不衰亡呢？

七、以术御臣

法家的“术”一直被诟病，被看作是阴谋权术。即使是对法家之“法”有高度评价的人也会认为法家的

“术”破坏了“法”的正面价值。不可否认，韩非所讲的“术”有阴谋的一面，比如《韩非子·内储说上七术》中所讲的“疑诏诡使”“挟知而问”“倒言反事”等。“疑诏诡使”是发出可疑的诏令，诡诈地驱使臣子。韩非讲了几个小故事来说明。庞敬是个县令，他派遣市场管理员出去巡视，又召回了管理市场的官吏。管理市场的官吏站了一会儿，庞敬并没有交代什么，就让他走了。市场管理员以为县令有什么指示，而对自己不信任，就再不敢做奸邪之事了。戴欢是宋国的太宰，夜晚交代人说：“我听说这几天夜里有人乘卧车到李史家门口。你替我侦查清楚。”派去的人回报说：“没看到卧车，只看到有人捧着竹器和李史谈话，李史收了那竹器。”东周君丢失了玉簪，让官吏们去寻找，三天都没找到。东周君又派人去找就找到了。东周君说：“我的官吏没有认真做事，找个玉簪，三天都没找到。我派人寻找，不到一天就找到了。”官吏们都很害怕，认为君主神明。“挟智而问”之“术”前文已有讲到。“倒言反事”是故意说反话、做违反常理的事来试探自己所怀疑的事。阳山君做卫相，听说卫君怀疑自己，就假装诽谤卫君的近侍樛（jiū）竖，来探知卫君的态度。淖（zhuō）齿听说齐王讨厌自己，就派人装成秦国的使臣来刺探真情。齐国有个人想作乱，怕齐王知道，就假装赶走自己喜爱的人，让他跑到齐王那里，以探明究竟。子之做燕相，坐在那里谎称看到白马跑了出去，侍从说没看见。有一个人跑出去追赶，回报说：“有白马。”子之用这种方法了解侍从中不诚实的人。有两个互相诉讼的人，子产把他们隔开，然后将他们的话反过来告诉对方，结果了解到了真实情况。卫嗣公派人假扮客商通过关口上的集市。管理关市的官吏刁难他，他就贿赂了关吏，关吏就放了他过关。嗣公对关吏说："在某个时间有个客商经过你的关口，给了你钱，你便放他过关了。"关吏非常害怕，认为嗣公能明察秋毫。使用这些"术"的目的就是塑造出君主高深莫测、无所不知的形象，让臣下尽忠职守，不敢懈怠，也不敢耍心机。

但是，"术"也有阳谋的一面。《韩非子·定法》中讲："术者，因任而授官，循名而责实，操生杀之柄，课群臣之能者也，此人主之所执也。"这是韩非给申不害之"术"所下的定义，也是韩非之"术"的主要内容。**这里的"术"是君主任用并考核臣下履职情况，进而依据考核结果进行赏罚的方法，可以保证臣下的能力完全被君主所用。**

在韩非看来，君主再有智慧，再强大，他一个人的智慧和力量都是有限的，要治理好国家，必须充分发挥臣民共同的智慧和力量。韩非提出了"尽己之能""尽人之力"和"尽人之智"的区别。《韩非子·八经》说："力不敌众，智不尽物。与其用一人，不如用一国。故智力敌而群物胜，揣中则私劳，不中则在过。下君尽己之能，中君尽人之力，上君尽人之智。"君主一人之力敌不过众人，一人之智无法遍知万物。用君主一个人的智慧和力量，不如用一国臣民共同的智慧和力量。因此，**只有下等的君主才用尽自己的能力，中等的君主可以用尽众人之力，上等的君主可以用尽众人的才智。**君主的责任并不是事必躬亲，也不需率先垂范，而是要让臣下充分发挥各自的力量和智慧。《韩非子·难一》中还讲了舜以德化民的故事。舜去历山耕种一年，耕地的人不再越出田界侵占他人的耕地；舜去河边打鱼一年，渔人不再争抢水中高地而谦让年长之人；舜去东夷制陶一年，陶器不再粗劣易坏。舜以一己之仁德挽救社会风气的败坏，一年也只能解决一个问题，他的寿命有限，而需要解决的问题没有完结之日。可见，儒家所提倡的“德化”是尧、舜这样的圣王都很难完成的，对于“中主”“庸主”来说更无法实现。

为了使君主更有效地利用臣下和民众的能力，韩非还提出“明主治吏不治民”的主张。一一摇动树叶，用力虽多却无法使树叶全部抖动，但如果摇动树木的主干，树叶就会全部抖动。一一去拉网眼，即使很劳累，也难以捕到鱼，如果拉渔网的纲绳，则能纲举目张，鱼尽入网中。吏对民来讲就相当于“木之本”“网之纲”。摇树要摇树木的主干，拉网要拉网上的纲绳；君主治吏，就是以本统末，以纲带目，就事半功倍。因此，英明的君主致力于管理好官吏而借助官吏的能力去管理民众，这样君主就可以控制和利用更多人的力量。

君主使用“术”的第一步是依照臣下的能力授予他与能力相匹配的官职，这就是“因任而授官”。《韩非子·扬权》讲，万物均有其适宜的位置，不同的才能都有其施展的场所，君主让臣下都处在合适的位置上发挥出各自的才能，就像让公鸡报晓、狸猫捉老鼠，君主自己就可以获得身体和精神的安逸。如果君主自己施展才能去做事，臣下就会依赖君主的才能，君臣上下颠倒了各自的作用，国家就无法治理好。《韩非子·主道》也讲，君主有智慧，有贤能，有勇气，但君主并不依靠个人的智慧、贤能和勇气来治理国家。只有放弃个人的智慧、贤能和勇气，根据臣下的才能来任用，让智者和贤者各处其宜、各司其职、各尽其能，君主才能获得真正的明智、事功和强大。

臣下如果都能够被授予适合自己能力的官职，他就能够全力发挥自己的才能，得心应手地完成自己所任官职的职责，自己也会觉得很轻松愉快。《韩非子·用人》讲："治国之臣，效功于国以履位，见能于官以受职，尽力于权衡以任事。人臣皆宜其能，胜其官，轻其任，而莫怀余力于心，莫负兼官之责于君。"与此相反，如果臣下失去了发挥自己特长的职位而去从事难以胜任的工作，自己会做得非常困难，付出很多努力也不能取得好的结果，那么，怨恨就会在心中逐渐积聚。这就是"人臣失所长而奉难给，则伏怨结"。

在商鞅那里，有军功的人可以得到官爵，韩非反对这样的做法，批评商鞅不懂"术"。商鞅的法令说："砍掉一个敌人首级爵位升一级，可以做收入五十石的官；砍掉两个敌人首级爵位升两级，可以做收入一百石的官。"爵位和官职的升迁和砍掉敌人首级的数量相当。如果有法令说："砍掉敌人首级就让他当医生、当工匠。"结果一定是房屋盖不成，疾病也治不好。工匠需要手巧，医生需要会配药，而用砍掉敌人首级来任命，那就和才能不相适应了。做官需要的是智慧和才能；砍掉敌人首级，具备的是勇敢和力气。用凭借勇敢和力气立功的人来担任需要智慧和才能的官吏，就和让砍掉敌人首级而立功的人来做医生、工匠一样。韩非批评商鞅不懂"术"，是因为他不懂得"因任而授官"。

“因任而授官”之后需要按照所授官职（名）相应的职责去要求担任这一官职的臣下的行为，这就是“循名责实”。这里的“名”不再泛指一切名称，而是专指“官名”，“实”指“官名”所对应的职责。接下来再按照“循名责实”的结果决定赏罚，这就是“操生杀之柄，课群臣之能”。这里的“课”是考核的意思。如果臣下能够履行其所担任官职的职责，就会得到奖赏，如果不能履行其所任官职的职责，就会受到惩罚。

韩非强调君主统治群臣，要使臣下履行的职责和所担任的官职相一致。《韩非子·二柄》以韩昭侯惩处典官和典衣为例论证了这一观点。韩昭侯喝醉睡着，掌帽官见他冷，就给他盖上了衣服。韩昭侯睡醒后很高兴，问近侍：“盖衣服的是谁?”近侍回答：“掌帽官。”昭侯便同时处罚了掌衣官和掌帽官。他处罚掌衣官，是因为掌衣官失职；他处罚掌帽官，是因为掌帽官越权。不是不怕寒冷，而是认为越权的危害超过了寒冷。君主驾驭臣下，臣下都在他自己的职权范围内恪守职务，不得如掌衣官一样玩忽职守，也不能像掌帽官一样越职去取功。

正确执行考核和赏罚的前提是职责明确，就像掌帽官的职责是管好君主的帽子，其他事不在他的职责范围内，掌衣官的职责是管好君主的衣服，其他事也不在他的职责范围内。那么，如何明确职责呢?《韩非子·难一》讲：“一人不兼官，一官不兼事。”“一人不兼官”指一个人不兼任不同的官职；“一官不兼事”指同一官名只指称特定的职责，担任这一官职的官员只负责与其官职相应的事务。《韩非子·用人》讲：“明君使事不相干，故莫讼；使士不兼官，故技长；使人不同功，故莫争。”所谓“使士不兼官”，也就是“一人不兼官”，由于一人不兼任不同的官职，无须同时履行不同的职责，因此能够全心全力投入到特定的职事之中，以至技能娴熟，也就是“技长”，这样就能提高办事的质量和效率。《韩非子·功名》也讲：“人臣之忧在不得一，故曰：‘右手画圆，左手画方，不能两成。’……故人有余力易于应，而技有余巧便于事。”“不得一”中的“一”指专于一职，也就是“不兼官”。人臣专于一职就能“技有余巧”，也就是“技长”，“技有余巧”就能更好地完成职事。如果不能让人臣专于一职，则不能同时做好所兼职位的职责，就像人右手画圆形，左手画方形，圆形和方形不能都画成。所谓“使事不相干”就是指不同的职责由不同的官名指称，不同的事务由担任不同官职的官员负责处理，所以事有专属，职责分明。“使人不同功”指担任不同官职的官员由于负责处理不同的事务因此不会建立相同的功绩。概括来看，**韩非认为君主任命官职应该遵守以下原则：一人只能担当一个职位不能兼职；一个职位上的官员只负责此职位应负责的事，不能兼管其他职位的事情；一个职位只设一人；不同职位的官员之间也不能互相干涉。**

官名、职责与官员之间的一一对应的关系使“循名责实”这一考核臣下的方法很容易执行。特定的官员在其职位上很好地履行了职责，有功需赏，不会因为一官多人或担任不同官职的官员所负责的事务相互交叉而无法确定功劳的归属，也就不会出现众人争功的混乱局面。如果特定的官员没有履行其官职所相应的职责，则

一人不兼官，一官不兼事

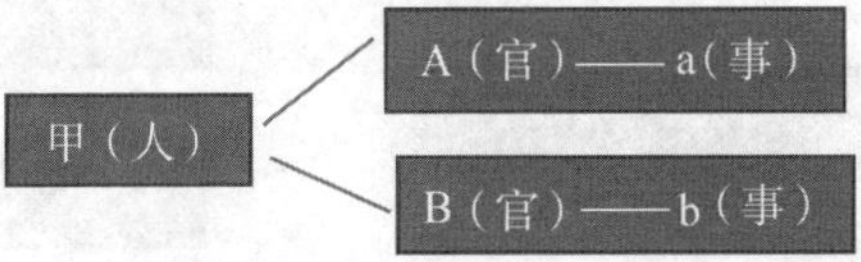

一人兼官

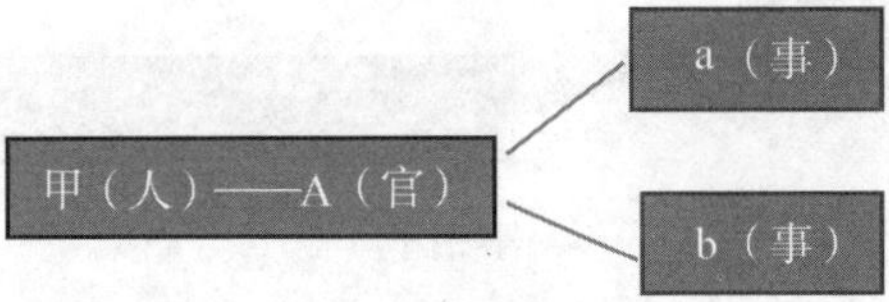

一官兼事

应受到惩罚，也不会因为一官多人或担任不同官职的官员所负责的事务相互交叉而无法确定罪责，也就不会出现众人互相推诿的局面。

“滥竽充数”的故事大家非常熟悉。这个故事出自《韩非子·内储说上七术》。齐宣王让人吹竽，一定要三百个人同时演奏。南郭先生请求替宣王吹竽，宣王很高兴地让他加入，伙食待遇和其他人相同。宣王去世，湣王立为国君。湣王喜欢一个一个地听演奏者吹竽，南郭先生便逃跑了。这里讲的就是要明确职责并且对官员的履职情况一一进行考核的观点。一一考核，那些像南郭先生一样没有能力、不认真履行职责的人就无法隐藏了。

事不相干

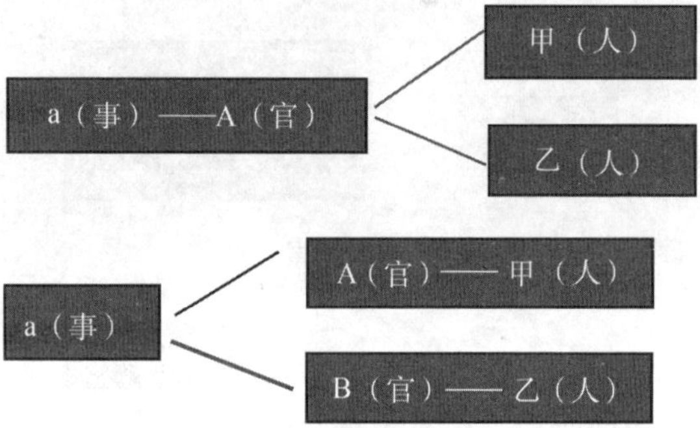

事相干

申不害的“术”是韩非思想来源之一，但他认为申不害的“术”并不完善，他在《韩非子·定法》中反驳了申不害所提出的“治不逾官，虽知弗言”的观点。“治不逾官”与韩非所主张的“一人不兼官，一官不兼事”，“士不兼管”的思想相近，但申不害主张不但在各个职位上的臣下不逾越自己的官职行事，也不能对其他官职的事发表言论。韩非不认可“知而弗言”的主张，他认为君主所能看到的、听到的有限，而需要君主控制的臣民众多，君主需要依靠臣下为君主提供关于他人的信息以了解臣下，如果臣下知道了却不说，君主就无所凭借。此外，慎到也有“以能受事，以事受利”，“工不兼事，士不兼官”的思想，这说明，慎到除了“尚法”“贵势”，思想中也包含“术”的内容。

我们常说，韩非将商鞅、申不害、慎到的法、术、势思想融为一体，成为法家的集大成者，但是，关于法、术、势三者在韩非思想中的地位一直存在争议。由前文的论述可以看到，韩非所讲的“势”有变化趋向、趋势之义，也有权势之义，前者是“自然之势”，为人力所不能改变，后者是“人设之势”，以赏罚权为主要内容。与“法”“术”发生直接关联的是“人设之势”。赏罚权可以具体化为赏罚标准的确定和赏罚的执行，前者是立法权，后者是执法权。赏罚的执行并不是源于君主个人的喜怒和意见，而应以“法”为依据，这一点在韩非思想中有明确的表达和详细的阐述。这就是说，“势”受“法”的限制。而赏罚标准的确定即立法权的行使则比较复杂。按照韩非的要求，“法”应该满足合于时势、利多弊少、可行有效、统一稳定等条件，而不是出于君主的主观意志。这就是说，“法”并不屈从于“势”。“术”主要是君主任用、考核臣下，并依据考核结果进行赏罚的方法。可以说，“术”是拥有“势”的君主凭借其赏罚权（“操生杀之柄”）来考核和使用臣下的方法，有“势”才能用“术”。**“法”“术”“势”三者相辅相成，但是有层级关系，“法”在三者之中处于最为重要的地位，次者为“势”，再次为“术”。**

第六章

法家的历史地位与当代价值

一、 法家与秦政的兴亡

法家人物的变法实践对现实政治有着直接的影响，甚至决定了战国时期各国实力的强弱。李悝在魏国拉开了战国变法的大幕，带来了魏国的强盛；吴起在楚国变法，使楚国得以富强；就连弱小的韩国，在申不害为相时也能获得一时的安定。而商鞅变法规模大，持续时间长，最为引人注目。商鞅的两次变法，以土地私有制代替了井田制，以郡县制代替了分封制，以军功爵制代替了世袭制，可以说实现了对西周以来的政治经济制度的全面变革。商鞅变法顺应了历史发展的潮流，成效卓著。依照《史记・商君列传》，商鞅的新法推行十年，秦国的民众都非常喜悦，路上没有人捡拾别人丢失的财物占为己有，山林中也没有盗贼，家家户户都生活富裕。民众勇于为国家战斗，而不敢为私利争斗，乡村和城镇都安定有序。商鞅被杀时，新法已经深入民心，上上下下都体会到了变法的好处，因此，他所制定的各项法令没有被废除，以法治国的总方针也没有被改变。商鞅变法扭转了秦国的命运，使地处边远、经济和文化落后的秦国走上了富强之路。

在秦昭王在位时，荀子来到了秦国。在《荀子·强国》中，荀子从地理条件、民间风俗、官吏素质、士大夫品行、朝廷工作效率五个方面描述了他眼中秦国。从地理条件看，秦国防御坚固，地势便利，山林河流优美，自然资源丰富。从民间风俗看，百姓朴实，音乐不淫荡下流，服装不轻佻怪异，人们敬畏官吏而顺从。各级官府里的官吏都严肃认真，谦恭节俭、敦厚恭敬、忠诚守信而处事正当。国都里的士大夫，出入于自己的家门和公家的衙门之间，没有私下的事务，不相互勾结，不结党营私，明智通达而廉洁奉公。观察朝廷的行政效率，各种政事从无遗留、积压，悠闲得好像没什么需要治理的。但是，荀子认为秦国之所以还不能称王天下是因为没有儒者。

秦国在秦昭王时期实力已经非常强大。秦昭王任用范雎（jū）为相，用白起为将，先后夺取了魏国的河东郡、南阳郡，楚国的黔中郡、郢都。公元前 260 年，著名的长平之战爆发，仅仅 5 个月，秦军就大胜赵军，进占长平，斩首坑杀赵军几十万人。公元前 256 年，攻陷东周王都洛邑，俘虏了周赧王，周王朝八百年的统治正式宣告结束。秦灭六国，似乎只是时间的问题了。

公元前246年，十三岁的嬴政被立为秦王。公元前238年，秦王政铲除了吕不韦和嫪（lào）毐（ǎi）的势力，开始亲自执政。他重用法家人物李斯等人，开启了歼灭六国的征途。公元前230年灭韩，公元前228年灭赵，公元前226年破燕（公元前222年彻底灭亡），公元前225年灭魏，公元前223年灭楚，公元前221年灭齐，终于结束了春秋以来诸侯割据的局面，建立了中国历史上第一个统一的中央集权国家，秦王政也变成了秦始皇。

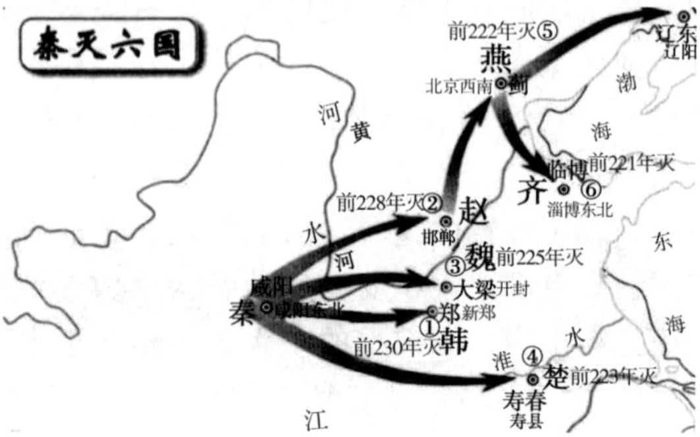

秦灭六国示意图

秦始皇在统一六国后，继续将商鞅变法的措施在全中国推行，比如在全国范围内推行郡县制，加强中央集权；统一文字、法令、货币和度量衡等。然而，这样一个强大的帝国，在短短十几年之后就轰然倒塌。秦国的强大和秦王朝的建立，常常被看作法家思想的功劳，那么，秦王朝二世而亡是不是应该由法家承担责任呢？

我们来看看秦始皇和秦二世都做了什么导致秦亡的事儿。秦始皇统一六国后，志得意满，刚愎自用，把权力全都集中在自己手中。当时替他寻找仙药的侯生、卢生说："始皇为人，粗暴凶狠，自以为是，他出身诸侯，兼并天下，愿望满足，为所欲为，认为从古到今无人可及。……天下的大事小情全由他一人决定，各种书写文件的竹简木简用称来称量。"（《史记·秦始皇本纪》）秦始皇在长年战乱后没有给人民休养生息的时间，而是继续维持庞大的军队，并修筑规模浩大的国防工程"长城"和军事要道"直道"。为了巡行的方便，修筑了咸阳通往全国各地的"驰道"；为了彰显皇权的威严营建豪华的阿房宫；为了死后的享受修建巨大的骊山陵墓。当时的田租、口赋也非常重，《汉书·食货志》说秦始皇"收泰半之赋，发闾左之戍。男子力耕不足粮饷（xiǎng），女子纺绩不足衣服。竭天下之资财以奉其政，犹未足以澹（shàn）其欲也。"繁重的兵役、徭役和沉重的赋税陷民众于水深火热之中。法家虽主重刑，但要求不能在法的规定以外任意加重刑罚，更不能处罚无罪之人。秦始皇喜欢用重刑、杀戮显示威严，还经常凭己意法外用刑，也会处罚无辜之人。《史记·秦始皇本纪》中说，秦始皇看到丞相的车马众多，很不高兴。有人把这件事告诉了丞相，丞相就减少了车马的数量，秦始皇生气地说："有人泄露了我的话。"经过审问，无人认罪，他就下诏把当时跟随在旁的人全部杀掉。有颗陨石坠落在东郡，有人在陨石上刻了"始皇帝死而土地分"几个字。秦始皇听说后派御史挨家挨户查问，无人认罪，他就把居住在那块陨石周围的人全部杀了。

秦二世胡亥更贪于享乐，他说，贤明的人统治天下，就是把天下的一切都拿来满足自己的欲望，这正是统治天下被看得无比尊贵的原因所在，倘若连给自己捞

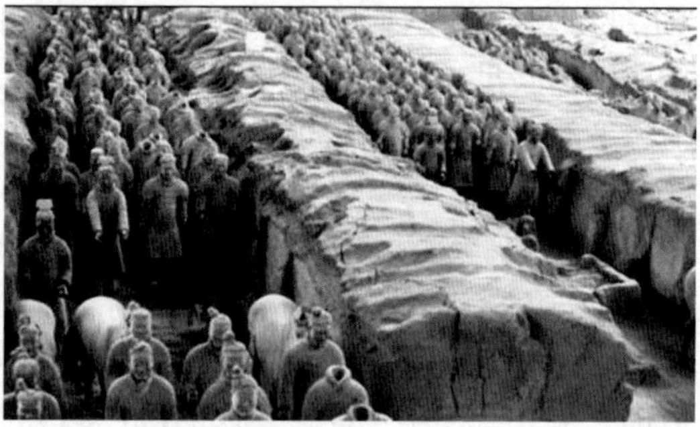

秦始皇兵马俑一号坑

好处都不会，又怎能治理天下呢！（《史记·李斯列传》）在秦二世当政时，法令刑罚越来越严酷，路上的行人，有一半是受过刑的犯人，街市上每天都堆积着死刑犯的尸体。他下令继续营建阿房宫，继续修筑直道、驰道，征收的赋税也越来越重，兵役劳役没完没了。（《史记·李斯列传》）右丞相冯去疾、左丞相李斯、将军冯劫进谏说："关东各路盗贼纷纷揭竿而起，朝廷发兵征讨，杀死的人已经很多，然而还是不能平息。盗贼多是因为戍边、漕运、劳作太辛苦，赋税太重。请您暂且停止阿房宫的营建，减省戍边和运输。"秦二世不但不听劝谏，还将三人交给了狱吏。（《史记·秦始皇本纪》）李斯最终被腰斩于咸阳街市上，诛杀三族。（《史记·李斯列传》）秦二世宠幸奸臣赵高，对赵高言听计从，甚至还接受了赵高的建议，深居在宫禁之中寻欢作乐，不再在朝廷上接见大臣，所有政事都交给赵高处理。李斯死后，秦二世任命赵高担任中丞相，无论大事小事都由赵高来决定。赵高可以说权倾朝野，以致出现

了“指鹿为马”的事件，最后秦二世被赵高逼迫自杀。（《史记·李斯列传》）

《韩非子》中有一篇《亡征》，列出了四十七条国家灭亡的征兆。其中有“好宫室台榭（xiè）陂（bēi）池，事车服器玩，好罢（pí）露百姓，煎靡（mí）货财者，可亡也”。君主喜欢兴建宫殿、高台、亭阁、池塘，喜爱车马、服饰、器具、玩物，喜好差遣百姓让他们疲劳困顿，榨取挥霍货物钱财，国家可能灭亡。“饕（tāo）贪而无厌，近利而好得者，可亡也”。贪得无厌，追求财利而爱占便宜，可能灭亡。“很刚而不和，愎（bì）谏而好胜，不顾社稷而轻为自信者，可亡也。”凶狠暴戾而不随和，不接受劝谏而自以为高明，不顾及国家安危而自以为是，可能灭亡。“婢（bì）妾之言听，爱玩之智用，外内悲惋（wǎn）而数（shuò）行不法者，可亡也。”听信婢妾的谗言，接受近臣的计谋，导致朝廷内外悲愤还屡次做违法的事，可能灭亡。“简侮大臣，无礼父兄，劳苦百姓，杀戮不辜者，可亡也。”轻侮大臣，不尊敬父兄，劳累百姓，杀戮无辜，可能灭亡。“好以智矫法，时以行杂公，法禁变易，号令数下者，可亡也。”喜欢用智巧去改变法制，常常以私行扰乱公事，法令不断改变，号令前后矛盾，可能灭亡。如果我们将这些国家灭亡的征兆与秦始皇和秦二世的行为做对比，就会发现，秦始皇和秦二世完全印证了韩非的亡国预言，简直是自己作死啊！因此，**将秦朝的灭亡直接归责于法家思想过于简单粗暴了。**

但是，秦朝的灭亡确实显示出了法家思想的最大弱点。他们设想君主掌握最高权力，让牢牢掌握权力的君主推行法治，李悝、吴起、商鞅等法家人物实行变法确实是因为得到了国君强有力的支持。虽然他们提出了君主的权力是为天下利益服务，而不是为了谋取个人私利，君主行使权力应遵守各种各样的原则，齐法家还明确了“令尊于君”，但是如果君主任意妄为，除了一遍又一遍的亡国警告，法家确实也无能为力。他们也并非没有意识到这一问题，比如韩非讲到“势”的作用时提出，桀、纣那样的暴君在位，天下必乱，谁也改变不了，好在桀、纣至多千年才出现一位，现实中的君主不会那么坏，他们只要坚守法度、掌握权势，就可以把国家治理好。就是说，从治乱的概率上看，君主掌握权力和法度，还是可靠的。

还有一点需要重视，即法家认为历史处于变化之中，不同时代所面临的主要社会问题不同，虽然他们也有更为长远的目标，但主要还是直接针对“争于力气”这一时代的社会问题提供解决方案，因为符合时代需要，而有了法家变法的成功，有了秦的强大。在“争于力气”的时代结束以后应该怎么办，他们还没有展开充分的思考。秦统一六国以后，时代已经发生了变化，应该针对新的社会问题调整治国方法，这才符合法家的精神。但是，这并不是说法家只适合于大争的时代，法家思想中有可以应用于国家治理的一般原则和方法，也有仅仅限于当时的具体方法，前者可以延续，后者如果再被遵循就属于不符合新时代，按照法家自己的逻辑也是必然失败的。

二、 历代政治中的法家身影

秦亡以后，法家失去了官方统治思想的地位，法家作为一个学派也没有继续传承发展，但是在历代政治中，法家还在以各种形式发挥着作用，也有一些具有法家思想倾向的政治家在历史上留下了精彩的笔墨。我们找几个典型的人物和事件来说一说。

法家的影响，首先体现在历代法典的编纂和政治制度建构方面。综合《汉书·刑法志》《晋书·刑法志》和《唐律疏议》的记载，李悝所著《法经》，包括《盗法》《贼法》《网法》《捕法》《杂法》《具法》六篇，商鞅带着李悝的《法经》从魏国来到秦国，主持变法，“改法为律”。刘邦入关中，宣布废除严苛的秦律，和百姓约法三章，即“杀人者死，伤人及盗抵罪”。但是，汉王朝建立以后，他很快意识到仅仅用约法三章根本无法实现偌大一个王朝的治理，于是命萧何编纂法典，萧何以李悝的《法经》为蓝本，参照秦律增加了《户律》《兴律》《厩律》三篇，编纂成了《九章律》，这说明汉朝的法律体系直接受到先秦法家的影响。但是，睡虎地秦简中有“秦律十八种”和“秦律杂抄”，前者十八篇，后者十一篇，远远超过六篇。张家山汉简《二年律令》包括律二十七种和令一种，也远远超过九篇。这是怎么回事呢？学者们有不同的看法，一种可能是在六篇和九章的法典编就之后又有新律制定，也可能秦汉律篇为二级分类，所谓“六篇”“九章”是将律分为六类或九类，下面可再分，而不仅仅是六篇或九篇。在政治制度方面，汉朝也承袭了秦朝的制度，《汉书·百官公卿表上》讲：“秦兼天下，建皇帝之号，立百官之职。汉因循而不革，明简易，随时宜也。”汉武帝罢黜百家，独尊儒术，实际上他所独尊的儒术已经和先秦儒学有了重大的区别，其中一个重要的变化就是吸收了法家的思想要素。在《汉书·元帝纪》中，汉宣帝说：“汉家自有制度，本以霸王道杂之。奈何纯任德教，用周政乎？”他的意思是说汉朝有自己的治国制度，霸道跟王道并行，怎么能够只用道德教化呢？这里的“霸”就是指法家，“王”指的是儒家。治理国家，只用道德教化，根本就是不合实际的迂腐之说，因此，历代统治者的基本统治策略都是刑罚威慑和道德教化并用、霸道与王道并行。

张家山汉简《二年律令》
1983 年出土于湖北江陵张家山汉墓

汉昭帝始元六年所举行的盐铁会议有着比较浓厚的“儒法之争”的色彩，汉宣帝时期桓宽所编纂的《盐铁论》正是这次会议的记录。在盐铁会议上，一方是以桑弘羊为代表的御史大夫，另一方是贤良文学，双方针对武帝时期的政策取向展开了激烈辩论，论及刑德关系、义利关系等问题。御史大夫基本属于法家立场，而贤良文学则持儒家立场。关于刑德关系，御史大夫一方称赞商鞅和韩非，认为治国应以法令为先，“令者所以教民也，法者所以督奸也，令严而民慎，法设而奸禁”，如果不设置刑法禁止奸邪，国家必乱。贤良文学则批评商、韩，认为法能处人以刑罚却不能使人廉，能杀人却不能使人仁，治理民众应专一于道德教化，“治民之道，务笃其教而已”，如果道德教化废弛，诈伪就会流行，如果礼义被破坏，奸邪就会兴起。关于义利关系，贤良文学批评盐、铁、酒榷（què）、均输政策是与民争利，国家带头追逐利益会刺激民众内心的贪欲，导致淫逸成风，道德败坏，“导民以德，则民归厚；示民以利，则民俗薄”；治理民众应“抑末利而开仁义，毋示以利，然后教化可兴，而风俗可移也”。御史大夫一方则认为盐、铁、酒榷、均输政策可以充实府库，抵御匈奴等外敌的侵盗，保证国家长治久安，还有利于商品交换，可以满足民众需要，不能废除。在《盐铁论》的记载中，御史大夫认为“儒者之安国尊君，未始有效也”，“孟轲守旧术，不知世务，故困于梁宋。孔子能方不能圆，故饥于黎丘”，“儒者口能言治乱，而无能以行之”，可以看到，虽然儒学在汉武帝时已被定于一尊，但儒学和儒生在现实政治中的地位仍然不及法家。盐铁会议之后，贤良文学一方得到汉昭帝的支持，汉昭帝下诏废除郡国榷酤（gū）和关内铁官，这可以说是儒学和儒生在现实政治中的影响又前进一步，而法家则是进一步后退。

曹操也被看作具有法家色彩的政治人物。为了实现一统中国的目标，曹操在政治上采用刑名法治，《三国志·魏书·武帝纪》说曹操“揽申、商之法术”，甚至当时商鞅、韩非的法家学说一度兴盛起来，“今之学者，师商、韩而上法术。”（《三国志·魏书·杜畿（jī）传附子恕传》）曹操重视法令的制定和执行，赏功罚罪，执法严明。曹操20岁举孝廉为郎，任洛阳北部尉，便“造五色棒，县门左右各十余枚，有犯禁者，不避豪强，皆棒杀之”（《三国志·魏书·武帝纪》注引《曹瞒传》）。后来，汉灵帝宠幸的宦官蹇（jiǎn）硕的叔父违禁夜行，曹操毫不留情，用五色大棒将其打死，于是，“京师敛迹，莫敢犯者”。曹操不仅以法治国，也以法治军。《遗令》中说：“吾在军中持法是也。”他制定了《军令》《败军令》《船战令》《步战令》等法令，要求部队唯令是从。《军令》中规定“军行，不得斫（zhuó）伐田中五果桑柘（zhè）棘枣”，有一次他的战马失控踩了麦田，他说：“制法而自犯之，何以帅下？然孤为军帅，不可自杀，请自刑。”于是拔剑将自己的头发割下，代替头颅。曹操继承法家传统，坚持选拔人才“唯才是举”而不拘品行。曹操于建安十五年（公元210年）发布了“唯才是举”的《求贤令》，希望有更多的“贤人君子”和他“共治天下”。建安十九年（公元214年），曹操又发布《敕有司取士勿废偏短令》，此令如下：“夫有行之士，未必能进取；进取之士，未必能有行也。陈平岂笃行，苏秦岂守信邪？而陈平定汉业，苏秦济弱燕。由此言之，士有偏短，庸可废乎！有司明思此义，则士无遗滞，官无废业矣。”人各有长短，品行好的人未必有作为，有作为的人未必品行好，不能因为有短处就不任用。建安十八年（公元 217 年），曹操又发布了《举贤勿拘品行令》。令中举例说，伊挚、傅说、管仲、萧何、曹参、韩信、陈平、吴起或者出身卑贱，或者名声不雅，或者德行有亏，但都有帮助君主成就王霸之业的功劳。那些流落民间而道德高尚的人，果敢勇猛、遇到敌人拼死作战的人，文墨小吏中才能高超、气质优异可做将军、郡守的人，背负不光彩的名声、有过被人嘲笑的行为或不仁不孝而有治国用兵本领的人：请大家推荐这些人才，而不要有遗漏。正是因为曹操不在意出身，不求全责备，知人善任，唯才是举，才使得曹魏阵营中人才济济，在三国竞争中占据优势。

曹操

诸葛亮辅佐刘备父子治理蜀国，走的也是法治路线。《三国志·蜀书·诸葛亮传》中评论他说：“抚百姓，示仪轨，约官职，从权制，开诚心，布公道；尽忠益时者虽仇必赏，犯法怠慢者虽亲必罚，服罪输情者虽重必释，游辞巧饰者虽轻必戮；善无微而不赏，恶无纤而不贬；庶事精练，物理其本，循名责实，虚伪不齿。”诸葛亮抚恤百姓、明示法令，规定官吏的职责，制定合宜的制度，诚心待人，公正无私；尽忠职守、有益时世的人，即使是仇人也必定奖赏；触犯法令、怠惰放荡的人，即使是亲人也必定处罚；对真心认罪的人，即使犯了重罪也会酌情减释；对言语无据、多方掩饰的人，即使犯轻罪也会重责；无论多么小的善行，没有不奖赏的；无论多么小的恶行，没有不贬斥的；各种政务都精通熟练，管理事情能抓住根本，依照其名来责求实绩，不与虚伪之人为伍。这样的诸葛亮，令民众敬畏，也让民众爱戴。诸葛亮也自认“吾心如秤，不能为人作轻重”，意思是我的心就像秤一样，衡量轻重不因人而异。因为他执法公平无私，且赏罚分明，所以，刑法政令虽然严厉，却没有人怨恨。诸葛亮挥泪斩马谡（sù）这件事被千古传诵。蜀汉建兴六年（公元 228 年），诸葛亮出兵北伐。他力排众议，任命爱将马谡为先锋，却因马谡刚愎（bì）自用、不听从指挥，导致蜀军在街亭惨败。诸葛亮退军汉中，斩马谡以谢众。这一事件集中体现了诸葛亮秉公执法、不徇私情的法家品格。此外，诸葛亮为后主刘禅（shàn）手写《申子》《管子》《韩非子》，说明他不仅自己研习法家典籍并应用于政治实践，也希望刘禅能从中吸取法家的治国智慧。

北宋的王安石并不能归为法家，但是他主持的熙宁变法也具有一定的法家色彩。王安石变法以“理财”为急务，以富国强兵为目标。变法期间，颁布了“青苗

诸葛亮

法”“方田均税法”“农田水利法”“均输法”等法令。“青苗法”是在每年春夏粮食未熟时，由政府贷款或谷物给农民，收取十分之二的利息，随夏秋两税归还。“方田均税法”是让全国重新丈量土地，核实每户占有的土地数量，并按土地数量多少和质量好坏征收田赋。“农田水利法”鼓励开垦荒地、兴修水利工程，费用由当地住户按照贫富等级高下出资，还可向政府贷款。“均输法”要求发运使掌握东南六路的生产情况和政府、宫廷的需求，按照“徙贵就贱，用近易远”的原则采购物资。“保甲法”是将农民加以编制，十家为一保，民户家有两丁以上的抽一丁为保丁，农闲时接受军事训练。“将兵法”把各路驻军分为若干单位，每单位设置将与副将各一人，专门负责军队的训练。这些政策可以增加政府收入，促进农业生产发展，提高军队素质，增强军队实力。变法在初期取得了比较显著的效果，但因遭到激烈反对，新法最终被废除。**而王安石所体现出的“天变不足畏，祖宗不足法，人言不足恤”（《宋史·王安石列传》）的变法精神，也是延续了先秦法家的传统。**

王安石

法家思想在近代曾经受到格外的关注，形成了一股在思想界流行数十年的新法家思潮。新法家是在推重中国古代法家思想的基础上，从近现代的时代背景出发，以新的眼光与思路对先秦法家思想进行诠释和发展的流派。虽然未在现实政治中产生大的影响，但其视角和思路可以为法家思想的当代发展提供借鉴。

三、 法家思想的当代价值

距离法家思想繁荣的时代已有两千余年，目前学界关于法家思想的评价仍然有两极化的倾向且批评较多。总体来看，对法家的批评并没有超出汉以来的大框架。例如，法家主张严刑峻法，不重视德治和教化，这是其致命缺陷；法家强化君主权力，为专制和暴政提供了理论辩护；法家禁绝法家以外思想的传播，限制了思想自由；法家思想中的阴谋权术被历代封建帝王所吸收，因而应该为封建社会的黑暗统治负责任。另一方面，学者们仍在为中国没有法治传统、当代中国仍然缺乏法治精神而苦恼。在当今社会中，很多人的法律意识淡薄，没有自觉地以法律来约束自己的言行；法律也没有成为人们维护自己正当权利的首选，很多人更愿意相信权力、金钱、人情、关系，甚至社会舆论。我们可以承认在中国古代社会没有实现真正的法治，从中国历史中长期形成并流传下来的传统来看，中国文化也确实没有形成法治精神和法治传统。但是，这并不是说中国传统文化中没有法治思想、法治精神和对法的信仰。法家思想的当代价值亟待我们去发掘，法家思想如何实现当代发展需要我们去思考。

法家主张因循好利自为的人性而立法，确立适当的赏罚标准，使赏能够激励善行，使罚能够禁止奸邪，使臣民形成守法的意愿；法家要求执法者以法为依据进行赏罚，有功得赏，有罪必罚，无功不得赏，无罪不处罚，信赏必罚，让臣民去除侥幸心理而不敢犯法。法家强调尊公法而抑私情，任法而治，要求君、臣、民全体社会成员都以法律作为言行的标准，在法律范围内活动，甚至明确提出了法令比君主尊贵，君主应该接受法令约束的观点。这些思想可以说是“有法可依、有法必

依、执法必严、违法必究”的古老源头。但是，君主如果在立法活动中不遵循法家所提出的立法原则，执法全凭自己的喜好、徇私枉法，自己的行为也不接受法的约束，除了亡国警告，法家确实也没有提出有效的解决办法。因为这一问题没有很好解决，使得法家对法治的各种美好期待很容易变成镜花水月，秦亡就是教训。因此，继承和发展法家的思想，约束权力是重点。

法家的重刑主张一直受到严厉批评，我们也看到以商鞅为代表的重刑论者过于执著于通过重刑实现无刑，因而思想中有很多偏颇过激之处。但是，商鞅“刑用于将过”的提法，韩非用行为的可能后果来解释“殷法刑弃灰”，体现出了预防性立法的特点，值得重视。近些年来，我国《刑法》将犯罪的预备行为、有重大风险的行为或其他没有产生实际危害后果的行为予以犯罪化，设置预防型犯罪，就是预防性立法观念的体现。比如，醉酒驾驶在《中华人民共和国刑法修正案（八）》中被列入“危险驾驶罪”，这一犯罪行为的认定只要求驾驶者的血液酒精含量达到法定标准，并不要求情节恶劣及造成实际的危害后果。《中华人民共和国刑法修正案（十一）》在第一百三十三条中增加一款：“对行驶中的公共交通工具的驾驶人员使用暴力或者抢控驾驶操纵装置，干扰公共交通工具正常行驶，危及公共安全的，处一年以下有期徒刑、拘役或者管制，并处或者单处罚金”，“危及公共安全”是说这样的行为对公共安全构成危险，也不要求实际发生了危害公共安全的后果。

为了让民众在内心培养出对法的敬畏和信仰，能够使自己的思想、言谈和行为均符合法的要求，商鞅、韩非都有“以法为教”的主张，使法成为教化的唯一内容，并提出“以吏为师”，将教化民众的权力收归官方。这些思想无疑有文化专制、妨害思想自由的负面意义，**但也提示我们，在缺乏法律精神和法律信仰的时代，应该加强对法治教育的重视。应该让法的规定为更多的人所了解，进而使法深入人心。人的行为由心支配，又受外在规范的约束，内心认可什么，又受到怎样的规范约束，决定了人怎样行为。法只有在人的内心生根发芽，才能真正发挥其规范人的行为的功能，从而把他律变成自律。**我们一般会认为道德与法律发挥作用的方式不同，道德依靠自律，而法律依靠他律，这一看法有失偏颇。道德要发挥作用也需要外在的力量，比如道德评价，而法家也试图将守法变成人的自愿自觉。韩非还要求毁誉等评价与法的评价一致，违法犯罪的行为一定要被谴责，合法的行为要被赞誉，这样才能树立法的权威。在当今社会，我们也应该遵循这样的准则，不能让违反法的规定的行为被赞誉，让符合法的规定的行为被诋毁。

社会的法治状况与法的权威的树立有双向互动的关系。如果社会混乱，违法之人得不到严惩却能够通过违法行为获得诸多利益，法的权威就会丧失，法就不能够得到人们的敬畏和信仰，这是单纯通过道德和法的教化所不能解决的问题。**因此，执法要严格，不能让坏人逃脱；执法要公正，要让人民在每一桩案件的审判中感受到公平、正义，如此才能树立法的权威，让人民敬畏法律，信任法律，社会的法治状况会更好。我们也应该了解每个人所享有的权利，要懂得尊重他人，不去侵犯他**

人的合法权利，在自己的权利受到侵犯时学会用法律来保护自己。在现实生活中，由于维权的成本比较高，很多人会放弃，这实际是对侵权人和侵权行为的纵容。我们应该向每一个拿起法律武器维护自己合法权利的人表达敬意，他们都是法治进程的推动者。

面对道德与法的关系、德治与法治的关系，我们希望发挥道德与法各自的优点，将德治与法治相结合。三晋法家多认为道德教化不符合当时的时代，没有功效。齐法家则试图将二者融合在一起。他们的思考同样有启发。齐法家将二者结合的尝试，比如通过道德教化形成守法风俗，顺从民心民意进行立法等，可以从正面为“依法治国和以德治国相结合”的实践提供思路。三晋法家的思考则提示我们，二者的结合可能看上去很美，但要真正赢得“两利”而不是“两伤”，则需重视二者可能发生冲突的问题。**法家主张所立之“法”应符合人的好利本性，要承认人追求利益的正当性，要给予人民获得利益的途径和渠道，让守法的人能够获利，而不能让好人总是吃亏。法家对人性好利的重视也提醒我们，道德信念的确立应有人性基础，否则难以真正得到认同，甚至有教条化、虚伪化的危险。**中国传统道德较多强调“利他”“无私”，但是，我们不能否认人性中有好利的一面，不能否定个人正当的利益要求。因此，当代的道德教育应该正视人人所有的“好利”“自为”的一面，而不能片面提倡“大公无私”。

齐法家重视民心、民意，“以人为本”的思想观念有着深远的影响。但三晋法家却认为民智不可取，因为民众限于自己的认识水平，只能看到眼前的利益，而法家的很多政策看上去会让民众吃苦，但可以获得长远的利益，而民众并不能了解这些，就会反对法家的法律政策，从子产改革和商鞅变法中民众的反应就可以发现这样的问题。将两者结合，我们认为，作为法律政策的制定者应协调短期利益和长远利益的关系，应该像齐法家那样尊重人民的想法，看到人民的需要，满足人民的需求，而不能像三晋法家那样，完全由政府决定什么是符合人民长远利益的。但是，三晋法家对民意不可靠的提醒也值得我们重视，现在的网络舆论常常被人为操控，网络上所反映出来的经常是被营造出来的虚假民意，应该细致分辨，尤其应注意不能让舆论干涉司法。

最后，法家重视对官吏的任用和考核。他们强调不别亲疏贵贱，按照人的能力任用，明确岗位职责，并对官吏的业绩进行严格考核，进而决定赏罚。这些规定官员任用和考核的行政法规和行政规章已被纳入法家“以法治国”的法律体系之内。法家重视君臣关系，他们也提出了很多办法来防范和发现臣下做出侵犯国家和百姓利益的行为，比如结党营私、玩忽职守、贪污受贿、中饱私囊、欺上瞒下、徇私枉法等等。虽然他们所提出的那些阴谋术不可取，但是他们所针对的问题在当今官员群体中仍然存在，这些问题的危害法家也多有阐发。**法家的这些治吏思想对提高行政效率与执行力，建设法治政府、廉洁政府、责任政府、效能政府，提高政府的治理能力有借鉴意义。**

在构建法治政府、法治社会、法治中国的新时代，古老的法家思想能够为现代法治提供有别于西方思想的本土资源，法家思想也能在新的时代获得新的发展。先秦法家思想是那个时代的产物，有着很深的时代烙印，且在秦亡之后虽然不断被使用，但并没有实现大的发展。一方面，我们不能因为它所带有的时代烙印而完全否定其思想价值，也不能固守先秦法家思想的原貌试图将其应用于当代，如果那样，岂非成了被众人嘲笑的守株待兔的宋人和相信鞋子不相信脚的郑人！

后记

2002年，我完成了自己的硕士毕业论文《韩非思想与黄老之学》，那是我法家研究之路的起点，不知不觉中竟已过去近20年。2012年，在硕士毕业论文基础上扩充而成的《韩非思想研究：以黄老为本》出版，之后也陆续写过关于《韩非子》、《商君书》和《管子》的论文，但是比较全面地梳理法家思想萌芽、形成、发展、衰落的历史，这还是第一次。近些年来，中国传统文化成为热点，各家思想的价值都在被肯定、被阐发，唯独法家，仍然处在泥潭之中被反复批判，似乎中国历史中的一切黑暗都应该由法家来负责，而为法家说话的人都是在为专制和暴政辩护。为什么不能先抛去立场，看看那些法家人物真正说了什么，想想他们为什么那么说呢？我想，无论是对待法家，还是对待中国古代思想，都应该从文本出发，不过度诠释，也不刻意扭曲。

近两年，网络世界的很多现象让我惊讶不解，也让我重新思考道德与法律的关系问题。在现实生活中，很多人遵守道德规范，并非发自内心，而是在意他人的道德评价；而在网络世界中，网民戴上了虚拟的面具，隐藏起真实的身份，那个真实的自己可以不再接受他人的道德评价，部分人会将网络变成随意发泄情绪或者获取利益的渠道，造谣诽谤、人身攻击、侮辱谩骂充斥网络空间，甚至有人以此为业。可以说，道德在网络世界中要发挥作用完全依靠自律，而这对人的要求太高，网络不良现象和违法犯罪问题的解决还是要依靠规则，依靠法律。商鞅认为经由法治可重建道德，从道德出发却会走向暴乱，也是有些道理的。

最后，感谢丛书总编纂王志民教授的信任，感谢中国人民大学出版社编辑老师的帮助，感谢在审稿会上孙中原教授、白奚教授、方铭教授、邢滔滔教授、于孔宝教授、房伟教授、卜祥伟教授对本书提出的修改意见，感谢焦子女士为本书绘制插图（西周宗法封建制度示意图、井田制示意图、百人逐兔、守株待兔等）。

由于时间仓促，学识有限，疏漏不足之处在所难免，还请各位专家学者和读者朋友多多指教！

王威威

2021 年 7 月于海淀沁园

图书在版编目（CIP）数据

法家/王志民总编纂；王威威著．--北京：中国人民大学出版社，2021.8

（诸子百家普及丛书）

ISBN 978-7-300-29810-8

Ⅰ.①法…　Ⅱ.①王…　②王…　Ⅲ.①法家-通俗读物　Ⅳ.①B226-49

中国版本图书馆 CIP 数据核字（2021）第 178956 号

诸子百家普及丛书

法家

总编纂　王志民

王威威　著

Fajia

出版发行	中国人民大学出版社		
社　　址	北京中关村大街 31 号	邮政编码	100080
电　　话	010－62511242（总编室）		010－62511770（质管部）
	010－82501766（邮购部）		010－62514148（门市部）
	010－62515195（发行公司）		010－62515275（盗版举报）
网　　址	http://www.crup.com.cn		
经　　销	新华书店		
印　　刷	涿州市星河印刷有限公司		
开　　本	787 mm×1092 mm　1/32	版　　次	2021 年 8 月第 1 版
印　　张	63　插页 20	印　　次	2024 年 12 月第 4 次印刷
字　　数	1 160 000	定　　价	200.00 元（全 10 册）

中国人民大学出版社读者信息反馈表

尊敬的读者：

感谢您购买和使用中国人民大学出版社的 ____________________ 一书，我们希望通过这张小小的反馈表来获得您更多的建议和意见，以改进我们的工作，加强我们双方的沟通和联系。我们期待着能为更多的读者提供更多的好书。

请您填妥下表后，寄回或传真回复我们，对您的支持我们不胜感激！

1. 您是从何种途径得知本书的：
   □书店　□网上　□报纸杂志　□朋友推荐
2. 您为什么决定购买本书：
   □工作需要　□学习参考　□对本书主题感兴趣　□随便翻翻
3. 您对本书内容的评价是：
   □很好　□好　□一般　□差　□很差
4. 您在阅读本书的过程中有没有发现明显的专业及编校错误，如果有，它们是：
   ____
   ____
   ____
5. 您对哪些专业的图书信息比较感兴趣：
   ____
   ____
   ____
6. 如果方便，请提供您的个人信息，以便于我们和您联系（您的个人资料我们将严格保密）：

您供职的单位：____________________

您教授的课程（教师填写）：____________________

您的通信地址：____________________

您的电子邮箱：____________________

请联系我们：黄婷　程子殊　王新文　王琼　鞠方安

电话：010-62512737，62513265，62515580，62515573，62515576

传真：010-62514961

E-mail：huangt@crup.com.cn　chengzsh@crup.com.cn　wangxw@crup.com.cn　crup_wy@163.com　jufa@crup.com.cn

通信地址：北京市海淀区中关村大街甲59号文化大厦15层　邮编：100872

中国人民大学出版社

总编纂—王志民

诸子百家普及丛书

名家

邢滔滔 著

析辞言物　察类辩名　『奇辞怪说』的哲学家

中国人民大学出版社
·北京·

诸子百家普及丛书

编委会

教育部重大攻关项目“稷下学派文献整理与数据库建设研究”阶段性成果

山东省齐文化传承与示范区建设协同创新中心重点项目

序　言

王志民

“诸子百家普及丛书”根据《汉书·艺文志·诸子略》所列十家学派而编纂，包括《儒家》《道家》《阴阳家》《法家》《名家》《墨家》《纵横家》《杂家》《农家》《小说家》，各自独立成册，共十本。由对各学派素有研究的著名专家学者合作撰写，是一套普及性、通俗性、大众化的学术丛书。

一

春秋战国时代的诸子百家争鸣，是中国文化史上最辉煌灿烂的文化景象。由于社会的巨大变革，“礼崩乐坏”，文化下移，私学兴起，各种出身的知识分子大量产生，形成了一个特殊的“士”阶层，这为诸子百家的产生准备了充足的人才条件。数百年中，列国纷争，诸侯割据，争霸图强，战乱频仍；各国之间，群雄崛起，风云变幻，在竞相以实现一统天下为目标而鹿死谁手迄未可知的情势下，各国统治者殚精励治，变法图强，都需要大量的人才来为自己出谋划策，奔走效力。人才多寡成为国家力量的衡量标准，各国统治者尊重人才，“礼贤下士”就成为最普遍的现象和备受崇尚的风气了。而在这种风气的推动下，具备各种知识与才能的“士”，面对激烈复杂的斗争和出将入相、功名利禄的诱惑，也都深深地卷入这一时代大潮中。他们或游说各国，喜议政事，发表政见，以干世主，成为搅动天下局面的大政治家；他们或总结历史，研究现实，谋划未来，长于思辨，善于论说，聚徒讲学，成为名重一时的大学者。他们因而形成了学派林立、异说纷呈、九流十家、竞相争鸣的文化奇观。值得提出的是，德国现代哲学家雅思贝尔斯提出：在公元前800年至公元前200年，人类的精神基础同时地并各自独立地在中国和其他文明古国开始奠定，形成了直到今天人类仍然附着在这种基础上的“轴心时代”理论。目前中国学术界越来越多的人接受这一观点，将以诸子百家争鸣为主要标志的春秋战国时代称为中华文明史上的“轴心时代”。

纵观战国时期的诸子百家争鸣，其主要特点和巨大历史贡献至少可以从以下三个方面来总结：

1. 思想解放，学术自由，理论创新，哲学突破。在

"礼崩乐坏"社会巨变中产生的"士"，从原有的"天道""神道设教"的神学说教中解放出来，从神圣不可动摇的社会等级秩序桎梏中解放出来，从各国统治者求贤若渴的"礼贤下士"中获得地位上的平等、自由和独立。这种空前的思想自由的社会环境，为来自不同出身、地域、经历、喜好的"士"们各擅其说，标新立异，创造了条件，从而形成了不同的思想流派，带来理论的创新和哲学的突破。儒家是周礼的传承与维护者，创新性提出"仁者爱人"的核心思想，仁、礼结合，将外在的等级制度与内在道德伦理的自觉意识结合起来，从而形成儒家制度化的理论主张。道家"哲学突破"的创始性更鲜明：提出以"道"为核心的理念。道为万物之根本，所谓"道生一，一生二，二生三，三生万物"。道法自然，以虚无为本，以因循为用，讲无为而治。墨家创始人墨翟本为儒家之徒，却独创学派，并猛烈批判尚礼乐、讲"仁"学的儒家学派，主张兼爱、非攻，节葬、非乐。法家则是从现实的政治需要出发，为寻求富国强兵之策而形成的一种改革的思潮，其先驱是伟大改革家管仲；战国时代则有主张道法结合的齐法家，和讲严刑峻法为特征的三晋法家。而阴阳五行家的邹衍，原来也是一个信奉儒学而且想大有作为的人，但在实践中感到不被人接受，于是将阴阳、五行合论，创造出"其语闳大不经"的大九州说及五德终始之论，终成一大学派。名家是以提倡循名责实为学说，提倡“正名实”、重思辨的学派，是逻辑学的创新者。值得注意的是，各学派内部，也充满了标新立异的活力。孔子去世后，“儒分为八”；墨家也分为：相里氏之墨、邓陵氏之墨、相夫氏之墨；这都是在儒、墨“显学”传承发展过程中，因创新而各有突破的结果。传至汉代司马谈首论六家学派，其“要旨”所在，正在于其理论创新和突破。诸子百家理论上的创新建树，是中华文化的智慧之源，影响极其深远。

2. 胸怀天下，服务现实，围绕政治，出谋划策。诸子百家应时而生，一经出现即与政治紧密相连。战国时期最大的政治就是一统天下。这就决定了诸子百家争鸣始终围绕着政治这个主轴展开，从各个方面提出建国方略和一统天下的主张。儒家主张以“仁政”获取民心，包括“制民之产”，保护发展小农经济，实现天下大同。道家黄老学派以虚无为本，以因循为用，主张因俗简礼、无为而治、休养生息。墨家则主张兼爱天下，反对战争，主张尚贤、尚同以治国。法家的主张最实用，以奖励耕战，谋求富国强兵；以法、术、势三足鼎立的统治理论，谋求建立统一的中央集权君主专制国家。阴阳家邹衍则以“五德转移，治各有宜，而符应若兹”的五德终始理论，为大一统提供了合法的依据。名家看似对政治并不实用，但却正是针对战国时代礼法名存实亡，强调“名乎其实”“名实相符”，以让天下一切走上正轨。纵横家是为统一天下奔走呼号的一个特殊群体，或以合纵游说六国，或以连横游说秦王，目的都在于促进大国兼并，最终实现天下统一。农家的重农主张，杂家兼容各家学派的思想主张，目的都是为大一统的实现做理论上的准备。总之，所谓诸子百家学术，实与现实政治紧密结合，中华民族大一统理念与分久必合思想和传统的形成，实与战国诸子百家争鸣密不可分。

3. 大师辈出，人才济济；著书立说，经典传世。辉煌的时代，培育出非凡的文化巨人。孔子、老子、墨子、庄子、孟子、孙子、荀子、商鞅、韩非等一大批影响中国历史进程的伟大人物出现在这个时期，而伟大人物的出现，又进一步推动了诸子百家争鸣的繁盛与发展。这些各学派的大师和代表人物，除了以其卓越的思想创新、理论建树和哲学突破彪炳史册外，还在至少两个方面做出了历史性贡献：一是培养了大批人才。他们大多为了实现政治抱负、思想传承及在争鸣中占据优势，广招生徒，培植后学，每个学派，实际上也是一个私学教育集团。儒、墨两家，号称“显学”，突出特点即在弟子众多，人才丛生。孔子杏坛讲学，亲授弟子竟有 3 000 人之众；墨子为反对战争曾率弟子数百人持械守城，可见当时弟子众多。战国之世，不仅“孔、墨徒属弟子，充满天下”，而且人才济济，多有成就，所谓

"孔墨之后学，显荣于天下者众矣，不可胜数"。其他学派大师也大多徒属众多，人才辈出。因而师承相传，思想发展，学派繁盛，声势浩大。二是各派大师，著书立说，留下大量著作，被后世奉为经典，成为此后两千多年中国思想文化之源。孔子编定"五经"，不仅在汉代成为文化主流，而且后世所谓的儒家经典，其主体皆源于此。儒家经典《论语》《孟子》，既入"十三经"之数，又特列宋代之后"四书"之中，犹如中国人的《圣经》。《老子》《庄子》为道家之经典，称为《道德经》《南华经》。《荀子》《韩非子》皆为儒家、法家集成之作，对中国政治、文化影响巨大。传为管仲遗著、实际成书于战国时期的《管子》，被称为中国早期政治智慧集大成之作，为历代治国者提供了丰富的政治营养。战国诸子百家，实为此前中华文明成果之总结者、传承者，又为其后中华文明发展之开启者、奠基者。

二

战国时期诸子百家争鸣的思想学术文化中心就是设在齐国故都临淄的稷下学宫。

1. 稷下学宫的兴衰发展历程大致可描述为：初创于田齐第三位国君齐桓公（田午，公元前375—公元前357，在位），繁荣于齐威王时。齐宣王时期，扩大学宫规模，建筑高门大屋；封官加禄，吸引各派学者，鼓励百家争鸣，人数多至数千人，达到发展的鼎盛期。闵王时国破君亡，学宫遭废，襄王复国而稷下“中兴”。直到末代国君齐王建时，存而渐衰；公元前 221 年，秦国灭齐，学宫消亡。其存在时间基本与田齐政权相始终，前后历经六代国君，凡一百五十余年。

2. 稷下学宫是诸子百家争鸣的唯一学术中心。战国诸子百家的形成，固然与各国延揽人才、大兴养士之风有直接的关系，但如果没有一个百家汇聚的文化中心，“争鸣”的局面也是难以形成的。然而，在战国那样一个大国割据、战争频仍的时代，遍考养士之所，却少有百家学派汇聚之地。当时以养士最为著名者当属“四君子”：楚有春申君，齐有孟尝君，赵有平原君，魏有信陵君。他们都曾宾客云集，名闻天下，但在他们那里却并没有形成学术文化中心。考其原因约有以下几点：一是人数虽多，层次低下。“四君子”养士，都在“三千余人”以上，但往往“不分贵贱，客无所择”；寄食者众，有才者寡。二是服务私门，学派难入。其养士多为救急解困，主要在务实和功利层面，各派学者真正投奔者甚少。三是因人而养，聚散无常。人在则聚，人去则散。学术成就最高者当属战国末期的吕不韦，他养士三千余人，并“使其客人人著所闻”，集论而成了《吕氏春秋》；但随吕氏之亡，其士也如昙花一现，作鸟兽散。

战国私门养士，风气虽炽，灿如云霞，但都未形成稳定的学术文化中心。

战国之君，以礼贤养士最著名者首推魏文侯。他“师卜子夏，友田子方，礼段干木”，以致“四方贤士皆归之”，如李悝（kuī）、翟璜（huáng）、吴起、西门豹、乐（yuè）羊等崇尚变法图强的政治家，都聚集魏国，实行变法图强，魏成一时之霸主。但魏处秦、楚、韩、赵大国之间，疲于征战，且魏文封侯之后七年即去世，国力渐衰，在魏国并未形成一个稳定的文化中心，其学术贡献也难与稷下并论。

考察战国学术，能够成为诸子百家争鸣中心，且存在时间最长、规模最大、成果最丰、影响最深远的，唯有稷下学宫。其原因在于它有三大特点：

其一，机构开放。齐国君主延揽各国人才，不遗余力。稷下学宫尊重学者的独立自主精神，在管理上采取机构开放、来去自由的政策。一是待遇优厚。齐国统治者在稷下建设“高门大屋，尊崇之”，足见校舍之富丽堂皇；齐宣王一次封七十六名稷下先生为上大夫，足见地位之高，待遇优厚。二是来去自由。游学是其主要形式：学生可以自由来稷下寻师求学；先生也可以自由在稷下招生讲学；可以个人游学，也可以从者数百人集团游学。来者，热情欢迎，精心安置，以礼厚待；走者，以礼相送，重金馈赠。三是学者治校。齐国统治者对稷下管理充分信任、重用学者，荀子曾“三为祭酒”；在具体事务管理上，则充分尊重学者：教学内容设置，教学活动安排，师生之间，先生与先生之间，教学或学术辩论，全由稷下先生们自主组织。如此优厚、开放、宽松的办学方式，吸引各国学者纷至沓来，增加交流，开阔视野，扩大见闻，打破了私学界限，学无常师，思想活跃，促进了学术的交流、争鸣和人才的培养、成长。

其二，思想兼容。齐国统治者对稷下各家学派制定“百家争鸣，兼容并包”的方针，实行诸子百家各派平等，多家并存的政策。从文献记载看，儒、法、道、墨、阴阳、名家及农家、兵家，举凡当时重要的学术流派都曾在稷下先后存在发展。由于思想解放，地位平等，学术活跃，各派学者尽管有不同甚至相反的主张，却都能在稷下立足、讲学、争鸣，吐纳吸收，提升发展。甚至还往往出现派中有派、派中分枝的现象。例如：学宫中儒家就分孟氏之儒、荀卿之儒，而且两派之间，观点有异，相互攻伐；道家分宋钘（xíng）派，尹文派，田骈、慎到派和环渊派。各派思想也由于百家争鸣的深入，而逐渐融合或者发生演变。诸子百家充分利用稷下讲坛，传播思想，广收徒属，扩大影响；多家思想并争，各派观点齐鸣，在争鸣中融合，在融合中发展，最终实现了各派的共荣、创新、发展。

其三，学术自由。稷下学宫的学术自由主要体现在两个方面：首先，尊重学者，平等礼遇。齐国君主不以政治干涉学术，不以好恶而行褒贬，稷下学宫所体现的学术自由，主要展现为统治者与学者之间的地位平等和尊重学术的理念，这一点史所难寻。尤其值得提出的是：稷下学宫是田齐政权的国办机构，“喜议政事”是其基本功能，“各著书言治乱之事，以干事主”是稷下先生的强烈愿望，因而，他们可以对齐统治者独立自由地发表政治见解甚至提出批判反对意见，而齐统治者则对各种意见，一概采取从善如流、平等相待的态度，这就是一种更为珍贵堪称典范的平等精神了。其次，尊重学术，鼓励争鸣。稷下有所谓“谈说之士期会于稷下”的记载，即指各派学者按约定时间举行集会，展开“争鸣”。集会对所有人员开放，通过演讲、辩论，各家学派都能畅所欲言，充分发表自己的观点，也能积极吸收别家思想。稷下的学者们大都能言善辩，田骈、邹衍、邹奭（shì）还因雄辩而得“天口骈”“谈天衍”“雕龙奭”等雅号，可以想见，稷下先生的辩论，在形式上是不拘一格的：或双方互辩，或舌战群儒；或先生之间，或弟子之间，甚或师生之间；或大会演讲，或小会研讨；或处堂上，或在树下。他们在辩论中各抒己见，互不相让，竞长论短，争论不已，形成了百家争鸣的热烈场面。

稷下学宫不仅是战国诸子百家争鸣的唯一学术文化

中心，还是中国历史上最早的大师云集的高等教育大学堂，也是为现实政治服务、带有高端智库性质的政治参议院。它的出现，是中华文明史上一个最独特的创新。郭沫若曾评价说：“这稷下之学的设置，在中国文化史上实在是有划时代的意义的。”事实不仅如此，放在世界文明史上，也是一个奇迹。稷下学宫与雅典的柏拉图学园在公元前四世纪差不多同时出现，分别在世界的东、西方以相似的方式展现出人类早期文明的智慧之光。它们都是世界上最早的集高等教育与学术研究为一体的思想学术文化中心，各具特色，共同创造了世界文明史上的辉煌：稷下学宫为广揽人才而创，具有浓厚的政治色彩；柏拉图学园为传播思想、科学而设，具有鲜明的科学理念。前者汇聚诸子，多派并存，思想交融，形成百家争鸣的局面；后者传承师说，探求真理，追求科学，培育独立思考之精神。前者为中国秦汉大一统帝国的形成做了理论上的充分准备，对中国政治、文化、教育发展影响甚大；后者为西方大学教育奠基，对西方哲学、自然科学发展影响深远。稷下学宫与柏拉图学园极大地影响了东、西方不同学术思想与文化传统的形成，共同为构筑丰富多元的世界文明做出了卓越的历史贡献。

三

本丛书的编纂，缘起于稷下学宫发祥地山东省淄博市、临淄区政府 2017 年拟规划建设“稷下学宫与诸子百家文化园”重大文化工程项目。受市、区党委、政府的信任和委托，我担任了《展陈文案学术研究报告》项目负责人。为此，我们聘请国内高校十数名对先秦诸子百家素有研究的权威学者共同组成了项目组。经过近两年的努力，项目组圆满完成三十余万字的《报告》，同时形成了一百五十余万字的《资料汇编》，为本丛书的编纂奠定了基础。

2019 年，以我为首席专家组成的课题组，获批教育部重大攻关项目“稷下学派文献整理与数据库建设研究”立项。为了更深入、全面地开拓、展示稷下诸子百家的发展背景和学派面貌，以原项目组学者为主体，于 2019 年底正式启动了本丛书的编纂。

本丛书是弘扬优秀传统文化的普及性、通俗性读物。希望通过深入挖掘、阐释、解读“轴心时代”诸子百家的历史渊源、学派概况、代表人物、主题思想、历史地位、深远影响，让广大人民群众全面认识民族精神的形成轨迹和丰富内涵，坚定文化自信，促进中国优秀传统文化的创造性转化和创新性发展。同时立足当代，着眼未来，从文明互鉴、文化交流的角度，努力挖掘世界文明“轴心时代”在中华大地上涌现的诸子百家的价值内涵和世界意义，讲好中国故事，让中国文化走出去，增强人类命运共同体的广泛认同，为构建不同文明和谐共荣的发展之路发挥更加积极作用。

本丛书编纂的总体要求是：权威学者写小书，以确保学术质量。每册 10 万字左右，融知识性、权威性、趣味性和普及性于一体；既适合国内大众阅读欣赏，又适宜向海外翻译推介，传播弘扬中华优秀传统文化。对于学派的表述，一方面要求有坚实的文献依据，尽量吸收相关考古新发现和学界形成共识的研究新成果，以提高读物的知识性和学术含量；另一方面要求尽量选取典型故事表述思想，以浅近语言阐述哲理；处理好具体与抽象、个别与一般、部分与整体的关系；做到主线清晰，纲举目张，故事生动，内容形象；语言文字则要求简洁易懂，以通俗书面语为主；一般不引用大段文献原文；疑难生僻字加注标准汉语拼音；配以必要的图表、画像等，让读者喜闻乐读。

在本丛书编纂过程中，我们与各位主撰者共同组成了编委会，实行统一策划、统一体例和撰写要求；多次组织研讨会，对各卷的撰写提纲和书稿逐一进行了反复研讨、审稿、统稿；各位作者通力合作、反复修改、竭尽心力；中国人民大学出版社积极支持丛书的研讨、统

稿、定稿和出版工作。我们衷心希望历经数载精心编纂的这套丛书，能让广大读者在赏心悦目的阅读中，领略中华文化的深邃魅力，获取知识的无穷力量。

2021 年 8 月 16 日

目　录

导　言

名家："奇辞怪说"背后的辩者和哲学家

名家是先秦诸子的一派，"百家争鸣"的一家，以惠施和公孙龙为代表。名家人物以善辩著称，原来的称谓就是"辩者"，据传能"困百家之知，穷众口之辩"，甚至"一日服千人"。名家与墨家等共成名辩之学，在诸家之中曾有显赫的地位。然而，名家又可以说是一派"异类"，既以善辩闻名，又因善辩受谤。的确，**白马非马，鸡有三足，"天与地卑，山与泽平"，**这些名家言论，看起来远离常识，匪夷所思。同代的批评者责备道，名家喜欢制造“怪说”，玩弄“琦（奇）辞”（荀子），“能胜人之口，不能服人之心”（《庄子·天下》）；名家言不及义，不法先王，不切实际，等等。有的批评者甚至直接断定名家“以是为非，以非为是”，颠倒黑白，混淆是非（《吕氏春秋》）。

部分地由于这种负面形象，也由于特殊的历史事件（如秦始皇“焚书坑儒”、汉武帝“罢黜百家”），名家学问在秦汉之际断绝，后世几无传人。但是，诸子百家互有批评，批评并不必然导致学派的消亡；而历史事件也未终止儒道等思想的传承。所以，一般认为，名家不传的背后，还有其学说本身内在的原因，就是说，名家的思想风格，与中国传统精神、文化性格、问题意识等，有“格格不入”之处。这个解释有其道理，名家不仅有“奇辞怪说”，更有一套支持这些说法的理论；“能胜人之口”的，正是这个理论，连批评者也认为它“持之有故，言之成理”（荀子）。但是，这个理论如何构筑，以及从理论如何推导那些说法，却牵涉艰深细致的分析，其间“苛察缴（jiāo）绕”（司马谈、司马迁），晦涩难解，并不简洁明了，也非当下可用，更不直指人心，倒颇有希腊哲学的逻辑与理性意味。名家学说或许主要由于这个原因，被后人大体放弃。无独有偶，与名家思想风格相似的墨家，也遭受了同样的命运。

然而，中华文化向以包容著称，上面所谓的“格格不入”，或许一时如此，但长远看来，也并非绝对。秦汉之后，名家并未彻底销声匿迹，魏晋玄学里，即有名家论辩风格的痕迹。晋代鲁胜更是致力于复兴名家、墨家思想；他独具慧眼，看到诸子百家在论辩的底层，在“辩言正辞”方面，正是遵循了名墨总结提炼的名辩理论。明清西学东渐以来，部分中国人“开眼看世界”，看到西方学问的根本，即逻辑学与形而上学，与名墨思想有诸多相类之处。外来的冲击，激发了本土记忆，而列强的坚船利炮，也让我们检讨自身文化传统的缺失。学者们意识到，名墨宝藏的遗失，堪称中华文化的重大损失，因为**中国的名辩之道，就学科特点而言，近乎西方的逻辑学。**逻辑学或许“苛察缴绕”，但也因此具备严格精确的理性特色，奠定了西方科学的根本；它或许脱离实际事务，但这正说明它是理论意义上的“学”（而不是技术意义上的“术”），支撑着各种应用学科的发展。不仅如此，作为一种基础理论，它有最广的普遍性，是“诸学之根基”（李之藻），“一切法之法，一切学之学”（严复），以至于“举世无一人不当学”（徐光启）。随着这种“清明意识”的增强，清末以来，名辩学终于复兴，逐渐回纳中华文化本根。

但是，复兴之路是艰难的，零星遥远的记忆，不容易还原成本真的图景。而且，比起对于墨家的吸收和接纳，名家的地位至今仍显得“尴尬”。许多学者依然认为（用刘师培的表述），名家之流，“不明解字析词之用”，属插科打诨或刻意诡辩，因此近于希腊以“诡辩”闻名的智者学派，而远离穆勒所说的“求诚之学”——即本义的逻辑学。所以，即使名家言论“多合论理”，其作用也不外于充当“反面教材”，提供逻辑课的练习题而已。

但名家是否真的如此贫乏？当年能“困百家之知，穷众口之辩”的言说，是否真的缺乏有说服力的理论支撑？由于名家“亡绝”已久，材料匮乏，近现代的研究者在解释其言论时，几乎从零起步，而对于这些言论背后有什么理论，则更是近乎“猜谜”。而且，解释名家的工具，往往仅在表层上取自西方现有的理论，比如直接搬用西方逻辑学的格式，套用西方哲学的术语。这在研究的初始阶段，虽然难以避免，但也将名家思想，一开始就套入某种西方框架，致使我们有了外来与本土之间的另一种“格格不入”。影响最广的一种解释框架，是以“概念打天下”，即认为我们的古人谈论的名或实，就是西人谈论的概念。这样，比如名家的“白马非马”，直接套用以概念为基础的形式逻辑学，就被解释为：白马概念的外延不包含于马概念的外延，而这显然弄错了两个概念的外延关系。于是，“白马非马”就被简单地归于荒谬。即使同情名家的学者，也因这套西来框架的限制，反而在背离本土的路上走得更远。如把“白马非马”解释为此概念不是彼概念，或又是又不是，从而引入具体事物之上的抽象概念，把公孙龙归入“遥远”的西方哲学派别，如柏拉图的概念实在论，甚至更远的黑格尔的概念理论。

随着研究的进展，这种从根本上“据西释中”的做法，逐渐得到改善。越来越多的学者认识到，先秦的文献，未谈论概念这种东西，更不用说柏拉图主义的抽象概念，而引入概念并不能解通名家文本。他们努力回到中国本土的文化环境，依据中国语言的特点来解释名家，重新思考“名家到底在说什么”这个问题。这种为名家“正名”的努力，实质上是回到鲁胜的起点，探索名家“奇辞怪说”背后的、百家“不能易其论”的那个本土之“论”，也就是名墨所总结的，在中国话语中表达中国世界观、显示中国思维特点的名辩基本理论。这种现代探索并不排斥西方理论的参照，反而需要大量借鉴各种资源，包括最新的西方逻辑理论。但是，在借鉴西方思想时，不是套用其格式与术语，而是取其背后的精神实质，寻求“人同此心、心同此理”的人类思维的根本相通之处。这个“通理”，仍可借用西文称为“逻辑”，但此时要区别“逻辑”与“逻辑学”：逻辑学起源和发展于西方，是在西方语言-世界观基础上对于逻辑的理论表达，但逻辑也或可有中国的表达，虽然这种表达未必像逻辑学那样系统和完备。遗憾的是，迄今的探索，还未找到一种公认的对名家的解释，学者们各主一说，相互冲突，仍处于莫衷一是的局面。有学者感慨道，我们连“白马非马”背后的逻辑原理都没弄清楚，遑论其他？

这本小书介绍名家思想，试图为“名家到底在说什么”提供一个答案。当然，这个答案仅是一家之言，或有偏颇。而且，这么大的题目集中于一本小书，叙述不免简略，尽量争取平实和通俗，请读者理解。我们想说明，至少就其代表者的理论来看，名家不是诡辩派，与其相称的同代身份，不是希腊智者（就“智者”一词的通常贬义而言），而是希腊哲学家。名家考察名与实，与希腊形而上学有类似的问题和思路，但名与实，与中国特殊的语言及朴实的世界观密切相关，特别是类名之实，虽与西方所说的概念有诸多类似之处，但并不是概念，也不是迄今任何一种西方理论所明确把握的东西。**名家如墨家，深明“解字析词”之理、之用，他们的“奇辞怪说”并不奇怪，其背后有一种特别的名实观在支撑，或者说，那些“怪说”乃是以中国的典型例证的方式，论证着这种名实观。与西方经典的世**

界观相比，这种名实观显示了一种特别的形而上学，不仅在中国思想史上应有地位，而且在人类思想史上也独树一帜。名墨的名实观所支撑的思维和论辩方式，其实质也是逻辑的、普遍的，但由于建立在古汉语的基础之上，它在一些关键地方超出了逻辑学的表达和格式，而关系到中国独有的“典型例证”的论辩方法。这个方法不是简单的类比，在其典型应用里与演绎法有同等效力，即使在今天仍有其待发掘的理论意义。

第一章

名家概说

一、名家之“名”

“名家”这个名称，出自汉代，主要指原先被称为“辩者”、“辩士”或“察士”的一批人。这批察辩之士集中在战国时期，稍早、稍晚也间或有之。关于“察”“辩”的意思，荀子解释道：“析辞而为察，言物而为辩。”（《荀子·解蔽》）这就是说，分析词句叫作察，议论事物叫作辩。

大体上，这里的“辞”即是名，而“物”即是实。名是某个语言的名辞，如汉语的“孔子”“人”“马”“白”“白马”等，它们指示或代表世界里的物项，如孔子、人、马、白、白马等，这些是上面的名所对应的实（我们约定，一个名去除引号即表示它对应的实）。名组成语句，表达思想、愿望等，是我们描述事实、交流看法的基本手段；而描述是否正确、交流是否达意，就取决于名与实的关系是否端正。所以，“析辞言物”就是分析考察名与实，理顺二者内部以及二者之间的关系，纠正理论和实际中的偏差，这也叫作“正名实”。历史上，名家人物具体的政治、社会和哲学观点不尽统一，但学术上有个共同特点，就是都以辩、察为职，以“正名实”为务。所以，汉史官司马谈、司马迁父子将其合为一家，同阴阳、儒、墨、法、道诸家并立，以“名”称之（司马谈《论六家要旨》，见司马迁《史记·太史公自序》）。《汉书·艺文志》也取“名家”称呼，后世沿用。

名家之为一家，因此比较特别。它不同于儒、墨、道、法诸家，不是因某种政治、伦理、人生的基本认同而形成一个学派，而是因关注名实问题被组成一家。理论上，正名实是一切言语、思考、论辩的根基所在，名实不正，则言不符实，思想和交流也将陷于混乱和谬误，因此名实问题极为基本，“不可不察”，而辩名析实也非名家独擅，其他各家均有探讨。儒家孔子有正名学说，而荀子作《正名》篇，影响深远；道家的老庄、黄老思想蕴涵深刻而独特的名实观；法家韩非子“喜刑名法术之学”，有“循名责实”的名辩思想；尤其是墨家，后期有《墨经》六篇，对名实问题做了最为系统的探讨。所以，在“名学”一词的推广的意义上，诸子百家可以说都有自己的“名学”。但是，名家“专决于名而失人情”（司马谈《论六家要旨》），即专门探讨名实的理论问题，以至于忽略了人情世事。这并不是说，名家都是一些“两耳不闻窗外事”的书呆子，而是说，名家不仅以析辞言物作为治学的手段，而且将其作为“彼宗最终之目的”（梁启超语），正是这种“为名实而名实”的理论特色，将名家区别于他家。另外，名家的理论旨趣和主张与墨家相互呼应，可关联处颇多，以致有学者认为，名家主要观点，与所谓“后期墨家”并无截然分别。总之，名家问题之集中，论说之深入，辩察之细致，按传统诸家分野，只有《墨经》（或《墨辩》）所代表的“后期墨家”可与比肩。可以说，名家成为一家，主要因它对名实问题的关注，以及它特别的分析思考方式。至于名家各人对问题的回答，以及具体的思想内容，则允许有异，甚至，从政治、社会、伦理观点来看，名家各人或可分属其他诸家。但这并不排除，名家的思想框架和思想内容，有根本的一致之处，也不排除这种一致之处与墨、儒、法等家的名实观在根本上相通、相融。我们要探讨的核心，即是这个根本层面上的一致与通贯，也就是名家（与墨家等）所总结的、建立在古汉语语境中的、通用的和基本的名实理论。

二、产生背景

上述意义上的名家，大体而言，初现于春秋末期，兴盛于战国中后期，消亡于秦汉。但是，为什么这个时期会产生名家这样的察辩之士？析辞言物原是思想者本分，为各家所关心，又如何成了一种“专业”？这里有一个特殊的历史背景及思想发展过程。

春秋时代，周王室衰微，大国间争霸，社会发生剧变，导致“礼崩乐（yuè）坏”的局面，就是说，在政治、法律、伦理、习俗等方面，旧制度、老规定被新事物冲击，面临崩坏。反映在名与实的问题上，旧名旧称与新事新物冲突，名不副实，实不配名，即所谓“名实相怨”。而“名位不同，礼亦异数”，名与实的冲突，也反过来加剧了政治秩序和民众生活的混乱，以至于是非不清，“天下无道”。孔子感叹“觚（gū）不觚”，即觚（实）已经不符合“觚”（名）了①。这里不只谈觚，其

① 觚是古代一种酒器，也用作礼器。言见《论语·雍也》。

微言所指，乃是君不君、臣不臣、父不父、子不子的广泛的名不副实的社会状况。他于是提出“正名”的要求，企望由名的正确使用来建立判断是非的标准，奠定礼制的基础。① 孔子作《春秋》，“辨物之理，以正其名”（董仲舒语），胡适认为其中的正名可分三层，即正名字——订正名字的意义，定名分——区别名分地位，寓褒贬——将褒贬判断寄托于记事之中。至于老子，则有“无名”之说，主张道恒无名，这将名实问题上升到一个更高的思辨层面。但他的无名无形之道，虽然玄远，其中仍然“有象”“有物”，并不是脱离现实、完全抽象的。② 而且，他并不否认具体事物有名。

战国时代，诸国之间的争霸兼并，使得社会变化更为剧烈，是非治乱问题愈加紧迫。随着旧观念的失势，新思想大量萌发，杂说纷出，学派林立，出现了百家争鸣的局面。齐国的稷下学宫是列国的文化中心，百家争鸣的主要场所。道、儒、法、名、兵、农、阴阳等各学派人物汇聚于此，“不治而议论”，相互切磋砥砺，辩难析疑，形成平等、自由的公共论辩，影响及于天下，一

① “必也正名乎！……名不正则言不顺，言不顺则事不成，事不成则礼乐不兴，礼乐不兴则刑罚不中，刑罚不中则民无所措手足。”（《论语·子路》）

② 道家文献《太一生水》有言：道（或太一）“藏于水”，更彰显它不是宇宙之外的东西。

时盛况空前。梁启超这样形容当时学术：“如春雷一声，万绿齐茁于广野。如火山乍裂，热石竞飞于天外。”

这种平等、自由的公共论辩，形式上不拘于某国某地的利益得失，也不针对某君某王的特别喜好，而要求一种公共的、能说服众人的理论主张和论辩技术。这样，说理和论辩本身就从谈论特殊利害关系的主观语境中逐渐被“提炼”出来，而指向客观的求真求实。但说理要达到客观的真确，在底层上首先要求澄清公共的语言（名）与客观的世界（实）之间关系。于是，名实关系便凸显为一个迫切的理论问题，得到各家的关注。

孟子为儒家“亚圣”，处稷下多年，其议论雄健，辨析入里。他关于人性、“四端”等的一系列论辩，影响深远，是古人论证说理的典范。其著作中，也有对辩术的考察，如区分了四种诡辩（《公孙丑上》）。庄子继承老子，也是“道家之祖”，虽然视论辩为“小言”，主张“得意忘言”，但他“汪洋恣肆”的议论里，处处显示了高超的辩术，即使他的“辩无胜”观点，也是以论辩的形式表达。这或许显示了庄子的无奈（既要“忘言”又必须以言表意），但无论如何，他的著作里有对名实的深刻体察。荀子是儒家巨擘（bò），曾三次担任稷下学宫祭酒（学宫之长），主张“君子必辩”。除实际论辩之外，他又作《正名篇》，由感觉经验出发，论述制名的必要和根据，以及正名的规范等理论问题，认为

“制名以指实”，以约定俗成为宜，并区分共名与别名，要求“同实同名”“异实异名”，以“明贵贱”“辨同异”。墨子创立墨学，提倡兼爱、反对攻伐，论证严谨，丝丝入扣；后期墨家有《墨经》六篇（《经上》《经下》《经说上》《经说下》《大取》《小取》），包含对名实观和论辩方法的深入探讨和总结，其理论成就，达到高峰。

真正学派意义上的名家，即诞生于百家说理论辩的经验与理论之中，而其理论旨趣更为纯粹，与墨家异曲同工。当时百家之中，以儒、墨二家为“显学”（《韩非子》），而二家的政治伦理观点对立，互有批评。西晋鲁胜说，孟子否定墨家，荀子、庄子等排斥名家，但在“辩言正辞”方面，他们却不能改变名、墨的观点。① 就是说，百家立场虽异，但在论辩的底层，在辨名析实的基本方面，却秉持同样的原则和标准。而（后期）墨家、名家探讨的正是这种超越百家之外的公共的、客观的名实标准。

名家之中，既有以名论法的“名法派”，注重正名实在治国理政方面的实际作用，又有辨析名实的“名辩派”，进而对语言和论辩本身进行理论探讨。尹文为稷下先生，名法派代表，其思想应属道家黄老学派，主张

① “孟子非墨子，其辩言正辞则与墨同。荀卿、庄周等皆非毁名家，而不能易其论也。”（鲁胜《墨辩注叙》）

大道虽无形无称，而具体的形器有名，君王治国法术的“大要”在于先理正名与形的关系。他分别“三科”之名（命物之名：方圆白黑；毁誉之名：善恶贵贱；况谓之名：贤愚爱憎），“四呈”之法，具论形名之学，认为名是称形的，形是应名的，但二者有别，不可相乱。所以，正名之外，也需要正形，使二者相称；而“形正由名”，正形需要依靠名来提供标准，因此需要“以名正物”。这强调了名实的双向关系，尤其是名对实的作用，将单纯的以实正名，进一步推向名实交互比勘的“正名实”。尹文除了区分“名”与“分”、“彼”与“我”（即客观与主观之名），还特别分别了“通称”的名和“定形”的名。通称的名如“好”，可用于多种物，定形的名如“牛”，规定一种形状，推而广之，凡形、声、色、嗅、味等“自然存焉天地之间”的，其名（命物之名）都可归于定形之名。而以通称随定形，则生出各种复名，如“好牛”“好马”“好人”等，它们相互分离（“自离矣”），不可相乱，而且，“好非人，人非好”。这或许蕴含“离坚白”思想，启发进一步的“白非马”“白马非马”等论题。

兒（ní）说（yùe）为稷下辩士，讨论“白马非马”，又有“闭环可解”等论题（传说他对于不可解开的封闭连环，直接以不解为解）。田巴也是稷下辩士，辨析“离坚白”“合同异”的理论，“一日服千人”（由此可想见当时稷下学宫公开辩论的盛况)。这些名辩论题，把名实之辩，从社会政治领域，推向更基本的语言和逻辑领域，转而考察普通名词（即尹文所谓“命物”“定形”之名，如“马”“白”“坚”）的用法和意义，分析日常句子和问题，以此为典型例证，探讨一般的名实结构，以及结构中大、小、动、止、彼、此等方面的联系与区别，即同异问题。“白马非马”“离坚白”“合同异”等辩题，是名辩派共同讨论的核心问题，而不是个别人的观点。三晋名家惠施、公孙龙则集其大成，发展为名辩理论。惠施阐发“合同异”学说，提出十个论题（“历物十事”），历述同异相对、相合的观点，并探讨有限与无限的形而上问题；公孙龙发挥“离坚白”思想，详论“白马非马”，细究同异之别，有“白马论”“指物论”“坚白论”“名实论”的系统论述。他们的理论，提示了特别的语言哲学和形而上学观点，探索了一些重要的论辩方式，成为名辩学派的代表。

《墨经·小取》总结道，论辩的目的，是分辨是非，审察治乱，澄清同异，理顺名实，处置利害，解决疑惑，于是就要摹写概括万物的本然，分析比较不同的言说。① 一言以蔽之，名辩学是为了分辨是非而考察名实、

---

① “夫辩者，将以明是非之分，审治乱之纪，明同异之处，察名实之理，处利害，决嫌疑。焉摹略万物之然，论求群言之比。”（《小取》）

探究同异。那么，到底什么是名、实？二者有怎样的关系，其理何在？何为同、异？二者又如何有异，是否有同？说理、论辩如何做到“明是非”“决嫌疑”？这些问题，起于实际的社会政治需要，而发展为根本性的理论问题。名、墨等家的学者，于是专门考察名实之理，辨析同异之道，促动了先秦的名辩大潮。

三、名家人物

名家人物，上面提到的已有尹文、兒说、田巴、惠施、公孙龙等。但名家群体有多大？到底哪些人物（包括著作、观点）可以归入名家？对于这些问题，学者们历来有不同的分析，而由于史料缺失、看法纷杂，今天已难有确凿的回答。据《庄子·天下》篇记载，战国中后期，辩者为数颇多，惠施以其十种名辩论题晓谕（yù）辩者，而“天下之辩者”与惠施相互应答。篇中将桓团与公孙龙并列为辩者代表（但将尹文另列，与宋钘（xíng）归于一派，即后来所谓“宋尹学派”）。可以想见，或有其他一些辩者，因史籍无载，今天已不得而知。至《汉书·艺文志》，则列出周秦之间名家七人：邓析、尹文、公孙龙、成公生、惠施、黄公和毛公，并当时所存各人著作七部三十六篇。①但这七人约半数已湮没不闻，其著作也已大部佚失。今存《公孙龙子》六篇，除首篇《迹府》，其余可认为公孙龙原作；又有《邓析子》《尹文子》两部三篇，但其真伪学界有争议，甚至有学者认为，邓析、尹文二人不属名家。无论如何，我们这里采取较为包容的看法，即将以上人物都归入名家。

这些名家人物，都是饱学善辩之士，或从容应对，不假思索，解说天下万物，或纵论同、异、坚、白，证明“白马非马”，能“一朝而服千人”。他们“然不然，可不可”（以不对为对，不可为可），而能“困百家之知，穷众口之辩”（《庄子·秋水》），成一家之言。他们之中，以年代论，邓析最早，为开山者，其言论与风格启发了后来之人；以成就论，惠施与公孙龙为集大成者，是名家最突出的代表。下面仅就这三人，简述其生平逸事，略窥名家的为人处世和论辩特点。

---

① 《汉书·艺文志》所载名家著作及作者：
《邓析子》二篇。郑人，与子产并时。
《尹文子》一篇。说齐宣王。先公孙龙。
《公孙龙子》十四篇。赵人。
《成公生》五篇。与黄公等同时。
《惠子》一篇。名施，与庄子并时。
《黄公》四篇。名疵，为秦博士，作歌诗，在秦时歌诗中。
《毛公》九篇。赵人，与公孙龙等并游平原君赵胜家。

1. 邓析

春秋末年郑国人，生平事迹主要见于《吕氏春秋》。据传子产执政时他曾为郑国大夫，治“刑（形）名”之学，关心政治、法律制度，担任民间讼师，传授法律与论辩之术，帮助民众处理诉讼事务。他不满郑国旧制，曾私造刑法，刻于竹简，称“竹刑”。后为郑国执政者所杀，“而用其竹刑”。存世著作《邓析子》，包括《无厚》《转辞》两篇，但当今学者多以为后人伪托。

据说邓析多次为难子产。子产制定成文刑法，铸刑鼎公之于众。国人纷纷援引条文，做出于己有利的解释，也因此给子产新政带来了麻烦。邓析则擅自办学，教授法律，帮助百姓打官司。他与有狱讼的百姓约定，大官司的费用是一件长衣，小官司则收取一件短衣裤。百姓付费而学讼的，多得不可胜数。另外，郑国的大众以“悬书”（悬挂公告）的方式议论、批评朝政。子产下令禁止“悬书”，邓析就改用“致书”（致送书信）的方式。子产又下令禁止“致书”，邓析又用“倚书”（附带书信）来代替（《吕氏春秋·离谓》）。由此可见邓析辨名之苛刻。“致书”不同于“悬书”，而“倚书”既非“致书”，也不是“悬书”，子产逐一禁止，邓析总能以新的名义避免禁令。《吕氏春秋》批评邓析以名词惑乱法令之意，“言意相离”，以致“可不可无辩”。（《吕氏春秋·离谓》）但法律用词，尤需准确、严格，“致书”

“悬书”“倚书”的确是意义不同的三个词，邓析的苛察，虽然违背子产的意图，但本身的言与意并不相离，或有其“不可不察”之理。

史传邓析“操两可之说，设无穷之词”。有一个著名的故事：洧（wěi）河发了大水，淹死郑国的一个富人，有人捞到尸体。富人的家属要赎回尸体，但捞尸者要钱太多。富家找邓析出主意，邓析说：“不着急，他没有别处可卖。”捞尸者等急了，也找邓析，邓析又回答说：“不着急，他没有别处可买。”（《吕氏春秋·离谓》）甲乙双方意愿相反，不能同时实现，而邓析建议双方都坚持自己的意愿。如此合并正反，于矛盾双方，皆予肯定，后称“两可之说”。

但邓析的“两可”，并非随便接受矛盾，混淆是非，也不是矛盾的辩证法，而更近乎对特定情况的某种博弈论分析。假设甲乙双方都不愿退步，这个情形的特点是，一、甲没有别处可买；二、乙没有别处可卖。邓析将两条件分别用于乙、甲的处境，所以“两可之”，建议二人都等待；但若相反，两条件分别用于甲、乙，则会有“两不可”，也有矛盾；而两条件同时用于一人，就有“既可又不可”的矛盾。邓析选择“两可”，并非执其一端，不见其他，而是在矛盾无法避免的情况下选择其一。这里有实际的考虑，背后也可能有对某种博弈或交易情形的理论分析（当今有学者尝试用现代逻辑和博弈论的某些结果，来解释邓析的“两可之说”）。

然而，这些言行给邓析带来负面名声。《吕氏春秋》说他随意解释法律，按自己的意愿操控官司结果，“以非为是，以是为非，是非无度，而可与不可日变”，以至于“郑国大乱，民口喧哗”，于是子产杀邓析而服民心，定是非，行法律（《离谓》）。但这段描述，有其特别立场和视角，未必客观，其中史实也有出入。据《左传》，鲁定公九年（公元前501年），郑驷歂杀邓析，而用其竹刑。其时子产已死二十余年。

邓析不但就实际事物辩名论理，开名法派先河，而且在名辩学理论上也有探索，是两派共同的先驱。《荀子·不苟》列出邓析（与惠施）的七种“怪论”：

山渊平。天地比。齐秦袭。入乎耳。出乎口。钩（或为“妪”）有须。卵有毛。

这些也是典型的“然不然，可不可”的例子。《荀子·非十二子》批评邓析（与惠施）“不法先王，不是礼义；而好治怪说，玩琦辞。”但也承认“其持之有故，其言之成理”。从内容上说，“山渊平”“天地比”两条，即是惠施的“天与地卑，山与泽平”；“卵有毛”则直接见于“辩者二十一事”；“出乎口”也在字面上与“二十一事”的“山出口”相似。这些我们在第四章的有关章节讨论，但可以想见，邓析的名辩思想，或包含同异相对之说，即使相反的两端，也不以为有绝对的分界，而在特定的条件下，给予平等看待（两可之说）。这些思想，直接影响了后来的名家。

2. 惠施

战国时宋国人（或言魏人）。曾为魏惠王主持政事，深得信任。主张魏、齐、楚合纵抗秦，促成魏齐二君会盟，互尊为王，开六国称王局面。后因政见不合，被张仪排挤，离魏适楚，又由楚至宋。后虽曾返魏，参与政治活动，但晚年主要研究学术，并与庄子交游。言论主要载于《庄子》一书，事迹也见于《战国策》《韩非子》《荀子》《吕氏春秋》等。

惠施著作据传甚多，“其书五车”（《庄子·天下》），惜佚失无察。《汉书·艺文志》只载《惠子》一篇，而《隋书》、新旧《唐书》皆无载。明代归有光、清代马国翰曾辑有《惠子》，但都非原本。

据《庄子·天下》，惠施学识渊博，才思敏捷，“日以其知与人辩，特与天下之辩者为怪”，每天与人辩论，专门与辩者一起制造一些奇怪的说法。南方有个名叫黄缭的怪异之人，问天地为什么不坠不陷，风雨雷霆是怎么回事。惠施“不辞而应，不虑而对”，不假思索，对答如流，且无所不知，“遍为万物说”。滔滔不绝，多多益善，还不满足于此，更提出一些怪异的说法。《天下》篇记录了惠施的“历物十事”，即他的“万物说”的十个主要论题，并称惠施以之晓谕辩者，而辩者们兴趣盎然，“相与乐之”。

古人论辩，常用譬喻，这是中国人思维的一个显著特色。惠施尤其善于用譬。《说苑·善说》记载了一个故事：有人说，不让惠施用譬喻，他就不会说话了。魏王就要求惠施“直言”“无譬”，即不用譬喻而直接说事情。惠施回应道：如果一个人问弹①是什么样的，而你回答——弹就是弹的样子，那么他能懂吗？魏王说：不能。惠施又说：如果你回答——弹的样子像弓，而以竹为弦，那么他懂了吗？魏王说：懂了。**惠施总结道：言说者的本分，是“以其所知，喻其所不知，而使人知之”，所以，不可不用譬喻。**魏王于是被说服。这里，惠施“以譬说譬”，即用弹弓的譬喻，论证一般的譬喻的必要。表面上，这不符合魏王“无譬”的要求，但实际上，这未必不是在显示譬作为一种论辩方法，具有原初的和基本的地位：它就像一个“公理”，不需要也无法用其他的东西来佐证，在一切论辩中（包括讨论“譬”本身的论辩）都可直接使用，而并不构成循环。另外，以所知喻不知而使人知，可以看作惠施对“譬”的定义，这与《墨经》中

① 即弹弓，发射弹丸的武器，以竹为弦。

"譬也者，举他物而以明之也"（《小取》）是一致的。

但时人对惠施多有负面评价，前面提到荀子批评他"治怪说，玩琦辞"，《庄子·天下》也说他"弱于德，强于物"，且"自以为最贤"，其论辩专求反驳对方，只图胜过对方，所以他"与众不适"。《天下》篇是庄子后学作品，既责备惠施与众不合，也称赞庄子"以天下为沉浊，不可与庄语……独与天地精神往来"，对两人的"不合群"，一贬一褒。有趣的是，庄子与惠施却交游密切，互引为知己，留下不少佳话。《庄子·秋水》里，有一段著名的"濠（háo）梁之辩"：

庄子和惠子在濠水的桥上散步。庄子说：鱼在水中游得悠然从容，这是鱼的快乐啊。惠子说：你不是鱼，如何知道鱼的快乐呢？庄子反驳说：你不是我，如何知道我不知鱼的快乐呢？惠子答：我不是你，固然不知你。但你本来就不是鱼，你不知道鱼的快乐，完全可以确定啊！庄子最后回答：你最初问我如何知道鱼的快乐，就是已知我知道而又问我（如何知道）。我现在回答你：我是在濠水边上知道的。

颐和园的谐趣园中有知鱼桥，刻乾隆御题十六首诗，其中一首为：

桥上偶然一俯披，鲦鱼出水乐由伊。
惠庄自是出尘者，何事辨知与不知。

这段有名的对话，颇能代表二人的谈辩风格。本是游戏话题，辩论的输赢并不重要，但其间反映了庄惠人生态度和思想方法的差异：惠子层层深入，咄咄逼人，必要寻根问底；而庄子则婉转应对，反唇相讥，最后不了了之，其不求甚解的背后有以不解解之的意味。细究二人谈辩内容，隐然涉及了一个哲学难题——“鱼之乐究竟如何样子?”。这个问题的一个现代版本是“做一只蝙蝠究竟如何样子?”① 涉及当代哲学关于意识经验或感受的讨论，如感受的主观性、不可传达性、不可还原性等等。二人对话中有“知道”重叠的句式（“你知道我知道……”），其逻辑结构如何，也是当代知识逻辑学的话题。另外，对话中“鱼”“我”并举，伦列类推，还涉及古代类名的特殊用法及相关的推理方式（这点我们在后面章节里讨论）。

另一则故事，进一步表现了庄惠这对诤友之间的信任与情谊：

惠施死后，庄子经过惠施坟墓，回头对跟随他的人说：有个楚国郢（yíng）都人鼻尖上溅到了一片白土，像苍蝇翅膀一样薄，请姓石的工匠用斧子削掉。匠石挥斧如风，削去白土，而一点没伤到鼻子。郢人则站立自若，神色不变。宋元君听说后，招来匠石，要他在自己身上试一下。匠石说：我从前的确能做到，但现在，我的搭档已经死去很久了。庄子继而感慨道：自从惠子去世，我就没有搭档了，我

① 这是当代哲学家 Thomas Nagel 一篇著名文章的题目。

没有可与谈论的伙伴了！（《庄子·徐无鬼》）

这即是成语“运斤成风”的出处。郢人死后，匠石失去信任自己的伙伴，其神技无从施展。惠施死后，庄子如匠石之失郢人，怅然独悲，感叹自己再也没有可与辩谈的知音了。《淮南子·修务训》说：“钟子期死而伯牙绝弦破琴，知世莫赏也。惠施死而庄子寝说言，见世莫可为语者也。”

3. 公孙龙

多数史籍认为公孙龙是赵国人，也有说是魏人、齐人的，《公孙龙子·迹府》只说“六国时辩士”。他早年在魏，后长期为赵平原君（赵胜）的门客，去过燕国。他“少学先王之道，长而明仁义之行”（《庄子·秋水》载公孙龙自谓），政治上主张和平，提倡爱民，曾与君王们谈论“偃兵之意”，“兼爱天下之心”。因不满名实关系“散乱”的现状，所以靠自己异于常人的天赋，发扬“守白（或坚白）之论”，希望“以正名实而化天下”（《公孙龙子·迹府》）。

著作《公孙龙子》，《汉书·艺文志》记十四篇，列为名家；《隋书·经籍志》或以《守白论》为名，列入道家。今仅余六篇，存于明代的《道藏》。其中第一篇《迹府》，记载公孙龙言论行迹，显为后人所撰；另五篇

《白马论》《指物论》《通变论》《坚白论》《名实论》，也有人疑为后人笔墨，但学者多认为是公孙龙原作。

《吕氏春秋》记载，公孙龙曾在燕、赵劝君王“偃兵”（停息战争）。燕昭王自诩崇尚“偃兵”，但广泛招募、豢养善于用兵之人，公孙龙指出他名不副实（《应言》）。赵惠文王自谓十余年致力于偃兵，问为何不成功。公孙龙同样以“偃兵”之名必与其实相符的道理来解释。他说：偃兵的本意，是兼爱天下之心。而兼爱天下，“不可以虚名为也，必有其实”。可是，赵国的蔺、离石二地归属了秦国，赵王悲戚服丧；而赵国夺得齐国的城邑，赵王则加膳置酒。这不是兼爱之心。偃兵之所以不成，原因在此（《审应》）。公孙龙主张偃兵、兼爱，与墨子的兼爱、非攻或有关系，“盖亦治墨学之遗绪，而文之巧辨，故乃与惠施齐名也。”（钱穆《先秦诸子系年考辨》）

《吕氏春秋·淫辞》又载，秦国攻打魏国，而赵国想援救魏国。秦王很不高兴，派人责备赵王说：“秦赵的盟约规定，秦国想做的事，赵国要帮助秦国；赵国想做的事，秦国要帮助赵国。现在秦国想攻打魏国，而赵国却想援救它，这是违反盟约的。”平原君把这件事告诉了公孙龙，公孙龙说：“赵王也可以派遣使者去责备秦王说：赵国想援救魏国，现在秦国却不帮助赵国，这是违反盟约的。”秦赵双方，在魏国的事情上意愿相反，甲助乙，恰好等价于乙不助甲，所以，约定的互助，于此无法实现。这颇有邓析“两可”或“两不可”情形的意味。但既然秦王执其一端，以盟约责赵，赵亦可执另一端，以盟约反责于秦。这是一种实际论辩策略，而非理论上的片面失察，表现了公孙龙反对攻伐之意，合于“非攻”的墨学主张。

公孙龙以辩士闻名天下，最出名的主张，是所谓“白马非马”。这是名家的共同辩题，但于常识看来，似乎是悖谬的说法。《公孙龙子·迹府》记载，他曾与孔子后人孔穿会于平原君家，孔穿表示愿为他的弟子，但请他放弃“白马非马”之说。公孙龙的回答，显示了他高明的辩术。他先讲了一个故事：

楚王于云梦泽射猎，丢失了名贵的“繁弱”之弓，但阻止随从去寻找，理由是，“楚人遗弓，楚人得之”（楚人丢了弓，又被楚人捡到了），哪里需要去找呢？孔子评论说，楚王虽有仁义之心，但还未尽仁义之意——说“人亡弓，人得之”就好，何必添个“楚”字！

公孙龙认为，孔子此说，是“异楚人于所谓人”（把楚人与人看作不同的二者），而这与自己的“异白马于所谓马”同理，因为，“楚人”与“人”、“白马”与“马”，两对名的结构、关系完全相同。但“异白马于马”即是“白马非马”的意思。因此，孔子也应同意白马非马。孔穿肯定孔子而否定公孙龙，是荒唐矛盾之言

（“悖”）。结果，“孔穿无以应焉”。

这里的推理，从逻辑学看来，总体上是归谬法，即从孔穿的观点推出矛盾，从而否定这个观点。归谬法也是古人常用的论辩方法，它最有名的使用，大概是韩非子的“矛盾”故事：有个卖矛和盾的楚人，说自己的矛“无不陷”，而自己的盾“不可陷”，但面临“以子之矛陷子之盾”的困境时，“其人弗能应也”（《韩非子·难一》）。汉语“矛盾”一词（也常用“悖”），即出于这个故事。这个楚人的“弗能应”与孔穿的“无以应”，都是意识到自己的主张导致矛盾，而矛盾双方“不可并世而立”，这在逻辑学里称为“矛盾律”。一个主张导致矛盾，意味着这个主张是错误的。

在归谬法的框架之下，公孙龙的推论还包含以“楚人非人”喻“白马非马”的步骤，但这不是一般地用譬（“举他物以明之”），而是使用了一种严格的譬，或可称为“典型例证”方法。典型例证不同于西方逻辑学的演绎法，从一般性的前提推导个别实例，也不同于归纳法，从个别实例导出一般结论，而是从一个典型实例（异“楚人”于“人”）推出另外一个实例（异“白马”于“马”）。而“典型”的意思是前一个实例在一种严格的意义上可代表相关的一般情形（异“XY”于“Y”），因此可推至后一个（和其他的）实例。这即是孔子所说的“举一反三”。由此可见，典型例证也不是西方所谓的类比方法，它比普通类比更有说服力，如公孙龙此例即有演绎法的严格与精确。典型例证在论辩中运用灵活，不限于上述程式，如中国的“勾股（商高）定理”，虽然是“勾三股四弦五”的特例，但按典型来理解这个特例，则它代表直角三角形“勾方加股方等于弦方”的一般情形。中国古代数学中，典型例证比比皆是。

公孙龙还有一次与孔穿辩论“白马非马”（也可能与上面是同一次），他引用了齐王与尹文的一段对话（《公孙龙子·迹府》，也见于《吕氏春秋·正名》，文字有不同）：

齐王自称好士。尹文问：什么是士？齐王答不上来。尹文于是为“士”下了个定义：事亲则孝，事君则忠，交友则信，处乡则顺，满足这四个条件的人，就是士。齐王赞成，表示很愿意有这样的人做臣子。尹文又问：如果一个人受侮辱而不争斗，您还愿意让他做臣子吗？齐王不愿意。尹文说道，虽然他见侮不斗，但仍然满足那四个条件，满足那四个条件，就满足士的标准；而您一方面愿意他做臣子，一方面又不愿意，难道前面所说的士不是士了？结果，齐王“无以应”（遇到矛盾，又一个“无以应”）。

公孙龙接着点明孔穿的要害：你要反驳“白马非马”，但不知道用什么道理来反驳它，这就像齐王“知好士之名，而不知察士之类”（《公孙龙子·迹府》）。这也是用譬，以齐王之于“士”喻孔穿之于“马”“白马”，就是说，齐王知道“士”这个名（知道它的定义，或“名义”），但不知道这个名对应的实，即不知道哪些人、哪类人是士；类似地，孔穿知道“马”“白马”的名，但不知道它们对应的实。这里的“士”“马”“白马”都是所谓类名，而“士”名之实，公孙龙表达为“士之类”。这提示，按公孙龙的观点，“马”（或“白马”）对应的实，与马之类（或白马之类）有关，理解“白马非马”，关键在于“知类”，而孔穿如齐王，“不知类”。墨家也强调“知类”，知类就是要弄明白类名之实是什么。这一点，是名实问题的核心。

四、学说概况

就政治、社会、人生方面的思想倾向而言，名家各人多有差异，可分别归于道、儒、法诸家，但就名家之为一个学派而言，其思想集中于名与实的问题，包括问题的实用层面和理论层面。这个意义上，名家学说可归为一体。在探讨这个学说的细节之前，我们先列个大纲，概述其整体性的特点。

1. 两个维度

名家的学说，兼具治国理政和语言逻

辑两个维度。前者主要关注政治、法律、制度、伦理之名，即荀子所说的刑名、爵名、文名，希望以政治、法律、伦理、制度领域里的辩名析辞来“明是非之分，审治乱之纪”，可称为名法学。后者则可称名辩学，主要关注荀子所谓的加于万物的“散名”，因为这些名词的意义和用法更加稳定，更少受社会变化影响，研究它们有助于从简单的、典型的情形出发，求得对于名实问题的基本理论上的澄清，达到“明同异之处，察名实之理”的目的。

名辩学讨论“同”“异”“坚”“白”“大”“小”“马”“牛”等普通名词，辨析其“指”“谓”之实，并提出“历物十事”“名实论”“白马论”“坚白论”“指物论”等语言、逻辑和哲学学说。《庄子·秋水》记公孙龙自述“合同异，离坚白；然不然，可不可”，或可视为名辩学基本理论的提要。我们后面的讨论，将集中于名辩理论。

2. 正名实

古人对名家思想特点的刻画，有“正名实”“控名责实”一说（见司马谈《论六家要旨》等），这意味着**名家考察的是名与实两者的相互关系。**这里也有两个维度，第一是引名就实，以实际事物来约束、纠正名词的意义和使用；第二则是反方向的责实就名，以名词的意义和使用来把握、理解实际的事物。

普通看来，我们先有实际事物，然后再给它们命名，以分辨、确认、谈论它们，因此名从属于实，“名为实宾”，正确使用名需要与实际事物相符合，这即是引名就实的根据。但是，这只是名实问题的一个维度，在另一个维度上，实也可以被名所左右。即使不考虑“人工”创制的社会政治领域的名词，只考虑比较“自然”的普通名词，也有实从名的现象。因为，我们理解世界，不但靠感觉，还依赖我们的语言和思想。比如，我们用“马”这个类名称呼一些形状相类的事物（两耳、四足、长尾、无角等），而用“牛”称呼另一种形状的东西（两耳、四足、有角等），这即是用这些“形名”对实际事物分了类，编了组。我们虽然能感觉到类中的成员，但似乎感觉不到这个类或组本身——马类（或牛类）不同于其中成员，它没有耳、足，没有形、色等可感的性质。那么，这个类是世界里“原生”的，还是我们的名赋予世界的东西？无论怎样，这样的一个类是什么，以及什么东西能放进来，似乎依赖于“马”“牛”等名的意义、用法。所以我们就需要“循名而责实”，依靠名来寻求、了解、分辨世界中的一些实，要求它们与名符合。这是名家责实就名背后的根据。

“正名实”原则强调引名就实与责实就名二者并重，不使偏废。“控名责实”则是“正名实”的方法，说明上述二者不是各自独立的，其间有相互作用；“控”“责”两词表达了这个相互作用是一个动态过程，就像拉弓控弦那样，要把握好松紧、缓急、进退的度，才能“中的”。如上所说，名实问题的核心在于确定类名之实，我们在第二章展开这个问题。

3. 合同异，离坚白

“合同异”与“离坚白”是名辩学两种基本理论的概括，它们具体体现了“正名实”的原则，阐述了“控名责实”方法的要点。当今学者多沿循冯友兰等人看法，把名辩学分为“合同异”与“离坚白”两派。

“合同异”派以惠施（现存言论）为代表，强调名辞言说事物的相对视角，以及这种视角下事物的变化与关联。举例而言，白马与黑马，以“马”言之，则相同（即《墨经》所说的“类同”），因为“马”的意义仅指那种形状，而白马与黑马共有那种形状；但以“白”“黑”（色名）言之，白马黑马则相异（色异）。实的同与异，因此与名的特定视角有关，相对而在。同理，大与小、今与昔等，都是相对而言的，在不同的视角下可变，但总体上都可归为同异关系。以同异而论，不同的东西（如白马、黑马），总有一个较高的名的视角（如“马”），将其划为一类，视为相同（类同）；极言之，万物虽异，但在“至大无外”的“大一”视角之下，则全部相同（“毕同”），这就是“合异为同”。反过来，相同（类同）的东西（如马），也有一个较低的名的视角（如“白”马、“黑”马），将其视为相异；极言之，在“至小无内”的“小一”视角下，万物各各不同（“毕异”），这是“别同为异”。因此，所谓“合同异”，并不是取消同异分别，也不是主张“一物既与自身相同，又与自身相异”，而是阐说同异的相对性，即不同层次、不同视角的名所造成的实的同异的改变和转化，就如我们在不同的距离看一座山时，有远近高低的变化。

“离坚白”派以公孙龙（现存言论）为代表，强调了名实关系的另一方面，即相对固定的、不变的方面。一名的意义和用法总有其稳定的一面，如“马”就代表那个两耳加四足加无角等等的形状，任何时候用“马”这个词，都不包含“有角”的意义在里面；不同的名的意义及用法也有差异，如“白”代表那种颜色，这不同于“马”代表的形状。与此相应，不同的名所彰显的不同事物，以及同一事物的不同侧面，需要相互分离开来，而不能混为一谈。譬如，如一块坚硬的白石，可分别言其坚与白，而“坚”“白”作为不同的名，各对应不同的实。就名而言，“坚”的意义是触觉性的，不涉及“白”，“白”的意义是视觉性的，不涉及“坚”；对应到实，坚不蕴含白，白不蕴含坚，二者各自独立，所以是分离的，并不因为偶然结合在那块石头中，而消弭了差别，合为一体。极言之，名异则实异（理想情况下，实异则名也不应相同）。所以，既然“马”“白马”“黑马”是三个意义不同的名，那么在实的层面，白马不但不是黑马，也不等同于马。所谓“离坚白”，就是以坚白的典型例证，代表这样一种一般的名实关系学说。

整体看来，“合同异”与“离坚白”虽然各有偏重，但并非对立的两种学说，而是互为补充的一个整体，分别强调了同异的相对性和差异性。“合同异”学说，按以上所说，并不否定同异的差别，否则其所说的“同”和“异”将无法理解。惠施本人在魏国执政多年，制定过法律，又因政见不同被黜，自然深明同异之别。庄子也曾说惠施“以坚白鸣”（《庄子·德充符》），即惠施也有离坚白的主张。另一方面，“离坚白”学说，也不否定同异的相对性。按公孙龙的说法，白马、黄马、黑马虽异于马，但如果你“求马”——仅仅要一匹马，那么白的、黄的、黑的马都可满足你的要求。这就是说，去除了颜色，仅从“马”所代表的形状视角来看，那些原先不同的东西就是相同（类同）的。这其实就是“合同异”的观点。按《庄子·秋水》，公孙龙自述有“合同异”观点（《淮南子·齐俗》此处作“别同异”），刘向《邓析子叙录》也说：“其论‘无厚’、言‘异同’，与公孙龙同类”，认为公孙龙也有同异之说。

总之，两种学说互补，共同构成名家名实观的整体。这个名实观是在先秦的语言框架中构筑的一种语言-世界观，或形而上理论，其中的观点、方法，可与西方语言框架中的形而上学、语言哲学和逻辑学相互比勘，而从一个侧面，揭示中西世界观与思维方式的同与异、离与合。至于这种名实观的要点，我们在第二章讨论。

4. 然不然，可不可

现存的名家言论，相当一部分是悖论式的断语，如邓析的“两可之说”；惠施的“天与地卑，山与泽平”；公孙龙的“白马非马”；“辩者二十一事”中的“鸡三足”“轮不蹍（niǎn，踩、踏）地”“飞鸟之影未尝动也”“孤驹未尝有母”，等等。这些论断，因其悖反常识，“然不然，可不可”，所以经常被指为无稽之谈。《庄子·天下》说辩者言论迷惑人心，改变人意，“能胜人之口，不能服人之心”。《荀子·非十二子》也批评名家不效法先王，不赞成礼义，喜欢做各种奇辞怪说，虽然深察多辩却不切实际，不可以作治国的纲纪。还有人干脆将名家言论当作“以是为非，以非为是”的诡辩（《吕氏春秋》）。

然而，**名家“然不然，可不可”的意图，不是要否定常识；他们把一些日常认**

为“不对”的说成对的，把一些日常所谓“不可”的认成可的，是要在理论的深度上，发常识所未见，揭示“百姓日用而不知”的名与实的深层结构。细察之下，名家这些貌似悖谬的论断涉及名实之分，名的严格定义及使用，特别的名所对应的特别的实，一名一实观点，同异相对观点，感觉属性与外物属性，小如何组成大，运动变化如何可能等等理论问题。所以，我们必须把名家具体的“奇辞怪说”与其“合同异”“离坚白”的基本理论结合起来理解，就是说，我们需要寻找一种解释，把那些论断理解为那个理论的具体推论，或理解为以典型例证的方式对于那个理论的特别表达。这些问题，我们在第四章具体处理。

这样的辩名析实，即使“苛察缴绕”“极微要眇（miǎo）”，难以用于实际事务，但也因此而具有一种严格理性的、求根问底的思想特色，在中国哲学史上独树一帜。那些“奇辞怪说”看起来接近悖论（即矛盾），但正因为如此，把它们从悖论中辨析出的过程，尤其要求缜密的思想、精微的察辩，其中一些与古希腊爱利亚学派的观点和论证颇为相似，遥相呼应，共同显示了“轴心时代”东西方“控名责实，参伍不失”（司马谈《论六家要旨》）的理性精神。但可惜名辩之学，自秦汉以降，却沦为绝学，至近代两千年间整体湮灭不闻，仅魏晋之际有所复兴。这与中国传统文化中逻辑与科学精神的相对缺乏，或有相互的关联、双向的影响。

第二章

名实问题

名家思想，如上所说，总体上围绕名与实的问题。名家最终的目的是“正名实”，而“合同异，离坚白”的理论是他们达成这个目的的手段。我们先忽略细节，择其大者，从名实的根本问题出发，探求名家的核心观点，再以此理解名家的具体言论。那么，什么是名、实？关于二者有什么问题？它们与我们对世界的总体看法或世界观有什么关系，如何影响我们对论辩之理的寻求和表达？这些问题是普遍的，为人类所共同关心，尤其是西方哲学家对此有系统的思考与探讨，形成一种经典的、我们至今还在“默认”的世界观框架，其中的基本成分是个体与概念。参照（而不是套用）这个框架，我们对中国的名实问题可以有更好的理解。

一、名与实——名家的起点和终点

古人所说的名，用今天的话来说，大体上就是古汉语中的名词，也包括可用如名词的词语。如人名（“老子”“孔子”等），国名（“鲁”“齐”等），某物的名（“泰岳”“繁弱”（楚王的那张弓）等），一类人或物的名（“君”“臣”“人”“马”等），还有跨越这些类而“通称”的名（“白”“黑”“大”“小”“行”“止”“同”“异”等），甚至有所谓的“复名”，即两个或以上的单名结合起来的名（如“鲁人”“白马”）。考虑到古汉语的语法、用法之灵活，几乎任何实词——我们今天所谓的名词、动词、形容词、副词等——都可用做名词，因此可称为名。①

语言述说世界，因此，名（至少通常那些）不是无谓的笔画或声音，而有其意义，即要代表、意谓着世界中的什么。被一个名所代表、意谓的东西，就是这个名

① 《说文》：“名，自命也，从口、夕。夕者冥也，冥不相见，故以口自明。”就是说，万物本无名，如处幽暗，人通过口说（语言），用名把它们分辨开来。“命”也就是“令”加“口”，是发布命令的意思。

对应的实。我们今天的“名副其实”等成语、“其实”等短语，保留了“名”“实”两个词的这种意义。《墨经》总结道：“所以谓，名也；所谓，实也。”（《经说上》）就是说，用来称谓的，是名；被称谓的，是实。比如，“孔子”（这个名）代表孔子（这个人），“鲁”（这个名）代表鲁（这个国），那么，这个人、这个国，即分别为“孔子”和“鲁”两个名的相应之实。这种代表或意谓把语言中的基本成分与世界中的一些人、物对应起来，构成我们述说、思考和理解世界（包括我们自身）的出发点，因为，我们的述说、思考和理解不是凭空而为，而是依靠语言的。

《墨经》按照名所对应的实的多寡，把名分为三种：达名、类名和私名：

达名：世界上一切东西的总称，用“物”代表。“物”适用于所有东西（“有实必待之名也”），任何一个东西都可称为一物。

类名：相类的一批事物的统名。《经说上》以“马”为例解释道：“马”是一个类名，“若实也者必以是名也命之”，即如此这般的实，都用这个名来称谓。这个“若”是相似的意思，《墨经》也称“类同”，即某一方面相同（“有以同”）。所有形状方面都是两耳、四足、长尾、无角……的东西，组成马的“若实也者”，或马之类。因此，一个类名，像“马”“人”等，普遍适用于那一类的所有东西——所有人都称为人，每匹马都称为马。“普遍适用”是类名区别于私名的标准。按这个标准，“白”“坚”“大”“小”“动”“止”等（形容词、动词）也是类名：比如，每个白的东西都可称其为白的，所有动的东西都可称其在动。

私名：个别事物专门的名字，如“孔子”专指一人，“鲁国”专指一国。私名的特点是：“是名也止于是实也”（《经说上》），即这个名只对应到这个实，不及其他。一个东西可有多个名，但一个私名，如“孔子”，只代表孔子这个人，而不代表其他的什么。①

这个分类，着眼于名的用法，提纲挈领，清晰明白，并非墨家一家之言，而代表当时的共识。比如，荀子《正名》篇，区分共名、别名，其中的“大共名”也就是达名“物”，而“鸟兽”等“大别名”是类名，再往下分别，“至于无别”则为私名。② 即使今天看来，《墨经》这个分类也普遍适用于各种语言，不仅限于古代汉语，比如私名对应于我们今天说的专名，而类名（包括达名）我们今天称作通名。表面上，达名（或大

① 当然也有多人共享一名的情况，即所谓“重名”，但我们在具体语境中总可以“细化”，比如标籍贯（“临沂张伟”），分年龄（“大张”“小张”），加编号（“秦始皇”“秦二世”），使得一个私名只指一实。

② “物也者，大共名也。推而共之，共则有共，至于无共然后止。有时而欲偏举之，故谓之鸟兽。鸟兽也者，大别名也。推而别之，别则有别，至于无别然后止。”（《荀子·正名》）

共名）也可看作最大的类名，因而归入类名，不必单列。但《墨经》和《荀子》等单列达名（大共名），有其特别意义（我们在第三章讨论）。后面的讨论里，我们统一用墨家的“达名”“类名”“私名”术语。

从名实对应来看，这个分类的标准，是看一个名适用于多少东西。而这里涉及的东西（实），似乎只是一些个别的东西（个体），如单个的人、单个的马等，一个私名适用于其中一个，一个类名适用于其中多个（“若实也者”），达名则适用于它们全部。所以，这里涉及一种语言-世界观。首先，语言里面，我们有三种名，表现为声音、笔画、甚至图像等，它们代表、意谓着世界中的实，但不能与实混淆。目前一种通俗的说法，所谓名就是概念，即把语言之内的名，混淆于语言之外的概念，因此是错误的。

其次，名对应于什么实，也就是说，由名来看，世界里要有什么东西呢？这个分类所提供的实，归根结底是私名对应的实，类名的作用只是在其中分组，乃至于全包它们（达名）。就是说，它虽然将名分为三种，但对于实，它似乎只要求了一种，即个体，而并未要求世界上有个体之外的东西。当然，承认世界上有一些个体存在，其中一些被我们所命名，是一种朴素的、基本的看法，甚至是人类共同的世界观的出发点。但是，这个看法本身不排斥世界上还有别的东西，因此也留下了一个世界观的问题：世界上除了那些个体，还有什么？就古人对名的使用来看，涉及的基本上是物质的、可感觉的东西。因此，不少学者认为，古人的世界观，只承认了普通的、可感的个体的存在（道家的“道”或许是个例外，但道本无名）。

《墨经》对名的分类，如上所说，是总结当时的共识。这方面，名家并不特立独行，也接受个体的存在，承认关于它们的常识，赞成上面对各种名的用法刻画。他们的思考，从分析名实出发，着手解决其中的问题，最终要建立一个正确的名实观（正名实）。

二、类名之实——名家的核心问题

在名的分类的基础上，名家“控名责实”，提出了一些更基本的、“不日常”的问题。一个起始的问题是：既然私名对应个体（私名之实是个体），那么，类名对应什么（类名之实是什么）？注意，只在用法上肯定一个类名（比如“人”）适用于多个个体，并没有回答这个问题。因为，这些个体（比如孔子、老子等），乃是一些私名（“孔子”“老子”等）所对应之实，但一个类名显然不是一个私名，也不是一组私名（这不是一个名）。如果名都有意谓，“名必有实”，那么，这些私名之外，类名“人”对应什么实？

对类名“人”，我们已知它普遍适用于人类的每个个体，“普遍适用”的意思是，像“孔子是人”“老子是人”这类的句子都是真的（“当”）。这些句子由一个私名、一个类名（中间加“是”）组成，[①] 是最简单的语句。我们这里引进几个术语：

名到实的对应，称为指谓（公孙龙称为“指”）。比如“孔子”（这个名）指谓孔子（这个人）。我们现在已能确定的是，私名都指谓个体。（顺便说一下，前面提到的“名就是概念”的说法，即使理解为“名指谓概念”，也是错的。因为私名指谓个体，而个体严格不同于概念。详见下节。）

“私名＋类名”型的最简单语句，如“孔子是人”“老子是人”，称为述谓（其中的类名述谓了私名）。

上述名家的问题，于是可以这样表达：如果这些述谓中私名指谓什么已经清楚，那么，其中共同的“人”这个类名应该指谓什么，才能让我们理解这些述谓，从而确定它们是真的呢？一般而言，这个问题就是：

类名指谓什么？

这个问题之所以更基本，是因为，如果我们不知道类名“人”指谓、意谓什么，那么，“孔子是人”这个

---

① 古汉语里没有做系动词的“是”，但仍有特殊句式表达这种述谓，典型的如“……（者）……也”句式：“名者，实谓也”（名是称谓实的），“赤兔，马也”（“赤兔是马”）。

句子就像是含有乱码，其中一部分（“人”这个笔画组合）意义不清，我们因此就不会理解它在说什么，当然也就不能确定它是真的。而“人”作为类名的定义是“普遍适用”，即“孔子是人”“老子是人”等等述谓为真。因此，类名的指谓不明，我们连类名的定义也无法做出。

这个问题“不日常”，是因为类名指谓的东西，如果有的话，就不像是我们日常打交道的那些普通个体，如一个个的人，一匹匹的马，而好像是这些东西之外的什么，看不见也摸不着。比如，类名“人”既然不是私名，就不指谓孔子、老子、你、我等任何一个个别的人，更不会指谓这张桌子、那座山等其他个体。那么，“人”之实在哪里，是什么？我们的普通个体组成的世界上，好像找不到它。如果说“人”之实是“多个”或“一组”个体，那么这个“多”或“组”又是什么？你可以看到单个的人，跟他打个招呼，但全体人组成的那个“多”或“组”，你好像看不到它，摸不到它，也不能招呼它。俗语道“眼见为实”，既然感官接触不到，那么，它在哪里？你凭什么认为它在这个世界里？

问题“不日常”，或可导致问题的某种答案也显得“怪异”。名家标志性的主张，是所谓“白马非马”。这经常被当作“用名乱实”典型诡辩。的确，常识告诉我们，每一匹白马都是一匹马，这再清楚不过了，所以白马是马。但是，让我们看一下“白马是马”（或古人说的“白马，马也”）这个句子，它由“白马”和“马”两个类名组成，是“类名+类名”型的，比“私名+类名”型的述谓更复杂了；细究起来，其中的“白马”还是一个复名，又由“白”和“马”两个类名复合而成。如果我们不清楚类名的指谓，不知道复名的指谓是如何复合的，那么，这个句子我们其实更是不知所云，又如何能够断定我们的“白马是马”为真，而公孙龙的“白马非马”是假的？在类名之实问题的提示下，可以想见，公孙龙的意思其实是，类名“白马”和“马”都有指谓，各有其实，而“白马”之实并不是（不等于）“马”之实。果然如此，公孙龙的“白马非马”就是一个典型例证，表明他有一个类名理论，回答了类名之实是什么的问题（前面公孙龙故事已提示，这个实与类有关）。这并非诡辩，也不与常识里的“白马是马”冲突。实际上（后文将详述），公孙龙不反对健康的常识——你随便拉过来一匹白马，公孙龙都会称它是马（承认“它是马”这个述谓是真的）。① 只是在常识不及之处，在一种理论的层面上，他断定：“白马”之实不是（即

① 古时有个传说：公孙龙乘一匹白马要过关，关吏不允许马出关。公孙龙辩解说：“我的马是白马，而不是马。”折服了关吏，得以过关。这不会是真事，只说明编故事者不理解或有意曲解公孙龙的“白马非马”，把它当作“每一匹白马都不是马”或类似的命题。

不等于）“马”之实。

可以看出，关于类名之实，包含着几层问题。首先是“人”“马”“白马”等类名，对应什么实——这是从名到实，从名的使用与意义出发，来寻求、辨认实际的事物，也就是名家的责实就名。反过来，如果有这些实，那么，它们与普通个体（如孔子、那匹马）以及它们之间有什么样的联系，才能让我们确定这些名组成的述谓（“孔子是人”），以及更复杂的句子（“白马是马”“白马非马”）的真假呢？——这是从实到名，从实际的事物出发，来规范名的使用与意义，也就是名家的引名就实。一般而言，所谓名实问题，就是提问：名与名、实与实、名与实之间，到底要有怎样的关系，才能保证我们从语言的基本层面，进而在更复杂的层面，看清了、理解了这个世界？

这种名实双向问题，因此也就是世界观问题：世界由什么东西组成？这些东西如何组成世界？注意，这样提出的世界观问题，是联系着我们所使用的语言的：世界上有什么东西，与名有关，如追问“人”之实，起于“人”之名的指谓；世界如何构成，也与语言有关，如关系到“孔子是人”一句中“是”字的意义：它似乎把孔子这个个体与另一个东西（人之实）联系起来，这种联系因而也构成我们这个世界的一部分。因此，这里所谓世界观是我们通过语言看到的世界图景，可称语言-

世界观，或名实观。而名实问题的实质即是语言-世界观问题。

三、希腊“名家”

名实问题的提出，标志着人类的思想开始反问思想的（通过语言表达的）基本结构、运作法则及其根据。这种结构、法则和根据，是人类理性的根本，是人之所以为人的一部分。考察名实问题，于是就标志着理性的觉醒——人类理性开始反思理性自身。这种觉醒不是独立的、偶发的，它伴随着历史上人类精神的普遍觉醒。学者们注意到，公元前500年前后（德国哲学家雅思贝尔斯称其为“轴心时代”），地球的北纬30度上下发生了大面积的文化突破，出现了一批核心的思想家，在价值、理性、信仰等方面奠定了世界几大文明的基础，形成了绵延至今的不同文化传统：中国的儒道思想，希腊的哲学，以色列的一神教，印度的印度教和佛教。彼时，希腊的德尔菲神谕“认识你自己”，同时回响在东西方广大的区域。

现在让我们西望与先秦同期的古希腊，看看彼时彼地的“名家”如何回答名实问题，特别是类名之实的问题。虽然语言不同，但希腊语中也有类似私名与类名的分别，而希腊哲学家对类名之实问题的回答——类名指谓概念（或共相），奠定了西方经典世界观的基础。在对比和参照中，我们能获得更广的视野，看到名实问题的普遍性和多重的解决方案，从而更清楚地理解我们自己的名家在思考些什么、最终成就了什么。

1. 柏拉图的概念

希腊的哲学，公认为理性的典范，其代表为苏格拉底、柏拉图和亚里士多德师徒，他们理论的核心或基础，可以说都是名实问题（虽然用语上他们与名家不同）。① 柏拉图著名的理念论，换到名家的语境里，首先是肯定类名之实的存在："人""马""白"等类名，各对应世界里的一些实，柏拉图称其为形式或理念（也译为相、理型、理式等）。其次，这些理念，不同于、而且高于具体的人、马等个别对象，即普通私名之实。同我们的名家一样，柏拉图肯定那些普通个体的存在，不否认关于它们的常识。而且，正是在这个基础上，他才看到其上还有作为类名之实的理念。按柏拉图的思路，我们有如下"多上之一"论证：

孔子、苏格拉底等诸多个体都是人，就是说，"孔子是人""苏格拉底是人"等等述谓都是真的。而"人"

① 柏拉图的著作大多为对话形式，以苏格拉底为主人公，代表柏拉图的观点。其中讨论了一批类名，探讨它们的实，其中的"大""一""相似""同一""差别""变化""虔敬"（"孝悌"）等，也是我们的名家和诸子所关注的。

这个类名之所以普遍适用于这些个体，是因为，这些个体之间本来就有个相互类似之点，而这个相互类似之点，或称“人本身”，也就是“人”这个类名所指谓之实。因此，类名“人”之实（人本身）存在，而且，作为所有个人的共同之点，它是“一”（一个东西），但不同于每个个人。类似地，任何一些共同是什么的个体，其上都有一个“一”，区别于这些个体而存在。如马本身、白本身等等都存在，分别是诸多的马之上、诸多的白的东西之上的“一”。

这个论证，在世界中引入理念作为类名之实，来解释我们为什么能肯定语言中最基本的一些句子（述谓）是真的，从而提供了一个对于上节提出的、普遍的名实问题的回答。比如，按柏拉图，苏格拉底之所以是人，是因为这个个体“分有”了人本身这个理念，即享有了所有人的那个共同之点，而句子“苏格拉底是人”也因此为真。“孔子是人”等等亦然。这样，每个理念，居于一组“多”之上，与其中任何一个分离开来，独立存在，但为那组个体所共享，即被它们所分有或例示。① 另外，基于不同的“多”而形成的“一”也是不同的，

① 所以，在柏拉图看来，普通个体只是“模仿”理念而成为自身，这些感官世界的东西因而并不纯粹，它们变动不居、生灭无常，我们对它们的常识性了解只能称为意见，不能称知识；反之，理念世界的东西则是永恒的、不变的，是更加真实的存在，因此是知识真正的对象。

如马本身不是白本身，因为二者对应的多不一样。甚至，白马本身也不是马本身，因为后者对应的“多”比前者对应的“多”还要多一些东西。在这个意义上，柏拉图也可以说主张：

“白马（单数名词）不是马（单数名词）”。

其中的“白马”和“马”是理念之名，分别指谓白马本身和马本身，因此实际上都用如私名，而“白马非马”说的是两个名指谓不同的东西，只不过这些是普通个体之外的东西。但是，这并不意味着有哪一匹普通的、具体的白马不是马。因为任何一匹白马，既分有了白本身，也分有了马本身，所以又是白的，又是马。这个意义上，柏拉图又承认“白马（复数）是马（复数）”。注意，柏拉图并没有自相矛盾——前面的命题“白马非马”并不是后面命题“白马是马”的否定，前者说的是两个“一”之间的不相等关系，而后者说的是“多”与“一”的关系，即分有关系：

这匹白马是（分有）马（理念），那匹白马是（分有）马（理念），……

作为理念的“人”之实、“马”之实等，我们的肉眼并不能见到，的确是普通个体组成的世界里找不到的。换句话说，它们是抽象的，不存在于时间和空间之中，不能被感官所把握，而存在于所谓的“理念世界”

中，只能被思想（“心灵之眼”）所把握。另外，它们又是一般的或普遍的，即能被多个东西所共享（“分有”），这个意义上，它们又被称为“共相”（与“殊相”或个别事物对立）。这种“多上之一”，还有其他称呼，如“性质”“概念”等。当然，这些词的意义与柏拉图的“理念”不尽相同，但用来表示类似“理念”的意义时，后来通常的叫法即是“概念”，其意义包含上面所说的抽象和普遍。抽象的、普遍的概念分离于个别事物、独立于人的认识而客观存在，这个观点，叫柏拉图主义，也叫唯实论，在哲学史上影响深远，今天仍然是我们对概念的基本理解之一。

然而，我们能够套用柏拉图的概念理论解决中国的名实问题吗？特别是，能够用上面的说法，直接论证“白马非马”吗？现代名家研究中，正面解释名家的一个经典假说，即以公孙龙的“马”和“白马”为共相、概念之名，将“白马非马”理解为陈说此概念不是（不等同于）彼概念。这种解释，拒绝将名家思想简单地斥为“诡辩”或“插科打诨”，特别是肯定了类名之实的存在，点明了句子中“白马”与“马”两个类名是单数的，其中的“非”表达两个实的不等同关系。这些是深刻的洞见，符合名家的论说，因此使得这种“抽象概念说”享有“标准解释”的地位。

但是，将类名之实解释为抽象概念，就在世界观上将公孙龙纳入柏拉图式的唯实论，而这会面临诸多困难。首先，先秦的文献里，未见提及类似概念或共相那样不在时空中的、抽象的东西，更不用说支持概念存在的理论或论证。反而如《墨经》《荀子》所言，涵括一切的名，是“物”，因此一切都是物质的、具体的东西。公孙龙也说：“天地与其所产焉，物也”（《名实论》）。其次，这种“抽象概念说”需要解释类名的普遍适用性，这在柏拉图那里是“分有”说提供的，而中国理论里显然缺乏类似的处理个体与概念关系的学说。有的学者试图进一步借助西方的（如后来黑格尔的）个别与一般的辩证关系补充这一点，并把“白马是马”与“白马非马”解释为表达了这个关系的两个方面。但这是个误解，混淆了私名与类名、个体与概念的根本区别。白马与马之间，并不是个别与一般的关系，个别是个体，用私名表达，而“白马”是类名，不表达个别。在西方理论里，“白马”与“马”都表达概念，白马与马比较，分别是“较小的”一般与“较大的”一般。（其实，二者的关系，用中国话语表达，即惠施所说的“小同”与“大同”的关系——“大同而与小同异”。）

再次，“抽象概念说”也解释不通中国古代文本的一些具体段落。古文中类名多与动词搭配，表示动作、行为。例如，公孙龙对于“白马非马”做了几个论证（见《白马论》），其中的“求马论证”，诉诸“求马”

"求白马"等普通行为。此处的动词"求"，显然在日常"求索"的意义上使用，需落实在普通的、物质的对象上，即存在于时空中的具体的马，而不能用于"马的共相"或"马的概念"这种抽象的东西上。因为，抽象的东西不在时空里，与他物不发生因果联系。我们看不到、摸不到一个抽象概念，无法把它"牵"到我们跟前，因此谈不上"求"它。所以，"求马"语境中的"马"和"白马"两个类名都应指谓可感的、物质的东西，而非抽象概念。"求马论证"即依赖于对类名之实的这种理解。而且，公孙龙如果不是"插科打诨"，没有"偷换概念"，那么，《白马论》全篇中"马"和"白马"两个类名就不应指概念，而应一致地指谓普通的、物质的对象，这符合常识的理解。

在西方，有与唯实论相反的观点，称为唯名论，它不承认有抽象的共相或概念，而只承认具体的、时空中的个体的存在。因此，唯名论的立场，相当于只肯定一些私名对应的实，而否定类名有其对应的抽象的、普遍的实。在西方哲学史上，唯实论与唯名论的争论兴盛于中世纪，而延续至今。许多学者认为，名家、墨家（乃至中国古代的普遍）的世界观，如果用西方术语来称呼，则偏向某种唯名论，而不属于柏拉图主义。

2. 亚里士多德的名实观

亚里士多德的世界观，也起于名实问题的探讨，其中一以贯之的核心，是希腊文的系动词“是”。首先，苏格拉底是人，这匹马是马，白是颜色，马是动物，……不管开始于私名还是类名，语言里总可以构造一个“……是……”型的真句子。对应到世界里，则可以说，一切都是什么，或者说，每个东西都是一个是者[①]。其次，是者可分十类或十个范畴。第一类叫“实体”，包括苏格拉底、这匹马等具体个体（私名之实），加上它们之上的（类似生物学里的）种和属，如人、马等。另外，还有九类非实体的是者，如性质（白、好等）、数量（如一尺长）、关系（如大于）、时间、地点等。总括而言，个体之外的是者都可归入类名之实，因为它们的名都适用于多个东西——“人”“白”“一尺长”等类名，都可与多个私名组成真句子。这些类名之实，因此都是被多个东西分享的共相。这个范畴理论，相当于按照名所对应之实，给名做了一个比《墨经》更细的分类，但整体框架，仍可视为私名（指谓个体）加类名（指谓共相、概念），“是”或“是者”则可看作最大的类名（达名）。不同的是，这里明确列出了共相作类名之实。亚里士多德承认共相存在，这点与柏拉图一致。

---

① 希腊文中系动词“是”（einai）的名词化为 on，英译 being（系动词 to be 的名词化），汉语则缺乏对应的名词，硬译为“是”或“是者”是为了显示原意。其衍生之意是存在或有，如英文中 there is 之意。

那么多的是者，都是如何“是”的呢？亚里士多德从语句出发，考察“是”的意义，由此进入逻辑学的探讨，即语句的结构及其推理形式的分析。在他看来，句子的基本结构是“名＋是（或不是）＋名”，[①] 其中前一个名是主项（记为S），后一个是谓项（记为P）。于是，这个基本结构可表为“S是（或不是）P”，其中S和P的位置填入具体的名，就形成一个句子。

首先有“私名＋类名”型句子，如“苏格拉底是人”“这匹马是白的”等等。这些是普通述谓，其中的“是”是述谓之“是”，即对个体的述说。亚里士多德注意到，“苏格拉底”“这匹马”等私名，在句子里只能作主项，被述说，而不能作谓项，述说别的什么。对应到实，他认为，苏格拉底、这匹马等个体是第一实体，即最基本的是者，它们必须先在那里，然后才有是什么、如何是等被述谓的问题。反之，类名对应的是者（共相或概念）是个体的各种所是的方式，脱离了个体则无所寄托，因此，它们都以某种方式依赖于第一实体，而不能作为抽象的实体独立存在（这一点上，亚里士多德不同于柏拉图）。而述谓之“是”，即表达这种依赖关系。它有两种意思，一是表达共相存在于个体之中，例如

① 有的句子字面无“是”字，如“人有理性”，但在一些语言（包括现代汉语）中，这类句子可语法变形为含系动词“是”的，如“人是有理性的”，而这说的就是“人有理性”的意思。

“这匹马是白的”表达这匹马具有白这个性质（共相），或这个性质存在于这匹马之中，即不是独立的“存在”，而是“在……之中”；二是表达某个体归属于某个种或属（“第二实体”），如“苏格拉底是人”表达苏格拉底这个个体归属于人这个种。而种或属，不过是对已有个体的分组，也不能脱离个体而存在。总之，世界里最基本的东西是普通个体，还有共相或概念，但概念（包括种、属）在个体之中，就是说，个体不是“光秃”的，它们自身已有各种性质，隶属于各种自然的分组。

其次是“类名＋类名”型的句子，如“人是动物”“人有理性”等。这些句子的中文表达里，名词在语法（语形）上没有单数、复数之分。但在西文中，可数名词（如“人”）在句子里出现，是复数的（包括前有不定冠词的单数形式）①，而且，复数主项前面实际上带有一个表示范围的量词，或是全称的，如“（所有的）人是有理性的”，或是特称的，如“（有些）人是有理性的”。② 所以，“类名＋类名”结构里，复数主项前有全称或特称（存在）量词，加上对于“是”的肯定与否定之分，共有四种句式：

（1）所有 S 是 P（全称肯定）；

---

① 如英文的 human beings 或 men，或单数名词前加不定冠词，如 a human being 或 a man。

② 还有别的读法，如所谓概称，但这里我们暂不讨论。

(2) 有些S是P(特称肯定);

(3) 所有S不是P(全称否定);

(4) 有些S不是P(特称否定)。

这里的主项S虽然是类名,但并不指谓一个单独的东西,它"散掉"了:量词的作用,实际上把一个类名句,还原为一些私名句,即述谓。你说"所有人都有理性",这相当于说,"苏格拉底有理性","柏拉图有理性","孔子有理性"等等这类的每个述谓都是真的。你说"有些人有理性",就表示这些句子不都是假的,即至少有一个是真的。语言求简练,量词(结合类名)可把这许多句子合为一个。但其中的类名不像私名那样,代表独立存在的、可被谈论、述谓的东西;其中的"是"也不是独立的,而被还原为述谓之"是"。

由此也可知,上面四种句式中,(1)与(4)、(2)与(3)彼此矛盾,互为否定,它们不能同真(矛盾律),也不能同假(排中律)。因此,比如肯定了(1),就必须否定(4)。这表现为如下的思想规则(一):

所有S是P(前提)

因此,并非有些S不是P。

类似地,你如果肯定了"所有人都有理性",又肯定了"苏格拉底"是个人名(即"苏格拉底是人"为真),那么,你就必须肯定"苏格拉底有理性",因为这是你的全称句所肯定的内容之一。就是说，我们也有如下的思想规则（二）：

所有S都是P。（前提1）

s是S。（前提2）

因此，s是P。（结论）

像这样的思想过程，是“保真”的，即从给定的真前提“必然得出”结论为真。这是一种推理，亚里士多德叫作“演绎”。他总结了关于上面四种句式的某类演绎的所有规则，建立了一种演绎理论（一般称为三段论学说）。这是西方形式逻辑学的起源，亚里士多德也因此被称为“逻辑学之父”。

现在对比一下名家的“白马非马”。首先，它是“白马是马”（“白马马也”）的否定。那么，“白马是马”表达了什么？虽然其中的名词无复数形式，但套用亚里士多德的句式，它应为全称肯定式（1），即“所有的白马是马”；勉强来说，或可为特称肯定式（2），即“有些白马是马”。两种读法下，“白马是马”都是真的，因为，相应的私名句“这匹白马是马”“那匹白马是马”等等都是真的（因此全称句真），当然就不都是假的（因此特称句真）。于是，“白马非马”作为“白马是马”的否定（表达（4）或（3））就是假的（参考上面规则（一））。

这是反驳“白马非马”的最常见的理由。它容易被人接受，几乎成为共识。因为，虽然汉语（包括古汉语）类名在语法上无复数形式，但有复数用法（尤其在伴随有全称量词“皆”“尽”，特称量词“或”“有”等的情况下），句子“白马是马”完全可以表达“白马（复数）是马（复数）”的意思，因而可如上那样归入亚里士多德的句式。《墨经·小取》中的“白马马也”即是类似这样的全称读法。但是，即便如此，我们也不能武断地认为，名家的“白马非马”就是“白马（复数）是马（复数）”的否定。毕竟，汉语类名在句子里的出现，没有复数，也不带冠词，所以，我们没有显明的语法标志，把名家“白马非马”中的“白马”和“马”读为复数的，从而纳入亚里士多德的四种句式理论（进而被反驳）。反而有证据表明（见下一章的分析），古文中大量的类名句，包括公孙龙的“白马非马”，是单数读法，不带量词，因而此句并不表达“所有白马都不是马”（3）或“有些白马不是马”（4）。即使在西方的语言框架里，“白马是马”与“白马非马”也有单数的读法，表达两个概念的等同或不等同，如前述柏拉图的读法（虽然这并不是公孙龙的读法）。这也提示，将西方的逻辑学运用于中国文本时，需注意两种语言的不同特点，要做具体的分析，而不宜简单套用。

回到亚里士多德的逻辑学。我们可以看到，他的主谓（“S—P”）句式，包括“私名+类名”型与“类名（复数）+类名（复数）”型，但总体上忽略了“私名+私名”型，也忽略“类名（单数）+类名”型。这与他的“第一实体”说有关：个体只能被述谓，而不能述谓什么，因此私名不能作谓项；也关系到他对共相或概念的看法：共相不独立存在，因此表达共相的单数类名不能作主项，否则类名就像私名一样，指谓独立的实体。所以，亚里士多德的逻辑学与他的名实观联系在一起，而这限制了他的逻辑学的应用，使其不能处理柏拉图的某些句式，更不能处理公孙龙的“白马非马”（“类名（单数）+类名（单数）”型）。但现代逻辑学大大拓展了三段论学说，不但能表达、处理这些句式，还能分析更多的句式。因此，要理解名家，在逻辑学方面，应更多参照现代的理论，而不是古代三段论。

这里所说的亚里士多德的名实观，普通称谓是他的形而上学。什么意思呢？世界上的是者五花八门，并不是单一的、同质的。一门具体科学，如物理学、医学等，只能研究某一部分或某一方面的是者。但是，既然所有是者都这样或那样地依赖于第一实体，其中毕竟有个核心，容许科学的考察。这个核心或本原，亚里士多德称为“是之为是”。[①] 考察这个核心的，就不是任何一

① 英译为 being qua being。

门具体科学的工作，而是哲学，严格来说是“第一哲学”的工作。亚里士多德的“第一哲学”后世称“形而上学”。[①] 广义的形而上学是哲学的一个基本分支，研究我们所说的语言-世界观，它要回答，从名与实的根本看来，世界里有什么，它们分别是什么，它们相互之间如何联系起来，等等这类的问题。名家的名实观，也就是它的形而上学。

四、经典世界观框架

以上说明，柏拉图与亚里士多德有不同的名实观，其中形而上学与逻辑学有交互的影响和限制，但两者之中都不能找到名家“白马非马”的合适位置。西谚有云，一个人不是柏拉图主义者，就是亚里士多德主义者。莫非名家与西方格格不入？我们且慢下结论，先考虑综合这两种“主义”的，西方整体的世界观框架，以求与名家的名实观有个更高层次的比较。现代逻辑学就植根于西方这个经典的世界观框架。

我们前面的考察，揭示了一种整体性的世界图景：组成世界的东西，首先是一些具体个体（第一实体），

---

① 原意为“‘物理学’之后”（英文 metaphysics）。公元1世纪，亚里士多德著作的编辑者将其第一哲学诸论述集为一部，排在《物理学》之后，遂名。汉译取《易经》“形而上者谓之道，形而下者谓之器”之意。

个体之上有共相、理念或概念（“多上之一”，下面称概念）。形而上学进一步追问个体、概念是什么，二者有什么关系，哪一个更基本，乃至概念是否存在等问题。如果先放下这些内容的问题，将注意力集中于这个图景的结构或形式，那么，我们对世界上的东西，就有一种层次上的划分，形成下面的个体-概念分层：

第二层（概念）：人，马，白，圆，……

第一层（具体个体）：孔子，苏格拉底，这匹马，……

第一层的个体，是私名（或可能的私名）指谓之实，而第二层的概念，是关于第一层个体的概念（包括亚里士多德的种、属），也就是类名对应的实（或可能的实）。第一层与第二层的东西的关系，在给出第一层个体的时候，实际就已确定。因为，给定一个个体，意味着其性质和类属都已给定，否则无法确定它是哪个个体，比如，苏格拉底是人，否则的话，这就不会是苏格拉底；给定这匹马，它或是白的，或不是白的，二者必占其一，否则“这一匹”就无从说起。这里的“是”即述谓之“是”，表达第一层到第二层的关系。如前所说，亚里士多德认为，这个“是”不是单义的，有时表达一个个体归属于某个类，有时表达一个个体具有某性质。

然而，后来的逻辑学家注意到，不管“具有性质”（柏拉图的“分有”，亚里士多德的“在……之中”）到底是什么关系，述谓“这匹马是白的”（有某性质）与“这匹马是（一个）白的东西”（归属某类）同真同假。逻辑学只关心与真假相关的语言结构，因此可将二句视为表达了相同的意义。换言之。逻辑学基于形式的考虑，把一个概念，如形容词“白的”对应的概念，“简化”为它的外延，即白的东西组成的类——这是一类个体，类似一个种或属，虽然也是某种“多上之一”，但其抽象程度比概念低。① 这样，述谓的两种“是”就还原为一种，即“归类之是”，其意义就是一个个体是一类个体的一员，当代集合论用“∈”表达这个关系，读作“属于”。比如，苏格拉底属于（∈）所有人组成的类（或集合），这匹马属于（∈）所有白的东西组成的类（集合）。属于一个类的，称为这个类的元素。当然，一个概念的外延，并不等同于这个概念本身，但是，句子的真假，只取决于外延。元素与类之间的“属于”关系，就是述谓之“是”的外延解释，它决定了所有“私名＋类名”句的真假：“苏格拉底是人”与“这匹马是白的”都是真的，因为相应的个体属于相应的类（集

① 对于一个性质或概念，可以问它是什么，也可问哪些东西是（具有）它。对前者的回答给出这个概念的内涵，对后者的回答给出这个概念的外延。因此，白这个概念的外延就是所有白的东西组成的一个类或集合。至于概念的内涵是什么，或概念本身是什么，则复杂得多，迄今无定论。

合）。由此出发，外延方面的“属于（∈）”关系，可决定更复杂的句子的真假。

我们把个体-概念层次中的每个概念换成其外延，并采用集合论的术语，把这些外延称为类。① 于是得到与原层次并行的一种外延层次：

第二层（概念外延）：人的类，马的类，白的东西的类，……

第一层（具体个体）：孔子，苏格拉底，这匹马，……

这里两层的东西之间的属于（或不属于）关系，类似前面的述谓关系，在给出第一层个体的时候就已然确定。比如，苏格拉底属于人的集合，否则这成了另一个个体；给定这匹马，它或者属于白的东西的集合，或者不属于这个集合，否则就落实不到“这一匹”。因此，从低层到高层，“孔子是人”“苏格拉底是人”“这匹马是马”等都是真的，并且，给定这匹马属于白的东西的集合，“这匹马是白的”也是真的。这里的“是”都是“属于”（∈）的意思。但反方向上（从高到低），集合

① 这里的类（class），得自外延，可称外延类。后面会说明，它不同于中国传统文本所谈的“类”。另外，我们这里混用“类”与“集合”（set）。作为集合论的术语，二者意义并不相同：所有集合都是类，但有的类“太大”，无法成为一个统一的东西，因而不是集合。但我们的讨论里，不涉及“太大”的类。

却不能属于个体，即个体不能作述谓的谓项。这与亚里士多德关于个体是“第一实体”的说法相符。

所以，在概念和外延的两种分层中，都是先有个体，再有概念和类，后者乃是“多上之一”。换言之，类中元素，都是已经带着自己的各种性质和关系的个体。我们把这种分层，称为“由下而上”的。

但是，既然能够给出第一层的不同个体，我们就需要确定它们之间的“同”或“不同”是什么意思。不能确定这个关系，诸个体就变得混沌一团，其间无法区分，因此我们也就不能说存在诸多个体。所谓个体的等同关系，表达为“孔子是孔丘”“苏格拉底是（那位）①饮鸩而死的哲学家”等等语句。这些“私名＋私名”句为三段论所忽视，而其中的“是”不再是述谓之“是”（“∈”），而表达个体的等同或同一关系（“＝”）。就是说，这种句子为真，当且仅当两个私名指谓了同一个个体。于是，这样的“是”语句是否为真，就取决于我们如何判断个体的同一。这里可以借助分层的“由下而上”的特性（个体已有性质），建立经典的“莱布尼茨原则”：令 a 和 b 代表个体。那么，

a＝b　当且仅当　（a 的性质 b 都具有，而且，b

① 这里的“那位”模仿西文中的定冠词（英文的 the）。汉语没有定冠词，暂用指示词模仿。

的性质 a 都具有）。

右边说的是，a 与 b 恰好有同样一些性质。换成外延版本，就是 a 与 b 恰好属于同样一些集合。逻辑学采取外延版本，这时，关于个体的“＝”就不是基本的，其意义可还原为个体与集合间的“属于”（“∈”）关系。

外延分层的第二层之内，关于类也有相等或同一关系。比如我们说：“狗是犬”，这个“是”就不表达跨层的“∈”，也不表达个体的同一，它的外延读法，说的是狗概念和犬概念的外延是同一个类。集合论的“外延原则”提供了类同一的定义：假设 A 和 B 是类。那么，

A＝B　当且仅当　属于 A 的元素都属于 B，而且，属于 B 的元素都属于 A。

右边“属于 A 的元素都属于 B”定义了两个类间的“包含于”或“是子类”关系，记为 A⊆B。所以，两个类相等，就是二者互相包含，或互为子类。“狗是犬”的外延读法，就是狗的类与犬的类互相包含，按“⊆”的定义，这就是说：所有的狗（复数）都是（∈）犬（类），而且，所有的犬都是（∈）狗（类）。单看一边，这又有一个表达子类关系（⊆）的“是”。比如，当我们说“所有的人（复数）是动物”时，其意义就是：人的类包含于（⊆）动物的类，就是说：每个人都是（∈）动物（类）。亚里士多德的句式“所有 S 是 P”于

是可用“⊆”来解释，即S的外延包含于P的外延；而“有些S是P”则是说S的外延的一个非空子集包含于(⊆) P的外延（即两个外延的交集非空）。这个意义上，“（所有）白马（复数）都是马（复数）”说的就是：白马的类包含于（⊆）马的类。这是真的，所以其否定为假。

可以看出，上面类之间的这些“是”都不是基本的。关于类的“=”可用“⊆”来定义，而“⊆”又用“∈”来定义。上面已说明，关于个体的“=”也能(通过莱布尼茨原则）还原为“∈”。因此，我们语言中有跨层的述谓之“是”（∈），加上必要的逻辑学词项(如量词“所有的”，联结词“并非”“并且”等)，就足以表达包括亚里士多德四种句式在内的大批句式为真的条件。这正是现代逻辑学的工作。但现代标准的逻辑学还是外延性的，不能表达和处理名家的“白马（单数）非马（单数）”句。

柏拉图式的概念之间的关系，则超出外延，居于个体-概念分层的第二层：这里是一些概念（而不是类），其间有各种关系，包括同一关系。还是举“狗是犬”的例子，如果其中的类名“狗”和“犬”是单数的，那么这个句子可表达“狗（这个概念）等同于犬（这个概念）”。这不是（或不仅是）说两个概念的外延相等，这里的“狗”“犬”不代表一类具体个体，而像私名一样，指谓某个东西，即作为类名之实的共相或概念，所以，原句表达的是概念之间的等同。前面提到的“抽象概念说”，将名家的“白马非马”读为两概念不等同，相当于把名家拉入这个“由下而上”框架的概念层面，编入柏拉图的队伍。即使从西方角度来看，这也有较大的哲学代价。因为，上述句子的柏拉图式读法首先要预设概念的存在，而这比仅仅接受类的存在引起更大的哲学争议。一个唯名论者不承认抽象概念的存在，对他而言，世界里没有那第二层的东西，因此也没有这种读法。亚里士多德主义不承认概念的独立存在，也排斥这种读法，但可接受类的存在（这类似“第二实体”）。但是，概念的同一不能简单归结到概念外延的同一。有些概念，比如“有心脏的动物”和“有肾脏的动物”，它们外延相等（有心的动物都有肾，反之亦然），但我们一般会认为它们是两个不同的概念。① 所以，仅仅是外延的等同，还不足以让我们确定概念的等同。这也说明，一个概念并不等同于其外延，前者更复杂。所以，一个柏拉图主义者或唯实论者，需要解释什么是概念、什么是概念的同一，以及我们如何认识这种抽象的东西。这些是复杂的哲学问题，至今聚讼纷纭。中国古代思想离这些问题显然较远。

① 这是现代美国哲学家蒯因的例子。

如果承认第二层概念的独立存在，那么它们就成为第一层的个体那样的个别的东西（虽然两层的东西有具体与抽象的区别）。一旦如此，我们就可以像是谈论具体个体一样再谈论这些概念。就是说，我们可以对第二层的东西再做“高阶的”述谓，如“白是一种颜色”，“圆是一种形状”等等，其中的类名“白”“圆”指谓第二层的概念，而（高阶）类名“颜色”“形状”则述谓这些概念。于是，我们又有了第三层的概念，即第二层的概念的概念：

第三层概念：颜色，形状，……

相应地，在外延分层上，也有了第三层的类，它们不是个体组成的类，而是（第二层的）类组成的类，即：

第三层外延：色类（白的东西的类，黑的东西的类，……组成的类），形类（圆的东西的类，方的东西的类，……组成的类），……

理论上，我们可以继续走到第四层、第五层等等，以至无穷。但实际上，日常语言涉及不到太高的层次，而且，不同的形而上学立场对于接受哪些层的东西，以及仅接受类还是也接受概念，会有所取舍。总之，这个分层不是一种具体的世界观，但诸多世界观都可在其中划定某个部分，所以，它提供了西方经典的语言-世界观的一个总体框架。形而上学在这个框架里取舍、辨认、定位各种是者；逻辑学则关注外延分层，在此基础上，确定语句的逻辑形式及其为真的条件，形成演绎推理的理论；集合论则试图刻画外延分层的最基本的述谓之“是”（∈），研究类的理想的、无穷的分层宇宙，而经典数学便蕴含在集合论中。因此，这个框架统一了形而上学、逻辑与数学，两千余年一以贯之、影响远大，至今仍然左右着我们如何看待世界。我们今天所谓的“概念”“类”等，其基本的意义和原理，即来自这个“由下而上”的世界观框架。

五、比较问题

我们之所以“绕路西方”，描述其经典的世界观框架，是为理解中国的名家、墨家等提供一种比较的资源和思想的参照。毕竟，《墨经》对名的分类，并非一家之言，而是针对当时的语言而总结的共识，其中达名、类名、私名之分，提示了我们古人的世界观中，同样承认了普通个体，即私名之实的存在，而个体之外还有没有东西、有什么东西，即类名之实为何，则是名实问题的根本，我们理解名家的核心所在。西方对类名之实的经典回答，如上所说，是概念或类，逻辑学建基于其上，但我们看到，二者都不适合解释名家标志性的“白马非马”句。或许我们的视野还是太窄、太粗，或许有某个非经典的西方看法符合名家？

然而，在我们继续探索之前，已经有一个方法论问题需要回答：既然不合拍，那么为什么非得参照外来的思想，而不能从名家内部理解名家呢？答案是：与其他的古典研究相比，我们现在理解名家有两大特殊的困难，致使研究者需要更多地借助同类他种的资源，才能进行思想解释和理论梳理的工作。

第一个困难是原始材料贫乏，研究积累薄弱。关于一手资料，前面说过，《汉书·艺文志》列出的名家著作七部三十六篇已大部佚失，今存的三部八篇亦有后人托伪问题。唯有《公孙龙子》六篇可信，但较《汉书·艺文志》所言十四篇，已缺失八篇。至于其他古代文献对名家言行的记载，也大多简短零散，记载相对丰富的如《庄子·天下》，虽然保存了惠施的历物“十事”和辩者的“二十一事”，但只是列出这些断言，其理论背景、论辩语境等皆付阙如。尤其是，这些断言的原始论证过程、传世文献都无交代。总之，原始的“断简残篇”只包含名家的一些思想碎块，缺乏联系，难以拼接，更未显示出西方那样明确而系统的逻辑学和形而上学理论。

再看历史上的名家研究，秦汉至清末两千年间，只有少数资料整理和注释。西晋鲁胜作《墨辩注》，涵括名家，正文亡佚，仅留《叙》，其中感慨说：“自邓析至秦时名家者，世有篇籍，率颇难知，后学莫复传习，于今五百余岁，遂亡绝。”近代西学东渐，促使中国学者反思自己文化的本根，“凭借新知以商量旧学”。随着西方逻辑学的传入，名辩学说开始受到重视，学者们的研究旨趣，包括寻找逻辑学可能的中国源头和汉语表达。在清代考据学家钩沉辑佚、训诂校释的基础上，20世纪初，梁启超、章太炎、胡适、章士钊、伍非百、冯友兰、栾（luán）调甫等尝试系统梳理名家思想，探讨名墨关系，对比中西名学，开解释性工作之先河。由于公孙龙的资料相对较多、较实，名家研究也相对集中于《公孙龙子》，有谭戒甫、王琯、王启湘、陈柱、郭湛波、牟宗三等人的著述。20世纪下半叶以来，名家研究更加兴盛。国外的汉学家，如葛瑞汉（A. C. Graham）、陈汉生（Chad Hansen）、何莫邪（Christoph Harbsmeier）等，对名家也有不同角度的考辨。近期学者又开始注重名家政治思想方面的研究。百余年的研究，已经积累了从文本考证到思想阐释的一批成果。但是，终因为资料稀少，“古无善注”（梁启超语），名家研究实际在几无积累的情况下从头开始，不能不借鉴同类的思想资源，以搭建基本的解释框架。早期的研究者，多依赖西方传统逻辑学和印度因明学，套用西方形而上学的一些基本术语，来理解和解释名家思想。后来的研究者虽然对这个解释框架有所突破，力求把名家放回原本的语境中来理解，但仍然要使用一些西方的和现代的观念，以为解释的资源。如果说这里有“以西释中”“据今释古”的倾向，那么，这个倾向在一定程度上是不可避免的。的确，从现在回看两千年前那些古无定解的只言片语，如果不借用其他的视角，不戴上某种“有色眼镜”，那么连研究的对象恐怕都看不清轮廓，遑论推进？

这又引出了名家研究的第二大困难，就是解释的资源的选取和运用。理想的原则应当是，虽然解释名家不得不采用一些西方的、现代的观念和视角，但这些观念和视角的使用，要与本土融贯，服务于还原名家本来的思想，而不能削足适履，“以西害中”“以今害古”。但是，要把这个指导原则付诸实施，却并不容易。比如，所谓“名家本来的思想”，在解释之前，我们缺乏基本的共识，先辈学者解释之后，我们得到的也是一些不同的看法，那么，如何让我们的解释朝向这个似乎看不到的目标？办法只能是，在不断积累的解释过程中，逐渐看清这个目标的一些侧面、部分，据此修正既有解释，再期望修正后的解释提供更好的视角，让我们看到目标的更多的方面。这是一个“试错”的、逐渐“逼近”的过程，其中老的解释结果作为一些相互竞争的“假说”，经受分析、检验，而分析和检验的工具，就包含一些西方的、现代的理论和方法。问题的关键在于这些理论、方法未必能够直接拿来套用，有时需要做一些调整，以求得与我们的解释目标尽量“同质”、相互“啮（niè）合”。这就要求我们区分一种理论或方法所表达的根本道理与其特殊的表达方式，因为，即使一理论的表达方式表面上与我们的目标冲突，在根本道理的层面，它们却可以是相融的。这个论断的基础是，中西语言都区分私名与类名，都试图描述一个包含普通个体的世界，因此不会产生截然对立的名实观。

我们就名实观所涉及的语言、逻辑和形而上学等方面问题，稍微深入地讨论一下这个问题。

西方的逻辑学是否可以用来理解和分析中国名家的思想？答案原则上是肯定的。因为，逻辑学的名称和系统表达虽出于西方，但从根本道理的层面来看，它并不局限于某种特殊语言或特殊经验，而关注人类普遍的逻辑思维。这里我们需要区分一下“逻辑思维”与“逻辑学”。逻辑思维是人类共有的基本思维方式，离开它我们就无法思想，不能合理判断，因而也失去了理性。比如，你有一些东西，想象在其中划出一个大圈（类）和一个小圈（子类），小圈套在大圈里。那么，一个东西如果在小圈里，它就一定在大圈里；而且，如果它不在大圈里，那么也一定不在小圈里。进一步，不管对什么东西，上述都成立。这种形式思维是显而易见、“不虑而知”的，因此也是人类共有的、不可缺乏的。前面提到的类、子类、元素等概念，都是为了描述类似的思维情形，而亚里士多德的三段论，无非是用主谓语句形式表达、描述这些普遍的“理性直观”。对逻辑思维的这种理论描述，就是逻辑学。逻辑学的描述，当然使用特殊的语言，但是，它试图捕捉的，根本而言，却是这个语言背后的、人类思维的共同的东西。只要你的语言里有私名和类名的分别，世界里有个别的东西和一类东西的分别，就总要遵循逻辑学所总结的一些基本的、普遍的方式来思维。① 这个意义上，西方产生的逻辑学，并不是西方特有的，而是普遍可用的，“乃人人自有生之初所同用者”（严复语），如章士钊所言，**“逻辑之名，起于欧洲；而逻辑之理，存乎天壤”。**

如果承认这个观点正确，那么我们就要排斥一些极端的假说，如中国古人缺乏逻辑思维，或具有一种特殊的、不同于西方人的“逻辑思维”。中国古人即使没有西方那样完备的逻辑学理论，但作为人，从不缺乏人类普遍的逻辑思维，也不具有某种怪异的、不能区分上面

① 关于逻辑思维的普遍性，王宪钧先生举过一个例子。一位三岁的小朋友要吃糖，妈妈给了他一块，接着有一段对话——儿：“这不是糖。”母：“为什么？”儿：“它不甜。”这里，这位小朋友做了这样一个推理：所有的糖都是甜的，这个东西不甜，所以，这个东西不是糖。这是亚里士多德三段论第二格的有效推理，孩子不学而通，说明逻辑思维是普遍的、甚至“先天的”。但逻辑学作为逻辑思维的理论，却不能不学而知，不能因为孩子做了这个推理，就说他懂得三段论第二格的规则。同理，不能因为古人做了正确推理，就说他们懂得逻辑学的相关规则。

"小圈""大圈"的"逻辑思维"。事实上，中国古籍中符合"西方的"逻辑规则的推论比比皆是，① 虽然其中的一些思考、论辩方式或与西方有异，但若排除表层的抵牾（wǔ），从根本道理层面来看，这些思考、论辩也并非不合逻辑。总之，"西方的"逻辑学有助于我们分析和理解中国的传统思想。而且，我们不能只参照传统的逻辑学，更要借助现代逻辑学的更加丰富的概念和方法。

但同时，我们也不能走到另外一个极端，以既有的某种逻辑学为圭臬或形式标准，满足于把名家或别家的一些推理、论证，对号到既有的逻辑规则，或分别纳入一些西方逻辑系统。因为，这种对号好像只是在验证我们的古人也能符合逻辑地思维，但这根本无需验证。如果想以此反映中国古人对逻辑学的思考或把握，那也近乎缘木求鱼。因为，任何人对逻辑学的思考，都反映在理论的、系统的层面，而不反映在他的逻辑思维的实例里。比如，仅仅把孔孟的某个推理对号到某个逻辑规则

① 比如，《论语》起首有言："其为人也孝弟，而好犯上者，鲜矣；不好犯上，而好作乱者，未之有也。君子务本，本立而道生。"下面得到结论："孝弟也者，其为仁之本与。"（《学而》）这即是现代一阶逻辑规则——从$\neg\exists x(Ax \,\&\, Bx)$ 推出$\forall x(Ax \rightarrow \neg Bx)$ ——的一个实例。《孟子》开篇的"未有仁而遗其亲者也，未有义而后其君者也。王亦曰仁义而已矣，何必曰利?"（《梁惠王上》）也展示了同一推理规则。即使身为"佣耕"的陈胜，其推理："今亡亦死，举大计亦死——等死"（《史记》），也符合所谓"析取消去"或"二难推理"规则。

（见前注），不能说明孔孟已经懂得逻辑学的这个规则，因为，每个逻辑规则都属于某个逻辑学系统，离开了系统，谈不上懂得某个规则。同样，西方命名的三段论、肯定前件（MP）、归谬法（RAA）等等逻辑规则，中国古籍中都有大量实例与之对号，但在找到中国传统对它们的系统表达之前，不能说我们"已有"这些逻辑规则。

所以，用西方的逻辑学分析名家思想时，应着眼于两者的根本道理，不管表面格式上是契合还是抵牾，都要注意其深层是否相通，以及这是否提示了二者看待世界、表达思想方面的差异。这里特别要注意两种语言的特殊性，表面相似的句子，往往意义不同，要经过某种适当的转换或"翻译"，才能达到深层的一致，进而选择适当的逻辑方法来处理它。如前所说，亚里士多德的"白马是马"（所有白马都是马），与公孙龙的"白马非马"，表面上一是一非，互为否定，但究其意义，则前者表达两个类的子类关系（$\subseteq$），而后者表达两个东西的不等同关系（$\neq$），二者并不矛盾。亚里士多德的"S—P"句式，虽然大面积适用于汉语，① 但并未涵盖

① 许多情况下，亚里士多德理论适用于汉语结构分析。比如，即使古汉语也有全称量词（如"皆"）与特称量词（如"或""有"），其全称句如"今人乍见孺子将入于井，皆有怵（chù）惕恻隐之心"（《孟子》）；特称句如"或谓孔子曰：'子奚不为政？'"（《论语》），"楚人有鬻（yù）盾与矛者"（《韩非子·难一》），等等。

句子的所有可能的逻辑结构。“白马非马”翻译到西文中，当然不能套用亚里士多德的句式，但这个意思究竟如何表达，牵涉“马”“白马”等类名之实到底为何的问题，我们目前还未解决。无论如何，在根本道理的层面，逻辑学并不排斥“白马（单数）非马（单数）”为真，只是某种形而上学排斥了它。

相较于逻辑学，形而上学则缺乏一些普遍性，而与特殊语言的关系更加密切。而且，即使在同种语言之下，也会有多种不同的思想方式，导致看待世界的不同观点。比如，前文提到，希腊的形而上学与其语言的系动词“是”密切相关，而整个西方哲学关于类名之实一直有唯实论和唯名论的对立立场，分别承认和否认抽象概念的存在。因此，我们参照西方形而上学来解释名家时，更需要注意中西语言的特点，同时还要考虑两个文化传统的差异，如对具体和抽象的不同态度。

当代的研究中，学者们参照西方的形而上框架，提出了一些不同的假说，来解释名家的文本。其中主流的观点是把名家（以及其他诸家）所理解的类名之实，当作西方的共相或抽象概念。这种“抽象概念说”如此普遍，以致目前对于名的流行“定义”仍然是：名词或概念。我们已经说明，这个假说，主张“白马非马”的单数类名读法，明确了其中隐含的“是”，不表达子集关系（⊆），而表达同一关系（=），因此排除了“白马非马”的亚里士多德读法。这是深刻的洞见。但是，把类名之实当作独立存在的抽象概念，把“白马非马”置于西方世界观框架的第二层，理解为两个概念的不等同，就在世界观上直接将公孙龙纳入了柏拉图式的唯实论，而这会面临“水土不服”的困难，如脱离中国淡物质、重行动的传统，也解不通公孙龙的“求马”为何意。（第二章第三节“柏拉图”部分）

当代名家研究的另一种主要假说，则是“具体物质说”。这种假说不取抽象概念，而将名家的类名之实定为具体的物质的东西。如谭戒甫基于公孙龙的“马者所以命形也”，认为“马”指谓物的形，而不是什么抽象的实；晚近也有学者强调公孙龙主张“唯形（色）无实”（这里所谓的“实”，指抽象概念，或物之上的“形而上的本体”）。这种观点排除了对中国人陌生的概念实在论，而把名家形而上学归于某种与中国思想较接近的唯名论，因此更能与本土观念融贯。但是，它也遇到解释困难。如果这个马之形（四腿、双耳……）是从众马的形态抽象而来，如柏拉图式的“多上之一”，那么，这个形就又变成了抽象概念；如果马之形不是这样抽象的，而是直接可感的，那么，如何解释这个具体的、物质的形能被众多的个体分享，或“马”这个类名适用于多个东西？一个东西，不割成多个，似乎无法被大家分享。为解决这个分享问题，汉学家陈汉生、葛瑞汉等提出了一种更精细的“具体物质说”。他们认为，古汉语中典型的类名是物质名词，因此没有复数用法，它们不指谓诸多东西或其集合，而指谓一个物质的整体。比如，类名“马”所指谓的实，就是时空中所有单独的马组成的离散的整体，这是一个物质的、具体的东西，虽然被时空“割开”为一些部分，但仍是一个整体。而每匹单个的马作为这个整体的一个部分分享马的整体之实。① 这个解释，放弃了西方经典的概念或类的世界观，而采取了当代的分体论（或整体-部分论）思想，好处是避免了经典解释的困难，而且能在一个特殊意义上解释分享问题，也能用来论证出“白马非马”（白马整体不等同于马整体）。但是，它也面临上面提到的与“抽象概念说”类似的困难。首先，分体论的部分-整体观念，在中国思想传统里难见踪影，② 而且，古汉语类名普遍有复数用法，并不以单数为主。其次，还是举公孙

① 物质名词（mass noun）如“水”“金”等是单数不可数名词，指谓时空中离散的一些物质片段组成的整体。这里把中国的“人”“马”等类名（一般理解为可数名词，有复数），一概理解为如“水”那样，指谓某个物质的整体。整体由部分组成，但整体不是类，部分与整体的关系也不同于元素与类的关系：孔子是（∈）人，这是元素—类关系，但一只桌腿却不在这个意义上是桌子，它是那个桌子整体的一个部分。集合论研究类或集合，分体论（mereology）研究部分与整体。

② 何莫邪评论道：“在中国古代典籍中，没有任何迹象表明，当时的古人思考过莱斯涅夫斯基的分体论，或把苹果与黄昏的天空当作时空中不连续的同一对象。”（李约瑟主编《中国科学技术史》第7卷，第1部分“语言与逻辑”）

龙的“求马”例子，这个“马”虽然是单数的，但这里所求的，显然是可牵引、可骑乘的单个马匹，没有人会去求所有的马组成的那个大而无当的整体。所以，按合理的、自然的读法，公孙龙的“马”应该指谓普通的马，而不宜指谓分体论意义上的那个整体。所以，直接套用西方分体论的“具体物质说”，与名家文本里的类名用法仍然有较大隔阂。我们理解名家，还应参照西方经典的、能够同时包容类名的单数与复数用法、兼有个体与类的世界观，但当然不是套用它。

总之，在借鉴西方资源理解名、墨诸家的思想时，既要求得二者根本道理上的融会贯通，又要区分两种文化传统的不同特点，防止混同一些不同的因素；特别要注意二者不同的语言表达方式，以及由此带来的语言-世界观的差异。古汉语特殊的语法和用法，有可能导致我们的古人对人类普遍的思维现象做出与西方角度不同的理论总结，提供别样的语言分析方法。我们在名家里寻求的，正是表达在古汉语这个特殊的语言中的逻辑学或形而上理论，它与西方理论虽然有根本道理层面的相似或相通，但其描述世界的方式，连带着思维与说理的方式，却可以迥异于西方。

第三章

名墨世界的构建

上一章里，我们讨论了名与实的理论问题，强调其中的核心是确定何为类名之实。我们还梳理了古希腊哲人对于这个问题的经典思考，引申出贯穿西方历史的一种世界观的基本框架，涵盖语言、逻辑学与形而上学，并以此为参照，从正反两面探求名家的名实观。我们看到，中西思想者的整体文化背景，特别是他们的母语的特性，会造成他们视角的不对等，从而带来逻辑分析方式与形而上学图景的差异。那么，中国的名家到底如何理解类名之实，是否由此建构了某种别样的世界观和逻辑理论？古汉语类名的用法对这一切有什么样的影响？本章试图构建一种特殊的语言-世界观，用以解释名家思想，从而回答这些问题。预先说明，我们这里提出的观点，如上面提到的“抽象概念说”“具体物质说”等一样，也是一种解释名家文本、探求名家思想的假说。但我们将论证，这个假说能够综合既有假说的长处，具有更好的解释效果。

我们从古汉语中类名的两种典型用法谈起。

一、类名的两种用法

类名的标准定义，是《墨经》的“若实也者必以是名也命之”（《经说上》），即相若的、相似的、相类的那些东西（实），都要用这个名来述谓。因此，一个类名，像“人”“马”等，普遍适用于相关类的所有元素。“必以是名也命之”的“命”，表示类名作谓词的情况，以“人”为例，这相当于要求，“孔子是人”“老子是人”等等述谓都是真的。总之，一个类名，要涵括一组或一类东西，而不是专门指谓一件东西的，这使它区别于私名。①

1. 通称

参照西方经典的世界观框架，这里的类名所指谓的东西，既然我们已经排除了抽象概念，那么最起码就是一些个体组成的类，才能满足类名“普遍适用”的要求。于是，一个自然的假设，就是类名指谓类（在西方就是概念的外延）。这种解读之下，类名在逻辑上相当于今天所说的通名或通称词项，而表现在语法上，虽然汉语类名没有语法上的性、数、格的分别，特别是没有单复数之分，也不带冠词，但它们实际上是可数名词，有复数用法。

古文中大量的实例支持类名的这种“通称词项”解读。兹举数例：

（1）白马马也。（《墨经·小取》）

虽然古汉语无明确的系动词“是”，但这个句式表达了“白马是马”的含义。如果其中的类名（“白马”“马”）指谓类，那么这个“是”表达的是类之间的包含（子类）关系。于是，（1）说的是，白马的类包含于

① 《墨经·经上》：“谓：命、举、加。”这是名的运用的三种情况。沈有鼎认为，名“作谓词，命也；作主词，举也”，并进一步解释说：“《墨经》认为除了私名以外，任何名是不能看作专‘谓’一件东西的。例如这是霍，那也是霍（‘霍’是一种动物的名称），白马是马，黄马也是马。若是你专称你所骑的马为马，势必不许我再称我所骑的马为马了。因此必须相返而观，类名才能起类名的作用。”（沈有鼎：《墨经的逻辑学》）

（⊆）马的类中，而这是真的。因此，从逻辑学的观点看，原句隐含了全称量词以及类名的复数形式，等价于亚里士多德的全称句“所有的白马（复数）都是马”或“每一匹白马（不定冠词加单数名词）都是马”。显然，这里作主词的类名“白马”（以及作谓词的“马”）是通称词项、可数名词。《小取》后文“盗人人也”也可按此例解释为盗人的类包含于（⊆）人的类中，即“所有的盗人（复数）都是人”。

（2）人皆有不忍人之心。（《孟子·公孙丑上》）

句式同（1），表达人的类包含于（⊆）有不忍人之心者的类中，也是全称句。如果我们对（1）是否全称尚有疑问，那么（2）中含有全称量词“皆”，明确表示这是个全称句，即所有人都有不忍人之心，因此佐证了作主词的类名“人”是通称词项或复数的可数名词。《孟子》同章“今人乍见孺子将入于井，皆有怵惕恻隐之心”，也含有全称量词“皆”，其中类名“人”因此也是复数通称。但是，像许多语言里一样，全称句不必带有全称量词，例子如（1）。

（3）楚人有鬻盾与矛者。（《韩非子·难一》）

句中出现存在量词“有”，相当于亚里士多德的特称句“有一个楚人卖盾和矛”。这里的“楚人”，西文表达时或用单数，但前有不定冠词，仍然是可数名词，有复数意义。存在量词的作用，则是在众多的楚人（所组成的类）中举出一个或一些。所以，句中类名“楚人”仍可解释为通称词项，指类。同样的句式还有“宋人有闵其苗之不长而揠之者”，“齐人有一妻一妾者……”（《孟子》）等等。

但是，存在（特称）句中未必有存在量词。特别是，当通称类名出现于普通动词前后时，由于普通的动作要求具体的施动者或受动者的存在，所以句子的意义中自动带有存在量词，不必明示。例如，

“乘白马，乘马也”（《墨经·小取》）

显然你骑乘的不是白马或马的类，也不是所有的白马或马，而是单个的某匹马，所以“乘马”虽无存在量词，却表示“存在马之类中的一员，（某人）乘它”。这里的类名“马”可数，为通称词项，指谓马之类。

2. 单称

然而，古文中类名还有一种广泛的用法，用如某种“单称词项”，即不指谓类，而指谓类中的单个的个体，因此只有单数读法。虽然如此，这时的类名仍起类名的作用，即普遍适用于这类的所有个体。我们且看下例：

（4）吾弟则爱之，秦人之弟则不爱也。（《孟子·告子上》）

此处“秦人”，显为类名。“秦人之弟”对“吾弟”，当指某个体，而且是泛指。但这不是指谓“所有秦人（复数）共同的弟弟”（根本没有此人），也不能因有动

词而解释为“某一个（存在量词）秦人之弟”（否则非泛指）。那么这个“秦人之弟”是谁呢？在“秦人”的复数通称的读法下，我们找不到这个“弟”。在前面提到的对类名的其他既有解释之下，我们也找不到这个“弟”：这不可能是秦人这个整体或部分的弟，也不可能是秦人的形的弟，更不可能是秦人的概念的弟——这些东西都谈不上有什么弟。唯一合理的解释，是把“秦人之弟”解为“随便哪个秦人的那个弟”。在此解释之下，这里的“秦人”指谓秦人这个类中的一个任意的、随意选出的成员。既指单独的一员，“秦人”就是单称词项。上引《孟子》“今人乍见孺子将入于井，皆有怵惕恻隐之心”，其中类名“孺子”亦指一个任意的小孩子，或小孩子中的随便哪一个，因此为单称词项，非复数。

但是，这个单称词项却不同于私名。私名只指谓特定的个体，而这里的“秦人”“孺子”却可以用于多个个体：“一个任意的秦人”虽是一个，但不是特定的一个；随便哪个秦人，就其为秦人而言，都可以安上这个名；“一个任意的孺子”亦然。[①] 在这个意义上，这里的“秦人”“孺子”符合《墨经》中“若实也者必以是名也

① 注意，“一个任意的……”不同于“任意一个……”，前者为单称，指单独的一个东西，而后者中的“任意一个”可理解为全称量词“所有”，因此为通称，一般涉及多个东西。现代汉语中，没有专门的词，表达类名的这种单数用法。

命之”的类名定义，可以恰当地称之为类名。我们可以合理地推测，《墨经》的类名，也包含指称类中任意个体的用法。

我们再看两例：

(5) 人而无信，不知其可也。(《论语·为政》)

若此处的“人”是复数的，则 (5) 为全称，读如：“对任何一个人，如果他无信，则不知其可”。此时“而”读为“如果”。但此句式不应如此读。杨伯峻《论语译注》说：“这‘而’字不能当‘如果’讲。不说‘人无信’，而说‘人而无信’者，表示‘人’字要作一读。古书多有这种句法”。就是说，“人而无信”不是全称，而是单称，其中的“人”为单数，指一个人，但显然不是某个特定的人，而是一个任意的人，随便哪个人。杨伯峻将其解为“作为一个人……”，或就“人”的“名义”而言……，显然要表达这个意思。

(6) 楚人遗弓，楚人得之，又何求乎？(《公孙龙子·迹府》)

这段故事，公孙龙讲过。(见第一章第三节“公孙龙”部分) 楚王打猎丢失了弓，手下的人要去找回来，楚王因有此言，意思是：楚人丢了弓，又被楚人捡走，因此，楚人失而复得，不需再找。孔子则主张去掉“楚”字，只说“人亡弓，人得之”。这里，“楚人得之”的“楚人”，与“人得之”的“人”，都不是言类，因此句子不是全称（所有楚人，或所有人都得到那张弓，显然不通）。能得那张弓的，只能是人类中的个人（而不是概念、形或整体）。但这人（“楚人”或“人”的指谓）又不是某个特定的个人，否则孔子所谓“仁义”，或“一视同仁”，就无从说起。楚王的这个“楚人”或孔子的这个“人”，最合理的理解，应指谓相关类的一个任意的个人。类似的例子，古文中俯拾即是，篇幅所限，兹不详论。

公孙龙明确表示，他的“白马非马”中的“白马”与“马”的关系，就是这里的“楚人”与“人”的关系（《迹府》《白马论》）。这意味着，他的“白马”（或“马”）指谓白马之类（或马之类）的一个任意的成员。所以，这个“白马非马”是单称句，并不是通称句（1）的否定，不因（1）真而为假。

当然，表面上的类名，在古文中用法复杂，比如还可以指谓特定的个人：

（7）君子之厄于陈蔡之间，无上下之交也。（《孟子·尽心下》）

言孔子困厄于陈蔡之间。此处表面上的类名“君子”，专指孔子，用如私名。（6）中“楚王遗弓”的“弓”，也是私名，专指楚王的那张有名的弓（“繁弱之弓”）。

另外，“类名”也可以指谓子类：

（8）人不足与谪也。（《孟子·离娄上》）

也不是涵括所有人的全称句。赵岐《孟子章句》注云："时皆小人居位，不足过责也。"这里的"人"，不指全体人，仅指部分小人，或人类的一个特定子类。

但是，（7）、（8）中的"君子""人"，已不符合类名的定义，这些表面上的类名，实际上不是作类名用，所以，我们不把它们算作类名。古人有"名"与"字"的区分，字有各种用法，不必是它表面上代表的名，真正的名与实联系在一起（"名者，实之宾也"（《庄子·逍遥游》）），要用实来定位。

总之，古文中的类名有两种典型的用法，一种用来指类，是通称词项、可数名词，对应于西文中的复数名词，或加不定冠词的单数名词，可用标准逻辑学来分析。第二种用法，则指谓相关类的一个任意（而非特定）成员，是单称词项，只有单数意义。两种用法都符合《墨经》对于类名的界定，而每个类名都可有两种指谓。至于如何分别这两种用法或指谓，则取决于具体语境。

二、任意对象?

类名的两种用法，除了语法上的不同，意义上有什么区别呢？"一个任意的楚人"既然能用到每一个楚人身上，不是与普通的“楚人”无异吗？不爱“一个任意的秦人”之弟，与不爱“所有秦人”之（所有）弟，意思难道不同吗？区别类名的两种用法、两种指谓，目的是什么？要回答这些问题，先要说明一个类的“任意元素”到底是什么。

凡谈到一个类——马的、人的、三角形的等等，我们总可以想象此类的任意元素，用一个词来称呼它，在句子里谈论它，甚至能画出它（如在黑板上画出一个“一个任意的三角形”）。它是什么呢？首先，它是一个个体，与类有范畴上的差别，因此不等同于那个类。①其次，它似乎是那个类的一个元素，属于那个类，但确然不是某个特定的元素，而是一个随便的、任意的东西。比如，一个任意的人，不是孔子、老子、你、我等等，否则“他”就谈不上是任意的；一个任意的自然数，不是一个偶数，也不是一个奇数，否则它就不是任意的。所谓“任意的”，直观上就是说这个个体可以代表那个类的所有元素。因此，谈论这个任意个体，就是用一种简洁的方式，谈论那个类的所有元素。

各种语言里都有许多词语在特定的语境里表达“一个任意的……”的意思，汉语亦然。西文中常以不定冠

① 个体与个体组成的类属于不同范畴，即使一个类中只有一个个体，这个个体也不等同于（=）这个类，而是属于（∈）这个类，二者是“跨层”的（回忆个体-类的分层）。

词（甚至定冠词）加可数名词的单数表达这个意思，但这个表达式仍可有多种意义，所以必要的时候需加上“任意”一词。汉语中无冠词，名词也没有数的变化。我们前面的例子说明，汉语可以在某些语境中，直接以一个类名，如“人”“楚人”等，指称“一个任意的人”“一个任意的楚人”等，而《墨经》对于类名的定义，其实能够包容这种用法。

这种语言现象，虽然在中外都久已存在，但关于它的理论，只是近年才得到系统的研究。哲学家、逻辑学家范启德（Kit Fine）分析了西文表达式“一个任意的A（an arbitrary A）”（A代表一个类）的意义，说明它既是一个个体的名字，又在语言中起类似变元的作用，可以在其适域A中取任何元素为值。这个名所指谓的实，范启德称为A的一个“任意对象”，这个对象具有A中所有元素所共有的性质，而无其他性质。比如，一个任意的三角形就具有所有三角形共有的性质，而无其他性质。因此，从古希腊一直到今天的数学教师，都习惯于画出一个任意的三角形，证明它的三个内角和为180度，然后从这个单称结论——这个画出的三角形的内角和为180度——直接得到一个全称结论：所有的三角形的内角和为180度。这一步推论，依赖于这个画出的三角形的任意性：这里画出的不是某个特殊的（比如直角的，或其中一角为38.5度的，等等）三角形，而是一个具有所有三角形的共同性质的任意三角形，因此它的性质“内角和为 180 度”，也为所有三角形所普遍具有。这解释了在什么意义上谈论一个任意对象等价于谈论相关类的所有对象。

然而，任意对象的提法，在西方形而上学里引起过争议。一个任意的人，不是古今中外任何一个普通的人，否则他无法充当这个“任意”的角色。那么“他”到底是谁？籍贯何方？“我能请他喝茶吗？”（范启德问）。更大的问题是，谈论任意对象，如一个任意的人，似乎引起逻辑上的麻烦：他既然是一个人，则或男或女（假设人只有男女两性）；但他又是任意的，所以又非男非女。这是个矛盾，或称“任意对象悖论”。换言之，一方面，一个任意的人是一个人，因此属于人类；另一方面，它又是任意的，因此不等同于每一个具体的人，从而又不属于人类。矛盾的根源在于，在西方“由下至上”的世界观框架里，（第二层的）类中的每个（第一层）个体，都先在地具有这个个体的全部性质（由此才从这些“多”中抽象出其上的各种“一”）。比如，任何一个人，不仅具有人类的全部个体共有的性质，还有其特别的性质，所以，不存在一个人，只有所有人所共有的性质，而缺失了个人的性质，从而成为一个任意的人。

要在这样的世界观中避免上述矛盾，就只能否认一个任意的人是一个人：它是任意的，所以的确非男非女，但它不属于人类，所以并非或男或女。“任意对象悖论”于是得以解决。但这样一个个体，有人的共性，又不是一个具体的人，更不是一个概念或类，它如果存在的话，就只能是个抽象的东西，居于个体-概念（或类）世界观的第一层。这为当代形而上学引进了一种新的抽象个体。范启德还由此建立了一套完整的（非经典的）逻辑推理理论及其语义学，它保证，不管你是否认为世界上有一个“任意的人”，你都可以用一个单称词项表达相关的意思，合法地谈论它，以及别的任意对象，并做相关的推理、论辩。（你要是不承认这样的任意对象存在，那么至少可以像谈论虚构人物那样谈论它们。）

那么，古文中类名用如“一个任意的……”时，指谓的是范启德的任意对象或某种类似的东西吗？这是个有趣的想法。我们当然不能因为任意对象理论是西方晚近产生的，就否认中国的古人已经有类似的想法或其萌芽。重要的是，任意对象理论，比起我们考虑过的其他西方理论，似乎更适合于解释名家和墨家的一些主张，如名家的“白马非马”。具体而言，既然任意对象被相关类中的所有元素的共同性质所决定，所以，关于它们有两条基本原理（以下谈的类，都不是空的）：

存在原理：对任一个类 A，都存在 A 的任意对象。

等同原理：对于类 A 与类 B，

A 的任意对象＝B 的任意对象，当且仅当，A＝B（即 A⊆B 且 B⊆A）。

具体到“白马非马”一句，前面已说明，此处类名“白马”“马”为单称词项。如果它们分别指谓两类的任意对象，则由上述“存在原理”，两个任意对象都存在，可充当两个类名之实。又由“等同原理”，既然两个类不相等，那么，两个任意对象也不相等，即两个类名之实不等同。由此即得，句子“白马非（不等同于）马”为真。它不表达白马之类包含于（⊆）马之类，而表达：

一匹任意的白马不等同于（≠）一匹任意的马。

到此为止，这个解释是成功的，既符合古文类名的用法，又避免了把类名之实解为柏拉图式的共相、概念，或大而无当的“马之整体”。虽然在这个解释下，“白马非马”等价于平凡的“白马之类不等于马之类”（由等同原理），但因其揭示了类名的特殊语义，以及任意个体的性质及其与类的关系，而具有不平凡的理论价值。

但是，范启德的理论毕竟深植于西方经典的世界观框架里。由于这个框架的“由下而上”构建，缺失个体性质的任意对象无资格作普通对象，被“逼迫”成了抽象的东西。然而，这样抽象的、脱离时空的东西，却难以嵌入中国传统的物质的世界观。所以，任意对象看起来也不能直接拿来解释古文的类名。实际上，前面例子(4)、(6)中单称的“秦人”“楚人”，以及公孙龙“求马”语境中的“马”“白马”，最直观而合理的解释，是指谓具体的、物质的东西，而不是抽象的任意对象，因为，只有物质的东西，才能有句中“得”“求”等动词所表达的动作。虽然范启德的理论，也能够以某种转换，把谈论抽象任意对象的句子，落实到谈论具体个体的句子，但是这种转换所需要的现代逻辑学和数学的知识与方法，不会被两千年前的古人所知晓。

三、类与指——类名之实

现在的问题是，我们如何去除任意对象的抽象因素，将古文中表达“一个任意的人”“一匹任意的马”等等的单称类名，解释为直接指谓相关类中的成员，即在时空中的、原则上可感觉的东西，从而“返璞归真”，把类名之实纳入中国古代朴素的世界观。

困难在于，一个任意的人，由于其任意性，似乎不能成为人类的一员，否则我们会遇到“非男非女”的任意对象悖论。这个悖论的根源，如前所说，在于西方由下而上的世界观构建（预设每个个体具有其全部性质），而这种世界观，部分由于现代汉语西化等原因，已经“深入人心”，成为我们今天默认的理解世界的框架。那么，要走出这个悖论，我们就要重新考虑古人如何理解“类”（类名的“类”），看看这个“类”与西方传统的“类”是否一致。在这个基础上，我们或可进一步理解古汉语表达类中任意成员的类名指谓什么。

1. 类

古汉语中，“类”的基本意思是相似（相类、类似），可用如动词、名词、形容词等。《说文解字》有：“类，种类相似，唯犬为甚”，以犬类为典型，点明类的特点在于相似。这里的相似是一种关系，其基本的意思，是物与物之间的形、色等方面的相同，即《墨经》所说的“类同”或“有以同”（有某方面相同）。① 《墨经》也用“若”，表达类同的关系，比如类名定义里的“若实也者必以是名也命之”，明确说明类名所述谓的东西是相若的、类同的。

作为比较，我们回忆一下西方思想中类的由来：它也建立于物的相似关系之上，比如由多个东西在色方面

① 《墨经·经说上》区分了四种“同”，除类同外，还有重同（二名一实，即等同关系），体同（同属一整体，部分-整体关系），合同（同处一空间）。其中有部分-整体关系，说明墨家也有某种分体论想法，但总体强调的是类（“知类”“推类”）。

的相似，而有作为“多上之一”的白这个概念（见第二章第三节“柏拉图”部分），而这个概念的外延，即是涵括那个“多”的类。但是，这个类，在西方“由下至上”的世界观里，后于其所含的元素，即那些白的个体（亚里士多德的“第一实体”）。一个东西是否属于白的东西的类，取决于它自身已有的性质，即它是否是白的。以下称这个意义上的类为“外延类”。

那么，中国的类，既然不经由概念，是如何获得的呢？它是由形、色等方面的相同（类同），把一些物聚在一起而形成，比如马之类、白的东西的类。但是，类中的成员，不是西方意义上的、带有自己的全部性质的个体，而只是相互之间“类同”的、缺乏其他性质的一些的东西。比如，马之形完全决定了马之类，因此，马之类中的东西，就是仅有马之形（两耳、四足、长尾、无角……）的一些东西，而不涉及（或忽略掉）这些东西的其他性质（如白、眇、大、小等等）。因此，马之类（以及其他的类）不是外延类，其中的东西未确定其他的性质，只确定有马之形。如孟子所说（《孟子·告子上》）：“故凡同类者，举相似也”，相似决定了类。孟子接着引了龙子的话，说明不知道脚的大小，也不会把草鞋编成草筐，因为鞋的相似，决定了鞋之类，而脚的相似又决定了鞋的相似，但“天下之足同也”，足之类里面的东西，只是同一种，没有别的样子，也没有具体的大小白黑等等的分别。

但是，一匹马、一只脚，怎么会没有白黑大小等特别的性质呢？公孙龙的论辩对手问道：天下没有无色之马，你说马无色，那不是天下无马了吗？公孙龙的回答，综合一下就是：就形与色来看，谈到“马”（而不是“白马”），这里只有马形，而不涉及颜色——“‘马’者，所以命形也”，与色无关。但“马”名不涉及颜色并不是说马无色，“马固有色”，具体的马本来就都是有色的；假使它们无色，那么就只有马（形）而已（“有马如已耳”），谈不上什么白马了。正因为“马”名不涉及颜色，所以马（“马”名对应的实）“无去取于色”，就是说，有这个形的，不管它什么颜色，都是马，即马类的一员（见《公孙龙子·白马论》）。

因此，马之实由马形决定，这个形，即是“马”这个类名的指谓的东西。这是所谓“引名就实”，要求“马”名命马形。但马形是“单纯”的形，无所谓（但不排斥）色、味等等。这解释了为什么“马”名普遍适用于各色的马。古人的观念里，形先于万物个体，而（某些）名对应形（所谓“形名”）。“有物将来，其形先之。建以其形，名以其名。”（《马王堆帛书·经法·称》）所以，马形先于马的个体，而“马”名捕捉到的，正是这个形，而不是那些个体。这个意义上的“正名实”，就是理正（类）名与形的对应，“名以检形，形以定名”（《尹文子》）。但这样一个形不是另一种个体，也不是由诸多个体抽象而来的“多上之一”，而是由类名的使用，在物之中，“割”下的一部分，因此仍然是具体的（即在时空之中）、可感的（你能看到它）。或者说，你检视物的时候，“屏蔽”其他感觉，只集中于视觉，就看到“单纯”的形。万物各色各样，但从“马”名的视角来看，就“马”的“名义”（指谓形）而言，则只看到其中那个形，看不到其他；而看不到不意味着没有，其他的那些，如白色，归属色名的视角，名义上即与这个形相分离，“离也者，藏也”，这个色藏起来了，但不是什么人故意藏了它，而是马的名在此藏了它，所以是“自藏”（《公孙龙子·坚白论》）。

于是，马之类也由马形决定，以这个形为唯一标准，挑选其中成员。这个意义上，一个类名的名义（意、意义）决定相应的类。反过来，一个类的全部成员，也仅以这个名义而在类中。因此，说“马”指谓马形，与说“马”指谓马类，是等价的，既然“马”指谓马形，它也就指谓马类。于是，类也就是类名之实，一个类名决定了唯一的一个类。决定的标准，《墨经》称为“法”：“法，所若而然也”（《经上》），即以类名提供的相似关系为标准，把如此相似的东西都放进类中。具体而言，“意、规、圆三也，俱可以为法”（《经说上》），就是说，一个东西是否属于圆的类，既可由

“圆”名的意指（“一中同长”的形）决定，也可看它是否由圆规作出或是否与已经给定的圆同形，而不问它的大小、颜色等。所以，“大圆与小圆同，长人与短人同”（《大取》）。尹文所说的“名以正形”“形正由名”，名家一般的“责实就名”，都表达了类似的思想。

同理，除了“马”“牛”等狭义的“定形之名”，指谓声、色、嗅、味等的类名，也都决定相应的类。如“‘白’者，所以命色也”（《白马论》），所以，“白”名指谓这种色的“所白者”组成的类，同样，类中的东西仅仅是白的，无所谓（但不排斥）有什么形。而“白马”这个名，是“白”与“马”组成的复名，它所指谓的实，是白类与马类的交（“马与白”，马类结合白类），即同时有马形与白色的东西组成的类。当然，这些类多少有些抽象的成分，但由于它们被可感的形、色等所决定，而不是由概念所决定，所以并不是西方意义上的抽象的东西（即不在时空中，与我们没有因果联系）。承认类的存在，在形而上学立场上，既不是西方的唯实论，也不是严格的唯名论。

所以，类不同于外延类，其中的成员不是两两不同的个体，而是在类名的名义上“全同”的（即类同的）一些物。这样，成员与类的关系，就不同于西方的元素与外延类的关系（即∈）。这造成了语言中最基本的述谓，在中西方有不同的意义。比如，“孔子是人”，西方的解释是，孔子这个个体具有人这个性质（外延上，孔子这个个体∈人这个外延类），其中的“是”的意义即“具有……性质”（外延上，即“∈”）。但古汉语没有这个意义上的“是”，它表达成员与类的关系，如“孔子，人也”，靠的是《墨经》所说的“法”，即“所若而然也”，这个“若”既是实的相似关系，也为名所把握，而我们理解它，靠的是名（名义、意），孔子符合“人”名之意，因此可以肯定“孔子，人也”。西方逻辑学建立在述谓之“是”上，西方形而上学的根本也在于西方语言的“是”（见第二章第三、四节）。我们参照西方理论理解中国的逻辑理论和形而上学时，要注意这个深层的差别。

然而，类虽然由“全同”的成员组成，但这些成员在一种意义上可以说是多个（不同的东西），从而拉近类与外延类的距离。这牵涉到类的划分。比如，马类可以向下划分为白马之类、黄马之类、黑马之类等子类。从这些子类的视角来看，原母类的成员其实是多个的，虽然母类的视角把这个“多”隐藏起来了。这些子类可以看为一些类的交类，如白类与马类的交，黑类与马类的交，等等，其名则表现为复名，如“白马”“黑马”等。因此，类也具有外延类的一些性质，像是有子类，两类可交等。比如，白马之类，作为两类的交，包含于但不等于马类，就是说，白马之类里的成员，都是马类里的成员（虽然这里的“是”不是亚里士多德的共相在个体之中的意思）。为方便，我们对于子类或“包含于”关系，仍然用“⊆”表达。由于给定的名可以形成各种复名，类的交就可以一直取下去，“以通称随定形，不可穷极者也”（《尹文子》）。

类名指谓类，解释了类名的复数用法，如“人皆有恻隐之心”，表达所有（每个）人都有恻隐之心，即人类包含于有恻隐之心者的类；“白马马也”表达白马类包含于马类。这些句子都表达两类的子类关系，因此可依外延类来理解，从而落入逻辑学的句式。所以，西方逻辑学的句式表达和推理规则，虽然不能完全套用在类身上，但其后的根本道理，也就是超越语言表达的那个理，是普遍适用的，但其适用的方式和范围，须结合具体的语言条件来定夺。下面要谈的“指”，就体现了比类更加严格的这样一种条件。

2. 指

从现代的眼光看，类其实就类似数学中所说的等价类。等价类源于等价关系，一个平面上的直线间的平行关系，三角形的全等、相似关系等，都是等价关系。一个等价关系可以把给定的全部的东西划分为一些不相交的等价类，每个等价类中的元素都是相互等价的。决定类名的类同关系，即同形、同色等关系都是等价关系，因此，同形关系把世界上全部的东西，即达名“物”涵盖的东西，划分为马类、牛类等等不相交的等价类；同色关系则把万物划分为白的东西、黑的东西等等不相交的等价类。等价类的一个重要特点，就是我们可以选取其中任意元素作它的代表（称为它的代表元），在合适的语境中，用谈论代表元来代替谈论类。诸多类名确定的等价类，当然也各有代表元，公孙龙称其为“指”。

“指”的基本意思是“手指”（《说文解字》），可作名词、动词，假借为“意”，也有意义、指归、指谓的意思。公孙龙的“指”即指谓之“指”，也就是一个名所指谓的实。即使公孙龙没有严格的等价类想法，他也明确知晓马类中的东西，已忽略其具体差别，仅由马形决定，所以，这里的任何一个都可以拿出来，代表马类。既然“马”名指谓马类，那么这个东西在作为“全权代表”的意义上，也可以作“马”名的所指。这个指，不再是一个类，而是马类中的一员，即前面说的一匹任意的马，既然是“任意的”，它就脱离了色等具体特质，实际上也就代表那个形。它有形、有体，在时空里，可求，可骑乘，因此不是抽象概念，也不是所有马组成的整体，只是一匹任意的马。每个（非空）类都有指，而每个指都可以作为一个标准，来确定那个类。《墨经》的“意、规、圆三也，俱可以为法”（《经说上》），也表明，确定圆之类的，除了“圆”名的意指（那个形），和具体的作法，还有类中的一个任意的圆

（其实这句话中的“圆”是单数的，已经表达这个类中的指）。

类名用如单称词项时，它对应的实就是指。如前例“楚人（单数）得之”中的“楚人”指一个任意的楚人，而“白马（单数）非马（单数）”中的“白马”和“马”对应之实，分别是两类中的指。一个类名的指不是性质完整的个体，但也不是范启德意义上的任意对象。任意对象是抽象的，在类之外，而指是具体的，在类之中。这里没有所谓的“任意对象悖论”，因为，比如“人”名所指的，一个任意的人，不涉性别，因此谈不上是男是女，男性、女性等特质在这里都“藏起来”了。但指与任意对象相似，具有类中所有成员共有的“性质”（虽然这里没有不同的“性质”）。于是，谈论一个指，就是以它作代表或典型来谈论相关的类，或谈论类中所有的东西。由于任何一个类中的任何一物都可以作指，因此公孙龙说“物莫非指”（《指物论》），即每一物都受名所指（至少受达名“物”所指）而成为一个指。而一个类名的指，作为类的一个任意的成员，不定于一物，“不定者兼”（《坚白论》），类中之物兼可为指，因此“指者天下之所兼”（《指物论》）。但是，指由名而来，本身不能再作名而指其他，就是说，不存在“指”名之指。这个意义上，“指非指”（《指物论》）。

3. 原理与应用

总之，一个类名有类与指两种实，分别对应类名的复数和单数用法。但二者既不同，又有密切的关系，这表现于以下的原理：

存在原理：对任一（非空）类名 N，存在 N 的类（记为 {N} ）和 N 的指（记为 [N] ），[N] 在 {N} 中。

等同原理：对类名 N_1 和 N_2，

{N_1} = {N_2}（相互包含），当且仅当，[N_1] = [N_2]，当且仅当，N_1 重同于 N_2。

其中两名的“重同”说的是它们的意相同，而不是字相同，按《墨经》定义，即两名对应一实。[N_1]、[N_2] 被类名的意所决定，因此不是个体，二者的同一条件异于个体的同一条件（即莱布尼茨原则，见第二章第四节）。因此，“[N] 在 {N} 中”，不表达个体与外延类之间的属于关系（因此这里不用“∈”），但这使得 [N] 不同于抽象的任意对象。

我们举例说明一下两个原理如何用于具体类名句。“狗”“犬”二名重同，由等同原理，{狗} = {犬}，而且 [狗] = [犬]。若二名复数，指谓类，则“杀狗”为动词加通称类名，表达特称的“存在 {狗} 中的一员，（某人）杀它”（“杀犬”类似，见本章第一节例

(3) 及其解释)。因｛狗｝＝｛犬｝（等同原理)，由逻辑学规则，从“杀狗”能推出“杀犬”。若二名单数，指谓［狗]、［犬]，则因［狗］＝［犬]，从“杀狗”也推出“杀犬”。无论怎样，“杀狗非杀犬也不可。说在重(即重同)。”（《墨经·经下》）。

但是，二名重同，毕竟也可指谓两种实，放在句子中，意义不都一样。比如，“楚人（单数)，人（单数）也”，“楚人（复数)，人（复数）也”两句中，两个“楚人”，两个“人”都重同，但单数的对应指，复数的对应类，由存在原理，指在类中，因此二者不同。两句也有不同意义：“楚人（复数)，人（复数）也”，如前所说，是全称句，即“所有的楚人都是人”，表达｛楚人｝作为子类包含于（⊆）｛人｝，这是真的。“楚人(单数)，人（单数）也”则是单称句，表达两个指等同，即［楚人］＝［人]。但因为｛楚人｝≠｛人｝（前者真包含于（⊂）后者)，由等同原理，［楚人］≠［人]。所以，单称句为假。这就是公孙龙与孔穿对话中所说的，孔子“异楚人于所谓人”（见第一章第三节“公孙龙”部分)。这里的“楚人”“人”都是单数的(见本章第一节，例（6）)，分别指［楚人］和［人]，而“异”是说二者不等同。

我们还可列出一些不同的类名句式，尤其是古人注重的、包含动词的句式，例如：

“类名＋动词”型：如“楚人得之”“人皆有恻隐之心”等；

“动词＋类名”型：如“乘马（复数）”“爱人”等。

它们的意义依类名的单复数而变化，比如“楚人得之”在那个语境中为单称句，表达［楚人］，而不是所有楚人（复数），得到那张弓，但动作者代表｛楚人｝。而“乘马（复数）”句，如前所说，是特称的，有存在量词。

那么，如何分别类名的不同用法，确定其不同的实，进而分别各种句式，确定其意义，推断其真假呢？这个问题，名家、墨家的现存著作，只有部分的答案，而没有像亚里士多德那样，提供一个系统的、相对完整的逻辑学说。但《墨经·小取》提醒道：“……辞，行而异，转而危，远而失，流而离本，则不可不审也，不可常用也。故言多方，殊类异故，则不可偏观也。”我们下面继续分析几个例子，并借此说明名家和墨家的类名理论如何支持他们的一些重要主张。

“白马”与“马”两名不重同，但｛白马｝⊂｛马｝，所以，“白马（复数），马（复数）也”。“乘白马（复数）”也是动词加通称类名，表达特称（《墨经·小取》所谓“不周”，见下段），原则上可以还原为一些私名句（见第二章第三节，“亚里士多德”部分）。同样由逻辑学规则，从“乘白马（复数）”可推出“乘马（复数）”，因此，“乘白马，乘马也”（《小取》）。可是，当两名是单数时，由存在原理，［白马］与［马］两实存在，再由等同原理，［白马］≠［马］，正如［楚人］≠［人］。这就是公孙龙说的“白马非马，可”（《白马论》），其中“白马非马”，公孙龙明确表示，是“异白马于所谓马”的意思，说的是两个东西不等同，而“可”的意思，是肯定句子有单数读法，类名之实可为指，并不是否定“白马马也”的复数读法。孔穿肯定孔子的“异楚人于所谓人”，而否定公孙龙的“异白马于所谓马”，但二者出于同一原理，公孙龙因此说孔穿“悖”，“不知类”。由此也可见，公孙龙的“白马非马”，并不否定常识（即每一匹白马都是马），其理论意义可以说是以一个典型例证，体现上述两个原理。

经常有人以《墨经》的“白马马也”为例，说明墨家与名家不一致。其实，《墨经》并不否认类名的单数读法，反而借助类名两种实的区别，强调了“动词＋类名”句的“周”与“不周”之分。“乘马（复数）”，是不周，即不需要周遍地乘完马类中的所有成员才叫乘马，“有乘于马，因为乘马矣”（《小取》），就是说，只要存在｛马｝中的一员，（某人）乘它，就叫乘马。这即是上段“乘马（复数）”的特称读法。另一方面，墨子主张兼爱，即周爱天下之人，《小取》将其表达为“爱人”这个“动词＋类名”句，并说明“待周爱人而后为爱人”，这意味着，“爱人”要求周遍地爱所有人。比如，虽然某人之弟是人，但他“爱弟”，并非周爱人，因此就不是“爱人”。这里的“人”不是复数，否则“爱人（复数）”与“乘马（复数）”同型，为不周。所以，这个“爱人”需读为“爱人（单数）”，表达爱这个动作及于［人］，即一个任意的人，一个“不定者”。既然人类中的每个成员都能充当［人］，“爱人（单数）”就是周爱。但这个意义上的周爱不要求爱遍所有个别的人，因为［人］不是性质完全的个体，不是私名之实，无所谓男女、贵贱。“爱［人］”只要求你在随便一个人是人的意义上爱他，或把你遇到的每一个人只作为人或人的代表，不分彼此、男女、亲疏等，平等地爱，这就做到了周遍地爱所有人（作为类名之实，而不是私名之实的人）。这里的“周”“兼”意义相同，公孙龙所说的“兼”，如“不定者兼”（《公孙龙子·坚白论》），也是这个意思。

这样理解“兼爱”，就可以解释《墨经》一些难解的说法。如“不知其数而知其尽也。说在问者”（《经下》）：我虽然不知天下人数，但提问者既然说到“人”，其类中总有［人］（存在原理）；既然有［人］，当然可以合理地主张爱［人］。而［人］虽是类中的一员，但可由任何一员担当（等同原理），因此穷尽这个类，爱［人］因此为兼爱。这也可以解释“无穷不害兼”（《经下》），因为，即使人数无穷，你只要把你见到的人，不管多少，都作为［人］来爱，就做到了兼爱。墨家的批评者认为，所有人我们既“不知其数”，有些人我们也“不知其处”，因此兼爱无法做到。这是把“爱人”读为“爱（所有）人（复数）”，理解为全称的爱每一个作为个体的人（私名之实），从而误解了类名的用法，可谓“不知类”。

《墨经·大取》的一段话，也明显地表达了“兼爱”的这个意思：

“爱人不外己，己在所爱之中。己在所爱，爱加于己。伦列之，爱己，爱人也。……臧之爱己，非为爱己之人也，厚不外己。爱无厚薄。”

任何一人，包括你自己，都可以在｛人｝里作［人］，所以“爱［人］不外己，己在所爱之中”。如果把己当作［人］，则自然有“爱己，爱［人］也”。但臧这个人爱己的时候，不是爱己所代表的［人］，而是爱他的私己（私名之实），即具有不同于其他人的性质、欲望和私利的个体，所以他“厚不外己”，不能说是爱［人］。因为爱［人］是爱一个任意的人，这样的爱不分彼此，没有厚薄。

《小取》的“杀盗非杀人”是最为人诟病的墨家主张，它似乎与“盗人人也”冲突，也与兼爱矛盾。但相关的语境中混合了类名的两种用法，“殊类异故”，恐怕是导致误解的原因。按“盗人”和“人”的复数读法，{盗人}包含在{人}里，因此，“盗人（复数），人（复数）也”。虽然如此，但在类名的单数读法上，“爱[盗]非爱[人]也，不爱[盗]非不爱[人]也，杀[盗]非杀[人]也”。这是因为，[盗人]≠[人]（等同原理），就如[白马]≠[马]。一个盗人，忽略其无关特质，当然可以充当[盗人]，也可以充当[人]。但是，在他作为[盗人]，代表{盗人}时，他不等同于[人]，不代表{人}，所以，“爱[盗]非爱[人]，杀[盗]非杀[人]”。同一个人，既因其为人而爱他，又因其为盗而杀他，但爱他是爱[人]，杀他是杀[盗]，杀与爱针对了两个不同的东西。譬如一盗人落水，你既要救他，救完了还要惩罚他，但两者是以不同的名义来做的。理解了类名之实，就知道，墨家的“杀[盗]”与“爱[人]”并不矛盾。由此也可见，公孙龙的“白马非马”与墨家的“杀盗非杀人”都建立在类名之指的同一原理上，二者或互有关联。名墨一体的说法，有其根据。

四、“由上至下”的世界观

总结以上，古人的世界，是一个物的世界，“天地与其所产焉，物也”（《名实论》），达名“物”称呼这里面所有的东西。而“有物将来，其形先之”，物的特点首先是可以感觉到，有各种相貌声色（《庄子·达生》：“凡有象貌声色者，皆物也”）。类名在世界里捕捉的，即是各种形、色、声、味、触等，但类名在语言里的使用，经过名家、墨家的分析，又为“自然”的世界框划出一些实，即类或指。这些实仍然是物质的、可感的，但由于得到它们，需要把物的一些特质“藏起来”，所以它们有“人工”的意味。然而，这是我们用语言“看”世界所不可避免的。类下有子类，子类又别有子类，到了不能再“别”下去的时候，就得到单个的东西，即个体，它们由私名指谓。所有这些，组成一个完整的语言-世界观，由于名家、墨家贡献了其中核心的类名之实，我们称其为名墨的世界观。

所以，这个世界观，实际上是从物这个最大类开始，借助类名及其复合（还是类名），不断划分取类，直至个体的图景。划分要有根据，总的原则是根据类同（或根据阴阳五行）。其中基本的根据源自五官的感觉，即墨家所说的，直接得到感官知识（亲知）的“五路”，比如形、色、声、味、嗅等方面的相同。这也把类名分为形名、色名等。但延伸下去，根据也可以是社会性的，如关于价值伦理（善、恶、贵、贱）等方面的，特别对人而言，还可划分社会身份（君、臣、父、子）

等。每次划分只能使用一个根据，如同形，而不能混杂使用两个或更多个，如同形加同色。这样一层层划分下去，就形成一个树的结构，例如：

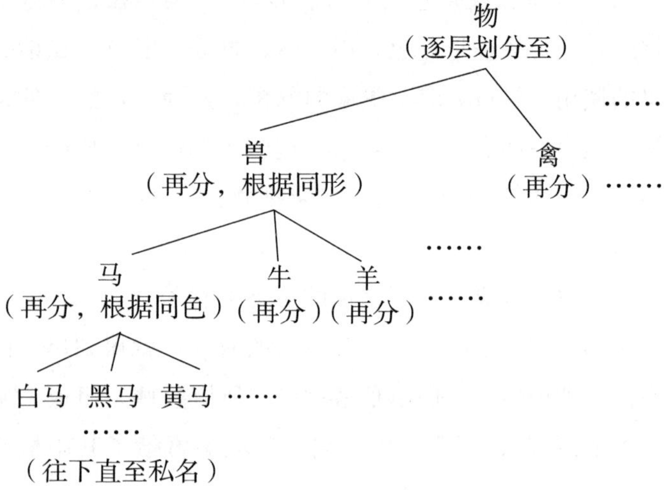

这个树是倒画的，根（“物”）在上，叶（私名）在下。其中用名作为纲目，“以名举实”。每个类名标示它的类，或它的指；每个类是由类名表达的类同关系所确定的“等价类”，指是其中的“代表元”。居于下面的类是它这一枝所有上面的类的子类，如白马类是马类的子类，也是兽类，……，物类的子类。同时，子类也是某个交类，如白马类实际上是白类与马类的交。这样，从上往下，分门别类，得到越来越小的类，和性质越来越丰富的指，直到性质完整的个体。如荀子所说：“推而别之，别则有别，至于无别然后止”（《荀子·正名》），这个止的地方，惠施称为“小一”，它“至小无内”，没有比它再小的子类。从下往上看，则有越来越大的类，和性质越来越贫乏的指，“推而共之，共则有共，至于无共然后止”（《荀子·正名》），这个止的地方，就是最大的类，达名（荀子称“大共名”）“物”指谓的实，惠施称为“至大无外”的“大一”。

这个世界图景，就其大体结构而言，应是古人普遍接受的。从盘古“开天辟地”神话所蕴含的分的观念，到《吕氏春秋·有始》的“天地有始”，“物合而成，离而生”，都表达了从“物”开始生出“众异”的划分。《吕氏春秋》更是提到其中的类：“天斟万物，圣人览焉，以观其类”（但这个“类”未必如名墨的“类”那样意义明确）。

上图只是个例示，世界如何划分，没有一个完全固定的层次，每次划分的标准也可选择。比如，“马”“牛”“羊”上面可有“四足兽”，而这个复名上面有“兽”；“马”下面也不一定根据色来划分（如可根据年岁、产地、用途等）。因此，物可做多种划分，这造成类名在世界里多种的分配方式，引出类（指）之间的同异问题。但是，无论怎样，有两点是不变的，第一，从物开始，由上往下，“别同为异”，逐层划出子类，这可称作同异之理。《墨经》《荀子》对名的分类，都把

"物"列到首位，应不是偶然的。第二，划分根据的选择，决定了一个类产生在哪个层次、什么地方，但不管如何划分，都得到相同的一些类，一个类（如马类）不会变成别的类，它的子类关系也不会改变（如白马类总是马类的子类）。因此，类名的指谓、意义不会改变。如果我们把划分的根据称为"故"（《墨经·经上》："故，所得而后成也"），则或可用《墨经》的"辞以故生，以理长，以类行"（《大取》）描述这个情形。

我们把这个图景与西方经典的世界观对比一下，首先，二者都包含个体，用私名指谓个体，但是，名墨的世界观里，没有抽象的概念，而且个体不是所谓"第一实体"，不是世界的起点，而是物划分到最后极限得到的，因此并不那么"实"，反而是类和指更"实"一些。中国古代的观念，对于一个人，看重的是他的身份、社会角色、与他人的关系等，比如将他作为一个父亲或作为一个臣子等，这相当于把他分别归入一些类中，当作指来看待。古人并不追求去识别西方那样的、有无穷多性质的个体，而更重"集体"。

第二，这里的类对应于西方世界观的第二层的东西，但不同于西方的外延类，这点上文已有交代。划分的结果虽有子类、交类，但并不是把子类都并起来就得到母类。诸子类一般不能取并，比如，把上图"马"下一层的子类（白马、黑马等类）都并起来，并不是马类，因为，马类的成员，只有划分到“马”的性质，即只有马形，与从上面继承的特质，而“藏”了色，但这个“并类”的成员却都已经有不同的色。实际上，古汉语里没有一个类名，表达这个马形加上众色的“并类”。类往下取交可以，往上取并不行，显示了名墨世界观“由上至下”的特色。

第三，这里所谓“上”与“下”，是就我们的图示而言的（其中个体在下）。中西世界观结构方面的核心区别在于这种“方向”。西方的是“由下而上”，从个体出发，往上逐层抽象出概念和类，得到内涵越来越少的概念，和越来越大的外延类，但这个过程达不到上面的极限（否则有悖论）。中国的是“由上至下”，它的出发点是物的全类，对应于西方的第二层的某个类（因此可以达到），逐层往下划分，得到越来越小的类和性质越来越丰富的指，最后达于极限，类不可再分，指成为个体。

这样一种形而上学，产生了诸多特别的问题，以及对问题的貌似“怪异”的解答，不但“默认”西方世界观的现代人难以理解，就是名墨之外的诸子，也往往不明其意。最大的疑惑是类和指的同异问题：我们如何确定、判别类与类之间，以及类的成员之间的相同与相异？比如，一个普遍的疑问是，选定一匹白马，它是白马类的成员，也是马类的成员，但为什么在马类里它消失了白色？明明是同一匹马，难道它既是白的又不是白的？

这匹白马，作为一个个体，按西方观念，的确是白马的、也是马的外延类的成员，在两个外延类中维持个体同一，都是白的。但在名墨观念里，把它“拉”入马类（{马}），相当于让它充当“马”名的指（[马]），这实际上把它的大部分性质“削减”掉了。因为，一个指并不是一个个体，作为类的成员，它只具有“从上至下”划分到它的性质。[马] 有马形，但“藏”了白色。这里“藏”的意思，在“从上至下”的划分里，就是说，产生 [马] 的划分（包括其上的类名、划分根据），与白无关，往下再分到 [白马]，白才会显现。但 [白马] 又是另一个指，[白马] ≠ [马]。因此，这里有三个东西：[马]、[白马] 和（提问者选的）那匹马，分别是两个指和一个个体，三者互不等同，不存在同一个东西又白又不白的问题。只有按西方世界观，由下而上，才可以说同一匹白马（个体），在其上的马的外延类里，保持着自己已有的白性。这里的“同一匹”说法，也默认了关于个体等同的莱布尼茨原理。但在名墨的世界观里，[马] 与 [白马] 都是某种“同”，而且是两种不同的“同”，而那匹马的个体，只有划分到最后才显露出来。从类的角度看，就是同一个类可有不同的子类。这是所谓的“同中有异”的一个例子，或可称

"散同以为异"。名家的"离坚白"学说是对此的理论总结。

但另一方面，"［马］固有色"，你若求［马］，则各种马，［黄马］也好、［黑马］也好，包括那匹个体，"皆可致"，即都可满足你的要求（《白马论》）。就是说，这个白的个体可以充当［马］，也就是在马类中。然而，"在马类中"，是相关的"法"决定的，意思是它有马形，符合"马"名的规定，而不是说这个个体属于（∈）马类：在马类中的［马］已不是原先那个个体（所以说它"可以充当"，而不说它"就是"［马］）。这个［马］不是没有色（"［马］固有色"），而是不涉及色：它要么是白的，要么不是白的，但作为［马］（划分到此），是白、非白均未肯定。所以，［马］"藏"了色，不是无色，它不涉及白，不意谓它不是白的（因此有另一种颜色）。这样，每个个体的马，也包括［白马］、［黄马］、［黑马］等指，因为共享马形，都可以充当［马］。这是所谓"异中有同"的一个例子，也可称"合异以为同"。但如上所说，这个从下往上的"合"，从类的角度来看，不是取并类。名家的"合同异"理论，即描述和解释这种现象。

这套理论，看起来的确"苛察缴绕"，用今天的话甚至难以表达清楚。但实际上，它的道理并不复杂。辨别同异的总体标准，只是划分的根据（"故"）和类名之意（“法”），把握住这两点，则“纲举目张”。如《墨经·经上》所言，“法同则观其同”，不同的东西，共享马形，谓之“马”，则按照“马”名之意，只观其同，而“藏”其异；另外，“法异则观其宜”。《经说上》解释道：“取此择彼，问故观宜。以人之有黑者，有不黑者，止黑人”，意思是，如果故、法不同，比如一个是“人”，一个是“黑”，则按“形故”划分出人类，再按“色故”划分（或先色后形），得到“黑人”之类。这相当于在人类划分出色以后，在其中选择适宜的，即黑的，排除不黑的，因此结果止于“黑人”之类，不涉其他。①

总起来看，名墨的世界观，也就是它的名实观，展示了达名之实（物）、类名之实（类与指）、私名之实（个体）分别是什么，以及它们之间如何联系与区别（同异关系）。其中向下的分与向上的合是同异关系的两条主线，也即所谓“合（别）同异、离坚白”，二

① “止黑人”并不如一些学者所言，是否定所有人是黑人的意思。即使“黑”为动词，“黑人”句式如“乘马”，无全称量词（如“尽”），或周或不周，都不能做全称解。这里的“止”也不是否定。《经上》下文有：“止，因以别（道）”（有学者认为这个“因”或是“同”之误）。这个“别”，如荀子的“别名”之“别”，是分别出来的意思。《说文》有：“故以止为足。”朱熹注《大学》：“止者，必至于是而不迁之谓。”

者结合在一起，并非相互冲突。而由简入繁的向下分别，决定了向上的合是由繁归简，并不是简单取并。辨别同异的总体原则是“控名责实”“问故观宜”，由类名之意观其法、故，从而确定类（指）之间的联系与区别。

第四章

名家文本解读

上面说明，名墨世界观的根本问题是类和指（类名之实）如何确定的问题以及它们之间的同异问题，名家的主要论述，《墨经》的许多论述，都集中在这两个问题上。名家的“正名实”原则即针对这些问题，而其“合同异、离坚白”学说，则具体阐述了问题的解答。本章选择惠施、公孙龙和其他辩者的主要言论，依据名墨的名实观，解释其文句大意。一方面说明名家的“琦辞怪说”并不奇怪，另一方面，也以名家的具体言论，为如上叙述的名实观提供佐证。

一、惠施的“历物”十事

惠施的著作，虽然可能当时比较丰富，但亡佚较早，《汉书·艺文志》著录《惠子》一篇，隋唐以下各《志》均无著录。他的名辩观点，今天所知，除《荀子》归于他和邓析的那些（见第一章第三节“邓析”部分），只有载于《庄子·天下》篇的十个论题：①

1）至大无外，谓之大一；至小无内，谓之小一。

2）无厚不可积也，其大千里。

3）天与地卑，山与泽平。

4）日方中方睨（nì），物方生方死。

5）大同而与小同异，此之谓小同异；万物毕同毕异，此之谓大同异。

6）南方无穷而有穷。

7）今日适越而昔来。

8）连环可解也。

---

① “惠施多方，其书五车，其道舛驳，其言也不中。历物之意，曰：至大无外，谓之大一；至小无内，谓之小一。无厚不可积也，其大千里。天与地卑，山与泽平。日方中方睨，物方生方死。大同而与小同异，此之谓小同异；万物毕同毕异，此之谓大同异。南方无穷而有穷。今日适越而昔来。连环可解也。我知天之中央，燕之北、越之南是也。泛爱万物，天地一体也。惠施以此为大观于天下而晓辩者，天下之辩者相与乐之。”（《庄子·天下》）

9）我知天下之中央，燕之北、越之南是也。

10）泛爱万物，天地一体也。

这些论题表达“历物之意”，即对物的历说、概括，后来被称“历物”十事，代表了惠施的宇宙观，即前述物的世界观。其中涉及对于大小、同异、部分和整体、时间和空间的哲学思想，既有邓析式的“悖谬”，也有类似墨家的“泛爱”。其中一些，隐然似与现代观念相合。它们在当时影响颇大，“天下之辩者相与乐之”。惠施如何论证它们，已不得而知；我们如何理解它们，也因此成为一个难题。

惠施的“历物”十事，古今有多种解释。这些解释虽然不统一，但基本认为“十事”体现了“合同异”观点。这个观点不是要否定同异的区别，其核心思想，在于同异相对说，即万物本无所谓差别，一切差别出于人造，因此，事物的相同与相异不是绝对的、客观的、不变的，而是相对的、主观的、可变的，取决于人作为认识主体的尺度与视角，而这种尺度与视角，集中体现在人们借助名对物的划分，即所谓“以名举实”“循名责实”。按同异相对说，可把“十事”大体分为三组命题。

1. 同异相对，万物归一

这组包括论题 1、5 和 10。它们涉及“大”“小”“同”“异”等名及其所对应之实，表达了同异相对的形而上学原理与泛爱万物的宇宙观。

论题5说："大同而与小同异，此之谓小同异；万物毕同毕异，此之谓大同异。"这表达了同异相对的基本原则。"同"本身有不同的意思，《墨经》把"同"分为重同（二名一实），体同（同属一整体），合同（同处一空间）和类同，惠施这里的"同"，是类同，即二者同属一类。唐杨倞《荀子·修身》注："同在天地之间，故谓之大同；物各有种类所同，故谓之小同。万物总谓之物，莫不皆同，是万物毕同。若分而别之，则人耳目鼻口百体，草木枝叶花实，无不皆异，是物毕异也。"这解释了论题5的意思，合于名墨的"划分"世界观，但其中所说的"大同"（同在天地之间），不是惠施的"大同"，而类似《吕氏春秋·有始》的"大同"意思（"天地万物，一人之身也，此之谓大同"）。

我们按从上至下的名实观，解释一下惠施的意思。首先，事物同异的衡量，牵涉到衡量的尺度，这个尺度，就是世界划分的层次。尺度有大小，两个东西，在一个较大的尺度上看，可以是相同的，即在同一类中，比如同在马类中，或都为［马］；而在较小的尺度上看，此为［白马］，彼为［黑马］，二者不等同，不属同一类。这就是所谓的"大同小异"。即使两个东西同为［白马］，这个"同"与同为［马］的"同"也不一样，比较起来，前者是"小同"，在较小的白马类中等同，而后者是“大同”，在较大的马类中等同。“大同而与小同异”，就是这个意思。它的理论意义是：世界的划分根据不同的“同”（如形同、色同等），这造成不同层次的类同，其中的大同与小同有差异。比如同为［马］（同属马类），是大同，而同为［白马］（同属白马类）是小同，二者不同（注意，这蕴含了［白马］非［马］）。但这个大、小是相比较而言的，不是绝对的（同为［马］与同为［兽］比较，则为小同），这个意义上，大同与小同的差异，称为“小同异”。

其次，既然衡量同异的尺度大小是相对的，大上有大，那么，尺度不断增大，或趋向无穷。惠施断言，这个不断增大的序列不是永无完结，而是可达到一个极限，即论题 1 的“至大无外，谓之大一”。这个论断，似乎与西方晚近才得到发展的“实无穷”（完成了的无穷）观点类似，而与历史同期亚里士多德的“潜无穷”观点（无穷是永无完结的过程）形成对比。在由下而上的西方世界观里，要得到一个实无穷，须要求某个无穷过程到达“终点”，而这有概念上的困难，长期不被西方观念所接受，到十九世纪才被集合论所肯定，但今天仍有争议。对比来看，惠施的“大一”却没有这种困难。按照由上至下的名实观，这个至大无外的“大一”，即是万物划分的起点，“物”对应之实。划分必有起点，而整个世界的起点应无所不包，至大无外。因此，由上至下的世界划分，已预设了这个“大一”的存在，它不必由向上的无穷过程得到。

此外，从上向下的方向上，尺度不断减小，以至于底层，其中的类都只有一个成员，无法更小了（排除空类），而指都成为个体。这就是论题1说的“至小无内”的“小一”。同样，这也不需要假设一个无穷过程可完成，因为个体被私名所指，其存在为常识所肯定。大一无外，包含一切，所以，由大一（物）的极大尺度来看，万物未分，所有东西皆属一类，即都相同（都等同于［物］）；小一无内，不能再分出什么，所以，由小一极小的尺度来看，万物都不相属，每个个体都不等同于其他个体。两个极端尺度上的这种“万物毕同”和“万物毕异”，论题5称为“大同异”，这是绝对的同与异，固定了世界的上下两端，不可变。《庄子·德充符》说：“自其异者视之，肝胆楚越也。自其同者视之，万物皆一也。”类似这里的“毕异”与“毕同”。《吕氏春秋·有始》言：“天地万物，一人之身也，此之谓大同。众耳目口鼻也，众五谷寒暑也，此之谓众异。”其中的“大同”相当于惠施的“毕同”。毕同与毕异两极中间的“小同异”，是诸多的“大同”“小同”之间的同异，它们非毕同、非毕异，而是相对某个尺度同，相对另一尺度异，因此是可变的同异。

按由上至下的名实观，世界万有，从相互之间“小同异”的类和指，直至“毕异”的个体，都源自大一。从大一这个本原来看，万物未分，了无差别，只有一个物类（其中成员等价），或一个［物］指（代表物类）。其下一切差别，都不是［物］本身所有，而源自人为的划分，即人以自己语言中的类名谓物，以不同的名义，规定各种类和指，将世界“拆散”，直到私名分出个体。这种“人为”造成了相对的、可变的“小同异”。

庄子于此问道：物是人们称谓而然的，那么到底怎样才算是然呢？（“物谓之而然，恶乎然？”）称谓既然是相对的，那么起始的“物”或“大一”之言，仍然是相对的、可变的。因为，在大一的地方，“天地与我并生，而万物与我为一”，既然是一，那么言在何处？引入言，则“一与言为二，二与一为三”，自此以往，又是一个（潜）无穷过程，人不能完成。同理，一旦有大一的开端，则“有始也者，有未始有始也者，有未始有夫未始有始也者”，这构成有与无的无穷倒退过程，最终不辨有无。所以，不管是“大同异”还是“小同异”，都是言所为。世界的根本不是物，也不是言的划分，而是形而上的道，“大道不称，大辩不言”。由道观之，类和指这些由言划分出来的东西，并不存在，因此不需辨别其间类似“白马非马”的“小同异”。这个意义上，“以指喻指之非指，不若以非指喻指之非指也；以马喻马之非马，不若以非马喻马之非马也。天地一指也，万

物一马也。”（本段引文都出自《齐物论》）

惠施虽然持同异相对说，但承认名、言对世界的划分及其造成的大小同异，这区别于庄子的“天地一指，万物一马”的不辨同异的相对学说。惠施因而主张辩，“辩有胜”，而庄子主张无辩，“辩无胜”。这一点，也可从庄惠濠梁之辩看出（见第一章第三节“惠施”部分）。但惠施毕竟承认“小同异”的相对，确认大一的本原，所以，由惠施的“道”来看，“万物毕同”“天地一体”。惠施由此得出论题 10 的“泛爱万物”的原则。普通来说，这是个伦理原则，但惠施强调的是它的形而上根据。既然“天地与我并生，万物与我为一”，那么，万物（包括人）与我的关系，用千年之后北宋张载的话来说，就是“民吾同胞，物吾与也”。因此，我泛爱万物，与亲疏远近无关，而决定于“毕同”“一体”的形而上根据。惠施的“泛爱”，因此与墨子的“兼爱”一致，是无差等之爱，而与儒家的爱有差等相区别。

2. 空间与时间

这一组包括论题 3、4、6、7、9。

论题 3 说“天与地卑，山与泽平”。“平，同高也”（《墨经・经上》）。这涉及空间关系造成的同异。按照同异相对原则，天与地、山与泽虽然可说高低不同，但这属于某个通常尺度下相对而言的“小同异”。尺度增大到一定程度，则原来的高低差异就被忽略。比如尺度大至大一，则万物都仅是［物］，所有类名赋予它们的差异都消失，“高”“低”的小同异，自然也不存在。这个时候，不但“天与地卑，山与泽平”，而且“天下莫大于秋毫之末，而泰山为小”（《庄子·齐物论》）。

论题 6 说的也是空间。古时多以未知的南方为无穷，但“南方无穷而有穷”，似乎消泯了无穷和有穷的差别，颇似悖谬的说法。后人的解释，也不统一。一说南方虽则无穷，但与东、西、北方还是有分别，因此有界限。一说此条暗示了地球是圆的，南极之处，便无南方。还有一种解释：空间的南北分别，如同高低分别，也是相对的小同异，依赖于你在哪个参考点上做出区分。比如我站在一点辨别南北，这一点对我来说，就是南北的分界。所以，南方即使往南无穷延伸，但往北则有尽头，尽头就在我站的那一点上。不管我站在哪里，对我而言，南方（往北）的终点都在我脚下。这个意义上，南方也是有穷的。这个解释，符合惠施的同异相对原则，与他说相比，应最接近惠施原意。

论题 9 也谈论方位，也涉及越国和燕国代表的南北方向，但核心是天下的“中央”。所谓“我知天下之中央，燕之北、越之南是也”，晋司马彪解释说：“燕之去越有数，而南北之远无穷。由无穷观有数，则燕越之间未始有分也。天下无方，故所在为中。”这里涉及两种说法。第一，按同异相对原则，燕越之间的距离，如同天地、山泽的高低之差，由大一观之，与零无异。这与荀子归于惠施和邓析的“齐秦袭”（齐秦接壤）同样道理。第二，“天下无方，故所在为中”，天下之大，至于无穷，而无穷无所谓中心，或者，任何一点都可作为其中心。因此，燕之北、越之南，都可为天下之中心。两种说法可以结合起来：从大一看来，任何小一规定的不同地方、方位，都无区别，所谓“燕之北、越之南”，乃是一处，这一处就是天下之中央。另一方面，从小一看来，天下之大，有无穷多地方，因此也没有中央，你在的任何地方，都可称天下中央。《墨经》的“中，同长也”定义的是有穷之物的中央，与这里的说法没有矛盾，并非如有些学者认为的那样，是论题 9 的反驳。

论题 4 与 7 则涉及时间关系。论题 4 较易理解：“日方中方睨”说的是，太阳达到日中的时刻，也是它开始下落的时刻（睨，偏斜）；“物方生方死”说的是，一物生长的时候，也是它走向死亡的时候。这是以时间的尺度，来说明中与偏、生与死都是相对的小同异，不完全同于《庄子·齐物论》所说的“方生方死，方死方生”。一个视角下的中，是另一个视角下的偏；一个视角下的生，是另一个视角下的死。这不是混淆中与偏、生与死的差别，而是强调视角的不同、类名的差异所造成的对一个东西相反的述谓，即一种小同异的现象。若尺度大至大一，则有时间的永恒，一切时间差别造成的动都消失。

论题7则相对难解。可以肯定的是，“今日适越而昔来”表达今与昔，或现在与过去的相对性，而且，它不仅涉及时间关系，而且涉及空间关系（从这里到越国）。因此，有些学者（葛瑞汉、何莫邪等）主张以时间和空间的无限可分性来做解。比如，我到达越国边境的时刻，恰好是昨天与今天的交界的时刻。那么，既然时间上的这一点自身无差别，这个时刻就既可以是今，又可以是昔。所以，我可以说昨天离开某国，今天到达越国，也可以说今天离开某国，昨天到达越国。这背后的道理是：事物在由此到彼的变化过程中，必有一亦此亦彼的时刻（参见后面辩者二十一事的“卵有毛”“丁字有尾”）。

3. 无厚何以可积？

论题2说：“无厚不可积也，其大千里”。《墨经》言：“厚，有所大也。”（《经上》）无厚，就是没有大小、厚度。用数学的语言来说，三维空间里，点在长、宽、高三方面都无厚；而直线在两方面、平面在一方面无厚。《墨经·经上》说：“端，体之无厚而最前者也。”如此定义的“端”，今天看来，类似于线上的一个截点，面上的一条截线，或体上的一个截面。这并不意味着，“无厚”“端”就完全等同于几何学的抽象的点、线或面，但显然它们是物体分割的结果。就分割来看，“一尺之捶（chuí），日取其半，万世不竭”（辩者二十一事之一），并不能实际分割出一个（与物体脱离的）无厚的端。但是，实际的物体都有大小，也因此有（不与它脱离的）端。我们或许可以把这个无厚之端设想为无穷次分割的极限，因此把它“视为”某个点、线或面，这样可为我们的表述和比较提供方便。

所以，这里所涉及的大小、同异，并不是上面所谈的那种，而是有关物体的分割。一个物体是一个个体，因此，论题 2 进入个体内部，谈论这里的大小同异。这个意义上的“同”，按《墨经》分法，不是上面的类同，而是体同（同属一整体）或合同（同处一空间）。体同也有尺度，一尺之捶，不断分割下去，尺度不断减小，到了“至小无内”，则达到无厚（我们把它表示为点）。但三维上无厚之点不可逐次积累为一维上有厚的线，因为，点全无大小，两个点积累起来，还是一个无大小的点；依此类推，三点、四点……积累起来，总是一个点。同理，直线也积累不出平面。“无厚不可积”说的是类似的意思。但另一方面，线是由点组成的，面是由线组成的；点可以组成任意长的线，线也可组成“其大千里”的面。因此，论题 2 实际上是提出一个问题，简言之：点如何组成线？这个问题，在“辩者二十一事”中亦有涉及。希腊的芝诺悖论，实质上也是提出这个问题。

古希腊的哲学家芝诺曾有几个著名的论证，统称“芝诺悖论”。其中的“二分法”论证是：一个人从一点走到另一点，要先走完总路程的1/2，但这之前要走完先前路程的1/2，之前还要走完再先前的1/2……如此下去，每点之前，都有无穷段要走，因此，这个人不能走到任何点，即不可能动。这相当于说，无厚的点不可积成线，因为，从开始的点往后，根本找不到下一个点来做积累。但另一方面，这个人实际走完了这段路程，甚至可行千里，这好像是说，无厚的点积成了千里之长的线。因此，芝诺悖论，类似惠施的论题2，提出了（而不是解决了）点如何组成线的问题。

当今数学的回答，大体上是：长度为1/2，1/4，1/8……的无穷多线段，可以“积”成长度为1的线段；但点的确不能逐次积累成线，次数如自然数那么多（已是无穷次）也不行。然而，如果允许某种更大的不可数无穷次，则点组成线。但是，到底需要多大级别的无穷，目前的集合论仍然未能回答。

按一些学者的意见，论题8也应列入这一组。所谓“连环可解也”，稷下辩士兒说也曾提出，但其义为何，古来解释杂多。有以两环通转未接为“可解”的（晋司马彪、唐成玄英等），有以承认不可解即为一解的，也有说连环可毁坏而分解的（冯友兰等）。但一些学者（胡适、葛瑞汉、何莫邪等）认为，论题8应在论题2

的基础上理解。连环在这里被理解成一个几何图形，每一环是个圆，由点组成。但是点无厚，所以，将一环从另一环移出时，两环相交的点无大小，没有什么东西形成阻碍。即使是三维的环，一个通过另一个时，相遇的部分仍然是由点组成，但“无厚不可积”，多少点积累而成的都只是一点，就如“以无厚入有间”，通过还是无障碍。

二、《公孙龙子》

公孙龙的著述，比起惠施，存世较多，但仍有佚失。《汉书・艺文志》著录《公孙龙子》十四篇，今亡失八篇，仅余六篇。今天所见各版本，一般认为出于明代的《道藏》本，但有人认为或可追至更早。其中第一篇《迹府》，记载公孙龙事迹，非他本人所撰；其他五篇为《白马论》、《指物论》、《通变论》、《坚白论》和《名实论》，学者多认为是公孙龙原作。我们挑选其中段落，做一解释。

1. 白马论

公孙龙的《白马论》是一篇主（公孙龙本人）与客（反驳者）的对话。全篇开宗明义，针对客的问题“白马非马，可乎?”主回答：“可。”这个“可”字提示，他这里要论证的是，“白马非马”一句可以为真（而不

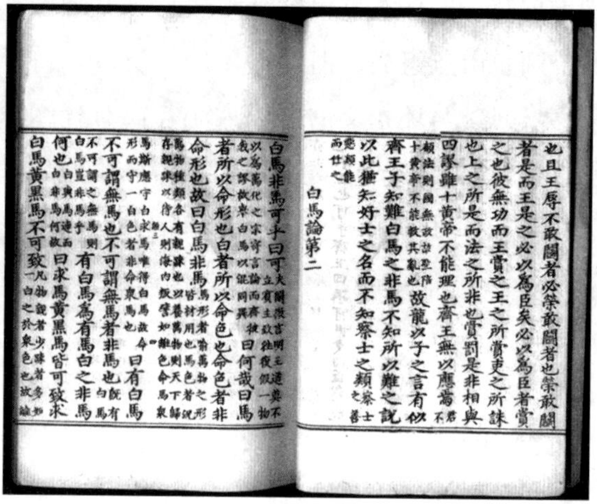
也且王辱不敢鬬者必榮敢鬬
者是而王是之必以為臣矣必以為臣者賞
之也彼無功而王賞之王之所賞吏之所誅
也上之所是而法之所非也賞罰是非相與
四謬雖十黃帝不能理也齊王無以應焉
故龍以子之言有似
齊王于知難白馬之非馬不知所以難之說
以此猶知好士之名而不知察士之類

白馬論第二

白馬非馬可乎曰可
曰何哉曰馬
者所以命形也白者所以命色也命色者非
命形也故曰白馬非馬
曰有白馬
不可謂無馬也不可謂無馬者非馬也
有白馬為有馬白之非馬
何也
曰求馬黃黑馬皆可致求
白馬黃黑馬不可致

民国傅增湘双鉴楼精印《公孙龙子》

是无条件为真）。按前面的解释，公孙龙并不否认“白马（复数），马（复数）也”（白马类包含于马类），而是要肯定“白马（单数）非马（单数）”，即“［白马］≠［马］”，从而以一个典型例证，表明类名之实可以为指，而这与类名指谓类的情况不同，相关句子有真假之别。

《白马论》包含几个论证。我们分析一下其中的前两个论证。

第一论证：

“马者，所以命形也。白者，所以命色也。命色者，非命形也，故曰白马非马。”意思是：“马”这个名，是命形的；“白”这个名，是命色的。而命色的不是命形的，所以说，白马非马。

对于这个论证，古今有多种不同的解释，聚讼纷纭，莫衷一是。现代学者的解释，影响大的有：

抽象概念说（冯友兰等）——这里的“马”和“白马”是共相、概念之名，分别对应马和白马的共相或概念。两概念一关涉形，另一兼色与形，因此内涵不同，互不相等。由此得到：白马（单数）非马（单数）——“白马”概念不等于“马”概念。这强调了“白马非马”述说两个东西的不等同，而不是否定两个类的包含关系，但把这“两个东西”当作了西方的抽象概念。前文已说，这或有“水土不服”的问题。

部分-整体说（陈汉生、葛瑞汉等）——古汉语里，“马”是物质名词（非可数名词），针对形，对应的实是众马组成的“分体集”（mereological set），或时空中离散的马的诸个体组成的一个物理的“马之整体”。“白”也类似，不过是针对色，对应诸多白的个体形成的那个时空中的整体。而“白马”则指两者作为部分组成的一个更大的整体。因此，白马整体不等于作为它的一个部分的马整体。这是一种“具体物质说”，去除了抽象概念说中“水土不服”的共相、概念，将类名之实回归到物质的东西上。

“插科打诨”说（何莫邪等）——“白马非马”一

句有歧义，一般读法是：白马类不包含于马类，但特殊读法下，也可以表达两个名不同，还可以表达两个（外延）类不同。公孙龙利用了这个歧义。他的意思是，“白马”这个名不等同于“马”这个名，或者，白马的（外延）类不等于马的（外延）类。这是玩弄辞藻，“插科打诨”，没有严肃的理论意义。根据我们前几章的分析，这种解释有“简单粗暴”之嫌，基本可忽略。

现在看一下公孙龙的第二个论证：

“求马，黄、黑马皆可致。求白马，黄、黑马不可致。使白马乃马也，是所求一也，所求一者，白者不异马也。所求不异，如黄、黑马有可有不可，何也？可与不可，其相非明。故黄、黑马一也，而可以应有马，而不可以应有白马。是白马之非马审矣。”（大意是：你求马，那么牵来黄马、黑马都可满足要求。但如果求白马，则黄马、黑马都不行。假设白马是马，那么两种情况下求的是一个东西，也就是二者没有差别。既然二者没有差别，为什么黄马、黑马一种情况下行而另一种情况下不行呢？……所以，白马确实非马。）

这是个归谬论证，其思路是：如果白马与马等同，则二者无差别；但二者有差别，所以不等同。一些解释者指出，公孙龙的这个推理原则，正是莱布尼茨著名的“同一者不可分辨原则”。但是，求马或白马是一种要求或行为，而不是马或白马的性质，而莱布尼茨原则涉及的只是性质。然而，我们不妨说，公孙龙在这里使用的，相当于一种有关行为的莱布尼茨原则。这应是公孙龙的创见。

以上诸说如何解释这个论证呢？

抽象概念说——这是以求马和求白马的差别，论证“马”与“白马”两个概念的外延不相等。如果二者外延相等，那么求马和求白马两种情况下，“是所求一也”。既然所求实际有别，那么“马”的外延不等于“白马”的外延。

我们分析一下。在“求马”“求白马”的语境里，“马”与“白马”不能再指概念或其内涵了，因为这些抽象的东西，无所谓“求”，牵不到你跟前来。这个困难迫使抽象概念说把这里的“马”“白马”转变为指概念外延（即外延类）。但这样一来，却引起了更大的问题。首先，这陷公孙龙于偷换概念的谬误（第一论证讲内涵，第二论证讲外延）。其次，这更解释不通公孙龙为何由此论证“白马非马”了。因为，类名指外延的话，则显然白马的外延类包含于（⊆）马的外延类中，这个意思可表达为亚里士多德的全称句“所有的白马都是马”，古汉语表达则是“白马（复数），马（复数）也”，正好否定了“白马非马”的外延解读。第三，把“白马非马”解为“白马的类不等于马之类”，虽然没有否定二类的“包含于（⊆）”关系，但等价于“有些马不是白马”。这虽然是真的，但微不足道。而且，按葛瑞汉的说法，这也陷公孙龙于不义：它让公孙龙在初等的层次上有意“混淆了元素与类的属于关系和类与类的等同关系”。按我们前面的解释，这是混淆了“白马非马”的单数读法与复数读法，或类名的两种实（类与指），即在第一论证里把“白马”“马”读为单数，而在第二论证里读为复数，使得这两个论证证明了不同的结论。总之，公孙龙如果不是“插科打诨”，没有“偷换概念”，那么，《白马论》全篇中“马”和“白马”两名就不应指概念或外延类，而应一致地指谓物质的、可求的、可骑乘的东西。这是抽象概念说所遇到的困难。我们再看具体物质说。

部分-整体说——相对于“白马”指谓的整体，“马”指其一部分，譬如一剑身或剑刃；“白”也指其一部分，如一剑柄，而白马这个整体含有二者，譬如上面剑身与剑柄组成的一剑。你若只求剑身（马），带任何柄（色）的都可满足要求，但若求那只剑（白马），则只有带那个柄的才可满足（葛瑞汉的解释）。

这里首先是比喻问题：这里的“剑身”和“剑”已经用如可数名词，代表类，而不再是单个的部分或整体。另外，我若只求剑身（马），为什么要带个柄呢？这里颇为难解。转到“求马”语境里，首先，只有普通的、可骑乘的马才可求。没有人会去求那个“由时空中不连续的、形状相似的部分组成的马的整体”。这个东西虽然是具体的、物质的，但大而无当，求之无益。其次，即使有人硬要“求”它，也不会满足于得到另一个整体，即黄马的整体或黑马的整体。所以，这个说法难以解释为什么“求马，黄、黑马皆可致”。

我们前面的解释，采取“白马非马”的单数读法，因此其中类名“白”、“马”和“白马”的对应之实，皆为公孙龙所说的指。这样，“马”命形，指［马］，“白”命色，指［白］。而“命色者非命形也”，这意味着，复名“白马”中，“白”对“马”做了实质的限制，也就是说，白类与马类的交（即从马类划分出的白马类），“缩小”了马类，因此，白马类不等于马类。按上一章的等同原理，这等价于：［白马］≠［马］。这是对公孙龙第一论证的解释。

至于“求马”论证，可以统一地用“指”来做单数解释。主请客考虑某人“求［马］”和“求［白马］”这样两种情形，然后如下展开论证：

假设［白马］＝［马］。

则那人在这两种情形里是在求同一个东西（“所求一也”）。

这意味着，［白马］跟［马］没有差别（“白者不异马也”)。①

(既然求［马］是求一匹任意的马，马类中的随便一员都能满足这个要求，不管它再划分是什么颜色的。而划分出的［黄马］、［黑马］都可充当［马］，所以)［黄马］或［黑马］能够满足情形一。

但［黄马］和［黑马］都不能满足情形二（因为黄马、黑马、白马类互不相交，所以，［黄马］、［黑马］和［白马］互不相等（等同原理））。

这说明，［白马］跟［马］的确有差别，与上面矛盾。

（根据归谬法）［白马］≠［马］。

这里所有的指，都是物质的、具体的，而且，作为马类的成员，它们是可求、可骑乘的。抽象概念说与部分-整体说的困难，在这里迎刃而解。

2. 坚白论

《坚白论》是“离坚白”思想的集中表达。这与惠施的“合同异”形成对照。《淮南子·齐俗训》概括公孙龙思想为“别同异，离坚白”。前一章已说明，这是对名墨世界里的同异关系的描述。我们依据这个思路解释《坚白论》的主要论说。

---

① “所求一者，白者不异马也”，依《道藏》本。《百子全书》本“白者”作“白马”。诸家虽皆以“白者”为“白马”，但对此句有异解。葛瑞汉读此为“所求一者，（因为）白者不异马也”，但论者多数理解为“（因为）所求一，（所以）白者不异马”。以论证过程看，后说是。

本篇也是主客的对话。首先，客提问：

“坚、白、石三，可乎？（主）曰：不可。（客）曰：二可乎？（主）曰：可。（客）曰：何哉？（主）曰：无坚得白，其举也二；无白得坚，其举也二。”

公孙龙认为，坚硬的白石头，其中的坚、白、石不是同一系列的三种东西，因为，从石类（或［石］）开始，根据视觉的色往下分，才有白石类（［白石］）；根据触觉往下分，才有坚石类（［坚石］）。但两个划分根据不能同时使用，上述分别是两个划分，不能同时出现在一棵划分树上。所以，“无坚得白，其举也二；无白得坚，其举也二”，用眼看，只看到石头的白，看不到它的坚；用手摸，只摸到石头和它的坚，摸不到它的白。每次得到两个东西，而不是三个。

客继续问：“天下无白，不可以视石。天下无坚，不可以谓石。坚白石不相外，藏三可乎？”——世界上没有白，就看不到石头，世界上没有坚，石头就不叫石头。所以，坚、白、石不能分离，把第三者藏起来，不可以吧？

公孙龙解释了“藏”：这个“藏”是“自藏，非藏而藏也”，它自己藏了，不是谁把它藏了。因为，“得其白，得其坚，见与不见离”——得到白的时候（这次划分），坚不显现；得到坚的时候（另一次划分），白不显现，显现出来的与没有显现出来的是分离的。而相互分离就是藏的意思——“离也者，藏也。”

眼睛看时，坚藏了起来，即“离”开了；用手摸时，白又藏了。藏不意谓无，只是在相关的划分中不显现。因此，“循名责实”“问故观宜”，从划分的根据与类名之意来看，“坚”“白”为名，各有其实；有坚可无白，有白可无坚；坚不蕴含白，白不蕴含坚。“物白焉，不定其所白。物坚焉，不定其所坚。不定者，兼”，白与坚都是广泛适用于物的，即“兼”，而不是如私名那样专谓某个体。因此，坚类（[坚]）和白类（[白]）作为实，是相互独立而存在的，并不固定结合在石头中，而只被不同的划分分别分配给它。这就是“离坚白”说的主要思想。

但是，某个划分得到“白石”后，往下根据触觉再分，可得“坚白石”。尺度缩小到“坚白石”里，坚与白不再相离，而是相盈（相互充满、结合起来）。所以《墨经》说：“坚白，不相外也”（《经上》），并解释道“于石无所往而不得二”（《经说上》），就是说，对于坚白石而言，必然同时有坚与白二者。① 这个说法，与公

① 一些学者把“于石无所往而不得二”解释为“无论任何一块石头没有不是同时具备坚与白两种属性的”，据此认为墨家反对“离坚白”。但是，这样解释的话，这句话就是假的，因为，当然有石头不是白的。原句中的“石”，既然“无所往而不得”坚与白，就只能指坚白石，即又坚又白的石头。

孙龙不矛盾。因为，“离坚白”针对的是对于“石”的两种不同的划分：一种得“白石”（当然可再划分下去），一种得“坚石”（也可再划分），而“坚白不相外”是一种划分之内的情形：比如得到“白石”后再得“坚白石”。

“离坚白”说所要分离的，并不限于坚与白。《坚白论》论证，又是典型例证方法的应用。以坚与白的典型实例推知，类名赋予万物的不同属性皆可分离，而不能混同无别。特别而言，马的形与色也可分离。而“马”“白”之名分别对应形、色之实，必须“正其所实”，“唯乎其彼此”（《公孙龙子·名实论》）。这个意义上，“离坚白”与“白马非马”道理相同。如晋司马彪所说：“坚白，谓坚石非石，白马非马也。”这样理解，“离坚白”与“合同异”并不矛盾。前者说的是一次划分既定，则划分的结果要肯定下来，而不同的划分，得到的结果要分离而看。后者说的是，在划分结果已定的基础上，比较其结果的同异时，有尺度大小的问题，而不同的划分又有不同的尺度。

3. 指物论

《指物论》专门论述指与物的关系，但较为难解，文字或有讹误。开篇即申明主旨：“物莫非指，而指非指”。这就是说，每一物都受名所指而成为一个指，因为，每一物在世界中都处于“物”之下的某个类里，可充当那个名的指（至少可充当“物”的指）。但是，指作为名之实，由名而来，本身不能再作名而指其他。否则，“指”名亦有指，后一个“指”还有指，以至无穷，世界上多出一批非物的东西。因此，指不是名，不存在［指］这个东西，这或可作为“指非指”的解释。（参考132页庄子的“无穷倒退”论证）

下面针对“天下无指”的反面观点进行了讨论。就其内容来看，不排斥这也是一篇主客对话。首先，假若“天下无指”，那么“‘物’无可以谓物”，连“物”名都不能指谓［物］了。所以，否认有指，就是主张天下无物，更说不上指了（“非指者，天下无物，可谓指乎？”）。

其次，主张天下无指的一个理由是“物各有名，不为指也”，即具体事物（个体）都有名字（私名），不必依赖类名来称谓，而成为其指。它们不是指，而你称其为指，那么，世界上就没有东西不是指了。从有些东西（个体）不是指，得到没有东西不是指，是不可以的（“天下无指者，生于物之各有名，不为指也。不为指而谓之指，是无不为指。以有不为指，之无不为指，未可”）。公孙龙的回答，大体如下：“指者天下之所兼”，一个指，作为类的一个任意的成员，不定于一物，而“不定者兼”（《坚白论》），类中之物兼可为指，包括那些划分到底层才显现的个体。如果你以底层的物（个体）不是指来论证天下无指，那么这个论证行不通（因为它们在上层可充当指）。所以，“非有非指也”，没有不是指的。既然如此，万物就没有不可为指的，而一个指当然也是指（“指非非指”，这与开头和下面的“指非指”说的情况不同），万物与指都是指。……而且，“指”本身（不是名）不能再指其他（“指固自为非指”），哪里要借助于某物，跟它合为一个［指］呢？

4. 名实论

公孙龙的《名实论》，表达了他的“正名实”原理。开篇即说明什么是物、实、位、正：“天地与其所产焉，物也。物以物其所物而不过焉，实也。实以实其所实而不旷焉，位也。出其所位，非位；位其所位焉，正也。”物涵盖世界万有，包括类、指和个体。而实是名所对应的物，一个实到底为何物，不能超出名的规定，这即是“物以物其所物而不过焉”的意思。反过来，一个实也要对应其名，“充实”那个名，它充实了它所充实的而没有欠缺，就叫“位”。所谓实的“所实”，按下文的“正其所实者，正其名也”，可知即是名。实处在它的位上，就是“正”。所以，“正名实”就是使得名与实恰好对应，不过不旷，不多不少。比如“马”名应恰对应马类或其指，不能少了四足、两耳等马形的因素，也不能多了白、眇等非马形的因素。

《名实论》还包含所谓“一名一实”的名实观：“其

名正，则唯乎其彼此焉。谓彼而彼不唯乎彼，则彼谓不行；谓此而此不唯乎此，则此谓不行。”正确使用名，要彼名恰好称谓彼实，此名恰好称谓此实。彼（此）名若不专门称谓彼（此）实，则称谓不当，以不当为当，就是“乱”。所以，要“彼彼止于彼，此此止于此”，称谓彼要专谓彼，称谓此要专谓此。如果反之，用彼名称谓此实，用此名称谓彼实，则“彼且此”，“此且彼”，彼此混同，出现矛盾，这样“不可”。

因此，公孙龙的正名实，要求在理想的情况下，一名仅对应一实，而排除一名多义，或指谓多种实。这个观点，与他的“离坚白”和“白马非马”论断一脉相承：不论是“坚”“白”还是“马”“白马”，如果每名只对应一实（一类或一指），不能彼此混同，那么，公孙龙自然要“离坚白”，“异白马于所谓马”了。

如果这种解读正确，那么，公孙龙的语言哲学，就不是随附日常语言的使用（其中常见一名多义或指谓多实的情况），而是要修正日常语言的“混乱”指谓，建立一名一实的“理想语言”格局。这也提示，公孙龙的类名之实，不能还原为一堆私名之实。比如，他的“马”名对应之实，就不是一匹匹单个的马，因为，这些个体有多个，不是一实。同理，他的“白马”之名，也不指谓众多单个的白马，而指谓一个特别的类或指。

一些学者注意到公孙龙的名是“单称之名”，因而把他的马、白马之实，解释为共相、概念、部分、整体等单个的东西，并以此解说“白马非马”之意为：此实不等于彼实，因此“白马非马”的“非”字，须读为两个东西之间的“不等于”关系，而不是外延类之间的“不包含于”或元素与外延类之间的“不属于”关系。在这一点上，上述解说是一致的，也是可取的。但一旦涉及“马”“白马”等名对应的单一对象到底是什么，诸说则观点各异，不能统一。我们提供的解说，即类名之实为类或指，在某种意义上是已有诸说的综合，但与旧说一样，仍然是一种假说，或未尽公孙龙之意。今天的公孙龙研究，仍然面临解释的难题。

三、辩者二十一事

《庄子·天下》篇载，惠施以其“历物”十事挑战天下，而“天下之辩者相与乐之”，提出了下面这些辩题，“与惠施相应，终身无穷”：

卵有毛。鸡三足。郢有天下。犬可以为羊。马有卵。丁子有尾。火不热。山出口。轮不蹍地。目不见。指不至，至不绝。龟长于蛇。矩不方，规不可以为圆。凿不围枘（ruì）。飞鸟之景未尝动也。镞（zú）矢之疾，而有不行不止之时。狗非犬。黄马骊牛三。白狗黑。孤驹未尝有母。一尺之捶，日取其半，万世不竭。

这二十一个论题，后称“辩者二十一事”，具体作者归属不详（《庄子·天下》只提到桓团和公孙龙），但其中一些，与公孙龙、惠施思想有明显联系。至于这些论题的原初论证，大多无从考察，后人对论证的还原与解释，也多有差异。下面选录这些论题的部分古、今解释，略加评说。

卵有毛——鸟卵、鸡蛋有毛。晋司马彪解释说：“胎卵之生，必有毛羽。毛气成毛，羽气成羽。虽胎卵未生，而毛羽之性亦著矣。”胎卵出生之时有毛羽，而毛羽其来有自，所以胎卵未出生时即有“毛羽之性”或“毛羽之气”。这是将“卵有毛”的“毛”解释成“毛之性（气）”。另一种解释是：小鸡破壳将出未出的时刻，卵已成鸡，鸡尚为卵，鸡、卵不分。鸡有毛，因此卵有毛。这是强调事物在由此到彼的变化过程中，必有一亦此亦彼的时刻。这种“亦此亦彼”，符合惠施“日方中方睨，物方生方死”的同异相对说。

鸡三足——鸡有三足。《公孙龙子·通变论》说：“谓鸡足一，数足二；二而一，故三。”一只鸡，单说它的“足”，是一；再数它的足，有二；前者是由二得到的一，前后相加，共有三足。

这个说法，并不否定常识，而是要论证，常识之外，有物存焉。常识所谓一鸡两足，是“数足二”，即普通可数的左右两足。这里强调的是，鸡除普通可见的两足外，尚有“鸡足”这个名所对应的实，而它超出那普通的两足，不为常识所见。有些语言里，可数名词有复数形式（如英语的feet），可以把这个“（其）足”（its feet）归结为普通的“这只足和那只足”。这种语法设置，或许在目前例子里，能够绕开三足说。但是，汉语名词本无复数形式，“鸡足”这个名，不宜（套西文语法）简单读为复数的“足”。相反，按公孙龙的“一名一实”说，“其足”这个名对应的是一实，不是两实，即所谓“鸡足一”。

那么，这个实到底是什么？首先，由其名可知它是此鸡的足，而且，此鸡的每一只普通的足都是其足。这个意义上，我们说它包括两只普通的足。其次，它又不等同于具体两足中任何一只（否则另一只就不是其足），因此不为常识所见。这个意义上，我们说它超出具体两足。据此，“鸡三足”要表达的语言哲学观点就是：有些名对应的实，包括且超出常识里的普通事物，但依旧存在于这个世界里。①

但是，这种实是抽象的还是具体的？今天一些学者

① 由此也可看出，“鸡三足”不宜今译为明显荒谬的“鸡有三只脚”，因为这个“第三足”不与具体的左右两足为伍，不能以“只”论。这个例子典型体现了古汉语的特点对于古人名实观的影响。

把这种“第三足”，看作西方哲学的共相、柏拉图的理念或概念等抽象对象，它们不在时空之中，仅为心智所把握。但另一些学者则认为它们还是具体对象，比如那只鸡的“第三足”是它的左足和右足两个部分形成的一个整体，存在于时空之内，有形状，能为感官所察觉。不管哪种解释，这种“分离之足”，符合“离坚白”的主张。我们认为，“鸡足”之实的合适解释，仍然是“鸡足”的指，因此“鸡三足”的说法，可归于公孙龙。

郢有天下——郢为楚国国都，“有天下”的“有”字有不同意思，如领有、占有、分有、拥有等，不同意思之下，“郢有天下”的解释亦不同。宋林希逸《口义》卷十说：“郢有天下，言楚都于郢，而自为王，亦与得天下同矣。”清宣颖说：“称王自大，楚君居郢而王，领有天下。”这都是把“有”读为“领有”的解释。另一种解释是，郢作为天下的一部分而“分有”天下这个整体。再一种解释，与惠施的“我知天下之中央，燕之北、越之南是也”相关：天下之大，至于无穷，因此没有中心，或者说，任何一地都可作它的中心，包括燕之北、越之南，也包括郢。在“拥有”的某种意义上，居天下之中心则拥有天下，因此，郢拥有天下。

犬可以为羊——后人大多解释为，“犬”名、“羊”名并非天然对应犬、羊之实；命名是人为的，人可称犬为“羊”，也可称羊为“犬”。晋司马彪说：“名以名物，而非物也。犬、羊之名，非犬、羊也。非羊可以名为‘羊’，则‘犬’可以名羊……故形在于物，名在于人。”宋林希逸《口义》卷十说：“犬可以为羊，谓犬、羊之名出于人，而不出于物。使有物之初，谓犬为‘羊’，则今人亦以为羊矣；谓羊为‘犬’，则今人亦以为犬矣。”这都是强调名与实相区别的一面，名出于人，不是实所固有的。名对应什么实，根本上是约定俗成的。这个道理，《荀子·正名》也有阐释：“名无固实，约之以命实，约定俗成谓之实名。名无固宜，约之以命，约定俗成谓之宜，异于约则谓之不宜。”

更有形而上意谓的解释是：按“合同异”观点，从惠施的“大一”角度看，物本无差别，一切差别（不仅是名的差别）都是人造的。在人看来，犬与羊有不同的形。但若“天地一体”“万物毕同”（惠施），则一切事物都无形、色等等的差别，所谓的犬与羊本无分别，犬自然可以为羊。其实，犬与羊无分别的情况，不必上升到大一才有，在名墨世界观里，只要从“犬”“羊”一层的划分，上升到其上的“四足兽”，这个类中即无分犬、羊。

马有卵——此句的解释，多为猜测。如，马是胎生动物，但胎生的小马驹在胚胎发育的初始阶段是母腹中的卵。甚至有进化论的解释：胎生动物由卵生动物进化而来。另外，也有解释说，“马有卵”并非实言其有，而是比喻性的说法。

丁子有尾——丁子当指青蛙。唐成玄英注：“楚人呼虾蟆为丁子。”宋林希逸《口义》卷十解释说：“丁子虽无尾，而其始也实蝌蚪化成。蝌蚪既有尾，则谓丁子为有尾亦可。”另一个类似的解释是：有尾的蝌蚪在变为无尾的青蛙的过程中，有一时刻，它既是蝌蚪，又是青蛙，二者不分，蝌蚪既然有尾，青蛙也有。这与“卵有毛”的道理一样，说的是事物在由此到彼的变化过程中，必有一亦此亦彼的时刻。

火不热——唐成玄英疏：“譬杖加于体，而痛发于人，人痛杖不痛。亦犹火加体，而热发于人，人热火不热也。”就是说，热、痛是人的感觉、感受，而造成这些感觉的火、杖本身则不热、不痛。这是区分人的感觉与造成感觉的物理原因，强调不能把人的感觉、感受加于外物。这个观点之下，常识所谓“火是热的”，就不是对于火的物理性质的严格描述，而只是对于“火能够造成人的热的感觉”的笼统的表达。用现在的话说，火在某个衡量指标之下有某某度的温度，这是客观的，对所有人一样；而热或热到何种地步，则是人的感受，是主观的，具有个体间的差异。火有温度，但没有热的感受；人有热的感受，但感受没有客观的温度。

当然，“热”字有歧义，有时不指人的感受，而指如火的被温度所衡量的那个特质，这时的确可以说火是热的。《墨经·经说下》：“谓火热也，非以火之热我有。若视日”，大概就是这个意思。

山出口——此句意义不清。唐成玄英疏：“山本无名，山名出自人口。在山既尔，万法皆然也。”这是把“山出口”读为“山”名出自人口，而一切名自然都是出自人口。还有解释说，山有回声，就比如有口来回应。甚至有人认为这是说的火山有出口。

轮不蹍地——滚动的车轮不蹍地面。唐成玄英解释说：“夫车之运动，轮转不停。前迹已过，后涂未至。除却前后，更无蹍时，是以轮虽运行，竟不蹍于地也。”清王先谦《集解》说：“轮转不停，蹍地则何以转？”这不是否定实际场景中，车轮的确蹍地，而是考虑一种理想情形，提出一个类似数学中的问题（参考下面“矩不方，规不可以为圆”的解释）。假设轮为标准圆形，地面纯为平面（二维情况下为直线），一圆在一直线上滚动。每一时刻，直线分为已被圆经过的部分（“前迹”），和尚未被经过的部分（“后涂”），但“前迹已过”，与圆不交，“后涂未至”，与圆亦不交。“除却前后，更无蹍时”，圆竟然与直线不相交。如果说，实际有一交点（切点），既不属于前迹，又不属于后涂，而是居间分隔了二者，那么，这一点既然无大小，或“无厚”，它如何能够成为线的一个组成部分？“轮不蹍地”与其说是否定那个交点的存在，不如说是提出这个问题。这正是惠施“历物十事”中所讲的“无厚不可积也，其大千里”的问题：无大小的点，似乎不可积累起来，但却能形成线，而无宽窄的线最终形成“其大千里”的面、体——这是如何可能的？

对这个问题，你不能简单地回答说“点动成线、线动成面”，因为这个“动”正是点或线的积累；如果“无厚”（无大小的点、无宽窄的线）不可积累，那么动也就不可能。关于运动（位移）的“不可能”，我们前面已提到“芝诺悖论”：一个人从一点走到另一点，要先走完总路程的 1/2，但这之前要走完先前路程的 1/2……如此下去，这个人不能走到任何点，即不可能动。当然，这也是对于某个数学的“理想情形”的论证，不是否定实际情形中人能走动。这个论证，也可套用到车轮的情形：轮周上任一点 a，如果要转到地面，要先要经过那个圆弧长度的 1/2，之前要经过先前长度的 1/2……如此下去，每点之前，a 都有无穷段要走，因此 a 没有动，也不可能到达地面。

我们当然不能肯定辩者要提出的是这种芝诺式论证，但二者在这里思考的背景问题却是相似的。芝诺的“二分法”的一个等价表述（“往前”版本：走完总路程的 1/2，再走剩下路程的 1/2，……，永远达不到终点），显然就是辩者的“一尺之捶，日取其半，万世不竭”（见下面）。这里共同的问题是：既然一条线段无限分割下去也得不到无大小的点，点如何积累成线？惠施的“无厚不可积也，其大千里”，也是同一问题。现代数学对这个问题的回答，牵涉实数理论的极限、连续、不可数无穷等概念，自成一说，但其背后的哲学问题，还没有一致的答案，甚至一些具体问题，也尚待探究。比如，我们今天仍然不知道一条线段上有多少个点（连续统问题）。有趣的是，芝诺悖论在西方，如同辩者的“奇辞怪说”在中国，都曾经被当作诡辩，但现代学者一致认为，芝诺并不是简单地否定运动，而是有其理论的旨趣，比如反对毕达哥拉斯学派曾假设的无穷小的基本线段，而提示数学家寻找无理数问题的其他解决方法。同样，辩者也并非简单地否定车轮蹍地的常识，而是探索点的本质、无穷小（大）是否存在以及如何可能存在等数学哲学问题。芝诺悖论和辩者论题都记录了“最早同连续和无穷概念搏斗的人们所遭遇到的困难”（数学史家E. T. 贝尔）。

目不见——眼睛看不见。《公孙龙子·坚白论》中的一句话，或可做这个论题的解释：“白以目、以火见，而火不见，则火与目不见而神见。”白色是依靠眼睛和光看见的，但既然光看不到什么，那么眼睛也看不见什么。这里区别了见的主体和见的手段。光和眼睛都是见的手段，而不是见的主体。见的主体能见，但见的手段或工具不见。所以，光与眼睛都不见。这里把光与眼睛都视为见的手段，的确有先见之明。用现代科学的语言来说，光信息先在视网膜上形成视觉神经冲动，将信息传递到视中枢存储加工，最后在大脑皮层形成对整个对象的形象识别。所以，眼睛虽然是视觉器官，但仍然只是我们“见”图像的一个途径、手段，真正见图像的，是认知主体，即公孙龙所谓“火与目不见而神见”的那个“神”。

此句之意，与“火不热”相通，即感觉主体的性质、功能，不能安放到引起感觉的外在原因、手段等主体之外的东西上。认识论上，这是强调认识主体与客体的区分。

指不至，至不绝——指，以手去指，引申为指称、指谓之意。呈现外物或物之实，或直接以手指出，或间接以名称谓。“指不至”似乎说，这些方式都属示意，而不能完全达到或穷尽物本身。《列子·仲尼》引公孙龙说：“有指不至，有物不尽。”据此，“至不绝”或当为“物不绝”。清王先谦《集解》说：“有所指，则有所遗。故曰‘指不至’。”按公孙龙的指来解，一个指，只是其类的一个代表，而不是性质完全的个体，所以的确遗漏了个体的许多性质。比如，任何一匹马都可为[马]，但[马]仅有马形，而把这匹马的颜色、大小、重量、年齿等等方面的特殊性质，都“藏”了起来。这个意义上，“马”名指不到那个个体的马。

《世说新语》记载，有位客人问尚书令乐广，“旨不至”是什么意思（“旨”通“指”），乐广并不剖析文句，径直用拂尘柄敲着小桌子问：“至了没有?”客人回答说：“至了。”乐广又举起拂尘说：“如果至了，怎么能离开呢?”这时客人醒悟过来，表示信服。（客问乐令“旨不至”者，乐亦不复剖析文句，直以麈尾柄确几曰：“至不?”客曰：“至。”乐因又举麈尾曰：“若至者，那得去?”于是客乃悟服。乐辞约而旨达，皆此类。——《世说新语·文学》）乐广以拂尘指桌一事，比喻指谓是借此物显彼物，能指总是可离开所指，因而不能成为所指本身，或者说，不能完全表征或彰显所指的所有性质。

龟长于蛇——一种解释是，乌龟的寿命长于蛇。晋司马彪言：“蛇形虽长，而命不久。龟形虽短，而命甚长。”这是利用“长”字的歧义，以寿长取代形长，有玩笑或诡辩嫌疑。另一种解释说，龟有大小，蛇有长短，大龟长于短蛇。这也似乎是玩弄词句，因为，“大龟长于短蛇”不宜简化为“龟长于蛇”。还有一种解释认为，“龟长于蛇”不是玩弄字义，而是与惠施的“天与地卑，山与泽平”一样，表达了“合同异”的思想：从至大无外的“大一”看来，万物本无差别，一切差别，包括长短之别，皆属人造，因此是相对的。龟长于蛇，亦无不可。

凿不围枘——榫（sǔn）眼不包围榫头。唐代成玄英注："凿者，孔也；枘者，孔中之物也。然枘入凿中，本穿空处，不关涉，故不能围。"榫头既然穿入榫眼，那么二者原非一体，各有边界，互不侵犯，而这就是"不围"的意思。晋司马彪的解释与此类似："凿积于枘，则凿、枘异围。凿、枘异围，是不相围也。"按这种解释，本条强调的是名的严格意义与用法，而用"凿""枘""围"三名做例子。有形物之间的"围"，其严格意义是边界完全重合。但若凿枘边界完全重合，边界上的每一点都既是你的又是我的，两块木头就会失去边界，合为一体，如原生的一整块那样了，如此则无法区分凿与枘。既然我们能说"这是凿，那是枘"，这就意味着我们用两个名区分了它们。名必符实，实必"位其所位"，而一名对应一实，这是公孙龙的正名实观点，因此凿和枘（作为实）是两块东西，不是合为一体的。在这个意义上，不管怎样严丝合缝，都是凿不围枘。

飞鸟之景未尝动也——飞鸟的影子未曾移动。《列子·仲尼》引公孙龙说法："有影不移……影不移者，说在改也。"《墨子·经下》亦言："影不徙，说在改为。"今天看来，这里的论证或可如下还原：一只飞鸟，假设它的影子移动，那么就存在不同的两地点 a 和 b，这同一个影子此时在 a，彼时在 b。但是，一个影子是地上的一个固定影像，从属于地点。既然 a 处不等同于

b 处，那么 a 处的影子就不等同于 b 处的影子。所以，并没有同一个影子此时在 a，彼时在 b。常识所谓“影子移动”，不过是 a 处的影子改变为 b 处的影子，而各处的影子都未曾移动。

这是对于“影”之名的分析：一物之影，按其名义（定义），是此物在某地点或他物上的一个固定的像。所以，即使此物在运动，它也是在不同时刻不同地方投下不同的影子，而不是以同一个影子维持始终。这里强调的是定义或名义，名须严格按其意使用，定义所蕴含者为是，与之相反则为非。

镞矢之疾，而有不行不止之时——疾飞的箭，有不动也不停的时刻。一方面，一支飞行中的箭，既然一直处于运动状态，所以在每一时刻都应该不停止。但另一方面，取定一时刻，箭在这一时刻却是不动的，因为动是在一段时间内从一点到另一点，而一个时刻不是一段（有间隔的）时间。因此，在这一时刻，箭不行也不止。这是一个关于运动的悖论。你不能简单地回答说，物体在运动的每一时刻就是不行又不止的，除非你对行和止有另外的定义。因为，按这里行与止的定义，不行又不止蕴含既止又不止（或既行又不行），而这是一个逻辑矛盾：既肯定了一个命题，同时又否定了它。但矛盾双方“不可并世而立”（《韩非子·难一》），因此，自相矛盾的主张不但不为真，而且不可能为真——它们乃是

"天下之悖言乱辞也"（公孙龙《白马论》）。辩者的运动悖论，究其实质，并不是要肯定一个矛盾的主张，而是要提出一个问题：如果那支箭在每一时刻都不动，它是如何飞动的？这背后的深层问题则是：无长度的点，如何能够组成有长度的线段？或者按惠施的说法，"无厚不可积也"，如何能够"其大千里"？古希腊芝诺悖论中的"飞矢不动"，也提出同样的问题。具体见前面的"轮不蹍地"，和后面的"一尺之捶，日取其半，万世不竭"。

狗非犬——这里涉及的，好像是多名对一实的情况："狗"名与"犬"名似乎对应同样的实。晋司马彪说："狗、犬同实异名。名实合，则彼所谓狗，此所谓犬也。名实离，则彼所谓狗，异于犬也。"由此可衍生出几种解释。第一，狗、犬虽同实，但异名。单纯以名论，"狗"名非"犬"名，这是把"狗非犬"读为"'狗'非'犬'"。第二，某人知道"狗"名所指为何，但不知"犬"名所指为狗，而以为是别的东西。那么，此人的"犬"名与其实不合，即"名实离"。对此人来说，"狗"名所指之实不是"犬"名所指之实。但这个解释与《墨经》主张的二名一实为重同不合，《经下》明言："狗，犬也……说在重"。

另外一种解释，引《尔雅·释畜》"未成毫，狗"，指狗、犬异名异实（犬未长大时为狗），因此狗只是某一时段的犬，因而有别于犬（就如孤驹异于驹，白马异于马）。在这个意义上，狗非犬，二名并不重同。（参考下面“孤驹未尝有母”条，以及第一章第三节公孙龙的“白马论”。）

黄马骊牛三——黄马黑牛是三样东西。晋司马彪解释说：“曰黄马，曰骊牛，曰黄马骊牛”，“牛马以二为三，兼与别也”。就是说，“黄马”对应一实，“黑牛”对应一实，而“黄马黑牛”又对应一实，所以是三样东西。我们看一个简单些的例子：牛、马分别为两样东西，而可以兼称“牛马”。这个“牛马”是多名构成的一名，它所对应之实，不单是牛，也不单是马，而是二者之合并，或二者之兼。因此，“牛马”是个兼名，与别名“牛”和“马”分别对应三种东西。同理，“黄马黑牛”也是个兼名，不单指黄马，也不单指黑牛，而指二者之兼。

白狗黑——此句有语用解释与哲学解释。较流行的语用解释是，白狗因为有黑眼睛，所以也可称黑狗。晋司马彪说：“狗之目眇，谓之眇狗；狗之目大，不曰大狗。此乃一是一非。然则白狗黑目，亦可为黑狗。”这里的“一是一非”，出自《墨经·小取》：“之马之目眇，则谓之马眇；之马之目大，而不谓之马大……此乃一是而一非者也。”这明确说明，如何称呼一匹马（或一只狗），并不都以眼睛如何为准，眼瞎的，可称瞎马（或瞎狗），但眼大的，不能称大马（或大狗）。那么，为什么眼黑，就“亦可为黑狗”呢？上述解释并未回答这点。

进一步的语用解释说，白狗、黑狗之类，是以色称狗。但是，以色称狗不必单以毛色，毛与眼都有色，毛色可称狗，眼睛的颜色也可称狗。这个解释仍然不令人满意，因为，所谓以色称狗，约定俗成是以毛色，而不是以眼睛颜色称之。

哲学上的解释，把这条与“犬可以为羊”并列，都归于惠施“合同异”思想。以“大一”观之，天地一体，万物合一，无所谓犬羊之形分，无所谓黑白之色别。称白狗为黑，即是揭示颜色差别本出自人，而不属于物。

孤驹未尝有母——孤驹，名既为“孤”，相应的实就是无母之驹，所以孤驹不曾有母。晋李颐解释说：“驹生有母，言孤则无母。孤称立，则母名去也。”一只当下的孤驹，在其降生之时，是有母的，但那时它并不是孤驹。后失母而孤，“孤”名成立之时，它即无母。假设它在过去某个时刻 t 成为孤驹，那么，从当下往过去追溯，此驹虽曾有母（追溯到 t 之前），但作为孤驹的它（从当下追溯到 t 这段时间内）不曾有母。这里强调的是名与实的严格对应：“孤”名用于一驹，对应的实不是此驹的一生，而是无母之后的它。

这种解读，符合公孙龙“一名一实”的名实观：正确使用名，要彼名恰好称谓彼实，此名恰好称谓此实。所以，“孤驹”之名，要恰好称谓无母之后的驹（的时间片段），不能包括驹的有母之时。正如《列子·仲尼》引公孙龙说法：“孤犊未尝有母，有母非孤犊也。”

一名对应一实，也说明名家的名与实，不能按西方的概念来理解。因为，若认为类名“孤驹”指谓概念，则其外延包含 a，b 等孤驹个体，而每个个体本身具有各式各样的属性，包括“孤驹”定义所不能蕴含、确定的属性，如 a 白，b 眇，特别是，a，b 等都曾经有母。这些属性完全的个体 a，b 等显然不是公孙龙的“孤驹”或“孤犊”之名所对应的指（即无母之后的驹），因为，这个指没有“白”“眇”等属性，而且不曾有母。

矩不方，规不可以为圆——矩尺不能画方，圆规不能画圆。“方”与“圆”之名，有严格定义。《墨子·经上》说：“圆，一中同长也。方，柱、隅四权也”，即是当时人们对于“圆”“方”的定义，辩者亦有类似了解。但这里的圆、方，不是普通图画，而近乎某种数学的极限情形。矩尺画出的方块，圆规画出的圆圈，都是普通的图形，达不到定义所要求的“完美性”，所以它们不是“方”“圆”之实。正如晋司马彪所解释的：“矩虽为方而非方，规虽为圆而非圆。譬绳为直而非直也。”就像画出的点（有大小）不是几何点（无大小），画出的直线（有宽窄，不直）不是几何直线（无宽窄，直）一样，画出的圆都有缺陷，不是几何的、一平面上由圆心到圆周上任一点距离相等的圆。数学对象不是感性对象，古希腊人已有充分了解，而同期战国的辩者对类似情形亦有深刻洞察。

一尺之捶，日取其半，万世不竭——一尺长的木棍，每天截掉一半，永远也截不完。“辩者二十一事”中，这条常被引用，最为著名。狭义上了解，这似乎说的是物理，主张物质无限可分，没有最小单位。但广义看来，它也表达了数学上的一个道理：一条线段（不妨设长度为 1），每次截掉一半，永远也截不完。就是说，数列 1/2，1/4，…，$1/2^n$，…无限趋近于 0，但每一项都不等于 0。前面已经提到，古希腊的芝诺悖论使用了这条原理，其核心思想是：假设一物或一点从上面线段的这一端往那一端运动，逐次走 1/2，1/4，…的距离，则按上面数列，它永远走不到头。这个想法，与辩者的“尺捶取半”如出一辙。考虑到组成线段的点“无厚”、无大小，因此对于线段的逐次分割永远达不到一点。这导致了芝诺的“飞矢不动”和辩者的“飞矢不行（不止）”论题，似乎在否定运动。但是，芝诺与名家都不是否定运动，而是提出数学基础和自然哲学的一个理论问题，即点如何组成线、面、体。当然，名家的“尺捶取半”毕竟是物理的例子，不能说完全表达了数学的思想，因为，点、线这种抽象的数学对象，在名墨的世界观里，并没有明确的位置，而只有物体的无厚的端这种物理近似。但是，探讨芝诺与辩者如何处理这种问题，可促进中西思想的比较研究，也有助于我们加深对名家思想理论的了解。

后　记

名实问题，历史上意义重大。名不正则言不顺，言不顺则事不成。“名者，人治之大者也”（《礼记》），“圣人所以纪万物也”（《管子》）；“名正则治，名丧则乱”（《吕氏春秋》）。儒家的“正名”，道家的“无名”，都是其治国理政、处事做人的根本原则。而名家则是“控名责实，参伍不失”，将政治、法律、伦理的名实问题，推到语言和逻辑的深度，以及形而上学的层面，同后期墨家，共成名辩之学。历史同期，只有希腊逻辑学与印度因明学堪与媲美。今天学者，以三者为人类逻辑之学的共同源头。三者各有所擅，每一个都不能完全包含于另一个，它们都为人类文明做出了独特的贡献。

然而，由于名辩之学“极微要眇”，晦涩纠缠，又难以用于实际事务，当时即受到道、儒、法各家的批评。如“饰人之心，易人之意”（蒙蔽人心，惑乱人意），“逐万物而不反”（《庄子·天下》）；“不法先王，不是礼义……不可以为治纲纪”（《荀子·非十二子》）；“坚白无厚之词彰，而宪令之法息”（《韩非子·问辩》）。名辩之学，至秦汉而绝。

至于魏晋，名家学说有复兴之势。魏晋清谈，既秉道家风骨，又承名辩余风。司马彪注解名家言论，见解颇精。鲁胜作《墨辩注》，申明“名者所以别同异，明是非，道义之门，政化之准绳也”，并主张名墨为一家，惠施、公孙龙祖述墨学，而儒道诸家，虽“非毁名家，而不能易其论也”。欧阳建著《言尽意论》，反对玄学的“言不尽意”，阐明名实关系。但这种趋势，也只是昙花一现。

近代以来，随着西学东渐和中国的文化自省，名墨学说的重要性逐渐彰显。学者们比勘中西，系统梳理名墨思想，探索名学源头，研究著作不断涌现。名墨研究渐成显学，波及海外。然而，名家的学术地位和文化价值，似乎尚未得到公允的评价。

爱因斯坦曾说：西方科学的发展，奠定在两个伟大的成就的基础上，即形式逻辑的演绎体系，和观察实验的归纳方法。其中的逻辑演绎系统在古代西方的代表，是欧几里得几何学。它所展示的公理证明系统，虽然“苛察缴绕”，但并没有“使人不得反其意”，反而建立了清晰思维和严格分析的典范，提供了强大的求知方法，推动了科学在西方的发展。

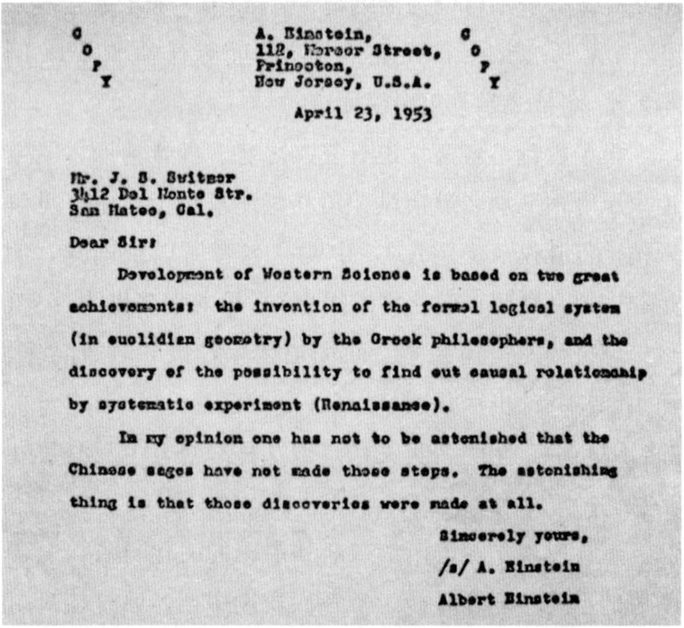

C O P Y

A. Einstein,
112, Mercer Street,
Princeton,
New Jersey, U.S.A.

C O P Y

April 23, 1953

Mr. J. S. Switzer
3412 Del Monte Str.
San Mateo, Cal.

Dear Sir:

Development of Western Science is based on two great achievements: the invention of the formal logical system (in euclidian geometry) by the Greek philosophers, and the discovery of the possibility to find out causal relationship by systematic experiment (Renaissance).

In my opinion one has not to be astonished that the Chinese sages have not made those steps. The astonishing thing is that those discoveries were made at all.

Sincerely yours,
/s/ A. Einstein
Albert Einstein

爱因斯坦 1953 年 4 月 23 日致 J. S. Switzer 信件拷贝

反观中国传统的论说推理，多借用寓言、故事或特例，因而经常被视为简单的类比或比附，缺乏西方的演绎或归纳之严密。中国的思维方式，也被描述为整体性的、综合型的、无规则的，重经验、联想、启发，而不重理性、分析、量化。但名墨的学说，作为当时思维方式的理论概括，却显示了先秦思维严格和精确的一面，虽然这一面被历史所掩盖，并未发扬光大于后世。这种追求严格和精确的精神，说明先秦的思维不完全如上所描述，至少与古希腊哲学享有类似的名实问题，也同样埋下了逻辑学的种子。

中西形而上的理论追求，在某种意义下，都可称为辩名析实，或控名责实。由于语言结构、论辩方式、文化传统的不同，中西的名实观呈现了不同的特点。西方思路开始于众多的个体事物，由下而上，抽象出个体事物的诸种性质，而形成类型层级。语言上则表现为由指称个体的专名出发，上升到代表性质的谓词（甚至谓词的谓词，等等）。名家、墨家的世界观和语言观，则由上至下，从达名（“物”）至类名再到私名，由大一向小一展开，而形成层级，既注重事物性质的相对性（“合同异”），又注重名实对应的严格性（“离坚白”）。其中特色，乃能以个别代一般，以具体言抽象。与这种名实观相匹配，名家又显示了某种“同形类推”或“典型例证”的推论方法，它不同于一般的类比，而有演绎或归纳的力量。先秦诸子使用的论证方法，许多能归于此类，参照名墨理论，才能更好地理解和评价这些论证。但这方面的研究，尚未展开，有待后辈学者的努力。

总之，名家独特的形而上学、语言哲学和逻辑学思想，是中国传统思想的重要组成部分，也是揭示中西世界观与思维方式的同与异、离与合的重要资源。它的历史遭遇给我们以深刻的启迪，而它的思想实质至今尚待发掘。可以期待，随着研究的深入，名家思想会展现越来越清晰的面貌，而今天的逻辑学和哲学，也能从中获得洞见与启发。

本书的写作，得到王志民、孙中原、白奚、方铭、杨朝明、曹峰、于孔宝、王威威诸位教授，以及卜祥伟、房伟两位青年学者的大力帮助，他们审阅了本书初稿，提出了许多宝贵的修改意见。中国人民大学出版社外语分社的编辑勤勉督促，也提出了中肯的建议。在此向各位老师及同仁谨致衷心的感谢！作者学识所限，难免疏漏与谬误，恳请读者批评教正。

图书在版编目（CIP）数据

名家/王志民总编纂；邢滔滔著. --北京：中国人民大学出版社，2021.8
（诸子百家普及丛书）
ISBN 978-7-300-29810-8

Ⅰ.①名… Ⅱ.①王… ②邢… Ⅲ.①名家-通俗读物 Ⅳ.①B225-49

中国版本图书馆 CIP 数据核字（2021）第 178948 号

诸子百家普及丛书
名家
总编纂　王志民
邢滔滔　著
Mingjia

出版发行	中国人民大学出版社		
社　　址	北京中关村大街 31 号	邮政编码	100080
电　　话	010－62511242（总编室）		010－62511770（质管部）
	010－82501766（邮购部）		010－62514148（门市部）
	010－62515195（发行公司）		010－62515275（盗版举报）
网　　址	http://www.crup.com.cn		
经　　销	新华书店		
印　　刷	涿州市星河印刷有限公司		
开　　本	787 mm×1092 mm　1/32	版　　次	2021 年 8 月第 1 版
印　　张	63　插页 20	印　　次	2024 年 12 月第 4 次印刷
字　　数	1 160 000	定　　价	200.00 元（全 10 册）

中国人民大学出版社读者信息反馈表

尊敬的读者：

感谢您购买和使用中国人民大学出版社的 ______________________ 一书，我们希望通过这张小小的反馈表来获得您更多的建议和意见，以改进我们的工作，加强我们双方的沟通和联系。我们期待着能为更多的读者提供更多的好书。

请您填妥下表后，寄回或传真回复我们，对您的支持我们不胜感激！

1. 您是从何种途径得知本书的：

□书店　□网上　□报纸杂志　□朋友推荐

2. 您为什么决定购买本书：

□工作需要　□学习参考　□对本书主题感兴趣　□随便翻翻

3. 您对本书内容的评价是：

□很好　□好　□一般　□差　□很差

4. 您在阅读本书的过程中有没有发现明显的专业及编校错误，如果有，它们是：

____

____

____

5. 您对哪些专业的图书信息比较感兴趣：

____

____

____

6. 如果方便，请提供您的个人信息，以便于我们和您联系（您的个人资料我们将严格保密）：

您供职的单位：______________________________

您教授的课程（教师填写）：______________________

您的通信地址：______________________________

您的电子邮箱：______________________________

请联系我们：黄婷　程子殊　王新文　王琼　鞠方安

电话：010-62512737，62513265，62515580，62515573，62515576

传真：010-62514961

E-mail：huangt@crup.com.cn　chengzsh@crup.com.cn　wangxw@crup.com.cn
crup_wy@163.com　jufa@crup.com.cn

通信地址：北京市海淀区中关村大街甲59号文化大厦15层　邮编：100872

中国人民大学出版社

总编纂—王志民

诸子百家普及丛书

墨家

孙中原 著

劳动神圣 科学人文

中国人民大学出版社

·北京·

诸子百家普及丛书

编委会

教育部重大攻关项目“稷下学派文献整理与数据库建设研究”阶段性成果

山东省齐文化传承与示范区建设协同创新中心重点项目

序　言

王志民

“诸子百家普及丛书”根据《汉书·艺文志·诸子略》所列十家学派而编纂，包括《儒家》《道家》《阴阳家》《法家》《名家》《墨家》《纵横家》《杂家》《农家》《小说家》，各自独立成册，共十本。由对各学派素有研究的著名专家学者合作撰写，是一套普及性、通俗性、大众化的学术丛书。

一

春秋战国时代的诸子百家争鸣，是中国文化史上最辉煌灿烂的文化景象。由于社会的巨大变革，“礼崩乐坏”，文化下移，私学兴起，各种出身的知识分子大量产生，形成了一个特殊的“士”阶层，这为诸子百家的产生准备了充足的人才条件。数百年中，列国纷争，诸侯割据，争霸图强，战乱频仍；各国之间，群雄崛起，风云变幻，在竞相以实现一统天下为目标而鹿死谁手迄未可知的情势下，各国统治者殚精励治，变法图强，都需要大量的人才来为自己出谋划策，奔走效力。人才多

寡成为国家力量的衡量标准，各国统治者尊重人才，“礼贤下士”就成为最普遍的现象和备受崇尚的风气了。而在这种风气的推动下，具备各种知识与才能的“士”，面对激烈复杂的斗争和出将入相、功名利禄的诱惑，也都深深地卷入这一时代大潮中。他们或游说各国，喜议政事，发表政见，以干世主，成为搅动天下局面的大政治家；他们或总结历史，研究现实，谋划未来，长于思辨，善于论说，聚徒讲学，成为名重一时的大学者。他们因而形成了学派林立、异说纷呈、九流十家、竞相争鸣的文化奇观。值得提出的是，德国现代哲学家雅思贝尔斯提出：在公元前 800 年至公元前 200 年，人类的精神基础同时地并各自独立地在中国和其他文明古国开始奠定，形成了直到今天人类仍然附着在这种基础上的“轴心时代”理论。目前中国学术界越来越多的人接受这一观点，将以诸子百家争鸣为主要标志的春秋战国时代称为中华文明史上的“轴心时代”。

纵观战国时期的诸子百家争鸣，其主要特点和巨大历史贡献至少可以从以下三个方面来总结：

1. 思想解放，学术自由，理论创新，哲学突破。在“礼崩乐坏”社会巨变中产生的“士”，从原有的“天道”“神道设教”的神学说教中解放出来，从神圣不可动摇的社会等级秩序桎梏中解放出来，从各国统治者求贤若渴的“礼贤下士”中获得地位上的平等、自由和独立。这种空前的思想自由的社会环境，为来自不同出身、地域、经历、喜好的“士”们各擅其说，标新立异，创造了条件，从而形成了不同的思想流派，带来理论的创新和哲学的突破。儒家是周礼的传承与维护者，

创新性提出“仁者爱人”的核心思想，仁、礼结合，将外在的等级制度与内在道德伦理的自觉意识结合起来，从而形成儒家制度化的理论主张。道家“哲学突破”的创始性更鲜明：提出以“道”为核心的理念。道为万物之根本，所谓“道生一，一生二，二生三，三生万物”。道法自然，以虚无为本，以因循为用，讲无为而治。墨家创始人墨翟本为儒家之徒，却独创学派，并猛烈批判尚礼乐、讲“仁”学的儒家学派，主张兼爱、非攻，节葬、非乐。法家则是从现实的政治需要出发，为寻求富国强兵之策而形成的一种改革的思潮，其先驱是伟大改革家管仲；战国时代则有主张道法结合的齐法家，和讲严刑峻法为特征的三晋法家。而阴阳五行家的邹衍，原来也是一个信奉儒学而且想大有作为的人，但在实践中感到不被人接受，于是将阴阳、五行合论，创造出“其语闳大不经”的大九州说及五德终始之论，终成一大学派。名家是以提倡循名责实为学说，提倡“正名实”、重思辨的学派，是逻辑学的创新者。值得注意的是，各学派内部，也充满了标新立异的活力。孔子去世后，“儒分为八”；墨家也分为：相里氏之墨、邓陵氏之墨、相夫氏之墨；这都是在儒、墨“显学”传承发展过程中，因创新而各有突破的结果。传至汉代司马谈首论六家学派，其“要旨”所在，正在于其理论创新和突破。诸子百家理论上的创新建树，是中华文化的智慧之源，影响极其深远。

2. 胸怀天下，服务现实，围绕政治，出谋划策。诸子百家应时而生，一经出现即与政治紧密相连。战国时期最大的政治就是一统天下。这就决定了诸子百家争鸣

始终围绕着政治这个主轴展开，从各个方面提出建国方略和一统天下的主张。儒家主张以“仁政”获取民心，包括“制民之产”，保护发展小农经济，实现天下大同。道家黄老学派以虚无为本，以因循为用，主张因俗简礼、无为而治、休养生息。墨家则主张兼爱天下，反对战争，主张尚贤、尚同以治国。法家的主张最实用，以奖励耕战，谋求富国强兵；以法、术、势三足鼎立的统治理论，谋求建立统一的中央集权君主专制国家。阴阳家邹衍则以“五德转移，治各有宜，而符应若兹”的五德终始理论，为大一统提供了合法的依据。名家看似对政治并不实用，但却正是针对战国时代礼法名存实亡，强调“名乎其实”“名实相符”，以让天下一切走上正轨。纵横家是为统一天下奔走呼号的一个特殊群体，或以合纵游说六国，或以连横游说秦王，目的都在于促进大国兼并，最终实现天下统一。农家的重农主张，杂家兼容各家学派的思想主张，目的都是为大一统的实现做理论上的准备。总之，所谓诸子百家学术，实与现实政治紧密结合，中华民族大一统理念与分久必合思想和传统的形成，实与战国诸子百家争鸣密不可分。

3. 大师辈出，人才济济；著书立说，经典传世。辉煌的时代，培育出非凡的文化巨人。孔子、老子、墨子、庄子、孟子、孙子、荀子、商鞅、韩非等一大批影响中国历史进程的伟大人物出现在这个时期，而伟大人物的出现，又进一步推动了诸子百家争鸣的繁盛与发展。这些各学派的大师和代表人物，除了以其卓越的思想创新、理论建树和哲学突破彪炳史册外，还在至少两个方面做出了历史性贡献：一是培养了大批人才。他们

大多为了实现政治抱负、思想传承及在争鸣中占据优势，广招生徒，培植后学，每个学派，实际上也是一个私学教育集团。儒、墨两家，号称“显学”，突出特点即在弟子众多，人才丛生。孔子杏坛讲学，亲授弟子竟有 3 000 人之众；墨子为反对战争曾率弟子数百人持械守城，可见当时弟子众多。战国之世，不仅“孔、墨徒属弟子，充满天下”，而且人才济济，多有成就，所谓“孔墨之后学，显荣于天下者众矣，不可胜数”。其他学派大师也大多徒属众多，人才辈出。因而师承相传，思想发展，学派繁盛，声势浩大。二是各派大师，著书立说，留下大量著作，被后世奉为经典，成为此后两千多年中国思想文化之源。孔子编定“五经”，不仅在汉代成为文化主流，而且后世所谓的儒家经典，其主体皆源于此。儒家经典《论语》《孟子》，既入“十三经”之数，又特列宋代之后“四书”之中，犹如中国人的《圣经》。《老子》《庄子》为道家之经典，称为《道德经》《南华经》。《荀子》《韩非子》皆为儒家、法家集成之作，对中国政治、文化影响巨大。传为管仲遗著、实际成书于战国时期的《管子》，被称为中国早期政治智慧集大成之作，为历代治国者提供了丰富的政治营养。战国诸子百家，实为此前中华文明成果之总结者、传承者，又为其后中华文明发展之开启者、奠基者。

二

战国时期诸子百家争鸣的思想学术文化中心就是设在齐国故都临淄的稷下学宫。

1. 稷下学宫的兴衰发展历程大致可描述为：初创于田齐第三位国君齐桓公（田午，公元前375—公元前357，在位），繁荣于齐威王时。齐宣王时期，扩大学宫规模，建筑高门大屋；封官加禄，吸引各派学者，鼓励百家争鸣，人数多至数千人，达到发展的鼎盛期。闵王时国破君亡，学宫遭废，襄王复国而稷下“中兴”。直到末代国君齐王建时，存而渐衰；公元前221年，秦国灭齐，学宫消亡。其存在时间基本与田齐政权相始终，前后历经六代国君，凡一百五十余年。

2. 稷下学宫是诸子百家争鸣的唯一学术中心。战国诸子百家的形成，固然与各国延揽人才、大兴养士之风有直接的关系，但如果没有一个百家汇聚的文化中心，“争鸣”的局面也是难以形成的。然而，在战国那样一个大国割据、战争频仍的时代，遍考养士之所，却少有百家学派汇聚之地。当时以养士最为著名者当属“四君子”：楚有春申君，齐有孟尝君，赵有平原君，魏有信陵君。他们都曾宾客云集，名闻天下，但在他们那里却并没有形成学术文化中心。考其原因约有以下几点：一是人数虽多，层次低下。“四君子”养士，都在“三千余人”以上，但往往“不分贵贱，客无所择”；寄食者众，有才者寡。二是服务私门，学派难入。其养士多为救急解困，主要在务实和功利层面，各派学者真正投奔者甚少。三是因人而养，聚散无常。人在则聚，人去则散。学术成就最高者当属战国末期的吕不韦，他养士三千余人，并“使其客人人著所闻”，集论而成了《吕氏春秋》；但随吕氏之亡，其士也如昙花一现，作鸟兽散。战国私门养士，风气虽炽，灿如云霞，但都未形成稳定

的学术文化中心。

战国之君，以礼贤养士最著名者首推魏文侯。他“师卜子夏，友田子方，礼段干木”，以致“四方贤士皆归之”，如李悝（kuī）、翟璜（huáng）、吴起、西门豹、乐（yuè）羊等崇尚变法图强的政治家，都聚集魏国，实行变法图强，魏成一时之霸主。但魏处秦、楚、韩、赵大国之间，疲于征战，且魏文封侯之后七年即去世，国力渐衰，在魏国并未形成一个稳定的文化中心，其学术贡献也难与稷下并论。

考察战国学术，能够成为诸子百家争鸣中心，且存在时间最长、规模最大、成果最丰、影响最深远的，唯有稷下学宫。其原因在于它有三大特点：

其一，机构开放。齐国君主延揽各国人才，不遗余力。稷下学宫尊重学者的独立自主精神，在管理上采取机构开放、来去自由的政策。一是待遇优厚。齐国统治者在稷下建设“高门大屋，尊崇之”，足见校舍之富丽堂皇；齐宣王一次封七十六名稷下先生为上大夫，足见地位之高，待遇优厚。二是来去自由。游学是其主要形式：学生可以自由来稷下寻师求学；先生也可以自由在稷下招生讲学；可以个人游学，也可以从者数百人集团游学。来者，热情欢迎，精心安置，以礼厚待；走者，以礼相送，重金馈赠。三是学者治校。齐国统治者对稷下管理充分信任、重用学者，荀子曾“三为祭酒”；在具体事务管理上，则充分尊重学者：教学内容设置，教学活动安排，师生之间，先生与先生之间，教学或学术辩论，全由稷下先生们自主组织。如此优厚、开放、宽松的办学方式，吸引各国学者纷至沓来，增加交流，开

阔视野，扩大见闻，打破了私学界限，学无常师，思想活跃，促进了学术的交流、争鸣和人才的培养、成长。

其二，思想兼容。齐国统治者对稷下各家学派制定“百家争鸣，兼容并包”的方针，实行诸子百家各派平等，多家并存的政策。从文献记载看，儒、法、道、墨、阴阳、名家及农家、兵家，举凡当时重要的学术流派都曾在稷下先后存在发展。由于思想解放，地位平等，学术活跃，各派学者尽管有不同甚至相反的主张，却都能在稷下立足、讲学、争鸣，吐纳吸收，提升发展。甚至还往往出现派中有派、派中分枝的现象。例如：学宫中儒家就分孟氏之儒、荀卿之儒，而且两派之间，观点有异，相互攻伐；道家分宋钘（xíng）派，尹文派，田骈、慎到派和环渊派。各派思想也由于百家争鸣的深入，而逐渐融合或者发生演变。诸子百家充分利用稷下讲坛，传播思想，广收徒属，扩大影响；多家思想并争，各派观点齐鸣，在争鸣中融合，在融合中发展，最终实现了各派的共荣、创新、发展。

其三，学术自由。稷下学宫的学术自由主要体现在两个方面：首先，尊重学者，平等礼遇。齐国君主不以政治干涉学术，不以好恶而行褒贬，稷下学宫所体现的学术自由，主要展现为统治者与学者之间的地位平等和尊重学术的理念，这一点史所难寻。尤其值得提出的是：稷下学宫是田齐政权的国办机构，“喜议政事”是其基本功能，“各著书言治乱之事，以干事主”是稷下先生的强烈愿望，因而，他们可以对齐统治者独立自由地发表政治见解甚至提出批判反对意见，而齐统治者则对各种意见，一概采取从善如流、平等相待的态度，这

就是一种更为珍贵堪称典范的平等精神了。其次，尊重学术，鼓励争鸣。稷下有所谓“谈说之士期会于稷下”的记载，即指各派学者按约定时间举行集会，展开“争鸣”。集会对所有人员开放，通过演讲、辩论，各家学派都能畅所欲言，充分发表自己的观点，也能积极吸收别家思想。稷下的学者们大都能言善辩，田骈、邹衍、邹奭（shì）还因雄辩而得“天口骈”“谈天衍”“雕龙奭”等雅号，可以想见，稷下先生的辩论，在形式上是不拘一格的：或双方互辩，或舌战群儒；或先生之间，或弟子之间，甚或师生之间；或大会演讲，或小会研讨；或处堂上，或在树下。他们在辩论中各抒己见，互不相让，竞长论短，争论不已，形成了百家争鸣的热烈场面。

稷下学宫不仅是战国诸子百家争鸣的唯一学术文化中心，还是中国历史上最早的大师云集的高等教育大学堂，也是为现实政治服务、带有高端智库性质的政治参议院。它的出现，是中华文明史上一个最独特的创新。郭沫若曾评价说：“这稷下之学的设置，在中国文化史上实在是有划时代的意义的。”事实不仅如此，放在世界文明史上，也是一个奇迹。稷下学宫与雅典的柏拉图学园在公元前四世纪差不多同时出现，分别在世界的东、西方以相似的方式展现出人类早期文明的智慧之光。它们都是世界上最早的集高等教育与学术研究为一体的思想学术文化中心，各具特色，共同创造了世界文明史上的辉煌：稷下学宫为广揽人才而创，具有浓厚的政治色彩；柏拉图学园为传播思想、科学而设，具有鲜明的科学理念。前者汇聚诸子，多派并存，思想交融，

形成百家争鸣的局面；后者传承师说，探求真理，追求科学，培育独立思考之精神。前者为中国秦汉大一统帝国的形成做了理论上的充分准备，对中国政治、文化、教育发展影响甚大；后者为西方大学教育奠基，对西方哲学、自然科学发展影响深远。稷下学宫与柏拉图学园极大地影响了东、西方不同学术思想与文化传统的形成，共同为构筑丰富多元的世界文明做出了卓越的历史贡献。

三

本丛书的编纂，缘起于稷下学宫发祥地山东省淄博市、临淄区政府2017年拟规划建设“稷下学宫与诸子百家文化园”重大文化工程项目。受市、区党委、政府的信任和委托，我担任了《展陈文案学术研究报告》项目负责人。为此，我们聘请国内高校十数名对先秦诸子百家素有研究的权威学者共同组成了项目组。经过近两年的努力，项目组圆满完成三十余万字的《报告》，同时形成了一百五十余万字的《资料汇编》，为本丛书的编纂奠定了基础。

2019年，以我为首席专家组成的课题组，获批教育部重大攻关项目“稷下学派文献整理与数据库建设研究”立项。为了更深入、全面地开拓、展示稷下诸子百家的发展背景和学派面貌，以原项目组学者为主体，于2019年底正式启动了本丛书的编纂。

本丛书是弘扬优秀传统文化的普及性、通俗性读物。希望通过深入挖掘、阐释、解读“轴心时代”诸子

百家的历史渊源、学派概况、代表人物、主题思想、历史地位、深远影响，让广大人民群众全面认识民族精神的形成轨迹和丰富内涵，坚定文化自信，促进中国优秀传统文化的创造性转化和创新性发展。同时立足当代，着眼未来，从文明互鉴、文化交流的角度，努力挖掘世界文明“轴心时代”在中华大地上涌现的诸子百家的价值内涵和世界意义，讲好中国故事，让中国文化走出去，增强人类命运共同体的广泛认同，为构建不同文明和谐共荣的发展之路发挥更加积极作用。

本丛书编纂的总体要求是：权威学者写小书，以确保学术质量。每册 10 万字左右，融知识性、权威性、趣味性和普及性于一体；既适合国内大众阅读欣赏，又适宜向海外翻译推介，传播弘扬中华优秀传统文化。对于学派的表述，一方面要求有坚实的文献依据，尽量吸收相关考古新发现和学界形成共识的研究新成果，以提高读物的知识性和学术含量；另一方面要求尽量选取典型故事表述思想，以浅近语言阐述哲理；处理好具体与抽象、个别与一般、部分与整体的关系；做到主线清晰，纲举目张，故事生动，内容形象；语言文字则要求简洁易懂，以通俗书面语为主；一般不引用大段文献原文；疑难生僻字加注标准汉语拼音；配以必要的图表、画像等，让读者喜闻乐读。

在本丛书编纂过程中，我们与各位主撰者共同组成了编委会，实行统一策划、统一体例和撰写要求；多次组织研讨会，对各卷的撰写提纲和书稿逐一进行了反复研讨、审稿、统稿；各位作者通力合作、反复修改、竭尽心力；中国人民大学出版社积极支持丛书的研讨、统

稿、定稿和出版工作。我们衷心希望历经数载精心编纂的这套丛书，能让广大读者在赏心悦目的阅读中，领略中华文化的深邃魅力，获取知识的无穷力量。

2021 年 8 月 16 日

目 录

导言

墨家——诸子争鸣的“显学”*

一、劳动者的圣人

1. 文化巨人称墨翟

墨子（约公元前480—约公元前420），② 姓墨名翟（dí），战国初鲁国人，常居齐鲁，居齐多于居鲁，所以弟子多齐人，③ 是当时与孔子齐名的文化巨人。《墨子》

---

* 2019年国家社科基金冷门绝学研究专项《〈墨经〉绝学的E考据和元研究》，批准号19VJX001，阶段性成果。

② 秦汉后墨学中绝，墨子生卒年资料丢失，司马迁《孟子荀卿列传》猜测：“盖墨翟……或曰并孔子时，或曰在其后。”任继愈考证，墨子生卒年，在公元前480至公元前420年间。孙诒让《墨子年表》，考证墨子生卒年，在公元前468至公元前376年间。

③ 墨子弟子，今有姓名可查者36人，而其中齐人有13人，占全部弟子各诸侯国籍的36%。

记载，墨子有 25 次自称“翟”。《贵义》说：“翟上无君上之事，下无耕农之难。”① 墨翟自称上无君主治国理政的事务，下无耕作农民的艰难。

墨翟是活动于公元前五世纪的中国文化伟人，中国古代杰出的哲学家、思想家、理论家、科学家、军事家与社会活动家，对中国与世界的思想文化史，有不可磨灭的深远影响。墨子、墨家、墨学与《墨经》，中国和世界现实文化，融通接轨，有深刻独到的价值、意义、功能与作用，值得认真研究，弘扬传承。

2. 学派内外称墨圣

墨家是先秦诸子百家争鸣的“显学”，即最著名的学派。《韩非子·显学》说：“世之显学，儒、墨也。儒之所至，孔丘也。墨之所至，墨翟也。”战国末，韩非子（公元前 280—公元前 233）总结先秦诸子百家争鸣辩论的总体状况，指出世上最著名的学派，是儒家与墨家，儒家最著名的代表是孔丘（公元前 551—公元前 479），墨家最著名的代表是墨翟。

一个怪问题：圣人怎会生病？《公孟》记载，有一次，墨子生病，门徒“跌鼻”（也许曾经跌伤鼻）推门进来，问墨子：“**今先生圣人也，**何故有疾？”即墨老师，您是圣人，怎么会生病？跌鼻名怪问题也怪，他似乎认为，既是圣人，就不应该会生病。墨子回答说：“人之所得于病者多方，有得之寒暑，有得之劳苦。”即人得病的原因多，或因天气冷与热，或因劳累过度等。

---

① 本文引《墨子》，只标篇名。原文校勘，见孙中原《墨子解读》，中国人民大学出版社 2013 年版。

公元前439年，楚惠王在位50年，墨子到楚国游说，把自己的著作，献给楚惠王。楚惠王借口年老，派大臣穆贺接待墨子。楚国封君鲁阳文君，一向与墨子交往，二人观点虽不同，但早已是好朋友，话说得来，常有对谈，《墨子》记载，有12次提到鲁阳文君。

鲁阳文君，这次特意提醒楚惠王说：“**墨子，北方贤圣人。**”即墨子是北方（齐鲁）的贤人、圣人，不可怠慢。跌鼻与鲁阳文君，不约而同，说“墨子是圣人”，绝不是胡说八道、信口开河，而是当时公众约定俗成的称呼，反映当时社会对墨子的普遍认知，公正评价。

3. 墨子是劳动者的圣人

毛泽东（1893—1976），自幼酷爱阅读传统经典如经史子集，尤重研读二十四史。1952年，毛泽东特意购置清乾隆武英殿版二十四史，此后一直朝夕相伴，风雨相随，夜以继日，逐渐通读，独到评墨时说：**墨子是一个劳动者，他不做官，但他是比孔子高明的圣人，孔子不耕地，墨子自己动手做桌椅子。**①

1939年4月，毛泽东在抗大生产运动总结大会讲话说：**历史上的禹王，他是做官的，但也耕田。墨子是一个劳动者，他不做官，但他是一个比孔子高明的圣人。孔子不耕地，墨子自己动手做桌子、椅子。**毛泽东对墨子的认知评判，刻骨铭心，一以贯之，终生不渝（yú）。

毛泽东说：**马克思主义千条万条，中心的一条就是不劳动者不得食。**“不劳动者不得食”，是墨子信条“赖

---

① 《毛泽东评点二十四史》精华解析本，中国档案出版社1998年版。目录第4页序号15标题“墨子列传”下引毛泽东批注原话。注：司马迁《史记》无《墨子列传》，只在《孟子荀卿列传》附言墨子24字。

其力者生，不赖其力者不生”（《非乐（yuè）上》）的现代表述。推崇夏禹，是推崇墨子思想的表现，夏禹是墨子理想中的圣人。毛泽东在延安时期，大倡墨子之道，因为墨子的观点，**与马克思主义的原理不谋而合，有助于马克思主义的中国化，传统文化的现代化**。①

《庄子·天下》记载，墨子称赞夏禹说：从前夏禹，治理洪水，疏异江河，沟通九州，大川三百，支流三千，小河无数。夏禹持筐（kuǎng），操铲劳动，汇合河川，辛苦劳累，汗毛磨光，风雨无阻，安定天下。禹是大圣人，劳苦为天下。墨子教后世墨者，身穿粗布衣，足登木麻鞋，日夜不休，以自苦为原则，说不这样，非禹之道，不能做墨者。

什么叫“圣人”？《孟子·尽心下》下定义说：“大而化之之谓圣。”东汉赵岐（qí）注解说：“大行其道，使天下化之，是谓圣人。”即圣人学说，格局伟大，融会贯通，普遍推行，教化天下，这样的人叫作圣人。

《孟子·尽心下》还说：**“圣人，百世之师也。”**即圣人可做百代人的老师。一世按30年计算，可以推论，从今往后，再过五百年，到公元三千年，墨子还是劳动者与进步人士的导师。《墨子》反映劳动者心声的人文与科学精神，永远值得学习，是亟（jí）待弘扬传承的宝贵思想资源。

20世纪初，墨学研究领军人梁启超（1873—1929），盛赞墨子说：“论到人格，墨子真算千古的大实行家，

---

① 《中共早期领导人对墨家思想的继承和弘扬》，《党史博览》，2018年第1期。

不唯在中国无人能比，求诸全世界也是少见。”① 梁启超推出三种墨学著作《子墨子学说》《墨经校释》《墨子学案》，被友人戏称为“墨学狂”。

梁启超自称“任公”。“任”，即任侠，崇尚侠义精神，源出《墨经》。《经上》第19条定义说：“任，士损己而益所为也。”《经说上》解释说：“任。为身之所恶，以成人之所急。”即损己利人，牺牲小我，成全大我，为社会民族、国家群体利益勇往直前，勇于牺牲，直至生命。陆贾《新语·思务》说：“墨子之门多勇士。”《淮南子·泰族训》说：“墨子服役者百八十人，皆可使赴火蹈（dǎo）刃，死不旋踵（zhǒng）。”

梁启超自称“任公”，毛泽东模仿，自称“子任”。梁启超自称“中国新民”，毛泽东对梁启超办的《新民丛报》，爱不释手，韶（sháo）山纪念馆现存毛泽东批注的《新民丛报》。毛泽东对梁启超著的《新民说》，反复钻研，把梁启超看作伟人楷模，受梁启超“新民”说启发，1918年，毛泽东组织社会团体“新民学会”，聚集同人，谋求救世，酝酿（yùn niàng）革命。

《中国大百科全书·哲学》卷第58页附有墨子图像，原书标注：“墨子，中国历史博物馆提供。”现代海峡两岸历届世界性墨学研讨会将墨子图像制为徽（huī）标，获得广泛认同。徽标表现出其英武壮汉的姿态：他皮肤黝（yǒu）黑，双目有神，有非凡的领袖气质，也突显劳动者的本色，是中华民族典型英雄人物与劳动知

---

① 梁启超《墨子学案》，《墨子大全》第26册，北京图书馆出版社2004年版，第75页。

识分子的形象。墨子画像，见图 1。

图 1　墨子画像

4. 工匠技艺超鲁班

墨子出身工匠，木工技艺高超，兼通百工，熟知当时各种手工业技艺。亲手制造木鸢（yuān，鹰）、车辖（xiá，车挡）与各种守城器械。《韩非子・外储说・左上》说："墨子为木鸢。"巧制木鹰飞蓝天，弟子惊呼："先生之巧，至能使木鸢飞！"即墨老师，您真巧，竟使木鹰飞上天！

墨子谦虚地说，我做木鹰，不如做车辖，用短木头，一早工夫，能使大车装载三十石（3 600 斤）重量，驰骋（chī chéng）远路，高效耐用。任魏国宰相的名家代表人惠施说："墨子大巧，巧制车辖！"

《鲁问》记载，鲁班用竹木片，制成会飞的喜鹊，自以为巧到极点，墨子对鲁班说，你做会飞的喜鹊，不如我做车辖。我用一会工夫，砍削一根三寸长木头，装在车轴，使大车承担 6 000 斤（五十石）重量。墨子精通造车技艺。墨子造车，见图 2。

图 2　墨子造车

《公输》记载，墨子亲手制造各种守城器械。墨子“止楚攻宋”，在楚王面前，与当时名匠鲁班，比试守城器械技艺，墨子胜过鲁班。墨子指派弟子禽滑厘（qín gǔ lí）等三百人，手持墨子亲造守城器械，防守宋城，等待消灭楚国胆敢进犯的敌寇。《备城门》等 11 篇军事论文，罗列种类繁多的守城器械与技术，把当时农业与手工业使用的工具、技术与设施，改造转型，用于守城战斗。

墨子常说各种手工业工匠的技巧。《节用中》说：“凡天下群百工，轮车鞼匏（guì páo，皮匠），陶冶梓（zǐ）匠。”《墨经》提到各种手工业工种，有造车、制革、制陶、冶金、缝纫、刺绣、做鞋、造铠甲与土石建筑等，应有尽有，从中概括提升各门自然科学知识，构造光学、力学、简单机械学、数学与物理学的理论系统。

5. 战国时势生巨人

“时势造英雄。”德国文化史学者雅斯贝尔斯（1883—1969）说，以公元前五百年为中心，人类精神基础同时独立地在中国、印度、波斯、巴勒斯坦和希腊开始奠定，直到今天人类仍然依附在这一基础上。这期间所发生的精神过程，建立一个轴心，把这个时期称为轴心时代。

这一时期发生了不寻常的事件，在中国诞生了孔子与老子，兴起了中国哲学的各种派别，这是出现墨子、庄子等诸子百家的时代。这个时代产生了所有我们今天依然在思考的范畴（chóu）。思想家思考民众怎样才能最好地生活在一起，君主怎样才能最好地对民众加以管理，这是一个革新的时代。

雅斯贝尔斯的论述，对认知墨子时代与墨学价值，是极好的借鉴。恩格斯评价西方文艺复兴时说：这是一次人类从来没有经历过的最伟大的、进步的变革，是一个需要巨人而且产生了巨人——在思维能力、热情和性格方面，在多才多艺和学识渊博方面的巨人的时代。

春秋战国时代，正是中华民族“从来没有经历过的最伟大的、进步的变革”，是一个需要而且产生了巨人的时代，墨子“在思维能力、热情和性格方面，在多才多艺和学识渊博方面”，不愧是中华传统文化的巨人。

这一时期，中华传统文化由“学在官府”，下移民间。知识分子，学术精英，像雨后春笋，滋生民间。这一伟大时代社会变革中应运而生的思想巨人，群星灿烂，不是一人、几人，而是一大群人。诸子百家，众若繁星，每家团体，数百上千。《孟子·滕（téng）文公下》形容诸子百家规模：“后车数十乘，从者数百人，以传食于诸侯。”

中华民族的智慧，冲破王朝禁锢（gù），急剧飞跃进展。伟人流派，相伴而生，学术元典，层出不穷。梁启超《论中国学术思想变迁之大势》，形容战国诸子百家争鸣的盛况："九流十家，继轨并作，如春雷一声，万绿齐茁（zhuó）于广野，如火山乍（zhà，突然）裂，热石竞飞于天外。壮哉盛哉！"①

春秋末道儒两大派创始人老子（约公元前580—约公元前500）与孔子，相继辞世。墨家创始人墨子，像一颗灿烂新星，在世界东方的地平线上升起。清学者赵翼（1727—1814）《论诗》说："李杜诗篇万古传，至今已觉不新鲜。江山代有才人出，各领风骚数百年。"

春秋战国期间，急剧变化的时势、社会环境与历史条件，与哲学家个人的出身、经历、智慧等因素，综合作用，因缘和合，磨砺（lì）造就老、孔、墨等中华民族传统文化的伟人。他们接踵成名，各领风骚，影响中华历史文化，至深至巨。其思想精华，早已融入中华民族的精神品格，后世中华民族子孙，无不引为典范，思索回顾，体味新意，滋养心灵。

《鲁问》说："翟以为不若诵先王之道，而求其说，通圣人之言，而察其辞，上说王公大人，次匹夫徒步之士。"墨翟认为，不如记诵夏商周先王的道理，而寻求其正确解说，通晓前代圣人的言论，而体察其修辞，对上游说诸侯卿大夫，对下游说普通民众。墨子口口声声自称"翟"，有时一段话，连用7个"翟"字。

墨子是劳动者出身的学术巨人，墨家的可贵之处，是把劳动经验，提升为自然科学，把劳动人民的朴素思想，提升为人文社会科学。墨子首创的墨家学术共同

① 梁启超《论中国学术思想变迁之大势》，上海古籍出版社2001年版，第18页。

体，经二百多年的学术积淀，在前三世纪末，由后期墨家集体著《墨经》。

《经上》说：**“巧传则求其故。”**总结《墨经》科学知识形成的机制原理，即对代代相传的手工业技巧，探求其所以然之故，通晓其原因与规律。墨子后学，把当时各类手工业技术经验，总结概括提升，构成各门自然科学理论，反映手工业者、商人与农民劳动者的利益，建构系统的人文社会科学学说。

墨子在谈话辩论中，常把“农与工肆（sì）”的人和事，作为打比方、举例子的素材。墨子学说，反映“农与工肆之人”的利益，喊出他们的心声。墨子从不否认自己出身贫贱，不否认自己学说与劳动人民的内在关联。

公元前 439 年，楚惠王在位五十年，墨子游楚，向楚王献书，楚王借口自己年老，派大臣穆贺接待墨子。墨子在穆贺面前，承认自己是“贱人”，自己的学说是“贱人之所为”，把自己的学说，比喻为农民种的粮食、采集的草药。墨子是平民，是由劳动者上升为知识分子。

《吕氏春秋·爱类》说，公输般（鲁班）为楚国造云梯，准备攻打宋国，墨子听闻，自鲁往救，裂裳裹足，日夜不休，十日十夜，到达楚国首都郢（yǐng），见楚王说：**“臣，北方之鄙人也。”**“鄙人”，即小人、卑贱的人，与当时社会的高贵者、贵族、统治者，有本质区别。

《荀子·王霸》说，**“墨子之说”，是“役夫之道”，**是干粗活人的道理，劳动者的道理。荀子说的“役”，即劳役、役使、奴役、仆役、供役使的人。“役夫”，即孟子所谓“劳力者”，体力劳动者，是供人役使、干粗活的人。荀子说“儒之所谨（jǐn）守”的儒家学说，是“圣王之道”，贵族之道，道破儒墨学说互相对立的本质。

《孟子·滕文公上》说，社会分工，或者劳心，或者劳力，劳心者是治人者，劳力者是被人治的，劳力者给劳心者生产食品，劳心者享受劳力者生产的食品，这是“天下之通义”，即世上的普遍道理。

孟子又说，无君子，就无人管治劳动者，无劳动者，就无人生产食品，让君子享受。东汉赵岐解释说，劳心者指君主，劳力者指民众。君主施政，治理民众，民众竭力生产，以奉养君上，是“天下通义”，常行的道理。

孟子的说法，是中国长期封建社会正统思想的标本。孟子说：“君子劳心，小人劳力。”“劳心者”：指君子、贵族与统治者。“劳力者”：指劳动人民，被诬称蔑（miè）称为“野人”“小人”，是专供役使，生产财富，给统治者提供物质享受的被统治者。

封建社会为统治者服务的思想家，罕有为“役夫”代言。荀子说“墨子之说”，是“役夫之道”，即劳动者、“野人”、“小人”的道理。“儒之所谨守”的儒家学说，是“圣王”、“君子”、贵族和统治者的道理，透露墨儒两大学派不同的社会基础与价值取向。

作为两千多年中国封建社会主导意识形态的儒学，代表统治者与贵族利益。孔子轻视劳动者。《论语·子路》载，樊迟向孔子表达，想学种庄稼、种菜，孔子训斥：“小人哉，樊须也！”孔子认为，想种庄稼、种菜，是“小人”。“小人”，指劳动者、被统治者。儒家轻视和鄙视劳动者的思想，与全部墨学，势不两立，尖锐敌对。

韩愈《师说》："百工之人，君子不齿。"即各种工匠，君子不屑。"不齿"：不屑同列，看不起，鄙视。《论语·子张》说："学而优则仕。"学习好，不是为做劳动者，是为当官，做君子，行帝王、贵族之道。墨子是劳动者的圣人，墨家是劳动者的学派，墨学是劳动者的学说，在中国文化史中，占有伟大的历史地位，具有深刻的学术影响。

二、 劳动者的学派

1. 墨子讲学

墨家是劳动者学派，成员来自民间，直接参加劳动。墨子器重的一位弟子，叫耕柱子，有着浓厚的劳动气息。墨子讲学，在农田边，门徒手扶劳动工具，拥簇耕牛，一群典型的劳动者形象。墨子讲学，见图3。

图3 墨子讲学

墨子继孔子后，大规模私人办学，弟子极盛，遍布天下，兴盛于整个战国时期二百多年。《吕氏春秋·有度》说“孔、墨之弟子徒属充满天下”。《吕氏春秋·当染》说孔墨“从属弥（mǐ）众，弟子弥丰”。“孔、墨之后学显荣于天下者众矣，不可胜数。”“禽滑厘学于墨子，许犯学于禽滑厘，田系学于许犯。”墨家门徒，代代相传，无时乏绝，到战国末。

墨子止楚攻宋，一次派弟子三百名，帮宋国守城。孙诒让收集墨子后学，有姓名者数十人。历次战斗，死难弟子，动辄（zhé）数百。司马迁《史记·孔子世家》说，“孔子以诗书礼乐教，弟子盖三千焉”。孔子号称弟子三千，墨家在战国时期相传二百余年，门徒总数与孔门相当。

《吕氏春秋·所染》记载，墨子见染丝感叹说：“染于苍则苍，染于黄则黄，所以入者变，其色亦变。”认为教育与染丝一样，能改变教育对象的天性素质，朝“真善美”的积极方向塑造门徒。墨子学校，确像染缸熔炉，熏染重铸学生的品德智能。

《吕氏春秋·尊师》记载，高何、县子硕，是齐国有名暴徒，蛮横暴虐（nüè），乡里痛恨，二人到墨子学校学习，弃恶从善，表现优秀。索卢参原是东方巨奸大猾，无赖之徒，后为禽滑厘学生，循规蹈矩，变为好人。

原本危害社会的“刑戮死辱之人”，受墨子、禽滑厘严格教育，积极进业，努力诵读，称师论道，追求光明，被塑造为著名学者，“免于刑戮死辱”，成为天下名士显人，受王公大人礼遇，变化翻天覆地，突显了墨家教育事业的神奇功效。

墨子把教学看作“为义”，即为实现理想事业服务。

《尚贤下》记载，墨子认为“为贤之道”的应有之义，是“有道者劝以教人”，即有道理，有知识，应该以言相劝，教导别人。如果“隐慝（tè）良道，而不相教诲”，则被认为是不仁义。墨家有自觉纲领、明确组织和严密纪律，其纲领是“为义”，即实现墨子理想，组织成员，称为“墨者”，有严格纪律约束，叫“墨者之法”。

墨子办学，因材施教，因能分工。《耕柱》记载，治徒娱、县子硕问墨子，实现墨家理想，最重要的事务是什么？墨子说，譬如筑墙，能运土的运土，能打夯的打夯，能测量的测量，墙就筑成。

墨者教育，是为适应需要，培养“谈辩”、“说书”与“从事”三种人才。“谈辩”一科，是学习谈话辩论的技巧方术，专门培养游说之士。“说书”一科，是解说讲习文化科学知识，专门培养学者教师。“从事”一科，是学习从事工农商兵等各种事业，培养实用人才。墨学教育分“谈辩”、“说书”和“从事”三科，互相兼顾，因材施教，各用所长，是根据当时社会需要与学生才能特点设立。

《公孟》载：“有游于子墨子之门者，身体强良，思虑徇（xún）通，欲使随而学。”墨子遇到身体健康、思维敏捷的人，就想让他跟自己学习。说：“今子为义，我亦为义，岂独我义也哉？子不学，则人将笑子，故劝子于学。”把师生共学，看作“为义”，即为实现理想事业服务。

《公孟》载：“有游于子墨子之门者，子墨子曰：‘盍学乎？对曰：‘吾族人无学者。’子墨子曰：‘不然。夫好美者，岂曰吾族人莫之好，故不好哉？夫欲富贵者，岂曰我族人莫之欲，故不欲哉？好美、欲富贵者，不视人犹强为之。夫义，天下之大器也，何以视人？必强为之。'" 即学习，是实现仁义这种天下头等大事，就像好美、想富贵一样，不看别人脸色，要自觉强力而为。

教育是继承和传播科学知识的必要手段。《经说下》论证"学习有益"的论题，肯定教学的功用："唱而不和，是不学也。智少而不学，功必寡。和而不唱，是不教也。智多而不教，功适息。"即老师教，学生不跟着学，这叫"不学"。知识少而不学，教育功效不能发挥。学生想学，老师不积极教，这叫"不教"。知识多而不教，教育功效等于零。

为充分发挥已获取知识的功效，墨子不遗余力倡教劝学。墨子是积极求知的学生，又是热情施教的师长。墨子对后学不倦教诲，亲如父兄，弟子对老师十分敬重。墨子的"子"已是尊称，弟子们每称师，还于"墨子"前再加"子"，亲切呼为"子墨子"，翻译为现代汉语，相当于说："我们的老师墨子。""我们的墨老师。"何等尊敬亲切！墨子对弟子循循善诱，不摆架子。老师可批评教育学生，学生可向老师质疑问难，对老师学说存疑批评。《墨子》不乏师生切磋学术、促膝谈心的感人事例。

墨子的教学方法，是系统讲授、日常对话和各种实际训练相结合。《墨子》是墨子教学演讲词的说明与发挥。从《尚贤》到《非命》十篇，是墨子社会政治学说系统讲演的记录。《非儒》《耕柱》《贵义》《公孟》《鲁问》等篇，是墨子与弟子对话的记录。

对话是重要的教学方式。《墨经》与《备城门》城守各篇，是墨子弟子实验实习记录的说明与发挥。《修身》说："士虽有学，而行为本焉。"墨子教育，注重实行，学以致用。墨子"博学"，除传统文化历史知识外，还包括总结劳动经验，建构各门科学知识。

《鲁问》载，墨子把学成的弟子推荐到各诸侯国做官，或从事其他事业，或留在墨者团体服务与继续教育。墨者团体，像一个小社会，里面需要各式各样的专门人才。大弟子禽滑厘是墨子的助手，全面协理工作。

耕柱子、高石子、胜绰（chuò）、公尚过等，被派往楚、卫、齐、越等国从政、从军。弟子从政从军，表现不好，违背墨子学说，可能被召回，重新接受教育。胜绰做齐将项子牛的侍从，多次助齐伐鲁，被墨子请退训斥。弟子虽学成外出工作，但仍受墨者团体纪律的约束。

《耕柱子》载，弟子外出工作，要将一部分收入交纳墨者团体公用。墨子器重的弟子耕柱子，到楚国做官，有几位老同学，被墨子派到楚国办事，吃住在耕柱子处。他们觉得耕柱子，招待不够丰厚，每天只供给三升粮食，吃不饱。

于是回来报告墨子，说耕柱子在楚国没什么好处，他待我们很吝啬，还不如把他调回来算了！没过多久，耕柱子集存了 200 两（1 两＝50 克）黄金，恭恭敬敬地奉送给墨子。

《鲁问》载，曹公子从墨子学校毕业，工作三年后，返校探望墨子，对墨子回忆说："始吾游于子之门，短褐（hè）之衣，藜藿（lí huò）之羹，朝得之，则夕弗得。”即过去我在您门下学习，穿粗布衣，吃野菜粥，早上喝了，晚上还不一定喝得着。

墨者的道理，是法夏宗禹，即效法夏代，崇尚夏禹，以一心为民、为公的夏禹，为道德的楷模，伦理的典范。《公孟》载，墨子对儒家信徒公孟子说：“子法周而未法夏也，子之古，非古也。”

即你们儒家效法周代，崇尚周公，而没有效法夏代，崇尚夏禹，所以儒家效法的榜样，没有墨家古老。墨子要求门徒，学习夏禹，亲自劳动，吃苦耐劳，穿粗布衣，登木麻鞋，日夜不休，谁做不到，就不符合夏禹的道理，不能叫墨者。

墨家成员不仅要有知识，有专业技能，多数成员还要接受军事训练，随时准备打仗，为实行仁义的事业而献身。墨家有侠义精神。《墨经》有对“任”（任侠）概念的定义。《经上》说：“任，士损己而益所为也。”

《经说上》解释说：“任：为身之所恶，以成人之所急。”即任侠精神，是士人肯牺牲自己的利益，使为自己所保护的人得到利益。有任侠精神的人，能经受自身本来所不愿意经受的痛苦，以成功救助别人的急难。毕沅《墨子注》说：“任，谓任侠。”

“任”意为“保护”。《说文》：“任，保也。”引申为以抑强扶弱为己任的侠义精神和行为。古有“任侠”一词。《史记·季布栾（luán）布列传》：“季布者，楚人也。为气任侠，有名于楚。”“侠”：扶弱抑强，见义勇为的人，如游侠。

《韩非子·五蠹（dù）》说：“侠以武犯禁。”任侠、游侠、侠义之士有武器，如佩剑匕首之类，用武力“扶弱抑强，见义勇为”，在国家秩序正常、生活安定的和平时期，这种现象有可能被视为违反国家禁令，构成犯罪。

《经上》定义说：“罪，犯禁也。”即犯罪是违反国家禁令。秦汉统一国家政权建立后，墨家这一有组织学派，兼侠义集团，解体衰落，这与侠和政府的矛盾、侠不适应封建大一统时代的要求，有必然联系。

墨家集团的一个特征，是具有任侠、侠义精神。《孟子·尽心上》：“墨子兼爱，摩顶放踵利天下，为之。”《淮南子·泰族训》：“墨子服役者百八十人，皆可使赴火蹈刃，死不旋踵。”任侠、游侠、侠义之士有武器，用武力做“扶弱抑强，见义勇为”的事，必然使墨家集团带有一定军事性，这由当时特殊的社会历史条件和墨家集团的价值取向所决定。

墨者团体是中国最早的民间社团。墨子后学就在这个社团中，薪尽火传，代兴不辍，活动足迹遍布神州，一直到秦始皇统一中国，墨者团体才逐渐失去存在价值，从中国政治舞台销声匿迹。

墨子、禽滑厘，都长得黑，酷似劳动者。《贵义》记载，墨子“色黑”，从鲁国出发，到齐国游说，有先生半路遇见他说，您现在不能到齐国去，因为现在老天爷正在齐国杀黑龙，您颜色黑，去不吉利。

《备梯》记载，禽滑厘“面目黧（lí）黑”，因从事体力劳动，手脚长满老茧。

战国时期，周王朝衰微，没有统一、强有力的中央政府，诸侯林立，各踞一方，墨家集团不得已采用军事化手段，自我防御，助人防御。《墨子》有 11 篇文章，讲守城技术和战略战术等军事思想。以墨子为首的手工业匠师，兼做军事器械和武器装备制造专家。墨家成员经过军事训练，掌握军事技能。墨家防御战的战略战术和军事辩证法思想，有积极的现实意义。

2. 谈话辩论

《公孟》载，墨子与门徒对话，墨子弟子治徒娱和县子硕，问墨子：为实现仁义的事业，要做哪些最重要的事情？墨子回答：好比筑墙一样，能修筑就修筑，能夯（hāng）土就夯土，能测量就测量，这样墙才能筑成。为实现仁义的事业也如此，能游说就游说，能教书就教书，能做事就做事，这样实现仁义的事业就能完成。

"谈辩"，即谈话和辩论，与之对应的学说门类是辩学，即中国古代逻辑学。"说书"，即解说讲习古代典籍，相当于聚徒讲学，传播知识。"从事"，即从事工农兵学商的实际业务。这是墨家学派内部的专业分工，类似孔门的四科，即《论语·先进》所谓"德行"、"言语"、"政事"和"文学"的分类。

墨子在游说和辩论中，为了增强说服力和言辞的表达效果，特别注意进行严密的推理论证，擅长运用譬喻等修辞，为墨子后学在《墨经》中系统总结中国古代的辩学，即逻辑学，准备丰富的资料素材。

谈辩是战国时期流行游说之士的业务专长。《商君书·算地》记载"谈说之士，资在于口"，即战国游说之士的资材（赖以凭借的专长、才能、条件）是用口来谈话和辩论。《荀子·儒效》"慎墨不得进其谈"，即慎到、墨翟不能任意驰骋其谈话和辩论。《孟子·滕文公下》："予岂好辩哉！予不得已也。"战国游士善谈辩，是时代需要，不得已而为。

战国时期的“士”，即新兴的知识阶层，担负着传承中华文化的重任，谈辩是他们的资质才能，是他们从事社会活动，实现自身价值的手段。《荀子·儒效》说，当时的“辩士”们“率其群徒，辩其谈说”。当时诸子百家，都是如此。

《孟子·滕文公下》载，孟子“后车数十乘，从者数百人，以传食于诸侯”。《滕文公上》载，许行“为神农之言”，研究农家学说，从楚国到小小的滕国，“徒数十人”，有几十位门徒。齐国稷（jì）下学宫，聚集诸子百家，达数百千人，开通“康庄之衢（qú）”，修筑“高门大屋”，授予“上大夫”称号，享受高额俸禄，任其谈辩著述。

谈话辩论，是墨子宣传主张、从事社会活动的主要手段。《天志上》载“上说诸侯，下说列士”。墨子常住齐鲁，由此出发，四处游说。《贵义》说：“墨子自鲁即齐。”从鲁国出发到齐国，多次游说楚、宋、卫等国。《墨子》提到“鲁阳文君”12次，墨子与楚国封君鲁阳文君交往密切，经常谈话。墨子后学，远游越、秦等国。

古代流行典故，班固《答宾戏》说“墨突不黔（qián）”。东汉赵岐《孟子章指》：“墨突不及污。”指墨子四处游说，东奔西走，灶上烟囱（cóng）来不及熏黑，就奔走他方。《文子·自然》和《淮南子·修务训》说“墨子无暖席”，指墨子忙于游说，没有工夫把席子坐暖，就动身往别处去。这是成语“席不暇（xiá）暖”的由来。

《公孟》载，儒家信徒公孟子对墨子说“譬若美女，处而不出，人争求之。行而自衒（xuàn），人莫之取也。今子遍从人而说之，何其劳也！”即美女待在家里，不出门去，人们会争着向她求婚。如果她边走，边炫耀自己美丽，就没人敢娶她。现在你到处追着人游说，怎这么辛苦呢？

墨子说：“今夫世乱，求美女者众，美女虽不出，人多求之；今求善者寡，不强说人，人莫之知也。”即现在世道混乱，求美女的人多，美女虽不出门，也会有很多人求娶；现在求善的人少，如不勉力游说，人就不知道自己的学说。

《鲁问》载，墨子对居住在鲁国南部边境的隐士吴虑说：“翟以为不若诵先王之道，而求其说，通圣人之言，而察其辞，上说王公大人，次匹夫徒步之士。王公大人用吾言，国必治，匹夫徒步之士用吾言，行必修。故翟以为虽不耕而食饥，不织而衣寒，功贤于耕而食之，织而衣之者也。故翟以为虽不耕织乎，而功贤于耕织也。”

即不如诵读先王之道，研究先王的学说，通晓圣人的言论，考察圣人的说词，向上游说王公大人，其次游说平民百姓。王公大人采用我的学说，国家一定治理。平民百姓采用我的学说，道德一定高尚。所以我认为，虽然不耕田，给饥者吃饭，不织布，给寒者穿衣，但功劳超过耕田让人吃饭，织布让人穿衣。所以我认为，虽然不耕田织布，而功劳超过耕田织布。

墨子说，在战场上，敲鼓而使众人投入战斗，比不敲鼓使众人投入战斗，而只是亲自战斗者，功劳更多。用游说鼓励众人推行仁义，比只是自己推行仁义，功劳更多。这句话道出了墨子有充分的自觉，认为自己作为学派领袖，努力宣传学说，使天下得到教化，是自己特殊的社会价值、功能和作用。

三、 劳动者的学说

1. “以卵投石”：墨子自信放豪言

《贵义》记载墨子说：“吾言足用矣，舍吾言革思者，是犹舍获而捃（jùn）粟（sù）也。以其言非吾言者，是犹以卵投石也，尽天下之卵，其石犹是也，不可毁也。”即我的言论就足够用了，如果抛弃我的言论，遵照别的学说，相当于农民抛弃收获，捡拾遗落在地上的几粒粮食。

“舍获而拾粟”，意同“丢西瓜捡芝麻”。你用别的学说，非难我的学说，是“以卵投石”：拿鸡蛋打石头，把天下的鸡蛋都打烂，我这块石头依然坚硬。因为我的学说是真理，不会被攻破。这是墨子的豪言壮语，表明墨子对墨学的自信。

2. “天下无人墨言在”：后学崇拜墨子言

《大取》记载，墨家弟子说：“天下无人，子墨子之言也犹在。”即假如有一天，万一世界上没有人了，我们老师墨子的言论学说，还依然回响在宇宙无尽的苍穹。这是墨子后学的豪言壮语，表现墨子后学对墨学真理性的自信。

3. 墨学价值

墨家是先秦诸子百家的重要一家，墨学与儒学并称显学，影响仅次于儒学。墨学、儒学与诸子学，激烈辩论，互相渗透。《墨经》对自然科学与逻辑方法的概括总结，是囊（náng）括百科、熔铸百家的结果。

从专讲逻辑、哲学和科学的意义上说，《墨经》比同时代其他任何经典，都更有价值。一般说，中华传统文化（包括儒道）的缺点，是不强调逻辑与科学，而

《墨经》，专讲逻辑与科学。《墨经》是微型百科全书，字数少、简练，涵盖中国古代各门科学，是墨学精华、全人类优秀遗产，有重要的现代价值。

《墨经》价值独特，是诸子百家争鸣辩论与科学认知的总结，是墨学发展到高峰的惊世硕果。《墨经》概括中国传统科学知识，在先秦诸子百家中独树一帜，在同一时期的世界，一枝独秀。《墨经》的科学范畴与原理，与世界科学相通，有宝贵的理论、历史与现实价值。

《墨经》最显著的特质，是浓缩中国传统科学知识，凝聚微型百科全书。《墨经》有当时世界顶级的光学知识，启迪最新科技发明墨子号量子卫星的创意。《经说下》第130 条记载精密的科学实验，发现地面对悬挂物体的引力。《墨经》有当时世界顶级的逻辑系统，与古希腊逻辑、印度因明，三足鼎立。《墨经》学理精湛（zhàn），价值连城。

清中叶以来，《墨子》文本校勘、训诂、考据风盛，义理价值，渐被认知。《墨经》创新发挥论证墨子兼爱说，尚功利，重人为，把墨家逻辑与科学的创造，推进到极致，攀登至高峰。英国著名科学史家李约瑟（1900—1995）指出："前期墨家注重伦理和社会生活，后期墨家注重逻辑与科学。"①

狭义《墨经》讲科学，为人类贡献宝贵的知识遗产，是现实文化取之不尽、用之不竭的源头活水。狭义《墨经》，是世界顶级的逻辑与科学论著，巧传求故究缘由，

① 李约瑟《中国古代科学思想史》，江西人民出版社 1990 年版，第201 页。

概括天人总规律，是墨学发展到新质的高级阶段。《墨经》作为古代微型百科全书，涵盖各门学科，是墨学的精华，全人类的优秀遗产，有重要的现代价值与世界价值。

2020 年 1 月 14 日联合国教科文组织总干事奥德蕾·阿祖莱（Audrey Azoulay）在世界逻辑日（World Logic Day）致辞说“中国墨家学派”的典籍，指《墨经》。《墨经》逻辑，是先秦诸子百家争鸣辩论的杰出成果，是全人类优秀的文化遗产，有重要的现代价值，为世界公认。

区分广狭二义《墨经》，对文化史研究，意义非凡。狭义《墨经》，从自然本身解释自然，不掺杂任何鬼神迷信因素，是彻底的无神论，当时世界顶级的科学人文学知识，是墨学发展史上辉煌的进步，中国文化轴心时代的历史绝响。

胡适（1891—1962）说：“这四篇著作（指狭义《墨经》）是现在仅存的古代中国科学成就的证据。”“毫无疑问，这些作品是一个科学时代的产物。”是“真正有价值的唯一著作”，“完全没有超自然的、甚至迷信的色彩”。①

狭义《墨经》四篇，只字不提墨子喜欢说的鬼神，凝练浓缩科学知识，是前三世纪领先世界的科学人文极品，在中国逻辑史、哲学史、思想史、科学史和文化史上有重大理论、历史与现实意义，值得大书特书。在新时代条件下，创转创发，创新转型，与现实文化相融通，推陈出新，永续发展。

晋鲁胜最早注释狭义《墨经》四篇，突显《墨经》辩学（逻辑）内容，径称《墨经》为《墨辩》《辩经》。鲁

① 胡适《先秦名学史》，学林出版社 1983 年版，第 52、57、77 页。

胜在《墨辩注序》中说："作《辩经》以立名本。""《墨辩》有上下《经》，《经》各有《说》，凡四篇。"鲁胜的《墨辩注》学术价值极高，"遭乱遗失"，《晋书·隐逸传》引鲁胜《墨辩注序》，为《墨经》的现代研究指明方向，启示研究方法，是预示近现代《墨经》新研究的杰出先驱。

胡适留学美国，师事杜威，钻研《墨经》，用英文撰博士论文《先秦名学史》，开创现代墨学研究新范式，功盖千秋。胡适说："《墨子》的《经》上下、《经说》上下、《大取》《小取》六篇，从鲁胜以后，几乎无人研究。""到了今日，这几篇二千年没人过问的书，竟成了中国古代的第一部奇书了！""《墨辩》六篇，乃是中国古代第一奇书。"①

《墨经》专讲科学人文知识，在当时世界独一无二。《经上》是逻辑与科学范畴的定义、划分和简单命题。《经下》是逻辑与科学的定理与论证。浓缩论证格式，便于诵读记忆。《经说》是对《经》的说明。狭义《墨经》结构，见表1。

表1　狭义《墨经》结构

序号	篇名	内容	著者
1	《经上》	科学范畴定义、划分、简单命题100条	东北方齐国墨者相里勤弟子五侯之徒
2	《经说上》	科学范畴定义、划分、简单命题的说明	
3	《经下》	科学原理论证183条	
4	《经说下》	科学原理论证的说明	

① 胡适《中国哲学史大纲》卷上，商务印书馆1987年影印版，第31、223页。

狭义《墨经》5 700 多字，有极其重要的理论、历史和现实意义，其价值功能与作用，超越同时代任何一部典籍，是亟待弘扬的文化瑰宝。狭义《墨经》183 条，有 71 条专讲逻辑，占近 40%的比例。

《墨经》全文，都用逻辑作为架构方式。狭义《墨经》，全部都是自觉运用“辩学”“名辞说”（概念命题论证）的形式表达，无一例外。《小取》是中国古代逻辑专论，《大取》论重要的逻辑、辩证法与伦理学原理。《墨经》包含古今中外常用的普遍真理、概念范畴、命题论证，有“施诸四海而皆准，行诸百世而不悖”的科学理念。① 二取结构，见表 2。

表 2　二取结构

序号	篇名	主旨	著者
1	《大取》	逻辑学、辩证法、伦理学原理	南方楚国墨者苦获、已齿、邓陵子之属
2	《小取》	中国逻辑简明教学大纲	西方秦国相夫氏之墨

《墨经》是墨学总结阶段的精华荟萃，是当时中华民族认知与改造世界的理论总结，浓缩中国古代各门科学知识。《墨经》表述的特点是浓缩，一字千金，意义深湛。《墨经》字数，见表 3。

表 3　《墨经》字数

狭义《墨经》	《经上》529 字	《经说上》1 445 字	《经下》850 字	《经说下》2 890 字			共 5 714 字

① 胡适《中国哲学史大纲》卷上，商务印书馆 1987 年影印版，第 166 页。

续表

广义《墨经》	《经上》	《经说上》	《经下》	《经说下》	《大取》	《小取》	共
	529 字	1 445 字	850 字	2 890 字	1 775 字	916 字	8 405 字

古汉语表述简练，《墨经》尤甚。古用“简牍（dú）”（竹简木片）作为书写材料。诸子大家，学派领袖，动辄“其书五车”，携带不便。墨家集团成员，游士说客，巡游各地，《墨经》浓缩简练，便于储存深刻复杂的知识精义，预留诠释发挥的思维余地。

《墨经》是有开端，无终点，有预想，待完善的中国文化科学化、逻辑化的理想蓝图。恩格斯说：“在希腊哲学的多种多样的形式中，几乎可以发现以后的所有观点的胚胎、萌芽。”① 《墨经》义理，包含许多现代逻辑与科学的胚胎萌芽，值得说明与发挥。

4. 分科研究

《墨经》科学知识的分科研究，有其合法性、必要性、可能性与必然性。狭义《墨经》，是墨学的最高成就，概括中国传统科技知识，推出微型的百科全书，是战国末前三世纪墨者创造性的综合。

《墨经》绝学分科研究的合法性，根源于现代科学研究运用分析方法的必要性。恩格斯说：“对未知对象的**分析**（剖开一个果核已经是分析的开端）”。② 科学研究的分析方法，须臾（yú）不可离。现代科学研究，没有科学的分析，就没有科学的综合。

---

① 恩格斯《自然辩证法》，《马克思恩格斯选集》第 4 卷，人民出版社 1995 年版，第 287 页。

② 同①，第 331 页。

《墨经》科学的分科研究，是现代科学研究的标志性内容，适应研究现代化、世界化的需求，是现代研究者的神圣使命与社会责任。《墨经》科学分科十八门。自然学科五门：光学、力学、简单机械学、数学与物理学。人文社会学科十三门：逻辑（逻辑学）、本体哲学（世界观，宇宙观，本体论，存在论，形而上学）、认知哲学（认知理论，认识论）、方法哲学（方法论）、科技哲学（自然辩证法）、历史哲学（历史观）、经济学、政治学、伦理学、教育学、语言文学、艺术美学与军事学。《墨经》科学分科，见表 4。

表 4　《墨经》科学分科

一级学科	序号	二级学科
自然学科	1	光学
	2	力学
	3	简单机械学
	4	数学
	5	物理学
人文学科	1	逻辑（逻辑学）
	2	本体哲学（世界观，宇宙观，本体论，存在论，形而上学）
	3	认知哲学（认知理论，认识论）
	4	方法哲学（方法论）
	5	科技哲学（自然辩证法）
	6	历史哲学（历史观）
	7	经济学
	8	政治学
	9	伦理学
	10	教育学

续表

一级学科	序号	二级学科
人文学科	11	语言文学
	12	艺术美学
	13	军事学

5. 科学产生

《经上》说："巧传则求其故。"即探求世代相传手工业技巧的原因和规律，是《墨经》各门科学知识形成的机制原理。《小取》说："其然也，有所以然也。"然，是现状。所以然之故，是导致现状的原因。《经说上》说："法取同，观巧传。"即观察世代相传各种手工业技巧的法则规律。

古希腊自然哲学家德谟（mó）克利特，注重探究自然的原因，写过许多关于天体、大地、声音、植物、动物等原因的著作。他说："宁愿找到一个因果的说明，而不愿获得波斯的王位。"即求故胜当波斯王。①

亚里士多德说："技术家较之经验家更聪明；前者知其原因，后者则不知。凭经验的，知事物之所然而不知其所以然，技术家则兼知其所以然之故。""大匠师应更受尊敬，他们比之一般工匠知道得更深切，也更聪明"，"我们说他们较聪明，并不是因为他们敏于动作而是因为他们具有理论，懂得原因。""而理论部门的知识比之生产部门更应是较高的智慧。"② 因为它们阐明探求

① 北大哲学系《古希腊罗马哲学》，商务印书馆 1961 年版，第 103 页；汪子嵩等《希腊哲学史》，人民出版社 1997 年版，第 1062 页。

② 亚里士多德《形而上学》，吴寿彭译，商务印书馆 1959 年版，第 2、3 页。

自然原因规律的科学理论意义。

《墨经》为什么重视科学知识?《墨经》作者是工匠理论家。墨家成员，是中国社会最底层的直接生产劳动者，用墨子的话说，是“农与工肆之人”，农民与手工作坊的各种工匠。《鲁问》、《公输》与军事各篇记载，墨子会做大车与各种守城器械，熟悉当时各种手工业技巧。

墨子经常提到当时的各种手工业工匠技巧。《节用中》说“凡天下群百工”，即所有天下的各类工匠技艺，有车匠、皮匠、制陶、冶金、木匠等。《墨经》各学科的抽象理论性条文，都从墨者亲身体验的各类手工业技艺总结升华，连带提到的手工业技艺，有制革、制陶、冶金、缝纫、刺绣、制鞋、制铠甲与土石建筑等各类工种，应有尽有。

诸子百家争鸣辩论分化与特化的结果，各种因素的动力与张力，促使《墨经》作者专门总结中国传统科学知识，是当时墨家成员亲身从事各类手工业技艺的理论升华。概括总结各类手工操作技艺，促使《墨经》各门科学知识的诞生。

工匠技艺的数学抽象，促使墨家数学的诞生。各种球面镜（凸镜、凹镜）生产、质量检验与科学实验，促使墨家世界顶级系统光学知识的诞生。论述光线直线传播原理，分析“无宇”“无厚”无限小的光微粒（光量子、端）概念，启示墨子号量子卫星的创新发明。

亲身劳动、亲手举重与抽象的理论思维，促使墨家力学定义的诞生。成员亲自参与土石建筑工程、质量安全保障与学理论证，促使了引力实验的设计，发现和定义了地面引力。实践、实验、观察与抽象的理论思维，是墨家科学产生的路径缘由。

6. 好学而博

《庄子·天下》说墨子“好学而博”，靠学习获取广博知识。墨子建立学派，创立学说，称为显学，原因是勤奋好学。墨子提倡“学而能”“学而知”，依靠学习，增长知识。《尚贤》中下记载，墨子同“王公大人骨肉之亲、无故富贵、面目美好者”划清界限，认为他们不是“学而能”，靠出身门第，“既富且贵”，靠长相美艳，受宠重用，必然导致国家混乱。

墨子好学深思，苦读博览，到各诸侯国游说，抓紧时间攻读。《贵义》记载，有一次，墨子从鲁国出发，到卫国游说，车中“载书甚多”，门生弦（xián）唐子看见，奇怪地问道，老师，您车上装载这么多书，干什么？墨子说，往昔者周公旦早上读书百篇，晚上接见七十位士人，所以周公旦辅佐天子，功业影响至今。我墨翟上无国君的事情，下无耕农之困难，我怎敢不努力读书？墨子把读书看作本分，视为职业必需。

墨子最初学习传统儒学。鲁国是传统儒学的中心。鲁国开国君主，是周公旦儿子伯禽，尊重周礼。《左传·昭公二年》说：周礼全都在鲁国。《吕氏春秋·当染》记载，周王派礼官史角，去鲁国传授周朝礼仪制度，鲁君把史角留在鲁国，史角后代，在鲁国继续传播周礼，墨子青少年时期跟史角后代学习。

《淮南子·主术训》说，“孔丘、墨翟，修先圣之术，通六艺之论”。即孔子墨子都修习古圣先王的学术，精通六艺的理论。初级六艺，指礼、乐、射（射箭，军事科目)、驭(驾车，军事科目)、书(书法文字)、数(数学计算)。高级六艺，指礼、乐、诗(《诗经》)、书(《书经》)、易(《易经》)、《春秋》(历史书)。

墨子平日言谈讲学，常引用《诗经》、《书经》与周燕宋齐等国《春秋》。墨子自称："遍读百国《春秋》。"墨子娴熟中国传统文化典籍，墨学起源于中国传统文化，是中国传统文化的转化创新。

墨子学儒，发现儒家缺点，进而反儒非儒。《淮南子·要略》说，墨子学习儒者的业务，接受孔子的学术，认为儒学礼仪烦琐，不易实行，厚葬费财而贫民，长久服丧，伤害生命，妨害生产，所以背叛周朝的道礼，而崇尚夏朝的政治。

孔子推崇周公。《论语·述而》记载孔子说："甚矣吾衰也！久矣吾不复梦见周公。"即我衰老得多么厉害！我好长时间没再梦见周公！墨子标新立异，效法传说中的夏禹。《公孟》记载，有一次，墨子与儒家信徒公孟子辩论。

公孟子称颂古代，墨子对公孟子说："子法周而未法夏也，子之古，非古也。"儒家的效法榜样，是周公，墨子的效法榜样，是夏禹，比周公古老。争强斗胜，比学术渊源古老，是古代百家争鸣的趣事。

墨子受业儒学，不满儒学，在学儒师孔中，锐意创新，提出独特学术观点，构建墨家系统学说。《鲁问》记载，有一次，墨子外出游说，学生魏越问，您见到四方君主，对他们说什么？墨子胸有成竹，脱口而出，凡入国，必选取最重要的事务入手。

国家混乱，就宣传尚贤尚同。国家贫穷，就宣传节用节葬。国家喜欢音乐，沉湎（miǎn）喝酒，就宣传非乐非命。国家掠夺与侵害弱小，就宣传兼爱非攻。国家过分无礼，就宣传天志明鬼。所以，一定要选取最重要的事务入手。墨子一口气，说出尚贤等十个论题，这就是非常有名的“墨子十论”。

尚贤，是主张治国理政，任用贤能。尚同，是把贤人政治，推广全国，和平统一。节用，是节约开支。节葬，是丧事节俭。非乐，是反对统治者办大型乐舞，搜刮人民。非命，是主张强力从事，不信儒家天命论、命定论。兼爱，是倡导全人类相爱互助。非攻，是反对大国攻伐和掠夺小国。天志明鬼，是谬说天有意志，证明有鬼，假借天意鬼神，推行学说，把天鬼作为推行兼爱的虚幻工具。

墨子十论，在《墨子》中，都有相应论文，是后学记录老师的讲演词。墨子观点，与儒家孔子学说，根本对立，反映墨子独树一帜的创新精神。从墨子对学生的答话可以看出，墨子虽认为自己的观点自成体系，但在具体运用上还要结合各国具体情况，分别强调学说中的不同重点，以解决当务之急，现实存在的突出问题。

墨子没有全盘否定孔子，认为孔子学说，有“当而不可易者”，即有正确而不能改变的部分。《公孟》记载，有一次，墨子与儒家信徒程子辩论，墨子在辩论中引用孔子的话，作为自己论证的根据，程子质问：“非儒，何故称于孔子也?”

即你反对儒家，为什么又称引孔子的话？墨子答，孔子的话，有是真理而不能驳倒的部分，鸟遇热，飞向高空，鱼遇旱，潜入水底，这种规律，就是夏禹商汤，也不能改变。墨子突破派别偏见，服从真理，在创新中，不否定传统的正确成分。

《耕柱》记载，墨子批评儒家“述而不作”的错误论题。墨子说：“我认为，古代善者要继承，今日善者，要创新。增进知识，探求真理，无论古今新旧，应该兼容并蓄，多多益善。”

《鲁问》说，“翟以为不若诵先王之道，而求其说，通圣人之言，而察其辞”。即记诵古圣先王的道理，而求其解说，通晓圣人的言论，而审察其辞句。这是墨子述说他所从事的业务。但这恰恰也是孔子的专长，是一般儒者的业务，说明孔墨学说，有相同的依据，只是在推崇的方面，呈现的结果不同。

儒墨同根同源，支脉流向不同。儒墨都从同一起点出发，分道扬镳（biāo），走不同的路。儒墨在统一的中华传统文化基础上，呈现思想学说的多样性，各自代表不同等级与社会集团的利益。儒墨殊途同归，相反相成，共存共荣。

《鲁问》记载，墨子自称“不耕织”“功贤于耕织”，即不亲自耕田、织布，但比亲自耕田、织布，功劳更多，贡献更大。墨子的身份，是劳动知识分子、专职学派领袖，业务特点是宣传激励，擂鼓助战，不是亲自耕田、织布。

墨子从当时时代和社会需要出发，代表“农与工肆之人”的利益、愿望和理想，提出尚贤尚同、兼爱非攻等十大论题。墨子原创独到的学说，由战国后期墨家传人继承发展，推出被称为天下奇书的《墨经》。

《墨经》抛弃墨子天志、明鬼两个论题，专门研究逻辑学、哲学、自然科学和人文社会科学各领域的问题，对中国传统文化有不可磨灭的贡献，为后世留下珍贵的知识遗产，是中华文化取之不尽、用之不竭的源头活水，有重要的历史、现实和未来价值。经科学诠释和改造转型，《墨经》学说可成为振兴中华、实现中华民族伟大复兴的强大精神动力。

7. 沉睡《道藏》，墨书流传

《道藏》收《墨子》，是《墨子》流传至今，可见的最早最全、最完整可靠与权威的文本，从中可窥（kuī）见墨学全貌与精湛义理。《墨子》流传，至今最早见于明正统十年（1445），张宇初等奉命校刊《道藏》。

明《道藏》据宋刊本，收《墨子》五十三篇，相比《汉书·艺文志》（著录七十一篇），遗失十八篇。《道藏》收《墨子》卷十至十一，篇次第四十至四十五，顺序为《经》《经说》上下，《大取》《小取》六篇，称广义《墨经》。其中《经》《经说》上下四篇，称狭义《墨经》。

唐房玄龄等著《晋书·隐逸传》引晋鲁胜《墨辩注序》说："《墨辩》有上下《经》，《经》各有《说》，凡四篇，与其书众篇连第，故独存。"魏晋名辩思潮复苏，鲁胜彰显《墨经》的名辩（逻辑）思想，称《墨经》为《墨辩》。墨子后学，俱诵《墨经》，概括科学知识，定义科学范畴，论证科学原理，有惊世杰出的科学精神。《墨经》书影，见图 4。

《墨经》是千古奇书。《墨经》内容除涉及政治、伦理外，特别丰富突出的是逻辑、哲学和科学知识。《经上》讲逻辑、哲学和科学的定义、划分或简单命题，《经说上》解释。《经下》讲逻辑、哲学和科学的命题，

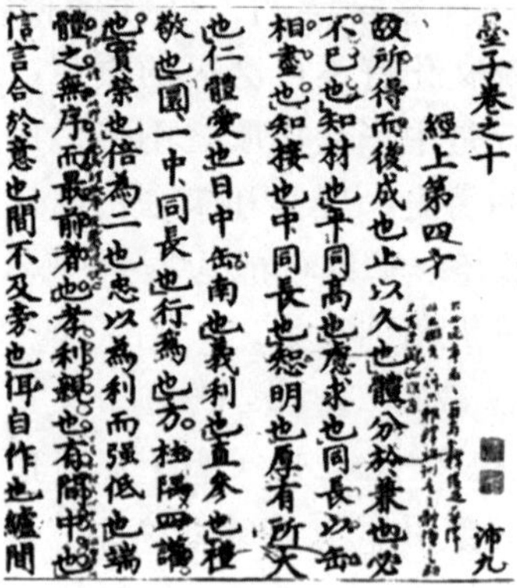
墨子卷之十　　沛九
經上第四十
故所得而後成也止以久也體分於兼也必
不已也知材也平同高也慮求也同長以缶相
盡也知接也中同長也恕明也厚有所大
也仁體愛也日中缶南也義利也直參也禮
敬也圜一中同長也行爲也方柱隅四讙
也實榮也倍爲二也忠以爲利而强低也端
體之無序而最前者也孝利親也有閒中也
信言合於意也間不及旁也佴自作也纑間

图 4　《墨经》书影

揭示论证命题的理由，浓缩为几个字，便于诵读和记忆，《经说下》解释。

《墨经》称呼，见《庄子・天下》：“相里勤之弟子五侯之徒，南方之墨者苦获、已齿、邓陵子之属，俱诵《墨经》”。晋鲁胜注释狭义《墨经》4 篇，称为《墨辩》《辩经》。鲁胜《墨辩注序》说：“《墨辩》有上下《经》，《经》各有《说》，凡四篇。”广狭义《墨经》在内容上的区别是，狭义《墨经》，从自然界本身去解释自然界，完全不讲鬼神的神秘因素，是彻底的无神论。

孙诒让《墨子间诂》综合广狭二义《墨经》的两种见解说：“按《墨经》即《墨辩》，今书《经》《说》四篇，及《大取》《小取》二篇，盖即相里子、邓陵子之伦所传诵而论说者也。”隐约说出广狭二义《墨经》，是后期墨家作品。从《墨经》内容看，确是墨子后学作品。《墨经》总结战国时期百家争鸣的成果，不是战国初期墨子创作。

今本《墨子》53篇，是先秦墨家的著作总集，经历漫长的流传过程。先秦墨家著述，写在竹简木片，用绳编连，独立成篇。东汉班固《汉书·艺文志》说，先秦诸子著作，传到汉武帝时，“书缺简脱”，篇章缺漏，简片脱落，“建藏书之策，置写书之官，下及诸子传说，皆充秘府”，建立国家藏书制，设置抄写书籍机构，收集诸子百家，充实国家图书馆收藏。

到汉成帝时，“以书颇散亡”，书籍丢失情况更严重，“诏光禄（lù）大夫刘向校经传诸子诗赋”，命令史学家刘向校勘编辑诸子百家。“会向卒，哀帝复使向子侍中奉车都尉（xīn）歆卒父业。”刘向死，汉哀帝派刘向儿子刘歆，继续完成父亲刘向的未竟事业。经刘向、刘歆父子整理的《墨子》，用汉代隶书字体，抄写帛书。

《汉书·艺文志》著录《墨子》71篇，是汉代国家图书馆所藏“竹帛之书”。宋代以后，有活字印刷本刊行。明代正统十年（1445）刊行《道藏》，内收《墨子》53篇，比东汉著录的71篇本，少18篇，其中有标题的8篇，无标题的10篇。《道藏》中《墨子》53篇本，仍是比较完整可靠的版本，从中可见墨学全貌。

《墨子》记载墨子言论，常冠以“子墨子言曰”，翻译成现代语，即：“我们的墨老师说。”第一个“子”是强调“我们这个学派的”，第二个“子”指先生、老师。“子墨子曰”：我们的老师墨子说。这分明是墨子学生的口气。《四库全书》总纂（zuǎn）官纪昀（晓岚）说：“（《墨子》）书中多称子墨子，则门人之言，非所自著也。”即《墨子》是墨家门徒记录发挥墨子思想，并非墨子亲自书写。

清代学者校注《墨子》，以明刊《道藏》为底本。现存较好的校注本，是清代孙诒（yí）让的《墨子间诂》。本书所引《墨子》原文，主要依据此本，参校他书。《墨子》53篇本，按内容的性质，可细分为《墨经》和其他两大部分。

《墨经》部分，指孙诒让《墨子间诂》本的《经上》第四十，《经下》第四十一，《经说上》第四十二，《经说下》第四十三，《大取》第四十四，《小取》第四十五，共六篇，这是广义《墨经》。清汪中《述学·墨子序》说："《经上》至《小取》六篇，当时谓之《墨经》。"除《大取》《小取》外，剩《经上》《经下》《经说上》《经说下》四篇，是狭义《墨经》。

墨子死后，分散各地的墨家学派，分裂为许多小派别，保持共同的"墨者"称号，宗奉墨子学说（如兼爱），辩论各种抽象深奥的学术问题。《韩非子·显学》记载，墨子死后，墨家分相里氏、相夫氏、邓陵氏三派别，学说取舍，各不相同，都说自己是真墨，他人是假墨。

《庄子·天下》说，相里勤的弟子，五侯的门徒，南方墨者，苦获、已齿、邓陵子一类人，共同诵读《墨经》，而解释不同，互相指责，都说自己是真墨家，别人是假墨家，辩论坚白同异等哲学问题，以领袖为圣人，都愿追随领袖，希望墨家代代相传。

庄子所说各派墨者，都用复数词，不是指一人，是指各自都有一批人，一群人。当时著名学者，常聚徒讲学，追随者甚众，动辄随从数百人，跟车数十辆。各派墨者，争鸣辩论，在学派发展中是正常现象。梁启超说："学问以辨而明，思潮以摩而起。"① 马克思说："真理是由争论确立的。"② "最好是把真理比作燧石，——它受到的敲打越厉害，发射出的光辉就越灿烂。"③

沈有鼎（1908—1989）主张发挥科学性的想象力，猜测《经》和《经说》4篇，可能是学术文化发展水平较高的北方之墨者的著作，即"相里勤之弟子，五侯之徒所著"，其论据的简括术语用"说在"。《大取》在很多地方，与四篇明显唱对台戏，学说比较原始，含义丰富，重形式的趋势较弱，可能是南方之墨者的著作，其论据的简括术语用"其类在"，两种公式不同。韩非子说，在以上两派之外，还有相夫氏之墨，这一派也许是西方之墨者，不愿意参加以上两派的争论，满足于《小取》完整而简明但较晚出的辩学体系。④

《鲁问》记载，墨子有著名的十个论题，是墨子在游说各诸侯国国君和卿大夫时，着重阐发的治国方案和政治伦理思想。这与《墨子》中《尚贤》《尚同》《兼爱》《非攻》《节用》《节葬》《天志》《明鬼》《非乐》《非命》十个篇名，恰相对应，是墨子对学说基本问题所做的系统讲演，由弟子记录整理而成，是墨者不同派别的不同传本，由后人编辑而成，是反映墨子学说的可靠材料。

---

① 梁启超《论中国学术思想变迁之大势》，《饮冰室合集》文集七，中华书局1989年版，第14页。

② 《马克思恩格斯通讯集》第1卷，三联书店1958年版，第567页。

③ 马克思、恩格斯《马克思恩格斯全集》第1卷，人民出版社1956年版，第69页。

④ 沈有鼎《沈有鼎文集》，人民出版社1992年版，第393页。

汉代史学家刘向、刘歆，整理《墨子》，统编国家图书馆收藏的墨家各派文稿，构成从《尚贤》到《非命》十论，是《墨子》的论题与思想，归类到经济、政治、伦理、军事、哲学几方面，偏重政治、伦理。

《墨子》由历代墨者薪尽火传，一再加工整理，集体创作而成。时间跨度，从战国初至战国末，即前五至前三世纪的二百多年。它绝非成书于墨子一人之手，也非成书于一时，是墨家学者集众人之力，历经两个世纪积累编纂的结果。

《墨子》流传到今天，要感谢东晋道教理论家葛洪（公元 284—公元 364）。葛氏道教著作《神仙传》述古代神仙故事，把墨子也附会为道教神仙。他说“墨子年八十有二”，“乃入周狄（dí）山”学道，修炼为“地仙”。到汉武帝（公元前 156—公元前 87）时尚存，“视其颜色，常如五十许人”。活了好几百岁，竟然还像五十多岁的人。这是道教迷信的不经之谈。

后世兼收《墨子》入道教经典总集《道藏》。魏晋以降，历经战乱，群书散失，而 53 篇《墨子》却侥幸得存，是不幸中的万幸。墨者文章在，光焰万丈长。我们由此可一睹墨学的精深博大，异彩纷呈。

第一章

墨子创论，后世启迪

一、 兼相爱，交相利：“兼爱”

1. 高度评价

孙中山在《三民主义》中说：“古时最讲爱字的莫过于墨子。”“墨子是世界第一平等博爱大家。”① 英国科学家李约瑟说：“墨子早在公元前第四世纪就宣传兼爱学说，受到了人们一致的推崇。”②

梁启超《墨子学案》说：“墨学所标纲领，其实只从一个根本观念出来，就是兼爱。”曹耀湘《墨子笺（jiān）· 兼

① 孙中山《三民主义 · 民族主义》第六讲，中华书局 2011 年版，第 244 页。

② 李约瑟《中国科学技术史》，科学出版社 1990 年版，第 187 页。

爱下》说："兼爱者，墨氏之学之宗旨也。"皮嘉佑《平等说》："平等之说导源于墨子。"①

2. 重要意义

墨子兼爱说，包含对现代与未来有重要意义的人道主义启示。墨子兼爱说，把全人类看作命运共同体，引申为普遍爱全人类，用逻辑论证爱的穷尽性、无遗漏性、交互性、平等性、整体性、不可分割性、彻底性与普遍性。兼爱是墨子墨家的美好理想、善良愿望与奋斗目标。

墨子兼爱说的理论基础，是全人类的共同本性论。全人类的共同本性论第一个要点：全人类命运共同体所有人的生命存在论，衣食住行，饮食男女。第二个要点：所有人的权利享有，劳动权、休息权与发展权。第三个要点：普遍的人格平等论，全人类互相尊重彼此的独立人格。

3. 不同逻辑领域：道义理想不等于现实真值

《经上》说："法异则观其宜。"《经说上》举例解释说："取此择彼，问故观宜。以'人之有黑者'、'有不黑者'也，止'黑人'；与以'有爱于人'、'有不爱于人'，止'爱人'：是孰宜?"即用论据"有人是黑的，有人不是黑的"，反驳论题"所有人都是黑的"。因为论据与被反驳的论题，都是关乎事实的，用逻辑学同一律考察，这个反驳论式成立，合适有效。这属于真值逻辑（真势逻辑、事实逻辑）的领域。

墨家"兼爱"范畴，展开为命题即："所有人应该

① 皮嘉佑《平等说》，《湘报》1898年5月第58—60号。

爱所有人。”这属于道义逻辑（义务逻辑）的领域，是墨家自始至终坚持的美好理想、善良愿望与奋斗目标。用“有人被人爱”“有人不被人爱”的事实论据，反驳墨家的理想论题：“所有人应该爱所有人。”论敌反驳墨家兼爱说的论据，是“有人被人爱”“有人不被人爱”（“以有爱于人，有不爱于人”），关乎事实。而论敌反驳墨家兼爱说的论题，是“所有人应该爱所有人”（墨家兼爱说的意涵），关乎理想。

现实的事实，不能驳倒终极的理想。所以，墨家论敌的这一反驳论式不成立，不合适，非有效。真值逻辑与道义逻辑，是不同的逻辑领域。不同的逻辑领域，有不同的真值规律与判断标准。

4. “兼”范畴的理论意义

“兼”，是《墨经》范畴，有最高的概括性与普遍的应用性，《经上》定义说：“体，分于兼也。”《经说上》举例解释：“体。若二之一、尺之端也。”即兼是整体，集合，与“体”（部分，元素）相对。

第一个实例：“若二之一。”指集合“二”中的元素“一”。若，如，列举典型事例。若，《经下》格式化，演变为“说在”，指“论证的理由、例证在于”。《大取》格式化，演变为“其类在”，指“论证的典型事例、同类事例在于”。二，以两个“一”为元素构成的集合。一，集合“二”的元素。

第二个实例：“（若）尺之端。”指“线”中的“点”。“尺”，指几何学的“线”，是无数“点”（元素）的集合（整体，兼）。“端”，指几何学的“点”。线是点的集合，点是线的元素。

部分与整体的范畴，是概括世界存在和思维认知的普遍概念，是理论认知把握世界的必要环节。部分与整体，是标志事物可分性和统一性的普遍范畴。整体是构成事物各部分（要素、元素）的统一和集合，部分是构成整体的要素（元素）。

部分与整体的范畴，是《墨经》所说的“达名”，最高的类概念，有最广泛的普遍性与概括性，适用于世界存在和思维认知的全部领域，有重要的世界观、认识论、方法论与逻辑意义。

认知任何对象，都运用部分与整体范畴。部分与整体的范畴，是思维认知中分析与综合方法的基础，是逻辑推论中类属包含与排斥关系的根据，是定义推论原理的关键词。部分与整体的范畴，是所有人须臾不可离的思维工具。

“兼”与“体”，指整体与部分，集合与元素，全局与局部，系统与分子。兼：兼有，兼容，兼顾，整体，集合，全部，都，尽，遍，俱，是全称量词。与特称量词“体”“偏”“特”“或”相对。

“兼”与“体”的范畴，应用于全世界、全人类。全世界、全人类的命运共同体，是“兼”（整体，集合）。每一地区、国别、民族、种族、肤色、年龄、性别、阶级、阶层、职业，全世界人类无限多样的群体（集团，类别），是“体”，即部分、子集合、元素。

兼，会意字，小篆（zhuàn）字形，从又（手），从秝（lì），字形像一手持两棵庄稼，本义一手执两禾，引申为兼容，兼顾，兼有。《说文》：“兼，并也，从手禾，兼持二禾也。”注解：“兼，会意，兼持二禾，可兼持者，莫若禾也。”“兼，并也，并，相从也，从又持秝，会意，兼持二禾。”“兼”字形演变，见图 5。

图 5　“兼”字形演变

“兼”，“兼爱”略语，指墨子“兼爱”说。《经下》说：“无穷不害兼。”即空间无穷，人无穷，不妨害兼爱。空间无穷人无穷，可一语穷尽，同一原理，以此类推，空间无穷人无穷，也可一语穷尽，说兼爱尽爱，彰显《墨经》逻辑推理，机智巧妙。

《兼爱中》说：“此言禹之事，吾今行兼矣。”“此言武王之事，吾今行兼矣。”《兼爱下》说：“兼以易别。”“别非而兼是。”“使其一士者执兼。”此类例句，比比皆是，清楚说明，“兼”是墨家“兼爱”范畴的略语，是墨家彻底人道主义、人文主义意涵的积淀、浓缩与结晶。

相对而言，“别”指儒家的“偏爱”学说，即主张爱部分人，亲近血缘近的人，尊敬宗法制尊贵的人，视之为永世不可改变的法则。

《非儒》批判说：“儒者曰：亲亲有杀，尊贤有等，言亲疏尊卑之异也。”即儒者提倡：亲近亲属，因亲属与自己血缘关系远近不同，而有差等；尊重贤者，因贤者与自己血缘关系远近不同，而有差等，表示亲疏尊卑的差异。

儒家反对墨家“爱无差等”，主张“爱有差等”，为封建宗法制的社会政治制度服务。儒家“别爱”说，与墨家“兼爱”说，尖锐对立，不可调和，是两种对立的社会意识形态。

墨子“兼爱”说，代表劳动者利益，以人类命运共同体为理想愿望与奋斗目标。儒家“别爱”说，在中国两千多年历史长河，代表封建统治者利益愿望与要求。

5. 空间与人类无穷，不妨害兼爱：超时空性

《经下》说：“无穷不害兼，说在盈否。”《经说下》概括当时的辩论说：“南者有穷则可尽，无穷则不可尽。有穷、无穷未可知，则可尽、不可尽未可知。人之盈之否未可知，而必人之可尽、不可尽亦未可知，而必人之可尽爱也，悖。（以上引论敌诘（jí）难语，以下是墨者论证）人若不盈无穷，则人有穷也，尽有穷无难。盈无穷，则无穷尽也，尽无穷无难。”

即空间和人数的无穷都不妨害兼爱，论证理由在于，人是否充盈于空间。“南方如果是有穷的，那么就可以穷尽；南方如果是无穷的，那么就不可以穷尽。现在连南方是有穷的，还是无穷的，都还不知道，则南方是可以穷尽的，还是不可以穷尽的，也就不知道。人是否充盈于南方不知道，而必然地说人是可以尽数，还是不可以尽数，也不知道。在这种情况下，就必然断言人可‘尽爱’（兼爱），自相矛盾。”（以上引论敌诘难语，以下是墨者论证）

如果人不充盈于无穷的南方，则人是有穷的。尽爱有穷的人没有困难。如果人充盈于无穷的南方，则“无穷的南方”被用一句话说尽，那么我再用一句话说：

“尽爱无穷南方无穷的人。”应该没有困难。

墨者把无穷化为有穷处理。人的个体无穷，但若把无穷作为一个完成的现实整体处理，则这个整体，等于被穷尽。因此，尽管无穷的南方，充满无穷的人，墨者仍然在理论上坚持，可以普遍无遗漏地对人类施与普遍平等的“兼爱”。

6. 不知世上人口数，不妨害兼爱：超现实性

《经下》说：“不知其数而知其尽也，说在问者。”《经说下》机智论证说：“‘不知其数，恶知爱民之尽之也?’（以上是论敌对墨家兼爱说的诘难，以下是墨家的论证）或者遗乎其问也。尽问人，则尽爱其所问。若不知其数而知爱之尽之也，无难。”

即不知道人的数量，也可以知道能够尽爱（兼爱）所有的人，论证关键在于，分析对方的问题本身。“不知道人的数量，怎么知道可以尽爱所有的人呢?”（以上是论敌对墨家兼爱说的诘难，以下是墨家的论证）对方可能是忘记了自己的问题本身。如果对方能够尽问所有的人，那么我就可以尽爱对方所问的每个人。如果不知道人的数量，也可以知道能够尽爱（兼爱）所有的人，没有困难。墨家没有陷入对方设置的困境，轻而易举地用对方出的难题本身，驳倒对方，有力论证、维护与坚持“兼爱”（尽爱）的论题。

7. 不知世上人处所，不妨害兼爱：超地区性

《经下》说：“不知其所处不害爱之，说在丧子者。”即不知道人的处所，不妨害爱，论证理由在于，分析丢失儿子的人。如果一人丢失儿子，目前不知儿子处所，不妨害对儿子爱怜的感情。这是列举反例，反驳对方论

点，是《墨经》止式推论的应用。

论敌对墨家兼爱说的诘难，用全称肯定命题："凡不知人处所，妨害爱他。"用公式表示："所有 S 是 P。"墨者的论题是："凡不知其所处，不妨害爱。"这是全称否定命题，用公式表示："所有 S 不是 P。"与双方论点，针锋相对。

墨家在辩论中，列举事例"丧子者"，指走失孩子的父母，并不因为不知孩子处所，而妨害爱。这个事例，对于墨家的论题说，是正面事例；对于论敌的论题说，是反例。这个反例可以概括地表达为："有时不知人的处所，不妨害爱。"这是特称否定命题，用公式表示："有 S 不是 P。"同论敌的论题，恰相矛盾，可驳倒论敌。

8. 爱人要求周爱人：普遍性

《小取》论证说："'爱人'，待周爱人而后谓'爱人'。'不爱人'，不待周不爱人：失周爱，因谓'不爱人'矣。"这是强调"爱人"（兼爱）概念的整体性、普遍性与穷尽性。周，周遍，普遍。

"兼爱"范畴的含义，等同于"尽爱、俱爱、周爱"。"兼、尽、俱、周"，在《墨经》中是意义相同的全称量词。"兼爱"的含义，适用于全人类整体的每一个个体（分子，元素）。这反映墨家兼爱思想人道主义本质的彻底性与墨家逻辑概念的明确性。

9. 爱人包含爱自己：超人己性

《庄子·天下》说墨子实行自我刻苦的原则，是"不爱己"，即不爱惜自己。世人竞相批评墨者主张"圣人不爱己"。《荀子·正名》说，墨者主张"圣人不爱己"的命题，是“用名以乱名”（混淆（xiáo）概念）的诡辩。

墨者在《大取》反思，认为别人批评得有道理，自我修正观点说：“爱人不外己，己在所爱之中。己在所爱，爱加于己。伦列之：[己，人也；] 爱己，爱人也。”这是运用“整体包含部分”的原理与“附性法”的复杂概念直接推理（演绎推理）。

墨者认为圣人爱自己，最终还是为了爱人，实行爱人的事业。《大取》说：“为天下厚爱禹，乃为禹之爱人也。”墨者承认“爱人包括自己”，是为了消除墨子议论中的逻辑矛盾，磨灭论敌攻击的锋芒，坚定维护墨者“兼爱”的论题。

10. 爱人包含爱仆人：平等性

《小取》论证说：“获，人也。爱获，爱人也。臧（zāng），人也。爱臧，爱人也。”即爱人包含爱仆人臧获。《墨经》说男仆“臧”15 次，女仆“获”7 次，都是在兼爱与人格平等的意义上使用，没有儒家尊卑等级制概念的含义，主张兼爱范畴适用于奴仆。

11. 人口密度，不妨害兼爱：众世寡世爱相等

《大取》论证说：“爱众世与爱寡世相若，兼爱之又相若。”即人口密度，不妨害兼爱。

12. 施爱过去现在与未来：上世后世爱相等

《大取》论证说：“爱上世与爱后世，一若今之世人也。”即施爱于过去、现在和未来。

13. 过去现在爱一贯：爱人要求一贯性

《大取》论证说：“昔者之爱人也，非今之爱人也。”即爱人要求一贯性，昔日爱人，今日爱人，爱人要不断立新功，具有新表现。

14. 兼爱不容割裂开：整体性

《大取》论证说："兼爱相若，一爱相若，一爱相若，其类在死蛇。"即兼爱世人相等，不容割裂为爱这部分人相等，爱那部分人相等。针对儒家"亲亲尊尊"的"差等之爱"。

15. "兼爱"原则：对人就像对自己

《兼爱下》说："借为人之国，若为其国，夫谁独举其国以攻人之国者哉？为彼者由为己也，为人之都若为其都，夫谁独举其都以伐人之都者哉？为彼犹为己也。为人之家若为其家，夫谁独举其家以乱人之家者哉？为彼犹为己也。然即国都不相攻伐，人家不相乱贼，此天下之害与？天下之利与？即必曰天下之利也。"

即假如对待别国，像对待自己国家，谁会动用本国力量，攻伐别国？为别人考虑，就像为自己考虑。对待别的都邑，像对待自己都邑，谁会动用自己都邑的力量，攻伐别的都邑？为别人考虑，就像为自己考虑。对待别的家族，像对待自己家族，谁会动用自己家族的力量，扰乱别的家族？为别人考虑，就像为自己考虑。国家和都邑不相互攻伐，个人和家族不相互扰乱残害，这是天下之害？还是天下之利？必然说是天下之利。"为彼犹为己"：即出于公心善待人，为人犹如为自己。

16. 投桃报李：对等互报交互性

论证兼爱的交互性。墨子引《诗经·大雅》说："无言而不售，无德而不报。投我以桃，报之以李。"即说话就回应，有德就报答，你赠送我桃，我报答你李。

17. "兼爱"包括义与利：仁爱义利紧相连

《经下》定义说："仁，爱也。义，利也。"《经上》

定义说："义，利也。""仁"的实质是"爱"；"义"的实质是"利"。"仁爱"和"义利"紧密相连，可互相解释和定义。不像儒家爱利分裂，空讲仁爱词句，不讲实际功利。

墨子的"兼相爱"和"交相利"紧密结合。"爱人"就要"利人"。"兼爱"是墨子心目中"贤人"的高尚品德。做贤人的标准，即有力量就赶快帮助别人，有财富就尽量分给别人，有道理者就积极教诲别人。

墨子的兼爱思想，是手工业行会成员间互助互利原则的理想化，是农工商人朴素平等愿望的理论升华，传承中华民族的传统美德。墨家讲爱人民的实质，就是为人民造福，给人民以实际利益，全心全意为人民谋利益。

18. 兼以易别：用墨家兼爱，取代儒家别爱

用墨家兼爱学说，取代儒家"别爱"学说。"兼"：指兼爱学说，普遍平等地爱全人类。"别"：指儒家"别爱"学说：有区别地爱一部分人。别，分别，差别，区别。《玉篇》："别，分别也。"

"易"即取代，代替。《兼爱下》说："非人者必有以易之。若非人而无以易之，譬之犹以水救水，以火救火也，其说将必无可焉。是故子墨子曰：兼以易别。"《兼爱中》说："既以非之，何以易之？子墨子言曰：以兼相爱、交相利之法易之。"

《天志中》说："兼者，处大国不攻小国，处大家不乱小家，强不劫弱，众不暴寡，诈不谋愚，贵不傲贱。""别者，处大国则攻小国，处大家则乱小家，强劫弱，众暴寡，诈谋愚，贵傲贱。"《天志下》说："兼之为道

也义政（以仁义为治政原则）；别之为道也力政（以暴力为治政原则）。”

19. 兼爱大用

《兼爱下》借“天下士君子”即儒者的口说：“您的兼爱学说，好是好，可是有什么用?”墨子说：“如果真没用，连我也反对。世界上哪里有好的，却没有用?”墨子像编剧本，假设有两个人；一人是“兼士”即墨者，赞成兼爱学说；一人是“别士”即儒者，反对兼爱学说。

“别士”说：“我怎么能对待朋友，像对待我自己；对待朋友的父母，像对待自己的父母一样?”于是，他看见朋友肚饿，不给饭吃，身冷，不给衣穿，生病，不治疗，死，不办丧事。“兼士”说：“我对待朋友，像对待自己；对待朋友父母，像对待自己父母。”于是，他看见朋友肚饿，就给饭吃，身冷，就给衣穿，生病，就给治疗，死，就办丧事。

墨子假定第三人，披铠甲，戴头盔，要出发，参加野战，不知死活。假定第四人，受命出使，巴越齐楚，不知能否活着回来。这时，要把父母妻子，托付给朋友照管，是托付给“兼士”，还是托付给“别士”? 无论是谁，尽管他不赞成兼爱学说，但一定会托付给“兼士”。这种人，言论上反对兼爱，行动上却选取兼爱，是言行不一。

听了墨子虚拟故事，“天下之士君子”说：“这是选择士，国君能选择吗?”墨子接着，假定一位“兼君”，一位“别君”。“别君”说：“我怎能对待百姓，像对待我自己? 这不合人情。人生没有多少年，就像白驹过隙，倏（shū）忽而过，我应该把自己先照顾好。”于是，置百姓饥寒病死于不顾。“兼君”说：“我先考虑百姓，后考虑自己。”

20. 墨子智辩：归谬反驳法

《耕柱》说：“巫马子谓子墨子曰：‘我与子异，我不能兼爱。我爱邹（zōu）人于越人，爱鲁人于邹人，爱我乡人于鲁人，爱我家人于乡人，爱我亲人于我家人，爱我身于吾亲，以为近我也。击我则疾，击彼则不疾于我，我何故疾者之不拂（fú），而不疾者之拂？故有杀彼以利我，无杀我以利彼。’子墨子曰：‘子之义将匿邪，意将以告人乎？’巫马子曰：‘我何故匿我义？吾将以告人。’子墨子曰：‘然则一人说子，一人欲杀子以利己。十人悦子，十人欲杀子以利己。天下悦子，天下欲杀子以利己。一人不悦子，一人欲杀子，以子为施不祥言者也。十人不悦子，十人欲杀子，以子为施不祥言者也。天下不悦子，天下欲杀子，以子为施不祥言者也。悦子亦欲杀子，不悦子亦欲杀子。是所谓经者口也，杀常之身者也。’子墨子曰：‘子之言恶利也？若无所利而不言，是荡口也。’”

即巫马子对墨子说：“我与你不同。我不能兼爱，我爱邹国人超过爱越国人，爱鲁国人超过爱邹国人，爱家乡人超过爱鲁国人，爱家里人超过爱家乡人，爱父母超过爱家里人，爱我超过爱父母，因为更贴近我。打我我痛，打别人我不痛。为什么使我疼痛的，不去防卫，不疼痛的，倒去防卫呢？因此只会杀别人以有利于我，而不会杀我以有利于别人。”

墨子说：“你这种思想，要隐藏起来，还是要告诉别人呢?”巫马子说:“我为什么要把思想隐藏起来呢?我将要告诉别人。”墨子说:“那么,如果一个人相信你的说法,就有一个人想杀死你,来利于自己。十个人相信你的说法,就有十个人想杀死你,来利于自己。天下人都相信你的说法,天下人都想杀你,来利于自己。反之,有一个人不相信你的说法,就会有一个人想杀死你,认为你是散布不祥之言的人。十个人不相信你的说法,就会有十个人想杀你,认为你是散布不祥之言的人。天下人都不相信你的说法,天下人就会都想杀你,认为你是散布不祥之言的人。喜欢你的想杀你,不喜欢你的也想杀你,这就是轻率之言,将殃及自身啊!你的话有何利?如果没有利,还一定要说,那就是存心胡说。”

儒家信徒巫马子,常与墨子辩伦理。墨子对巫马子的驳斥,一针见血。巫马子犹有不忿(fèn),于是又有一场辩论。巫马子对墨子说:“你兼爱天下,没有看到什么利益。我不爱天下,没有看到什么害处。都还没有实效,你为什么只认为自己对,而批评我?”墨子说:“现在假如有人在这里放火,一个人想用水灭火,一个人想浇油,让火烧得更旺,都还没有实效,你认为哪一种思想可贵?”

巫马子说:“我认为,想用水灭火的人的意图,是对的,想浇油,让火烧得更旺的人,意图是不对的。”墨子说:“我也认为,我兼爱的用意是对的,你反对兼爱的用意,是不对的。”墨子认为,宣传兼爱是善意,反对兼爱是恶意。提倡兼爱天下治,反对兼爱天下乱。巫马子坚持儒家“别爱”(偏爱,只爱部分人)说,论题错误，心存不善，必以失败告终。

21. 墨子痛斥子夏徒

《耕柱》载："子夏之徒问于子墨子曰：'君子有斗乎？'子墨子曰：'君子无斗。'子夏之徒曰：'狗豨（xī，猪）犹有斗，恶有士而无斗矣？'子墨子曰：'伤矣哉！言则称于汤文，行则譬于狗豨，伤矣哉！'"

即子夏学生问墨子说："君子之间有争斗吗？"墨子说："君子没有争斗。"子夏学生说："猪狗还有争斗，哪里有士而无争斗呢？"墨子说："可悲啊！言则称于商汤、周文王，行则譬于狗猪，可悲啊！"

鲁迅1934年8月创作历史小说《非攻》，开宗明义地写道：子夏的徒弟公孙高（人名虚拟）来找墨子，已经好几回了，总是不在家，见不着。大约是第四或第五回罢，这才恰巧在门口遇见，因为公孙高刚一到，墨子也适值回家来。他们一同走进屋子里。公孙高辞让了一通之后，眼睛看着席子的破洞，和气地问道："先生是主张非战的？""不错！"墨子说。"那么，君子就不斗吗？""是的！"墨子说。"猪狗尚且要斗，何况人……""唉唉，你们儒者，说话称着尧舜，做事却要学猪狗，可怜，可怜！"墨子说着，站了起来，匆匆地跑到厨下去了，一面说："你不懂我的意思……"

鲁迅描写儒墨对话，源于《耕柱》。墨子所说"君子无斗"命题，有特定含义，指在君子仁人间，应相亲相爱，互助互利，不应互相残害欺侮。《非儒》说："若皆仁人也，则无说（理由）而相与（敌）。仁人以其取舍是非之理相告，无故从有故也，弗知从有知也。无辞必服，见善必迁，何故相敌？"

即仁人实行兼爱互助，无理由相互为敌。在君子暴人间，墨子主张“有斗”。因为君子为天下兴利除害，可以兴正义之师，诛讨惩罚不义之师。如对暴人不斗，纵容坏人，残害好人，是天下最大“不义”，不能称“君子”。

无论君子内部“无斗”，君子暴人间“有斗”，都不能与猪狗打斗，相提并论。子夏之徒把这两个不同问题，混为一谈，遭到墨子的痛斥。儒者言必称汤文，行动却仿效猪狗，墨子连呼“伤矣哉”（有伤人格）。

22. 理想教育

“兼爱”是墨子仁义学说的内容。《经说下》发挥墨子思想说：“仁，爱也；义，利也。”仁爱义利相连，互相定义。“兼相爱”和“交相利”紧密结合，“爱人”就要“利人”。“兼爱”是墨子心目中“贤人”的高尚品德。

墨子说：“为贤之道将奈何哉？曰：有力者疾以助人，有财者勉以分人，有道者劝以教人。”“兼爱”是墨家希望实现的道德理想、要求与愿望。墨子看到现实生活存在“不相爱”的事实，说：“凡天下祸篡（cuàn）怨恨，其所以起者，以不相爱生也”。由于“不相爱”，故“强必执弱，富必侮贫，贵必敖贱，诈必欺愚”，造成混乱。

墨子针对现实说：“圣人以治天下为事者也，必知乱之所自起焉，能治之。不能乱之所自起，则不能治。譬之如医之攻人之疾者然，必知疾之所自起焉，能攻之。”墨子把“兼爱”理想，看成治理社会混乱的药方，孜孜不倦“劝人兼爱”“教人兼爱”，运用教育游说手段，宣传兼爱，希望当权者“王公大人士君子”，接受实现兼爱理想。“天下之士君子”不接受墨子兼爱主张，屡屡发难抵制。

23. 兼爱实现

《兼爱下》借“天下士君子”的口说：“兼爱算是够仁义，可是能实现吗？实现兼爱，就像手提泰山过江河，不能实现。”墨子说：“你的譬喻不恰当。手提泰山过江河，自古到今，不能实现，可是古书记载，古圣先王，禹汤文武，亲自实行兼相爱，交相利。”墨子把实行兼爱、改良社会的希望，寄托于当权国君、卿大夫和士阶层，大力游说，说服他们实行兼爱主张。

24. 兼之为道

以兼爱作为治国的道理和指导思想、墨子和墨家的政治理想。《天志下》说：“兼之为道也义政，别之为道也力政。曰：义政者何若？曰：大不攻小也，强不侮弱也，众不贼寡也，诈不欺愚也，贵不傲贱也，富不骄贫也，壮不夺老也。是以天下之庶国，莫以水火毒药兵刃以相害也。”

即实行“兼”，就是以道义治国理政。实行“别”，就是以暴力治国理政。有人问：以道义治国理政是怎样？回答是：大国不攻小国，强者不欺凌弱者，势众不残害力单，乖巧不欺负愚憨，尊贵不傲视低贱，富足不鄙视贫穷，少壮不侵陵衰老。天下众多国家，不用水火毒药兵刃互相侵害，天下太平。

25. 孟子攻击墨学绝

《孟子·滕文公下》攻击说：“墨氏兼爱，是无父也。无父无君，是禽兽也。”墨子《兼爱》明说“爱父爱君”，从未提倡“无父无君”。孟子攻击，罔（wǎng）

顾事实，荒谬绝伦。《四库全书》十亿字，有 24 卷 25 处，长篇大论，承袭孟子谬论，视墨子兼爱为异端邪说、洪水猛兽。儒学作为封建社会意识形态的主流，动用国家机器，调动舆论工具，打压墨学，导致墨学中绝。

中世纪漫漫长夜，儒学界把孟子的一些谬论奉为金科玉律和真理标准。用现代批判性思维和论证逻辑的科学术语说，是典型的“以权威为据”和“以众取证”，亟须用科学逻辑分析批判，积极弘扬传承墨子兼爱的人文精神，助推人类命运共同体的建构。①

二、 积极防御，以战止战：“非攻”

1. 分清攻伐与诛讨：非攻论题含义

在战国初强大国家攻伐掠夺弱小国家的形势下，墨子推行积极防御的战略方针，防守弱小国家。墨子认为，强大国家攻伐掠夺弱小国家为不义，而弱小国家抵抗攻伐掠夺强大国家为正义。前者叫“攻”（攻伐掠夺），后者叫“诛”（诛讨不义）。《非儒》说：“暴残之国也，圣将为世除害，兴师诛罚。”

2. 类比推理，归谬论证

墨子从劳动人民朴素的道德观念，概括非攻论题，用类比推理和归谬法论证。《非攻》说，有人偷桃李、鸡狗猪、马牛，杀无辜，夺衣裘，取戈剑，众人谴责，上级处罚，因为损人利己，害人越多，不仁更甚，罪更大。

---

① 孙中原《儒与墨：一个常新的话题》，《光明日报》2019 年 10 月 12 日，第 11 版。

杀一人，叫不义，有一死罪，杀十人，十重不义，有十死罪，杀百人，百重不义，有百重死罪。有人见一点黑，说是黑，见很多黑，反说是白，这是黑白不分。少尝一点苦，说是苦，尝很多苦，反说是甜，这是甘苦不辨。天下君子，都知道非难，叫作不义。大行不义，攻伐别国，则不知非难，反而赞誉，叫作义举，这是不知义与不义的区别。可见天下君子，区别义与不义的混乱。天下好战国齐晋楚越，本来是人口不足、土地有余，现在却又要争地以战，互相攻杀，这是“亏不足（人口），而重有余（土地）”，荒谬悖理。

墨家在战国的特殊历史时期，是一个学术兼政治军事集团，带有军事性。《公输》载，墨翟弟子“禽滑厘等三百人”，持墨翟“守御之器”，止楚攻宋。墨家任侠仗义，扶弱抑强。墨子非攻救守，司马迁评论墨子“善守御”。著名实例，有墨子止楚攻宋，止鲁阳文君攻郑，止齐国攻鲁等。

墨子“非攻”论题，是战国初期特殊历史条件的产物。随着战国中后期兼并战争的发展，后期墨家在《墨经》中已不再直接明确地提出和论证“非攻”的论题。因为当时中国已接近于由秦国用攻战方式统一。入秦墨者，已由秦相吕不韦收编，参与写作《吕氏春秋》，与时俱进，顺应中国由诸侯分治归于全国大一统的趋势。

三、制衣求良工，治国任贤能：“尚贤”

1.“尚贤”论题的提出

伟大思想家墨翟，提出著名的“尚贤”论题。“尚贤”，即崇尚贤人。“尚贤”论题是怎样提出的？《鲁问》记载：“子墨子游，魏越曰：‘既得见四方之君子，则将先语？’子墨子曰：‘凡入国，必择务而从事焉。国家昏乱，则语之尚贤。”

即墨子到各国游说，学生魏越问：“墨老师，您见到各国君主，将先说什么呢？”墨子胸有成竹，回答说：“凡游说一个国家，必须选择最要紧的事情做：国家混乱，就宣传‘尚贤’的学说。”这是“尚贤”论题的由来。《墨子》有《尚贤》上中下三篇，展开论证“尚贤”论题是治国理政紧急要务，是有针对性地解决国家治理混乱的论题。

2．“尚贤”论题的含义

什么叫“贤人”？《尚贤上》规定“贤人”的含义：“贤良之士，厚乎德行，辩乎言谈，博乎道术。”即贤人道德高尚，善于表达，有多方面的专业知识。《说文》：“贤，多才也。”《玉篇》：“贤，有善行也。”

3．“尚贤”论题的论证

墨子论证“尚贤”的论题，反复用归谬法，从“尚贤”等论题的论证中，丰富发展中国逻辑学。《尚贤下》说：“今天下之君子，居处言语皆尚贤，逮至其临众发政而治民，莫知尚贤而使能，我以此知天下之士君子，明于小而不明于大也。何以知其然乎？

今王公大人有一牛羊之财不能杀，必索良宰。有一衣裳之财不能制，必索良工。当王公大人之于此也，虽有骨肉之亲、无故富贵、面目美好者，实知其不能也，不使之也。是何故？恐其败财也。

当王公大人之于此也，则不失尚贤而使能。**王公大**

人有一疲马不能治，必索良医。有一危弓不能张，必索良工。当王公大人之于此也，虽有骨肉之亲、无故富贵、面目美好者，实知其不能也，必不使。是何故？恐其败财也。

当王公大人之于此也，则不失尚贤而使能。逮至其国家则不然，王公大人骨肉之亲、无故富贵、面目美好者则举之，则王公大人之亲其国家也，不若亲其一危弓、疲马、衣裳、牛羊之财与？我以此知天下之士君子，**皆明于小而不明于大**也。此譬犹喑（yīn）者而使为行人，聋者而使为乐师。”

《尚贤中》说：“皆以**明小物，而不明大物**也。**今王公大人有一衣裳不能制也，必借良工。有一牛羊不能杀也，必借良宰。**故当若之二物者，王公大人未尝不知以尚贤使能为政也。逮至其国家之乱，社稷之危，则不知尚贤使能以治之，亲戚则使之，无故富贵、面目佼（jiāo）好则使之。夫无故富贵、面目佼好则使之，岂必智且有慧哉？若使之治国家，则此使不智慧者治国家也。国家之乱，既可得而知已。”

墨子论证说，“天下之君子”“王公大人”，小事知道制衣找良工，杀牛羊找良宰，治病马找良医，张危弓找良工，治国大事，不知找贤能，是“明小不明大”“知小不知大”，自相矛盾，像让哑巴当外交官，让听障人士当乐队指挥，荒谬悖理，这是归谬论证的典型事例。

归谬论证，是世界逻辑学的核心。古希腊辩论术（辩证法）dialectic 的本义，是归谬法。辩论术（辩证法）dialectic，在西方逻辑史上，从古代到近代，长期兼作逻辑学的通称。

4. “尚贤”论题的批判性

“尚贤”论题的批判性，是针对封建宗法等级制，提倡“亲亲有杀（shài 音晒，差等），尊贤有等”，即根据血缘关系的亲疏远近，决定用人的尊卑等级差别。《非儒下》说：“儒者曰：亲亲有杀，尊贤有等，言亲疏尊卑之异也。”

即儒者说，亲近亲属，因亲属与自己血缘关系亲疏远近的不同，而有差等。尊重贤者，因贤者与自己血缘关系远近的不同，而有差等。这是说因血缘关系的亲疏远近不同，而定尊卑等级差异。

儒家说的“亲亲有杀”，即亲近亲属，因亲属与自己血缘关系亲疏远近的不同，而有尊卑等级差异。“亲亲”：亲近亲属。第一个“亲”字，是动词，解为“亲近”。第二个“亲”字，是名词，解为“亲属”。“杀”（shài 音晒）：差等，尊卑等级的差异。

这是封建宗法制的道德伦理观念，为传统儒家所维护，是中国几千年的主流意识形态，在现实还有深刻的印痕遗留。墨家在战国时期执着地坚持兼爱理想，主张对所有人一律亲爱，爱无差等，倡导普遍的人道主义、人文主义精神，与儒家“亲亲有杀”的思想尖锐对立，是决定未来社会进步方向的关键性思维。

“尊贤有等”：尊重贤者，因贤者与自己血缘关系亲疏远近的不同，而有差等。这是封建宗法制的道德伦理观念，为传统儒家所维护。《尚贤中》载墨子说：“甚尊尚贤而任使能，不党父兄，不偏贵富，不嬖（bì）颜色，贤者举而上之。”这与儒家“尊贤有等”的思想尖锐对立，是决定未来社会进步方向的关键性思维。

墨子反对任用“骨肉之亲”“亲戚则使”，反对儒家“亲亲有杀，尊贤有等”的封建“血统论”，反对“官常贵，民终贱”，即官员永远高贵，民众永远卑贱的封建等级制。墨子“尚贤”的论题，与儒家“亲亲有杀，尊贤有等”的论点，水火不容，对比鲜明。

5.“尚贤”论题的服务对象

“尚贤”论题的服务对象，是“农与工肆之人”与最广大的劳动人民群众，解决谁管理，为谁管理，怎样管理的问题。即管理的主体、管理的服务对象与管理的方法。谁管理，即管理的主体是谁。

《尚贤上》说：“虽在农与工肆之人，有能则举之”“官无常贵，而民无终贱，有能则举之”“虽在农与工肆之人，莫不竞劝而尚德”。即农民与各种手工业工匠，有能就举荐。官员不能永远富贵，民众不能永远贫贱，有能就举荐。

墨子把治国理政各级官员的主体，由封建宗法制的“亲亲有杀，尊贤有等”，专用“骨肉之亲”“亲戚则使”，血缘关系亲近的贵族掌权，转变为从“农与工肆之人”与最广大的劳动人民群众中，提拔任用“可学而能者”，即通过后天学习，获得良好德行与才能的人。这反映小生产者要求改变政治地位，参与治国理政的迫切愿望。墨子主张智者治国。认为智者治国，国家就能治理好，而用愚者治国，国必混乱。

墨子代表社会下层劳动人民的利益，为广大平民发声呐喊与疾呼。《尚贤下》说：“为贤之道将奈何？曰：有力者疾以助人，有财者勉以分人，有道者劝以教人。

若此，则饥者得食，寒者得衣，乱者得治。若**饥则得食，寒则得衣，乱则得治，此安生生。”**

即有力量赶快帮助别人，有财产尽量分给别人，有道理积极教导别人，让饥饿的人得食，寒冷的人得衣，国家混乱得治，让广大人民群众得以暖衣饱食，世代安生。这是墨子兼爱的美好理想，包含权为民用、情为民系、利为民谋的合理性与进步性，是古往今来改革家憧憬（chōng jǐng）的理想情景。

“官无常贵，而民无终贱”的命题，表达墨子民本意识，体现墨子劳动者圣人的社会属性，代表“农与工肆之人”即劳动者发声。墨子首次提出“官无常贵，而民无终贱”命题，提出“虽在农与工肆之人，有能则举”的原则，包含合理性与真理性，对后世有重大影响。墨子“官无常贵，民无终贱”命题，是当今执政为民、人民参政方略的启发借鉴。

《尚贤》阐发进步的人才学观点，是一篇杰出的人才学论文。其中最引人注目的话是“农与工肆之人，有能则举”。即农工商人，有能力，要举荐。这是墨子影响深远的至理名言，是墨学中深刻的民本人文意识的体现。

墨子主张尚贤使能，不偏党父兄，不偏护富贵，只要是贤人，就应推举，提拔通过学习，获得能力的人。偏党骨肉之亲，依据的是封建宗法制与血缘关系的亲疏。后世流传：“龙生龙，凤生凤，老鼠儿子会打洞。”“老子英雄儿好汉。”这是墨子所批判的“党父兄，偏富贵，嬖颜色”的用人原则，在现代社会的遗毒。墨子称扬“可学而能者”，即提倡通过学习，提高智能，这是超越时代的进步人才观。

墨子的尚贤思想，对后世有重大影响。《荀子·成相》把墨子的尚贤思想，改编成韵文流传，用艺术笔调转述墨子思想："请成相，道圣王，尧舜尚贤身辞让，许由善卷，重义轻利行显明。尧让贤，以为民，泛利兼爱德施均。"

墨子尚贤思想，是推动中国历史发展的积极因素。时至今日，任人唯贤，杜绝任人唯亲，仍然具有普遍意义。汲取和实现墨子尚贤思想的精华，有积极的现实意义。墨子反对任人唯亲，主张任人唯贤，是正确的用人路线。

毛泽东在《中国共产党在民族战争中的地位》中说："我们民族历史中从来就有两个对立的路线：一个是'任人唯贤'的路线。一个是'任人唯亲'的路线。前者是正派的路线，后者是不正派的路线。"① 这是对墨子任人唯贤路线的肯定，是今天应继续坚持的用人路线。

四、 为政之本，治之要："尚同"

1. 丝缕渔网有总绳，理想和平大一统

《尚同下》说："尚同为政之本，而治要也。"即"尚同"是为政的根本，是治理的要领。尚同论题，是墨子尚贤论题的引申发挥。墨子主张，把贤人政治推广到全国，让有德才的人，从事国家管理，就像丝缕有归

---

① 毛泽东《毛泽东选集》第2卷，人民出版社1991年版，第527页。

总，渔网有总绳一样，国家应由贤人用仁义一统。这是墨子中华和平大一统的理想。

墨子时代，天下四分五裂，争于战国，周王朝徒具虚名。解决中国实际上的统一问题，是时代要求。各学派纷纷拿出方案，筹谋献策。墨子“尚同”的论题，是为解决中国统一问题而推展的雄图大略。墨子方案，立足于和平一统，反对大国用武力兼并。墨子用仁义和平一统中华的方略，反映了处在动荡中的“农与工肆之人”和小国弱国人民，希望和平统一的美好心愿。

2. 集中统一效率高

墨子认为，国家行政，集中统一，具有神奇的速度与意外的高效。《尚同中》说：“故古者圣王，唯而审以尚同，以为正长，是故上下情请为通。上有隐事遗利，下得而利之；下有蓄怨积害，上得而除之。是以数千万里之外有为善者，其室人未遍知，乡里未遍闻，天子得而赏之。数千万里之外有为不善者，其室人未遍知，乡里未遍闻，天子得而罚之。是以举天下之人，皆恐惧振动惕（tì）栗，不敢为淫暴，曰：‘天子之视听也神！’”

即古代圣王，因为能够审慎地用“尚同”的原则，设置行政长官，所以上下通情。上面有被隐蔽（bì）遗弃的利益，下面的人得以随时利用，得到好处。下面有蓄积怨恨，上面能随时消除。数千万里外，有人做好事，家乡未全知，天子就知道，并赏赐他。数千万里外，有人做坏事，家乡未全知，天子就知道，并惩罚他。全天下人，恐惧震动，警惕战栗，不敢淫暴，说：“天子视听办事的效率，简直神了！”

《尚同下》说：“千里之外有贤人焉，其乡里之人，皆未之均闻见也，圣王得而赏之。千里之内有暴人焉，其乡里未之均闻见也，圣王得而罚之。故唯毋（wú）以圣王为聪耳明目与？岂能一视而通见千里之外哉，一听而通闻千里之外哉？圣王不往而视也，不就而听也。然而使天下之为寇乱盗贼者，周流天下无所重足者，何也？其以尚同为政善也。”

即千里外有贤人，乡里人未全听见，圣王已得知，给以奖赏。千里外有恶人，乡里人未全听见，圣王已得知，予以惩罚。以为圣王是耳聪目明吗？岂能睁眼一望，倾耳一听，就看到听到千里外的事吗？圣王不亲自看，不靠近听，然而使天下寇乱盗贼，走遍天下，无处立足，是什么的原因？是以“尚同”为政的好处。

墨子主张，选择贤良辩慧之人，立为天子，选贤人，置为三公、诸侯国君、将军大夫、乡里长等各级官员。从最高长官天子，到最基层的里长，都从有德才的人中选拔。贤人以身作则，推行仁义，运用道德评价、行政法律等手段，保证政权的良性运转机制。

在以血缘为基础的贵族专政制度下，这是墨子大胆的革新主张。在墨子“尚同”、和平一统思想的影响下，后期墨家著《墨经》，主张国君由“臣民通约”，即臣民共通协商约定选举，这是原始民主的回归，善良政治的构想。

墨子论证说，在贤人一统、集中统一的政治下，上下通情，赏罚恰当，不冤枉无辜，不放纵有罪，寇乱盗贼，胡作非为，无处藏身，这是“尚同”政治的好处。在集中统一的理想政治下，治国如治家，万民如一人，管理效率高，程序简单化。“尚同”，有“上下通情”之意：上情下达，下情上达，信息畅通。墨子理想中全国高度集中统一的管理模式，有高度速效的优势特点。

3. 群众智慧集思广

《尚同中》说："夫唯能使人之耳目，助己视听。使人之吻，助己言谈。使人之心，助己思虑。使人之股肱（gōng），助己动作。助之视听者众，则其所闻见者远矣。助之言谈者众，则其德音之所抚循者博矣。助之思虑者众，则其谋度速得矣。助之动作者众，即其举事速成矣。故古者圣人，之所以济事成功，垂名于后世者，无他故异物焉，曰：唯能以尚同为政者也。"

即能够使他人耳目，帮助自己视听。使他人口舌，帮助自己说话。使他人心，帮助自己思考。使他人手足，帮助自己动作。帮助视听的人多，见闻远。帮助说话的人多，好话传播广。帮助思考的人多，谋划速成。帮助动作的人多，做事速成。所以古代圣人，之所以办事成功，名垂后世，没有其他原因，是遵从"尚同"的原则。

《尚同下》说："**一目之视也，不若二目之视也。一耳之听也，不若二耳之听也。一手之操也，不若二手之强也。**"即一只眼睛看，不如两只眼睛看。一只耳朵听，不如两只耳朵听。一只手操作，不如两只手强。这是集思广益，依靠众人智慧，发挥众人力量的效用。

《尚同中》记载，墨子为说明调查研究的重要性，引《诗经》说："我马维骆，六辔（pèi）沃若。载驰载驱，周爰（yuán）咨度。""我马维骐（qí），六辔若丝。载驰载驱，周爰咨谋。"即我骑的马，白毛黑鬃（zōng），六条缰绳，柔美光滑，快快奔跑，到处访查，我骑的马，毛色青黑，六条缰绳，丝样光滑，快快奔跑，到处谋划。墨子“尚同”，崇尚周详全面与普遍的调查研究，充分了解社会人情。

4.“尚同”论题评说

梁启超《子墨子学说》认为，墨子的国家起源论，同于“民约论”：“墨子之政术民约论派之政术也，泰西民约主义，起于霍布斯，盛于洛克，而大成于卢梭。墨子之说，则视霍布斯为优，而精密不逮卢、洛二氏。”认为墨家政治理想与社会主义相通：“墨子政术，非国家主义，而世界主义，社会主义也”“举国界家界尽破之，而一归于大同，是墨子根本之理想也”。

五、节约用项，适度消费：“节用”

“节用”是墨子的重要论题。“节用”，即节约用项，适度消费。《节用上》说：“圣人为政一国，一国可倍也。大之为政天下，天下可倍也。其倍之，非外取地也，因其国家去其无用之费，足以倍之。”即节约用项，相当于使社会财富翻倍；奢侈浪费，相当于使社会财富减半。墨子以民用民利为标准的适度消费观，贯穿以民为本的人文精神。

《荀子·富国》评论说：**“墨术诚行，则天下尚俭。”**司马迁《史记·孟子荀卿列传》评价说：“（墨翟）善守御，为节用”。《史记·太史公自序》引其父司马谈《论六家要旨》说，墨者“强本节用，不可废也”，即发展农业生产，厉行节约的思想，不能偏废。结论说：“强本节用，则人给家足之道也，此墨子之所长，虽百家弗能废也。”

唐李商隐《咏史》诗说：“历览前贤国与家，成由勤俭破由奢。”宋欧阳修说：“墨家之言贵俭，此其所行也。然其强本节用之说，亦有足取者。”清曹耀湘《墨子笺》说：“强本以勤，节用则俭，此乃墨氏之大旨，知墨子所谓节用，于有用者节之，于无用者去之。”

墨子的节用观，是中华民族勤俭节约传统美德的体现，是为中国传统文化贡献的宝贵财富，至今仍有积极的现实意义。奢侈浪费，仍是现实生活的一大尖锐话题。墨子倡导的节用观，应永远引为借鉴。

六、 节俭治丧，移风易俗：“节葬”

“节葬”，即节俭治丧，是墨子的重要论题，是节用学说的引申。《鲁问》说：“国家贫，则语之节用、节葬。”墨子认为儒家提倡厚葬，浪费财产，提倡夏禹节葬习俗，猛烈抨击统治者厚葬久丧的恶习，表现了强烈的社会批判意识。

《淮南子·要略》评论说，墨子最初学习儒家学说，接受孔子思想，觉得儒家礼节烦琐不简易，厚葬逝者，浪费财产，让人民贫困，长久服丧，伤害身体，妨害做事，所以舍弃周代厚葬的习俗，改用夏代节丧的风尚。

清儒曹耀湘《墨子笺·节葬下》注说，《节葬》批评厚葬久丧，是墨子的救世之论。明李贽《墨子批选》说，墨子明言节葬，非薄其亲而弃之沟壑（hè），以与狐狸食也。儒者好入人罪，自孟子已是如此。批评孟子对墨子无限上纲的攻击，说墨子“无父”“是禽兽”，是出于误解和偏见。

中国历史上统治者厚葬的习俗，一直延续多年，有多少劳动者用血汗生命换来的财富，被埋藏地下。墨子站在广大劳动者的立场，尖锐批判统治者厚葬风俗的危害。墨子的节葬观，符合现代丧仪节俭的社会习俗，有超越时代的现实意义。

七、 合理思想，深层意蕴："非乐"

1. 劳动生产，思想闪光

墨学人文社会科学思想的第一要义，是劳动生产观。墨子是劳动圣人，劳动圣人论劳动。《非乐上》说："今人固与禽兽、麋（mí）鹿、飞鸟、征虫异者也。今之禽兽、麋鹿、飞鸟、征虫，因其羽毛，以为衣裘。因其蹄爪，以为裤屦（jù）。因其水草，以为饮食。故唯使雄不耕稼树艺，雌亦不纺绩织纴（rèn），衣食之财固已具矣。今人与此异者也：**赖其力者生，不赖其力者不生**。"

即人类与禽兽、麋鹿、飞鸟、昆虫相比，有本质不同：禽兽、麋鹿、飞鸟、昆虫，用羽毛做衣服，用蹄爪做裤子鞋子，用水草做饮食，所以雄性不耕地，不种果树，不种菜，雌性不纺纱织布，吃穿都有。人类的不同点是：靠劳动的生存，不靠劳动不得生存。这是墨子原创的杰出哲学命题。

"力"，特指劳动人民自身的体力、智力。劳动人民用自身力量，从事物质生产，改造自然，创造生存条件，这种实践是劳动。墨子肯定人的本质是劳动，是对人类劳动本质的自觉认知。人文精神，人类文化精神的物质前提与第一要素，是生产劳动。

墨子说教育学生有三种科目，一种是能谈辩的谈辩，因为诸子百家要辩论游说，要能说会道，相当于现在的讲逻辑。能说书的说书，“说书”就是讲古代的传统文化，读书。能从事的从事，“从事”指劳动生产。

《墨经》把墨子的劳动生产观，提升到人类认知的最高层级，即有意识、自觉改造世界的实践活动。《经上》说：“知：闻、说、亲；名、实、合、为。”《经说上》解释说：“传受之，闻也。方不彰，说也。身观焉，亲也。所以谓，名也。所谓，实也。名实耦，合也。志行，为也。”即知识种类：闻知、说知、亲知。

知识形态：名知、实知、合知、为知。传授得来是闻知，通过耳闻而得知。推论知识是说知，间接推论而得知。观察得来是亲知，亲眼所见即亲知。称谓手段是名知，名知就是概念知。对象知识是实知，指认实体即实知。理论与实际结合是合知，知其名又知其实。自觉实践是为知，改造世界即为知。

“为知”：改造世界，有意识地自觉实践，认知的最高层级。列宁说：“精彩：黑格尔**通过**人的实践的、合目的性的活动，接近于作为概念和客体相一致的‘观念’，接近于作为**真理**的观念。紧紧接近于下述这点：人以自己的**实践**证明自己的观念、概念、知识、科学的客观正确性”；“认识过程，其中包括人的**实践**和**技术**”；“人从主观的观念，**经过**‘实践’（和技术），走向客观真理”。[①]《墨经》

① 列宁《哲学笔记》，人民出版社1993年版，第161、170页。

解释发挥“为知”，即有意识自觉实践的认知，思想意蕴与黑格尔、列宁的论述相融通。

《经上》说：“为：存、亡、易、荡、治、化。”《经说上》解释说：“为。甲台，存也。病，亡也。买鬻（yù），易也。消尽，荡也。顺长，治也。蛙鹑（chún），化也。”即自觉行动的实践有：保存、消除、交易、荡平、治理、变化。

制甲造台是保存的行为，治病是消除的行为，买卖是交易的行为，消除净尽是荡平的行为，遵循规律而使之长大是治理的行为，蛙鹑养殖是利用生物变化的行为。“为”：指自觉行动（实践）。《经说上》说：“志行，为也。”即有意识的自觉行动（实践），叫作“为”，墨子叫“从事”，是墨家学术的三大分科之一，列于“谈辩”“说书”之上，说明墨子墨家对生产劳动的重视。

《墨经》列举几种重要的实践知识：根据植物生长规律种植农作物，养殖青蛙鹌鹑，是农牧业生产实践的知识。买卖货物，是市场交易实践的知识。造铠甲、筑高台，是军事实践的知识。治病，是医疗实践的知识。“为知”，即自觉的实践知识，定义是“志行”。“志”是意志、意识、思想、动机。“行”是行为、动作。“志行”是有意识的行为动作。

自觉实践，首先是生产劳动。墨学是劳动者的学说，《墨子》各篇，都以生产劳动为中心课题。为什么“尚贤”？因为贤人重视生产。为什么“非攻”？因为攻伐掠夺，破坏生产。小国稻麦熟了，大国趁机攻打，把稻麦收走，把年轻男女，用绳子捆束，带回本国做奴隶。

主张薄葬，批判厚葬，因为“厚葬久丧”，破坏生产。“非乐”，是批判国君大办音乐歌舞，破坏生产。“非儒”，批判儒家，因为儒家信命背本（指农业生产），破坏生产。

墨家劳动生产观“不赖其力不得生”，说明了人类的本质是劳动，劳动是区别人兽的特有属性。人类与动物不同，靠自己力量生产，则能生存，不靠自己力量生产，则不能生存。墨子论证劳动的实质、功能、价值与作用，是有重要理论意义的论点。**墨子命题“赖其力者生；不赖其力者不生”，意同“不劳动者不得食”。**

列宁说：“工人政权正在力求实现社会主义的第一个主要根本原则：‘不劳动者不得食。’”“‘不劳动者不得食’，这是任何一个劳动者都懂得的。”“这个简单的，十分简单和明显不过的真理，包含了社会主义的基础，社会主义力量的取之不尽的泉源，社会主义最终胜利的不可摧毁的保障。”①

毛泽东《贺新郎·读史》说：“人猿相揖别，只几个石头磨过，小儿时节。铜铁炉中翻火焰，为问何时猜得？不过几千寒热。”② 与猿拱手作别后，人类坠地，进化到原始社会。磨石为工具，石器时代，是人类少儿时期。铜铁炉中火焰滚，青铜铁器时代，经过几千年。石头磨过，把石头打磨，制造成石器。石器时代，是人类社会发展的“小儿时节”。铜铁炉中翻火焰，青铜器时

---

① 列宁《论饥荒》，《列宁选集》第 3 卷，人民出版社 1960 年版，第 560－561 页。

② 毛泽东《贺新郎·读史》词，1964 年春，《红旗》1978 年第 9 期。

代和铁器时代，青铜器和铁器，用炉火冶炼翻铸，不过几千寒热。石器时代，经过几十万年。青铜器时代和铁器时代，经过几千年，人类社会进化加速度。

恩格斯说："动物仅仅**利用**外部自然界，简单地通过自身的存在在自然界中引起变化；而人则通过他所作出的改变来使自然界为自己的目的服务，来**支配**自然界。这便是人同其他动物的最终的本质的差别，而造成这一差别的又是劳动。"①

恩格斯指出，"劳动是整个人类生活的第一个基本条件，而且达到这样的程度，以致我们在某种意义上不得不说：劳动创造了人本身"。手的使用和语言思维的产生，在生产劳动过程中形成发展。人兽之别在劳动，劳动创造人自身。②

2. 全面评价

"非乐"是墨子论题。《鲁问》说："国家喜音沉湎，则语之非乐、非命。"即国家喜欢音乐，沉湎于酒，就游说"非乐""非命"的论题。"乐"指音乐等艺术活动。"非乐"，是非难统治者浪费民财，穷竭民力，大搞奢侈享乐的音乐艺术活动。

墨子精乐道，对音乐等艺术活动是内行和专才。《淮南子·要略》说："墨子学儒者之业，受孔子之术"。"儒者之业"和"孔子之术"，包括"乐"。"乐"是儒家业务、孔子学术六种技艺（"六艺"）的一种。

墨子学过"乐"，深谙乐理，善于乐技，做过乐吏，

① 恩格斯《自然辩证法》，《马克思恩格斯选集》第3卷，人民出版社2012年版，第997－998页。

② 同①，第988页。

尤善吹笙（shēng）。《礼记·祭统》说：“翟者，乐吏之贱者也”。《吕氏春秋·贵因》说：“墨子见荆王，锦衣吹笙，因也。”《艺文类聚》卷四十四说：“墨子吹笙，墨子非乐，而于乐有是也。”墨子“非乐”，对音乐等艺术活动，也有所肯定。

墨子肯定音乐等艺术活动的美感功能。《非乐上》说：“子墨子之所以非乐者，非以大钟鸣鼓、琴瑟竽笙之声以为不乐也。”虽“耳知其乐也”，然“下度之不中万民之利，是故子墨子曰：为乐非也。”墨子“非乐”，是因为统治者大搞音乐等艺术活动，不符合人民利益。他说：“以为大钟鸣鼓、琴瑟竽笙之声，以求兴天下之利，除天下之害，而无补也。是故子墨子曰：为乐非也。”墨子说：“民有三患：饥者不得食，寒者不得衣，劳者不得息”（《非乐上》）。墨子批判统治者不顾人民死活，大搞音乐等艺术活动，以满足私欲。

墨子说：“齐康公兴乐《万》，万人不可衣短褐（hè），不可食糠糟，曰食饮不美，面目颜色不足视也，衣服不美，身体从容丑羸（léi）不足观也，是以食必粱肉，衣必纹绣，此常不从事乎衣食之财，而常食乎人者也。是故子墨子曰：今王公大人惟毋为乐，亏夺民衣食之财，以拊乐如此多也。”

即齐康公创作乐舞名《万》，需万名乐工演奏。撞巨钟、击鸣鼓、弹琴瑟、吹竽笙，场面宏伟壮观。王公大人衣食住行，离不开音乐。有时用百人吹笙，万名舞女，强迫众人演奏乐舞。众人被迫脱离生产，变为消费者。认为吃不好，影响面目美观。穿不好，影响视觉效果。食必粱肉，衣必文绣，都为统治者享乐。

齐康公于公元前 404 至公元前 379 年在位，当时齐国是富庶的大国，有作乐传统，《战国策・齐策》说，临淄（zī）（齐国都）甚富而实，其民无不吹竽、鼓瑟、击筑（zhù）、弹琴。墨子“非乐”的矛头，是针对恣意淫乐的统治者。

《史记・田敬仲完世家》载，大兴万人乐舞的齐康公，淫于酒、妇人，不听政，是昏庸的国君。当时统治者作乐规模之庞大，超出今人想象。齐康公创作乐舞《万》，需由万名演员来表演，场面宏伟壮观，可与现代大型赛事开幕式相媲美。“非乐”是墨子“强本节用”思想的引申，是其为民兴利除害思想的重要方面。

墨子说：“今王公大人，唯毋处高台厚榭（xiè）之上而视之，钟犹是偃鼎也，弗撞击，将何乐得焉哉？其说将必撞击之，惟勿撞击，将必不使老与迟者。老与迟者耳目不聪明，股肱不毕强，声不和调，明不转朴，将必使当年，因其耳目之聪明，股肱之毕强，声之和调，眉之转朴。使丈夫为之，废丈夫耕稼树艺之时；使妇人为之，废妇人纺绩织纫之事。”

即王公大人从高台厚榭上看去，大钟就像倒扣着的鼎一样，不撞击，不会发声。要撞击，老人与反应迟钝的人不行，因他们耳不聪，目不明，四肢不强健，声音不和谐，眼神不灵敏，眉目不传情，要选用年轻貌美、反应灵敏的人。让青年男子从事，耽误种田植树。让青年女子从事，耽误纺线织布。

从事和欣赏音乐等艺术活动，耽误生产。《非乐上》说：“今大钟鸣鼓、琴瑟竽笙之声既已具矣，大人肃然奏而独听之，将何乐得焉哉？其说将必与贱人，不与君子。与君子听之，废君子听治；与贱人听之，废贱人之从事。今王公大人惟毋为乐，亏夺民之衣食之财，以拊（fǔ）乐如此多也。是故子墨子曰：为乐非也。”

即进行音乐等艺术活动，制造乐器，浪费人力物力。《非乐上》说：“今王公大人惟毋造为乐器，以为事乎国家，非直掊（pǒu）潦水，折壤坦而为之也，必将厚措敛乎万民，以为大钟鸣鼓琴瑟竽笙之声。古者圣王亦尝厚措敛乎万民，以为舟车，既已成矣，曰：吾将恶许用之？曰：舟用之水，车用之陆，君子息其足焉，小人休其肩背焉。故万民出财赍（jī）而予之，不敢以为戚（qī）恨者，何也？以其反中民之利也。然则乐器反中民之利亦若此，即我弗敢非也。然则当用乐器，譬之若圣王之为舟车也，即我弗敢非也。”

即制造乐器，不像掊取地上积水、拆毁土墙，需要大量材料和费用。制造乐器，必然增加人民负担。统治者大搞音乐等艺术活动，劳民伤财，有害无利。所以墨子提出：“今天下士君子，请将欲求兴天下之利，除天下之害，当在乐之为物，将不可不禁而止也。”这是墨子“非乐”的理由。

《淮南子·泛论训》指出孔墨对乐的不同态度：“弦歌鼓舞以为乐”，“孔子之所立也，而墨子非之”。儒墨对音乐等艺术活动，有两种不同观点。墨子非乐，针对当时“上不厌其乐，下不堪其苦”（《七患》）的社会现实，同时也针对鼓吹礼乐的儒家。

孔子主张恢复西周的等级制度，靠礼乐维持。西周的奴隶主贵族，等级森严，享受音乐，严格按照礼的规定，不许僭（jiàn）越。乐是区分尊卑、贵贱的标志。

孔子时代，“礼崩乐坏”。“礼乐征伐自诸侯出”“自大夫出”。鲁国季桓子是大夫，竟用天子八佾（yì）舞。“礼崩乐坏”，意味西周奴隶制解体。孔子恢复西周礼乐，借此恢复西周社会制度。

墨子“背周道而用夏政”，政治理想是“法夏”，以夏禹为效法榜样。墨子所“非”之“乐”，是儒家鼓吹的西周礼乐。《非儒》指责儒家“繁饰礼乐以淫人”，“盛容修饰以蛊（gǔ）世，弦歌鼓舞以聚徒”。《公孟》载墨子说“儒之道，足以丧天下者，四政焉”，其一为：“弦歌鼓舞，习为声乐。”

墨子带学生周游列国，听说前方是朝歌（zhāo gē），①字面意思是一大早就唱歌，马上联想到歌舞，立即驱车返回，不入朝歌之邑。《淮南子·说山训》说：“墨子非乐，不入朝歌之邑。”东汉高诱注：“墨子尚俭不好乐，县名朝歌，墨子不入。”《史记·鲁仲连邹阳列传》说：“邑号朝歌而墨子回车。”

南北朝北魏郦道元（公元472—公元527）《水经注》：“朝歌者，歌不时也。故墨子闻之，恶而回车，不径其邑。”唐胡曾（公元839—公元899）《咏史诗·朝歌》：“长嗟墨翟少风流，急管繁弦似寇仇。若解闻韶知肉味，朝歌欲到肯回头。《史记》云，墨翟不好音乐，常怀悲怨，为少孤也。行至朝歌县，翟问左右曰：‘此是何处也?’左右曰：‘前至朝歌城也。’翟乃回车，以其地名朝歌，而不好乐也。”南宋洪迈（1123—1202）

---

① 朝歌（zhāo gē），古邑名，在河南淇县，商代后期别都，周武王封康叔为卫侯，建都在此。

《容斋三笔·孔子正名》："称朝歌，墨子回车，邑里之名不善。"明杨慎（1488—1559）《升庵集》："墨子回车地，朝歌佳丽丛。"

墨子"非乐"，理由是"为乐"亏夺民衣食之财。墨子的价值主体，是劳动人民。当时劳动人民亟须解决的是温饱。墨子认为，统治者大办音乐艺术会演，"暴夺民衣食之财"，挥霍劳动人民血汗。墨子非乐，忽视文化娱乐对人类社会的积极作用，有片面、狭隘与短视的一面，应予批判扬弃。

八、 否定天命，崇尚人力："非命"

1. 非命：反对儒家命定论，天命论

"非命"，是墨子的重要论题。《鲁问》说："国家说音湛湎，则语之非乐、非命。"即国家喜欢音乐，沉湎于酒，就游说"非乐""非命"的论题。

《小取》论证说："'读书'，非'书'也。'好读书'，'好书'也。'斗鸡'，非'鸡'也。'好斗鸡'，'好鸡'也。'且入井'，非'入井'也。止'且入井'，止'入井'也。'且出门'，非'出门'也。止'且出门'，止'出门'也。若若是："且夭"，非"夭"也。"寿且夭"，"寿夭"也。"有命"，非"命"也。非"执有命"，"非命"也'无难矣。此与彼同类，世有彼而不自非也，墨者有此而非之，无他故焉：所谓'内胶外闭'，与'心无空乎内，胶而不解'也。此乃'不是而然'者也。"

即"读书"不等于"书"，"好读书"却等于"好书"。"斗鸡"不等于"鸡"，"好斗鸡"却等于"好鸡"。

“将要入井”不等于“入井”，阻止“将要入井”却等于阻止“入井”。“将要出门”不等于“出门”，阻止“将要出门”却等于阻止“出门”。

如果是这样的话，那么我们说“‘将要夭折’不等于‘夭折’，阻止‘将要夭折’却等于阻止‘夭折’（采取措施使‘将要夭折’的人有寿，却是真的把‘夭折’的人转变为长寿）。儒家主张‘有命’论，不等于真的有‘命’这东西存在；墨家‘非执有命’，却等于‘非命’（墨家反对儒家坚持有命的论点，却等于实实在在地否定‘命’的存在）”就也应该是没有困难的。

后者和前者是属于同类，世人赞成前者而不自以为不对，墨家的人主张后者却要加以反对，没有其他的原因：这就是所说的“内心胶结，对外封闭，听不进不同意见”，与“心里边没有留下一点空隙，胶结而解不开”的缘故。这是属于类推“不是而然”（前提否定，结论肯定）的情况。

墨家为反对儒家命定论、天命论，用否定副词构成以上“不是而然”模式的类推。“非”：反对，非难，批判。“命”：天命，命定。墨子认为暴虐君王桀（jié）纣幽厉和儒家宣扬天命论、命定论，断言“天命”“命定”论，是“暴王所作，穷（懒）人所述”。主张充分发挥主观能动作用，强力而为，认识和改造世界，创造人生福祉（zhǐ）。从墨子到墨家后学，他们始终坚持反对儒家天命论、命定论，这是墨家突出的合理思想，是积极能动的科学认知理论。

2. 典型归纳，科学论证

《非命》载墨子说，国家安危治乱，不靠天命靠人力，提倡充分发挥人力的积极能动作用，批判消极的命定论。《非命上》说："古者桀之所乱，汤受而治之。纣之所乱，武王受而治之。此世未易，民未渝，在于桀纣则天下乱，在于汤武则天下治，岂可谓有命哉？"

《非命中》说："昔者桀之所乱，汤治之。纣之所乱，武王治之。此世不渝，而民不改，上变政，而民易教。其在汤武则治，其在桀纣则乱。安危治乱，在上之发政也。则岂可谓有命哉？"

《非命下》说："昔桀之所乱，汤治之。纣之所乱，武王治之。当此之时，世不渝，而民不易。上变政，而民改俗。存乎桀纣，而天下乱。存乎汤武，而天下治。天下之治也，汤武之力也。天下之乱也，桀纣之罪也。若以此观之，夫安危治乱，存乎上之为政也，则夫岂可谓有命哉？"

这是典型归纳，科学论证，应用求同求异并用的科学归纳推理。由暴王桀纣幽厉"执有命"，概括出"命者暴王所作"，懒人所述，应该抛弃，代之以"强力而为"的人力能动论，是墨家科学人文精神的突出代表。

《公孟》载，墨子与儒者程繁辩论，墨子说，命定论的"儒之道，足以丧天下"，儒家"以命为有，贫富寿夭、治乱安危有极矣（命有定数），不可损益也。为上者行之，必不听治矣；为下者行之，必不从事矣。此足以丧天下"。

《非儒下》说："（儒家）强执有命以说议曰：寿夭贫富，安危治乱，固有天命，不可损益。穷达赏罚，幸否有极，人之智力，不能为焉。群吏信之，则怠于分职。庶人信之，则怠于从事。吏不治则乱，农事缓则贫，贫且乱政之本，而儒者以为道教，是贼天下之人者也。”

即儒家坚持有命论，说长寿和短命，贫穷和富贵，安定和危难，治理和混乱，都由天命决定，不能改变。穷困和通达，受赏和遭罚，吉祥和灾祸，都由天命决定，人的智慧和力量无所作为。官吏信之，会懈怠职守。平民信之，会荒废事业。官吏不理政事，会混乱，农业耽误生产，就会贫穷。贫穷是政治混乱的根源。儒家把有命论，作为教化的道理，是毒害天下人。

儒家所谓“命”，是人的智慧能力无可奈何的先天必然性。儒家宣扬人的现实遭遇，由命运预先安排，非人力所能改变。孔子肯定天命对宇宙人生的决定作用。《论语·宪问》记载孔子说：“道之将行也与？命也。道之将废也与？命也。”自己道理能否实现，都是命中注定，人力不能抗争。

墨子认为，儒家宣扬命定论，是害人的懒汉哲学，足以懈怠意志，使人放弃打拼奋斗，安于贫穷，导致天下沦丧。他主张在认识世界的基础上，运用自身的力量，顽强奋斗，改变现状，达到理想目标。

墨子运用矛盾律，揭露儒家的自相矛盾。儒家宣扬命定论，认为贫富寿夭，全在天命安排，非人力所能改变，同时又提倡学习，等于承认学习可以改变命运，这是自相矛盾。墨子说：“教人学而执有命，是犹命人包而去其冠也。”教人学习，又坚持命定论，就像叫人用帽子包裹头发，却又要人把包裹头发的帽子取下来，荒谬悖理。

《墨经》把人的疾病死亡，看作是人力可以认识和有所作为的自然现象，把治病除掉病根，作为人类的基本实践活动和可达到预期目的的例子，不承认命定论。某人因受伤而生病，是“物之所以然”。我亲眼看见，是“所以知之”。我亲口告诉你这件事，是“所以使人知之”。男仆臧得不治之症而死，女仆春也染同样疾病，死而埋葬，我不能用手指指着说，却能用语言表达。

《非儒下》载，墨家嘲讽儒家说：“其亲死，列尸弗敛，登屋窥井，挑鼠穴，探涤器，而求其人矣。以为实在，则赣（gàn）愚甚矣。知其亡也，必求焉，伪亦大矣。”双亲死，尸体陈放不入棺，为招魂爬屋顶，看水井，掘鼠洞，查器具，寻找死者。以为死者真在，是愚蠢至极。明知死者已不在人世，还非要寻找，是虚伪至极。

墨家认为，在认识规律的基础上，可以有计划运作，达到预期目的，如工匠认识方圆规律，可据以制作方圆之器。《经下》：“且然不可止，而不害用功，说在宜。”《经说下》：“宜犹是也。且然必然，且已必已。且用功而后然者，必用功而后然。且用功而后已者，必用功而后已。”

墨子论述必然性和人力的关系，认为在事物发展过程一定如此的必然趋势面前，不妨碍人力做功，关键在于人力运作应该把握分寸，合乎法则。这样做的意图，在于控制事物的发展过程，使之对人的利益增至更大，害处减到最小。如使用桔槔（jié gāo）、辘轳（lù lu）、车梯等简单机械，提高操作效益，筑堤拦河，减少洪水肆虐。

篇名“非命”，即反对命定论，是墨子的合理思想。墨子不信天命信人力，主张强劲而为的人力能动观。认为国家的安危治乱不是期盼天命的赐予，而是依靠充分发挥人民的力量。只要上级当政者把政策调整好，人民就会迅速改变不良风俗。墨子提倡充分发挥人力的积极能动作用。

墨子首提检验言论真理性标准的“三表法”：“有本之者，有原之者，有用之者。于何本之？上本之于古者圣王之事。于何原之？下原察百姓耳目之实。于何用之？发以为刑政，观其中国家百姓人民之利。”“本”是言论要根据历史经验，“原”是言论要根据现实经验，“用”是把言论应用到国家政治，以便检验言论符合人民利益的程度。“三表法”即对言辞理论采取历史、现实和应用的三分检验法，是对哲学认识论的重要贡献，对现代有重要的启发借鉴意义。

墨子要求“下原察百姓耳目之实”，“观其中国家百姓人民之利”，提倡眼睛向下，到社会基层，考察百姓见闻，参考人民经验，观察言论是否符合百姓人民的利益，有重要现实应用价值。强调不是神仙命运决定一切，是“强力”人为创造一切。

“强力”就是努力工作，充分发挥人的主观能动作用。农夫“强必富，不强必贫；强必饱，不强必饥”，农妇“强必暖，不强必寒”。墨子主张在认识世界的基础上，运用自身力量顽强奋斗，改变现状，达到理想目标。积极进取的精神，体现了中华民族自强不息的传统美德。

3. 迷信命题，不足为训：“天志”“明鬼”

(1) 天志迷信

墨子把自然界无意志的天，说成是有意志的人格神，认为天的意志，是兼相爱，交相利，顺天意，必得赏，反天意，必得罚，用“天志”作为推行墨子“兼爱”的工具，将其比喻为工匠的规矩。

梁启超《子墨子学说》说：“人格者，谓有人之资格，可当作一人观也。”把自然界的天空天候，神化、人格化为超人的权威，是万物主宰，能决定人间祸福，赏善罚暴，是墨子神学的臆造。战国末狭义《墨经》，概括古代科学知识，绝不谈神论鬼，摒弃墨子“天志”论题，标志着墨学的质变发展，开始攀登人类科学理论思维的高峰。

（2）明鬼迷信

墨子相信并引证周燕宋齐等国《春秋》记载的鬼故事。论证方法，是诉诸狭隘的经验论，以讹传讹。《明鬼》说：“何不尝入一乡一里而问之，自古以及今，生民以来者，亦有尝见鬼神之物，闻鬼神之声，则鬼神何谓无乎？”墨子认为鬼神通广大，明察秋毫，赏善罚恶，兴利除弊，表现了迷信谬说与善良愿望的杂糅。科学迷信应区分，迷信谬说不足训。如今还要信迷信，违反科学算愚蠢。

第二章

微型百科，自然探秘

一、 光学原理：启示墨子号量子卫星创新发明

1. 光学定评

《墨经》是微型百科全书，其中自然科学，包含光学、力学、简单机械学、数学与物理学。光学，是光与影的学说。《墨经》有系统的几何光学知识，记录墨者亲身的观察实验，探索光与影的原理，在世界光学史上，占有重要地位。

李约瑟，英国皇家科学院院士，英国文学院院士，中国科学院外籍院士，中国科学技术史专家，七卷本英文版《中国科学技术史》全面系统阐明中国科学技术发展史，展示中国科技成就对世界文明的贡献，评论说：“（墨家）对力学和光学进行研究，这些研究属于我们现在所掌握的有关中国科学的最早记录。”①

钱临照（1906—1999），光学专家，留学英国伦敦大学，1955 年聘为中国科学院院士。首次系统整理《墨经》光学，评论说：“《墨经》是两千多年前世界上的伟大光学著作，俨然是一部完整的几何光学，是老老实实的实验记录，崇尚实际，不事空论，是墨家的基本精神，中华民族的优良传统，在世界自然科学古籍中，有光荣地位。”

“春秋战国时期，论述自然科学的书籍，就是《墨经》。光学八条，记载光学实验的次序，完全合乎现代几何光学的要求，《墨经》作者是敏锐忠实的实验科学家，对观察结果，系统科学总结。”②

2. 直线传播原理

全球首颗量子科学实验卫星命名墨子号，见图 6。量子卫星首席科学家潘建伟院士说，墨子最早提出光线沿直线传播原理，设计小孔成像实验，奠定光通信、量子通信基础。以中国古代伟大科学家的名字命名量子卫星，能提升文化自信。

《墨经》明确论证了光的直线传播原理，记录小孔成像实验：“影倒，在午（交错），有端（微孔）与影长，说在端（微粒，相当于光量子）。”“影。光之人，

---

① 李约瑟《中国科学技术史》第 2 卷《科学思想史》，科学出版社等 1990 年版，第 181 页。

② 钱临照《论墨经中关于形学、力学和光学的知识》，《物理通报》1951 年 7 月号，第 97 - 102 页；《我国先秦时代的科学著作——墨经》，《科学大众》1954 年 12 月号，第 468 - 470 页；《释墨经中之光学、力学诸条》，北平研究院李石曾先生六十岁寿辰纪念论文集，北平研究院 1940 年。

照若射。下者之人也高，高者之人也下。足蔽下光，故成影于上。首蔽上光，故成影于下。在远近、有端与于光，故影窟（kū）内（暗室）也。”

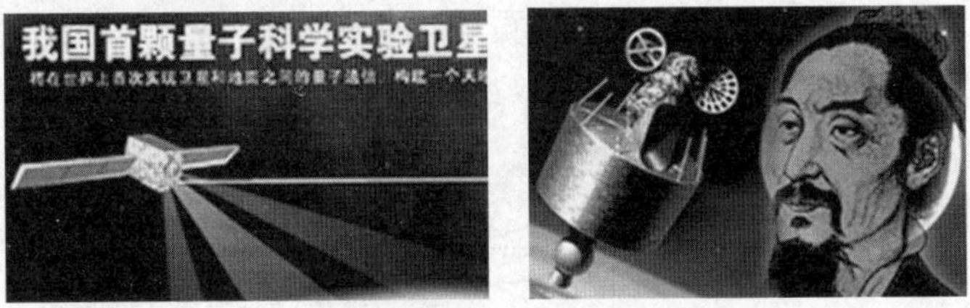

图 6　墨子号量子卫星

即形成倒影的条件，在于光线交错，有一个小孔，影子有一定长度，论证的关键在于存在小孔。光线到达人身，光线照耀像射箭，直线进行。人下部影，形成高处。人高处影，形成下处。人足部遮蔽从下部照光线，成影在上。头部遮蔽从上部照光线，成影在下。人站在离墙有一定远近的地方，墙上有小孔，被光线照射，倒影形成在室内。光直线传播原理，小孔成像实验，见图 7。

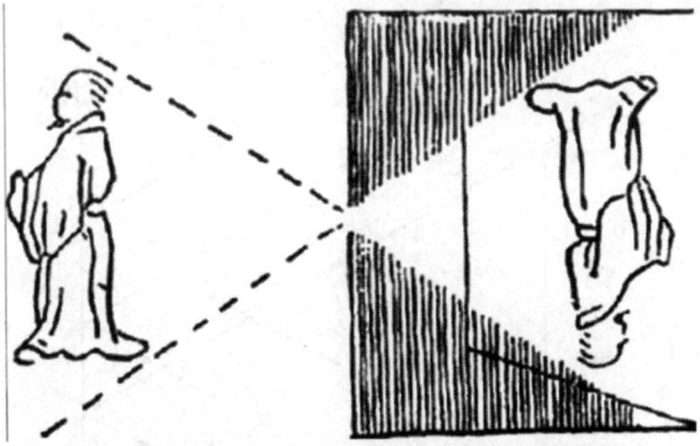

图 7　光直线传播原理，小孔成像实验

3. 本影与半影

《墨经》记录本影半影实验说："影二，说在重。"《经说下》解释说："二光夹一光，一光者影也。"即两光源照同一物，本影半影重叠，论证理由在于，两光源照，故两影重。本影半影，见图 8。

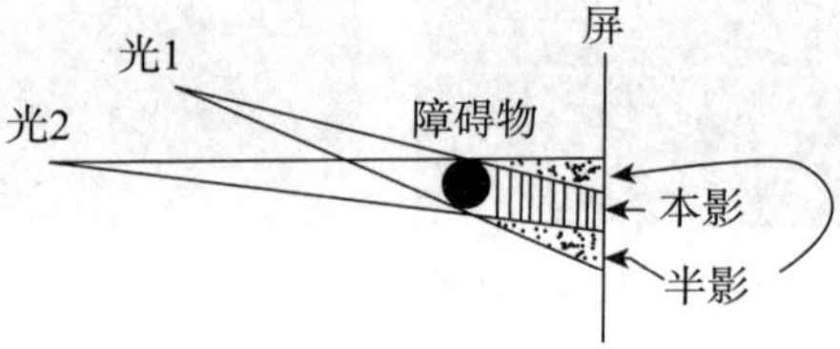

图 8　本影半影

4. 日光反射

《墨经》记录日光反射实验说："影迎日，说在转。"《经说下》解释说："日之光反烛人，则影在日与人之间。"即影迎着太阳，影在太阳与人之间，论证理由在日光反射。太阳光被镜反射到人身，影成于太阳与人之间。日光反射成影，见图 9。

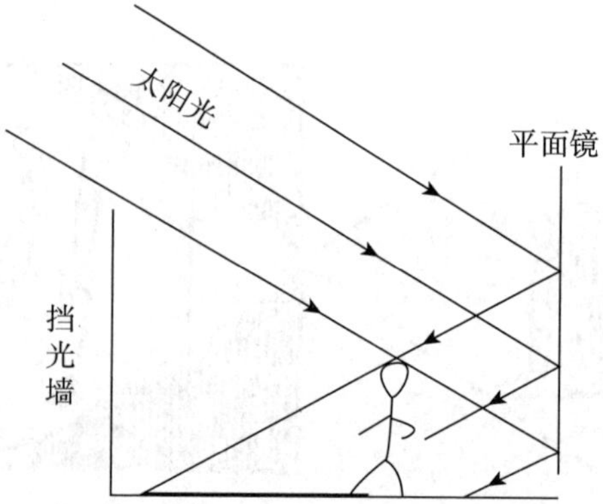

图 9　日光反射成影

5. 凸镜成像原理

《墨经》揭示凸镜成像原理说："鉴团影一。"《经说下》解释说："鉴者近，则所鉴大，影亦大；其远，所鉴小，影亦小；而必正。影过正故招。"即凸镜成像只一种：物体距镜面近，所照面积大，成像也大。距镜面远，所照面积小，成像也小。像一定是正立的。物体距镜面过远，像与原物差别过大，招摇不定。物体在凸镜前，在镜后成正立缩小的虚像。凸镜成像，见图 10。

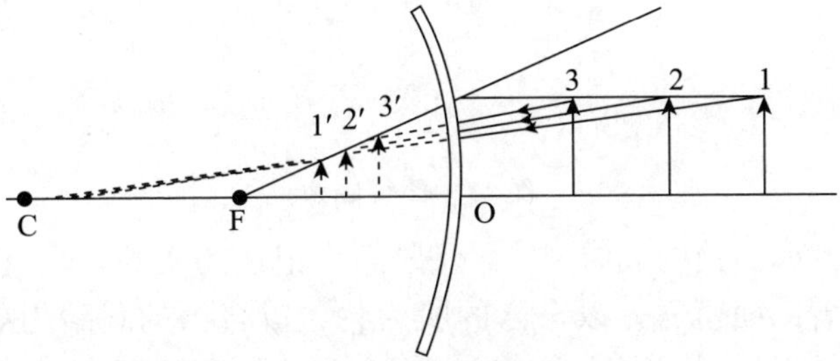

图 10　凸镜成像

6. 凹镜成像原理

《墨经》揭示凹镜成像原理说："鉴凹，影一小而易，一大而正，说在中之外内。"《经说下》解释说："鉴。中之内：鉴者近中，则所鉴大，影亦大；远中，则所鉴小，影亦小。而必正：起于中、缘正而长其值也。中之外：鉴者近中，则所鉴大，影亦大。远中，则所鉴小，影亦小。而必易：合于中而长其值。"

即凹镜成像，一种情况是，像比物体小，并且是倒立的。另一种情况是，像比物体大，并且是正立的，论证理由在物体是处在球心之外，还是焦点之内。物体在焦点之内成像的情况：照镜子的人接近焦点，则所照的面积大，成像也较大。远离焦点，则所照的面积小，成像也较小。像都一定是正立的，这是由于光线从焦点和球心出发，与镜面正交，并向镜后延长相交而成像的结果。凹镜成像，见图 11。

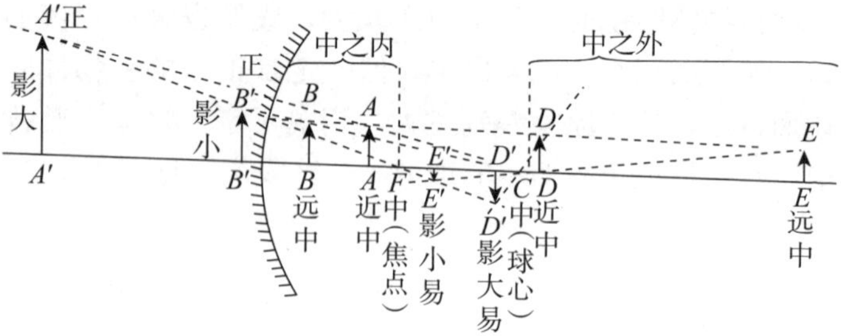

图 11　凹镜成像

凹面镜的成像规律，《墨经》记述的实验，是直接对着凹面镜看，以自己的脸为物，以自己的眼睛为屏，当从远处向凹面镜走近时，发现自己缩小的倒像，迎面而来；走过“中”，继续前进，看到放大的正像。

以人自己的脸和眼睛，当作光学实验的物与屏，在习惯于光学实验条件齐备的近代，是并非人人都曾想过或实验过的课题。1907 年，英国剑桥大学马达莱恩（Magdalene）学院考试，有这样一道有关凹面镜的考题。墨家在前三世纪，已对此做出明确答案，令人惊叹。

7. 光影实验

《墨经》记录光影实验说：“影之大小，说在斜正远近。”《经说下》解释说：“木斜，影短大。木正，影长小。光小于木，则影大于木。非独小也，远近。”即光源照物体成影大小，论证理由在物体斜正，光源远近。用木头做实验，木头斜放，则影短大。木头正放，则影长小。光源小于木头，则影大于木头。不仅有光源小于木头的情况，还有光源大于木头的情况，这时影会小于木头。当光源距木头远时，影小；当光源距木头近时，影大。

墨家用一根木头实验，分析在木头摆放的斜正，光源相较木头的大小，光源离木头的远近等不同情况下的物影变化。用“斜正”试验叫“光度”，即光体发光强弱之度，可由标准物的斜正决定。用“远近”试验叫“照度”，即物体受光浓淡之度，可由标准物的远近决定。光影实验，见图 12。

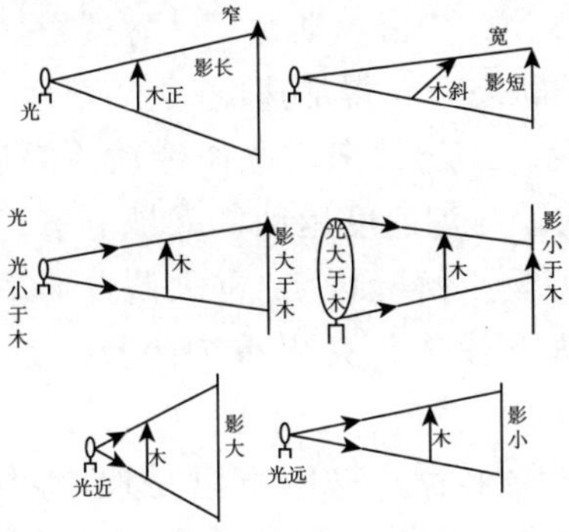

图 12　光影实验

《墨经》记录用青铜镜所做的精密光学实验，是推进中国科学发展的正确道路，但因中国社会制度的限制和《墨经》沦为绝学而受阻。中国科学的发展在近代落后于西方，亟须引进和掌握现代西方先进的科学知识。现今中国学者的神圣使命，是继承《墨经》绝学的科学精神，与全世界积淀几千年的先进科学联通接轨，开辟全世界全人类共同携手前进的科学繁荣之路。

二、 力学定律与引力实验

1. 力学定律

力学，是研究物质运动原因的学科。墨者通过大量亲身的观察实验，深刻认知“力”，是劳动者以自身力量，从事物质生产、改造自然、创造生存条件的实践活动。《墨经》给出“力”概念的定义。

《经上》说：“**力，形之所以奋也**。”这是《墨经》对“力”的定义。以人而言，“形”是人的形体身体。《广雅·释诂》说：“奋，动也。”“奋”是“动”，是改变物体的运动状态，获得加速度。

人吃饱饭，鼓起劲来，振作劳动，搬运举起重物，由静止变为运动与加速度运动，就是由于“力”。《经说上》以举重为例，解释说：“重之谓。下举重，奋也。”“举重”，即从下往上，克服重力阻抗，是由于奋发有为，借力给力。

现代物理学解释，物体重量是地心对物体的吸引力。人体克服重力、地心对物体的吸引力，举起重物，这种形体动作，就是劳动，形体之所以能动作的原因，是由于有力。近代意大利物理学家伽利略（1564—1642）与英国物理学家牛顿（1642—1727）研究，认为力是物体运动状态改变的原因。墨家运用观察实验，抽象理论思维，分析人类劳动现象，接近于伽利略与牛顿对机械运动的规律性认知。

《经说下》揭示自由落体的定律说：“**凡重，上弗挈（qiè，往上提举），下弗收，旁弗劫，则下直。**”即所有重物，如果不往上提举，不往下收取，不从旁边给予强力，仅受重力作用，则必然垂直下落。

恩格斯说：“关于力的观念，如各方面所承认的（从黑格尔起到赫尔姆霍（huò）茨），是从人的机体在周围环境中的活动中借来的。我们常说肌肉的力、手臂的举重力”。“自然科学还在**黑格尔**那时已经处于这种质朴的发展阶段”。①

2. 引力实验与引力发现

墨者通过精心设计的科学实验，发现地面对悬空物体的引力。《经下》说：“堆之必拄（zhǔ，支撑），说在废材。”《经说下》解释说：“并石、垒石，循夹寝者法也。方石去地石，关石于其下，悬丝于其上，使适至方石。不下，拄也。胶丝去石，挈也。**丝绝，引也。**未变而名易，收也。”

即堆砌材料，必须支撑，论证的理由在于，放置建筑材料，应遵循法则。每层并砌，层层垒砌，遵循互相夹持摆放的法则。取一块方石，让它离地面，正好有一块石头的间隔，然后放一块石头，在它下面，在它上面，悬挂丝绳，使丝绳下端，正好够方石。

方石不落下，是由于受到下面石头的支撑。把丝绳胶结在上面那块石头，去掉下面石头，发现丝绳对石头的提举作用（克服地面引力）。丝绳断，发现石头向下的牵引作用（地面引力）。换一说法，从地面来说，是地面对石头收取的作用，即**地面引力**。引力实验与引力发现，见图 13。

---

① 恩格斯《自然辩证法》，人民出版社 1971 年版，第 63、64 页。

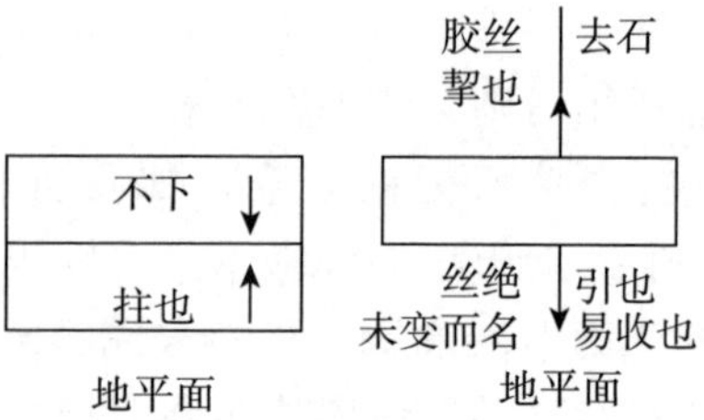

图 13　引力实验与引力发现

《墨经》从与斜面运动的比较中，全方位描述物体受地面引力作用，会垂直下落的自由落体定律。《经下》说："倚（偏斜）者不可正（垂直）"。《经说下》解释说："倚（偏斜）焉则不正（垂直）。"**"凡重，上弗挈，下弗收（往下收取），旁弗劫（从旁给力），则下直（垂直下落）。**斜（斜面），或害之也（斜面妨害垂直下落），流梯者不得下直也（物体在斜面运动，不能垂直下落）。今也废（放置）石于平地，重（有重力），不下（不下落），无旁也（没有从旁给力）。"

即偏斜的东西不能够垂直（物体在斜面运动，不能垂直下落）。**凡是重物，不往上提举，不往下收取，不从旁给力，而仅受重力作用，则会垂直下落。**斜面妨害物体垂直下落，在梯子斜面上滑动的物体，不能够垂直下落。现在把一块石头放在平地上，它有重力，但受地面阻力的作用，不会下落，没有从旁给力，会静止不动。

三、　简单机械学原理

1. 机械概念

墨者是工匠理论家，总结中华民族长期在生产生活和战争实践中积淀的简单机械学知识，种类繁多，丰富多样。概括杠杆、斜面各类简单机械的范畴与原理，记录各种机械的性质、结构、功能与效用。

墨者是各行业的能工巧匠，制造运用各类简单机械，畅论秤衡、桔槔、辘轳、滑车、滑轮、轮轴、掷车（抛石机）、冲车（冲杆）、车梯与云梯等各种机械，冠以“奇器”“技机”等名目，应用于生产生活与军事实践。滑轮、轮轴等简单机械，是杠杆的变形，被称为杠杆类简单机械，与斜面类简单机械并列，都遵循机械做功的原理。

制造工具，运用各类简单机械，是从猿到人类进化的标志。毛泽东《贺新郎·读史》说：“人猿相揖（yī）别。只几个石头磨过，小儿时节。铜铁炉中翻火焰，为问何时猜得？不过几千寒热。”石器时代的各种石斧、石锤与木制工具，是后来出现的机械的前身。

最基本的简单机械，是复杂多样机械的组成部分，是人用力做功的机件，是人在改造自然中运用工具的智慧结晶。人类进化过程的简单机械运用，使人类最终脱离动物界，成为认知与改造世界的能动主体。

机械，是人用力做功；改变用力的大小与方向，使物体在空间发生位移的人造装置，是人类用智慧改造世界的产物。人在长期生产实践中，发明各种机械，减轻劳动强度，提高生产效率。

机械，是省力和降低工作难度的工具装置。复杂的机械叫机器。“机械”，由“机”与“械”两字组成。“机”，指局部的关键机件。“械”，指整体的器械工具。《公输》说：“公输盘为楚造云梯之械成。”

战国时期已形成与现代机械工程学“机械”含义相近的范畴。用于提水的桔槔、辘轳，用于陆行的轮车，用于航行的船桨橹（lǔ）舵，都是机械。最早的人造材料是陶瓷，制造陶瓷器皿的陶车（运钧），是由动力、传动和工作三部分组成的完整机械。《非命上》说：“必立仪，言而毋仪，譬犹运钧（制陶转轮）之上而立朝夕者也。”

2. 桔槔省力

《经下》说：“负而不翘，说在胜。”《经说下》解释说：“衡木加重焉，而（标端）不翘，极胜重也。右校交绳，无加焉而翘，极不胜重也。”即使用桔槔机提取重物时，本端负重，而标端不会翘起来，论证的理由在于，标端的重力距，胜过本端与重物的重力合力距。

横杆本端加上重物以后，而标端不会翘起来，那是由于标端的重力距，胜过本端与重物的重力合力距的缘故。如果从右边调节立柱与横杆的连接之处，交点过于靠近标端，那么即使本端没有加上重物，标端也会翘起来，那是由于标端的重力距，没有胜过本端的重力距的缘故。明宋应星《天工开物·水利》（1634）桔槔，见图 14。

图 14　明宋应星《天工开物·水利》（1634）桔槔

3. 秤衡静力

《经下》说："衡而必正，说在得。"《经说下》解释说："相衡则**本短标长**。加重于其一旁，必垂。权重相若也，两加焉，重相若，则标必下，标得权也。"即秤杆必须保持平衡，论证的理由在于，秤杆标端得到可以在秤杆标端任意调节滑动的秤锤。

秤杆保持平衡，则本端短，标端长。如果秤杆已保持平衡，再在秤杆某端加重，那一端必然下垂。如果秤锤与重物相等，分别加在秤杆的标端与本端，则标端必然下垂，这是由于本来本端较短，标端较长，标端得到与重物相等的秤锤。

秤衡，是《墨经》简单机械学杠杆原理的典型应用。《墨经》记载秤衡，在世界物理学史有重要价值。《墨经》最早记述秤的杠杆原理。《墨经》把秤的支点到重物一端的距离，称为"本"，今称重臂。把支点到权一端的距离，称为"标"，今称力臂。

《墨经》论述杠杆平衡的各种情形：重物与权相等，衡器平衡，如果加重物在衡器一端，重物端必然下垂；如果加重物，衡器平衡，必然是**本短标长**；如果在本短标长的衡器两端，加重量相等的物体，则标端必然下垂。

《墨经》论述"本"与"标"相等或不相等的平衡，杠杆两端的力，以及力与作用点间距离的大小。《墨经》作者实验的记录，与阿基米德（公元前 287—公元前 212）论述杠杆原理，处同时代。《墨经》论秤衡，见图 15。

4. 滑车省力

《经下》说："挈与收反，说在权。"《经说下》解释

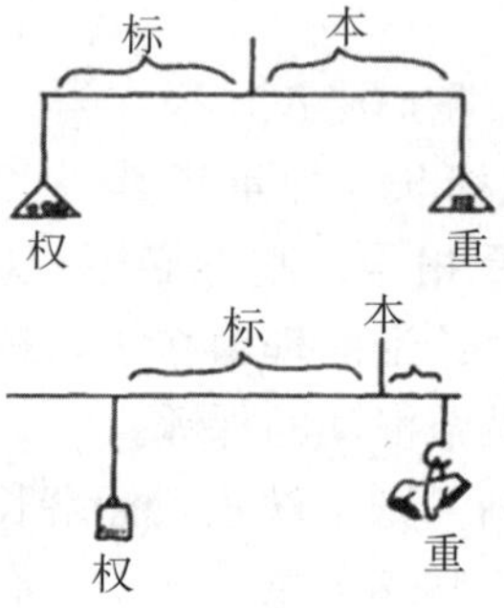

图 15　《墨经》论秤衡

说：“挈。挈有力也，**引无力也。**不必所挈之止于斜也，绳制挈之也，若以锥刺之。挈：长重者下，短轻者上，上者愈得，下者愈亡。绳直，权重相若，则止矣。收：上者愈丧，下者愈得。上者权重尽，则遂挈。”

即用滑轮提升与收取重物的方向相反，论证的关键在于，使用一个起牵拉、缓冲或平衡作用的标准重物‘权’。由下而上提升重物，要用力气。**由上而下收取重物，是利用重力的作用，使重物自动下降，所以不用力气。**

要想方便或省力地提取重物，不一定只利用斜面这一种方式，用绳索制动滑轮以提取重物，就像用锥子刺物一样方便省力。由下往上提升重物时，系在绳子一端的相对较重的“权”，靠着重力的作用会自动下降，系在绳子另一端的相对较轻的重物，则被自动地往上提。被提举的重物越来越靠近上边，靠重力下降的“权”会越来越接近地面。

如果制动定滑轮的绳子两边下垂，分别悬挂的“权”和重物重量相等，那么两边就会静止不动。由上往下收取重物时，系在绳子一端的相对较轻的“权”，离地越来越远，离上边越来越近，重物凭借重力的作用，越来越靠近地面。待“权”上升到滑轮边沿时，如果还想提升重物，则需用人力把重物稍稍提举，以便使“权”能够再次自动下落，开始新一轮提举重物的过程。

《墨经》总结滑轮力学原理。滑轮机械叫“绳制”，提举重物省力。向上提举叫“挈”，自由降落叫“收”。“挈”与“收”用力方向相反，同时作用于一个共同点。滑轮一边，绳长物重，物体下降。另一边，绳短物轻，物体上举。两端重物相等，绳垂直平衡。滑车省力，见图16。

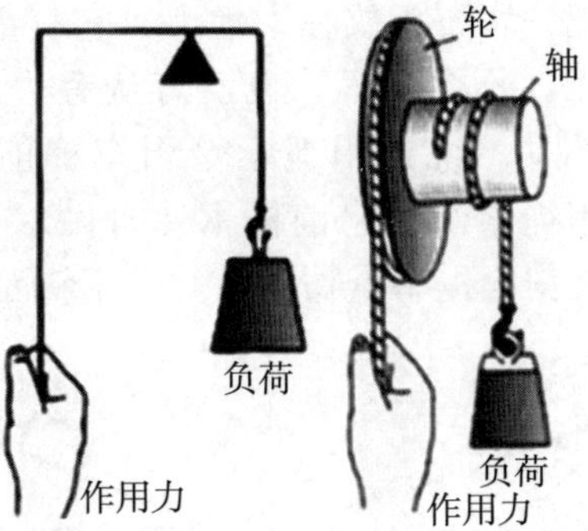

图16　滑车省力

5. 应用斜面

《经下》说：“倚者不可正，说在梯。”《经说下》解释说：“倚：背、拒、牵、射，倚焉则不正。两轮高，两轮为辁（quán），车梯也。重其前，弦其前，载弦其胡，而悬重于其前。是梯，挈且挈则行。**凡重，上弗挈，下弗收，旁弗劫，则下直。**斜，或害之也，流梯者不得下直也。今也废石于平地，重，不下，无旁也。若夫绳之引胡也，是犹自舟中引横也。”

即斜面运物与垂直运物不同，论证的理由在以车梯为例。背负、抵拒、牵引、投射，都有偏斜而不垂直的现象。车梯的前两轮低，后两轮高。因为车梯的重心偏前，为了在装运过程中保持车梯的平衡，需要在车前系以绳索，使绳索下垂，而悬以重物。这种车梯，提起前端并向前牵引，则能够前行。

凡是重物，不往上提举，不往下收取，不从旁边给予强力，而仅受重力作用，则会垂直下落。斜面对物体的下落起某种阻碍作用，在梯子上滑动的物体，不能够垂直下落。把一块石头放在平地上，它有重力，但受地面阻力的作用，不会下落，也没有从旁边来的作用力，它就会静止不动。说到用绳索牵引车梯前行的运动方式，这就像用绳索牵引舟前横木使舟做水平运动一样。利用滑轮，在斜面提举重物省力。应用斜面，见图 17。

图 17　应用斜面

四、 数学与物理学范畴

1. 数学与物理学概述

数学研究数量、空间形式的范畴与原理。《墨经》的数学知识，从工匠的劳动技艺，“巧传求故”，探求因果，总结规律，划分类属，详论“方圆平直”，“点线面体”，“相交相切相离”等系列范畴与原理。“端”：光学、数学与物理学跨学科共用范畴，相当于光学上的“光量子”，数学上的“无限小”，物理学上的“微粒”。

2. 方形：四边四角相等

《经上》说：“方，柱、隅四权也。”《经说上》说：“方。矩写交也。”即方，是四边四角相等。方，是用矩尺做出的四边相等、四角为直角的平面图形。“柱”：方形的边。“隅（yú）”：方形的角。“权”：相等。“矩”：矩尺，丁字尺，画直角用。“写交”：封闭曲线。方形，见图 18。

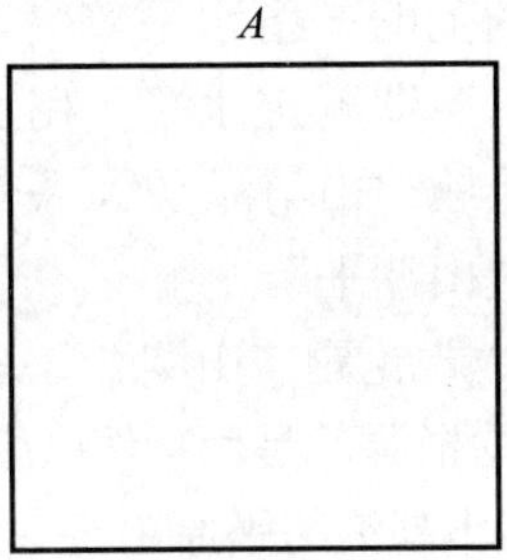

图 18　方形

3. 圆形：一个圆心，等长半径

《经上》定义说：“圆，一中同长也。”《经说上》说：“圆。规写交也。”《经上》说：“同长，以正相尽也。”《经说上》举例说：“楗（jiàn）与框之同长也。”《经上》说：“中，同长也。”《经说上》说：“心，自是往相若也。”即圆，是由一个中心、等长半径构成的平面图形。《经说上》说圆形的作图法：“圆是用规写画的相交封闭图形。”圆形，见图 19。

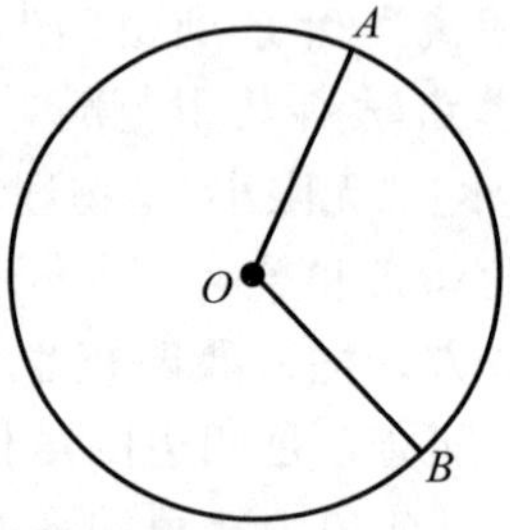

图 19　圆形

4. 平的范畴：水平等高

《经上》说："平，同高也。"即平，指不同个体，有同样高度。平的范畴，指水平等高，平行齐等。《法仪》说："平以水。"即测定水平，用水平仪。《庄子·天下》说惠施有论题"山与泽平"，《荀子·不苟》说惠施、邓析有论题"山渊平"。

《荀子·正名》说论题"山渊平"，是"惑于用实以乱名"，即谬误产生的根源，是用特例（个别实体），模糊一般概念。如用"高山湖泊与平原山头一样高"的特例，以偏概全，仓促概括出："天下所有山渊山泽都是平的。"

5. 顺序公理

《法仪》说："直以绳。"即木工用墨绳拉直线。《经上》说："直，参也。"《经说上》说："圆无直。""直"：直线。"参"：第三个点加入另两点间。直线的性质：有一点，恰好介于另两点间。一直线上三点，有一点恰好介于另两点间。

符合希尔伯特顺序公理一：设有 A、B、C 三点，若 B 介于 A 和 C 之间，则 A、B、C 是一直线上三个不同的点，并且 B 也介于 C 和 A 之间。二：对于任何不同的A和B两点，在直线AB上至少有一点C，使得B介于A和C之间。三：在一直线上任何不同的三点中，至多有一点，介于其余两点间。

6.“圆无直”定理

圆无直定理：圆周上无直线。一圆周上任何三点，都不在一直线上。无圆能通过同一直线上三点。《经说上》说：“五诺，皆人于知。有说，过五诺，若圆无直。无说，用五诺，若自然矣。”

即讨论讲授科学，经过五种问答方式，人人对论题都已经知晓。假如论题还需要证明，那么可以一一经过五种问答方式。如对‘一圆周上任何三点都不在一直线上’定理的证明，就是这样。假如论题不需要证明，那么用五种问答方式，论题就好像是自明一样。”

《经上》说：“诺，不一，利用。”《经说上》说：“诺。相从、相去、先知、是、可。”即讲授科学知识时所用的五种问答方式，应用根据具体情况。“相从”：从已知大前提与问方给出小前提出发，由答方跟随推出相应结论，相当于演绎法直言假言三段论。如已知“所有圆都是一中同长”，问方说：“这个图形是圆，那么怎么样?”答方说：“这个图形是一中同长。”

“相去”：从已知选择关系与已有选择出发，排除其他选择，相当于演绎法选言三段论肯定否定式。如已知“时或有久或无久”，问方说：“始当无久，那么怎么样?”答方说：“始非有久。”

“先知”：断定先前已知，如先前已知“圆无直”（一圆周上任何三点都不在一直线上）定理，现在需要用它做推论前提，问方说：“我们先前不是已知圆无直吗?”答方说:“是的,我们先前已知圆无直。”

“是”:此,这个,确定断定的个体,问方问:“哪一个点,是此圆圆心?”答方指着图形说:“这一个点,是此圆圆心。”

“可”:许可,可以,对所提问题,肯定断定。如问方说:“中央可以为旁吗?”答方说:“可。”肯定对方问题,中央可以为旁,即一圆圆心点,可兼作另一圆圆周点。

7. 点叫作端

《经上》说:“端,体之无厚而最前者也。”《经说上》说:“端。是无内也。”即端(点)是作为线段构成部分最前的无厚(没有厚度的空间点)。端(点),不考虑其内部再分。《经下》说:“非半弗斫则不动,说在端。”《经说下》解释说:“斫(zhuó)半,进前取也,前则中无为半,犹端也。前后取则端中也。斫必半,无与非半,不可斫也。”

即给定有一定长度的木棍,连续取半操作,到不能再取半,不能用刀砍,出现不动的端点,论证理由在于端的定义。取半操作,从这一头往那一头进行,最后那一头会无法取半,碰到端。从两头往中间取半,端在中间。规定必须取半操作,到不能再取半操作,无法再砍。点线面体,见图20。

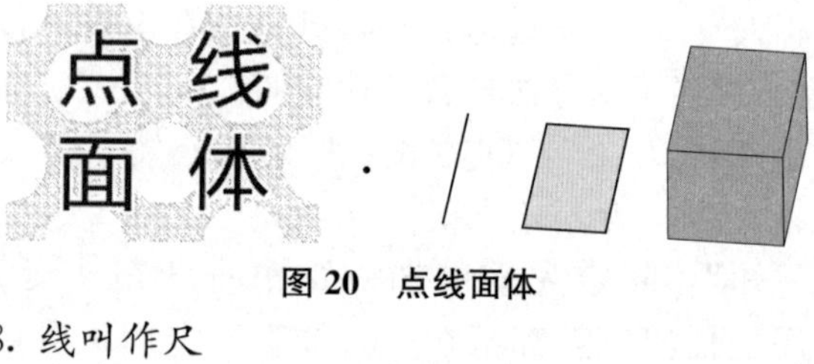

图20 点线面体

8. 线叫作尺

《经上》说:“体,分于兼也。”《经说上》举例解释："若二之一、尺之端。"点线，是部分与整体的关系。"体"是部分、元素，"兼"是整体、集合。"尺"相当于几何学的"线"，"端"相当于"点"。

"线"是无数"点"的集合、整体，"点"是"线"的部分、元素，相当于欧几里得几何"全体大于部分"的公理。点是线的必要条件，线是点的充分条件。《经说上》说："小故：有之不必然，无之必不然。体也。若有端。"即有点不一定有线，无点一定无线，点为线的必要和非充分条件。线为点的充分条件，有线一定有点，无线不一定没有点，线是点的充分和非必要条件。

9. 面叫作区

《经说上》说："尺前于区而后于端，不夹于端与区内。"即在平面几何中，线是位于面的前边，夹持面，作为面的界限。线是位于点的后边，被点夹持，以点为界限。线夹面，被点所夹。

只能说"点夹线""线夹面"，不能说"线夹于点与面内"，不能说"点与面夹线"。"尺"：线。"区"：面。"端"：点。"尺前于区"：相当于欧几里得几何定义"面的界限是线"。"尺后于端"：相当于欧几里得几何定义"线的界限是点"。面叫作区，见图 21。

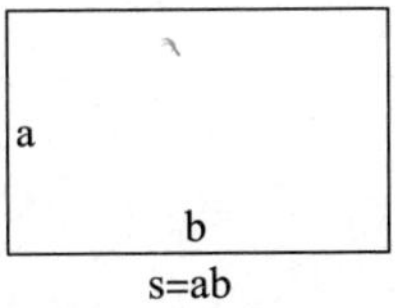

图 21　面叫作区

10. 体叫作厚

几何学上的"体"（体积）叫作"厚"。"体"（体积）在长宽高度三维上都有厚。《经上》说：“厚，有所大也。”《经说上》说：“惟无厚无所大。”“厚”（体，体积），在空间三维长宽高上有厚度，是“有所大”（有一定量）。体叫作厚，见图22。

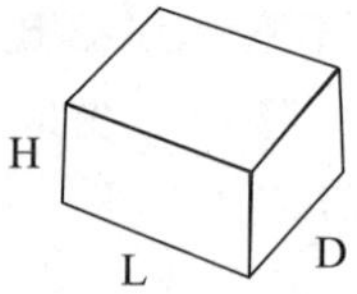

图22　体叫作厚

11. 点线相交

《经上》说：“撄（yīng），相得也。”《经说上》说：“尺与尺俱不尽。端与端俱尽。尺与端或尽或不尽。”“撄”是相交。“尺与尺俱不尽”：线和线相交，双方都不完全重合，因为线是无数点的集合，线和线相交，只交于一点。

“端与端俱尽”：点和点相交，完全重合，完全占有对方，没有空隙，因为点无长宽高。“尺与端或尽或不尽”：点和线相交，从点方面说，是完全重合（尽），从线方面说，是不完全重合（不尽）。点线相交，见图23。

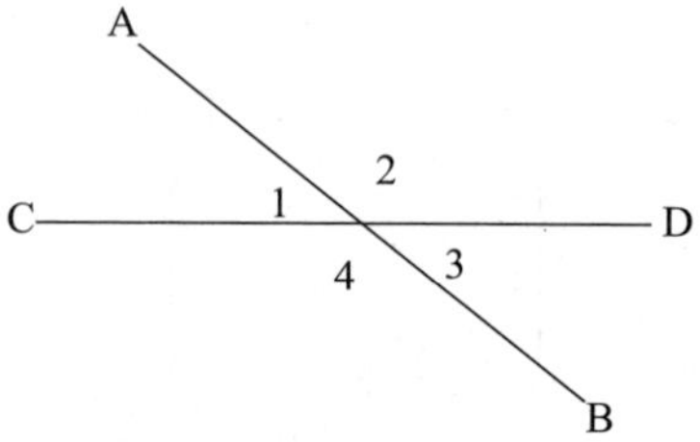

图23　点线相交

12. 两图相切

《经上》说：“次，无间而不相撄也。”《经说上》

说："无厚而后可。""次"：相切，紧挨着摆放。"相切"：两图形共同点只有一个。"无间"：两个图形无间隙。"不相撄"：不相交。"相交"：有二共同点。"相切"：有一共同点。两图相切，见图 24。

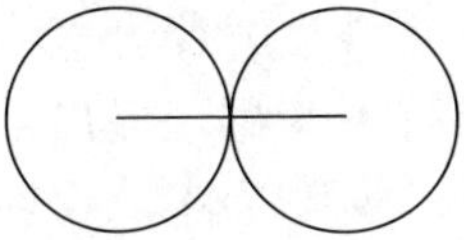

图 24　两图相切

13. 两图相离

《经上》说："有间，中也。""间，不及旁也。""离，间虚也。"《经说上》说："虚也者，两木之间，谓其无木者。"两图相离，见图 25。

图 25　两图相离

14. 有穷无穷

《经上》说："穷，或有前不容尺也。"《经说上》说："或不容尺有穷，莫不容尺无穷也。"即一个空间是有穷的，在度量的时候，前面不能容纳一线。一个空间是无穷的，在度量的时候，前面永远可以容纳一线。这酷似古希腊阿基米德度量公理"有穷线段可度量"：有长短不同两线段，在长线段上连续截取短线段，截到某次无剩余，或得一短于短线段的剩余线段。

15. "端"范畴：光量子，无限小，微粒

"端"是光学、数学与物理学跨学科共用范畴，相当于光学上的"光微粒""光量子"；数学上的"无限

小”“点”；物理学上的“质点”“微粒”“粒子”。2016年8月15日，墨子号量子卫星首席专家潘建伟，在酒泉卫星发射中心接受媒体采访时说，世界首颗量子卫星，被命名为墨子号，体现文化自信。墨家最早设计小孔成像实验，发现并科学解释光直线传播的重要原理，为量子通信的发展打下基础，提出某种意义的粒子论。某种意义的粒子论，涉及“端”（微粒，光量子）概念。

“端”：《墨经》光学、数学与物理学跨学科范畴。在物理学领域，“端”是物质结构论的“微粒”（粒子）概念。在数学领域，“端”是几何学概念“点”，与“尺、区、厚”（线、面、体）构成并列的概念系统。在光学领域，是“光量子”：光线的量子（粒子）构成，即潘建伟所说“某种意义的粒子论”。

“端”：物质结构论的“微粒”概念。《经下》说：“非半弗斫则不动，说在端。”《经说下》解释说：“斫半，进前取也，前则中无为半，犹端也。前后取则端中也。斫必半，无与非半，不可斫也。”

即对于给定有一定长度的木棍，连续做取半的操作，到不能再取半，出现不动的端点，论证的理由在于考察“端”的定义。所谓“取半的操作”，从这一头往那一头，最后那一头无法再取半，就遇到“端”。从两头往中间取半，“端”在中间。规定做取半的操作，到不能再取半。“斫”：砍断。“无与非半”：不能再做取半操作。“端”指没有“长宽高”三维，无穷小的物质微粒。这种物质结构论，相当于古希腊自然哲学家的原子论。原子论，物质微粒说，是人类认识物质的一个阶段。

“端”：光学意义的光微粒（光量子）。物理学意义的微粒，质点，物质经验分割极限，物质结构论。几何学意义：点，与“尺”（线）、“区”（面积）、“厚”（体积）并列，构成“点线面体”几何学范畴系列。

占有时间空间无穷小。《经下》说“无久与宇”。“无久”是时间无穷小。“无宇”是空间无穷小。“无久与宇”是“无久”“无宇”的合并联言。《经上》说“无久”概念，举例“若矢过楹”（飞矢疾速穿过细标杆）。

《经说上》说：“小故：有之不必然，无之必不然。体也，若（尺）有端。”即“小故”（原因中的部分要素，必要条件）：有它，不必然有某一结果。无它，必然无某一结果。“小故”是形成一结果的部分原因。点是形成线的小故（必要条件）。解释“端”即几何学意义的“点”，“端”（点）是“尺”（直线）的“体”（部分），“尺”（直线）是无数“端”（点）的“兼”（整体，集合）。

小故：构成原因的部分要素，相当于必要条件。如有点（端）是成线（尺）的部分要素，必要条件，有点（端）不必然成线（尺），无点（端）必不能成线（尺）。有之不必然：有前件不一定有后件。如有点（端）不必然成线（尺）。无之必不然：无前件，必然无后件。如无点（端）必不能成线（尺）。有点是成线的必要条件。

体：部分，元素。与“兼”（整体、集合）相对。若有端：是“若尺有端”的略文，“尺”字省。若，例如。“若有端”，是“小故”的典型事例，构成科学归纳推理。尺、端：几何学概念。尺，线。端，点。

“端”（点）与“尺”（线）、“区”（面积）、“厚”（体积）并列，构成“点线面体”范畴系列。《经说上》

说："若二之一、尺之端也。"《经上》说："端，体之无厚而最前者也。"《经说上》解释："端。是无内也。"《经说上》说："尺前于区而后于端，不夹于端与区内。"《经说上》说："端与端俱尽。尺与端或尽或不尽。"

物质经验分割的极限，质点，微粒，属物理学，物质结构论。"端"是没有长宽高三维，无穷小的物质微粒。作为几何学的"点"，与作为物理学物质结构论的"微粒"相通，"形"（形状、形体）与"质"（物质、质料、质点）相通。

《经上》说："体，分于兼也。"《经说上》解释："若二之一、尺之端也。"即"体"（部分）从"兼"（整体）中分出来。如集合"二"中的元素"一"，线中的点。兼：整体，集合。与"体"相对。体：部分，元素。若二之一：如集合"二"中的元素"一"。若，如，列举典型事例。二，以两个"一"为元素构成的集合。一，集合"二"的元素。尺之端：线中的点。尺，线。端，点。线是点的集合，点是线的元素。

《经上》说："端，体之无厚而最前者也。"《经说上》解释："端。是无内也。"即"端"（点）是作为线段构成部分最前的"无厚"（没有厚度的空间点）。"端"（点），不考虑其内部再分。

《庄子·天下》载惠施"历物之意"，有"至小无内"的概念，即最小的微粒没有内边，与《墨经》"无厚"概念一致。《经下》说："非半弗斫则不动，说在端。"认为"端"不可再分，没有内边，与"无内"义合。《几何原本》说："点者无分。"把点定义为不可分，与"无内"义合。

“无厚”，《墨经》常用概念。几何学上的“点”，在长宽高空间三维上，都没有厚度（无所大）。“体之无厚而最前”，是从几何学上解释“端”（“点”）的本义。“端”是构成线段，作为线段的“体”（部分）极多“无厚”中最前的“无厚”。

《几何原本》说：“线之界是点。”点是作为线段界限尽头最前端的部分，与《墨经》“端”（点）的定义相合。端（点）指构成线段，并作为线段“体”（部分）的任一“无厚”。“无厚”造词法，同于“无宇”“无久”。

“无宇”是无穷小的空间点，不考虑“宇”即空间的绵延。“无久”，是无穷小的时间点，不考虑“久”即时间的绵延。“无厚”，是无穷小的空间点，物质点，不考虑“厚”即空间各维度上的厚度，物质绵延。无穷小的空间点（“无厚”）叫作“无宇”。

《墨经》“端”共使用 33 次。有 8 条涉及“端”的概念，其中 6 条属几何学，是指“点”，共使用 10 次，与“尺、区、厚”组成“点线面体”的范畴序列。属光学 1 条，指光线的粒子构成（光量子），使用 3 次。属物理学 1 条，指不可分割的极限、质点、微粒，使用 3 次。

“尺与端”，是《墨经》常用概念。“尺”在《墨子》中，共使用 223 次。尺是工匠最常用的工具，《墨经》作者作为工匠理论家，在工匠经验的基础上，运用抽象的理论思维，从工具尺子，概括提升“直线、线段、线”的几何学知识（使用 5 次），以及整体、部分；有穷、无穷等哲学世界观，数学、物理学概念范畴，是分析中国抽象思想起源的典型事例。

微粒概念，物理学范畴。物理学，是物质运动规律的理论。《墨经》中作为物理学的“端”，是物质结构论的范畴，指物质经验分割的极限，质点，微粒，相当于物理学的原子，对后世学人有重要启迪，影响深刻，是构成进一步学术研究的难点和学术增长点。

古希腊哲人认为，组成物质的本原是原子，以原子论解释世界物质的运动变化。“原子”一词，希腊文本意是“不可分”。中国人关于物质微粒的思想，出现更早。甲骨文中，“小”字只作三点，表示微细之物。

“小”的造字原意，是两边各一点，成“八”字，意思是分。把中间一点，分了又分，剩下不能再分的微点，便是“小”。《说文》：“小，物之微也，从八，见而分之。”“不可分”，即“原子”观念，出现于殷商时期。

战国时期名家提出“无内”的概念。《庄子·天下》引惠施说：“历物之意：曰：‘至大无外，谓之大一；至小无内，谓之小一。’”惠施在历数“物”的大小时提出“无外”和“无内”的概念，把它们分别命名为“大一”和“小一”，即无限大和无限小，与子思“大”“小”的概念异曲同工。

《庄子·天下》载辩者说：“一尺之捶，日取其半，万世不竭。”一尺长棍，每天取一半，一万代（三千年）都取不尽。即有限物质，无限可分。唐成玄英疏：“捶，仗也。取，析也。”“捶”“箠”“棰”通，马杖，马鞭，短棍。

“端”概念与“尺捶不竭”。1953年秋，毛泽东在菊香书屋前院子散步，谈物质结构说：“墨子在公元前5

世纪，就提出“端”是组成物质的最小成分，比外国人提得早。”“‘一尺之捶，日取其半，万世不竭’，这句话你听说过吗?”“这出自《庄子》。据说古希腊人德谟克利特是原子论的主要代表。在古希腊文里，原子就是不可分割的含义。”①

《墨经》物理学的“端”概念，辩者“尺捶不竭”的辩证命题，对后世学人有重要启迪和深刻影响。《墨经》物理概念的讨论，构成进一步学术研究的难点和学术增长点。墨家以分割或砍木棍为例，教导如何分，才会得到“不可分”的“端”。

春秋战国时期，诸子蜂起、百家争鸣，不少学派的自然哲学，主张物质有不可分的实体存在。原子思想是不可分的、不连续的物质观念。另一种物质观，认为物质是无限可分的、连续的。《庄子·天下》引辩者说：“一尺之捶，日取其半，万世不竭。”这是物质无限可分的、连续的理念。

---

① 人民网，中国共产党新闻网信息，《传奇·传记文学选刊》，2007年第12期。

第三章

科学哲学，普遍真理

一、 认知世界与改造世界：世界观

1. 认知原理

《墨经》论认知学说的范畴和原理，浓缩认知能力、来源、活动、过程、阶段、性质、种类和标准的知识内涵，常被称为知识论、认识论、认知理论、认知学说。这部分知识，是墨家科学思维发展到高级阶段的标志，可为现实所借鉴。

《墨经》明确论述感性和理性两种认知，特别重视“为知”，即自觉实践的知识，这是极其新颖和超越时代的认知科学真理。《墨经》论认知学说的范畴和原理，自成系统，是对人类认知规律最早的理论概括，极富创见。

（1）“知，材”：认知能力

《经上》说：“知，材也。”《经说上》解释说：“知也者所以知也，而不必知，若明。”认知能力是人天生具有的本能。人凭借认知能力，认知事物。仅有认知能力，未必能求得知识。如人眼睛明亮，视力健全，未必能看见。意为认知潜能在人身，求知本是人天性。获取认知有条件，认知能力可依凭。

马克思形容人类与生俱来的认知器官，是尚未运作、发挥作用的人类“自身的自然中沉睡着的潜力”①。亚里士多德《形而上学》开宗明义地说：“求知是人类的天性。我们乐于使用我们的感觉，就是一个说明。即使并无实用，人们总爱好感觉。而在诸感觉中，尤重视觉。无论我们将有所作为，或竟是无所作为，较之其他感觉，我们都特爱观看。理由是：能使我们认知事物，并显明事物之间许多差别。此于五官之中，以得于视觉者为多。”②

赫拉克利特说：“眼睛是比耳朵更可靠的见证。”③柏拉图说：“在所有感觉器官中，眼睛最像太阳。”④古希腊哲人所论，与《墨经》论认知能力范畴的定义内涵契合。《墨经》论认知学说的诸范畴，都以“用眼睛视

---

① 马克思、恩格斯《马克思恩格斯全集》第23卷，人民出版社1972年版，第202页。

② 亚里士多德《形而上学》，吴寿彭译，商务印书馆1959年版，第1页。

③ 北京大学哲学系外国哲学史教研室《古希腊罗马哲学》，商务印书馆1982年版，第28页；汪子嵩《古希腊哲学史》第1卷，人民出版社1997年版，第489页。

④ 苗力田《古希腊哲学》，中国人民大学出版社1989年版，第314页。

物”为例。《墨经》对人类认知活动的理论概括和语言表达，与西哲诸大师的议论相比，奇妙相合，异曲同工。

（2）“知，接”：感性认知

《经上》说：“知，接也。”感性认知，是认知主体，接触外界事物，所获得的知识。“接”是《墨经》感性认知范畴定义中的关键词，种差，本质属性，特有属性。认知主体，不接触外界事物，就不能获得感性认知。

《经说上》解释说：“知也者，以其知过物，而能貌之。若见。”感性认知，是认知主体，用认知能力，接触外界事物，与外界事物相过从、打交道，而能描摹外物形貌。如眼睛接触外物，看见外物形貌。《墨经》对感性认知范畴的定义和解释，与现今哲学教科书的内容，奇妙相似。可见古今认知哲理相通，《墨经》的理论总结和语言表达，难能可贵。

（3）“恕，明”：理性认知

《经上》说：“恕，明也。”理性认知，把握本质，清楚明白。“明”是《墨经》对人类认知活动范畴定义中的关键词，种差，本质属性，特有属性。《经说上》解释说：“恕也者，以其知论物，而其知之也著。若明。”理性认知，用认知器官，分析整理事物，认知深切著明。如用心观察，看清事物。《经说上》解释用词中的“明”，指看明白。

恕，是《墨经》自创字，结构是“知”下加“心”，表示用心思维，清楚认知事物的本质和规律，形成理性认知。恕，通“知”，特指理性认知，清楚明白，知道认识，又叫“明知”：明白知道；“论物”之知：经分析整理的系统知识。“论”，通“伦”，有伦理，分析整理，使认知有条理。“著”：显著，深切著明，透彻明白。理性认知，是比感性认知阶段，更为高阶的认知，是人类认知活动所追求的目标。

（4）“虑，求”：思虑活动

《经上》说：“虑，求也。”《经说上》说：“虑也者以其知有求也，而不必得之，若睨。”思虑是求知的活动和状态。用认识能力求知，未必获得知识。犹如人用眼睛斜视，不一定能看见。“求”是《墨经》对人类思维活动范畴定义中的关键词，种差，本质属性，特有属性。

求，即追求，谋求，寻求，索求，探求。求，要用力气，充分发挥人的主观能动性。《玉篇》：“求，索也。”《孟子·告子上》：“求则得之，舍则失之。”人类特有的主观能动性是认知世界和改造世界，其特点是积极探求。

《非命下》说“殚其思虑之知”，把殚精竭虑作为人类智力构成的特征。《尚同中》说：“使人之心，助己思虑。”“助之思虑者众，则其谋度速得。”把借助众人的之心，帮助自己思考，作为提高谋划效能的途径。

（5）“知：闻、说、亲；名、实、合、为”：认知种类层级

《经上》说：“知：闻、说、亲；名、实、合、为。”《经说上》解释说：“传受之，闻也。方不彰，说也。身观焉，亲也。所以谓，名也。所谓，实也。名实耦，合也。志行，为也。”知识种类：闻知、说知、亲知。知

识形态：名知、实知、合知、为知。

传授得来是闻知，通过耳闻而得知。推论知识是说知，间接推论而得知。观察得来是亲知，亲眼所见即亲知。称谓手段是名知，名知就是概念知。对象知识是实知，指认实体即实知。理论与实际结合是合知，知其名又知其实。自觉实践是为知，改造世界即为知。

“为知”，改造世界，有意识地自觉实践，是认知的最高层级。列宁说：“精彩：黑格尔**通过**人的实践的、合目的性的活动，接近于作为概念和客体相一致的‘观念’，接近于作为**真理**的观念。紧紧接近于下述这点：人以自己的**实践**证明自己的观念、概念、知识、科学的客观正确性”；“认识过程，其中包括人的**实践**和**技术**”；“人从主观的观念，**经过**‘实践’（和技术），走向客观真理”。[①]《墨经》解释发挥“为知”，即有意识自觉实践的认知，其思想意蕴，接近于黑格尔和列宁的论述。

（6）“巧传求故”：探求因果

《墨经》定义原因范畴：“故，所得而后成也。”《经上》说：“巧传则求其故。”巧传求故成科学，说明探求因果联系，对科学认知的决定性作用，揭示《墨经》科学认知形成的机理。巧传，即世代相传手工技巧。

古希腊自然哲学家德谟克利特，与墨子同时代，注重探究自然的原因，写过许多关于天体、大地、声音、植物、动物等原因的著作。他说：“宁愿找到一个因果的说明，而不愿获得波斯的王位。”“只找到一个原因的

① 列宁《哲学笔记》，人民出版社 1993 年版，第 161、170 页。

解释，也比成为波斯人的王还好。”即求故胜当波斯王。①

亚里士多德《形而上学》开宗明义地说：“技术家较之经验家更聪明；前者知其原因，后者则不知。凭经验的，知事物之所然而不知其所以然，技术家则兼知其所以然之故”；“大匠师应更受尊敬，他们比之一般工匠知道得更深切，也更聪明”；“我们说他们较聪明，并不是因为他们敏于动作，而是因为他们具有理论，懂得原因”，“而理论部门的知识，比之生产部门，更应是较高的智慧。”②

《墨经》的科学精神，与希腊古哲学酷似。美国科学哲学家罗伯特·瓦尔托夫斯基说：“从古到今的能工巧匠中，向来就存在着许多不可言传的知识。科学应该承认这些知识，总结它们，提高它们。”③

（7）“法取同，观巧传”：法则规律

《经说上》说：“法取同，观巧传。”即概括手工技巧的规律，形成科学原理。《经上》说：“法同则观其同。”《经下》说：“一法者之相与也尽类，若方之相合也，说在方。”《经说下》解释说：“方尽类，俱有法而异，或木或石，不害其方之相合也。尽类犹方也，物俱然。”

---

① 北大哲学系《古希腊罗马哲学》，商务印书馆 1961 年版，第 103 页；汪子嵩等《希腊哲学史》，人民出版社 1997 年版，第 1062 页。

② 亚里士多德《形而上学》，吴寿彭译，商务印书馆 1959 年版，第 2、3 页。

③ 罗慧生《西方科学哲学史纲》，天津人民出版社 1988 年版，第 305、306 页。

即与一共同标准相合，属一类，与标准方形相合，属方形，论证的理由是分析方形的法则。所有方形属一类，都合乎方形的法则，又有不同，或是木质的方，或是石质的方，都不妨害方形边角的相合。一切同类事物，都与方形的道理一样。概而言之，所有事物都是如此。

（8）“法，所若而然”：科学检验

《经上》说：“法，所若而然也。循，所然也。”《经说上》解释说：“意、规、圆三也，俱可以为法。然也者，民若法也。”法则规律人遵循，产生结果是检验。这是科学检验范畴的定义。英国著名科学史家李约瑟说：“此段语法，全是亚里士多德风味。墨亚两家，分流并峙，亦一特出的类例。”①

（9）“功，利民”：科技价值

《经上》说：“功，利民也。”科技价值在利民，利于人民谓之巧。突出应用和实用，为民谋利是目标。《墨经》论科技的功效，贯穿为民谋利的功利主义价值观。科技的功效价值，出发点和归宿点，是有利于人民的生产与生活。

《墨经》的科技观，突出应用性和实用性。《公输》说：“公输子（鲁班）削竹木以为鹊，成而飞之，三日不下，公输子自以为至巧，子墨子谓公输子曰：‘子之为鹊也，不如翟之为车辖（车挡），须臾斫三寸之木，而任五十石（六千斤）之重。故所为功，利于人谓之

---

① 李约瑟《中国古代科学思想史》，江西人民出版社 1990 年版，第 212 页。

巧，不利于人谓之拙。”

(10)“智与意异”：知识智慧与假说臆测

《大取》说：“智与意异。”区分真切的知识智慧，与假说臆测的区别。“智”，即知识智慧，是关于事实和必然性的认知，用实然和必然命题表达。“意”，即意见，臆测，假说，想象，有或然性，不确定性，用或然命题（可能命题）表达。科学需要假说，假说不等于科学。假说是对事物尝试性的说明，科学是假说的证实。

2. 认知对象

《墨经》论认知对象的范畴和原理，概括客观世界一般对象最普遍的性质，是人类认知和实践改造的对象。这部分知识，常称为本体论，宇宙观，世界观，自然观，存在论。

(1)“物，达”：物质范畴

《经说上》说：“物，达也，有实必待之名也命之。”《经说上》说：“知也者，以其知论物。”“物”是“达”名，是外延最大的名，外延最广的普遍概念，是最高类概念，概括宇宙万事万物的总名，相当于“物质”。概括存在于主体之外的所有物质、实体、形体、事物、存在，是最广泛的普遍概念，外延最大的认知科学范畴。

“物”“实”“有”（物质、实体、存在）范畴，是物质、实物、事物，外延相同，内涵一致，是人类认知和实践改造的对象。从世界观、宇宙观、本体论、存在论和形而上学高度回答哲学基本问题，规定“物”“实”“有”范畴的内涵和外延。

列宁说：“物质是标志客观实在的哲学范畴，这种客观实在是人通过感觉感知的，它不依赖于我们的感觉而存在，为我们的感觉所复写、摄影、反映。”①《墨经》物范畴的规定，接近于列宁的“物质”概念，是当时世界顶级的哲学概括。

同时代的希腊哲学认为，世界本源于水、火等具体物质形态，印度哲学认为，世界本源于地水火风等具体物质形态。相比之下，《墨经》对世界本体，由个别到一般的概括程度，攀登到当时世界哲学的最高峰。

《小取》说：“摹略万物之然。”“其然也，有所以然也。”人类认知的全部目的，是“摹略万物之然”和“所以然”，反映事物的本来面目、本质和规律。这是《小取》对人与世界整体关系哲学基本问题的科学回答。

恩格斯说：“唯物主义自然观只是按照自然界的本来面目质朴地理解自然界，不添加任何外来的东西，所以这种自然观在希腊哲学家中间原本是不言而喻的。”②《小取》对人类认知目的“摹略万物之然”和“所以然”的规定相当于恩格斯说的“按照自然界的本来面目质朴地理解自然界，不添加任何外来的东西”。

在全面系统研究的基础上，确乎可以说，《墨经》作者已经攀登到古代哲学的最高峰。在中外其他哲学家，正从地水火风、金木水火土等具体物质，思考世界本源时，《墨经》已在十分成熟地定义和论证数十个认知科学范畴。《墨经》的科学认知范畴，具有全人类的适用价值。胡适说，《墨经》“完全没有超自然的、甚至迷信的色彩”。③

---

① 列宁《列宁全集》第18卷，人民出版社2017年版，第130页。

② 恩格斯《自然辩证法》，人民出版社2018年版，第67页。

③ 胡适《先秦名学史》，学林出版社1983年版，第57页。

（2）“所谓，实”：实体范畴

《经说上》说：“所谓，实也。”《经说下》说：“有之实也，而后谓之。无之实也，则无谓也。”《大取》说：“名，实名。实不必名。”《小取》说：“以名举实。”《经上》说：“举，拟实也。”《经说上》说：“告以之名举彼实也。”《小取》说：“察名实之理。”“实”，即实物，实体，实在，与“物”范畴等值互训，是人类认知和实践改造的对象。

（3）“盈，莫不有”：存在范畴

《经上》说：“盈，莫不有也。”物质充盈无限宇宙，无处不有，无处不在。无穷世界，到处充盈无穷的物质。“有”的范畴，即存在，与“无”（非存在）相对，与“物”“实”（物质实体）等值互训，是人类认知和实践改造的对象。

《经说下》说：“若‘无马’，则有之而后无。”《经下》说：“可无也，有之而不可去。”《辞过》说：“凡回于天地之间，包于四海之内，天壤之情，阴阳之和，莫不有也。”《明鬼下》说：“鬼神者，固无有。”“天下之所以察知有与无之道者，必以众之耳目之实，知有与亡为仪者也。诚或闻之见之，则必以为有。”“何不尝入一乡一里而问之，自古以及今，生民以来者，亦有尝见鬼神之物，闻鬼神之声，则鬼神可谓无乎？若莫闻莫见，则鬼神可谓有乎？”

（4）“无不必待有”：非存在范畴

《经下》说：“无不必待有，说在所谓。”《经说下》解释说：“若‘无马’，则有之而后无。‘无天陷’，则无之而无。”“无”不以“有”为必要条件，论证理由在于所说“无”的种类。如说“现在无马”，指先有，后变为无。说“无天塌的事”，指从来都是无。《经说下》说：“无之实也，则无谓也。”

称谓以实际存在为转移。有才能说是有，无不能说是有。世上有无须区分，假话不能说成真。人不能病态地痴迷于虚无，视虚无为实有，跟虚无纠缠不休。“杞人忧天”，把“天陷”虚无，误当实有，吃不下，睡不着，陷于病态，自寻烦恼。

（5）“动，或徙（xǐ）”：运动范畴

《经上》说：“动，或徙也。”《经说上》解释说：“动。偏徙者，户枢（shū）、蛇、蚕。”运动是物体至少有一部分迁徙，如门转轴自转，蛇蚕蠕动。《经说上》说：“尽。俱止、动。”在一个论域中，说“所有的个体都停止”，“所有的个体都运动”。

（6）“化，征易”：质变范畴

《经上》说：“化，征易也。”变化，指事物质变，性质特征改变。《经上》说：“为：存、亡、易、荡、治、化。”《经说上》解释说：“为。甲台，存也。病，亡也。买鬻，易也。消尽，荡也。顺长，治也。蛙鹑，化也。”

即自觉行动的实践：保存、消除、交易、荡平、治理、变化。制甲造台是保存，治病是消除，买卖是交易，消除净尽是荡平，遵循规律生长壮大是治理，蛙鹑养殖是变化。为，是自觉行动的实践。《经说上》说：“志行，为也。”《经说上》：“蛙鹑，化也。”蛙鹑养殖，是利用生物变化的行为。《非攻下》举例：“五谷变化。”

（7）"久，弥异时"：时间范畴

《经上》说："久，弥异时也。"《经说上》举例解释说："久。古、今、旦、暮。""久"（宙）即时间，是概括一切不同时段（古今早晚）的范畴。这是时间范畴内涵和外延的定义。

（8）"宇，弥异所"：空间范畴

《经上》说："宇，弥异所也。"《经说上》举例解释说："宇。东、西、南、北。"《经说下》说："宇徙而有处。""宇"（空间概念）概括一切不同处所，如东西南北。"所"，即处所，空间。这是空间范畴空间内涵和外延的定义。"宇久"即"宇宙"，"久"通"宙"。"宇久"（宇宙）是空间和时间的合成。《淮南子·齐俗训》："往古来今谓之宙，四方上下谓之宇。"

（9）"行修以久"：时空联系

《经下》说："行修以久，说在先后。"《经说下》解释说："行者必先近而后远。远近修也。先后久也。民行修必以久也。"即走一定长度路程（空间），需占有一定长度时间，论证理由在于，人走一定长度路程，有先后区别。走路人必然先走近，后走远。远近是空间长度，先后是时间久暂。人走一定长度的路程，必然占有一定长度的时间。

《经下》说："宇徙，说在长宇、久。"《经说下》解释说："宇。宇徙而有处，宇南、宇北，在旦又在暮，宇徙久。"即物体在空间迁徙运动有时间性，论证理由在于说明物体运动，随着空间的转移，同时经历时间的绵延。物体在空间迁徙运动，占有一定处所（空间）。物体在空间由南往北迁徙运动，时间经历由早到晚的过程。

“宇徙久”，即物体在空间的迁徙，必然经历时间的绵延。时空范畴，对立统一，相互依存。物质、运动、时间和空间范畴，有必然联系。一切物质运动，都必然占有空间，经历时间。时间和空间互相渗透，与物质运动有必然联系。时空是物质运动的存在方式。《墨经》论物质、运动、时间和空间的辩证联系，是当时世界哲学高峰的论点。

（10）“区不可遍举宇”：有限无限

《经说下》说：“区不可遍举宇也。”局部区域，不能穷举无限宇宙。《经下》说：“宇进无近远，说在步。”宇宙无穷大，物质在宇宙迁徙运动，没有绝对的远近，只有相对的远近，论证理由在于用走路为例。

二、 对立统一与全面观察：方法论

1. “同异交得”：对立统一

《经上》说：“同异交得仿有无。”《经说上》解释说：“同异交得。于富家良知，有无也。比度，多少也。蛇蚓旋圆，去就也。鸟折用桐，坚柔也。剑犹甲，死生也。处室子母，长少也。两色交胜，白黑也。中央，旁也。论行、行行、学实，是非也。鸡宿，成未也。兄、弟，俱适也。身处志往，存亡也。霍，为姓故也。价宜，贵贱也。超城，运止也。”

“同异交得”，即同一性和差异性互相渗透，同时把握，是辩证法基本原理对立统一规律的别名。为阐发“同异交得”原理的意涵，这里特意列举十五个典型事例。一个人有富家、无良知，或无富家、有良知，是“有”和“无”集于同一人之身。一数与不同的数相比，既多且少。蛇、蚯蚓旋转，既去（离开）且就（接近）。鸟筑窝折用的梧桐树枝，既坚且柔。

用剑杀死敌人，同时保存自己生命，剑这种杀伤性武器，有如铠甲一样的防御作用。一个未出嫁女儿的母亲，既长（对于她的女儿来说）且少（对于她的母亲来说）。一物颜色比甲物淡，又比乙物浓，既白且黑。一圆的中心可以是另一圆的周边，既是“中央”又是“旁”。言论与行动、行动与行动、学问与实践，既有是又有非。

母鸡孵雏的某一时刻，幼雏既成又未成。兄弟三人中的老二，说是兄或弟都合适。一人身体处在这里，心志跑往别处去，既存且亡。霍本指鹤，因霍兼做人姓氏，所以“霍”字有歧义。买卖双方商议的适宜价格，对卖方来说是够贵，对买方说是够贱，贵贱集于同一价格。以超越城墙为目标的竞技，既有运动，又有停止，运动和静止两种性质，集于一人。

恩格斯说：“第一次把自然界、社会和思维的发展的一个一般规律以其普遍适用的形式表述出来，这毕竟是一项具有世界历史意义的勋业。”“辩证法的规律是从自然界和人类社会的历史中抽象出来的”。① 辩证法是自然界、人类社会和思维的最一般规律。恩格斯概括的辩证法规律“对立的相互渗透的规律”，《墨经》表达为“同异交得”与“两而勿偏”的名言警句。

---

① 恩格斯《自然辩证法》，人民出版社 2018 年版，第 3、82 页。

2. “两而勿偏”：全面观察

《经说上》说：“权者两而勿偏。”《经上》说：“见：体、尽。”《经说上》解释说：“特者，体也。二者，尽也。”区分部分和整体两种观察思维境界。“体见”：部分、片面之见。“尽见”：整体、全面之见。《小取》说：“言多方、殊类、异故，则不可偏观也。”言辞有多方面道理，不同类别理由，不能片面观察。

列宁说：“辩证逻辑则要求我们更进一步。要真正地认识事物，就必须把握住、研究清楚它的一切方面、一切联系和‘中介’。我们永远也不会完全做到这一点，但是，全面性这一要求可以使我们防止错误和防止僵化。”①

（1）“利害相权”：辩证伦理

《大取》说：“断指以存腕。利之中取大，害之中取小也。害之中取小也，非取害也，取利也。其所取者，人之所执也。遇盗人，而断指以免身，利也。其遇盗人，害也。”即在不得已的情况下，宁肯断掉一个指头，也要争取保存手腕。利中取大，害中取小。“害中取小”，在一定意义上，可说不是“取害”，而是“取利”。所谓“取”，是指人采取。遇到强盗，被迫断一指，以保全生命。就遇到强盗，被迫断一指说是害；就保全生命说是利。

（2）“敢有不敢”：对立统一

《经上》说：“勇，志之所以敢也。”《经说上》解释说：“以其敢于是也命之，不以其不敢于彼也害之。”勇

---

① 列宁《列宁选集》第4卷，人民出版社2012年版，第419页。

是意志敢做这事，不因意志不敢做那事，妨害说勇敢。“同异交得”辩证原理一例。

(3)“能有不能”：对立统一

《经下》说：“不能而不害，说在容。”《经说下》解释说：“举重不举针，非力之任也。为握者之奇偶，非智之任也。若耳目。”人有不能，不妨害其有能。举重运动员不善举针绣花，举针绣花不是大力士的专任。数学家善于握筹演算，不善讲演辩论，讲演辩论不是数学智慧的专任。犹如耳管听，不管看，不看不害听。目管看，不管听，不听不害看。

容，即容貌，指耳目器官。奇偶，即讲演辩论。奇，即独白，讲演。偶，即对谈，辩论。任，即职任，功能，作用。能有不能，同异交得，对立统一。任一能人，不能全能，世无全能。

(4)“久有不久”：对立统一

《经说下》说：“是不是，则是且是焉。今是久于是，而不于是，故是不久。是不久，则是而亦久焉。今是不久于是，而久于是，故是久与是不久同说也。”即现在是“是”，将来变成“不是”，但就现在来说，这个“是”仍然是“是”。

现在这个“是”，维持其为“是”，已经很久，于是不再是“是”，而变成“不是”，所以现在这个“是”，有其“不久”一面。虽然现在这个“是”，有其“不久”一面，但就现在来说，这个“是”，仍有其相对长久一面。

现在这个“是”，不能长久维持其为“是”，又在一定限度内，长久维持这个“是”，所以说现在这个“是”

是长久的，又说现在这个“是”不是长久的，两种相反说法，同样成立。久有不久全面观，久与不久都成立。

“久”与“不久”两种相反性质，统一于同一个“是”：“同异交得”，对立统一例。任何事物，都是“久”与“不久”的对立统一。一棵树生长十年，十年后加工为梁，十年是“久”，就其变为梁说，是“不久”。《墨经》用古汉语代词做变项符号，把辩证认知方法形式化，表现出高度智慧。“是久与是不久同说”命题，是全面性认知方法的绝妙好例。

（5）“甘瓜苦蒂”：对立统一

《墨子》佚文：“甘瓜苦蒂，天下物无全美。”《四库全书》收唐马总《意林》卷一、宋陆佃（diàn）《埤（pí）雅》卷十六、宋施宿等《会（kuài）稽志》卷十八、明徐元太《喻林》卷二十九、清王夫之《诗经稗（bài）疏》卷一、清陈大章《诗传名物集览》卷九均引“《墨子》十六卷”语，今存《道藏》本《墨子》此文失落。“甘瓜苦蒂”：同异交得，对立统一。

恩格斯说：“一个民族要想站在科学的最高峰，就一刻也不能没有理论思维。”① 理论思维是用命题和原理形式，把握事物规律性的思维。理论思维的本质核心是辩证法和辩证逻辑，以概念辩证本性的研究为前提。墨子“甘瓜苦蒂，天下物无全美”的辩证原理，是正确认识世界美丑是非的指南，是中华民族辩证认知的典范。

（6）“太盛难守”：物极必反

《亲士》说：“今有五锥（zhuí），此其铦（xiān，锋

---

① 恩格斯《自然辩证法》，人民出版社 2018 年版，第 43 页。

利），铦者必先挫。有五刀，此其错（锋利），错者必先靡。是以甘井近竭，招木近伐，灵龟近灼，神蛇近暴。是故比干之殪（yì）其抗也，孟贲之杀其勇也，西施之沉其美也，吴起之裂其事也。故彼人者，寡不死其所长。故曰，太盛难守也。”太盛难守：太过兴盛难久守。

这是老子物极必反的辩证哲理和“正言若反”的表达方式。《老子》说：“揣而锐之，不可常保。”（尖利锋芒，难保久长）。“物壮则老。”“多藏必厚亡。”“坚强者死之徒。”“兵强则灭，木强则折。”《庄子·天下》说，老子“以柔弱谦下为表”，“曰坚则毁矣，锐则挫矣”。元吴海《闻过斋集·读墨》：“锥刀井木之喻其所长，大盛难守则老氏之意。”墨道学理，渗透互通，多元交融，是文化发展的必然趋势。

（7）“取下求上”：辩证智谋

《经说下》说：“‘取下以求上也’，说在泽。”《经说下》解释说：“高下以善、不善为度，不若山泽。‘处下善于处上’：下所谓上也。”用采取居下位的手段，来求取居上位的目的，论证理由在于以水泽比方。在社会生活中，上下以善不善为标准来度量，不像山泽，以空间高低为标准来度量。说“处下位善于处上位”，是把某种意义上的下说成上。

《墨经》发挥老子辩证认知的原理。《老子》说：“江海所以能为百谷王者，以其善下之，故能为百谷王。是以圣人欲上民，必以言下之；欲先民，必以身后之。”“上善若水。”“道之在天下，犹川谷之于江海。”“上德若谷。”

英国著名科学史家李约瑟评论说：“墨家重视科学

方法。”“勾画出了堪称之为科学方法的一套完整理论。”① 胡适评论说：《墨经》作者“是以同异原则为基础的一种高度发达的和科学的方法的创始人”。②

---

① 李约瑟《中国科学技术史》第2卷《科学思想史》，科学出版社等1990年版，第八章导言，第201页；李约瑟《中国古代科学思想史》，江西人民出版社1990年版，第2页。

② 胡适《先秦名学史》，学林出版社1983年版，第57页。

第四章

《墨经》逻辑，思维技艺

一、《墨经》逻辑的意义

《墨经》有系统的逻辑学说，是中国逻辑的重镇、典型、典范与范式，构成世界三大逻辑之一，国际公认。逻辑研究思维规律，与“数理化天地生”并列，是适用于全世界全人类的基础性学科。逻辑本质具有全世界性与全人类性，不具有地区、国别、民族与种族性。《墨经》总结中国古代争鸣辩论的科学思维方式，论述“辩”的逻辑体系。“名辞说”，相当于概念、判断、推理。

透过《墨经》古汉语的特殊表达式，把握《墨经》逻辑的本质，可知其适用于全世界全人类的科学意涵，认知逻辑基础学科全世界全人类的唯一性、一元性、同质性、共同性、共有性与共享性。

联合国教科文组织把“逻辑”列入相对于技术科学的基础学科。逻辑具有全世界全人类的普遍性、普适性与普世性，是世界学术界公认的科学结论。思维规律的本质，全世界全人类都相同，无东西方地区、国别、民族与种族的区别。思维规律的表述，不同民族有不同的语言形式，本质一致。

全世界全人类逻辑基础学科，有一元性、唯一性、同质性、共同性、共有性、共享性。本质相同（一般性、普遍性、共性），语表不同（现象、特殊性、个性）。逻辑有基础性、工具性与全人类性。

毛泽东说：“‘学’是指基本理论，这是中外一致的，不应该分中西。”“自然科学、社会科学的一般道理都要学。水是怎么构成的，人是猿变的，世界各国都是相同的。”①

2020年1月14日，联合国教科文组织总干事奥德蕾·阿祖莱（Audrey Azoulay）在世界逻辑日（World Logic Day）上致辞：“不论是从亚里士多德，或欧几里得，莱布尼茨，或斯宾诺莎的著述中，还是从中国墨家学派，到印度正理学派创始人的典籍中，我们都能看到，逻辑研究千百年来一直吸引着数不胜数的哲学家和数学家。”

中国墨家学派典籍，指《墨经》。《墨经》逻辑，是墨学发展的最高成就，墨学精华，概括诸子百家争鸣辩

---

① 《毛泽东著作选读》下册，人民出版社1986年版，第751－752、748页。

论的思维方式，是全人类的优秀文化遗产，有重要理论、历史和现代价值，与古希腊逻辑、印度因明并列为世界三大逻辑传统，获国际学界公认。

《墨经》逻辑的概念论、判断论、推理论、思维规律论，与西方逻辑、印度因明本质一致。《墨经》逻辑的科学意涵，有普遍、普适与普世性，与世界逻辑接轨，是人类宝贵的知识遗产。

逻辑是《墨经》占第一位的内容。狭义《墨经》共 183 条，其中有 71 条，专论逻辑，占 40%。狭义《墨经》，全部都是自觉运用墨辩逻辑“名辞说”（概念命题论证）三范畴的形式表述。

从《墨经》全部表述方式的架构上说，《经上》《经说上》是定义、划分与简单命题；《经下》《经说下》是各门科学原理的论证。其论证方式，包括演绎、归纳和类比。论证简括语，是“说在某某”。论证公式“所有 S 是 P，说在某某”，是《大取》论证简括语“其类在某某”（论证公式“所有 S 是 P，其类在某某”）。

《墨经》论证公式“所有 S 是 P，说在某某”，“某某”若是一般概念，则相当于三段论推理的中项（理由根据），整个论证相当于演绎推论。“某某”若是典型事例，则整个论证相当于典型事例分析式的科学归纳推论。《大取》论证公式“所有 S 是 P，其类在 S_1”，则整个论证相当于典型事例分析的科学归纳推论（S_1 为典型事例），或类比推论（S_1 为相似事例）。

辩，辩学，辩的学说，辩论术（dialectic），指辩论的技巧方术。中国古代逻辑，概括诸子百家争鸣辩论与科学认识的思维表达方式，与古希腊逻辑、古印度因明，合称世界古代三大逻辑传统。

逻辑研究思维规律，与“数理化天地生”，合称世界七大基础学科，全世界全人类学理相同，无地区、民族、种族、国别的不同。

二、“以名举实”：概念论

1. 名的范畴

名辞说辩，即概念判断推理论证。中外思维形式范畴对应，见表5。

表5　中外思维形式范畴对应

墨辩范畴	名	辞	说	辩
逻辑范畴	概念	命题	推理	论证（证明反驳）
知识部门	概念论	命题论	推理论	论证理论

“名”（语词概念）是中国古代逻辑的核心范畴，有数千年的形成发展史与数据信息积累。《说文》：“名，自命也，从口从夕，夕者，冥也，冥不相见，故以口自名。”段玉裁注：“名，从口夕，夕者冥也，冥不相见，冥，幽也，故以口自名，故从夕口会意。”《释名》：“名，明也，明实事使分明也。”概念明确，是古人早就发现的逻辑要求。明确概念，是正确表达的第一要务。

“名”，会意字，甲骨文字形，从口夕，本义自报姓名。“名”由口、夕两部分构成，口是说出“名”的器官，“夕”是月牙的象形，本义是黑夜视物不清，自报姓名。引申为用语词指谓事物，表示概念、起名、命名、称说。“名”的作用，是界定事物，划定界限，指概念。要求概念明确，定义定性定位，指明事物分际，明确表达对象。“名”字源演变，见图 26。

图 26 “名”字源演变

“名”，《墨子》出现 93 次；《四库全书》出现 1 071 146 次，涉典籍 79 592 卷。黑格尔说：“思维形式首先表现和记载在人的**语言**里。”“人用以造成语言和在语言中所表现的东西，无论较为隐蔽、较为混杂或已经很明显，总包含着一个范畴。”①

孔子率先从政治伦理思维与表达的实践中，体悟出“正名”的原理，而《墨经》则从理论层面完成对孔子“正名”的逻辑转型。《经说下》说：“正名者：彼彼此此可：彼彼止于彼，此此止于此。彼此不可彼且此也。彼此亦可：彼此止于彼此。若是而彼此也，则彼亦且此此也。”

即在研究正确使用概念时，应注意那个“彼”之名，要确定地指称“彼”之实。这个“此”之名，要确定地指称“此”之实。“彼此”的集合概念，不能仅单独地指称“彼”之实，或“此”之实。“彼此”的集合概念，要确定地指称“彼此”的集合体。如果“是”与“彼此”的不同概念，可以混同，那么“彼”与“此此”的不同概念，也可以混同，这是不对的。

① 黑格尔《逻辑学》上卷，商务印书馆 1966 年版，第 7－8 页。

《墨经》从纯逻辑意义上讨论“正名”，即按照逻辑同一律，正确使用概念。《墨经》对孔子“正名”逻辑转型的价值，非同寻常，明确上升到逻辑思维规律的意义。孔子提出“正名”，要求正确使用语词概念，影响之巨，以后诸子百家竞相讨论“正名”，著作浩如烟海。

语词概念是思维表达的基本单位，概念是思维的细胞。概念内涵外延的展开，是命题，命题是由概念构成。命题借助概念的链接，构成推理论证。正确思维，有效表达，以明确使用概念为必要条件，为首要使命。命题恰当，推理合逻辑，论证有说服力，依赖概念明确。学会运用概念的艺术，是理性思维的要求。

概念论的宗旨，是阐明概念的理论学说，强调明确概念的方法，学会正确运用概念的艺术。恩格斯论证说，自然科学家应该摆脱自己从工作中自发带来的经验主义弊端，重视理论思维，学会运用概念的艺术，而运用概念的艺术，并非天生，需要借助后天的学习训练获得。

恩格斯说：“如果自然科学不忘记，作为它的经验的总结的结论都是一些概念，而运用这些概念的艺术不是天生的，也不是和普通的日常意识一起得来的，而是要求有真实的思维，这样的思维也有同经验自然研究一样长的经验历史——如果自然科学不忘记这些，那么，它就会使自己比较容易地经历这个过程。正是由于自然科学正在学会掌握 2 500 年来哲学发展的成果，它才一方面可以摆脱任何单独的、处在它之外和凌驾于它之上的自然哲学，另一方面也可以摆脱它本身的、从英国经验主义沿袭下来的、狭隘的思维方法。”①

恩格斯期待自然科学家，学会运用概念的艺术，使自己从自发的经验主义，过渡到自觉的理论思维，用科学概念，概括研究成果，不至于在理论上迷失方向，陷于经验主义。《墨经》的概念论，是中国运用概念艺术发展到高峰时代的硕果。

2. 概念思维

德国古典哲学家黑格尔（1770—1831）质疑说：“中国人是笨拙到不能创造一个历法的，他们自己好像是不能运用概念来思维的。”② 黑格尔的质疑，不合乎道理与事实。从道理说，人与动物有别，动物不能运用概念思维，人类能运用概念思维。说中国人“不能运用概念来思维”，是无稽之谈。

从事实上说，中华民族有数千年的历史，有发达的物质与精神文明，从古到今，有与农业季节相适应的合用历法，有浩如烟海的丰富文化典籍。乾隆年编《四库全书》，近代商务印书馆编《四部丛刊》，两部大型丛书十一亿字。从经史子集各类典籍，可证中国人与西方人一样，“能运用概念来思维”。

德国文化史学者雅斯贝尔斯说，以公元前 500 年为中心的文化轴心时代，是奠定人类精神基础，影响今日的时代。“这个时代产生了所有我们今天依然在思考的基本范畴。”③《墨经》逻辑的概念论与运用概念的艺术，

① 恩格斯《反杜林论》，人民出版社 2018 年版，第 13 页。

② 黑格尔《哲学史讲演录》第 2 卷，三联书店 1957 年版，第 275 页。

③ 雅斯贝尔斯《人的历史》，《现代西方史学流派文选》，上海人民出版社 1982 年版，第 38 - 40 页。

是中国人对世界逻辑宝库的贡献。

3. 概念性质

《小取》说："以名举实。"《经上》说："举，拟实也。言，出举也。"《经说上》解释说："告以之名举彼实也。故言也者，诸口能之，出名者也。名若画虎也。言，谓也，言由名致也。"

概念的性质功能与作用，是举实拟实，列举模拟事物。"以名举实"，是用概念列举实物。"举"的定义，是"摹拟"，用摹拟事物性状的语言形式，反映事物。举，即列举。如说："人有理性认识，能认知世界，用语言表达，会制造工具，用劳动改造世界。"通过"举实""拟实"，形成"人"的概念。

"举实""拟实"，表示语言的指谓表意与认知功能。用语言"举实""拟实"，构成概念的内涵与外延。"之名"即"此名"，"以此名举彼实"，表明用主观世界的"名"，正确反映客观世界的"实"。《墨经》揭示主观世界与客观世界、表达工具与表达对象的关系，蕴含学理精义。

概念对实体的反映作用，通过语句实现。从结构上说，语句由概念联结而成。从认识作用上说，概念对实体的反映作用，靠语句对事物的指谓实现。运用概念语句，认知事物，表达感情，进行交际，指导行动，是人类特有的性质。

概念的作用，是列举事物。列举的实质，是模拟、摹略，即反映、抽象、概括。列举、模拟、摹略，是人类对事物的认识作用。列举、模拟、摹略，是概念范畴的抽象概括作用，通过语言实现。表达概念范畴的语词，用口说出。用“模拟”定义“列举”，用图画比喻概念范畴对事物的反映作用，表明《墨经》概念论的哲学基础是科学能动的反映论。

《大取》说：“名，实名。实不必名。”名称标志实体，有实体不一定有名称。这是从实际出发的科学观点。告诉你这个名称，列举那个事实，语言是用口说出名称，表明名称、语言的交际作用。指谓与交际，是语言的两大功能。墨家从事物、语言和意义三者关系，说明概念的性质与作用。概念是语言的构成元素，逻辑研究从概念论开始。

《经说上》说：“声出口，俱有名。若姓字丽。”声即言，言为心声。人注定要与概念打交道，概念为人普遍运用。“名”“言”与事物的关系，犹如一个姓名，后面跟着一个人，姓名附属于人的实体对象。

黑格尔说：“当一个人说话时，在他的话里就有一个概念。”① 列宁把这句话翻译为：“人只要一开口说话，在他的话中就包含着概念”。列宁评论说：“非常正确而且重要——恩格斯用比较通俗的形式重复的正是这一点，他写道：自然科学家应当知道，自然科学的结论是一些概念，但运用概念的艺术不是天生的，而是自然科学和哲学 2 000 年发展的成果。”②

4. 概念分类

《墨经》总结概念分类的理论，精到深刻，与全世界全人类的哲学逻辑联通接轨，融汇互鉴。《经上》说：

---

① 黑格尔《哲学史讲演录》第 1 卷，三联书店 1956 年版，第 310、311 页。

② 列宁《哲学笔记》，人民出版社 1993 年版，第 223 页。

“名：达、类、私。”《经说上》解释说：“物，达也，有实必待之名也命之。马，类也，若实也者必以是名也命之。臧，私也，是名也止于是实也。”

“名”（语词概念）从外延上分为三种：达名、类名和私名，与世界逻辑学相通一致。达，普遍，全面，共同。“达”，形声字，本义是道路畅通，通达。《说文》：“达，行不相遇也。”《广雅》：“达，通也。”

达名，外延最大的普遍概念，最高类概念，相当于范畴。典型事例，如范畴“物”（物质），与“有”“实”的范畴等值互训。“有”，即存在。“实”，即实体，实物。“物”“有”“实”三范畴，内涵相通，外延相等。“物，达也，有实必待之名也命之”，即凡是存在着的实体，都用“物”的范畴概括。《墨经》的解释言简意赅，准确精到。

类名，一般的普遍概念（类概念，属或种概念）。根据类名外延的大小，构成一定序列，如“兽”“马”“白马”等。就“马”而言，凡具有如此这般性质的实体（“若实也者”），都一定用“马”的概念概括。私名，外延最小的单独概念，反映特定的个体，专有名词（专名）。如“臧”作为一个人的名称。私，指个体，单独，与“公”（普遍、一般）相对。

达名、类名与私名，对应于一般、特殊与个别三类实体。《墨经》以概念分类层次为基础，制定囊括各门科学的范畴体系。《墨经》从外延上，把概念划分为“达、类、私”，即范畴、普遍与单独概念三种，与西方逻辑一致。概念分类，见表 6。

表 6 概念分类

《墨经》	达名	类名	私名
定义	有实必待之名命	若实者必以是名命	是名止于是实
译文	凡存在实体都用以概括	凡此性质实体都用以概括	一名指一实
解释	最高类概念	一般类概念	单独概念
对应范畴	一般	特殊	个别
实例	物	马	臧

5. 以形貌命

《大取》从内涵上划分概念种类，涉及实体、属性与关系概念：“以形貌命者，必知是之某也，焉知某也。”“诸以形貌命者，若山、丘、室、庙者皆是也。”“长人之与短人也同，其貌同者也，故同。指之人也与首之人也异，人之体非一貌者也，故异。将剑与挺剑异，剑以形貌命者也，其形不一，故异。”

“不可以形貌命者，虽不知是之某也，知某可也。”“苟是石也白，败是石也，尽与白同。是石也虽大，不与大同：是有使谓焉也。诸非以举量数命者，败之尽是也。”“诸以居运命者，苟人于其中者皆是也，去之因非也。诸以居运命者，若乡、里、齐、荆者皆是。”

“以形貌命者”：以事物的形态状貌命名，指实体概念（具体概念），如山丘室庙。其特点是，一定要知道它指谓哪种对象（实体），才能了解。高身材与短身材，都是“人”，因为其形态状貌相同。人指与人首，是人体的不同部分。“将剑”，长剑，用于将军的威仪装饰。

“挺剑”，短剑，匕首，用于武士的短兵相接，搏击刺杀，形态状貌不同。

“不可以形貌命者”：指属性与关系概念（抽象概念），不是以事物的形态状貌命名，而是指谓事物的属性与关系，虽不知指称哪种对象（实体），但也可以了解。这又可分为属性与关系两种情况。

《大取》从“不可以形貌命者”中，分出一种“以居运命者”，是反映空间范围的概念，如乡里齐楚，指人在一个空间范围内居住运动，一旦离开，就不再属于那个空间范围。某人生于齐，长于齐，是齐人，举家离齐居楚，服务于楚，称楚人，不再是齐人。

6. 绝对与相对

属性概念，有绝对性，不依赖于与别的事物比较，本身是如此。说这块石头“白”，不依赖于与别的事物比较，本身是“白”。一块石头整体，具有“白”的性质，则“白”性渗透于石头的每一部分，把这块石头打碎，它每一部分都“白”。

“诸非以举量数命者”：指属性概念。所谓“败之尽是也”，对于机械物体的部分性质，才是如此。一块坚硬的石头打碎，每一小块仍坚硬。把这一点普遍化，会带来谬误。一架连弩（nǔ）车，可以一次射箭数十只，若把连弩车拆散，其每一部分都不具有这种性质。一只活狗会吠，解剖而死，不会吠。不能说属性概念都有“败之尽是”的特点。

关系概念，有相对性，依赖于与别的事物比较，才是如此。说这块石头“大”，这是由于有小石头作为参照物，才可以这样说（“是有使谓焉也”）。把这块石头打碎，不能说每一部分仍“大”。所谓“举量数命者”，是指“大小多少”数量方面的关系概念。《大取》关于概念分类的理论，从概念内涵的角度着眼，多与现代科学理解一致。

7. 集合元素

集合与元素是两个不同的层次，曾引起古人的困惑与诧异。辩者用故意混淆集合与元素两个不同层次的方法，炮制诡辩论题与论证。《庄子・天下》记载，辩者诡辩有论题：“鸡三足。”“黄马骊（lí）牛三。”辩者惠施相对辩，终身无穷无休止。公孙龙等辩者，精于这类诡辩。辩者首领公孙龙，从年轻时起到晚年，一直对此有兴趣。

惠施是战国中期人，公孙龙是后起之秀，活动到战国末期。《吕氏春秋・淫辞》《孔丛子・公孙龙》记载，公孙龙（公元前320—公元前250）到晚年，津津有味辩孔穿，论证论题“臧三耳”。《公孙龙子・通变论》，论证诡辩“鸡三足”“牛羊足五”。

“鸡三足”之类诡辩的成因，是故意混淆集合与元素的层次：鸡足的元素是二，鸡足的集合是一，加起来说是三。“黄马”的元素是一，“骊牛”的元素是一，加上“黄马骊牛”的集合，说是三。臧的耳朵，从元素说是二，从集合说是一，加起来说是三。牛羊足，从元素说是四，从集合说是一，加起来说是五。

当把集合与元素不同层次加以区分时，不应产生诡辩，当把二者加以混淆时，就产生诡辩。在这些诡辩的刺激下，出于清理诡辩的需要，《墨经》区分兼名和体名，指出集合与元素的不同性质，为廓清辩者的诡辩提供锐利武器。

《墨经》把集合叫“兼名”。《经下》说：“‘牛马之非牛’与‘可之’同”，说在“兼。”“牛马”是一个“兼名”（集合概念）。《经上》说：“体，分于兼也。”《经说上》解释说：“若二之一、尺之端也。”

“兼”：整体。“体”：部分。“兼名”：集合概念。“体名”：元素概念。“牛马”合称，是“兼名”。“牛”“马”分称，是体名。“二”是兼名，其中的“一”，是体名。“直线”，是“兼名”，其中的“点”，是“体名”。

《经下》说：“区物一体也，说在俱一、惟是。”《经说下》解释说：“‘俱一’若牛、马四足。‘惟是’当‘牛马’。数牛数马则牛马二，数‘牛马’则‘牛马’一。若数指，指五而‘五’一。”区分事物为不同的集合，都具有两方面的性质，即元素的各个独立性和集合的唯一整体性。

“俱一”和“惟是”是墨者独创的两个范畴。“一体”解为一个集合，是把许多不同的“体”（部分、元素）统一、整合，而得到高一层次的集合。这个集合，在集和子集的序列中，可解为整体，亦可解为部分。如对“兽”而言，“牛马”是一子集，一部分。对“牛”“马”而言，“牛马”是一集合，一整体。《墨经》对概念的划分，是辩证的相对论。

“俱一”，指每个元素的各个独立性，字面意思，是“每一个都是独立的一个”。“俱”，在《墨经》中是全称量词。《经上》第 43 条定义“尽，莫不然也”，举例是“俱止、动”，“俱”与“尽”同义。《经说上》第 39 条说：“二人而俱见是楹（yíng）也。”

《经说上》说“俱一不俱二”。《经下》说“俱一与二”为“不可偏去而二”一例。“俱一”，墨家惯用词语。“惟是”，指集合的唯一整体性，不可分配性，字面意思，是“仅仅这一个”。“惟”：独，仅仅。“是”：这一个。

《墨经》常以“牛马”为例。“俱一”如说“牛马四足”，指的是牛四足，马四足。“四足”的性质，不是从“牛马”这一集合的意义上说的，而是从非集合即类的意义上说的：“四足”的性质，可以同等地分配给“牛”和“马”两个元素（或子集合）。

“惟是”，如说“牛马”的集合。数起元素来，“牛马”有“牛”和“马”两个，而数起集合来，“牛马”只是一个。《经说下》说：“‘牛’不二，‘马’不二，而‘牛马’二。则‘牛不非牛’，‘马不非马’，而‘牛马非牛’、‘（牛马）非马’无难。”

这是从另一角度，说集合和元素的不同。即“牛”不是两样元素，“马”也不是两样元素，而“牛马”则有“牛”和“马”两样元素。套用逻辑同一律的公式“彼是彼，此是此，彼此是彼此”（A是A，B是B，AB是AB）说，牛是牛，马是马，牛马是牛马。

《经说下》概括为“彼止于彼”“此止于此”“彼此止于彼此”的规律。这是用汉字表达的元素和集合的同一律。用字母来表达改写即：A＝A，B＝B，AB＝AB。由此可见《墨经》逻辑的合理性，全人类的同一性。

《墨经》常以“数指”为例：“若数指，指五而五一。”在讲集合和元素这种抽象逻辑理论时，数手指是方便形象的教学手段，是可随意取用的天然教具。设老师问学生："右手有几个手指头?"学生回答："有五个。"

这是从手指集合的元素角度说的（"俱一"）。这就是"指五"的意思。老师再问学生："右手五指的集合有几个?"学生回答："有一个。"这是从手指集合的角度说的（"惟是"）。这就是"五一"的意思。左手情况同。

老师问学生："两只手有几个指头?"学生回答："有十个。"这是从元素即"俱一"角度说。老师问："双手五指的集合有几个?"学生答："两个。"这是从"惟是"角度说。《经说下》第159条总结说："五有一焉，一有五焉。十，二焉。""五有一焉"，即五指的集合有一个。"一有五焉"即一指的元素有五个。"十，二焉"，即十指中"五指"的集合有两个。

在这个基础上，《经下》第159条总结说："一少于二而多于五，说在建、住。""一少于二"从元素角度说，一指少于二指，更少于五指、十指。"一多于五"从元素与集合的关系说，因为从一只手说，一指的元素有五个，而"五指"的集合只有一个。从两只手说，一指的元素有十个，而"五指"的集合只有两个。

"建、住"提示元素和集合（俱一和惟是）两个角度。"建"指建立集合。如在一只手上建立一个"五指"的集合，在两只手上建立两个"五指"的集合。"住"指在集合中住进（放进）元素或子集。如在一个"五指"的集合中住进五个一指的元素，在两个"五指"的集合中住进十个一指的元素。

从住进元素的数目说，住一少于住二、住五、住十。从住进元素的数目和建立集合的数目相比较来说，住一多于建五。如从一只手或两只手的情况说，住进一指元素的数目，多于建立五指集合的数目。

这是“一少于二而多于五”趣味数学题的奥妙谜底所在。《墨经》从清理古代辩者诡辩的需要出发，精细表述集合和元素概念的理论，讨论集合和元素概念的区分与联系，为古代逻辑学理论增添异彩。一少于二而多于五，见图 27。

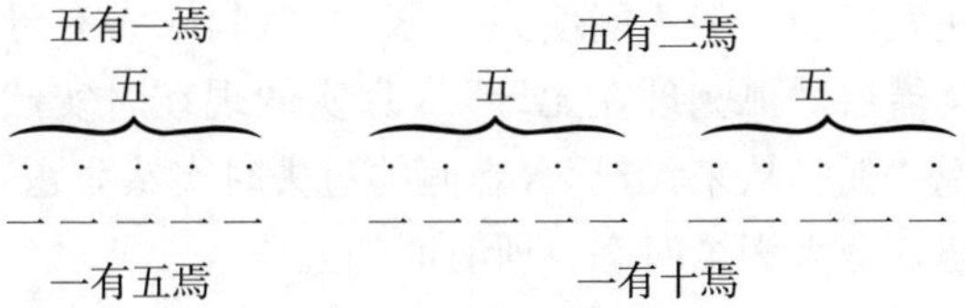

图 27　一少于二而多于五

三、“以辞抒意”：命题论

1. 命题艺术

《小取》说：“以辞抒意。”即用语句表达命题判断。这是《墨经》逻辑命题理论的总纲。《荀子·正名》说：“辞也者，兼异实之名以论一意也。”“辞”通“言”，语言形式是语句命题，认知内容是判断。“意”是意念，意思，意义，指判断。

《墨经》有独到的命题论，运用命题的技巧。《墨经》对实然、或然和必然等模态命题，祈使句的主观或然模态和客观必然模态的区分，全称特称命题，假言命题，以及命题的评价标准等，都有精辟论述，巧妙运用，对今日逻辑研究，做到判断恰当，多有启迪。

2. 实然命题

“实然命题”：表达现实存在实际状态（样子）的命题。“实然”：确实这样，确实如此。“实”：确实，事实，实际。“然”：状态，状况，样态，结果，现象，表现。《庄子·天下》记载诡辩学者公孙龙等人，提出“孤驹未尝有母”等诡辩论题，与惠施辩论，“饰人之心，易人之意，能胜人之口，不能服人之心”，即蒙蔽人心，惑乱人意，使人口服，但不能使人心服。“孤驹未尝有母”的诡辩，是借口“孤驹现在无母”（真实的现在时实然命题），诡辩说“孤驹从来无母”（虚假的过去时实然命题），把现在时态，夸大为全时态（所有时态）。

《列子·仲尼》记载，公孙龙追随者魏国公子牟，与乐正子舆（yù）辩论“孤犊未尝有母”等论题说：“中山公子牟者，魏国之贤公子也。好与贤人游，不恤国事，而悦赵人公孙龙。乐正子舆之徒笑之。公子牟曰：‘子何笑牟之悦公孙龙也？’子舆曰：‘公孙龙之为人也，行无师，学无友，佞（nìng）给而不中，漫衍（yàn）而无家，好怪而妄言，欲惑人之心，屈人之口，与韩檀（tán）等肄之。’公子牟变容曰：‘何子状公孙龙之过欤？请闻其实！’子舆曰：‘吾笑龙之诒孔穿。’……‘龙诳（kuāng）魏王曰：“孤犊未尝有母”。其负类反伦，不可胜言也。’公子牟曰：‘子不谕至言而以为尤也。尤其在子矣。……孤犊未尝有母，有母非孤犊也。’乐正子舆曰：‘子以公孙龙于马皆条也。设令发于余窍，子亦将承之。’公子牟默然良久告退曰：‘请待余日，更谒（yè）子论！’”

即战国时魏国公子牟，封于中山，叫中山公子牟，是贤能的公子，喜欢结交有才学之人，不问国事，尤其喜欢赵国公孙龙。乐正子舆等人嘲笑他。魏牟说："你们为什么笑我喜欢公孙龙？"子舆说："公孙龙为人，行动没有老师，做学问没有朋友，巧辩不合道理，思维散漫，不成系统，爱好怪诞，胡言乱语，以迷惑人心，折服人口，与韩檀等人一起钻牛角尖。"

魏牟变脸说："你怎么这样形容公孙龙的过错？请举证！"子舆说："我笑公孙龙欺骗孔穿（孔子六世孙）。""公孙龙还欺骗魏王说：'孤犊未曾有母'，混淆类别，违反常理，诸如此类，不胜枚举。"

魏牟说："你不懂高深的议论，误认为荒谬，真正荒谬的，恰是你自己。孤犊未曾有母，有母不叫孤犊。"乐正子舆说："你把公孙龙的奇谈怪论，说得头头是道，香臭不分。"魏牟沉默很久，告辞说："请等待几天，我再与你辩论！"

《列子·仲尼》说公孙龙子用"负类反伦"（违背事实，违反常理）的诡辩，欺骗魏王，其中有"孤犊未尝有母"的诡辩。其论证是："孤犊未尝有母，有母非孤犊也。"这种诡辩，歪曲利用模态命题。针对当时思想界的争鸣辩论，聚讼纷纭，《墨经》精心研究命题论，特别是关于时间模态的系统原创性理论，清理各种诡辩。

实然命题，反映确实发生的事实，在命题的时态上，有过去时态的实然命题与现在时态的实然命题两种。过去时态的实然命题，用过去时间模态词"已"（已经）、"已然"（已经如此）、"尝然"（曾经如此），表达确实发生的事实。《墨经》讨论用过去时模态词"已"

表示的实然命题。

《经上》说：“已：成；亡。”《经说上》举例解释说：“为衣，成也。治病，亡也。”“已”（已经）是表示过去时、完成式的时间模态词。模态是英文 mode 的音译，是一种特殊的命题形式，表示断定的程度、样式、方式。

《墨经》研究古汉语中模态词的性质和用法。过去时模态词“已”的用法有两种：一种是表示建设性的，如说：“已经制成一件衣服。”一种是表示破坏性的，如说：“已经找到病源，消除病根。”

过去时实然命题标志词。“已”是象形字，表示已过去，本义停止。“已”表“已经”，表动作已完成。《玉篇》：“已，止也，毕也，讫也。”《广韵》：“已，成也。”《集韵》：“已，卒事之辞。”

《经下》说：“可无也，有之而不可去，说在尝然。”《经说下》解释说：“已然则尝然，不可无也。”《经下》说：“无不必待有，说在所谓。”《经说下》举例解释说：“若‘无马’，则有之而后无。‘无天陷’，则无之而无。”

即一件事情可以是“无”（从来没有），但是一旦有了（发生了），就不能把它从历史上抹掉（有之而不可去），因为它确实曾经发生过。所谓“已然”（已经如此）就是“曾经发生过”（尝然），就不能说“没有发生过”（不可无也）。

“无”不以“有”为必要条件，这里就看你说的是哪种“无”。如说：“我现在无马。”这是指过去曾经有马，而后来无马（有之而后无）。又如说：“没有天陷（天塌下来）这回事。”这是指从来就没有（无之而无）。

"杞人忧天"，是怕天塌陷下来。李白诗说："杞国无事忧天倾。""杞人忧天"的成语故事表示，杞国本无事，庸人自扰之；怕天塌陷，是多余的顾虑。

尝，曾经，副词。时间模态词：过去时。模态逻辑重要范畴原理。《庄子·天下》载辩者说："孤驹未尝有母。"《列子·仲尼》引公孙龙说："孤犊未尝有母。"引公子牟说："孤犊未尝有母，有母非孤犊也。"从"孤犊现在无母"推出"孤犊从来无母"。《墨经》认为孤驹（或孤犊），尽管现在无母，但是"过去曾经有母"，不能诡辩说"从来无母"（未尝有母）。

说"孤驹"，是说"现在无母"。"现在无母"，不等于"过去无母"。既然说"驹"，即"曾经有母"，不能由"现在无母"，误推"未尝有母"（未曾有母，从来无母）。这是"有之而不可去"，"已然则尝然，不可无也"的实例。辩者"孤驹未尝有母"诡辩的成因，是故意混淆时间模态，即以"现在无母"的事实，抹杀"过去曾经有母"的事实，使用偷换概念的诡辩手法。

《经上》说："且，言然也。"《经说上》解释说："自前曰且，自后曰已，方然亦且。"即"且"是表述事物存在状况和样式（"然"）的。"且"有两种用法。在事物发生之前说"且"，相当于现代汉语"将""将要"，表将来时态，是或然命题（可能命题）。

在事物发生过程中说"且"，相当于现代汉语"正在""刚刚"，表现在时态，是实然命题。"已"（"已然""尝然"），相当于现代汉语"已经""曾经"，表过去时态，实然命题。在一事物过程已经完成后表述，使用过去时间模态词"已"（"自后曰已"）。

现在时态的实然命题，在一事物发生过程中表述它，可以使用现在时间模态词“方”或“且”。即《经说上》所谓“方然亦且”。表时间：正在，正当，正值。《备城门》说：“甲兵方起于天下。”“日方中方睨（nì），物方生方死”，等值于“日且中且睨，物且生且死”。现在时态语句，表示一种事实开始发生、正在发生，从模态上说，是实然命题。

晋司马彪解释：“胎卵之生，必有毛羽。”“毛气成毛，羽气成羽。虽胎卵未生，而毛羽之性已着矣。故曰卵有毛也。”从“卵有毛”的可能性，说“卵有毛”成现实性，混淆可能性和现实性的谬误论证。

可能性：事物现象出现之前所具有的某种发展趋势，用或然命题（可能命题）表示。现实性：可能性的实现，可能性变为存在的现实，用实然命题表示。可能性与现实性，是两种不同的模态，不能混淆。

《墨经》明确区分可能性与现实性。“卵有毛”的可能性，不等于“卵有毛”的现实性。其公式是：“可能 P ≠P。”读为：“可能 P，不等于 P。”“可能 P”，是或然命题，表示出现“P”的可能性。“P”，是实然命题，表示已经出现“P”的事实。

《小取》举例解释说：“‘且入井’，非‘入井’也。”“‘且出门’，非‘出门’也。”“‘且夭’，非‘夭’也。”即“将要入井”的可能性，不等于已经“入井”的事实。“将要出门”的可能性，不等于已经“出门”的事实。“将要夭折”的可能性，不等于已经“夭折”的事实。

“可能 P”和“P”两个命题的关系，是从属（差等）关系。“P”的断定程度（模态）高于“可能 P”。从“P”真，可推出“可能 P”真，但从“可能 P”真，不能推出“P”真。诸子百家争鸣辩论，是《墨经》逻辑产生的实践动因与智慧来源。

3. 或然命题

(1) 且：或然（可能）

在事物过程发生之前，断定它有可能发生，用将来时模态词“且”（将、将要），即《经说上》第 33 条所说的“自前曰且”。这相当于或然命题（可能命题）。

《小取》论证说：“‘且入井’，非‘入井’也。止‘且入井’，止‘入井’也。‘且出门’，非‘出门’也。止‘且出门’，止‘出门’也。若若是：‘且夭’，非‘夭’也。‘寿且夭’，‘寿夭’也。‘有命’，非‘命’也。非‘执有命’，‘非命’也，无难矣。此与彼同类，世有彼而不自非也，墨者有此而非之，无他故焉：所谓‘内胶外闭’，与‘心无空乎内，胶而不解’也。此乃‘不是而然’者也。”

这段经典的论证说辞，包含如下三组模态命题推论式：

a. “‘且入井’，非‘入井’也。止‘且入井’，止‘入井’也。”即“将要入井”可能性，不等于“入井”事实；阻止“将要入井”可能性发生，却等于阻止“入井”事实发生。

b. “‘且出门’，非‘出门’也。止‘且出门’，止‘出门’也。”即“将要出门”可能性，不等于“出门”事实；阻止“将要出门”可能性发生，却等于阻止“出门”事实发生。

c.“‘且夭’，非‘夭’也。‘寿且夭’，‘寿夭’也。”即“将要夭折”可能性，不等于“夭折”事实；阻止“将要夭折”可能性，却等于阻止“夭折”事实发生。即采取措施，使“将要夭折”人长寿，却真就是使“夭折”人长寿。

在推论式a中，“且入井”（将要入井），表示“入井”可能性（或然性，或然命题），不等于“入井”事实（现实性，实然命题）。但是，采取措施，阻止“且入井”可能性发生（如拉住将要入井的人，或盖住井口），则“入井”事实不会出现。

在推论式b中，“且出门”（将要出门）可能性，不等于“出门”事实。但采取措施，阻止“且出门”可能性发生（如拉住将要出门的人，或把门关上），则“出门”事实不会出现。

在推论式c中，“且夭”（将要夭折），不等于“夭”（夭折）。但采取措施，阻止“且夭”可能性发生（如治好将要夭折人的病，改善营养状况和卫生条件），使“且夭”人有“寿”（“寿且夭”），就等于“寿夭”（使夭折人有寿）。

《墨经》出于批判儒家宿命论的需要，特设这一类型的推论式。《论语·颜渊》载，子夏说：“死生有命，富贵在天。”墨子与儒家信徒公孟子辩论，公孟子说，贫富寿夭，全然在天，不可损益。

《墨经》反对儒家消极的命定论思想，主张强力而为，有病医治，改善营养，益人寿命。例a和b是为例c提供类比论证的前提与论据。《墨经》概括中国逻辑的理论，这里3个推理式，从模态逻辑的形式规律看，正确合理。

令一事实（如“入井”“出门”“夭”）为P，这P就是一个实然命题。而可能P，则为一个或然命题。实然命题P，比或然命题“可能P”断定的多，所以在模态命题的对当关系中P处于上位，“可能P”处于下位。

根据模态命题对当关系的规律，断定下位命题真，则上位命题真假不定。可能P真，则P真假不定。可能P，不等于P。于是，“‘且入井’，非‘入井’”、“‘且出门’，非‘出门’”和“‘且夭’，非‘夭’”成立。

而断定下位命题假，则可断定相应的上位命题假，即如下公式成立：“$\neg\Diamond P\rightarrow\neg P$。”读作：如果并非可能P，则并非P。于是，“止‘且入井’，止‘入井’也”、“止‘且出门’，止‘出门’也”和“‘寿且夭’，‘寿夭’也”成立。《墨经》有关时间模态逻辑的推论，科学合理。

《小取》用古汉语工具，概括这一类型推论式的元逻辑公式为：“不是而然”。其模型解释为：前一命题否定，后一命题肯定。从其所举例来看，其元逻辑公式可转换为如下符号表达式：$A\neq B$，并且$CA=CB$。如：“将要入井”不等于“入井”；阻止“将要入井”等于阻止“入井”。“将要出门”不等于“出门”；阻止“将要出门”却等于阻止“出门”。

如果是这样的话，那么我们说，将要夭折不等于夭折；阻止将要夭折，等于阻止夭折（采取措施，使将夭折人有寿，却真把夭折人转变为长寿）。儒家主张有命论，不等于真有命存在；墨家非难儒家执有命，等于非命（《墨经》反对儒家坚持有命，等于否定命存在），就也应该是没有困难的。

后者和前者是属于同类，世人赞成前者，而不自以为不对，墨家人主张后者，却要反对，没有其他原因：这就是所说的内心胶结，对外封闭，听不进不同意见，与心里没有留下一点空隙，胶结而解不开的缘故。或然命题，见表7。

表7 或然命题

1原文	‘且入井’，非‘入井’也；止‘且入井’，止‘入井’也
1解释	将要入井，不等于入井；阻止将要入井，等于阻止入井
2原文	‘且出门’，非‘出门’也；止‘且出门’，止‘出门’也
2解释	将要出门，不等于出门；阻止将要出门，等于阻止出门
3原文	‘且夭’，非‘夭’也。‘寿且夭’，‘寿夭’也
3解释	将要夭折，不等于夭折；阻止将要夭折，等于阻止夭折

（2）或：特称

《墨经》逻辑范畴，命题与推论逻辑常项。代词：有，有的，指人或物，特称量词，表断定主项的量，指部分，特称命题标志词，与“兼、全、皆、尽、俱”（所有、一切、都）相对。副词：也许，有时，表可疑、不定，断定程度，或然命题，可能命题。连词：用在叙述句，表多项选择关系，选言命题标志词。

特称命题、或然（可能）命题与选言命题，逻辑意义相通、相关或等值。语义受语境约束决定。或，会意字，甲骨文字形从口（像城形地域），从戈（表以戈守卫)。《小尔雅·广言》:“或，有也。”

《小取》说:“或也者，不尽也。”“夫物或乃是而然，或是而不然，或一周而一不周，或一是而一非也。”“一马，马也；二马，马也。马或白者，二马而或白也，非一马而或白。”《非命上》说:“今天下之士君子，或以命为有。”即现在天下士君子，有的认为有命。《非儒下》:“其所循人必或作之。”所传承的，必然得先有人创造出来。或，有，部分，特称量词。

4. 必然命题

《经下》说:“无说而惧，说在弗必。”《经说下》举例解释说:“子在军，不必其死生；闻战，亦不必其死生。前也不惧，今也惧。”如下推论不成立:“所有军人都必死，所以，所有军人都死，所以并非有军人不死。”如下推论成立:“有军人不死，所以，并非所有军人都死，所以，并非所有军人都必死。”

这里用这种负必然命题及其推论，劝说参加防御战争的军人父母，希望他们不要为参军和参战的儿子担心恐惧，认为这种担心恐惧是没有根据的。《小取》说:“以说出故。”“说”即有根据的推论。这是因不具有全称性而得出负必然命题的例子。

必然命题的否定(负必然命题)，叫作“不必”“非必”“弗必”。对一类事物而言，如果不具有全称的意义、全时间性的意义，那就不能说是“必”，就是“不必”“非必”“弗必”。

必然命题带有必然模态词“必”。《墨经》指出，必然命题的论域，如果涉及一类事物，则带有全称性、全时间性(贯穿于过去、现在和将来三个时态)。《经上》说:

"必，不已也。"《经说上》举例解释说："谓一执者也。若弟兄。一然者一不然者，必不必也，是非必也。"

当必然命题涉及一类事物时，"必然"蕴含着"尽然"（所有个体都是如此，全称）。如果是"一然者一不然者"（有是这样的，有不是这样的），即"不尽然"，那就一定不是"必然"，而是"非必然"。下列两个公式成立：第一，所有S必然是P→所有S是P→并非有S不是P。第二，有S不是P→并非所有S是P→并非所有S必然是P。

"必然"除具有"尽然"即全称性以外，还具有全时间性，即作为一种永不停止的趋势而贯穿于过去、现在和将来三种时态。"不已"，即不停止。"一执"，即维持一种趋势，永不改变。

如说："有弟必有兄。"这对所有场合，都是如此（全称性），并且对任何时刻，都是如此（全时间性）。《经说上》说："二必异。"即只要是两个事物，必然相异。《经说下》说："行者必先近而后远。"走路的人，必然是先近后远。"民行修必以久。"人走一定长度的路，必然要用时间。这些都是对任何场合和时间都适用的必然命题。

同样，如不具有全时间性，也会得出负必然命题。已知过去和现在"凡人都有死"，假如将来有一天，可以研究出一种办法，使自己不死，那么"凡人必有死"这种必然性，就被推翻。根据科学原理，可以断言，将来任何时刻，也不会做到长生不老。所以"凡人必有死"，是既有全称性、又有全时间性的正确必然命题。

"必然"范畴的含义：在一论域内，所有个体的存在状态和运动发展趋势，都一直不停地如此下去，不会改变。如说："有弟必然有兄。"必然命题有全称性：所有个体都如此（全称）。"必"蕴含"尽"（全然如此）。

"必然"范畴的第一特征，是蕴含"全然""尽然"（全称），标志一类所有个体的存在状态，毫无例外。"一然者"：有是这样的。"一不然者"：有不是这样的。在同一论域，有是这样的，有不是这样的，一定不能叫"必然"，只能称作"非必然"（不是必然）。"不必"，负必然命题。"非必"即"不必"，负必然命题。

必然命题有全时间性，全时态性：贯穿于过去、现在和将来三种时态。"必然"范畴的第二特征，是蕴含永远：标志所有个体运动发展的趋势，在全部的时间单元内，都一直不停地如此下去，不会改变。"必"蕴含"不已"（不改，不停止，一直如此）。已：停止。

"一执"：一种趋势，执于一而不变。"若弟兄"：解释模态词"必"的一例，意即"有弟必有兄"，有全称性和全时间性。"一然者"：有是这样的。"一不然者"：有不是这样的。"不必"，负必然命题。"非必"即"不必"，负必然命题。

"必"（必然）是模态概念，标志事物存在的样式（存在模态）和认识断定的程度（认知模态），比"或然"（可能如此）、"实然"（事实如此）的样式和程度高。以下两个公式成立。公式 1：所有 S 必然是 P→所有 S 是 P→并非有 S 不是 P。公式 2：有 S 不是 P→并非所有 S 是 P→并非所有 S 必然是 P。

5. 祈使模态

祈使句模态，《墨经》区分为主观或然模态和客观必然模态两种。《经上》说："使：谓；故。"《经说上》举例解释说："令、谓，谓也，不必成。湿，故也，必待所为之成也。""使"有两种含义。

第一种含义：主观指使，即甲用一个祈使句命令或指谓乙去干某件事，仅仅由于这种主观指使，乙"不必成"，即不必然成功。如甲命令乙："你必须把丙杀死!"这种祈使句中的"必"实际上只表达甲主观上的杀人意图，并不构成乙杀死丙的充分条件。即尽管甲有这种主观上的杀人意图，乙也可能由于主观或客观原因，而没有把丙杀死。所以，不能仅仅用甲的这一祈使句，给乙定杀人罪。

第二种含义：客观原因，相当于充分条件，即如果 P 必然 Q。如天下雨，必然使地湿。所以说："湿，故也，必待所为之成也。"祈使句的主观或然模态，是"不必成"，即为负必然命题"不必"。

在模态命题的等值关系中，"不必然 P"等值于"可能不 P"。如"乙不必然杀死丙"，等值于"乙可能没有杀死丙"。客观必然模态是"必成"，即如果 P 必然 Q。如果天下雨，则地必然湿。《墨经》明确揭示祈使句主观或然模态与客观必然模态的区别，说明现代逻辑的重要分支模态逻辑，在《墨经》初见端倪。

6. 全称特称

尽：全称。尽，竭尽，穷尽，都，所有，全部，全称量词，表全称命题。《经上》说："尽，莫不然也。"《经说上》举例解释说："俱止、动。""尽""俱"是全称量词。在一个论域中，没有不是如此的（并非有 S 不是 P），等值于全都如此（所有 S 是 P）。例如就一个整体而言，所有部分都停止；所有部分都运动。

或：特称。《小取》说："或也者，不尽也。""或"是特称量词。它的定义是"不尽"，即不是全部。《经说上》举例解释说，针对同一动物，甲说："这是牛。"乙说："这不是牛。"这两个命题的真值，是"不俱当，必或不当"。

"不俱当"（"不尽当"，并非所有都恰当），等值于"或不当"（有的不恰当）。《经说上》说："以人之有黑者、有不黑者也，止黑人。"即用"有人不是黑的"，驳倒"所有人是黑的"。一般来说，用"有S不是P"，可以驳倒"所有S是P"。即下式成立："SOP→┐SAP。"

读作：有S不是P，所以，并非所有S是P。

俱，全称。俱，全，都。全称量词。俱，形声字，从人，具声，本义在一起。《说文》："俱，皆也。"段注："俱，皆也。""皆，俱词也，与此为互训。"俱，皆，全，都。一起，一同。

《经上》说："同，异而俱于之一也。"《经说上》解释说："二人而俱见是楹也。"《经说上》说："俱止、动。"《经说上》说："尺与尺俱不尽。端与端俱尽。"《经说上》说："意、规、圆三也，俱可以为法。"

凡，全称。凡（61次）：凡是，所有，一切，总共，一共，总和，表概括，总括，全称量词，断定命题主项概念的全部外延，即一类事物全体，构成全称命题。副词，语法概念，逻辑概念。《广雅》："凡，皆也。"《说文》："凡，最括也。"《玉篇》："凡，非一也。"《广韵》："凡，常也，皆也。"《正韵》："凡，大概也。"

《大取》说："凡兴利，除害也，其类在漏雍（yōng）。"

即凡兴办对人民有利的事，都包含革除对人民有害的因素，犹如兴办水利，需革除水害。这是典型分析式的科学归纳推理。用符号表示，即“所有 M 是 P，其类在 M_1”。“所有 M 是 P”，是全称命题，如：“凡兴利，除害也。”“M_1”是典型事例，如“其类在漏雍”。类似印度逻辑惯用事例：“所有人工制造出来的都是非永恒的，如瓶。”“凡有烟处都有火，如厨房。”

皆，全称。皆，全，都。全称量词。皆，会意字，从比、白，从“比”，有“并”的意思，本义：都，全。《说文》：“皆，俱词也。”《小尔雅》：“皆，同也。”《经说上》说：“五诺，皆人于知。”

《大取》说：“诸以居运命者，苟人于其中者皆是也。”“诸以居运命者，若乡、里、齐、荆者皆是。”《法仪》说：“虽至士之为将相者，皆有法。虽至百工从事者，亦皆有法。”“无巧工不巧工，皆以此五者为法。”“故百工从事，皆有法所度。”全称特称用词，见表 8。

表 8　全称特称用词

体—兼	2：体，分于兼也。若二之一。87：不外于兼，体同也
特—二	83：见：体、尽。特者，体也。二者，尽也
或—尽	小取：或也者，不尽也。不可偏观。43：尽，莫不然也。俱止、动。50：动，或徙也。偏徙者，户枢、蛇、蚕。174：无穷不害兼。……而必人之可尽爱也。175：尽问人，则尽爱其所问。若不知其数而知爱之尽之也，无难。
偏—俱	46：偏也者，兼之体也。39：同，异而俱于之一也。二人而俱见是楹也。85：权者两而勿偏。

7. 假言命题

《鲁问》载墨子与彭轻生子辩论的故事：彭轻生子曰："往者可知，来者不可知。"子墨子曰："借设尔亲在百里之外，则遇难焉，期以一日也，及之则生，不及则死。今有固车良马于此，又有驽马四隅之轮于此，使子择焉，子将何乘？"对曰："乘良马固车，可以速至。"子墨子曰："焉在矣来！"

即彭轻生子说："过去的事情可以知道，未来的事情不能知道。"墨子说："假如你的父母在百里以外，遇到危难，只容一天的时间，你能赶到，他们就能活，不能赶到，他们就会死。现在有坚固的车和好的马，也有劣马和四方轮子的车，让你选择，你将乘哪一种？"彭轻生子回答说："用坚固的车和好的马，可以迅速赶到。"墨子说："既然这样，怎么能说不能知道未来呢？"这是从假设的前提出发进行推论，批评彭轻生子"未来不可预知"（来者不可知）的论点，证明墨子"未来可预知"（来者可知）的论点。

"借"，指凭借、假借、假设、假使、假定。"假"可以指虚假，即与事实相反，也就是"是非"的"非"，就是错误；也可以指假设，即虚拟的联系、条理、道理。论证是讲道理，《大取》说："辞以故生，以理长。"

从正确的假设出发，可以进行演绎推理，引出正确结论。"假"是古代逻辑术语，指假言命题，假说。《小取》说："'假'者今不然也。"假设是假定、设想，并非表示当前的事实。从假设的前提或条件出发，引出一定的结论或结果，断定前提和结论或条件和结果的关系，是假言命题推论。

四、“以说出故”：推理论

1. 归纳演绎：综合推理

(1) 演绎论证

根据由论据推出论题的论证形式，可分为演绎、归纳和类比三种论证方式。演绎论证，由一般性论据，推出个别性论题，讲道理，以理服人。《经下》列举典型事例：“闻所不知若所知，则两知之，说在告。”

《经说下》举例解释说：“在外者，所知也。在室者，所不知也。或曰：‘在室者之色若是其色。’是所不知若所知也。犹白若黑也，孰胜？是若其色也，若白者必白。今也知其色之若白也，故知其白也。夫名（用广义：概念推论）以所明正所不知，不以所不知疑所明。若以尺度所不知长。外，亲知也。室中，说知（推论之知）也。”

即听到别人说，自己所不知道的东西，与所知道的东西一样，则不知和知两方面，就都知道了，论证的理由在于，这是以别人告诉的知识，作为中间环节，而推论出来的知识。在室外的东西，是自己所知道的，在室内的东西，是自己所不知道的，有人告诉说：“室内东西的颜色，与室外东西的颜色一样。”

这就是所不知道的东西，与所知道的东西一样。“若”（像）字的意思，就是一样。假如一个思想混乱的人说：“白若黑。”那究竟是“像白”，还是“像黑”？所谓“这个颜色像那个颜色”，如果像白，那就必然是白。现在知道颜色像白，所以推论一定白。

所谓概念推论，是以所已经明白的知识为标准，衡量还不知道的东西，而不能以还不知道的东西为根据，怀疑所已经明白的东西。这就像用尺子（已知其长度为1尺），量度还不知道东西的长度。室外的东西是亲知，室内的东西，是推论知识。演绎论证事例，见表9。

表9　演绎论证事例

演绎论证事例	推论形式	
（亲知）室外物色白 （闻知）室内物色是室外物色 （说知）室内物色白	所有M是P 所有S是M 所有S是P	MAP SAM SAP

《墨经》用古汉语的特殊表达式，概括论证形式。《经说下》第101条说："以此其然也，说是其然也。"根据一类事物全体如此，推出该类事物个例如此。《经说上》第99条说："彼举然者，以为此其然也。"即对方列举若干正面事例，推论出"一类事物全体都是如此"（所有M是P），要"举不然者而问之"，即列举"有M不是P"反驳。

这是以反例为论据，驳斥不正确的全称概括，用O命题（特称否定），破斥A命题（全称肯定）。如用"有天鹅非白"的论据，驳斥"所有天鹅白"的论题。由"此其然"（集合性质）的论据，引申"是其然"（元素性质）论题的论证过程，是由一般到个别的演绎论证。

（2）归纳论证

归纳论证，由个别性论据，推出一般性论题，摆事实，以事服人。《经下》说："擢（zhuó）虑不疑，说在有无。"《经说下》举例解释说："疑无谓也。臧也今死，而春也得之，必死也可。"即从一件事情中，抽取思虑一种必然性，可以不用怀疑，论证的理由在于，究竟有无这种必然性。怀疑没有意义：臧（男仆名）在目前这种医疗条件下，得了某种不治之症死了，而春（女仆名）不幸也得了这种不治之症，她也会必死无疑。

"擢"，从个别事例，抽引一般规律，是典型分析式的科学归纳论证。《经说上》说："必也者可勿疑。"《经上》说："必，不已也。"《经说上》举例解释说："必。谓一执者也。若弟兄。一然者一不然者，必不必也，是非必也。"

即"必然"，是指一种事物的状态，不停止地，一直如此下去。"必然"，是称谓一种事物的状态，一直如此下去，不改变。如说："有弟必然有兄。""必然"蕴含着"尽然"（全称）。如果在一个论域中，有是这样的，有不是这样的，一定不叫"必然"，只能称"非必然"（不是必然）。这里用全称性与一贯性，定义必然性，说明全类事物具有一直如此的趋势，其真实性无须怀疑。

"擢"：典型事例分析的科学归纳论证，《墨经》普遍应用。擢，拔，提升。擢，形声字，从手，本义抽引，拔取，提升。《说文》："擢，引也。"《方言》："擢，拔也。"《正字通》："擢，犹升也。"《国语辞典》："擢，拔取，抽取。"《扬子·方言》："擢，拔也，自关而西，或曰拔，或曰擢。"《广韵》："擢，抽也，出也。"

《大取》举例说："凡兴利，除害也，其类在漏雍。"即凡兴办对人民有利的事，必然包含除害因素，如筑堤防，修水利，包含革除水患，堵塞溃漏。典型事例分析的科学归纳推论，公式化为："所有 S 是 P，其类在

S_1。” “所有 S 是 P”：一般规律。“S_1”：典型事例。“类”：代表一般的个别事例，即典型。

《大取》的“所有 S 是 P，其类在 S_1”，《经下》规范为“所有 S 是 P，说在 S_1”的形式。“所有 S 是 P”是一般定律，S_1 代表这一定律所由以抽出的典型事例。其中“说在某某”，是列举一般定律的事实论据。

《经下》说：“倚者不可正，说在梯。”斜面的特点，是与地面不垂直，典型事例是车梯（轮梯，搬运重物，登梯爬高）。《墨经》表达，突显其一般规律的概括，起源于典型事例的观察分析。《墨经》普遍应用典型分析式的科学归纳论证。

（3）类比论证

类比论证，由个别性论据，推出个别性论题。类比论证的特点，形象生动，感染力强，有说服力。《大取》列举类比论证的典型事例：“不为己之可学也，其类在猎走。”即忘我为天下服务的精神，可以学习获得，犹如打猎竞走的技艺，可以学习获得。类比论证近于归纳，是简单初步的归纳推论。

令“不为己之可学”为 S，相似事例“猎走”为 S′，《大取》的表述，可公式化为：“所有 S 是 P，其类在 S′。”简括语“其类在”：典型或相似的事例在于。《经下》的表述，可公式化为：“所有 S 是 P，说在 S′。”简括语“说在”：论证的论据在于。

（4）综合论证

《经上》第 99 条说：“止，因以别道。”即“止”这种论证方式，是把一个错误的全称命题（“道”），实事求是地限定（“别”，区别）为一个正确的特称命题。

"止"是综合运用归纳演绎的反驳论证。

"止"在物理学上的意义，指"停止"。"止"，象形字，甲骨文字形，上像脚趾，下像脚面脚掌，本义阻止，禁止，止遏，停止。《广韵》："止，停也，息也。"《墨经》把日常语言，改造升华为纯逻辑意义，指反驳、驳斥论敌的论题与论证。

"因以"：用来。"别"：区别，限制。"道"：一般性道理，全称命题。《经说上》第98条说："以'人之有黑'者、有'不黑者'也，止'黑人'。"即用事实上"有人是黑的"（正确的特称肯定命题），"有人不是黑的"（正确的特称否定命题），反驳（"止"住，"别"）"所有人是黑的"（错误的全称肯定命题，"道"）。

这是"止"的第一步骤。《经说上》说："彼举'然者'，以为'此其然'也，则举不然者而问之。若'圣人有非而不非'。"即对方列举正面事例，想当然地归纳出不正确的全称命题，我则列举反例问难，如反驳儒家论题："所有圣人，都是见别人有错误，而不批评其错误。"

《墨经》用古汉语的特殊表达式，概括"仓促归纳及其反驳"的一般形式："彼举然者，以为此其然也，则举不然者而问之。"形式化为：对方列举若干正面事例，说甲是圣人，乙是圣人……即 M_1 是 P，M_2 是P……这是"彼举然者"。于是想当然地（主观猜测）归纳出错误的全称命题："所有圣人，都是见别人有错误，而不批评其错误。"即"所有 M 是 P"。这是"以为此其然也"，犯"仓促归纳"（轻率概括）的逻辑错误。

我列举反例，反驳问难：墨子是圣人，墨子见别人有错误，而批评其错误，所以，并非“所有圣人，都是见别人有错误，而不批评其错误”。否定儒家错误的全称命题，主张正确的特称命题：“有圣人（如墨子），见别人有错误，而批评其错误。”

《墨经》本条列举儒家论题“圣人有非而不非”（所有圣人，都是见别人有错误，而不批评其错误）的典型事例。《论语·子路》记载，叶公语孔子曰：“吾党有直躬者，其父攘（rǎng）羊，而子证之。”孔子曰：“吾党之直者异于是。父为子隐，子为父隐，直在其中矣。”

即叶公告诉孔子：“我家乡有个直率的人，他父亲偷别人的羊，他便向官方举报。”孔子说：“我家乡直率的人与你们不同：父亲替儿子隐瞒，儿子替父亲隐瞒，直率就在其中。”证，举证，举报，揭发，检举。《说文》：“证，告也。”

《庄子·盗跖》：“直躬证父。”《韩非子·五蠹》：“楚之有直躬，其父窃羊而谒之吏。”《吕氏春秋·当务》：“楚有直躬者，其父窃羊而谒之上。”高诱注：“谒，告也。上，君也。”《淮南子·泛论训》：“直躬其父攘羊而子证之。”高诱注：“直躬，楚叶县人也。凡六畜自来，而取之，曰攘也。”刘宝楠《论语正义》：“躬盖名，其人必素以直称者，故称直躬。直举其行，躬举其名。”

墨家从春秋战国时期诸子百家的争鸣辩论中，总结辩学理论，把辩学作为辨明是非的工具。墨家把批评，叫作“诽”，即用言论指明错误。《经上》说：“诽，明恶也。”“诽”，指明错误。“诽”，形声字，从言，非声，本义用言论指明错误。清段玉裁注：“诽之言非也。”

墨家有与儒家不同的是非价值观，论证批评的合理性与必要性。《经下》说：“诽之可否，不以众寡，说在可非。”《经说下》解释说：“论诽之可不可以理。理之可诽，虽多诽，其诽是也。其理不可诽，虽少诽，非也。今也谓多诽者不可，是犹以长论短。”

即讨论批评的正确与否，不是以批评的多少为标准，论证理由在于，被批评者是否确有可批评处。讨论批评的正确与否，是以是否合乎道理为标准。从道理上说可以批评，虽多批评，但批评是正确的。从道理上说不能批评，虽少批评，但批评是不正确的。现在说多批评就不正确，就像说“凡长的都不好，凡短的就好”一样荒谬。以长论短：指认为“凡长的都不好，凡短的就好”的荒谬逻辑。

墨家把批评武器的应用，看作维持正常合理政治伦理生活的必需，主张在国家社会的政治伦理生活中，积极运用批评武器，维持正义和真善美的理想原则。篇名《非儒》，主旨是批评儒家的错误。墨子墨家与墨学，其产生存在与发展的缘由价值，性质功能，就是为了充当儒家的对立面，以弥补纠正儒家的欠缺。

《公羊传·闵公元年》说：“《春秋》为尊者讳，为亲者讳，为贤者讳。”孔子作《春秋》，为尊贵的人、亲爱的人和贤圣的人，隐瞒过失。这种思想的实质，是掩盖宗法制封建社会父子、君臣、夫妇、兄弟等人伦关系中的阴暗消极面，维护当时社会稳定与和谐秩序。

墨家代表手工业者和下层人民的利益，持不同观点，主张“有非而非”：有错误就批评。把儒者观点，概括为“圣人有非而不非”（圣人见别人有错误，而不批评）的论点，加以反驳，从这一争辩中，概括系统的逻辑理论。止式推论归纳部分，见表 10。

表 10　止式推论归纳部分

今日表达	简单枚举归纳论证论据	简单枚举归纳论证论题	举反例反驳
墨家表达	彼举然者	以为此其然也	则举不然者而问之
形式化	M_1是 P，M_2是 P	所有 M 是 P	有 M 不是 P
实例	甲圣人见人有非而不非； 乙圣人见人有非而不非	所有圣人见人有非而不非	有圣人见人有非而非（如墨子）

这是“止”的第二步骤：从反驳对方错误的论证论据（演绎论证的大前提），怀疑对方推论出来的个别性论题。《经说下》第 101 条说：“彼以此其然也，说是其然也；我以此其不然也，疑是其然也。”

即对方从“某类事物都是如此”，推出“这个事物是如此”，我则根据“并非某类事物都是如此”，怀疑“这个事物是如此”。演绎论证大前提不真，结论可假。止式论证演绎部分，见表 11。

表 11　止式论证演绎部分

今日表达	演绎论证论据	演绎论证论题	反驳演绎论证论据	怀疑演绎论证论题
墨家表达	彼以此其然也	说是其然也	我以此其不然也	疑是其然也
形式化	所有 M 是 P［所有 S 是 M］	所有 S 是 P	并非“所有 M 是 P”	怀疑“所有 S 是 P”

续表

实例	所有圣人见人有非而不非；[墨家圣人是圣人]	墨家圣人见人有非而不非	并非“所有圣人见人有非而不非”	怀疑“墨家圣人见人有非而不非”

推理论证规则：同类相推；不同类不相推。《经下》说：“止，类以行之，说在同。”《经上》说：“法异则观其宜。”《经说上》举例解释说：“取此择彼，问故观宜。以‘人之有黑者’、有‘不黑者’也，止‘黑人’；与以‘有爱于人’、‘有不爱于人’，止‘爱人’：是孰宜?”

同类相推。如我方所列举反例，必须与我所反驳的对方论题属于同类，才能针锋相对，驳倒对方。对方列举若干正面事例，说甲是黑的，乙是黑的等，甲、乙等是人，所以，所有人都是黑的。

我方列举反例，丙是白的，丁是白的等，丙、丁等是人，所以，有人是白的（有人不是黑的），推出“并非所有人都是黑的”。这里，用“有人不是黑的”，作为“止”式论证的论据（“故”），反驳对方“所有人都是黑的”，有效（宜）。因为这论据（故）和被反驳的论题，都是关于同类事物（人的肤色）。

不同类不相推。如墨家主张“兼爱”，即一切人应该爱一切人。这是墨家最高的道德理想，并不是立刻要在现实生活中一个不漏地实现爱利每个人。有的人（如侵略者，强盗等“暴人”）不能被爱利，应该“恶”（厌恶），为了正当防卫，应该诛讨侵略者，诛杀强盗。

《非儒》论证，对于攻伐掠夺弱小国家的“暴残之国”，“圣将为世除害，兴师诛罚”，不让“暴乱之人也得活”。《小取》论证“杀盗非杀人”的论点，即杀强盗不犯杀人罪。不能用“现实有人不被人爱”，作为“止”式论证的论据（“故”），反驳“一切人应该爱一切人”（兼爱）的最高理想，这样构造“止”式论证，非有效（不宜）。

这里有两个止式论证：第一个论证，用来反驳的论据“有人不是黑的”，被反驳的论题“所有人是黑的”。二者都关乎事实，属真值逻辑。第二个论证，用来反驳的论据“有人不被人爱”，关乎事实，属于真值逻辑范围。被反驳的论题“一切人应该爱一切人”（兼爱），属于道德理想、目标、义务、规范模态逻辑（道义逻辑）范围。

这两个论证的法式形式不同（“法异”），属于不同的逻辑领域、分支、范围与语境。前一论证是有效（“宜”），符合“同类相推”的规则与同一律。后一论证非有效（不宜），不符合“同类相推”的规则与同一律。即推论一：

有人不是黑的（事实）。

∴并非“所有人是黑的”（事实）。

这一论证，论据与论题都关乎事实，符合“类以行之”（同类相推，同一律）的规律。所以有效。推论二：

有人不被人爱（事实）。

∴并非“一切人应该爱一切人”（理想）。

这一论证，论据与论题分别关乎事实与理想，不符合“类以行之”（同类相推，同一律）的规律，所以无效。

当时阴阳五行家，用简单枚举归纳论证，从日常观察中列举若干正面事例，作为论据，轻率概括出“火克金、金克木、木克土、土克水、水克火”等所谓“五行常胜”的形而上学、机械论的论题。

《墨经》列举反例，证明可以有“金克火”等反例，从而归纳出“五行无常胜”的辩证论题（《经说下》），分析一种元素之所以能克胜另一种元素，不是由某种先天、先验的公式所决定，而是由于它在某种具体情况下占优势的缘故。

《经说下》说：“燃火铄金，火多也。金靡炭，金多也。”在某种情况下，火之所以能销烁金属，是由于火占优势。在另一种情况下，金属之所以能压灭火，是由于金属占优势。一切以具体环境、条件为转移。“若识麋与鱼之数惟所利”：犹如某山麋鹿多，某渊鱼鳖盛，都是由于具体的环境条件，对某种动物繁殖生长有利的缘故。

《经下》说：“‘无不让也’，不可，说在酤（gū）。”《经说下》举例解释说：“让者酒，未让酤也，不可让也，若酤于城门与于臧也。”即说“所有事情都要让”，不可以。如宴请宾客，喝酒可以让，但酤酒（买酒）让人，于理不合。如果要到城门内买酒，则指派家中仆人臧去，不能让宾客去。

《论语·里仁》记载，孔子主张“以礼让为国”。《学而》载子贡说：“夫子温、良、恭、俭、让以得之。”儒家提倡“所有事情都要让”，墨家认为“不可”。“止式论证”，是结合归纳与演绎的综合论证，反驳论证。墨家在百家争鸣中，用“止式论证”，驳斥论敌学说，证明己方学说，与西方现代逻辑等值等效。

2. 举彼例此：譬喻推理

《小取》说："譬也者，举他物而以明之也。"即列举其他事物，论证这一事物，相当于类比论证。《小取》定义"譬"喻论证的连接词："是犹谓也者，同也。""吾岂谓也者，异也。""是犹谓"：正类比连接词，意即"这好比说"，论证两事物的相同，譬喻论证的建立。"吾岂谓"：反类比连接词，意即"我难道说"，论证两事物的不同，譬喻论证的反驳。

墨子讲"兼爱"说好处，论敌"天下之士君子"说："兼爱说好是好，就是实行不了。譬若挈（举起）泰山越河济（跨越黄河济水），实行不了。"墨子说："是非其譬也（这是譬喻不当）。"兼爱说古代圣王实行过，举起泰山跨越黄河济水，从来没有实行过。意即："吾谓兼爱可行，吾岂谓挈泰山越河济可行乎?"通过"吾岂谓"式的反驳，揭示对方譬喻论据与论题的相异，证明对方譬喻不当，驳倒对方。

墨子论证，言必用譬。如论证"尚贤"说：治国不任用贤能，"此譬犹喑者（哑巴）而使为行人（外交官），聋者而使为乐师。"论证兼爱："圣人以治天下为事者也，必知乱之所自起焉，能治之。不知乱之所自起，则不能治。譬之如医之攻人之疾者然，必知疾之所自起。"

论证"非攻"："今天下之诸侯，将犹多皆攻伐并兼，则是有誉义之名，而不察其实也。此譬犹盲者之与人，同命白黑之名，而不能分其物也。"《公孟》载墨子说："教人学而执有命，是犹命人包（包裹头发）而去其冠也。""执无鬼而学祭礼，是犹无客而学客礼也，是犹无鱼而为鱼罟（渔网）也。”墨子用“譬”“若”“犹”“如”等譬喻词谈辩的例证，充满篇章。

“譬”是诸子百家辩论，应用最广泛的论证方式。言必用譬，是诸子百家的共同特长。孟子、庄子、尹文子、公孙龙子、荀子、韩非子和吕不韦等战国诸子，一律善譬。《孟子》3 万余字，重要的譬喻论证，有 60 余处。东汉赵岐《孟子题辞》说：“孟子长于譬喻，辞不迫切，而意已独至。”即长于用譬，话未说到，意义已明。

“譬”兼有逻辑类比和修辞比喻双重功能。从推理论证上说，譬喻之词分论据与论题。从修辞学上说，分被譬喻说明的“本体”与用来譬喻的“喻体”。譬喻论证，举彼喻此，以近喻远，以浅喻深，以易喻难，由已知喻未知，兼论证表达功能。“譬”，形声字，从言，辟声，本义譬如，比喻（analogy）。《说文》：“譬，喻也。”段玉裁注：“譬，谕也。谕，告也。”

“譬”相当于印度逻辑的“喻”。用厨房有烟并有火，譬喻论证这山有烟，所以有火。从瓶是人为的，并且不是永恒的，譬喻论证语言是人为的，所以不是永恒的。“喻”的本义是譬喻、例证。因明注释家窥基《因明入正理论疏》卷四说：“喻者，譬也，况也，晓也。由此譬况，晓明所宗，故名为喻。”“喻”是通过譬况，论证论题。

《墨经》擅长说理，常以“若”“犹”等作譬喻词。《经说下》第 171 条说：“夫名以所明正所不知，不以所不知疑所明，若以尺度所不知长。”概念推论是以所已知，类推说明所未知，不能反过来以所未知，怀疑所已知，就像用尺子，量度所未知物体的长度。这是以“若”作譬喻词。

《墨经》许多以“若”“犹”联结的事项，已丧失譬喻类比意义，只是一般命题的典型事例。典型事例与一般命题，是归纳关系。从典型个别事例，引申一般命题。《经说上》“故，所得而后成也”的因果概念，举例说：“若见之成见。”

《墨经》有重事实、重归纳的科学精神，是墨子善譬、类比论证的发展。墨家广泛运用“举他物而以明之”的譬喻论证，必然会在其逻辑和科学理论的总结中，引申为“举一事或数事，而引出一般道理”的归纳论证。

《墨经》擅长说理（讲道理），也常用“若”“犹”等连接词，连带譬喻。其中少量为修辞学上的比喻，更多的是除比喻的修辞意义外，还兼有类比论证的意义。如《大取》说：“兼爱相若，一爱相若，一爱相若，其类在死蛇。”

即墨家理想，是提倡平等地“兼爱”世上所有人，不能像论敌诡辩式地拆成“爱这一部分人平等”（如爱鲁国人平等），“爱那一部分人平等”（如爱齐国人平等），这犹如一条活蛇（整体），被砍成几段（部分），变为死蛇。

《经说下》第177条，批评论敌告子一派“仁内义外”的论点：“其谓：‘仁，内也。义，外也。’举爱与所利也，是狂举也，若‘左目出，右目入’。”“若‘左目出，右目入’”（意指如某人精神错乱，胡说八道，竟然说“左目管输出信息，右目管输入信息”，这是修辞学上的比喻）。

《经说下》第171条说："夫名以所明正所不知，不以所不知疑所明。若以尺度所不知长。""若以尺度所不知长"，是修辞学上的比喻，兼逻辑学上的类比。《墨经》崇尚科学精神，论证重事实，重归纳，是墨子譬喻（类比）思想的发展，由"举他物以明之"的譬喻论证，推广为"举事以明理"的归纳论证。

3. 援引类推：援式推理

《小取》说："'援'也者曰：'子然，我奚独不可以然也？'"即援例论证，是援引对方论据，类比论证己方论题。如《小取》说："此与彼同类，世有彼而不自非也，墨者有此而非之。"

即A与B两组论点同类，世人赞同A组论点，而反对墨者赞同B组论点，墨者援A证B，叫援例论证。援，引用，援用，援引。援，形声字，从手，爰声，本义拉引。《说文》："援，引也。"

A组论点："盗，人也；爱盗，非爱人也。"B组论点："盗，人也；杀盗，非杀人也（指杀强盗不犯杀人罪）。""此与彼同类"，对方赞同"彼"，而不赞同"此"，不符合"以类取"与"有诸己不非诸人"的规则，违反同一律与矛盾律。

援引对方论点"爱盗非爱人"为论据，类比论证己方论题"杀盗非杀人"。"爱人"中的"人"，指"盗"以外的人，"杀人"中的"人"，也指"盗"以外的人。根据"以类取"与"有诸己不非诸人"的规则（同一律，矛盾律），对方不应该反对我方的论题。

同样，A组论点："'且入井'，非'入井'也。止

‘且入井’，止‘入井’也。”B组论点：“‘且夭’，非‘夭’也。‘寿且夭’，‘寿夭’也。”你赞成A组论点，我援引你所赞成的A组论点，类比论证我所赞成的B组论点，是援例推论。

“援”是根据同一律、矛盾律的辩论方式，为当时学派广泛采用。公孙龙辩论，娴熟运用援例论证。宗奉孔子的儒者孔穿（孔子六世孙），受众人委托，专程到赵国与公孙龙辩论，公孙龙援引孔子赞同“楚人异于人”的论据，类比论证自己“白马异于马”的论题，使孔穿哑口无言，“无以应”，在辩论中巧妙运用援例论证。

陆游《老学庵笔记》说：“田登作郡，自讳其名，触者必怒，吏卒多被榜笞（chī），于是举州皆谓灯为火，上元放灯，许人入州治游观，吏人遂书榜揭于市曰：‘本州依例放火三日。’故语云：‘只许州官放火，不许百姓点灯。’本此。”

即田登做州官，规定要避讳其名，误犯他的名讳，一定发怒，吏卒多因此挨打，于是人们不得不把“灯”叫“火”，正月十五摆花灯，允许民众进城观看，吏卒书写告示，公布集市：“本州依照惯例，放火三天。”所以说：“只许州官放火，不许百姓点灯。”来源于此。运用援例论证，援引“许州官放火（点灯）”，类比论证应“许百姓点灯”。

4. 揭露矛盾：归谬推理

归谬式类比论证，名为“推”，墨家论辩常用，总结出“不知类”“知小不知大”“明小不明大”等惯用语，表示对方议论中的自相矛盾，属于元研究，元语言，元概括，《墨经》总结提升。《小取》一再说：“此与彼同类，世有彼而不自非也，墨者有此而非之。”揭示对方逻辑矛盾，用归谬式类比的论证形式。

《小取》定义：“推也者，以其所不取之同于其所取者，予之也。”即对方赞成“彼”命题，不赞成“此”命题，我则向对方证明“此与彼同类”，如果对方仍不赞成“此”命题，则陷于逻辑矛盾，用逻辑必然性的力量，迫使对方赞成“此”命题。取，选取，采取，赞同。

规则是：“以类取，以类予。”“有诸己不非诸人，无诸己不求诸人。”体现同一律，矛盾律。中外逻辑，本质相同。这种论辩方式，结合归谬法与类比推论，含演绎、归纳与类比因素，有必然性与说服力，生动形象，富感染力，是百家争鸣的有力工具，行之有效，为各学派所喜用常用。归谬法，是归谬式类比论证中的演绎成分，是必然性的推论，理论性的论据；类比论证，是其中的归纳因素，事实性的论据。

归谬反驳，在世界逻辑中占据核心地位。古希腊哲学家与中国古代诸子百家一样，都极善运用归谬法。古希腊辩论术（一译辩证法）dialectic的本义，是归谬法。辩论术（辩证法）dialectic，在西方逻辑史上，从古代到近代，长期兼作逻辑学的总称。明末西方传教士葡萄牙人傅泛际（P. F. Furtado，1587—1653，1621年来华）与李之藻合译首部西方逻辑著作《名理探》，原文是辩论术（辩证法）dialectic。

归谬法，从对方论点出发，引出荒谬（包含逻辑矛盾，或同已知事实与真理矛盾），以驳倒对方论点。其公式是：$[P \to (Q \land \neg Q)] \to \neg P$。读为：如果P（对方论点），那么Q并且非Q（矛盾），那么非P（否定对方论点）。墨家逻辑，对归谬法，有自身独特的表达方式。

墨子在辩论中常用归谬法，用生动浅显的比喻，比方对方的矛盾、悖理和荒谬。墨子在战国初期，广泛运用归谬法，经由战国中期孟子、惠施、庄子和尹文子等人传承，在战国末期普及，诸子百家常用，成为争鸣辩论的有效工具，为《小取》定义归谬法，制定规则，提供丰富资料。归谬法影响深远，对今人的思维表达，大有助益。归谬法，见表12。

表12　归谬法

类型	名称	定义规则	别称
墨辩	推	定义：以其所不取之同于其所取者，予之也。 规则：以类取，以类予。有诸己不非诸人，无诸己不求诸人	明小不明大，知小不知大，不知类
逻辑	辩论术 dialectic	定义：揭露对方矛盾，以战胜对方的方术 规则：对立陈述不能同真；$\neg(Q \land \neg Q)$	辩证法，归谬法，归于不可能

（1）归谬法第一式：指出对方“明小不明大”“知小不知大”

《尚贤中》说：“何则？皆以明小物，而不明大物也。”《尚贤下》说：“而今天下之君子，居处言语皆尚贤，逮至其临众发政而治民，莫知尚贤而使能，我以此知天下之士君子，明于小而不明于大也。何以知其然乎？今王公大人有一牛羊之财不能杀，必索良宰。有一衣裳之财不能制，必索良工。”

“逮至其国家则不然，王公大人骨肉之亲、无故富贵、面目美好者则举之，则王公大人之亲其国家也，不若亲其一危弓、疲马、衣裳、牛羊之财与？我以此知天下之士君子，皆明于小而不明于大也。此譬犹喑者而使为行人，聋者而使为乐师（这就像叫哑巴当外交官，派听障人士当乐团指挥）。”

《鲁问》说：“世俗之君子，皆知小物，而不知大物。今有人于此，窃一犬一彘（zhì）则谓之不仁。窃一国一都，则以为义。譬犹小视白谓之白，大视白则谓之黑。是故世俗之君子，知小物而不知大物者，此若言之谓也。”

在批评对方“知小不知大”的同时，比喻说“譬犹小视白谓之白，大视白则谓之黑”，都是形容对方的自相矛盾，荒谬和悖理。“明小不明大”“知小不知大”术语的概括，形容对方议论的自相矛盾、荒谬悖理。

（2）归谬法第二式：指出辩论对方“不知类”

《公输》载鲁班为楚国造云梯，准备攻打宋国，墨子见鲁班说：“北方有人侮辱我，想请您帮我把他杀掉。”鲁班说：“吾义固不杀人。”即我讲仁义，从来不杀人。墨子说：“义不杀少而杀众，不可谓知类。”讲仁义不杀少，更应不杀众。“杀少”和“杀众”同属“不仁义”一类。“义不杀少而杀众”，违反同一律和矛盾律。“不知类”，即荒谬悖理。

（3）归谬法第三式：指出辩论对方论点中的概念命题矛盾

《非儒》说儒家主张“君子必古服古言然后仁”。墨家的反驳是："所谓古之言服者，皆尝新矣，而古人言之服之，则非君子也。然则必服非君子之服，言非君子之言，而后仁乎?"

即儒家论点，包含概念和命题的自相矛盾。从概念说，古人穿古服，说古言，在当时都曾经是新的，按照儒家的逻辑，古人就都成了非君子。从命题说，儒家的主张就成为：一定要穿非君子的服装，说非君子的语言，才成为君子，符合仁义标准。这是自相矛盾、荒谬悖理。

《非儒》说，儒家主张"君子循而不作"。《论语·述而》载孔子说："述而不作，信而好古。""循"即"述"。儒家认为君子只遵循古人，叙述传承，而不创作创新。墨家的反驳是："古者羿（yì）作弓，杼（zhù）作甲，奚仲作车，巧垂作舟，然则今鞄函车匠皆君子也，而羿、杼、奚仲、巧垂，皆小人邪？且其所循，人必或作之，然其所循，皆小人道也?"

即古代羿、杼、奚仲和巧垂，发明弓箭、铠甲、车子和舟船，现在的皮、车等工匠，因为传承古代工匠的技术，没有创造，就都成了君子，而古代羿、杼、奚仲和巧垂等发明家，却都成了小人。并且现代工匠所遵循传承的技术，一定要先有人创作出来，按照儒家的逻辑，这些创造者都成了小人，现代工匠所遵循传承的，也都成了小人的道理。这是自相矛盾、荒谬悖理。运用归谬法的第三式，指出辩论对方概念和命题的矛盾。概念命题矛盾，见表 13。

表 13　概念命题矛盾

儒者	墨者
君子必古服古言然后仁	所谓古之言服者，皆尝新矣，而古人言之服之，则非君子也。然则必服非君子之服，言非君子之言，而后仁乎？
君子循而不作	古者羿作弓，杼作甲，奚仲作车，巧垂作舟，然则今之鞄函车匠皆君子也，而羿、杼、奚仲、巧垂，皆小人邪？且其所循，人必或作之，然其所循，皆小人道也？

（4）归谬法第四式：用比喻，具体形象生动形容论敌自相矛盾的荒谬悖理

a. 命人包而去其冠

《公孟》载儒者公孟子说："贫富寿夭、治乱安危有极矣，不可损益。"又说："君子必学。"这是既否认人的主观能动作用，又承认人的主观能动作用，自相矛盾。墨子反驳说："教人学而执有命，是犹命人包而去其冠也。"即教人学习，又坚持命定论，就像既叫人戴帽子包裹头发，又叫人把包裹头发的帽子去掉，荒谬悖理。

b. 无客而学客礼

无客而学客礼，无鱼而为鱼网。《公孟》载儒者公孟子说："无鬼神。"又说："君子必学祭祀。"墨子说："执无鬼而学祭礼，是犹无客而学客礼，是犹无鱼而为鱼罟也。"即既认为鬼神不存在，又主张君子一定要学习祭祀鬼神的礼节，就像无客却学客礼，无鱼却做渔网，自相矛盾。

c. 禁耕求获

《节葬下》载墨子说，统治者厚葬，财富埋地下，长久服丧。"以此求富，此譬犹禁耕而求获也。"用禁耕

求获，比喻厚葬久丧与求富的矛盾。

d. 负剑求寿

《节葬下》载墨子说，统治者以长久服丧，败男女之交，求得人口众多，就像“负剑求寿”，荒谬悖理。

e. 掩目祝视

《耕柱》载鲁国贵族季孙绍与孟伯常治政，互不信任，闹矛盾，不从建立信任入手，解决矛盾，却到丛林神祠祷告说：“愿神灵保佑我们和好！”就像遮住眼睛，祷告神灵说“保佑我什么都看得见”，荒谬悖理。

f. 少见黑曰黑

少见黑曰黑，多见黑曰白。少尝苦曰苦，多尝苦曰甘。《非攻上》批评天下君子，把小偷抢叫“不义”，却把大偷抢（攻伐掠夺）叫“义”，就像“少见黑曰黑，多见黑曰白”“少尝苦曰苦，多尝苦曰甘”，荒谬悖理。墨子比喻，与韩非的“矛盾之说”，异曲同工，有启发逻辑思维，避免矛盾谬误的功效。比喻自相矛盾，见表14。

表14　比喻自相矛盾

序号	本体	喻体
1	教人学而执有命	犹命人包去其冠
2	执无鬼而学祭礼	犹无客学客礼，无鱼为鱼罟
3	以厚葬久丧求富	譬犹禁耕求获
4	以久丧求众	譬犹负剑求寿
5	互不信任祷告神灵保佑和好	譬犹掩目祝视
6	小偷抢叫不义，大偷抢国叫义	少见黑曰黑，多见黑曰白，少尝苦曰苦，多尝苦曰甘

《小取》两次批评论敌说："此与彼同类，世有彼而不自非也，墨者有此而非之，无他故焉：所谓'内胶外闭'，与'心无空乎内，胶而不解'也。"A_1与A_2两种议论同类，世人赞成A_1，不以为非，墨者赞成A_2，却以为非，构成矛盾、荒谬悖理。《小取》归谬法，见表15。

表15 《小取》归谬法

概括：荒谬程度	"内胶外闭"，与"心无空乎内，胶而不解"
对象：自相矛盾	此与彼同类，世有彼而不自非也，墨者有此而非之

提出"明小不明大""知小不知大""不知类""悖"概念，包含中国古代元逻辑的理论，是《墨经》逻辑通往质变过程的量变积累与局部质变。《墨经》用古汉语作为元语言工具，对墨子辩术的应用逻辑、对象逻辑，施加元研究，概括系统理论，建构墨家元逻辑。其对归谬法的概括，舍弃当时争鸣辩论的具体内容，呈现用古汉语表达的纯逻辑理论的形态。

"推"是《墨经》对归谬法的命名。墨家"推"的概念，比现代"推理"或"推论"概念的外延小。现代"推理"或"推论"概念的外延，包括演绎、归纳和类比等形式。墨家"推"的概念，除分析对方论点概念命题的矛盾（纯演绎论证）外，在多数情况下，是归谬法（演绎论证）与类比论证的结合。根据强调重点不同，可称归谬式类比论证（简称归谬类比），或类比式归谬论证（简称类比归谬）。

（5）归谬法第五式：指出辩论对方"悖"

"悖"是元语言的语义概念，即自相矛盾、荒谬悖理。《经下》说："假必悖，说在不然。"虚假必然违背事实，论证的理由在于事实不是如此。定义虚假、不真实的概念。《耕柱》说："子墨子曰：'世俗之君子，贫而谓之富则怒，无义而谓之有义则喜。岂不悖哉！'"即世俗君子，如果他贫穷，别人说他富有，那么他就愤怒，如果他无义，别人说他有义，那么他就高兴，岂不是荒谬！"悖"，指荒谬。

《贵义》说："子墨子曰：'世之君子，使之为一犬一彘之宰，不能则辞之，使为一国之相，不能而为之，岂不悖哉！'"即墨子说："世上君子，使他作宰杀一狗一猪的屠夫，如果干不了就推辞；使他作一国国相，干不了却照样去做，这难道不荒谬吗？""悖"，指荒谬。"不知类""悖"，是对归谬法的元逻辑概括。《公输》《耕柱》《贵义》的辩论说辞，是应用归谬法的对象逻辑。"不知类""悖"，见表16。

表16 "不知类""悖"

元逻辑	不知类	悖	
对象逻辑	义不杀少而杀众（公输）	贫而谓之富则怒，无义而谓之有义则喜（耕柱）	使之为一犬一彘宰，不能则辞之，使为一国相，不能而为之（贵义）

《非攻下》说："饥寒冻馁疾病，而转死沟壑中者，不可胜计也。此其为不利于人也，天下之害厚矣。而王公大人乐而行之，则此乐贼灭天下之万民也，岂不悖哉！""悖"，指荒谬。《非儒下》说："娶妻身迎，祗褍为仆，秉辔授绥，如仰严亲，婚礼威仪，如承祭祀。颠覆上下，悖逆父母，下则妻子，妻子上侵。事亲若此，

可谓孝乎?”

即墨家批评儒家说:你们娶妻,亲自迎接,端正衣裳,恭敬得就像当仆人。手持马缰绳,把登车的引绳交给新娘,就像恭敬地侍奉父亲。结婚的礼节仪式,就像祭祀祖先。颠倒上下次序,违逆父母,把父母地位,降低到与妻子、长子一样,把妻子、长子的地位,抬高到与父母一样。这样对待父母,可以称为孝子吗?“悖”,指违反。

《贵义》说:“子墨子曰:‘世之君子,欲其义之成,而助之修其身则愠,是犹欲其墙之成,而人助之筑则愠也,岂不悖哉!’”即墨子说:“当代君子,想实现他的道义,而帮助他修养身心却怨恨,这就像筑墙,而别人帮助他却怨恨一样,难道不荒谬吗?”“悖”,指荒谬。《鲁问》说:“譬有人于此,其子强梁不材,故其父笞之。其邻家之父,举木而击之,曰:‘吾击之也,顺于其父之志。’则岂不悖哉!”“悖”,指荒谬。

(6)归谬法第六式:概括典型的悖论

a.“言尽悖”悖论

言尽悖论、自语相违与说谎者悖论:世界逻辑语义悖论比较。在中国、印度和希腊三个不同国度,共同考察思维论辩中的逻辑矛盾,列举实例和分析,结果惊人相似,矛盾刺激推动系统逻辑的产生发展,表明人类思维规律的一致性。

《经下》说:“以言为尽悖(虚假),悖(自相矛盾),说在其言(涉及自身,自我相关,自己说自己,悖论成因)。”《经说下》解释说:“悖(虚假),不可(不成立)也。之人之言可,是不悖(虚假),则是有可也。之人之言不可，以当必不当。”

即认为“所有言论都虚假”，自相矛盾，论证的理由在于分析“所有言论都虚假”这句话本身。虚假就是不正确。这个人这句话如果正确，就是有并不虚假的言论，则是有正确的言论。这个人这句话如果不正确，认为它恰当，就必然不恰当。二难推理，归谬法。

印度逻辑有术语“自语相违”。陈那《因明正理门论》列举 29 种过失，商羯（jié）罗主补充为 33 种，分属于似宗、似因和似喻，即错误论题、错误小前提和错误大前提。玄奘译印度陈那《因明正理门论》论自语相违似宗（自相矛盾的错误论题）举例，是“一切言皆是妄”，与“言尽悖”论同。

自语相违似宗，即包含逻辑矛盾的虚假论题。陈那《因明正理门论》举例“一切言皆是妄”，设这句话为 P。由于 P 这句话本身也是言论，所以如果说话者认为自己这一句话（P）是真实的，那就表明至少有一句话（P）不虚妄，等于承认“有些言论不虚妄”。而后面这句话，同原来那句话（P）矛盾，即成为非 P。

即承认 P 这句话真，则导出它自身的否定（假），这叫“自语相违”：自己说的话，与自己的话相矛盾。而如果说话者承认 P 这句话假，也可推导出“有言论不虚妄”，即“有言论真”。况且，如果自己已经认为它假，那就没有必要立它为论题推导。总之，如果用这种包含自相矛盾的话，作为论题（宗），无法自圆其说。

古希腊有“说谎者”悖论。亚里士多德在《形而上学》中说：“说一切为假的人就使自己也成为虚假的。”“从一切断语都是假的这一主张，也会得出，这话本身也不是真的。"①

克里特岛人爱庇（bì）门德说："所有克里特岛人说的话都是谎话。"如果这句话真，由于它也是克里特岛人说的话，则这句话本身也是谎话，即假。如果这句话假，则能推出其矛盾命题"有克里特岛人说的话不是谎话"，不能推出这句话真。

这是一种不典型的语义悖论，后把"说谎者"悖论表述为"我说的这句话假"，是典型的语义悖论：由真推假，由假推真。《墨经》批评的"言尽悖"论，同爱庇门德的"说谎者"悖论相似。悖论是自相矛盾的恒假命题。语义悖论是涉及语言意义、断定和真假等概念的悖论。语义悖论，见表 17。

表 17　语义悖论

世界传统	语义悖论
中国《墨经》	言尽悖
印度因明	一切言皆妄
希腊逻辑	一切命题都是假的；所有克里特岛人说的话都是谎话；我正在说的这句话是假的

b. "知不知"悖论

《经下》说："'知知之否之足用也'悖，说在无以也。"《经说下》说："知。论之非知无以也。"即儒家宣扬"知道自己是知道，还是不知道，就足够用"的论点，自相矛盾，论证理由在于，这样说不够用。讨论问

① 亚里士多德《形而上学》，中国人民大学出版社 1993 年版，第 109、252 页。

题，要求知道问题。如果说："讨论问题，承认不知道问题，就足够用。"这样说不够用。况且既然说"知道自己不知道"，却又说"够用"，自相矛盾。无以：无用处，无意义。以，用。

《墨经》本条写作背景，语境，第一针对，是《论语·为政》载孔子所说："知之为知之，不知为不知，是知也。"即"知就是知，不知就是不知，这就是知。"这是把"不知"诡辩地说成是"知"。

第二针对，是《老子》71 章所说："知不知，尚矣；不知知，病也。圣人不病，以其病病。夫唯病病，是以不病。"即知道自己有所不知，这是最上等的；"不知"而自以为"知"，这是病态。正因为明白这种病态是病态，所以才不生病。圣人之所以不病，是因为明白这种病态是病态，所以才不生病。

老子说"知不知，尚矣"，也像孔子一样，是把"不知"诡辩地说成是"知"。《墨经》本条，批评儒道两家的上述观点。儒道两家强调对待知识的谦虚态度，但把"不知"说成"知"，墨家机智地提出批评。墨家对待知识，尤其是对待自然科学知识，态度比儒道两家更积极，主张强力而为，积极地认知与改造世界。

c."学无益"悖论

《经下》说："学之益也，说在诽者。"《经说下》解释说："以为不知学之无益也，故告之也，是使知学之无益也，是教也。以学为无益也教，悖。"即学习是有益处的，论证这一命题的理由在于，反对这一命题的人必然自相矛盾。

对方以为别人不知道"学习是没有益处的"这一命

题，所以就把这一命题告诉别人，这就是使别人知道“学习是没有益处的”这一命题，这也就是教别人，用“学习是没有益处的”这一命题教别人，自相矛盾。

d. “非诽”悖论

《经下》说：“‘非诽’者悖，说在弗非。”《经说下》解释说：“‘非诽’：非己之诽也。不‘非诽’，非可非也。不可非也，是不‘非诽’也。”即提出“反对一切批评”这一论点的人，必然陷于自相矛盾的境地，论证理由在于，批评不应该反对。对方说：“反对一切批评。”

这实际上把对方自己“反对一切批评”这一特定的批评也反对了。如果对方放弃“反对一切批评”这一论点，那么有错误就可以批评。如果有错误不能够批评，这本身也导致对“反对一切批评”这一论点的否定。澄清谬误，明辨是非，是社会前进的动力。

参考文献

1. 孙中原．中华大典·哲学典·诸子百家分典·墨家部．昆明：云南教育出版社，2007.

2. 孙中原．墨学通论．沈阳：辽宁教育出版社，1993；见：墨子大全，第 75 册影印．北京：北京图书馆出版社，2004.

3. 孙中原．墨者的智慧（墨子说粹）．北京：生活·读书·新知三联书店，1995，2003；见：墨子大全，第 76 册影印．北京：北京图书馆出版社，2004.

4. 孙中原．墨子及其后学．北京：新华出版社，1991，1993；北京：中国国际广播出版社，2011；见：墨子大全，第 75 册影印．北京：北京图书馆出版社，2004.

5. 孙中原．墨子鉴赏辞典．上海：上海辞书出版社，2011.

6. 孙中原．墨子解读．北京：中国人民大学出版社，2013.

7. 孙中原．墨学七讲．北京：中国人民大学出版社，2014.

8. 孙中原．墨子与墨学．北京：中国书籍出版社，2015.

9. 孙中原．墨学与现代文化．北京：中国广播电视出版社，1998；见：墨子大全，第76册影印．北京：北京图书馆出版社，2004.

10. 孙中原．墨经分类译注//王玉玺．王玉玺书墨经．杭州：西泠印社，2004.

11. 孙中原．墨子大辞典．北京：商务印书馆，2016.

12. 孙中原．墨学大辞典．北京：商务印书馆，2016.

13. 孙中原．墨子趣谈．北京：商务印书馆，2016.

14. 孙中原．墨学趣谈．北京：商务印书馆，2017.

15. 孙中原．墨学与中国逻辑学趣谈．北京：商务印书馆，2017.

16. 孙中原．墨经趣谈．北京：商务印书馆，2021.

后　记

时代引领，历史使命。我走上墨子、墨家、墨学与《墨经》研究的道路，起因于时代引领，也被我看作是应该承担的历史使命。1956 年，国家发出“向科学进军”的号召。1956—1958 年，我在中国人民大学哲学系就读，聆听石峻教授讲解中国哲学，认知墨子、墨学与《墨经》。

1958—1961 年，我奉调中共中央直属高级党校自然辩证法与逻辑学研究生班，聆听中国科学院哲学所汪奠基教授系统讲授中国逻辑史课程，熟知《墨经》与中国科学、逻辑的密切关联。

1961—1964 年，我奉调中国科学院哲学社会科学部哲学研究所逻辑室，师从汪奠基、沈有鼎，专攻中国逻辑史与中国古代文献，包括墨家、诸子百家与经史子集传统经典。专业学习研究墨子、墨家、墨学与《墨经》

65 年，著作 80 余种，论文 400 余篇，概括对墨家最深切的体会认知如下。

墨家思想，是中国与世界文化史上的奇葩，有独特的理论、历史与现实意义。劳动创造人类，劳动创造世界，总结劳动经验，提升先进理论。墨子是劳动者的圣人，墨家是劳动者的学派，墨学是劳动者的学说。墨子论证“兼爱”“非攻”“尚贤”“尚同”“节用”“节葬”“非乐”“非命”等论题，论证“赖其力者生”（《非乐上》），劳动者得食，内含积极进步的人道主义、人文主义意蕴，可供现实借鉴。

《墨经》是墨学发展到高级阶段的理论硕果，是微型的百科全书，“巧传则求其故”（《经上》），从传世各类手工业技巧，总结提升各门自然科学知识，是中国古代科学的重镇与典范，启示墨子号量子卫星的创新发明，助推现代科学教育，科教兴国战略的实施。《墨经》阐发科学的世界观方法论，与现代哲学精华相契合；《墨经》概括系统的逻辑学说，构造世界逻辑传统，获得国际学界公认。

墨学作为先秦诸子百家争鸣的“显学”，其自然人文社会科学的深湛义理，与世界先进的科学文化联通互鉴。墨学体系，博大精深，是全人类宝贵的文化知识遗产，包含“施诸四海而皆准，行诸百世而不悖”的普遍真理。墨学与诸子百家之学，一致百虑，相辅相成，相互渗透，相得益彰，认真研究，积极传承弘扬墨学精华，有助于世界先进科学文化的中国化，中国传统文化的现代化，功在当代，利在千秋。

2020 年 10 月河南省社科联等组织，为我颁发“最美墨学文化传承守望者”称号证书、奖牌、奖品与绶带。激励人心、催人奋进的颁奖词：您身穿墨家的布衣草履，与平民圣人墨子一起行走。日复一日，风雨兼程，撷（xié）一缕岁月的光芒，穿越千年沧桑，以坚韧的毅力和执着的信仰，把一阕（què）坚守的责任与奉献留给自己，把另一阕华美的颂词丰盈传世的乐章。研究、传承、守望，用辛勤的汗水洗涤岁月的静好，用墨子大爱无垠的精神，点亮科学人文的火光。您剪去名利勋章的星辉，照耀梦想与希冀，用务实的言行，撑起中华民族的脊梁，把兼爱的种子与人类命运共同体的理念，播撒华夏神州，把非攻和平的理想，世界传扬。向您致敬！

感谢丛书总编纂王志民、中国人民大学出版社以及同人好友的信任和帮助，谨致由衷谢忱。不当之处，敬希不吝赐教。

孙中原

2021 年 6 月 22 日

于中国人民大学哲学院

图书在版编目（CIP）数据

墨家/王志民总编纂；孙中原著. --北京：中国人民大学出版社，2021.8
（诸子百家普及丛书）
ISBN 978-7-300-29810-8

Ⅰ.①墨… Ⅱ.①王… ②孙… Ⅲ.①墨家-通俗读物 Ⅳ.①B224.5-49

中国版本图书馆 CIP 数据核字（2021）第 178952 号

诸子百家普及丛书
墨家
总编纂　王志民
孙中原　著
Mojia

出版发行	中国人民大学出版社		
社　　址	北京中关村大街 31 号	邮政编码	100080
电　　话	010－62511242（总编室）		010－62511770（质管部）
	010－82501766（邮购部）		010－62514148（门市部）
	010－62515195（发行公司）		010－62515275（盗版举报）
网　　址	http://www.crup.com.cn		
经　　销	新华书店		
印　　刷	涿州市星河印刷有限公司		
开　　本	787 mm×1092 mm　1/32	版　　次	2021 年 8 月第 1 版
印　　张	63　插页 20	印　　次	2024 年 12 月第 4 次印刷
字　　数	1 160 000	定　　价	200.00 元（全 10 册）

中国人民大学出版社读者信息反馈表

尊敬的读者：

感谢您购买和使用中国人民大学出版社的＿＿＿＿＿＿＿＿＿＿＿＿一书，我们希望通过这张小小的反馈表来获得您更多的建议和意见，以改进我们的工作，加强我们双方的沟通和联系。我们期待着能为更多的读者提供更多的好书。

请您填妥下表后，寄回或传真回复我们，对您的支持我们不胜感激！

1. 您是从何种途径得知本书的：

□书店　□网上　□报纸杂志　□朋友推荐

2. 您为什么决定购买本书：

□工作需要　□学习参考　□对本书主题感兴趣　□随便翻翻

3. 您对本书内容的评价是：

□很好　□好　□一般　□差　□很差

4. 您在阅读本书的过程中有没有发现明显的专业及编校错误，如果有，它们是：

＿＿＿＿＿＿＿＿＿＿＿＿＿＿＿＿＿＿＿＿＿＿＿＿＿＿＿＿＿＿

＿＿＿＿＿＿＿＿＿＿＿＿＿＿＿＿＿＿＿＿＿＿＿＿＿＿＿＿＿＿

＿＿＿＿＿＿＿＿＿＿＿＿＿＿＿＿＿＿＿＿＿＿＿＿＿＿＿＿＿＿

5. 您对哪些专业的图书信息比较感兴趣：

＿＿＿＿＿＿＿＿＿＿＿＿＿＿＿＿＿＿＿＿＿＿＿＿＿＿＿＿＿＿

＿＿＿＿＿＿＿＿＿＿＿＿＿＿＿＿＿＿＿＿＿＿＿＿＿＿＿＿＿＿

＿＿＿＿＿＿＿＿＿＿＿＿＿＿＿＿＿＿＿＿＿＿＿＿＿＿＿＿＿＿

6. 如果方便，请提供您的个人信息，以便于我们和您联系（您的个人资料我们将严格保密）：

您供职的单位：＿＿＿＿＿＿＿＿＿＿＿＿＿＿＿＿＿＿＿＿＿＿＿＿

您教授的课程（教师填写）：＿＿＿＿＿＿＿＿＿＿＿＿＿＿＿＿＿＿

您的通信地址：＿＿＿＿＿＿＿＿＿＿＿＿＿＿＿＿＿＿＿＿＿＿＿＿

您的电子邮箱：＿＿＿＿＿＿＿＿＿＿＿＿＿＿＿＿＿＿＿＿＿＿＿＿

请联系我们：黄婷　程子殊　王新文　王琼　鞠方安

电话：010-62512737，62513265，62515580，62515573，62515576

传真：010-62514961

E-mail：huangt@crup.com.cn　chengzsh@crup.com.cn　wangxw@crup.com.cn
crup_wy@163.com　jufa@crup.com.cn

通信地址：北京市海淀区中关村大街甲59号文化大厦15层　邮编：100872

中国人民大学出版社

总编纂—王志民

诸子百家普及丛书

纵横家

卜祥伟 著

智勇善谋 立志做大事的外交家群体

中国人民大学出版社
·北京·

诸子百家普及丛书

编委会

教育部重大攻关项目“稷下学派文献
整理与数据库建设研究”阶段性成果

山东省齐文化传承与示范区建设
协同创新中心重点项目

序　言

王志民

“诸子百家普及丛书”根据《汉书·艺文志·诸子略》所列十家学派而编纂，包括《儒家》《道家》《阴阳家》《法家》《名家》《墨家》《纵横家》《杂家》《农家》《小说家》，各自独立成册，共十本。由对各学派素有研究的著名专家学者合作撰写，是一套普及性、通俗性、大众化的学术丛书。

一

春秋战国时代的诸子百家争鸣，是中国文化史上最辉煌灿烂的文化景象。由于社会的巨大变革，“礼崩乐坏”，文化下移，私学兴起，各种出身的知识分子大量产生，形成了一个特殊的“士”阶层，这为诸子百家的产生准备了充足的人才条件。数百年中，列国纷争，诸侯割据，争霸图强，战乱频仍；各国之间，群雄崛起，风云变幻，在竞相以实现一统天下为目标而鹿死谁手迄未可知的情势下，各国统治者殚精励治，变法图强，都需要大量的人才来为自己出谋划策，奔走效力。人才多

寡成为国家力量的衡量标准，各国统治者尊重人才，“礼贤下士”就成为最普遍的现象和备受崇尚的风气了。而在这种风气的推动下，具备各种知识与才能的“士”，面对激烈复杂的斗争和出将入相、功名利禄的诱惑，也都深深地卷入这一时代大潮中。他们或游说各国，喜议政事，发表政见，以干世主，成为搅动天下局面的大政治家；他们或总结历史，研究现实，谋划未来，长于思辨，善于论说，聚徒讲学，成为名重一时的大学者。他们因而形成了学派林立、异说纷呈、九流十家、竞相争鸣的文化奇观。值得提出的是，德国现代哲学家雅思贝尔斯提出：在公元前800年至公元前200年，人类的精神基础同时地并各自独立地在中国和其他文明古国开始奠定，形成了直到今天人类仍然附着在这种基础上的“轴心时代”理论。目前中国学术界越来越多的人接受这一观点，将以诸子百家争鸣为主要标志的春秋战国时代称为中华文明史上的“轴心时代”。

纵观战国时期的诸子百家争鸣，其主要特点和巨大历史贡献至少可以从以下三个方面来总结：

1. 思想解放，学术自由，理论创新，哲学突破。在“礼崩乐坏”社会巨变中产生的“士”，从原有的“天道”“神道设教”的神学说教中解放出来，从神圣不可动摇的社会等级秩序桎梏中解放出来，从各国统治者求贤若渴的“礼贤下士”中获得地位上的平等、自由和独立。这种空前的思想自由的社会环境，为来自不同出身、地域、经历、喜好的“士”们各擅其说，标新立异，创造了条件，从而形成了不同的思想流派，带来理论的创新和哲学的突破。儒家是周礼的传承与维护者，

创新性提出“仁者爱人”的核心思想，仁、礼结合，将外在的等级制度与内在道德伦理的自觉意识结合起来，从而形成儒家制度化的理论主张。道家“哲学突破”的创始性更鲜明：提出以“道”为核心的理念。道为万物之根本，所谓“道生一，一生二，二生三，三生万物”。道法自然，以虚无为本，以因循为用，讲无为而治。墨家创始人墨翟本为儒家之徒，却独创学派，并猛烈批判尚礼乐、讲“仁”学的儒家学派，主张兼爱、非攻，节葬、非乐。法家则是从现实的政治需要出发，为寻求富国强兵之策而形成的一种改革的思潮，其先驱是伟大改革家管仲；战国时代则有主张道法结合的齐法家，和讲严刑峻法为特征的三晋法家。而阴阳五行家的邹衍，原来也是一个信奉儒学而且想大有作为的人，但在实践中感到不被人接受，于是将阴阳、五行合论，创造出“其语闳大不经”的大九州说及五德终始之论，终成一大学派。名家是以提倡循名责实为学说，提倡“正名实”、重思辨的学派，是逻辑学的创新者。值得注意的是，各学派内部，也充满了标新立异的活力。孔子去世后，“儒分为八”；墨家也分为：相里氏之墨、邓陵氏之墨、相夫氏之墨；这都是在儒、墨“显学”传承发展过程中，因创新而各有突破的结果。传至汉代司马谈首论六家学派，其“要旨”所在，正在于其理论创新和突破。诸子百家理论上的创新建树，是中华文化的智慧之源，影响极其深远。

2. 胸怀天下，服务现实，围绕政治，出谋划策。诸子百家应时而生，一经出现即与政治紧密相连。战国时期最大的政治就是一统天下。这就决定了诸子百家争鸣

始终围绕着政治这个主轴展开，从各个方面提出建国方略和一统天下的主张。儒家主张以“仁政”获取民心，包括“制民之产”，保护发展小农经济，实现天下大同。道家黄老学派以虚无为本，以因循为用，主张因俗简礼、无为而治、休养生息。墨家则主张兼爱天下，反对战争，主张尚贤、尚同以治国。法家的主张最实用，以奖励耕战，谋求富国强兵；以法、术、势三足鼎立的统治理论，谋求建立统一的中央集权君主专制国家。阴阳家邹衍则以“五德转移，治各有宜，而符应若兹”的五德终始理论，为大一统提供了合法的依据。名家看似对政治并不实用，但却正是针对战国时代礼法名存实亡，强调“名乎其实”“名实相符”，以让天下一切走上正轨。纵横家是为统一天下奔走呼号的一个特殊群体，或以合纵游说六国，或以连横游说秦王，目的都在于促进大国兼并，最终实现天下统一。农家的重农主张，杂家兼容各家学派的思想主张，目的都是为大一统的实现做理论上的准备。总之，所谓诸子百家学术，实与现实政治紧密结合，中华民族大一统理念与分久必合思想和传统的形成，实与战国诸子百家争鸣密不可分。

3. 大师辈出，人才济济；著书立说，经典传世。辉煌的时代，培育出非凡的文化巨人。孔子、老子、墨子、庄子、孟子、孙子、荀子、商鞅、韩非等一大批影响中国历史进程的伟大人物出现在这个时期，而伟大人物的出现，又进一步推动了诸子百家争鸣的繁盛与发展。这些各学派的大师和代表人物，除了以其卓越的思想创新、理论建树和哲学突破彪炳史册外，还在至少两个方面做出了历史性贡献：一是培养了大批人才。他们

大多为了实现政治抱负、思想传承及在争鸣中占据优势，广招生徒，培植后学，每个学派，实际上也是一个私学教育集团。儒、墨两家，号称“显学”，突出特点即在弟子众多，人才丛生。孔子杏坛讲学，亲授弟子竟有3 000人之众；墨子为反对战争曾率弟子数百人持械守城，可见当时弟子众多。战国之世，不仅“孔、墨徒属弟子，充满天下”，而且人才济济，多有成就，所谓“孔墨之后学，显荣于天下者众矣，不可胜数”。其他学派大师也大多徒属众多，人才辈出。因而师承相传，思想发展，学派繁盛，声势浩大。二是各派大师，著书立说，留下大量著作，被后世奉为经典，成为此后两千多年中国思想文化之源。孔子编定“五经”，不仅在汉代成为文化主流，而且后世所谓的儒家经典，其主体皆源于此。儒家经典《论语》《孟子》，既入“十三经”之数，又特列宋代之后“四书”之中，犹如中国人的《圣经》。《老子》《庄子》为道家之经典，称为《道德经》《南华经》。《荀子》《韩非子》皆为儒家、法家集成之作，对中国政治、文化影响巨大。传为管仲遗著、实际成书于战国时期的《管子》，被称为中国早期政治智慧集大成之作，为历代治国者提供了丰富的政治营养。战国诸子百家，实为此前中华文明成果之总结者、传承者，又为其后中华文明发展之开启者、奠基者。

二

战国时期诸子百家争鸣的思想学术文化中心就是设在齐国故都临淄的稷下学宫。

1. 稷下学宫的兴衰发展历程大致可描述为：初创于田齐第三位国君齐桓公（田午，公元前 375—公元前 357，在位），繁荣于齐威王时。齐宣王时期，扩大学宫规模，建筑高门大屋；封官加禄，吸引各派学者，鼓励百家争鸣，人数多至数千人，达到发展的鼎盛期。闵王时国破君亡，学宫遭废，襄王复国而稷下“中兴”。直到末代国君齐王建时，存而渐衰；公元前 221 年，秦国灭齐，学宫消亡。其存在时间基本与田齐政权相始终，前后历经六代国君，凡一百五十余年。

2. 稷下学宫是诸子百家争鸣的唯一学术中心。战国诸子百家的形成，固然与各国延揽人才、大兴养士之风有直接的关系，但如果没有一个百家汇聚的文化中心，“争鸣”的局面也是难以形成的。然而，在战国那样一个大国割据、战争频仍的时代，遍考养士之所，却少有百家学派汇聚之地。当时以养士最为著名者当属“四君子”：楚有春申君，齐有孟尝君，赵有平原君，魏有信陵君。他们都曾宾客云集，名闻天下，但在他们那里却并没有形成学术文化中心。考其原因约有以下几点：一是人数虽多，层次低下。“四君子”养士，都在“三千余人”以上，但往往“不分贵贱，客无所择”；寄食者众，有才者寡。二是服务私门，学派难入。其养士多为救急解困，主要在务实和功利层面，各派学者真正投奔者甚少。三是因人而养，聚散无常。人在则聚，人去则散。学术成就最高者当属战国末期的吕不韦，他养士三千余人，并“使其客人人著所闻”，集论而成了《吕氏春秋》；但随吕氏之亡，其士也如昙花一现，作鸟兽散。战国私门养士，风气虽炽，灿如云霞，但都未形成稳定

的学术文化中心。

战国之君，以礼贤养士最著名者首推魏文侯。他“师卜子夏，友田子方，礼段干木”，以致“四方贤士皆归之”，如李悝（kuī）、翟璜（huáng）、吴起、西门豹、乐（yuè）羊等崇尚变法图强的政治家，都聚集魏国，实行变法图强，魏成一时之霸主。但魏处秦、楚、韩、赵大国之间，疲于征战，且魏文封侯之后七年即去世，国力渐衰，在魏国并未形成一个稳定的文化中心，其学术贡献也难与稷下并论。

考察战国学术，能够成为诸子百家争鸣中心，且存在时间最长、规模最大、成果最丰、影响最深远的，唯有稷下学宫。其原因在于它有三大特点：

其一，机构开放。齐国君主延揽各国人才，不遗余力。稷下学宫尊重学者的独立自主精神，在管理上采取机构开放、来去自由的政策。一是待遇优厚。齐国统治者在稷下建设“高门大屋，尊崇之”，足见校舍之富丽堂皇；齐宣王一次封七十六名稷下先生为上大夫，足见地位之高，待遇优厚。二是来去自由。游学是其主要形式：学生可以自由来稷下寻师求学；先生也可以自由在稷下招生讲学；可以个人游学，也可以从者数百人集团游学。来者，热情欢迎，精心安置，以礼厚待；走者，以礼相送，重金馈赠。三是学者治校。齐国统治者对稷下管理充分信任、重用学者，荀子曾“三为祭酒”；在具体事务管理上，则充分尊重学者：教学内容设置，教学活动安排，师生之间，先生与先生之间，教学或学术辩论，全由稷下先生们自主组织。如此优厚、开放、宽松的办学方式，吸引各国学者纷至沓来，增加交流，开

阔视野，扩大见闻，打破了私学界限，学无常师，思想活跃，促进了学术的交流、争鸣和人才的培养、成长。

其二，思想兼容。齐国统治者对稷下各家学派制定“百家争鸣，兼容并包”的方针，实行诸子百家各派平等，多家并存的政策。从文献记载看，儒、法、道、墨、阴阳、名家及农家、兵家，举凡当时重要的学术流派都曾在稷下先后存在发展。由于思想解放，地位平等，学术活跃，各派学者尽管有不同甚至相反的主张，却都能在稷下立足、讲学、争鸣，吐纳吸收，提升发展。甚至还往往出现派中有派、派中分枝的现象。例如：学宫中儒家就分孟氏之儒、荀卿之儒，而且两派之间，观点有异，相互攻伐；道家分宋钘（xíng）派，尹文派，田骈、慎到派和环渊派。各派思想也由于百家争鸣的深入，而逐渐融合或者发生演变。诸子百家充分利用稷下讲坛，传播思想，广收徒属，扩大影响；多家思想并争，各派观点齐鸣，在争鸣中融合，在融合中发展，最终实现了各派的共荣、创新、发展。

其三，学术自由。稷下学宫的学术自由主要体现在两个方面：首先，尊重学者，平等礼遇。齐国君主不以政治干涉学术，不以好恶而行褒贬，稷下学宫所体现的学术自由，主要展现为统治者与学者之间的地位平等和尊重学术的理念，这一点史所难寻。尤其值得提出的是：稷下学宫是田齐政权的国办机构，“喜议政事”是其基本功能，“各著书言治乱之事，以干事主”是稷下先生的强烈愿望，因而，他们可以对齐统治者独立自由地发表政治见解甚至提出批判反对意见，而齐统治者则对各种意见，一概采取从善如流、平等相待的态度，这

就是一种更为珍贵堪称典范的平等精神了。其次，尊重学术，鼓励争鸣。稷下有所谓“谈说之士期会于稷下”的记载，即指各派学者按约定时间举行集会，展开“争鸣”。集会对所有人员开放，通过演讲、辩论，各家学派都能畅所欲言，充分发表自己的观点，也能积极吸收别家思想。稷下的学者们大都能言善辩，田骈、邹衍、邹奭（shì）还因雄辩而得“天口骈”“谈天衍”“雕龙奭”等雅号，可以想见，稷下先生的辩论，在形式上是不拘一格的：或双方互辩，或舌战群儒；或先生之间，或弟子之间，甚或师生之间；或大会演讲，或小会研讨；或处堂上，或在树下。他们在辩论中各抒己见，互不相让，竞长论短，争论不已，形成了百家争鸣的热烈场面。

稷下学宫不仅是战国诸子百家争鸣的唯一学术文化中心，还是中国历史上最早的大师云集的高等教育大学堂，也是为现实政治服务、带有高端智库性质的政治参议院。它的出现，是中华文明史上一个最独特的创新。郭沫若曾评价说：“这稷下之学的设置，在中国文化史上实在是有划时代的意义的。”事实不仅如此，放在世界文明史上，也是一个奇迹。稷下学宫与雅典的柏拉图学园在公元前四世纪差不多同时出现，分别在世界的东、西方以相似的方式展现出人类早期文明的智慧之光。它们都是世界上最早的集高等教育与学术研究为一体的思想学术文化中心，各具特色，共同创造了世界文明史上的辉煌：稷下学宫为广揽人才而创，具有浓厚的政治色彩；柏拉图学园为传播思想、科学而设，具有鲜明的科学理念。前者汇聚诸子，多派并存，思想交融，

形成百家争鸣的局面；后者传承师说，探求真理，追求科学，培育独立思考之精神。前者为中国秦汉大一统帝国的形成做了理论上的充分准备，对中国政治、文化、教育发展影响甚大；后者为西方大学教育奠基，对西方哲学、自然科学发展影响深远。稷下学宫与柏拉图学园极大地影响了东、西方不同学术思想与文化传统的形成，共同为构筑丰富多元的世界文明做出了卓越的历史贡献。

三

本丛书的编纂，缘起于稷下学宫发祥地山东省淄博市、临淄区政府 2017 年拟规划建设“稷下学宫与诸子百家文化园”重大文化工程项目。受市、区党委、政府的信任和委托，我担任了《展陈文案学术研究报告》项目负责人。为此，我们聘请国内高校十数名对先秦诸子百家素有研究的权威学者共同组成了项目组。经过近两年的努力，项目组圆满完成三十余万字的《报告》，同时形成了一百五十余万字的《资料汇编》，为本丛书的编纂奠定了基础。

2019 年，以我为首席专家组成的课题组，获批教育部重大攻关项目“稷下学派文献整理与数据库建设研究”立项。为了更深入、全面地开拓、展示稷下诸子百家的发展背景和学派面貌，以原项目组学者为主体，于 2019 年底正式启动了本丛书的编纂。

本丛书是弘扬优秀传统文化的普及性、通俗性读物。希望通过深入挖掘、阐释、解读“轴心时代”诸子

百家的历史渊源、学派概况、代表人物、主题思想、历史地位、深远影响，让广大人民群众全面认识民族精神的形成轨迹和丰富内涵，坚定文化自信，促进中国优秀传统文化的创造性转化和创新性发展。同时立足当代，着眼未来，从文明互鉴、文化交流的角度，努力挖掘世界文明“轴心时代”在中华大地上涌现的诸子百家的价值内涵和世界意义，讲好中国故事，让中国文化走出去，增强人类命运共同体的广泛认同，为构建不同文明和谐共荣的发展之路发挥更加积极作用。

本丛书编纂的总体要求是：权威学者写小书，以确保学术质量。每册 10 万字左右，融知识性、权威性、趣味性和普及性于一体；既适合国内大众阅读欣赏，又适宜向海外翻译推介，传播弘扬中华优秀传统文化。对于学派的表述，一方面要求有坚实的文献依据，尽量吸收相关考古新发现和学界形成共识的研究新成果，以提高读物的知识性和学术含量；另一方面要求尽量选取典型故事表述思想，以浅近语言阐述哲理；处理好具体与抽象、个别与一般、部分与整体的关系；做到主线清晰，纲举目张，故事生动，内容形象；语言文字则要求简洁易懂，以通俗书面语为主；一般不引用大段文献原文；疑难生僻字加注标准汉语拼音；配以必要的图表、画像等，让读者喜闻乐读。

在本丛书编纂过程中，我们与各位主撰者共同组成了编委会，实行统一策划、统一体例和撰写要求；多次组织研讨会，对各卷的撰写提纲和书稿逐一进行了反复研讨、审稿、统稿；各位作者通力合作、反复修改、竭尽心力；中国人民大学出版社积极支持丛书的研讨、统

稿、定稿和出版工作。我们衷心希望历经数载精心编纂的这套丛书，能让广大读者在赏心悦目的阅读中，领略中华文化的深邃魅力，获取知识的无穷力量。

2021 年 8 月 16 日

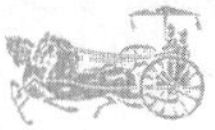

目　录

导　言

纵横家——舌战天下的外交家

纵横家不仅仅是一个学派的名称，而且是战国时期一个独特的谋士群体，他们凭借“三寸不烂之舌”征服诸侯列国，以审察时势、陈明利害的方法，游说列国君主，实施合纵连横之术，他们是中国五千年中最早、最特殊、最重实践的职业外交家。纵横家们立志于建功立业，不墨守成规，不拘泥于世俗规则，他们最大的特点是多智谋与辩才，他们奉行良禽择木而栖，忠臣择主而侍的处世理念。

纵横家又是一个不甘坐而论道，而是立志起而行之的大胆实干家与最美实践家群体。面对错综复杂的战国形势，一群有志之士积极入仕，驰骋于列国，用自己的

“理性”诠释着王者之道，用看似表面的无常解读着时事的有常，无显学之名，却行显学之实，其主要代表人物为鬼谷子、苏秦、张仪、苏代、陈轸、公孙衍等。其中，苏秦主张合纵，合山东六国之力以抗秦国，张仪主张连横，游说山东六国以事秦国，此对战国形势变化产生了重要影响。张仪连横的直接目的是保持秦国的强势存在，同时也对结束列国分裂局面实现秦国的大一统起到了催化作用，也可以说以张仪为代表的纵横家通过连横外交策略对推动历史统一的趋势发挥了重要作用，至少是大一统趋势的倡导者。以苏秦为代表的合纵派实践活动主要是合六国之力抗秦，看似是历史统一的阻碍者，其实不然，如苏秦劝说齐王、燕王等，皆是站在齐国或者燕国统一天下的立场上，胸中的统一观念存在，而从某种意义上来讲，合纵派也是历史统一的倡导者，只是对统一的主体者研判有失误。战国时期算不上是纵横的时代，但是战国纵横家却是战国时期闪亮的明星，是真正意义上的行走于列国间的外交家。

纵横本为地理概念，在地理方位中，南北方向为纵，东西方向为横。《诗经·齐风·南山》中记载，“艺麻之如何？衡从其亩。”“衡从”也写作“横纵”，是方位词，意为东西南北。这句话的意思是想种大麻怎么办？要修垄挖沟勤翻土。这是对纵横比较早的记载。《毛诗正义》引用西汉时期燕地人韩婴的话，“东西耕曰横，南北耕曰由”，此处的“由”为“纵”的意思，这里的纵横也是地理概念，是对纵横的方位含义比较明确的记载，与《诗经》中的“衡从”类似，都指农业耕作中的地理方位。然而，纵横的词义也在不断地发展演化，到了战国时期，纵横一词被赋予新的含义，由地理概念逐渐向政治化概念转化，清代史学家章学诚曾言：“战国者，纵横之世也。”战国时期，纵横在政治上表现得尤为突出，《韩非子·五蠹（dù）》记载，“从者，合众弱以攻一强也；而衡者，事一强以攻众弱也。”这里的“从”通“纵”，为合纵的意思，即几个相对弱些的小国联合起来抵御或者攻击强国，以抵制强国的蚕食，达到报团取暖的目的，这种做法在战国时期相当普遍，合纵在战国时代较为发挥了独到的用处和作用，是战国时期列国间得以维持与存续的有效方式和途径。相反，“衡”通“横”，是为连横的意思，即传统的强者联合一个或几个弱者攻伐另一弱者，这也是春秋至战国时期诸侯国数量不断减少的重要原因之一。战国时代，一些说客往往会审时度势，巧妙地抓住时机顺应这种历史潮流变化，利用纵横之道，奔走于各诸侯国之间展现合纵之术或依附于连横来实现自己的政治抱负，进而不断地改变着战国的政治格局，在这种特定的历史背景下成就了巧重于实践的纵横家。

《汉书·艺文志》将纵横家列为“九流十家”之一，与汉代刘向、刘歆父子所总结的儒家者流、道家者流、墨家者流、法家者流、阴阳家者流、名家者流、杂家者流、农家者流、小说家者流，合称为诸子十家。《汉书·艺文志》中关于纵横家是这样记载的，“从横家者流，盖出于行人之官。孔子曰：‘诵《诗》三百，使于四方，不能颛（zhuān）对，虽多亦奚以为?’又曰：‘使乎，使乎!’言其当权事制宜，受命而不受辞。此其所长也。及邪人为之，则上诈谖（xuān）而弃其信。”由此可见，纵横家是一个流派，主要由古代的从事外交活动的群体组成。孔子认为，熟读《诗经》三百篇后，委派他出使其他诸侯国，应该能独当一面，如果不能独立应对，即使读了再多也没有多大用处，要学以致用。孔子还称赞蘧（qú）伯玉（春秋时期卫国大夫的使者）是一个好的使者，认为一个使者应该权衡工作的利害得失做出适当的处置，应该只接受出使的命令而不接受应对的言辞。等到邪恶的人来实行纵横家的学术，那么就崇尚欺诈，而背弃了应该遵守的诚信。显然，从仁的角度，孔子并不是很认可所谓“使者”的行为。

战国时期是纵横家兴起、发展活跃的重要时期，错综复杂的军事、政治和外交斗争为纵横家提供了大展纵横之术的舞台和土壤，使得纵横家产生并迅速发展起来。诸侯国之间为了某种特定的利益关系出现了形式上的同盟，六国结盟为南北向的联合，故称合纵，六国分别与秦国结盟为东西向的联合，故称连横。一群活跃于社会之中，依靠鼓吹合纵或连横外交策略，凭借巧辩之舌从事政治活动且偏重于实践性的特殊群体构成了纵横家的主体。如果要给纵横家下一个定义，不妨从其实践活动入手。纵横家主要指战国时期一群积极入世、活跃于政治舞台，利用纵横捭阖（bǎi hé），巧舌利辩，为达到某种政治目的游说各国诸侯权要，从事以合纵连横为主要活动的政治家、外交家、社会活动家。作为百家争鸣时代一支最为活跃的力量，纵横家虽无“显学”之名，却有“显学”之实。他们游诸侯、说人主，行机谋权变之事，倡长短纵横之说，操纵战国政治局势近一个世纪，是战国时期一股不可小觑的政治力量。

纵横家崇信奇书《鬼谷子》，同时也深受《老子》哲学思想的影响。纵横策士们在道家思想的指导下，力求“变动阴阳”，从而达到“以柔克刚”的目的。其理论主要为纵横，合众弱以攻一强，是为纵；事一强以攻诸弱，是为横。纵主要以连为主，用外交手段联合团结，主要是阳谋多阴谋少，后者主要以破为主，利用矛盾和利益制造裂痕，主要是阴谋多而阳谋少。因此，纵横家的道家思想体现在其纵横“捭阖”的社会活动之中。苏秦佩六国相印，合纵六国，游转于各国君主之间，并联合六国逼秦废弃帝位。张仪雄才大略，以巧舌得楚国六百里疆土，他们都是早期中国古代杰出外交家的代表。正如汉代刘向在《战国策序》中所云：“苏秦为纵，张仪为横，横则秦帝，纵则楚王，所在国重，所去国轻。”这是战国纵横家的真实写照。

第一章

战国形势与纵横家的产生

战国时期是中国社会大变革的重要时期，在政治上，它改变了春秋时期小诸侯国林立并存的局面，历史进入了战国七雄时代，大国争霸格局形成，统一趋势进一步加强。顺应历史发展潮流，由群雄争霸到实现统一，成为战国时期政治军事活动的重要内容，统一成为历史的主旋律；在社会经济上，封建地主制代替了战国以前的封建领主制，旧的贵族开始没落，士阶层兴起，有才能的人可以为官，以士为主体的官员队伍不断扩大，封建官制开始形成。战国纷争，斗争尖锐而频繁，一群有志之士游走于列国之间，凭借三寸不烂之舌，诡辩于诸侯之中，或合纵、或连横，演绎着一个个惊心动魄的纵横故事，诉说着诸侯国之间的恩恩怨怨，于是，纵横家产生了。他们是时代的产物，是历史的呼唤；他们无显学之名，却践行着显学之实，是中国早期的外交家。

一、 纵横家产生的背景

战国时期，各国纷争不断，礼崩乐坏，纵横家开始出现了，他们利用联合、利诱或辅之以兵之法不战而胜，以较少的损失获得最大的收益。成为当时处理国与国之间问题的最好办法。纵横家的出现不是偶然的，是因为受到很多因素的影响，其中行人专职和士阶层的兴起，以及各国游士之间的纷争都对其有推动作用。

（一）行人的出现

行人最早是指出征的人，出自《管子·轻重己》，有“十日之内，室无处女，路无行人”的记载。随着社会的发展，行人的含义也在不断演化，在《管子·侈靡》中有“行人可不有私”。尹知章注：“行人，使人也。”此处的行人带有使者的意思。《资治通鉴·晋海西公太和四年（369 年）》记载“初，燕人许割虎牢以西赂秦。晋兵既退，燕人悔之，谓秦人曰：‘行人失辞。有国有家者，分灾救患，理之常也。’”这里的晋海西公指的是晋成帝之子，晋哀帝之弟司马奕（342 年—386 年，字延龄，年号太和）。这段记载的大体意思是说，当初，前燕人向前秦人请求援助，许诺把虎牢（古邑名）以西的地域割送给前秦，等到东晋的军队撤退以后，前燕人却反悔了，对前秦人说那是派去的使者言辞失当。有国有家的人，分担灾难救助祸患，这是常理。这里的行人指的是往来于各个政权的使者，此时行人还具有人的本意。《战国策·楚策二》有行人在诸侯国关系中发挥作用的例子。公元前 305 年，即周赧王十年，魏国的相国翟强去世，楚王想找一个能够亲近楚国的人做魏国的相国，那样楚魏就能够联合共同对付秦国。有人就推荐了甘茂为魏相，甘茂为齐国的行人，可以联合齐国共同支持甘茂为魏国相，文献记载，“齐王好高人以名。今为其行人请魏之相，齐必喜。魏氏不听，交恶于齐。齐、魏之交恶，必争事楚。魏氏听，甘茂与樗（chū）里疾，贸首之仇也；而魏、秦之交必恶，又交重楚也。”从这里可以看出，支持甘茂为魏国相的另一个原因是甘茂与秦国相樗里疾是“贸首之雠（chóu）”，甘茂如果担任魏相，魏、秦二国邦交必定恶化，当然此计划最后落空，甘茂也没有成为魏国国相。这里的行人就有了使者、使臣的意思，行人的外交活动和政治斗争经验，为战国纵横家的问世奠定了必要的社会基础。

《汉书·艺文志》中记载了关于纵横家的来源：“从横家者流，盖出于行人之官”，这里的行人指的是从事外交活动的官员。行人在“受命而不受辞”的外交活动中的“权事制宜”游说，开启了纵横家外交说辩的先河。战国时期，诸侯国设行人官。《周礼·秋官》中有大行人、小行人之职，且二者的职位有着严格的区分，“大行人掌大宾之礼，及大客之仪，以亲诸侯。春朝诸侯而图天下之事，秋觐（jìn）以比邦国之功，夏宗以陈天下之谟，冬遇以协诸侯之虑。……小行人掌邦国宾客之礼籍，以待四方之使者。令诸侯春入贡，秋献功，王亲受之，各以其国之籍礼之。凡诸侯入王，则逆劳于畿（jī）。及郊劳、眡馆、将币，为承而摈（bìn）。凡四方之使者，大客则摈，小客则受其币而听其辞。”意思是说，大行人掌握大的外事活动，负责接待诸侯进朝、各邦国的外交礼仪的官吏，职级相对比较高；小行人负责的外事活动则比较具体，掌握各邦国宾客的具体外交礼仪等事务。无论大行人还是小行人都作为具体的官职存在，以负责外事活动为主。《国语·晋语八》中也有记载，“秦景公使其弟鍼（zhēn）来求成，叔向命召行人子员。行人子朱曰：‘朱也在此。’叔向曰：‘召子员。’子朱曰：‘朱也当御。’”秦景公，嬴姓，赵氏，名石，秦桓公之子。此处为秦景公派遣他的同母弟弟后子鍼去晋国订立盟约求和的故事，文中出现了两位负责外事活动的行人子员与子朱，由此可见此处的行人为官名，掌握宾客，为当时的外交官。清代王韬在《星轺（yáo）指掌序》一书中总结到，“行人之设，肇（zhào）自古昔，然皆王国下逮侯邦，而诸侯亦各相聘问，藉以讲信修睦。”这里讲的是行人的来历和行人在诸侯间的作用。行人发展到纵横家经历了长期的历史过程，这与行人的历史作用是分不开的，当统治者认识到行人的重要性时，行人的地位自然就提高了，从此出现了专有的行人官职，这也为战国纵横家的驰骋奠定了基础。

（二）士阶层的兴起

1. 士的简史

“士”是指中国古代社会中具有一定身份地位的特定社会阶层，后演变为对知识分子的泛称。西周时期，“士”才作为一个社会阶层开始出现，士阶层应是周代宗法制度的产物。西周春秋的士是最低等级的贵族；战国时期的士是一个流动的社会阶层，只要有一德一艺者都可以称为士。

春秋时代，士人的社会地位出现了相应的变化，新兴的士阶层开始兴起。由于私学的兴起，有的士人从事私人讲学，传授文化知识，他们游学各国，思想活跃，为中国古代学术领域百家争鸣局面的出现以及促进文化科学的发展做出了很大贡献。还有部分士众投靠于卿大夫，为其扩大影响，巩固地位。

战国时代，争霸和兼并战争更为剧烈，于是朝秦暮楚的游说之士应运而生。他们穿梭于各国间，充当说客，纵横家便是其代表。战国的士已经从封建宗法秩序中脱身而出，成为一个独立的社会群体，主要由文化贵族之没落者与平民之获得知识才艺者所构成。

秦汉时期，是“士”作为知识文化阶层的发展壮大时期，士的内涵也发生了进一步的变化。他们或为军队中的将士，常常是在中央政权和州郡县供职的官吏；或为具有较高封建文化素养、从事精神文化活动的知识分子。士人到了汉代特别看重士名（即人格名望、风骨气节及学识才能），一旦成为名士，便会得到功利官位。因此士人有的恪守封建纲常名教；有的广结朋党，相互吹嘘，以沽名钓誉。此外，董仲舒提出“罢黜百家、独尊儒术”，这一学说为汉武帝所接受，并被以后2000多年间历代王朝视为正宗，“士”作为专门的知识阶层，纷纷转向研讨儒家文化。

汉末魏初，社会中的士族影响很大，并且清谈之风极为盛行。魏晋时期，士人中出现凭借父祖官爵得以入仕清显并累世居官的家族，是为士族。并且由于九品中正制度的确立，士人有了某种特定阶层的含义。由中正品评的士，都根据其德行才能、家族功勋而给予不同品第，然后授予各种官职。没有经中正品评的士，不得出仕为品官。只要士九品以上官吏以及得到中正品第的人，皆为士，否则为庶。

东晋时期，士族达到极盛，士族在政治上居主导地位，至南北朝始衰。隋唐以后，士族逐渐退出历史舞台，但士作为一特定阶层的观念仍然保留。宋以后，士或士人一词逐渐成为一般读书人的泛称，不再特指品官。

2. 士阶层的兴起

春秋以前，“士之子恒为士”，士作为一个等级制中的一个层次，具有相对的稳定性。战国以后，等级制发生了重大变化，士逐渐转变为社会上的一个阶层。这个阶层成为统治者和剥削者与被统治者和百姓交流、转换的中间地带。现代历史学家一致认为（理论上的理想状态）：周代每世卿大夫以嫡长子继承父位仍为卿大夫，其诸弟为士；士的嫡长子仍为士，其余诸子为庶人。至此，士成为一个群体名词，有着鲜明的阶层特点，但这只是一种血缘上的划分。

士还有一个重要来源是贵族的庶孽，贵族、官宦的庶孽、后裔大部分落入了士这个阶层。例如，张仪和范雎（jū）都是出身于“魏氏余子”和“梁余子”，这里的“余子”即支庶，商鞅原来也是“卫之诸庶孽公子也”等。目前我们虽无法做出具体统计，但是这样的例子还有很多。就像齐靖郭君田婴有子四十余人，其庶孽之多是可想而知的，这些庶孽首先就会沦落为士。另外，战国时期是官僚制度普遍推行时期，它是推动士队伍发展的一个强大动力。士的发展与官僚队伍的发展成正比，士是官僚的候补者，官僚队伍的扩大，势必会引起士队伍的扩大。

（三）游士的纷争

游士顾名思义就是指游方的士人，战国时，游士往往通过游说各国国君，得到赏识而进入仕途。《韩非子·和氏》记载，“官行法则浮萌趋于耕农，而游士危于战陈。”这里的游士指的是游说的人、靠耍嘴皮的人，此句带有典型的对游士的轻视之意。《史记·孟尝君列传》记载，“天下之游士冯（píng）轼结靷（yǐn）西入秦者，无不欲强秦而弱齐。冯轼结靷东入齐者，无不欲强齐而弱秦。”这句话的意思是说全天下驾车向西奔入秦国的游说之人，都想使秦国强大齐国变弱，反之，驾车奔走进入齐国的游士，都想让齐国强大秦国弱小。这是齐秦两个大的诸侯国在争霸的背景下的政局状况，同时也说明了游士在战国中的地位和作用是不可小觑的。《国语》和《史记》中都有游士在夺取天下与治理国家中的特殊作用。《国语·齐语》有“为游士八十人，奉之以车马衣裘，多其资币，使周游于四方，以号召天下之贤士。”游士被视为招纳贤才的使者，他们依靠的手段主要是游说。《史记·秦始皇本纪》也有关于吕不韦招纳游士门客的记载，“吕不韦为相，封十万户，号曰文信侯。招致宾客游士，欲以并天下”。吕不韦正是借助这些谋士的力量，成就了自己的一番伟业，也致使秦国走上了强国之路。

当然，也有人对战国游士的行为提出批评，唐宋八大家之一的曾巩在《〈战国策目录〉序》中就不屑于游士的做法，认为“战国之游士则不然，不知道之可信，而乐与说之易合，其设心注意，偷为一切之计而已。故论诈之便而讳其败，言战之善而蔽其患。其相率而为之者，莫不有利焉，而不胜其害也；有得焉，而不胜其失也。卒至苏秦、商鞅、孙膑、吴起、李斯之徒，以亡其身；而诸侯及秦用之者，亦灭其国，其为世之大祸明矣；而俗犹莫之寤也。惟先王之道，因时适变，为法不同，而考之无疵，用之无弊。故古之圣贤，未有以此而易彼也。”这里是说，战国时代的游说之士不懂得道是可信的，却想让他们的言论轻易地与国君的想法相符合，这样的居心用意只是一时权宜的策略罢了。所以他们只谈论欺诈的好处，夸说战争的好处，不谈欺诈的坏处，隐瞒战争带来的祸患。最后到苏秦、商鞅、孙膑、吴起、李斯这些人，任用他们的诸侯和秦国，自己的国家也遭到了灭亡。游说之士的那套办法，是社会的大灾祸，但世俗之人对它还没有觉悟过来。只有先王之道，根据时代，适应变法，用它来治理国家，也就不会发生弊病。所以古代的圣贤没有用先王的原则去与游士之说做交换的。

（四）战国社会变革的促使

战国时期诸侯国变法的促使，是纵横家产生的一大动因。战国时期的变法使得战国的社会形势与局部综合实力发生了变化。以齐国为例，齐国的改革主要在齐威王时期。齐威王即位初期，一度出现了“诸侯并伐，国人不治”的严重局面。针对齐国“百官荒乱”的局面，齐威王在淳于髡（kūn）和邹忌的协助下，对吏治进行了整顿，同时要求广开言路，鼓励臣民书谏谤议。经过一番改革，齐国在政治、经济上都有了新气象。出现了“群臣吏民能面刺寡人之过者，受上赏；上书谏寡人者，受中赏；能谤讥于市朝，闻寡人之耳者，受下赏”的局面。

战国初期，魏国国君魏文侯为增强魏国实力，变法图强，任用李悝（kuī）为宰相。李悝的改革使魏国很快富强起来，是中国封建社会史上第一次成功的变法。它不仅揭开了战国时期变法运动的序幕，而且在魏国首先确立了土地私有制和个体小农经济制，是中国历史上封建制度正式确立的标志。此外，各国的变法使得战国的形势发生了变化，各国实力此消彼长，新的格局逐渐开始形成。

二、 战国纵横家发展阶段

韩赵魏三家分晋、田齐代替姜齐，传统意义上历史进入战国时期，战国七雄确立到公元前 221 年秦始皇统一中国为止，共历经二百余年。战国时期的纵横家的发展主要经历了三个阶段，即初创阶段、鼎盛阶段与持续发展阶段，每个时期呈现出不同的特点。

合纵连横的初创阶段主要发生在战国初期。刚刚从小国繁星般的春秋时期进入战国初期时代，割据状态基本形成的诸侯各国藐视周王室，出现了“徐州相王”“五国相王”事件等，楚、齐、魏、秦、韩、燕、赵等国先后称王。此时，各诸侯国尚未稳固，大都忙于内部变法改革，大多无心思也无力外战，兼并战争虽然时而发生，总体上各国之间的战争规模还不是太大。这一发展阶段的主要特点是一些相对弱小的国家为自保联合来对付周边强国的合纵运动为主。公孙衍是这一时期比较活跃的纵横家，首倡联合山东诸国共同对抗秦国，公孙衍曾佩五国相印，名盛一时。

合纵连横的鼎盛时期是伴随着诸侯国的兼并战争开始的。经历一个较长的历史阶段，一些诸侯国完成了变法改革，对外扩张的欲望非常强烈，兼并战争在所难免并发展到日益激烈的程度。战国政治形势变化迅速而频繁，纵横家开始忙活起来了，其作用变得尤为重要，影响也更为巨大，整日风尘仆仆地驰骋于诸侯间，一副外交家模样。这一发展阶段的特点是在东西方形成了以齐国、秦国为核心的两大政治集团对峙的局面，合纵连横的盟主在齐、秦两国之间变换，双方都企图通过合纵连横运动有效地遏制对方的兼并战争，阻止对方的过分强大，实现某种意义上的均势。

这一阶段的特点的呈现是合纵连横运动适应着各国之间政治、军事、外交及经济形势迅速而复杂的变化而变化，伴随着列国之间的较量而达到了高潮，其标志之一是产生了众多的纵横家代表人物，最为著名的有苏秦、张仪。这个高潮在整个纵横家发展历史中具有特殊意义，纵横家的行为模式基本形成，而其思想与文化的内容也发展成熟，也确立起独具特色的纵横家思想及学术流派。当然，纵横家学派的实践性远远超过其思想性，这也是纵横家在诸子百家中的特殊性所在。

合纵连横运动的持续发展阶段与秦国的大一统是相一致的，战国后期的历史基本上是围绕秦国的统一进程展开的。战国时期以统一中国为目的的兼并战争已经接近尾声，秦国由于成功地实行了纵横家范雎（jū）提出的以远交近攻、步步为营为特点的新的连横政策。经过长期的政治和外交攻势，发展成为独一无二的强国，成为大一统的一极，其领导地位不断强化。秦国的统一在相当程度上与纵横家的努力是分不开的，也可以说纵横家的外交活动加速了秦统一的步伐。这个阶段纵横家发展的特点是以秦国纵横家的连横运动为主。

三、合纵连横之道

纵横之术作为一种外交策略，是以苏秦、张仪等为主导的纵横家，从趋利避害的角度，研究利益体之间相互关系的学说。纵横为合纵连横之意，它不仅包括复杂高超的军事策略，而且含有丰富的思想内涵，自战国时期纵横家宣扬推广后，对各国政治产生了很大影响。

（一）合纵之术

纵的原意为“直，南北方向”，与横是相对的，本意仅指方向。古时南北朝向为纵，东西朝向为横。联合南北各国是为合纵。合纵，即按照南北方向“合众弱以攻一强”，这是战国时期诸侯国之间交往的一种模式，是以军事为基础，政治为需要，通过某种特定的方式，来达到诸侯国自身的目的，以实现战国林立的生存局面。战国时期的合纵，主要以南北纵线，以三家分晋的韩国、赵国、魏国为中心点，向北联合渤海湾的燕国，向南联合长江流域。联合的主要目的就是对付秦国的霸权和扩张，来维护诸侯国自己的统治地位。为了增强合纵国的实力，在方向上也会有所改变，时常联合居于山东的大国——齐国，在一定程度上也是合纵的主要力量，其合纵的主要人物就是苏秦及其弟子们。

当然，《韩非子》一书中讲到，“纵者，合众弱以攻一强也”。因为战国七雄中后期较弱的国家魏、赵、韩、燕、楚是纵向分布的，所以是合纵，合纵主要是联合弱国共同抵抗强国。当然合纵并不全是针对秦国，有时候也可能是讨伐齐国。如公元前288年，战国时期赵国权臣李兑曾合纵东方五国（魏、赵、韩、楚、齐）攻打秦国，后来齐闵（mǐn）王（约公元前323年—公元前284年）毁约，退出合纵联盟，转而攻打宋国，并吞并了宋国的领地。因此苏秦游说五国联合对抗齐国，又联合北边的燕国合纵伐齐。在《史记》卷四十三记载“十四年，相国乐毅将赵、秦、韩、魏、燕攻齐，取灵丘”，最终，赵惠文王十四年，燕国大将乐毅攻下齐国七十二城。

苏秦能够重新游说联合五国去攻打齐国，这也不是偶然的。《史记》卷八十《乐毅列传》中记载，当时，齐闵王很强大，南边在重丘战败了楚国宰相唐眛，西边在观津打垮了魏国和赵国，又联合韩、赵、魏三国攻打秦国，又击破了宋国，共扩展了一千多里地的领土。当时他与秦昭王共同争取尊为帝号，不久他便自行取消了东帝的称号，仍归称王。一时强盛的结果导致了齐闵王自尊自大，百姓不堪忍受他的这种自以为是的行为，各诸侯国都打算背离秦国而归服齐国。苏秦来燕国游说，燕昭王（公元前 335 年—公元前 279 年）问乐毅讨伐齐国的事情。乐毅回答燕昭王说："齐国，它原来就是霸国如今仍留着霸国的基业，土地广阔人口众多，可不能轻易地单独攻打它。大王若一定要攻打它，不如联合赵国以及楚国、魏国一起攻击它。"于是昭王派乐毅去与赵惠文王结盟立约，另派别人去联合楚国、魏国，又让赵国以攻打齐国的好处去诱劝秦国。由于诸侯们认为齐闵王骄横暴虐对各国也是个祸害，都争着跟燕国联合共同讨伐齐国。乐毅回来向燕昭王汇报了出使情况，燕昭王动员了全国的兵力，派乐毅担任上将军，赵惠文王把相国大印授给了乐毅。乐毅于是统一指挥着赵、楚、韩、魏、燕五国的军队去攻打齐国，在济水西边大败齐国军队。

从以上历史事件可以看出，合纵是一种权术，它以韩、赵、魏三国为中心，向北联络燕国，向南联络楚国，不仅联合起来可以抗拒秦国，还可以向东攻打齐国。所以，合纵就是联合弱国共同抵抗强国的权术，是纵横家们实现某种利益永恒化的手段。

（二）连横之术

横，本为左右向的，与人的目视方向垂直之意，与纵相对，地理学上指东西方向的，即东西为横。连横，是战国时期张仪提出的外交策略，是一种政治概念，也是一种权术。连横的具体实施是诸侯国通过联合强国来制衡第三国。战国时期，六国分别与秦国、齐国结盟为东西向的联合，故称连横。连横曾为实力相对强大的齐、秦两国用武力迫使其他弱国臣服，继而兼并其他弱国的权谋方式。战国后期，齐国国力衰弱后，连横策略基本成了西方秦国专用的吞并东方六国的谋略。张仪是纵横家中主张连横的代表，也是连横策略的主要实践人物。

《韩非子》中有“横者，事一强以攻众弱也”，这明显地把连横作为战国时代的一种外交策略。最初的连横策略由秦国谋士提出的，主要指的是东方六国中某国与西方的秦国联合来攻打其他国家。张仪曾经游说六国，让六国共同事奉秦国。从历史方位上讲，秦国在西陲，秦与东方六国联合被称为连横。连横的目的就是由强国拉拢一些弱国来进攻另外一些弱国，或是弱国侍奉一个强国以为靠山从而进攻另外一些弱国，以达到兼并和扩展土地的目的。张仪等游走于诸侯国之间，利用游说的方式，通过恐吓、利益许诺、虚假割地等手段以实现分裂东方六国，以实现共同追随秦国的目的，这种策略被称为连横之术。

连横主要是六国分别与秦国联盟，以求苟安。而秦国的连横活动，目的是破坏六国间的合纵，以便孤立各国，各个击破，这也符合秦国一统天下的历史趋势。战国时期，合纵与连横轮番上演，一个合纵策略的践行背后往往撑开了一张连横的大网，使得每次合纵变成了东方诸侯国力量的削弱。如公元前 318 年，魏国著名纵横家公孙衍联合魏、赵、韩、燕、楚五国攻秦，公孙衍主要擅长合纵之术，他是擅长连横之术张仪的老对手。《孟子・滕文公下》中有记载，“公孙衍、张仪岂不诚大丈夫哉？一怒而诸侯惧，安居而天下熄。”意思是说，张仪、公孙衍，难道不能称为大丈夫吗？他们一发作则天下诸侯都感到恐惧，他们不生事则天下的战乱都会平息。后来苏秦和赵国的奉阳君李兑也曾于公元前 287 年联合五国攻秦，使秦被迫废除帝号，产生了很大影响。张仪的连横策略在秦国取得了更大的成功，秦国疆域不断扩张，仅秦惠文王时期，就“拔三川之地，西并巴蜀，北收上郡，南取汉中”。作为西面边陲的秦国实力大增，最终形成了“散六国之从，使之西面事秦”，真正达到了通过连横政策的推行而兼并土地的目的。秦国走上强盛的道路，其实与连横的权术有很大关系。连横的权术适应了天下一统形势发展的需要，对各国政治产生了很大影响，也为秦王朝的建立奠定了基础。

(三) 纵横思想

纵横家的社交之道，在《隋书》中有“纵横者，所以明辩说、善辞令，以通上下之志也”的记载，说的是用巧舌利辩的方式达到一定的目的，这种方式带有一定的投机性，因此，纵横家也常常被人施以小人的眼光对待。故有“佞（nìng）人为之，则便辞利口，倾危变诈，至于贼害忠信，覆邦乱家”（出自《隋书·经籍三·子经志》）。意思是说，纵横家们作为小人，常常使用诡辩的手段来残害忠良，颠覆国家，被视为小人之举。当然，这里对纵横家带有明显的误解，他们虽朝秦暮楚，事无定主，反复无常，但从大的方面讲，纵横家的策略多以国家政治需要出发，是以国家利益为先导地奔走与努力。

纵横的意思为合纵连横，其主要特点为纵横，纵的意思就是指弱者之间联合起来共同对付强者，形似抱团取暖，是行辩术成大事的基础。其中，横是某一弱者联系强者来对付其他弱者，这其中反映的主要是强者的意愿，弱者只是陪衬罢了。合纵主要以连为主，用一定的外交手段联合团结，是为阳谋多阴谋少。连横主要以破为主，利用多者之间的矛盾和利益制造裂痕，是为阴谋多而阳谋少。纵横为战略权术思想，是在充分的利益或者矛盾关系存在下的纵横，游说只是外在的形式而已。

纵横派与其他学派有着较大的区别，其思想没有较为系统的理论体系，是由表及里的行为思想。既然思想体现在行动上，那么纵横所具有的基本特点有巧言利辩，左右逢源等，概括起来主要包括通辩辞，大局，善揣摩，会机变，全智勇，长谋略，能决断等，这些都是纵横家的基本技能。纵横家崇尚权谋策略及言谈辩论的技巧，他们在实际操作中注重揣摩游说对象心理，能够揣摩透别人的心理，这是纵横成功的重要因素。他们在谈论的同时根据实际情况运用纵横捭阖的手段，其手段包括或拉拢或分化，事无定主，说无定辞，一切从现实的政治需要出发，或者说是为达到某种目的的需要。合纵派的主要代表是苏秦、公孙衍，连横派的主要代表是张仪。

纵横家作为一个重要的士群体，在战国时期的政治舞台上是十分活跃的，其思想和活动对当时的政治、军事格局都产生了重要的影响。纵横家的思想主要表现在其纵横行动和具体的实践中，作为纵横家首先要对社会现状、政治格局有最明确的认识，确定纵横的对象，这个过程主要是通过敏锐的观察力和社会需要来选择目标。其次就是知其诸侯为人而定说辞及游说之法，或抑或扬，或抑扬相合，或先抑后扬，或先扬后抑，不管什么方法只要对症一定会起到相应的效果。这个过程也是纵横家的纵横之术的集中展现，简单说就是如何正确处理各种关系，并且行之有效。游说是一种技巧，是术在具体实践中的运用，鬼谷子说："引钩箝（qián）之辞，飞而箝之。钩箝之语，其说辞也，乍同乍异。"在游说的过程中应该先观察对方的反应，见机行事，观察自己与对方之间的关系，是同是非，若同则继续，若非则当补遗误，而后以飞箝之术（一种说服人的谋略之术），或以利诱，或以害说，进而探其实情。飞箝之术是游说最主要的方法之一，主要通过使用语言诱使对方说话，然后以褒奖的手段箝住对方，使其无法收回。然后再以揣摩之术深察其内心，看其同异，然后快速并正确地以权谋之术决断，轻名而重实，这就是纵横思想的要义。

根据《汉书·艺文志》记载，纵横家学派的著述较多，主要有《苏子》三十一篇、《张子》十篇、《庞爰（yuán）》二篇、《阙（quē）子》一篇、《国筮（shì）子》十七篇、《秦零陵令信》一篇、《蒯（kuǎi）子》五篇、《邹阳》七篇、《主父偃》二十八篇、《徐氏》一篇、《庄安》一篇、《待诏金马聊苍》三篇、右纵横十二家，约一百零七篇。这些典籍都是我们研究纵横家的珍贵史料，可惜的是这些史料大多已散佚。

四、《战国策》与帛书《战国纵横家书》

《战国策》与帛书《战国纵横家书》是研究纵横家的重要典籍，两部书籍记载了许多纵横家的合纵连横事迹，我们从中可以直面地了解和学习纵横家的纵横说辞与权术，进而探究纵横家的思想内涵。《战国策》是经典传世文献，而帛书《战国纵横家书》则是出土文献，二者可以相互补充和印证，有助于我们更好地了解纵横家。

（一）《战国策》

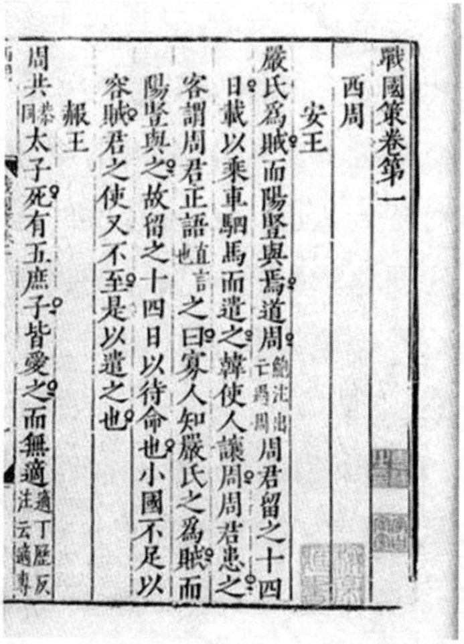

戰國策卷第一

西周

安王

嚴氏爲賊而陽豎與焉道周（鮑注出亡爲周）周君留之十四日載以乘車駟馬而遣之韓使人讓周周君患之客謂周君正語（直言也）之曰寡人知嚴氏之爲賊而陽豎與之故留之十四日以待命也小國不足以容賊君之使又不至是以遣之也

赧王

周共（恭同）太子死有五庶子皆愛之而無適（適丁歷反注云適專）

《战国策》是西汉刘向编订的国别体史书，刘向系刘汉政权宗室、汉代著名文学家，楚元王刘交玄孙，阳城侯刘德的儿子，经学大家刘歆的父亲。该书从记述内容和资料年代看，大体出于战国到秦汉时代，是纵横家游说说辞和纵横故事的汇编，是著名的策书。《战国策》原书名并不叫《战国策》，从内容和体例看，也并非成于一人之手，应是集体智慧的结晶，西汉刘向进行整理后，在体例上按照战国国别重新编排，因内容包括策士的著作和史料的记载，命名为《战国策》。关于《战国策》等史书的整理及成书《战国策》书影问题，历史学家熊铁基先生有着独到的见解，他在《刘向校书详析》一文中，认为后人所见到的《战国策》是经刘向等人整理的，同时他认为：后世流传乃至我们看到的西汉及其以前的古书，其篇章、文字甚至某些书名都是刘向他们校定的。当时几乎所有的图书都经过了他们的理解、认定乃至改造，当然免不了打上时代的烙印。但是长期以来这一点未得到充分认识，以为所读的先秦古籍就是原来的样子，这就难免产生这样那样的误解，得出与历史事实不符的结论。这也为我们认识和了解古代典籍的形成提供了方法论。

《战国策》现存本共 33 卷，按照国别分为 11 策。即东周策 1 卷、西周策 1 卷、秦策 5 卷、齐策 6 卷、楚策 4 卷、赵策 4 卷、魏策 4 卷、韩策 3 卷、燕策 3 卷、宋卫策 1 卷、中山策 1 卷，全书共 497 小篇，每篇的题目大多取于篇中文献的第一句。书中关于纵横家说辞的记载较多，大多以长篇说辞为主，这其中包括诸多苏秦的合纵事迹和张仪的连横事迹，其他纵横家的事迹也有记载，《战国策》是研究纵横家的重要典籍。

（二）《战国纵横家书》

1973 年，湖南省博物馆在长沙马王堆汉墓三号墓中出土了一批彩绘帛书，帛书长 192 厘米，宽 23 厘米，其中一部类似于今本《战国策》，专家整理后命名为《战国纵横家书》。该帛书文字行数 325 行，每行有 35 字左右，全书一万一千余字，帛书共有 27 篇，其中 11 篇内容和文字与今本《战国策》和《史记》记述大体相同。出土的帛书本无章名，为了释读和研究方便，整理小组在每章释文前加了章名。帛书前 11 章的内容在《战国策》和《史记》中有相应记载，文字内容大体相同，这部分帛书是十分重要的战国后期的历史资料，记载内容大多与苏秦有关，可以对《战国策》《史记》记载苏秦资料相互补充印证。另外的 16 章，大体相当于全书 60%左右的文字，这些佚书为《战国策》所无，也不见于《史记》，可以补充一些史书记载空白，具有重要的史料价值。这部分内容不但可以补充《战国策》《史记》等书之不足，因帛书成书较早，还可以用来勘误存世书籍，本书的发现为进一步研究战国史提供了珍贵的史料。

马王堆汉墓帛书《战国纵横家书》书影（文物出版社）

帛书《战国纵横家书》通过整理，加注释文和注解，并于1976年由文物出版社公开出版，该书附录的3篇文章帮助读者更好地了解帛书背景和内容，分别是唐兰的《司马迁所没有见过的珍贵史料》、杨宽的《马王堆帛书〈战国纵横家书〉的史料价值》、马雍（yōng）的《帛书〈战国纵横家书〉各篇年代和历史背景》。

第二章

纵横家先驱：鬼谷子

春秋末年战国初期，一位神人鬼谷子诞生，他究竟为何方神圣，学术界争议较多，至今无定论。相传，苏秦、张仪、庞涓、孙膑等著名历史人物皆拜师于鬼谷子门下，研习纵横之术，根据这四人的史书记载可以明确，鬼谷子为春秋战国时期人士。鬼谷子号称纵横家的鼻祖，或者称先驱，他精通百家学问，在道家、法家、阴阳家、兵家等学派中都有着较高的地位，他是先秦百科全书式人物。关于鬼谷子的传说，内容广泛，神话性较强；鬼谷子的典故，风趣幽默，很有教育和启迪意义；《鬼谷子》内涵丰富，思想深刻，神秘感极强。

一、关于鬼谷子的传说

鬼谷子作为中国历史上极具神秘感的人物，被称为千古奇人。相传鬼谷子为春秋战国人，他有两个重要的徒弟苏秦和张仪，都是战国时期人。当今，全国各地有近 20 多处鬼谷子的籍贯地或者隐居地，人们对其说法不一。鬼谷洞为鬼谷子修道成仙、授徒讲学的地方，全国的鬼谷洞就有十余处之多。传说鬼谷子知晓天文地理，通天彻地，其学问之渊博，无人能及，后人对他身份来历揣测不定，因此世间流传着许多关于他的传说。

（一）鬼谷子其人的传说

鬼谷子，相传姓王名诩（xǔ），为春秋末战国时人，是纵横家的鼻祖。唐代杜光庭著的《仙传拾遗》中记载："鬼谷先生，晋平公时人，隐居鬼谷，因为其号。先生姓王名翊，亦居清溪山中。苏秦、张仪，从之学纵横之术。二子欲驰骛诸侯之国，以智诈相倾夺。"晋平公（公元前557年—公元前532年），是晋国的国君。《道藏目录》中也有相关记载，"鬼谷先生，晋平公时人，姓王名翊，不知何许人也，受道于老君。"从以上记载中我们可以大致推测一下鬼谷子的生活时代，晋平公时期是春秋向战国的过渡时期，且鬼谷子的两个重要徒弟苏秦、张仪在史书中都有传记，明确为战国时期人，因此可以大致推测鬼谷子为春秋战国时期人。鬼谷子又名王禅，道教尊其为王禅老祖，在道教中地位较高，是道教的洞府真仙，在道教《真灵位业图》神灵排序中位列第四座左位第十三人，被尊为玄微真人，道号玄微子。古代民间信仰中的很多传奇人物都被道教吸收到他的神灵谱系中，鬼谷子作为道教中的重要人物，也被收录其中。传说鬼谷子为真仙，并且长生不老，道教经典《录异记》中记载，"鬼谷先生者，古之真仙也。云姓王氏。自轩辕之代，历于商周，随老君两化流沙，洎周末复还中国。居汉斌鬼谷山。"从这里可以大体看出鬼谷子的年龄，他从轩辕黄帝时期（约公元前2717年—约公元前2599年）一直生活到商周时期，仅仅这些也有几千岁了，实乃神话式人物。相传鬼谷子的大体面相为额前四颗肉痣，为鬼宿之象。

（二）鬼谷子籍贯的传说

关于鬼谷子的籍贯，一直以来民间对其争议不断，大体有几种说法，一种说法认为鬼谷子是春秋战国卫国朝歌（河南淇县）人。据传鬼谷子在云梦山水帘洞隐居讲学，并且创建中国第一座“战国军校”，在这里培养出的学生有苏秦、张仪、孙膑、庞涓、毛遂。这个传说很有意思，鬼谷子在朝歌云梦山讲学确有不少记载，而且培养的学生在史书中也有记载，可以找出里面的蛛丝马迹，但是关于这个学校有没有，我们无从考证。云梦山是太行山的余脉，位于黄土高原一侧，海拔600米左右，在河南淇县西南十五公里处，峰峦叠嶂，其中比较著名的山峰有龙王峰、玉帝峰、桃园峰、剑秀峰等，在剑秀峰与龙王峰之间有个天然的溶洞，当地将其称为鬼谷洞。洞高10米，宽6米，进深80余米，是一个天然洞穴。洞顶到处都是奇形怪状的钟乳石，一颗颗水珠顺着钟乳滴落到石上，叮咚有声，就像古人抚琴开筝一样。在水帘洞口左侧的上方刻有“鬼谷先生隐处”一行字，洞口右侧有鬼谷子站像雕塑，栩栩如生，大约有3.5米高，塑像的右手拿着竹简，左手放在背后，恬静安详，双目俯视，好像在为弟子讲学传术。云梦山风景优美，景色秀丽，有“青岩表仙境之胜”之称，自古以来就是游览的胜地。因此，历代文人纷纷到这里来，并留下不少诗章、摩崖题记和碑刻。例如，明代人何士琦在《云梦山游记》中描述道，“水帘一洞尤极幽玄，乃鬼谷先生仙栖之处。”明代《淇县志》也有云梦山“乃鬼谷先生仙栖之处”，鬼谷子有在朝歌隐居的记载。虽然在卫国朝歌（河南淇县）留下了许多鬼谷子的活动痕迹，至于鬼谷子是否真为此地人，我们也无从定论。

第二种说法认为鬼谷子是战国魏国邺（yè）地（河北临漳）人。传说鬼谷子出生于此地，因此在邺地有个谷子村，在谷子村西南至今传有鬼谷子外公墓骏马坟，谷子村南传有鬼谷子的跑马场——现在的马趟地。邺城人坚信鬼谷子是他们那个地方的，为此还有一个美丽的传说。故事大概是这样的，有一天，一只大鸟衔着谷子在天上飞，一直飞到古邺城一个村庄之上，有点口渴了，就在一个农户的房子上停下来找水喝，农户家里有个水缸，里面盛满了水，大鸟在喝水，于是谷子便落入缸底。农户家中有个叫霞瑞的女子还没有出嫁，看见家中水缸底部落有一个谷物，便给吃掉了，然而奇怪的事情发生了，该女子不久竟怀孕了。这种事情在古代社会被认为是伤风败俗之事，并为世人所不容。霞瑞实在没有办法，就在野外搭了个草棚住下，时间一天天过去了，她最终生下了一个男婴，因误食谷物而生便取名为“谷子”。谷子诞生后，方圆几里土地都变成了红色，这在当地又是一大怪事，当地人更加不能够容留该母子，等谷子长大了一些，他的母亲就带他去了云梦山，并悉心教育他，最终成为大器。后人因其鬼怪精灵，称之

“鬼谷子”。谷子村也发现了不少历史遗存、遗迹，如该村东南发现有汉代的铺首石刻、明代的石羊，还有明代万历年间的传说为鬼谷子母亲霞瑞的娘娘庙碑刻，村中还发现有清代鬼谷子祠堂重修碑刻，这些实物至少能够说明谷子村附近鬼谷子文化较为盛行，该地与鬼谷子有着密切的联系。史料中关于谷子村的记载最早见于宋代李献父的《相台志》，还有明代正德年间（公元 1506 年—公元 1521 年）的《临漳县志》都有对谷子村的记载，其中清代雍正中《临漳县志》的临漳图谱标注谷子村为谷子集，清代乾隆五十三年（1788 年）临漳县图谱标注谷子村为鬼谷子。此外，在河北临漳不仅仅有鬼谷子的出生传说，还有古代石刻、谷子村、祠堂及汉代、明清石碑等文化迹象，这也说明临漳与鬼谷子有着一定的渊源。

第三种说法认为鬼谷子是陈国郸城（河南郸城县）人。郸城县地处豫皖两省交界处，西临淮阳，北接鹿邑，南靠沈丘县，东部和东南部与安徽省的亳（bó）州市、太和县为邻，隶属于河南省周口市。鬼谷子的传说在郸城县人尽皆知，鬼谷子神仙的故事在当地也传为佳话。民间还流传着王子求仙的故事，故事是这样的，“王子去求仙，丹成入九天，洞中方七日，世上几千年”，毫无疑问，这里的王子指的是鬼谷子王禅，在洺河上还有一座王子升仙的大桥，王子求仙的故事代代相传。更为神奇的是，郸城还有王禅的陵墓，民国《淮阳县志》记载，“王禅冢（zhǒng），在城东南三十五里。”淮阳与郸城有着很复杂的关系，民国时期，郸城地域分属河南省第二行政督察区鹿邑县和第七行政督察区淮阳县，这时的淮阳县志记载的正是现在的郸城县。关于王禅墓的问题，当地文化部门也组织人员对历史记载中的墓葬进行了实地考察，还在冢里发现了鹿角、鼎、青铜剑等文物，在池塘边发现大量的陶片，初步认定是战国时期的陶片，当地老百姓认为这个池塘就是王禅冢。可惜的是20世纪70年代“翻淤压沙”时，把坟冢挖成现在的一个池塘。因此，从科学的视角下，由于缺少必要的历史记载和考古实物佐证，并不能认定此处就是王禅冢遗址，但鬼谷子的传说和故事等已经能够说明此人在当地的影响力。

关于鬼谷子的籍贯地或者隐居地，在全国有近20处之多，鬼谷子到底生于何地、隐于何地，至今争议比较大，也没有形成一个统一的说法，这毕竟是两三千多年前的事，我们很难考证它的真实性，或者说其人的存在。山东临沂平邑县境内有个叫鬼谷子村的地方，据说还有鬼谷子洞和鬼谷子搬家车辙，后人在此地建有鬼谷子讲堂。

在今山东淄博淄川区双杨镇有个梓橦（zǐ tóng）山鬼谷洞风景区，这里风景秀丽，自然景观与人文景观和谐融汇，时任中央军委副主席的迟浩田上将曾亲笔题写“鬼谷仙境”大匾。景区内山清水秀、谷幽林茂，有许多名胜遗迹，还有八棱碑、王樵茧室、玉皇宫、黉（hóng）岭寺、儒学院、冀经书院等历史文化遗存。梓橦山脚下还有个藏梓村，村庄深受鬼谷文化的影响，如今村中建有占地十余亩、可容纳千余人的鬼谷子文化广场，广场中央还矗立着鬼谷先生的巨型塑像，并刻有介绍鬼谷子生平的浮雕，很是气派。这里还流传着许多民间故事，相传鬼谷子就在梓橦山鬼谷洞风景区的步云桥上考验他的弟子孙膑和庞涓。步云桥是梓橦山鬼谷洞风景区的重要景点之一，它是一条长约 20 米的独木桥，是去鬼谷洞的必经之桥。桥下便是深达 10 米的山谷，山谷下是一条小河，名叫梓橦河。相传孙膑与庞涓二人相约来梓潼山找鬼谷子拜师学艺，来到山中看到一座独木桥，庞涓就打了个退堂鼓，因为此桥破烂不堪，想进入此山必过此桥，从此桥过去很有可能会落入百丈悬崖中。孙膑求师心切，仍然冒险走了过去，人刚到独木桥上，腐木便断裂，孙膑坠入深谷中。在谷中，孙膑见到了梦寐以求的仙师鬼谷子先生，并向其行跪拜礼，最终拜师成功。此时此景，急坏了一起来拜师学艺的庞涓，他此时非常地懊悔，连忙跪倒在地上，哀求鬼谷子收他为徒。鬼谷子对庞涓说出了其中的奥秘：“腐朽的独木桥是为了考验你们的决心，孙膑通过了考验，今天我只收一个徒弟，你还是回去吧！”此时已经作为鬼谷子徒弟的孙膑也跪下给好友庞涓求情。他向鬼谷子叙述了他与庞涓的关系，说：“庞涓与我二人情同手足，肝胆相照，一路披星戴月，好不容易来到了鬼谷胜地，出于真心拜师学艺，希望师傅收下他吧！”鬼谷子叹口气道：“此人胆小怕事、心术不正，将来成器后必会害你，难道你不在意吗？”孙膑为人非常善良，性格直爽，没有考虑以后的事情，仍然恳求鬼谷子，说：“我二人为结拜弟兄，荣辱与共，但求师傅收下他！”鬼谷子双目微闭，口语振振：“念于孙膑的赤诚，你庞涓就先在鬼谷住下，你闭上眼过来吧！”据说，此时的庞涓是半眯着眼睛过来的，他想偷看其中的奥秘，鬼谷子岂能不知庞涓的那点小心思，用手一点，立即刮来一阵大风，把庞涓卷了过来。这就是鬼谷子在步云桥收徒的故事。

（三）鬼谷子隐居地清溪的传说

鬼谷子常入山采药修道，隐居清溪鬼谷。这里的清溪应该是一个地名，两晋时期著名文学家郭璞（pú）在《游仙诗》中记载了清溪的存在，“清溪千余仞，中有一道士。云生梁栋间，风出窗户里。借问此何谁，云是鬼谷子。翘迹企颍阳，临河思洗耳。阊阖（chāng hé）西南来，潜波涣鳞起。灵妃顾我笑，粲然启玉齿。蹇（jiǎn）修时不存，要之将谁使？”其中仞为古代计量单位，一仞周制尺八尺或汉制尺七尺，如周尺一尺约合二十三厘米，那么千仞大约230米长。这首《游仙诗》的意思是：在两百多米高的清溪山上住着一位得道高人，山中云雾弥漫，白云在房中缭绕漂浮，风从窗间穿过，一片浮云楼阁的景象。房中的得道高人又是谁呢？原来是大仙鬼谷子。举足向往颍水的北面，许由拒绝唐尧的让位，逃到颍水北面的箕山下隐居；又因听说尧要召他做九州长，他认为其言不善，特意“洗耳于颍水”。然后就是传说中的天门从西南边来，青溪泉水波荡漾，鳞纹泛起，翩翩而来的水中仙子，明眸玉齿，含情脉脉地对我笑的场景。诗中赞美了许由高洁的德行，灵妃飘逸的神采。诗歌的最后两句笔锋回转，来表现现实中求仙不成，寻道无路的苦恼。这里的“蹇修”为一古贤人名，相传伏羲氏之臣，掌媒事。诗中的清溪山在何地呢？通过查阅郭璞的资料得知，此诗中清溪山在湖北临祖，即现在的湖北当阳境内。

当阳清溪为鬼谷子隐居地之一。当阳古为权国，西邻宜昌，东连荆州，北通襄阳，秦始建当阳县，已经有2200多年的历史。郭璞有关于鬼谷子隐居当阳清溪山的记载，在李善注的《文选·游仙诗》中提道：“庚仲雍《荆州记》曰，临沮（jū）县有青溪山，山东有泉，泉侧有道士精舍。郭景纯（郭璞，字景纯）尝作临沮县，故游仙诗嗟青溪之美。”郭璞诗中的临沮县即在沮水旁。《水经注》中也有记载，“水分县青山，山之东有滥泉，即清溪之源也，其水夺源东流，以源出青山，故以青山为名，东流入沮水”，清溪山原为云梦山，因山中沿三里鬼谷中有一条清澈的溪水，被称为清溪，相传鬼谷子在此修炼。因此，我们推测现在的当阳清溪山为道教圣地，也许是因为鬼谷子的缘故吧。

河南汝阳也有清溪。《伊阳县志》记载伊阳马兰河即古清溪。清溪在桃源山边，有古洞，位于鬼谷村边。这里的伊阳是现在的伊川和汝阳两个县的合称，两县相距不过百里，古时候经常合治。汝阳的云梦山下有一条小溪，又名清溪，溪水在云梦山北与汝水汇流，最终向东汇入淮河。《伊阳县志》记载："而南里许有桃源山，碧树清溪犹然辉映"，"欢之东数百武，有鬼谷洞，传称其居清溪，得马蓝水耶"。这与历史文献记载的鬼谷地理位置有相似之处。李白在《送王屋山人魏万还王屋》一诗中写道："西涉清洛源，颇惊人世喧。采秀卧王屋，因窥洞天门。朅（qiè）来游嵩峰，羽客何双双。朝携月光子，暮宿玉女窗。鬼谷上窈窕，龙潭下奔潨（zōng）。东浮汴河水，访我三千里。"诗中李白对鬼谷子与清溪赞美有加。

朝歌也有鬼谷子隐居的清溪。前文讲到相传朝歌（现河南淇县）为鬼谷子的籍贯地，自然少不了关于鬼谷子的历史遗迹、遗存。云梦山有个映瑞池，它是由水帘、青龙、龙背三溪汇流形成的，在云梦山狭谷东段垭（yā）口处，也称为清溪。此清溪有迎霞聚瑞之涵，故易名映瑞池。清溪中池水清澈，碧波荡漾，美不胜收，池中有一井，名曰："鬼谷井"。鬼谷先生当年常携弟子来此研习经略，历代墨士骚客进清溪水帘洞游览都过此，如明代的王琮（cóng）在《青岩仙境》中就曾有"明月山头天鉴窄，云山岫（xiù）口水帘宽"的描述，在这里游玩令人心旷神怡，飘飘欲仙。映瑞池每到夏秋季节，池水从坝顶溢出，形成飞瀑，蔚为壮观。映瑞门旁边还有一映瑞池，因池得名。映瑞门为城堡式建筑，正门为石砌圆拱形，拱上平台，建有正背歇山重檐回廊小楼，雕饰彩绘，小巧玲珑，登上斯楼，眺望水帘忆鬼谷，送夕阳迎素月，实为鬼谷鬼斧神工之作。

（四）鬼谷洞的传说

鬼谷洞相传为鬼谷子修道成仙、授徒讲学的地方，鬼谷子的隐居地传说较多，那么建有鬼谷洞的地方自然也比较多。据不完全统计，全国鬼谷洞有十余处之多，如汝阳鬼谷洞、当阳鬼谷洞、天门山鬼谷洞、朝歌鬼谷洞、泰山鬼谷洞、淄博梓童山鬼谷洞等。

1. 汝阳鬼谷洞

明宪宗朱见深成化年间（公元 1465—公元 1487 年）的《河南总志》中记载汝阳鬼谷洞的具体位置在云梦山内："云梦山在嵩县南九十里，昔鬼谷子游息于此，一名鬼谷山，前有水帘洞。"嵩县南九十里为今汝阳县云梦山鬼谷洞所在地。此外，清代官修的地理总志《大清一统志》记载汝阳云梦山鬼谷洞规模还是比较大的："云梦山在伊阳县东南七里，相传鬼谷子隐居处，其北有水帘洞，洞阔数武，内穿一道，崎岖约二里许，洞口有涧隔之，一小石塔，自顶滴水下注。此洞又称王婵洞，洞深必执炬乃可入。"从历年对鬼谷洞的考古来看，洞内确有文物出土，从文物的考古时代分析，此洞自战国时期开始，就曾有人在此居住的痕迹，历经汉、宋、元、明、清都曾使用。近年来，鬼谷洞出土文物20余件，有东周青铜戈，也有汉代陶罐和宋代瓷器，还有铁斧等，洞内还出土有供奉鬼谷先生的石碑一通。汝阳云梦山还有鬼谷、鬼谷子墓、鬼谷村等其他遗迹，这都是关于鬼谷信仰的最直接证据。

2. 当阳鬼谷洞

当阳鬼谷洞位于湖北省当阳市甘溪镇三桥村境内，坐落在青溪山脉的一个峡谷西面的半山腰上，相传这里为战国鬼谷子的讲习所。该洞为石灰溶洞地貌，坐南朝北，洞口略向东偏。清同治年间（公元1862年—公元1874年）修《远安县志》记载，“鬼谷洞在县南五十里，清溪寺迤（yǐ）西五里，洞门高阔，进数步有石龛（kān），相传为鬼谷子讲《易》所。洞深不可测，内白蝠如鸦，层池如莲。洞前有玉皇阁，久废。窟中玉泉交流。”远安县县域之东南与当阳市毗邻，历史上，治域有所重叠。在洞口处有一羊肠小道，有石级数十直通谷内，洞口高3米，宽4米，洞深约300米，洞内幽密深长，左弯右曲，玉泉交流，小窟旁生，传为鬼谷子隐居处，称为鬼谷洞，也称大仙洞。清同治年间修《随州志》记载，“鬼谷洞为鬼谷子王诩隐居修道之所。位于桐柏山主峰太白顶下，千仞绝壁之上，是八百里桐柏最为险峻之地。”这里需要说明的是桐柏山包括文中提到的清溪山脉，两处地方志记载的鬼谷洞应为同一处。鬼谷洞洞口前原建有一小庙，供奉鬼谷神像。战国时著名的军事家孙膑、政治家苏秦、张仪都曾从学于鬼谷子。据清光绪五年（1879 年）重修大仙洞碑记载：庙宇初建于晋代，历代都曾有补修，后被毁掉。现在洞内还保存石虎一个，长一米多，据考古鉴定为汉代或汉以前遗物，足见该洞时间之久远。

3. 朝歌鬼谷洞

朝歌鬼谷洞位于河南省淇县西部的云梦山之上，相传为鬼谷子隐居所在地。清代顺治十七年（公元 1660 年）由王谦吉、王南国主修的《淇县志》中将淇县鬼谷洞称为“世传鬼谷子隐居处”。现存的鬼谷洞位于云梦山东段半山崖上，面北坐南，洞高约 10 米，宽约 6 米，洞深约 80 米。现今洞口仍刻有明代摩崖题记，其文为魏碑横书“水帘洞”三个盈尺大字，其右竖题“鬼谷先生隐处”六个行书小字。洞右上方镌刻一副题为“天开道眼，山透玄心”的对联，表面该对联讲的是鬼谷洞的形状，实为意境。该洞为天然形成的钟乳石地貌结构，水珠沿着倒垂的石笋栩栩如生，十分有灵性。洞内有一个名叫仙泉的泉水，泉水汇集在一起在洞内形成一个小潭，潭水清凉，深不可测。洞中的泉水从内向外溢出，在洞外形成一道飞瀑，地涌天悬，啸声充谷。瀑水在洞前聚成一面小湖，名曰映瑞池，泉水经过小湖与涧水汇成一道清溪，沿鬼谷流人清水河。洞口上方有一天窗，阳光沿此窗深射洞中。给人一种一线天或者一线洞的感觉，十分魔幻。在鬼谷洞周围还有凝真观遗址、天乐道院旧址、苏秦台、张仪井、鬼谷小洞、孙膑寨、庞涓井、露水坑古城墙等历史遗迹或遗存。山上还保留一座清人何士琦撰写的《云梦山游记》碑刻，介绍了鬼谷洞的来历与形状，碑刻铭曰："此山螭（chī）怒虬（qiú）盘，幻异万状，水帘一洞尤极幽玄，乃鬼谷先生仙栖之处"，堪称隐居之奇境。

4. 泰山鬼谷洞

泰山鬼谷洞的传说始于鬼聚而得名，泰山为宗教圣地，死者的魂灵聚集在泰山下蒿里等地。蒿里，位于泰山以南，汉以前称作"高里山"。《汉书》中记载了什么是蒿里，即"死人之里谓之蒿里，字则高为蓬蒿之蒿，或者见泰山神灵之府，蒿里山又在其旁，即以高里为蒿里。"蒿里就被公认为"聚敛魂魄无贤愚"鬼魂聚集地。泰山治鬼说就是由嵩里山的阴曹地府系统发展而来的，泰山阴间冥府是一套依照世俗官署构想出来的相当完备的"鬼权"系统。《泰山道里记》记载，"宋时得天书于此，西为酆（fēng）都峪，俗名鬼儿峪，水南流经金山北，又西南入（奈）河。"这儿的"鬼儿峪"即为"鬼儿谷"，这就与鬼谷联系起来了。《泰山道里记》记载了鬼谷子在此讲学授徒的故事，即"山之阴有古仙洞，讹谓鬼仙，萧协中曰：'洞深暗，余尝偕友探奇，执灯笼火种而入。曲径宽隘者三，有窟不甚深。内石床一，石磴二。登床扪（mén）其顶，一穴上有巨石塞之，旁无所通矣。’山之阳有玉仙石，片石莹洁。乾隆二十六年，知县程志隆广栽松柏，培护之。迨三十四年，工人采石，自洞门上下劈去数丈，而形势遂失其旧。”世人常常把这里的古仙洞称之为鬼谷洞。《史记》记载，苏秦“东事师于齐，而习之于鬼谷子”，这里鬼谷子是否是在泰山传说中的鬼谷洞讲学，还待进一步考证。

其他像淄博市淄川区双沟镇的梓潼山、湖南大庸县境内的天门山上也有鬼谷洞，这里就不再一一列举。

（五）鬼谷子学问的传说

鬼谷子是思想家、纵横家的鼻祖，并且自称鬼谷先生。关于鬼谷子的学问，或者说是能力，从其传说中我们可以略见一二。明代文学家、思想家、戏曲家冯梦龙在《东周列国志》中写道：鬼谷子精通百家学问，他通天彻地，智慧卓绝，人不能及。首先表现在数学，日星象纬，在其掌中，占往察来，言无不验。鬼谷子擅长占卜术，在连年征战、硝烟四起的春秋战国时期，占卜术很有市场，此术最初主要是为军事决策服务，是行军打仗前的必备课。后来占卜术逐渐流入民间用于预测世间万象，进而演变为占卜预测学。鬼谷学派历代口授心传占卜三十六技巧，占卜术也成为该学派的传家宝。此术是以十二地支取象的一种占卜方法，其特点是易学易懂、省时省力，只需在手掌内掐按几下，瞬间便可得出吉凶结果。具体的操作方法是以问事时间起卦，男顺女逆，男士看右手，女士看左手，依次是年份、月份、时刻、命神，并根据十二命神所对应的十二支宫位，推掐十二命神分布十二支宫位，找出求测事项，依据所在宫位，推断凶吉结果。同时，手掌中的十二命神包罗万象，按照不同的顺序排列，可以从任一点起相，上之天文，下知地理，中论人事，通过年月日等循环变化，以时间点上来起卦，形成了一个完整的反映事物运动的模型。其中十二命神包括世间万物，天文、地理、人事等。十二命神会随着时间的运动而产生变化，在某一日中的某一时刻所对应的吉凶卦象，求出与之相对应的具有同类属性事物的运动演变规律，以帮助行军打仗的部署，也可以给人们日常活动提供决策参考。占卜术在中国古代非常盛行，这样古代社会的生产力水平有关，也与古代人们的生活习惯和信仰有关，同时也是中国古老文化的一部分。

另外，兵学是鬼谷子学问的重要组成部分。六韬三略，变化无穷，布阵行兵，鬼神不测。鬼谷子曰："智略计谋，各有形容，或圆或方，或阴或阳，圣人谋之于阴故曰'神'，成之于阳故曰'明'，所谓主事成者，积德也。"鬼谷子所谓"阴"，是谋之于阴成之于阳。这里是说，计谋有阴谋和阳谋之别，因为事件、环境、情报都有假的，所以在任何情况下，人们都不可轻视对方。其中，《六韬》《三略》指的是古代的兵书，后泛指兵书、兵法。《六韬》又称《太公六韬》《太公兵法》，是古代先秦时期著名的黄老道家典籍《太公》的兵法部分。《六韬》分别以文即《文韬》，分《文师》《盈虚》《国务》《大礼》《明傅》《六守》《守土》《守国》《上贤》《举贤》《赏罚》《兵道》十二篇；武即《武韬》，分《发启》《文启》《文伐》《顺启》《三疑》五篇；龙即《龙韬》，分《王翼》《论将》《选将》《主将》《将威》《励军》《阴符》《阴书》《军势》《奇兵》《五音》《兵征》《农器》十三篇；虎即《虎韬》，分《军用》《三阵》《疾战》《必出》《军略》《临境》《动静》《金鼓》《绝道》《略地》《火战》《垒虚》十二篇；豹即《豹韬》，分《林战》《突战》《帮强》《敌武》《山兵》《泽兵》《少众》《分险》八篇；犬《犬韬》内分《分合》《武锋》《练士》《教战》《均兵》《武车士》《武骑士》《战骑》《战车》《战步》十篇。六个标题合为六卷，共六十篇，近二万字。《三略》亦称《黄石公三略》，是中国古代著名的军事著作，属于道家兵书，相传作者为汉初道家隐士黄石公。它分为上略、中略、下略，上略设礼赏、别奸雄、著成败；中略差德行、审权变；下略陈道德、察安危、明贼贤之咎。《三略》以讲政治策略手段为主，它与主要讲军事的《六韬》不同，它杂采儒家的仁、义、礼，法家的权、术、势，墨家的尚贤，道家的重柔，甚至还有谶纬（chèn wěi）之说等。

鬼谷子的学问还包括言学，《东周列国志》中曾评价其“广记多闻，明理审势，出词吐辩，万口莫当”。除此之外，养生之道也是鬼谷子的重要学问，以修身养性、祛病延年、服食导引、平地飞升等为主，其实践性较强，后来被道家道教所吸收，成为其养生理论的重要基础。

从以上鬼谷子所涉及的学问可知，他是一位百科全书式人物，具有非凡的智慧和能力，故有纵横家尊他为始祖，算命占卜的尊他为祖师爷，谋略家尊他为谋圣，兵法家尊他为圣人，名家尊他为师祖，道教尊其为王禅老祖。

二、 文献记载中的鬼谷子

人们对鬼谷子身份、学识等的推测并不是空穴来风，许多文献都有对鬼谷子的记载。身为纵横家先驱的鬼谷子，不仅出现在《史记》《汉书》等史书中，还出现在古代诗人的词赋中，这些记载对后人研究鬼谷子的生平事迹具有一定的史料价值。

（一）史书记载中的鬼谷子

《史记》是一部信史，成书于西汉初年，著述年代离鬼谷子、苏秦、张仪所处的年代最近，记载可信度较强。从西汉以后，亦有其他史书记述鬼谷子的事迹，如《汉书》《后汉书》等。至于汉代之后的史书记载，因离鬼谷子生活年代久远，且大多参考前人著述或者传说，史料价值也会大打折扣，这里我们就不再收集整理。

1.《史记》篇

《史记·苏秦列传》篇中通过苏秦介绍鬼谷子，“苏秦者，东周洛阳人也。东事师于齐，而习之于鬼谷先生。”这是《史记》中苏秦传中的开篇记载，苏秦为河南洛阳人，后来来到齐国跟随鬼谷子研习纵横之术，因此鬼谷子与齐国有着割不断的联系。

《史记·张仪列传》篇中同样是通过张仪来介绍其老师鬼谷子，“张仪者，魏人也。始尝与苏秦俱事鬼谷先生，学术，苏秦自以不及张仪。”这则记载同样来自《史记》，记载张仪跟随鬼谷子研学，但是是不是同样与苏秦在齐国跟随鬼谷子，《史记》没有明确记载，就不得而知了。

《史记·樗（chū）里子甘茂列传》篇中纵横家苏代与秦王的一段对话，对话中谈到“鬼谷”，我们来看看这里的鬼谷是什么意思。“苏代许诺。遂致使于秦。已，因说秦王曰：‘甘茂，非常士也。其居于秦，累世重矣。自殽（xiáo）塞及至鬼谷，其地形险易皆明知之。彼以齐约韩、魏反以图秦，非秦之利也。’”文言文大体意思说的是：纵横家苏代在秦国办理公事。不久，趁便劝秦王说：“甘茂，不是一个普通人。甘家留在秦国，连续几代被重用。从殽山（今河南洛宁境内）要塞直到鬼谷（今陕西淳化境内），那里地形险要及平坦他都清楚了解。甘茂可以借齐国力量，联合韩、魏，反过来算计秦国，这对秦国是不利的。”这里的鬼谷为一地名，应与鬼谷子有着一定的联系，说明鬼谷子在战国时期已经很有影响了。

《史记·司马相如列传》篇中有关于鬼谷的记载，“径入雷室之砰磷（péng lín）郁律兮，洞出鬼谷之嵘礨嵬磈（pín lěi wéi mò）。遍览八纮（hóng）而观四荒兮，朅（qiè）渡九江而越五河。经营炎火而浮弱水兮，杭绝浮渚（zhǔ）而涉流沙。奄息总极氾（fàn）滥水嬉兮，使灵娲鼓瑟而舞冯夷。”文言文大体意思是：径直驰入雷声隆隆的雷室啊，穿过崎岖不平的鬼谷。遍览八纮而远望四荒啊，渡过九江又越过五河。往来于炎火之山，浮过弱水河啊，方舟横渡浮渚，涉过流沙河。这里的鬼谷也为地名。

《史记·太史公自序》篇引用奇书《鬼谷子》之言，“圣人不朽，时变是守。虚者道之常也，因者君之纲也。”《太史公自序》中的这句话出自鬼谷先生的著述《鬼谷子·符言》，文中讲的是圣人的思想和业绩之所以不可磨灭，就在于能够与时势一同变化。虚无是道的永恒规律，顺天应人是国君治国理民的纲要。

2.《汉书》篇

《汉书·王莽传》篇中提到鬼谷，此处的鬼谷应为一人物而非地名。“当此之时，公运独见之明，奋亡前之威，盱（xū）衡厉色，振扬武怒，乘其未坚，厌其未发，震起机动，敌人摧折，虽有贲（bēn）、育不及持剌（là），虽有樗（chū）里不及回知，虽有鬼谷不及造次，是故董贤丧其魂魄，遂自绞杀。人不还踵，日不移晷（guǐ），霍然四除，更为宁朝。”

安汉公是西汉王朝赐给王莽的爵位，因王莽有定国安汉家之大功，所以赐安汉公号。文中的董贤为汉哀帝刘欣（前 25 年—前 1 年）的宠臣，汉哀帝元寿二年（前 1 年）去世，此后王莽借助姑母太皇太后王政君指使尚书弹劾董贤，又以太皇太后的名义下诏罢免董贤的大司马之职，当日董贤自杀。此文讲的就是王莽与董贤的故事：正是这个时候，安汉公王莽运用他独到的智慧，奋起无人敢挡的神威，扬眉举目，露出严厉的神色，振奋发扬刚猛的气势，趁着他们立足未稳，在他们尚未发动之前就将他们压制住了，如霹雷响起，似弩机扳动，敌人被打垮了，就是有孟贲、夏育这些勇士也来不及持戈而刺，就是有号称“智囊”的樗里子也未能料，就是有鬼谷子也来不及对付，因此董贤丧魂落魄，就自己上吊死了。人们还没有来得及转动脚跟，身影还没有移动，天下就已经清平，朝廷已经安定。这里提到鬼谷子，把他作为一位智者比拟，可见鬼谷子在汉代的社会影响较大。

3.《后汉书》篇

《后汉书·桓谭冯衍传》篇中引用鬼谷说法，这里的鬼谷指的是人物还是地名呢？我们欣赏下原文，“恶丛巧之乱世兮，毒从横之败俗；流苏秦于洹水兮，幽张仪于鬼谷。澄德化之陵迟兮，烈刑罚之峭峻；燔（fán）

商鞅之法术兮，烧韩非之说论。诮（qiào）始皇之跋扈兮，投李斯于四裔；灭先王之法则兮，祸寖（jìn）淫而弘大。”这里的鬼谷很明显是一地名，并非指鬼谷子这个人，这里与张仪扯上了关系，不仅进一步说明了张仪与鬼谷子的特殊关系，同时也体现了鬼谷子在汉代的社会影响力与地位。

（二）古诗词记载中的鬼谷子

诗词中对鬼谷子的描述或者记载较多，通过他们的描述可以看出，在诗人眼里，鬼谷子就是仙人，或者是神仙般的存在，是凡人追逐的对象，享受着“明星”的待遇。诗词中的鬼谷子形象远比史书等文献记载中的要夸张、浪漫的多，这也是诗歌的特点，诗词中的记载在一定程度上更加丰富了我们对鬼谷子的认识，增添了更多对鬼谷子形象的想象空间。

1. 东晋郭璞（pú）《游仙诗》：青溪千余仞，中有一道士。云生梁栋间，风出窗户里。借问此何谁，云是鬼谷子。翘迹企颍阳，临河思洗耳。阊阖（chāng hé）西南来，潜波涣鳞起。灵妃顾我笑，粲然启玉齿。蹇（jiǎn）修时不存，要之将谁使？

这是郭璞十九首《游仙诗》中的第二首，主要描写鬼谷子，诗中鬼谷子为一得道仙师，通过对其形象的塑造，我们可以探寻飘飘欲仙的圣人形象，进而了解百姓眼中的鬼谷子形象。郭璞本人为两晋时期著名的诗人、辞赋家，在诗歌方面造诣颇深，是中国古代文学史上重要人物。游仙诗作为一种诗歌体裁，郭璞做出了很大贡献，甚至想起游仙诗可能就会想起郭璞名字一样。

2. 唐代李白《送王屋山人魏万还王屋》（节选）：仙人东方生，浩荡弄云海。沛然乘天游，独往失所在。魏侯继大名，本家聊摄城。卷舒入元化，迹与古贤并。十三弄文史，挥笔如振绮。辩折田巴生，心齐鲁连子。西涉清洛源，颇惊人世喧。采秀卧王屋，因窥洞天门。朅（qiè）来游嵩峰，羽客何双双。朝携月光子，暮宿玉女窗。鬼谷上窈窕，龙潭下奔潨（zōng）。东浮汴河水，访我三千里。

李白（701 年—762 年），字太白，号青莲居士，世称“李太白”，据史书记载，李白为兴圣皇帝凉武昭王李暠（hào）九世孙，按照族源与李唐宗室为同宗。李白是盛唐时期伟大的浪漫主义诗人，被后人誉为诗仙，与另一著名诗人、诗圣杜甫合称为李杜。为了与小李杜李商隐与杜牧二位诗人区别，历史上又称李白和杜甫为大李杜。

《送王屋山人魏万还王屋》是李白在唐玄宗天宝十三年（754 年）时创作的一首长诗，此时李白年为五十四岁。该诗主要写李白与友人魏万在广陵相见，李白作诗详述魏万闲游相赠，表达了作者对好友的留恋与惋惜之情。诗中魏万超凡出世，与历史中的鬼谷子形象很相近，这里提到的鬼谷子似乎是地名，据考证在今河南登封县北，传说战国时鬼谷先生曾居此。

3. 唐代李涉《题清溪鬼谷先生旧居》：翠壁开天池，青崖列云树。水容不可状，杳若清河雾。常闻先生教，指示秦仪路。二子才不同，逞词过尺度。偶因从吏役，远到冥栖处。松月想旧山，烟霞了如故。未遑炼金鼎，日觉容光暮。万虑随境生，何由返真素。寂寞天籁息，清迥鸟声曙。回首望重重，无期挹（yì）风驭。

李涉，河南洛阳人，唐代诗人，自号清溪子，唐宪宗李纯时，曾任掌导引宫臣辞见及承令劳问事的太子通事舍人之职。从他的自号中就可以看出他与鬼谷子的渊源颇深，至少是鬼谷子思想的崇拜者。诗人直接以鬼谷子的修身练功之地为切入点，描述了鬼谷子闲云野鹤般的生活，可能这也是诗人想追逐的生活状态。

4. 宋代张继先《怀鬼谷山思真洞天》：思真洞兮云水深，道人居兮鬼神钦。山花笑兮松竹阴，岩溜潺潺兮千古音。何时一造兮清神襟，攀石萝兮共笑吟。

作者张继先（1092 年—1127 年），字嘉闻，又字道正，号翛（xiāo）然子，北宋时期著名道士，正一天师道第三十代天师。在宋徽宗元符三年（1100 年）嗣教，赐号“虚靖先生”。作者是道士出身，描写鬼谷子也是把他看作道教中的神灵对待，道教中称鬼谷子为王禅祖师，道号玄微子，全诗呈现的是一股仙骨飘然的场景。

5. 元代赵孟頫（fǔ）《鬼谷岩》：鬼谷岩前石，唐文字字奇。何当拂苍藓，细读老君碑。

赵孟頫（1254 年—1322 年），字子昂，号松雪，松雪道人，元代著名画家，楷书四大家之一，在书法和绘画成就最高，开创元代新画风，被称为“元人冠冕”。《鬼谷岩》诗记载于《贵溪县志》，诗中的鬼谷洞位于今江西省鹰潭市贵溪县冷水镇麻地乡洞源村，鬼谷山峰峦高峻，云海松涛，气象万千，被道教称之为第 15 福洞天。

6. 明代朱器封与王世贞分别有作品《鬼谷》与《鬼谷涧》。朱器封在《鬼谷》中写道：鬼谷最深邃，千灵迷涧濒。高风响冰叶，山根暖馀春。未敢别人界，桃花是谷神。而明代文学家、史学家王世贞有《鬼谷涧》：捭阖书同用不同，可甘王诩（chán）易仙宫。欲知幽谷原名鬼，六国游魂出此中。二人诗作都以鬼谷为名，但是他们的写作立足点不同，朱诗主要从风景的角度入手，描写的是鬼谷地点的风景之美，而王诗虽名为鬼谷涧，看似为地名，但是主要从“捭阖”等思想的角度入手，突出鬼谷子思想的博大精深，这也是王诗奇妙之处。

王世贞（1526 年—1590 年），字元美，号凤洲，又号弇（yǎn）州山人，今江苏太仓人，曾官刑部主事，累官刑部尚书，移疾归，卒赠太子少保。主要作品有《弇山堂别集》《嘉靖以来首辅传》《觚（gū）不觚录》《弇州山人四部稿》等。关于诗人朱器封的历史记载较少，这里我们就不再详述。

7. 民国梁启超《鬼谷子》：六鳌（áo）摇动海山

倾，谁入沧溟（míng）斩巨鲸。括地无书思补著，倚天有剑欲长征。我欲青溪寻鬼谷，不论礼乐但论兵。

（三）其他典籍记载中的鬼谷子

1. 西汉辞赋家、思想家扬雄在《法言·渊骞》中对以鬼谷子为代表的纵横家有一个基本的评价。“仪、秦学乎鬼谷术，而习乎纵横言，安中国者各十余年，是夫?”曰：“诈人也，圣人恶诸。”从扬雄言辞中我们可以窥探出他对纵横家还是抱有一点的成见，或者说是不怎么认可纵横家，甚至把纵横家的游说说成是伎俩和欺诈行为。扬雄作为西汉时期提倡经学的思想家，对儒家等传统思想有着固有的感情，认可社会中基本纲常观念，因此以鬼谷子为代表的纵横家那一套，他始终认为放不到桌面上，有上述表述也在情理之中。

2. 东汉王充在《论衡》“明雩（yú）篇”和“答佞（nìng）篇”中有对鬼谷子的描述。《论衡·明雩》记载：“苏秦、张仪悲说坑中，鬼谷先生泣下沾襟。或者傥（tǎng）可为雍门之声，出苏、张之说以感天乎!”

《论衡·答佞》记载：“术则纵横，师则鬼谷也。传曰苏秦、张仪纵横，习之鬼谷先生。掘地为坑，曰：‘下说令我泣出，则耐分人君之地。’苏秦下，说鬼谷先生泣下沾襟，张仪不若。”

3. 梁元帝萧绎《金楼子·志怪》：“神洲之上有不死草，似菰（gū）苗。人已死，此草覆之即活。秦始皇时，大苑中多枉死者。有鸟如乌状，衔此草坠地，以之覆死人，即起坐。始皇遣问北郭鬼谷先生，云：‘东海亶（dǎn）洲上不死之草，生琼田中。’秦始皇闻鬼谷先生言，因遣徐福入海求金菜玉蔬，并一寸葚。”

4. 南朝梁刘勰在《文心雕龙·论说》中，称赞他：“《转丸》骋其巧辞，《飞钳》伏其精术。一人之辞，重于九鼎之宝，三寸之舌，强于百万之师。”

5. 宋代李昉在《太平广记》引《仙传拾遗》：“鬼谷先生，晋平公时人，隐居鬼谷，因为其号。先生姓王名栩，亦居青溪山中。”

宋代王鉍（bì）《横秋阁》本长孙无忌鬼谷子序：“鬼谷子，楚人也，周世隐于鬼谷。”

宋代郑樵《通志·艺文》：“鬼谷先生，楚人也。生于周世，隐于鬼谷。”

6. 明代中期官员李杰，曾官礼部尚书，他在《道藏目录详注》记载鬼谷子：鬼谷先生，晋平公时人，姓王名诩，不知何许人，受道于老君。李杰认为鬼谷子为春秋时期晋国晋平公当政时期的人士，对鬼谷子具体是哪里人没有定论。而到了清代，关于鬼谷子的籍贯则有了某些定论，如清代嘉庆年间所修的《大清一统志》中则称：“鬼谷子姓王名诩，楚人。尝入云梦山采药得道。”该书认为鬼谷子为楚国人。为什么古代对鬼谷子的籍贯等问题存在争议，而且每个时期有着不同的说法？这还需要从鬼谷子这个人本身找原因，即鬼谷子的神秘性。

三、奇书《鬼谷子》

鬼谷子的一生充满神秘色彩，相传《鬼谷子》为鬼谷先生著述，书中包含着其纵横捭阖思想。该书以研究社会政治斗争、谋略权术为主体，指导纵横家如何通过权谋策略及言谈辩论等技巧，实现既定的目标。其书中侧重于权谋策略及言谈辩论技巧，不仅是苏秦、张仪等纵横家的指导教材，也是中国传统文化中的思想奇葩。

（一）《鬼谷子》简介

《鬼谷子》又名《捭阖策》，人们对此书的作者有着不同的说法，有的说是战国著名道家、纵横家鼻祖王禅老祖的著作，《鬼谷子》一书完整地保留在道家的经典《道藏》中。也有的说是由鬼谷先生的后学根据其言论整理而成。根据先秦诸子成书的总体情况来看，《鬼谷子》主要记载鬼谷子的言论与策略、权术等内容，由鬼谷子的弟子及其后学者们不断丰富发展而成，这也较符合该书的内容和成书规律。从记录内容上来看，《鬼谷子》主要侧重于权谋策略及言谈辩论技巧，全书分为上、中、下三卷。上卷包括《捭阖》《反应》《内揵（qián）》《抵巇（xī）》四篇。中卷包括《飞钳》《忤合》《揣》《摩》《权》《谋》《决》《符言》八篇，其中第十三篇《转丸》、第十四篇《胠（qū）乱》失传。下卷包括《本经阴符七术》《持枢》《中经》三篇。

对于《鬼谷子》的成书，学术界普遍认为其成书于春秋战国时期。此时周朝衰微，中原各国因社会经济条件不同，法制被破坏，诸侯称霸，势力强的诸侯国兼并势力弱的诸侯国，各国间战争日益加剧。《史记》有记载，“周室衰微，诸侯强并弱，齐、楚、秦、晋始大，政由方伯。”随着各诸侯国之间的竞争，社会出现了大变革，政治、经济、文化等方面都发生着较大的变化，为适应社会变革的发展，士阶层开始出现。他们来自社会的各个阶层，地位虽然较低，但很多是有学问有才能的人，其代表人物如孟子、墨子、庄子、荀子、韩非子，以及商鞅、申不害、许行、陈相、苏秦、张仪等，都是著名思想家、政治家、军事家或科学家。士阶层的发展也为百家争鸣、学术繁荣的出现奠定了基础，《鬼谷子》就成书于这个诸子云生的时期。

（二）《鬼谷子》的思想内容

《鬼谷子》一书是鬼谷子思想的集中表现，而鬼谷子思想的重点，主要集中在前十一篇。其思想主要包括鬼谷子的圣人观，鬼谷子的阴阳观，鬼谷子的归类观，鬼谷子的无为观，鬼谷子的阴谋观，以及鬼谷子的说事、谋事、成事观等等，这些构成了鬼谷子的思想体系。《鬼谷子》思想学说之所以能在百家争鸣的战国时期独树一帜，不仅在于它的与众不同的纵横理论，更在于对老子思想中“道”“虚”“因应变化于无为”等“道”论思想的引进和利用。他以道为理论依托，对道家思想进行了吸收并有进一步的突破发展，将其思想学说提升到哲学的高度，并运用到实践领域，实现了理论与实践的统一。例如，《风俗通义》曰："鬼谷先生，六国时纵横家，知大局，善揣摩，通辩辞，会机变，全智勇，长谋略，能决断。无所不出，无所不入，无所不可。"这里称赞鬼谷先生的游说开合有度、纵横自如，擅长随机应变，智勇双全，没有不可以去的地方，也没有做不到的事情。

纵横家的道家思想体现在其纵横"捭阖"的社会活动之中。《鬼谷子》中的《捭阖》篇对"捭阖"做了详细的诠释，即"捭阖者，道之大化。说之变也，必豫审其变化，吉凶大命系焉。口者，心之门户也；心者，神之主也。志意、喜欲、思虑、智谋，此皆由门户出入，故关之以捭阖，制之以出入。捭之者，开也，言也，阳也；阖之者，闭也，默也，阴也。阴阳其和，终始其义。"捭就是拨动，阖就是闭藏。这里是说，开放和封闭是游说的一种形态而已，我们一定要观察他的变化，命运的吉凶都与之有关。口，是心灵的大门和窗户；心灵是由精神主宰的。人的意志、喜好、思想和智谋都要从门窗出入。因此，用开放和封闭来把守这个关口，以控制出入。所谓"捭之"，就是开放、发言、公开；所谓"阖之"，就是封闭、缄默、隐匿。阴阳双方相互调和，才能善始善终。"捭"和"阖"是鬼谷子游说理论的基础，他还认为，"捭阖者，天地之道"，"捭阖者，以变动阴阳，四时开闭，以化育万物”，“捭阖者，道之化，说之变也”等等，可见鬼谷子赋予了捭阖极其丰富的内涵。

鬼谷子认为：“纵横之术具体说就是口舌之术。”关于纵横之术，鬼谷子有独到见解，他曾教导苏秦、张仪两位弟子说：这纵横之术可谓普天之下，无所不有，率土之滨，无所不包，可谓细致万分，但此术也有其精髓之处。只要认真领会其精髓，再演绎而致其末梢，将有形的书写文字，化为无形的随身技能，则可游刃于群雄之中而得其乐也。纵横之术可大致分为捭阖、钩钳（qián）和揣摩三大招法。捭者，料其情也。就是要了解对方的意图，度量对方的智慧，测算对方的能力，估计对方的技巧，从而心中有数；阖者，结其诚也。就是要使对方封闭起来，接近对方，使对方相信自己而无疑，从而坚定了对方的诚意。捭阖之术，乃阴阳之道也，有阴阳必有捭阖。钩者，利而诱之，阻而疏之，顺而随之，势而导之，威力胁之。就是要引诱对方说出自己的真实想法，从而掌握对方；钳者，掌握对方者也。就是要抓住对方的弱点，掌握对方的意图，控制对方，使对方按照我方的想法行事。既可将对方引向西，也可引向东，可引向反，也可引向正。总而言之，将对方不露声色地引向自己的圈套中。揣者，测其情也。就是要测算对方的实力、对方的民情、对方的能力、对方的各种关系；摩者，揣之术也。就是有目的、有计划地去了解对方的各种情况。正如钓鱼一样，必须先投鱼饵，才能钓上大鱼。这三大招法，乃是纵横之术的精华所在。你们二人若要学成此技，除潜心琢磨此术之精华外，仍需遍及细节，方能练成真功。

《鬼谷子》深受《老子》哲学的影响，尤为深刻地体现了纵横家的哲学观。其作为纵横家游说经验的总结，融会了鬼谷子毕生学术研究的精华，对后世具有很大价值，纵横策士们在道家思想的指导下，力求“变动阴阳”，从而达到了“柔弱胜刚强”的目的，同时也为后世了解纵横家与道家的思想提供了参考。

四、 鬼谷子典故

鬼谷子精通百家学问，创建了鬼谷学派，历史上流传着许多关于他的典故。鬼谷子的一生收了很多徒弟，包括苏秦、张仪、孙膑、庞涓等政治、军事精英。鬼谷子对其徒弟十分严苛，塑造了一些闻名天下的人物，留下了许多被世人津津乐道的典故。

（一）鬼谷子考徒弟

据《历史名人辞典》记载，“鬼谷先生，苏秦、张仪尝从之学纵横术，孙膑、庞涓学兵法，弟子五百。”从这里可以看出鬼谷子的弟子众多，其中苏秦、张仪跟随他学纵横之术，孙膑、庞涓跟随他研习兵法，都在历史上产生重大作用。相传孙膑与庞涓跟随鬼谷子学习时，有一段鬼谷子考徒的故事。一天，鬼谷子想测试一下他的两个徒弟孙膑与庞涓的机智与应变能力。鬼谷子坐在屋里，跟徒弟庞涓、孙膑说："谁能把我从屋里弄到屋外，谁的成绩就及格，但只能用巧舌，不能用蛮力。"庞涓先来，他装作惊慌失措的样子跑进屋里，对鬼谷子说："启禀师傅，元始天尊大神到了，请您出去迎接。"鬼谷子无动于衷。不一会儿，庞涓再次跑进来，连鞋都掉了一只，上气不接下气地说："启禀师傅，九天玄女来了，正在外面等您。"九天玄女，俗称九天娘娘、九天玄母天尊，为九天玄阳元女圣母大帝玄牝（pìn）氏，《云笈（jí）七签》记载：九天玄女者，黄帝之师圣母元君弟子也。鬼谷子半信半疑，身子微微动了动，并没有起身。庞涓有点着急了，心想着要是撒谎就撒个大的，脸带坏笑地再次进来，其实鬼谷子已经暗地里偷瞥到庞涓的表情，已经有了自己的应对之策。此时，庞涓得意地从门外跑进来，一不小心，脚绊在门台阶上，磕断了两颗门牙，结结巴巴地说："不好啦，刚才苏师弟（指苏秦）跟张师弟（指张仪）打架，苏师弟被张师弟打死了！"鬼谷子一惊，站了起来，看了看他，心境稍微平复了一下，还是没出去。其实，庞涓的演技确实一流，但终究没有逃过鬼谷子的法眼。

第二个出场的是孙膑，孙膑不慌不忙，一进来就实事求是地告诉鬼谷子，说："师傅，我也做不到。"鬼谷子感觉有些奇怪，心想孙膑不是服输的人，何况试都没试，怎么就放弃了呢，鬼谷子心里正在犯着嘀咕。孙膑又说“师傅，您老人家上知天文下知地理、前知五百年后知五百年，我怎么能骗得了您呢?”鬼谷子听后，觉得也有些道理，心里很得意，有点飘飘然的感觉，自然对孙膑放松了警惕。孙膑接着说：“如果您老人家在屋外，我倒有办法把您骗进来。因为外面的事是有天数的，您可以算出来；而屋里的事，是没有天数的，您出去了就算不出来了。”鬼谷子不相信，觉得自己屋内屋外的事情都知道，都能够算出来，于是就搬着椅子出来了，刚迈出了屋门，鬼谷子就知道中计了，但为时已晚。此时，得意的孙膑大笑道：“我已经把师傅请出来了，胜利!”于是孙膑赢得了比赛。通过上述对两个徒弟简单的测试，鬼谷子心里也明白了孙膑和庞涓之间的差距。

（二）井中相会

鬼谷子在晚年时归隐云梦山，一方面为了聚徒讲学，另一方面为了孝敬老母霞瑞。有一天，霞瑞把鬼谷子叫到跟前语重心长地说：“娘为你饱受人间疾苦，如今为娘两鬓斑白，风烛残年，娘无他求，我死后，只求你把我葬在九龙聚汇的地方。儿若想娘，就在我墓旁挖一口井，从井水中可以看到为娘的身影。”话刚说完，就谢世归天了。鬼谷子悲痛不已，眼含热泪在九龙聚汇之处安葬了母亲。为早日再见到慈母的尊容，便率弟子在母亲墓旁挖井，挖了整整九九八十一日，方才把井凿成，果然井水中映出了他母亲的容颜。从此鬼谷子每天都跑到井边瞻仰母亲的遗容。斗转星移，天长日久，鬼谷子发现了此井的一个奥秘，他根据井中的水位升降，可以洞察天气阴晴变化。井水上升，天阴有雨，井水下降，则无雨天晴，因此这口井又被称为“井中洞天”。此井是鬼谷子为怀念其母而凿，世人称其为“鬼谷井”。

（三）夜识无字天书

相传，鬼谷子的师傅是老子，在老子得道升仙时，曾留下一卷写着“天书”二字的竹简。当鬼谷子打开竹简看时，竹简上竟然一个字也没有，鬼谷子十分纳闷。鬼谷子心想，“与师父相依为命九年时光，师徒之间相处融洽，感情非常好，如今师父突然离去，留下一个没有文字的竹简天书，到底是什么意思呢?”有一天，鬼谷子在床上躺着睡觉的时候，无论如何也睡不着，辗转反侧，心里一直想着那卷无字天书竹简，于是他起床把那竹简在眼前铺开卷起、卷起铺开，鬼谷子左思右想，就是百思不得其解。他索性爬起来，点着松明火把，借着灯光一看，吓得他跳了起来，竹简上竟闪出道道金光，一行行蝌蚪文闪闪发光，鬼谷子叹道：“莫非这就是传世‘金书’”。原来那竹简上记载着一部《纵横家书》，内容包括捭阖、反应、内揵（qián）、抵巇（xī）、飞钳之术等，共十三篇。鬼谷子得到此书后，反复研习，认真领会，苦读修炼几十载，最后修得正果，终于成为纵横家的鼻祖。

（四）斩草为马，撒豆为兵

相传，孙膑和庞涓一起去云梦山清溪洞跟随鬼谷子学艺，鬼谷子很高兴，于是收下了他们二人，并希望这二人多学一些真本领。光阴飞逝，日月如梭，转眼几个月过去了，孙膑与庞涓勤学苦练，功夫见长，鬼谷子见他们二人的基本功已扎实，便将孙膑和庞涓叫到身边说："你们二人经过一段时间的研习，已经有了一定的基础，今天，我教你们排兵布阵之术。"孙膑和庞涓相互对视了一下，非常高兴，但是面带疑惑。鬼谷子看出了他们的心思，就说："你们是不是想说，没有兵将，如何排兵布阵。"他们二人齐声答道："正是此意。"鬼谷子笑了笑，指着桌子上面的东西说，"你们看，这不就是兵将吗？"孙膑和庞涓往桌上看去，只见桌上放着一碗绿豆，心里觉得好笑，可又不敢笑，心想一碗豆子也能排兵布阵吗？

鬼谷子看透了二人的心思，带着他们二人来到云梦山演兵岭上，这是鬼谷子日常研习兵法的地方。只见他手抓一把绿豆，口中念念有词，好像是什么咒语，突然大声道："疾！"顺势将手中的豆子撒了出去，这些绿豆一落地，风云突变，浓烟四起，瞬间这些绿豆就变成了鲜活的兵将，并且分成了赤、皂两队人马。师徒三人已经站在高台上，演兵岭上再次人声鼎沸，战马嘶鸣，俨然一副战争场面。此时的孙膑和庞涓都看傻了，他们没有见过如此惊心动魄的大场面。排兵布阵已成，鬼谷子开始点兵受将，命孙膑为赤军军帅，庞涓为皂军军帅，各领己军与对方交战，鬼谷子在一旁指导。经过多次反复演练，孙膑和庞涓的本领大长。于是，鬼谷子教给他们俩布阵法的技巧："布阵之要诀在于进可攻，退可守，攻守兼备。攻则摧枯拉朽，守则固若金汤。先看此阵。"说着，鬼谷子随手一挥，兵将排列出一阵，蜿蜒起伏，犹如长蛇一般。鬼谷子说："此阵以其象形而名，叫长蛇阵。如常山之蛇，击首则尾至，击尾则首至，击中则首尾俱至。其他阵法，大致如此。你二人可细心研读兵法，将书中所言，与实际运用结合，融会贯通，方能得其真谛。"

此后，孙膑、庞涓在鬼谷子的指点下，经常在演兵岭摆各种阵法，有风后握奇阵、黄帝八卦阵、周易师卦阵、鬼谷子的颠倒八门阵。斩草为马，撒豆为兵，云梦山演兵岭成了孙、庞斗智斗勇的战场。相传，孙膑、庞涓二人的排兵布阵之法就是在这里研习的，学成之后二人各自下山，都成了带兵打仗的统帅。

（五）庞涓出仕

庞涓，是战国时（公元前 475—公元前 221 年）魏国人，在魏国任大将，是鬼谷子的学生，主修兵法。有一天，庞涓下山打水时听说魏国花高价钱纳贤，可以做将相，他动了心想去魏国做官。庞涓回来后向鬼谷子辞行，但是支支吾吾没有故意没有说出下山的缘由来。鬼谷子神通广大，他有宿命通功能，早已知晓，就对庞涓说，“你的时运已经来了，那就下山求富贵去吧。”然后让庞涓出去摘一朵花来占卜吉凶，庞涓就在洞外摘了一朵小花拿过去，鬼谷子一看这朵花叫马兜铃（马兜铃为多年生的缠绕性草本植物，别名水马香果、三角草、秋木香罐等，中文名因其成熟果实如挂于马颈下的响铃而得），这种花一开十二朵，他告诫庞涓说：“十二朵为你发迹的年数，这暗预你能享受十二年富贵，这花是采于鬼谷，见日而萎，就是看到日光就枯萎了，鬼旁加一个委字正好是一个魏字，魏国的魏，他说你一定和魏国有缘。”鬼谷子又告诫庞涓说：“以后从事要谨慎，不能够欺骗别人，如果你要欺骗别人的话，那以后你要上别人的大当，后果难以预料”。最后他就送给庞涓八个字：“遇羊而荣，遇马而卒。”庞涓跪地答谢，说：“弟子一定铭记师傅的教诲”。庞涓准备下山，正此时，同门孙膑赶来送行，说：“你我兄弟有结拜之交，又同在师门下拜师学艺，以后富贵了，别忘了我啊。”庞涓许诺道：“我会谨记，如若失信，定当死于乱箭之下！”庞涓说完就赶赴魏国。后来，庞涓没有听从鬼谷子的话，他不但欺骗孙膑，还残酷迫害他，结果自己在马陵道被万箭穿身而死，遭到了报应。

（六）三文钱堆满屋

有一天，鬼谷子把孙膑、庞涓叫到身边，对他们二人说：“我每人给你们三文钱（文是量词，指旧时小铜钱，正常情况下，1 两白银大约可换到 1000 至 1500 文铜钱，古时通常说的1贯钱或1吊钱就是1000文），去阳城买些东西，不管是什么都可以，只要能把三间房子堆满就好。”阳城是一地名，在今山西省晋城市。于是，他们二人带着鬼谷子给的三文钱，去阳城置办东西。庞涓来到集上一看，才知道三文钱是个什么概念，对他来说，三文钱无论买什么都无法把三间屋子堆满。于是他认为自己和孙膑都是拿了三文钱，自己没办法，孙膑也不会有办法。便决定选择一种最便宜的，堆起来最占地方的东西买回去。他在集上左转右转，发现灯芯草（属灯芯草科，多年生草本植物，呈细圆柱形，表面为白色或淡黄白色，有细纵纹。体轻，质软，略有弹性，茎簇生，高达1米，直径达4厘米，气微，味淡。）最便宜，于是用三文钱买到了三四担灯芯草，庞涓一担担地从阳城挑回去，堆在屋里，并且尽量把买来的灯芯草弄蓬松，扩大占地面积，可无论怎么折腾还是远远不能达到师傅的要求堆满三个屋子。

此时此刻，孙膑也坚信三文钱的实物是不可能填满三个房间的，他认为师傅出的这个难题肯定有能够解决的办法。他思来想去，终于想到了应对的计策，他从集上买了三根小蜡烛，回到鬼谷分别放入三间屋子里，点燃之后照得满屋通明，烛光四溢，填满了三间屋子。鬼谷子看了两个弟子的选择，当然认为孙膑更善于动脑筋，更有灵性，日后必堪大用。

五、 鬼谷子的历史影响

鬼谷子在中国历史上世极具神秘色彩的人物，他被世人誉为千古奇人，既有政治家的六韬三略，又擅长于外交家的纵横之术，所谓“智用于众人之所不能知，而能用于众人之所不能！”

鬼谷子的主要著作《鬼谷子》作为纵横家游说经验的总结，对后世具有深远影响。《鬼谷子》所崇尚的是权谋策略及言谈辩论之技巧，被誉为从政经商、为人处世的处事宝典，是谋略权术、神机妙算的百变圣经。其实外交战术之得益与否，关系国家之安危兴衰；而生意谈判与竞争之策略是否得当，则关系到经济上之成败得失。即使在日常生活中，言谈技巧也关系到一人之处世为人之得体与否。当年苏秦凭其三寸不烂之舌，合纵六国，配六国相印，统领六国共同抗秦，显赫一时。而张仪又凭其谋略与游说技巧，将六国合纵土崩瓦解，为秦国立下不朽功劳。潜谋于无形，常胜于不争不费，此为《鬼谷子》之精髓所在。《孙子兵法》侧重于总体战略，而《鬼谷子》则专于具体技巧，两者可说是相辅相成。此外，《鬼谷子》还对研究先秦诸子文学有重要的史料价值，其通篇行文风格简要精练，讲究论说的技巧，观点清晰明确，条条分明，讲理步步递进，让人可以轻而易举地体味到书中的哲理精华，并能多角度去直观地理解书中所蕴含的道理。

鬼谷子的其他著述有《本经阴符七术》《关令尹喜内传》，这些都成为道教的主要经典。《本经阴符七术》和《关令尹喜内传》主要阐释的是如何养神蓄锐，用以修心修身。《本经阴符七术》中这样说明道德修养的重要性："盛神中有五气，神为之长，心为之舍，德为之人，养神之所，归诸道。"认为"真人者，同天而合道，执一而养产万类，怀天心，施德养，无为以包志虑、思意，而行威势者也。"对人的道德修养、调神养心具有深刻启发。

鬼谷子学说的学术地位和应用价值在历史上是被公认的，他不仅在中国历史上有重要地位，在世界上也产生较大影响，鬼谷子其人包括其学说已被世界其他国家和地区所接受，成为一种世界文化。2005 年 7 月 12 日，在英国伦敦佳士得拍卖会上，一件元代青花瓷器"鬼谷下山"，拍出了 2.3 亿元的天价，刷新了中国瓷器及中国工艺品拍卖价格的世界纪录。从另一个角度来看，鬼谷子文化已经享誉世界。鬼谷子在欧美国家得到学术界乃至政界的推崇，基辛格的老师、德国著名历史哲学家斯宾格勒在《西方的没落》一书中评价鬼谷子："鬼谷子的察人之明，对历史可能性的洞察以及对当时外交技巧的掌握，必然是他成为当时最有影响力的人物之一。"他还认为"没有一个时期像这个战国时期一样使人们如此分明地面临伟大形式的交替或伟大名人权力的交替，到了各个民族在政治上不再合用的程度时，精力旺盛的个人就能进行各种活动，他们想在政治上有所创造，不计代价的握有权力，并且作为一种力量现象，成为整个民族或文化的命运。”斯宾格勒对中国战国时期的政治文化格局加以评论，非常喜爱鬼谷子的学术，深受鬼谷子权术理论的影响，对鬼谷子大加赞扬。在评价鬼谷子的两个学生时写道，“他们两人也像当时大多数政治领袖一样，都是鬼谷子的学生。鬼谷子的察人之明，对历史可能性的洞察以及对当时外交技巧的掌握，必然使他成为当时最具影响的人物之一。”美国前国务卿基辛格博士也十分推崇鬼谷子的谋略，他甚至被戏称为当代的纵横家。鬼谷子的学说在亚洲也很有市场，日本著名学者大桥武夫认为“有一本书，作为情报参谋人员无论如何也要读一下”，还把鬼谷子运用于经营活动当中，写出一本鬼谷子应用实例，取名《兵法与鬼谷子》。鬼谷子在东南亚也有一定的影响，马来西亚有“鬼谷子纵横术研究院”；菲律宾有“鬼谷子学术研究所”，并设有鬼谷子学术奖金。

如今，世界经济政治局势风云突变，在国际政治、军事格局已经发生并继续发生着深刻的变化的大背景下，鬼谷子的传统智谋必将在政治、经济、军事、外交等领域焕发出新的光芒。

第三章

合纵大师：苏秦

苏秦（？—前 284 年）是战国纵横家的主要代表，相传是鬼谷子的得意门生，是身佩六国相印的合纵大师，是早期中国外交家的典范。据史料记载，苏秦为河南洛阳人，早年曾到齐国求学，拜鬼谷先生为师研习纵横之术，数年后学成下山，外出游历于诸侯间多年，不知是学艺不精还是生不逢时，几年下来也没有混出个模样，最后竟落了个狼狈不堪、亲朋好友避而远之的田地，这就是苏秦前半生的真实写照。苏秦曾自叹英雄无用武之地，时来运转，后得神书《太公阴符》，此书主要记载的是太公兵法、纵横之法等内容。苏秦得此书如获至宝，苦读研习，潜心修炼，甚至到了头悬梁锥刺股的地步，功夫不负有心人，最终得其真义。

苏秦怀才待贾，幸福美好的生活向他招手，大展宏图的时刻即将到来。学成后他首先将目标定在洛阳，此时的洛阳为东周王室的所在地，东周王室虽然早已衰微，但是毕竟还享有名义上的共主地位，显然苏秦想走上层路线。苏秦第一步是见到周王，于是他通过关系见到了周显王姬扁（？—前 321 年）。周显王召集周围的大臣共同议事，因苏秦是洛阳本地人，群臣一向了解苏秦的为人，都瞧不起他，因而周显王并不信任他，也没有录用他。于是，苏秦西行至秦国，游说秦惠文王嬴驷（sì）（前 356—前 311 年）兼并其他诸侯国，称西帝而治，此时秦孝公嬴渠梁（前 381 年—前 338 年）已薨（hōng），其子秦惠文王嬴驷继位。秦惠文王认为时机不成熟，且秦国刚处死商鞅，讨厌说客，未采纳他的建议。在秦国碰了钉子，苏秦没有气馁，离开秦国，奔赴赵国，赵国也没有采纳苏秦的建议。公元前 334 年，苏秦到燕国，其后苏秦在列国中游说，小有成就。苏秦再次来到赵国时，战国形势发生了变化，秦国完成了变法，对外扩张的步伐不断加快，苏秦分析战国形势游说赵肃侯赵语（？—前 326 年），提出六国联合起来抵抗秦国的主张，赵肃侯采纳了苏秦的合纵抗秦的建议，资助他去游说其他五个诸侯国联合，以订立合纵盟约达到共同对抗秦国的目的。苏秦开始周游列国之间，开展合纵之术，实现人生抱负，成为名副其实的身佩六国相印的外交家。泰极生否，公元前 284 年，乐毅率五国军破齐，苏秦的合纵策略破产，最终被齐闵王施以车裂之刑，结束了苏秦辉煌而又极富争议的人生。

一、 叱咤风云的一生

《史记》中有专节的《苏秦列传》，对苏秦的一生，尤其是作为纵横家的角色做了详尽的记述。

（一）苏秦出道受阻

苏秦是东周雒（luò）阳人（关于雒阳的写法，相传汉朝开国皇帝刘邦是赤帝之子，因此汉朝为火德，水克火，所以才将洛阳写成“雒阳”。到曹魏时代，曹丕就把“雒阳”改回“洛阳”二字。)，据史书记载他曾向东来到齐国拜师求学，在鬼谷子先生门下研习纵横之术。苏秦来齐国拜师鬼谷子的地点问题在上一章关于鬼谷子的传说中有详尽的说明。

苏秦跟随鬼谷子学艺几年后下山开始他的人生纵横大戏，然而外出游历多年，弄得穷困潦倒，狼狈地回到家里，受到了家人的冷落，不甘心失败的苏秦再次踏上西征的路途，才有了他在秦国游说秦惠文王的故事。苏秦先是向西到了秦国，这个时候秦孝公已经死了，他的儿子秦惠文王继位，他对秦惠文王展开了游说：“秦四塞之国，被山带渭，东有关河，西有汉中，南有巴蜀，北有代马，此天府也。”在此，苏秦大赞秦国，认为秦是个四面山关险固的国家，周围有山峰，中间还有渭水穿过，东面有函谷关和黄河，西面是汉中，南面是巴蜀，北面有代马，因而秦国有称霸的有利条件。秦国还能凭着众多的百姓，训练出好的士兵，用来吞并天下，统治四方。然而，此时的秦国虽然经历了商鞅变法，但综合国力还没有达到“吞天下”的地步。果不其然，秦惠文王答复苏秦：“毛羽未成，不可以高蜚；文理未明，不可以并兼。”秦惠文王的意思是鸟儿还没有长好丰满的羽毛，不可能去天空飞翔，国家的政教还没有步入正轨，不可能兼并天下。况且商鞅由于离间刚刚被处死，所以像苏秦这种人在秦国根本没有立身之地。

秦国不买苏秦的账，他随后又向东到了赵国，此时赵国的国君为赵肃侯赵语（？—前 326 年），而实际当权的是赵肃侯的弟弟相国奉阳君赵成，赵成深知苏秦的为人，对苏秦不太认可，自然苏秦在赵国就失去了存在的意义，苏秦在赵国也碰壁了。

（二）合纵路上崭露头角

苏秦在赵国碰壁之后，便离开赵国北赴燕国，在燕国等了一年多才有机会拜见燕国国君燕文侯（？—前 333 年），于是他开始游说燕文侯，认为燕国也可以称霸：“燕东有朝鲜、辽东，北有林胡、楼烦，西有云中、九原，南有滹（hū）沱、易水，地方二千余里，带甲数十万，车六百乘，骑六千匹，粟支数年。南有碣石、雁门之饶，北有枣栗之利，民虽不佃作而足于枣栗矣。此所谓天府者也。”他大力称赞燕国的地理条件，认为燕国东边有朝鲜、辽东，北边有林胡、楼烦，西边有云中、九原，南边还以滹沱、易水为界，不仅地理面积辽阔，军队、战车、战马和粮食这些打仗必备的东西都应有尽有，而且还有肥沃的土地，百姓的收益就十分富裕，简直就是传说中的天然府库。并且“夫安乐无事，不见覆军杀将，无过燕者。大王知其所以然乎？夫燕之所以不犯寇被甲兵者，以赵之为蔽其南也。秦赵五战，秦再胜而赵三胜。秦赵相毙，而王以全燕制其后，此燕之所以不犯寇也。且夫秦之攻燕也，逾云中、九原，过代、上谷，弥地数千里，虽得燕城，秦计固不能守也。秦之不能害燕亦明矣。今赵之攻燕也，发号出令，不至十日而数十万之军军于东垣矣。渡滹沱，涉易水，不至四五日而距国都矣。故曰秦之攻燕也，战于千里之外；赵之攻燕也，战于百里之内。夫不忧百里之患而重千里之外，计无过于此者。是故原大王与赵从亲，天下为一，则燕国必无患矣。”燕国在所有的诸侯国中没有发生战事，硝烟四起，是因为赵国在燕国的南面遮蔽着，所以秦国和赵国发生过很多次战争，而且在五次战争中，秦国胜了两次而赵国胜了三次，燕国完全可以凭借两国相互削弱的局面来牵制他们。秦国和燕国之间隔着云中和九原，即使两国开战，攻克了燕国的城池，秦国也没法守住它，这就是为什么燕国不会受敌人侵犯的原因。但是如果赵国要攻打燕国，只要发出号令，不到十天，几十万大军就会挺进到东桓驻扎了，再渡过滹沱，涉过易水，用不了四五天的时间，就到燕国的都城了。也就是说，秦国是在千里以外的地方攻打燕国，而赵国是在百里以内的地方攻打燕国，因此要重视百里以内的赵国，防止其攻击燕国。如果能与赵国合纵，把各国联成一体，那么燕国一定不会有所忧虑了。燕文侯对苏秦的说辞非常满意，有点飘飘然的感觉，说道："您说的当然不错，可是我的国家弱小，西边又紧靠着强大的赵国，南边接近齐周，齐、赵都是强国啊。您一定要用合纵相亲的办法使燕国安全无事，我愿倾国相从。"燕文侯为苏秦所打动，决定听从苏秦的计策，征召苏秦并赞助苏秦车马钱财到赵国。从以上几个例子来看，苏秦惯用的说辞就是先陈述地理、国力等优势，然后列举战国局势对被游说诸侯国的优势，以达到游说的目的。

（三）苏秦二次游说赵国

后来，赵国当权的奉阳君赵成去世之后，苏秦就趁机游说赵肃侯赵语："天下卿相人臣及布衣之士，皆高贤君之行义，皆原奉教陈忠于前之日久矣。虽然，奉阳君妒而君不任事，是以宾客游士莫敢自尽于前者。今奉阳君捐馆舍，君乃今复与士民相亲也，臣故敢进其愚虑。"意思是说，天下所有的百姓从卿相臣子一直到穿粗衣的读书人都仰慕赵肃侯这样贤明的国君很久了，他们都希望能听从赵肃侯的教诲。虽然如此，然而奉阳君妒忌人才而赵肃侯又不理政事，因此宾客和游说之士没有谁敢在其面前畅所欲言。如今奉阳君已经撒手人寰，赵肃侯又可以和士民百姓亲近了，所以才敢表达此时的想法。此时的苏秦明显是在赵肃侯面前挑拨离间，来报奉阳君赵成的冷遇之仇，这也是说客的可气之处。苏秦发现自己的言辞似乎打动了赵肃侯，接着循序渐进，开始分析赵国的内忧外患："窃为君计者，莫若安民无事，且无庸有事于民也。安民之本，在于择交，择交而得则民安，择交而不得则民终身不安。请言外患：齐秦为两敌而民不得安，倚秦攻齐而民不得安，倚齐攻秦而民不得安。故夫谋人之主，伐人之国，常苦出辞断绝人之交也。原君慎勿出于口。请别白黑所以异，阴阳而已矣。君诚能听臣，燕必致旃裘（zhān qiú）狗马之地，齐必致鱼盐之海，楚必致橘柚之园，韩、魏、中山皆可使致汤沐之奉，而贵戚父兄皆可以受封侯。夫割地包利，五伯之所以覆军禽将而求也；封侯贵戚，汤武之所以放弑而争也。今君高拱而两有之，此臣之所以为君原也。"假如赵国与齐、秦两国为敌，还是依靠秦国攻打齐国，或是依靠齐国攻打秦国，人民都无法得到安宁。所以想要计算别国的国君，攻打别人的国家，不要轻易说出要断绝跟别国的外交关系这种话。接着苏秦又分析了其中的利害得失。也就是说，如果赵肃侯听了苏秦的话，燕国一定会献出盛产毡裘狗马的土地，齐国也一定会献出盛产鱼盐的海湾，楚国一定会献出盛产橘柚的园林，韩、卫、中山都可以相应地献出汤沐的费用。不管是获得割地、享受权利，还是使贵戚封侯这些春秋五霸不惜全军覆没、将领被俘的代价去追求的事情，赵肃侯都会得到。

苏秦越说，赵肃侯越觉得有道理，苏秦接着说：“今大王与秦，则秦必弱韩、魏；与齐，则齐必弱楚、魏。魏弱则割河外，韩弱则效宜阳，宜阳效则上郡绝，河外割则道不通，楚弱则无援。此三策者，不可不孰计也。”劝赵肃侯慎重考虑三国之间的关系：现在如果大王和秦国友好，那么秦国一定要利用这种优势去削弱韩国、魏国；如果和齐国友好，那么齐国一定会利用这种优势去削弱楚国、魏国。魏国衰弱了就要割地河外，韩国衰弱了就要献出宜阳。宜阳一旦献纳秦国，上郡就要陷入绝境，割让了河外就会切断上郡的交通。楚国要衰弱了，大王就孤立无援了。

苏秦接着就引到秦国这边来了，这也是他游说的目的，他认为秦国攻下轵（zhǐ）道，韩国的南阳就危在旦夕，秦国要强夺南阳，包围周都，那么赵国就要拿起武器自卫；假如秦国占据了卫地，攻取了卷城，那么齐国一定会向秦国俯首称臣。秦国的欲望既然已经在山东得逞，就一定会发兵向赵国进犯。假如秦军渡过黄河，越过漳水，占据番吾，那么秦、赵两国的军队一定要在邯郸城下作战了。并且，当今之时“山东之建国莫彊于赵。赵地方二千余里，带甲数十万，车千乘，骑万匹，粟支数年。西有常山，南有河漳，东有清河，北有燕国。燕固弱国，不足畏也。秦之所害于天下者莫如赵，然而秦不敢举兵伐赵者，何也？畏韩、魏之议其后也。然则韩、魏，赵之南蔽也。秦之攻韩、魏也，无有名山大川之限，稍蚕食之，傅国都而止。韩、魏不能支秦，必入臣于秦。秦无韩、魏之规，则祸必中于赵矣。此臣之所为君患也。”山东，古代以崤山划分山东和山西，古时山东指的崤山以东，从战国时期地域上看指除秦国以外的其他六个诸侯国。山东境内的国家都比赵国弱小，赵国区域纵横两千多里，武装部队几十万人，战车千辆，战马万匹，粮食可支用好几年，地理位置还十分优越。燕国本来就是个弱小的国家，不值得害怕。秦国不敢发兵攻打赵国的原因就是害怕韩国和魏国在后边暗算它。既然如此，那么韩、魏可算是赵国南边的屏障了。

纵横家喜欢引经据典，苏秦也是如此，他引用上古时期明君治理国家的典故来说服赵王。苏秦对赵王说，“我听说当初唐尧没有分到过三百亩的赏赐，虞舜也没有得到过一尺的封地，却能拥有整个天下；禹夏聚集的民众还不够百人，却能在诸侯中称王，这些事实证明，他们确实掌握了夺取天下的策略”。所以，一个贤明的君主，不仅要对外能预料敌国的强弱，对内也要能估计士兵们素质的好坏，这样双方军队还没有接触，就已经知道胜败存亡的关键所在了。说着说着，苏秦的合纵策略就来了，他说：“臣窃以天下之地图案之，诸侯之地五倍于秦，料度诸侯之卒十倍于秦，六国为一，并力西乡而攻秦，秦必破矣。今西面而事之，见臣于秦。夫破人之与破于人也，臣人之与臣于人也，岂可同日而论哉！”通过观阅天下地图才知道，各诸侯国的土地加起来是秦国的五倍，各诸侯国的士兵加起来是秦国的十倍，假如六国同心协力，结成一个整体，向西攻打秦国，秦国一定会被打败，如今他们却向西侍奉秦国，向秦国称臣，这就扭转了局面。

合纵与连横策略在实际操作中是相对立的，也是此消彼长的一个过程，苏秦仍然坚持合纵，他认为只要是主张连衡政策的人，都想把各诸侯国的土地割让给秦国。秦国的统一大业完成了，他们也能得到相应的好处，至于各国遭受秦国的祸害，他们就不去分担忧愁了，所以那些主张连衡的人凭借秦国的权势日夜不停地威胁诸侯各国，谋求割让土地。苏秦提倡合纵，排斥连横，这是他游说的基调，但也不忘吹捧对方，这是游说的技巧，有理有据的雄辩是实现游说目的的重要基础。苏秦联系当时战国的局势和赵国所处的环境，步步为营说服赵王。苏秦说：“臣闻明主绝疑去谗，屏流言之迹，塞朋党之门，故尊主广地强兵之计臣得陈忠于前矣。故窃为大王计，莫如一韩、魏、齐、楚、燕、赵以从亲，以畔秦。令天下之将相会于洹水之上，通质，刳（kū）白马而盟。”苏秦给赵王出主意，让韩、魏、齐、楚、燕、赵结成一个联合的整体，对抗秦国，让天下的将相在洹（huán）水之上聚会，并杀白马歃（shà）血盟誓，彼此约定一个完善的军事策略。假如六国相亲结成一体共同抵抗秦国，那么秦国一定不敢从函谷关出兵侵犯山东六国了，霸主的事业也就成功了。赵肃侯听了苏秦的这些话，想到自己确实年轻，即位时间又短，没有听到过使国家长治久安的策略。如今有人有意使天下得以生存，使各诸侯国得以安定，便听从了他的话。

（四）出道成功的喜悦

苏秦游说赵国显然是成功的，于是在赵国的资助下，“装饰车子一百辆，载上黄金一千镒（yì），白璧一百双，绸缎一千匹，用来游说各诸侯国加盟。”这时，周天子把祭祀文王、武王用过的肉赐给了秦惠文王。惠文王派犀首公孙衍（战国时期魏国阴晋人，纵横学派的代表人物。）攻打魏国，生擒了魏将龙贾，攻克了魏国的雕阴，并打算挥师向东挺进。苏秦恐怕秦国的部队打到赵国来，就用计激怒了张仪，迫使他投奔秦国。

1. 成功游说韩国

一次次的游说成功，使得苏秦在列国间名声大噪，苏秦去韩国游说韩宣王（？—前 312 年，姬姓，韩氏，名康，韩昭侯之子，战国时期韩国国君。）的时候说：“韩北有巩、成皋之固，西有宜阳、商阪（bǎn）之塞，东有宛、穰（ráng）、洧水，南有陉山，地方九百余里，带甲数十万，天下之强弓劲弩皆从韩出。谿（xī）子、少府时力、距来者，皆射六百步之外。韩卒超足而射，百发不暇止，远者括蔽洞胸，近者镝弇（yǎn）心。韩卒之剑戟皆出于冥山、棠谿（táng xī）、墨阳、合赙、邓师、宛冯、龙渊、太阿，皆陆断牛马，水截鹄雁，当敌则斩坚甲铁幕，革抉㕮（fǔ）芮，无不毕具。以韩卒之勇，被坚甲，跖劲弩，带利剑，一人当百，不足言也。夫以韩之劲与大王之贤，乃西面事秦，交臂而服，羞社稷而为天下笑，无大於此者矣。”在韩国的北部有坚固的巩邑、城皋，西部有宜阳、商阪的要塞，东有宛、穰、洧水，区域纵横九百多里，武装部队有几十万，可以制作最好的强弓硬弩。像谿子弩，以及少府制造的时力、距来，射程都在六百步以外。韩国士兵脚踏连弩中间不停止能连续发射一百箭。可以射穿远处的敌人胸前的铠甲，可以射透近处的敌人的心脏。韩国士兵使用的剑、都是从冥山、棠谿、墨阳、合赙（fù）、邓师、宛冯、龙渊、太阿锻冶的，这些锋利的武器从截断牛马，水上劈天鹅、大雁，到临阵对敌斩断坚固的铠甲、铁衣，全都可以实现。凭着韩国兵力的强劲和大王的贤明，向西侍奉秦国，拱手而臣服，让国家蒙受耻辱而被天下人耻笑，这才是最可笑的事情。

苏秦还不时地用秦国这个砝码来刺激列国，在游说韩宣王时，对韩宣王说如果韩国去侍奉秦国，秦国必定会索取宜阳、成皋（gāo）。秦国贪婪地索取是没有止境的，今年把土地献给他，明年又要索取割地，这样一来，不用打仗，土地就被割没了。凭着韩宣王的贤明，完全可以借韩国强大的军队，去攻打秦国。韩宣王听到苏秦这样说突然变了脸色，捋起袖子，愤怒地瞪大眼睛，而后又仰望天空长长地叹息道："寡人虽不肖，必不能事秦。今主君诏以赵王之教，敬奉社稷以从。"意思是说，我虽然没有出息，也决不能去侍奉秦国。现在您既然转告了赵王的指教，我愿意把整个国家托付给您，听从您的安排。于是，苏秦游说韩国成功。

2. 成功游说魏国

又过了一段时间，苏秦又游说魏襄王（？—前 296 年，姬姓，魏氏，名嗣，魏惠王之子，战国时期魏国第四任国君。），分析了魏国的地理优势和国土面积，估量魏国的国势和楚国不相上下。可是那些主张连衡的人却诱惑魏国侍奉秦国，这样一定会遭到灾祸，也不会有别的国家来相助。苏秦说："魏国是天下强大的国家，大王也是天下贤明的国君。如果大王有意向西面奉事秦国，自称是秦国东方的属国，为秦国建筑离宫，接受秦国的分封，采用秦国的冠服式样，春秋季节给秦国纳贡助祭，将为大王感到羞耻。"苏秦接着说了越王勾践和周武王利用极少的士兵制服吴王夫差和商纣的例子，他们的成功不是靠着兵多将广，实在是因为充分发挥出了他们的威力。然而现在大王的军事力量达到了"武士二十万，苍头二十万，奋击二十万，厮徒十万，车六百乘，骑五千匹"的数量，实力远远超过了越王勾践和周武王，可是却听信群臣的建议，想以臣子的身份服侍秦国。可能将来还会割让土地来表示自己的忠诚，因此，还没动用军队，国家却已亏损了。这些群臣作为君主的臣子，却想割让自己国君的土地，以求得与秦国的友谊，这不是真正地为魏国和大王考虑。

苏秦还借用了《周书》上的道理，说："草木滋长出微弱的嫩枝时，要不及时去掉它，到处滋长延伸了怎么办呢？细微嫩枝不及时砍掉它，等到长的粗壮了，就得用斧头了。"如果做一件事情之前不考虑成熟，事一定会有灾祸临头。于是，苏秦奉劝魏王听从他的建议，六国联合相亲，专心合力，一个意志，就一定没有强秦侵害的祸患了。最终，魏王听从了苏秦的建议："寡人不肖，未尝得闻明教。今主君以赵王之诏诏之，敬以国从。"

3. 成功游说齐国

苏秦游说魏国成功后，接着他又向东方游说齐宣王（约前 350 年—前 301 年，田氏，名辟疆，战国时代齐国国君，齐威王之子。），和游说前几个国家一样，他先是分析了齐国的地理位置和国土面积，认为齐国南面有泰山，东面有琊邪山，西面有清河，北面有渤海，这可以说是四面都有天险的国家了。另外，齐国的土地纵横两千余里，武装部队和粮食都十分充足。光是临淄就有七万户居民，"臣窃度之，不下户三男子，三七二十一万人，不待发于远县，而临菑（zī）之卒固已二十一万矣。临菑甚富而实，其民无不吹竽鼓瑟，弹琴击筑，斗鸡走狗，六博蹋鞠者。”苏秦还私下估计了每户人家不少于三个男子，因此用不着征集远处县邑的兵源，光是临淄的士兵就够二十一万了。临淄富有而殷实，家家殷实，人人富足，“夫以大王之贤与齐之强，天下莫能当。”凭借着齐宣王的贤明和齐国的强盛，天下没有哪个国家能够比得上，为什么还要向西去奉事秦国？

苏秦继续分析齐国的地理优势，他提出，齐国和韩、魏不同，他们之所以非常畏惧秦国，是因为他们和秦国的边界相接壤，假如双方派出军队交战，不出十天，胜败存亡的局势就决定了。但是秦国背靠着韩、魏的土地，要经过卫国阳晋的要道，穿过齐国亢父的险塞，他无法深入齐国的领土，所以不敢冒险进攻，因此，秦国也不能危害到齐国。群臣们没有深刻地估计到秦国根本对齐国无可奈何的实情，却想要向西而奉事秦国，这是策略上的错误。齐宣王田辟疆和以上游说的其他君主一样，听从了他的建议：“寡人不敏，僻远守海，穷道东境之国也，未尝得闻余教。今足下以赵王诏诏之，敬以国从。”

4. 成功游说楚国

苏秦游说齐国成功后，又向西南去游说楚威王（？—前329年，熊氏，名商，楚宣王之子，战国时期楚国国君。），分析楚国西边有黔中、巫郡，东边有夏州、海阳，南边有洞庭、苍梧，北边有径塞、郇（xún）阳，土地、武装部队、战车、战马和存粮这些资本都十分足够了。如果想向西侍奉秦国，那么“诸侯莫不西面而朝於章台之下矣”。苏秦还分析了秦国的忧患，秦国最大的忧患没有比得上楚国的，楚国强大，那么秦国就会弱小；秦国强大，那么楚国就会弱小。因此奉劝大王策划合纵相亲，来孤立秦国。如果不合纵六国，秦国一定会出动两支军队，一支从武关出击，一支直下黔中，那么鄢郢（yān yǐng）的局势就动摇了。如果楚王能听从他的建议，便能使山东各国向楚王奉献四时的礼物，接受英明的指教，听任大王的指挥。他认为秦国是如同虎狼一样的国家，想要吞并天下，是天下诸侯的敌人。然而主张连衡的人都想分割各诸侯的土地奉献给秦国，这就叫作供养仇人和敬奉仇敌。所以，合纵相亲，各诸侯就会割让土地奉事楚国，连衡成功，楚国就要割让土地奉事秦国，“此两策者相去远矣，二者大王何居焉？”希望楚王能慎重考虑他的意见。

楚威王熊商答道：“寡人之国西与秦接境，秦有举巴蜀并汉中之心。秦，虎狼之国，不可亲也。而韩、魏迫于秦患，不可与深谋，与深谋恐反人以入于秦，故谋未发而国已危矣。寡人自料以楚当秦，不见胜也；内与群臣谋，不足恃也。寡人卧不安席，食不甘味，心摇摇然如县旌（jīng）而无所终薄。今主君欲一天下，收诸侯，存危国，寡人谨奉社稷以从。”楚威王的意思是，楚国西边和秦国接壤，秦国有夺取巴、蜀并吞汉中的野心。并且韩、魏经常遭受秦国侵害的威胁，不可以和他们做深入的策划。假如和他们深入地策划，恐怕有叛逆的人泄露给秦国，以致计划还没施行，而国家就面临危险了。如今这个局面，想不到更好的对策，为了拯救国家，愿意听从苏秦的话。

（五）人生之巅峰——身佩六国相印

苏秦先后游说赵国、韩国、魏国、燕国、齐国、楚国，最终使得六国合纵成功，同心协力共同攻打秦国。于是，苏秦做了合纵联盟的盟长，同时兼任六国国相，此时，苏秦的合纵事业达到了巅峰。

苏秦不辱使命，成功地联合了东方六国，北上向赵王复命，途中经过洛阳的时候，已经今非昔比了，这个场景与几年前离开洛阳时候的样子形成巨大反照。苏秦随行的车辆马匹满载着行装，有很多诸侯派来的使者为他送行，苏秦的兄弟、妻子、嫂子斜着眼不敢抬头看他，都俯伏在地上，非常恭敬地服侍他用饭，气派比得上帝王。周显王（？—前 321 年，东周君主。）听到这个消息后感到非常害怕，赶快找人为他清除道路，并派使臣到郊外迎接慰劳。

公元前 333 年，燕文侯去世，谥号文公，其子燕易王即位（？—前 321 年）。秦惠文王把他的女儿嫁给了燕国太子做妻子。易王刚刚登位的时候，齐宣王趁着燕国发丧之机，攻打燕国，一连攻克了十座城池。易王对苏秦说："往日先生至燕，而先王资先生见赵，遂约六国从。今齐先伐赵，次至燕，以先生之故为天下笑，先生能为燕得侵地乎？”齐国先是进攻赵国，接着又打到燕国，燕易王想让苏秦替燕国收复侵占的国土。苏秦感到非常惭愧，便答应帮燕国收复土地。

不久，苏秦就来到了齐国，见到齐王对他拜了两拜，并弯下腰去向齐王表示庆贺；又仰起头来，向齐王表示哀悼。齐王询问其中的缘故，苏秦说：“臣闻饥人所以饥而不食乌喙者，为其愈充腹而与饿死同患也。今燕虽弱小，即秦王之少婿也。大王利其十城而长与强秦为仇。今使弱燕为雁行而强秦敝其后，以招天下之精兵，是食乌喙（huì）之类也。”饥饿的人宁愿饿死也不吃乌头这种有毒植物，是因为它既能填满肚子，也会被它毒死，就和饿死没有区别。现在燕国虽然弱小，但燕王却是秦王的小女婿，齐国因占了他十座城池而与强秦结成仇怨，从而招致天下的精锐部队攻击你，这和吃乌头是相类似的。齐王的脸色一下子变得凄怆而严肃，询问苏秦这件事的处理办法，苏秦建议齐王立即归还燕国的十座城池。并且燕国白白地收回十城，一定很高兴。燕国、秦国都来奉事齐国，那么就没有不敢听齐国发出的号令的，实际上是以十城的代价取得天下，这是称霸天下的功业。齐王听了苏秦的话，于是就归还了燕国的十座城池，苏秦在燕国多少找回一些颜面。

有人毁谤苏秦，说他苏秦是个左右摇摆、出卖国家、不值得信任，反复无常之人，将要引起乱子，苏秦害怕在齐国被定罪，逃到了燕国，此时苏秦在燕国也没有太多地位，燕王干脆不理他，不给他官职。苏秦求见燕王，通过自己的伶牙俐齿说服了燕王，最终燕王恢复他的官职，并且燕王愈发优厚地对待他。

（六）魂散齐国

这里还有一个小插曲，是关于苏秦绯闻的，故事大致是燕文侯的夫人，也就是燕易王的母亲与苏秦私通。燕易王知道这件事，却对苏秦的待遇更加优厚。苏秦恐怕被杀，就劝说燕王："臣居燕不能使燕重，而在齐则燕必重。"于是，苏秦假装得罪了燕王而逃跑到齐国，齐宣王便任用他为客卿。

公元前 301 年，齐宣王去世，其子田地即位，是为齐闵王。齐闵王（约公元前 323 年—公元前 284 年，亦称齐愍王，田氏，名地，战国时期田齐第六任国君，公元前 301 年—公元前 284 年在位。）继位，苏秦劝说闵王把葬礼办得铺张隆重，用来表明自己的孝道，然而，其实苏秦打算使齐国破败，从而有利于燕国。燕易王去世后，齐国大夫中有许多人和苏秦争夺国君的宠信，因而派人刺杀苏秦，苏秦当时没死，带着致命的伤逃跑了。齐王派人捉拿凶手，然而没有抓到。苏秦在快要死的时候对齐王说："臣即死，车裂臣以徇于市，曰'苏秦为燕作乱于齐。'"苏秦请求齐王在其去世后对世人说苏秦为了燕国在齐国谋乱，并在人口集中的街市上把他五马分尸示众，这样就可以抓到刺杀他的凶手了。齐王照做之后，凶手果然自动出来了，齐王就把凶手杀了。燕王听到这个消息感慨齐国为了给苏秦报仇，不惜用这样的手段，做法也太狠了。

（七）《苏子》

《汉书·艺文志》中记载，纵横家类有《苏子》三十一篇，但《苏子》汉以后该书已亡佚，早已失传，它的真实面貌现已无法考证。从一些文献记载中，我们一般认为《苏子》是纵横家的经典著作之一，主要收录苏秦及其他纵横家的著述及其言行，故有《苏子》的篇名，其理论架构主要为合纵理论。《苏子》当是苏秦作品或后人所记有关他的事迹的汇集，其中也应该包括苏秦之弟苏代、苏厉的一些游说之辞。《苏子》是纵横家类中篇幅最多的一部，可见从战国到西汉，纵横家中属于苏氏弟兄的作品或有关材料分量很多，流传也最广。1973 年，长沙马王堆汉墓出土的帛书本《战国纵横家书》，其中有十多篇与苏秦有关的文章，不见于《战国策》《史记》等传世的古籍，另有两篇其部分内容见于《战国策》，这里面的某些篇章也可能是原始《苏子》书中的一部分，只不过还需要进一步的考证。

现今人在《战国策》《史记》《战国纵横家帛书》等传世与出土文献中辑录了一些与苏秦、苏代等苏秦学派为主的游说之辞与言行的篇目，共辑得《苏子》逸文七十八章，以篇或者段为单位，经过辑校者逐章校勘、注释、考辨、编年，最终汇编为《苏子辑校注释》一书，

《苏子辑校注释》书影

由上海古籍出版社出版，给我们提供了诸多研究苏秦学派的线索和内容。

二、 苏秦墓之谜

苏秦为战国时期著名的纵横家，叱咤七雄的风云人物，最终苏秦在齐国死于非命。苏秦死时，年仅五十余岁，其死后究竟埋葬于何地，史书没有明确记载，但关于苏秦墓的传说却很多，在全国各地出现了多座苏秦墓，仅现存苏秦墓有六七处之多，主要有洛阳、巩义、淄博等处，详细墓址尚待进一步史料支持。因苏秦为河南洛阳人，单单在洛阳附近就出现了多座苏秦墓地，这也为纵横家苏秦再次蒙上了神秘的面纱。

（一）洛阳太平庄苏秦墓

洛阳太平庄苏秦墓位于洛阳市洛龙区李楼镇太平庄，相传庄南有“苏家冢”，即苏秦墓。《史记·苏秦列传》开篇记载，“苏秦者，东周雒（luò）阳人也。”正义战国策云：“苏秦，洛阳乘轩里人也。”《辞海》中也有苏秦为“战国时东周洛阳乘轩里人”的记载。据史料记载，我们可以得知战国时期著名纵横家苏秦是东周洛阳乘轩里人。据考证，乘轩里就在洛阳城东南四公里处，现今洛龙区李楼镇太平庄一带。《洛阳伽蓝记》中也对有洛阳“苏秦宅”的记载，《战国策·赵策一》更有明确记载：“苏秦说李兑曰：‘洛阳乘轩里苏秦，家贫亲老，无罢车驽马，桑轮蓬箧（qiè）羸塍（téng），负书担橐（gāo），触尘埃，蒙霜露，越漳、河，足重茧，日百而舍，造外阙愿见于前。口道天下之事。’”意思是说，洛阳乘轩里的苏秦，家境十分贫寒，父母都已年迈，连个驾着劣马的破车、桑木轮子草编车箱的小车都没有，穿着寒酸，跨过重重困难拜见大王谈天下大事。过去的太平庄村南苏秦墓区曾有苏秦故里的碑刻，该村学校校园传为苏家花园遗址，因为苏秦在拜六国相时，富贵一时，所以这些传说似乎也有一定的可信度。

1999年，洛阳市李楼镇村民在整修大渠时，在太平庄附近发现了唐李渊武德八年（公元625年）萧瑀（字时文，祖籍南兰陵，后梁明帝之子。）所立的“武安君六国丞相苏公墓”碑。碑文为直书阴刻，石灰岩质，整个墓碑高 2.6 米，宽 0.6 米，中间有一行字写着：“武安君六国丞相苏公墓”，左侧落款为：“敕中书令宋国公尚书右仆射萧瑀立”，右侧还有许多题记，有“大唐武德八年岁次乙酉秋庚午，奉旨省亲洛邑古轩里太平庄拜谒苏秦冢蓬蒿荒荒褒贬明矣。夫勒石以铭谋圣苏子千载可称也”。唐代苏秦墓碑的出土，是目前最早的有关苏秦墓的实物，为苏秦死后葬在洛阳太平庄提供了一定的证据和可信度。

洛阳太平庄苏秦墓

（二）洛阳张苏寨苏秦墓

苏秦在洛阳除了有太平庄一墓以外，还有一处是在洛阳市东郊张苏寨，张苏寨内有一冢，当地传为苏秦冢。由于原封土的流失，此冢已经一分为二，中间有一个洞口，里面的墓室已经外露。北魏杨衒之撰的《洛阳伽（qié）蓝记》卷二《城东》中有记载：“出青阳门外三里，御道北有孝义里。里西北角有苏秦冢。冢旁有宝明寺。众僧常见秦出入此冢，车马羽仪，若今宰相也。”《洛阳伽蓝记》是一部集历史、地理等于一身的历史和人物故事类笔记，成书于东魏武定五年（547 年），是最早记述苏秦墓的文献资料。此外，明清《河南府志》《洛阳县志》均有此记载，与古籍所载地点大体相符。

洛阳苏秦遗址

（三）郑州巩义苏秦墓

郑州巩义苏秦墓距离洛阳太平庄苏秦墓较近。该地区位于巩义西南部的苏家庄，是个 1000 多口人的村子，村民都姓苏，都说是苏秦的后人。苏秦墓冢位于苏家庄南的田野里，传说为苏秦及两位弟弟葬在这里，所以为

"三苏冢"，如今只有苏秦墓一冢，高约 15 米，宽约 40 米，周长约 80 米。

（四）淄博淄川苏秦墓

淄川苏秦墓，位于今淄博市淄川区二里乡南苏相桥庄西。据清修《淄川县志》记载，"后人疑为苏秦墓，然无确据。"苏秦乃战国时期的纵横家，死于齐地，死后葬在齐国也是情理之中的事。墓冢残留封土高约 5 米，长约 40 米，占地面积达到 1000 多平方米，墓前立有一石碑，上面写着：市级重点文物保护单位——苏秦墓。此地也因苏秦而得名，1984 年被评定为省级重点文物保护单位。墓园南部原有一座桥，为纪念苏秦取名为苏相桥，为古般阳（古县名，淄川的别称，西汉时期设置，因城址在般水之北得名，治所在今山东淄博市西南淄川。）二十四景之一。

据《史记·苏秦列传》记载，齐宣王田辟疆去世，齐闵王田遂继位，苏秦来到齐国劝说齐闵王厚葬宣王以表示孝顺，但他的目的是搞垮齐国。后来燕易王去世，燕王哙（kuài）继位。齐国众大夫因争宠派人刺杀苏秦，苏秦重伤未死，齐王没有捉到凶手。苏秦将死时，要求齐王以“帮助燕国在齐国从事反间活动”为名，将他车裂于市，并悬赏行刺之人以使贼人出现。齐王照计行事，诛杀了凶手。史书只记载了苏秦受车裂之刑，死于齐国，但没有记载他的具体埋葬之处，在以后的史书等典籍中也鲜有记述，这给墓葬的真实性问题留下许多想象的空间。

淄川苏秦墓

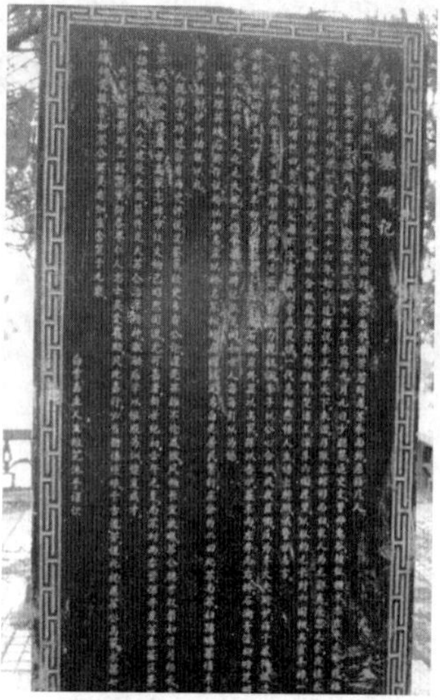

淄川苏秦墓碑记

三、 经典故事中的苏秦

苏秦作为战国时期著名的外交家，留下了许多经典性的故事，如悬梁刺股、前倨后恭等，这些都成了家喻户晓的成语故事，为世人所传颂。经典故事大多出自《战国策》，由此可知，《战国策》是记载纵横家言行的重要策书，是研究纵横家的重要典籍。

（一）悬梁刺股

悬梁刺股的典故与苏秦有关，讲的是苏秦跟随鬼谷子学艺下山遇到挫折，后得到神书——《太公阴符》，

努力学习神书的情景，通过悬梁刺股的刻苦学习，最终获得成功，出人头地的故事。成语故事出自《战国策·秦策一》，具体记载内容为：乃夜发书，陈箧（qiè）数十，得太公阴符之谋，伏而诵之，简练以为揣摩。读书欲睡，引锥自刺其股，血流至足，曰："安有说人主，不能出其金玉锦绣，取卿相之尊者乎？"期年，揣摩成，曰："此真可以说当世之君矣。"成语"悬梁刺锥"故事发生前，苏秦游说屡屡受挫，劝说秦王的奏折多次呈上，而苏秦的主张仍未实行，好不容易得来的黑貂皮大衣穿破了，游说到的一百斤黄金也用完了，钱财一点不剩，待在秦国已经没有希望了，只能返回家乡洛阳。苏秦回家的形象实在是太有风范了，缠着绑腿布，穿着草鞋，背着书箱，挑着行李，脸上又瘦又黑，一脸羞愧之色。出门几年，空手而归，回到家里的待遇可想而知。妻子不下织机，嫂子不去做饭，父母不与他说话。苏秦长叹道："妻子不把我当丈夫，嫂子不把我当小叔，父母不把我当儿子，这都是我的过错啊！”于是半夜找书，摆开几十只书箱，找到了《太公阴符》，埋头诵读，研习真谛。读书实在困得不行时，就拿针刺自己的大腿，鲜血一直流到脚跟，苏秦并自言自语说：“哪有去游说国君，而不能让他拿出金玉锦绣，取得卿相之尊的人呢？”功夫不负有心人，苏秦终于参透《太公阴符》，说：“这下真的可以去游说当代国君了！”自此，苏秦的人生进入了快车道，开始飞黄腾达了。

其实该成语由“头悬梁”和“锥刺股”两个故事组成。“头悬梁”故事出自《太平御览》，汉人“孙敬字文宝，好学，晨夕不休，及至眠睡疲寝，以绳系头悬屋梁，后为当世大儒。”汉朝儒学大师孙敬小时候读书十分刻苦，经常读到深夜，因为怕自己睡着，就把头发用绳子系在屋梁上，每当自己昏昏欲睡，头垂到一定的时候头发就会被拉得很痛，从而防止自己打瞌睡犯困。而“锥刺股”讲的是苏秦刻苦学习的故事，苏秦的生活年代要比汉代孙敬早得多，可见该成语故事的发展是一个历史过程，这也是传统文化的魅力所在。

（二）前倨后恭

从时间上来看，这个成语故事发生在上一个成语故事“悬梁刺股”之后，此时的苏秦成功游说六国，合纵成功，身佩六国相印，衣锦还乡之时。苏秦的家人皆匍匐在地，不敢仰视。苏秦对他嫂子说：“为何以前傲慢，后来恭敬呢？”苏秦笑谓其嫂曰：“何前倨而后恭也？”

他的嫂子趴在地上说："因为您地位显贵，钱财多啊。"这与想当年苏秦游历列国失败，困窘而归，家人都私下讥笑他形成鲜明对比。

该成语故事出自《战国策·秦策一》，具体内容为：将说楚王，路过洛阳，父母闻之，清宫除道，张乐设饮，郊迎三十里。妻侧目而视，倾耳而听；嫂蛇行匍伏，四拜自跪谢。苏秦曰："嫂，何前倨而后卑也？"嫂曰："以季子之位尊而多金。"苏秦曰："嗟乎！贫穷则父母不子，富贵则亲戚畏惧。人生世上，势位富贵，盍（hé）可忽乎哉！"

成语故事形成的大体背景是，苏秦将去游说楚王，路过洛阳，父母听到消息，收拾房屋，打扫街道，设置音乐，准备酒席，到三十里外郊野去迎接。妻子不敢正面看他，侧着耳朵听他说话。嫂子像蛇一样在地上匍匐，再三再四地跪拜谢罪。苏秦问："嫂子为什么过去那么趾高气扬，而现在又如此卑躬屈膝呢？"嫂子回答说："因为你地位尊贵而且很有钱呀。"苏秦叹道："唉！贫穷的时候父母不把我当儿子，富贵的时候连亲戚也畏惧，人活在世上，权势地位和荣华富贵，难道是可以忽视的吗？"告诉我们，做人要有始有终，不能嫉富嫌贫，否则自受其辱。

（三）苏秦背剑

古代游士行走江湖都喜欢身带佩剑，带剑的原始目的是用来防身，同时也是一种身份的象征。传说战国时苏秦游说六国连横抗秦时，苏秦也是一名游士，曾跟随鬼谷子研习兵法、纵横之道，是典型的侠客，只是后来游走于列国间，成为一名高级的游士，也可以说是外交官。一般游士背剑的方法是，长剑斜挎在背后，剑柄在上，剑尖朝下。而苏秦背剑的方式与常人反之，剑柄在下，剑尖朝上，斜挎于背，这也是苏秦的特殊所在。苏秦特殊背剑方式与传统武术不谋而合，传统武术其中一定式就是手握剑柄，自下而上，剑尖向上，跨于背后，背剑方式形似苏秦，因此用“苏秦背剑”这一称谓来定义武术定式。

而用“苏秦背剑”这一名称定义武术定式还与苏秦的人物形象有关，纵横家苏秦是战国时期的一代枭雄，他利用合纵之术促成东方六国合纵成功，使的强秦不敢出函谷关十五年，又身佩六国相印，叱咤风云，显贵一时。他的成就和功绩为后世所敬仰，故以“苏秦背剑”，取其纵横捭阖之意来命名传统武术定式，形象通俗，同时又富有内涵，这是对苏秦很好的纪念，在这里也被选为苏秦典故。

（四）尘暗旧貂裘

南宋著名词人陆游在其作品《诉衷情·当年万里觅封侯》中这样写道：“当年万里觅封侯，匹马戍梁州。关河梦断何处，尘暗旧貂裘。胡未灭，鬓先秋，泪空流。此生谁料，心在天山，身老沧洲。”这首词的大体意思是，作者回忆当年鹏程万里为了寻找建功立业的机会，单枪匹马奔赴边境保卫梁州。如今防守边疆要塞的从军生活只能在梦中出现，梦一醒不知身在何处。灰尘已经盖满了旧时出征的貂裘。胡人还未消灭，鬓边已呈秋霜，感伤的眼泪白白地淌流。这一生谁能预料，原想一心一意抗敌在天山，如今却一辈子老死于沧洲！貂皮裘上落满灰尘，颜色为之暗淡。

这首词是作者晚年隐居农村时的作品，作者通过对自己坎坷经历和不幸遭遇的描写，表达了作者壮志未酬、报国无门的悲愤不平之情。词人陆游借用战国时期苏秦的典故，《战国策·秦策》记载，苏秦游说秦王“书十上而说不行，黑貂之裘敝，黄金百斤尽，资用乏绝，去秦而归”，诉说自己不被重用，未能施展抱负的苦闷心情。苏秦的这个典故的发生背景是在成语故事“悬梁刺股”发生之前，此故事的背景就是苏秦悬梁刺股的前提，前文中已有详细描述，这里就不再赘述。

（五）苏秦巧对楚王

该典故出自《战国策·楚策三》，讲的是苏秦怎么由被动变为主动，并且成果超越的故事，这也反映了纵横家的聪慧之处，能屈能伸，张弛有力。

苏秦之楚，三日乃得见乎王。谈卒，辞而行。楚王曰：“寡人闻先生，若闻古人。今先生乃不远千里而临寡人，曾不肯留，愿闻其说。”对曰：“楚国之食贵于玉，薪贵于桂，谒（yè）者难得见如鬼，王难得见如天帝。今令臣食玉炊桂，因鬼见帝。”王曰：“先生就舍，寡人闻命矣。”

典故大体讲的是苏秦来到楚国，待了3个月，这里要强调一下，苏秦来楚国游说成功的前提是游说楚王，而楚王愣是三个月没有见他。三个月后，楚王终于肯见他了，机会来了。苏秦与楚王交谈后，就要向楚王辞行，楚王说："我听到您的大名，就像听到古代贤人一样，现在先生不远千里来见我，为什么不肯多待一些日子呢？我希望听到您的意见。"苏秦回答说："楚国的粮食比宝玉还贵，楚国柴禾比桂树还贵，禀报人员像小鬼一样难得见面，大王像天帝一样难得见面；现在要我拿玉当粮食，拿桂当柴禾烧，通过小鬼见高高在上的天帝。"楚王打断苏秦的话，说："请先生到客馆住下吧，我遵命了。"苏秦游说楚王第一步成功了，巧妙的语言，灵活的技巧，缜密的逻辑，这是以苏秦为代表的纵横家成功的必备条件。

四、 漫谈苏秦合纵事迹

苏秦的合纵事迹是苏秦纵横思想的重要体现，通过详细解读苏秦的合纵故事，了解苏秦如何不用一兵一卒，仅凭富有逻辑、屈伸自如和张弛有力的说辞就能让一些诸侯国"自愿"地听从他的建议和设计，影响着诸侯国之间的关系，并不断地、一次次地改变着战国的局势。了解这些背后的事迹后，我们才能真真切切的体会纵横家的无显学之名而有显学之实的说法的合理性。另外，我们从苏秦的合纵事迹不难看出，苏秦游说东方六国的套路十分相似，先是陈述某个诸侯国的地理区位、国力等优势，认为该国具备称霸的优势条件，但同时又指出强秦的虎视眈眈的外在形势，最终结论会引上报团取暖的方向，原因是既能延续诸侯国存在的现状，又能让诸侯国称霸的野心存在。这就是苏秦的聪明之处，稳稳地抓住了战国时期诸侯国，尤其是诸侯国君的逞强心态，再加上巧辩的说辞，使得苏秦能够佩六国相印驰骋于诸侯间。从某种角度上讲，苏秦的合纵对当时社会的稳定发展起了一定的积极作用。

（一）苏秦为赵国游说齐宣王

苏秦为了赵国来拉拢齐国，苏秦分析了齐国的实力和地理位置，阐析了韩魏等国的情况，认为齐赵合纵抗秦是保持实力、维护统治的有效途径，最终苏秦的说辞打动了齐宣王，实现了齐赵合纵。

苏秦为赵国组织合纵联盟，他先对齐威王分析了齐国的地理位置优势，认为齐国南面有太山，东面有琅琊山，西面有清河，北面有渤海，“此所谓四塞之国也”。接着又对齐国的领土和作战条件分析，认为齐国的兵力十分强盛，在敌人攻来的时候也不用调遣远地的兵力，就凭临淄的士卒也有二十一万，并且临淄的百姓十分富裕殷实。苏秦凭借他善辩的头脑，把齐国分析的国强势足。这样的条件如果向秦国卑躬屈膝，就太不应该了。

紧接着，苏秦又开始分析齐国与韩、魏两国之间的关系。苏秦说韩、魏之所以害怕秦国，是因为与秦国接壤，如果开战，几天就可以分出胜负。韩、魏如果胜利了，也会损失一大半的兵力，到时候国家还是守不住，如果失败了，那他们也就要灭亡了，这就是韩国和魏国想要与秦国作战的原因。但是现在如果秦国进攻齐国，韩、魏两国就可以抄秦国的后路，而秦国“至闱阳晋之道，径亢父之险，车不得方轨，马不得并行，百人守险，千人不能过也。秦虽欲深入，则狼顾，恐韩、魏之议其后也。”在经过卫国的阳晋之地时，那个地方十分关险，车子不能并进，马匹不能并行。所以秦国虽想攻打齐国深入齐境，可是总有后顾之忧，因此并不能损伤齐国。这个时候就不能向秦国卑躬屈膝了。齐王在苏秦的一番说辞下渐渐动了心，并且答应苏秦参加合纵联盟。从故事中，我们已经知道了结果，苏秦的游说是成功的。

（二）苏秦北上游说燕文侯

据《战国策·燕策一》记载，苏秦准备组织合纵联盟，成功说服齐王后，他就北上游说燕文侯。按照苏秦的游说策略，首先他分析了燕国的地理优势和国土资源优势，以证明燕国的强大：燕国东边有朝鲜、辽东，北边有林胡、楼烦，西边有云中、九原，南边有滹沱、易水。土地方圆有两千多里，战士有数十万，战车有七百辆，战马有六千匹，粮食够吃十年，没有哪个国家能比得上燕国。接着他分析燕国没有遭受敌兵侵扰的原因，是由于赵国做了燕国南面屏障。秦国和赵国之间如果发生战争，那么他们两个国家不管谁赢，实力都会被削弱，燕国却不会受到任何损伤。况且秦国要是进攻燕国，必须越过云中、九原，经过代郡、上谷。得走几千里遥远的路程，即使得到燕国的城邑，秦国也会考虑到本来不能守住。如果赵国要进攻燕国，一发号令，不到十天，几十万大军就可进驻东垣，渡过滹沱和易水，不到四五天，就可以兵临燕都。最后总结说赵国才是燕国最需要担心的祸患，如果和赵国结成合纵联盟，诸侯团结一致，燕国就一定不会有什么祸患。

燕王听了苏秦的话，经过了慎重的考虑，最终也被说服了："寡人国小，西迫强秦，南近齐、赵。齐、赵，强国也，今主君幸教诏之，合从以安燕，敬以国从。"于是，燕王赠送给苏秦一些车、马、金、帛就去了赵国。

（三）苏秦游说赵惠文王合纵六国

公元前292年，苏秦带着燕王赠送的车、马、金、帛等贵重物品去游说东方六国，第一站来到赵国。

苏秦开始倡导联合山东六国对抗秦国的合纵联盟，此时的赵国是赵成侯赵种之子赵肃侯在位时期，于是他对赵肃侯说，奉阳君李兑嫉贤妒能，他在世的时候大王不能真正掌握国家大权，如今奉阳君已死，大王从今以后能够与士民亲近了。一个国家要是想使人民安定闲适，其根本在于选择友邦，如果能够得到好的邦交，人民就可以安定；不能得到好的邦交，人民终身不得安定。他向赵王分析了赵国的外患，认为："齐、秦为两敌，而民不得安；倚秦攻齐，而民不得安；倚齐攻秦，而民不得安。故夫谋人之主，伐人之国，常苦出辞断绝人之交，愿大王慎无出与口也。"意思是说：齐国和秦国是两个敌对国家，不管是依靠秦国进攻齐国还是依靠齐国进攻秦国，人民都不能安定。所以一定不要说出谋算别国的国君，进攻别的国家这样的话。

苏秦让赵王把身边的人摒除，只留下苏秦、赵王二人，并向赵王分析合纵、连横的利弊。苏秦说，赵国如果与秦国结交，秦国一定会入侵韩、魏两国，如果和齐国结交，齐国一定会入侵楚、魏两国。魏国被入侵，它就会献出河外之地，那么去上党的路就不通；韩国被入侵，它就会献出宜阳，通往上党之路也会被切断，面临这么危险的局势一定要慎重考虑才行。而且，根据现在的形式，崤山以东这几个国家，没有哪个国家像赵国这么强大，在所有的诸侯国中，秦国最害怕赵国。如果秦国攻打韩国和魏国，并把它们吞并，那么接下来就轮到赵国了。按照苏秦的推理，赵国和韩、魏联合是最好的计策了。一个贤明的君主应该要有好的治国方略，对外能预料敌国的强弱，对内能估计士卒的多与少，不能因为别人的言论就稀里糊涂地下决策。赵王开始被苏秦的话所打动。

苏秦继续向赵王分析此时各个国家的局势。苏秦看了各诸侯国的土地，认为各个诸侯的土地加起来要比秦国大五倍，估计兵力加起来要比秦国多十倍。如果赵、魏、韩、楚、燕、齐六国团结一致，共同进攻秦国，秦国一定可以灭亡。因此不如与“韩、魏、齐、楚、燕、赵六国从亲，以傧（bīn）畔秦。令天下之将相，相与会于洹水之上，通质刑白马以盟之。”让诸侯的将相聚会于洹水之上，杀白马缔结盟约。六国结成联盟，共同对抗秦国，秦国一定不敢出兵函谷关，来危害六国。这样，赵国称霸的大业就可以完成了。

而且苏秦还向赵王承诺，如果赵王听了他的话，那么燕国一定会把出产毡、裘、狗、马的好地方献给赵国，齐国也会献出海边出产鱼盐的地盘，楚国一定会献出出产橘柚的云梦之地，此外还有城池封地，应有尽有，这些从前商汤放逐夏桀、周武王讨伐殷纣王才夺取到的东西，现在都可以得到。

经过苏秦对赵国各方面的分析，加上所提出的诚恳的条件，在他精妙绝伦的言语下赵王听从了他的话，与五国结盟。封苏秦为武安君，派出豪华的马车百辆，黄金千镒，白璧百又，锦绣千匹，作为活动费用，去联络诸侯。

（四）苏秦为赵国游说楚威王

根据《战国策·楚策一》记述，苏秦为赵国组织合纵联盟，在成功说服赵王后，又去游说楚威王，一上来便分析了楚国的地理优势：“楚，天下之强国也。大王，天下之贤王也。楚地西有黔中，巫郡，东有夏州、海阳，南有洞庭、苍梧，北有汾、陉之塞、郇阳。地方五千里，带甲百万，车千乘，骑万匹。粟支十年，此霸王之资也。夫以楚之强与大王之贤，天下莫能当也。”楚国西边有黔中、巫郡，东边有夏州、海阳，南边有洞庭、苍梧，北边有汾陉、郇阳，拥有丰厚的建立霸业的资本，已经天下无敌了。并且从目前来看秦国最引以为忧的就是楚国，楚、秦两国势不两立，所以应该六国之间结成合纵联盟来孤立秦国。

苏秦接着分析了六国之间不合纵联盟的后果。如果楚国不组织六国合纵联盟，秦国必然会从两路进军，一路出武关，一路下汉中。这样，楚都鄢郢必然会引起震动。同样，苏秦也向楚王承诺如果真的听取了他的意见，可以让山东国四时都来进贡，奉行大王的诏令，将国家、宗庙都委托给楚国，士兵都任大王使用。不论是歌女、美人还是良马、骆驼，都可以得到。只要合纵联盟成功，楚国就可以称王，诸侯就会割地听从楚国，但如果连横阵线成功，秦国就会称帝，楚国就得割地听从秦国。秦国贪狠暴戾如同虎狼，有吞并六国的野心。一旦使秦国称帝，那后果将不堪设想，楚国也会遭殃的。

苏秦说得十分诚恳，分析得头头是道，楚王也认为自己单枪匹马无法打败秦国，因此“卧不安席，食不甘味，心摇摇而悬旌，而无所终薄”，楚王觉也睡不安，饭也吃不香，心神不安，如旗子飘荡不定，终无所托。所以最终答应了苏秦，同意参加合纵联盟。

最终，苏秦凭借自己超高的外交才能，成功游说了六国君主，自己担任了六国的合纵长。

五、 苏秦的历史评价

苏秦利用自己渊博的学识以及机智的口才，发挥出作为一个纵横家的才能，不管是用连横策略游说秦王还是用合纵策略游说赵王，都能看出他的机智与灵活。然而历史上对苏秦的评价褒贬不一，有人称赞苏秦是足智多谋之人，还有的认为苏秦是阿谀奉承之人，不足以受到世人敬仰。

（一）致位富贵，天下争慕

苏秦凭借擅长纵横之术在历史上也留下了很多事迹，世人对苏秦的评价依旧是以称好声居多。司马迁在《史记·苏秦列传》中就评价苏秦是个知识渊博、口才极佳的人："太史公曰：苏秦兄弟三人，皆游说诸侯以显名，其术长于权变，而苏秦被反间以死，天下共笑之，讳学其术。然世言苏秦多异，异时事有类之者皆附之苏秦。夫苏秦起闾阎，连六国从亲，此其智有过人者。"《史记》是二十四史之一，是西汉史学家司马迁撰写的纪传体史书，也是中国历史上第一部纪传体通史，具有极高的史料价值。这里是说，苏秦兄弟三人，都是因为游说诸侯而名扬天下，他们的学说擅长于权谋机变。由于苏秦承担着反间计的罪名被杀死，天下人都嘲笑他，讳忌研习他的学说。司马迁认为社会上流传的苏秦事迹与其本人有许多差异，苏秦出身于民间，却能联合六国合纵相亲，这正说明他的才智有超过一般人的地方。

除此之外，在《盐铁论·褒贤》中也有记载，认为“苏秦、张仪，智足以强国，勇足以威敌，一怒而诸侯惧，安居而天下息。”苏秦和张仪都是足智多谋的人，他们一发怒就连诸侯都惧怕他们，是真正的天下的名士。曹操在《三国志·魏书·武帝纪》中也有对苏秦的评价：“夫有行之士未必能进取，进取之士未必能有行也。陈平岂笃行，苏秦岂守信邪？而陈平定汉业，苏秦济弱燕。由此言之，士有偏短，庸可废乎！有司明思此义，则士无遗滞，官无废业矣。”曹操认为，苏秦虽然不守信，但却辅佐弱小的燕国渡过难关。不管什么样的人都会有缺点，不要因为他们有缺点就遗漏了他们。

苏秦游说各诸侯合纵成功后，世人都对其态度发生了转变，吕蒙正的《破窑赋》（又称《寒窑赋》）中记载：“苏秦未遇，归家时，父母憎，兄弟恶，嫂不下玑（jī），妻不愿炊，然衣锦归故里，马壮人强，萤光彩布，兄弟含笑出户迎，妻嫂下阶倾己顾，苏秦本是旧苏秦，昔日何陈今何亲。自家骨肉尚如此，何况区区陌路人，抑犹未也。”苏秦还没有成功时回到家，父母和兄弟对他都没有好脸色，他的妻子也不愿意给他做饭，后来游说成功后，荣归故里，所有人对他的态度都发生了转变。从世人对他的态度来看，苏秦已经被百姓所尊重、敬仰，当时人们对他评价很高，“天下争慕效之”（出自《资治通鉴·周纪·周纪三》）。

（二）巧敏佞说，善取宠信

历史上有对苏秦的正面评价，也有不少人对他持负面评价。例如《荀子》中认为苏秦是阿谀奉承之人，《荀子·臣道》记载：“人臣之论，有态臣者，有篡臣者，有功臣者，有圣臣者。……故用圣臣者王，用功臣者强，用篡臣者危，用态臣者亡。态臣用则必死，篡臣用则必危，功臣用则必荣，圣臣用则必尊。故齐之苏秦，楚之州侯，秦之张仪，可谓态臣者也。”荀子是战国末期赵国人，是著名的思想家、文学家、政治家，也是儒家的代表人物之一，提倡性恶论。这里荀子认为，臣子与臣子之间是有区别的，有阿谀奉承的臣子，也有圣明的臣子。任用圣明的臣子就能称王天下，任用阿谀奉承的臣子国家就会灭亡，而齐国的苏秦就是态臣，即阿谀奉承的臣子。

《吕氏春秋》也认为苏秦并非贤人，“齐用苏秦而天下知其亡”。《吕氏春秋》是战国末期吕不韦重要的巨著，于公元前239年左右完成，当时正是秦国统一六国的前夕。吕不韦不认可纵横家的行为，就像历史上国君重用干辛、耳来、唐鞅、苏秦等人，才导致灭亡。他认为只有贤人才是对国家有用的，不任用贤人便无法建功立业。

除了以上记载中有对苏秦的负面评价以外，宋代诗人徐钧有一首专门写苏秦的诗，诗名为《苏秦》：本图富贵快心期，谩借从亲说便宜。五国攻秦齐不至，客卿正是在齐时。诗中评价苏秦是为了贪图富贵才向六国游说，提出合纵计策，五个诸侯国攻击秦国的时候，唯独齐国没有去，正是因为苏秦在齐国待着呢。由此可见，诗人徐钧也认为苏秦是贪图富贵的小人。

第四章

连横之长：张仪

张仪（？—前 309 年），魏国贵族后裔，魏国安邑（今山西万荣县）人，他精通兵学和权谋术，是战国时期著名的纵横家、外交家、谋略家。相传张仪为鬼谷子弟子，入于鬼谷子门下，学习权谋纵横之术，他学习刻苦，才艺精湛，满腹韬略，是鬼谷子众多弟子中的佼佼者，连苏秦都自叹才能在张仪之下。学艺出师之后，投身于诸侯外交中，创立“连横”的外交策略，凭借三寸不烂之舌，游弋于列国间，劝说东方六国入秦。后得到秦惠文王嬴驷赏识，封为相国，携印奉命出使游说诸侯国，用以秦国为主体的连横来破坏诸侯国之间的合纵联盟，取得了较好的效果，受封为武信君，曾两度为秦国相国，权倾一时。公元前 310 年，这一年张仪的命运出现了转折，一向宠信张仪的秦惠文王去世了，惠文王之子秦武王嬴荡继位，此时针对张仪的各种流言蜚语四起，张仪失去秦武王的信任，不得已跑到了魏国，出任魏国相国，第二年即秦武王二年（前 309 年）卒于魏国，其也算是寿终正寝，结局要远远好于苏秦。张仪的一生是轰轰烈烈的一生，为秦国的崛起做出了卓越的贡献，是秦统一的历史推动者和践行者。

一、以三寸之舌闯天下

《史记》中有单独的列传《张仪列传》，我们根据《张仪列传》中的线索，详细梳理张仪的生平，总结张仪的“连横”思想，让我们更加详尽地认识一代纵横家、早期卓越的外交家张仪。

（一）贵人相助赴秦国

张仪和苏秦一样是战国时期有名的纵横家，他们曾一起投入鬼谷子门下，向其学习纵横之术。张仪学成之后，就开始他的游说之路了。此时，苏秦已经说服了赵王，让各国结缔合纵相亲，可是他害怕秦国反悔，破坏盟约，趁机攻打各诸侯国。于是他考虑可以引导张仪去秦国，便暗中派人引导张仪去投靠他。张仪果然听了别人的话，前往赵国，请求会见苏秦。但是苏秦告诫门下的人不给张仪通报，过了好几天才接见他，还让他坐在堂下，让他吃奴仆吃的饭菜，更过分的是，苏秦还责备张仪如今这个穷困潦倒的样子，并不准备接纳他，就把他打发走了。张仪从苏秦这里受到了侮辱，十分生气，他就去投奔秦国了。

不久苏秦对他身边的人说："张仪，天下贤士，吾殆弗如也。今吾幸先用，而能用秦柄者，独张仪可耳。然贫，无因以进。吾恐其乐小利而不遂，故召辱之，以激其意。子为我阴奉之。"原来，苏秦早就自认为才学比不上张仪，认为张仪是天下最有才能的人，如今只有张仪才能够掌握秦国的权力。所以苏秦担心他为满足小的利益而不能成就大的功业，所以故意把他招来羞辱他，激发他的意志。苏秦还禀明赵王，派人暗中跟随张仪，和他投宿同一客栈，逐渐地接近他，给他所需要的东西，但不告诉他是谁。张仪这才有机会拜见了秦惠文王，惠文王任用他作客卿，并和他策划攻打诸侯的计划。

而此时，苏秦派来的门客要告辞离去，张仪不知情要挽留他，门客把苏秦暗中帮助他的真相告诉了张仪，张仪这才恍然大悟，后悔自己竟然没察觉出这件事，并保证不会让秦国攻打赵国的。后来，张仪出任了秦国的宰相，想起以前曾陪着楚相喝酒，被楚相冤枉偷了他的玉璧，并遭受到严刑拷打的事情，便写信警告楚相，警告他好好地守护住楚国，秦国要攻打楚国了。

（二）在秦国首演受挫

不久，韩国和蜀国两国之间战争不断，分别到秦国告急。秦惠文王要出动军队讨伐蜀国，又担心道路艰险狭窄，不容易到达。而这时韩国又来侵犯秦国。于是秦惠文王在先攻打韩国还是先攻打蜀国之间犯了难，一直犹豫不定不能下定主意，司马错和张仪在惠王面前争论不休，司马错主张讨伐蜀国，张仪认为应该先讨伐韩国。

张仪提出秦国应先与魏国、楚国交好，再去讨伐周王，“下兵三川，塞什谷之口，当屯留之道，魏绝南阳，楚临南郑，秦攻新城、宜阳，以临二周之郊，诛周王之罪，侵楚、魏之地”，先使魏国到南阳的通道断绝，让楚国出兵逼近南郑，接着秦军进击新城和宜阳，讨伐完周王的罪恶后，再攻占楚、魏的土地，这时周王就会献出传国的九鼎宝物。秦国占有了九鼎之宝，就可以挟制着周天子而向天下发号施令，这就能完成统一天下的大业了。反之，蜀国是西方偏僻的国家，如果先攻击蜀国，夺得他们的土地，不仅会劳损士兵，也不能够扬名天下，得不到实际的好处。

而司马错认为如果想要使国家富强，想统一天下，一定要先开拓疆土、广施恩德，如今秦国疆土狭小，应该先把蜀国占领。况且蜀国此时正在发生祸乱，现在去攻打他，不仅可以扩大领土，还能使蜀国的百姓远离战争，用不着损兵折将，他们就已经屈服了。既得到了国家和财富，还会获得禁止暴乱的好名声。反之，如果攻打韩国，会陷于不义之地，可能还会带来危险。

最终惠文王听取了司马错的建议，出兵讨伐蜀国。

于当年十月攻占了蜀国，平定了蜀国的暴乱，贬谪蜀王，改封号为蜀侯，派遣陈庄出任宰相。此后，蜀国归秦，秦国也因此更加强大了。

（三）首拜秦国相

惠文王十年（公元前 328 年）时，诸侯国合纵对抗秦国，秦王派遣嬴华（又称“公子华”，为秦孝公之子，秦惠文王之弟，是秦惠文王时期的秦国大将。）和张仪围攻魏国的蒲阳，一举克之并占领了它。张仪趁机劝说秦王把它归还魏国，而且派公子繇到魏国去作人质。张仪劝魏王对秦国应该以礼相待，魏国就把上郡、少梁献给了秦国，用以答谢秦惠文王。惠文王认为张仪这件事办得不错，就任用张仪为国相，把少梁改名叫夏阳。

张仪出任秦国国相第四年的时候，正式拥戴惠文王为王。过了一年，张仪担任秦国的将军，夺取了陕邑，修筑了上郡要塞。第二年，秦王派张仪和齐、楚两国的国相在啮桑会谈，张仪“东还而免相，相魏以为秦，欲令魏先事秦而诸侯效之”。他为了秦国的利益，去了魏国担任国相，打算劝说魏国让魏国侍奉秦国，继而让其他诸侯国效法都去侍奉秦国。魏王不肯接受张仪的建议，秦王知道后大发雷霆，立刻出动军队攻克了魏国的曲沃、平周两地，暗中却给张仪的待遇更加优厚。张仪感到没有什么可以来报答秦王，觉得很惭愧。在魏襄侯去世，哀王即位后，张仪又劝说哀王，哀王也不听从。于是，张仪暗中让秦国攻打魏国，魏国被打败。

（四）走上游说列国连横之路

1. 游说魏国连横

哀王二年，齐国在观津与魏军开战，齐国胜利了。秦国想要再次攻打魏国，但又没有理由攻打他，就想先打败韩国申差的部队，震慑一下其他诸侯们，让他们震惊慌恐。于是张仪再次游说魏王让魏国投靠秦国，他对魏王分析了魏国的地理位置和地形条件，认为魏国的土地和士兵都很少，不仅地势平坦，四周没有高山围绕，而且四周还与楚国、韩国、赵国、齐国接境，处于十分危险的形势。

接着又分析了各诸侯国合纵的不利之处，各国诸侯在洹（huán）水边上杀白马，歃（shà）血为盟，相约为兄弟手足的目的是凭靠它使国家安宁，君主尊崇，军队强大，名声显赫。但即使是同一父母所生的亲兄弟，还有争夺钱财的，苏秦如此虚伪欺诈、反复无常，各诸侯国之间的合纵联盟的策略总有一天会失败。所以魏国侍奉秦国是最好不过的了。假如不奉事秦国，秦国出兵攻打河外、占领各个地方的土地，到时候赵国军队不能南下支援魏国，魏国的军队不能北上，合纵联盟的道路就会断绝，魏国肯定会受到威胁，到时候后悔也来不及。况且，秦国最想削弱楚国，楚国虽然名声很大，实际上却很空虚，如果魏国攻打楚国，肯定能胜利，到时候楚国亏损而归服秦国，魏国也得到好处。假如魏国不听从这个建议，等到秦国出动精锐部队向东进攻，那时即使魏国想要臣侍秦国，恐怕也来不及了。那些主张合纵的联盟国，大多只会讲大话，唱高调，很少让人信任。所以天下游说之士，都日夜激动地紧握手腕，瞪大眼睛，磨牙鼓舌，大谈合纵的好处，用以劝说各国的国君，各个国君都被他们的游说所迷惑了。

张仪分析得句句在理，如果此时不投靠秦国，魏国一定会有危险，相反，如果奉事秦国，那么楚国、韩国一定不敢轻举妄动。没有楚国、韩国的外患，魏国就可以高枕无忧了。于是，魏哀王背弃了合纵盟约，依靠张仪请求和秦国和解。张仪回到了秦国，重新出任国相。

2. 游说楚国连横

三年后，魏国又背弃了秦国加入合纵盟约。秦国出兵攻打魏国，夺取了曲沃。第二年，魏国再次臣事秦国。

秦国想要攻打齐国，然而齐、楚两国缔结了合纵相亲的盟约，于是张仪前往楚国出任国相。楚怀王听说张仪来，为他准备了最好的房间，亲自安排他住宿，询问他来楚国的缘由。张仪游说楚王，想让楚国和齐国断绝往来，解除盟约，并以秦国商於一带六百里的土地和秦国的女子为条件，使楚国和秦国永远结为兄弟国家，这样向北可以削弱齐国而西方的秦国也就得到好处。楚王听了以后，非常高兴地应允了他。大臣们听闻纷纷前来向楚王祝贺，唯独陈轸（zhěn）为他伤悼。楚王很生气，问陈轸为什么不向他祝贺，陈轸回答，在他看来商於一带的土地不仅不能得到，而且齐国和秦国可能会联合起来，“夫秦之所以重楚者，以其有齐也。今闭关绝约于齐，则楚孤。秦奚贪夫孤国，而与之商於之地六百里？张仪至秦，必负王，是北绝齐交，西生患于秦也，而两国之兵必俱至。善为王计者，不若阴合而阳绝于齐，使人随张仪。苟与吾地，绝齐未晚也；不与吾地，阴合谋计也”。秦国之所以重视楚国，是因为楚国和齐国结盟了，如今楚国和齐国断绝往来，废除盟约，那么楚国就孤立了。并且秦国没有理由为了一个孤立无援的楚国，而给它六百里土地。到时候秦国一定会来攻打楚国，楚国将会陷入内忧外患的局势。分析完形势后，陈轸提出了应对这件事的方法，那就是暗中和齐国联合而表面上断绝关系，并派人跟随张仪去秦国。假如秦国给了楚国土地，再和齐国断交，假如秦国不给土地，那就符合了策略。

令人意外的是，楚王根本没有听进去陈轸的话，还让他不要乱说，等着楚国拿到土地就是了。于是把相印授给了张仪，还馈赠了大量的财物。接着和齐国断绝了关系，废除了盟约，派了一位将军跟着张仪到秦国去接收土地。张仪回到秦国，假装没拉住车上的绳索，跌下车来受了伤，一连三个月没上朝，楚王听到这件事，以为自己与齐国断交还不彻底，就派勇士到宋国，借了宋国的符节，到北方的齐国辱骂齐王，齐王十分愤怒，斩断符节，和秦国结交了。直到秦国和齐国建立了邦交，张仪才上朝。不出意外，秦国并没有履行诺言，张仪对楚国的使者说："我有秦王赐给的六里封地，愿把它献给楚王。"楚国使者说："我奉楚王的命令，来接收商於之地六百里，不曾听说过六里。"使者回报楚王，楚王怒火填胸，立刻要出动军队攻打秦国。此时的陈轸为楚王出主意，说："攻之不如割地反以赂秦，与之并兵而攻齐，是我出地于秦，取偿于齐也，王国尚可存。"与其攻打秦国，不如反过来割让土地贿赂秦国，和他合兵攻打齐国，再把割让给秦国的土地，从齐国夺回来补偿，这样楚国还可以挽救。楚王还是不听陈轸的话，出动军队并派将军屈匄（gài）进攻秦国。秦、齐两国共同攻打楚国，楚国损失了八万官兵，屈匄也被杀死，还被夺取了丹阳、汉中的土地。楚国又派出更多的军队去袭击秦国，在蓝田展开大规模的战斗，最终楚军大败，楚国又割让两座城池才和秦国讲和。

秦国要挟楚国，想用武关以外的土地交换黔中一带的土地，楚王不愿意交换土地，但愿献出黔中地区，得到张仪。秦王心里想答应这个条件，但又不好说出口，这时张仪却主动请求前往，并对惠王说："秦国强大，楚国弱小，我和楚国大夫靳尚关系亲善，靳尚能够去奉承楚国夫人郑袖，而郑袖的话楚王是全部听从的。况且我是奉大王的命令出使楚国的，楚王怎么敢杀我。假如杀死我而替秦国取得黔中的土地，这也是我的最高愿望。"于是，张仪就出使去了楚国，楚怀王等张仪一到就把他囚禁起来，要杀掉他。靳尚对郑袖说，楚王即将要鄙弃她，郑袖询问其中的原因，靳尚说秦王特别钟爱张仪打算把他从囚禁中救出来，如今将要用上庸六个县的土地贿赂楚国，把美女嫁给楚王，用宫中擅长歌唱的女人作陪嫁。楚王看重土地，就会敬重秦国。秦国的美女一定会受到楚王的宠爱，到时候郑袖就会被楚王鄙弃。如果想要挽救局面，不让这样的事情发生，最好是替张仪讲情，将他从囚禁中释放出来。于是郑袖日夜向怀王讲情，对怀王说秦国把张仪派来，已经十分尊重楚国了，“人臣各为其主用”，如果大王把张仪杀了，秦国一定会十分愤怒，并出兵攻打楚国。楚怀王听了郑袖的话后悔了，赦免了张仪，像过去一样优厚地款待他。也答应了张仪的建议，和秦国相亲。

3. 游说韩国连横

楚国和秦国之间的战斗平息之后，张仪便离开楚国，借此机会前往韩国，游说韩王使其和秦国结交。按照纵横家游说的策略，张仪首先对韩国的地理地势和国家资源做了详细的分析，认为韩国地势险恶，“五谷所生，非菽而麦，民之食大抵菽（shū）藿羹。一岁不收，收不餍（yàn）糟。地不过九百里，无二岁之食。料大王之卒，悉之不过三十万，而厮徒负养在其中矣。除守徼亭鄣塞，见卒不过二十万而已矣。秦带甲百余万，车千乘，骑万匹，虎贲之士跿篴（zào）科头贯颐奋戟者，至不可胜计。”韩国由于地势的原因，百姓都住在山区，不生产麦子而生产豆子，人们吃的大都是豆子饭、豆叶汤。如果一年没收成，人们连糟糠这样粗劣的食物都吃不饱。韩国的土地也很少，都不足九百里。整个国家的士兵，全数也超不过三十万人，除掉防守驿亭、边防要塞的士兵，现有的军队不过二十万罢了。而秦国武装部队就一百多万，战车千辆，战马万匹，秦国的士兵与山东六国的兵相比，如同勇猛的大力士孟贲和软弱的胆小鬼。

然而有些国家的诸侯和大臣们不估量自己的土地狭小，听信主张合纵的人甜言蜜语，以为只要联起手来，就可以在天下称霸了。相反他们才是不顾国家的长远利益考虑，最终会贻误国君，国家会迎来灾难的。韩王听信了张仪的策略，与其他诸侯国取消合纵的联盟。张仪回到秦国向秦王报告，秦惠文王便封赏了他五个都邑，封号为武信君。

4. 游说齐国连横

张仪游说韩王成功以后，秦王又派张仪向东游说齐闵王，让齐国也取消与其他诸侯国的联盟。张仪向齐王说明齐国的强大，天下的国家没有超过齐国的，大臣及其父兄兴旺发达，人民富足安乐。然后指责为齐王出谋划策的人，说他们没有为齐国考虑，为了暂时的欢乐，不顾国家长远的利益。

接下来，张仪为秦王分析了当下的合纵的坏处。他提到主张合纵的人，结党营私，排斥异己，都认为合纵很好。但就拿真实的例子来说，齐国和鲁国打了三次仗，虽然鲁国战胜了三次，但国家却随后就灭亡了，即使有战胜的名声，却遭到国家灭亡的现实。这是因为齐国强大，鲁国太弱小了。现在，秦国与齐国就相当于齐国和鲁国一样。秦国和赵国在漳河边上交战，两次交战两次打败了秦国，在番吾城下交战，两次交战又两次打败了秦国。四次战役之后，赵国的士兵阵亡了几十万，才仅仅保住了邯郸。即使赵国有战胜的名声，国家也残破不堪了。

张仪进一步引导齐王，对他说如今秦、楚两国嫁女娶妇，结成兄弟盟国，韩国献出宜阳，魏国献出河外，赵国也割让河间来奉事秦国，现在就差齐国了。假如齐王不臣事秦国，秦国就会驱使韩国、魏国进攻齐国的南方，到时候可能会失去齐国的即墨地区。国家一旦被进攻，即使是想要臣事秦国，也不可能了。齐王最终也听从了张仪的建议，就答应了张仪的条件。

5. 游说赵国连横

张仪离开齐国，又向西游说赵王。张仪对赵王说当初赵王率领天下诸侯来抵制秦国，秦国的军民十五年都不敢出函谷关。秦国的百姓每天都在心惊胆战，担惊受怕，屈服不敢妄动，忧愁畏惧地生活着，不敢轻举稍动，生怕赵王有意责怪秦国。如今，秦国已经攻克了巴、蜀，吞并了汉中，夺取了东周、西周，迁走了九鼎宝器，虽然地处偏僻辽远的地区，然而内心的压抑愤懑的日子太长了。现在，秦国有一支残兵败将，驻扎在渑池，正打算渡过黄河，与赵军在邯郸城下相会交战，效法武王伐纣，所以秦王郑重地派出使臣先来敬告赵王。

秦国派出了三支军队：一支军队堵塞午道，通知齐国调动军队渡过清河，驻扎在邯郸的东面；一支军队驻扎在成皋，驱使韩国和魏国的军队驻扎在河外；一支军队驻扎在渑池。张仪说，四国军队相约结为一体进攻赵国，攻破赵国后，必然由四国瓜分土地。所以把这件事情告诉赵王，不如与秦王在渑池会晤，面对面，口头做个约定，请求按兵不动，不要进攻。赵王说："先王之时，奉阳君专权擅势，蔽欺先王，独擅绾（wǎn）事，寡人居属师傅，不与国谋计。先王弃群臣，寡人年幼，奉祀之日新，心固窃疑焉，以为一从不事秦，非国之长利也。乃且原变心易虑，割地谢前过以事秦。方将约车趋行，适闻使者之明诏。"先王在世的时候，奉阳君独揽权势，蒙蔽欺骗先王，独自控制政事，先王抛弃群臣谢世时，赵王还年轻，继承君位的时间也不长，当时就认为各国联合一体，不奉事秦国，不是长远的利益。于是，赵王答应了张仪的建议，割让土地弥补已往的过失，奉事秦国。

6. 游说燕国连横

张仪从赵国离开，向北到了燕国，游说燕昭王。张仪先是论证了赵王的品行，天下人都知道代王的死与赵王有关。以前燕国和赵国最亲近，过去赵襄子还把自己的姐姐嫁给代王为妻，想吞并代国，命令工匠做了一个金斗，加长了斗柄，使它能用来击杀人命。赵王约定在句注要塞和代王会晤，赵王与代王喝酒，暗中告诉厨工在送热羹的时候，把斗柄反转过来击杀代王，这个计策成功了，代王当场就被杀死了。赵王的姐姐听到这件事，磨快了簪子自杀了，所以至今还有一个名叫摩笄（jī）的山名。

接着，张仪进一步引导燕王投靠秦国。张仪说赵王凶暴乖张，六亲不认，燕国不适合和其亲近。赵国出动军队攻打燕国，两次围困燕国首都来劫持大王，还要赵国割让十座城池向他道歉。如今，赵王已经到渑池朝拜秦王，献出河间一带土地奉事秦国。假如赵国不奉事秦国，秦国将出动武装部队直下云中、九原，驱使赵国进攻燕国，那么易水、长城很快就会被攻下，现在的赵国对秦国来说，如同郡和县的关系，假如燕国奉事秦国，秦王一定高兴，赵国也不敢轻举妄动，这就等于西边有强大秦国的支援，而南边解除了齐国、赵国的忧虑。

燕国地域遥远，没有人正确地为燕王出谋划策。燕王同意张仪的说法，愿意向西奉事秦国，献出恒山脚下五座城池。

（五）战国外交明星魂落魏国

张仪用自己的行动成功游说了各诸侯国，让他们侍奉秦国，回报了秦王。秦惠文王更元十四年（公元前

311 年)，秦惠文王薨，嬴荡即位，是为秦武王。张仪在回秦国的路上还没走到咸阳秦惠文王就去世了，武王从做太子时就不喜欢张仪，等到继承王位，很多大臣说张仪的坏话，日夜不停地诋毁张仪，他们认为张仪不讲信用，反复无定，出卖国家，以谋图国君的恩宠。秦国如果要再任用他，恐怕被天下人耻笑。诸侯们听说张仪和武王感情上有裂痕，都纷纷背叛了连横政策，又恢复了合纵联盟。

此时，齐国又派人来责备张仪，张仪害怕被杀死，就趁机对武王说为秦国国家着想，必须使东方各国发生大的变故，秦国才能多割得土地，“今闻齐王甚憎仪，仪之所在，必兴师伐之。故仪原乞其不肖之身之梁，齐必兴师而伐梁。梁齐之兵连于城下而不能相去，王以其间伐韩，入三川，出兵函谷而毋伐，以临周，祭器必出。挟天子，按图籍，此王业也。”如今齐王特别憎恨我，只要我在哪个国家，他一定会出动军队讨伐它。所以张仪请求让自己去魏国，使得齐国出动军队攻打魏国。魏国和齐国的军队在城下混战的时候，秦国正好利用这个间隙攻打韩国，打进三川，军队开出函谷关，直接挺进，兵临周都，到时候周天子一定会献出祭器，秦王也就可以趁机挟持天子，掌握天下的地图户籍。

秦王同意了张仪说的计策，就准备了三十辆兵车，送张仪到魏国，齐王果然出动军队攻打魏国，梁哀王很害怕。张仪就派遣他的门客冯喜到楚国，再借用楚国的使臣到齐国，想办法让齐国撤兵，对齐王说虽然特别憎恨张仪，但也让张仪在秦国有所依托，这算是做得十分周到了。正是因为齐王憎恨张仪，张仪在什么地方，齐王一定出兵攻打什么地方。张仪离开秦国时，本来与秦王约定好使东方各国发生大的变故，如果去到魏国，齐国必然要出动军队攻打魏国，魏国和齐国的军队在城下混战而谁都没法回师离开的时候，秦王利用这个间隙攻打韩国，打进三川，军队开出函谷关而不要攻打别的国家，直接挺进，兵临周都，周天子一定会献出祭器。秦王认为他说的对，所以准备了兵车三十辆，送张仪去了魏国。如今，魏王向外攻打与自己建立邦交的国家，广泛地树立敌人，祸患殃及自身，却让张仪得到秦国的信任。这就是让张仪有所依托。齐王听后，知道自己中了张仪的计，就解除了攻打魏国的战争。

秦武王二年（公元前 309 年），正是张仪出任魏国宰相一年，张仪在魏国逝世。

（六）张仪之墓

张仪曾先后两次长达 11 年为秦相国，被封为武信君。张仪为魏国贵族后裔，他也曾两次为魏国国相，第一次 4 年，第二次仅 1 年多，即公元前 309 年死于任上。据史料记载，张仪死后葬在开封市东郊，《太平寰宇记》记载，“《史记》云：‘仪，魏人，相秦一十年。’卒葬于此。俗以坟形似砚，因名砚子台。与张耳墓南北相对，因谓张耳墓为南砚台，此为北砚台。张耳墓，在县东七里。”张仪墓位于开封市区东北七公里新曹门遗址边宴台河村，在村南北街中段西侧，原为长方形高台，其南三公里的张耳墓也似砚台，为示区别，张耳墓称南砚台，张仪墓称北砚台，位于今开兰公路北侧。张仪墓长方形，似长方形砚形状，故墓附近村落乃称“砚台”，其土质坚硬，经年被人掘土使用竟成凹坑。张仪墓附近有一些村庄，这些村庄住户大多为张姓人，我们猜测可能是张仪的后代守墓人延续而来。1994 年，开封市有关部门重修张仪墓，并立有《整修张仪墓碑记》一通。明清时期，黄河南移，靠近开封城垣，且屡次决口，北砚台村北被冲出一大河口，群众遂改称为北砚台河。

关于张仪的墓地有多种说法，一般都认为河南开封的墓葬即为张仪之墓，我们也比较认同这种看法。据史料记载，张仪于公元前 309 年卒于魏国相任上，当时魏国的都城在大梁，也就是现在的河南开封，张仪死后葬在开封符合逻辑。张仪是魏国贵族后裔，他的籍贯即为魏国，死后叶落归根也符合古人的传统。再者，以张仪去世前在诸侯国中的处境来看，通过一次次的“连横”，各个诸侯国吃尽了秦国的苦头，上了很多张仪的当，就连最后秦国也不怎么待见张仪，张仪死后葬于别处的可能性很小。

河南省开封市张仪墓碑

二、 经典故事中的张仪

张仪是战国时期著名的外交家活动家，关于他的纵横故事非常多，这里我们选取了两个比较有代表性的故事，一个是励志读书、发奋图强的“张仪折竹”的故事，另一个是体现张仪个人特点的“张仪之舌”的故事。

（一）张仪折竹

典故出自《拾遗记》。《拾遗记》是东晋学者王嘉编撰的一部关于古代中国神话志怪的小说合集，其主要内容是杂录和志怪，包括一些历史异闻和部分荒唐怪诞的神话。在《史记》中虽有独立的《张仪列传》，但是像“张仪折竹”典故就没有直接记载，其他历史文献中也没有详细记载。《拾遗记》中简单记载了此典故，曰：“张仪、苏秦二人同志，递剪发以相活，或佣力写书。行遇圣人之文无题记，则以墨画于掌内及股里，夜还，更折竹写之。”据史料记载，张仪是战国时期魏国贵族后裔，但到张仪时家道已经败落，家境贫寒，这在相关史书中得到印证。

典故：张仪折竹

反映张仪家境贫寒的实例，史书中确有记载，张仪完成学业游说诸侯时，楚国国相邀请包括张仪在内的门客喝酒，席间，楚相丢失了一块玉璧，门客们怀疑是张仪拿的，就说：“张仪贫穷，品行不端，一定是他偷去了宰相的玉璧。”张仪因此受到羞辱，说明张仪当时家境确实贫寒。这个故事在下一个典故“张仪之舌”中会有详细的叙述。因家境贫寒，为了生存，张仪年轻时曾经替人抄书，在抄书过程中，遇到没有见过的好句子就写在掌中或腿上，晚上回到家中，就折竹刻写，久而久之，集成了册子，这估计就是最早的摘抄本，《张子》似乎与之相关。

后人遂将“折竹”或“张仪折竹”不断演化，成为典故，来形容勤奋刻苦学习。

（二）张仪之舌

该典故出处于《史记·张仪列传》，典故的背景是张仪跟随鬼谷子学艺归来，准备去游说诸侯。到了楚国，他陪着楚国国相饮酒，席间，楚相说他丢失了一块玉璧，其实他是故意这么说的，目的是教训一下张仪。门客们便指定张仪是盗者。于是，大家一起把张仪拘捕起来，拷打了几百下。张仪始终没有承认，楚相只好释放了他。

《张仪列传》中的原文为：张仪已学游说诸侯。尝从楚相饮，已而楚相亡璧，门下意张仪，曰：“仪贫无行，必此盗相君之璧。”共执张仪，掠笞（chī）数百，不服，醳（chī）之。其妻曰：“嘻！子毋读书游说，安得此辱乎？”张仪谓其妻曰：“视吾舌尚在不？”其妻笑曰：“舌在也。”仪曰：“足矣。”

受辱后的张仪回到家，给他妻子讲述此事，他的妻子又悲又恨地，认为张仪要是不读书游说，在家好好种

张仪之舌

地，又怎么能受到这样的屈辱呢？张仪丝毫不觉得这是个事，并且非常俏皮地对他的妻子说："你看看我的舌头还在不在？"他的妻子笑着说："舌头还在呀。"张仪说："这就够了。"是张仪脸皮厚呢，还是心胸宽广呢。张仪说："只要舌头还在，我就不怕。总有一天，我会凭我三寸不烂之舌，出人头地，高官厚禄的！"张仪调养了些日子，伤好后，他来到赵国拜会已当上国相的老同学苏秦。苏秦用"激将法"把张仪激往秦国，这也是张仪纵横战国大富大贵的开始。张仪凭着他的三寸不烂之舌，果然得到秦惠文王的赏识，拜他为相国。

后来，把"张仪舌"这一典故，用来形容能说会道，也用来形容虽然没有发迹，但本钱还在，用现在的话说就是拥有潜力股。

三、张仪连横事迹

张仪的连横事迹非常精彩，尤其是张仪“连横”说辞和思辨，说辞有理有据，思辨逻辑缜密并带有一定的攻击性，与苏秦的“合纵”之术区别较大。苏秦以合为主，讲究的是“合”为贵，而苏秦则以“立”为主，主要目的是打破旧的格局，建立一个以秦国为核心的新格局，张仪的底气主要是背后有着相对强大的秦国，张仪连横的攻击性也体现在这里，秦国强大的实力就是一个很好的游说说辞。文中选取了五个具有代表性的例子，分别是游说楚国、赵国、燕国、齐国，从事迹中让我们去领略张仪的连横气势。

（一）张仪游说秦惠文王连横秦楚

据《史记·甘茂传》记载，秦惠文王更元十三年（公元前 312 年），秦、韩、魏三国合纵攻楚，楚国大败，魏章、甘茂等占领了楚国的汉中等地。秦王赐封樗（chū）里子，封号是严君。此时，张仪想说服秦王以归还楚国的汉中为条件，迫使楚国参加秦楚连横盟国。张仪游说秦王，将军甘茂（姬姓，下蔡人，位于今安徽颍上甘罗乡，战国中期秦国名将、左丞相。）似乎不同意退还楚国的领土，于是张仪开始了连横秦楚的过程。

张仪首先游说秦王，他打算把汉中让给楚国，奏请秦王说：“有汉中，蠹（dù）。种树不处者，人必害之；

家有不宜之财，则伤本。汉中南边为楚利，此国累也。”汉中不是一个好地方，而且汉中南边为楚国利益的所在，对秦国来说是一个忧患。甘茂却不同意，对秦王说：“地大者，固多忧乎！天下有变，王割汉中以为和楚，楚必畔天下而与王。王今以汉中与楚，即天下有变，王何以市楚也?”国土广大，不一定就是忧患，如果割让汉中去联合楚国，楚国必定会从诸侯中分裂出来，而与大王联合。大王现在把汉中割给楚国，如果诸侯关系发生变化，又拿什么和楚国做交换条件呢?

张仪游说秦王不成功，便去计谋楚怀王。楚怀王十八年（公元前 311 年），秦国派出使者与楚国约定亲善，并把汉中的一半地盘分给楚以求和解。楚王说：“愿意得到张仪，不想得到土地。”张仪听到楚王的话，请求赴楚。秦王不要土地，反而只要张仪。张仪请求赴秦，怀王囚禁了张仪，还要杀死他。张仪利用与楚王的大臣靳尚的关系，使靳尚对郑袖（楚王宠幸的夫人）吹耳边风，使其劝楚王放出张仪。郑袖在楚王面前的说情使楚王释放了张仪。张仪放出后，怀王很客气地款待张仪，张仪又借机劝说楚王背叛合纵盟约，与秦国联合亲善，相约两国结为婚姻。此年，秦惠文王逝世。

（二）张仪游说楚怀王连横秦楚

张仪为秦国破除合纵，推行连横，游说楚怀王，才使秦、楚两国二次联合成功。张仪为了瓦解合纵联盟，组织连横阵线，先去游说了楚王。张仪认为搞合纵联盟的人，无异于驱赶群羊去进攻猛虎，弱羊敌不过猛虎，现在楚王应该与秦国这样的猛虎友好。张仪为楚王分析了秦国与楚国之间的实力，他说秦国土地广阔，占有天下之半，武力强大，可与诸侯对抗，四边都有险要的屏障，国防巩固，还有战士、战车、战马、粮食，应有尽有。假如秦国一旦出兵，轻而易举地就能夺得险隘的恒山，控制诸侯的要害之地，后来臣服的人必然遭到灭亡。天下的强国，不是秦国，就是楚国；不是楚国，就是秦国，两国不相上下，互相争夺，势不两立。如果楚国不与秦国联合，秦国出兵杀将进来，占据宜阳，韩国的上党要道就被切断，如果他们出兵河东，占据成皋（gāo），韩国必然投降秦国。韩国投降秦国，魏国也必然跟着归顺秦国。这样，楚国就将面临巨大的危险，合纵的这些国家，只不过是弱小的羊群。况且，秦国“西有巴蜀，方船积粟，起于汶山。循江而下，至郢（yǐng）三千余里。舫船载卒，一舫（fáng）载五十人，与三月之粮，下水而浮，一日行三百余里；里数虽多，不费马汗之劳，不至十日而距扞关；扞关惊，则从竟陵已东，尽城守矣，黔中、巫郡非王之有已。”秦国出兵武关，向南进攻，那么楚国的北部交通就被切断，秦军攻打楚，三月之内形势就会变得十分危急，而楚国的援军要在半年之后才能到，这是楚国应该担心的事情。楚国曾与吴国交战，五战三胜，兵卒已尽，又远守新得之城，居民深受其苦。秦国之所以十五年不出兵函谷关进攻诸侯，是因为它有阴谋吞并诸侯的野心，楚国曾与秦国交战，战于汉中，楚国被打败，楚王大怒，出兵袭秦，战于蓝田，又遭失败。这时候的秦国和楚国互相削弱，韩、魏两国却保存实力，乘机进攻楚国的后方，这样的局势已经十分危险了。

张仪接下来对楚王分析秦、楚两国结交的好处。秦国出兵进攻卫国的阳晋，必定卡住诸侯的交通要道，大王全力进攻宋国，不到数月，就可以灭宋，若再继续东进，泗上十二诸侯就能被全部占领。在诸侯中坚持合纵联盟的苏秦，被封为武安君，而出任燕相，暗地里与燕王合谋进攻齐国，瓜分齐国。他假装在燕国获罪，逃到齐国，齐王任命他为相国。过了两年，齐王发觉他的阴谋，非常气愤，便车裂了苏秦。这里就很明显地可以看到苏秦靠着诳骗欺诈、反复无常来求荣，想要图谋左右天下，统一诸侯是不可能的。

张仪向楚王保证，如果能听从他的劝告，可以让秦太子做楚国的人质，让楚太子做秦国的人质，让秦女做大王侍奉洒扫之妾，献出万户大邑，从此秦、楚两国永远结为兄弟之邦，互不侵犯。楚王被张仪的言辞打动，答应了张仪，派出使车百辆，将骇鸡犀角，夜光宝璧献给了秦王。

（三）张仪入赵连横秦赵

后来，张仪前往赵国，凭借所谓的外交辞令，说服了赵武灵王，来到渑池面见秦王，割让赵国河间地，与秦国结盟，张仪达到了连横秦赵的目的。具体事迹如下：

张仪游说赵王，对赵王说："弊邑秦王使臣敢献书于大王御史。大王收率天下以摈（bìn）秦，秦兵不敢出函谷关十五年矣。大王之威，行于天下山东。弊邑恐惧慑服，缮甲厉兵，饰车骑，习驰射，力田积粟，守四封之内，愁居慑处，不敢动摇，唯大王有意督过之也。"赵王统帅诸侯，对抗秦国，秦军不敢向东出击函谷关外，已经十五年了。秦国一直在修缮武器装备，整顿战车战马，操练骑射，聚积粮食，害怕大王有意责备秦国的过错。如今，秦国得西面攻下巴、蜀、兼并汉中，东面收纳西周，据有国宝九鼎，扼守白马要津，现在秦王驻扎在渑池，要渡过黄河，越过漳河，仿效武王伐纣，希望于甲子之日与赵军会战于邯郸城下。

张仪说明此行来的用意，又向赵王分析了对策。张仪说苏秦惑乱诸侯，联合各国合纵联盟，未能得逞，自己白白地被车裂于齐国集市上。现在，楚国与秦国结为兄弟友邦，而韩、魏两国臣服于秦，成为秦国东面的属国，齐国也贡献鱼、盐之地，齐国现在处于孤立无援的状态，十分危险。现在秦国派出齐、韩、魏三路大军进攻赵国，"灭赵而四分其地"。张仪提出不如和秦王会晤于渑池，当面交换意见，亲自决定问题，他便请求秦王停兵不进攻赵国。

赵王为国家长远利益考虑后，割地赔礼，与秦国友好。还派了三百辆车，到渑池去朝见秦王，割让河间之地，献给秦王。

（四）张仪游说燕王连横秦燕

不久，张仪便来到了燕国，面见燕王。首先他陈列了赵襄子（嬴姓，赵氏，名无恤，左传也作赵孟，是春秋末叶晋国卿，赵氏家族首领，战国时期赵国的奠基人。）的种种不当行为和赵国的当前国力等情况，认为赵国不值得信赖。他说："大王之所亲，莫如赵，昔赵王以其姊为代王妻，欲并代，约与代王遏于句注之塞。乃令工人作为金斗，长其尾，令之可以击人。与代王饮，……反斗而击之，代王脑涂地。其姊闻之，摩笄（jī）以自刺也。故至今有摩笄之山，天下莫不闻。"从前赵襄子把他的姐姐嫁给代国国王为妻，目的是想要吞并代国。他利用和代王在边塞句注会晤的时候做了一把金属的大勺子，用勺子把儿打死了代王，赵襄子的姐姐听说后也自杀而死。

随后，张仪后又列举了秦国强大的实力，说明如果燕王不归顺秦国，秦发兵云中、九原，驱使赵国军队进攻燕国，那么易水和长城，就会被秦国占领，到时候求和也来不及了。况且，如今秦、赵之间的实力相差悬殊，"今时赵之于秦，犹郡县也，不敢妄兴师以征伐"。燕国如果与秦国结交，西边有强秦的援助，南边没有齐、赵的祸患，可谓是高枕无忧了。

最终，张仪利用纵横之士的种种托词，燕王把常山之东的五城献给秦国，与秦国结盟，至此，张仪达到了连横的目的。

（五）张仪为秦连横游说齐王

张仪接着又来到了齐国，游说齐王与秦国连横。

张仪按照策略，先是夸赞齐国的强大，认为天下强国没有哪一国能超过齐国，朝廷大臣、宗室贵族，势众而富有。但是给齐王出谋划策的人，只看到眼前利益，而不顾及万世的长远利益。主张合纵政策的人游说大王，肯定会说齐国地理位置优越，地广人众，兵强士勇，而大王只欣赏他们的一番游说之辞，不去考察实际效果。这些人相互勾结，结党营私，排斥异己，无不宣传合纵联盟的优越可行。事实上，齐国与鲁国三次交战，鲁国虽三次取胜，可是鲁国却处境危险以至亡国，这是因为齐国大而鲁国小。现在赵国跟秦国就相当于鲁国跟齐国，虽然秦、赵四次作战之后，四次都战胜了秦国，但终究损兵数十万，仅仅保住国都邯郸。

张仪奉劝齐国与秦国结交为兄弟之国，向秦国表示友好。否则秦国就会迫使韩、魏从南面进攻齐国，赵国就动员全国大军渡过清河漳水，那么“即墨非王之有也”。齐王最终“请奉社稷以事秦”，向秦国献出了鱼盐之地三百里，实现了秦齐连横。

四、张仪的历史影响

相传张仪入鬼谷子门下，学成纵横之术后，作为杰出的纵横家代表出现在战国的政治舞台上。他在辞令和外交技巧等方面的纵横之术为后世外交家们提供了一种范式，对战国形势的变化产生了一定的影响。他运用雄辩的口才和诡谲的谋略，建立了诸多功绩，使得秦国的政治、外交和军事等方面在战国群雄中处于优势地位，加速了秦统一的步伐。

（一）《张子》

《汉书·艺文志》记载，在纵横家流中有《张子》10篇，也没有具体说明书的内容，只是给我们提供了一个线索，此书汉代以后已亡佚，在其后历代典籍中都没有记载。根据《汉书·艺文志》的记载，我们习惯认为《张子》是纵横家的经典著作之一，与纵横家张仪有关，且是收录了张仪的作品或和他有关的材料及其张仪学派或者称其弟子的著作及其言行，我们推测《张子》理论架构主要为合纵理论。

（二）对张仪的历史评价

对张仪的历史评价，从已搜集的资料来看，评价比较中肯，且偏向于正面评价，如与张仪同时代的苏秦和甘茂相比，他们对张仪持肯定态度。《史记·张仪列传》中记载了苏秦对张仪评价的一段话，文言记载为，“张仪，天下贤士，吾殆弗如也。今吾幸先用，而能用秦柄者，独张仪可耳。然贫，无因以进。吾恐其乐小利而不遂，故召辱之，以激其意。”从记载中可以看出，苏秦对张仪的认可度极高，用了“天下贤士”的美赞，且在公开场合几次表达了张仪的才能高于自己。从文言文中也可以了解到，作为同样跟随鬼谷子研习兵法的同门，苏秦与张仪私交甚密，并建立了深厚的友谊，堪称是典范。

战国时期秦国名将甘茂，后官至秦国左丞相、齐国上卿，他不仅仅与张仪是同时代的人，同时他还是由张仪等人推荐给秦惠文王嬴驷，张仪对甘茂来说有着知遇之恩。甘茂对张仪的评价也比较正面，《史记·樗里子甘茂列传》中记载，“始张仪西并巴蜀之地，北开西河之外，南取上庸，天下不以多张子而以贤先王。”记述了张仪的丰功伟绩，同样认为张仪是“贤士”。无论是苏秦还是甘茂，与张仪生活在同时期，他们对张仪的评价可能没有经过史学家的润色，历史真实性会更强些。

秦国著名政治家、丞相李斯的名气丝毫不比张仪逊色，他是秦国后期叱咤风云的政治人物。李斯生活的年代稍微比张仪晚些，但是对张仪的认识应该也是比较接近史实的，可信度也较高。《史记·李斯列传》记载了一段李斯对张仪的评价，“惠王用张仪之计，拔三川之地，西并巴、蜀，北收上郡，南取汉中，包九夷，制鄢、郢，东据成皋之险，割膏腴之壤，遂散六国之从，使之西面事秦，功施到今。”在李斯看来，张仪是秦国的大功臣，辅助秦惠文王嬴驷拓展了疆域，扩大了秦国在诸侯的影响力，是秦国走上强盛道路上的有力推手，以至于张仪的影响“功施到今”。李斯的评价也是比较中肯的，认为张仪在秦国统一的道路上确实做了不可磨灭的贡献，是历史前进的推动者。

西汉两位著名史学家刘向和司马迁也有对张仪的评价，他们二位生活在汉代，战国分裂到秦汉的大一统，这是历史的事实，他们都深有体会，所以对张仪的评价可能站位更高。刘向是汉代宗室，著名的经学家、文学家，著有《战国策》，此书大量记载了纵横家的言论及事迹，是研究纵横家的重要史料。刘向在《战国策·序》中对包括张仪的在内的纵横家评价，认为“苏秦为纵，张仪为横，横则秦帝，纵则楚王，所在国重，所去国轻。”刘向对“纵”“横”高度概况，并上升到国家层面。

西汉著名史学家司马迁在《史记·张仪列传》对纵横家有个总结，他对张仪的评价似乎没有前面几位正面。他认为“三晋多权变之士，夫言从衡强秦者大抵皆三晋之人也。夫张仪之行事甚于苏秦，然世恶苏秦者，以其先死，而仪振暴其短以扶其说，成其衡道。要之，此两人真倾危之士哉!”太史公认为三晋出了很多权宜机变的人物，那些主张合纵、连横使秦国强大的，大多是三晋人。张仪的作为比苏秦有过之，可是社会上厌恶苏秦的原因，是他先死了而张仪张扬暴露了他合纵政策的短处，用来附会自己的主张，促成连横政策。在司马迁看来，张仪是个真正险诈的人。《索引》中对张仪的“连横”做了进一步解释，“张仪说六国，使连衡而事秦，故云‘成其衡道’。然山东地形从长，苏秦相六国，令从亲而宾秦也。关西地形衡长，张仪相六国，令破其从而连秦之衡，故谓张仪为连横矣。”当然，张仪的连横政策确实加快了秦统一的步伐，从这个角度讲，“连横”也具有历史进步意义。

汉代以后，对张仪评论者比比皆是，正面的，反面的都有，以正面评价较多，如西晋著名文学家左思在《魏都赋》中有，“四海齐锋，一口所敌，张仪、张禄亦足云也。”左思为齐地临淄人，对张仪评价较为积极。北宋著名政治家、史学家、文学家司马光认为张仪与苏秦都是以纵横之术游说诸侯，致位富贵，天下争慕。北宋著名理学家、诗人邵雍在《战国吟》中，对张仪等历史人物也有过评价，他写道，“七国之时尚战争，威强智诈一齐行。廉颇白起善用兵，苏秦张仪善纵横。”

第五章

苏代与其他纵横家

苏秦和张仪是战国纵横家的杰出代表，他们在战国政治舞台上做出了不可磨灭的贡献。除此之外，像苏秦的胞弟苏代、魏国的公孙衍、齐国的陈轸等都是纵横家中的佼佼者，继苏秦、张仪之后，他们继续游说奔走于列国间，着意于显姓扬名立功勋。

一、苏代生平

苏代为战国时期纵横家，是著名纵横家、外交家苏秦的胞弟，自然和苏秦一样为东周雒阳（今河南洛阳）人。关于苏秦与苏代的关系问题，也有一些其他说法，有人认为苏秦有兄弟五人，其兄为苏代、苏厉、苏辟和苏鹄（hú），苏秦在兄弟中年龄最小，因此苏秦名秦，字季子。的确，这种说法也有一定的道理，“季”确有兄弟排行次序最小的意思，从这个意思来讲，“季子”为小弟之意。也有一种说法认为苏代有兄弟三人，即苏秦、苏代、苏厉，三兄弟都为纵横家，号称“三苏”，这个是上一种说法的缩小版。总之，苏代与苏秦为同时代人无疑，且他们确实为兄弟关系，这在《史记》《战国策》记载的纵横家事迹中都有表述。

苏代曾在燕国服务于燕王姬哙（kuài），后跑到齐国跟随齐闵王。后来回到燕，碰巧遇子之（战国时期燕国的国相）之乱，子之与燕太子平之间的一场争夺王权的内乱，后流离与齐、宋等诸侯国。直到公元前 311 年，子之之乱平定，燕王姬哙庶子燕昭王被赵武灵王从韩国护送回国继位，召苏代为上卿。苏秦客死齐国后，其弟苏代继承了苏秦的事业，开始活跃在战国后期的政治舞台上，从事纵横外交活动。

（一）苏代游说燕王攻齐

《史记·苏秦列传》中有关于苏代的记载，苏代是苏秦的弟弟，他还有一个弟弟叫苏厉。苏秦游说六国，功成名就，他的弟弟们看到哥哥的丰功伟绩，也都发奋学习纵横之术。苏代学成之后，便开始了他的游说之路。苏秦死后，苏代去求见燕王，想要打算承袭苏秦的旧业。他对燕王说他一来到燕国，看到燕国的臣子、下吏，就能看出燕王是个贤明的君主。燕王反问苏代，什么才能称得上是贤明的君主，苏代回答说，贤明的国君愿意听到别人指出他不好的地方，不希望只听到别人称赞他的长处，接着便讲述了燕王的过失，苏代认为："夫齐、赵者，燕之仇雠（chóu）也；楚、魏者，燕之援国也。今王奉仇雠以伐援国，非所以利燕也。"他的意思是齐国和赵国是燕国的仇敌国，楚国和魏国是燕国的后援国。如今燕国却奉承齐国和赵国这样的仇敌，攻打能援救自己的楚国和魏国，这是策略上的失误，也是燕王的过失。而燕王认为齐国本来就是燕国的仇敌，一直不攻打他的原因是因为一直担心国家衰弱，没有足够的力量去对抗他。燕王向苏代保证如果能用燕国现在所有的力量讨伐齐国，燕王愿意把整个国家托付给他。

苏代继续向燕王分析天下的局势，他认为天下能够互相发动战争的国家共有七个，其中燕国是最弱小的，如果单独作战肯定不能取得胜利，肯定要有所依托才行。一旦燕国依附于一个国家，不仅这个国家的声望会提高，而且燕国本身也会提高自己的威望。现如今齐国的国君，又上了年纪又听不进别人的意见，齐国连续打仗，战争持续了太久，百姓就会疲困劳乏，士兵也疲惫不堪，这样就会有损国力。齐国甚至还想攻打宋国，吞并十二个小诸侯国。即使齐国凭借清济、浊河来固守边界，长城、钜防作为要塞，但百姓已经疲困劳乏，这些条件也都不起作用了。

最后，苏代提议以其侄儿弟弟作人质，用宝珠、美玉、布帛等财务去贿赂齐王的亲信，让齐王友好地对待燕国，并出兵去消灭宋国，那样齐国也会因此而灭亡。燕王听了苏代的建议，就派了一位公子到齐国充当人质。苏厉也借着燕国派人质的机会求见齐王，委身做了齐国的臣子。

（二）苏代助齐国攻打燕国

子之是战国时期燕国的国相，位高权重，与苏秦结为亲家。后来，子之与苏代结交，子之想夺取燕国的政权，就派苏代到齐国去侍奉做人质的那位公子。齐王派苏代回燕国复命，燕王问苏代齐国是否快要称霸了，苏代说因为齐王不信任他的臣子所以不可能称霸的。于是"燕王专任子之，已而让位，燕大乱。齐伐燕，杀王哙、子之。"燕王听了这话，便专一重用子之，不久又把王位禅让给子之，因此燕国大乱。齐国趁机攻打燕国，杀了燕王和子之。燕国拥立昭王（公元前 335 年—公元前 279 年）即位，而苏代、苏厉最后都归附了齐国，齐王也友好地对待他们。

（三）游说燕王打败齐国

苏代经过魏国时，魏国替燕国抓住了苏代，在齐王派人对魏王进行一番说辞之后，魏国释放了苏代。后来苏代到了宋国，宋王也十分友好地对待他。这时齐国攻打宋国，宋国危急，苏代就写了一封信送给燕昭王，说："夫列在万乘而寄质于齐，名卑而权轻；奉万乘助齐伐宋，民劳而实费；夫破宋，残楚淮北，肥大齐，雠(chóu)强而国害：此三者皆国之大败也。"书信的意思是说，燕国这么大的国家，却向齐国派遣了人质，这会让燕国名声变得卑下，还奉献出众多军队帮助齐国攻打宋国，使得百姓劳困。即便打败宋国、残害楚国，也只能壮大齐国，帮助仇敌强大。既然这样，燕王为了取得齐国的信任，还准备继续这样干下去。如此一来，齐国对燕国的忌恨只会越来越深。如果燕国想改变现状，最好的办法就是怂恿各国尊奉齐国为霸主，派遣使臣到周王室结盟，烧毁秦国的信符。秦国会因此遭到各国共同的排斥，秦王也一定会为此而忧虑。如果能派可信赖的人勾通燕国和赵国，让泾阳君、高陵君先到燕国、赵国去，到时候秦国背信弃义，就用他们做人质，这样燕国和赵国就会相信秦国了。这样一来，天下都会服从于燕、赵、秦三国了。如果不去沟通燕、赵，那么一定会形成齐国称霸的局势，秦国也会遭到各诸侯们的讨伐，声望也会降低。把这些话，给秦王说，秦王听到了一定会采纳，齐国也一定会遭到讨伐。

燕昭王看完苏代的信，认为他的计策很好，就和他一块儿策划攻打齐国的事情。最终，燕国终于打败了齐国，迫使齐闵王逃离齐国。

（四）苏代自齐献书于燕王

苏代到了齐国以后，从齐国上书燕昭王，对其表明自己的心意。

苏代心里以为，在他到齐国以后，就会有人在燕国进自己的谗言，所以临行之前给燕王呈上一封书信。信中表明他此时正处于累卵之危的处境，信的内容说，将来如果在齐国得到显贵的地位，燕国士大夫就再也不会信任自己；如果地位卑贱，士大夫们就会看不起自己；如果受到重用，他们会怨恨自己；齐国对燕国有不好的地方，他们都会归罪于自己；如果到时候天下诸侯不进攻齐国，他们又会说自己一心为齐国打算；如果天下诸侯一起进攻齐国，他们会和齐国一起抛弃他。苏代受命来到齐国已有五年之久，在这五年的时间里，齐国多次发兵侵地，但都从未曾图谋燕国。如今燕王由于听从别人的话，准备攻打齐国，失去了齐国的信任，还要任命合自己心意的人。苏代说："王苟欲用之，则臣请为王事之。王欲醳（shì）臣剸（zhuān）任所善，则臣请归醳事。臣苟得见，则盈愿。"意思是说，假使燕王真想任用那样的人，就请让苏代去辅助他。如果燕王真要罢免苏代而专任所谓合意的人，那么请让他回国后解除职务。假如能够见到大王一面，也就心满意足了。燕王看完这一封书信，仍然选择了相信苏代，苏代又重新受到燕王的重视。

燕王继续派苏代联络各国合纵，诸侯们从此都尊崇苏代所倡导的合纵联盟。苏代及其弟弟苏厉都寿终天年，他们的名声在各诸侯国显扬。

二、苏代典故

苏代作为战国时期的著名的纵横家，因其擅长游说之术，巧言善辩，联络各国合纵相亲，在各国中名声赫赫。在其游说诸侯之间，曾借用故事使诸侯不得不称赞信服，由此也产生许多典故，直至今天都广为流传。

(一) 鹬 (yù) 蚌相争

故事发生在燕赵两国战争摩擦之际，赵国将要准备攻打燕国，此时的苏代为燕国大臣，他从燕国赴赵国去游说赵文惠王赵何，目的是让赵国放弃讨伐燕国。典故出自《战国策·燕策二》，文言原文为：今臣来，过易水，蚌方出曝，而鹬啄其肉，蚌合而箝（qián）其喙。鹬曰："今日不雨，明日不雨，即有死蚌。"蚌亦谓鹬曰："今日不出，明日不出，即有死鹬。"两者不肯相舍，渔者得而并禽之。今赵且伐燕，燕赵久相支，以弊大众。臣恐强秦之为渔夫也。故愿惠王之熟计也。惠王曰"善!"乃止。

苏代来到赵国，见到了赵惠文王赵何，他没有直接来讲出使赵国的目的，而是给赵王讲了一个故事，苏代说："今天我来，渡过易水（易水，即古武水，发源于河北易县西，东流至定兴县西南回合马河。）时，看到河边有个河蚌正在打开盖子外壳晒太阳，一只鹬鸟飞来啄它的肉，河蚌把外壳合拢，夹住了鹬鸟的嘴。"下面

就是鹬鸟与河蚌的对话，苏代把两个动物拟人化，很有说服力。赵惠文王思索再三，最后采纳了苏代的建议，取消了攻打燕国的计划。

苏代通过鹬蚌相争的故事劝赵惠王不要攻打燕国，用鹬蚌比喻燕国与赵国，而把秦国比作渔夫，燕、赵的实力相当，实力相当的两股势力在互相争斗的过程中，往往会造成两败俱伤的局面，因此。燕、赵交战一定会两败俱伤。若两国交战则损耗严重，等到时机成熟，秦国将两个国家收服，便坐享其成、坐收渔利。因此，大敌当前，燕国和赵国之间要联合起来，消除矛盾，团结一致，共同对付秦国。最终，苏代成功劝退了赵国出兵。

鹬蚌相争的故事富含深刻的道理，也给我们许多启示。它告诉人们在各种纷繁复杂的矛盾斗争中一定要权衡利弊得失，警惕真正的敌人，避免两败俱伤，避免使第三者坐收渔利。所以，在生活中应该学会抓住主要矛盾，不要只顾眼前的利益，要从大局出发，放下当下的矛盾，不能因小失大。

（二）抱薪救火

抱薪救火的故事发生在战国时代，当时秦国采取远交近攻的政策，不断并吞邻近的国家，扩大自己的领土。魏国的安釐（lí）王即位后，秦国不断地进攻魏国，魏国则连连战败。安釐王元年（公元前 276 年），秦国进攻魏国，魏国失去了两个城镇，第二年，魏国又被秦国打败，失去了三个城镇，不仅如此，秦国的军队当时还直逼魏国的都城，形势十分危急。韩国派兵来救，但也被秦军打败。魏国没有办法，只得割让了土地，才算了结了战争。可是到了第三年，秦国又发动进攻，强占了魏国的两个城镇，并杀死了数万人。第四年，秦国更把魏、韩、赵三国军队一起打得大败，杀死了十五万士兵，魏国的大将芒卯也因此失踪。

抱薪救火

魏国军队的接连败北，使安釐王坐卧不安。此时，魏国军队的另一位大将段干子也十分恐惧，为了苟安，便向安釐王建议，把南阳割给秦国，请求罢兵议和。

以上是成语抱薪救火故事发生的背景，该典故出自《战国策·魏策》，“以地事秦，譬如抱薪而救火也，薪不尽而火不止。”《史记·魏世家》中也有相类似的记载，“且夫以地事秦，譬犹抱薪救火，薪不尽，火不灭。”两部史书的记载都比较简略，只是二者文字上有些出入。《文子》中《精诚》篇记载较为详细些，并讲述了一个哲理，文言原文为：“夫水浊者鱼，政苛者民乱，上多欲即下多诈，上烦扰即下不定，上多求即下交争，不治其本而救之于末，无以异于凿渠而止水，抱薪而救火。”

当时一贯主张“合纵抗秦”的苏秦的弟弟苏代，得知魏国割地求和的事后，对此表示反对，他极力主张各诸侯国联合起来抵抗秦国。苏代对安釐王说：“侵略者都是贪得无厌的，如果想用领土、权利去换取和平，是办不到的，只要你国土还在，就无法满足侵略的欲望。这好比抱着柴草去救火，柴草一把一把地投入火中，火怎么能扑灭呢？柴草一天不烧完，火是一天不会熄灭的。”尽管苏代为魏王分析了利弊，讲得头头是道，但是胆小的安釐王只顾眼前的太平，加上本来对秦军的进攻十分害怕，以为割让土地就可以求得太平，便依大臣们的意见把魏国大片土地割让给秦国。最后真的像苏代所说，秦国根本不满足魏国的土地，公元前 225 年，秦军向魏国大举进攻，包围了国都大梁，掘开黄河大堤让洪水淹没了大梁城，最终，魏被秦国消灭了。

（三）伯乐一顾

成语伯乐一顾出自《战国策》，比喻受到别人赏识后，使自己身价上升。文献记载，战国时期，苏代为燕说齐，在未见到齐王前，先对淳于髡（kūn）（约公元前386年—公元前310年，今山东省龙口市人，齐国赘婿。）说："人有卖骏马者，比三旦立于市，人莫知之。往见伯乐曰：'臣有骏马，欲卖之，比三旦立于市，人莫与言。愿子还而视之，去而顾之，臣请献一朝之贾。'伯乐乃还而视之，去而顾之，一旦而马价十倍。今臣欲以骏马见于王，莫为臣先后者，足下有意为臣伯乐乎？臣请献白璧一双，黄金千镒（yì），以为马食。"原来是这街上有个卖千里马的人，每天站在市场上卖马，却没有一个人来买，没有人识出这是千里马。那个人便去拜访伯乐说："我有一匹千里马，想卖掉它，接连三个早晨站在市场，没人问津。希望您绕着我的马仔细看一看，离开以后再回头来看看我的马，我给你一天的收入。"伯乐就在他卖马的时候去了，绕着他的马仔细看了一番，离开以后又回头看看马，于是一个早上马价就涨了十倍。苏代以这个故事向淳于髡请求，把自己比作千里马，以千里马自荐，想让淳于髡充当伯乐，引荐给齐王，作为报答，献上一双白璧和二百两黄金，作为马的草料费。淳于髡就答应了苏代。

淳于髡进宫告诉了齐王，后来齐王便接见了苏代，很喜欢他，苏代后来成功游说了齐王。这则寓言告诉我

伯乐一顾

们，有一些真有真才实学的人，不一定都能得到别人的赏识和重用，因而需要有像伯乐这样的人来发现和举荐，这个人才能被别人所赏识。伯乐看了骏马后就增加了十倍的价格，说明“伯乐”的重要，因而“伯乐”的赏识和认可能大大提升个人影响力。苏代凭借这一点使淳于髡成为自己的伯乐，自己的影响力也大大提高了，也因此成功为燕国游说齐王。

三、 苏代纵横事迹

苏代作为战国时期的一代纵横家与其哥哥苏秦一样，不仅具有高超的说辞和思辨能力，并且思辨逻辑缜密。他们都凭借高超的纵横之术，在历史上留下许多有名的事迹，以下是苏代在燕国期间的游说事迹。

（一）苏代为燕王讲权谋之术

燕王一开始很不喜欢苏代，认为苏代的纵横之术只是骗子的说教，苏代以媒人的例子说得燕王心服口服。苏代把纵横家们比做媒人，媒人到男家说女子貌美，到女家说男子富有，“然而周之俗，不自为取妻。且夫处女无媒，老且不嫁；舍媒而自衒，弊而不售。顺而无败，售而不弊者，唯媒而已矣。”在当时按照周地的风俗，男子不能自行娶妻，所以如果年轻女子没有媒人说媒，到老也嫁不出去。只要参与政事就离不开权术，如果不依靠权术就不能成功。

燕王听了苏代的言论，对纵横家的看法发生了转变。

（二）苏代劝燕王勿入秦国

秦国召见燕昭王（公元前 335 年—公元前 279 年），燕王正要前去，苏代阻止了他。苏代认为秦国夺取天下，不是推行仁义，而是实施强暴。楚国虽得枳（zhǐ）地却使国土沦丧，齐国虽得宋地也使国土沦丧，齐、楚两国都不是因为有了枳地、宋地就去侍奉秦国，这是因为秦国最仇视取得战功的国家。

秦国曾告诉楚国：“蜀地之甲，轻舟浮于汶，乘夏水而下江，五日而至郢（yǐng）。汉中之甲，乘舟出于巴，乘夏水而下汉，四日而至五渚。寡人积甲宛，东下随，知者不及谋，勇者不及怒，寡人如射隼（sǔn）矣。王乃待天下之攻函谷，不亦远乎?”如果驾快船去蜀地的军队，五天就可到达郢都。驻扎在汉中的军队，乘船从大巴山出发，四天就能到达五涪（fú）。秦国集结军队向东进罩随地，简直轻而易举。楚王因为这个缘故，十七年来一直侍奉秦国。秦王还告诉韩国说，秦国从少曲起兵，一天之内就可以阻断太行要道，从宜阳起兵直达平阳，两天之内，六国没有不感到动摇的。韩王也被威慑住，因此就开始侍奉秦国。

当初秦国军队在林中被围困，秦王才想到尊重燕、赵两国，把胶东交给燕国，把济西交给赵国。“赵得讲于魏，至公子延，因犀首属行而攻赵。兵伤于离石，遇败于马陵，而重魏，则以叶、蔡委于魏。已得讲于赵，则劫魏，魏不为割。”后来和魏国讲和后，秦国把公子延送去做人质，但连续不断地发兵攻赵；和赵国讲和后，便威迫魏国，魏国没有给它割让土地；在秦国打胜时就欺骗舅父和母亲，还用占领胶东的事谴责燕国，用占领济西的事谴责赵国，用占领叶、蔡两地的事谴责魏国等等。秦国所杀的三晋百姓有数百万，现在活着的，都是死在秦王手里的三晋百姓的遗孤，这些事实都表明秦王的暴力行为。秦国的祸患如此之大，各诸侯国就不应该侍奉他。

于是，燕昭王听从苏代的话，没有到秦国去。燕国后来约定诸侯合纵，天下诸侯从此十分推崇苏家的合纵之约，苏代在燕国重新受到尊重。

（三）苏代为燕王游说齐国

苏代去齐国游说齐王，在没有见齐威王之前，先对淳于髡说了伯乐与马的故事：有一个人卖骏马，一天也没卖出去，也无人知道他的马是一匹骏马。卖马的人找来伯乐，请求他在骏马周围转一圈再离去，伯乐于是就照着卖马人的话做了，结果马的身价一下子涨了十倍。苏代把自己比作卖马的人，把连横策略比作骏马，请求淳于髡做伯乐把他引荐给齐王。淳于髡照做了，齐王对苏代十分欣赏，内容详见前文典故“伯乐一顾”。

四、公孙衍

公孙衍是与张仪、苏秦齐名的战国纵横家，他是魏国阴晋（今陕西华阴东）人，他是真正的合纵大师。他最初出仕魏国，后为秦惠文王所用为秦将，因替秦国收复河西，攻略魏国河西的雕阴城，秦惠文王将他提拔为大良造，成为秦国的头号权臣。后来离开秦国，再度侍奉魏国，首先提出联合山东诸国共同抗秦的策略。曾佩五国相印，名盛一时。后因合纵失败，加之不断卷入列国政争，而被魏国、韩国弃用。

（一）公孙衍生平与事迹

公孙衍，名衍，姓公孙，魏国阴晋（今陕西华阴东）人，战国时期著名的政治家、纵横家、外交家，是纵横家中合纵派的代表人物之一，主张东方六国合纵抗秦。公孙衍初在秦国为官，秦惠文王五年（前 333 年）时任大良造，大良造是秦孝公时期至秦灭六国前的秦国十七级爵制中的最高爵位，掌握军政大权，秦灭六国后实行二十级爵制，大良造位列二十等军功爵制第十六位，在秦国一直是比较显赫的官职。后因与秦国客卿张仪关系不睦，受到张仪的排挤，离开秦国，去了魏国和韩国，并且一度做了魏国和韩国的相国，权倾一时。张仪在魏国去世后不久，公孙衍回到了魏国，然而魏国朝廷当时钩心斗角，公孙衍在魏国为相时树敌较多，由于遭受陷害，最后被魏王处死，公孙衍下场与苏秦相似，不得善终。关于公孙衍的生平与事迹，史书中记载较少且简略，流传下来的事迹也不多，《战国策》中对公孙衍的事迹只有几条零星的记载，虽《史记》有中公孙衍传，但只是附于张仪列传之后，对我们全面地了解公孙衍增加了难度。

公孙衍曾任犀首（xī shǒu）之官，世人便以“犀首”相称。相传公孙衍与张仪关系不好，当时张仪为了秦国到魏国去，魏王任用张仪做宰相。公孙衍认为对自己不利，所以他派人对魏国公叔委婉地分析了张仪来魏国的目的。张仪已经让秦、魏联合，并扬言说：“魏国进攻南阳，秦国进攻三川。”魏王器重张仪的原因，是想获得韩国的土地。况且韩国的南阳已经被占领，如果把一些政事委托给公孙衍，让他到魏王面前请功，那么秦、魏两国的交往就会停止了。既然如此，那么魏国一定谋取秦国，结交韩国，抛弃张仪，让公孙衍出任宰相。这些话传到魏国公叔的耳朵里，公叔认为这样有利，于是就把政事委托给公孙衍，让他献功。公孙衍果然作了魏国宰相，最终迫使张仪离开了魏国。

后来，义渠君前来朝拜魏王。公孙衍听说张仪又出任秦国宰相，意图迫害义渠君。他就对义渠君说："道远不得复过，请谒事情。中国无事，秦得烧掇焚杅君之国；有事，秦将轻使重币事君之国。"公孙衍的意思是说两国之间道路遥远，今日分别，不容易再来访问，因此要告诉他一件事情：中原各国不联合起来讨伐秦国，秦国才会焚烧掠夺义渠，中原各国一致讨伐秦国，秦国就会派遣轻装的使臣带着贵重的礼物事侍义渠。此后，楚、魏、齐、韩、赵五国共同讨伐秦国，正赶上陈轸对秦王说，义渠君是蛮夷各国中的贤明君主，应该赠送财物用来安抚他的心志。秦王同意这么做，就把一千匹锦绣和一百名美女赠送给义渠君，义渠君才发现这果然是公孙衍所说，便把群臣招来商量对策，最后起兵袭击秦国，在李伯城下大败秦军。

张仪死了以后，公孙衍在秦国担任起重要职位。公元前 318 年五国攻秦时，他到秦国出任宰相。后来还佩戴过五个国家的相印，做了联盟的领袖，名盛一时。

（二）公孙衍与"五国相王"

五国相王，是发生在战国中期的事件，当时五个主要诸侯国互相承认对方君主的王位，从此以后各国纷纷称王。公元前 334 年，魏惠王因屡败于齐国和秦国，霸业丧失，为求遏制秦国扩张，在惠施的谋划下，惠王率领韩国和一些小国到徐州（今山东滕县东南）朝见齐威王，尊齐威王为王，双方互相承认对方的王位，史称徐州相王。魏惠王、齐威王订立了同盟条约。在这之前，只有周天子可以称王，各国都是诸侯国。徐州相王引起了秦、楚等传统大国的敌意，楚国立即出兵攻打齐国徐州，希望齐国取消王号。前 325 年，秦惠文王也自立为王，同年，魏惠王为拉拢韩国而尊韩威侯为王，即韩宣惠王。一时各国不论大小纷纷称王，其中甚至包括中山国、宋国等当时的二流国家。公元前 324 年，魏惠王、韩宣惠王和齐威王会于平阿。为对付秦国的连横策略，公元前 323 年，在公孙衍的斡旋下，发起“五国相王”，魏国、韩国、赵国、燕国和中山国结成联盟，相互称王，其目的是贯彻合纵的策略，试图以此联合五国的力量与秦、齐、楚等大国对抗。从这年起，赵、燕、中山三国君主开始称王。

五国相王以前，楚国早在春秋时已自己称王，齐、秦也先称王，因此，战国七大国到此时已全部称王。五国相王后 5 年（公元前 318 年），宋国也自称王。五国相王是魏国的一大胜利，齐国担心魏国凭借这一联盟势力对本国不利，于是加以破坏。它借口中山国小，不承认有称王的资格，提出联合赵国和魏国废中山王号。赵、魏没有上齐人的当，仍支持中山称王。齐国破坏“五国相王”结成的联盟终未得逞，各国之中，独有赵武灵王认为赵国实际上没有称王的实力，所以在国内未采用王号，仅称“君”。该事件说明周天子在诸侯国中的影响已大大衰弱，也标志着周王权威的彻底消失。

五、陈轸

陈轸，齐国人，战国时期著名的纵横家、谋士。约公元前 1046 年，武王伐纣，分封诸侯，帝舜的后代妫（guì）满，封于陈。陈侯妫满，谥号胡公，世称陈胡公或胡公满。陈国的发展并不尽如人意，但是他的分支却在后来为天下瞩目，那就是齐国田氏。陈厉公妫跃之子陈完，因为陈国的政治斗争，逃往齐国。齐桓公接纳他，用为工正。陈完去国，改姓田氏。其后代子孙田和取代姜氏，成为齐国的国君，历史上称之为“田氏代齐”。公元前 479 年，楚惠王北伐，杀陈湣公，灭陈。陈国灭亡，其公室子孙以国为姓，姓陈氏。陈轸就是其中之一。

（一）陈轸生平

陈轸，亦作田轸，游说之士，属纵横家。陈轸和张仪共同侍奉秦惠文王，都被重用且显贵，互相竞争秦王的宠幸。张仪在秦王面前中伤陈轸，告发陈轸用丰厚的礼物随便地来往于秦楚之间，应当为国家外交工作。如今楚国却不曾对秦国更加友好反而对陈轸亲善，足见陈轸都是为自己打算的，没有为大王打算，具有很大的私心，还说陈轸想要离开秦国前往楚国。秦王质问陈轸时，陈轸不但没有否认，还将计就计说确实是有这个打算。陈轸说不单是张仪知道这回事，就连过路的人也都知道这回事。秦王十分费解，陈轸便对他说了缘由。从前伍子胥忠于他的国君，天下国君都争着要他做臣子，曾参孝敬他的父母，天下的父母都希望他做儿子。所以被出卖的奴仆侍妾不等走出里巷就卖掉了，因为都是好奴仆；被遗弃的妻子还能在本乡本土嫁出去，因为都是好女人。如今，如果自己对国君不忠诚，楚国又凭什么认为能对他忠诚呢？忠诚却被抛弃，自己不去楚国，还能到哪儿去呢？秦王听后，认为他的话说很有道理，后来就对他很好。

一年以后，秦惠文王终于任用张仪做宰相，而陈轸投奔楚国，楚王没有重用他，却派他出使秦国。他路过魏国，想要见一见公孙衍，公孙衍却谢绝不见。陈轸派人对他说："吾为事来，公不见轸，轸将行，不得待异日。"我有事才来，您却不见我，我要走了，第二天就见不到了，公孙衍便接见了他。陈轸问公孙衍为什么喜欢喝酒，公孙衍说因为没事可做才喝。陈轸提出一个办法让他有很多事做，就是破坏合纵之事。田需（战国时齐国人）约集各国合纵相亲，楚王不相信，十分怀疑他。这时公孙衍对魏王说，自己和燕国、赵国的国君有旧交情，多次派人来请求没事互相见见面。并邀请魏王去进见我们国君。魏王即使答应去，也不必多要车辆，只要把三十辆车摆列在庭院里，公开地说要到燕国、赵国去就行。公孙衍按照陈轸的话照做了，燕国、赵国的外交人员听了这个消息，急忙驱车回报他们的国君，派人迎接公孙衍。楚王听了这个消息，很生气，说："田需和我相约，而公孙衍却去燕国和赵国，这是欺骗我呀。"楚王很生气而不再理睬田需合纵的事。齐国听说公孙衍前往北方，派人把国家的政事托付给他，公孙衍就去齐国了，这样三国宰相的事务，都由公孙衍决断，陈轸于是又回到了秦国。

当时韩国和魏国一直交战，大概维持了一年。秦惠文王打算让他们和解，便问左右亲信的意见。左右亲信有的说让他们和解有利，有的说不和解有利，惠文王无法为此事作出决断。这时候陈轸正好回到秦国，惠文王说："子去寡人之楚，亦思寡人不？"惠文王问陈轸离开了秦国去到楚国，还会不会想念自己，陈轸便向秦王说了越国人庄舄（xì）的故事。故事说的是越人庄舄在楚国官做到执珪（zhí guī）的爵位，不久就生病了，当时楚王思考庄舄原本是越国一个地位低微的人，如今官做到执珪的爵位，富贵了，也不知想不想越国。这时中谢认为凡人们都会思念自己的故乡，尤其是在他生病的时候，假如他思念越国，就会操越国的腔调，要是不思念越国就要操楚国的腔调。他们就派人前去偷听，发现庄舄还是操越国的腔调。陈轸说如今我即使被遗弃跑到楚国，难道能没有了秦国的腔调吗？惠文王对他的回答十分满意，接着对他说出了自己的苦恼。秦王说现在韩国和魏国交战，一整年都没有解除，有的说让他们和解有利，有的说不让他们和解有利，不能够作出决断，想让陈轸出个主意。陈轸听后，又把卞庄子刺虎的事讲给秦王听。是说庄子正要刺杀猛虎，旅馆有个人阻止他，说两只虎正在吃牛，等它们吃出滋味的时候一定会争夺，一争夺就一定会打起来，一打起来，那么大的就会受伤，小的就会死亡，追逐着受伤的老虎而刺杀它，这一来必然获得刺杀双虎的名声。卞庄认为他说的对，站在旁边等待它们，不久，两只老虎果然打起来，结果大的受了伤，小的死了，庄子追赶上受伤的老虎而杀死了它，这一来果然获得了杀死双虎的功劳。讲完故事后，陈轸为秦王分析了当前的局势，如今韩、魏交战，一年不能解除，这样势必大国损伤，小国一定危亡，追逐着受到损伤的国家而讨伐它，这一讨伐必然会获得两个胜利果实。这就如同庄子刺杀猛虎一类的事。惠文王十分满意，听了陈轸的话，终于没有让它们和解。大国果然受到损伤，小国面临着危亡，秦国趁机出兵讨伐它们，大大地战胜它们，这就是陈轸的策略。

（二）陈轸典故

陈轸作为战国著名外交家，曾凭借口舌之利，为齐国击退楚国大军。张仪要陷害他，都被他巧妙地运用讲故事的方式化解。即便是强大的秦王，也经常听从他的主意，甚至还因此大败他国。还有许多成语因他而来，比如画蛇添足、卞庄刺虎等。

1. 画蛇添足

楚国伐魏，大将昭阳连破八城，进而攻打齐国。楚国兵锋所向，魏齐不敌。陈轸为齐王出使，前去拜见昭阳。意图很明显，希望对方退兵。让一个胜利在望的将军退兵，而且是在敌我如此悬殊的情况下，可谓天方夜谭。然而，陈轸不但去了，还真的就让昭阳退兵了。他只是跟昭阳讲了个故事，这就是“画蛇添足”的故事。

该典故出自《战国策·齐策二》：“楚有祠者，赐其舍人卮（zhī）酒。舍人相谓曰：‘数人饮之不足，一人饮之有余，请画地为蛇，先成者饮酒。’一人蛇先成，引酒且饮之，乃左手持卮，右手画蛇曰：‘吾能为之足。’未成，一人之蛇成，夺其卮曰：‘蛇固无足，子安能为之足?’遂饮其酒。为蛇足者，终亡其酒。”楚怀王六年（公元前323年），楚国派令尹昭阳领兵攻打魏国，楚军在襄陵打败了魏军，并攻取了魏国的八个城邑。之后，昭阳又携大胜之师北上攻打齐国，齐王很忧虑。恰好此时陈轸正在齐国，齐王就向陈轸询问应对之策，陈轸向齐王保证去说服他们撤军。于是他充任齐王使者去见昭阳，再拜之后祝贺楚军的胜利，对他说：“我有一个问题想问问令尹大人，如果楚军主帅攻破敌军，杀死敌将，楚国会给他什么赏赐呢?”昭阳回答说：“会授予他上柱国的官职，并赐给他最高的爵位。”陈轸假意不解，接着发问：“还有比这更好的赏赐吗?”昭阳回答说：“会授予他令尹的官职。”陈轸装出一副恍然大悟的神情，接着昭阳的话往下说：“如今您已经官至令尹了，这是楚国最高的官职了。现在，请允许我给您打一个比喻：“从前有人给他们的下人赏了一杯酒，下人们相互议论说：‘几个人一起喝这杯酒，还不够每人一口呢？还不如我们每个人都在地上画条蛇，谁先画完就可以独自喝这杯酒。’过了一会，一个人说：‘我的蛇画好了。’可谁知道他举起酒杯之后又说：‘你们画得太慢了，我还有时间给蛇画上脚呢！’等他画完脚后，有一个人正好也画完了蛇，他一把夺过来酒杯，一饮而尽，然后斜着眼看着那只四脚蛇，得意扬扬地说：‘蛇本来是没有脚的，如今你给他画了脚，那就不是蛇了。’其余的下人们都哈哈大笑，嘲笑这个人画蛇添足，将自己到嘴的美酒拱手相让。”

陈轸讲完这个故事，用眼斜视了一眼昭阳，接着对他说，如今将军辅佐楚王攻打魏国，如今身为楚国的令尹，这已经是楚国最高的官了。现在出战攻破敌军并斩杀敌将，凭这些功劳，便足以立身扬名了。可是即便取得再多的胜利，官衔和爵位也不可能再升了。现在移军攻打齐国，如果获胜，官衔和爵位也不会超过现在的令尹一职；如果没能获胜，会被撤职并被削去爵位，还会给楚国造成损失。战无不胜却不懂得适可而止，只会招致杀身之祸，该得的官爵将不为将军所有，正如画蛇添足一样。最好的办法就是率军离开齐国，对楚国士兵广布恩德，就一定能够保存自己的官职和爵位。

陈轸讲的这个故事，就是画蛇添足的成语的来历。它比喻做了多余的事，非但无益，反而不合适，也比喻虚构事实，无中生有。陈轸凭借自己的聪明才智说动了昭阳，昭阳次日就率兵离开了齐国。

2. 卞庄刺虎

陈轸游说秦惠文王时，引卞庄子刺虎为喻，使韩魏先交战，乘其两败俱伤时进兵，以致秦国大胜。典故详见《战国策·秦策二》："作馆庄子，馆谓逆旅舍，其人字庄子，或作卞庄子。"《史记·张仪列传》中也有记载："庄子欲刺虎，馆竖子止之，曰：'两虎方且食牛，食甘必争，争则必斗，斗则大者伤，小者死。从伤而刺之，一举必有双虎之名。'卞庄子以为然，立须之。有顷，两虎果斗，大者伤，小者死。庄子从伤者而刺之，一举果有双虎之功。"

第六章

纵横家之遗风：秦汉游士

纵横家具有特殊的地位，有其历史的必然性。纵横家是由一群积极向上并乐于入仕的士人群体组成，《汉书·艺文志》认为“从横家者流，盖出于行人之官”，这一群体也伴随着士阶层兴起而走上历史舞台，他们是社会大变革的产物。风云变幻的战国时代为纵横家的发展提供了机缘，而在某种程度上纵横家又是战国时代的终结者，纵横家的合纵连横推动了历史的发展，起到了秦汉一统催化剂的作用，因此纵横家在战国时期社会影响深远。历史进入秦汉时期，大一统已经完成，游说列国的纵横家似乎已经失去了存在的必要，但是他们游说的手段和技巧却保留了下来，成为治国理政的重要参照，与之相适应的秦汉游士继续活跃于秦汉政治舞台，发挥着特殊的作用。

一、纵横思想在秦汉的延续

秦汉时期，纵横游说之风仍然存在。随着诸子的复兴与融合，纵横游说之士的活动也逐渐频繁起来。纵横策士成为秦汉时期政治舞台上的一批十分活跃的人物，因此，纵横家思想广泛传播，促进了纵横之术的繁荣。这一时期有许多著述，如《新语》、《新书》、《淮南子》及司马迁的《史记》等，都对纵横家生平事迹进行了著录和评说。《史记·六国年表序》有云："然战国之权变亦有可颇采者，何必上古。"随着皇权的增强，诸侯王国也逐渐开始衰弱，在经历了由强盛到中落、衰微的过程之后，它们已无法为纵横策士提供施展才能的舞台和保障。此外，社会上流行的抑制和打击养士之风，使纵横策士失去了广泛的基层来源，士人游学、游仕之风渐趋式微。秦汉之际诸侯分立与各国争战的政治格局，使得大量士人再度投奔到诸侯王和权贵人物的周围，渴望寄身托命。因为秦国导致的战国诸侯与游士暂时中断的局面，在一定规模上又重新展开。郦食其与陆贾都是秦末汉初著名游士，《汉书》记载，郦食其"常为说客，驰使诸侯"，陆贾"以客从高祖定天下，名有口辩，居左右，常使诸侯"。郦食其与陆贾这些人对当时的政治形势有比较深刻的理解，又擅长于计谋策略，对当时局势的发展产生了重要影响。

汉代传世的典籍中记载了诸多纵横家及其事迹，从中我们可以窥探纵横家的思想，秦汉版的纵横家“秦汉游士”的存在，也说明纵横家在秦汉时期仍然具有一定的影响力。西汉皇族刘安在《淮南子·人间训》篇中写道，“圣人先忤而后合，众人先合而后忤”，这里讲的是“忤（wǔ）合”问题，此处是沿用前人已有的理论，从现有的资料来看，《鬼谷子·合》篇中系统提出过“忤合”理论。鬼谷子认为“古之善背向者，乃协四海、包诸侯，忤合之地而化转之，然后求合”。“忤合”讲的就是灵活应变的谋略，鬼谷子先生认为事情往往有正反两方面，有顺必有逆，有利必有不利，有直便有曲，矛盾是对立统一的，我们要灵活处理，这也是诡辩的理论与技巧所在。

当然《淮南子》中也对纵横家持有不同的看法，书中对战国纵横家的代表人物张仪、苏秦多有评论。认为“张仪，智不若孔、墨，而争万乘之君，此其所以车裂支解也。”“张仪、苏秦，家无常居，身无定君，约从衡之事，为倾覆之谋，浊乱天下，挠滑诸侯，使百姓不遑启居，或从或横，或合众弱，或辅富强，此异行而归于丑者也。”《淮南子》对张仪合纵、苏秦连横的行止并不认同。论苏秦“苏秦、匹夫徒步之人也，靸跷嬴盖，经营万乘之主，服诺诸侯，然不自免于车裂之患……苏秦知权谋而不知祸福。”评价苏秦知道权谋而不知道祸福变化，《淮南子》站在不同的立场上，并不认可纵横家的权谋游说之道，其实这与作者的身份、政治立场及其当时所处的社会大环境有关。

西汉陆贾著有一政论散文集名为《新语》，是陆贾思想的集中体现。陆贾主张“行仁义，法先圣”，主张无为而治，强调人主必须无为。陆贾的思想与纵横家的入世思想具有很大冲突，所以，他不是很认同纵横家的积极入世行为。陆贾认为苏秦“馋夫似贤，美言似信，听之者惑，观之者冥。故苏秦尊于诸侯，商鞅显于西秦。”在论苏秦、张仪中写道，“苏秦、张仪，身尊于位，名显于世，相六国，事六君，威振山东，横说诸侯，国异辞，人异意，欲合弱而制强，持衡而御纵，内无坚计，身无定名，功业不平，中道而废，身死于凡人之手，为天下所笑者，乃由辞语不一，而情欲放佚故也。”苏秦和张仪侍奉六国君主，身居高位，名声显赫，却死于凡人的手里，被世人所取笑，这是因为他们说话言辞不确定，放纵想法的原因。《史记·张仪列传》中同样这样评价张仪：“夫张仪之行事甚於苏秦，然世恶苏秦者，以其先死，而仪振暴其短以扶其说，成其衡道。要之，此两人真倾危之士哉!”张仪的作为比苏秦有过之，可是社会上厌恶苏秦的原因，是因为他先死了而张仪张扬暴露了他合纵政策的短处，用来附会自己的主张，促成连横政策。总而言之，这两个人是真正险诈的人。

后人除了对纵横家们带有批判态度以外，还有许多带有赞赏态度。汉代贾谊撰写的政论《新书》中对秦的统一有过专论，在记载中可以了解到贾谊对纵横家的态度。《新书》中记载秦孝公“据崤（xiáo）函之固，拥雍州之地，君臣固守以窥周室，有席卷天下，包举宇内，囊括四海之意，并吞八荒之心。当是时也，商君佐之，内立法度，务耕织，修守战之具；外连衡而斗诸侯。于是秦人拱手而取西河之外。孝公既没，惠文、武、昭襄蒙故业，因遗策，南取汉中，西举巴蜀，东割膏腴之地，北收要害之郡。诸侯恐惧，会盟而谋弱秦，不爱珍器重宝肥饶之地，以致天下之士，合从缔交，相举为一。”这是《新书·过秦上》对秦的发展历程做了较好的总结，从言辞中也可以看出作者贾谊对纵横家在秦统一进程的历史作用的肯定。此外，《史记·太史公自序》引用《鬼谷子》的话：“圣人不朽，时变是守。虚者道之常也，因者君之纲。”这里是说圣人的思想和业绩之所以不可磨灭，就在于能够顺应时势的变化。虚无是道的永恒规律，顺天应人是国君治国理民的纲要。《史记·苏秦列传》中太史公总结说苏秦兄弟三个人，都是因为游说诸侯而名扬天下，他们机敏过人，擅长权谋机变。苏秦为了抓住杀害自己的凶手，承担着反间计的罪名被斩首示众，天下人都讳忌研习他的学说并嘲讽他。然而社会上流传的与苏秦相关的事迹和事实存在很多差异，不管是什么时期，凡是和苏秦相关的事迹，都强加到苏秦身上。苏秦出身于民间，却能游说诸侯，联合六国合纵相亲，这正说明他的才智有超过一般人的地方，所以才在《史记》中列出他的经历，按照正确的时间顺序把他的事迹陈述给世人，不想让他只蒙受不好的名声。

二、 秦汉游士说

秦汉之际，社会上涌现出蒯（kuǎi）通、郦食其、张良、陈平、陆贾等一批新的纵横家人物，演绎了一部纵横天下、波澜壮阔的历史剧。汉朝初立，伍被（pí）、邹阳、枚乘、羊胜、公孙诡、严助、徐乐、严安等一批人物，利用纵横之术，奔走各国之间游说诸侯，形成纵横家文化的一个新高潮。《汉书・艺文志》中的纵横家还著录有邹阳、主父偃（yǎn）、徐乐等人的书，可见西汉前期纵横家之风犹有存者，但比起战国时期的纵横家，已有很大的不同。《战国策・书录》中曾对这些纵横家做出评价：苏秦、张仪、公孙衍、陈轸、苏代、苏厉之属，生纵横长短之说，左右倾倒。苏秦为纵，张仪为横。横则秦帝，纵则楚王，所在国重，所去国轻。在这里，刘向高度评价了纵横家的作用与影响，认为他们具有较高的历史地位。

（一）郦食其

郦食其生于战国末年，陈留郡雍丘县高阳乡（今河南省杞县高阳镇）人，秦末楚汉时期刘邦的部下，是中国历史上的著名说客。他非常喜欢读书，但家境贫寒，穷困潦倒，连能供得起自己穿衣吃饭的产业都没有，于是当了一名看管里门的下等小吏。尽管如此，县中的贤士和豪强却不敢随便役使他，县里的人们都称他为“狂生”。秦末时，郦食其已经“年六十余”，他一生中的大部分时间是在战国末年度过的。

郦食其初见刘邦，“因言六国从衡时”，得到刘邦的喜爱，可见其对纵横之术素有钻研。《汉书·郦食其传》曰：“沛公喜，赐食其食，问曰：‘计安出?’。食其曰：‘足下起瓦合之卒，收散乱之兵，不满万人，欲以径入强秦，此所谓探虎口者也。夫陈留，天下之冲，四通五达之郊也，今其城中又多积粟，臣知其令，今请使，令下足下。即不听，足下举兵攻之，臣为内应。’于是遣食其往，沛公引兵随之，遂下陈留。”这件事是说，有一次沛公来到高阳，在旅舍住下，派人去召郦食其前来拜见。郦食其来到旅舍，先递进自己的名片，看到沛公正坐在床边伸着两条腿让两个女人为他洗脚，郦食其走进去，只是作个长揖并没有倾身下拜，随后问沛公是想帮助秦国攻打诸侯还是想率领诸侯灭掉秦国。沛公听后大骂他奴才，天下的人同受秦朝的苦已经很久了，所以诸侯们才陆续起兵反抗暴秦，怎么能帮助秦国攻打诸侯呢？郦食其反倒说，如果沛公下决心聚合民众，召集义兵来推翻暴虐无道的秦王朝，那就不应该用这种倨慢不礼的态度来接见长者。于是沛公立刻停止了洗脚，穿整齐衣裳，把他请到了上宾的座位，并且向他道歉。郦食其谈了六国合纵连横所用的谋略，为沛公制定了计策，他说自己和陈留的县令很是要好，陈留是天下的交通要道，四通八达的地方，现在城里又有很多存粮，可以借其与秦国对抗。郦食其请求沛公派自己到他那里去一趟，让他来投降，他若是不听从的话，再发兵攻城。于是沛公就派遣郦食其前往，自己带兵紧随其后，这样就攻取了陈留，赐给郦食其广野君的称号。

后来，郦食其前往齐国，使其撤除了历下的防守。淮阴侯韩信听说郦生没费吹灰之力，坐在车上跑了一趟，凭三寸不烂之舌便取得了齐国七十余座城池，心中很不服气，就乘夜幕的掩护，带兵越过平原偷偷地袭击齐国。齐王田广听说汉兵已到，认为是郦食其出卖了自己，便对他说："如果你能阻止汉军进攻的话，我让你活着，若不然的话，我就要烹杀了你！"郦食其说，干大事业的人不拘小节，有大德的人也不怕别人责备，扬言自己不会再帮他游说韩信。齐王大怒，烹杀郦食其之后，齐王带兵向东逃跑而去。

（二）蒯通

蒯通，本名蒯彻，范阳（今河北徐水北固镇）人，为战国末年至西汉初年人。他辩才无双，善于陈说利害，曾为韩信谋士，先后献灭齐之策和三分天下之计。汉四年（公元前 203 年），韩信俘虏了魏王豹，攻破赵、代，使燕国降服，又接连平定三国，然后率兵向东将要攻打齐国。军队还没有过平原县，就听说汉王刘邦已派郦食其劝降了齐国，韩信想停止进军。蒯通便对韩信说："将军受诏击齐，而汉独发间使下齐，宁有诏止将军乎？得以得毋行也！且郦生一士，伏轼掉三寸舌，下齐七十余城，将军将数万之众，岁余乃下赵五十余。为将数岁，反不如一竖儒之功乎！"蒯通的意思是，将军韩信受汉王的命令攻打齐国，而汉王又另外派兼有暗探身份的使者单身前去劝降齐国，没有诏书命令将军停止进攻，没什么不进军呢？况且郦先生以一个士人的身份，乘车前往，凭三寸不烂之舌，劝降齐国七十余城，将军率领几万兵众，才攻下赵国五十多座城。做了几年的将军，还不如一个儒生的功劳大。韩信认为他说的有道理，便采纳了他的建议，终于渡过黄河。

《史记·淮阴侯列传》《战国策·齐策六》都有对蒯通的记载。"貂勃常恶田单"章中，貂勃经常中伤田单，说安平君是小人。安平君听到后，故意摆设酒宴召请貂勃，质问他为什么这样做，貂勃说："跖之狗吠尧，非贵跖而贱尧也，狗固吠非其主也。且今使公孙子贤，而徐子不肖。然而使公孙子与徐子斗，徐子之狗，犹时攫（jué）公孙子之腓而噬之也。若乃得去不肖者，而为贤者狗，岂特攫其腓而噬之耳哉？"盗跖的狗对尧狂吠，它并不认为盗跖高贵而尧卑贱，狗本来就对不是它主人的人狂吠。如今假如公孙子贤明，而徐子不成器，公孙子和徐子打起来，徐子的狗，必将扑上去咬公孙子的腿肚子。如果让这狗离开不成器的人，而成为贤明人的狗，就不仅是扑上去咬别人腿肚子了。吴师道曰：“此庄生寓言，惠、踢时不相及，蒯通之言出于此。”这是典型的纵横家自辩之言，通过以上可知蒯通与战国纵横家的学术渊源关系。

蒯通论述战国时游说之士的权变之术，也加上自己的评论，著书立说，号称《隽永》。韩信死后，蒯通被刘邦捉拿，后无罪释放，成为相国曹参的宾客。

（三）主父偃

主父偃，汉武帝时大臣，临淄（今山东临淄）人。他出身贫寒，早年学纵横之术，后学《易》《春秋》和百家之言。他游于齐国许多读书人之间，受到儒生的排挤，他家庭贫困，就北游燕、赵、中山等诸侯王国，但都未受到礼遇。汉武帝元光元年（公元前 134 年），主父偃西入函谷关，抵长安，去见大将军卫青。卫青大将军屡次向皇上推荐他，后来他直接上书汉武帝刘彻，当天就被召见，与徐乐、严安同时拜为郎中。不久又迁为谒者、中郎、中大夫，一年中升迁四次，得到武帝的破格任用。

后来，主父偃劝汉武帝说，古代诸侯的土地不超过百里，强弱的形势很容易控制。如今的诸侯有的竟然拥有相连的几十个城市，土地上千里，天下形势宽缓时，则容易骄傲奢侈，做出淫乱的事情，形势急迫时，他们就会依仗他们的强大，联合起来反叛朝廷。现在如果用法律强行削减他们的土地，他们可能就会反叛，前些时候晁错的做法就出现了这种情况。如今，诸侯的子弟有的竟有十几个，而只有嫡长子世世代代相继承，其余的虽然也是诸侯王的亲骨肉，却无尺寸之地的封国，那么就彰显不出仁爱孝亲之道。因此主父偃劝武帝命令诸侯推广恩德，把土地分割给子弟，封他们为侯。不仅这些子弟高兴地实现了他们的愿望，而且这种办法看似施以恩德，实际上却分割了诸侯王的国土，不必削减他们的封地，却削弱了他们的势力，于是，汉武帝听从了他的计策。主父偃还向汉武帝提出了“大一统”的政治主张，在尊立卫子夫当皇后，及揭发燕王刘定国的阴私等事件中，都是有功的。大臣们都畏惧主父偃的口，贿赂赠送给他很多的钱。后来汉武帝任命主父偃当了齐相，想要揭发了燕王的阴私。赵王害怕他成为赵国的祸患，上书皇帝讲述他的阴私，告发主父偃接受诸侯贿赂的事，武帝听到后大怒，把主父偃交给官吏审问，后来经过公孙弘的挑拨，汉武帝就把主父偃家族的人都杀了。

（四）陆贾

陆贾（约公元前 240 年—公元前 170 年），汉初楚国人，西汉时期思想家、政治家、外交家。陆贾是汉代第一位力倡儒学的思想家，他针对汉初特定的时代和政治需要，以儒家为本、融汇黄老道家及法家思想，提出“行仁义、法先圣，礼法结合、无为而治”，为西汉前期的统治思想奠定了一个基本模式。

陆贾在楚汉相争时以幕僚的身份追随高祖刘邦，因能言善辩常出使游说各路诸侯，深得刘邦赏识，被誉为“有口辩士”。他常常伴随在高祖的身边，出使各个诸侯国。刘邦平定中原后，赵佗（也称尉他、尉佗）已在南越称王，刘邦便派陆贾出使南越，游说赵佗归附汉朝。陆贾到后，赵佗对他非常不礼貌，陆贾便细数赵佗的中原出身，斥责他忘本而不讲礼仪，随后结合楚汉之争的历史，指出南越和汉朝实力上的强弱悬殊，晓以情理，迫使赵佗改颜谢罪。赵佗问他与萧何、曹参、韩信谁更高明，陆贾回答赵佗更高明，这让赵佗很高兴，对他非常满意，并称愿意遵从汉朝约束，接受南越王的封号，对汉称臣。陆贾回朝汇报，刘邦非常满意，任命他为太中大夫。

汉得天下后，陆贾经常在刘邦面前称引《诗经》《尚书》等儒家典籍，刘邦十分讨厌儒生，便骂诗书无用。陆贾反驳说：“居马上得之，宁可以马上治之乎？且汤武逆取而以顺守之，文武并用，长久之术也。昔者吴王夫差、智伯极武而亡；秦任刑法不变，卒灭赵氏。乡使秦已并天下，行仁义，法先圣，陛下安得而有之？”既然皇帝在马上可以取得天下，难道也可以在马上治理天下吗？随后陆贾援引历史，以商周和秦朝的兴亡为例，向刘邦说明行仁义的重要性。商汤和周武，都是以武力征服天下，然后顺应形势以文治守成，文治武功并用，这才是使国家长治久安的最好办法啊。从前吴王夫差、智伯都是因极力炫耀武功而致使国家灭亡，秦王朝也是一味使用严酷刑法而不知变更，最后导致自己的灭亡。假使秦朝统一天下之后，实行仁义之道，效法先圣，那么，这时候再想取得天下就很难了。刘邦听后面有惭色，便命陆贾著书论述秦亡汉兴、天下得失的道理，以资借鉴。陆贾便著文十二篇，每奏一篇，刘邦都极力称赞，称其书为“新语”，也就是现在的《新语》。

（五）伍被

伍被是西汉初年淮南王刘安的谋士。刘安好读书，善文辞，受到汉武帝刘彻的重视，奉命作《离骚传》。还曾“招致宾客、方士数十人”，集体编写《淮南鸿烈》，即《淮南子》，伍被才能出众，为其中冠首。

后来，淮南王刘安阴谋叛乱，伍被多次私下劝谏。刘安坐在东宫，召请伍被，要与他商议事情，称呼道：“将军请上。”伍被说：“大王从哪里得到的亡国之言？从前伍子胥劝谏吴王，吴王不采纳，伍子胥就说：‘我现在看见麋鹿在姑苏台上漫游。’现在我也将要看见宫中长出荆棘，露水沾湿衣襟。”于是刘安非常生气，就扣押了伍被的父母，把他们囚禁了三个月。刘安再次召见伍被，伍被劝他做事即使万无一失，也要顺应天心而举动。如今的汉朝，朝廷君臣、父子、夫妇、长幼之间都尊卑有序、合乎情理，皇上的所作所为都遵循古代圣王之道，风俗纯正，纲纪完善。虽然赶不上古代的太平盛世，然而还是平安无事。伍被认为吴国起兵的做法不对。吴王被赐号为刘氏祭酒，又被赐给几杖，可以不入朝参见天子，统治四个郡的百姓，土地方圆几千里，采山中矿石冶铜铸钱，煮海水而制盐，砍伐江陵的树木而造船，国家富裕，人丁兴旺，赠送珍宝而贿赂诸侯，与七国联合，统兵西进，结果却兵败于大梁，又败于狐父，落荒而逃。被越人俘获，死在丹徒，身首分家，命亡国灭，这是由于违背天意、民心而又不合时机的缘故。

刘安一直召见伍被，却一直不肯听从他的意见，汉武帝元狩元年（公元前 122 年），刘安谋反之事被朝廷发觉，伍被就到官府自首，供出与刘安谋反的情况。天子认为伍被平时的话多称颂汉朝之美，想不杀他。但是张汤进言说伍被首先为淮南王策划谋反，罪大恶极，不能赦免，伍被最终被杀。

(六) 邹阳

邹阳（约公元前 206 年—公元前 129 年），临淄（今山东淄博）人，是西汉文学家、散文家。汉文帝时，为吴王刘濞（bì）门客，以文辩著名于世。邹阳生活的时代是一个社会经济逐渐恢复发展、思想文化相对自由，同时也是各种社会矛盾潜滋暗长的时期。大约于文帝中期，邹阳与著名诗赋家枚乘、严忌（即庄忌，为避汉明帝刘庄名讳改）等先后应聘至富庶的吴国。吴王刘濞是汉高祖刘邦之侄，吴地地理位置优越，擅渔、盐、铜山之利，经过几十年的发展，实力已经相当强大。于是吴王刘濞延揽贤士，谋夺帝位。邹阳微有察觉，便写下《谏吴王书》进行规劝。由于他是吴王门客，当时叛乱也尚未发动，所以只能隐晦曲折地加以劝说，他认为，如若轻举妄动，则“我吴遗嗣，不可期于世矣”。然而吴王刘濞刚愎自用，一意孤行，根本没有把邹阳的劝谏放在心上，于景帝三年（公元前154年）联合楚、赵、胶西、胶东、淄川、济南六国诸侯王，以“诛晁错、清君侧”为名，发动了“七国之乱”，很快被汉兵打败，身死国破。

起初，梁孝王谋议杀袁盎等大臣时，邹阳持反对态度。羊胜、公孙诡利用这个机会向梁王进谗言，导致邹阳下狱论死。邹阳从狱中上书梁孝王，即《狱中上梁孝王书》，为自己辩诬。邹阳采用了高超的表达技巧，首先拈出“忠无不报，信不见疑”，从“忠、信”二字入手，避开正面指斥，广征史实，论“谗毁”之祸，表述自己“忠信”的心迹。接着，从知人与不知人处落墨，说明要知人就不能听信谗言，而应警惕党人横恣的道理。最后，用大量古代君臣遇合的事例为证，劝谏梁孝王真正信用贤才，“不牵乎卑乱之语，不夺乎众多之口”，如此天下士人才能真正为所用。这篇文章后来被收入《古文观止》，虽然文章所论忠信，观念陈旧，但仍为一篇千古名文。梁孝王看到邹阳的上书大受感动，马上释其出狱，并尊其为上客。

（七）枚乘

枚乘（约公元前 210 年—公元前 138 年），淮阴人，西汉时期辞赋家，与邹阳并称“邹枚”，与贾谊并称“枚贾”。枚乘早年担任吴王刘濞的文学侍从，因在七国之乱前后两次劝谏刘濞而显名于世。大约在汉高后七年（前 181 年），枚乘开始担任吴王刘濞的郎中（文学侍从）。文帝时期，刘濞的儿子刘贤进宫陪太子游玩，刘贤被太子失手打死，刘濞因此怨恨朝廷，准备谋划叛乱，枚乘以《上书谏吴王》劝谏刘濞，他说自己曾上书谏吴王说：品行完美无瑕的人，就会功业昌盛，品行不完美的人，事业就会衰落。舜没有立锥之地，却拥有了天下；禹没有十户人家那么大的村落，而能够在诸侯之间称王。汤武的土地方圆不过百里，既没有出现日月星的异常天象，从内心里也不愿意伤害百姓，是因为有用来称王天下的策略。所以父子之道是人的天性，忠臣不应该对君主失去信心，对其不敬，反而应该进行直谏，只有这样处理事情才没有缺漏或错误，功绩方能流传万世。枚乘用这些话劝说刘濞从根本上放弃造反的念头，希望刘濞对这些话稍加考虑。

后来，枚乘第二次以《上书重谏吴王》劝谏刘濞停止叛乱。他用长篇比喻的形式来规劝刘濞审时度势：泰山上流下的水能够穿透石头，拉到尽头的井绳可以磨烂井梁。不是因为水会钻石，井绳是开木的锯，水和井绳是最寻常的东西，是因为不断的摩擦才使它这样。称重量的时候，一铢（zhū）一铢地称，称到一石一定会出现差错；量尺寸的时候，一寸一寸地量，到一丈就会有差错。直接用石和丈来称量，既直截了当又少出差错。路边上树枝粗壮的大树，现在看来十分强壮，不能轻易把他斩断，其实开始生长的时候是很小的嫩芽，用脚趾就可以把它挠断，用手就可以把它拔出来。打磨砥砺一件东西，短时间内看不见它的损坏，一段时日后终究会发生巨大的变化；种植树木、饲养牲畜，短时间内也看不见它的生长，一段时间后就会长大；积累德行，不会立马看见它的好处，时间长了就会有作用；同理，背弃理义，当时不知道它的危害，时间久了就会灭亡。

枚乘的劝谏诚恳而有用，但刘濞并未采纳其建议，仍执意叛乱，以致被杀。于是，在汉文帝后元二年，枚乘离开吴国前往梁国，与梁王刘武交游，成为梁王刘武的门客，于汉景帝时被任为弘农郡都尉，在汉武帝刘彻即位后被征召，于入京途中去世，享年约七十三岁。

结　语

纵横家主要活跃于战国时代，他们是战国时期以从事政治外交活动为主的流派，是《汉书·艺文志》中的“九流”之一，是中国古代早期的外交家。纵横家是诸子百家中的活跃分子，即使以平民寒士之身，仍能跻身于庙堂之中影响众多诸侯国的治国方略，他们富有满腔的热情，积极入世，投身于政治事业，是对战国时期政治生活影响较大的流派。纵横家活动的最大武器就是诡辩的说辞和富有逻辑的推理，他们是卓越的说客和权谋者，是处理国家关系的高端智库。纵横家又是时代的推进器，他们将“春秋无义战”的无序纳入“纵”与“横”的战国有序之中，同其他诸子学派一起共同推进了中国大一统的历史进程。“纵”即以连为主，协调矛盾，联合团结，多阳少阴。“横”即以破为主，利用矛盾，各个击破，多阴少阳。“合众弱以攻一强，事一强以攻众弱”，道出了纵横家合纵连横活动的真谛。

纵横家的特点是多智谋与辩才，他们往往会依据服务的对象，为达到某种特定的政治目的，从而设计谋划有针对性的说辞和逻辑方式，把诡辩论运用得淋漓尽致。合纵与连横是纵横家中截然相反的两个派别，苏秦派为纵，张仪派为横，在具体实践中，二者朝着相反的方向发展。苏秦合纵，采取联合弱势，共同对付强秦，首先是打消联盟者的顾虑，肯定自己的优势，用来鼓舞信心，激励斗志。在具体操作中，以苏秦为代表的合纵派善于利用理导利诱法，大体通过四个步骤完成游说过程并达到目的。第一步，肯定优势，分析地理条件、兵力情况、军需物资、国力强弱、周边关系等客观优势，结合国君贤能、士卒英勇等主观因素。肯定有利条件，强调特色，具体问题具体分析，如游说燕国，指出燕国要远离强秦，相对封闭，安定富庶，所谓天府；游说韩国，强调兵器精良，士卒悍勇，一人当百；游说齐国，强调地理优越，人口众多，民富国强，天下无敌。第二步，指出危机。第三步，出谋划策。针对燕国，指出错在“不忧百里之患，而重千里之外”，与赵纵亲，天下为一，国必无患；针对魏国，王能听臣，六国纵亲，并力一意，必无强秦之患；对齐楚赵等国，指出只有合纵抗秦，才能成就霸业。第四步，分析利弊，理导利诱，举例说明，最终奏效。通过此方法和思路，苏秦先后说服赵、韩、魏、齐、楚等国，身佩六国相印，荣耀一时。

与苏秦的理导利诱法游说方式不同，以张仪为代表的连横派采用强势威逼法下的“连横”，总的思路是各个击破，拆散联盟，具体做法是强势逼人，威逼利诱，利用矛盾，离间调和。张仪依托强秦，伴随军事，威吓为主，如张仪说魏王事秦，秦三次攻打魏国，第四次言攻魏国，先败韩国，斩首八万，诸侯震恐，胁迫魏国背弃合纵盟约纵事秦国。连横派的威逼利诱、强势压人之法，同样是采取四个步骤完成。第一步，居高临下，威逼高压，强调对方劣势。第二步，指出对方错误，打破幻想，瓦解对方信心。第三步，采取落井下石。游说魏王：不事秦，魏亡可立而待；游说赵王：不事秦，秦发三军攻赵，面临灭顶之灾。第四步，理直气壮，压倒震慑，围追堵截，步步紧逼，逼其就范。张仪连横的目的就是让合纵联盟国背弃纵约，割地称臣。如游说魏王：“为大王计，莫如事秦，楚韩不敢动，高枕而卧，国必无忧，不听臣，秦甲士东伐，欲事秦不可得。”显然，张仪的强势威逼法是成功的，公元前 322 年，张仪任魏相，使魏事秦，魏惠王不受，秦惠文王占魏曲沃平周，大肆封赏张仪。公元前 317 年，张仪成功游说魏襄王，张仪任秦相。

纵横家的历史地位如何评价，褒贬不一，总的来说，纵横家是带有一定正能量的群体，是顺应历史发展，对秦汉大一统的完成起到一定的推动作用。合纵派，短期成功，稳定东方局面，迫使秦国十五年不敢兵出函谷关。连横派，最终成功，为秦统一奠定基础。纵观战国历史，纵横家基本能够做到顺应时势、与时俱进、积极入世、以智治国。纵横家的活动，保障了社会的局部稳定，进而推动秦统一的到来，促进了战国时期各个地区的文化交流和民族融合的发展，这些都具有积极意义。

虽然纵横家已远离我们两千多年，他们活动的舞台已不复存在。但是他们的思想、策略和游说技巧却总是被后人从不同的方面挖掘效仿，被国内外所关注，应用于外交和商业等领域，形成富有中国智慧的智谋文化。德国著名学者斯宾格勒在《西方的没落》一书中高度赞扬中国的纵横家，认为其具有实际的借鉴作用。二十世纪七十年代，美国著名外交家就深受《西方的没落》一书的影响，甚至有人称基辛格是现代的苏秦、张仪。当今世界形势颇似春秋战国，纵横术虽不可能主宰世界历史发展格局，但我们仍可以积极领会并运用纵横之道，为世界和平与发展贡献中国智慧。

以史为鉴，面对现实，合纵需要团结，连横需要发展。即：合纵的各方，必须要懂得放弃，正确运用“舍得”精神，大舍才有大得。而连横的一方，必须要知道在与别人合作的同时，首先要不断深度发掘自身的潜能，强大自我。秦国，就是在与六国连横的过程中，一方面击破了合纵，另一方面不断深挖本国的潜能，使国家不断强大起来，最终取得了统一霸业的伟大胜利。日本学者、企业家大桥武夫曾经把纵横家的经典著述《鬼谷子》用到经营活动中，写出了一部鬼谷子应用实例，取名《兵法与鬼谷子》。从文明互鉴、文化交流的角度出发，纵横精神在新时代完全可以焕发出新的光彩。

后记

中国是世界文明古国，有着五千多年的文化积淀。遥想两千多年前，一群学富五车、济世救民的社会贤达和思想家，关注着中国的时势，思考着中国的未来和发展方向，“聚人徒、立师说”，创立了诸子百家，出现了世界文明史上独有的战国百家争鸣的盛况。梁启超先生认为，战国百家争鸣是中国乃至世界思想文化史上之奇观，“孔北老南，对垒互峙，九流十家，继轫并作。如春雷一声，万绿齐茁于广野；如火山乍裂，热石竞飞于天外。壮哉壮哉！非特我中华学界之大观，亦世界学史之伟迹也。”纵横家作为《汉书·艺文志》所列诸子十家之一，是由一群怀有满腔热情、积极入世，愿意投身于政治事业、活跃于列国中的中国早期外交家组成。纵横家偏重社会实践，虽无显学之名，而有显学之实，为推动秦的大一统进程起到了一定的促进作用。

诸子百家文化是中国优秀传统文化的重要组成部分，弘扬优秀传统文化已成为我国文化战略的主旋律，同时也是一名教育工作者的历史使命和时代担当。自2014年入职山东理工大学齐文化研究院以来，一直从事中国传统文化的教学与科研工作。2017年，山东省政协原副主席、山东师范大学原副校长王志民教授特聘于该校齐文化研究院院长，组织并承担了一系列文化工程与项目，其中包括山东省齐文化传承创新示范区建设重大工程的“稷下学宫与诸子百家园”项目。承蒙课题总负责人王志民教授的抬爱，有幸参与该项目并作为分课题负责人负责纵横家部分，这是本书的写作前缘。项目顺利结项后，为使各位专家的成果能够发挥更大的学术和文化普及价值，王志民教授在征求诸位学者意见的基础上决定筹划10卷本《诸子百家普及丛书》，由我撰写《纵横家》。本丛书立足于大众，用通俗的语言和生动的故事诠释诸子百家，是一部立于学术之上的文化普及类读物。

在本书的写作过程中，得到了丛书总编纂王志民教授的悉心指导，同时中国人民大学孙中原教授、曹峰教授，首都师范大学白奚教授，北京语言大学方铭教授，北京大学邢滔滔教授，中国政法大学王威威教授，孔子研究院杨朝明教授、房伟博士及我的同事于孔宝教授都从不同的角度对本书提出了许多中肯的、具建设性的意见。自 2017 年始，与诸位先生相识、相知，亦师亦友，因书结缘，本书的顺利完成，离不开他们的辛勤付出与指导，在此表示衷心的感谢。

书稿收尾时，我指导的研究生陈华帮助我核对文献、校对文字，给生僻字、疑难字注音等，此书稿的完成也有她的一份功劳，在此表示感谢。

中国人民大学出版社外语分社鞠方安社长对本书关心较多，对书稿的结构等提出了许多建设性的意见，出版社诸位编辑老师们辛勤付出、不厌其烦的工作，促成了书稿的早日问世。在此，一并表示感谢。

本书在写作过程中参考了诸多前辈和学人的成果，在此一并致谢。囿于学识，加之时间仓促，本书一定存在诸多不足和纰谬，敬请方家教正。

卜祥伟

二零二一年八月十五日

图书在版编目（CIP）数据

纵横家/王志民总编纂；卜祥伟著. --北京：中国人民大学出版社，2021.8

（诸子百家普及丛书）

ISBN 978-7-300-29810-8

Ⅰ. ①纵… Ⅱ. ①王… ②卜… Ⅲ. ①纵横家-通俗读物 Ⅳ. ①B228-49

中国版本图书馆 CIP 数据核字（2021）第 178950 号

诸子百家普及丛书

纵横家

总编纂 王志民

卜祥伟 著

Zonghengjia

出版发行	中国人民大学出版社			
社　　址	北京中关村大街 31 号	**邮政编码**		100080
电　　话	010－62511242（总编室）	010－62511770（质管部）		
	010－82501766（邮购部）	010－62514148（门市部）		
	010－62515195（发行公司）	010－62515275（盗版举报）		
网　　址	http://www.crup.com.cn			
经　　销	新华书店			
印　　刷	涿州市星河印刷有限公司			
开　　本	787 mm×1092 mm 1/32	**版**	**次**	2021 年 8 月第 1 版
印　　张	63 插页 20	**印**	**次**	2024 年 12 月第 4 次印刷
字　　数	1 160 000	**定**	**价**	200.00 元（全 10 册）

中国人民大学出版社读者信息反馈表

尊敬的读者：

感谢您购买和使用中国人民大学出版社的 ______________________ 一书，我们希望通过这张小小的反馈表来获得您更多的建议和意见，以改进我们的工作，加强我们双方的沟通和联系。我们期待着能为更多的读者提供更多的好书。

请您填妥下表后，寄回或传真回复我们，对您的支持我们不胜感激！

1. 您是从何种途径得知本书的：

□书店　□网上　□报纸杂志　□朋友推荐

2. 您为什么决定购买本书：

□工作需要　□学习参考　□对本书主题感兴趣　□随便翻翻

3. 您对本书内容的评价是：

□很好　□好　□一般　□差　□很差

4. 您在阅读本书的过程中有没有发现明显的专业及编校错误，如果有，它们是：

____

____

____

5. 您对哪些专业的图书信息比较感兴趣：

____

____

____

6. 如果方便，请提供您的个人信息，以便于我们和您联系（您的个人资料我们将严格保密）：

您供职的单位：______________________________

您教授的课程（教师填写）：__________________

您的通信地址：______________________________

您的电子邮箱：______________________________

请联系我们：黄婷　程子殊　王新文　王琼　鞠方安

电话：010-62512737，62513265，62515580，62515573，62515576

传真：010-62514961

E-mail：huangt@crup.com.cn　chengzsh@crup.com.cn　wangxw@crup.com.cn
crup_wy@163.com　jufa@crup.com.cn

通信地址：北京市海淀区中关村大街甲59号文化大厦15层　邮编：100872

中国人民大学出版社

总编纂—王志民

诸子百家普及丛书

杂家

于孔宝 著

兼容并包　统合百家　治道一统

中国人民大学出版社
· 北京 ·

诸子百家普及丛书

编 委 会

教育部重大攻关项目“稷下学派文献整理与数据库建设研究”阶段性成果

山东省齐文化传承与示范区建设协同创新中心重点项目

序　言

王志民

“诸子百家普及丛书”根据《汉书·艺文志·诸子略》所列十家学派而编纂，包括《儒家》《道家》《阴阳家》《法家》《名家》《墨家》《纵横家》《杂家》《农家》《小说家》，各自独立成册，共十本。由对各学派素有研究的著名专家学者合作撰写，是一套普及性、通俗性、大众化的学术丛书。

一

春秋战国时代的诸子百家争鸣，是中国文化史上最辉煌灿烂的文化景象。由于社会的巨大变革，“礼崩乐坏”，文化下移，私学兴起，各种出身的知识分子大量产生，形成了一个特殊的“士”阶层，这为诸子百家的产生准备了充足的人才条件。数百年中，列国纷争，诸侯割据，争霸图强，战乱频仍；各国之间，群雄崛起，风云变幻，在竞相以实现一统天下为目标而鹿死谁手迄未可知的情势下，各国统治者殚精励治，变法图强，都需要大量的人才来为自己出谋划策，奔走效力。人才多

寡成为国家力量的衡量标准，各国统治者尊重人才，“礼贤下士”就成为最普遍的现象和备受崇尚的风气了。而在这种风气的推动下，具备各种知识与才能的“士”，面对激烈复杂的斗争和出将入相、功名利禄的诱惑，也都深深地卷入这一时代大潮中。他们或游说各国，喜议政事，发表政见，以干世主，成为搅动天下局面的大政治家；他们或总结历史，研究现实，谋划未来，长于思辨，善于论说，聚徒讲学，成为名重一时的大学者。他们因而形成了学派林立、异说纷呈、九流十家、竞相争鸣的文化奇观。值得提出的是，德国现代哲学家雅思贝尔斯提出：在公元前 800 年至公元前 200 年，人类的精神基础同时地并各自独立地在中国和其他文明古国开始奠定，形成了直到今天人类仍然附着在这种基础上的“轴心时代”理论。目前中国学术界越来越多的人接受这一观点，将以诸子百家争鸣为主要标志的春秋战国时代称为中华文明史上的“轴心时代”。

纵观战国时期的诸子百家争鸣，其主要特点和巨大历史贡献至少可以从以下三个方面来总结：

1. 思想解放，学术自由，理论创新，哲学突破。在“礼崩乐坏”社会巨变中产生的“士”，从原有的“天道”“神道设教”的神学说教中解放出来，从神圣不可动摇的社会等级秩序桎梏中解放出来，从各国统治者求贤若渴的“礼贤下士”中获得地位上的平等、自由和独立。这种空前的思想自由的社会环境，为来自不同出身、地域、经历、喜好的“士”们各擅其说，标新立异，创造了条件，从而形成了不同的思想流派，带来理论的创新和哲学的突破。儒家是周礼的传承与维护者，

创新性提出“仁者爱人”的核心思想，仁、礼结合，将外在的等级制度与内在道德伦理的自觉意识结合起来，从而形成儒家制度化的理论主张。道家“哲学突破”的创始性更鲜明：提出以“道”为核心的理念。道为万物之根本，所谓“道生一，一生二，二生三，三生万物”。道法自然，以虚无为本，以因循为用，讲无为而治。墨家创始人墨翟本为儒家之徒，却独创学派，并猛烈批判尚礼乐、讲“仁”学的儒家学派，主张兼爱、非攻，节葬、非乐。法家则是从现实的政治需要出发，为寻求富国强兵之策而形成的一种改革的思潮，其先驱是伟大改革家管仲；战国时代则有主张道法结合的齐法家，和讲严刑峻法为特征的三晋法家。而阴阳五行家的邹衍，原来也是一个信奉儒学而且想大有作为的人，但在实践中感到不被人接受，于是将阴阳、五行合论，创造出“其语闳大不经”的大九州说及五德终始之论，终成一大学派。名家是以提倡循名责实为学说，提倡“正名实”、重思辨的学派，是逻辑学的创新者。值得注意的是，各学派内部，也充满了标新立异的活力。孔子去世后，“儒分为八”；墨家也分为：相里氏之墨、邓陵氏之墨、相夫氏之墨；这都是在儒、墨“显学”传承发展过程中，因创新而各有突破的结果。传至汉代司马谈首论六家学派，其“要旨”所在，正在于其理论创新和突破。诸子百家理论上的创新建树，是中华文化的智慧之源，影响极其深远。

2. 胸怀天下，服务现实，围绕政治，出谋划策。诸子百家应时而生，一经出现即与政治紧密相连。战国时期最大的政治就是一统天下。这就决定了诸子百家争鸣

始终围绕着政治这个主轴展开，从各个方面提出建国方略和一统天下的主张。儒家主张以“仁政”获取民心，包括“制民之产”，保护发展小农经济，实现天下大同。道家黄老学派以虚无为本，以因循为用，主张因俗简礼、无为而治、休养生息。墨家则主张兼爱天下，反对战争，主张尚贤、尚同以治国。法家的主张最实用，以奖励耕战，谋求富国强兵；以法、术、势三足鼎立的统治理论，谋求建立统一的中央集权君主专制国家。阴阳家邹衍则以“五德转移，治各有宜，而符应若兹”的五德终始理论，为大一统提供了合法的依据。名家看似对政治并不实用，但却正是针对战国时代礼法名存实亡，强调“名乎其实”“名实相符”，以让天下一切走上正轨。纵横家是为统一天下奔走呼号的一个特殊群体，或以合纵游说六国，或以连横游说秦王，目的都在于促进大国兼并，最终实现天下统一。农家的重农主张，杂家兼容各家学派的思想主张，目的都是为大一统的实现做理论上的准备。总之，所谓诸子百家学术，实与现实政治紧密结合，中华民族大一统理念与分久必合思想和传统的形成，实与战国诸子百家争鸣密不可分。

3. 大师辈出，人才济济；著书立说，经典传世。辉煌的时代，培育出非凡的文化巨人。孔子、老子、墨子、庄子、孟子、孙子、荀子、商鞅、韩非等一大批影响中国历史进程的伟大人物出现在这个时期，而伟大人物的出现，又进一步推动了诸子百家争鸣的繁盛与发展。这些各学派的大师和代表人物，除了以其卓越的思想创新、理论建树和哲学突破彪炳史册外，还在至少两个方面做出了历史性贡献：一是培养了大批人才。他们

大多为了实现政治抱负、思想传承及在争鸣中占据优势，广招生徒，培植后学，每个学派，实际上也是一个私学教育集团。儒、墨两家，号称“显学”，突出特点即在弟子众多，人才丛生。孔子杏坛讲学，亲授弟子竟有3 000人之众；墨子为反对战争曾率弟子数百人持械守城，可见当时弟子众多。战国之世，不仅“孔、墨徒属弟子，充满天下”，而且人才济济，多有成就，所谓“孔墨之后学，显荣于天下者众矣，不可胜数”。其他学派大师也大多徒属众多，人才辈出。因而师承相传，思想发展，学派繁盛，声势浩大。二是各派大师，著书立说，留下大量著作，被后世奉为经典，成为此后两千多年中国思想文化之源。孔子编定“五经”，不仅在汉代成为文化主流，而且后世所谓的儒家经典，其主体皆源于此。儒家经典《论语》《孟子》，既入“十三经”之数，又特列宋代之后“四书”之中，犹如中国人的《圣经》。《老子》《庄子》为道家之经典，称为《道德经》《南华经》。《荀子》《韩非子》皆为儒家、法家集成之作，对中国政治、文化影响巨大。传为管仲遗著、实际成书于战国时期的《管子》，被称为中国早期政治智慧集大成之作，为历代治国者提供了丰富的政治营养。战国诸子百家，实为此前中华文明成果之总结者、传承者，又为其后中华文明发展之开启者、奠基者。

二

战国时期诸子百家争鸣的思想学术文化中心就是设在齐国故都临淄的稷下学宫。

1. 稷下学宫的兴衰发展历程大致可描述为：初创于田齐第三位国君齐桓公（田午，公元前 375—公元前 357，在位），繁荣于齐威王时。齐宣王时期，扩大学宫规模，建筑高门大屋；封官加禄，吸引各派学者，鼓励百家争鸣，人数多至数千人，达到发展的鼎盛期。闵王时国破君亡，学宫遭废，襄王复国而稷下“中兴”。直到末代国君齐王建时，存而渐衰；公元前 221 年，秦国灭齐，学宫消亡。其存在时间基本与田齐政权相始终，前后历经六代国君，凡一百五十余年。

2. 稷下学宫是诸子百家争鸣的唯一学术中心。战国诸子百家的形成，固然与各国延揽人才、大兴养士之风有直接的关系，但如果没有一个百家汇聚的文化中心，“争鸣”的局面也是难以形成的。然而，在战国那样一个大国割据、战争频仍的时代，遍考养士之所，却少有百家学派汇聚之地。当时以养士最为著名者当属“四君子”：楚有春申君，齐有孟尝君，赵有平原君，魏有信陵君。他们都曾宾客云集，名闻天下，但在他们那里却并没有形成学术文化中心。考其原因约有以下几点：一是人数虽多，层次低下。“四君子”养士，都在“三千余人”以上，但往往“不分贵贱，客无所择”；寄食者众，有才者寡。二是服务私门，学派难入。其养士多为救急解困，主要在务实和功利层面，各派学者真正投奔者甚少。三是因人而养，聚散无常。人在则聚，人去则散。学术成就最高者当属战国末期的吕不韦，他养士三千余人，并“使其客人人著所闻”，集论而成了《吕氏春秋》；但随吕氏之亡，其士也如昙花一现，作鸟兽散。战国私门养士，风气虽炽，灿如云霞，但都未形成稳定

的学术文化中心。

战国之君，以礼贤养士最著名者首推魏文侯。他“师卜子夏，友田子方，礼段干木”，以致“四方贤士皆归之”，如李悝（kuī）、翟璜（huáng）、吴起、西门豹、乐（yuè）羊等崇尚变法图强的政治家，都聚集魏国，实行变法图强，魏成一时之霸主。但魏处秦、楚、韩、赵大国之间，疲于征战，且魏文封侯之后七年即去世，国力渐衰，在魏国并未形成一个稳定的文化中心，其学术贡献也难与稷下并论。

考察战国学术，能够成为诸子百家争鸣中心，且存在时间最长、规模最大、成果最丰、影响最深远的，唯有稷下学宫。其原因在于它有三大特点：

其一，机构开放。齐国君主延揽各国人才，不遗余力。稷下学宫尊重学者的独立自主精神，在管理上采取机构开放、来去自由的政策。一是待遇优厚。齐国统治者在稷下建设“高门大屋，尊崇之”，足见校舍之富丽堂皇；齐宣王一次封七十六名稷下先生为上大夫，足见地位之高，待遇优厚。二是来去自由。游学是其主要形式：学生可以自由来稷下寻师求学；先生也可以自由在稷下招生讲学；可以个人游学，也可以从者数百人集团游学。来者，热情欢迎，精心安置，以礼厚待；走者，以礼相送，重金馈赠。三是学者治校。齐国统治者对稷下管理充分信任、重用学者，荀子曾“三为祭酒”；在具体事务管理上，则充分尊重学者：教学内容设置，教学活动安排，师生之间，先生与先生之间，教学或学术辩论，全由稷下先生们自主组织。如此优厚、开放、宽松的办学方式，吸引各国学者纷至沓来，增加交流，开

阔视野，扩大见闻，打破了私学界限，学无常师，思想活跃，促进了学术的交流、争鸣和人才的培养、成长。

其二，思想兼容。齐国统治者对稷下各家学派制定“百家争鸣，兼容并包”的方针，实行诸子百家各派平等，多家并存的政策。从文献记载看，儒、法、道、墨、阴阳、名家及农家、兵家，举凡当时重要的学术流派都曾在稷下先后存在发展。由于思想解放，地位平等，学术活跃，各派学者尽管有不同甚至相反的主张，却都能在稷下立足、讲学、争鸣，吐纳吸收，提升发展。甚至还往往出现派中有派、派中分枝的现象。例如：学宫中儒家就分孟氏之儒、荀卿之儒，而且两派之间，观点有异，相互攻伐；道家分宋钘（xíng）派，尹文派，田骈、慎到派和环渊派。各派思想也由于百家争鸣的深入，而逐渐融合或者发生演变。诸子百家充分利用稷下讲坛，传播思想，广收徒属，扩大影响；多家思想并争，各派观点齐鸣，在争鸣中融合，在融合中发展，最终实现了各派的共荣、创新、发展。

其三，学术自由。稷下学宫的学术自由主要体现在两个方面：首先，尊重学者，平等礼遇。齐国君主不以政治干涉学术，不以好恶而行褒贬，稷下学宫所体现的学术自由，主要展现为统治者与学者之间的地位平等和尊重学术的理念，这一点史所难寻。尤其值得提出的是：稷下学宫是田齐政权的国办机构，“喜议政事”是其基本功能，“各著书言治乱之事，以干事主”是稷下先生的强烈愿望，因而，他们可以对齐统治者独立自由地发表政治见解甚至提出批判反对意见，而齐统治者则对各种意见，一概采取从善如流、平等相待的态度，这

就是一种更为珍贵堪称典范的平等精神了。其次，尊重学术，鼓励争鸣。稷下有所谓“谈说之士期会于稷下”的记载，即指各派学者按约定时间举行集会，展开“争鸣”。集会对所有人员开放，通过演讲、辩论，各家学派都能畅所欲言，充分发表自己的观点，也能积极吸收别家思想。稷下的学者们大都能言善辩，田骈、邹衍、邹奭（shì）还因雄辩而得“天口骈”“谈天衍”“雕龙奭”等雅号，可以想见，稷下先生的辩论，在形式上是不拘一格的：或双方互辩，或舌战群儒；或先生之间，或弟子之间，甚或师生之间；或大会演讲，或小会研讨；或处堂上，或在树下。他们在辩论中各抒己见，互不相让，竞长论短，争论不已，形成了百家争鸣的热烈场面。

稷下学宫不仅是战国诸子百家争鸣的唯一学术文化中心，还是中国历史上最早的大师云集的高等教育大学堂，也是为现实政治服务、带有高端智库性质的政治参议院。它的出现，是中华文明史上一个最独特的创新。郭沫若曾评价说：“这稷下之学的设置，在中国文化史上实在是有划时代的意义的。”事实不仅如此，放在世界文明史上，也是一个奇迹。稷下学宫与雅典的柏拉图学园在公元前四世纪差不多同时出现，分别在世界的东、西方以相似的方式展现出人类早期文明的智慧之光。它们都是世界上最早的集高等教育与学术研究为一体的思想学术文化中心，各具特色，共同创造了世界文明史上的辉煌：稷下学宫为广揽人才而创，具有浓厚的政治色彩；柏拉图学园为传播思想、科学而设，具有鲜明的科学理念。前者汇聚诸子，多派并存，思想交融，

形成百家争鸣的局面；后者传承师说，探求真理，追求科学，培育独立思考之精神。前者为中国秦汉大一统帝国的形成做了理论上的充分准备，对中国政治、文化、教育发展影响甚大；后者为西方大学教育奠基，对西方哲学、自然科学发展影响深远。稷下学宫与柏拉图学园极大地影响了东、西方不同学术思想与文化传统的形成，共同为构筑丰富多元的世界文明做出了卓越的历史贡献。

三

本丛书的编纂，缘起于稷下学宫发祥地山东省淄博市、临淄区政府 2017 年拟规划建设“稷下学宫与诸子百家文化园”重大文化工程项目。受市、区党委、政府的信任和委托，我担任了《展陈文案学术研究报告》项目负责人。为此，我们聘请国内高校十数名对先秦诸子百家素有研究的权威学者共同组成了项目组。经过近两年的努力，项目组圆满完成三十余万字的《报告》，同时形成了一百五十余万字的《资料汇编》，为本丛书的编纂奠定了基础。

2019 年，以我为首席专家组成的课题组，获批教育部重大攻关项目“稷下学派文献整理与数据库建设研究”立项。为了更深入、全面地开拓、展示稷下诸子百家的发展背景和学派面貌，以原项目组学者为主体，于 2019 年底正式启动了本丛书的编纂。

本丛书是弘扬优秀传统文化的普及性、通俗性读物。希望通过深入挖掘、阐释、解读“轴心时代”诸子

百家的历史渊源、学派概况、代表人物、主题思想、历史地位、深远影响，让广大人民群众全面认识民族精神的形成轨迹和丰富内涵，坚定文化自信，促进中国优秀传统文化的创造性转化和创新性发展。同时立足当代，着眼未来，从文明互鉴、文化交流的角度，努力挖掘世界文明“轴心时代”在中华大地上涌现的诸子百家的价值内涵和世界意义，讲好中国故事，让中国文化走出去，增强人类命运共同体的广泛认同，为构建不同文明和谐共荣的发展之路发挥更加积极作用。

本丛书编纂的总体要求是：权威学者写小书，以确保学术质量。每册 10 万字左右，融知识性、权威性、趣味性和普及性于一体；既适合国内大众阅读欣赏，又适宜向海外翻译推介，传播弘扬中华优秀传统文化。对于学派的表述，一方面要求有坚实的文献依据，尽量吸收相关考古新发现和学界形成共识的研究新成果，以提高读物的知识性和学术含量；另一方面要求尽量选取典型故事表述思想，以浅近语言阐述哲理；处理好具体与抽象、个别与一般、部分与整体的关系；做到主线清晰，纲举目张，故事生动，内容形象；语言文字则要求简洁易懂，以通俗书面语为主；一般不引用大段文献原文；疑难生僻字加注标准汉语拼音；配以必要的图表、画像等，让读者喜闻乐读。

在本丛书编纂过程中，我们与各位主撰者共同组成了编委会，实行统一策划、统一体例和撰写要求；多次组织研讨会，对各卷的撰写提纲和书稿逐一进行了反复研讨、审稿、统稿；各位作者通力合作、反复修改、竭尽心力；中国人民大学出版社积极支持丛书的研讨、统

稿、定稿和出版工作。我们衷心希望历经数载精心编纂的这套丛书，能让广大读者在赏心悦目的阅读中，领略中华文化的深邃魅力，获取知识的无穷力量。

2021 年 8 月 16 日

目　录

导 言

杂家——诸子百家的融汇

东汉著名史学家班固在《汉书・艺文志》中，将先秦时期的诸子百家归类为十家，即儒家、道家、阴阳家、法家、名家、墨家、纵横家、杂家、农家、小说家。除小说家之外，其余九家又称为“九流”。杂家既是十家之一，又是九流之一。

弘扬中华优秀传统文化，人们关注的多在于儒家、道家、法家、墨家、名家、阴阳家，而往往忽略了杂家，甚至有的人武断地否定杂家的存在。其实即便后世影响巨大的儒道两家，在它们的发展演变轨迹中，无不展现着**兼容并包的杂家精神**。

杂家兼采融合诸家之说的思想方法成为研究思想文

化学术的基本路向与遵循的基本原则，中华优秀传统文化的创造性转化和创新性发展，古为今用，洋为中用，辩证扬弃，推陈出新，无不与兼容并包的杂家精神若合符节。在学术史的研究上，杂家虽然遭受过冷遇，以至于普通大众对杂家很陌生，不识杂家本来面貌，但杂家的兼容并包、统合为新的理念，历经千百年来无数历史事迹转化为一种社会力量，熔铸于中华民族的血脉之中。

在世界文明的长河中，唯有中华文明绵延数千年而未曾中断，其中有一个重要因素就是中华文化具有强大的兼容纳新的同化力，而兼容纳新正是杂家的基本特征。由此，杂家之学成为中国文化传统与中华民族精神的重要思想基因。

如果说先秦诸子“皆务为治”，以天下平治为理想，那么杂家是有意识地促成学术思想与政治实践联姻，具有鲜明的家国天下之情怀。

杂家博采各家之所长，兼容儒家和墨家的思想，综合名家和法家的精华，采撷(xié)道家和阴阳家的学说，融汇兵家、纵横家、农家、小说家的言论，融会贯通，熔诸子百家学说为一炉，以“王治”为主旨与指导，探究天地变化的规律，阐明祸福存亡的道理，形成了兼容并包的国

家治理思想学说即治道思想，被誉为治国宝典。可见，杂家的鲜明特征，一是兼容并包、综合百家，二是以王治为主旨的治道思想。

百家争鸣与思想融合，诸侯异政与政治统一大势，时代之风云际会，成为杂家产生的社会基础与时代背景。杂家走上战国晚期的舞台，是政治上由列国合纵（zòng）连横（héng）、兼并争雄走向全国统一在思想意识形态领域的映照。而稷（jì）下学宫是百家争鸣的摇篮，催兴了先秦学术思想统合的思潮，杂家思想正是兼容并包的稷下之学的发展。

《吕氏春秋》的创作是为政治的统一寻求统治思想，摒（bìng）弃诸子横（hèng）议，以求思想上的一统天下，为构建统一帝国的上层建筑提供现实的可资借鉴的理论体系。因而**《吕氏春秋》亦被称为杂家帝王学之作。**司马谈《论六家要旨》说："夫阴阳家、儒家、墨家、名家、法家、道家，此务为治者也，直所从言之异路，有省不省耳。"《淮（huái）南子·氾（fàn）论训》也说："百川易源，而皆归于海；百家殊业，而皆务于治。"百川归海，百家务治，皆言殊途同归之理。"百家殊业，而皆务于治"，这是从诸子之学救时之弊而至天下大治的相同思想归旨与理想目标上所做出的评判，而杂家与其他诸子学派的不同在于建构了以

"王治"为宗旨的治道思想。《吕氏春秋》《淮南子》作为《汉书·艺文志》所记载并流传下来的杂家代表著作，所呈现出来的正是治道思想。杂家"兼儒墨之道，通众家之意"的治道理念，为历代所借鉴，如"汉家自有制度，本以霸王道杂之"。

杂家融会贯通百家思想，综合认知学术发展规律，总结传承先秦文化，探寻救时之弊的治道方略，成为中国学术思想发展的基本路向。"兼儒墨，合名法"之兼容并包的杂家精神，体现着学术思想的综合创新；而"知国体之有此，见王治之无不贯"之"王治"治道宗旨，彰显着杂家的使命担当。中华优秀传统文化之所以具有兼容并包的胸怀与同化力，与杂家精神有着血脉渊源。

第一章

战国末期的统一大势与杂家的产生

杂家学派的形成经历了一个历史发展的过程。杂家作为一个思想流派，是战国晚期的产物。在战国晚期之前，杂家还没有形成自己的思想体系，还不能作为一个思想学派林立于诸子百家之中。战国时期的“博闻强记，学无所主”的稷下领袖淳（chún）于髡（kūn）、秦相商鞅（yāng）的老师尸佼（jiǎo），虽然具有杂家的思想倾向与特征，但都没有建立起自己的思想理论体系，只能归为杂家的先驱。直到吕不韦主持编纂（zuǎn）鸿篇巨制《吕氏春秋》，标志着杂家的诞生，杂家由此成为诸子百家的一员。西汉初期，淮南王刘安主持撰（zhuàn）写的《淮南子》，成为杂家之殿

(diàn) 军。

一、诸侯异政与政治统一的前夜

春秋战国时期，随着封建经济的发展和诸侯势力的增强，出现了诸侯争霸、群雄并起的局面。

平王东迁，天子式微，开启春秋争霸时代。虽然周天子对天下的控制已经名存实亡，不再有能力号令天下，但是仍然是形式上的天下共主，中原各路诸侯名义上还是尊崇周天子的。对外战争，以尊王攘夷（rǎng yí）相号召。比如作为春秋五霸之首的齐桓（huán）公，九合诸侯，一匡（kuāng）天下，就是在尊王攘夷的旗帜下完成的。

而到了战国时期，周天子的权威直接被无视，各国纷纷僭（jiàn）越称王（之前除了被视为蛮夷之国的楚、吴、越僭越称王外，中原各诸侯国皆不称王，只有周天子可以称王）。先是齐魏“徐州相王”，魏惠王、齐威王订立了同盟条约，互相承认对方为王。随后秦惠文王不甘其后，也自立为王。接着又是“五国相王”。一时间各国不论大小纷纷称王，不但实力强大的“战国七雄”称王，而且诸如中山国、宋国等国力弱小之国也毫无忌惮（jì dàn）地以王号自居。再其后，秦昭王觉得各国都称王了，称王不足以显示大国地位，于是相约齐湣（mǐn）王一起称帝。因齐处于东，秦处于西，所以齐湣王称东帝，秦昭王称西帝。正如明末清初著名思想家王夫之在《读通鉴（jiàn）论》中说："战国者，古今一大变革之会也。侯王分土，各自为政，而皆以放恣（zì）渔猎之情，听耕战刑名殃民之说，与尚书、孔子之言，背道而驰。"

经过春秋旷日持久的争霸战争，历史舞台的主角由"春秋五霸"转换为"战国七雄"。战国后期，持续的兼并战争，实现统一，建立一个大一统的中央集权政权的趋势已经形成。

各个诸侯国围绕如何富国强兵进而走向统一，掀起了变法革新浪潮。这种政治上的迫切需要，为不同学说、观点的争鸣奠定了适宜的政治环境。经济的发展、政治的变革，极大地促进了科学文化事业的发展。文化学术由殷商西周时代的"学在官府，以吏为师"发展到春秋战国时期的"学术下移"、私学创立，官府垄（lǒng）断文化的局面被打破，文化开始向民间传播、文化知识的普及和当时尖锐复杂的矛盾斗争，使得"士"这一阶层异常活跃。他们频繁（pín fán）往来奔走于诸侯之间，推售自己的政治主张，在政治舞台上显示出越来越大的作用。汉代刘向在《战国策书录》中称他们为"高才秀士"。他们对当时的天下大事，了如指掌；审辨利害关系，极为透辟（pì）；奔走游说（yóu shuì），"度（duó）时君之所能行，出奇策异智，转危为安，运亡为存"，即所谓"所在国重，所去国轻"。正因为如此，各国诸侯为了笼络士人，为自己运筹（chóu）帷（wéi）幄（wò）和奔走外交，纷纷礼贤下士，兴起了养士之风。齐国创建稷下学宫招揽士人、“战国四公子”蓄（xù）养宾客，启发影响了吕不韦招贤纳士、礼遇门客，方有杂家巨擘（bò）《吕氏春秋》的问世。

战国末期，伴随着兼并战争的尾声与政治统一黎明的到来，“道术为天下裂”、百家争鸣的蔚（wèi）然景观转向“百川异源而皆归于海，百家殊业而皆务于治”，各种不同的思想逐渐走向交汇融合，综合与兼容成为这一时期思想文化世界的基本特征。

梁启超在《论中国学术思想变迁之大势》中将先秦学说分为四期，战国之末第四期思想界特点为：“诸派之初起，皆各树一帜，不相杂厕；及其末流，则互相辩论，互相熏染（xūn rǎn），往往与其初祖之学说相出入，而旁采他派之所长以修补之。故战国之末，实为全盛时代第四期，亦名之混合时代，殆（dài）全盛中之全盛也。其时学界大势，有四现象：一曰内分，二曰外布，三曰出入，四曰旁罗。四者皆进步之证验。”杂家的产生就是这一思想文化融合的结果。

二、百家争鸣与中国学术思想的融合统一

诸侯争雄兼并是战国时代的显著特征。伴随着社会

的大动荡、大变革，在意识形态领域里，出现了中国历史上第一次思想大解放和学术大繁荣的黄金时代。各种学说、各种流派雨后春笋般地应运而生，形成了亘（gèng）古未有的蔚为壮观的百家争鸣的局面。而齐国的稷下学宫就是当时诸子荟萃（huì cuì）、百家争鸣的主要园地和学术交流、文化传播的中心。因此可以说作为战国时期文化中心的稷下学宫是中国古代思想文化史上的一座里程碑，对后世文化的传承、传播与发展产生了深远的影响。

稷下学宫兴建于战国田氏代齐之后的齐桓公田午时期（公元前 374—前 357 年在位），与古希腊柏拉图在雅典创办学园的时间（大约公元前 387 年）大致相当。**德国哲学家雅斯贝尔斯（Karl Jaspers）在《历史的起源与目标》中提出人类文明的“轴（zhóu）心时期”说：“人类一直靠轴心时期所产生的思考和创造的一切而生存，每一次新的飞跃都回顾这一时期，并被它重燃火焰，……轴心期潜力的苏醒和对轴心期潜力的回归，或者说复兴，总是提供了精神的动力。”稷下学宫与雅典学园即是东西方在轴心时代的文化奇葩。**邓实《古学复兴论》曰：“夫周秦诸子之出世，适当希腊学派兴盛之时（希腊学者如苏格拉底、柏拉图、芝诺、亚里士多德，皆生周末元考安显之间）。绳绳星球，一东一西，后先相映，如铜山崩而洛（luò）钟应，斯亦奇矣。然吾即《荀子》之《非十二子篇》观之，则周末诸子之学，其与希腊诸贤，且若合符节。”

关于稷下学宫的定性问题，有中国最早的社会科学院、中国最早的国办大学、中国最早的智库等等诸说。我在《论稷下之学与战国文化中心》一文中曾论列说，稷下之学在齐国的兴起，其直接的原因乃是田齐统治者政治上的迫切需要。他们不惜财力物力创办稷下学宫，实行各种优惠政策，招徕（lái）天下有识之士，就是为了让这些满腹经纶（lún）的饱学之士为其政治统治和富国强兵、争雄天下出谋划策，绘制蓝图方案。这就决定了稷下学宫的政治性质，即具有智囊（náng）团性质的政策咨询机构。同时，田齐统治者为稷下先生提供的宽松自由的政治环境，使得稷下学宫又成为学术交流、文化传播和百家争鸣的阵地，促进了学术发展与繁荣，彰明了它的学术机构性质。可见，稷下学宫具有双重的性质，集政治性与学术性为一体。稷下学宫的双重性，决定了它具有两个显著的特点，一是求实务治、经世致用，二是学术自由、百家争鸣。

田齐统治者为稷下先生提供了优厚的待遇。《史记·田敬仲完世家》记述说：齐“宣王喜文学游说之士，自如邹衍（yǎn）、淳于髡、田骈（pián）、接予、慎到、环渊之徒七十六人，皆赐列第，为上大夫，不治而议论。”又说：“自如淳于髡以下，皆命曰列大夫，为开第康庄之衢（qú），高门大屋，尊宠之。”司马光在《稷下赋》中说：“致千里之奇士，总百家之伟说。”郭沫若在《十批判书》中盛赞道：“这稷下之学的设置，在中国文化史上实在有划时代的意义……发展到能够以学术思想为自由研究的对象，这是社会的进步，不用说也就促进了学术思想的进步。”“周秦诸子的盛况是在这儿形成了一个最高峰的。”**这个最高峰的主要体现，就是稷下学宫成为战国时期的文化中心，即政治咨询中心、学术交流中心、教育培训中心、科技传播中心、图书资料中心。**

班固在《汉书·艺文志》中说杂家“兼儒墨，合名法，知国体之有此，见王治之无不贯，此其所长也”。颜师古明确解释说：“治国之体，亦当有此杂家之说。”“王者之治，于百家之道无不贯综。”杂家的这一特点反映出战国时期诸子百家思想趋向融合。

兼容并包、百家争鸣的稷下精神对于诸子之学与中国文化的发展影响深远。可以说，兼容并包的稷下精神成为战国文化长河中生生不息的思想因子，融入中国文化的血脉之中。

三、杂家之源——中国古代的议官和啧（zé）室

1. 议官

班固在《汉书·艺文志》中说："杂家者流，盖出于议官。"议官即谏议之官，是言官、谏官的别称。其职责就是讽议左右，以匡（kuāng）人君。

江瑔（quán）《读子卮（zhī）言·论杂家非驳杂不纯》对什么是议官以及议官与杂家的关系进行解释说，所谓的议官就是代国人而行其议政之权的人。迄于东周，官失其守，而议官亦丧失其职权，一国之政往往断于一人，而小民莫获过问焉。于是天下秀杰多能之士，奋然以兴，思以复其昔日固有之权，而杂家之学遂出。杂家者，以居于小民之地，而行议官议政之权者也。是可知议官之制，为宣民意而设杂家之学，为代议官而兴。故杂家不兴于古代议官修明之日，而兴于周末议官失职之时。姚明辉《汉志注解》则将《古文尚书·周官》所记载的周朝论道经邦、燮（xiè）理阴阳的太师、太傅、太保三公，称为"议官之长"。

王蘧（qú）常《诸子学派要诠》认为，议官杂引古今以为讽谏，故谓杂家所自出。并批驳沈钦韩把历记前言往行祸福存亡之道的史官作为杂家的来源，是未为得之。陈朝爵《汉书艺文志约说》认为，《周礼》小司寇"致万民而询（xún）。一日询国危，二日询国迁，三日

询立君”，又断狱讼，亦有讯群臣、讯群吏、讯万民之法，是即古议官所始。又说，博士、郎中令皆秦官。郎中令属官有大夫，大夫掌论议，郎有议郎，是皆议官之职。而国有大礼、大政，往往谘（zī）于博士，是议官之由来尚矣。

齐国桓公时“啧室之议”的主管东郭牙职务就是大谏之官，与之相类。东郭牙以齐桓公立管仲为仲父，赋予管仲“专属之国柄”，权限超越了管仲的职权，而诤谏（zhèng jiàn）于齐桓公。管仲则大度地向桓公请立东郭牙为大谏之官。《管子·小匡》：“犯君颜色，进谏必忠，不辟（bì）死亡，不挠（náo）富贵，臣不如东郭牙，请立以为大谏之官。”《新序·杂事四》《吕氏春秋·勿躬》《太平御览·将帅下》《群书治要·小匡》皆有引述。秦代设置谏议大夫之官，专掌议论，历代沿置。

2. 啧室之议

啧室之议是春秋时期齐国建立的议论朝政、闻听民意的纳谏机构与制度。啧，指争辩；啧室即多人集议之处。

《管子·桓公问》对啧室之议的建立有简明记述。这篇文章以桓、管问答的形式，记叙管仲回答齐桓公之询问，管仲列举黄帝、尧、舜、禹、汤、周武王等古代帝王的纳谏措施，并设计了齐国的纳谏机构与制度——啧室之议。桓公问管仲说：“我想拥有天下而不丧失，得到天下而不败亡，有什么好办法吗?”管仲回答说：“做国君的不用急于创举，不用急于立新，只需要把握时机，随机而行。不要以个人好恶损害公正原则，同时还要调查了解民众所厌恶的事情，并引以为戒。黄帝建立明台的咨（zī）议制度，是为了考察贤才并搜集贤士的意见；尧设立衢（qú）室的询问制度，是为了听取百姓的呼声；舜树立号召进谏的旌旗，因而不受蒙蔽；禹在朝堂上设置谏鼓，以备人们上告问询；汤设总街之庭，用来搜集人们的非议与诉求；周武王有灵台的报告制度，招至贤士，因而贤者进用。这就是古代圣帝明王拥有天下而不丧失，得到天下而不败亡的原因。”桓公说：“我也想效法他们而实行这项制度，应当叫什么名字呢?”管仲回答说：“名称可叫作‘啧室之议’。就是说：法令要简而易行，刑罚要明确而无人触犯，政事要简明而易于落实，征税要少而容易交足。老百姓有在这些方面提出君主过失的，就称之为‘正士’，其意见都纳入‘啧室’的咨议制度来处理。负责办事的人员，都要把受理这些事项作为职责，而不许有所遗忘。这项‘啧室’的大事，请派东郭牙主管。此人是能够为正事而敢于在君主面前据理力争的。”

“啧室之议”的主要作用是议论时政、为政府及君主提供咨询服务，与议官之职责异曲同工，故吕思勉《先秦史》说：“杂家盖后世通学之原，所谓议官，则啧室之类也。”顾实《汉书艺文志讲疏》也说，“啧室之议”

正是班固《汉书·艺文志》所说的“议官”。孔子所说的“天下有道，则庶人不议”，意思是说国家政治清明，政通人和，百姓就不会议论纷纷，非议抱怨。这种美好局面的出现，正是议官恪守职责的结果。齐桓公采纳管仲的建议，设立“啧室之议”的纳谏制度，一则表现出重视民众舆论的政治风范，二则为启迪后世文化制度建设。

四、杂家的先驱：商鞅之师尸佼与稷下领袖淳于髡

杂家学派的形成经历了一个历史发展的过程。杂家作为一个思想流派，是战国晚期的产物。在战国晚期之前，杂家还没有形成自己的思想体系，还不能作为一个思想学派独立于诸子百家之中。战国时期的“博闻强记，学无所主”的稷下领袖淳于髡、秦相商鞅的老师尸佼，虽然具有杂家的思想倾向与特征，但都没有建立起自己的思想理论体系，只能归为杂家的先驱。直到吕不韦主持编纂《吕氏春秋》，标志着杂家的诞生，杂家由此成为诸子百家的一员。

（一）商鞅之师尸佼

1. 尸佼其人与其书

尸佼，尊称为尸子，战国时期政治家、思想家，鲁国人（另有楚人、魏人之说）。生卒年不详，按其活动

推测，大约生于周安王十二年（公元前 390 年），卒于周显王三十九年（公元前 330 年）。

尸佼的生平与活动，史册记载非常简约。班固在《汉书·艺文志》中把他列为杂家，出生于鲁国，后来成为秦相商鞅的老师。与商鞅一起“谋事划计，立法理民”，为商鞅的变法出谋划策，立下汗马功劳。经过商鞅变法，秦国成为战国七雄中最具实力的强国，奠定了秦国统一中国的坚实基础。正如汉代王充在《论衡》中所说：“商鞅相孝公，为秦开帝业。”然而，由于变法触犯了旧贵族的既得利益，遭到他们的强烈反对与打击。及至秦孝公去世，商鞅失去变法的坚强后盾，被公子虔（qián）等贵族诬为谋反，无奈逃亡，后遭追捕被杀。尸身被运至都城咸阳，车裂示众。尸佼惧恐株连，于是逃往了蜀（shǔ）地，著书立说，孤独终老。

尸佼撰著《尸子》二十篇，凡六万余言。据说十九篇陈述道德仁义之纪，一篇言九州险阻、水泉之所起，对了解先秦社会、诸子学术及地理变迁具有重要参考价值。刘向谓尸子著书，非先王之法，不循孔子之术。刘勰（xié）则谓其兼总杂术，术通而文钝。可惜汉代以后此书既已残缺，宋代则全书已亡。清代辑佚（jí yì）《尸子》，有震泽任兆麟（lín）本、元和惠栋本、阳湖孙星衍本、萧山汪继培本。汪本晚出，在参校（jiào）三本基础上，又将散见于诸书中的引语摘辑成书。辑佚本文字虽少，不及原书十之二三，但多为至理名言、用世警句之类，从中也能窥（kuī）视尸子思想之大略。

尸佼思想兼融诸子百家，在思想史上是个重要环节。正如金德建所说："尸佼年代较早，开创杂家学派。《广泽篇》的说明宗旨，树义如此明确，足为后来的杂家视为准则。"

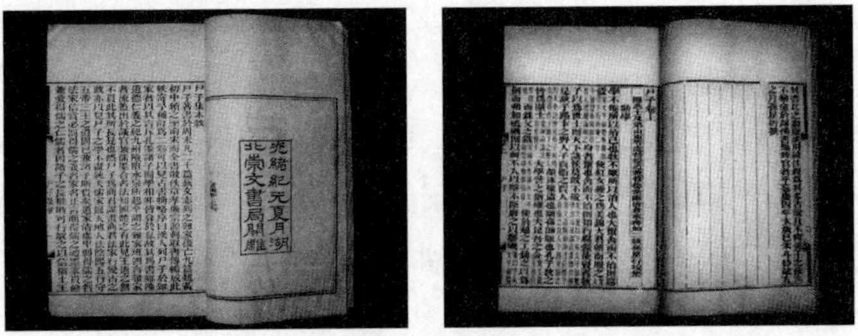

《尸子》书影

2. 品评诸子，兼容诸家学说

班固在《汉书·艺文志》中之所以把尸佼列为杂家，就在于他的思想学说的兼融性。尸佼认为，诸子百家彼此相非是没有必要的，并对各家学派的不同主张和个性特征进行了概括，发掘各家可以融通、认同的层面，以实现各家的融合。

尸佼对诸子各家的学术特征进行了高度概括和提炼，他认为，墨子崇尚兼，孔子崇尚公，皇子崇尚衷，田子崇尚均，列子崇尚虚，料子（宋钘）崇尚别囿（yòu）。并进一步评判说，他们各为学说，互相非难，已经好几世了也不停止，都是因为被私心私见所蒙蔽。如果使兼、公、虚、均、衷、平易、别囿等不同的名目实质都一致，那么就没有了互相间的非难了。其实诸子各家所主张的，不论是“兼”“公”“衷”，还是“均”“虚”“平易”“别囿”，名称各有不同，其实都是同一意思，是相互一致的，即贵公去私。这样，不但指出诸子学说“实一”的归趣，而且体现了尸佼统合诸子学说的思想主张。

尸子以井中视星比喻，“论贵贱、辨是非者，必且自公心言之，自公心听之，而后可知也”。强调了认识社会现象要客观，要施之于“公心”，不能仅仅依自己的视域与心理去判断是非曲直，勿以“私心”掩蔽了“智”。

《尸子·广泽》记载说，在井里看星星，能看到的仅仅是几颗星；从高丘上看星星，能够看见星星的始出，又能看到星星的消失。这并不是目力有所增加，而是地势使他这样。私心，就像井中观星；公心，就像丘上观星。智慧用在私心，所知道的就少，用于公心所知道的就多了。根据什么知道是这样呢？吴越这样的国家人死后用奴隶殉葬，中原诸国听到后便责难这种野蛮的行为，但中原之人因一言被激怒，与人相斗，不惜累及亲戚。智在公心，连吴越的奴隶也同情；智在私心，就会连亲戚也忘却不顾，不是智有所减损，而是被怒遮掩，丧失了理智。爱好也是这样。俗话说：“没有谁知道自己儿子的坏。”这不是智力有所减损，是被爱遮掩了。因此，讨论贵贱，辨别是非，必须从公心出发讨论它，然后才能知道正确的结论。平民百姓只爱自己的房宅，不爱他的邻舍；诸侯只爱他的封国，不爱他的敌国；天子能够兼爱天下所有的人，是因为天子的心胸宏大。

3. 审名分，天下治

尸佼认为治理天下的根本办法，在于“审名分”。这也是尸佼审名治国的正名思想。

所谓名分，顾名思义，就是名位与身分。《庄子·天下》阐述儒家六经的功能特点，说“《春秋》以道名分”，即《春秋》所谓微言大义就是用来讲述名分的尊卑与序列，要严格区分尊卑上下，防止僭越。也就是孔夫子所讲的“正名”。

尸子言名分，认为名分问题，是圣王治理天下需要弄明白、搞清楚的重要事项。治天下之要在于正名，正名去伪，事成若化，苟能正名，天成地平。他以御（yù）者与被御者来比喻名分的重要，说造父之所以与马纠葛很少，是因为名分的确立。一是御者一是被御者，造父只需手拉马辔（pèi），马的各种动作就都合乎规范了。又以厘清君臣名分关系，对于维护治理秩序与成就事功的作用进行论说。天下之可治，分成也；是非之可辨，名定也。审定名分，群臣没有敢不倾心尽力的。明分则不蔽，正名则不虚，赏贤罚暴则不纵，三者治之道也。这就是名分要详究的原因。至于统理百官，治理政事的，让他们依法行事，民众就能各敬其事；保举推荐人才，保举者必须担保被保人的将来不出错误，那么民众就会谨慎地举荐；议论国事的，让他们必须尽道实情，民众就能敬其所言。如此则上通下达，各司其职，各尽其责。

尸佼认为，“名分”审定，则百事得理，是非能判，赏罚分明，人君便可为明君。“分”与“治”的关系是什么呢？《尸子·分》说：“天地生万物，圣人裁之。裁物以制分，使事以立官。君臣父子，上下长幼，贵贱亲疏，皆得其分曰治。爱得分曰仁，施得分曰义，虑得分曰智，动得分曰适，言得分曰信。皆得其分，而后为成人。明王之治民也，事少而功立，身逸而国治，言寡而令行。”尸佼看来，只要人人、事事都得其“分”，那国君就能很好地治理国家，天下便会长治久安。

尸佼认为，审名治国还要实施对人的教化。人是可以教化的，“天下非无乱人也，尧舜之贵，可教者众也”。并假借孔子之名义，以盂（yú）与水的关系比喻君臣关系。君王就像盂，民众就像是水。盂是方的水也就方了，盂是圆的，水也就圆了。君王有什么喜好民众不模仿趋从呢？并举例说，往昔越王勾践喜欢勇武，他的民众就不怕死；楚灵王喜欢腰身纤细的美人，楚国民众就多有为减肥而饥饿者。死与饿，是民众所憎恶的，君王之所喜好，民众尚且能够不需倡导干预就趋从，更何况是仁义呢？桀与纣拥有天下，四海之内皆乱，但关龙逢、王子比干不在其中，但称为“皆乱”，是因为乱的人多；尧与舜拥有天下，四海之内皆治，丹朱、商均却不在其中，但称为“皆治”，是因为治的人多。所以说君王若能躬（gōng）行仁义，百姓就会自然趋从；卿大夫能躬行它，百姓就会急着追赶；官长们躬行它，百姓们就会像水流就下一样地追随。民众中可以教化的人多，所以说，民众就像水一样。

尸子强调，治理天下，要有格局。“德，就是天地万物都有所得义，就是天地万物都适宜体，就是天地万物都合事体。天地万物都能适宜合体就是大仁。”同时要明了“治己则人治”：“自身先做好，民众也就做好了；自身过失了，民众也就有所失误了。”不出家门却能知天下，不下堂屋却能治理四方，那是因为返身及物，推己及人。由此来看，治好自己，别人也就容易治理了。

当然，治理国家，德治与法治、教化与惩戒是相辅相成的。彻底抛弃那些致使国家昏乱的奸邪之人方能天下大治，如同抛弃那些导致人们自己胸中杂乱无度的邪恶欲望方能心明高洁、心灵敞亮。

4. 从道用贤

尸佼认为事物发展有其自然规律。自然与社会都是沿着自己的规律向前发展。人必须顺动，他认为顺之则存，则发展；逆之则亡，则没有前途。故而引大舜之言说：“从道必吉，反道必凶，如影如响。”他认为治国之道，关键在于尊贤使能。他说：“凡治之道，莫如因智，智之道，莫如因贤。”贤者是德能才智兼备之人。只有使用这样的贤者，治之道才能得以畅顺，变革社会才有希望。因为“用贤，则多功矣”。

尸佼强调了“用贤”的重要性。《尸子·分》：“有虞之君天下也，使天下贡善；殷周之君天下也，使天下贡才。夫至众贤而能用之，此有虞之盛德也。”用贤则国盛，那如何用贤呢？尸子说：“群臣之愚智日效于前，择其知事者，而令之谋群臣之所举；日效于前，择其知人者，而令之举群臣之治乱；日效于前，择其胜任者而令之治群臣之行，可得而察也。择其贤者而举之，则民竞于行。胜任者治，则百官不乱；知人者举，则贤者不隐；知事者谋，则大举不失。”这样，君王“夫用贤使能，不劳而治”。

观察群臣也有像木工所用的墨绳一样的工具，这就是名分。依照名分来衡量要求他们，即使是尧、舜也一定这样做了。自己考虑事情周密合适，不如举荐贤才；举荐贤才合适，不如了解贤才。了解了贤才又能任用他，那就很完备了。治理天下的关键就在于正名。正定名分，祛除伪诈，事情成功就像自然一样无须费力。假如能够正定名分，那么就能天成地平，一切都顺理成章。为人臣者，当以举荐贤能为功劳，为人君者，当以任用贤能为成功。让举荐贤能的人必须获赏，保举不肖之才的必受罪罚；不敢举荐的，是无所作为的无能之辈。如果能够这样，那么一定多有举荐贤能者，而致贤者云集。

5. 忘民则灭与鱼水之情

春秋战国时期形成了波澜壮阔的以人为本思潮，管仲、孔丘、孟轲、墨翟（dí）、孙武、荀卿等一大批思想家成为这一思潮的弄潮儿。尸佼也是团聚在这一思潮中的代表人物，他认为治国之道，保民而王，忘民则灭。他说：“天子忘民则灭，诸侯忘民则亡。天子以天下受令于心，心不当则天下祸。”这是他重民思想的有机组成部分。

“鱼儿离不开水，瓜儿离不开秧”，这是我们耳熟能详的大俗话，也是人本思想穿越历史时空的时代回响。尸佼为了说明重民的重要意义，他形象地将民喻为水。他说：“民者，水也。”并将君民的关系比喻为鱼与水的关系，鱼失水则死，而水失鱼依然还是水。这是因为水是鱼赖以生存的条件，离开了水，鱼就活不下去；而水却不以鱼为生存条件，所以水失鱼犹为水。形象鲜明地说明了“忘民则亡”的道理。后来荀子提炼表述为“水则载舟，水则覆舟”，为世人广为传颂。

同时，尸子认为，“百姓若流，夫民之可教者众，故曰犹水也”。水是可以治理的，人也是可以教化的。其实，在告子与孟子辩论人性的善与不善时就说：“人性好比湍急的水流，从东方打开缺口就向东流，从西方打开缺口就向西流。人性不分善与不善，就好像水没有东流、西流的分别。”治水关键在疏导。因地制宜，合理疏导，水就会按渠道而向前奔流不息。不进行合理疏导，让水任性自流，就可能造成江河泛滥，洪涝成灾。

上有所好，下必甚焉。对民众的教化，在为政者来说，要身先士卒，做出榜样，榜样的力量是无穷的。

6. 宇宙之谜

“宇宙”一词最早出现于战国时代尸佼的《尸子》一书中。尸佼认为：“上下四方曰宇，往古来今曰宙。”这是迄今在中国典籍中找到的与现代“时空”概念最好的对应。尸子对于空间观、时间观还作了进一步的论述。“宇”是表示空间，“宙”是表示时间。“宇宙”就是时间和空间的统一。空间和时间的概念，随着历史的演进而逐渐发展。后来“宇宙”一词便被用来指整个客观实在世界。把“宇宙”的概念与时间和空间联系在一起，体现了我国古代人民的独特智慧。千百年来，科学家们一直在探寻宇宙是什么时候、如何形成的。

《管子》的“宙合”一词，“宙”指时间，“合”即“六合”，指空间，与“宇宙”概念最接近。中国古代天文中有丰富的关于宇宙结构的设想。远在人类社会的早期，中国古代就逐渐形成“天圆如张盖，地方如棋局”的朴素的直观见解。

7. 鸿鹄（hóng hú）之志与学积有生

秦朝末年农民起义领袖陈胜的一句豪言壮语“嗟（jiē）乎！燕雀安知鸿鹄之志哉”，读书人几乎无人不知，比喻胸怀远大志向的“鸿鹄之志”成为历代励志干事的经典案例。

早在《尸子》《吕氏春秋》这两部杂家著作中，“鸿鹄之志”就已经寓意人要有像鸿鹄一举千里的远大志向。尸佼说：“虎豹之驹（jū）未成文，而有食牛之气；鸿鹄之羽翼（yì）未全，而有四海之心。”虎豹的幼兽虽然皮毛还未长出花纹，但已有吞食牛的气势；天鹅的幼鸟虽然羽翼未丰，但已有遨（áo）游四海的志气。鸿鹄，即天鹅，秋天南飞避寒，一飞千里。人亦应该学习天鹅，从小应当有理想抱负与远大志向。正如常言道：胸无大志，枉活一世；志不立，天下无可成之事；人无志，非人也；有志者，事竟成。

当然，胸怀大志，就要朝着大志去努力。在尸子看来，“未有不因学而鉴道，不假学而光身者也”。“学积有生”就是践行志向的一种方式，他说：“土积成岳，则楩（pián）楠豫（yù）章生焉；水积成川，则吞舟之鱼生焉；夫学之积也，亦有所生焉。”有所积，就会有所生。生就是创造，尸佼认为学问之道在于创造。

“学积有生”作为尸子的代表思想观点，为后人称道借鉴。曾在稷下三为祭酒、最为老师的荀子，在其著名的《劝学篇》中就说：“积土成山，风雨兴焉；积水成渊，蛟龙生焉；积善成德，而神明自

得，圣心备焉。”若不读尸子书，就不会知道这是荀子对尸子思想的融会与文辞的另类引述。由此可见尸子思想之影响。

（二）稷下领袖淳于髡

1. 淳于髡其人

淳于髡，战国时期齐国著名的政治家和思想家。其具体生卒时间不详，然与邹忌同时，略长于孟子，主要活动在齐威王和齐宣王之际，“立淳于髡为上卿，赐之千金，革车百乘（shèng），与平诸侯之事”（《说苑·尊贤》）。淳于髡以博学多才、善于辩论著称，是稷下学宫中著名学者，有稷下元老、稷下领袖之称。被赐列第为上大夫，不治而议论，著书立说，成家成派。主张治国理民一定要礼法兼重、尊贤尚士。曾对齐国新兴封建制度的巩固和发展，对齐国的振兴与强盛，对威、宣之际稷下之学的发展，做出了重要的贡献。

《史记·孟子荀卿列传》记载“淳于髡，齐人也。博闻强记，学无所主。其谏说，慕晏婴（yàn yīng）之为人也，然而承意观色为务。”《滑稽列传》也说：“淳于髡者，齐之赘（zhuì）婿也。长不满七尺，滑稽多辩，数使诸侯，未尝屈辱。”学无所主即说学习不限于某一家学说，方能博采众长。“髡”是先秦时的一种刑法，指剃掉头顶周围的头发，是对人的侮辱性的惩罚。淳于髡以此为名，可见他的社会地位是非常低的。“赘婿”源自春秋时齐国的风俗。当时齐国风俗认为，家中的长女不能出嫁，要在家里主持祭祀，否则不利于家运。这些在家主持祭祀的长女，被称作“巫儿”，巫儿要结婚，只好招婿入门，于是就有了“赘婿”。这种风俗在齐地由来已久，一直到汉代还很流行。如果不是经济贫困，无力娶妻，一般人是不会入赘的。淳于髡身为赘婿，更可以确定他是出身于社会底层。

淳于髡（约公元前 386—前 310 年）

2. 一鸣惊人

一鸣惊人的典故，劝谏励志，世人耳熟能详。

据《史记·滑稽列传》记载，齐威王继位之初，喜好隐语，好为淫乐长夜之饮，沉湎（miǎn）酒色，委政卿大夫。百官荒乱，诸侯并侵，国且危亡，在于旦暮，左右莫敢谏。一时间，齐国内忧外患，以至于出现了怨声载道的危机局面。一些关心齐国命运的有识之士，都设法劝谏齐威王振奋精神、整饬（chì）朝纲。这个时候，稷下领袖淳于髡听说齐威王很是喜欢隐语娱乐，隐语就是猜谜语，于是专门去觐（jìn）见齐威王，说是与齐威王一起猜谜语。齐威王很高兴，就兴奋地问淳于髡说："先生有什么有趣的谜语?"淳于髡成竹在胸，乘机说道："我们国家有一只大鸟，栖息在大王的宫廷里，三年不飞也不鸣叫，请大王猜一猜，这是一只什么鸟?为什么不飞不叫?"

齐威王善用隐语，意识到淳于髡是在讽喻他，说他待在宫廷里，不干正事，不思建树作为，就像那只不飞不鸣的怪鸟。其实齐威王心知肚明，自己继位后，也没有做过一件像样的大事，反而弄得朝廷内外一片乌烟瘴（zhàng）气。想到这些，齐威王决心振作起来，便豪迈地对淳于髡说："此鸟不飞则已，一飞冲天；不鸣则已，一鸣惊人。"

于是，齐威王上朝召集各县令县长七十二人，奖励了勤政为民、不务虚名的即墨大夫，烹（pēng）杀了沽名钓誉、结党营私的阿大夫，由是群臣恐惧，莫敢饰非，齐国大治。诸侯国一时震惊，都归还了侵占齐国的土地。从此齐国威行三十六年。

3. 酒极则乱

淳于髡用自己在不同情况下喝酒多少的不同来说明酒喝得过多就容易出乱子，欢乐到极点就会发生悲痛之事的道理，并以此委婉地告诫齐威王不要逸乐无度。同时也告诫他人戒骄戒躁，以免乐极生悲。

《史记·滑稽列传》记载，齐威王八年，楚国对齐国发动战争。齐王使淳于髡去赵国请救兵。赵王与之精兵十万，革车千乘。楚闻之，夜引兵而去。齐威王大为高兴，在后宫办了酒席，召见淳于髡赏他喝酒。问道："先生能喝多少才醉?"回答说："臣子喝一斗也醉，喝一石也醉。"威王说："先生喝一斗就醉了，怎么能喝一石呢？其中奥妙能说来听听吗?"淳于髡说："在大王面前赏酒，执法官在旁边，御史在后边，髡心里害怕跪倒喝酒，不过一斗已经醉了。如果家父来了严肃的客人，髡用袖套束住长袖，弯腰跪着，在前边侍候他们喝酒，不时赏我点多余的清酒，我举起酒杯祝他们长寿，起身几次，喝不到二斗也就醉了。如果朋友故交，好久没见面了，突然相见，欢欢喜喜说起往事，互诉衷情，喝到五六斗就醉了。如果是乡里间的节日盛会，男女坐在一起，酒喝到一半停下来，玩起六博、投壶，自相招引组合，握了异性的手不受责罚，盯着人家看也不受禁止，前有姑娘掉下的耳饰，后有妇女丢失的发簪，髡私心喜欢这种场面，喝到大概八斗才有两三分醉意。天色已晚，酒席将散，酒杯碰在一起，人们靠在一起，男女同席，鞋儿相叠，杯盘散乱，厅堂上的烛光熄灭了，主人留住髡而送走其他客人。女子的薄罗衫儿解开了，微微地闻到一阵香气，当这个时刻，髡心里最欢快，能喝到一石。所以说酒喝到顶就要做出乱七八糟的事，乐到了顶就要生悲，世上所有的事都是这样。"这说的是不能到顶，到顶就要走下坡路的道理，用来讽谏。齐威王说："说得好！"就停止了通宵达旦地喝酒，用淳于髡担任诸侯主客的职务。王室宗族举办酒宴，淳于髡常在一旁陪饮。

淳于髡以“酒极则乱，乐极则悲”、“极之而衰”讽谏齐威王，罢长夜之饮，这实际上包含了矛盾对立转化的深刻哲理。饮酒太多会乱了心智，一味地追求享乐，会生出很多麻烦和不幸，不加以自律，就会走上邪路，这是失败的源头。“乐极生悲”是形容一个人快乐到极点转而发生悲哀的事情。有物极必反的意思。《淮南子·道应训》：“夫物盛而衰，乐极则悲。”

4. 沉鱼听瑟

瓠（hù）巴是春秋战国时期楚国著名的琴师，善弹瑟（sè，古代拨弦乐器的一种，形似古琴）。伯牙也是春秋战国时期著名的琴师，善弹七弦琴，被人尊为“琴仙”。每当他们弹起琴瑟，潜鱼（就是沉鱼，沉在深水下的鱼）都要浮到水面来听，为天子驾车的六匹宝马，也被琴声吸引，都抬起头倾听欣赏，忘了吃饲料。

孟子是儒家大师，曾在齐威王和齐宣王时两度游学于齐，长期居于齐国，为稷下先生，享受上大夫之禄，不任职而论国事。孟子之所以长期居于齐国，一则是齐王建立稷下学宫，招纳天下贤士，蔚成百家争鸣大舞台，召唤着孟子；二则孟子认为在齐国实现仁政王道易如反掌，吸引着孟子。于是，孟子抱着雄心大志来到齐国，自信“如欲平治天下，当今之世，舍我其谁也?”这是何等的豪情壮志啊！当孟子的仁政学说在齐宣王那里不被重视，他仍然自负地说：“王如用予，则岂徒齐民安，天下之民举安。王庶几改之，予日望之。”齐王如果使用我，我怎么会只是让齐国的人民能安居乐业？全天下的人民都可以安居乐业了。就是希望齐王能改变，我才每天盼望着。正是在这样的背景和心境下，孟子与齐国君臣展开论辩。

《韩诗外传》卷六记载：孟子游说齐宣王，或许他们观点相左，或许情绪波动，不欢而散。于是孟子就对当时也在场的淳于髡大发感慨。孟子曰：“今日游说您的国君，您的国君不愉快，难道他不知道什么是善之为善乎?”淳于髡曰：“夫子亦诚无善耳。昔者瓠巴鼓瑟，而潜鱼出听；伯牙鼓琴，而六马仰秣（mò）。鱼马犹知善之为善，而况君人者也。”孟子争辩曰：“夫雷电之起也，破竹折木，震惊天下，而不能使聋者卒有闻。日月之明，遍照天下，而不能使盲者卒有见。今公之君若此也。”淳于髡对曰：“不然。昔者揖（yī）封生高商，齐人好歌；杞（qǐ）梁之妻悲哭，而人称咏。夫声无细而不闻，行无隐而不形。夫子苟贤，居鲁而鲁国之削，何也?”孟子曰：“不用贤，削何有也！吞舟之鱼不居潜泽，度量之士不居污世。夫蓺（zí），冬至必雕，吾亦时矣。”最终孟子很无奈，只好发出生不逢时的感叹。

5. 使楚献鹄

淳于髡机智善辩，富有外交家的风采，经常作为使者，出使他国。使楚献鹄，鹄未献而反得厚赐。鹄，天鹅。可见“炙毂（zhì gǔ）过髡”，名副其实。

齐王派淳于髡去楚国进献天鹅。出了都城门，那只天鹅飞跑了。他只好托举着空鸟笼，编造了一套谎话，去见楚王说：“齐王派我来献天鹅，在经过河时，我不忍心看着天鹅口渴，于是就放天鹅出笼去喝水，谁知天鹅竟离开我飞跑了。我本来想用刀刺腹部，上吊自杀，但是怕别人议论大王因为一只鸟的缘故使人自杀，从而损伤大王的名誉。天鹅这种长羽毛的动物，相类似的很多，我想另买一只来顶替，但又觉得这样做是不诚实的，就是欺骗大王。我想逃亡其他国家，但又担心因为齐楚两国大王之间从此断绝往来。所以过来认错，向大王叩头领罪。”楚王说：“好，齐王竟有像这样遵守信用的人！”楚王不但没有怪罪淳于髡，而且还重重地赏赐他，所赐给的财物比有天鹅进献还多一倍。

淳于髡凭借其智慧，出色完成了出访任务。太史公司马迁称赞说：“滑稽多辩，数使诸侯，未尝屈辱。”确实如此。

6. 嫂溺（nì）援手

“男女授受不亲”是指古代男人和女人的动作不要亲密，这就是礼仪。它是中国古代礼制中一条微妙的牵涉性心理问题的交际礼俗规定，规定男女之间不能直接接触、言谈或授受物件，限制男女交往。有“食不连器、坐不连席”之说。由于有这一条规定，当“嫂溺”于水的时候是否“援之以手”就成了一个令人尴尬的问题了。亚圣孟子以“权”释“礼”，便出人意表又合于情理地回答了淳于髡的诘难，展现了两位智辩翘楚的风采。

《孟子·离娄上》：淳于髡曰："男女授受不亲，礼与？"

孟子曰："礼也。"

曰："嫂溺，则援之以手乎？"

曰："嫂溺不援，是豺狼也。男女授受不亲，礼也；嫂溺援之以手者，权也。"

曰："今天下溺矣，夫子之不援，何也？"

曰："天下溺，援之以道；嫂溺，援之以手。子欲手援天下乎？"

7. 物以类聚

物以类聚，人以群分。淳于髡自称贤士，与之交往而被举荐的自然也是贤士。孔子曾经说："三人行，必有我师焉。"世上贤士很多，关键在于如何发现。

孟子（约公元前 372—前 289 年）

淳于髡一天之内向齐宣王推荐了七个士人。齐宣王说："我听说千里之遥才有一位贤士，百世之久才出现一个圣人。如今您一天之内就向我推荐了七个士人，那贤人岂不是太多了吗？"淳于髡说："不对。鸟儿都有翅膀，所以才一块儿飞翔；走兽都有脚爪，所以才一块儿奔跑。如今若是到低湿的水草地去采集柴胡、桔梗，那世世代代也找不到一棵，但如果到睾黍（gāo shǔ）山、梁父山的山阴去采集，那么就可以敞开车装载。世上万物各有其类，正所谓物以类聚，人以群分，如今我淳于髡就是属于贤者之类。大王您向我寻求士人，就好比从黄河里去舀水，用燧（suì）石取火，那是取之不尽，用之不竭的。我还会再向大王举荐士人的，哪里仅仅是七个士人？"

淳于髡说的"物各有畴（chóu）"，是一个哲学命题。畴即畴类，是说世间万事万物都不是孤立存在的，都有各自的类属关系，即通常所说的物以类聚，人以群分。正是对于事物的这种认识，方能回答齐宣王之问。

8. 承意观色

善于察言观色、揣摩（chuǎi mó）君主的心理活动，然后采取行动，以达最佳劝谏之效。

淳于髡，见识广博，强于记忆，学业不专主一家之言。从他劝说君王的言谈中看，他仰慕晏婴直言敢谏的为人，实际上他更擅长察言观色，揣摩人主的心意，或者说他更注重待人接物的方式方法的艺术性。在这一点上，淳于髡似乎又有纵横家的潜质。

一次，有个宾客向梁惠王推荐淳于髡，惠王喝退身边的侍从，单独坐着两次接见他，可是他始终一言不发。惠王感到很奇怪，就责备那个宾客说：“你称赞淳于先生，说连管仲、晏婴都赶不上他，等到他见了我，我是一点收获也没得到啊。难道是我不配跟他谈话吗？到底是什么缘故呢？”那个宾客把惠王的话告诉了淳于髡。淳于髡说：“我前一次见大王时，大王的心思全用在相马上；后一次再见大王，大王的心思却用在了声色上。因此我只好沉默不语。”那个宾客把淳于髡的话全部报告了惠王，惠王大为惊讶，说：“淳于先生确实是个圣人啊！前一次淳于先生来的时候，有个人献上一匹好马，我还没来得及相一相，恰巧淳于先生来了。后一次来的时候，又有个人献来歌伎（jì），我还没来得及试一试，也遇到淳于先生来了。我接见淳于先生时虽然喝退了身边侍从，可是心里却想着良马和歌伎，是有这么回事。”后来淳于髡见惠王，两人专注交谈，一连三天三夜毫无倦意。惠王打算封给淳于髡卿相官位，淳于髡客气地推辞不受便离开了。当时，惠王赠给他一辆四匹马驾的精致马车、五匹帛和璧玉以及百镒（yì）黄金。

淳于髡滑稽善辩，多为人称道其承意观色，则羞于言语。**世间之事，有可做可说，亦有可说勿做，还有可做勿说，岂可胜道哉！**

9. 智考邹忌

齐威王善鼓琴，邹忌即以鼓琴说之。邹忌对齐威王论说五音与治理国家的关系，凡是治理国家、安定百姓的道理都在这琴里边：大弦宽和而温柔，犹如君王；小弦清廉而不乱，犹如臣子；手指将琴弦深深地抓起，而释放出的声音却是和悦的，这就犹如政令；五音和谐以至声音洪亮，大弦小弦相得益彰，虽是邪曲，却互不侵害，这就犹如四季时令。凡是声音反复而不混乱的，就与治道昌盛有关；声音连续而直的，就与国家的存亡有关。所以说，琴的声音调和了，天下就安宁。因此，治理国家和安定百姓，无不与五音有关。邹忌鼓琴论政，齐王大悦，三月受相印。

齐有稷下先生，喜议政事，邹忌既为齐相，稷下先生淳于髡之属七十二人，皆轻邹忌，乃相与俱往见邹忌。淳于髡设隐语试探邹忌的政治才干。他以“得全全昌，失全全亡”、“狶膏棘轴（xī gāo jí zhóu），所以为滑也，然而不能运方穿”、“弓膠（jiāo）昔干，所以为合也，然而不能傅合疏罅（xià）”、“狐裘虽敝（bì），不可补以黄狗之皮”、“大车不较，不能载其常任；琴瑟不较，不能成其五音”、“三人共牧一羊，羊不得食，人亦不得息”等隐语哲言表达了自己的政治主张，即执政者事君之礼要全具无失，否则身败名裂；执政者善于发现和使用人才的特长，不应求全责备或用其所短；执政者应该顺应民意，而不应该疏远人民；执政者应该慎选君子，不使小人与君子杂处；执政者应该修整法律，督察奸吏；执政者应该减吏省员，不使扰民。邹忌机智快速地回答了淳于髡的问题。淳于髡内心敬佩，对一起来的稷下先生说，此人不久必封侯。果不其然，仅过一年，邹忌被封于下邳（今江苏邳州），封号为成侯。

邹忌（约公元前 385—前 319 年）

第二章

杂家巨擘——吕不韦与《吕氏春秋》

如果说尸佼、淳于髡作为杂家的先驱，为杂家学派的形成具有筚路蓝缕开山立宗之功，那么战国晚期吕不韦招徕士人编纂《吕氏春秋》，标志着杂家学派的形成，并由此称为杂家巨擘。同时，也使得当时的文化中心由齐国的稷下学宫转移到秦国。

一、从商人到政治家——杂家代表吕不韦

吕不韦（？—公元前 235 年），姜姓，吕氏，名不韦，卫国濮（pú）阳（今河南濮阳南）人。战国末年著名商人、政治家、思想家，官至秦国丞相（公元前

249—公元前 237）。吕不韦是中国历史上的一个奇人，工于谋略，能说会道，将一个落泊公子策划拥立成了一国之君，他由一个善于营销的精明商人而一跃成为一人之下万人之上的大国丞相，赢取了自己的荣华富贵。

吕不韦（？—公元前 235 年）

1. 奇货可居

吕不韦早年在韩国阳翟（yáng dí，今河南禹州）经商，往来各地，贱买贵卖，积累起了千金的家业，成为远近闻名的大富商。后来吕不韦在赵国的都城邯郸（hán dān）经商时，遇到了秦国的质子子楚（即异人），吕不韦从商人角度看到了子楚身上的价值。认为机会来了，只要为子楚在秦国争取到安国君继承人的地位，他日子楚为王，即可使吕不韦的获利不计其数。

秦国的质子怎么会在赵国呢？古时候两国交好或者结盟，为了让对方放心，把自己亲信的人送到对方那里作抵押，这就是人质。如果国君送去的人质是自己的儿孙，这时的人质就叫质子。

原来，秦昭王为了在战国七雄兼并战争中取得优势，破坏六国的“合纵联盟”，加快秦国统一的步伐，将太子安国君二十多个儿子中最不为重视的子楚作为质子送到赵国，以示与赵国友好，从而达到迷惑赵国君臣的目的。可是，秦国实行远交近攻的兼并策略，不顾子楚质于赵，仍然攻打赵国。赵国摄于秦国的虎威，也不敢杀死子楚，只是不再礼遇他。子楚在赵国经济拮据，处境窘迫，失意落魄，在吕不韦看来商机降临，子楚就像吕不韦眼中的一件奇货，可以囤积，待价而沽（gū）。于是他决定风投了。

据《战国策·秦策五》记载，吕不韦见到子楚之后，回家对他父亲说：耕田可获利几倍？父亲回答说：十倍。又问：贩卖珠宝玉器可获利几倍？父亲回答说：百倍。再问：拥立一个国君可获利几倍？父亲回答说：无数倍。可谓父子心有灵犀，老谋深算。吕不韦告知父亲，秦国的公子子楚在赵国做人质，我愿去为他效力。

于是吕不韦就前去游说子楚说，我能光大你的门庭。子楚不以为然地说，你若有能力姑且先光大自己的门庭吧！吕不韦真诚地说，我的门庭有赖你的门庭光大而光大。子楚心知其意，就邀他坐下来深谈。吕不韦依据对秦国的了解，首先给子楚分析秦国宫廷的形势说：秦昭王（子楚祖父）已经老了，你的父亲安国君被立为太子，可能不久就会继承王位。安国君最宠爱的华阳夫人，虽然没有儿子，却有能力选立太子。你的兄弟有二十多人，你排行中间，不怎么被宠信，又长期在诸侯国当人质。假如秦王去世，安国君继位为王，你几乎没有机会被选为太子。接着又进一步分析说：你现在很贫窘，又客居在此，没有什么可以拿来奉献给亲长和结交宾客。最后，吕不韦充满感情地对子楚说：我吕不韦虽然不富有，但愿意拿出千金替你西去秦国游说，侍奉安国君和华阳夫人，设法博取他们的欢心，让他们立你为嫡嗣。子楚大为感动，于是叩谢说，如果计策成功实现，将来我当了秦王，我愿与您共享秦国。

吕不韦于是拿出五百金送给子楚，作为日常生活和交结宾客之用，又拿出五百金买奇珍异玩，自己带着西去秦国游说。先拜见华阳夫人的姐姐，把带来的东西统统献给华阳夫人。趁此谈及子楚聪明贤能，所结交的诸侯宾客，遍及天下，常常说“我子楚把华阳夫人当作自己的天，日夜悲泣思念着太子安国君和夫人”。子楚原名为子异人，子异人之所以改名子楚，也是出于吕不韦的授意，为了博得出生于楚国的华阳夫人的欢心。

吕不韦乘机又让华阳夫人姐姐劝说华阳夫人道：“我听说用美色来侍（shì）奉别人的，一旦色衰，宠爱也就随之减少。现在夫人您侍奉太子，甚被宠爱，却没有儿子，不趁这时早一点在太子的儿子中结交一个有才能且孝顺的人，立他为继承人，而又像亲生儿子一样对待他，那么，丈夫在世时受到尊重，丈夫死后，自己立的儿子继位为王，最终也不会失势，这就是人们所说的一句话能得到万世的好处啊。不在容貌美丽之时树立根本，假使等到容貌衰竭，宠爱失去后，虽然想和太子说上一句话，还有可能吗？现在子楚贤能，自己也知道排行居中，按次序是不能被立为继承人的，而他的生母又不受宠爱，自己就会主动依附于夫人，夫人若真能在此时提拔他为继承人，那么夫人您一生在秦国都要受到尊宠啦。”华阳夫人听了认为说的对，就趁太子方便的时候，委婉地谈到在赵国做人质的子楚非常有才能，来往的人都称赞他。

接着就哭着说：“我有幸能填充后宫，但非常遗憾的是没有儿子，我希望能立子楚为继承人，以便我日后有个依靠。”安国君答应了，并和夫人刻在玉符上，决定立子楚为嫡嗣（dí sì），成为第一继承人。安国君和华阳夫人还准备了厚礼送给子楚，同时请吕不韦辅佐他。秦王并下令说，“我的儿子中没有能比得上子楚的”，子楚的名望声誉因此在诸侯中越来越大。

子楚由不被关注的质子一跃而成为秦国太子安国君的第一继承人，看似不可能的事情，在吕不韦的谋划下，按照预期设想成功了。

2. 拜相封侯

秦昭王五十六年（公元前 251 年），昭王去世，太子安国君继位为王，是为秦孝文王，华阳夫人为王后，

秦庄襄王子楚（公元前 281 年—公元前 247 年）

子楚立为太子。

秦孝文王在位一年去世，太子子楚如愿以偿，继任秦王，称为秦庄襄王。庄襄王尊华阳夫人为华阳太后，夏姬（庄襄王生母）为夏太后。庄襄王元年（公元前 249 年），为报答吕不韦的知遇之恩，任命吕不韦为丞相，封为文信侯，食邑河南洛阳十万户。

至此，吕不韦立君定国，拜相封侯，终于华丽转身，由精明练达的大商人而成为城府高深的政治家。

可惜，天不假年，秦庄襄王继位三年就去世了（公元前 247 年），太子嬴（yíng）政继立为王，是为秦始皇帝。秦始皇尊奉吕不韦为相国，仿效齐桓公父事管仲之举，号称吕不韦为“仲父”。可见，吕不韦在秦国的威势如日中天，无可企及。

吕不韦拜相封侯后，干的第一件大事就是灭掉东周，扯掉了周王朝天下共主象征的旗帜。公元前334年，齐魏“徐州相王”后，公元前325年秦惠文王自立为王。公元前323年，为了对抗秦、楚、齐等大国，在公孙衍的斡旋（wò xuán）下，韩、赵、魏、燕和中山五国结成联盟，相互称王，史称“五国相王”，一时间各国纷纷称王。日薄西山的东周王朝至此真正是苟延残喘、名存实亡了，但作为天下共主，谁也不敢冒天下之大不韪（wěi）起兵攻灭。即便是因为王朝内部矛盾而先后册封并寄篱于洛邑地区的两个诸侯国——西周国和东周国，战国七雄也没有干涉。

秦昭王五十一年（公元前256年）秦军攻灭西周国，秦庄襄王元年（公元前249年），吕不韦带兵攻灭东周，全部兼并了东周的土地。**贾谊《过秦论》中“振长策而御宇内，吞二周而亡诸侯”，“吞二周”说的就是秦灭西周国与东周国，以及附着其上的东周王朝。**虽然秦国没有断绝周朝的祭祀，并把阳人聚（今河南汝州西）这块地盘赐给周君，让他来祭祀周朝的祖先，但作为正统象征的周天子已不复存在了。

吕不韦执政时秉（bǐng）承秦国远交近攻的策略，攻取周、赵、卫的土地，立三川、太原、东郡，对秦兼并六国的事业有重大贡献。

3. 饮鸩（zhèn）自尽

公元前238年（秦始皇九年），嫪毐（lào ǎi）事件告发，车裂嫪毐，灭其三族。秦始皇下令严查此事，弄清事情全部真相，结果牵连到相国吕不韦。

秦王欲诛杀相国吕不韦，但因其侍奉先王功劳很大，又有许多宾客辩士为他求情说好话，秦王不忍心将他绳之以法。公元前237年即秦始皇十年十月，免去了吕不韦的相国职务，遣出京城，前往河南的封地。

又过了一年多，各诸侯国的宾客使者络绎不绝，前来问候吕不韦。秦王恐怕他发动叛乱，就写信给吕不韦说："你对秦国有何功劳？秦国封你在河南，食邑十万户。你对秦王有什么血缘关系？而号称仲父。你与家属都一概迁到蜀地去居住！"吕不韦想到自己步步被逼迫，担心日后受辱被杀，于是饮鸩自尽。

吕不韦自杀后，被其数千宾客舍人偷偷安葬在风水宝地洛阳北邙（máng）山。虽是偷偷安葬的"窃葬"，但数千人参加的葬礼队伍，让秦王嬴政愤怒不已。于是秦王下令惩戒参加吕不韦葬礼的人。不是秦国人的，驱逐出境；是秦国人的，俸禄在六百石以上的官员剥夺其爵位，迁到房陵；俸禄在五百石以下而未参与哭吊的，也迁到房陵，但不剥夺爵位。

睿（ruì）智超群的吕不韦，恐怕没想到，他死得如此憋（biē）屈，他死后窃葬也被迁怒。恐怕他也没想到，数千宾客不计风险为他送行。

《史记》索隐述赞：不韦钓奇，委质子楚。华阳立嗣，邯郸献女。及封河南，乃号仲父。徙蜀惩谤（chéng bàng），悬金作语。筹策既成，富贵斯取。

二、《吕氏春秋》编撰的杂家特色与一字千金的故事

吕不韦主编《吕氏春秋》，是试图将他的施政政策理论化，并统合诸子百家之精华，为秦王设计制定治国纲领，为即将诞生的大一统封建帝国提供理论基础。

1.《吕氏春秋》的编撰动机

吕不韦为什么要主编《吕氏春秋》？元人陈澔（hào）在《礼记集说》中评价《吕氏春秋》时说："吕不韦相秦十余年，此时已有必得天下之势，故大集群儒，损益先王之礼而作此书，名曰《春秋》，将欲为一代兴王之典礼也。"可谓颇中肯綮（qìng）。

古人云："士者，国之重器；得士则重，失士则轻。"是说人才是国家的栋梁，得到人才，国家就有人治理；失去人才，国家则没人治理。即所谓千秋基业，人才为先。《诗经·大雅·文王》也说："济济多士，文王以宁。"有众多的能人贤臣，所以文王才得以安宁。战国后期，齐国的孟尝君田文、赵国的平

原君赵胜、魏国的信陵君魏无忌与楚国的春申君黄歇，他们都礼贤下士，都以养“士”著称，被誉为战国四公子。

吕不韦以秦国之强，自愧不如，于是仿效四公子的做法，招贤纳士，给他们优厚的待遇，门下食客多达三千人。吕不韦就命他的食客各自将所见所闻记录下来，综合在一起成为八览、六论、十二纪，共二十多万言。自己认为其中包括了天地万物古往今来的事理，所以号称《吕氏春秋》。《史记·秦始皇本纪》也说：吕不韦为相，招致宾客游士，欲以并天下。可见，吕不韦主编《吕氏春秋》有很明确的指导思想和政治意图，为了兼并战争的胜利及其统一天下，并为治理天下绘制蓝图。所以《序意》篇中就这样写道：“凡十二纪者，所以纪治乱存亡也，所以知寿夭吉凶也。上揆（kuí）之天，下验之地，中审之人，若此则是非可不可无所遁（dùn）矣。”《吕氏春秋》不仅被称为治国宝典，而且也使吕不韦扬名天下。

秦国统一天下，一方面在军事上消灭各个诸侯国而实现政治统一，一方面也在思想文化上实现一统。这是秦国的既定兼并统一路线。秦孝公用商鞅变法，推行“燔（fán）《诗》《书》而明法令”的政策，强化文化思想领域的统御力。韩非子也说，儒家利用文献扰乱法纪，游侠使用武力违犯禁令，而君主却都要加以礼待，这就是国家混乱的根源。道家的恍惚（huǎng hū）之言，恬（tián）淡之学，是天下之惑术。李斯上书说：“异时诸侯并争，厚招游学。今天下已定，法令出一，百姓当家则力农工，士则学习法令辟禁。今诸生不师今而学古，以非当世，惑乱黔（qián）首。”并建议秦王“非秦记皆烧之”，“非博士官所职，天下敢有藏诗、书、百家语者，悉诣守、尉杂烧之。有敢偶语诗书者弃市。”秦始皇维护集权、钳（qián）制思想的做法虽为后世诟病，当时却是一如既往地坚定推行法家思想。

秦王与吕不韦在思想一统的认同上是一致的，没有歧义；所不同的是以什么实现统一，统一到何处，产生了不同理念与路向。其实，这或许就是法家与兼采众家之长的杂家治道思想的不同。

2.《吕氏春秋》作者的百家特征

吕不韦招徕士人，给予优厚待遇，门下食客一度达到三千人，并让他们人人著所闻，以为备天地万物古今之事，号曰《吕氏春秋》。

从《史记·吕不韦列传》所记来看，《吕氏春秋》作者人数众多。食客三千人，虽不可能都参加了著述，但可以肯定的是很多人或提供素材或参与编写。而且，这些士人来自四面八方，不同地域的文化与不同学派的思想，汇入于《吕氏春秋》，吕不韦自己都很自信地认为其中包括了天地万物古往今来的事理。这是某一家一派思想学说所不可比拟的，可谓学术史上的空前壮举。作者与思想来源可谓“杂”，这正是班固《汉书·艺文志》所界定的杂家之特征。

王锦民在论述《汉书·艺文志》著录杂家著作与“门客”的关系时说：杂家著作多是由各国权臣的门客所作，而门客者流，权当君主之议者。蓄养门客之风起于战国中期，此一风气一直持续至汉初。这些门客之中一定不乏通百家之学者，百家汇乎一门，杂家之学由此而兴起，其发展也大致自战国中期，讫汉武帝时代。

《四库全书总目提要》杂家类《吕氏春秋》提要云：是书较诸子之言独为醇正，大抵以儒为主，而参以道家、墨家。刘汝霖曾经对《吕氏春秋》一书各篇所体现的不同学派进行了大概分析统计，其中儒家26篇，道家17篇，墨家10篇，法家41篇，名家5篇，阴阳家2篇，纵横家10篇，农家4篇，小说家1篇，兵家16篇。方诗铭、刘修明在《论〈吕氏春秋〉》中对各篇的思想主旨也进行了核定统计，其结果是：儒家44篇，道家20篇，墨家12篇，法家16篇，阴阳家14篇，名家6篇，纵横家14篇，兵家16篇，农家4篇。此归类划分未必精准恰当，但是《吕氏春秋》涵盖诸家学说却是不争的事实。这也从一个方面说明这些学派的学者或者具有这些学派学术色彩的学者参与了《吕氏春秋》的创作，理当是《吕氏春秋》作者的一部分。

《吕氏春秋》“采精录异，成一家言”（高似孙语），“大出诸子之右”（高诱语）。许维遹（yù）在对该书做集释时给予高度评价：“夫《吕览》之为书，网罗精博，体制谨严，析成败升降之数，备天地名物之文，总晚周诸子之精英，荟先秦百家之眇（miǎo）义，虽未必一字千金，要亦九流之喉襟（hóu jīn），杂家之管键也。”

3.《吕氏春秋》的编撰范式与杂家主旨

《吕氏春秋》是有组织、有计划、有体例、有宗旨的群体创作的产物，开创了一代图书编辑范式。

《吕氏春秋》集各家之精华，成一家之思想。据主编吕不韦自己说，此书对各家思想的去取完全是从客观出发，对各家都抱公正的态度，并一视同仁的。因为私视使目盲，私听使耳聋，私虑使心狂。三者皆私没精，则智无由公。智不公，则福日衰，灾日隆。

吕不韦让他的门客各人著录所见所闻，编为八览、六论、十二纪三大部分，构成全书框架。内容采摭（zhí）诸子百家之学说，因四时之序而配以人事，纪治乱存亡，知寿夭吉凶。吕不韦认为其中详尽记述天上地下世间万物从古至今的事理，称之为《吕氏春秋》（又名《吕览》）。

冯友兰对于《吕氏春秋》之成书，在《〈吕氏春秋集释〉序》中评论说，先秦著述传至后世之整书，独有《吕氏春秋》，此书乃依预定计划写成，纲举目张，条分理顺。此在当时，盖为创举。马彦则从《吕氏春秋》编辑思想方面进行评论，认为无论从编辑手法、组织形式、体例结构而言，还是思想主旨、文化融合角度而言，《吕氏春秋》都是我国编辑史上最早的、最富于编辑成就、对于后世影响最大的典范性著作。

吕不韦主编《吕氏春秋》，汇合了先秦诸子各派学说，“兼儒墨，合名法”，大多引用历史故事来说理论道，故《汉书·艺文志》等将其列入杂家。

全书分为三个部分：纪、览、论。“纪”按每年十二个月分为十二纪，春夏秋冬四时之序排列，每季各有孟仲季三纪，如春分三纪，孟春、仲春、季春。始于孟春终于季冬。每纪各有5篇文章，共60篇。“览”按照内容分为八览，每览8篇，共64篇（第一览有始览缺一篇，现有63篇）。“论”按内容分为六论，每论6篇，共36篇。还有一篇“序意”，即全书的序言（今本已残缺），放在十二纪后边。总括起来，《吕氏春秋》全书十二纪、八览、六论共160篇，结构完整，自成体系。有的学者用三组数字形式来表示《吕氏春秋》的结构框架，即：十二纪 $12\times5=60$ 篇，八览 $8\times8=64$ 篇，六论 $6\times6=36$ 篇，用这些数字寄托理念，体现撰述意图。庞慧《〈吕氏春秋〉对生活秩序的理解与建构》一书设专节来考论《吕氏春秋》数字形式之寓意，很有见地。

对于《吕氏春秋》的学派归属与思想主旨，可谓智者见智，仁者见仁，聚讼纷纭。

大致而言，学界关于《吕氏春秋》的学派归属主要有杂家与道家之分。

自唐代高诱为《吕氏春秋》作注，认定“此书所尚，以道德为标的，以无为为纲纪”以来，有的学者就将《吕氏春秋》归属于道家学派，这其中又有道家、秦道家、秦汉道家、新道家、黄老学派之别。诸如熊铁基、牟钟鉴等就持秦汉道家说，直接否定汉志以来杂家的存在。其实界定《吕氏春秋》为道家的学者，基本依据就是保存于《史记》中的司马谈《论六家之要指》所论说的道家，只是这个道家不是原始道家，而是“因阴阳之大顺，采儒墨之善，撮（cuō）名法之要”的道家。这个道家人们从不同的视域冠以不同的称谓，于是就有了新道家、秦汉道家、黄老学派等不同的名号了。

从《汉书·艺文志》到《四库全书总目提要》，历代目录著作都将《吕氏春秋》列为“杂家”。虽然认同《吕氏春秋》归属于“兼儒墨、合名法”的杂家，但又对它有无主导思想产生分歧。

主张《吕氏春秋》没有主导思想的人认为，《吕氏春秋》虽然形式上很系统条理，但在内容上没有自己的思想体系，只是把诸子学说拼凑（còu）在一起的大杂烩（huì），如同诸子百家的资料汇编。

当然，有的人认同《吕氏春秋》为杂家，却不认同它的王治主旨，而以某一家思想学说为主体而兼合各家。比如，有的人认为《吕氏春秋》以儒家思想为主体，《四库全书总目提要》谓《吕氏春秋》大抵以儒为主、参以道墨，郭沫若也认为儒家占最大势力，修建军则直言《吕氏春秋》是一部以儒家思想为主体的杂家著作。有的人认为《吕氏春秋》以墨家学说为主体，清人卢文弨（chāo）认为《吕氏春秋》一书墨家思想的成分十分突出，“大约宗墨氏之学，而缘饰以儒术”。有的人认为《吕氏春秋》以阴阳家学说为主体，陈奇猷（yóu）虽说《吕氏春秋》是杂家，集各家各派之说而成，但阴阳家的学说是全书的重点，吕不韦的主导思想是阴阳家之学。有的人认为《吕氏春秋》以法家思想为主体，英国汉学家葛瑞汉认为《吕氏春秋》是从法家的国家学说分离出统治术的要素，再使之与儒家和最低限度的墨家道德主义结合，并全部置于阴阳宇宙论的框架之内。

其实，《吕氏春秋》是融各家为一家，“天下无粹白之狐，而有粹白之裘（qiú），取之众白也”。说明《吕氏春秋》兼容百家之学，是有其编辑采摭（zhí）意图的，有所取舍，有所扬弃，目的在于成为“粹白之裘”。正所谓集腋（yè）成裘。“夫以众者，此君人之大宝也。”所以看似是“杂”，其实是“杂而不杂”，自成一家。蒋维乔等《吕氏春秋汇校》叙例引谭献语说，《吕氏春秋》“采庄列之言，非庄列之理，用韩非之说，殊韩非之旨”。是说《吕氏春秋》杂取各家学说，但采撷（xié）书中，已不再是原味的各家学说，而融会为新的思想体系。

杂家的“杂”，许慎《说文解字》谓五彩相会，段玉裁注曰五彩相合，杂之本义是各种颜色相配合制作衣服，这与吕氏的集腋成裘可谓相契合。故而不能把杂家的“杂”诠释为驳杂、庞杂、杂凑、杂乱无章，把思想史上的“杂家”视为后世目录学上“杂家类”。

所谓杂家，就是杂采众家，不主一家，而成一家之言。即说不以某一家思想学说为宗旨，而是博采百家之长，熔诸子百家于一炉，打造适合统一的政治纲领，以成王治之道。《吕氏春秋》正是这个意义上的杂家，班固《汉书·艺文志》也是缘此而将其列于杂家。

《吕氏春秋》一书里保存了大量的先秦时代历史文献和遗闻逸事。《吕氏春秋·仲夏纪》《季夏纪》辅篇之《大乐》《侈乐》《适音》《古乐》《音律》《音初》《制乐》《明理》或许就是相传已亡《乐经》之遗篇。它还保留了许多已经失传的诸子百家的材料，如 1931 年李峻之从《吕氏春秋》中辑出了宓（fú）子贱、李克、公子牟、子华子、田骈、邓析子、惠子、孟胜、田鸠等人的议论和事迹（《〈吕氏春秋〉古书辑佚》，收《古史辨》第六册）。保存了一些古代农业科学技术方面的资料，如《上农》《任地》《辩土》等篇。

胡适曾言：“前三世纪的晚期，秦始皇征服了六国，而齐学征服了秦始皇。”胡适所界定的齐学：“齐学包括阴阳家、神仙家、道家（黄老）。因为这些都是起于齐国，故总名‘齐学’。”“吕不韦的《吕氏春秋》把阴阳家的‘月令’全采了进去，又全采了五德终始说。”

4. 一字千金的营销策略

秦王政八年（公元前 239 年），《吕氏春秋》编撰完成。吕不韦自鸣得意，刊布于咸阳城门，并在上面悬挂

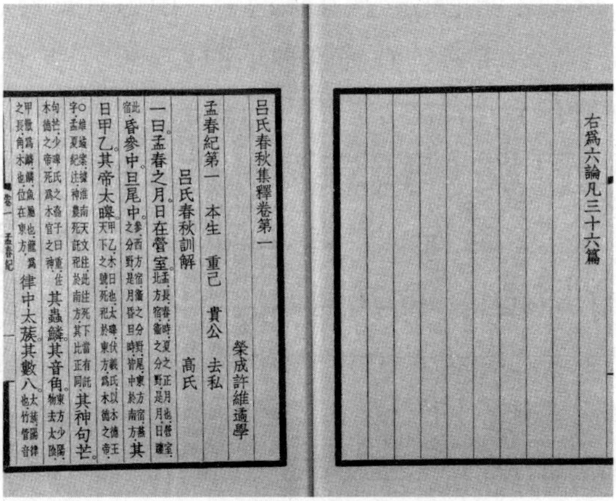

右爲六論凡三十六篇

吕氏春秋集釋卷第一
榮成許維遹學
孟春紀第一　本生　重己　貴公　去私
吕氏春秋訓解　高氏
一曰孟春之月，日在營室。孟，長。春，時。夏之正月也。營室，北方宿，衞之分野。是月日躔此宿。昏參中，旦尾中。參，西方宿，晉之分野。尾，東方宿，燕之分野。是月昏旦時皆中於南方。其日甲乙。甲乙，木日也。其帝太皞。太皞，伏羲氏，以木德王天下之號，死祀於東方，爲木德之帝。○維遹案：據淮南天文注，此注「死」下當有「託」字。孟夏紀注：神農死託祀於南方，其比正同。其神句芒。句芒，少皞氏之裔子曰重，佐木德之帝，死爲木官之神。其蟲鱗。其音角。東方少陽，物去太陰，甲散爲鱗。鱗，魚屬也，龍爲之長。角，木也，位在東方。律中太蔟。其數八。太蔟，陽律也。竹管音……

卷一　孟春紀　一

《吕氏春秋》书影

着一千金的赏金。布告天下，遍请诸侯各国的游士宾客，声称若有人能增删一字，就给予一千金的奖励。这就是成语“一字千金”的来历。

吕不韦身为秦国相国，权势正如日中天，欲执文化融合统一之牛耳，何人敢于试水得金而触霉头，甚至遭遇飞来横祸也不是不可能。所以，汉代王充在《论衡·自纪篇》中对于《吕氏春秋》观读之者无訾（zī）一言这种现象说：任何书籍文章难免出差错，良工巧匠也会有不精巧之处，再雄辩的言论也会有说理不周密之处，再博古通今的文章也还会有可以商榷的地方；有的人的话像金子一般是因为它出自权贵之口，有的人的文章像粪土一样是因为它出自平民之手。《吕氏春秋》之所以没有受到指摘，那是因为它出自富贵权势之手。因为有权势，所以才能把书悬挂在城门上；因为有富贵，所以才能以千金为赏格。看到这种书的人，个个惶恐畏忌，即使发现有不合理之处，谁又敢提出一个字的批评呢！**其后最早为《吕氏春秋》作注的汉代高诱也大发感慨说："时人非不能也，盖惮（dàn）相国，畏其势耳。"**

吕不韦之所以急不可待地采用这种戏剧性的手法公布《吕氏春秋》，用当今话语来说，其实就是一种营销策略，广而告之，引起轰动。一方面，向世人宣告，他比战国四公子更出色，更会招徕士人，并主编出统合诸子百家之长、备天地万物古今之事的鸿篇巨制，自矜（jīn）其能，溢于言表；另一方面，战国末期统一大势，浩浩荡荡，在行将统一的前夜，适时地把自己的为统一帝国制定的治国方略公布于众，以期赢（yíng）于世人。

三、贵公去私与因时变法的治道方略

如果说先秦诸子起源于救时之弊，那么诸子百家的思想学说是在"务为治"的穷究探索之中形成的。因此，采撷诸子百家之精英的《吕氏春秋》对相关诸子治国之道的思想原则与制度措施给予了格外重视，体现了"纪治乱存亡""知寿夭吉凶"的编撰旨意。

一字千金图

1. 贵公去私

《吕氏春秋》所论治国的一个重要原则就是贵公去私，并以周公的“利而勿利”予以例证。伯禽是周公旦的长子，也是鲁国的首任君主。起初武王将鲁封给周公，由于周公在朝廷主政，所以派伯禽代替周公治鲁。周公东征获胜后，成王还将殷民的六个氏族与旧奄（yǎn）国的领土和国民都分封给他，并且赐给他大量的文物典籍、珍宝仪仗。周公的儿子伯禽向周公请教如何治理鲁国，周公送了他四个字：“利而勿利”。前一个“利”是施利，后一个“利”是取利，意思是说要施利给人民而不要谋取私利，为君之道首要的就是贵公去私。

为什么要贵公去私？《贵公》篇论证说，这是历代圣王治理天下的历史经验，治国理民都是把公正无私放在首位。做到公正无私，天下就安定了。考察一下古代的记载，曾经取得天下的人是相当多的了。如果说他们取得天下是由于公正无私，那么他们丧失天下必定是由于偏颇有私。这是因为天下非一人之天下也，天下人之天下也。《去私》还举例以证之：尧有子十人，不与其子而授舜；舜有子九人，不与其子而授禹，至公也。晋平公向祁（qí）黄羊问道："南阳没有县令，谁可以担任呢?"祁黄羊回答说："解狐（xiè hú）可以担任。"晋平公说："解狐不是你的仇人吗?"祁黄羊回答说："君王问的是可以做地方官的，不是问我的仇人啊。"晋平公说："好啊!"于是就让解狐担任，国人都很称赞。过了不久，晋平公又问祁黄羊说："国家没有管军事的官，那有谁能担任呢?"祁黄羊回答说："祁午可以担任。"晋平公说："祁午不是你的儿子吗?"祁黄羊回答说："君王问的是谁可以担任管军事的官，不是问我的儿子呀。"晋平公说："好啊。"于是又让祁午担任，国人都很称赞。孔子听到了这件事说："祁黄羊的说法太好了!推荐外人不回避仇人，推荐家里人不回避自己的儿子。"祁黄羊可以称得上公正了。

2. 天子执一

《吕氏春秋》在承继儒家维护君权的基础上，主张拥戴新"天子"，掌控统一，建立封建集权国家。《谨听》说："今周室既灭，而天子已绝，乱莫大于无天子。”《执一》篇进一步阐述道，天地阴阳不改变规律，生成的万物却各不相同。眼睛不丧失视力，就能分辨出黑白的差别；耳朵不丧失听力，就能听出清浊不同的乐音。称王的人掌握住根本，就能成为万物的主宰。军队一定要有将帅，这是为了用来统一军队的行动，国家一定要有君主，这是为了用来统一全国的行动，天下一定要有天子，这是为了用来统一天下的行动，天子一定要掌握住根本，这是为了使权力集中。统一就能治理好天下，不统一就会造成天下大乱。譬如并排驾驭四匹马，让四个人每人拿一根马鞭，那就连街门都出不去，这是因为行动不统一。

孔子主张维护周王朝的一统天下，但并没有强调专制问题，《吕氏春秋》言说天子执一，其实就是讲中央集权。

3. 变法因时

《吕氏春秋》主张治国要有法度，更要明察当今形势，因时变法，不宜拘泥古法。变法顺应时势的变化，即所谓**“世易时移，变法宜矣”**，这是法家的思想。尊崇法治，强力推行，自秦孝公以来已成为秦国的传统。

治理国家没有法度就会导致混乱，固守旧法而不改变就会产生谬误，出现混乱与谬误，就不会治理好国家。世道变化，时代更移，法度也应该随之改变。比如高明的医生，病症万变，用药也要万变。病症变了而用药不变，本来可以长寿的人，也会变成短命的人了。所以凡是做事情一定要依法而行，变法的人也要与时代同步。如果懂得这个道理，那就不会做错事情了。能顺应时势变法的，是贤能的君主。所以古代享有天下的七十一位圣主，他们的法度都不相同，并不是他们故意要彼此相异，而是因为时势不同的缘故。

为此，《吕氏春秋·察今》还引用**“循表夜涉”“刻舟求剑”“引婴投江”**三则寓言故事，分别从因时、因地、因人制宜的不同角度，阐明因时变法，力戒因循守旧。

第一个寓言故事“循表夜涉”，说的是楚国人想要偷袭宋国，派人先在澭（yōng）水中设置渡河的标识。可是澭水突然上涨，楚国人不知道，仍旧按照原来的标识在夜间渡河，结果淹死一千多人，军队惊乱如同都城的大房屋倒塌一样。原先他们设置标识的时候，是可以按照标识渡河的，现在河水涨了，水位升了，可是楚国人还是依循原来的标识渡河，这是他们失败的原因。现在的国君如若效法先王的法度，用来治理国家，就如同楚人循表夜涉，难道不是很可悲吗？这是说变法要因时制宜。

《吕氏春秋》引用的第二个寓言故事“刻舟求剑”说的还是楚人，只是由渡河切换到了渡江，寓意由因时变成了因地。这个寓言说，楚国有个渡江的人，他的剑从船上掉到水里，他急忙用刀在船上刻了个记号，说：

“这是我的剑掉下去的地方。”等到船停了，他赶紧从刻着记号的地方下水去捞剑。船已经移动了，但剑不会随之移动，像这样去找剑，不是很糊涂吗？时代已经改变了，仍用先王的旧法来治理当今的国家，与刻舟求剑如出一辙，难道不是很困难的吗？这是借喻变法要因地制宜。

刻舟求剑图

世界上的事物，总是在不断地发生变化，不能凭主观愿望做事情。死守教条，拘泥成法，固执不知变通，以静止的眼光来看待变化发展的事物，必将导致错误的判断。这就告诫人们不能片面、静止、狭隘（ài）地看待问题。

第三个寓言故事“引婴投江”说的是有个人从江边经过，看见一个人正拉拽着一个小孩，想要把他扔到江里去，小孩大声啼哭。路过的人问那人为什么这么做，他说：“这个小孩的父亲很会游泳。”虽然父亲擅长游泳，难道他的孩子就一定擅长游泳吗？用这种方法处理事情，也一定是荒谬（miù）的了。处理政务，与此相似。这是寓意变法还要因人制宜。

引婴投江图

对象变了，处理事情的方法和手段也要随之发生变化，否则就会失败。同时也告诫人们，本领的获得要靠后天的学习而不是靠先天的遗传。

4. 义兵民归

《吕氏春秋》针对“偃兵”“非攻”、反对战争而提出依靠义兵征伐无道、救民于苦难。

为什么明明是依靠兼并攻伐以期统一，还要说是义兵？《吕氏春秋·振乱》分析说，当今的社会极端混乱，人民的苦难无以复加。周王室已经灭亡，贤人或被废黜（chù）或者隐匿（yǐn nì），昏君恣意妄行，与人民离心离德，人民无处申诉自己的苦难。世上如有贤明的君主、优秀的士人，当明察这个道理，这种情况下发动的攻伐战争就是正义之战了。如此一来，天下的人民，濒临死亡的会因而获得新生，将蒙受耻辱的会因而获得荣光，将遭受苦难的会因而获得安逸。

凡攻伐之事，无一不是攻击无道、惩罚不义。攻击无道、讨伐不义，自己获取福祉没有比这更大的了，人民获得利益也没有比这更多的了。禁止攻伐，这是摒弃有德。惩罚正义，这是阻挠商汤、周武王的事业，而助长夏桀、殷纣的罪恶啊。人们之所以不敢做无道、不义的事，为的是免遭惩罚；人们之所以祈求有德、做正义的事，为的是求得奖赏。如今做无道、不义之事的人安然存在，安然存在无异于奖赏他们；而有德的人、主持正义的人却陷入困境，陷入困境无异于惩罚他们。这种赏恶惩善，要想把人民治理好，不也太难了吗？所以，扰乱天下、危害人民的事物中，要数“非攻”这种论调危害为最大。

在社会发展的历史上，战争从来没有缺席。不过战争有正义与非正义的区别。《荡兵》说，战争由来已久，它是和人类一起产生的。古代的圣王主张正义的战争，从未有废止战争的。并以生动的比喻推论，批驳废止战争的偃（yǎn）兵说：如果因为发生了吃饭噎（yē）死的事，就要废止天下的一切食物，这是荒谬的；如果因为发生了乘船淹死的事，就要废止天下的一切船只，这是荒谬的；如果因为发生了进行战争而亡国的事，就要废止天下的一切战争，这同样是荒谬的。战争是不可废止的。战争就像水和火一样，善于利用它就会造福于人，不善于利用它就会造成灾祸；像用药给人治病一样，用良药就能把人救活，用毒药就能把人杀死。正义的战争正是治理天下的一服良药啊！说明了事物存在的利害关系，因而正确处理这种利害关系，不能因噎废食。

《吕氏春秋》主张兴“义兵”。对比分析说，假如这里有个人能够使死人复生，那天下的人一定争着服侍他。正义之师救活的人太多了，人们谁不喜欢？所以，正义之师一到，邻国的人民归向它就像流水一样，被征伐国家的人民盼望它就像盼望父母一样。正义之师走得越远，得到拥戴的民众就越多，兵不血刃就可以使人民迅速归服。由此说明，一味地反对战争是没有意义的，攻伐无道与不义的战争，是在除暴安良，故而能够得到人民的衷心拥护。《吕氏春秋》为秦国的兼并统一战争，寻找到了正义与合理的依据。

5. 用非其有

君王要在君王的位置上做事，不要越权而行，即所谓的为君之道。

《吕氏春秋·分职》曰：先王使用不是自身所有的东西就像自己所有的一样，这是因为他们通晓为君之道。君主这种人，居于清虚，执守素朴，看来没有什么智慧，所以能使用众人的智慧。智慧回归到无所能的境地，所以他能使用众人的才能。能执守无所作为的原则，所以能使用众人的作为。这种无智、无能、无为，是君主所执守的。君主中的糊涂人却不是这样。他们硬凭自己有限的智慧逞聪明，硬凭自己有限的才能逞能干，硬凭自己有限的作为做事情。这是使自己处于人臣的职位。使自己处于人臣的职位，又想不耳目闭塞，就是舜也办不到。

辅佐周武王打天下的名士有五位。对于这五个人所做过的事，周武王一件都不会，但是世上的人都会说："取得天下的人是周武王。"这就是周武王获取了自己没有的东西，把这些东西看作是自己所拥有的一样，这是通晓当君王的方法。通晓当君王的方法，就能够使有智慧的人为自己出谋划策，能够使勇敢的人为自己奋勇作战，能够使能言善辩的人为自己说话。"用非其有，如己有之"，这就是周武王的为君之道。

四、取民之要与宗庙之本的民本思想

民本思想是中华传统文化的精华，为历代政治家、思想家所共同关注，格外重视。管仲及其学派正是站在春秋战国时代人本思潮的前头，明确提出："争天下者，必先争人"，"霸王之所始，以人为本"。只有"先争人"，然后才能"争天下"。因此认为治国的根本有二，"一曰人，二曰事"，而人的因素是第一位的。是否重视人的因素，关系着能否成就宏伟大业。古之圣王，所以取威名广誉，厚功大业，显于天下，不忘于后世，非得人者未之尝闻。暴王之所以失国家，危社稷，覆宗庙，灭于天下，非失人者，未之尝闻。并指出重民与不重民所导致的结果是不同的："今有土之君，皆处欲安，动欲威，战欲胜，守欲固，大者欲王天下，小者欲霸诸侯，而不务得人，所以小者兵挫而地削，大者身死而国亡。"所以说，"人，不可不务也，此天下之极也"。这也是前贤大智经常教诲的，水能载舟，亦能覆舟。**政之所兴，在顺民心；政之所废，在逆民心。人心向背，关乎治国理政的成败。**

1. 取民之要

《吕氏春秋·顺民》认为古代圣王贤君为政之道首先顺应民心，所以功名成就。凭恩德赢得民心而建立大功名的，从前大有人；在失掉民心却建立功名的，未曾有过。

赢得民众一定要有方法。无论是拥有万辆战车的国家，还是只有百户人家的村邑，无不有所喜欢的事物。选做人民所喜欢的事，民心就得到了，这是取民之要，即得到民心的关键。并以商汤、周文王、越王之事迹分析如何赢得民心。商汤战胜暴虐荒淫的夏桀（jié）而开始治理天下。天大旱，连续五年不能收获，商汤就用自己的身子在桑林祈祷，说："我一人有罪过，不要殃及万民。万民如若有罪的话，都在于我一个人。不要因为一个人的无能而让上帝、鬼神伤害人民的性命。"于是剪掉自己的头发，拶（zǎn）起自己的手指，以身体作为祭品，用来向上帝祈求福祉。商汤祈祷上天，今日看来虽为迷信荒诞，但在上帝鬼神信仰盛行的殷商时代，却是取悦人民的有效方式。

文王居住在岐山，接受纣的统治，虽然委曲受辱，但还是恭正谦卑，早晚朝见一定遵守时间。上贡一定适宜，祭祀一定恭敬。纣高兴了，命令文王作西伯，赐给他千里的土地。文王再拜稽首推辞道：“我情愿为百姓请求解除‘炮烙’的刑罚。”文王不是讨厌千里的土地，而是因为为民请求解除“炮烙”的刑罚，一定会得到民心啊。赢得民心，胜于得到千里土地。所以说文王明智啊。

越王为会稽（kuài jī）山战败的耻辱而痛苦，想要深得民心以求得和吴国决于死战。于是他身体不安于枕席，吃饭不尝丰盛的美味，眼睛不看美色，耳朵不听钟鼓音乐。三年里，苦心劳力，唇焦肺干。对内亲近群臣，对下供养百姓，用以招徕他们的心。如果有甜美的食物，不够分的话，自己就不敢独吃；如果有酒，把它倒进江里，和人民共同享用它。靠自身亲自耕种吃饭，靠妻子亲自纺织穿衣。吃的禁止珍异，穿的禁止过分，色彩禁止使用两种以上。时常外出，跟着车子，载着食物，去看望孤寡老弱当中染病的、困难的、脸色忧愁憔悴（qiáo cuì）的、缺吃少喝的人，一定亲自给他们食物吃。然后召集各位大夫，告诉他们说：“我宁愿与吴国一决谁应得到上天的赐福。如果吴越两国彼此一同破灭，士大夫踩着肝肺同一天死去，我和吴王接颈交臂而死，这是我的最大愿望。如果这样做不行，从国内估量我国不足以损伤吴国，对外联络的诸侯不能毁灭它，那么我就将放弃国家、离开群臣，带着剑，拿着刀，改变容貌，更名换姓，拿着簸箕（bò jī）、扫帚去臣事他，以便有朝一日和吴王决一死战。我虽然知道这样会腰断颈绝、头脚异处、四肢分裂，被天下人羞辱，但是我的志向一定要实现。”后来，他果然和吴王在五湖决战，吴军大败。继而大举围攻吴王王宫，城门失守，擒获夫差（chāi），杀死吴相。消灭吴国二年以后就称霸诸侯了。这是首先顺应民心的结果。说明得民心才能得天下、立功名。

2. 宗庙之本

《吕氏春秋·务本》谆（zhūn）谆告诫：“安危荣辱之本在于主，主之本在于宗庙，宗庙之本在于民。”宗庙之本在于民，人民是国家的根本。以民为本，令顺民心，才能保持国家的安宁与繁荣。如失去民众，就丧失了治国的根本。重民、惠民是古往今来治国理政者的不懈（xiè）追求。

《吕氏春秋》主张用仁和义治理百姓，用爱和利使百姓安定，用忠和信引导百姓，致力于为民除害，想着为民造福。并认为这是古代的五帝三王之所以无敌于天下的原因。所谓仁，就是对自己的同类仁爱。所以一个行仁道的人，只要发现有利于百姓的事情，就没有不去做的。神农的教令说：“如果年富力强的男人一年到头不种地，那么天下可能就有人因此而挨饿。正当年的女人一年到头不去纺织，那么天下就可能有人因此而受冻。”所以神农亲自耕种，妻子亲自纺织，以此表示为民众谋利。贤人不嫌海内路途遥远，千里迢迢时常往来在诸侯之间，并不是以此谋求私利，而是把为百姓谋利当作要务的缘故。如果当下诸侯之君能努力为百姓谋利，那么天下就会归附他了。

当然，《吕氏春秋》强调为政者要仁爱百姓，还要善于调动民众的力量。如同剑不会凭空斩断东西，车不会自己行走，都是需要人们去使用它们。播种小麦就会收获小麦、播种谷子就会收获谷子，人们对此不感到奇怪，觉得这是常识。进而以播种喻用民，认为调动民众也有个播种问题，种德于民，仁爱百姓，民众就会招之能用。不考虑播下什么种子，就祈望民为我所用，岂不是没有比这更糊涂的了。

如果要想能够调动民众，拥有民众，就要善待他们。正如《吕氏春秋·适威》引用《周书》的话说：对于民众，你若善待他们，他们就会顺从你；若不善待他们，他们就会把你当作仇人。《用民》则进一步说亡国之君，大都是不善待民众，而大都以权势威严役使民众。权势威严不能没有，但是不能专门依仗它。这就好像盐对于调味一样，盐的使用要有所依托，也就是说要有具体的食物。盐用得不适度，特别是过度用盐，就会导致食物废掉而不能食用。权势威严也是如此，也要有所依托，然后方可施加于人。那么，权势威严依托的是什么？托于爱利，这就是爱民和利民。爱民利民之心能够被人知晓，权势威严才可以施行。如果滥用权势威严，就会丧失爱民利民之心。丧失了爱民利民之心，仅靠厉行权势威严，自身必定会遭殃。这就是夏朝、商朝之所以灭亡的原因。

宗庙之本也就是社稷之本在于民。而要拥有民众，首要的是用义，其次是用赏罚。如果义不足以让民众效死，赏罚如果不足以让民众去恶向善，如此说能拥有民众的人，从古至今都没有。

五、知人善任与良马伯乐的贤人政治

只有善于认识人的品德和才能，才能最合理地选用他人。只有知人善任，才能人尽其才。君王得贤，事则大易，此为君术臣道之规则。故王者劳于求人，佚于得贤。舜举众贤在位，垂衣裳，恭己无为，而天下治。汤文用伊、吕，成王用周、邵，而刑措不用，兵偃而不动，用众贤也。有道之主，才能达到无为而无不为的自由境界。

1. 知人善任

《吕氏春秋·任数》记载：古代的帝王，他们所作所为很少，他们所凭借的却很多。凭借，是君王治国的方法；执行，是臣下做事的义务。有些事做起来就很令人困扰，思考起来就冷静得多。想到冬天就表现为寒冷，想到夏天就表现为暑热，君王要做什么事情呢？所以说，做君王的方法是，什么都不用去知道，什么都不用去做，这比去了解和埋头苦做事情，要贤能得多，那么这样就可以得到天下了。有司有事情向齐桓公请示，齐桓公说：“去告诉仲父。”有司第二次向齐桓公请示，齐桓公又说：“去告诉仲父。”像这样两次了，旁边的人说：“一次找仲父，两次找仲父，当君王真容易！”齐桓公说：“我没有得到仲父时当君王很难，已经得到了仲父后，怎么会不容易当君王呢?”齐桓公得到管仲，国事就非常容易管理，更何况得到道术的呢?

世之霸主莫高于齐桓公，而齐桓公九合诸侯，一匡天下，其功成名就的关键在于任用管仲。

像 吾 夷 管

管仲（约公元前 723—前 645 年）

汉高祖刘邦，为了汉王朝的长治久安，颁布了求贤令，这就是为后人称道的《高帝求贤诏》。诏令先写古人用贤成就功业，再写自己用贤平定天下，最后表示欲安定天下而急需求贤的诚意与急迫心情。诏曰：听说古代圣王没有谁超过周文王的，霸主没有谁超过齐桓公的，他们都依靠贤人成就功名。现在天下贤人有智慧有才能，难道只有古代才有这样的人吗？担忧的是君主不肯去结交，贤士从什么途径进身呢？现在我靠上天神灵和贤士大夫平定了天下，统一全国成为一家。希望长久保持下去，世世代代奉祀宗庙到无穷。贤人已经和我共同平定天下了，而不和我共同治理天下，可以吗？贤士大夫们肯同我共事的，我能够使他贵显。把诏令布告天下，让大家明白我的意思。御史大夫周昌把诏书下达相国酂（zàn）侯，相国酂侯下达各诸侯王，御史中执法下达各郡太守。如果有美名和美德相称的，一定要亲自劝他出来，给他准备车马，送他到相国府，写下经历、状貌、年龄。如果有贤人而不推举，发觉后要免除他的官。年老而体弱多病的，不要送来。

《史记·高祖本纪》记载，刘邦曾云："夫运筹帷帐之中，决胜千里之外，吾不如子房；镇国家，抚百姓，给馈饷，不绝粮道，吾不如萧何；连百万之师，战必胜，攻必取，吾不如韩信。此三者，皆人杰也。吾能用之，此吾所以能取天下也。项羽有范增而不能用，此其所以为我擒也。"刘邦建立汉朝，经过六年的经营，深知巩固政权比取得政权更难。如今治理天下，若想长治久安，需要贤士辅佐。他以周文王、齐桓公自许，用古代贤士期待今人，表现出求贤若渴的迫切心情，向天下贤士引吭高歌。

2. 良马伯乐

唐代韩愈《杂说四·马说》："世有伯乐，然后有千里马。千里马常有，而伯乐不常有。"以马为喻，陈说人才问题，借以表达对封建统治者不能识别人才、不重用人才、埋没人才的强烈愤慨与怀才不遇的愤懑之情。

《吕氏春秋·赞能》讲的是进贤，也就是举荐贤能、任用贤能问题。强调若想成就一番王霸之业，得贤任贤是其关键。对于作为伯乐的鲍叔牙与沈尹茎（jīng）则赞许有加。

"得地千里，不若得一圣人。" 贤明的人同人亲善是根据这个人的仁德，一般的人同人亲善是根据这个人的功业，不肖的人同人亲善是根据这个人的财富。得到十匹好马，不如得到一个善于相马的伯乐；得到十把利剑，不如得到善于铸剑的欧冶（ōu yě）；得到土地千里，不如得到一个圣人。舜得到皋陶（gāo yáo）就用他治理好了天下，汤得到伊尹（yī yǐn）就拥有了夏的民众，周文王得到姜太公吕望就征服了殷商。得到了圣人，所得土地哪里有里数的限制呢！

鲍叔牙举荐管仲，齐桓公成为春秋五霸之首。管仲被囚禁在鲁国的时候，齐桓公想用鲍叔牙为相。鲍叔牙说："您如果想成就王霸之业，那么有管夷吾在鲁国，我不如他。"桓公说："管夷吾是杀害我的凶手，用箭射过我的人，不能用他。"鲍叔牙说："夷吾是为他的君主射人的人，您如果得到他，用他为臣，他也会为您射别人。"桓公不听，坚持要用鲍叔牙为相。鲍叔牙坚辞，最后，桓公终于听从了鲍叔牙的意见。于是派人告诉鲁国说："管夷吾是我的仇敌，希望能得到他，亲手把他杀死。"鲁君答应了，派官吏用皮革套住管仲的双手，用胶粘上他的眼睛，把他装在大皮口袋里，放在车上给齐国送去。到了齐国边境，齐桓公派人用朝车来迎接管仲。点起火把祓（fú）除不祥，杀了公猪举行血祭。恢复了他的自由，跟他一起回到国都。桓公命令主管官吏扫除宗庙，设置筵几，把管仲进荐给祖先，说："我自从听了夷吾的谈论，目光越发明亮，耳朵越发灵敏。我准备用他为相，不敢擅自决定，冒昧地以此告请先君。"桓公说完，就回过头来命令管仲说："夷吾辅佐我！"管仲退避了几步，向桓公再拜叩头，接受了命令，而后离开了宗庙。管仲治理齐国，只要做事有功，桓公就一定先赏鲍叔，说："使齐国得到管子的是鲍叔啊！"桓公可算得上知道如何行赏了。凡是行赏，应该赏赐根本，赏赐根本，过失就无从发出了。

沈尹茎举荐孙叔敖，楚庄王成就霸业。孙叔敖和沈尹茎彼此交好。孙叔敖到郢（yǐng）都出游了三年，名声不为人所知，美德不为人了解。沈尹茎对孙叔敖说：

“陈说启发能使人听从，所持方策必定能够实行，能使君主上至于称王天下，下至于称霸诸侯，这方面我不如你。随顺社会，附和世俗，陈说启发调和其中，以投合君主的心意，这方面你不如我，你何不先回去耕田隐居呢？我将为你在这里奔走。”沈尹茎在郢都奔走了五年，楚王想用他为令尹。沈尹茎辞让说：“期思那个地方有个叫孙叔敖的，是个圣人。请您一定要任用他，我比不上他。”于是楚王派人用王车把孙叔敖接来，用他做了令尹，过了十二年楚庄王成就了霸业。这是沈尹茎的力量啊！功劳没有比举荐贤人再大的了。

3. 良狗捕鼠

有了人才如果不善于使用，就不能够发挥他们的作用。要创造条件，人尽其才，物尽其用，知人善任，发挥人才的作用。

《吕氏春秋·士容》：齐有善相狗者，邻居委托他买一条捕鼠之狗，他整整一年才买到，对邻居说：“这是一条出色的狗。”他的邻居喂养了好几年，狗却不捕鼠，邻居就把这种情况告诉了相狗之人。相狗的人说：“这条狗很出色，它的志向在猎取獐麋猪鹿，不在捕鼠。欲其捕鼠，需绊其足。”其邻桎其后足，狗乃取鼠。

俗话说：“狗拿耗子，多管闲事。”抓老鼠，本是猫的专长，现在却让能猎取獐麋豕鹿的良狗去抓耗子，实在是大材小用。请人寻找捕鼠的狗已违常理，而知狗之良后仍绑狗捕鼠就更是愚蠢之至了。虽说这仅仅是则故事，但是现实社会中用非所长、浪费人才、埋没人才的事不是与此如出一辙吗？所以用人还是应当知人善任，物尽所用，人尽其才。

六、察己知人、胜人自胜的修身哲学

察度自己，就可推知别人，此乃情理之中的事情。任何事物的发展是一个先后逐渐演变而成的过程。观察分析它的现在，可以推知它的发展演变历程与状况。为人处世，察己知人，设身处地，换位思考，多为别人想一想，成为历代贤达的人生哲学。

1. 察己知人

贤德的名声与不肖的名声都不是由别人给予的，而是由各自的言行所决定的。如同日影不会脱离测日应用的标杆，回声必然来自呼声一样。

《贵当》有言：先王制定法令制度的根据是什么？先王制定法令制度的根据是人，自己本来也是人。所以明察自己就可以推知别人，明察现在就可推知古代。古代和现在是相通的，别人和自己也是相通的。明白事理的人，可贵的地方就在于他能够根据近的推知远的，根据现在的推知古代的，根据看到的推知未见到的。所以观察房屋下面的光影，就知道太阳、月亮的运行，早晚和寒暑季节的变化。看到瓶子里水结的冰，就知道天下已经寒冷，鱼鳖已经潜伏了。尝一块肉，就知道一锅里的味道，全鼎中的调味。

名声显赫是不能强求的，必须遵循恰当的途径才能实现。整治器物，不在于器物本身而在于人；治理人民，不在于人民本身而在于诸侯；辖（xiá）制诸侯，不在于诸侯本身而在于天子；制约天子，不在于天子本身而在于他的欲望；节制欲望，不在于欲望本身而在于天性。天性是万物的根本，它不能增益，不能减损，只能顺应它的本性加以引导，这是自然的法则。看见鲜红的血肉乌鹊就会聚合，猫在堂上老鼠就会逃散，穿丧服出来人们就知道有了丧事，摆出乐器人们就知道有了喜事，商汤周武修养自己的德行天下就顺从他们，夏桀商纣轻忽自己的道德修养天下就叛离他们，这些难道还用说吗？所以君子只要详察存在于自身的因素就行了。

任何事业的成功，都需要一定的主观与客观的条件，而最基本的条件是人自己，只有依靠自己的不懈努力，才能走向成功。

《贵当》篇以齐国猎人的故事来说明实现目标过程与方式是多种多样的，但是自己的努力不可或缺。齐国有个喜欢打猎的人，旷日持久也没有猎到野兽，在家愧对家人，在外愧对邻里朋友。他反复琢磨自己捕获不到野兽的原因，最终发现原来是猎狗不中用。他想买个好猎狗，可是家里贫穷买不起。于是他就回家努力耕作。努力耕作，家里就富裕了；家里富裕了，就有了钱买好猎狗；买到了好猎狗，猎狗就屡屡猎到野兽，打猎的收获就经常超过别人了。不只是打猎，各种事情都是如此。成就王霸之业的人，不先经过像这个齐人一样的努力就获得成功的，古往今来不曾有过。这是贤明之君和不肖之主判然不同的原因。贤明之君主和不肖之主，他们的欲望跟常人相同，尧这样的圣王和夏桀、周幽王、周厉王这样的昏君都是如此，但他们用来实现目的的做法不同。贤明之君对事情加以审察，认为不能做的就不去做，认为可以做的就去做。做事时一定遵循恰当的途径，所以外界没有什么东西能够妨害他，这是他们的功业远远超过不肖之主的原因。

2. 胜人自胜

修身从己做起。想战胜他人，就必须先战胜自己；想和他人辩论，就必须先说服自己；想理解他人，就必须先理解自己。

治理天下，先治其身。《吕氏春秋·先己》说，古代的圣明君主，成就自身从而成就天下，整治自身就可以整治天下。了解回声的人不在回声上花精力而研究声源，了解影子的人不着意影子而研究形体，治天下的人不刻意注重天下大事而应修养自身。《诗经》上说：“善良有德行的人，礼节准则不会有差错，这样的人能影响四方的人的行为正派、不偏斜。”这说的是要端正自身修养。所以，用道理来完善自身，推行仁义来完善众人，乐于准备为君之道，那么可以管理百官了，百姓就能获好处了。这三方面成功的要领是无为。无为所含的道理是要顺应天意，无为的本意是修养自身，无为的君王是指凡事不要亲身去办。凡事不要亲身去办，应监督百官，从旁查听，使自身平静得到保养，顺应自然，理顺心性。顺应天性的话就聪明长寿，心内平和恬静就能使事业进入良好状态，从旁监督查听的话就能使奸佞（nìng）阻塞，自己不会惶恐不安。所以，如果君王失去了为君之道，边疆就会被外敌侵扰，国内难以安抚，声名就会败落，邻国就会轻视。所以说，百仞（rèn）高的松树如果伤了下面的根，上面的树梢就会枯萎；商、周这样的国家，胸中没有谋略，百姓就不服从号令。所以心要获得一些东西，才会听闻一些东西；能听闻到正确的，事业才能成功；事业成功，才能成就功名。五帝先施行道法再实行德政，所以德政没有不兴盛的；三王先施行教化再实行杀戮，所以事业没有不成功的；五霸先施行礼教再开战，所以军队没有不强大的。当今世界，智巧与谋略并行，欺诈层出不穷，攻伐战争不停，亡国和辱主越来越多，是由于他们不致力治国的根本却注重细节末梢。

欲胜人者，必先自胜。夏代的君主启与有扈（hù）氏在甘泽开战没有胜利，六卿请求再战。夏君启说："不可以。我的土地不少，我的百姓不少，但是打不赢，是因为我的德行太浅薄，教化不好。"从此，他坐的时候不铺两张席子，吃的时候不上两种以上的菜肴，琴瑟不设，钟鼓不列，不打扮子女，亲近亲族，尊敬长者，尊重贤良的人，任用能干的人，第二年有扈氏就归降了。所以说，想战胜别人的一定要先战胜自己，想评论别人的先要评论自己，想了解别人的先要了解自己。

治国修身，人心归附。《诗经》说："拿缰绳赶马就像织丝一样。"孔子说："审度清楚这句话就可以治理天下。"子贡说："这么快?"孔子说："不是说快了，是说做的是这件事，成就的是那个结果，圣人用此道理来修养自身，成就的是天下太平鼎盛。"所以，子华子说："形成了丘陵的话，穴居的人就安心。水足够深形成深渊的话，鱼鳖就安心。松柏长成的话，路人就可以停下来乘凉。"孔子拜见鲁哀公，哀公说："有人对我说：'治理国家的人，治理好朝堂上的事就行了。'我认为这是迂阔的说法。"孔子说："这不是迂阔的说法。我听说过：'能得到自身修养的人就可以得到人心，失去自身修养的就失去人心。'不用出门就可以治理天下的人，只要懂得反省自身就行了!"

3. 知人不易

《吕氏春秋·任数》记述孔子与米饭的故事。颜回是孔子的得意弟子，孔子差一点就误会了颜回，由此引发孔子之叹：知人不易。即说了解一个人是很不容易的。寓意对人对事不要轻易作出是非善恶的价值评判，只凭表面现象判断他人优劣往往会出差错。

孔子周游列国，被困在陈、蔡之间，只能吃没有放米的野菜汤，七天没有吃过一粒米了，白天只得睡觉以保存体力。**有一次，弟子颜回去向别人索求米谷，讨到米后就烧火煮饭。米饭快熟的时候，孔子看见颜回用手抓甑（zèng，古代做饭的一种瓦器）里的米饭吃。一会儿，饭煮熟了，颜回进去见孔子并奉上饭食，请孔子吃饭，孔子假装没看见刚才颜回抓饭吃的事情。孔子站起来说："今天我梦见了祖先，你先把食物弄干净，然后用来祭祀祖先。"颜回赶紧回答说："不可以。刚才煮饭时有烟尘掉到甑里，丢掉这些沾染烟尘的食物是不吉利的，所以我就抓起来吃了。"孔子叹息着说："都说眼见为实，但眼见不一定为实；都说应该相信自己的心，但心里揣度的也不一定完全可靠。弟子们记住了，了解一个人本来就是很不容易的。"所以，了解一件事情的真相并不难，孔子认为难的是了解人性。**

《吕氏春秋·序意》说：带着私心去看，就会使眼睛什么也看不见；带着私心去听，就会使耳朵什么也听不见；带着私心去考虑问题，就会使心狂没有准则。眼睛、耳朵和心都为私而施用，严重了就会使思想不能公正。思想不公正，那么福祉就会一天天衰减，灾祸就会一天天兴盛。

为此，《论人》提出了考察识别他人的**“八观六验”**和**“六戚四隐”**方法，在不同的环境中，从各个侧面加以考察识别。

八观：凡是衡量评定一个人，如果他显达，就观察他礼遇的都是什么人；如果他尊贵，就观察他举荐的都是什么人；如果他富有，就观察他赡养的都是什么人；如果他听取建议，就观察他采纳实施的都是什么；如果他闲居在家，就观察他喜好的都是什么；如果他在朝，就观察他说的都是什么；如果他穷困，就观察他不接受的都是什么；如果他贫贱，就观察他不做的都是什么。

六验：让他高兴，借以检验他的节操；让他快乐，借以检验他的邪念；让他发怒，借以检验他的气度；让他恐惧，借以检验他的卓异品行；让他悲哀，借以检验他的仁爱之心；让他困苦，借以检验他的意志。

以上八种观察和六项检验，就是贤明的君主用以衡量评定人的方法。衡量评定人又一定用六戚四隐。

什么叫六戚？即父、母、兄、弟、妻、子六种亲属。什么叫四隐？即朋友、熟人、乡邻、亲信四种亲近的人。

在内凭着六戚四隐，在外凭着八观六验，这样人们的真伪、贪鄙、美恶就能完全知晓、没有遗漏了。这就是先代圣王用以识别人才的方法。

4. 传言必察

战国时期的荀子就曾经说过：**“流丸止于瓯臾（ōu yú），流言止于智者。”**流言传闻早已成为社会生活中有些人的人生百态的一个侧面，时常流布于人间市井。虽然我们都秉承“过耳之言，不可听信”，也确信流言止于智者、谣言止于真相，但“三人为虎”仍迷惑着世人，甚至为流言蜚语所“社死”。

《吕氏春秋·察传》强调对传闻必须加以审察，以判断其是非曲直。以社会生活中的习见现象来论说治国之道，并且认为这是关系到国家生死存亡的大事，所以需要辨明审察。

数传而白为黑。听到传闻是不可以不辨察的，有许多事都是经过人们多次的传言后，把白的说成是黑的，黑的说成白的。所以就有狗的样子像玃（jué），玃的外貌又像猕猴（mí hóu），而猕猴与人类的样子又很相似，但就人和狗来说则相差太远了！这就是愚蠢的人之所以犯下大错的缘故了。

审则霸，不审则亡。听到传闻而去审查辨别其真伪的就带来好处，听到传闻而不去审查的，还不如什么也没听到！齐桓公从鲍叔牙那儿听说了管仲的事迹，楚庄王从沈尹茎那儿听说了孙叔敖的事迹，审查后才重用，所以称霸诸侯。吴王夫差从太宰嚭（pǐ）那里听闻越王勾践的事情，智伯从张武的口中听闻了赵襄子的事情，而不去审辨事情的真相，所以导致国破身亡的下场。

由“夔（kuí）一足”到“一夔而足”。

凡是传言都一定要多次讨论研究其真伪，对于一个人来说也必须合理地验证他。鲁哀公问孔子说：“据说舜的乐正夔有一只脚，可以相信这件事吗?”孔子说：“以前舜想把音乐传教给天下，就命令重黎把夔从草莽（mǎng）乡间中举荐出来，舜让夔来担任乐正。夔于是就正定六律，和谐五声，使六律五声和八面的民谣相互协调相通，因而天下都归服。重黎又想再多物色些像夔这样的人才，舜说：‘音乐，是天地间的精华，是事物可得可失的调节者，所以也只有圣人才有可能做到使音乐和谐。和谐，是音乐的根本，夔能将音乐和谐起来，使天下和平。像夔这样的人，有一个就足够了!’所以才会说，一个夔足够，不是说夔只有一只脚。”

穿井得人，以讹（é）传讹。宋国的丁氏，因为家里没有井，常常需要有一个人外出打水。等到他家挖了井的时候，他告诉别人说：“我挖井得到一个人。”有听到的人传言说：“丁氏在挖井的时候挖到了一个人。”流言传开后，被宋国国君听到了。宋君派人去询问丁氏，丁氏回答说：“我是说得到了一个人的劳动力，而不是从井中挖到一个人。”如果寻访贤能的人也像这样不加审查就信以为真，还不如什么都没有听到。

从己亥涉河到三家涉河。孔子的弟子子夏去晋国，途中路过卫国。有一个读了史书的人说：“晋师‘三豕’

过河。”子夏说：“不是，是‘己亥’!”这是因为“己”与“三”字形相近，“豕”与“亥”相似。子夏到了晋国再问当地的人，就听说“晋师在己亥年的时候过河”了。言辞有很多似是而非，似非而是的。这是非的分辨，不可不分辨清楚，这就是圣人所要谨慎的地方。但是怎样才能谨慎呢？遵循着事物的规律和人的情理，用这种方法来审察所听到的传闻，才可以辨察真伪，分清是非，得到真实的情况。

传言必察，切不可轻信流言，盲目随从，人云亦云。打出一口水井后，可以得到一个人的人力，不用再派人去外面的井里打水；外人却理解错了意思，以为是“穿井得到一个活人”，到处传谣言。谣言往往失实，只有细心观察、研究，以理去衡量，才能获得真正的答案，否则就会闹出以讹传讹、三人成虎的笑话，使事情的真相被传得面目全非。

三豕涉河、鲁鱼亥豕这两个成语即来自《察传》，指文字讹误或传闻失实。

穿井得人图

5. 贪小失大

“贪小失大”指因贪图小便宜而失掉更大的利益。《吕氏春秋》有《权勋（xūn）》篇，权勋即衡量事功的大小，认为利不可两得，忠不可兼备，小忠小利妨害大忠大利。所以说小利，是大利的祸害；小忠，是大忠的祸害。即常言所说，捡了芝麻丢了西瓜。圣人抛弃小的，选取大的。

“小忠，大忠之贼。”从前荆龚（jīng gōng）王与晋厉公在鄢（yān）陵作战，楚军失败了，龚王受了伤。当初，战斗即将开始的时候，司马子反口渴了找水喝，童仆阳谷拿着黍（shǔ）子酿的酒送给他。司马子反接过来喝了下去。司马子反为人酷爱喝酒，他觉得酒味甜美，喝起来口不能自止，因此喝醉了。战斗停下来以后，荆龚王想重新作战要商讨对策。派人去叫司马子反，司马子反借口心痛没有去。龚王乘车前去看望他，进入军帐中，闻到酒味就回去了。荆龚王说：“今天的战斗，能依靠的就是司马了。可是司马又醉成这样，他这是忘记了楚国的社稷，不担忧我们大家啊。”于是收兵离去，并斩杀司马子反，将他暴尸示众。童仆阳谷献上酒，不是借此把子反灌醉，他心里认为这是忠心，却恰好害了子反。所以说：小忠，是大忠的祸害。

“小利，大利之残。”从前，晋献公派荀息用垂棘（jí）产的美玉和屈邑（yì）产的良马作为礼物贿赂虞（yú）公，来向虞国借路去攻打虢（guó）国。虞公贪图宝玉和骏马，想要答应荀息。宫之奇劝谏说：“不可以答应啊。古人有句话说：‘嘴唇没有了，牙齿就会感到寒冷。’虢国不被灭亡，靠的是有虞国；虞国不被灭亡，靠的是有虢国啊。如果借路给晋国，那么虢国早晨灭亡，虞国晚上也就会跟着灭亡了。怎么能借路给晋国呢？”虞公不听，把路借给了晋国。荀息带兵攻打虢国，战胜了虢国。返回的时候攻打虞国，又战胜了虞国。荀息拿着玉璧牵着骏马回来向晋献公禀（bǐng）报。晋献公高兴地说：“玉璧还是原来的样子，只是马的牙齿稍微长了一点。”所以说：小利，是大利的祸害。

忠贞不用，迎钟而亡。中山诸国有个厹繇（qiú yóu）国，智伯想攻占它，却苦于没有带兵进攻的道路。就给厹繇国铸造了一个大钟，用两辆并排的车装载着大钟送给他们的国君。厹繇的国君就想削平高地填平溪谷来迎接大钟。赤章蔓枝劝谏说：“智伯为人贪婪而且不守信用，一定是他想攻打我们，但是没有进军的道路，所以铸造了大钟，用两辆并排的车装载着来送给您。您于是削平高地填平溪谷来迎接大钟，如果这样智伯的军队必定跟随着到来。”厹繇国君不听，过了一会儿，赤章蔓枝再次劝谏。厹繇国君说：“大国跟我们交好，你却拒绝人家，这不吉祥，你不要再说了。”赤章蔓枝说：“做臣子的对国君不忠诚坚贞，是罪过；忠诚而坚贞却不被采纳，脱身远离国君就可以了。”于是，他砍掉车轴两端就走了，表示与厹繇国君断绝关系，到了卫国七天，公豯国就灭亡了。

贪小利而失大利，国破君亡。昌国君乐毅率领五国的军队来攻打齐国。齐国派触子为将，在济水边迎击各诸侯国的军队。齐王想开战，派人到触子那里去，羞辱并且斥责他说："不开战，我一定灭掉你的族类，挖掉你的祖坟!"触子感到很痛苦，想让齐军战败，于是跟各诸侯国的军队开战。双方刚一交战，触子就鸣金要齐军撤退。齐军败逃，诸侯军追击齐军。触子趁机凭靠一辆兵车离开了，没有人知道他去了哪里，也听不到他的音讯。齐军另一位将领达子又率领残兵驻扎在秦周这个地方，没有东西赏赐士卒，就派人向齐王请求金钱，齐王非常生气地说："你们这些残存下来愚弱无能的家伙，怎么能给你们金钱?"齐军与燕国人交战，被打得大败，达子战死了，齐王逃到了莒（jǔ）。燕国人追赶败逃的齐兵进入齐国国都，你争我夺抢了很多金钱。这是贪图小利因而丧失了大利啊!

6. 生木造屋

办什么事都必须遵循客观规律。不顾一切地按照自己的主观意志蛮干，那就有很大概率会失败。应谦虚听取他人意见，不能自以为是。

《吕氏春秋·别类》记载，高阳应打算建造房舍，木匠答复说："现在还不行。木料还湿，上面再加上泥，一定会被压弯。用湿木料盖房子，现时虽然很好，以后一定要倒坍（tān）。"高阳应说："照你所说，房子恰恰不会倒坍。木料越干就会越结实有力，泥越干就会越轻，用越来越结实的东西承担越来越轻的东西，肯定不会倒坍。”木匠无言以对，只好奉命而行。房子刚落成时很好，后来果然倒坍了。高阳应是喜在小处明察，却不懂得大道理啊！其实就是不尊重事物发展的客观规律和实践经验，自以为是的结果必然遭到惩罚。

在《吕氏春秋》的作者看来，知道自己有所不知，就可说是高明了。犯错误人的弊病，正在于不知却自以为知。很多事物都是好像如此其实并不如此，很多人也是似乎很聪明其实并不聪明，所以国家被灭亡、百姓被杀戮的事情才接连不断地发生。药草有莘（xīn）有藟（lěi），单独服用会致死，合在一起服用却会益寿。蝎子和紫堇（jìn）都是毒药，配在一起反倒毒不死人。漆是流体，水也是流体，漆与水相遇却会凝固，越是潮湿就干得越快。铜很柔软，锡也很柔软，二者熔合起来却会变硬，而用火焚烧又会变成流体。有的东西弄湿反倒变得干燥，有的东西焚烧反倒变成流体，物类本来就不是固定不变的，怎么能够推知呢？

小的方形跟大的方形是同类的，小马跟大马是同类的，小聪明跟大聪明却不是同类的。鲁国有个叫公孙绰（chuò）的人，告诉别人说：“我能使死人复活。”别人问他是什么缘故，他回答说：“我本来就能治疗偏瘫，现在我把治疗偏瘫的药加倍，就可以使死人复活了。”公孙绰并不懂得，有的事物本来就只能在小处起作用却不能在大处起作用，只能对局部起作用却不能对全局起作用。

相剑的人说："白色是表示剑坚硬的，黄色是表示剑柔韧的，黄白相杂，就表示既坚硬又柔韧，就是好剑。"反驳的人说："白色是表示剑不柔韧的，黄色是表示剑不坚硬的，黄白相杂，就表示既不坚硬又不柔韧。而且柔韧就会卷刃，坚硬就会折断，剑既易折又卷刃，怎么能算利剑?"剑的实质没有变化，而有的认为好，有的认为不好，这是人为的议论造成的。所以，如果能凭耳聪目明来听取议论，那么胡乱议论的人就得住口；不能凭耳聪目明听取议论，就会连议论的人是尧是桀也分辨不清了。这正是忠臣对君主感到忧虑的地方，也是贤人被废弃不用的原因。符合道义的事，小做就得小福，大做就得大福。灾祸则不是这样，稍有灾祸也不如没有好。射靶子的人希望射中的目标越小越好，射野兽的人则希望射中的野兽越大越好。事物本来就不是固定不变的，认知事物，推知结果，必须依据事物各自不同的客观实际与自身的发展规律，不可自以为高明盲目而为。

如同骥（jì）、骜（ào）、绿耳等良马背朝太阳向西奔跑，到了傍晚，太阳仍在它们的前方。眼睛本来就有看不到的东西，智慧本来就有弄不明白的道理，道术本来就有解释不了的地方。人们不知道一些事物的所以然，但它们确实就是这样。圣人就顺应自然创制制度，不在一时不懂的地方主观判断。

7. 染于苍则苍

环境对人的思想行为有影响至深至大，并说明国亦有染，学亦有染。《当染》采摭于《墨子·所染》。

墨子曾看到染素丝的而叹息说："放入青色染料，素丝就变成青色；放入黄色染料，素丝就变成黄色。染料变了，素丝的颜色也随着变化，染五次就会变出五种颜色了。"所以，染色不可不慎重啊。

不仅染丝是这样，国家也有类似于染丝的情形。舜受到许由、伯阳的熏陶，禹受到皋陶、伯益的熏陶，商汤受到伊尹、仲虺（huǐ）的熏陶，周武王受到太公望、周公旦的熏陶。这四位帝王，因为所受的熏陶合宜得当，所以能够统治天下，立为天子，功名盖天下。举凡天下仁义、显达之人，一定都推举这四位帝王。夏桀受到干辛、岐踵戎（qí zhǒng róng）的熏染，殷纣受到崇（chóng）侯、恶来的熏染，周厉王受到虢公长父、荣夷终的熏染，周幽王受到虢公鼓、祭公敦的熏染。这四位君王，因为所受的熏染不得当，结果国破身死，被天下人耻笑。举凡天下不义、蒙受耻辱之人，一定都举这四位君王。齐桓公受到管仲、鲍叔牙的熏陶，晋文公受到咎（jiù）犯、卜偃的熏陶，楚庄王受到孙叔敖、沈尹茎的熏陶，吴王阖闾受到伍员（yún）、文之仪的熏陶，越王勾践受到范蠡（lǐ）、文种的熏陶。这五位君主，因为所受的熏陶合宜得当，所以称雄诸侯，功业盛名流传到后代。范吉射受到张柳朔、王生的熏染，中行寅（yín）受到黄藉秦、高强的熏染，吴王夫差受到王孙雒（luò）、太宰嚭（pǐ）的熏染，智伯瑶受到智国、张武的熏染，中山尚受到魏义、椻（yàn）长的熏染，宋康王受到唐鞅、田不禋（yīn）的熏染。这六位君主，因为所受的熏染不得当，结果国家都破灭了，他们自身有的被杀，有的受辱，亲庙毁灭不能再享受祭祀，子孙断绝，君臣离散，人民流亡。举凡天下贪婪残暴、蒙受耻辱之人，一定都举这六位君主。

大凡做君主的，不是为的做君主的从而获得显荣，也不是为的做君主的从而获得安适，做君主的为的是实施大道。大道的实施产生于感染合宜得当。所以古代善于做君主的把精力花费在选贤任能上，而对于官署政事则采取安然置之的态度，这是掌握了做君主的正确方法。不善于做君主的，伤身劳神，心中愁苦，耳目劳累，而国家却越来越危险，自身却蒙受越来越多的耻辱，这是由于不知道做君主的关键所在的缘故。不知道做君主的关键，所受的感染就不会得当。所受的感染不得当，大道从何而至？以上六位君主就是这样。以上六位君主不是不看重自己的国家，也不是不爱惜自己，而是由于他们所受的感染不得当啊。所受的感染适当与否关系到生死存亡，不但诸侯如此，帝王也是这样。

不仅国家有受染的情形，士也是这样。孔子向老聃（dān）、孟苏、夔（kuí）靖叔学习。鲁惠公派宰让向天子请示郊祭、庙祭的礼仪，平王派名叫角的史官前往，惠公把他留了下来，他的后代在鲁国，墨子向他的后代学习。孔子、墨子这两位贤士，没有爵位来使别人显赫，没有赏赐俸禄来给别人带来好处，但是，列举天下显赫荣耀之人，一定都称举这二位贤士。这二位贤士都死了很久了，可是追随他们的人更多了，他们的弟子越来越多，遍布天下。王公贵族因而宣扬他们。有爱子弟的，让他们的子弟跟随孔墨的门徒学习，没有一时中断过。子贡、子夏、曾子向孔子学习，田子方向子贡学习，段干木向子夏学习，吴起向曾子学习，禽滑（gǔ）厘向墨子学习，许犯向禽滑厘学习，田系向许犯学习。孔墨后学在天下显贵尊荣的太多了，数也数不尽，这都是由于熏陶他们的人得当啊。

布料如此，人亦如此。正所谓“近朱者赤，近墨者黑”，也因此有“孟母三迁”的故事为人所乐道。谚语云：跟着好人学好人，跟着狐狸学妖精。

孔子更是强调“与善人居”对人的道德修养的必要性。孔子说：“居必择邻，游必就士”。《孔子家语·六本》记载孔子曰：“吾死之后，则商也日益，赐也日损。”曾子曰：“何谓也?”子曰：“商也好与贤己者处，赐也好说不若己者。不知其子，视其父；不知其人，视其友。不知其君，视其所使；不知其地，视其草木。故曰，与善人居，如入芝兰之室，久而不闻其香，即与之化矣。与不善人居，如入鲍鱼之肆，久而不闻其臭，亦与之化矣。丹之所藏者赤，漆之所藏者黑。是以君子必慎其所与处者焉。”

七、掩耳盗铃，疑邻窃斧：启人心智的认知警示

掩耳盗铃和疑邻窃斧这两个寓言故事，脍炙人口，为人熟知，意味深长，至今仍给人以警示。

1. 掩耳盗铃

掩耳盗铃由掩耳盗钟演变而来，是说捂上耳朵偷钟，比喻自己欺骗自己。《吕氏春秋·自知》中记述说，春秋时期晋国贵族范氏被灭，有人趁机跑到范氏家中偷东西，看到一口精美的大钟，就想背起大钟赶紧跑。可是钟太大，没法背走，于是就想把钟打碎弄走。便用锤子一敲，结果大钟轰然作响。他担心别人听到钟声而前来争夺，便急忙把自己的耳朵捂起来，继续砸钟。

《吕氏春秋》的作者随后评论说：不愿让别人听到钟声是可以理解的，不愿让自己听到就太糊涂了。一国之主如果不愿意听到自己的过失，岂不是和这种情况是一样的吗？不愿让人听到自己的过失倒可以理解，不愿意让自己听到自己的过失那就是糊涂透顶了。

闭目塞听，自欺欺人，最终是自取其辱，自食其果。钟的响声是客观存在的，不管你是否捂住耳朵，它都是要响的。凡是要客观存在的东西，它不会依人的主

观意志而改变。

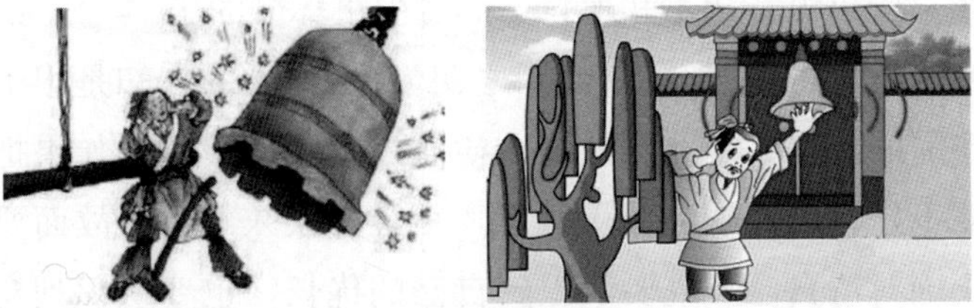

掩耳盗铃图

其实，《吕氏春秋》以此寓言故事规劝执政者，要听进直言，要有自知之明，否则与掩耳盗铃没有什么区别。正如《自知》篇所言：“败莫大于不自知。”要想自知，就需要依靠正直之士。正如要知道平直，一定要依靠水准墨线；要知道方圆，一定要依靠圆规矩尺；君主要想了解自己的过失，一定要依靠正直之士。所以天子设立辅弼（bì）、师保，都是用来检举天子过失的。人本来就不能真正认识自己的过失，天子尤为严重。国存身安不用到外部寻求，关键在于知道自己的过失。尧有供想进谏之人敲击的鼓，舜有供书写批评意见的木柱，汤有主管纠正过失的官吏，武王有供告诫君主之人所使用的摇鼓。即使这样，他们仍担心不能了解自己的过失。而当今列国的君主，贤能并比不上尧舜汤武，却采取掩蔽视听的做法，这还靠什么知道自己的过失？楚成王、齐庄公因为不自知其过失而被辱杀，吴王、智伯因为不自知其过失而败亡，宋、中山因为不自知其过失而灭国，晋惠公、赵括因为不自知其过失而被俘，钻荼

(tú)、庞涓(juān)、太子申因为不自知其过失而兵败身死。所以没有比不知道自己的过失更坏事的了。

常言道:"人贵有自知之明。"是说人的自知是很不容易的。在人心浮躁与物欲横流的人际环境中,如果把握不好自己,缺乏自律意识,很容易误入歧途。故而要正确对待自己,既要认识到自己的优长,也要认识到自己的缺短,扬长避短,才能有所成就。

2. 疑邻窃斧

疑邻窃斧是《吕氏春秋·去尤》采撷于《列子·说符》中的一则寓言,寓意情感的变化对理性的判断有着重要作用。强调处理事情,考虑问题,判断是非,应该实事求是,尊重客观的事实。破除认识客观真理过程中的主观成见或先入为主的障碍,从实际出发分析问题处理问题。当人以成见去观察世界时,必然歪曲客观事物的原貌。俗话说的"不要戴着有色眼镜看人",指的就是这种情形。只有摒(bìn)除偏见,才不会被主观成见所蒙蔽。

《吕氏春秋·去尤》记载:有个人丢了一把斧子,他怀疑是邻居的儿子偷去了。当看到邻居的儿子后,看他走路的样子像是偷斧子的,看他的脸色表情像是偷斧子的,听他的说话像是偷斧子的,看他的举止神态无一不像是偷斧子的。后来,这个人在山谷挖地时,找到了丢失的那把斧子。过了几天,又遇见邻居的儿子,留心观察,举止神态,没有一点像是偷斧子的人。

疑邻窃斧图

疑神疑鬼，相由心生。心之偏见与蒙蔽，从而造成了对人际与事物的认知障碍。故而《吕氏春秋》强调要“去尤”，所谓去尤，就是抛却偏见。因为世上凭着听闻下结论的人，往往有所偏见。有了偏见，心智就会被蒙蔽，那么凭听闻下的结论必定是谬误的。受偏见的原因很多，其关键在于人的喜好和憎恶。朝东望的人，看不到西面的城墙；朝南看的人，望不见北方的东西。这是因为心意专于一方，即心意偏向一方，背对的一方就自然看不到。

《吕氏春秋》强调去囿，不为物所遮蔽，方能看得深远。并举例说，秦惠王之所以不再信任墨者谢子，是由于听信了同为墨者的唐姑果的谗言；楚威王不再向沈尹华学习书法，是由于听信了昭釐的“国人皆曰：王乃沈尹华之弟子”的中伤。

《吕氏春秋》举例说明心有偏见而致以丑为美的私心偏爱故事。鲁国有个相貌很丑陋的人，他的父亲外出见到很貌美漂亮的商咄（duō），回来以后告诉他的邻居说：“商咄还不如我儿子美呢。”然而真实的情况是他儿子非常丑陋，商咄非常漂亮。他却认为最漂亮的不如最丑陋的，这是由于私爱而产生的偏见。至今耳熟能详的东施效颦（pín）、邹忌与徐公比美这类的历史故事代不乏有，这与我们日常生活中经常听到看到的“孩子是自己的好”是一样的，私爱而致的偏见，古今无别。所以，知道了漂亮可以被认为是丑陋，丑陋可以被认为是漂亮，然后就能知道什么是漂亮，什么是丑陋了。《庄子》说：“用纺锤作赌注的内心坦然，用带钩作赌注的心里发慌，用黄金作赌注的心神迷乱。他们的赌技是一样的，之所以感到心神迷乱，必然是因为对外物有所看重。对外物有看重，就会对它亲切，因而就会心绪不宁。”那个鲁国人可以说是对外物看得太过重了。这道理从齐人攫（jué）金与秦国的墨者相妒两个故事也能体悟出来，这些都是偏见惹的祸。

3. 齐人攫金

齐人攫（夺取）金，也称齐人偷金，是《吕氏春秋》采摭的一则寓言故事，源自《列子·说符》，用来讽刺那些利令智昏、利欲熏心而不顾一切的人。

《吕氏春秋·去宥》记载，齐国有个想得到金子的人，早晨起来，穿好衣服，来到卖金子的地方，看见有个人手里拿着金子，乘机抢夺过来就跑。仆役与之搏斗，逮住并把他五花大绑起来，审问他说：“为何在大庭广众、众目睽（kuí）睽之下抢人金子?”他回答说：“根本就没看见人，只看见了金子。”这真是金迷心窍，

齐人攫金图

眼里只有金子。《吕氏春秋》评论说，人一旦被蒙蔽，就以昼为夜，以白为黑，以尧为桀。蒙蔽带来的危害实在太大了。亡国的君主，大概都是有所蒙蔽。所以人们一定要去掉主观偏见后才能变得聪智，摒除主观偏见才能保全自身。

八、《吕氏春秋》与诸子百家

宋人高似孙《子略》评价《吕氏春秋》说：“采精录异，成一家言。”《吕氏春秋·用众》说，任何事物本来就是各有所长，各有所短。万物之灵的人，也是如此。因此，善于学习的人，都是学习吸取他人之长以补其短，所以只有善于吸取众人长处的人才能拥有天下。

如同天下无粹白之狐而有粹白之裘一样，是在以取之众白而成一白裘也。

据学者王启才考证，《吕氏春秋》所引典籍范围很广，直接提到书名的，就多达 18 种，计有《尚书》《诗经》《周易》《春秋左氏传》《孝经》《国语》《战国策》《论语》《老子》《庄子》《墨子》《管子》《晏子》《子华子》《黄帝》《后稷》《曾子》《山海经》；征引而没有说明者则更多，约有 40 种。

《吕氏春秋·不二》品评诸子，直接指出其各自的长处与特点：“老聃贵柔，孔子贵仁，墨翟贵廉，关尹贵清，列子贵虚，陈骈贵齐，阳生贵己，孙膑贵势，王廖（liáo）贵先，倪（ní）良贵后。”贵者，崇尚也。并认为此十人，皆天下之豪士。《吕氏春秋》对先秦诸子的思想进行了总结性的批判，不同的思想应当统一起来，因为“一则治，异则乱；一则安，异则危”。思想统一后，才能“齐万不同，愚智工拙皆尽力竭能，如出一穴”。统一的过程，是批判吸收的过程，是扬弃的过程。

战国至秦汉思想界，兴起了学术思想统合的思潮，认为诸子百家学说各有所长、各有所短，试图平等地将各家学说之所长统合起来，而不是以某一家为宗去统合或者排斥其他各家学说主张。《庄子·天下》说战国时期诸子犹如“百家众技”，“皆有所长，时有所用”，然而却不完备不全面，皆“一曲之士也”。当然，这里所指的一曲之士，不是说仅会一首歌曲的人，而是比喻只精通一种技艺的人。由此可知，当时的诸子百家是从各自的视域各自的学说去认识社会，不同程度地适应社会需要，而非脱离现实社会。

对社会现实的热切关注是诸子百家的共识。司马谈《论六家之要旨》开宗明义，引用《周易·系辞传下》孔子之言："天下同归而殊途，一致而百虑。"在孔子看来，天下人追求相同，而具体谋虑却多种多样；达到的目的相同，而采取的途径却不一样。如此而已，有何足以困扰忧虑的呢？不论是百虑一致，还是殊途同归，都形象地说明了诸子百家由争鸣而至融合的趋向。至于这个共同的趋向是什么，司马谈也给出了回答。他说："夫阴阳、儒、墨、名、法、道德，此务为治者也，直所从言之异路，有省不省耳。"阴阳家、儒家、墨家、名家、法家和道家等诸子百家所做的都是致力于如何达到太平治世的，只是他们所遵循依从的学说不是一个路子，有的显明，有的不显明罢了。"务为治"是诸子百家的共同趋向和理想目标，而杂家更进一步以王治为主旨，兼采诸子百家学说，形成兼容并包的国家治理思想体系即治道思想。**只要是能够实现王治的理论学说都可以兼收并蓄，这正是杂家的眼界和胸襟。**

1.《吕氏春秋》与儒家

韩非子曾称儒墨是"显学"，但对儒家与墨家的批评却很尖锐。《韩非之·五蠹》说："儒以文乱法，侠以武犯禁，而人主兼礼之，此所以乱也。"荀子入秦，秦昭王对荀子说："儒无益于人之国。"以至于秦始皇更是焚书坑儒。可见儒家学说不被尊崇法家的秦国所认同和采纳。而《吕氏春秋》对儒家学说则多有采撷，以至于有的学者认为它的主导思想是儒家的。这说明《吕氏春秋》并不是承继秦国的法治传统，而是把儒家作为诸子百家之一家兼容采撷，成为其治道思想的有机组成部分。

李泽厚在《中国古代思想史论·秦汉思想简议》中论述说：《吕氏春秋》之所以被称为新儒家，即在法家实际政治的长久实践的基础上，在新的社会基础和政治结构的需要和要求上，对儒家血缘氏族体制和观念的保留与改造。这个新儒家的根基，无论从实践上或理论上，都已大不同于原始儒家，它是在讲求功利效用的法家政治实践的基础上，尽量吸收改造各家学说后的一种新创造。儒家在这个新创造中占了优势和主导，是因为比较其他各家，儒家与中国古老的经济社会传统有更深的现实联系，它不是一时崛起的纯理论主张或玄虚空想，而是以具有极为久远的氏族血缘的宗法制度为其深厚根基，从而能在以家庭小生产农业为经济本位的社会中始终保持现实的力量和传统的有效性。即使进入后期奴隶制帝国，也仍然需要它来维系社会。儒家强调"孝悌"是立国之本，强调作为社会等级的伦常秩序的重要性，总是非常现实地有用和有效的。足见儒家成为各思潮、学派合流中的主导，有其实在的社会历史的基础。《吕氏春秋》有意识地搞这个合流统一，雄心勃勃、代周而兴、为建立统一和稳定的中国新王朝作理论建树，它只采儒家学说为主干，并非个人志趣的偶然。

当然，《吕氏春秋》尊崇孔子，采撷儒家思想，并不是照搬孔子儒家思想，而是从属于其治道方略。比如《吕氏春秋》多次谈到仁，《爱类》篇就说：爱他物不爱人，不能算是仁；不爱物只爱人，仍然算是仁。所谓仁，就是爱自己的同类。所以仁爱的人，只要是对于民众有利的事，就没有什么不去做的。它对仁的认识，与儒家关于仁的内涵还是有差异的。

《吕氏春秋·有度》说，孔子、墨子的弟子门徒遍布天下，他们都用仁义之道教导天下的人，但是他们的主张却推行不下去。教导他们的孔子、墨子尚且不能使自己的主张得到推行，又何况是这些被教导的弟子？这是什么缘故呢？因为仁义之道是外在的。用外在的仁义来克服内在的私心，平民百姓尚且做不到，又何况君主！只要通晓生命的本性，仁义之道自然而然的就得到推行了。并进一步说，先王之所以把天下万物治理得好，关键在于他们坚守根本之道。而使人不能执守根本之道的原因，在于外物的诱惑扰乱。所以说要弄通思想上的惑乱，解开心智上的纠结，去掉德行上的拖累，打通大道上的阻塞。高贵、富有、显荣、威严、声名、财利，这六种东西是惑乱思想的。容貌、举止、神情、辞理、意气、情意，这六种东西是纠缠心智的。嫌恶、爱恋、欣喜、愤怒、悲伤、欢乐，这六种东西是拖累德行的。智慧、才能、背离、趋就、择取、舍弃，这六种东西是阻塞道义的。如果这四类各六种的东西不在心中扰动，那么思想就纯正了。纯正就会平静，平静就会清净明彻，清净明彻就会虚无，做到虚无就会无所不为了。

在这里，《吕氏春秋》将儒家与道家融会为一体，统一到它的治道思想体系之中了。

孔子说：“六艺对于治国的作用是一致的。《礼》用来节制人们的行为，《乐》用来启发和谐的感情，《书》用来叙述史事，《诗》用来表达情思，《易》用来演绎神妙的变化，《春秋》用来阐发微言大义。”《吕氏春秋》也采集传承了其中相关思想资料。

汪中《述学·吕氏春秋叙》云：“周官失其职，而诸子之学以兴，各择一术以明其学，莫不持之有故，言之成理。及比而同之，则仁之与义，敬之与和，犹水火之相反也。最后《吕氏春秋》出，则诸子之说兼有之。故《劝学》、《尊师》、《诬徒》（一作《诋（dǐ）役》）、《善学》（一作《用众》）四篇，皆教学之方，与《学记》表里。《大乐》《侈乐》《适音》《古乐》《音律》《音初》《制乐》皆论乐。《艺文志》言：‘刘向校书，别得《乐记》二十三篇。’今《乐记》有其一篇，而其他篇名载在《别录》者，惟见于《正义》所引。按本书《适音篇》，《乐记》载之。疑刘向所得，亦有采及诸子，同于河间献王者。凡此诸篇，则《六艺》之遗文也。”

2.《吕氏春秋》与墨家

墨翟是墨家的创始人，尊称墨子。《墨子》一书是墨家的代表之作，保存了墨子及其后学的思想学说。

墨子的思想学说，主要体现在他提出的十大主张：兼爱、非攻、尚贤、尚同、节用、节葬、天志、明鬼、非乐、非命。而以兼爱为核心。墨家的科学思想在先秦诸子百家中独树一帜，诸如在几何学、力学、光学等方面，就取得了突出成就，闪耀古今，墨子也因此被称为“科圣”。

墨家在先秦时期影响很大，与儒家并列“显学”。所谓显学，指显赫一时、盛行于世而且影响较大的学说与学派。《韩非子·显学》说：“世之显学，儒墨也。儒之所至，孔丘也；墨之所至，墨翟也。”韩非子将儒家与墨家并列为显学，可见墨家在当时隆盛蔚然。清人卢文弨（chāo）则认为《吕氏春秋》“大约宗墨氏之学，而缘饰以儒术”。

《孟子·滕文公下》说：杨朱宣扬一切为自己，这是心中没有君王；墨翟宣扬对任何人都要一样地爱，这是心中没有父母。心中无父无君，就如同是禽兽。即便是曾怒斥墨家学说大悖人伦的孟子，也不得不承认墨家的显赫炽烈。他说：如今圣王不出现，诸侯放纵恣肆，隐居不仕的人横发议论，杨朱、墨翟的言论充盈天下。

天下的言论，不是归向杨朱一派，就是归向墨翟一派。为此，孟子很是忧惧不安，决心捍卫古代圣人的思想，批驳杨朱、墨翟的学说，痛斥荒诞的言论，让邪说不得产生。认为只要杨朱、墨翟的学说销声匿迹了，孔子的学说才能发扬光大，百姓才不会被邪说蒙骗，仁义之道方能畅通无阻。墨家影响之大，为孟子所忌惮。

秦惠文王时，墨家巨子腹䵍（tūn）是他的“先生”，墨者唐姑果是他的亲信，此外还有墨者田鸠、谢子等。《吕氏春秋·去私》就记载腹䵍之言，说墨家的法律规定：“杀人者死，伤人者刑。”即便他的儿子杀了人，也不能以私害公，照样要以墨家之法来处置。可见为什么在具有法治传统的秦国，墨家仍然有它的市场。

墨家反对儒家的社会等级观念，它提出“兼相爱，交相利”的主张；反对当时的兼并战争，提出非攻的主张。认为社会动乱的原因在于人与人之间不能互爱互利，因而主张兼爱，并不遗余力地到处奔走呼号。但是，战国后期，兼并统一已是大势所趋，墨家的理想显然与之不协调同步。

《吕氏春秋》对墨家的非攻、非乐、天志、明鬼等主张基本加以批评与摒弃，但对尚贤、兼爱之说，还是有所吸收的。《爱类》篇说：“贤人之不远海内之路而时往来于王公之朝，非以要利也，以民为务故也。”“仁人之于民也，可以便之，无不行也。”《精通》篇强调圣人“以爱利民为心”。《节葬》篇采录吸收并改造了墨子

"薄葬短丧"的思想，认为今之世俗，大乱之主，愈侈其葬，则生者以相矜尚也。侈靡者以为荣，俭节者以为陋，此非慈亲孝子之心也。《吕氏春秋·当染》采摭了《墨子·所染》，强调环境对人的影响。

《吕氏春秋》兼采儒墨，不但有思想学说的兼采，而且表现在同一篇文章中儒墨共存，诸如《尊师》《不侵》《当染》《谕大》《顺说》《贵因》《高义》《博志》等篇，都表现出儒墨对举的情形，体现了墨家对《吕氏春秋》的影响。

3.《吕氏春秋》与名家

战国后期的名辩思潮，是统一大势的反映，是为统一而名辩。名辩虽不为名家所独倡，但是《吕氏春秋》屡次称引名家代表惠施、公孙龙等，诸如《应言》《淫辞》《不屈》《开春》《爱类》等篇，无不揭橥（zhū）名家在《吕氏春秋》中的身影。

此外，《吕氏春秋》之《任数》《知度》《审应》《淫辞》诸篇关于循名责实、按实定名，《圜（yuán）道》等篇的君臣定分，《正名》《审分》《慎势》等篇的审分正名，《别类》《长见》《察传》等篇的察古推知、不任私智，皆有对名家思想学说的吸收与融合。

《吕氏春秋》为建立统一国家的需要，非常重视"正名"问题，强调新形势下的名实相符，讥讽抨击名不符实的各种怪异乱象。

《吕氏春秋·正名》说：名分正当国家就治理得好，

名分不正国家就混乱。使名分不正的是浮夸失实的言辞。言辞浮夸失实就会把不可以说成可以，把不是这样说成是这样，把不对说成对，把不错说成错，总之就是歪曲事实，混淆是非，颠倒黑白。所以君子的言辞，足以说明贤人的贤明、不肖之人的不肖就可以了；足以讲明治世之所以兴盛、乱世由何引起的就行了；足以令人知晓事物的真相、人之所以能生存的原因就行了。

凡是国家混乱不堪，百弊丛生，都是由于名实不符造成的。君主即便不贤明，也还是知道应该任用贤人，还是知道应该听从善言，还是知道什么是可以做的和什么是不可以做的。他们最大的弊病就在于他们所认为的贤人其实是不肖之人，他们所认为的善言其实是邪僻（xié pì）之言，他们所认为的可行之事其实是悖逆之事。这就是所说的形名异实、名实不符。把不肖当成贤能，把邪僻当成善言，把悖逆当成可行，像这样做事，国家不混乱，自身不危殆，还要等到什么时候呢？

并举例说，齐国的君主齐湣王就是这样。知道喜欢士，却不知道什么人才是真正的士。所以稷下先生尹文问他什么叫士，齐湣王竟然默不作声，无从回答。这就是佞臣公玉丹之所以被信任，虎狼之人卓齿之所以被委以重任的原因。任用卓齿，信任公玉丹，难道不是自己给自己安置仇敌吗？

尹文谒（yè）见齐王，齐王对尹文说；“我非常喜欢士。”尹文说：“我希望听您说说什么样的人叫作士。”

齐王没有话来回答。尹文说："假如有这样一个人，侍奉父母很孝顺，侍奉君主很忠诚，结交朋友很守信用，住在乡里敬爱兄长。有这四种品行的人，可以叫作士吗？"齐王说："这真是所说的士了。"尹文说："您得到这个人，肯用他做臣子吗？"齐王说："这是我所希望的，但却不能得到。"尹文说："假如这个人在大庭广众之中受到莫大侮辱却不争斗，您还将让他做臣子吗？"齐王说："不会。士受到侮辱却不争斗，这就是耻辱。甘心受辱，我就不让他做臣子了。"尹文说："这个人虽然受到侮辱而不争斗，但他并没有丧失上述四种品行。没有丧失上述四种品行，这就是说没有丧失一点成为士的条件。没有丧失一点成为士的条件，可是大王您却不让他做臣子，那么您先前所认为的士还是士吗？"齐王不知如何作答。尹文说："假如有这样一个人，将治理他的国家，百姓有错误责备他们，百姓没有错误也责备他们，百姓有罪惩罚他们，百姓没有罪也惩罚他们。这样做，反倒埋怨人民难以治理，可以吗？"齐王说："不可以。"尹文说，"我私下观察您的臣属治理齐国正像这样。"齐王说："假如我治理国家真的像这样，那么百姓即使治理不好，我也不怨恨。或许我还没有到达这个地步吧！"尹文说："我既然这样说就不能没有理由，请允许我说一说理由。您的法令说：'杀人的处死，伤人的受刑。'人民中有的敬畏您的法令，受到莫大侮辱而不敢争斗，这是顾全您的法令啊，可是您却说，'受侮辱而不敢争斗，这是耻辱。’真正叫作耻辱的，不是说的这个。本该作臣子的，您却不让他做臣子，等于是惩罚他。这就是没有罪过而您却惩罚他啊。”齐王无话回答。齐湣王的议论都像这样，所以国家残破，自身危急，逃到谷邑，又到了卫国，最后逃到莒城，被残杀而死。齐国是周朝分封的诸侯之长，太公凭此得以寿终。桓公曾凭此称霸诸侯，这是由于管仲辨察名实非常详明之故。

4.《吕氏春秋》与法家

战国变法运动中，商鞅变法最为彻底，法家思想在秦国打下了坚实的根基。

法家强调富国强兵，而于秦国而言，最为重视的无非就是“耕战”，崇尚法治、推崇暴力，忽视学术文化教育，这从商鞅和韩非在秦国受到的重视程度及他们的思想特征无不明显地表现出来。商鞅认为，“国之所以兴者，农战也”，推行“燔诗书而明法令”的文化政策，他甚至将礼乐、诗书、仁义、孝悌等宣称为国之虱，都是一些有害无益的东西。集法家之大成的韩非，认为法令高于一切，君主最好的治理方法就是赏罚二柄，主张“明主之国，无书简之文，以法为教；无先王之语，以吏为师”，甚至要将为人喜读的《管子》《商君书》《孙子兵法》《吴子兵法》列入无用的禁书，以至于秦王见《孤愤》《五蠹（dù）》之书，兴奋异常：“嗟乎，寡人得见此人与之游，死不恨矣！”

战国末年，荀子来到秦国，在赞扬了秦国民风淳朴与政治清廉的同时，旗帜鲜明地指出秦之所短，殆无儒学，不会长治久安。因为用称王天下者的功绩名声去衡量秦国，实在是相差很远。这是为什么呢？那是他们大概没有儒者吧。

秦国这种崇尚法治的传统与环境，自然会在《吕氏春秋》之中得到体现。但是，《吕氏春秋》并不是一味地迎合秦国的现实政策，单一地奉行严刑峻法，即所谓的“不别亲疏，不殊贵贱，一断于法”。而是将法家的思想学说作为诸子百家之一家来对待，汲取法家思想的精华，融于其治道方略之中。比如法家的因时变法与法术势的思想，就被融入《吕氏春秋》的思想体系里面。

《吕氏春秋·察今》明确强调法的重要性以及变法的必要性。认为治理国家没有法令制度就会混乱，拘泥于古老的法令制度而墨守成规、故步自封，同样不能治理好国家。凡是先王的法令制度，是切合时代的需要。也就是说，任何法令制度，都是时代的产物，都有其时代的局限。古代的法令制度即使现在还保存下来，也不能全盘照搬施用。因此现实需要的不是先王现成的法令制度，而是取法他制定法令制度的根据。先王制定法令制度的根据是什么？先王制定法令制度的根据就是生活于社会的人，而自己也是其中之一员。所以明察自己就可以推知别人，明察现在就可推知古代。古代和现在是相通的，别人和自己也是相通的。明白事理的人，可贵的地方就在于他能够根据近的推知远的，根据现在的推知古代的，根据看到的推知未见到的。

在法家看来，法、术、势是法家的三大法宝。法是指法律和制度，术是指权术和手段，势是指权势和地位。说韩非子集了法家的大成，其实主要的就是集了法、术、势的大成，他把商鞅的法、申不害的术、慎到的势统合在一起，认为法、术、势三者相辅相成，主张兼而用之。《韩非子·难势》篇就说：“抱法处势则治，背法去势则乱。”《说疑》云：“凡术也者，主之所以执也。法也者，官之所以师也。”《定法》曰：“君无术则弊于上，臣无法则乱于下。此不可一无，皆帝王之具也。”君主只要坚守法度、掌握权势就可以治理好天下，背离法度、失去权势天下就会混乱。可见，韩非子确实把法视为治国的法宝，社会的治乱、国家的存亡皆在于法。

《吕氏春秋》也吸收了法家的思想。《义赏》说：“赏罚之柄，此上之所以使也。其所以加者义，则忠信亲爱之道彰。久彰而愈长，民之安之若性，此之谓教成。”掌握赏罚权柄的君主，如果赏罚符合道义，那么忠信亲爱之道就会彰明。彰明长久且不断发扬，就会在人们心中日益固化，如同像出于本性一样，这可以称作教化成功。教化成功，那么即使再有丰厚的奖赏或是严厉的刑罚也不能改变人们的固化理念。《慎势》说：“王也者，势也。王也者，势无敌也。势有敌则王者废矣。”认为所谓的称王，凭借的就是权势，就是你的权势无人与之相抗衡。如果你的权势有人抗衡，你称王就会徒有其名，甚至遭到废弃。治理国家，如果失去驾驭群臣的办法，而要求人们诚信，那是十分糊涂的；如果失去权势，而又期望享有国家，那是危险的，也是不切实际的。

《吕氏春秋》主张统一，为了政治上的统一，思想上也要统一。如果思想不统一，“听群众人议以治国，国危无日矣”。听从众人的议论来治理国家，国家就没有一天不处在危险之中。统一法令是为了统一思想；聪明的人不能用巧诈，庸俗的人不显笨拙，是为了统一众人智慧；勇敢的人不得抢先，胆怯的人不得退后，是为了统一力量。所以“一则治，异则乱；一则安，异则危”。即所谓统一就治理得好，不统一就治理得乱；统一就平安，不统一就危险。

至于如何实现统一，《吕氏春秋》的统一方略中兼采百家思想，既有儒家的主张，也有法家的学说；既主张统一于天子，天下大乱莫大于无天子，又主张“取民之所悦”，失民心而立功名者，未之曾有也；既主张用“义兵”统一，又反对“偃兵”。这里的统一，就是统一到以“王治”为宗旨的治道思想上，也就是杂家思想。

由此可见，《吕氏春秋》所采纳的法家思想，已与其他诸子学说一并融入它的治道方略中，已不是原来意义上的法家思想。

《吕氏春秋》产生于崇尚严刑峻法的国

度，但是它尚法而不偏执于法，而将儒家的德治融于其中，维持了一种富于弹性的张力。秦始皇依靠法家思想统一六国，二世而亡，抑或不是舍弃《吕氏春秋》而偏执于法家之一端的缘故！

5.《吕氏春秋》与道家

《吕氏春秋》与道家的关系历来为人重视，它采摭道家学说，融入其治道思想体系，这是毋庸置疑的。

第一个为《吕氏春秋》做注解的唐代高诱认为“此书所尚，以道德为标的，以无为为纲纪”，似乎是说《吕氏春秋》以道家为主导思想，融合各家学说。而作为《吕氏春秋》序言的《序意》，又有明显的道家思想色彩。

当代更是有学者否定《吕氏春秋》的杂家定位，认为它是秦汉道家、新道家。不管说它是秦汉道家，还是新道家，其实都是指向黄老学派或曰黄老道家。

班固在《汉书·艺文志》中说杂家的基本特征就是“兼儒墨，合名法”，而不提其他诸家或直言兼合诸子百家，应该是有用意的，经过缜密审慎思考的。儒墨名法的经世致用情结体现着杂家的入世精神，与原始道家是不同的。但是，道家在《吕氏春秋》中也确实占有相当重要的地位。正如方诗铭、刘修明在《论〈吕氏春秋〉》中所统计的，《吕氏春秋》有约二十篇是反映道家思想。

著名学者牟钟鉴在综合研究《吕氏春秋》后就认为，从思想渊源上看，对《吕氏春秋》影响较大者首推老子，书中提到老子五次，多次引用《老子》文。诸如《吕氏春秋》的“道”“法天地”“无为”等若干基本思想直接来源于老子。此外，老子的以柔弱胜刚强的辩证法思想，重生轻利、避祸全生的思想，对于《吕氏春秋》都有影响。但是，《吕氏春秋》用老子而不拘守，承其绪又有所创新。它接受了老子尊重自然和客观规律、重视事物发展和矛盾转化的思想，剔除其消极避世、寡欲去知的错误主张，比老子有所前进。牟钟鉴也考察了庄周对《吕氏春秋》的影响，认为《吕氏春秋》所接受的庄学多取自《庄子》外篇与杂篇。比如《贵公》记述管仲病与桓公论托国之臣，来自《庄子·徐无鬼》；《贵生》记述越国王子搜不肯为君与鲁君求颜阖（hé）而不得，来自《庄子·让王》；《论人》提出观人的“八观六验”“六戚四隐”，是继承发展了《庄子·列御寇》的观人“九征”；《当务》有盗跖（zhí）论“盗亦有道”，取自《庄子·胠箧（qū qiè）》等等。并进一步说，在一定意义上，《吕氏春秋》是通过庄子而接受老子的思想，它保留了老庄学派中较为合理的成分。同时，《吕氏春秋》对于庄子及其后学所鼓吹的“至人”“神人”，十分尊崇，作为修养的最高楷模。

此外，《吕氏春秋》对《管子》四篇的精气说有继承也有发展，使得精气说的内容更充实。

6.《吕氏春秋》与阴阳家

《汉书·艺文志》记述阴阳家说：阴阳家这个流派，大概出于古代掌天文的官职。尊崇且顺应上天，注重季节与天象的变化，记录日月星辰的运行，教导人们按照天时行事。这是他们的长处。等到拘泥固执的人实行阴阳家的学说，就禁忌颇多，为禁忌所牵制，迷信鬼神而不努力于人事。这是班固对阴阳家的总体概说。

先秦阴阳家的代表是齐人邹衍，也是著名的稷下先生，因其“尽言天事”，“迂大而闳（hóng）辩”，时人称之“谈天衍”。《汉书》《史记》等史书记载邹衍著有《邹子》《终始》《大圣》《主运》等著作，可惜皆已失传。现在研究了解邹衍的学说，只能靠有关典册记录保存的零散资料。

邹衍的思想学说主要有天论、阴阳五行学说、五德始终说和大九州说。《吕氏春秋》记录并传承了以邹衍为代表的阴阳家思想。陈奇猷认为，吕不韦之指导思想为阴阳家，其书之重点亦是阴阳家学说。《吕氏春秋》虽说是杂家，集各家各派之说而成，但细读全书，很自然地会注意到，阴阳家的学说是全书的重点。牟钟鉴评价说：《吕氏春秋》用阴阳五行的思想搭起一个庞大的理论框架，将季节、生产、政事、祭祀、生活等都放置进去，形成了一个既包括科学成分又笼罩神秘气氛的世界图式。

《吕氏春秋》保存了邹衍的五德终始说。《应同》篇记载说：凡是古代称帝称王的将要兴起，上天必定先向人们显示出征兆来。黄帝的时候，上天先显现出大蚯蚓大蝼蛄（lóu gū）。黄帝说：“这表现土气旺盛。”土气旺盛，所以黄帝时的服色崇尚黄色，做事情取法土的颜色。到夏禹的时候，上天先显现出草木秋冬时节不凋零的景象。夏禹说：“这表明木气旺盛。”木气旺盛，所以夏朝的服色崇尚青色，做事情取法木的颜色。到汤的时候，上天先显现水中出现刀剑的事。商汤说：“这表明金气旺盛。”金气旺盛，所以商朝的服色崇尚白色，做事情取法金的颜色。到周文王的时候，上天先显现由火幻化的红色乌鸦衔着丹书停在周的社庙上。周文王说：“这表明火气旺盛。”火气旺盛，所以周朝的服色崇尚红色，做事情取法火的颜色。代替火的必将是水，上天将

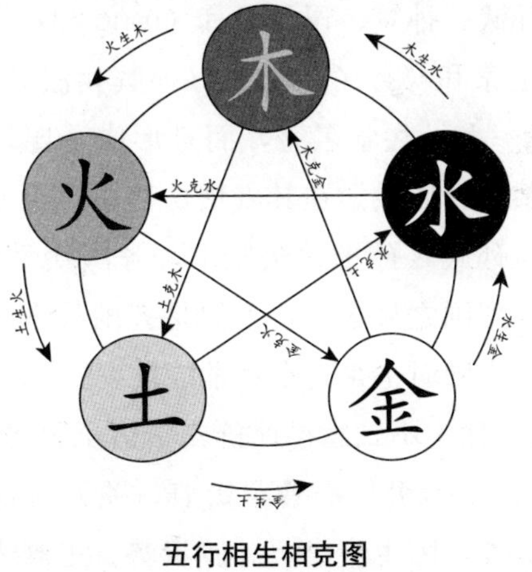

五行相生相克图

先显现水气旺盛的景象。水气旺盛，所以新王朝的服色应该崇尚黑色，做事情应该取法水的颜色。如果水气到来，却不知气数已经具备，从而取法于水，那么，气数必将转移到土上去。

邹衍的五德终始说是将五行说附会到社会的变动和王朝的兴替上，依此说明改朝换代的必然性与合法性，深合战国时期各国统治者的口味，成为战国七雄展开兼并战争、夺取统一政权的理论依据和舆论工具。由此，邹衍所到之国，都受到礼遇。《史记·封禅（shàn）书》说："邹子之徒论著终始五德之运，及秦帝而齐人奏之，故始皇采用之。"秦始皇可以说是第一个五德终始说的实践者。

7.《吕氏春秋》与兵家

在先秦兵学文化中，齐国兵学占据突出的地位，它不但拥有孙武、孙膑、司马穰苴（ráng jū）等一大批著名兵学理论家和《孙子兵法》《孙膑兵法》《司马法》《六韬》等一大批兵学名著，而且形成了比较完备的兵学理论体系。齐国兵学在其发展历程中，绵延相承，代有人出。至孙武《孙子兵法》出，齐国兵学臻于高峰，秀出于诸侯列国之兵学，它不但是齐国兵学的最高成就和集中体现，同时也是先秦兵学的代表。

《吕氏春秋·不二》在评价先秦诸子思想特点时说："老聃贵柔，孔子贵仁，墨翟贵兼，关尹贵清，列子贵虚，陈骈贵齐，阳生贵己，孙膑贵势，王廖贵先，倪良贵后。此十人者，皆天下之豪士也。"所列举的"天下十豪”，其中孙膑、王廖、倪良三人就属于兵家。

稷下学宫衰微，有的稷下先生西行至秦，参与到吕不韦主编的《吕氏春秋》的编撰集体之中，把齐国及其他诸侯国的兵家思想带到了秦国，采撷到《吕氏春秋》里面。《六韬》记姜太公说：“天下非一人之天下，乃天下之天下也。”此语即直接采录到《吕氏春秋》之《贵公》。《吕氏春秋》中的《荡兵》《论威》《决胜》《贵卒》《振乱》《禁塞》《怀宠》《简选》等篇，都有对先秦兵家文化的记述或论列，并把孙武、孙膑、吴起等兵家著名人物的思想主张与秦国统一战争的军事经验相融合，体现出《吕氏春秋》兼采统合的杂家特征。

《吕氏春秋》认为，要统一，兼并战争是不可避免的。所以它反对“偃兵”，主张“义兵”。如《荡兵》篇明确地说道：古代的圣王主张正义的战争，从未有废止战争的。战争的由来相当久远了，它是和人类一起产生的。大凡战争，靠的是威势，而威势是力量的表现。具有威势和力量是人的天性。勇武的人不能使它改变，机巧的人不能使它移易。天下如果没有征伐，诸侯互相侵犯的事就会立刻出现。如果因为发生了吃饭噎死的事，就要废止天下的一切食物，这是荒谬的；如果因为发生了乘船淹死的事，就要废止天下的一切船只，这是荒谬的；如果因为发生了进行战争而亡国的事，就要废止天下的一切战争，这同样是荒谬的。战争是不可废止的。战争就像水和火一样，善于利用它就会造福于人，不善于利用它就会造成灾祸；还像用药给人治病一样，用良药就能把人救活，用毒药就能把人杀死。正义的战争正是治理天下的一服良药啊！

战争的由来相当久远，没有一刻不用。人们无论贵贱、长少、贤与不肖在这一点上是相同的，只是在使用上有大有小罢了。考察战争的细微之处：争斗之意隐藏在心中，尚未表露出来，这就是战争；怒目相视是战争，面有怒色是战争，言辞傲慢是战争，推拉相搏是战争，踢踹相斗是战争，聚众殴斗是战争，三军攻战是战争。以上这八种情况都是战争，只不过是规模有小大之差罢了。如今世上极力鼓吹废止战争的人，他们终身用兵，却不知道自己言行相背。因此，他们的游说虽然有力，言谈虽然雄辩，引经据典虽然广博，仍然不被人听取采用。所以，古代的圣王主张正义的战争，从未有废止战争的。如果战争确实符合正义，用以诛杀暴君，拯（zhěn）救苦难的人民，那么人民对它的喜悦，就像孝子见到了慈爱的父母，像饥饿的人见到了甘美的食物；人民呼喊着奔向它，像强弩（nǔ）射向深谷，像蓄积的大水冲垮堤坝（dī bà）。

当然，即便是“义兵”，所追求的战争的最高境界还是不战而屈人之兵。《论威》说：凡兵器都是天下的凶器，勇武是天下的凶德。举凶器，行凶德，是由于不得已而为之。举凶器必定要杀人，杀恶人是使人民得以生存的手段；行凶德必定要显示武力使人畏惧，使人畏惧是叫敌手屈服的手段。敌手最惧屈服，人民获得生存，这是正义之师兴盛的原因。所以，古代的正义之师出征，士兵尚未交锋，而威力就已经显示出来发挥作用了，敌手就已经降服了，难道还一定用得着冲锋厮杀吗？所以，善于显示威力的，他的威力在他尚未发挥、尚未显示之前就已经产生作用。他的威力深远难见，没有谁知道它的真实情况，这就是威力达到顶点的情形。

《吕氏春秋》采撷兵家思想，不仅区分战争的正义与非正义，追求战争的战略境界，而且很注重战术原则。比如，用兵有它的关键，如果懂得攻其无备，出其不意，那就掌握了用兵的关键了。凡用兵打仗，应该行动迅速，先发制人。要想行动迅速，先发制人，方法在于明辨迟缓、落后与迅速、抢先的区别。行动迅速，先发制人，这是决定正义之师胜利的因素。因而不可滞留一处，懂得军队不可滞留的道理，那就知道哪些地方是该迅速避开的死绝之地了。这样，纵有江河之险也可以凌越它，纵有大山险塞也能够攻陷它。要克敌制胜，只要精神专一，心中没有疑虑，目不旁视，耳不旁听，把心力、眼力、耳力都集中在军事上就行了。冉叔发誓一定要杀死齐侯，齐国君臣都十分恐惧；豫让决心要刺杀赵襄子，赵氏上下都很惊恐。成荆跟韩主拼命，周人都十分敬畏。一个人决心拼命尚且如此，又何况拥有兵车万辆的大国决心要达到目的呢？那还有什么人能够跟他抗衡呢？士兵尚未交锋而欲望就已经满足了。敌人恐惧害怕，精神衰竭、动摇，已经达到极点了。他们吓得都像是精神错乱一样，魂不守舍，行走不知目标，奔跑不知去处，纵有险阻要塞、坚甲利兵，心里也不敢依托，精神也无法安宁，这就是夏桀之所以死在南巢的缘故啊。假如用木头击打木头，后者就会裂开；把水注入水中，后者就会散开；把冰投向冰面，后者就会沉没；把泥抛向泥中，后者就会下陷；这就是快慢先后的必然态势。

8.《吕氏春秋》与纵横家

《吕氏春秋·报更》记述周昭文君礼遇张仪而显荣，孟尝君礼遇淳于髡而保全封邑。这是称述纵横家及具有纵横家风采者的事功能量，正因如此，战国时期的纵横家相当有市场，曾经风光一时，备受青睐。

张仪是魏国大夫的庶子，将要向西到秦国去游说，路过东周。宾客中有个人把这个情况告诉昭文君说："魏国人张仪，是个很有才干的人。他将要向西至秦国辩说，希望您对他以礼相待。"昭文君会见张仪并且对他说："听说客人要到秦国去，我的国家小，不足以留住客人，即便游说秦国，然而难道一定会受到赏识吗？客人假如得不到赏识，请看在我的面上再回来，我的国家虽然小，愿与您共同掌管。"张仪退避，面向北拜了两拜。张仪临走之际，昭文君给他送行并且资助钱财。张仪到了秦国，待了一段时间，秦惠王很喜欢他，让他当了相。张仪在天下受到的恩德，没有比在昭文君那里受到的更大了。周是个小国，张仪看待它超过了大国。他让秦惠王以昭文君为师。秦国在逢泽（féng zé）盟会诸侯的时候，魏王曾给昭文君当御者，韩王给昭文君当车右，昭文君的名号至今没有被忘掉，这都是张仪的力量啊！

孟尝君从前在薛的时候，楚国人攻打薛。淳于髡为齐国出使到楚国去，返回的时候，经过薛。孟尝君让人以礼相待，并亲自到郊外送他，对他说："楚国人攻打薛，如果先生您不为此担忧，我将没有办法再侍奉您了。"淳于髡说："我遵命了。"到了齐国，禀报完毕，齐王说："到楚国见到了什么？"淳于髡回答说："楚国很贪婪，薛也不自量力。"齐王说："说的什么意思？"淳于髡回答说："薛不自量力，给先王立了宗庙。楚国贪婪而攻打薛，薛的宗庙必定危险。所以说薛不自量力，楚国也太贪婪。"齐王变了脸色，说："哎呀！先王的宗庙在那里呢！"于是赶快派兵援救薛，因此薛才得以保全。趴在地上请求，跪拜着请求，即使能得到援救也是很少的。所以善于劝说的人，陈述形势，讲述主张，看到别人危急，就像自己处于危难之中，这样，哪里用得着极力劝说呢！极力劝说就鄙陋了。劝说而不被听从，责任不单单在被劝说的人，也在劝说者自己。

《知士》记载靖郭君善待齐貌辨而释难。《战国策·齐策一》所载基本相同。靖郭君很喜爱他的门客齐貌辨。齐貌辨为人毛病很多，其他门客都不喜欢他。士尉为此谏诤靖郭君，靖郭君不听。于是士尉告辞离开了靖郭君。孟尝君私下为此劝说他的父亲靖郭君，靖郭君大怒说："即使把你们都杀死，把我家拆得四分五裂，只要能让齐貌辨先生满足，我也在所不辞!"于是让齐貌辨住在上等客舍，让他的长子侍奉，早晚进献食物。

过了几年，齐宣王死了，齐湣王即位。靖郭君的处世交往很不为湣王所认可，他被迫辞官，回到封地薛，仍跟齐貌辨在一起。在薛地住了没多久，齐貌辨辞行，请求去谒见湣王。靖郭君说："大王不喜欢我到极点了，您去必定遭到杀害。"齐貌辨说："我本来就不是去求活命的。我一定要去!"靖郭君劝阻不住他。

齐貌辨走了，到了齐国都城。湣王听说了，心怀恼怒等着他。齐貌辨拜见湣王，湣王说："你就是靖郭君言听计从、非常喜爱的那个人吧?"齐貌辨回答说："喜爱是有，至于言听计从根本谈不上。当初大王正做太子的时候，我对靖郭君说：'太子耳后见腮，下斜偷视，相貌不仁，像这样的人背理行事。不如废掉太子，改立卫姬的幼子校师。'靖郭君流着泪说：'不行。我不忍心这样做。'如果靖郭君听从我的话并这样做了，一定不会有今天的祸患。这是一个例证。回到薛地之后，楚相昭阳请求用大于薛几倍的土地交换薛地。我又说：'一定要应允他。'靖郭君说：'我从先王那里承受了薛地，现在虽被后王所厌恶，但如果我把薛地换给别人，我怎么对先王说呢?再说先王的宗庙在薛，我怎么可以把先王的宗庙给楚国呢?’他又不肯听我的话。这是第二个例证。”湣王长叹，显出很激动的神色，说：“靖郭君对我竟爱到这个地步吗？我年纪幼小，这些都不知道。您愿意替我把靖郭君请来吗?”齐貌辨回答说：“遵命。”

靖郭君来到国都，穿着宣王所赐的衣服，戴着宣王所赐的帽子，佩着宣王所赐的宝剑。湣王亲自到郊外迎接靖郭君，远远望见他就流下泪来。靖郭君到了以后，湣王就请他做齐相。靖郭君再三辞谢，不得已才接受下来。十天之后，他托病辞官，极力推辞，三天之后湣王才应允。

在当时，靖郭君可称得上善于亲自了解人了。正因为他善于亲自了解人，所以别人的非议妨碍不了他。这正是齐貌辨之所以把生命与欢乐置之度外，为靖郭君奔赴患难的缘故。

不过，《知度》记述苏秦，却是另一番态度。认为任用苏秦之流是庸俗之君，不懂用术之道。成就王业霸业的当然要有人，亡国的也要有人。桀重用干辛，纣重用恶来，宋国重用唐鞅，齐国重用苏秦，因而天下人就知道他们要灭亡了。不任用贤人却想要建立功业，这就好像在夏至这一天却想让夜长，射鱼时冲着天却想射中一样。舜、禹对此尚且办不到，更何况平庸的君主呢?

9.《吕氏春秋》与农家

按照班固《汉书·艺文志》的说法，农家流派大概出于古代掌管农业之官。农家的基本主张就是重视农业生产，教导百姓播种五谷，指导百姓致力耕作和植桑养蚕，让百姓丰衣足食。古代最重要的八件政事，第一就是吃饭问题，第二就是货物问题。孔子也说："要重视百姓的吃饭问题。"这就是他们的长处。等到鄙陋的人来推行农家思想，认为不用事奉圣王，想让君民一起耕作，这就违背了君臣上下的等级秩序。

战国时期农家学派的著作有《神农》《野老》等，但皆已失传。《吕氏春秋》采撷农家学说，主要体现在《上农》《任地》《辩土》《审时》四篇，《上农》讲农业政策与重农思想，其他三篇讲农业技术。这四篇是我国现存最早的最系统的珍贵农学著作。

当然，秦国具有重视农战的传统。特别是自从商鞅变法，实行"废井田，制阡陌（qiān mò），任其所耕，不限多少"的政策，使得秦国数年之间，国富兵强，天下无敌。而作为大商人出身的吕不韦，并不抑农重商，采录农家思想，是出于他的治道纲领的整体考量。

《上农》说得很明白：古代圣王引导他的百姓的方法，首先是致力于农业。使百姓从事农业，不仅是为了地里的出产，而且也是为了陶冶他们的心志。百姓从事农业，思想就会淳朴，淳朴就容易役使。百姓从事农业，作风就会持重，持重就会很少私下发表议论，很少私下发表议论，国家的法制就能确立，民力就能专一。百姓从事农业家产就繁多，家产繁多就会害怕迁徙，害怕迁徙就会老死故乡而没有别的考虑。百姓舍弃农业而从事工商就会不听从命令，不听从命令就不能依靠他们防守，不能依靠他们攻战。百姓舍弃农业从事工商家产就简单，家产简单就会随意迁徙。随意迁徙，国家遭遇患难就会都想远走高飞，没有安居之心。百姓舍弃农业从事工商，就会喜好要弄智谋，喜好要弄智谋行为就诡诈多端，行为诡诈多端就会在法令上要机巧，把对的说成错的，把错的说成对的。

被尊奉为五谷之神的后稷说："所以要致力于耕织，是因为这是教化的根本。"因此天子亲自率领诸侯耕种籍田，大夫、士也都有各自的职事。正当农事大忙的时候，农民不得在都邑出现，以此教育他们重视田地里的生产。后妃率领九嫔（pín）到郊外养蚕，到公田采桑，因而一年四季都有绩麻缫（sāo）丝等事情要做，以此来尽力于对妇女的教化。所以男子不织布却有衣穿，妇女不种田却有饭吃，男女交换劳动所得以维持生活。这是圣人的法度。

要慎守农时，爱惜光阴，不是年老不得停止劳作，不是患病不得休息，不到死日不得弃舍农事。种上等田地，每个农夫要供养九个人，种下等田地，每个农夫要供养五个人，供养的人数只能增加，不能减少。总之，一个人种田，要供十个人消费，饲养的各种家畜都包括在这一要求之内，可以折合计算。这是充分利用土地的方法。

正当农事大忙的时候，不要大兴土木，不要进行战争。平民如果不是加冠、娶妻、嫁女、祭祀，就不得摆酒聚会。农民如果不是名字通于官府，就不得私自雇人代耕。因为这些事都妨害农时。如果不是因为同姓的缘故，男子就不得从外地娶妻，女子也不得出嫁到外地，以便使农民安居一地。然后要规定关于乡野的禁令。乡野的禁令有五条：土地尚未整治，不得绩麻，不得扫除污秽（huì）；未上年纪，不得从事园囿（yòu）中的劳动；估计力量不足，不得扩大耕地；农民不得经商，不得去做其他的事情。因为这些事都妨害农时。还要规定各个季节的禁令：不到适当季节，山中不得伐木取材，水泽地区不得烧灰割草，捕取鸟兽的罗网不得带出门外，渔网不得下水，不是主管舟船的官员不得借口行船。因为这些事都妨害农时。如果百姓不尽力于农耕，就没收他们的家产。因为不这样做，农、工、商就会互相仿效，国家难于治理就会达到极点。这就叫作背离根本，违反法则，就会导致国家的丧亡毁灭。

凡是百姓，自成年以上，就分别归属于农、工、商三种职业。农民生产粮食，工匠制作器物，商人经营货物。举措与农时不相适应，这叫作不祥之至。以大兴土木侵夺农时，叫作“延误”，百姓就会忧思不断，田里一定连秕（bǐ）谷也收不到。以治理水患侵夺农时，叫作“浸（jìn）泡”，悲丧就会继欢乐之后来到，四方邻国就会来侵害。用进行战争侵夺农时，叫作“虐害”，灾祸就会终年不断，根本不用开镰收割。连续侵夺百姓农时，严重的饥荒就会发生。田中到处是闲置的农具，农民有的闲谈，有的唱歌，早上看是如此，到傍晚仍照旧。农民人人无心劳动，损失的粮食必定很多。人们看到了这种现象，却没有谁知道重农这个根本。

10.《吕氏春秋》与小说家

班固《汉书·艺文志》对小说家是这样记述的：小说家这个流派，大概源自古代的稗（bài）官。稗官就是小官。街谈巷语，道听途说，成就了小说家。孔子评价说，小说家虽为小道也有值得观赏的东西，但要想致远广大恐怕是行不通的，因为君子不屑与之为伍。但是它也不会泯灭。假如有一句话值得我们来采用，如同古代樵夫、狂夫的议论，一样是有参考的价值。

小说家作为先秦诸子十家之一，虽被排除在九流之外，《吕氏春秋》也没有忽略而弃。《汉书·艺文志》小说家著录有《伊尹说》，今已亡佚。《吕氏春秋·本味》引述伊尹以“至味”说商汤的故事，意在阐明功名之立，其本在得贤。孟子就不相信这个故事的真实性。鲁迅在《中国小说史略》中说，《吕氏春秋·本味》篇伊尹以至味说汤，“说极详尽，然文丰赡（shàn）而意浅薄，盖亦本《伊尹书》”。《吕氏春秋》还采用了不少远古神话传说、寓言故事等等。

《吕氏春秋·本味》篇记载说：做事情从根本做起，用的时间不长也必定有收获；从枝节做起，就会劳而无功。功名的建立，是由于抓住了事物的根本，得到了贤人教化。不是贤人，谁懂得事情的教化呢？所以说，建立功名的根本在于得到贤人。

有侁（shēn）氏的女子采摘桑叶，在中空的桑树里捡到一个婴儿，把他献给了自己的君主。君主命厨师哺育这个婴儿，并让他去了解这是怎么回事儿。厨师向君主报告说："婴儿的母亲住在伊水边，怀了孕，梦见天神告诉她说：'臼（jiù）里如果出了水就向东跑，不要回头看。'第二天，她看到臼里出了水，就把情况告诉了她的邻居，向东跑了十里，回头一看，她的村子已是一片汪洋。于是她的身体变成了一棵中空的桑树。因此给这个婴儿起名叫伊尹。"这就是伊尹出生在空桑之中的缘由。伊尹长大了很贤德，商汤听说伊尹贤德，就派人向有侁氏请求要伊尹，有侁氏不答应。伊尹也想归附汤。汤于是就请求娶有侁氏女为妻，结为婚姻。有侁氏很高兴，就把伊尹作为女子陪嫁的奴仆给了汤。所以，贤明的君主为求得有道之士，没有什么办法不可使用。有道之士为求得贤明的君主，没有什么事不能做。贤明的君主和有道之士各如其愿，然后彼此都很快乐。他们事先不谋划就能亲密无间，不约定就能恪守信用，共同尽心竭力，承担危难和劳苦，内心却以此为乐。这就是功名取得极大成就的原因。贤明的君主、有道之士本来不会孤独，士如果孤独傲慢，君主如果骄傲而且喜好孤独，那么名声必定被毁灭，国家必定遭危险。所以黄帝派人去四方寻求贤人立为辅佐，尧、舜得到伯阳、续耳，然后成就了帝业。

大凡贤德之人的品德，是有办法了解的。伯牙弹琴，钟子期听，刚开始弹琴时表现出攀登高山的志向，钟子期高兴地说："弹琴弹得太好了，就像高山一样巍峨（wēi é）。"过了一会儿，琴声表现出随流水奔流的志向，钟子期又说："弹琴弹得太好了，就像流水一样激荡。"钟子期死了以后，伯牙摔坏了琴，折断了弦，终身不再弹琴，认为世上再没有值得为之弹琴的人。不仅弹琴是这样，寻求贤德的人也是这样。即便是有贤德的人，如果不以礼相待，贤德的人怎样尽忠呢？这就如同驭手不好，良马也不能跟随他跑千里远一样。

汤得到伊尹之后，在宗庙里举行祓（fǔ）除灾邪的仪式，点燃苇把消除不祥，用纯色雄猪的血涂祭器。第二天上朝，汤以礼接见伊尹。伊尹为汤讲述美味，汤说："可以得到并制作这些美味吗？"伊尹回答说："您的国家小，不足以具备这些东西，当了天子，然后才可以具备。三类动物，生活在水里的腥（xīng），吃肉的臊（sāo），吃草的膻（shān）。气味不好的仍然可以使之变好，这些都各有它们内在的原因。调和味道的根本，在于首先用水。五种味道，三样材料，多次煮沸，多次变化，火是关键。火时而炽热，时而微弱，一定要用火除去腥味、臊味、膻味，但火候要适中。调和味道，必定要用甜酸苦辣咸。先放后放，放多放少，调料的剂量很小，这些都有一定的规定。鼎中味道的变化，精妙微细，既不能言传，又不能意会，就如同射技驭技的精微、阴阳二气的交合、四季的变化一样。所以，时间长，但不毁坏；做得熟，但不超过火候；甜，但不过度；酸，但不过分；咸，但不减损原味；辣，但不浓烈；清淡，但不过薄；肥，但不腻（nì）。肉中的美味，有猩猩的嘴唇，獾（huān）獾的脚掌，隽觾（jùn yàn）的尾肉，述荡（shù dàng）的小腿，旄（máo）牛大象的短尾。以及流沙西边、丹山南边出产的沃国人所食用的凰凰卵。鱼中的美味，有洞庭湖的鲟（zhuān）鱼，东海的鲕（ér）鱼，醴（lǐ）水中长着六只脚、能吐珠子、青翠色的名叫朱鳖的鱼，雚（guàn）水中形状像鲤鱼可是却有翅膀、经常夜里从西海飞到东海的名叫鳐（yáo）的鱼。菜中的美味，有昆仑山的蘋菜，寿木的花果，指姑东边、中容国里的红树黑树的树叶，余瞀（mào）南边、南极边上颜色像碧玉一样的名叫嘉树的菜，阳华池的芸（yún）菜，云梦泽的水芹，具区泽的菁（jīng）菜，浸渊的名叫土英的草。调料中的美味，有阳朴的姜，招摇的桂，骆越的笋，鳝鱼鲔（wěi）鱼做的肉酱，大夏的盐，宰揭的洁白如玉的露，大泽的鸟卵。粮食中的美味，有玄山的禾谷，不周山的小米，阳山的糜子，南海的黑黍。水中的美味，有三危山的露水，昆仑山的泉水，沮江边山丘上名叫摇木的泉水，白山的水，高泉山上作为冀州之水源头的涌泉。水果中的美味，有沙棠树的果实，常山北边、投渊上面先帝们享用的各种果实，箕（jī）山东边、青鸟居住之处的甜山楂，长江边的橘子，云梦畔的柚子，汉水旁的石耳。运来这些水果，要用青龙马和遗风马。不先当天子，就不可能具备这些美味。天子不可以勉强去当，必须先懂得仁义之道。仁义之道不在别人，而在于自己。自己具备了仁义之道，因而就能成为天子。能成为天子，那么美味就齐备了。所以，审察近的就可以了解远的，自己具备了仁义之道就可以教化别人。圣人的办法很简约，哪里用得着费力去做许多事情呢？”

九、《吕氏春秋》的古今评说

司马迁给他的朋友任安写过一封回信，名曰《报任安书》。在此信里，司马迁大发感慨说，古时候虽富贵但名字磨灭不传的人，多得数不清，只有那些卓异而不平常的人才在世上著称。西伯姬昌被拘禁而写《周易》，孔子受困窘而作《春秋》，屈原被放逐写了《离骚》，左丘明失去视力才有了《国语》，孙膑被截去膝盖骨撰写了《孙膑兵法》，吕不韦被贬谪蜀地而后世才流传着《吕氏春秋》，韩非被囚禁在秦国写出《说难》《孤愤》，《诗》三百篇大都是一些圣贤们抒发愤懑（mèn）而写作的。在这里，司马迁把《吕氏春秋》与《周易》《春秋》《离骚》《国语》《孙膑兵法》《韩非子》《诗经》等先秦名著等列，可见他十分看重《吕氏春秋》这部杂家代表作。

《史记·吕不韦列传》说：当是时，魏有信陵君，楚有春申君，赵有平原君，齐有孟尝君，皆下士喜宾客以相倾。吕不韦以秦之强，羞不如，亦招致士，厚遇之，至食客三千人。是时诸侯多辩士，如荀卿之徒，著书布天下。吕不韦乃使其客人人著所闻，集论以为八览、六论、十二纪，二十余万言。以为备天地万物古今之事，号曰《吕氏春秋》。布咸阳市门，悬千金其上，延诸侯游士宾客有能增损一字者予千金。

班固《汉书·艺文志》说：杂家《吕氏春秋》，二十六卷，秦相吕不韦辑智略士作。兼儒墨，合名法，知国体之有此，见王治之无不贯，此其所长也。

东汉高诱在《吕氏春秋叙目》中说：此书所尚，以道德为标的，以无为为纲纪，以忠义为品格，以公方为检格，与孟轲、孙卿、淮南、扬雄相表里。认为该书以道家的"道德"为中心，以"无为"为纲领，以儒家的"忠义"为准则，以法家的"公方"为法规。并评价说它"大出诸子之右"。

宋代黄震在《黄氏日抄》中说：《吕氏春秋》言天地万物之故，其书最为近古，今独无传焉，岂不以吕不韦而废其书邪？

宋代高似孙《子略》卷四说：淮南王尚奇谋，募奇士，庐馆一开，天下隽（jùn）绝驰骋之流，无不雷奋云集，蜂议横起，瑰诡（guī guǐ）作新，可谓一时杰出之作矣。及观《吕氏春秋》，则淮南王书殆出于此者乎。不韦相秦，盖始皇之政也。始皇不好士，不韦则徕英茂，聚畯（jùn）豪，簪履（zān lǚ）充庭，至以千计；始皇甚恶书也，不韦乃极简册，攻笔墨，采精录异，成一家言。

元代陈澔（hào）《礼记集说》指出：“吕不韦相秦十余年，此时已有必得天下之势，故大集群儒，损益先王之礼而作此书，名曰‘春秋’，将欲为一代兴王之典礼也，故其间亦多有未见与礼经合者。其后徙死。始皇并天下，李斯做相，尽废先王之制，而《吕氏春秋》亦无用矣。然其书也，以当时儒生学士有志者所为，犹能仿佛古制，故记礼者有取焉。”此点明吕不韦主编《吕氏春秋》意在为统一的新王朝制礼作乐，成一代兴王之典。

明初方孝孺在《读吕氏春秋》说：吕不韦以大贾（gǔ）乘势市奇货，致富贵而行不谨，其功业无足道者，特以宾客之书显其名于后世，况乎人君任贤以致治者乎？然其书诚有足取者，其《节丧》《安死》篇讥厚葬之弊，其《勿躬》篇言人君之要在任人，《用民》（应为《上德》）篇言刑罚不如德礼，《达郁》《分职》篇皆尽君人之道，切中始皇之病。其后秦卒以是数者偾（fèn）败亡国，非知几之士，岂足以为之哉！

《四库全书总目提要》说：《吕氏春秋》二十六卷，旧本题秦吕不韦撰，实其宾客之所集也。不韦固小人，而是书较诸子之言独为醇正大。大抵以儒为主而参以道家、墨家，故多引六籍之文与孔子、曾子之言。其他如论音则引《乐记》，论铸剑则引《考工记》，虽不著篇名，而其文可按。所引庄、列之言，皆不取其放诞恣肆者。墨翟之言，不取其非儒、明鬼者。而纵横之术，刑名之说，一无及焉。其持论颇为不苟。论者鄙其为人，因不甚重其书，非公论也。

清代汪中《述学补遗吕氏春秋序》说：周官失其职，而诸子之学以兴，各择其术以明其学，莫不持之有故，言之成理。最后《吕氏春秋》出，则诸子之学兼有之。《艺文志》列之杂家，良有以也。然其所采摭，今见于周汉诸书者，十不及三四。其余则本书已亡，而先哲之话言，前古之佚事，赖此以传于后世，其善者可以劝，其不善者可以惩焉。亦有闾（lǚ）里小智，一意采奇词奥旨，可喜可观，庶几乎立言不朽者矣。

冯友兰在《中国哲学史》中称：一哲学必有其中心观念（即哲学家之见）。凡无中心观念之著述，即所谓杂家之书，如《吕氏春秋》《淮南子》之类，不可为哲学史之原始的史料；但以其记述别家之言，有报告之价值，可以作为辅助史料。其在《中国哲学史新编》（第二册）中也说：《吕氏春秋》的方法不是对各家在更高的水平上加以综合，而用一种拼凑式的方法加以综合。这是《吕氏春秋》杂家思想的要点。

徐复观《两汉思想史》说：《吕氏春秋》是对先秦

经典及诸子百家的大综合。两汉人士，许多是在《吕氏春秋》影响之下来把握经学，把《吕氏春秋》对政治所发生的巨大影响，即视为经学发生的影响；离开了《吕氏春秋》，就不能了解汉代学术的特性。

第三章

杂家殿军——刘安与《淮南子》

一、淮南王——刘安

刘安（公元前 179—公元前 122 年）是汉高祖刘邦之孙，淮南厉王刘长之子，文帝时被封为淮南王。刘安为淮南王凡四十二年（公元前 164—公元前 122 年）。

《史记·淮南衡山列传》：淮南王刘安为人好读书弹琴，不喜欢猎逐跑马走狗，他想暗中做好事来安抚百姓，传播美誉于天下。他时常怨恨厉王之死，常想反叛朝廷，只是没有机会。原来其父做淮南王时，骄纵跋扈（bá hù），自作法令，因图谋叛乱，判定死罪。汉文帝不忍杀他，废其王号，流放蜀地，途中在槛车里绝食而死。刘安对此一直耿耿于怀。

到了汉武帝建元二年（公元前 139 年），淮南王刘安进京朝见皇上。与他一向交好的国舅武安侯田蚡(fén)，当时做太尉。田蚡到霸上（今陕西西安东）迎候淮南王，对他说：“皇帝目前没有太子，大王您是高皇帝的孙子，广施仁义，天下无人不知。假如皇帝一日驾崩，除了大王您，谁能继位天子呢！”淮南王大喜，厚赠武安侯金银钱财物品。淮南王暗中结交宾客，安抚百姓，谋划叛逆造反。建元六年（公元前 135 年），彗星出现，淮南王心生怪异。淮南王心想皇帝没有太子，若天下发生变故，各个诸侯王将一齐争夺皇位，于是益发加紧整治兵器和攻战器械，积聚金钱贿赠郡国诸侯、游士奇才。很多巧言善辩的人为其出谋划策，甚至胡乱编造，阿谀（ē yú）逢迎。可是淮南王满心欢喜，还赏赐他们很多金钱，而谋反之心更甚。淮南王日夜和伍被、左吴等察看军事地图，研究进军的路线。淮南王有个女儿名叫刘陵，聪明伶俐，伶牙俐齿。淮南王非常喜爱刘陵，经常给她很多金钱，让她在京城长安刺探朝中情况，结交皇帝亲近的人。后来田蚡死，淮南王蓄谋已久的谋反案被告发，汉武帝刘彻震怒：如果田蚡还活着，定当灭族！刘安受到追究，被迫自杀身亡。

当时的胶西王刘端就直言，淮南王刘安废法行邪，怀诈伪心，以乱天下，荧惑（yíng huò）百姓，背叛社稷，妄作妖言。后来司马迁认为，身为藩国之主的淮南王，疆土千里，封为诸侯，不务遵从蕃臣之职以承辅天子，而专挟邪僻之计，谋为叛逆，不计其父之失，重蹈覆辙，不得善终，被天下人所耻笑。

汉初黄老之学大兴，蔚成“文景之治”的盛世景象。至汉武帝继位为皇帝，尊王攘夷，削诸藩，破匈奴，实行积极有为的政策。并接受董仲舒的建议，“罢黜百家，独尊儒术”，在意识形态上由黄老之学转向儒学。这既涉及作为藩王刘安的既得利益，也与刘安因循旧范、无为而治的政治愿景相对立。

《淮南子·俶（chù）真训》就表现出刘安的怨怼（duì）：圣人注重内在修养，不注重用仁义来装饰外表；不关注耳目感官的宣泄，而畅游在精神的和谐之中。若能这样，就可以下探三泉、上寻九天，拓展到四方上下、贯穿于天下万物。这些就是圣德之人的游踪。并进一步论说道：“是故圣人之学也，欲以返性于初，而游心于虚也；达人之学也，欲以通性于辽廓，而觉于寂漠也。若夫俗世之学也则不然，擢（zhuó）德攓性，内愁五藏，外劳耳目，乃始招蛲（náo）振缱（qiǎn）物之豪芒，摇消掉捎仁义礼乐，暴行越智于天下，以招号名声于世。此我所羞而不为也。”淮南王刘安把当朝之学说成是“俗世之学”，并宣称羞与为伍。冯友兰评论说：“《淮南子》以道家学说为中心，吸取阴阳五行家的思想以及其他学派的某些观点，建立起一个与官方哲学相对立的体系。”

正是在这种背景下，淮南王刘安仿效吕不韦主编《吕氏春秋》之先例，招徕宾客方术之士数千人，编撰《鸿烈》。高诱注云："鸿，大也。烈，明也，以为大明道之言也。"意谓阐发广大而光明的道理。刘安自称此书为"刘氏之书"。光禄大夫刘向奉命校书，名之《淮南》，后以《淮南鸿烈》《淮南子》传世通行。《汉书·艺文志》列《淮南子》于杂家，被称为杂家的代表著作之一。

淮南王刘安博学多才，与门客撰述《淮南子》，成为一时杰出之作。据说，刘安还是世界上最早尝试热气球升空的实践者，也是中国豆腐的创始人。

政尚简易　与民休息

刘安（公元前 179—公元前 122 年）

二、统天下，理万物——《淮南子》其书

《淮南子》是淮南王刘安及其宾客共同编撰的一部鸿篇巨制，班固《汉书》将其列入杂家。淮南王刘安“招致宾客方术之士数千人”，著述《内篇》二十一篇，《外书》甚众，又有《中篇》八卷，言神仙黄白之术，亦二十余万言。大致而言，《内篇》论道，《中篇》论养生，《外书》即外篇为杂说。《中篇》《外书》已亡佚。现在传世的《淮南子》，又称《淮南鸿烈》，其实就是指班固所说的《内篇》。

1.《淮南子》的作者

《淮南子》内容丰富驳杂，源于它的作者群的庞大。虽然数千人的宾客方术之士，不可能全部是《淮南子》的作者，但至少是有相当数量的人参与到其中。宋代高似孙《子略》卷四说：“淮南王尚奇谋，募奇士，庐馆一开，天下隽绝驰骋之流，无不雷奋云集，蜂议横起，瑰诡作新，可谓一时杰出之作矣。”唐代高诱在《淮南子注叙》中提出了一个比较明确的作者名单，淮南王与苏飞、李尚、左吴、田由、雷被、毛被、伍被、晋昌等八人，以及诸儒大山、小山之徒，共讲论道德，总统仁义，而著此书。

2. 淮南王献书

汉武帝刘彻继位初期的建元二年，淮南王刘安就借

进京入朝的机会，把刚刚杀青的时称《内篇》的《淮南子》呈献给朝廷，希冀汉武帝采纳他的主张，结果是“上爱秘之”。汉武帝既然是喜爱《淮南子》这部书，为什么还要秘而不宣呢？这确实是令人费解的。史称汉武帝雄才大略，图谋变革，然而他继位伊始，朝政依然为崇尚黄老之学的窦太后一派左右。此时淮南王刘安呈献的《淮南子》，其主旨是以黄老道家统合诸子百家之学的治道思想，这或许与汉武帝的施政方略有所差异。

3.《淮南子》的编撰意图

关于《淮南子》的编撰意图，《要略》明确地说：凡是著书立说，都是用来纪纲道德，经纬人事，上考之天，下揆之地，中通诸理。即使这部书不能完全地把深奥玄妙的道理提炼出来，但涉猎广泛，也完全能够观察事物的终始了。如此一来，天地之理究矣，人间之事接矣，帝王之道备矣。

《要略》作者很是自信地表白：若刘氏之书，观天地之象，通古今之事，权衡事理而建章立制，度量形势而措施合宜，探索道的规范，使之符合三皇的风气，以便扩大道旨。而用来统一天下，治理万物，适应变化，通达万物。

总之，淮南王刘安主持编纂《淮南子》，一方面，于学术而言，总结先秦秦汉诸子百家学术思想，特别是总结了黄老道家在汉初的治道实践经验，传承了先秦文化。正如梁启超所说：“《淮南鸿烈》为西汉道家言之渊府，其书博大而有条贯，汉人著述中第一流也。”胡适更是说：“道家集古代思想的大成，而《淮南》书又集道家的大成。”而另一方面，于政治而言，淮南王很是自负，说“刘氏之书”是为帝王提供治国之道。当然，在经历了汉初黄老之治的盛世辉煌之后，特别是汉武帝真正执掌朝政之后，削弱藩国与独尊儒术可谓大势所趋。而淮南王刘安著书彰明黄老理念，无异于逆流而动，自然难有作为。

4.《淮南子》思想要略

刘文典在其《淮南鸿烈集解自序》中说：淮南王书博极古今，总统仁义，牢笼天地，弹压山川，诚眇义之渊丛，嘉言之林府，太史公所谓“因阴阳之大顺，采儒、墨之善，撮名、法之要”者也。梁启超也说：淮南王刘安博学能文，其书虽由苏飞之辈分头撰述，然而其宗旨以及体例，必是先行规定，然后从事；或者说是刘安亲自总纂而成，亦未可知。观察《要略》所提挈（qiè）各篇要点及排列次第，盖匠心经营，极有伦脊，非漫然獭（tǎ）祭而已。这就是说淮南王刘安编撰《淮南子》匠心独运，有其宗旨与体例，论说有条不紊（wěn），并不是把一些掌故、事件简单罗列。传世本《淮南子》共二十篇，另有《要略》一篇是全书的序言。第一个为《淮南子》做注解的唐代高诱说：“作鸿烈之书二十篇，略数其要，明其所指，序其微妙，论其大概，故曰要略。”

《原道》者，规划天地四方，探索万物生成发展规律，探测大道的深远，而翱翔在无所不包的领域之内。托小以苞大，守约以治广，使人知先后之祸福，动静之利害。诚通其志，浩然可以大观矣。欲一言而寤（wù），则尊天而保真；欲再言而通，则贱物而贵身；欲参言而究，则外物而反情。掌握其要领，可以对内润泽五脏六腑，对外浸渍（jìn zì）肌肉皮肤。亲身体验到这个自然的法则，可以与之相伴终身，可以应对万方。对待万方百变，若转丸掌中，足以自乐其中。

《俶真》者，穷逐终始之化，嬴垺（yíng hū）有无之精，离别万物之变，合同死生之形，使人遗物反己，审仁义之间，通同异之理，观至德之统，知变化之纪，说符玄妙之中，通但造化之母也。

《天文》者，所以和阴阳之气，理日月之光，节开塞之时，列星辰之行，知逆顺之变，避忌讳之殃，顺时运之应，法五神之常，使人有以仰天承顺，而不乱其常者也。

《地形》者，所以穷南北之修，极东西之广，经山陵之形，区川谷之居，明万物之主，知生类之众，列山渊之数，规远近之路，使人通回周备，不可动以物，不可惊以怪者也。

《时则》者，所以上因天时，下尽地力，据度行当，合诸人则，形十二节，以为法式，终而复始，转于无极，因循仿依，以知祸福，操舍开塞，各有龙忌，发号施令，以时教期，使君人者知所以从事。

《览冥》者，所以言至精之通九天也，至微之沦无形也，纯粹之入至清也，昭昭之通冥冥也。乃始揽物引类，览取挢掇（duō），浸想宵类，物之可以喻意象形者，乃以穿通窘滞，决渎壅塞，引人之意，系之无极，乃以明物类之感，同气之应，阴阳之合，形埒（liè）之朕，所以令人远观博见者也。

《精神》者，所以原本人之所由生，而晓寤其形骸九窍，取象与天，合同其血气，与雷霆风雨比类其喜怒，与昼宵寒暑并明。审死生之分，别同异之迹，节动静之机，以反其性命之宗。所以使人爱养其精神，抚静其魂魄，不以物易已，而坚守虚无之宅者也。

《本经》者，所以明大圣之德，通维初之道，埒（liè）略衰世古今之变，以褒先世之隆盛，而贬末世之曲政也。所以使人黜耳目之聪明，精神之感动，樽（zūn）流遁之观，节养性之和，分帝王之操，列小大之差者也。

《主术》者，君人之事也。所以因作任督责，使群臣各尽其能也。明摄权操柄，以制群下，提名责实，考之参伍，所以使人主秉数持要，不妄喜怒也。其数直施而正邪，外私而立公，使百官条通而辐辏（fú còu），各务其业，人致其功。此主术之明也。

《缪称》者，破碎道德之论，差次仁义之分，略杂人间之事，总同乎神明之德。假象取耦，以相譬喻，断短为节，以应小具。所以曲说攻论，应感而不匮者也。

《齐俗》者，所以一群生之短修，同九夷之风气，通古今之论，贯万物之理，财制礼义之宜，擘（bò）画人事之终始者也。

《道应》者，揽掇遂事之踪，追观往古之迹，察祸福利害之反，考验乎老庄之术，而以合得失之势者也。

《氾论》者，所以箴缕縩繺（zhēn lǚ cài shāi）之间，攕楔唲齵（jiān xiē ér yú）之郄（xì）也。接径直施，以推本朴，而兆见得失之变，利病之反，所以使人不妄没于势利，不诱惑于事态，有符曮晲（yǎn nǐ），兼稽时势之变，而与化推移者也。

《诠言》者，所以譬类人事之指，解喻治乱之体也。差择微言之眇，诠以至理之文，而补缝过失之阙者也。

《兵略》者，所以明战胜攻取之数，形机之势，诈谲（jué）之变，体因循之道，操持后之论也。所以知战阵分争之非道不行也，知攻取坚守之非德不强也。诚明其意，进退左右无所失击危，乘势以为资，清静以为常，避实就虚，若驱群羊，此所以言兵者也。

《说山》《说林》者，所以窍窕（qiào tiǎo）穿凿百事之壅遏（yōng è），而通行贯扃（jiōng）万物之窒（zhì）塞者也。假譬取象，异类殊形，以领理人之意，解墮结细，说捍抟囷（tuán qūn），而以明事埒事者也。

《人间》者，所以观祸福之变，察利害之反，钻脉得失之迹，标举终始之坛也。分别百事之微，敷（fū）陈存亡之机，使人知祸之为福，亡之为得，成之为败，利之为害也。诚喻至意，则有以倾侧偃（yǎn）仰世俗之间，而无伤乎谗贼螫（shì）毒者也。

《修务》者，所以为人之于道未淹，味论未深，见其文辞，反之以清静为常，恬淡为本，则懈堕分学，纵欲适情，欲以偷自扶，而塞于大道也。今夫狂者无忧，圣人亦无忧。圣人无忧，和以德也；狂者无忧，不知祸福也。故通而无为也，与塞而无为也同；其无为则同，其所以无为则异。故为之浮称流说其所以能听，所以使学者孳（zī）孳以自几也。

《泰族》者，横八极，致高崇，上明三光，下和水上，经古今之道，治伦理之序，总万方之指，而归之一本；以经纬治道，纪纲王事；乃原心术，理性情，以馆清平之灵，澄澈神明之精，以与天和相婴薄。所以览五帝三王，怀天气，抱天心，执中含和，德形于内，以莙（jūn）凝天地，发起阴阳，序四时，正流方，绥（suí）之斯宁，推之斯行；乃以陶冶万物，游化群生，唱而和，动而随，四海之内，一心同归。故景星见，祥风至，黄龙下，凤巢列树，麟止郊野。德不内形，而行其法藉，专用制度，神祇（qí）弗应，福祥不归，四海不宾，兆民弗化。故德形于内，治之大本。此“鸿烈”之《泰族》也。

关于《淮南子》一书的征引情况，学者马庆洲说：“《淮南子》所引典籍范围很广，直接提到书名且现今保存较好的，就多达十三种，计有《易》《诗》《书》《周书》《礼记》《国语》《老子》《庄子》《慎子》《管子》《尸子》《神农》《韩子》；被引用而没有说明的就更多了，约有三十余种。”由此可见，《淮南子》兼合诸子百家的杂家特征。

《淮南子》糅合吸收诸子百家学说，融会贯通，形成了具有黄老之学旨趣的治道理论体系和立意鲜明的帝王之学，被称为杂家的殿军。

《淮南子》书影

三、百家务治，救时之弊

《淮南子》从“兼儒墨、合名法”的基本原则出发，整合诸子百家学说，以备帝王之道，形成了鲜明的治道思想。同时，又以其治道思想为准则揭橥百家学术之起

刘安与八公雕塑图

源，建构了百家务治、救时之弊的诸子百家发生学。

关于诸子百家的起源，见仁见智，众说纷纭。主要的大致有诸子源于王官说、诸子源于六艺说、诸子源于史官说、诸子源于政治说、诸子起源的多因素综合说等。《淮南子》的诸子起源说，属于诸子源于政治说的主要代表。

《淮南子·要略》在阐明各篇的主要思想后，旗帜鲜明地宣告："故著书二十篇，则天地之理究矣，人间之事接矣，帝王之道备矣。"可见其意图即在"帝王之道"。而其论列诸子之发生，都与当时的时政形势息息相关，也就是说政治的需求，催生了诸子百家以及其他学说的诞生。

儒家学派的产生。周文王兴周灭商之大业刚开始便去世了，周武王继承周文王之业，采用姜太公之谋略，调动全国之兵力，身披战袍，来讨伐无道不义之君。誓师牧野，以践天子之位。天下未定，海内未辑，武王欲使文王之美德昭明天下，使夷狄各以其财货前来献贡。道路遥远者未能到达，故治三年之丧，殡文王于两楹（yíng）之间，以待远方之人。武王立国三年而驾崩，成王尚在襁褓（bǎo qiǎng）之中，未能执政用事。蔡叔、管叔辅助公子禄父，而欲为乱。周公继文王、武王之业，代行天子之政，以安定周王室，辅佐周成王。周公担心争斗不已，臣下危及天子，故纵马华山，放牛桃林，败鼓折枹，措饬而朝，以宁静王室，镇抚诸侯。等到周成王已经长大，能从政事，周公受封于鲁，以此移风易俗。孔子修成康之道，述周公之训，以教七十子，使弟子穿戴周王朝的衣冠，研修其典籍，于是儒家之学便产生了。

墨家学派的产生。墨子学儒者之业，受孔子之术，以为其礼烦扰而不悦，厚葬靡（mí）财而贫民，长久服丧伤生而害事，故背周道而用夏政。大禹之时，天下大水，大禹亲自拿着畚箕（běn jī）和锹（qiāo），而给百姓作出表率，疏通黄河而分成九个支流，开凿通江而沟通众多的水道，开通五湖而注入东海。在这个时候，烧火的余烬来不及排除，衣服沾湿来不及擦拭，死在山陵葬在山陵，死在湖泽葬在湖泽，因此节省财物而简易的葬礼、简单的服饰便产生了。

纵横家学派的产生。战国之时，六国诸侯，地域不

大禹治水

同，水绝山隔，各自治其境内，守其分地，握其权柄，擅其政令。下无方伯，上无天子，武力争权，胜者为尊。他们依仗联合之国，约定招致重兵，剖开符契，连结远方援兵，以防守其国家，保守其社稷。因此纵横、长短之术产生了。

刑名之学的产生。申不害，尊称申子，是韩昭王的辅佐。韩国是由三国分晋而建立的，地贫民险，而介于大国之间。晋国原来的礼俗没有废止，韩国之新法又产生，先君之令未收回，后君之令又颁布，新故相反，前后抵触，百官相背而混乱，不知所用。因此刑名之学便产生了。

商鞅之法的产生。秦国之俗，贪狠如狼，竭尽武力，寡义而趋利，可威以刑，而不可教化以行善；可用奖励来刺激他们，而不能用名声来使他们严肃。被险而带河，四塞以为固，地势便利，畜积殷富。孝公欲以虎狼之势而吞诸侯，故商鞅之法家思想产生了。

太公之谋的产生。周文王之时，纣为天子，赋敛无度，杀戮无止，沉溺于淫乐美酒，宫中犹如闹市；制造炮烙之刑，劝谏者挖心，剖割孕妇，天下同心而痛恨。周文王四代积善，修德行义，处于岐周之间，土地方圆不过百里，天下三分之二的诸侯归向了他。文王欲以卑弱制强暴，以为天下去残除贼而成王道，因此姜太公的谋略之学便产生了。

管子之学的产生。齐桓公之时，天子卑弱，诸侯力征，南夷北狄，交互侵伐中国，中国之不绝如线。齐国之地，东边靠海而北面有黄河阻障，地狭田少而民多智巧。桓公忧中国之患，苦夷狄之乱，欲以存亡继绝，尊崇天子，广大文、武之业，因此管子之学便产生了。

晏子之谏的产生。齐景公内好声色，外好狗马，猎射忘归，好色无辨。营建豪华的路寝（qǐn）之台，聚集财货铸造大钟，撞击于庭下，引得郊外野鸡鸣叫。一朝赏赐粮食就了用三千钟，皆因佞臣梁丘据、子家哙（kuài）在左右诱导齐景公。因此晏子之谏便产生了。

总之，《淮南子》认为诸子百家都是时代的产物，因时代应运而生；都与政治有着千丝万缕的联系，皆务为治而拯救时弊。胡适认为《淮南子·要略》所论，虽然间有考之未精，但其大旨以为学术之兴，皆本于世变之所急，其说最近理。故诸子之学，皆春秋战国之时势世变所产生。

《淮南子》论列先秦诸子发生学，对于有影响的诸子学派以及其他一些学说作出了阐发说明，而没有对道家与阴阳家这两大植根于人们思想深处的学术流派进行起源考论。侯外庐在《中国思想通史》中说：《淮南子》这部杂家之言，间有儒者与法家术势诸说，而主要篇幅则为阴阳五行家与老庄道家的混血种。在《要略》中叙明诸子发生之时，就没有把道家与阴阳家列入并论，仅从这点而言，刘安已经以阴阳家道家之旨为超乎时空而居于百家之上。

四、讲论道德，总统仁义

高诱《淮南子注叙》指出，淮南王刘安及其宾客方士，讲论道德，总统仁义，而著此书。其旨近老子淡泊无为，蹈虚守静，出入经道。言其大也，则焘（dào）天载地（覆盖长天托载大地）；说其细也，则沦于无垠，及古今治乱存亡祸福，世间诡异环奇之事。其义也著，其文也富。物事之类，无所不载。然其大较，归之于道，号曰“鸿烈”。鸿，大也；烈，明也。以为大明道之言也。故夫学者，不论《淮南》，则不知大道之深也。是以先贤通儒述作之士，莫不援采以验经传。

张允熠认为，高诱《淮南子注叙》透露了一个真实的信息，那就是《淮南子》一书尽管材料驳杂、广涉百家，但在其立言宗旨上，并非是一个大杂烩，而是围绕着“讲论道德，总统仁义”这一“中心思想”展开的，其主要出入于“经、道”两家（“经”是《六经》，“道”是《道德经》），即儒、道两家。至于“其旨近老子淡泊无为，蹈虚守静”，这只是“道”的一个方面，这从《原道训》《俶真训》《精神训》《本经训》《道应训》等篇章可知。但另一个方面则是“儒”道，这从《缪称训》《修务训》《人间训》《泰族训》等篇章可知。这种似乎前后矛盾的现象可以被简单地解释为一种没有体系的拼盘，但是，如果我们细致地观察一下，就会发现整个《淮南子》的篇章结构和思想宗旨是有条贯、有逻辑、有体系的，它围绕着“讲论道德，总统仁义”八字宗旨统领材料、架构体系、展开论述、突出中心，所谓“出入于经、道”，即在宏旨上主要出入于道儒两家，力图把“道德”和“仁义”糅合起来，将儒、道贯通，实现一种儒道互补、儒道合流的价值结构。

《淮南子》对道家思想的融合发展，突出地表现在它对“道”的诠释。牟钟鉴认为，“道”是《淮南子》哲学思想最基本和最高的概念。“道”的规定性在《老子》书中尚不明晰，到了《淮南子》书中才得到了较为充分的说明。《淮南子》受汉赋的影响，往往以华丽的词汇、排比的句子，对“道”作文学式的描绘，我们可以透过这些词汇，把握作者对“道”的本质特点所做的理论说明。归纳起来，“道”有以下几方面的规定：第一，“道”无所不在；第二，“道”无所不能；第三，“道”自然化生万物；第四，“道”无形无象而又实有；第五，“道”又指各种自然与社会事物的具体规律。《淮南子》书中有着中古时代最为系统的宇宙演化和万物发生学说，标志着人类视野的扩大和认识能力的提高。同时，作为道家重要哲学范畴的“无为”，《淮南子》也给予高度关注，它深化了对“无为”内涵的认识，从治国依法不任意、君驭臣以术、尊重自然规律、随顺民性习俗、不为物先以柔克刚、等待客观条件成熟而行事等方面对“无为”进行了新界定，从这里已经看不到“无为”的消极影子。

当然，面对汉初黄老之学的兴盛局面，对于崇尚道家甚而道教道术的淮南王刘安来说，自然是沐浴其中而受其浸润，以至于有人把《淮南子》看成是黄老之学的传承者。把《淮南子》视为秦汉道家或新道家，其实都是一回事，都是指向黄老之学，只是称谓不同而已。

马王堆汉墓出土的帛书《道原》《经法》《称》《十大经》四篇古佚书，不论是称为《黄老帛书》还是《黄帝四经》，不论是称为《黄帝书》还是《帛书四篇》等等，都不否认它是兴起于战国时期的黄老学派的代表作。《淮南子》与这四篇帛书不但是思想旨趣上大致相同，而且在文辞上亦有明显雷同。《淮南子·原道训》与帛书《道原》主旨都是论“道”，言辞相似度也很高。其他如《诠言训》曰“圣人不为始，不专己，循天理，不豫谋，不弃时，与天为期，不求得，不辞福，因天之则”，《称》云“圣人不为始，不专已，不豫谋，不为得，不辞福，因天之则”；《人间训》曰“祸福同门”，《经法》云“祸福同道”；《原道训》曰“万物之总，皆阅一孔”，《十大经》云“万物之多，皆阅一空”。或许帛书四篇即是《淮南子》思想的直接来源。

《淮南子》与儒家也是关系十分密切。《淮南子》不但对孔子不吝溢美之词，而且对儒家所尊奉的尧舜禹汤文武称之为圣贤。同时，对于儒家经典著作也是屡有称引。比如，孔子思想的核心是“仁”，“仁”理念也融入《淮南子》一书中。《主术训》说：“国之所以存者，仁义是也。”又说：“遍知万物而不知人道，不可谓智；遍爱群生而不爱人类，不可谓仁。仁者爱其类也，智者不可惑也。”还说：“所谓仁者，爱人也；所谓知者，知人也，爱人则无虐刑矣。知人则无敌政矣。治由文理，则无悖谬（bèi miù）之事矣。刑不侵滥，则无暴虐之行矣。”当然，这里的所言“仁”既继承了孔子的“仁”，又发展丰富了“仁”的内涵，把“仁”与“人道”“人类”连接起来，可以说是《淮南子》对学术思想史的一大贡献。当然也应该认识到，如果说孔子的“仁”是儒家的最高伦理规范的话，那么《淮南子》所讲的“仁”更注重的是在治道中如何体现“仁”，如何践行“仁”。高诱说《淮南子》总统仁义，恐怕也是在这个层面上对《淮南子》与儒家关系的看法。

五、法度论俗，因时制宜

《淮南子》是为帝王提供治道方略的著作。治国必有法度，这是任何一个为政者共同关心而且心知肚明的问题。其不同之处在于运用法制达到最为理想状态，在具体实施法制时如何做到适度适宜，还有就是固守成法还是根据时势而变法问题。

《淮南子》主张治国要依法，并且法律制度应顺应民俗及时局变迁而随时调整。根据不同时期的情况，采取合宜的措施应对。

《淮南子·氾论训》说：民迫其难则求其便，困其患则造其备，人各以其所知，去其所害，就其所利。常故不可循，器械不可因也，则先王之法度有移易者矣。

圣人所遵循的原则叫道，所做的叫事。这道就好比金钟石磬，一旦定了调就无法改换；而事就好比琴瑟，每根弦的音都可以随时调整。所以法制礼义这些东西，只是治理国家的工具、方法，而不是治理好国家的最终的东西。所以以“仁”为经，以“义”为纪，这倒是万世不变的。

至于说考察人才，以省察他们的行为来决定对其使用与否，对于这类的事情，即使每天有变动也是可以的，天底下哪有一成不变的常规法度！只要符合世事，适合情理，顺应天地，就可以治理好天下了。

古时候，人们淳朴忠厚，工匠制作的器具坚固耐用精致美观，商贾诚实不欺诈，女子纯真稳重，因此教政容易感化，风俗容易改变。如今社会道德日益衰败，民风习俗日益浅薄，想用质朴淳厚的方法去治理日益腐败的民风，就像不用马嚼子和马鞭去驾驭烈马那样困难。过去神农氏时代没有法令制度而民众却自觉服从，唐尧、虞舜时代尽管制定了法令但无人触犯刑罚；夏朝人说话守信用，殷朝人通过发誓、周朝人通过歃（shà）血为盟来达到守信。而到今天这世道，人反而习惯忍受耻辱，为贪得财物而不顾廉耻，在这种情况下还想用神农时代的方法来治理，那就必定要乱套。过去伯成子高不愿做官，拒绝封为诸侯，情愿归乡隐居种田，天下人都称赞他；如今的人如果拒绝做官，就会被乡里人瞧不起，这哪能相提并论啊！古代兵器，只是弓和剑，木矛没有铁枪头，长戟没有锋尖。而近代的兵器，冲车做得又高又大以备攻城，沟堑（qiàn）和幨（chān）帐用来防御，连发的机弩用来射杀，装有尖刀的战车用来战斗。古时候征讨别的国家，不杀小孩、不捉老人，这被认为是那时候的人道主义，而现在这样做就会被人嘲笑。古时候认为是一件光荣的事，在今天有可能被认为是一件耻辱的事；古时候用来治理天下的方法，今天用来治理天下就会乱套。

神农、伏羲（xī）不实施赏罚，人民也不会去做坏事，而现在的执政者就不可能去废除法令来治理百姓；

虞舜执干戚而舞使有苗族臣服，但现在带兵征伐的将领却哪能可以放弃武器去制止暴乱。由此看来，制定法度，是用来反映百姓的习俗，应当宽严缓急适度；器械用具同样要根据时代的变化而变化，使之适宜使用。

圣人制定法令制度，使普通人受到制约；贤人确立礼节，使无能的人拘泥于礼节。受法制约的人是不可能有远大行为的，拘泥于礼节的人是难以适应变化的。耳朵听觉不能分辨清浊的人，是不可以让他去调整音律的；内心不明白国家治乱根源的人，是不可以让他去制定法令的。具有能听别人难以听到的声音的听觉和能看别人难以看到的东西的视觉的人，才能随心所欲择道前进。

殷朝改变了夏朝的礼法，周朝改变了殷朝的礼法，春秋各国又改变了周朝的礼法，三代的礼法各不相同，哪还有什么古礼法可以遵从呢！如果遵从古礼法，就像长辈立法、晚辈遵从照搬。如果知道法治产生的缘由，那么就有可能应时而变法；如果不明白法治产生的根源，那么因循守旧，套用古礼古法，就有可能最终导致大乱。现在的法典已经根据时势变化而变化了，礼仪也已经随习俗变化而变化了。而那些学者还是因袭旧业，死守法典旧教，以为离开这些就无法治理天下，这实在是像拿着方榫（sǔn）头去装圆榫眼，还想套装牢固适宜，那就难了。现在的儒、墨，言必称三代、文武二王的一套，可自己又不实施，这无疑是在宣扬一套根本行不通的东西。现在的儒、墨，非议眼前的现实，但又不去改变它，这实际上是听任不合理的东西存在下去。这真是称赞的是他们认为正确的事，做的却是他们认为错误的事，因此整天用尽心思伤透脑筋却对治国毫无益处，劳损形体竭尽智力，如此却于事无补。如今的那些画匠总爱画鬼怪而讨厌画狗马，这是什么启发呢？这是因为鬼怪不可能在世上出现，而狗与马倒是能天天见到，画鬼容易画狗（马）难啊！挽回危局、治理乱世，没有聪明才智是无法做到的；但只是复述古人、称道古代，即使让笨蛋来做也是绰绰有余。所以无用的方法和法规，圣王是不采用的；不符合实际的言论和事情，英明君主是不听取的。

六、是非之分，兔死狗烹

乱世的昏庸君主，总要将自己装扮得高深莫测，以此来抬高自己。而对于求学者，于此则被迷惑蒙蔽。是非不分，方圆曲直不辨，真真假假，不但害人，也会害己。这是《淮南子》告诫世人的。

1. 是非之分，方圆曲直

《淮南子·修务训》说：精通事物的人，是不能用诡怪来惊吓他的；明白启发的人，是不能用奇异来惊动他的；明察言辩的人是不能用虚名来迷惑他的；审察物形的人，是不能用假象蒙骗他的。世俗之人，大多是崇古而贱今的，所以为了宣传自己的学说主张的人，一定要假托神农、黄帝的名义然后才能让人们乐意接受他们的学说主张。

乱世的昏庸君主，总要将自己所有一切的由来粉饰得高深莫测，以此来抬高自己；而求学者被他们的观点所迷惑蒙蔽，尊崇他们听到的传闻，便聚在一起正襟危坐地称道着，挺直颈脖诵读着。这就说明这些人分辨是非的界限不明确。没有了规矩，即使是奚仲也无法凭他的技艺来确定方圆；没有了准绳，即使是鲁班也无法凭他的技术来确定曲直。所以钟子期死了，伯牙就拉断琴弦、砸破琴瑟，因为这世上再也没有人能欣赏他的琴技乐曲了；惠施死后，庄子就停止了辩论，因为这世上再也没有人能同庄子谈论了。项橐七岁就做了孔子的老师，孔子则也有听项橐说话的气度。假如项橐这样年龄的少年，向乡里的长者发表议论，那恐怕他躲避长者的拐杖敲打都来不及，哪里还能说明发表自己的主张？

过去，墨家信徒谢子会见秦惠王，秦惠王听了谢子的话后很高兴，他去征求唐姑梁的意见，唐姑梁说："谢子，这人是山东地区有名的巧辩之士，他有意以诡辩学说来讨好太子。"秦惠王信以为真，便心怀怒气等着改日见谢子。第二天，秦惠王和谢子又见面了，但就是听不进谢子的进言。谢子前后两次说话的内容一样，秦惠王听不进谢子的进言，说明秦惠王听话的前后心态不一样了。

弹琴的人把徵（zhǐ）音变成了羽音，这不是琴弦的过错；品味的人将甜味当成苦味，这不是味道的过错。楚国有个人煮了猴肉请邻居来吃肉，邻居家都以为是狗肉，吃得都十分香美；后来听说是猴肉，就纷纷蹲在地上呕吐起来，把吃进的猴肉都吐了出来，这说明这些人根本不知狗肉和猴肉的味道之区别。

邯郸有个乐师创作了一首新歌，假托是李奇创作的，人们也就纷纷跟着学唱，后来了解到不是李奇创作的，也就不再去唱了，这说明这些人根本是不懂音乐的。有位鄙陋之人得到一块玉璞（pú），喜欢它的形状，以为是宝贝将它收藏起来；后来又拿给别人看，别人以为是块普通石块，于是这位鄙陋之人就将这块玉璞扔了，这说明他根本就不懂玉与石的差别。所以心中有是非标准，就会尊重实情，将古今看成一样的实情来辨别；心中没有辨别是非的标准，就会只把来历久远的东西当宝贝。这就是卞（biàn）和在荆山下为人们不识美玉而啼哭出血的缘故。

2. 兔死狗烹，鸟尽弓藏

事情成功后，把出过力的人抛弃或杀死。与之相类者有卸磨杀驴、过河拆桥、得鱼忘筌（quán），世人据此感叹世态炎凉。人的欲求不一样，人与人的相处就更为微妙。此为古人对后人发出的警诫与忠告。

《淮南子·说林训》记载说：水火不相容，但是装有水和食物的小鼎锅放在火上却能煮成五味俱全的美食；骨肉亲情，但被谗贼小人从中挑拨，父子都有可能互相危害。为贪养生之物而伤害生命，这就好像削足适履，又好像削尖脑袋去戴小帽子。菖蒲能除掉跳蚤和虱子，但却又招来蚰蜒（yóu yán）害人，这真是除去小的害虫却招来大的害人虫，贪图小的快活而伤害大的利益。墙壁毁坏倒不如没有墙壁来得好，但总比房屋倒塌好得多。璧瑗（yuàn）能成为玉器，是诸的功劳；莫邪宝剑削铁如泥，是砥砺的力量。

狡兔捕捉到手，猎犬就被烹煮；飞鸟射杀了，这强弓就被收藏起来了。虻（méng）蝇叮咬在马身上，随马奔驰而不用飞动，没有干粮供应也不挨饿。失火正好碰上下雨，失火是件不幸的事，但遇上了下雨却又是件幸事，所以说祸中有福。卖棺材的老板希望大家都得不治之症，囤积粮食的奸商希望闹饥荒。水静止就平正，平静就清澈，清澈就能映出物形，使它不能藏匿，所以静水可以作为镜子来帮助人整饬衣冠。川涧枯竭则溪谷空虚无水，山丘夷平则深渊填塞，嘴唇翻裂则牙齿受寒；河床之所以深，是水冲刷山崖泥土形成的。将一块白绢分成两半，一半做成帽子，一半缝成袜子，帽子戴在头上，袜子却被踩在脚下。有自知之明的人是不能拿物质来诱惑他的，明白生死由命这个启发的人是不能用危难来胁迫他的，所以会游泳的人是不可以用涉水渡河来吓唬他的。亲密关系莫过于骨肉相连，全身的关节筋络将它们紧紧相连；但如果心脏失去对人体的控制，人体的各个器官就会互相残害，更何况关系本身就疏远的事物呢？

圣人对于“道”，就好像葵花向太阳，虽然不能和太阳同始共终，但朝向仰慕太阳的心情是真诚的。辟挖出来的水池，久雨积水就会漫溢，天旱就会干涸，而有源头的长江之水，却像深泉那样不会枯竭。伞盖离开盖架的支撑便不能张开遮阳；车轮没有辐条便不能飞快奔驰。但是光靠盖架和辐条又是不行的。说金能克木，并不是说一刀就能砍倒树木；说土能克水，并不是说一块土就能堵塞长江。

七、塞翁失马，黄龙负舟

一时虽然受到损失，也许反而因此能得到好处，反之，得到一时的利益，或许会遭遇祸患。泛指坏事在一定条件下可变为好事，特指祸福在一定条件下可以互相转化，任何事都有两面性。即所谓塞翁失马，焉知非福。

1. 塞翁失马

《塞翁失马》通过一个循环往复极富戏剧性故事，阐述了祸与福的对立统一关系，揭示了“祸兮福所倚，福兮祸所伏”的道理。如果单从哲学角度去看，这则寓言启发人们用发展的眼光辩证地去看问题：身处逆境不消沉，树立“柳暗花明”的乐观信念；身处顺境不迷离，保持“死于安乐”的忧患意识。

在一定的条件下，好事和坏事是可以互相转换的，坏事可以变成好事，好事可以变成坏事。“塞翁失马”的故事在民间流传了千百年。

《淮南子·人间训》记载：靠近边境一带居住的人中有一个精通术数的人，他们家的马无缘无故跑到了胡人的住地，人们都前来慰问他。那个老人说：“这怎么就不能是一件好事呢？”过了几个月，那匹马带着胡人

塞翁失马图

的良马回来了。人们都前来祝贺他们一家，那个老人又说：“这怎么就不能是一件坏事呢？”他家中有很多好马，他的儿子喜欢骑马，结果从马上掉下来摔得大腿骨折。人们都前来安慰他们一家，那个老人说：“这怎么就不能是一件好事呢？”过了一年，胡人大举入侵边境一带，壮年男子都拿起弓箭去作战。靠近边境一带的人，绝大部分都死了。唯独这个人因为腿瘸（qué）的缘故免于征战，父子得以保全生命。

2. 黄龙负舟

大禹在面对危险时表达出了他崇高的天命观与豁达的生死观。

《淮南子·精神训》：夏禹到南方巡视，渡过长江时，一条黄龙游出水面并将夏禹他们所乘坐的船托起，船上的人都吓得神色大变，可禹却恬然地笑着说：“我受命于天，竭尽全力为百姓操劳。我活着是寄寓天地之间，死后是回归自然大地。哪里值得我为生死而来搅乱平静的心境！”黄龙最终耷（dā）拉着耳朵、掉转尾巴逃走了。

生与死是一切生命产生、存在和消亡的自然过程。基于不同的人生观，人们对生与死也就持有不同的看法，并作出不同的价值评价，这就形成了人们的生死观。大禹心存百姓、无畏生死，所表现出来的泰然豁达的生死观，一直为历代士人推崇备至，大禹的圣王形象也深深植根于人们的心灵之中。

第四章

杂家的基本特征与历史贡献

杂家这个流派，大概出于古代的议政之官。他们兼容儒家、墨家，综合了名家和法家，他们知道治理国家的体要必须有这些派的主张，他们也明白王道政治必须百家贯通，这就是他们的独特之处。

一、杂家的基本特征

杂家被称为“九流”之一，与其他各家等量齐观。既入流成家，自然就构建形成了独立的思想体系。

1. “兼儒墨，合名法”，兼容并包的杂家精神特质

《汉书・艺文志》颜师古注杂家“兼儒、墨，合名、

法，知国体之有此，见王治之无不贯”曰：“治国之体，亦当有此杂家之说。”“王者之治，于百家之道无不贯综。”《隋书·经籍志》论杂家曰：“杂者，兼儒墨之道，以见王者之化，无以不冠者也。古者，司史历记前言往行、祸福存亡之道。然则杂者，盖出史官之称也。放者为之，不求其本。材少而多学，言非而博。是以杂错漫羡，而无所指归。”这是对杂家思想与精神特质的典型概括。杂家博采各家之所长，糅合了儒家和墨家的思想，也集合了法家、道家的精髓。可见，杂家之学，是博采诸子的会通之学，是吸纳众流的取优之学，是一以贯之的通鉴之学，它以通贯王治为思想主线，不仅穷究天地变化的规律，而且还阐明祸福存亡的道理。

吕思勉认为，杂家兼容而并包之，可谓能揽治法之全。所以异于道家者，驱策众家，亦自成为一种学术。道家专明此义，杂家则合众说以为说耳。虽集合众说，亦可称为一家者。专门家虽有所长，亦有所蔽。如今言政治者或偏见政治之要，言军事者或偏见军事之要，不惜阁置他事以徇之。然国事当合全局而统筹，实不宜如此。惟杂家虽专精少逊，而闳览无方，故能免此弊而足当议官之任。此后世所谓通学者之先驱也。

2.“知国体之有此，见王治之无不贯”，“王治”的治道宗旨

杂家学派除了兼融百家的特点外，另一个特点就是它与政治的紧密联系，大部分内容均是谈及政治策略，

为上层统治者出谋划策，此亦可从《吕氏春秋》《淮南子》中得到证明。如《吕氏春秋·序意》：维秦八年，良人请问十二纪。文信侯曰："凡十二纪者，所以纪治乱存亡也，所以知寿夭吉凶也。"所谓"纪治乱存亡"，就是要为统治者提供历史的经验教训。徐复观评论说：著《十二纪》之目的，乃以秦将统一天下，而预为其建立政治上之最高原则。

《淮南子》叙述了"太公之谋"以下各家思想产生的原因，认为他们均是出于现实需要，为解决实际政治问题而产生的。《淮南子》之著书二十篇，则天地之理究矣，人间之事接矣，帝王之道备矣，其目的依然是为政治服务。并进一步论述著书立说的目的就是纪纲道德，经纬人事，上考之天，下揆之地，中通诸理。虽未能抽引玄妙之中才，繁然足以观终始矣。总要举凡，而语不剖判纯朴，靡散大宗，惧为人之惛（hūn）惛然弗能知也，故多为之辞，博为之说又恐人之离本就末也，故言道而不言事，则无以与世浮沉，言事而不言道，则无以与化游息。

3. 论道经邦，熔铸百家的国家治理学说

《书·周官》："立太师、太傅、太保，兹惟三公，论道经邦，燮理阴阳。"孔传："此惟三公之任，佐王论道，以经纬国事。"论道经邦，指研究治国之道，以经营治理国家。杂家的根本宗旨是一个"治"字，即所谓"佐王论道，经纬国事"。以《吕氏春秋》为例，其一是治理总纲，主张“治天下之要，存乎除奸；除奸之要，存乎治官；治官之要，存乎治道”，要治理者不纵欲、不妄作，顺应天地自然无为、公而无私之道，建立起稳定恒久的治理秩序。其二是“治人”和“治物”理论，主张“治人先于治物，治物本于治人”。谢扬举论述道：“十二纪”本着天人合一、效法天地的总纲领，建立了一个阴阳五行的施政系统。这个系统依照阴阳五行变化的时空顺序，囊括天地人神和万物，将各种社会、政治和人的活动纳入一个教令模式。这个体系标示着中国宏观治理的高度。没有天生的“亡国之主”和“贤主”，治理的好坏要看能否集合更多的智能和优长。《吕氏春秋·序意》说：“尝得学黄帝之所以诲颛顼（zhuān xū）矣：‘爰（yuán）有大圜在上，大矩在下。汝能法之，为民父母’。盖闻古之清世，是法天地。凡十二纪者，所以纪治乱存亡也，所以知寿夭吉凶也。上揆之天，下验之地，中审之人，若此则是非可不可无所遁矣。天曰顺，顺维生地曰固，固维宁人曰信，信维听。三者咸当，无为而行。行也者，行其理也，行数，循其理，平其私。夫私视使目盲，私听使耳聋，私虑使心狂。三者皆私设，精则智无由公。智不公，则福日衰，灾日隆。”《吕氏春秋》的政治思想，根据于“法天地”的自然主义，充分发展贵生的思想，侧重人的情欲，建立一种爱利主义的政治哲学。此书开篇第一句话便是：始生之者，天也。养成之者，人也。能养天之所生而勿撄

(yīng) 之，谓之天子。天子之动也，以全天为故者也。此官之所自立也。立官者以全生也。今世之惑主多官而反以害生，则失所为立之矣。譬之若修兵者，以备寇也。今修兵而反以自攻，则亦失所为修之矣。在胡适看来，一部《吕氏春秋》只说三大类之事：贵生之道，安宁之道，听言之道。以这三大纲来总汇古代的思想。

二、杂家的历史贡献

杂家糅合儒、道、法、兵、杂、阴阳、纵横诸子思想，阐述王霸谋略、长短之术。战国末期至秦汉之际学术思想的杂家化，以及治道实践理念的杂家意蕴，体现着杂家的历史影响与地位。

1. 贯通百家——融会贯通百家思想

《汉书·艺文志》："杂家者流，盖出于议官，兼儒、墨，合名、法，知国体之有此，见王治之无不贯，此其所长也。及荡者为之，则漫羡而无所归心。"据扬雄《方言》"杂"可释为"集"，《国语》韦昭注释"杂"为"合"，《广雅》释"杂"为"聚"。杂家的特点是"兼儒墨，合名法"。《论六家要旨》曰："道家使人精神专一，动合无形，赡足万物。其为术也，因阴阳之大顺，采儒墨之善，撮名法之要，与时迁移，应物变化，立俗施事，无所不宜，指约而易操，事少而功多。"司马谈所论道家，其实应是颇具杂家气象的黄老学派，故有胡适道家与杂家同体之论。胡适在《中国中古思想史长编》中评论说："杂家是道家的前身，道家是杂家的新名。汉以前的道家可叫作杂家，秦以后的杂家应叫作道家。研究秦汉之间的思想史的人，不可不认清这一件重要事实。"兼采诸家意味着杂，融合贯通、王治主旨体现着统。杂家的"杂"并非简单的杂糅，而是融会贯通，这个"通"是建立在深刻把握诸子百家思想精髓的基础之上。先秦杂家产生于战国晚期，其影响主要在于它不拘门户之见，博采众家之长。当时的各家各派多持门户之见，"私其所积，唯恐闻其恶也。倚其所私以观异术，唯恐闻其美也"（《荀子·解蔽》）。而杂家则通众家之意，无先入之见，集各派之长，为"王治"之用。一些学者正是受了这种影响，学习其他派别的长处，或在某一学派学说的基础上创立出新的学派。战国末期的荀子，虽总的看似属儒家，但他与杂家也相去不远。郭沫若曾经评价说：荀子是先秦诸子中最后一位大师，他不仅集了儒家的大成，而且可以说是集了百家的大成。他实在可以称为杂家的祖宗，他是把百家之学差不多都融会贯通了。

2. 综合认知——探究学术发展规律

《吕氏春秋·不二》："老聃贵柔，孔子贵仁，墨翟贵廉，关尹贵清，列子贵虚，陈骈贵齐，阳生贵己，孙膑贵势，王廖贵先，倪良贵后。此是十人者，皆天下之豪士也。"冯雷认为，用一个字囊括各家精要，更是说明了杂家对诸子各家的理解之深，深入骨髓。在构建自身的思想体系的时候，杂家能够很好地综合百家，去粗取精、优中取优，对儒家的优秀伦理道德进行吸收借鉴，但是摒弃其迂腐而繁缛（rù）的礼节；对墨家尚贤的政治思想加以选用，但对其非攻、厚葬等主张进行批判；对法家的以法治国加以吸收，但极力抵制严刑酷法，强调赏罚得宜；对道家“无为而治”“道法自然”的思想加以汲取，但否定纯任自然的主张等等，正是由于杂家在优中取优，所以其思想体系表现得更为通透。

3. 传承文化——总结传承先秦文化

《吕氏春秋》博采众说，保存了先秦诸子百家的有关思想资料以及古史旧闻、古籍佚文，在理论上和史料上都有很高的参考价值。阴阳五行家代表人物邹衍的著作，汉志等典籍有所标注题名，然皆失传。我们现在了解的邹衍的思想，主要的就是《吕氏春秋》所记录保存下来的。其他如尹文、惠施、杨朱、宋钘等诸子的思想资料在《吕氏春秋》之中也有所体现。《上农》《任地》《辩土》等所保存的古代农业科技资料也是弥足珍贵的。

4. 救世之弊——寻求治道方略

《吕氏春秋》的制作是为政治的统一寻求统治思想，因而《吕氏春秋》亦被称为杂家帝王学之作。司马谈《论六家要旨》说：“夫阴阳家、儒家、墨家、名家、法家、道家，此务为治者也。直所从言之异路，有省不省耳。”《淮南子·氾论训》：“百川易源，而皆归于海；百家殊业，而皆务于治。”百川归海，百家务治，皆言殊途同归之理。“百家殊业，而皆务于治”，这是从诸子之学相同的治道目标上所做出的评判，而杂家与其他诸子学派的不同在于明确以“王治”为治道主旨与方略。东汉高诱《吕氏春秋序》称赞其“大出诸子之右”。杂家“兼儒墨之道，通众家之意”的治道理念，为历代所借鉴，如“汉家自有制度，本以霸王道杂之”。

杂家融会贯通百家思想，综合认知学术发展规律，总结传承先秦文化，探寻救世之弊的治道方略，成为中国学术思想发展的基本路向。“兼儒墨，合名法”之兼容并包的杂家精神，体现着学术思想的综合创新而“知国体之有此，见王治之无不贯”之“王治”治道宗旨，彰显着杂家的使命担当。中华优秀传统文化之所以具有兼容并包的胸怀与同化力，与杂家精神有着深厚渊源，同时也是融合百家之稷下精神的写照。

后　记

自从汉代班固在《汉书·艺文志》中将杂家列为先秦诸子十家之一，杂家在中国学术史的研究中一直处于或有或无的尴尬状态之中。要么把思想史上的杂家与后世目录学上的杂家类等同划一，要么干脆否定杂家的存在而把它归类于道家。其实杂家融汇百家、兼容并包的学术品格，不但影响了秦汉学术的杂家化，而且在海纳百川的中华传统文化长河中流淌着杂家特质的积极因子。

我对杂家的认识是因了工作关系及研究方向，也只是泛泛了解，谈不上研究。真正接触杂家，是王志民主席让我参加由他主持的稷下学宫与诸子百家文化园项目，继而加入《诸子百家普及丛书》作者队伍，在展陈文案的基础上，采猎相关专家学者的研究成果而编写《杂家》这本普及读物。在本书的编写过程中，得到了王志民、孙中原、白奚、杨朝明、方铭、曹峰、邢滔滔、王威威、卜祥伟、房伟等学界前辈的提携抬爱与青年才俊的热心帮助，感谢中国人民大学出版社外语分社的修改高见与精心编辑。

由于丛书体例所限，对于书稿中引用先哲时贤的成果未能一一标出，大都以某某说而代之；书中有些译文主要采用张双棣等《吕氏春秋译注》、刘生良评注《吕氏春秋》、陈光忠《淮南子译注》以及时人文章等，感恩于心，鸣谢于此。

于孔宝

2021 年 8 月 4 日

图书在版编目（CIP）数据

杂家/王志民总编纂；于孔宝著. --北京：中国人民大学出版社，2021.8

（诸子百家普及丛书）

ISBN 978-7-300-29810-8

Ⅰ.①杂… Ⅱ.①王… ②于… Ⅲ.①杂家-通俗读物 Ⅳ.①B229-49

中国版本图书馆 CIP 数据核字（2021）第 178947 号

诸子百家普及丛书

杂家

总编纂　王志民

于孔宝　著

Zajia

出版发行	中国人民大学出版社		
社　　址	北京中关村大街 31 号	**邮政编码**	100080
电　　话	010－62511242（总编室）		010－62511770（质管部）
	010－82501766（邮购部）		010－62514148（门市部）
	010－62515195（发行公司）		010－62515275（盗版举报）
网　　址	http://www.crup.com.cn		
经　　销	新华书店		
印　　刷	涿州市星河印刷有限公司		
开　　本	787 mm×1092 mm　1/32	**版　　次**	2021 年 8 月第 1 版
印　　张	63　插页 20	**印　　次**	2024 年 12 月第 4 次印刷
字　　数	1 160 000	**定　　价**	200.00 元（全 10 册）

中国人民大学出版社读者信息反馈表

尊敬的读者：

感谢您购买和使用中国人民大学出版社的 ________________________ 一书，我们希望通过这张小小的反馈表来获得您更多的建议和意见，以改进我们的工作，加强我们双方的沟通和联系。我们期待着能为更多的读者提供更多的好书。

请您填妥下表后，寄回或传真回复我们，对您的支持我们不胜感激！

1. 您是从何种途径得知本书的：

□书店　□网上　□报纸杂志　□朋友推荐

2. 您为什么决定购买本书：

□工作需要　□学习参考　□对本书主题感兴趣　□随便翻翻

3. 您对本书内容的评价是：

□很好　□好　□一般　□差　□很差

4. 您在阅读本书的过程中有没有发现明显的专业及编校错误，如果有，它们是：

____

____

____

5. 您对哪些专业的图书信息比较感兴趣：

____

____

____

6. 如果方便，请提供您的个人信息，以便于我们和您联系（您的个人资料我们将严格保密）：

您供职的单位：____

您教授的课程（教师填写）：____________________________________

您的通信地址：____

您的电子邮箱：____

请联系我们：黄婷　程子殊　王新文　王琼　鞠方安

电话：010-62512737，62513265，62515580，62515573，62515576

传真：010-62514961

E-mail：huangt@crup.com.cn　chengzsh@crup.com.cn　wangxw@crup.com.cn　crup_wy@163.com　jufa@crup.com.cn

通信地址：北京市海淀区中关村大街甲59号文化大厦15层　邮编：100872

中国人民大学出版社

诸子百家普及丛书

总编纂—王志民

农家

农为政本　食为民天

方铭　陈静　著

中国人民大学出版社

· 北京 ·

诸子百家普及丛书

编委会

教育部重大攻关项目“稷下学派文献整理与数据库建设研究”阶段性成果

山东省齐文化传承与示范区建设协同创新中心重点项目

序 言

王志民

“诸子百家普及丛书”根据《汉书·艺文志·诸子略》所列十家学派而编纂，包括《儒家》《道家》《阴阳家》《法家》《名家》《墨家》《纵横家》《杂家》《农家》《小说家》，各自独立成册，共十本。由对各学派素有研究的著名专家学者合作撰写，是一套普及性、通俗性、大众化的学术丛书。

一

春秋战国时代的诸子百家争鸣，是中国文化史上最辉煌灿烂的文化景象。由于社会的巨大变革，“礼崩乐坏”，文化下移，私学兴起，各种出身的知识分子大量产生，形成了一个特殊的“士”阶层，这为诸子百家的产生准备了充足的人才条件。数百年中，列国纷争，诸侯割据，争霸图强，战乱频仍；各国之间，群雄崛起，风云变幻，在竞相以实现一统天下为目标而鹿死谁手迄未可知的情势下，各国统治者殚精励治，变法图强，都需要大量的人才来为自己出谋划策，奔走效力。人才多

寡成为国家力量的衡量标准，各国统治者尊重人才，“礼贤下士”就成为最普遍的现象和备受崇尚的风气了。而在这种风气的推动下，具备各种知识与才能的“士”，面对激烈复杂的斗争和出将入相、功名利禄的诱惑，也都深深地卷入这一时代大潮中。他们或游说各国，喜议政事，发表政见，以干世主，成为搅动天下局面的大政治家；他们或总结历史，研究现实，谋划未来，长于思辨，善于论说，聚徒讲学，成为名重一时的大学者。他们因而形成了学派林立、异说纷呈、九流十家、竞相争鸣的文化奇观。值得提出的是，德国现代哲学家雅思贝尔斯提出：在公元前800年至公元前200年，人类的精神基础同时地并各自独立地在中国和其他文明古国开始奠定，形成了直到今天人类仍然附着在这种基础上的“轴心时代”理论。目前中国学术界越来越多的人接受这一观点，将以诸子百家争鸣为主要标志的春秋战国时代称为中华文明史上的“轴心时代”。

纵观战国时期的诸子百家争鸣，其主要特点和巨大历史贡献至少可以从以下三个方面来总结：

1. 思想解放，学术自由，理论创新，哲学突破。在“礼崩乐坏”社会巨变中产生的“士”，从原有的“天道”“神道设教”的神学说教中解放出来，从神圣不可动摇的社会等级秩序桎梏中解放出来，从各国统治者求贤若渴的“礼贤下士”中获得地位上的平等、自由和独立。这种空前的思想自由的社会环境，为来自不同出身、地域、经历、喜好的“士”们各擅其说，标新立异，创造了条件，从而形成了不同的思想流派，带来理论的创新和哲学的突破。儒家是周礼的传承与维护者，

创新性提出“仁者爱人”的核心思想，仁、礼结合，将外在的等级制度与内在道德伦理的自觉意识结合起来，从而形成儒家制度化的理论主张。道家“哲学突破”的创始性更鲜明：提出以“道”为核心的理念。道为万物之根本，所谓“道生一，一生二，二生三，三生万物”。道法自然，以虚无为本，以因循为用，讲无为而治。墨家创始人墨翟本为儒家之徒，却独创学派，并猛烈批判尚礼乐、讲“仁”学的儒家学派，主张兼爱、非攻，节葬、非乐。法家则是从现实的政治需要出发，为寻求富国强兵之策而形成的一种改革的思潮，其先驱是伟大改革家管仲；战国时代则有主张道法结合的齐法家，和讲严刑峻法为特征的三晋法家。而阴阳五行家的邹衍，原来也是一个信奉儒学而且想大有作为的人，但在实践中感到不被人接受，于是将阴阳、五行合论，创造出“其语闳大不经”的大九州说及五德终始之论，终成一大学派。名家是以提倡循名责实为学说，提倡“正名实”、重思辨的学派，是逻辑学的创新者。值得注意的是，各学派内部，也充满了标新立异的活力。孔子去世后，“儒分为八”；墨家也分为：相里氏之墨、邓陵氏之墨、相夫氏之墨；这都是在儒、墨“显学”传承发展过程中，因创新而各有突破的结果。传至汉代司马谈首论六家学派，其“要旨”所在，正在于其理论创新和突破。诸子百家理论上的创新建树，是中华文化的智慧之源，影响极其深远。

2. 胸怀天下，服务现实，围绕政治，出谋划策。诸子百家应时而生，一经出现即与政治紧密相连。战国时期最大的政治就是一统天下。这就决定了诸子百家争鸣

始终围绕着政治这个主轴展开，从各个方面提出建国方略和一统天下的主张。儒家主张以“仁政”获取民心，包括“制民之产”，保护发展小农经济，实现天下大同。道家黄老学派以虚无为本，以因循为用，主张因俗简礼、无为而治、休养生息。墨家则主张兼爱天下，反对战争，主张尚贤、尚同以治国。法家的主张最实用，以奖励耕战，谋求富国强兵；以法、术、势三足鼎立的统治理论，谋求建立统一的中央集权君主专制国家。阴阳家邹衍则以“五德转移，治各有宜，而符应若兹”的五德终始理论，为大一统提供了合法的依据。名家看似对政治并不实用，但却正是针对战国时代礼法名存实亡，强调“名乎其实”“名实相符”，以让天下一切走上正轨。纵横家是为统一天下奔走呼号的一个特殊群体，或以合纵游说六国，或以连横游说秦王，目的都在于促进大国兼并，最终实现天下统一。农家的重农主张，杂家兼容各家学派的思想主张，目的都是为大一统的实现做理论上的准备。总之，所谓诸子百家学术，实与现实政治紧密结合，中华民族大一统理念与分久必合思想和传统的形成，实与战国诸子百家争鸣密不可分。

3. 大师辈出，人才济济；著书立说，经典传世。辉煌的时代，培育出非凡的文化巨人。孔子、老子、墨子、庄子、孟子、孙子、荀子、商鞅、韩非等一大批影响中国历史进程的伟大人物出现在这个时期，而伟大人物的出现，又进一步推动了诸子百家争鸣的繁盛与发展。这些各学派的大师和代表人物，除了以其卓越的思想创新、理论建树和哲学突破彪炳史册外，还在至少两个方面做出了历史性贡献：一是培养了大批人才。他们

大多为了实现政治抱负、思想传承及在争鸣中占据优势，广招生徒，培植后学，每个学派，实际上也是一个私学教育集团。儒、墨两家，号称“显学”，突出特点即在弟子众多，人才丛生。孔子杏坛讲学，亲授弟子竟有 3 000 人之众；墨子为反对战争曾率弟子数百人持械守城，可见当时弟子众多。战国之世，不仅“孔、墨徒属弟子，充满天下”，而且人才济济，多有成就，所谓“孔墨之后学，显荣于天下者众矣，不可胜数”。其他学派大师也大多徒属众多，人才辈出。因而师承相传，思想发展，学派繁盛，声势浩大。二是各派大师，著书立说，留下大量著作，被后世奉为经典，成为此后两千多年中国思想文化之源。孔子编定“五经”，不仅在汉代成为文化主流，而且后世所谓的儒家经典，其主体皆源于此。儒家经典《论语》《孟子》，既入“十三经”之数，又特列宋代之后“四书”之中，犹如中国人的《圣经》。《老子》《庄子》为道家之经典，称为《道德经》《南华经》。《荀子》《韩非子》皆为儒家、法家集成之作，对中国政治、文化影响巨大。传为管仲遗著、实际成书于战国时期的《管子》，被称为中国早期政治智慧集大成之作，为历代治国者提供了丰富的政治营养。战国诸子百家，实为此前中华文明成果之总结者、传承者，又为其后中华文明发展之开启者、奠基者。

二

战国时期诸子百家争鸣的思想学术文化中心就是设在齐国故都临淄的稷下学宫。

1. 稷下学宫的兴衰发展历程大致可描述为：初创于田齐第三位国君齐桓公（田午，公元前 375—公元前 357，在位），繁荣于齐威王时。齐宣王时期，扩大学宫规模，建筑高门大屋；封官加禄，吸引各派学者，鼓励百家争鸣，人数多至数千人，达到发展的鼎盛期。闵王时国破君亡，学宫遭废，襄王复国而稷下“中兴”。直到末代国君齐王建时，存而渐衰；公元前 221 年，秦国灭齐，学宫消亡。其存在时间基本与田齐政权相始终，前后历经六代国君，凡一百五十余年。

2. 稷下学宫是诸子百家争鸣的唯一学术中心。战国诸子百家的形成，固然与各国延揽人才、大兴养士之风有直接的关系，但如果没有一个百家汇聚的文化中心，“争鸣”的局面也是难以形成的。然而，在战国那样一个大国割据、战争频仍的时代，遍考养士之所，却少有百家学派汇聚之地。当时以养士最为著名者当属“四君子”：楚有春申君，齐有孟尝君，赵有平原君，魏有信陵君。他们都曾宾客云集，名闻天下，但在他们那里却并没有形成学术文化中心。考其原因约有以下几点：一是人数虽多，层次低下。“四君子”养士，都在“三千余人”以上，但往往“不分贵贱，客无所择”；寄食者众，有才者寡。二是服务私门，学派难入。其养士多为救急解困，主要在务实和功利层面，各派学者真正投奔者甚少。三是因人而养，聚散无常。人在则聚，人去则散。学术成就最高者当属战国末期的吕不韦，他养士三千余人，并“使其客人人著所闻”，集论而成了《吕氏春秋》；但随吕氏之亡，其士也如昙花一现，作鸟兽散。战国私门养士，风气虽炽，灿如云霞，但都未形成稳定

的学术文化中心。

战国之君，以礼贤养士最著名者首推魏文侯。他“师卜子夏，友田子方，礼段干木”，以致“四方贤士皆归之”，如李悝（kuī）、翟璜（huáng）、吴起、西门豹、乐（yuè）羊等崇尚变法图强的政治家，都聚集魏国，实行变法图强，魏成一时之霸主。但魏处秦、楚、韩、赵大国之间，疲于征战，且魏文封侯之后七年即去世，国力渐衰，在魏国并未形成一个稳定的文化中心，其学术贡献也难与稷下并论。

考察战国学术，能够成为诸子百家争鸣中心，且存在时间最长、规模最大、成果最丰、影响最深远的，唯有稷下学宫。其原因在于它有三大特点：

其一，机构开放。齐国君主延揽各国人才，不遗余力。稷下学宫尊重学者的独立自主精神，在管理上采取机构开放、来去自由的政策。一是待遇优厚。齐国统治者在稷下建设“高门大屋，尊崇之”，足见校舍之富丽堂皇；齐宣王一次封七十六名稷下先生为上大夫，足见地位之高，待遇优厚。二是来去自由。游学是其主要形式：学生可以自由来稷下寻师求学；先生也可以自由在稷下招生讲学；可以个人游学，也可以从者数百人集团游学。来者，热情欢迎，精心安置，以礼厚待；走者，以礼相送，重金馈赠。三是学者治校。齐国统治者对稷下管理充分信任、重用学者，荀子曾“三为祭酒”；在具体事务管理上，则充分尊重学者：教学内容设置，教学活动安排，师生之间，先生与先生之间，教学或学术辩论，全由稷下先生们自主组织。如此优厚、开放、宽松的办学方式，吸引各国学者纷至沓来，增加交流，开

阔视野，扩大见闻，打破了私学界限，学无常师，思想活跃，促进了学术的交流、争鸣和人才的培养、成长。

其二，思想兼容。齐国统治者对稷下各家学派制定“百家争鸣，兼容并包”的方针，实行诸子百家各派平等，多家并存的政策。从文献记载看，儒、法、道、墨、阴阳、名家及农家、兵家，举凡当时重要的学术流派都曾在稷下先后存在发展。由于思想解放，地位平等，学术活跃，各派学者尽管有不同甚至相反的主张，却都能在稷下立足、讲学、争鸣，吐纳吸收，提升发展。甚至还往往出现派中有派、派中分枝的现象。例如：学宫中儒家就分孟氏之儒、荀卿之儒，而且两派之间，观点有异，相互攻伐；道家分宋钘（xíng）派，尹文派，田骈、慎到派和环渊派。各派思想也由于百家争鸣的深入，而逐渐融合或者发生演变。诸子百家充分利用稷下讲坛，传播思想，广收徒属，扩大影响；多家思想并争，各派观点齐鸣，在争鸣中融合，在融合中发展，最终实现了各派的共荣、创新、发展。

其三，学术自由。稷下学宫的学术自由主要体现在两个方面：首先，尊重学者，平等礼遇。齐国君主不以政治干涉学术，不以好恶而行褒贬，稷下学宫所体现的学术自由，主要展现为统治者与学者之间的地位平等和尊重学术的理念，这一点史所难寻。尤其值得提出的是：稷下学宫是田齐政权的国办机构，“喜议政事”是其基本功能，“各著书言治乱之事，以干事主”是稷下先生的强烈愿望，因而，他们可以对齐统治者独立自由地发表政治见解甚至提出批判反对意见，而齐统治者则对各种意见，一概采取从善如流、平等相待的态度，这

就是一种更为珍贵堪称典范的平等精神了。其次，尊重学术，鼓励争鸣。稷下有所谓“谈说之士期会于稷下”的记载，即指各派学者按约定时间举行集会，展开“争鸣”。集会对所有人员开放，通过演讲、辩论，各家学派都能畅所欲言，充分发表自己的观点，也能积极吸收别家思想。稷下的学者们大都能言善辩，田骈、邹衍、邹奭（shì）还因雄辩而得“天口骈”“谈天衍”“雕龙奭”等雅号，可以想见，稷下先生的辩论，在形式上是不拘一格的：或双方互辩，或舌战群儒；或先生之间，或弟子之间，甚或师生之间；或大会演讲，或小会研讨；或处堂上，或在树下。他们在辩论中各抒已见，互不相让，竞长论短，争论不已，形成了百家争鸣的热烈场面。

稷下学宫不仅是战国诸子百家争鸣的唯一学术文化中心，还是中国历史上最早的大师云集的高等教育大学堂，也是为现实政治服务、带有高端智库性质的政治参议院。它的出现，是中华文明史上一个最独特的创新。郭沫若曾评价说：“这稷下之学的设置，在中国文化史上实在是有划时代的意义的。”事实不仅如此，放在世界文明史上，也是一个奇迹。稷下学宫与雅典的柏拉图学园在公元前四世纪差不多同时出现，分别在世界的东、西方以相似的方式展现出人类早期文明的智慧之光。它们都是世界上最早的集高等教育与学术研究为一体的思想学术文化中心，各具特色，共同创造了世界文明史上的辉煌：稷下学宫为广揽人才而创，具有浓厚的政治色彩；柏拉图学园为传播思想、科学而设，具有鲜明的科学理念。前者汇聚诸子，多派并存，思想交融，

形成百家争鸣的局面；后者传承师说，探求真理，追求科学，培育独立思考之精神。前者为中国秦汉大一统帝国的形成做了理论上的充分准备，对中国政治、文化、教育发展影响甚大；后者为西方大学教育奠基，对西方哲学、自然科学发展影响深远。稷下学宫与柏拉图学园极大地影响了东、西方不同学术思想与文化传统的形成，共同为构筑丰富多元的世界文明做出了卓越的历史贡献。

三

本丛书的编纂，缘起于稷下学宫发祥地山东省淄博市、临淄区政府 2017 年拟规划建设“稷下学宫与诸子百家文化园”重大文化工程项目。受市、区党委、政府的信任和委托，我担任了《展陈文案学术研究报告》项目负责人。为此，我们聘请国内高校十数名对先秦诸子百家素有研究的权威学者共同组成了项目组。经过近两年的努力，项目组圆满完成三十余万字的《报告》，同时形成了一百五十余万字的《资料汇编》，为本丛书的编纂奠定了基础。

2019 年，以我为首席专家组成的课题组，获批教育部重大攻关项目“稷下学派文献整理与数据库建设研究”立项。为了更深入、全面地开拓、展示稷下诸子百家的发展背景和学派面貌，以原项目组学者为主体，于 2019 年底正式启动了本丛书的编纂。

本丛书是弘扬优秀传统文化的普及性、通俗性读物。希望通过深入挖掘、阐释、解读“轴心时代”诸子

百家的历史渊源、学派概况、代表人物、主题思想、历史地位、深远影响，让广大人民群众全面认识民族精神的形成轨迹和丰富内涵，坚定文化自信，促进中国优秀传统文化的创造性转化和创新性发展。同时立足当代，着眼未来，从文明互鉴、文化交流的角度，努力挖掘世界文明“轴心时代”在中华大地上涌现的诸子百家的价值内涵和世界意义，讲好中国故事，让中国文化走出去，增强人类命运共同体的广泛认同，为构建不同文明和谐共荣的发展之路发挥更加积极作用。

本丛书编纂的总体要求是：权威学者写小书，以确保学术质量。每册 10 万字左右，融知识性、权威性、趣味性和普及性于一体；既适合国内大众阅读欣赏，又适宜向海外翻译推介，传播弘扬中华优秀传统文化。对于学派的表述，一方面要求有坚实的文献依据，尽量吸收相关考古新发现和学界形成共识的研究新成果，以提高读物的知识性和学术含量；另一方面要求尽量选取典型故事表述思想，以浅近语言阐述哲理；处理好具体与抽象、个别与一般、部分与整体的关系；做到主线清晰，纲举目张，故事生动，内容形象；语言文字则要求简洁易懂，以通俗书面语为主；一般不引用大段文献原文；疑难生僻字加注标准汉语拼音；配以必要的图表、画像等，让读者喜闻乐读。

在本丛书编纂过程中，我们与各位主撰者共同组成了编委会，实行统一策划、统一体例和撰写要求；多次组织研讨会，对各卷的撰写提纲和书稿逐一进行了反复研讨、审稿、统稿；各位作者通力合作、反复修改、竭尽心力；中国人民大学出版社积极支持丛书的研讨、统

稿、定稿和出版工作。我们衷心希望历经数载精心编纂的这套丛书，能让广大读者在赏心悦目的阅读中，领略中华文化的深邃魅力，获取知识的无穷力量。

2021 年 8 月 16 日

目　录

导　言

农家——中国的重农学派

唐代诗人李绅出将入相，官运亨通。不过，他早年丧父，又做过多年地方官，对农民的苦难和艰辛却有深刻的体会。他所作《悯农》诗二首曰：“春种一粒粟，秋收万颗籽。四海无闲田，农夫犹饿死。”“锄禾日当午，汗滴禾下土。谁知盘中餐，粒粒皆辛苦。”这两首诗是千百年来中国农民生活境遇的真实写照，也很早就被选入小学语文教科书，为几乎所有受过小学教育的中国人所熟悉。农家是战国时期出现的强调从事农业生产重要性的重农学派。农家的起源与先秦时期对农业的重视关系密切，更与战国时期频繁的战争导致的农民疾苦密切相关。农家关注农业的生产技术，更关心农业在国家政治经济生活中的地位。

战国时期农家的重心是对国家的政治、经济等多方面进行积极的探索，强调农业生产在国家治理中的重要性；战国之后，农家逐渐转移了关注重心，渐渐远离了对“救世之弊”的政治之道的探索，把更多的精力放在了农业发展的技术层面上，对我国的农业发展做出了极大的贡献。

一、 什么是农家

“农家”这个名词最早出现在汉代班固所著的《汉书》中。在《汉书·艺文志·诸子略》中，班固对农家进行了介绍，他说：“农家者流，盖出于农稷（jì）之官。播百谷，劝耕桑，以足衣食，故八政一曰食，二曰货。孔子曰‘所重民食’，此其所长也。”班固认为，农家这个流派，大概起源于掌管农业的官职。他们播种百谷，鼓励人们耕田种桑，来满足人们的衣食需求。所以《尚书·洪范》说施政最重要的八个方面，第一就是“食”，也就是要教民勤于农耕；第二是“货”，也就是教民善用货物。孔子说：“所重视的是百姓吃饭的问题。”这就是农家学派的长处。

从这段话中可以看出，班固认为“农家”有两个特点，一是他们强调农业的重要性——能够满足人们的衣食需求；二是他们关心具体的农业生产技术——播种百谷，亲自实践。班固之后，古代有很多学者对“农家”的概念进行了界定，这些学者的观点大概可以分为两类，第一类是只强调农家对农业生产技术的探索；第二类和班固的观点类似，认为农家既重视农业生产技术，也重视农业在国家中的地位。

班固像

只强调农家对农业生产技术有研究的，比如南朝梁萧子显在所撰（zhuàn）写的《南齐书·高逸传》中说：“农家之教，播植耕耘，善相五事，以艺九谷。”意思是指农家主要研究播种种植、犁地锄草等农耕之事，善于考察雨、旸（yáng）、燠（yù）、寒、风，也就是雨、晴、热、寒、风等五种气候变化，从而能够更好地种植粮食作物。后晋时期成书的《旧唐书》说：“农家，以纪播植种艺。”该书也强调农家是以关注农业技术为主的学派。

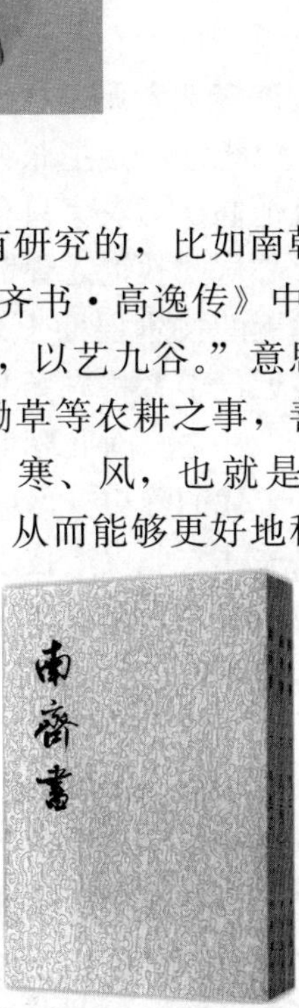

《南齐书》

认为农家既重视农业的生产技术，又重视农业在国家中的地位的，比如宋代陈振孙在《直斋书录解题》中说："农家者流，盖本于农稷之官，勤耕桑以足衣食。"农稷之官是古代掌握农业技术的官员，同时具有一定的政治主张。宋代的官修书目《崇文总目》里说："农家者流，衣食之本原也。四民之业，其次曰农。稷播百谷，勤劳天下，功炳后世。"意思是说农家关系到百姓的吃穿，士、农、工、商四业中，第二个就是"农"。后稷播种百谷，辛勤劳动，伟大的功绩流传后世。

古代学者大多肯定的是农家对农业生产技术的关注与精通，认为农家是和粮食种植、谷物生产有关的。而近代许多学者则认为农家为诸子百家之一，有其政治性、思想性，是主张以农业"救世之弊"的学术团体，并且他们认为农家只存在战国时期。在战国之后，农家将重心从"救世之弊"的政治之道的探索，转移到了农业发展的技术层面上之后，农家就不复存在了。因此，许多近代学者将先秦之后的农家，比如汉代的赵过、氾（fán）胜之、南北朝时期的贾思勰（xié）、唐朝的陆龟蒙、宋代的陈旉（fū）等称为"农学家"，他们认为这些人只关注农业生产技术层面，而忽略了政治思想，不能称为"农家"。

但纵览古代的书籍，我们可以看到，最早使用"农学"这个概念的是明末的徐光启，主要指农业技术研究。那么相对的，"农学家"也就是指精通农业技术的人。但是徐光启提出"农学"这个名词之后，很少被人提起，直到清朝末年才广为使用。而在徐光启之前，没有"农学"这个词，也没有"农学家"这个称呼。古代学者和史学家基本上都是将战国之后这些对农业生产技术有研究的人直接称呼为"农家"。比如明代的冯复京在《六家诗名物疏》中列举了十四位农家人物，其中就有汉代的氾胜之、崔寔（shí），南北朝的贾思勰，唐朝末年的韩鄂（è）等；明朝的杨慎在《丹铅余录》中也指出贾思勰的《齐民要术》为农家著作。

班固对“农家”进行定义之后，也在《汉书·艺文志》中收录了农家著作。他所收录的农家著作有九部，其中先秦时期的只占了两部——《神农》和《野老》，其余大部分都是汉代的著作，可见班固也没有把农家限定在战国时期，而是明确地指出汉代农家的存在。班固之后，后世学者也一直沿用这一习惯，历朝历代的史书中一般都会收录农家著作，也没有局限于战国时期。

而且战国之后，历代的农家虽然研究重心发生了偏移，却并没有完全地忽略政治思想，他们仍然或多或少地论述自己“以农为本”的政治思想，比如汉代的氾胜之就强调了农业的重要性，认为粮食是决定战争胜负的关键，粮食布帛是统治天下的根本。所以，仅把“农家”限定为战国时期的学派，把战国之后的农家称为“农学家”是不恰当的。

综上所述，农家是产生于战国时期的一个学派，既关注农业的生产技术，也关心农业在国家中的地位。战国时期，农家主要宣扬以农治国的重农思想，救世于民；战国之后，农家的关注中心逐渐从重农思想转移到农业生产技术，对我国的农业发展做出了杰出贡献。

二、 农家与农业

在远古时期，人类只能靠从自然界中采集果实、渔猎等方式获得食物，这也就是传说中“茹（rú）毛饮血”的时代。这个时候的人类极度依赖自然，生活也没有保障。后来，人们在生存的过程中，逐渐认识到植物的生长和大自然的关系，比如植物生长和天气、土壤（rǎng）的关系等，积累了一定的知识和经验，并开始主动种植、栽培能够为自己提供温饱的植物，渔猎也逐步过渡到饲（sì）养动物，这就是最原始的农业生产活动。

人类开始农业生产活动可以追溯（sù）到上古时期，由于时间久远，加上当时文字还没有产生，没有留下文字记载，后世人们对这一段岁月展开了丰富的想象，形成了各种传说。在一些传说中，神农对农业发展做出了杰出贡献，他发明了冶（yě）炼技术，制造了斧子、耒（lěi）、耜（sì）等农具，教人们开垦荒地，播种百谷，此外还亲尝百草，寻找为人们治病的良药。所以当农家在战国时期为自己的学说找一个“代言人”的时候，就选择了神农。但这些传说当然包含有后世人们的想象，农业生产的开创和发展是神农和上古时期人类集体智慧的结晶。

农业得到了一定发展之后，人们越来越认识到农业对生活的重要性，到了尧（yáo）、舜的时代，弃因为教百姓种植，而有功于百姓，受到了尧、舜的称赞，将他封为“农师”和“后稷（jì）”，让他专门负责农业管理，后人也以“后稷”这个官职来称呼弃。当然，后稷的出生也具有很强的神话色彩，这是人们对上古英雄人物事迹朦（méng）胧（lóng）的渲染，当然也并不一定是真实的。

从弃开始，后稷作为负责农业管理的官职保留下来，由弃的子孙接任，他们都继承了他的遗志，重视农业的生产。其中比较杰出的有他的儿子不窋（bù zhú）、他弟弟的儿子叔均、不窋的孙子公刘等人。这也开启了中华民族重视农业生产管理的传统。商周时期，出于对农业的重视，设置了很多农官职位，形成了初步的农业管理职官体系。所以班固认为后稷之官才是农家的真正起源。

战国时期，各国掀起改革风潮，出现了一些重农的重大举措，比如魏国任用李悝（kuī）改革，提出“尽地力之教”的重农主张；秦国任用商鞅变法，实行“急耕战之赏”的重农政策，这不仅表现了当时人们对农业的重视，也对农家的形成有一定的影响。战国时期，长期的农业生产经验得到了一定的总结，与农业相关的科学技术得到了发展，在当时的社会背景以及传统的重农思想影响下，主张以农耕治国的农家在诸子百家中脱颖而出，在当时产生了一定的影响，成为一家之学，跻（jī）身于“九流”之列。

战国时期的农家主要对国家的政治、经济等多方面进行积极的探索，强调农业生产在国家治理中的重要性，宣扬以农为本、以商为末、尽民之力、平等爱民等主要思想，追求人人平等、富足和谐的理想社会。它的代表人物许行则主要提倡“君民并耕”和“市贾不二”。“君民并耕”是指君王和百姓一样应该亲自耕种，体现了农家人人平等的追求；“市贾不二”是指规定市场上规格相同的商品，价格都一样，体现的则是农家反对剥削的爱民思想。农家的这些主张以及社会构想在当时和后世都产生了一定的影响。

秦朝之后，农家“变道为术”，逐渐转移了关注重心，弱化了“救世之弊”的政治方面的内容，强化了农业技术的研究。对农业技术的研究自古以来就是农家非常重要的研究内容，所以，即便在秦朝以后较长的历史时期内，农家确实不像儒家、道家等学派那样为人瞩（zhǔ）目，但秦汉之后的农家与战国时期的农家是一脉相承的，并不像部分学者所说，农家在秦以后就销声匿迹了。秦朝之后，始终有一批知识分子继承了先秦农家传统，注重农业生产技术的改造与提高，并将技术与经验记录了下来，为农学研究做出了杰出的贡献。

汉代农家非常注重对农业生产技术的创新，也注重农业工具的创造与创新，大大加速了农业的发展，所以汉代被认为是农家在秦代之后发展的第一个高峰。汉代比较有名的农家是赵过、氾胜之和崔寔，他们倡导改进农业生产工具和技术，为促进汉代农业发展做出了极大的贡献。赵过推广了“代田法”——被称为耦（ǒu）耕的牛耕方法，同时他还发明了三脚耧（lóu）车，使百姓出较少的力却能获得更多的粮食；氾胜之总结了耕作的总原则，以及 13 种农作物的具体栽培技术，还总结了一种新的耕种方法——“区田法”；崔寔则非常注重农业技术的推广，著有《四民月令》，记载了耕种、催芽、播种等农业活动。汉代的农家已经明显地偏重于农业技术研究，但也有少量关于政治思想的论述，比如氾胜之就强调了农业的重要性，认为粮食是决定战争胜负的关键，粮食布帛是统治天下的根本。为此，他主张为了防备灾荒，应该把大豆、芋头等一些抗御自然灾害能力比较强的农作物作为备荒作物，多加种植。

魏晋南北朝到唐朝末年这一时期，农家也取得了非常丰富的研究成果。在农业生产技术研究方面，北魏时期出现了农家标志性人物——贾思勰，他创作了被称为中国古代农业“百科全书”的《齐民要术》，详细且系统地介绍了我国公元6世纪以前先民所积累的农业生产技术和经验。此外，还有三国时期的马钧发明了灌溉农具翻车，提升了引水灌溉的效率；改造了织绫机，促进了我国古代丝织业的发展。唐代的陆龟蒙创作了《耒耜经》，对爬、曲辕（yuán）犁等4种农具进行了记载，对当时及后世的农具推广和应用起到了一定的作用。陆羽对茶的种类、采制、品鉴等进行了论述。这一时期农家更少地发表政治主张，但更多地关注于农业生产，他们的研究范围几乎包含了农业生产和生活的各个方面。

宋元时期农家开始逐步细化和深入自己的研究领域，取得了重要的创新与突破。这一时期出现了较多著名的农家学者和著作。比如北宋的陈翥（zhù）及其创作的《桐谱》，曾安止及其创作的《禾谱》；南宋时期陈旉及其创作的《陈旉农书》，韩彦直及其创作的《橘谱》；元代王祯及其创作的《农书》，由元代官方编修的《农桑辑要》，以及鲁明善及其创作的《农桑衣食辑要》。

明清时期的农家学者数量繁多，明代的农家学者有喻杰、喻仁两兄弟，邝（kuàng）璠（fán），袁黄，宋应星，马一龙，徐光启等；清朝的有张履祥、陈淏（hào）子、刘应棠、杨屾（shēn）、包世臣等。这一时期的农家著作也非常丰富，而且出现了很多区域性农书和专业性农书。此外，这一时期，农家已经有意识地采用试验的方法来对农业进行观察研究，初步转变了研究方法，为中国近代农业科学萌芽的出现起到了重要的促进作用。

农家的学说与研究，为中国古代农业研究做出了重要贡献，不仅影响了历朝历代统治政策的制定，也提高了农业产量，改善了百姓生活。农家学说中的重农思想、关爱人民等精神，以及它对农业技术的总结、研究，对今天的农业发展仍然有着独特的价值，能为当今解决民生问题，以及加速农业发展提供有益的启示。

三、 历法和节气

历法是根据天象变化的自然规律计量时间、判断气候、预示季节的法则，在人类社会的生产与生活中发挥着重要的作用，历来受到人们的重视。中国是世界上最早发明历法的国家之一，因为它起源于农业文明，所以又称“农历”，据传最早可以追溯到黄帝时代。我们今天所见农历，主要是依据夏代的历法，所以旧称“夏历”；由于农历主要是汉族人使用，所以又称为“汉历”；又由于它主要根据月亮圆缺变化的周期即朔望月进行制定，且古人称月亮为“太阴”，所以它又被称为“太阴历”，简称“阴历”。

所谓阴历，就是以月亮绕地球公转产生的周期来纪年的历法。月亮绕地球一周就是一个月，大约 29.5 天。

十二个月为一年。所谓阳历，就是以地球绕太阳公转产生的周期来纪年的历法。地球在公转轨道上转动一周为一年，大约为365.2天。地球的公转轨道叫黄道，分为24等分，每15度为一等分，每个等分点就是二十四节气所对应的空间点。所以，二十四节气其实是一种阳历历法，是对阴历的一种补充。我国传统的农历就是一种以阴历纪月、以阳历纪年、用天干地支表达的历法，虽繁杂，却精准，已有近五千年历史，是中华文明的重要组成部分。

农业生产与季节、气候以及天象有着极为密切的关系，我国古代的天文历法知识，就是在农业生产的实践中不断积累起来，又直接为农业生产服务的。中国天文历法知识在明朝以前，一直领先于世界。据《尚书·尧典》记载，尧曾经组织了一批天文官员到东、南、西、北四个方向去观测星象，用来编制历法、预报季节。这说明我国很早就开始研究天文、历法，有了熟知天文、制定历法的专职人员。我国现存最早的一部传统农事历书是《夏小正》，书中按十二个月的顺序分别记述了当月星象、气象、物候，以及应该从事的农事和其他活动，在一定程度上反映了夏代的历法知识。汉武帝时期，朝廷组织了一次为期三年的天文观测，制定了一套在当时最为科学、先进的历法，名为《太初历》。此后，一直到明清之际，历法虽层出不穷，也多有改革和进步，但均是以《太初历》为基础，计算原则没有大的变化。明清之际，随着西洋历的传入，中国古代传统历法也逐渐走上中西结合的道路，随着1912年开始采用公历，从此我国进入了公历时期。现今，我们在采用公历的同时，为了方便生产、生活的需要，仍然保留并沿用了农历。

《千字文》中有“闰余成岁”一词，源自《尚书·尧典》“以闰月定四时成岁”之语，说的是中国历法中的一个重要现象，即闰月和闰年的产生。

由于中国传统的农历是太阴和太阳的合参，以太阴记月、太阳记年，阴阳合历，因此能够更为准确地指导生产生活。太阳历的一年是 365 天，太阴历的一年是 354 天，两者相差了 11 天，这就叫闰余。闰即是多余的意思。一年相差 11 天，三年就差了 33 天，足足多出一个月有余。这样，阴历历法与物候节律就不相符了，如果继续下去，那么 17 年以后，农历六月就要下大雪了。为了解决这个问题，我国农历每隔几年就多加一个月。这多加出的一个月就叫闰月，有闰月的这年就叫闰年，所以平年是十二个月，闰年就是十三个月了。但是问题又来了，多出的这个月具体加在哪儿呢？这就要考虑节气因素。二十四节气分为 12 节与 12 气，节与气相间出现（或作 12 节气与 12 中气，节气与中气相间出现）。正常情况下，平均每月一节一气，每节每气大致相隔 15 天。比如立春是正月的节，雨水就是正月的气。但由于阴历与阳历的日差，三年下来，就会有一个月刚好卡在两个气之间，也就是这个月只有节而没有气了。于是就在这个月后边加一个闰月，以调节这种有节没气的现象，以便更准确地反映物候规律。但三年一闰只消化了 30 天，阴历比阳历还是多了 3 天。若是改成五年闰两回，则天数又不够。后来人们经过长期的经验积累，发现十九年闰七次最合适。

阳历同样也设闰。因为阳历 365 天是人为规定的一个自然年，但地球绕太阳公转一周的实际时间（一个回归年）并非刚好 365 天，而是约 365 天又 6 小时。这样阳历每年就比实际回归年要少了约 6 个小时，四年累计起来差不多是 24 小时，整整少了一天，所以必须设闰将这种误差消化掉。于是，阳历每四年一闰，在二月份多放一天，这样平年的二月为 28 天，闰年的二月就成了 29 天，阳历平年 365 天，闰年就是 366 天，很好地解决了自然年与回归年之间的误差，使阳历能更准确地反映自然规律。

和中国古代历法相联系的，还有“天干地支”的说法，简称为“干支”，十干和十二支依次相配，组成六十个基本单位，形成了中国古代的一种纪年历法，并广泛运用于社会生活的各个方面，发挥着重要的作用。干支纪年法相传也起源于黄帝时期。干支纪年法以甲、乙、丙、丁、戊、己、庚、辛、壬、癸称为“十天干”，子、丑、寅、卯、辰、巳、午、未、申、酉、戌、亥称为“十二地支”。十天干和十二地支依次相配，组成 60 个基本单位。从“甲子”起，到“癸亥”止，满 60 为一周期，所以称为“六十甲子”或“六十花甲子”。又因起头是“甲”字的有六组，所以也叫“六甲”。用这 60 个单位来纪年、月、日、时，都是满 60 为一个循环，如此周而复始，无穷无尽，就形成了干支纪年法。在甲骨文中，我们就能看到古人用天干地支来纪日，可见此法起源之早。

六十甲子表

01 甲子	11 甲戌	21 甲申	31 甲午	41 甲辰	51 甲寅
02 乙丑	12 乙亥	22 乙酉	32 乙未	42 乙巳	52 乙卯
03 丙寅	13 丙子	23 丙戌	33 丙申	43 丙午	53 丙辰
04 丁卯	14 丁丑	24 丁亥	34 丁酉	44 丁未	54 丁巳
05 戊辰	15 戊寅	25 戊子	35 戊戌	45 戊申	55 戊午
06 己巳	16 己卯	26 己丑	36 己亥	46 己酉	56 己未
07 庚午	17 庚辰	27 庚寅	37 庚子	47 庚戌	57 庚申
08 辛未	18 辛巳	28 辛卯	38 辛丑	48 辛亥	58 辛酉
09 壬申	19 壬午	29 壬辰	39 壬寅	49 壬子	59 壬戌
10 癸酉	20 癸未	30 癸巳	40 癸卯	50 癸丑	60 癸亥

干支纪年法用“六十甲子”依次纪年，如甲子为第一年，乙丑即为第二年，丙寅则为第三年……六十年为一周期。一周期结束，再由甲子年起，周而复始，循环下去。如 2018 年是农历戊戌年，2019 年则是农历己亥年……60 年后，到 2078 年又是农历戊戌年。

干支纪月法均是以正月为寅月，寅是正月的地支，其后诸月的地支按次序下排，遇到闰月则采用上个月份的地支，比如二月就是卯月，三月就是辰月，闰三月仍是辰月。确定地支后，再确定天干。干支纪月的天干由干支纪年的天干确定。若遇甲或己的年份，正月为丙寅；遇乙或庚之年，正月为戊寅；丙或辛之年，正月为庚寅；丁或壬之年，正月为壬寅；戊或癸之年，正月为甲寅。正月的干支知道了，其余月可按六十甲子的次序推知。闰月与同序号的平月干支相同。

干支纪日法以甲子为第一日，乙丑为第二日，丙寅为第三日……60 日为一周期。一周期满后再由甲子日起，周而复始，循环下去。但若求现代通用的公历日与干支纪日的对应关系，则是比较复杂的问题，要想知道公历某一天的日干支，最便捷的方法是查询万年历。

干支计时法将一天 24 小时分为十二个时辰，每 2 小时为一个时辰。先确定每个时辰的地支。由夜间 11 点至凌晨 1 点为子时，1 点至 3 点为丑时，其余照推，12 时辰配十二地支。而时辰的天干须由该日所对的天干推求。若该日是甲或己的，在子时上配上甲为甲子；日是乙或庚的，在子时上配上丙为丙子；丙辛日的子时配上戊为戊子；丁壬日为庚子；戊癸日为壬子。知道了子时的干支，便可依次推知其余。

中国古人根据一天内太阳运行的自然规律、天色的变化以及人们日常的生产活动和生活习惯归纳总结出十二时辰的概念。十二时辰制，大致早在西周时就已使用。汉代之前，关于十二时辰的称谓多有不同，比如夜半、鸡鸣、平旦、日出、食时、隅中、日中、日昳（dié）、晡（bū）时、日入、黄昏、人定之类。汉代太初年间，中国实行了太初历，以干支来纪十二时辰。此法一直沿用至今，而十二时辰的别称有的在今天也仍在使用。

十二时辰对照表

十二时辰	别　称	对应时间
子时	夜半，又名子夜、中夜	23—01 时
丑时	鸡鸣，又名荒鸡	01—03 时
寅时	平旦，又称黎明、早晨、日旦等	03—05 时

续表

十二时辰	别称	对应时间
卯时	日出，又名日始、破晓、旭日等	05—07 时
辰时	食时，又名早食等	07—09 时
巳时	隅中，又名日禺等	09—11 时
午时	日中，又名日正、中午等	11—13 时
未时	日昳，又名日跌、日央等	13—15 时
申时	晡时，又名日铺、夕食等	15—17 时
酉时	日入，又名日落、日沉、傍晚等	17—19 时
戌时	黄昏，又名日夕、日暮、日晚等	19—21 时
亥时	人定，又名定昏等	21—23 时

二十四节气是中国古代制定的一种用来指导农事的补充历法，是古代劳动人民长期经验的积累和智慧的结晶，至今对农业生产仍具有重要的指导作用。二十四节气是中国的独创，是我国宝贵的农业文明遗产，具有很高的农业文化研究价值。二十四节气文化既包括谚语、歌谣、传说，又包括相关的生产工具、生活器具、工艺品、书画，还包括与节气密切相关的节日文化、生产仪式和民间习俗等。2016 年，中国“二十四节气”被正式列入联合国教科文组织人类非物质文化遗产代表作名录。

古代二十四节气歌

春雨惊春清谷天，夏满芒夏暑相连。
秋处露秋寒霜降，冬雪雪冬小大寒。
每月两节不变更，最多相差一两天。
上半年来六廿一，下半年是八廿三。

现代二十四节气歌

一月小寒接大寒，施肥完了心里安。
立春雨水二月到，小麦地里草除完。
三月惊蛰又春分，栽种树木灌水勤。
清明谷雨四月过，油菜花黄麦穗新。
五月立夏小满来，割麦插秧把棉栽。
芒种夏至六月终，玉米晚稻要下种。
七月小暑大暑临，稻勤耕耘棉摘心。
立秋处暑天渐凉，要割玉米和高粱。
十月寒露霜降至，收了大豆收甘薯。
立冬小雪天渐冷，响应号召售棉粮。
大雪过后冬至到，选种积肥再生产。

二十四节气与公历日期对应表

春季	日期	夏季	日期	秋季	日期	冬季	日期
立春	2月3—5日	立夏	5月5—7日	立秋	8月7—9日	立冬	11月7—8日
雨水	2月18—20日	小满	5月20—22日	处暑	8月22—24日	小雪	11月22—23日
惊蛰	3月5—7日	芒种	6月5—7日	白露	9月7—9日	大雪	12月6—8日
春分	3月20—21日	夏至	6月21—22日	秋分	9月22—24日	冬至	12月21—23日
清明	4月4—6日	小暑	7月6—8日	寒露	10月8—9日	小寒	1月5—7日
谷雨	4月19—21日	大暑	7月22—24日	霜降	10月23—24日	大寒	1月20—21日

早在春秋时代，中国古人就定出了“二至”（夏至、

冬至）和“二分”（春分、秋分），到了战国末期，又增加了“四立”（立春、立夏、立秋、立冬）。秦汉时期，已形成了完整的二十四节气概念，其名称和顺序都与现今通行的基本一致。二十四节气根据地球绕太阳运行的轨道（黄道）360°，以春分点为 0 点，分为二十四等分点，每两等分点相隔 15°，每个等分点对应一个节气。每两个节气间相隔日数为 15 天左右，全年即二十四个节气。二十四节气最早起源于黄河流域，所以更能反映中国北方的气候特点。

二十四节气的对应含义

节气称谓	对应含义
立春	春天到来，植物开始萌动生长，民间可开始备耕。
雨水	入春后，东南风始吹，雨水增多。
惊蛰	天气转暖，春雷响动，蛰伏地下的动物开始苏醒。
春分	春季的一半，昼夜平分，自此昼渐长，夜渐短。
清明	气候清新、温暖，草木繁茂。
谷雨	霜雪断，雨水多，雨生百谷。
立夏	夏季开始。
小满	麦子籽粒生长盈满。
芒种	带芒作物（如小麦）成熟收割，晚秋作物始种。
夏至	日影短到极点。这天白昼最长，此后太阳逐渐南移，天气变热，进入伏天。
小暑	小暑天气渐至炎热，汛期至，作物旺长。
大暑	一年中最热时候，正值伏中。
立秋	时在三伏之中，秋天到来，庄稼接近成熟。

续表

节气称谓	对应含义
处暑	炎热的天气将结束，气温渐降。
白露	时至仲秋，近地面水汽冷结为白色露珠，天气转凉。
秋分	秋季的一半，昼夜平分，此后昼渐短，夜渐长。秋收进入最忙时节。
寒露	天气由凉转冷，露水寒冷沁心。
霜降	天气渐冷，露水结成薄霜。
立冬	冬天到来，渐入农闲，准备过冬。
小雪	气温下降，始飘雪花，雪不多。
大雪	天寒地冻，大雪纷飞。
冬至	夜最长，昼最短，此后白昼增长，黑夜渐短。天气渐入严寒。
小寒	冷气久聚而寒，但未到最冷。
大寒	进入一年中最寒冷的时候，时近年末。

二十四节气可概括为三类：第一类是反映季节日照的。“二分”“二至”和“四立”用来表明季节，将一年划分为四季。“四立”表示四季的开始，“二分”表示昼夜中分，“二至”表示昼夜最长。第二类是反映气候特征的。直接反映冷热状况的有小暑、大暑、处暑、小寒、大寒五个节气，它们用来表示一年中不同时期冷热的程度。直接反映降水现象的有雨水、谷雨、小雪、大雪四个节气，表明降雨、降雪的时间及强度。另外，白露、寒露、霜降三个节气是从水汽的凝结、凝华现象来反映温度逐渐下降的过程——先是温度开始降低，水汽

凝露较多；然后温度继续下降，不仅凝露更多，而且温度越来越低，但还未结冻；最后温度降至摄氏零度以下，水汽凝华为霜。第三类是反映物候现象的。如小满、芒种反映有关作物的成熟和收种情况；惊蛰、清明反映自然物候现象，都具有农业气象的意义。

节气不仅具有指导人们进行农业生产的作用，而且还有相应的民俗活动，很多节气都演变成了节日。比如清明已成了重要的节日，而立春、夏至、冬至等节气在古代中国也俨然具有节日的氛围。以立春为例，在这一天，古代皇帝要举行祭日大典、行“籍田礼”，率文武大臣到城郊举行迎春祭祀等活动，以体现对农耕的重视，为天下祈求丰收。民间还有“打春牛”的习俗。春牛是用纸糊成或用泥做成，人们在“春牛”肚里装上五谷，执鞭鞭打“春牛”，直到“春牛”的肚子被打破，人们将流出的五谷分食，寄寓丰收，所以立春又叫“打春”。此外，民间在立春这天还有做“春卷”、吃“春酒”等习俗。可见，立春已经不仅具有标示节令与气候的功能，还被赋予了农耕文化的节日色彩。

第一章

农家溯源

春秋战国时期，诸子百家争鸣。为了使自己的主张显得更为重要，也更具有说服力，各个学派都依托古代圣王来宣扬自己的政治学说和治国之道。比如儒家的代表人物孟子就“言必称尧舜”，说话总离不开尧、舜两位古代的圣明君王。农家学派则尊奉神农为祖师，依托神农表达自己的治国主张。根据班固在《汉书·艺文志》的记载，农家有一部著作叫《神农》，是战国时期农家痛心于当时社会不重视农业，假托神农创作的与农业有关的著作。所以，农家的起源，不能不谈到神农。

此外，生活在黄土高原的周民族兴起与农家有重要关系。周民族的祖先后稷及其子孙重视农业，他们播种百谷、教人稼穑、关注民生……使中国农业文明进入了一个新阶段。班固在《汉书·艺文志》中说农家“盖出于农稷之官”，实际上起源于后稷之官。后稷及其子孙，以及商周时期的农官是农家起源的重要组成部分。

一、神农始教

神农氏，也就是炎帝，是中国上古时期一个部落首领的尊称，姜姓，号神农氏。农家之所以将自己的学派和神农氏紧密联系，假托神农为自己的学派代言，最主要的原因是在我国的传说中，神农氏对农业的发展有着很大的贡献。在传说中，神农发明了冶炼技术，造出了斧（fǔ）子，并创造了耒和耜这两种翻土农具；神农还教人们开垦（kěn）荒地，种植粮食作物；此外，他还亲尝百草，摸索用草药为人们治病的办法……但这些传说应该只是后世人们的想象，农业生产的开创和发展是当时人类集体智慧的结晶。

在中国的传说中，神农是和最早的农业生产紧密相连的。相传，在远古的时候，人们吃的是野草、野果，还有昆虫、河蚌（bàng）肉这类东西，当时人们经常因为生病、中毒而丧失生命。看到这种情形，神农很不忍心，想了很多办法来改善人类的生活。他教人们播种五谷，分辨土地的好坏，以及浇水施肥等管理土壤的方法，这也就是西汉淮南王刘安主持撰写的《淮南子》中所说的："古者民茹草饮水，采树木之实，食蠃（luǒ）蛖（bàng）之肉，时多疾病毒伤之害。于是神农乃始教民播种五谷，相土地，宜燥湿，肥硗（qiāo）高下。"这也就是最早的农业生产。

相传，为了让人们能够更加方便地开荒、种植，神农发明了冶炼技术，造出了斧子。然后他用斧子砍削木头，造了耒和耜，就是木铲和木犁，人们用耒和耜将荒野开辟为良田。为了更好地清除农田中的杂草，神农又造了锄（chú）头。于是，在神农的教导下，人们逐步掌握了农业生产技术，庄稼茂盛地生长，各类果实挂满枝头。虽然这是传说，但是很多古代学者也认为如果神农真的发明了耒耜，那么对天下百姓是非常有利的。比如魏晋南北朝时期的学者贾思勰（xié）在他所写的著作《齐民要术》中说："盖神农为耒耜以利天下"。就是认为神农使得人们可以在一定程度上保证食物来源，是对人民大有裨（bì）益的事情。

全国农业展览馆（中国农业博物馆）展出的石耜

在中国古代，大多数人以种田为生，农业是人们赖以生存的根基，中华文明也通常被称作农耕文明。所以，播种百谷、发明农具、发展农业的神农在中华文明中有着非常重要的地位，被后世认为是中华文明的始祖之一。后人通常把炎帝尊为农神，尊称他为神农，上至皇帝，下至平民百姓，每年都会祭（jì）祀（sì）他。北京的先农坛建于明朝永乐年间，里面的先农神坛便是明清时期皇帝祭祀先农之神——神农的祭坛。每年仲春亥（haì）日，皇帝率领百官到先农坛祭祀神农，并亲自演示一下耕种。此外，一些地方的百姓也保存着祭祀炎帝的活动。比如湖南省株洲市的炎陵县，相传是炎帝安息的地方，那里不仅有炎帝的陵墓，从唐代开始到今天，炎陵县每年都会举行祭祀炎帝的活动。

在食物来源得到一定保证之后，还不能保证人类幸福，因为人类还饱受疾病之苦。神农为了解决人类治病问题，下决心尝百草，定药性。相传为了寻找治疗疾病的办法，神农用自己做实验，遍尝天下的草药。传说炎帝身体是透明的，吃了草药之后，可以看到草药在自己体内的反应情况，所以能够帮助他判断药性。神农每天尝试多种草药，经常中毒，有时一天之内就中毒七十多次，受尽折磨。幸亏他有神性，将这些毒化解了。后来，他得到了一根红色的鞭子，叫“赭（zhě）鞭”。无论什么植物，只要用这根鞭子一抽，立刻就能够识别它们的药性。这样，神农就能对植物的特性更加了解，知道它们是平和还是有毒，是寒性还是温性。这就是晋朝干宝的《搜神记》里记载的：“神农以赭鞭鞭百草，尽知其平毒寒温之性。”

神农根据各种草药的药性，给人们治病，使人们免受疾病的折磨。而且相传，通过长期的总结积累，神农制定了人体的十二经脉。我国第一本药学著作《神农本草经》据说就是神农将自己试药的经验进行总结，传给后人的。神农创造了中医，造福了人类，因此人们将他称为药神。

梁朝任昉（fǎng）在《述异记》中说：“太原神釜（fǔ）

冈中，有神农尝药之鼎（dǐng）存焉。成阳山中有神农鞭药处。”据说在太原神釜冈，存有神农品药的鼎。又说在成阳山里，可以找到神农鞭药的处所，那座山又叫神农原，或叫药草山。

人们直到现在依然记得神农的恩德和功劳，将神农尊为药王神，很多地方的药王庙都供奉着他，“神农尝百草”的故事也一直流传至今。

相传神农牛首人身，也就是长着人的身躯，牛的脑袋。这可能是因为在农耕时代，牛对百姓在耕种上的帮助是非常大的，所以人们在传说中赋予神农这样的外貌，以此来肯定神农对耕种以及农业发展的贡献。

炎帝神农的故事大都是传说，有着浓厚的神话色彩，但是我们可以在其中看到他对我国农业的贡献，此外，这些故事中所反映出来的神农的奉献精神，百折不挠、自强不息的进取精神，以及敢为人先的探索精神，都值得我们学习。

2008 年，国务院发布了第二批国家级非物质文化遗产名录，炎帝神农传说入选其中。

二、 后稷

随着生活在黄土高原的周民族的兴起，中国农业文进入了一个新阶段。

后稷，姬姓，名弃，是周朝的始祖，在尧、舜时期掌管农业，是农家的重要源头之一。

根据《史记·周本纪》记载，弃的母亲是有邰（tái）氏部族（今陕西省武功县西南）的女儿，名叫姜嫄（yuán），

后稷像

是帝喾（kù）的正妃。有一次，姜嫄外出到野外，看见地上有一个巨人的脚印，心里很高兴，就想踩一下这个脚印。结果一踩下去，她觉得身子一震，像怀了孕的人一样。十个月之后，姜嫄生下一个儿子，但她认为这孩子不吉祥，就把他丢弃在一个狭窄的巷子里。马和牛等动物从巷子走过，都没有踩这个孩子，而是绕着躲开他；于是姜嫄便又把这个孩子丢在树林中，正赶上树林里人多，所以又换了个地方；最后姜嫄又把这个孩子扔在渠沟的冰上，没想到飞来一群鸟，有的用翅膀盖在他身上，有的垫在他身下。经过这一系列的事情之后，姜嫄觉得这太神奇了，就将这个孩子抱回家养大成人，并给他取名叫“弃”。为什么起这个名字呢？理由也很简单，因为刚开始的时候，姜嫄是想把他扔掉的，所以就给他取名叫弃。后稷的出生有着浓厚的神话色彩，反映了我国远古时代“只知其母，不知其父”的原始母系氏族社会现象。

据《史记·周本纪》记载："弃为儿时，屹（yì）如巨人之志。其游戏，好种树麻、菽（shū），麻、菽美。及为成人，遂好耕农，相地之宜，宜谷者稼穑（sè）焉，民皆法则之。帝尧闻之，举弃为农师，天下得其利，有功。"弃小的时候就很优秀，他不像一般的小孩，而是有着远大的志向。他小的时候，最喜欢将种植麻、豆之类的植物当作游戏，而且对种植颇有心得，种出来的麻、豆都长得很好。到他长大成人之后，他喜欢耕田种谷，在耕种之前，他会仔细观察土地适合种什么，适合种庄稼的土地他就在那里种庄稼。这样一来，弃每次都能获得丰收，老百姓便来向他学习这种方法，也都得到了丰收。尧帝听说了弃的事情之后，就提拔弃担任农师之官，让他管理与指导农业生产。在弃的管理和指导下，粮食年年都获得了大丰收，各个部落的人都因此不必挨饿了，这就是弃的功劳。

后稷稼穑

弃有功于人民，后来也得到了帝尧的继承人帝舜的称赞，舜对他说："弃，百姓起初挨饿的时候，多亏了你播种各种谷物。"因为弃为天下人立了这样大的功劳，帝舜就封他做"后稷"，把他的出生地——邰（故址在今咸阳市武功县西南）作为封地赏赐给他，并以官为号，称号为"后稷"。另外，以姬为姓。后稷的后代都姓"姬"，以后稷为始祖的这个姬姓部族就是周族。

尧把弃封为"农师"，舜把弃封为"后稷"，"农师"和"后稷"都是农官，名称不同，但二者之间的区别并不太大。具体而言，二者之间的区别可能在于农师偏重于对农业耕种做技术指导，而后稷就多了一些行政意味。后稷的"后"就是官长的意思，"稷"则是百谷的泛称，引申为农业。所以，后稷其实是姬弃的官职名称，后来还有许多人担任过"后稷"这个官职，但现在我们说起后稷，一般指的就是姬弃。

后人为了纪念后稷的不朽功绩，尊称他为农业之神、谷神。为了纪念后稷的功绩，人们在今天的陕西省咸阳市武功县建了一处"教稼台"，相传后稷就是在这里"教民稼穑"——向全国慕名而来的百姓传授农业耕作技术。这也是我国著名的古农业名胜古迹。后来，每年的农历十一月初七，人们为了纪念后稷，感谢他教会百姓稼穑，带来农业丰收，就在教稼台前的漆水河滩上举行河滩会，把物产拿到河滩的空地上展示、交换，这项活动一直延续到了今天。

从姬弃开始，后稷作为负责农业管理的官职保留下来，为弃的子孙接任，他们继承了他的遗志，重视农业的生产。姬弃之后，他的儿子不窋、他弟弟的儿子叔均、不窋的孙子公刘等人都非常重视农业生产。这也证明了，中华民族重视农业生产管理的传统由来已久，有着很浓厚的重农思想氛围。

三、 周先祖的农业活动

后稷及其后人是中国农业文明的推动者，也是农家的先驱。《史记·周本纪》记载：“后稷之兴，在陶唐、虞、夏之际，皆有令德。后稷卒，子不窋立。不窋末年，夏后氏政衰，去稷不务，不窋以失其官而奔戎狄之间。”不窋是后稷的儿子。弃成人后，在唐尧之时任后稷之官，唐尧、虞舜、夏禹皆老寿，所以，后稷弃之子不窋“奔戎、狄之间”的时间，就应该是夏后启篡权之际。《史记·夏本纪》说夏禹死后，“三年之丧毕，益让帝禹之子启，而辟居箕（jī）山之阳。禹子启贤，天下属意焉。及禹崩，虽授益，益之佐禹日浅，天下未洽。故诸侯皆去益而朝启，曰‘吾君帝禹之子也’。于是启遂即天子之位”。服丧三年完毕，禹选定的继承人益又把帝位让给禹的儿子启，自己到箕山之南去躲避。禹的儿子启贤德，天下人都希望他继承帝位。禹去世后，虽然把天子之位传给益，但由于益辅佐禹的时间不长，天下人并不认可他。所以，诸侯都离开益而去朝拜启，说：“这是我们君主禹帝的儿子啊。”于是启就继承了天子之位。

夏后启即位后，结束了近年考古学界有人提到的“古国”时代，而建立了以地方自治为特点的“方国”时代。夏后启取代乃父夏禹，开始了父死子继的世袭制，以“天下为公”变“天下为家”，是上古社会的一次大变革，这次变革的后果，到了辛亥革命胜利，才被终结。这次变革对官制设置和官员的影响，都是不难想象的。

五“帝”是有“道”时期，是以“天下为公”为基本制度的“大同”时代，领导人的遴选采用“选贤授能”的“禅让制”，领导人的责任是保证社会的公平性和公正性。而夏禹之子取后益而代之，开始了以“天下为家”为基本制度的“小康”社会，贯彻“德治”原则，代表性的时代是夏、商、周三王时代，领导人的任用采用世袭制，社会的公平公正被颠覆。“小康”相对于“大同”，是一种彻底的社会退化。因此，对于夏禹来说，或者对于忠于“天下为公”观念的五帝时期的人民来说，夏后启时代的开始，就是夏禹“政衰”的开始。

不窋到戎狄之间，也就是今天的甘肃庆阳，虽然身处困境，但没有懈（xiè）怠（dài）本职。他和儿子鞠（jū）、孙子公刘，“复修后稷之业，务耕种，行地宜”（《史记·周本纪》），复行后稷所倡导的农业生产，以耕种为要务，在适合种植庄稼的土地上都种植了庄稼。不窋身体力行，把搞好农业生产放在首位，积极引导，在庆阳一带发展起了农耕经济。

甘肃庆阳周祖广场上的不窋像

对于不窋的功绩，祭（zhài）公谋父在劝阻周穆王征伐犬戎的时候，做了这样的评价，他说："昔我先王世后稷，以服事虞、夏。及夏之衰也，弃稷不务，我先王不窋用失其官，而自窜于戎狄之间，不敢怠业，时序其德，纂（zuǎn）修其绪，修其训典，朝夕恪（kè）勤，守以敦（dūn）笃（dǔ），奉以忠信，奕（yì）世载德，不忝（tiǎn）前人。"（《国语・周语上》）这段话指出，不窋来到庆阳之后，不敢懈怠其父后稷所倡导的事业，而时时向当地百姓叙述和介绍后稷的道德品行，遵照后稷的遗愿，实行农耕经济来完成其未竟的功业。此外，针对部族中出现的纠纷，他及时提出要用道德来进行规范约束，并将约定俗成的道德准则整理成训典、规章制度，用来约束和引导人们的言行。他们每天都谨慎勤奋，坚守敦厚、笃志，奉行忠信仁义，并将这种美德一代又一代延续了下去，无愧于先人后稷。

叔均，本名姬均，生卒年不详。他是帝喾的孙子、台玺（xǐ）的儿子，台玺是后稷的弟弟。叔均是周部族的杰出首领，与他的父亲一起被周王尊为先祖。

对于叔均与后稷的关系，同是出自《山海经》，却有不同说法。一种说叔均是后稷弟弟台玺的儿子，另一种说叔均是后稷的孙子。说叔均是后稷弟弟台玺的儿子出自《山海经・大荒西经》，其记载曰："有西周之国，姬姓，食谷，有人方耕，名曰叔均。帝俊生后稷，稷降以百谷。稷之弟曰台玺，生叔均。"这段话的意思是说，西周这个国家，国民姓姬，以五谷为食物。有个人正在耕地，他就是叔均。当初帝俊，也就是帝喾生了后稷，后稷从天上带来了百谷。后稷的弟弟叫台玺，生了叔均。而说叔均是后稷的孙子出自《山海经・海内经》，其记载曰："后稷之孙叔均。"

叔均对农业发展最大的贡献是创造性地使用了牛耕。在西周早期，农业生产很不发达，耕种田地只能靠人力。徐光启《农政全书》说："尝闻古之耕者用耒耜，以二耜为耦而耕，皆人力也。"意思是徐光启说他曾经听说古时候人们种田用的是耒和耜，或者将两把耜并在一起耕地，但都是用人力。叔均最早使用了牛耕，让牛协助人耕种，既节省了人力，也提高了耕作速度与质量，极大地提高了农事的效率。

汉代画像砖石　牛耕图　江苏睢宁双沟出土

公刘姬姓，名刘，生卒年不详，人们往往将其尊称为公刘，"公"是尊称。公刘是不窋的孙子，鞠的儿子，同时也是周部族的杰出首领。

《史记·周本纪》记载，后稷去世之后，他的儿子不窋接任了他的官职。不窋晚年的时候，是夏朝太康时期，政治昏暗，不务农业，后稷这个官职被废除，不窋失了官职，不得已逃亡到北狄和西戎附近。在这里，不窋并没有忘记他后稷之官的本职工作，继续发展农业生产。不窋去世之后，他的儿子鞠继任。鞠去世之后，鞠的儿子公刘继任。

公刘即位之后，正是夏桀（jié）时期。夏桀昏庸，政治昏暗，民不聊生，诸侯纷纷叛离。公刘也是在这个时候，从戎狄之间（今甘肃庆阳一带）举族南迁到豳（bīn）地，也就是今天陕西省彬县，旬邑县西南一带。现今在彬县泾河新区东段鸣玉池村，位于福银高速公路彬县引线入口处矗（chù）立着一尊高达28米的石质雕像，雕像的主人公正是开辟豳国农耕文明的始祖——公刘。

《诗经·大雅·公刘》记载了公刘将部族迁到豳地，在那里定居并发展农业的经过。公刘带领族人迁徙（xǐ）之前，做了充分的准备。一是准备了充足的粮食。他让人将丰收的粮食装进仓库，包裹好，再装进口袋与大囊（náng）中；二是带上了各种武器。人们挽弓带箭，拿着干戈斧钺（yuè），浩浩荡荡启程。到达豳地之后，公刘仔细地察看了这片土地，发现这里物产丰富，非常适合居住，就告诉大家在这里安定下来。在豳地安定下来之后，公刘没有忘记曾祖父后稷所从事的农耕生产，他继续从事后稷的事业，致力于耕种，兢兢业业地带领人们从事农业生产。在种植庄稼之前，他会先考察土地特征，看看土地适合种什么，也会探察水源、地形，划分地界，发展农、牧、桑、麻诸业。

豳地有着较好的自然环境和土壤条件，公刘率领族人迁到豳地之后，充分利用自己从事农业生产的能力，常常奔波在山原，带领人们开垦荒地，保证追随他的周人都有土地耕种。此外，还从漆水、沮（jū）水渡过渭水，伐取木材来做成生产工具和生活工具。在公刘与豳地百姓的努力下，大家的生活变得富裕起来，外出的人有资财，定居的人有积蓄（xù），民众仰仗他过上了好日子。为了保护人们的劳动成果，公刘还组建了一支武装力量。这支武装力量非常雄厚，人们亦兵亦农，轮流进行生产和防守。公刘还带领人们修建了城邑和宗庙，这样一来，周部落变得越来越富足，人口也逐渐增加，豳地也越来越广阔。各族人感念他的恩德，大多迁到这里，拥护和归顺他。周朝事业的兴起就是从这里开始的，所以诗人创作了诗篇《公刘》来称颂他的德行。

公刘其后十代子孙在豳地生活了三百年左右，他们的生产生活状况，我们大概可以从《诗经·豳风·七月》的描述中得知。《豳风·七月》描述了豳地百姓一年四季的劳动生活，涉及当时生活的方方面面。百姓忙于农活，耕种、打猎、酿酒、凿冰、修缮房屋、准备祭品、采桑、养蚕、搓麻、织染、缝制衣服……在长期的农事活动中，人们发现并培育了葵菜、葫芦、苦菜等蔬菜，栽种了郁李、葡萄、瓜、枣等水果，种植了黍（黄米）、稷（高粱）、菽（豆类）、穜（tóng）（早种晚熟的谷物）、稑（lù）（晚种早熟的谷物）、禾（小米）、麻、麦等农作物。

公刘去世之后，他的儿子庆节继位；庆节去世后，他的儿子皇仆继位；皇仆去世后，他的儿子差（chà）弗继位；差弗去世后，他的儿子毁隃（yú）继位；毁隃去世后，他的儿子公非继位；公非去世后，他的儿子高圉（yǔ）继位；高圉去世后，他的儿子亚圉继位；亚圉去世后，他的儿子公叔祖类继位；公叔祖类去世后，他的儿子古公亶父（dǎn fǔ）继位。

古公亶父是公刘之后又一位杰出的领袖，他继续后稷、公刘的大业，重视德行，仁爱百姓，国人都爱戴他。戎狄的薰（xūn）育族看到周部落在古公亶父的领导下，逐渐富有、强大，就不断去侵扰。薰育族刚开始是想要夺取周部落的财物，古公亶父就给他们了。后来他们又来侵扰，想要夺取周部落的土地和人口。周部落的人都很愤怒，想和薰育族打一仗。古公亶父不愿意自己的人民与薰育族发生战争，他说："人民拥立君王，是希望君王能带给人民利益。如今戎狄来攻打我们，是为了夺取我的土地和人民。人民跟着我，或跟着他们，只要生活得好，有什么区别呢？如果人民因为我个人的原因去打仗，我就等于是用牺牲人家的父亲或儿子的手段，来达到做他们君主的目的，这样做我实在不忍心。"于是古公亶父带领家人和亲随离开豳地，渡过漆水、沮水，翻越梁山，去寻找新的居住地。

后来，他们来到岐（qí）山脚下的周原，发现这里的苦菜像麦芽糖一样甜，土地非常肥沃，适合发展农业生产，也适合居住，就在这里定居下来。

豳地的百姓感激古公亶父的仁德，全都扶老携（xié）幼，来到岐山下归附于他。邻近国家的人，听说了古公亶父对人民如此仁爱，也有很多来归顺他。

古公亶父率领周部落在岐山下定居之后，不仅带领人民开辟荒地，种植庄稼，发展农业生产；也用心经营，带领人民建起城郭，修建房屋，保障人们的居住条件，把民众分成邑落定居下来。如此一来，就逐渐改变了戎狄游牧的风俗。古公亶父还设立官职，来办理各种事务，诗人写下美丽的诗篇，来歌颂他的功德。《诗经·大雅·绵》就是一首描写古公亶父被迫离开豳地，迁到岐山下，重创基业的诗。

可以说，自不窋之后，后代的公刘、庆节、皇仆、差弗、毁隃、公非、高圉、亚圉、公叔祖类、古公亶父等周代祖先们世世代代敬德修业，勤勤恳恳，不忘使命，重视农业，关注民生，姬姓家族日益兴旺，才有了后来姬发建立周朝。

四、 商周农官

商朝非常重视农业生产。在出土的甲骨文中可以看到，商朝的甲骨卜辞中有很多占问农稼的内容。商人在占卜的时候会占卜耕地是否够好，会占卜粮食收成好不好，或者占卜天气是否有利于农业生产……这些频繁的占卜充分体现了商王朝对农业生产的重视。

据已出土的甲骨文显示，商朝掌管农耕事务的职官有两类，一类专门管理王室的农业生产，有小耤（jí）臣、小刈（yì）臣、小众人臣等。小耤臣总管耕种之事，小刈臣总管收割之事，小众人臣管理并监督众人在田间的劳动；另一类是负责商朝都城之外的农业管理的农官，这类农官在全国各地都设有，称为“某田某”“在某田”，合称为多田。

商朝职官划分比较模糊，农官也是如此。商朝农官的职务并不是固定的，对于小耤臣、小刈臣这些管理王室农业生产的农官来说，他们往往是在农业生产时期才担任农官，农业活动结束之后，他们就不再担任这些农官职务。所以，小耤臣、小刈臣这类农官职位由商王的妃子以及其他官员兼任的情况非常普遍。

而负责商朝之外的农业管理的农官，往往是由商王委派的贵族，他们率领他们的族人和从属人员去执行。这些接受了商王的命令，去为商王开垦荒地，组织生产，管理农事的贵族，也并非每个都能享有“田”这个官名，他们也有很多没有农官的职名。

商朝农官分职的不明确，在一定程度上表明了商朝的农官制度还带有一些原始状态，其发展与完善程度较低。

周代的祖先起源于农稷之官，弃是周朝的始祖，被帝尧任命为农稷之官。弃之后，他的后代世世代代都做虞、夏的农官，比如不窋、公刘、古公亶父等。通过他们的故事，我们可以知道，周人是出了名的擅（shàn）长农业、重视农业。周朝成立之后，周朝的领导人将这份对农业的重视延续了下来。所以，相比于夏、商两朝，农官在西周职官系统中的地位更加重要。

出于对农业的重视，不仅周王室设置了层层农官管理农业生产，各诸侯国也仿照王室，有一套类似的农业管理职官体系。

西周时期的农田主要有两种，一种叫籍田，为周王室和贵族所有，是他们农业收入的主要来源，所以尤其受周王室的重视。这些籍田一般在都邑近郊，需要借助人民的力量来耕种，通常采用大田经营的模式。根据《国语·周语上》的记载，管理籍田生产的农官有后稷、农正、农师、司徒、司空等。

后稷是西周时期的农官之长。周朝的始祖姬弃被舜任命为后稷，主管农业。也许是为了表示自己继承了祖先的重农传统，后稷在西周的职官中有着非常重要的地位。为了表示对农业生产的高度重视，每年春耕之前，周天子都要举行籍田礼。所谓的籍田礼，就是周天子象征性地耕田，用现在的话说，就是周天子的一次“犁田秀”。在举行籍田礼的当天，周天子带领诸侯、群臣，先用太牢祭祀，太牢也就是牛、羊、猪，这是当时最高规格的祭礼。然后周天子带领群臣到国都南面近郊的农田里面去，周天子拿耒，也就是一种像犁一样的翻土工具，“三推三反”，犁田三次。周天子“三推三反”之后，王公贵族和大臣等按照品级，依次犁田。诸侯“五推五反”，卿大夫“七推七反”，士“九推九反”，接着由平民把剩下的田犁完。最后，天子、王公贵族、大臣等依次分享祭品，籍田礼结束。根据《国语·周语上》的记载，在籍田礼进行前，太史要把天气情况和土壤变化告诉后稷，后稷将这些情况报告给周天子，周天子批准后，籍田礼的准备工作才会开始进行。籍田礼举行的时候，后稷要负责监察，膳（shàn）夫（周朝时官名，掌管宫廷饮食）、农正安排籍田礼；平民在籍田上集体劳动结束之后，后稷要“省功”，也就是视察耕作成绩。最后，后稷还要告诫百姓，“纪农协功”，让百姓协力耕作。对于百姓的耕作，还要由各级官吏分批出动巡查，“农师一之，农正再之，后稷三之，司空四之，司徒五之，太保六之，太师七之，太史八之，宗伯九之，王则大徇。”（《国语·周语上》）最基层的农官是农师，主要负责农业指导，所以最先出场；然后是农正，辅佐后稷，直接指挥和督促农夫劳动，比农师高一级。西周时期，与农正职责类似的农官有各种不同的称呼，除了农正，还有田畯（jùn）、田大夫、农夫、农大夫、治田、保介等，他们或者是和农正处于同一级别的官员，或者是农正的异称。

清朝雍正皇帝举行籍田礼

司空主要管理道路沟渠，所以也负责农田的规划和整治。比如测量籍田到底有多大，对籍田进行规划，决定在哪里挖水沟和田垄，从而建立一个沟洫（xù）系统，将田野中的积水排出去等等，这些主要都由司空负责。

司徒主要掌管邦国土地与人民，他的职责中有很多与农事相关。司徒最初写作“司土”，掌管土地，西周晚期改为司徒，所管理的内容也由土地变为在土地上从事劳作的农业生产者。《周礼·地官·大司徒》对司徒的职责进行了详细的记载，它说：“大司徒之职，掌建邦之土地之图与其人民之数，以佐王安抚邦国。以天下土地之图，周知九州之地域广轮之数，辨其山林、川泽、丘陵、坟衍、原隰（xí）之名物。”意思是说，大司徒的职责是掌管天下各邦国的地图和人口数量，以辅佐君王安定天下各邦国。根据天下各邦国的地图，就可以全部了解九州地域面积，辨别矿山、森林、河流、湖泊、丘陵、高地、山坡、平原和低湿之地的种类和名称。大司徒是《周礼·地官》中的地官的最高长官，所以人们也说司徒是西周负责农事的高级政务官。

西周时期，籍田之外的土地按照乡遂的区别，分给国人和野人。周天子直接统治的地区，称为王畿（jī）。周朝的时候，将王畿分为两部分，王城和四郊以内的地区，称为“国”，在国中设有六乡，在其中居住的人被称为国人；四郊以外的地方，称为“野”，设有六遂，在其中居住的人被称为野人。

居住在六乡的国人具有国家公民的性质，农业生产并不是他们最主要的负担，所以管理六乡农业事务的农官的主要职责就是进行耕田分配，将耕田分配给国人之后，他们会以家为单位，独立劳动。承担六乡农官职责的主要是大司徒和小司徒，大司徒主要负责对土地进行分类，然后授予国人；小司徒协助大司徒，主要掌管土地和劳动力数量，以及进行相应的协调工作。

居住在六遂的野人是农业生产的主要担当者，但他们都是被统治者，并没有劳动的兴趣，需要官员对他们的农业生产劳动进行指挥和监督等。所以，遂人系统官员的主要职能是管理农事，根据《周礼·地官》记载，管理遂人农业事务的官员有遂师、遂大夫、县正、酂（zàn）长、里宰、司稼等。其中遂师“巡其稼穑，而移用其民”，即他主要负责巡视地里的庄稼，安排农民互助，在农忙的时节帮助有困难的农户进行农事作业等；遂大夫“简稼器，修稼政”，即在正月的时候，检阅农具，指导农民做好各项准备耕种的工作；县正“趋其稼事，而赏罚之”，即督促人们耕作，并根据情况进行赏罚；酇长“趋其耕耨（nòu），稽（jī）其女功”，即督促人们耕作，考核妇女的工作成绩；里宰“以岁时合耦（ǒu）于锄，以治稼穑，趋其耕耨，行其秩叙，以待有司之政令”，即按照一年的四季对农民进行耦耕的搭配，让他们进行耕种，督促农民耕作，安排农民互相帮助，来进行耦耕的先后次序，以待执行遂人和司稼的命令。司稼“掌巡邦野之稼，而辨穜稑（tóng lù）之种，周知其名与其所宜地，以为法，而悬于邑闾（lǘ）”，即掌管巡视邦国野地的庄稼，辨别各种谷物的种类，全面了解它们的名称，以及它们所适宜种植在什么样的土地上，以此作为下一年种植的法则，悬挂在邑中的里门上。

此外，见于《周礼》，职务中涉及农业管理的职官还有廪（lǐn）人、草人、稻人、土训、柞（zhà）氏、薙（tì）氏等。其中廪人主管仓廪粮谷，草人根据不同的土质指导百姓使用不同动物的粪便当肥料，稻人主要负责指导百姓防旱防涝，土训的主要任务是向帝王报告山川地势、土质好坏及土地所宜生产，柞氏与薙氏的职责是伐木除草造田。

可以看到，相比较于商代，西周对农业更加重视，农官的名称也更多、更复杂。但西周的农官制度存在的一些特点表明当时我国的农官制度尚处于初步发展期，并没有成熟。这些特点包括：第一，西周农官称谓并不固定，一种职官在不同文献中称谓不同的现象很常见，比如农正，据历代解说，农正和田畯、农夫、农大夫、田大夫、治田、田、田甸、甸人、甸师、保介等都是同一级别农官的异称。第二，西周农官的管理职能并不固定，“官事可摄”的现象依然存在，部分农官的兼职与本职并没有关系，部分农官的职责前后变化较大，甚至脱离了农业管理领域。比如司徒最初主要管理土地，后来主要管理土地上的劳动者，而到了西周末年，司徒是领兵征战的统帅，或者是王朝的执政官，他的主要职责已经和农业事务没有太大的关系了。

第二章

农家学派产生的背景

春秋时期，“礼崩乐坏”，社会动荡。战国时期，随着秩序的重建和道德的重构，诸侯国所面临的首要任务，就是如何使政治、经济、军事政策更适应现实竞争，也就是如何全面、彻底、迅捷地建立新的战略战术方针。要建立适应新时代的政治、经济、军事政策，只有改革。战国的政治家们及时地认识到了这一点。所以，在战国时代，掀起了一股改革风潮。在这股改革风潮中，出现了一些重农的重大举措，这些举措不仅表现了当时人对农业的重视，也对农家的形成、发展有一定的影响。而长期的农业生产经验得到一定的总结，与农业相关的科学技术得到了发展，在当时的社会背景以及传统的重农思想影响下，主张以农耕治国的农家在诸子百家中脱颖而出，成为一家之学，跻（jī）身于“九流”之列。

一、 李悝尽地力之教

战国时代的改革风潮，首先是从魏国开始的。魏文侯曾任李悝（kuī）为相国，对魏国的政治、经济、军事、民俗进行了一系列改革，大大地提升了魏国的国力，为魏国发展成为战国七雄之一奠定了基础。

李悝，生活在公元前455—前395年，河南濮（pú）阳人。他是我国战国时期的政治改革家，班固《汉书·艺文志》将他的著作《李子》列为法家之首，但李悝在变法中非常重视农业，因此他也被认为是重农主义的开山之祖。

李悝画像

李悝认为，在当时的条件下，唯有发展农业生产，才能使国家富强。于是，他提出“尽地力之教”的重农主张，这个主张的核心是发挥农民的生产积极性，让农民做到“治田勤谨”，通过精耕细作，尽可能地增加每亩地的粮食产量。

在今天，提高粮食的单位产量主要依靠的是科技手段，比如不断改良粮食品种、优化施肥结构、提高农药效果等。但在战国时期，科技手段并不是提高粮食产量的着眼点，农民从事农业生产是否积极，是否能“精耕细作”才是关键。

李悝算了一笔账，100 平方里的范围内，有 9 万顷土地，其中山川、村落占了三分之一，也就是 3 万顷，剩下的 6 万顷土地都可以用来耕种，也就是有 600 万亩耕地。如果农民“治田勤谨”，精耕细作，每亩可增产粮食 3 斗，那么 600 万亩就可增产 180 万石；如果农民懒惰，每亩粮食产量会减少 3 斗，那么 600 万亩就会减产 180 万石。农民是勤奋还是懒惰，就决定了粮食是增加还是减少 180 万石。由此可见，提高农民的农业生产积极性，使其精耕细作是非常重要的。如何具体落实“尽地力之教”的措施？根据杨宽先生在《战国史》中的论述，当时李悝提出了三项具体的规定：

一是“必杂五种，以备灾害”（《太平御览》）。就是说，让农民同时播种稷（小米）、黍（黍子）、麦、菽（大豆）、麻（麻所结的实）等五种粮食，来保证某种粮食作物受到自然灾害后，还可以收获其他粮食作物。

二是“力耕数耘，收获如寇盗之至”（《太平御览》）。就是说，要督促农民努力耕作、勤于除草，粮食成熟了，收获的时候要像知道有强盗来抢劫，抓紧在他们来之前抢收一样将粮食迅速收割。当然，让农民们在收获的时节抓紧收割，并不是为了防强盗，而是“恐为风雨损也”，为了防止风雨对庄稼的损害。

三是“还庐树桑，菜茹有畦，瓜瓠（hù）果蓏（luǒ），殖于疆埸（yì）”（《太平御览》）。此处的“还”字通环，是环绕的意思，瓜瓠指的是瓜类植物，果指的是果树的果实，蓏指的是指瓜类等蔓生植物的果实。这是说，要在住宅周围种植桑树，在菜园种植蔬菜，田地之间的田埂也要利用起来，可以种植瓜果。也就是要充分利用土地，发展农副业的生产。

当时魏国人口多、土地少，李悝根据魏国的实际情况和生产经验，提出“尽地力之教”的具体政策，适应当地农业生产发展的需要，提高了农作物的产量，有力地推动了魏国农业生产的发展。

此外，为了调动农民的积极性，李悝还实施了一个重要的措施，就是“平籴（dí）法”，即由国家控制粮食的购销和价格。

在粮食获得丰收的丰年，粮食供大于求，农民只能低价将粮食卖出，一年的辛苦劳动得不到相应的回报，耕种的积极性就会被打击，这就是“谷贱伤农”；而在粮食收成不好的灾年，粮食的减产会导致粮食价格上涨，那么城里的居民就会买不起粮食，这就是“籴贵伤民”。

《汉书·食货志上》说，李悝提出“籴甚贵伤民，甚贱伤农。民伤则离散，农伤则国贫，故甚贵与甚贱，其伤一也。善为国者，使民毋伤而农益劝。”李悝认为，粮食价格太贵，城市的居民负担不起，粮食价格太便宜，损害农民的利益。城市居民受到伤害，生活困难，就要流徙他乡；农民入不敷出，生活困难，那么就会导致国家贫困。粮食的价格无论是太高或者太低，都会伤害到农民或城市居民中的一方。善于治理国家的君主，要避免这两种情况的发生，不仅能使城市君民安居乐业，也能使得农民更加积极于粮食生产。

李悝认为要避免“谷贱伤农”和“籴贵伤民”这两种情况的办法就是采取“平籴法”，也就是国家建立一个储备粮食、平稳粮食价格的系统。在粮食获得丰收，价格下跌的时候，国家出钱以正常的价格收购多余的粮食，防止因粮食降价而挫伤农民种粮的积极性，然后再把收来的粮食储藏存起来；等到发生饥荒，粮食涨价的时候，国家又将储存的粮食以正常的价格卖出，防止粮食价格过度上涨，影响人们的正常生活，以稳定人心。

“平籴法”规定，国家要谨慎观察一年的粮食收成情况。把好年成分为上、中、下三等，由官府按好年成的等级，出钱籴进一定数量的余粮。具体而言，在上等丰年时，国家收购粮食总产量四分之三的粮食，给农民留下四分之一；中等丰年的时候，收购四分之二，下等丰年的时候，收购四分之一。把坏年成也分为上、中、下三等，由官府按坏年成的等级，平价粜（tiào）出一定数量的粮食。具体而言，遇到小的荒年，就将下等丰年收购的粮食卖出；遇到中等的荒年，就将中等丰年收购的粮食卖出；遇到大荒年，就将上等丰年收购的粮食卖出。

这样，无论是丰年还是灾年，粮食的价格，都能保持基本稳定，从而达到“取有余以补不足”，拿丰年多余的粮食来弥补荒年粮食的不足。这样“虽遇饥馑水旱，籴不贵而民不散”（《汉书·食货志》），即使遇到了荒年，遇到了水旱灾害，粮食价格不贵，人民就不会逃散。

李悝的“平粜法”解决了丰年多粮、灾年少粮的矛盾，为后世中国历代王朝实行均输（政府统一征收、买卖和运输货物，来调节各地供应）、常平仓（政府为调节粮价、储粮备荒以供应国家和百姓需要而设置的粮仓）政策的先河。

二、 商鞅急耕战之赏

战国时期，诸侯变革，以秦孝公时期的商鞅变法最彻底，也最有成效。商鞅虽然是法家的代表，但也提出了很多重农政策。

商鞅，大概生活在公元前 395 年到公元前 338 年，是卫国国君姬妾生的公子。名鞅，姓公孙，所以有时候人们也会称其为卫鞅、公孙鞅。而称其为商鞅则是因为他来到秦国之后，帮助秦孝公大败魏国。“卫鞅既破魏还，秦封之於、商十五邑，号为商君。”（《史记·商君列传》）等他从战场上回到秦国之后，秦孝公就把商、於之间的十五个邑给了他做封地，号称商君。后人称呼他，或者给他作传的时候，就由商君这一称呼引申出去，称他为商鞅。但实际上他不姓商。商鞅有贤能，曾做过魏国相国公叔痤（cuó）的家臣，但并没有得到魏王重用。后来秦孝公继位之后，想要发愤图强，重振秦穆公时代的霸业，向东收复失地，下令寻访有才能的人来帮助他，使秦国变得更加强大。商鞅听说之后，就离开了魏国，来到秦国，并依靠秦孝公的宠臣景监见到了秦孝公。

商鞅见到秦孝公之后，就开始游说秦孝公，他首先向秦孝公推荐“帝道”，也就是“天下为公”的尧舜之道，但秦孝公一边听一边打瞌（kē）睡，听不进去。秦孝公第二次见商鞅的时候，商鞅就改用“王道”，即夏、商、周三代的“德”治思想来游说秦孝公。德治的特点是领导人虽然建立了不公平的“家天下”社会制度，不过领导人自己能严于律己，宽以待人。但仍然不合秦孝公的心意。秦孝公第三次见商鞅的时候，商鞅改用“霸道”来游说秦孝公，“霸道”也就是五霸之道。霸道的特点是领导人拥有自己的特权，同时给百姓一定的利益，用一句通俗的话说，就是领导人吃肉，也给百姓一点汤喝。秦孝公终于感到商鞅的话有中听的地方了，对他很友好，但是仍然没有任用他。而经过几次试探，商鞅终于明白了秦孝公的心思，在秦孝公又一次召见他的时候，向秦孝公推介了富国强兵之术。富国强兵之术的特点是完全抛弃仁爱是非，以吏为师，顺我者昌，逆我者亡。秦孝公听了之后非常高兴，认为人生苦短，有为的君主，一定要在自己的任期内做出轰轰烈烈的事业来，不能修文德等待百年之后。商鞅知道秦孝公的境界低下，投其所好地用富国强兵之术来游说他，但他本来追求的，首先是帝道，其次是王道，再次是霸道，最后才是为了追求成功而取的强国之术。商鞅也明白，他的这种强国之术，连商、周时期的道术都比不上。

后来，秦孝公就重用商鞅进行变法。他们制定了变法的内容，其中有一个重要的重农政策，被称为“急耕战之赏”，即重赏在农业生产与战争方面有成绩的人。商鞅认为“国之所以兴者，农战也。”（《商君书·农战》）农业与战争是国家富强的基本手段。他认为为了保证战争的胜利，要大力发展农业，只有农业发展了，才能有充足的粮食和各类农副产品，才能向军队提供足够的军备物资，包括军粮、军服、车马等，对外战争才能取得胜利。

为此，商鞅准备以法令的形式奖励在战争和农业方面立功的人。对于立战功的人，可以得到加官晋爵、良田美宅之外，还可以免除仆人应承担的徭役。而对于在农业生产上立功的人，即致力于粮食生产，让粮食丰收、布帛增产的人，可以免除自身徭役。秦国的徭役繁重，免除徭役是分量很重的奖励。而对于那些为了做买卖而忽略了农业生产，以及那些懒惰的人，他们和他们的妻子、儿女一概要被收入官府为奴为婢。

新法准备就绪了，但商鞅没有马上向秦国的百姓公布，因为他担心百姓不相信变法的规定。为了取信于民，商鞅想了一个办法，他让人在国都后边市场的南门竖起一根三丈长的木头，并宣布，要是有谁能把木头从南门扛到北门，就赏给他十两金子。百姓觉得这件事很奇怪，议论纷纷，没有人上前去扛木头。商鞅看到没有人去扛这根木头，把赏金提高了五倍，宣布如果有人能把木头从南门扛到北门，赏五十金。后来，有一个人站出来，把木头从南门搬到了北门，商鞅马上就给了他五十金，用这个方法向百姓表明法令既出，就一定是真的，绝不欺骗百姓。这样一来，商鞅迅速地在社会上树立起了自己的威信，增加了人们对官府的信赖，从而为新法的顺利推行营造了广泛的社会基础。这个故事后来被称为“立木为信”。

立木为信

商鞅颁布新法之后，因为有“立木为信”的事情在先，新法执行得比较顺利。新法令执行后，秦国发生了很大的变化。老百姓对耕战有赏这一点表示满意，对于普通百姓来说，只要努力从事农业生产，多生产粮食和布帛，就可以免除徭役，不用离开故乡和亲人，到遥远的地方做苦力，是非常让人欣喜的。而对于将士们而言，只要在战场上勇敢杀敌，立了军功，就能加官晋爵，得到田地、住宅、车马等奖赏，这使得士兵在战场上勇猛无比。

其次，商鞅还以优惠的条件吸引别的国家的百姓来秦国垦荒务农，对于来秦国务农的农民，给予良田和宅地，并免除三代徭役。这样优厚的待遇，自然吸引了大量其他国家的流散农民来秦国务农，大大促进了秦国的农业生产。

自从商鞅变法之后，秦国农业产量增加了，军事力量强大了，在对外战争中不断取得胜利。秦孝公看到变法取得的成果，就让商鞅进行了更大规模的变法。在第二次变法中，商鞅制定的法规中也有一条与农业息息相关的政策，就是废井田。

井田制是在商周时期实行的一种土地制度。所谓井田制，就是每一方里的土地为一个井田，每一个井田有九百亩，中间一百亩是公田。每八户人家都以一百亩为私田，这八家共同来耕种公有田。先把公有田耕种完毕，才能去处理私人的事务。而所谓的私田，也并不是说这块土地为农民私有，私田仍然为君王所有，农民只有私田的使用权，没有所有权。《诗经・小雅・北山》中有这么几句诗："普天之下，莫非王土，率土之滨（bīn），莫非王臣。"前两句说的就是在井田制之下，普天之下的土地都归君王所有。所以周天子有权处置天下所有的土地，这些田地既然名义上属于周天子，就不允许买卖。

井田制

而农民对私田也并不是一直拥有使用权，这个使用权有一定的期限。这个期限就是他的一生。当他死亡或者不能劳动的时候，统治者就会把田收回，分配给另一个有劳动力的农民耕种。他并不能将这块田传给子孙，或进行买卖。这无疑不利于提高农民的积极性，特别是当农民快要失去土地的时候，更是有可能消极怠工。

那么，怎样才能提高农民的积极性呢？就要承认土地的私有，让农民拥有一定的土地。种地的人可以把他所种的土地作为他的私有财产，可以传给子孙，可以买，也可以卖。这样农民的心也比较安定。

商鞅变法废除了井田制，承认土地私有，农民有了土地，每年生产出来的粮食，除了上缴一定的赋税外，剩下的就全是自己的。这样就使得农民的积极性大大增加。

商鞅废除井田制的措施，在当时大大地解放了生产力，提高了农民生产的积极性，具有很大的进步意义。但从另一方面来说，农民的贫富差距开始明显，“富者田连阡陌，贫者亡立锥（zhuī）之地”（《汉书·食货志》），富有的人田地广袤（mào），而贫穷的人极其贫困。很多大地主为了拥有更多的土地，采用各种卑劣手段。尤其是灾年，巧取豪夺，让拥有土地的农民变卖自己的土地和房产，沦为佃农。

商鞅变法的内容涉及政治、经济、军事等方面，包括整顿户籍、奖励军功、奖励农业生产、开郡县、废井田、统一度量衡等。废井田、奖励农业生产等重农政策在增强秦国国力上起到了重大的作用。

班固在《汉书·食货志》这样评价商鞅变法，他说：“秦孝公用商君，坏井田，开阡陌，急耕战之赏，虽非古道，犹以务本之故，倾邻国而雄诸侯。”班固认为秦孝公任用商鞅变法，破坏井田制，田间开出一条条纵横的小路，对于积极对待农业和战争的人给予奖励，这虽然不符合古代先王的追求，但是由于抓住了农业这个根本，所以，秦国逐渐变得强大，不仅胜过邻国，而且称霸诸侯。

三、 农家产生的必然性

农家形成于战国时期，农家出现在这个时期并非偶然，而是与当时的社会背景密切相连。

首先，这与中国的重农传统分不开。中国古代社会以农耕文明为主体，自古以来就重视农业生产，有很浓厚的重农思想。商代、周代两代就有专门的农官从事农业生产管理，而无论是周朝祖先后稷、公刘、古公亶父等对农业的重视，还是李悝变法中的“尽地力之教”，商鞅变法中的“急耕战之赏”等政策，都萦（yíng）绕着浓厚的重农氛围。一方面，战国时期，人口不断增加，土地却相对缺乏，需要发展农业来解决人民的生存问题；另一方面，战国时期，战争频仍，各诸侯国都想壮大自己的国力，取得对外战争的胜利，而足够的兵力和粮食都是战争取胜的关键因素。在传统重农思想与战国时期的社会背景的影响下，发展农业成了当时各国亟待解决的重要问题。重视农业生产也成为当时的趋势，为农家的产生奠定了基础。

其次，农业生产的经验在战国时期得到了一定的总结。在长期的农业生产实践中，古人积累了很多丰富的农业生产经验。比如周朝祖先后稷在种地之前，会先观察这块地适合种什么，再种植适合的庄稼；种植粮食之前，他会精心挑选好种子，种植粮食之后，他也会精心呵护，注意除草。这些经验有的可能见于书籍记载，有的可能是零碎的总结，并以口头谚语的形式流传，这些农业生产的经验，为农家的产生提供了丰富的思想养分。在战国时期，出现了专门讨论农业的著作，对这些农业理论、经验加以记录和整理，使其更好地指导农业生产。如《汉书·艺文志》所记载农家《神农》《野老》是专门论述农业学的著作。而《管子·地员》和《吕氏春秋》中的《上农》《任地》《审时》也是农业学或土壤学的专题论文。

再次，与农业相关的科学技术在战国时期得到了发展。农家的研究对象与农业有着密切关系，所以与农业相关的科学技术的发展是促使农家产生的重要因素。战国时期，物候知识、天文学知识、冶铁技术、土壤学等与农业生产密切相关的科技得到较快发展。以冶铁技术为例，冶铁技术不断发展，促使了农具的发展。农具的发展水平对农业生产水平有着一定的决定作用。战国时期，铁被运用到制作农具上，用铁制作而成的犁、锄、镰（lián）、耙（pá）等农业生产工具已经被使用和逐渐推广，基本上可以满足开垦、耕地、松土、除草等农业生产主要环节的需求。

最后，农家产生于战国，与当时的学术环境密不可分。战国时期继承了春秋时期开放自由的学术环境，打破了“学在官府”的限制，“私学”产生并得以发展。除了贵族之外，平民也有接受教育的机会。此外，西周封建制度中贵族最低的一个等级——士，在战国时期的地位和春秋时期相比，发生了很大变化。在春秋之前，士是贵族阶级，拥有固定权利，并可以世袭。但到了战国时期，士失去了贵族地位，需要通过谋求自身能力的提升，来获得生存机会。在这样的背景下，相当一部分士演变为文士。这些有识之士发挥自己他们的文化知识、游说才能，宣传自己的政治或学术主张，逐渐形成了不同的观点和学派，从而形成了百家争鸣的学术环境。虽然各个学派都有自己的主张，各学派之间存在众多的分歧和对立，但他们在农业问题上的认识确是一致的。他们几乎都非常关注农业问题，肯定农业在国家发展中的重要作用，认为农业是国家发展的根本。各学派对农业的重视也是引导和推动农家形成的一个重要原因。但由于各个学派的治学方法、目的等不同，使得他们对农业的论述大多局限在理论层面，较为缺乏对农业技术和农业生产的实践。而农家不仅主张以农治国，也从事农业生产实践，综合发展了有关农业方面的理论与实践，在诸子百家争鸣中崭露头角，成为一家之学。

四、 农家的兴盛与衰落

农家虽然形成于战国时期，但最早使用“农家”这个称呼的是汉代的班固，他在《汉书·艺文志》中说：“农家者流，盖出于农稷之官。播百谷，劝耕桑，以足衣食，故八政一曰食，二曰货。孔子曰‘所重民食’，此其所长也。及鄙者为之，以为无所事圣王，欲使君臣并耕，悖上下之序。”班固认为农家这个流派，大概起源于掌管农业的官职。他们播种百谷，鼓励人们耕田种桑，来满足人们的衣食需求。所以《尚书·洪范》说施政最重要的八个方面，第一就是“食”，即要教民勤于农耕；第二是“货”，即教民善用货物。孔子说：“所重视的是百姓吃饭的问题。”这就是农家学派的长处。后来到了粗鄙的人手中，就想要君主和大臣一起参与耕种，和就违背了上下尊卑的关系。这就是农家的流弊所在。

班固将农家分为两派：一派是“农稷之官”，带有官方的色彩。这派起源于农官，如后稷、不窋、公刘等农官，他们指导农业生产，并在农业生产中积累了很多有关农业生产的经验和技术，他们是农家最早的成员；另一派是“鄙者流”，也就是平民农家。

而除了这种划分，也有学者将农家内部派别划分为两派，一派不涉及政治，一派涉及政治。前者主要是总结农业技术的经验，谈论农桑树艺；后者在重视农业生产实践的同时，提出“以农为本”等治国之道。涉及政治的农家一派的代表人物是许行。许行被孟子称之为“为神农之言者”，即研究神农学说的人，他的主要主张是“君民并耕”（即君主应该和百姓共同耕种）、“市贾不二”（即同类的商品应售同一个价格）等，这些主张反映了古代社会农民理想，有人将许行的这些主张称为“许子之道”。

农家内部可以进行派别的划分，证明了这一时期的农家非常活跃，并不是一个人一个派别的单方面学术思想的发展。另一方面，农家的研究内容涉及了耕种、政治、经济等多个方面，研究内容丰富也是农家繁荣的主要表现。

战国时期，农家的繁荣还表现在它的规模上。当时农家的人数不少，农家的代表许行有几十个学生，而且很多人接触到农家学说之后，投入农家门下。《孟子·滕文公上》就记载了这样一个故事，儒者陈相听闻滕国正在招贤纳士，所以与弟弟陈辛从宋国来到滕国。后来在滕国见到了农家学派的代表人物许行，“陈相见许行而大悦，尽弃其学而学焉。”陈相见到许行后非常高兴，被他的学说征服，毅然弃儒从农，全心全意地向许行学习，成为农家学派的弟子。从这件事也可以看到许行的主张在当时的影响。

后来许行的弟子陈相还与孟子进行了论战，有人将这场论战称为“农儒论战”。这场论战的结果以农家失败而告终，但也正因为这次论战，“有为神农之言”者许行和他提倡的理论主张加入到百家争鸣之中。

也就是到这个时候，农家学派具有了一个学派应该具有的条件：具有了自己的思想传承——“为神农之言”，形成了系统的理论主张——“许子之道”，出现了代表人物和领袖——许行，具有一定数量的追随者和学生——几十个门徒以及后来的陈相、陈辛，有很出色的学生——陈相与陈辛，参与了和其他学派的学术争鸣——与孟子的辩论。把这些要素综合起来看，农家发展到战国许行的时候，已经得到了很好的发展，是一个成熟的学派。

《汉书》

战国农家学派的著作基本都失传了，我们只能从其他典籍记载中，窥探农家著作的情况。

《汉书·艺文志》所记载的战国农家著作有《神农》

和《野老》。《神农》这本书的作者不详，西汉刘向怀疑这是战国时期李悝和商君所作，也有人认为这本书是战国时期农家的代表许行所作。班固认为，这本书的作者是战国时期的诸子，诸子痛恨当时各诸侯国频繁地发动战争，而忽视农耕，所以作《神农》篇来倡导诸侯重视农耕，托名远古时期的神农来宣传自己的学说。《野老》的作者是战国时期居于齐楚之间的一位老者。因为年老隐居在田野，教民耕种，所以以“野老”为号。

《汉书・艺文志》所记载的汉代农家著作有三部。分别是《氾（fán）胜之》、《蔡癸》和《董安国》。《氾胜之》后来也通常被称为《氾胜之书》，它的作者是汉成帝时议郎氾胜之。汉成帝命令他在“三辅”之地，也就是长安京畿（jī）地区京兆、左冯翊（yì）、右扶风三个地方，辖境相当今陕西中部地区，教农民种田。当时有很多喜好种田的人拜他为师，后来他升任御史一职。《蔡癸》的作者是汉宣帝时邯郸人。此人口才很好，在适当的时候又能谏言，所以官知弘农太守（弘农是汉朝设置的一个县级行政区划。最初汉武帝设弘农郡时，在秦国名关函谷关边置县为郡治，也名弘农，位置在今天河南省灵宝市东北黄河沿岸）。《董安国》的作者可能是汉代的内史，他对农耕经验进行了总结，写成了这部著作。

除了《汉书・艺文志》记载的书籍，农家的主要思想还集中体现在两部战国时期的著作中，即《管子》和《吕氏春秋》。

战国农家以农耕表达政治诉求，以“君民并耕”表达君民平等的追求，以“市贾不二”表达人人平等的思想，这些思想理念在当时社会构想出了一幅理想化的美好生活景象。但战国时期，随着旧的道德、旧的秩序解体，诸侯纷争，互相攻伐，民不聊生，社会呈现出一种极端混乱的状态。而且各诸侯国都想让自己更加强大，从而在兼并战争中取得胜利，他们崇尚的是实力，农家美好的社会理想显然不能适应战国时期各国国君的需要，在当时混乱的社会环境下是不可能实现的。

以农家代表许行的观点为例，许行其中有一个主张是"君民并耕"，也就是让君主和农民一同耕种。君主或许可以象征性地耕田，但是让君主和农民一样从事农业劳动在当时显然是不实际的。而这些做不到"君民并耕"的君主，许行就认为他们不贤能。当时滕国的国君滕文公也没有做到。滕文公为了将滕国发展成为民富国强的国家，招贤纳士。许行听说之后，带着十几个弟子来到滕国，请求滕文公收留。许行在滕国观察了一段时间之后，觉得滕文公确实是一位贤明的君主，但还不懂得大道理。原因就是因为滕文公没有实行"君民并耕"，没有亲自种田，也没有亲自烧火做饭。许行认为贤能的君王应该与老百姓一起耕种，自己亲自烧火做饭，同时也要替老百姓办事，从而治理好国家。而滕国国君自己不耕种，却建有粮仓，里面堆放着剥削来的粮食，也建有府库，里面堆放着剥削来的财物，这是损害老百姓的利益来提高自己的生活水平，怎么能说是真正的贤明呢？

许行的观点实际上表达了对剥削行为的强烈不满，但他要求君王和百姓共同从事农耕，这在等级森严的古代社会几乎是不可能的，也是不被理解的。所以许行的主张不仅受到同时代士人的批评，也被后人批评，认为农家扰乱社会秩序、等级秩序。与许行同时代的儒家代表孟子就曾经批评过许行的主张。

孟子之后，各家对农家的批评也主要是针对其扰乱社会、阶级秩序，如南朝的思想家刘勰在《九流》这篇文章中，说农家："使王侯与庶人并耕于野，无尊卑之别，失君臣之序也。"认为农家让王公贵族和平民百姓一起在田间耕种，是没有尊卑的区别的，这样做使得君臣之间的等级秩序荡然无存。而《隋书·经籍志》也说，农家："鄙者为之，则弃君臣之义，徇耕稼之利，而乱上下之序。"认为农家学说抛弃了君臣之间的大义，实际上就是指责农家不顾君臣之间的尊卑等级，只顾着耕种带来的好处，而置社会秩序、等级秩序于不顾。

秦始皇统一六国之后，也并没有博取百家思想，而是选择了延续法家铁血无情的政治主张。后来，为了加强中央集权和统治，秦始皇下令焚书坑儒，虽然关于种植类的书籍并不在焚毁之列，但这种极端的统治手段不仅对儒家来说是一场噩梦，对包括农家在内的其他诸子学说也是一次重大的打击。

到西汉时期，董仲舒提出"罢黜百家，独尊儒术"。儒家虽然重视农业，但对于农家反对剥削，提倡君民平等的思想并不认同。在这样的情况下，农家学派所提出的与政治有关的学说和思想很难有所发展，甚至无人继承，农家学说渐渐退出大众视野。而农家的著作，由于战乱的影响，大多都已经散佚，这是许多农家著作没有流传下来的一个重要原因。

董仲舒像

虽然战国农家以农耕治国的思想到后代逐渐被弱化，但是我国一向具有重农传统。农业关乎社稷民生，农家重农、重民思想并没有消失，而且在后世得到了充分的阐发与研究，被纳入到其他学说体系之中。

第三章

农家学派的主要思想

《汉书·艺文志》记载了汉代及汉代之前的农家著作，共九部一百一十四篇，分别为：

1.《神农》20 篇。
2.《野老》17 篇。
3.《宰氏》17 篇。
4.《董安国》16 篇。
5.《尹都尉》14 篇。
6.《赵氏》5 篇。
7.《氾胜之》18 篇。
8.《王氏》6 篇。
9.《蔡癸》1 篇。

以上九种农家之书，能确定时代的有五部，分别是《神农》《野老》《董安国》《氾胜之》《蔡癸》。其中《神农》《野老》为战国时代的著作，《氾胜之》为汉成帝时人所著，《蔡癸》为汉宣帝时人所著，而《董安国》的作者只知道他是汉代人，但不能确定他是汉代哪个时期的人。这九部著作，能确定作者的是《氾胜之》和《蔡葵》，其他均无传世记载，这九部作品都没有完整地流传下来，今天只有少量篇章辑录在清朝马国翰的《玉函山房辑佚书》中。

农家对农业的重要性有着深刻的认识，他们主张以农为本；农家向往神农时代，主张领导者要起到模范作用，亲身劳作，带领人民各司其田；农家追求人人平等，提倡君主要自力更生，反对君主对人民进行剥削。在农家的理想中，君王重视农业生产、仁爱百姓，百姓可以通过自己的辛勤劳作衣食富足，整个社会呈现一种富足、和谐的氛围。

农家学派的主要思想主张可以概括为以农为本、以商为末、尽民之力、平等爱民四个方面。

一、 以农为本

古代农家无论是理论派，还是实践派，都亲自耕种，鼓励人们耕田种桑，来满足人们的生活，正如班固在《汉书·艺文志》里面说，农家最基本的特征是“播百谷，功耕桑，以足衣食”。农家之所以叫农家，农就是他们区别于其他学派之处，以农为本是农家最重要的思想。

农家之所以以农为本，是因为他们对农业的重要性有充分的认识。他们认识到农业不仅是人民生活的根本来源，也是国家长治久安的物质基础，甚至关系到国家的兴衰。

第一，农业是保障百姓生存的基本手段。“民以食为天”，农业是衣食之本，可以为人民提供最基本的生存物质资料。相比较于其他行业，农业发挥着最为基础，也最为重要的作用。如果农民不生产粮食，不纺织，那么天下百姓都没有饭吃，也没有衣穿，连基本的生存都没有办法保证，就不用谈发展了。

战国农家很清晰地论述了农业与衣、食之间的关系。《管子·轻重甲》中说：“一农不耕，民或为之饥；一女不织，民或为之寒。”意思是如果一个农民不耕种，那么就可能有人因此挨饿；一个女子不纺织，就可能有人因此不能御寒。对于处于饥寒之中的百姓来说，粮食、衣物是最有价值的存在，比金银珠宝珍贵得多。金银珠宝既不能当饭吃，也不能当衣穿，如果没有金银珠宝，百姓也能生存，但如果没有了粮食衣物，百姓马上就会饥寒交加。这实际上揭示了农家以农为本最表层的也是最深层的原因——提供给人民赖以生存的衣食，满足了人民生存的第一需要。

第二，农业是社会财富、国家财政收入的主要来源。在古代社会，粮食与布帛不仅能保障人们的生存，也最能体现财富。古代农家认为农业是社会生产的主要部门，是国家财政收入的主要来源。只有农业发展了，社会财富才会增加，国家财政收入才能有保障。《吕氏春秋·上农》就指出了这一点，农家认为“民农则产复”，人们从事农业生产，产业就会丰厚；如果人们不从事农业生产，那么收获的粮食就会很少，人们的产业也就会变少，而粮食收获少了，大饥荒很有可能就会到来。

古代农耕图

第三，农业对维持国家稳定具有重要作用。首先，如果农民努力耕种，那么他们的财产会增加，他们的一生也会稳固地固定在土地上，对于君王的命令也比较容易听从，使得国家也比较容易治理。其次，维持国家稳定的另一个重要保障是军队，强大的军队对内可以巩固统治，对外可以抵御侵略。而在战国时期，军队的强大很大程度上要依赖于充足的军粮、装备和稳定的兵源，而农家认为只有农业才能提供这些物资和兵源。以农为本，就能生产足够的粮食，从而保证军队物资和军队日常开销；以农为本，就能收获大量的粮食，养活大量的人口，从而为军队提供充足的兵源和后勤保障。有了这些保障，军队的战斗力才能发挥出来，在战场上才能取得胜利。《吕氏春秋·上农》从反面论证，指出如果不以农为本，那么军队的战斗力就会大大减弱，它说："舍本而事末则不令，不令则不可以守，不可以战。民舍本而事末则其产约，其产约则轻迁徙（xǐ），轻迁徙，则国家有患，皆有远志，无有居心。"如果百姓舍弃农业，而从事其他行业，那么对于君王的命令就不会言听计从。如果百姓们都不听从君王的命令，就不会有人去从军，军队的兵源无法保证。而当国家有困难的时候，百姓也不会奋力征战，为守住国家而努力。如果百姓舍弃农业，从事别的行业，那么他的产业就会减少。而百姓的产业少，就不会将迁徙视为困难，容易迁徙的话，当国家有难时，百姓首先想到的就是带上自己不多的产业，离开这个国家，到另一个相对安定的国家生活。而不会因为产业太多，不能轻易离开自己的国家，从而为了保护自己的国家而战斗。

第四，以农为本可以形成淳朴的民风，从而使国家政权更加巩固。《吕氏春秋·上农》强调，“民农非徒为地利也，贵其志也。”让老百姓从事农业生产，以农为本，并不仅仅是为了得到老百姓辛勤生产的粮食，更重要的是，还可以培养百姓的心志。老百姓从事农业生产，就会变得朴实，朴实了就比较容易使用，这样一来，百姓就会听从国君的命令，尽心守卫家园，国家安定了，君主的地位也会显得尊贵。另一方面，“民农则重，重则少私义，少私义则公法立，力专一”。人民从事农业生产，行为就会稳重，他的有限的精力都在专注农事上了，对别的事情就不那么感兴趣。这样的话，他们就会较少地在私下发表议论，结党营私、图谋造反的几率更是小得多，而国家在这种环境下，法制比较容易确立，社会也比较稳定。

除了正面的论证，《吕氏春秋·上农》也从反面论证了农业生产和民风之间的关系，它认为，如果老百姓不从事农业生产，“则好智，好智则多诈，多诈则巧法令，以是为非，以非为是”。意思是就会喜欢耍弄智谋，喜欢耍弄智谋，行为就会奸诈，行为奸诈了，就会钻法令的空子，在法令上投机取巧，混淆是非，把对的说成错的，把错的说成对的。农家从正反两方面清晰地说明了是否以农为本关系到整个社会的民风和老百姓的思想，进而影响到国家的稳定和社会的发展。

二、以商为末

农家提倡以农为本，所以认为对妨碍农业生产的因素应该进行抑制。农家认为，商业，也包括手工业，既损耗社会财富，又影响农民进行农业生产的积极性，还会造成不良社会风气，所以统治者应该把商业看作是末作之事，采取抑制商业的政策和措施。

第一，商业会消耗社会财富。在农家看来，商人并不创造财富，他们只是低价买进别人生产出来的产品，然后再高价卖出，赚取中间的差价，而产品的数量在这个过程中，并不会增加。此外，商人不会亲自耕种、纺织，但他们也要吃饭、穿衣，所以就要大量消费农民生产的粮食和布帛。如果从商的人多了，从事农业生产的人就少了，这样不利于积累社会财富和国家财政收入。

第二，商人是造成农民生活困苦的因素之一。农家认为，商人的存在加重了农民的苦难。农民作为很多产品的生产源头，常常受到商人的盘剥。商人一方面对农民做不等价的交换，低价买进粮食，然后高价卖出；另一方面，商人还会通过各种办法，抬高一些生活必需品和农具等的价格，农民不得不出售更多的粮食来换取这些生活必需品和农具。此外，商人还会趁农民穷困的时候，进行高利贷剥削。遇到天灾人祸的时候，农民无法继续生活，只能向商人借高利贷。而高利贷高额的利息往往使农民陷入更加贫苦的生活。无论他们如何辛勤劳作，都很难偿还高利贷，有时候被逼急了，只能把自己的房子、田地，甚至是妻儿卖了，陷入更加悲惨的境地。

第三，商业会影响百姓从事农业生产的积极性。农民日出而作，日落而息，辛勤耕种，不仅要担心粮食的收成，还要承受繁重的租税，日子并不宽裕。而商人不用种田耕地，不用经受日晒雨淋的辛苦，但是收入往往是农民的数倍。在这样的情形下，如果不对商业进行抑制，会影响农民从事农业生产的积极性，使农民无心农业。

古代商业图

第四，商业发展会形成不好的社会风气。农家认为，商人通常是狡诈多端、唯利是图的。他们通过各种不正当的手段剥削农民，谋取财富，甚至还钻法律的空子，是非不分。农家认为，如果统治者不抑制商业，老百姓弃农从商，那么社会风气就会被败坏。

总之，农家认为，如果统治者不以商为末，对商业采取抑制措施，使大量的农民或者因为不堪忍受商人的盘剥，或者因为商人的高收入而弃农从商，那么农业生产就得不到保证。从而人们的衣食、社会的财富、国家的财政、社会的稳定、国家的稳固等都得不到保证。

农家虽然提出要以商为末，为了保证农业生产，必须抑制商业，但他们并不主张禁止人民从商，也不主张取缔商业活动。而是希望君王能够采取强有力的手段，限制商人的高收入，将商业活动的利润、大小、范围，都压缩到最小的规模，减少商人对农民的盘剥，以这样的方式增加农民的农业生产积极性，给予农业充足的发展空间。比如《管子》中提出的希望统治者使农、士、工、商每年收入不要相差太多的主张，这样就能使农民专心务农，开垦耕种。又比如许行提出“市贾不二”的主张，希望能够通过这个主张，减少商人对农民的盘剥以及对市场秩序的扰乱。《吕氏春秋》也没有完全否定商，而是强调要保证商业不妨碍农业生产，比如在农忙时节不能进行商业活动。

农家认为一个国家想要长治久安，就必须要坚决贯彻“重农抑商”的政策。要“重农”，以农为本的同时，也要“抑商”，抑制商业的发展。“重农抑商”的主张，在经过秦末动荡之后，最终由汉王朝确立下来，并且成为中国两千年封建社会的基本国策。

三、尽民之力

农家认为，农业生产至关重要，可以为人们的生存提供物质保障，同时也是社会财富、国家财政收入的主要来源。此外，农业对民风的形成、国家的稳定、政权的巩固，都具有至关重要的影响。所以，统治者应该想尽一切办法，保障农业生产有序进行。

农家认为农业生产与两方面的因素息息相关，一是农业生产依赖的自然条件，也就是农时、土地情况等；二是人的劳动。这两方面的因素综合起来，就涉及天、地、人三个因素。这也是古人认识宇宙组成的三大要素。最初的时候，古人认为天、地、人是各行其道的，后来才逐渐认识到这三者之间是互相联系的，于是逐渐形成了“三才理论”，也就是主张人与天、地、万物的和谐统一。“三才理论”基本上是中国古代各个学派的共同观点，农家的主张也包含了这一点。正如《淮南子·主术训》所说：“是故人君者，上因天时，下尽地财，中用人力，是以群生遂长，五谷蕃（fán）殖（zhí）。”农家认为，统治者保障农业生产，上要顺应节气，下要竭（jié）尽地利，中间要利用民力，这样万物就能顺利生长，粮食就能丰收。简而言之，保障农业生产需要从“天时”“地利”“人和”三个方面着手。

“天时”主要指的是农时。从大的方面来说，农业生产有一定的季节规律，春耕、夏耘、秋收、冬藏；从小的方面来说，每一种农作物都有特定的耕作时间。如果违背了农时，在该种植粮食作物的时候没有种植，那么就会影响一年的收成。《吕氏春秋》的《审时》篇就非常详细而又科学地说明了掌握农时的重要性。所以农家认为，农时是绝对不能耽误的，为了保证农时，农忙的时候不能大兴土木，也不能引起战争。

“地利”主要指土地生产粮食的能力。不同的土地质量不同，适合种植的粮食作物也不同。《管子·地员》篇和《吕氏春秋·辨土》篇就强调了要根据土壤的特点来种植适合的粮食作物。比如《管子·地员》篇记载，红黑色的土，干疏、坚硬而肥沃，适合种五谷；黄色而虚脆的土地，只适合种黄米和黏高粱。所以，农家认为，在种植之前，应该观察这些土地适合种植什么农作物，然后根据不同的土壤种植不同的农作物，这样才能保证丰收。当然，农家认为土壤的优劣是可以人为改变的，对此，《吕氏春秋·任地》篇有详细的解释，比如贫瘠的土地可以施肥，增加肥力，如果是因为耕种频繁而导致贫瘠，那么就要停止耕种，让土地通过休养来恢复肥力。

“人和”主要指的是人在农业生产中的作用。农业生产不能离开人来进行，农家强调人要掌握天时，顺应天时，辨别土壤质量，来种植适宜的粮食作物。此外，还要精耕细作，掌握农作物的种植技巧，积累技术、经验，让粮食获得丰收。

在农业生产中，天、地、人三者缺一不可，只有顺天时，用地利，尽人力，农业生产才能有序进行。而在这三者之中，又以人为中心，人能够顺应天时，发挥地利，也能够在一定程度上改变不利的自然条件对农业的影响，从而使农业生产获得丰收。

古代农耕图

在农业生产中，尽民之力的内容十分广泛，包括让百姓顺应节气进行农业生产，根据不同的节气，春天播种，夏天耕耘，秋天收获，一切都按照时令进行；也包括根据土地状况来确定种植什么农作物，适合种小麦的就种小麦，适合种水稻的就种水稻；还包括让百姓积累经验、技术，进行精耕细作；此外，各级农业管理者，也就是农官要劝民务农，督促百姓从事农业生产；对于那些影响农民生产积极性，妨碍农业生产的因素要采取一定的措施，来保证农业生产。只有这样，才能最大限度地把人的作用发挥出来，从而保证农业的丰收。

四、 平等爱民

农家认识到农业的重要性，提倡统治者以农为本，而对农业生产的主体——农民，农家认为更是至关重要。所以，农家要求统治者平等爱民。

春秋战国时期，诸子百家争鸣，九流十家，蔚（wèi）

为大观。农家学说在当时的影响并不是最大的，但如果从真正站在农民的立场，真正为农民着想这个角度来说，最突出的非农家莫属。

农家从人民的角度出发，思考衣食富足、安定和谐的治国之法。他们倡导统治者要意识到农民的重要性，要体会农民的艰辛，亲民爱民，与民平等相处，关心农民的生存状况，制定保障劳苦百姓的权益的规章制度。

农家认为，要做到平等爱民，统治者首先需要知道农民的艰辛，即知“稼穑之艰”。在古代，从事农业生产是非常辛苦的，不仅要承受风吹、雨淋、日晒等恶劣的天气，也要承受水灾、旱灾、蝗灾等自然灾害。再加上古时候科学技术并不发达，农业生产工具和技术水平都比较落后，并不能有效地减轻农民的生产负担。此外，即使农民付出了辛勤的劳动，收获却很少，而商人付出的劳动要比农民少得多，但收获却是农民的数倍。王公贵族等统治阶层的人更是不劳而获，靠农民上缴赋税来生活。可以说，农民是天下最苦的人。所以，作为一个统治者要体察农民的这种“苦心”。只有了解农民的辛苦，才能真正为农民着想，制定符合民心的政策，从而赢得民心。民心关系到一个国家的盛衰兴亡，是非常重要的。《管子·牧民》说：“政之所兴，在顺民心。政之所废，在逆民心。”只有顺民心，才能保证国家的长治久安，而如果不能体察农民辛苦，就不可能做到顺应民心，那么国家就会走向衰亡。

据说商朝的帝王武丁的少年时期是在民间渡过的，所以他“知稼穑之艰”（《尚书·无逸》），了解百姓的艰难和耕种的辛苦。武丁成为商朝的帝王之后，修明政事，推行德政，天下的百姓都欢欣喜悦。他也是商朝公认的比较贤明的帝王中的一位，而这和他知“稼穑之艰”或许有一定关系。在周朝，周武王姬发去世之后，他的儿子，年仅十二岁的姬诵即位，也就是后来的周成王。周武王在去世之前，留下遗愿，希望自己的弟弟周公能辅佐成王。周公尽心尽力地辅佐成王，他经常教成王很多道理，这些告诫成王的话，大多被《尚书》保留了下来。《尚书・无逸》记载，周公曾经告诉成王，要“知稼穑之艰”，知道务农的艰辛，也要“知小人之依”，明白人民的疾苦，只有这样，才能治理好国家。

汉画石像中的周公辅成王图

农家为了让统治者能体察到耕种的艰辛，主张让君王亲自耕种，皇后亲自采桑喂蚕。农家的代表许行也明确地提出过“君民并耕”的主张，但没有得到采纳。毕竟君王不可能和农民一样，以耕种为主业，但为了表示对农业生产的高度重视，历代帝王都会举行籍田礼。籍田礼在周朝的时候就已经存在，根据《周礼》记载，每年春耕之前，周天子都要举行籍田礼，象征性地耕地；而皇后则要主持亲蚕礼，率领内外命妇，来到都城的北郊，采桑喂蚕，来鼓励国人勤于纺织。

其次，农家认为，要做到平等爱民，就要减轻百姓的赋税。虽然农家的代表人物许行认为君王应该亲自耕种，自食其力，不应该接受百姓的奉养。但在战国时期，君王都是靠百姓奉养。君王如果追求奢靡的生活，国家财政支出就会大增，有可能会出现入不敷出的现象。为了防止这种情况的发生，君王就会下令要求百姓多交赋税。如果赋税过重，那么很有可能老百姓辛苦劳作一年，缴纳完赋税之后，收入所剩无几，甚至可能不能维持正常的生活。如此一来，百姓就会对君王生出怨怼（duì）之心。君王失去民心之后，政令就不能推行下去，国力就会被削弱，当国家被敌国侵略的时候就会毫无还手之力。所以，如果君王为了满足个人穷奢极欲的生活而对人民横征暴敛（liǎn），这样的国家迟早会走向灭亡。

第四章

农家代表人物许行

许行是战国时代农家的代表人物，他的事迹和思想仅明确记载在《孟子·滕文公上》这篇文章中，除此之外，没有确凿的相关资料。

一、 许行主要事迹

根据《孟子·滕文公上》，我们可以知道，许行和战国时期的儒家代表人物孟子差不多是同一个时期的人，他大概生活在公元前 390 年到公元前 315 年。

在《孟子·滕文公上》这篇文章中，说许行“自楚之滕”，从楚国来到了滕国，所以可以推测出许行很可能是楚国人。孟子说许行是“南蛮鴃（jué）舌之人”，也就是说许行是南方蛮夷之地的人，说话也有南方口音，腔调比较怪异。这也能从侧面证明许行是楚国人。

许行没有专门的著作流传，《汉书·艺文志》所记载的农家著作，其中战国时期的有《神农》《野老》两部。有人认为很可能是许行的著作，也有人认为这两部书并非许行所作。但这两部书已经失佚（yì），没有流传下来，我们也没有办法证明是否是许行的著作。

《孟子·滕文公上》记述了许行的故事：

有为神农之言者许行，自楚之滕，踵门而告文公曰："远方之人闻君行仁政，愿受一廛（chán）而为氓。"文公与之处。其徒数十人，皆衣褐，捆屦、织席以为食。陈良之徒陈相与其弟辛负耒耜而自宋之滕，曰："闻君行圣人之政，是亦圣人也，愿为圣人氓。"陈相见许行而大悦，尽弃其学而学焉。

根据记载，许行是战国时期的农家，他一边种地，一边研究神农氏学说。后来，许行听说滕国国君是一位有仁爱之心的君主，就从楚国来到了滕国。他亲自拜见了滕文公，对滕文公说："我从很远的地方来，听说您实行'仁政'，我希望您能给我一个住所，让我做您的百姓。"

滕文公答应了，赐给了许行一处房屋，许行就和他的学生住了下来。他的学生有几十个人，都穿着粗麻织成的衣服，以种地、打草鞋、编席子为生。

儒者陈良的门徒陈相也听说了滕文公的仁爱名声，于是和弟弟陈辛背着农具，从宋国来到滕国。他们也对滕文公说："听说您在施行圣人的政治，那么您也是圣人了，我们想做圣人的子民。"滕文公也答应了，将他们留了下来。

后来有一天，陈相在滕国见到了许行，两个人进行了交谈。陈相了解了许行的学说之后，非常高兴，被他的学说征服，毅然决定放弃以前自己信奉的学说，全心全意地向许行学习，成为农家学派的弟子。

通过《孟子·滕文公上》记述的这些故事，我们可以推测出一些许行当时的生活状况。

首先，许行的身份很可能是没落的士人或其后代，或者平民。许行和他的学生以种地、打草鞋、编席子为生，而在春秋战国时期，贵族一般都不屑于做这些。《论语》里面记载了一个小故事，太宰问孔子的学生子贡，说孔子是圣人吗？为什么会如此多才多艺？孔子听说后，说："吾少也贱，故多能鄙（bǐ）事。君子多乎哉，不多也。"（《论语·子罕》）意思是，孔子说他小时候生活艰难，所以什么粗活脏活、俗事琐事都会干，而真正的君子是不会有这么多技巧的。在当时，君子是指有一定社会地位的人，并不具备道德含义。而且，许行的学说和主张都是站在农民的立场上，呼吁君王不要剥削农民，这很可能就是因为他亲身体会过农民的困难境地才能切实地从农民的角度去考虑问题。在战国时期，私学兴起，平民也有机会接触到教育。在这种特定的环境下，许行即使是没落的士人或平民，也能够受到教育，进而创建自己的学说主张。

其次，许行可能向楚国国君推行过自己的学说主张，但楚国国君并没有采纳他的主张。所以他听说滕文公在施行"仁政"之后，就离开了楚国，前往滕国。滕文公确实有施行"仁政"之心，他做太子的时候，就见过孟子，并且有过交谈，受孟子学说的影响非常大。后来，滕文公的父亲去世了，在为父亲办理丧事之前，滕文公仍然在第一时间想到孟子，专门派人到邹国去问孟子该怎么办这个丧事，然后在孟子的建议下，不顾滕国官员的反对，定下三年丧期。滕文公继位之后，也经常和孟子谈论治国策略，孟子还为滕国制定了仁政方案，包括保证人民的生活，然后再施行教育以及推行井田制等。虽然这些方案中有很多措施最终没有真正在滕国施行，但这些事情都证明了滕文公有好好治国的想法，并且能接受一些仁民、爱民的主张。这或许让许行看到了希望，认为自己的学说与主张也很有可能被滕文公接受，并在滕国推广，所以才决定离开楚国，前往滕国。

今山东滕州市所雕“文公问政”图

第三，陈相、陈辛兄弟原来师从儒者陈良，所学的都是儒家学派的学说，到了滕国遇到许行后，被许行的主张所吸引，放弃了原来从陈良那学来的儒学，转投许行门下。这说明了许行的学说在当时是有一定影响力的。

二、 许行的主要思想

关于许行的思想，我们也只能通过《孟子·滕文公上》来了解。根据《孟子·滕文公上》的记载，许行的思想大致包括以下两个方面：一是“君民并耕”，二是“市贾不二”。

根据《孟子·滕文公上》记载，陈相成为许行的弟子之后，有一次去拜见孟子。陈相非常推崇许行的主张，见到孟子之后，就向孟子转述了许行的学说。而孟子对许行的学说不以为然，甚至有些生气，对其进行了批判。许行的学说主张通过陈相和孟子的这场对话，或者说辩论，得以被后人所知。关于这场辩论的开始，《孟子·滕文公上》是这样记载的：

陈相见孟子，道许行之言曰：“滕君则诚贤君也。虽然，未闻道也。贤者与民并耕而食，饔飧（yōng sūn）而治。今也滕有仓廪（lǐn）府库，则是厉民而以自养也，恶得贤？”

这段话的意思是，陈相首先对孟子转述了许行的话，他告诉孟子，许行对滕文公的评价，许行说“滕文公确实是一位贤明的君主，可是，还不是真的懂道理。懂道理的贤人要和人民一起耕种，才吃饭；应该自己烧火做饭，同时也要替老百姓办事，从而治理好国家。但滕国国君自己不耕种，却建有粮仓，里面堆放着剥削来的粮食，也建有府库，里面堆放着剥削来的财物，这是通过损害老百姓的利益来提高自己的生活水平，怎么能说是贤明呢？”

从这段话我们可以看出，许行认为，一个贤明的君主，要具备以下几个条件：第一，要“君民并耕”，与人民一起耕种；第二，要自己做饭吃；第三，做到前面两点的同时又能把国家治理好；第四，不能剥削百姓。

孟子是儒家的代表，虽然儒家也重视农业生产，也主张君王要仁爱百姓，但他并不赞成许行的学说，这从孟子说许行是“南蛮鴃舌之人”就可以看到一点端倪。《孟子·滕文公上》载：

孟子曰：“许子必种粟而后食乎？”曰：“然。”“许子必织布然后衣乎？”曰：“否。许子衣褐。”“许子冠乎？”曰：“冠。”曰：“奚冠？”曰：“冠素。”曰：“自织之与？”曰：“否；以粟易之。”曰：“许子奚为不自织？”曰：“害于耕。”曰：“许子以釜甑（zèng）爨（cuàn），以铁耕乎？”曰：“然。”“自为之与？”曰：“否。以粟易之。”

这段文字系统地阐述了孟子对许行学说的批评，孟子听了陈相的话之后，问了陈相几个问题，孟子和陈相的一问一答最能说明孟子批评农家的逻辑：

孟子问：“许先生一定要自己种庄稼，然后才吃饭的吗？”

陈相回答说：“是这样的。”

孟子又问：“许先生一定要自己织布，然后才穿衣服的吗？”

陈相回答说：“不，许行穿粗麻织成的衣服。”

孟子又问：“许先生戴帽子吗？”

陈相回答说：“戴的。”

孟子问：“戴什么帽子？”

陈相回答说："戴白色的帽子。"

孟子问："许先生戴的帽子是他自己织的吗？"

陈相回答说："不是，是用粮食换来的。"

孟子问："许先生为什么不自己织帽子呢？"

陈相回答说："因为织帽子的话会妨碍种庄稼。"

孟子又问："许先生也用锅和陶器做饭，也用铁做的农具来耕地吧？"

陈相回答说："是这样的。"

孟子问："那些做饭的锅和陶器，耕地的铁制农具都是许先生自己做的吗？"

陈相回答说："不是的，也是用粮食换的。"

到这里，孟子的铺垫已经完成，所以他进行了第一次反驳。孟子问："以粟易械器者，不为厉陶冶；陶冶亦以其械器易粟者，岂为厉农夫哉？且许子何不为陶冶，舍皆取诸其宫中而用之？何为纷纷然与百工交易？何许子之不惮烦？"这段话的意思是，孟子问陈相："农夫用粮食换取锅、陶器和农具，并不是剥削陶匠和铁匠，那么，陶匠和铁匠用锅、陶器和农具来换取粮食，难道就是在剥削农夫？"接着孟子又问陈相："许行为什么不亲自烧陶冶铁，然后做成各种器具，这样想用什么都行，自己家里就有。他为什么还要忙忙碌碌地拿着粮食和各种工匠去交换？他这样不怕麻烦吗？"

陈相回答说："百工之事固不可耕且为也。"意思是说各种工匠的工作，本来就不可能边种田边干。

引出陈相这个回答之后，孟子进行了更猛烈地反驳，并提出了自己的观点：

"然则治天下独可耕且为与？有大人之事，有小人之事。且一人之身，而百工之所为备，如必自为而后用之，是率天下而路也。故曰：或劳心，或劳力；劳心者治人，劳力者治于人；治于人者食人，治人者食于人，天下之通义也。”

这段话的意思是，孟子说：“那么，治理国家就能边种田边干吗？一个国家中，有官员，有平民，他们都有不同的工作。对于每个人来说，各种工匠的存在都是不可或缺的，因为他们提供了各种生活必需品。如果每一件生活必需品都要自己制作出来，才能用这些生活必需品，这就是让天下人都疲于奔命。”接着，孟子就提出了他的著名观点——“劳心者治人，劳力者治于人”。孟子认为有的人从事脑力劳动，比如滕文公，有的人从事体力劳动，比如农民。那么从事脑力劳动的人统治别人，从事体力劳动的人只能被统治。被统治的人要养活别人，统治者靠人养活，这是天下通行的共同原则。

为了说明社会分工是必需的，孟子接着用尧和舜来举例：

当尧之时，天下犹未平，洪水横流，氾滥于天下，草木畅茂，禽兽繁殖，五谷不登，禽兽偪（bī）人，兽蹄鸟迹之道交于中国。尧独忧之，举舜而敷治焉。舜使益掌火，益烈山泽而焚之，禽兽逃匿。禹疏九河，瀹（yuè）济、漯（tà）而注诸海，决汝（rǔ）、汉，排淮、泗（sì）而注之江，然后中国可得而食也。当是时也，禹八年于外，三过其门而不入，虽欲耕，得乎？后稷教民稼穑，树艺五穀（gǔ）。五谷熟而民人育。人之有道也，饱食、煖（xuān）衣、逸居而无教，则近于禽兽。圣人有忧之，使契为司徒，教以人伦——父子有亲，君臣有义，夫妇有别，长幼有叙，朋友有信。放勋曰："劳之来之，匡之直之，辅之翼之，使自得之，又从而振德之。"圣人之忧民如此，而暇耕乎？

这段话的意思是，孟子说，尧的时候，天下还不太平，洪水泛滥成灾。草木密密麻麻地生长，飞禽走兽成群地繁殖，粮食的收成非常不好，飞禽走兽威胁人类的安全，到处都能看到它们的脚印。只有尧一个人为这种情况感到忧虑，他把舜选拔出来，负责总的治理工作。

舜上任之后，命令伯益掌管火政，伯益就用烈火将山川沼泽的草木烧了，使得禽兽逃跑隐藏起来。大禹负责治水，他首先疏通九河，治理济水和漯水，让这些河流的水注入大海。接着挖掘汝水、汉水，开凿淮水、泗水，疏导它们流入长江。大禹对洪水进行这些治理措施之后，中原地区才能够耕种。而这个时候，大禹已经在外地八年，多次经过自己的家门都没有时间进去，即使他想亲自耕种，哪里有那工夫呢？

大禹治水

后稷教导百姓种植、收割，栽培五谷。五谷熟了，百姓得以维持生活。人之所以能称为人，就意味着人和动物是不一样的。如果人吃饱了，穿暖了，住得舒服了但却没有教养，那就跟禽兽也没什么区别。让百姓过上吃饱穿暖的日子之后，尧又开始为百姓的教养问题感到忧虑，就任命契担任司徒，教导人们关于人与人之间关系的大道理以及行为准则：父子之间有血缘之亲，君臣之间有礼义之道，夫妇之间挚爱而有内外之别，老少之间有尊卑之序，朋友之间有真诚之信。尧对契说："要督促、安抚他们，也要纠正、教育他们，更要辅助、保护他们，使百姓各得其所，然后加以提携和教诲。"要每天都为百姓如何得到更好的生活、更好的教育而操心，他哪有工夫种地啊？

孟子随后继续对陈相说：

尧以不得舜为己忧，舜以不得禹、皋陶为己忧。夫以百亩之不易为己忧者，农夫也。分人以财谓之惠，教人以善谓之忠，为天下得人者谓之仁。是故以天下与人易，为天下得人难。孔子曰："大哉尧之为君！惟天为大，惟尧则之，荡荡乎民无能名焉！君哉舜也！巍巍乎有天下而不与焉！"尧、舜之治天下，岂无所用其心哉？亦不用于耕耳。

这段话的意思是，尧把得不到舜这样的人作为自己的忧虑，舜把得不到禹、皋陶这样的人作为自己的忧虑。把种不好田地作为忧虑的人，是农夫。把钱财分给别人叫做恩，教人为善叫做忠，为天下人民找到人才叫做仁。而为天下人民找到出色的人是很难的，把天下让给别人还比较容易一些。孔子曾经赞美过尧，孔子说："尧做天子，真是伟大啊！只有天最伟大，也只有尧能够效法天。尧的恩德浩荡，百姓都不知怎么赞美他！舜也是伟大的君主！把天下治理得那么成功，自己却不享受它、占有它。”尧舜治理天下，难道没有用尽心思、竭尽全力吗？他们只是没把心思花在耕种上而已。

孟子在进行了这样一大段的陈述之后，还对陈相和许行都进行了严厉的批评，根据《孟子·滕文公上》的记载，孟子对陈相说：

“吾闻用夏变夷者，未闻变于夷者也。陈良，楚产也，悦周公、仲尼之道，北学于中国。北方之学者，未能或之先也。彼所谓豪杰之士也。子之兄弟事之数十年，师死而遂倍之！昔者孔子没，三年之外，门人治任将归，入揖于子贡，相向而哭，皆失声，然后归。子贡反，筑室于场，独居三年，然后归。他日，子夏、子张、子游以有若似圣人，欲以所事孔子事之，强曾子。曾子曰：‘不可，江、汉以濯（zhuó）之，秋阳以暴之，皜（hào）皜乎不可尚已。’今也南蛮鴂舌之人，非先王之道，子倍子之师而学之，亦异于曾子矣。吾闻出于幽谷迁于乔木者，未闻下乔木而入于幽谷者。鲁颂曰：‘戎狄是膺（yīng），荆舒是惩。’周公方且膺之，子是之学，亦为不善变矣。”

这段话的意思是，孟子说他只听说过用中原的思想来改变落后地区的思想的，没有听说过用落后地区的思想来改变中原的思想的。陈良是楚国人，却喜爱周公、孔子的学说，由南而北到中原来学习。北方的读书人还没有能够超过他的。他真的称得上是豪杰之士啊。你们兄弟俩向陈良学习了几十年，他一死，你们就背叛他了。过去，孔子去世了，他的学生都为他守孝三年。三年之后，大家收拾了行李，准备回家乡去。临行前，走进孔子的学生子贡的住处，向子贡作揖告别，看着对方，大声哭泣，然后才回去。子贡又回到孔子的墓地，建了个简单的屋子，独自在那里又为孔子守孝三年，这才回去。

子贡庐墓处，在今山东曲阜孔林孔子墓西

过了一段时间，子夏、子张、子游认为有若有点像孔子，就想要用尊敬孔子的礼仪来尊敬有若，他们想让曾子认同他们的做法。曾子说："不行，就像曾经用江汉的水清洗过，曾经在夏天的太阳下暴晒过，洁白得无以复加。我们的老师孔子是没有人能够比得上的。"如今许行这个南蛮子，说话腔调怪异，非难我们祖先圣王之道，你们却背叛你们的老师去向他学习。你们和曾子的态度真是不一样啊。我只听说过鸟儿从幽深的山谷飞出来，迁到高大的树上，没听说过鸟儿从高大的树上飞下来，回到幽深的山谷里。《鲁颂》说过："戎狄，要攻打它；荆楚，要惩罚它。"楚国这样的国家，周公是要讨伐它的，你却向来自这个国家的许行学习，就是越变越坏了。

孟子的批判十分猛烈，陈相听了之后没有继续“君民并耕”这个话题。但是，他紧接着向孟子提出了许行的第二个主要主张，也就是“市贾不二”。根据《孟子·滕文公上》记载，陈相对孟子说：

“从许子之道，则市贾不二，国中无伪。虽使五尺之童适市，莫之或欺。布帛长短同，则贾相若；麻缕丝絮轻重同，则贾相若；五谷多寡同，则贾相若；屦（jù）大小同，则贾相若。”

所谓“市贾不二”，就是规定市场上相同规格的产品，价格都一样。陈相对孟子说：“如果实行许行主张的学说，那么市场上的物价就能一致，国家中就没有欺骗的行为。即使让一个小孩子去市场买东西，也没有人去欺骗他。布匹丝绸的长短相同，价格就一样；麻线丝线的轻重相同，价格就一样；粮食的数量相同，价格就一样；鞋子的大小相同，价格也一样。”

许行认为，只要市场上同一规格、数量的商品价格相同，比如规定一尺布的价格是 10 元钱，那么市场上所有的布，一尺都是 10 元钱。这样在市场上，同一种物品只有一种价格，没有第二种价格。这样一来，整个国家都没有虚假的商品，没有欺骗人民的行为，即使让一个小孩子去市场上买东西都不会被骗。

当然，孟子听了陈相的话之后，又马上对许行这个观点进行了批判，孟子说：

“夫物之不齐，物之情也。或相倍蓰（xǐ），或相什百，或相千万。子比而同之，是乱天下也。巨屦小屦同贾，人岂为之哉？从许子之道，相率而为伪者也，恶能治国家？”

这段话的意思是，孟子认为许行提出的这个建议只会导致国人走向虚伪，并不能治理好国家。孟子认为事物之间存在差别，是很自然的，各种商品的质量不一致，也是很常见的。因为质量不一样，它们的价格也千差万别，有的相差一倍五倍，有的相差十倍百倍，有的甚至相差千倍万倍。如果硬要使同一类商品的价格完全一致，那么天下就要大乱了。鞋子只要尺寸一样，价格就一样，而不区分鞋子质量的好坏，那么这样下去，谁还做质量好的鞋子呢？如果人们都听从许行的学说，实行许行的这个主张，等于带领天下人作假，怎么能治理好国家呢？

三、 许行的地位与影响

许行提出“君民并耕”的主张，首先是为民着想的。他认为只有耕种才能让人民免于饥饿，国君更是应该以身作则，参与到耕种中来，为天下的百姓免于饥饿贡献自己的一份力量。

许行是研究神农氏学说的人，认为君王应该亲耕这一观点，其实也见于神农氏的学说。根据《吕氏春秋·爱类》记载，“神农之教曰：‘士有当年而不耕者，则天下或受其饥矣。女有当年而不织者，则天下或受其寒矣。故身亲耕，妻亲织，所以见致民利也。’”意思是，上古的时候，神农说：“男子如果正当壮年却不去耕种，那么天下就会有人因为他而遭受饥饿；女子如果正值壮年却不去纺织，那么天下就会有人因为她而受冻。”所以神农亲自耕种，他的妻子亲自纺织，用这种方式来体现他们致力于替百姓谋利益。

其次，许行提出“君民并耕”，是反对剥削。许行认为，君主亲自耕种，可以自食其力，就不需要通过剥削农民来获得财富。除了国君之外，贵族、各级官员等都应该这样，靠自己的努力来生活，而不能剥削他人。如此一来，就能保证生活在社会底层的农民不受到剥削，从而保障生活。

再次，许行提出“君民并耕”，是对统治者提出了更高的要求，希望统治者既能自己耕种、不剥削人民，也能够无偿地治理国家，为百姓办事。

许行强调“君民并耕”是有一定社会背景原因的。战国时代战争频繁，严重影响了农业生产，许行希望通过提出国君亲自耕作的主张，引起国君对农业的重视以救时弊。另外，战国时期的农民受到了残酷的剥削，不仅要缴纳沉重的赋税，而且还要服繁重的徭役。许行的这个主张也包含了对当时统治者剥削的尖锐批评和控诉，他认为如果君王实行“君民并耕”的主张，就可以减少君王贵族对百姓的剥削。农民受到的剥削减少，生产的积极性就会提高。

可以说，许行“君民并耕”这一主张的宗旨是君王、贵族等上层统治者自食其力、不剥削他人。他提出这个主张是站在人民的立场上，以民为本的体现。而且，许行提出君王在耕种、不剥削人民之余，还要治理好国家，全心全意为人民服务，这种思想是超越当时社会的。

孟子以及很多后世学者都认为许行主张“君民并耕”，是反对社会分工，从而提出“劳心”“劳力”的社会分工说。孟子的观点有其合理的地方，随着社会的发展，脑力劳动和体力劳动的分工是不可避免的，这是社会发展的必然，也是社会发展的进步。但孟子主张“劳心者治人，劳力者治于人”，把脑力劳动者等同于剥削者，用脑力劳动与体力劳动分工的必然性为剥削制度进行辩护，从而得出了既然统治者管理人民，就可以剥削人民，让人民供养的结论，并认为这是具有普世价值的，这当然是十分错误的。

许行真正反对的正是孟子倡导的所谓“劳心者治人，劳力者治于人；治于人者食人，治人者食于人”的观点，也就是反对统治者对农民的剥削。孟子曾提出过“贵民”的思想，他说“民为贵，社稷次之，君为轻”（《孟子·尽心下》），认为老百姓是比国家、君王更重要的存在。这是非常著名的思想学说，也体现了孟子“以民为本”的思想。但孟子依然没有反对统治者对农民的剥削，认为农民应该给统治者缴纳赋税、服徭役。许行提倡“君民并耕”，是站在农民的立场上，而孟子提倡“贵民”只是针对把民众当作被统治的一方这个范围来说。所以，从这个角度说来，许行的主张更看重农民。

但是，许行“君民并耕”的主张也并不是没有其局限性。许行要求君王自己耕种、不剥削百姓的同时，还要将国家治理好。这就需要统治者不仅要有能力、体力，而且要具有奉献精神，能够无偿地为国家、百姓办事。这并不符合统治阶级的利益，自然很难存在这样的君王。

而即使真的存在能力、体力与奉献精神存于一身的君王，但许行禁止统治阶级对农民的一切剥削，国家也不能有“仓廪府库”，那么国家的正常开支也没有了来源。这个时候发生了战争怎么办？军队的装备、日常开支要怎么维持？许行并没有对此进行说明。而一旦这个问题得不到解决，国家也无法正常运转。

总的来说，许行的“君民并耕”体现了许行以民为本、反对剥削的思想，反映了农家不仅仅是关心农业技术，也对国家治理进行了关心与探索。但他没有提供相关的配套政策维持国家的正常运转，所以这个思想只能停留在空想的表面阶段，而无法实行。

而且许行要求统治者也从事农民所从事的劳动，模糊了贵族与平民之间的等级界限，这是对传承下来的周朝礼仪制度的公然挑衅，是不可能被时人接受的，所以才遭到了孟子的猛烈批判。加上这个主张不仅无法给统治者带来利益，反而会破坏统治者的利益，所以在当时，统治者几乎没有采纳许行这个主张的可能。

许行提出“市贾不二”，主张市场上同一种规格的商品应该价格相同，其核心宗旨是反对商人剥削农民。

战国时期，农民辛苦耕种，但其收入与商人的收入存在巨大的区别。《战国策》记载了一个故事，这个故事也是成语“奇货可居”的来源。根据记载，秦相吕不韦刚开始时是一个商人，有一次他到邯（hán）郸（dān）去做买卖，见到了从秦国来到赵国做人质的秦国公子异人。回到家，吕不韦就问父亲：“种地能获得几倍的利润？”他的父亲回答说：“十倍。”吕不韦又问：“做珠宝生意能获得几倍利润?”他的父亲回答道:“一百倍。”他又问:“如果拥立一位国家的君主能获得几倍利润?”他的父亲说:“无数倍。”吕不韦说:“现在努力耕田劳作，仍然不能保证穿得暖、吃得饱，而拥立一个国家的君主，可以泽被后世。我决定去做这笔买卖。”后来，吕不韦想方设法帮助公子异人回到秦国，并扶植他当上秦国的国君，后人称这位国君为秦庄襄王。吕不韦因此被拜为相国，封文信侯，食邑河南洛阳十万户，富贵无比。

奇货可居

通过这个故事可以看到，在战国时期，商人的收入要远远高于农民。战国时期，商人们大量囤积农工产品，利用政治和年景节令的变化，投机牟利。比如在粮食丰收的时候，用低廉的价格大量买进粮食，等青黄不接的时候，再高价卖出。他们盘剥农民甚至操作供求，扰乱市场。而农民作为粮食、小商品的生产者，是遭受剥削、欺诈的对象，许行对此感受很深。“市贾不二”的主张，反映了许行反对商人剥削，要求调整物价的愿望。对于当时的社会来说，这一做法能够在一定程度上有效地抑制商贩的投机行为，从而巩固农业之本的地位，保障农民的权益。

但是许行只注意到了商品的长短、轻重、数量、大小等，却忽视了商品的质量。孟子抓住了许行价格论的这个漏洞，他强调了同种物品即使长短、轻重、数量、大小一样，但人们为了制造这些商品付出的劳动是存在差别的，这就导致了它们之间的质量可能是千差万别的，所以它们的价格相差很大。而如果许行把不同质量的商品规定为相同的价格，那就让那些付出更多劳动的人的价值得不到体现。那么人们也就不愿意为了提高商品的质量花费力气，高质量的产品就没有人生产。长此以往，市场上摆放的都是劣质的商品。这样反而会造成天下大乱，所以许行的价格论也只能流于空想而根本不能实行。

总的来说，许行思想的核心是以民为本，反对不劳而食，反对剥削。他亲自耕种，从事农事劳动，并呼吁君主要亲自耕种，自食其力，不要剥削百姓，同时也要全心全意为人民服务；他还意识到商品定价的重要性，认为这是人们讲诚信，国家能长治久安的关键。这些观点的提出，都证明了许行对农民的关心，对国家发展的关注，但他的观点就当是社会发展来说，都是不切实际的，所以只能停留在空想层面，而无法落到实际。

第五章

农家与战国其他学派

诸子百家的思想诞生于春秋战国时期，各家都有其独创的思想精髓。但由于产生时期相差不远，再加上学术思想之间的融合，各家在思想内容上也都有相似的一面。农家一方面吸收了其他学派的思想，使自身思想更加系统、丰富；另一方面，农家的重农思想也得到了其他学派的认同并被诸家吸收利用。

一、《管子》与农家

《管子》虽然以春秋时期齐国名相管仲为名，但并不是管仲所著，它的作者可能是战国时期活跃在齐国稷下学宫的士人。《汉书·艺文志》将《管子》归为道家著作，《隋书·经籍志》将其划为法家类著作。但实际上，《管子》的内容非常庞杂，包括法家、儒家、道家、阴阳家、名家、兵家和农家的观点，是保存先秦时期各学派思想学说的一个宝库，农家的部分思想也在《管子》中得以保留。

在战国时期，百姓赋税负担沉重很早就为农家学者所觉察。许行就看到人民劳动成果中的大部分被“仓廪府库”所搜刮，于是他指责了国君“厉民以自养”的行为。许行认为君王应该亲自耕种，并且自力更生，不应该让百姓来供养，就是在强调君王不应该剥削人民，甚至可以说他认为百姓不应该向君王缴纳赋税。但显然这是不能被君王接受的，除了许行之外，其他农家学者也对百姓赋税问题进行了思考，这些思考散见于《管子》《吕氏春秋》这些含有农家学派思想的著作中。

《管子》主张“薄税敛，毋苛于民，待以忠爱”（《五辅》），也就是减轻赋税，对待百姓不苛刻，而是忠信、仁爱。《管子》还提出君王要“取于民有度，用之有止”（《权修》），即君王一方面要约束自己的行为，不能对老百姓剥削太重，即“取于民有度”；另一方面要注意节约，也就是“用之有止”。

《管子》主张君王收税，但要少收税。在土地税方面，《管子》主张国家让百姓缴纳土地税的时候，要考虑到年景的好坏、土地等级等问题。百姓每一年的收成都会受到天气的影响，如果这一年风调雨顺，粮食就会丰收，农民收入也就多，自然可以多收一些税；反过来，如果这一年风不调，雨不顺，粮食就会歉收，农民收入就会减少，那么这个时候就应该少收一些税。具体来说，《管子》认为，“上年什取三，中年什取二，下年什取一，岁饥不税”，也就是好的年景，征收土地收入的十分之三；一般的年景，征收土地收入的十分之二；坏的年景征收土地收入的十分之一，如果这一年闹饥荒，那就不收税。

除了考虑年景的好坏，还要考虑土地的好坏。有的土地肥沃，有的土地贫瘠，如果对它们征收一样的税，那么是不公平的，所以《管子》提出“相地而衰（cuī）征”的主张，建议君王根据土地质量的好坏来征收差额的税，土地肥沃、产量高的就多收一些税；土地贫瘠、产量低的就少收一些税。

管仲像

《管子》中与农家相关的内容既包含了农业技术的经验总结，也包含了农家反对剥削，以民为本的主要思想。《管子》中最能体现农家对农业技术总结的是《地员》篇，讲述了土壤与植物的关系，专门记载了土壤的类型、特点以及其适合种植什么样的谷物，谷物在不同类型的土壤上生长呈现的不同形态。比如《地员》篇记载，红黑色的土，干疏、坚硬而肥沃，适合种五谷；黄色而虚脆的土地，只适合种黄米和粘高粱。此外，《度地》篇讲述了土地规划和水利建设，以及防治水患的措施应该与农民的耕作、收获等时间相结合，才能产生最好的效果。

《管子》中体现农家重视农民、以民为本的主要思想的是《牧民》《权修》《五辅》《治国》等篇。具体而言，主要体现在以下几点：

第一，君王要顺应民意。农家认为，民心关系到一个国家的盛衰兴亡，是非常重要的。《管子·牧民》说：“政之所兴，在顺民心。政之所废，在逆民心”，意思是政令之所以能推行，是因为它顺应民心；政令之所以废除，是因为它违背民心。所以一个贤明的君王应该顺应民心，老百姓厌恶忧劳，君王就应该让百姓安乐；老百姓厌恶贫贱，君王就应该让百姓富贵；老百姓厌恶危难，君王就应该让他们安定；老百姓厌恶断绝后嗣，君王就应该创造良好的环境，让他们可以生育繁衍。只有这样，一个国家才能长治久安。

第二，君王要体恤百姓，减轻百姓负担。农家不仅重视重农理论的宣扬，也重视对农业生产的实践。而正因为有对农业生产的实践，他们对农民耕种的辛苦也有更切身的体会，所以，他们要求君王要体恤老百姓的辛苦，减轻百姓的负担。具体来说，就是他们要求君王首先可以改变百姓的生活，让百姓可以开辟田地，建造住宅，学习农艺，修葺（qì）房屋；同时修理池塘水沟，清除堆积的泥沙，打通闭塞的河流，为百姓提供便利。其次，他们要求君王减轻徭役和赋税。农家指出，如果徭役和赋税过重的话，那么百姓就会很辛苦，民众的力量也会在繁重的徭役、赋税中被耗尽，自然就会对君王生出怨怼之心。君王失去民心之后，政令就不能推行下去，国力就会被削弱，被敌国侵略的时候就会毫无还手之力。所以农家提出君王要“取于民有度，用之有止”（《管子·权修》），即君王一方面要约束自己的行为，“取于民有度”，不能对老百姓剥削太重；另一方面要“用之有止”，注意节约。这其实与许行反对剥削，追求君民平等的理想是相违背的，但这样的主张可能更能被统治者接受。

第三，君王要“重农抑商”。《管子·治国》认为：“治国之道，必先富民，民富则易治也。”这里的民，更确切地可以指农民。《管子》认为君王治国，应该让农民富起来，农民富起来了国家就容易治理。所以《管子》主张重视农业生产，禁止奢侈的工商业。因为《管子》认为农民的苦难，很大程度上是因为官府急暴征税和商人操纵粮食买卖。官府急切地向农民征收赋税，农民往往无法按时上交，只好去借高利贷。除了赋税，农民还要应付繁重的劳役，在雨水不足的时候，还要雇人来浇地，这都是需要花钱的。如果农民没有钱，那也只能去借高利贷。这样，农民就没有什么积蓄，非常贫困。即使在当时农业生产最发达的地方，农民还是穷得要靠卖儿卖女来维持生活。而相比之下，商人在秋天粮食丰收的时候低价买进粮食，在春天农民缺少粮食的时候高价卖出，却能赚取大量利润。农民和商人的收入存在鲜明的对比，就会使农民无心农业，转而从商，从而导致农业生产的荒芜。农业荒芜之后，国家也会逐渐贫困，国力也会下降。所以《管子》中提出了“重农抑商”，重视农业生产，同时使农、士、工、商的每年收入不要相差太多，这样就能使农民专心务农，开垦耕种。“粟多则国富，奸巧不生则民治，富而治，此王之道也”。（《管子·治国》）粮食多了，国家就富裕了，老百姓老老实实地务农，那么那些奸邪的心思就淡了，人民就安定了。富裕而安定，这就是成就王业的途径。

第四，君王要高度重视农业灾害问题。《管子·度地》指出，善于治理国家的君王，一定要先除去五害，才能保证百姓的生活没有祸患。所谓“五害”指的是水灾、旱灾、风雾雪霜、疾病、虫灾，“五害”对百姓的生活和生产都会造成重大灾难。水灾是最危险的自然灾害，消除“五害”，应该从除水害开始。君王消除了“五害”，才能解除老百姓的痛苦，老百姓才会臣服于君王。同时，农家学者还提醒君王应该注意，不能将“天灾”转为人祸，也就是不能因为统治者的残暴统治使老百姓处于水深火热之中。

二、《吕氏春秋》与农家

战国时期，各国都有养士之风，秦相吕不韦门下有食客3 000多人，这其中也包括一些农家学者。战国末年，吕不韦组织他的门客将自己的见闻写下来，编纂成书。这部20万字的巨著分为《八览》《六论》《十二纪》。我们现在看到的《吕氏春秋》第一部分内容为《十二纪》，但刚开始成书的时候《八览》在最前面，所以被简称为《吕览》。《汉书·艺文志》把《吕氏春秋》列入杂家著作中，这部著作以儒、道、法家理论为基础，兼取名、法、墨、农、兵、阴阳各家思想学说，融合诸子百家学说为一炉，而自成一家之言。吕不韦认为这本书集备了天地万物、古今之事，所以称其为《吕氏春秋》。先秦的诸子著作，原来都是分散的论文，我们今天看到的样子是经后人编辑而成，《吕氏春秋》这样的个人著作，在它出现之前是没有的。所以，《吕氏春秋》成书之后，吕不韦很得意，将这部书挂在城门上，并贴出悬赏告示，说如果有人能在这部书上增一个字或减一个字，那么便可以获得赏金。

一字千金

农家学者参与了《吕氏春秋》的编写工作，将自己一派的重农主张，以及关于农业生产的技术经验加以系统概括，写成了《上农》《任地》《辩土》《审时》等四篇文章。《上农》《任地》两篇文章，都引用了“后稷”的话。“后稷”是农家的先驱，这就意味着作者很可能是农家学派之人，他们是站在农家学派的立场上的，否则就不会假托“后稷”之言，而会假托其他人物。

这四篇文章中，《上农》专门论述农业政策，突出

“重农”主张；《任地》《辩土》和《审时》三篇专门讨论农业生产技术，对土壤、耕作、播种等农业生产技术和措施进行总结。

“上农”就是崇尚农业、重农的意思。《上农》篇详细地论述了重农抑商的问题，指出了重农的价值和意义。《上农》篇以“古先圣王之所以导其民者，先务于农”开篇，表示上古时代的圣王教导百姓，首先是劝勉百姓从事农业。他们指出，百姓若是专心从事农业生产，那么思想就会比较淳朴，这样也就容易供统治者利用和驱使，国家就会安定。重农的具体好处还体现在两点：一是百姓若是专心务农，那么作风也会比较敦厚，这样就不会议论国事，国家的法令也能顺利确立；二是百姓若是专心务农，他们的家产就会增多，家产多了就会害怕迁徙，就会安土重迁，这样就可以将百姓束缚在土地上。这些都是百姓务农带来的显而易见的好处。不重农的坏处也体现在两点：一是老百姓如果不从事农业生产，那么他的家产就会很简单，他就可以随意迁徙，当国家有了灾难，他们也会一走了之；二是如果老百姓从事工商业，他们就会变得狡诈多端，进而钻法律的空子，是非不分，这都是十分不利于国家安定的。此外，如果国家不重农，那么百姓就会舍弃农业而从事工商业。老百姓不从事农业就不会听君王的命令，君王也不能依靠老百姓来打仗、防守，国家自然没有稳定可言。

为了促进农业生产，抑制工商业的发展，《上农》篇提出了一些具体办法和措施。首先要恢复周朝“天子亲率诸侯耕帝籍田”的制度。天子亲自耕作以为天下表率，鼓励全体人民都要劳作，并且不能懈怠；其次是规定在农忙时节，不要进行战争，也不要进行没有原因的聚众宴饮等妨碍农业生产的活动。紧接着，详细地列出了禁止哪些会妨碍农业生产时节的活动；最后，规定如果老百姓不努力耕种，那么就没收他的家产。当然，必须指出的是，即使是提倡重农抑商，《吕氏春秋》也没有完全否定工商业，而是认为农、工、商三者之间应该合理分工，农民生产粮食，工人制作器物，商人经营货物。三个行业之间应该协调一致。而协调一致的关键就是其他行业不能妨碍农时，也就是在农忙时节不能进行工商业活动。《吕氏春秋》在以农为本的基础上，将社会分工通过农时统一起来，在当时的历史条件下，是非常明智的。

《任地》篇主要强调“耕之大方”，也就是耕作的原则。具体而言，就是如果土壤太粘实而难以开垦的土地，就要使它疏松一些，太疏松而不能保持水份和养料的，就要使它结实一些；土地得到了休息之后就要在它上面耕种，耕种久了的土地也要让它得到休息，以便改良土壤，恢复地力；贫瘠的土地要施肥，施肥过多的土地要适当降低肥力；疏松而失水太快的土地要使得它变细密，细密得难以透水的土地要使它疏松；地势低而过分潮湿的土地要使它干燥，地势高而过分干燥的土地要使它湿润。此外，该篇也介绍了一些栽培技术。

《辨土》一篇主要是强调要根据土壤的情况来耕种。农家非常注意土性的分辨。后稷等农家先驱在耕作之前，会先观察土地，然后挑选适宜该土地种植的粮食作物来种植。土壤不同，耕作的顺序也不同，比如垆（lú）土比较黏，它的水分要是散完了，就会变得坚硬，无法耕种，所以要先耕垆土。

《审时》篇主要强调农时的重要性，认为从事农业生产，无论是播种还是收获，都要重视时令，因时制宜。他们以禾、黍、稻、麻、粟、麦六种农作物为例，将这六种农作物“得时”（在适合的时令种植）、“先时”（在适合的时令之前种植）、“后时”（在适合的时令后种植）的情况作了详细分析，对这六种农作物在这三种情况下的生长、收获、味道都进行了此较，得出的结论是在适合的时令种植的庄稼在各个方面都比较好，非常详细而又科学地说明了掌握耕作时节的重要性。

此外，需要指出的是，《审时》篇还将古代的“三才”理论和农学结合在一起。《审时》篇说：“夫稼，为之者人也，生之者地也，养之者天也。”即认为种庄稼的是人，使庄稼生长的是土地，养护庄稼的是天。虽然没有明确提出“三才”一词，但却将农学与“三才”理论水乳交融地结合在一起。

除了这四篇文章外，有学者认为《吕氏春秋》中的《十二纪》也包含了农家学派的思想。《十二纪》是将春、夏、秋、冬四个季节按照孟、仲、季复分为十二个月来命名，即孟春纪、仲春纪、季春纪……每个“纪”的最前面都记载了这个月的季节变化，提出与之相适应的农事活动，以及重农的政策和措施，对农业生产具有指导意义。

《吕氏春秋》虽然不是专门的农家著作，但其中既蕴含了先秦时期的重农思想，也总结了先秦时代的农业技术，包含了农家学派两方面的内容。

三、儒家与农家

最早记载农家学派的代表人物许行的文献是《孟子》。人们因为《孟子·滕文公上》这篇文章而知道许行。虽然农家与先周农业文明有密切关系，但根源于周朝德治文明的战国儒家思想家并不赞同农家的思想，这说明战国农家学派对儒家的根本价值，是有抵触的。

在《孟子·滕文公上》中，儒家代表人物之一——孟子和一位农家学者进行了一场辩论，这位农家学者就是农家学派的代表人物许行的弟子陈相。他们辩论的主题是许行的主张是否是合理的、有价值的，以及是否是值得推崇的。

孟子的观点是十分明确的，他对许行的主要主张都进行了反驳，可以说是完全不赞同许行的观点。关于这一场辩论，本书已经在第四章《农家代表人物许行》一章中进行了详细的介绍。

和农家不同，儒家认为农事是小人之事。《论语·子路》中记述了一则小故事，反映了孔子对于农事的看法。孔子有一个弟子，叫樊（fán）迟。有一天，樊迟向孔子请教怎么种庄稼。孔子说："这方面，我比不上老农民。"樊迟又向孔子请教怎么种蔬菜瓜果。孔子回答说："这方面，我比不上老菜农。"等樊迟出去之后，孔子感叹地说："樊迟这个人啊，真是个小人啊。"这里的小人并不是我们今天意义上的，指一个人品德不好、人格卑下，而是指一个人学问见识非常的浅薄。孔子为什么感叹樊迟是一个学问见识浅薄的人呢？因为他觉得樊迟的兴趣和关注点居然在庄稼和蔬菜上面，这些在孔子看来都是不需要特别关注的问题。孔子认为“上好礼，则民莫敢不敬；上好义，则民莫敢不服；上好信，则民莫敢不用情。夫如是，则四方之民襁负其子而至矣，焉用稼?”意思是说，如果居于上位的人爱好礼仪，老百姓就没有敢不尊敬的；居于上位的人爱好道义，老百姓就没有敢不服从的；居于上位的人讲究诚信，老百姓就没有敢不诚实的。如果能够做到这些，四方的老百姓就会背着自己年幼的孩子前来投奔，为什么要自己种庄稼呢？自己种庄稼、蔬菜带不来这样的效果。所以身为一个儒者，不应该关心如何种庄稼、蔬菜这样的事情，也不应该学习这些技术。

孔子像

从这个小故事中，我们可以看到，孔子并不是不重视农业，他只是认为居于上位的人如果把主要的精力用在讲究仁、义、礼、智、信这些方面，能够影响整个社会的风气，做这些给百姓带来的好处要比居于上位的人亲自种庄稼、种蔬菜要多得多。

虽然儒家对农家的某些思想主张持反对态度，认为农事只是学识浅薄的人才做的事情，但儒家并不是不重视农业。相反，儒家有些重视农业发展的思想与农家是有相似处的。在《论语·学而》中，孔子曾说：“道千乘之国，敬事而信，节用而爱人，使民以时。”意思是说，治理一个有一千辆兵车的国家，应该恭敬严谨地对待政事，讲究诚信，节约费用，爱护人民，征用民力要在农闲的时候。可以看到，孔子在他的治国主张中，也强调农时的重要性，要求君王征用民力的时候注意避开农忙时节，不要耽误老百姓耕种、收获。

孟子虽然反驳过农家学派代表人物许行的主要思想主张，但孟子也把农业放在了很高的地位。孟子强调农业生产要顺应天时，他说：“不违农时，谷不可胜（shēng）食也；数（cù）罟（gǔ）不入洿（wū）池，鱼鳖（biē）不可胜食也；斧斤以时入山林，材木不可胜用也。谷与鱼鳖不可胜食，材木不可胜用，是使民养生丧死无憾也。养生丧死无憾，王道之始也。”（《孟子·梁惠王上》）意思是不违背农时，不在耕种、收获等农忙时节去让百姓参军、服徭役，耽误百姓的耕种、收获，那么粮食就吃不完；不用细密的网在池塘里捕鱼，那么鱼鳖就吃不完；按照时令来砍伐树木，那么木材就用不完。粮食、鱼鳖吃不完，木材用不完，就可以保证老百姓在养家糊口、丧葬方面没有什么困难和遗憾了。而保证这一点，才是王道的开端。“王道”是儒家所提倡的重要政治主张，核心是用仁义来治理天下。孟子认为，保证老百姓在粮食、鱼鳖、木材方面的充足，是实行王道的重要因素。可见，在论述农业对于国家治理的重要性上，孟子和农家是有着相似之处的。

此外，孟子还说过一段话，证明了在他心中农事是非常重要的。他说：“圣人治天下，使有粟菽如水火。粟菽如水火，而民焉有不仁者乎?”（《孟子·尽心上》）意思就是说圣人治理天下，要使粮食多得像水火那样，如果粮食多得像水火一样，老百姓哪有不仁爱的呢?

另一位儒家学派的代表——荀子，也强调统治者不要耽误老百姓的农时。荀子认为只要保证春耕、夏耘、秋收、冬藏按时进行，粮食才会多得吃不完。除了强调农业的重要性，荀子也赞同重农抑商。《荀子·富国篇》中说：“轻田野之税，平关市之征，省商贾之数，罕兴力役，无夺农时，如是，则国富矣。”荀子认为，如果想要国家富强，就要减轻农业税，调整关税和商税，减少商人的数量，少征发老百姓去服兵役、徭役，不要影响老百姓在农忙时节的生产，这样国家才会富强。再比如，荀子还说过：“故田野县鄙（bǐ）者，财之本也；垣窌（yuán jiào）仓廪者，财之末也。百姓时和、事业得叙者，货之源也；等赋府库者，货之流也”（《荀子·富国》）。这段话的意思是，荀子认为郊外的田野乡村，是财物的根本；藏粮食的仓库，并不是财物的重要来源。百姓不失农事，生产有条不紊地进行，这是钱财的源头；按照不同等级来收税，把这些税收放到府库中收藏起来，这是钱财的支流。可以看到荀子强调了农业的根本地位，仓库中的财物并不是国家财富的根本，这也透露出他不赞成过分地搜刮老百姓的粮食来充实仓库，这与农家的思想是十分相似的。

荀子像

虽然儒家与农家一样重视农业，但这两个学派在主要的思想主张上是有分歧的。即使是在重视农业这一点上，他们也是有区别的。农家是主张人人平等，提倡每个人，即使是君王也应该从事农业劳动，从而促进整个社会农业的发展；而儒家则是强调“各司其职”，强调社会分工，认为从事农耕是农民应该做的事，而统治阶层也有自己应该做的事情，不应该亲自从事农耕，应该把有限的精力用到自己应该做的事情上。

四、 道家与农家

道家学派的主要思想主张是围绕着“道”展开的。老子在《道德经》中对“道”进行了形容，他说：“有物混成，先天地生。寂兮寥（liáo）兮，独立而不改，周行而不殆（dài），可以为天地母。吾不知其名，强字之曰道，强为之名曰大。”老子认为有一个浑然一体的东西，在天地形成之前它就存在了。听不见它的声音，也看不见它的形体。它独立存在而且永不衰竭，循环运行而且生生不息，可以把它作为天地万物的起源。老子也不知道它的名字，勉强地为它起名，把它叫做“道”，再勉强地把它叫做“大”。

吕思勉先生曾经在《先秦学术概论》中说：“道家之学，实为诸家之纲领。诸家皆于明一节之用，道家则总揽其全，诸家皆其用，而道家则其体。”吕思勉先生认为，道家的学说是诸子百家的纲领。他认为各家学说只是侧重于一个方面，而道家包揽了所有这些方面，道家的学说是本质，而其他家学说是表象。这种说法虽然过于夸大道家思想，但也精确地指出了道家对诸子百家思想有着一定的影响。

道家对农家的影响，在于道家崇尚自然。道家崇尚自然，所追求的就是人们不要进行过多的干预，让世间的万物都按照自已的规律和法则运行。老子认为人应该效法自然，他曾说：“人法地，地法天，天法道，道法自然。”（《道德经》）老子认为人应该效法地，地应该效法天，天效法道，道效法自然。这句话可以看成一个简单地递推关系，则人应该效法自然。人效法自然，人与自然之间自然就会呈现一种和谐的状态。但人要怎么样去效法自然呢？东汉的学者王弼（bì）为《老子》作注，他说：“法自然者，在方法方，在圆法圆，于自然无所违也”，也就是说方就由它方，圆就由它圆，人效法自然，就应该遵循万物的本性。

道家代表人物——老子

道家崇尚自然，所以认为人们应该不妄为。什么叫不妄为？就是不要让个人的意志和愿望，嗜（shì）好和欲望去改变事物的发展规律，而是应该遵循事物的发展规律来办事。《庄子》中有两则寓言故事，一正一反地说明了不妄为的道理。一则寓言故事是庖（páo）丁解牛，这也是“游刃有余”这个成语的来源。根据《庄子·养生主》记载，有一位姓丁的厨师替梁惠王宰牛，他手接触到的地方，肩膀所靠着的地方，脚所踩到的地方，膝盖所顶着的地方，都会发出骨头和肉相离的声音。刀子刺进去的时候，声音更大一些。而且这些声音还都符合音律，听起来非常优美。丁厨师说他刚开始宰牛的时候，对牛的内部构造是不了解的，所以看到一头牛，就是一头整牛；三年之后，当他对牛的内部构造有了了解，就再也看不见一头整牛了，而是看到牛的内部肌理、筋骨。宰牛的时候，沿着牛的肌理，劈开筋骨间的大缝隙，在骨关节之间的空处用刀。由于能顺着牛的内部构造用刀，所以对刀的磨损非常小。技术一般的厨师，由于没有掌握牛的内部构造，宰牛的时候，刀避不开骨头，所以要一个月换一把刀；技术高超的厨师，基本上知道骨头在哪，但是仍然避不开紧实的肌肉，所以要每年换一把刀。而丁厨师的解牛刀已经用了十九年了，还和刚从磨刀石上磨出来的一样锋利。丁厨师解牛为什么能这样游刃有余呢？最主要的原因是他对牛的内部构造做到了精确的把握，并顺着牛的结构进行解牛。

庖丁解牛

另一则寓言是“浑沌之死”。根据《庄子·应帝王》记载，古时候，天下分为南海、北海和中央。南海的帝王叫倏（shū），北海的帝王叫忽，中央的帝王叫浑沌。有一天，倏和忽来到了浑沌的地界上，浑沌热情地招待了他们，使他们感到了宾至如归。倏和忽非常感动，就想着要报答浑沌对他们的招待之情，报答的办法他们也都想好了。浑沌之所以叫做浑沌，是因为他没有七窍。倏和忽认为没有七窍，就没有办法看、听、吃、呼吸，这太难受了。于是他们就决定为浑沌凿出七窍来报答他。于是每天凿一窍，过了七天，浑沌是有了七窍，但是也死了。倏与忽不了解，也不尊重浑沌的本性，就将自己私人的意志和愿望强加到浑沌身上，所以才导致了浑沌的悲剧。

在道家看来，人如果能够尊崇自然，不对自然进行过多的干涉，那么就能使万物滋生，繁衍昌盛。农家吸收了道家尊崇自然的思想，讲究人与自然之间的和谐，所以在农业上产上特别重视“天时”“地利”“人和”，利用自然原理为人类服务，并在此基础上建立了一系列利农的政策和具体改善农业生产的措施。

除了崇尚自然，道家和农家一样，重视人本身。老子曾经说世界上有四大，分别是“道大，天大，地大，人亦大”。这其中，人是占有一席之地的。此外，道家十分关注个人的利益。战国时期，道家有一位代表人物叫杨朱，他主张贵己、为我，也就是重视自己的生命、利益。杨朱曾经说过，“古之人损一毫利天下不与也，悉天下奉一身不取也。人人不损一毫，人人不利天下，天下治矣。”（《列子·杨朱》）意思是古代的人，损害自己一根毫毛而有利于天下的事，他是不干的；奉献自己一身而获得天下，他也是不干的。每个人都一毛不拔，每个人都不去做有利于天下的事情，那么天下就太平了。有人认为杨朱的贵己、为我是极端自私自利的表现，孟子就对杨朱的思想进行过猛烈抨击。但杨朱也是在强调不能随意侵犯个人利益，如果每个人应得的利益得到保障，那么整个社会的利益也就得到了保障，整个国家也就能得到很好的治理，也就是用满足个人利益来促进集体利益的满足。可以说这和农家的代表人物许行的思想是有相似之处的，许行也认为不能够侵犯农民的权益，君主不应该“厉民以自养也”，他所追求的也正是农民应得的利益不受剥削，这样整个社会才能真正达到和谐。

杨朱像

除了与农家思想有一致之处外，道家还对农家的有些主张是赞赏的。道家学派代表人物庄子就曾经表示过对农业精耕细作的赞赏：“昔予为禾，耕而卤莽之，则其实亦卤莽而报予；芸而灭裂之，其实亦灭裂而报予；予来年变齐，深其耕而熟耰（yōu）之，其禾繁以滋，予终年厌飧（sūn）。”这段话的意思是，从前我种庄稼，耕地的时候粗心马虎，到了收获的时候，发现庄稼长果实的态度也是一样的粗心马虎；锄草的时候草率马虎，就会发现庄稼长果实的态度也是一样地草率马虎。来年，我改变了这种态度和行为，深耕土地，仔细锄草，庄稼就长得非常茂盛，到了收获的时候果实累累，我一年到头都不用担心食物不足。

虽然道家和农家思想有相似的地方，但二者之间的差异也是十分明显的。道家强调无为，提倡应该让万事万物按照它们本来的样貌、规律来发展，而不应该用自己的私心、私欲来干涉它们。相较而言，农家则非常注重实践，强调人人都应该亲自躬耕，“尽民之力”，用尽一切力量来保证农业生产。

五、 法墨阴阳家与农家

和农家相同，法家也非常重视农业生产。春秋战国时期的法家代表人物，比如李悝、管子、商鞅、韩非子等人，几乎都充分地认识到农业在治国中的重要地位，在他们的主要思想主张中都充分体现了这点。关于李悝、管子、商鞅等人的重农思想，本书在前面的章节中已经进行了叙述，在这里不再赘（zhuì）述。

除了李悝、管子、商鞅，春秋战国时期法家的代表人物还有韩非，他也十分赞成重农。根据战国时期的状况，韩非子除了提倡法治外，还格外注重重赏、重罚、重农、重战这四个方面。在重农、重战这两个方面，韩非子继承了商鞅的农战思想，提出了“富国以农，距敌恃卒”（《韩非子·五蠹（dù）》）的口号，认为要使国家富裕，就必须依靠农业；要将敌人拒之门外，就要依靠军队。

韩非子对于农业的重视还表现在他对影响农业的活动进行了非常犀利的批判。他曾经写了一篇名为《五蠹》的文章，蠹的本意是指蛀虫，韩非子用它来比喻危害国家的人。韩非子认为儒家、言谈者（指纵横家）、带剑者（指游侠）、患御者（指依附贵族并且逃避兵役的人）、工商之民是“五蠹”，因为他们对耕战没有益处，所以必须铲除。韩非子说："夫明王治国之政，使其商工游食之民少而名卑，以寡趣本务而趋末作。"也就是说韩非子认为从事农耕的人太少了，而经营工商业的人太多了，这样是不利于国家发展的，所以他认为英明的君主治理国家，要使国家内商人、工匠和游手好闲的人尽量减少。由此可以看出韩非子对重农抑商的政策是十分推崇的。

韩非子像

法家的法治在战国时期卓有成效，农家见识到了这一点，所以也逐渐地将自己的主要思想寄托在法令之中。战国及之后的朝代，出台了很多重视农业发展和重农抑商的法令，也可以看作是农家和法家融合的一个表现。

墨家是战国时期重要的思想流派，它的主要思想是尚贤、尚同、兼爱、非攻、节用、节葬等。简单说来，"尚贤"就是说有才德的人对社会治理有着重要的作用，所以要尊重有才德的人；"尚同"是建立在尚贤的基础上的思想主张，是指贤能的人在位之后，能够使一个国家的老百姓在是非、言语、行为上都达到同一；"兼爱"

是指人与人之间要相亲相爱，不要受等级地位、家族地域等外在条件的约束；“非攻”是反对一切非正义的战争；“节用”是推崇节约，墨家认为宫殿、衣服、饮食、舟车只要适用就够了，如果在这些方面追求享受，那么就会使老百姓非常辛苦，要增加老百姓的税收，耗费百姓的劳力、财力，从而使百姓陷入贫穷，冻死饿死的百姓也就会不计其数；“节葬”是指提倡薄葬来利国利民。

由此可见，墨家的思想主张有些是和农家十分接近的。他们都推崇节约，反对铺张浪费；他们都认为君王不应该追求在宫殿、衣服、饮食等方面的享受，否则会使百姓的生活陷入困窘；他们都主张人人平等……

墨家和农家一样，也提倡人人都要劳动，《墨子·非乐》里面说：“赖其力者生，不赖其力者不生”，这句话的意思是说，人要依靠自己的力量才能生存，人不依靠自己的力量就不能生存。在这一点上，农家是旗帜鲜明地要求人人要劳动，反对不劳而获，就连君王也不例外。所以农家的代表人物许行提出了“君臣并耕”的主张，认为君王应该和老百姓一样，亲自耕种。

墨家也强调农民农耕的重要性，在《墨子·非命》中有这样的记载：“今也农夫之所以早出暮入，强乎耕稼树艺，多聚菽粟而不敢怠倦者，何也？曰：彼以为强必富，不强必贫；强必饱，不强必饥，故不敢怠倦。”意思是说，老百姓之所以早出晚归，努力耕种粮食和蔬菜，为了多收获豆子和粟，一刻也不敢偷懒、懈怠，为什么呢？这是因为老百姓认为努力必定能富裕，不努力就会贫穷；富裕一定能保证温饱，贫穷就一定会挨饿受冻，所以不敢偷懒、懈怠。从这段话就可以看出墨家和农家一样认为努力耕种是保障生活富裕的关键要素。

综上所述，墨家学派的思想当中，始终贯穿着为国为民的现实精神。他们对百姓的疾苦充满同情和理解，对统治者进行了批判。他们提倡人人平等，反对不劳而获；他们提倡节约，反对铺张浪费；他们强调农耕的重要性……这些主张和农家都是有相似之处的。

农家和阴阳家之间的关系也是十分密切的。班固在《汉书·艺文志·诸子略》中论述了诸子的起源，在说到阴阳家时，班固这样说："阴阳家者流，盖出于羲（xī）和之官。敬顺昊（hào）天，历象日月星辰，敬授民时，此其所长也。"班固认为，阴阳家学派，大概是出于掌管天文历法的官职。他们尊敬上天，观测、推算日月星辰的运行，并把它们记录下来，形成历法、历书，使老百姓可以通过历法知道时令的变化，从而不耽误农时，这是他们的长处。按照班固的说法，阴阳家学派研究的主要内容之一就是天文历法，这对于老百姓的耕作有着重要的指导作用。农家学派也十分重视天文历法，在古时候，由于生产技术并不发达，农业生产受自然因素影响很大，天文历法能够使老百姓更好地掌握耕种、收获等重要农事时间节点，从而获得更好的收成。所以农家学派对精通天文历法的阴阳家的思想进行了吸收、融合，把阴阳学说作为农业科学的理论依据。

杨宽先生在《战国史》中就指出了这一点，他认为春秋战国间农业生产得到了发展，在这个时期，"农家之学不是单纯地讲究农业生产技术，而是已经开始把农业科学知识系统化和理论化……他们用阴阳学说作为农业科学的理论依据"。

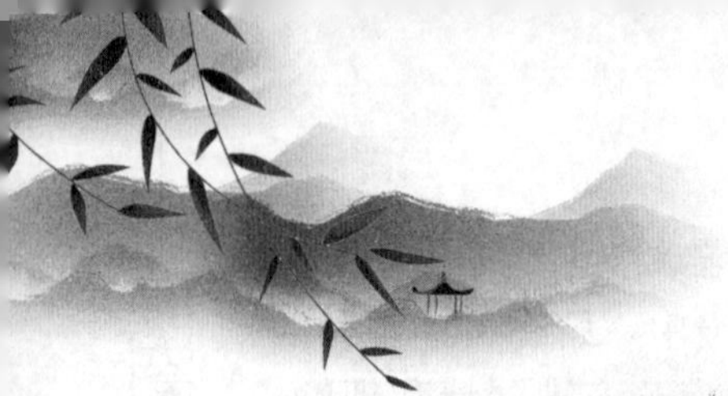

第六章

农家的发展与演变

秦朝之后，农家“变道为术”，逐渐转移了研究重心，弱化了“救世之弊”的政治方面的内容，强化了农业技术的研究。对农业技术的研究自古以来就是农家非常重要的研究内容，所以，即便在秦朝以后较长的历史时期内，农家确实不像儒家、道家等学派那样为人瞩（zhǔ）目，但秦汉之后的农家与战国时期的农家是一脉相承的，并不像部分学者所说，农家在秦以后就销声匿迹了。

秦朝之后，始终有一批知识分子继承先秦农家传统，注重农业生产技术的改造与提高，并将技术与经验记录了下来，为我国农业的发展做出了杰出的贡献。

一、《氾胜之书》与汉代农家

汉朝初年，国家实行“休养生息”的政策。在这样的社会背景中，农家得到了较好的发展。汉代农家非常注重对农业生产技术的创新，也注重农业工具的创造与创新，这大大加速了农业的发展，所以汉代被认为是农家在秦代之后发展的第一个高峰。

汉代出现了不少农家人物，有些没有留下姓名，比较有名的有赵过、氾胜之、崔寔等人。

汉武帝征和四年，也就是公元前89年的时候，汉武帝非常后悔自己早年发动征战，导致国库空虚、百姓生活贫困，于是决定休养生息、富民养民。为了表明自己的决心，他不仅把当时的丞相田千秋封为富民侯，还下了“方今之务，在于农力”（《汉书·食货志》）的诏令，指出当时最大的任务就是发展农业生产。秦有治粟内史，汉初，设治粟都尉，主要管理生产军粮、盐铁专卖等。汉武帝时期称之为搜粟都尉，主要掌管农耕和屯田等事宜。在当时，它几乎和管理农业的最高官职——九卿之一的大司农平行，被汉武帝任命为搜粟都尉的人叫赵过。

史籍中关于赵过的生平和家世的记载非常少，我们甚至无法知道他的籍贯和具体生卒年，但他对中国早期农业生产做出的贡献却被史籍详细记载了下来。根据《汉书·食货志》记载，赵过上任后，在农业耕作方法、农业生产技术和播种工具三方面都做出了贡献。

在农业耕作方法上，赵过推广了“代田法”。所谓“代田法”，就是在一亩田上挖三甽（zhèn）。甽就是沟，宽一尺，深一尺；甽与甽之间的土地叫做“陇”，也就是我们今天说的垄（lǒng），垄地比较宽大。把农作物种在沟里，每年将沟和垄的位置进行互换，所以称为

“代田”。代田法最明显的优点是将土地分为可利用和休闲两部分，每年进行交替，在肥料不足的情况下，能够使地力得到自然的恢复，保持土地的肥沃。此外。代田法对御风、抗旱也都有着很好的效果。将农作物种植在沟里，相当于为幼苗构建了天然屏障，使其不容易受到风吹；沟还有保持温度和水分的作用，把种子种在其中，不仅能够为种子出苗创造好的环境，也能够在幼苗生长的过程中减少叶面的水分蒸发，使其茁壮生长。当农作物需要除草、松土的时候，就可以把田垄上的土逐次推到沟里，保护农作物的根系，促进它们的生长、培养。到了夏天的时候，田垄上的土就都推入沟中了，沟和田垄就齐平了，这就使得农作物的根扎得很深，不仅能够吸收更多的水分，也有着更强的耐风和抗旱能力。

代田法相传在后稷时就有，并不是赵过发明的，但赵过对其进行了大力推广。他的推广工作有着科学、严谨的计划和步骤。首先，他让人在“离宫”，也就是人们在国都之外为皇帝修筑的宫殿的空地上用代田法耕种，通过试验证实每亩代田确实比其他田多收一斛（hú）以上。其次，在使人们认识到代田法能够提高粮食产量之后，赵过又通过各个郡的郡守下令，对县令、乡村中的乡官“三老”、农官“力田”以及善于耕种的农民进行技术培训，通过他们将代田种植技术传播开来。再次，让三辅地区，也就是今天陕西中部地区的公田，以及那些有爵位封赏之家的田地用代田法耕种，树立典型，然后再逐步扩大范围，让边郡、居延城，也就是今天内蒙古自治区额济纳旗东南这些较为偏远的地方使用代田法耕地。最后让河东郡（大概是今天山西省）、弘农郡（大概是今天河南省）、三辅地区这些离都城比较近的地方都用代田法。

百姓们运用代田法耕作，粮食产量大增，“超出常田一斛以上，善者倍之”（《汉书·食货志》），能超出用平常耕作方式耕种的田地一斛以上，耕种好手还能超出一倍。

为了使代田法发挥出更高的效率，赵过还推广了一种被称为“耦（ǒu）耕”的牛耕方法。耦耕在战国时期就已经存在，当时由于人们驾驭耕牛的技术不熟练，工具也比较落后，所以驭牛犁田这项生产活动并不能由一个人独立完成，需要两人或三人进行协作。赵过推广的耦耕，特点是“二牛三人”，大概是指由两人各牵一牛在前，两牛共挽一犁，第三个人在犁后扶犁。与此同时，赵过还改造了耕田所用的犁，原先的犁非常笨重，大概有 14 到 18 斤，不适合牛耕，而通过改造后，减轻为不到 3 斤。但牛在汉代非常珍贵稀少，老百姓往往因为没有牛而错过雨后土润的最佳耕种时机。这时，平都县令教给赵过一个解决办法，那就是用人拉犁。赵过奏请汉武帝，让平都县令来帮助自己，组织缺少耕牛的农户通过换工互助的方式来拉犁。这样一来，人多的时候大概一天能耕三十亩，少的能耕十三亩，大量的田地得到了开垦。

发明三脚耧（lóu）车是赵过在播种工具上的另一大贡献。根据史书记载，耧车在战国时期就已经很普遍，但当时的耧车一次只能播种一行，被称为“独脚耧”。后来，随着生产技术水平的提高，人们对“独脚耧”进行了改造，制作了一次能够播种两行的耧车，也就是“二脚耧”。赵过在总结、吸收前人经验的基础上发明了“三脚耧”。“三脚耧”的主要部件有三把铁铧（huá），也被称为耧脚，以及装种子的耧斗、控制耧脚入土深浅的耧柄、用于系牛的辕木等。根据东汉崔寔在《政论》中的记载，播种的时候，让一头牛拉着耧车前行，一个人在后面扶着耧柄，耧脚在土地上开沟，人通过摇动耧柄，使得耧斗内的种子经过子粒槽，分成三股，经过耧腿（耧腿为中空的木棒，在耧脚后部各嵌有一根，上端与子粒槽相通），顺着耧脚落入开出的沟中。同时，耧车后还悬挂着一块方形的木棒，随着耧车前进，在种子落入沟中后，能够自动把垄上的泥土推入沟中，覆盖住种子。这样一来，耧车一次性就能完成开沟、下种、覆盖三道播种工序，大大地提高了播种的效率，使百姓可以日种一顷。

三脚耧车

经过赵过的努力，百姓“用力少而得谷多”（《汉书・食货志》），不仅在一定程度上复苏了当时的经济，而且对我国农业的发展也产生了深远的影响。他所推广的代田法中的技术被汉代另一位伟大的农家氾胜之所吸收，并发明了“区田法”；他所发明的三脚耧，在东汉时期还被广泛应用；他所推广的牛耕，不仅大大提高了百姓的劳动效率，也为牛在农业上的广泛运用奠定了基础，导致后世很多人把他当作牛耕的发明者，比如贾思勰在《齐民要术》中就说过“赵过始为牛耕，实胜耒耜之利”。

在赵过之后几十年，西汉成帝的时候，汉代又出了一位优秀的农家，叫氾胜之，他被认为是汉代最具影响力的农家人物。

氾胜之的先人本姓凡，后来为了躲避秦乱，迁往氾水，因此改姓氾。氾水是济水的支流，流经今天山东曹县和定陶县，现在一般认为氾胜之是山东曹县人。氾胜之在家乡的时候，对农作物的生产、栽培等非常精通，有着丰富的农业知识和经验的积累。他步入仕途后，在汉成帝的时候，做过“议郎”。“议郎”这个官职在当时相当于今天的技术顾问、参谋一类。因为氾胜之精通农业，所以他很可能就是一个以农业技术为主的技术顾问。后来，他被朝廷派到三辅，也就是今天陕西省的中部地区，管理农业，教农民种田，取得了很好的成就，当时喜欢农学的人都尊他为师。他后来被提拔为御史，就很有可能是因为推广农业有功。

在总结前人农业生产经验的基础上，氾胜之结合自己在三辅教人种田的实践经验，撰写了一本著作，这就是《氾胜之书》。这本书已经失佚了，但通过一些材料，我们可以对书的内容有所了解。《氾胜之书》不仅提出了耕作的总原则，也对具体的耕作技术进行了总结。在耕作的原则方面，氾胜之总结为“趣时”“和土”“务粪”“务泽”“早锄”“早获”12 个字。“趣时”说的是耕种农时的选择，不能太早，也不能太晚，只有“耕得其时”，才能达到事半功倍的效果；“和土”说的是土壤改良措施，即利用耕、锄、平摩等方法使土壤松软细密；“务粪”说的是施肥的方法，具体记载了基肥、种肥和追肥三种方法，其中关于追肥的记载在中国文献上是首次出现；“务泽”说的是灌溉的方法，对农作物的灌溉次数和用水量都进行了说明；“早锄”说得是要在间苗、除草等农务上早行动；而“早获”说的是有些农作物要早收获，不然会遭受损失，比如大豆，要是等豆粒掉落的时候再收割，收获就要受到影响，所以大豆是收获之后，在谷场上成熟的。

在具体的栽培技术上，氾胜之总结了 13 种农作物的栽培技术，其中有粮食，如黍、禾、麦、稻、小豆、大豆等；有蔬菜，如瓜、瓠、芋等，还有桑、麻等；这些作物的栽培方法又都遵循着“趣时、和土、务粪、务泽、早锄、早获”的总原则，这充分体现出当时农作物种植的先进水平，而氾胜之在书中记载的溲（sōu）种法、选种法、稻田用控制水流来调节水温的方法等则突出地标志着当时农业技术的进步。比如选种法，氾胜之认为大种才能结大果，所以他提出的选种标准就是“大”。而且认为不同的作物得到大种的方法不一样，对于瓠，可以通过嫁接的方法得到；对于麦与禾，可以在它们成熟之后，选取大的穗来作种。

氾胜之最为人称道的是，他总结出了一个新的耕作方法——“区田法”。所谓“区田法”，就是把土地分成若干个小区，做成区田。在每一块小区的四周打上土埂，然后在中间开深沟或者挖坑，用点播的方法种植农作物。在种植之前，要调和土壤，来增强土壤的保水保肥能力，还要用肥料和可防虫的物质处理种子，也就是溲种，再加上注意除草、灌溉等事项，大大提高粮食的产量。

“区田法”对后世的影响很大，从汉代开始，不断有人推行。魏晋南北朝时期，西兖（yǎn）州刺史刘仁之就进行过区田实验，结果取得了很好的收成。一直到清朝时，仍然有人提倡“区田法”，甚至在新中国成立后的陕北地区，农民还保留着这种耕作法。

《氾胜之书》被认为是汉代最好的农书。东汉的经学大家郑玄在注解儒家经典的时候，经常反复引用《氾胜之书》中的内容。唐代的学者贾公彦也说过：“汉时农书有数家，氾胜为上。”《氾胜之书》可以说是一部总结两千年前我国农业的伟大著作。在它之后，要再过五百多年，我们才看到了又一部总结性的伟大农家著作——被称为“农业百科全书”的《齐民要术》。

崔寔是东汉时期著名的农家，他也曾任议郎，和氾胜之任同样的官职。他在做官的时候，非常注重推广农业技术。此外，他还写了一本著作——《四民月令》，四民指的是士、农、工、商；月令指的是一种文章体裁，按照一年 12 个月的时令来写作。《四民月令》虽然用“四民”来给书命名，但实际上却以“农”为主，书中详细记载了耕种、催芽、播种、耕耘等农业活动。

汉代的农家著作成果非常丰富，除了《氾胜之书》和《四民月令》以外，还有《汉书·艺文志》中所著录的，确定为汉代的农家著作——《蔡癸》和《董安国》。

汉代距离先秦不远，所以这个阶段的农家还继承了先秦农家的一些特征。班固在《汉书·艺文志》中说，“农家者流，盖出农稷之官”，认为农家起源于农官。而汉代很多农家人物，保留了“农稷之官”的特色，比如赵过为搜粟都尉，负责管理全国粮草和农业生产；氾胜之和崔寔当过“议郎”，相当于都当过农业技术的高级顾问。

汉代的农家已经明显地偏重于农业技术研究，但也有少量关于政治思想的论述，比如氾胜之就强调了农业的重要性，认为粮食是决定战争胜负的关键，粮食布帛是统治天下的根本。为此，他主张为了防备灾荒，应该把大豆芋头等一些抗御自然灾害能力比较强的农作物作为备荒作物，多加种植。

二、《齐民要术》与魏晋隋唐农家

魏晋到唐末这一时期是我国古代农家发展的重要历史时期。虽然这个时期可以考证的农家学者并不多，也没有汉朝的农家学者那么活跃，但是这个时期农家所取得的成果非常丰富。

在农业生产技术研究方面，北魏时期出现了农家标志性人物——贾思勰，他创作了划时代的农书——《齐民要术》。由于史书没有对贾思勰的生平进行记载，所以我们对他生平的了解非常少，只能从《齐民要术》的署名“后魏高阳太守贾思勰撰”这十个字中，确切地知道他曾经做过北魏高阳郡的太守，也就是今天山东省淄博市。除此之外，他的其他信息都是靠学者考证得来的。学者们通过考证，认为贾思勰是山东益郡人，也就是今天山东省寿光县人，出生在北魏孝文帝时期。

贾思勰经历了北魏的衰落，因此认为农业非常重要，是经济的基础，为了发展农业生产，提高农业生产技术水平，他“采据经传，爰（yuán）及歌谣，询之老成，验之行事”（贾思勰《齐民要术序》），也就是从经书传记、民间歌谣中总结前人的生产经验，又向有经验的人请教，并通过自己的实践，撰写了《齐民要术》。“齐民”就是平民百姓的意思，“要术”指的是谋生的重要方法，所以，齐民要术就是贾思勰为百姓的生存总结出来的一些生产和生活的经验。

《齐民要术》全书共十卷，92 篇，11 万多字，“起自耕农，终于醯醢（xī hǎi）”（贾思勰《齐民要术序》）。这部书的内容从耕田务农开始，到酿造酱醋结束，内容包括田地的耕作、施肥技术；种子的选取与收藏；谷、黍、粱、豆、麦等粮食作物，以及各种蔬菜瓜果、花草林木的栽培种植经验；牛、马、驴、羊、猪等各种家畜，鹅、鸭、鸡等家禽，以及鱼等的饲养技术和疾病防治；还有酒，酱、醋、豆豉（chǐ）等各种调料，肉脯、饴（yí）糖等的制作；还包括食品烹饪（pēng rèn）、加工，笔墨、胶等的制作，总之就像贾思勰所说的“资生之业，靡（mǐ）不毕书”（贾思勰《齐民要术序》），凡是对人们生计有用的技术，他都进行了详细的记录，所以这部书也往往被称为是中国古代农业的“百科全书”。

由此可见，《齐民要术》包括了粮食生产、林业、种桑养蚕、畜牧、养鱼、农副产品加工等内容，这表明这个时期农家的研究范围已经在逐步扩大，不仅仅局限于粮食生产。

邮票《古代科学家——贾思勰》

除了表明研究范围的扩大，《齐民要术》还反映了当时的农业生产技术已经较为发达。许多技术不仅比汉代进步了许多，而且即使在现代也还具有很高的价值。例如，它主张不要在同一块土地上连年种植同一种粮食作物，因为这样容易引起土地养分的损耗和病虫害的蔓延。这比之前提倡的“休耕法”，有了一定的进步；又比如它还非常详细地介绍了果树的嫁接法，认为比起用种子培育出来的果树，采用嫁接法可以使果树提前结果；还有在家畜饲养方面，贾思勰所记载的如何选种，以及家畜的繁殖、管理、疾病防治等各项措施，都非常详细。书中的很多农业知识，即使是以现代化科学的眼光来判断，绝大多数都是正确无误的。

《齐民要术》也反映了这个时期的农家对战国农家学说的传承。首先是对农业生产的重视。贾思勰认为农业生产不仅是人民不挨饿受冻的保证，也是富国强兵的重要办法。他以《管子》中“一农不耕，民有饥者；一女不织，民有寒者”这句话来论述农业生产对人民的重要性。他还引用了大量的历史事实，来说明只有发展农业才能国富民强。他认为李悝“尽地力之教”，充分利用土地资源，所以魏国因此而富强；秦孝公任用商鞅变法，“急耕战之赏”，使得国力大大增加，从而雄霸诸侯。

其次，贾思勰在书中强调了农业生产要注重天时、地利、人和。也就是认为农业生产既要顺应天时，也要根据土地的情况种植适宜的农作物，同时也不能忽视人在耕作中的作用。只有“顺天时，量地利”，才能既节省人力，粮食收获又多。反过来，如果违反自然规律，就会劳而不获。同时贾思勰也认为，比起天时和地利，人在耕作中起着决定性的作用。“耕锄不以水旱息功，必获丰年之收”（《齐民要术·杂说》）。只要人精耕细作，辛勤劳动，那么即使遇到水灾或旱灾，也能获得丰收。从“天时”“地利”“人和”三个方面来保障农业生产，是战国农家的主要思想之一，贾思勰将天时、地利、人和综合起来考虑，并且突出人力的作用，这不仅是对战国农家思想的传承，也对后世农家有一定影响。

总的来说，《齐民要术》详细而系统地介绍了我国公元 6 世纪以前先民所累积的农业生产技术经验，也传承了农家学说的一些思想理念。它反映了这个时期农业的发展水平，对后世的农业研究有着极深远的影响。

除了贾思勰，这个时期留下姓名的农家学者还有马钧、陆龟蒙、韩鄂（è）等人。

马钧是三国时期人，他发明了灌溉（guàn gài）农具翻车，大大提升了引水灌溉的效率，这也是我国古代先进的排灌工具。马钧从小家境贫寒，又有口吃的毛病。他虽然不擅长说话，心思却非常巧妙，对机械的制造也很有研究，是我国古代科技史上久负盛名的机械发明家之一。同时代的思想家傅玄认为，马钧的技艺超过了鲁班和张衡，是“天下之名巧”。

马钧在机械制作上崭露头角是因为他改造了织绫（líng）机。旧的织绫机不仅外形笨重，而且操作起来非常吃力，人们织一匹绫要花几十天功夫。马钧在对旧织绫机进行认真研究后，对其个别部件进行了调整，并将织绫机的踏板每 5 个合并为 1 个，使其操作起来既方便又省力。经过马钧改造之后，不仅织绫的效率提高了四五倍，而且所织出来的绫的图案对称精美，花型多样，可以和著名的蜀锦相媲（pì）美。马钧改造织绫机，促进了我国古代丝织业的发展，同时也为我国家庭手工业织布机的出现奠定了基础。

另一件让马钧的机械制作实力得到世人认可的事情，是他制作了指南车。指南车最早出现在传说中，相传黄帝和蚩（chī）尤作战时，蚩尤作大雾，想让黄帝的军队迷失方向。黄帝便制造了指南车来辨别方向，从而打败了蚩尤。到了三国时期，不少人认为指南车只是传说而已，马钧却认为指南车是真实存在的。为了证明这一点，马钧认真钻研，进行了多次实验，在没有任何资料的情况下，利用机械原理制造出了指南车。从此之后，天下人都佩服他的奇巧。

指南车被制作出来之后不久，有人给魏明帝进献了百戏模型。这些木偶造型精美，但是不能活动。魏明帝就让马钧想办法让这些木偶动起来，然后再丰富一下木偶的样式。马钧接到命令之后，用大木料雕琢构造，把它们做成车轮的形状，作为原动轮，然后设置了一个机关，借用水力使木偶动起来。这种借用水力发动的百戏被称为“水转百戏”。经过马钧的改造、丰富之后，只要一打开机关，“水转百戏”中的舞女木偶便可翩翩起舞，乐工木偶可以击鼓、吹箫；杂技木偶有的叠罗汉，有的抛接丸铃，有的向空掷剑又依次接取，有的走绳索，有的倒立，转动非常灵活；还有的木人扮作官员坐堂，有的木人在舂（chōng）磨、斗鸡……木偶形象多样，表演惟妙惟肖，精巧程度让人叹为观止。

在农业方面，马钧发明了灌溉农具翻车，大大提升了引水灌溉的效率。马钧居住在洛阳的时候，发现洛阳城有一片地因为地势比较高，百姓无法引水灌溉，所以常年荒芜。为了解决这个问题，马钧便制造了翻车，不仅

全国农业展览馆（中国农业博物馆）展出的翻车

能连续不断地把河里的水引到坡地里，而且非常省力，连五六岁的儿童都能转动。因为翻车的外形像龙骨，所以又叫龙骨水车。其实在东汉时期，有个叫毕岚的人就曾经制作过翻车，但当时只是用它来取河水洒路。马钧制作翻车之后，翻车就在农业上发挥了巨大的作用，唐宋以来，龙骨水车在农田灌溉、排水及运河供水中的使用已经非常普遍。直到今天，还有一些地区在使用翻车进行农田灌溉。除了农业，马钧在手工业、军事方面都有创造或革新。

在兵器制造方面，马钧也有不少构思。当时，诸葛亮制作了连弩（nǔ），一次可以发射十支箭，杀伤力很大。但是马钧看到诸葛连弩之后，说："算是很巧了，但还有可以改善的地方。"他认为如果自己对诸葛连弩加以改进的话，它的威力还可增加 5 倍。此外，马钧认为当时魏国用作军事进攻的发石车存在明显的缺陷，要是敌人在城楼边悬挂了湿牛皮，石头碰到湿牛皮就会掉落，不能连续攻击敌人。针对这些缺陷，马钧打算做一个大轮子，悬挂数十个大石头，用机械转动轮子，使轮子上的石头可以快速、连续地射向敌城。马钧还对自己的想法进行了实验，用车轮悬挂了几十块瓦块、砖头进行发射，射程达到了数百步。

尽管在机械制造方面取得了一定的成就，但马钧在当时并没有得到重用。机械的创造或革新，需要不断地进行实验、改进，可能要经历无数次失败，才能获得成功。但当时很多人忽略了这一点，觉得马钧的很多想法不一定是完全正确的，所以就不去支持他。此外，正如史学家吕思勉所说："自来长于巧者，多短于言。"马钧有口吃的毛病，不善言辞，当时人很介意这一点。

虽然马钧在当时没有得到重用，但他改造的织绫机、制作的翻车，大大提高了生产效率，在民间得到了广泛的应用，在一定程度上促进了生产力的发展，而马钧刻苦钻研，勇于创造、革新的精神也值得我们学习。

脚踏翻车

唐代的陆龟蒙对农具的发展也有着重要贡献。可能很多人对陆龟蒙的印象是一位唐朝诗人。但他对农业生产和农具制作也有研究，他创作的《耒耜经》是我国第一部专门记载农具的著作。陆龟蒙的祖辈是做农具的，每年春耕开始的时候，他们家制作的农具销量非常大。所以，他对农具的制作可以说是耳濡目染，有一定的家学渊源的。为了让后人不要忘记在农业生产中发挥重要作用的工具，陆龟蒙创作了《耒耜经》，记载了爬、曲辕犁等 4 种农具，对当时以及后世农具的推广和应用起到了一定的作用。

曲辕犁

唐代还出现了对茶叶非常有研究的农家学者陆羽，陆羽精通茶事，创作了一部《茶经》，被认为是中国乃至世界上第一部茶叶专著。陆羽也因为这部书，被人称为“茶圣”。书中对茶的历史，茶的种类、采制、品鉴，以及茶具的选用都有论述。

这个时期重要的农家著作还有韩鄂的《四时纂（zuǎn）要》。韩鄂生活在唐末到五代这个时期，《四时纂要》和汉朝崔寔的《四民月令》一样，是一部月令式的农家著作，它把四季分为十二个月来列举相应的农业活动。《四时纂要》对《齐民要术》有着明显的继承，书的内容也包括了农、林、牧、副、渔等方面，而比起《齐民要术》，《四时纂要》还最早记载了棉花、食用菌等的栽培，以及养蜂技术等。

总的来说，这一时期农家的研究范围在不断扩大，几乎包含了农业生产和生活的各个方面。不过就这个时期的农家著作来看，他们已经越来越少发表关于政治的主张。《齐民要术》和《四时纂要》还体现出一些重农思想，而《耒耜经》和《茶经》已经完全以相关的农业技术为主要研究对象。但这一阶段，也出现了贾思勰和《齐民要术》，这是农家发展史上非常重要的时期。

三、《陈旉农书》与宋元农家

宋元时期是古代农家发展的又一个高峰。在这个阶段，出现了较多著名的农家学者和有代表性的著作。比如北宋的陈翥及其创作的《桐谱》，曾安止及其创作的《禾谱》；南宋时期陈旉及其创作的《陈旉农书》，韩彦直及其创作的《橘谱》；元代王祯（zhēn）及其创作的《农书》，由元代官方编修的《农桑辑要》，以及鲁明善及其创作的《农桑衣食辑要》。

陈翥从小就非常好学，和那个时代的人一样，他一心读书，想通过科举来走上仕途。刚开始的时候，他屡试不中，但这并没有动摇他争取金榜题名的决心，反而让他更加发奋读书。为了安心读书，陈翥在家乡附近的山上建了一座房子，在里面闭门苦读。为了集中精力，即便妻子儿女来了，他也不见。但即使他这么努力，还是一次次名落孙山。到 40 岁的时候，陈翥觉得仕途无望，于是放弃了科举。庆历八年（公元 1048 年），他在村后的山上种了泡桐和竹子，开始对桐树进行研究，并在这个基础上写成了《桐谱》这部书，对北宋及之前有关桐树的种植、利用等经验进行了总结。

和陈翥差不多同时代，还有一位农家，叫曾安止。他小时候家里非常贫困，后来当了官，非常留心农业生产。曾安止退休之后，写了一部书，叫《禾谱》，是我国最早的水稻品种专著。书中详细记载了 50 多种水稻品种的名称、特征、来源以及水稻的耕作、栽培、管理。北宋绍圣元年（1094 年），苏东坡被贬到南方做官，曾经看到过这本书，在赞叹这部书写得翔实之余，又惋惜这本书没有记载农器，是一个缺憾。后来，在一百多年之后的南宋，曾安止的侄孙曾之谨写了一本《农器谱》，可以说是补上了苏东坡所说的这个缺憾。但遗憾的是，今天《农器谱》已经失佚了。

陈旉是南宋最具影响力的农学家之一，他出生于北宋熙宁九年（1076），虽然熟读诸子百家之书，但并不热衷于仕途，反而对种药治圃非常感兴趣。在很长一段时间里，他隐居西山，以种植药材和庄稼为生，自称为“西山隐居全真子”。在劳作的同时，他对前人和当时百姓的生产经验进行总结，并对这些经验进行了实践检验，把那些有用的、可行的记录下来，著成《农书》一书。为了与元代王祯的《农书》相区别，后世通常把陈旉的《农书》称为《陈旉农书》。此书共 12 000 余字，分为上、中、下三卷，上卷 12 篇，论述了土地的耕作以及农作物的种植；中卷 3 篇，记述了牛的饲（sì）养、管理以及疾病防治；下卷 5 篇，记载了种桑养蚕的技术。三卷合一，既各成体系，又相互联系。该书在土壤的利用和改造、水稻种植栽培、牛的饲养与管理等方面都提出了不少有科学价值的观点。

在土壤的利用与改造方面，陈旉提出了两个观点，一是认为土壤有肥有瘠，但只要进行正确的治理，都可以种植庄稼，并获得好收成；二是通过施肥，可以使“地力常新壮”，也就是让土壤保持肥力甚至更加旺盛。粪肥是改变土壤肥力的关键因素，陈旉在著作中花了大量的篇幅来探讨制肥和施肥的问题，提出了四种较新的制肥方法：一是火粪，把扫除的垃圾、烧过的草木灰、糠秕（bǐ）、残茎落叶等堆聚起来，烧成焦灰。二是堆粪，把芝麻榨油后的饼渣捣碎，加上土，经过发酵成肥料。三是沤粪，在厨房地下挖一个深地，砌上砖使其不漏，把舂米时收集起来的谷壳，腐败的茎叶，以及洗碗水、淘米水等放入池中沤渍成肥。四是屋粪，在住处旁专门建一个粪屋来储肥，屋内挖深池，砌上砖壁，屋外搭建屋檐，避免风雨损伤粪的肥力。这些制肥的办法，使人们生活中的废弃材料变成宝贵的肥料。有一些现在仍在使用。

在施肥技术上，陈旉也有独特见解，这些见解可以总结为三点，第一是用粪治地就像用药治病，要“对症下药”，不同的土壤、庄稼要施不同的肥；第二是要追肥，比如种桑应该追两次肥，苎（zhù）麻应该追三次以上；第三是可以一肥多效，比如在桑树下种苎麻，对苎麻施肥，桑树也能够获益。

水稻种植栽培是《陈旉农书》的重要内容。陈旉认为水稻种植应从整地开始，他将田地分为了旱田、晚稻田、山川田、平坦田，分别论述了这四种田地的整理技术。比如对旱地，他主张收获之后，翻耕、整地后施肥，再种上小麦、大豆、蔬菜等，既能使土地更加肥沃，又能多收一次蔬菜；对晚稻田，陈旉认为因为收获时间晚，来不及种麦豆蔬菜，则应该等到春天再翻耕，这时它们柔韧的根、茎已经腐烂，更容易翻耕，也更节省牛力。

整地之后，就应该育苗。陈旉认为只有秧苗强壮，才能获得好收成。而对于如何培育强壮的秧苗，他主张“种之以时，择地得宜，用粪得理”，也就是选好秧田，适时播种，施足基肥培壮秧苗。在此基础上，还要时时对其修理整治，不要让秧苗遭受水灾、旱灾和虫灾。秧苗长出来之后，就涉及用水技术。对此，陈旉主张深浅得宜，他认为水太浅田地就会干裂，太深则会淹没秧苗使其枯萎变黄，而在刮风、下雨、晴天的用水也各有不同，当暴风来临之时，需要放干水，避免风大吹水，将秧苗聚拢到一起；下大雨的时候，反而应该增加水量，避免暴雨将谷根掀起；晴天的时候则应该浅水，让太阳将其晒暖。这些控水的方法都是很合理的。

禾苗长到一定程度，要进行中耕除杂草。陈旉提出，耘除的杂草要深埋在稻根下，使其腐烂肥田。不同的季节除草的时间和频率也有所区别，夏天杂草长势迅猛，应勤于除草；秋天要在水稻出穗前除草，才能不让杂草传种；冬天也应该犁田，使杂草翻入土中腐烂。

在关于耕牛方面，《陈旉农书》是较早系统地论述了以江南水牛为主的耕牛相关知识的著作。陈旉强调了牛在农业生产过程中的重要性，明确提出了在农业生产中“牛之功多于马”的观点，这在农书中属于首次。而对于如何养好牛，陈旉认为对牛要有“爱重之心”，在这个基础上，遵守“顺时调适”的饲养管理总则，根据季节、冷热的不同来改变养牛的方式，比如冬天，陈草腐朽，新草未生，应该把干净的稿草铡细，和上麦麸（fū）、谷糠（kāng）或豆子，再加少许水使其微湿，用来喂牛；而在草木茂盛的春夏，放牧的时候应该先给牛喝水，再让它吃草，避免牛肚胀，在晚上，则应该用鲜草与铡细的稿草和匀来喂牛。而在使役方面，要以不能使牛太劳累为主要原则去爱护调养它，方能使其血气常壮。牛生病之后，则要首先弄清楚病因，再对症下药，方能治愈。

《陈旉农书》在土地利用、农业经营、蚕桑等方面也都提出了不少有科学价值的看法。陈旉完成这部农书的时候，已经 74 岁了，他听说真州（今江苏仪征）知州洪兴祖提倡农业生产，就赠送了他一部书稿，洪兴祖读了之后大为赞赏，把书稿交付所属各县刻印成书，广为流传。但陈旉看到成书之后，却发现书中有不少刊印时产生的错误，他担心这样的书不仅不能指导农民务农，反而会误农、坑农，于是把书稿又抄写了一遍，并为农书写了跋（bá），等待重印，这一年他已是 80 岁高龄，陈旉这种严谨实在的治学精神在今天仍然值得我们学习。

值得注意的是，《陈旉农书》是我国现存最早的专谈南方农业的著作，在这部书出现之前，农家著作大多是论述北方地区的农业生产。

古代农耕图　清焦秉贞绘

比陈旉稍微晚一点，南宋还有一位农家学者，叫韩彦（yàn）直，是抗金名将韩世忠的长子。他写了一本《橘录》，也叫《橘谱》，是世界上第一部完整的柑橘专著。书中对柑橘的分类、品种名称、栽培技术等进行了论述。这本书第一次将柑橘类果树区分为三类：柑、橘、像橘子但属于橙子的，书中记载的柑橘嫁接技术，有的在今天依然在使用。

比起宋代，元代的时间不长，但出现的农家学者和著作却不少。

元朝初年，黄河流域因为连年的战乱，农业生产被荒废。当时的皇帝比较重视农业，设立了司农司，专门主管农业，而且下令司农司组织编修农书，用来指导各地进行农业生产。于是元朝出现了一部官修的农书——《农桑辑要》，参与编修工作的有孟祺（qí）、畅师文和苗好谦等人，他们不仅有着丰富的农业知识，也有实践经验。比如苗好谦曾指导过人们种桑树，畅师文曾经教过老百姓耕种的方法，都非常有成效。《农桑辑要》对元朝初年之前的农书进行选辑，内容大多辑自《氾胜之书》《齐民要术》等。书中既有我国农桑起源和重农言论，也有土地的开垦、耕种，种子的选取，各种农作物、瓜果蔬菜的栽培，蚕、家畜、家禽的饲养等等，可以说是对元朝之前的农耕技术经验进行了总结研究。

《农桑辑要》所记载、总结的农耕技术与经验主要是针对北方黄河流域的旱地农业。而随着元朝统一江南，需要一部既可以指导北方农业生产，又可以指导南方农业生产的农书，以对全国的农业生产进行指导。王祯的《农书》就在这样的背景下应运而生了。

王祯是山东人，他曾在安徽、江西两省做过地方官，也到过江苏、浙江、湖南等地区。每到一个地方，他都会注意对当地的农业进行观察，所以他对南北方农业生产都非常熟悉，这也是他能创作完成《农书》的一个非常重要的因素。

王祯的《农书》分为《农桑通诀》《百谷谱》《农器图谱》三部分，《农桑通诀》对农业的相关问题进行了论述，比如农业的历史渊源，土地的耕种、施肥等等；《百谷谱》则专门论述了各种农作物及瓜果蔬菜、竹、木的栽培；《农器图谱》则介绍了各种农具的历史、形制以及它们在生产中的运用，并给一些农具配了图。

王祯的《农书》对南方和北方农业进行了对比，书中对南北方的农业生产技术，以及农具的使用等进行讨论，探讨二者之间的差别、利弊等问题。这在古代农书中是一个创举。在王祯的《农书》之前，比较有名的农书有的只对北方农业生产进行总结，比如《氾胜之书》《齐民要术》《农桑辑要》等；有的又专门论述南方农业，比如《陈旉农书》。

总的来说，宋元时期是古代农家活动的又一高峰。从这个时期所出现的农书内容来看，在这个时期，农家开始逐步细化和深入自己的研究领域，出现了《桐谱》《橘谱》《禾谱》等专著。《陈旉农书》的出现也说明这个时期农家学者开始对南方的农业技术进行总结，而王祯的《农书》兼顾了南北方农业生产技术，这些都是非常重要的创新与突破。

四、《农政全书》与明清农家

明清时期是古代农家发展的最后历史阶段，也是农家发展的又一高峰。在这个时期，不仅大量的农家学者、有代表性的农家著作相继出现，其研究的内容也广泛而深入，可以说，古代农家文化在这一时期发展到了前所未有的高度。

明清时期出现的农家学者，身份多元化，有的是隐士，比如明朝的喻杰、喻仁两兄弟，清朝的张履祥、陈淏（hào）子、刘应棠等人；有的是地方官员，比如明代的邝（kuàng）璠（fán）、袁黄、宋应星等；有的是平民，比如明朝的马一龙，清代的杨屾（shēn）、包世臣等；有的是朝廷要员，比如明末清初的徐光启。

明代时期，有两兄弟，哥哥叫喻仁，弟弟叫喻杰，二人都是隐医，合写了一部兽医学专著——《疗马集》。又因为喻仁字本元，喻杰字本亨，这部书也常被称为《元亨疗马集》。《元亨疗马集》虽然以马命名，但实际上，书的内容包括《元亨疗马集》《元亨疗牛集》《驼经》三部分，主要论述了马、牛、骆驼的疾病的诊断、治疗，以及饲养管理方法。喻仁和喻杰两兄弟精通业务，见解独到，这部书问世之后，流传很广。后来还流传到日本、朝鲜、越南和欧美各国，对中国和世界兽医学的发展都有较大的影响。

张履祥，明末清初人，本来是明朝的诸生。明朝灭亡之后，张履祥便隐居家乡，以教书为生。在教书之余，他也干一些农活，后来根据自己务农的经验写成了

《补农书》。书名叫“补农书”，是因为张履祥对明朝末年一本叫《沈氏农书》的著作非常欣赏，但又觉得这本农书还有一些不足，自己写的这本农书，是对《沈氏农书》的补充，所以叫《补农书》。

陈淏子的经历和张履祥比较像，也是在明朝灭亡之后，不愿意在清朝为官，就隐居田园，以研究花草果木的栽培和教授徒弟为生，自号“西湖花隐翁”。他认为当时人对花卉的种植一无所知，为了让人了解花卉种植的方法，他撰写了《花镜》，论述了各种观赏植物及果树栽培的方法。

刘应棠，清朝时期人，他厌倦科考，带着妻儿在梭（suō）山隐居，一边读书、饮酒，一边务农，学者称他为“梭山先生”。他根据自己务农的经验写下了《梭山农谱》。

邝璠，明代山东人，曾任吴县知县。他在吴县任职期间，因为重视农业生产，创作了《便民图纂》一书。这部书反映了苏南太湖地区的农业生产，包含了以水稻为主的农作物生产技术、栽桑和养蚕技术、瓜果蔬菜的种植技术、家禽的饲养和疾病防治、农业工具的制造等内容。

袁黄，明代江苏人，曾任河北宝坻（dǐ）知县。袁黄对农业非常重视，在任内不仅兴修水利，而且教当地的老百姓种水稻，并写了一部《宝坻劝农书》颁发给当地百姓，来指导当地的农业生产。

宋应星，明代江西人，在崇祯七年当过江西分宜县教谕，并在任上写成了《天工开物》，书中包含了丰富的农业和手工业知识，是世界上第一部关于农业和手工业生产的综合性著作。

明代的马一龙，自小家庭贫困，虽然做过国子监司业，但后来辞了官。辞官之后，他耕田赡养母亲。马一龙发现很多农业生产经验，农民不了解，而懂这些农业生产经验的人又不屑于告诉农民，所以他写了《农说》，对农业生产经验进行总结，让务农的人能更好地掌握耕种技术。

清代的杨屾从小就博学好问，一生重视农桑。他以耕读教书为业，著有《豳风广义》《桑政摘要》《知本提纲》《修齐直指》等四部蚕桑学和农家专著。

清代的包世臣，曾经做过江西新喻县令，但只做了一年。他创作了农书《郡县农政》。

从列举的这些农家学者和专著可以看出，明清时期，农家学者和著作都是非常丰富的。在这个时期，最具代表性，也最能代表这个时期农业发展水平的著作有两部，一部是明朝徐光启的《农政全书》，另一部是清代的《授时通考》。

徐光启是明末时期著名的农家。他从小就对农事特别上心，后来通过科举，走上仕途，曾先后担任过礼部尚书、宰相等要职。但即使这样，他也没有因为繁忙的政事而忘记农本。为了表明自己以农业为重的志向，徐光启给自己取了个号，叫“玄扈（hù）先生”。玄扈原本是指一种类似布谷鸟的候鸟，与农时季节有关，而且相传在少昊时期，主管农业生产的官员被称为“九扈”。

徐光启认为明末统治一日不如一日，是因为国家不够重视农业。为了让朝廷明白国家的发展根本在于农业，也为了农业生产能得到更好的指导，徐光启决心搜集、整理资料，撰写农书。而且徐光启不仅重视书本知识，也重视实践，他曾经在上海、天津开辟了田地，专门用来进行农业试验，总结出许多农业生产经验，这些都为他编撰大型农书奠定了坚实的基础。

徐光启在晚年初步完成了农书的写作，但没有来得及定稿就去世了。徐光启去世之后，他的门人陈子龙等人对这部农书进行了修订，在徐光启去世 6 年之后出版，并将这部书定名为《农政全书》。《农政全书》有着极其重要的地位，可以与贾思勰的《齐民要术》并列为我国农家著作的两大丰碑。

《农政全书》的内容大致上可以分为两部分：农政措施和农业技术。它系统论述了屯垦、水利、备荒等各个方面的农政措施，对农政的重视贯穿了全书，而这也正是《农政全书》不同于其之前产生的大型农书的特色所在。在重视农政的同时，徐光启也没有忽视农业技术。他不仅对前代农书的农业生产技术进行总结，还根据自己多年从事农事试验的经验，极大地丰富了古代农书中的农业技术内容，书中所记载的植物及栽培方法，直到今天依然有非常高的研究价值。

除了对中国古人的农业技术、经验进行总结，《农政全书》还引进了西方的农业科技成果。徐光启曾向西方传教士学习西方水利，并翻译了一部介绍西方水利科学的著作《泰西水法》，并将其收入《农政全书》中，这为中国传统农业注入了新的活力。

徐光启和利玛窦

清朝乾隆年间，社会相对稳定，农业生产也得到了一定发展。在这样的背景下，乾隆二年（1737年），鄂尔泰、张廷玉等人按照乾隆的命令，编撰农书，对过往的农业生产技术进行总结。鄂尔泰、张廷玉等人用了5年时间，编撰完成了一部清代官修农书——《授时通考》，由于是皇帝下令编纂，这部书往往也被称为《钦定授时通考》，这也是中国古代最后一部综合性农书。

《授时通考》中的“授时”，出自《尚书·尧典》“历象日月星辰，敬授人时”，意思是让朝廷“敬授民时”，教导百姓不要误了农时。这部书对前人关于农业方面的著述进行了汇辑，广泛搜集了古代经、史、子、集中有关农事的记载，然后按照时代进行辑录。全书分为8门：一为“天时门”，论述各个时节的农业生产活动；二为“土宜门”，论述了辨方、物土、田制、水利等内容；三为“谷种门”，记载了各种粮食作物名称的来源；四为“功作门”，记述从垦耕到收藏各生产环节所需工具和操作方法；五为“劝课门”，记录了历朝的重农措施；六为“蓄聚门”，论述了备荒的各种制度；

七为“农余门”，记述了耕田之外的农业生产，比如蔬菜、果木、畜牧等；八为“蚕桑门”，记载养蚕缫丝等各项事宜。

《授时通考》是对古代农耕技术的全面总结，因为该书对历代古籍进行了系统地整理和汇辑，使得很多宝贵的历史资料得以保存，为后世研究提供了重要参考。

除了农家学者身份多元化，农家著作丰富之外，明清时期的农家成果还有两大特色。第一是这一时期出现了很多区域性农书和专业性农书。区域性农书比如《宝坻劝农书》，是对河北农业技术的总结，《补农书》反映的是浙江嘉湖地区的农业生产状况，包世臣的《郡县农政》主要说的是安徽江淮之间的农业生产状况，这些区域性农书的出现说明了这个时期的农家在逐步加强对区域性农业的探索。专业性农书如《元亨疗马集》是兽医学专著，《花镜》主要涉及花卉园艺，它们涉及的是农业的某一个方面，这些著作的出现说明了这个时期的农家对农业研究在不断细化和深入。明清时期农家成果的第二个特色是，在这个时期，农家学者已经有意识地采用试验的方法来对农业进行观察研究，比如徐光启曾在天津、上海进行了多年的农业试验。这一时期的农家成就和研究方法的初步转变，也为中国近代农业科学萌芽的出现起到了重要的促进作用。

第七章

农家的贡献和价值

农家形成于战国时代，当时诸子百家争鸣，各个学派竞相提出自己的学说。在这样的历史背景下，农家凭借自己的学说在当时产生了一定的影响，在诸子百家争鸣中占有一席之地。

农家重视农业，不仅主张以农治国，也从事农业生产实践，他们希望建立一个以农为本的社会。在这个社会中，领导人重视农业生产，能够制定相应的政策，尽民之力，保障百姓进行农业生产，也能知道百姓的辛苦，仁爱百姓，是一个富足、和谐的社会。农家的这些主张以及社会构想在当时和后世都产生了一定的影响。战国之后，农家的研究重心发生了转移，渐渐远离了“救世之弊”的政治之道的探索，把更多的精力放在了农业发展的技术层面上，它对农业技术的总结、研究不仅促进了生产力的发展，提高了农业产量，改善了农民生活，为中国古代农业的发展做出了重要贡献，也对今天的农业发展有所启示。

一、 重农——中国人存亡的根本

中国自古以来就是一个农业大国，在中国历史上，战乱是最大的灾难。战乱以外，饥荒一直是中国人生存所遇到的最大挑战。为了解决吃饭问题，作为国家的第一生产力的农业就格外值得重视。农家立足于中国人存亡之根本，探寻治国良策，不仅用理论，更用实际行动构建自己的一方桃源，追求平等、自由、和谐的社会，这在历史上是少有的，可以说农家在诸子百家中独树一帜。

战国时期，诸侯混战，社会动荡。农民受到多方面的剥削和压迫，穷困潦倒，王公贵族却过着非常奢侈的生活，“道殣（jǐn）相望”（《左传·昭公二年》），道路上饿死的人到处都是，而被王公贵族宠爱的人财富却多得装不下。在这样的环境中，农民艰难求生。为了谋求生存，他们节衣缩食，有的放弃本业，转入工商业，有的背井离乡，散至四方谋生。

农民受到的剥削是来自多方面的，首先是受到统治者的剥削，“厚刀布之敛（liǎn），以夺之财；重田野之税，以夺之食”。（《荀子·富国》）意思是刀和布都是钱币的名称，刀币的样子像刀，布币的样子像铲。统治者加重货币税收，搜刮掠夺了百姓的财产；加重土地税收，抢夺了老百姓的粮食。

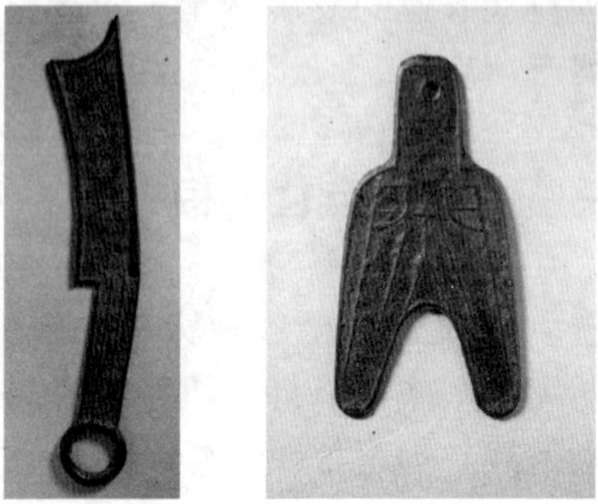

左图为刀币——“安阳之大刀”，右图为布币——“蔺”字圆足布，皆藏于中国钱币博物馆。

而除了税收，农民还是国家徭役、兵役的承担者。如果统治者需要建造宫殿、陵寝等，就会征调农民来进行，而这些劳动不仅耗费时间长，且没有任何报酬（chóu）。比如齐宣王造宫殿，征发了很多农民，建了三年还没有建成。

沉重的徭役，严重地影响了农业生产，正如《管子·臣乘马》中所说：“起一人之徭，百亩不举；起十人之徭，千亩不举；起百人之徭，万亩不举；起千人之徭，十万亩不举。”这段话的意思是，征发一个人的徭役，就会使得百亩土地无人耕种；征发十个人的徭役，千亩土地就无人耕种；征发百人的徭役，万亩土地无人耕种；征发千人的徭役，十万亩土地无人耕种。但即使徭役影响了农民的农业生产，统治者也很少减轻农民的税收，横征暴敛使得农民穷困潦倒，无法维持生活，也无法拥有土地，乃至沦为新兴地主的佃（diàn）农。

当男子成年之后，还需要服兵役，为国家打仗。春秋战国时期，战争非常频繁，各诸侯国都在扩军备战，征收了大量的兵力。在战国时期，兵力最少的韩国，拥军20万人，赵国为70万，秦国号称100万，七国总兵力为春秋时期的数十倍之多。庞大的军事编制，需要征发大量的农民，极度耽误农业的生产，而且战国时期的战争非常残酷，士兵伤亡惨重。此外，国家军队庞大，军费开支必然大大增加，这增加的军费依然由国家向农民征收，农民的负担非常重。

其次，农民还受到商人的剥削。商人一方面对农民做不等价的交换，低价买进粮食，然后高价卖出，盘剥农民，农民和商人之间的收入存在巨大差距。农民“解冻而耕，暴背而耨（nòu），无积粟之实”，而商人“无把铫（yáo）推耨之劳，而有积粟之实”。（《战国策·秦策四》）意思是农民辛勤耕种，当土地解冻的时候，就要开始为耕种忙碌，夏天在炎炎烈日下除草，非常辛苦，但却存不了多少粮食。而商人不用拿着农具耕地除草，反而拥有储蓄粮食的实际收益。

另一方面，商人又趁农民穷困的时候，进行高利贷剥削。有时候碰到灾年，粮食收成不好，连来年种田的费用都拿不出来。但国君往往不会因为当年收成不好就减免农民的赋税，农民这个时候只能通过借高利贷来凑够税金。农民辛苦劳动一年，却养活不了家人，还得借高利贷来凑税金，何其凄惨！而商人通过放高利贷，收取高额的利息，家缠（chán）万贯。其实，放高利贷的除了商人还有官僚、大地主，他们一方面向农民征收高额的租税，另一方面也趁农民穷困放高利贷。齐国的相国孟尝君田文，就是一个放高利贷的人，他曾经在自己的封地薛地大放高利贷，一次就收到“息钱十万”。

(《史记·孟尝君列传》)

面对这样昏暗混乱的社会状况，有识之士纷纷开始探索治国之道，并站在不同的立场上，提出了不同的治国方略和学说主张，开创了“百家争鸣”的局面。跻身“诸子百家”之一的农家也提出了自己的思想主张。

农家一方面重视农业生产技术的研究，使农民可以提升农业生产技术和经验，这样粮食作物就能得到更好的生产，产量就会有所提升，在一定程度上可以改善农民的生活；另一方面农家站在农民的立场上，为民着想，宣扬以农为本、以商为末、尽民之力、平等爱民等思想。他们深知农业对百姓、社会、国家的重要性，所以强调国家发展、社会安宁、人民幸福要以农为本；他们为了保证农业生产，提出对于那些影响农民生产积极性，妨碍农业生产的因素要采取一定的措施，所以提出要抑制商业；他们深知农业的重要性和农业生产的规律，所以强调为了保障农业生产，要注重“天时”“地利”“人和”，尽民之力；他们深谙（ān）百姓疾苦，知道百姓生活艰难很大程度上是因为统治者、商人的剥削，所以强调统治者要平等爱民。

农家认为统治者追求奢（shē）侈的生活，是造成百姓贫穷的重要原因。统治者不事生产，向百姓征收的赋税是维持他们生活的重要来源。如果他们追求豪华奢靡（mí）的生活，大肆（sì）建造宫殿，装饰车、船，就要多向百姓征收赋税，百姓在他们的压榨（zhà）下就会贫困不堪。所以，农家强调君王应自食其力、自力更生，不向农民索取，不剥削百姓，甚至不应该让百姓交税。农家学派的代表人物许行还认为君王应该取消装粮食的粮仓和装财物的府库，以此来证明自己不会剥削农民的粮食和财物。此外，许行也认为应该根据商品的大小、长短等来统一商品的价格，这样商人就无法欺骗来购买商品的人，可以在一定程度上防止商人对农民的剥削。虽然许行忽略了商品质量的问题，但却体现了农家对营造公平、正义的社会做出的设想。除了许行之外，其他农家学者则提出“薄赋敛”的主张，希望能在一定程度上减轻农民的负担。许行的政治主张，在很多人看来是不切实际的，但农家认为这样就可以消除等级制度带给人民的层层压迫。相比较其他诸子，农家是唯一一个从农民的角度出发，思考救国救民法则的学派。

农家最能了解农民的辛苦，农家的主张也是从人民的角度去维护普通人的利益。而农家的这些主张，既反映了广大农民对社会现实的不满，也反映了他们对剥削的反抗，更反映了农家对人与人之间平等的追求。许行提出“君民并耕”的主张，认为君王应该和农民一样，亲自耕种、自食其力，将君王放到了和百姓一样的地位上。甚至，农家还要求君王在自食其力之余，全心全意为人民服务。

春秋战国时期，诸子百家都不同程度地表现出对平等的追求。儒家的代表人物孔子，提倡有教无类，不分贵贱贤愚，对各类人都可以进行教育，贵族和平民并没有区别。以墨子为代表的墨家主张“兼爱”，认为人生来平等，并没有长幼贵贱的分别，所以人对不同的人或事物可以存在同等的爱，也就是强调爱无差别等级，不分厚薄亲疏。战国时期，等级森严，君王对百姓享有绝对的权威，而农家“君民并耕”的主张是对封建等级制度的挑战，这不仅在当时受到了孟子的批判，在后来漫长的封建社会，也并不能被儒家接受。但这也说明了农家对人与人之间平等的追求要比儒家强烈得多。

由此可见，农家想通过追求一种回归简单、自然的原始社会关系，以消除等级意识，消灭剥削，恢复纯朴、友善的社会风气，从而救世于民。

农家衣着朴素，亲自从事农业生产，耕种、织布，自食其力。农家主张君民同等，认为贤明的君主应该自己耕种，来维持自己的生活。在战国时期，农家的学说吸引了不少人，这些人中有不少是知识分子，他们推崇农家的学说，劳力劳身去实践，在一定程度上扩大了农家学派在当时的影响。农家学派在一定程度上让统治者更加重视农业，虽然农家学派的一些主张没有也不可能被当时的统治者所采纳，但农家的政治理念至少为当时处于昏暗生活中的农民注入了希望。

农耕图　齐白石绘

到了战国末年，由于种种原因，农家学者逐渐停止了治国之道的探索，把更多的精力放在了提高农业生产的技术研究上。但农家所宣扬的以农为本的重农、平等、爱民等思想一定程度上对封建统治政策产生了影响，历朝历代在制定政策时基本上都比较重视农业生产。

二、 农业技术——民族智慧的结晶

战国时期，农家为农民发声，一些君王对农家较为礼遇，比如许行到滕国，滕文公就满足了许行的要求，赠予了他房屋。对于当时的君王来说，给予农家适当的尊重，也许就可以笼络住农家背后的农民，这对稳固自己统治、壮大自己的势力是很有帮助的。因此，战国时期的君王对农家普遍是比较尊重的。但这种尊重和礼遇都是表面的，农家平等爱民的思想主张，比如农家的代表人物许行提出的“君民并耕”“市贾不二”的主张，蕴含着君民平等，反对剥削的理想，他们是万万不能接受的。对于当时的统治者来说，农家思想是一个很好的招牌，但是其主张的学说，是坚决不能推行的。

再加上农家全心全意关注农业生产，它的核心思想主要是劝农桑，鼓励百姓从事农业生产，主要涉及政治、经济等方面，而对伦理、教育、社会保障等问题关注较少，整体思想没有形成一个完整的体系，这些都是农家思想发展与传承的阻碍。

后来，汉代推崇“罢黜百家，独尊儒术”，儒家虽然重视农业，但并不赞同农家的主张。在战国时期，儒家学派的代表人物孟子就曾经对农家学派的代表人物许行的主张进行过严厉的批判。到了汉代，儒家仍然认为农家主张君民并耕，是无视尊卑区别，会使得君臣之间的等级秩序荡然无存。在这样的情况下，农家的思想与主张很难有所发展，甚至无人继承，许多战国时期的农家著作也没有流传下来。

由于这些原因，农家学者的研究逐渐转移重心，渐渐远离了对“救世之弊”的政治之道的探索，把更多的精力放在了农业发展的技术层面上，这也是农家产生时的一个重要的研究方面，现代很多学者把它与农家相区别，称为“农学”。

除了追求以农为本、平等爱民等的政治理想，农家也是一个注重实践的学派。农家学者们大都亲自从事农业生产劳动，比如战国农家代表许行和他的弟子种田、编草鞋、编席子。战国末期之后，农家将研究重心逐渐从政治理想转移到农业生产技术研究中。他们将满腔热血投入到农业生产技术研究中，涉及农业生产和生活的方方面面。他们将自己从事农业生产所得到的经验，或者是从那些有经验的农民身上获取的经验进行积累、总结，并将自己所总结出来的知识、经验书写下来，来指导农民进行农业生产。农民们在这些生产技术、经验的指导下，获得了丰收，生活得到了一定程度的改善。

当农家的研究重心发生转移之后，他们更加注重实践，更关心农业生产技术的改造与提高。从汉代开始，基本上每个朝代都有比较著名的农家书籍问世，这些书籍梳理总结了从古至今的农业生产技术、经验，如汉代有《氾胜之书》和《四民月令》，北魏时期有《齐民要术》，唐代有《四时纂要》，宋代有《陈旉农书》，元代有《王祯农书》，明代有《农政全书》，清代有《授时通考》等等。

农家学派对农业生产技术的研究和生产经验的总结，对当时以及后世的百姓提高农业生产技术有一定的帮助。比如《氾胜之书》中总结的 12 个字的耕作原则："趣时""和土""务粪""务泽""早锄""早获"，非常简单而又凝练地概括了作物栽培的全过程，不仅认识到天气和土壤是农业生产的关键问题，而且也认识到人在农业生产中的主观能动性。先秦以后，随着社会的发展，农业有了很大的进步，这其中有农家一份功劳。

此外，农家还促进了生产力的进步。生产力决定生产关系，生产工具是生产力发展水平的标志。历代农家致力于研究农业生产、生产器具、田地管理等方面，对生产力的进步产生了重要影响，为农业科学技术发展做出了贡献。以农业工具的发展为例，在远古时期，人们还未学会种植庄稼，饲养家禽、家畜，只能凭借简单的石头做成的刀、斧等粗制的石器进行狩猎。后来，人们慢慢地在求生存中积累经验、智慧，开始种植粮食作物。用来种植的农具也在不断进化。先是用耒耜松土挖土，后来又发明了犁、耙、锄、耖（chào）等耕地、整地工具。除了耕种工具的发展，还发明了灌溉工具，如翻车、水车等；收获工具，如镰刀等；播种工具，比如耧车就经过了"独角耧"到"二脚耧"到"三脚耧"的发展……这些农具的发展，使农业生产的效率大大提高。农家对中国农业发展所起的作用，是其他任何学派都无法替代的。

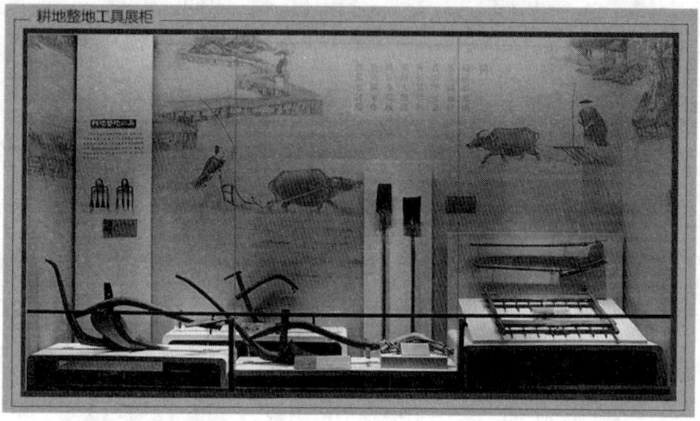

全国农业展览馆（中国农业博物馆）农具展中的“耕地整地工具展柜”，展出了犁、耙、耱（mò）、耖、锸（chā）等农具。

同时，通过农家的研究，我们可以知道历史上各阶段的农业发展特点、农具样式等，使这些农业遗产得以保存下来，并为今人提供借鉴，这也是农家的一大功劳。农家客观地记录了古代中国社会各个历史发展阶段的农业发展水平，为后世人们了解农业的发展脉络提供了宝贵的历史资料。

最早对农家进行评价的是孟子，他对农家持完全否定的态度。农家在战国时期已经产生了一定的影响，它的代表人物许行有十几个弟子，而且有不少人被许行的学说吸引，儒者陈相就是其中之一。陈相还和儒家的代表人物孟子进行了一场激烈的辩论，这场被称为“农儒之战”的辩论以农家失败而告终。在这场辩论中，孟子对许行的学说进行了激烈的批判。他认为许行否认尧、舜等古代圣王之道，其提倡“君民并耕”是反对社会分工，提倡“市贾不二”会让国人集体走向虚伪。孟子甚至讽刺许行是“南蛮鴃舌之人”，还谴责了陈相善变，背叛儒家。

虽然在先秦时代，也有部分学者对农家学说表示认可，比如《管子》《吕氏春秋》都有农家学者的作品。这在一方面证明了吕不韦等人对农家学说的认可，另一方面也说明了农家在当时的影响。但自从“农儒论战”之后，孟子对许行的评价影响了后世学者对农家历史地位的评价。

到了汉代的时候，学者对农家有批判，有肯定。比如班固把许行叫做“鄙者”，认为他是粗鄙之人，再次批判了“君民并耕”的思想，认为这是扰乱了上下尊卑的关系。但班固认为农家的重农思想，以及播种百谷，鼓励人们耕田种桑，来满足人们的衣食需求，都是值得肯定的。所以，他把农家列入“九流十家”的行列。班固根据刘歆的《七略》对诸子进行了总结，认为诸子百家中，流传广、影响大的共有十家，分别是“儒家、道家、名家、墨家、法家、阴阳家、纵横家、杂家、农家、小说家”，而这十家中，真正可观的只有九家，也就是除了“小说家”之外的九家。班固之后，直到唐代，人们对农家的评价基本是一致的，对农家种植耕耘的行为都是肯定的，但只要提到许行，就会对他的“君民并耕”学说提出批判，不过即使是批判，也没有孟子那么尖锐。

由于农家没有继承周文明的核心价值，因此刚开始的时候，学者们对农家的评价是非常低的，甚至可以说是完全否定的。后来农家逐渐把重心放到了对农业技术的追求方面，随着历史的发展，人们对农家的历史地位和作用有了更深刻的认识，对农家的评价也逐渐变为肯定。

古代学者对农家的态度在宋代有一个转变，宋代学者陈振孙在《直斋书录解题·子·农家》中对农家进行了介绍，肯定了农家“勤耕桑以足衣食”的特点，认为农家辛勤耕种来保证衣食是十分值得肯定的。而提到许行，也只是说“神农之言，许行学之，汉世野老之书，不传于后”，意思是说许行的学说来源于神农氏，而《野老》这些农家著作，没有流传下来。此外，他并没有对许行“君民并耕”的思想进行批判。从陈振孙开始，农家的历史地位的肯定程度逐步得到了提升，甚至有的宋代学者说农家“勤劳天下，功炳后世”（《崇文总目》），认为农家致力于农业生产，功劳彪炳后世。到了清代，《四库全书总目》也对诸家进行了排序，这个顺序是：儒家、兵家、法家、农家、医家……农家由《汉书·艺文志》九流中的最后一类上升到第四类，充分反映出古人对农家的历史地位的肯定。

农家在史籍类的排名

序号	史籍	农家排名	前一家	后一家	备注
1	《六家要旨》	—	—	—	—
2	《七略·诸子略》	9	杂家	小说家	总十家
3	《汉书·艺文志》	9	杂家	小说家	九流十家
4	《南齐书·高逸传》	7	杂家	道家	总九家
5	《隋书·经籍志》	8	杂家	小说家	总 14 类
6	《旧唐书·经籍志》	8	杂家	小说家	总 17 类

续表

序号	史籍	农家排名	前一家	后一家	备注
7	《新唐书·经籍志》	8	杂家	小说家	总17类
8	《宋史·艺文志》	7	纵横家	杂家	总17类
9	《明史·艺文志》	3	杂家	小说家	总12类
10	《四库全书·子部》	4	兵家	医家	总14类
11	《清史稿·艺文志》	4	法家	医家	总14类

三、 农家的现代意义

在战国时代，农家是个有争议的话题，因为农家要求一切人都必须从事农业生产。儒家非常重视农业的基础地位，但也认为社会分工的正当性，因此，孔子本人认为，一个君子的任务是保证社会公平，而不是去做一个农民。孔子倡导“井田制”，也是因为井田制把耕者有其田放在第一位，而鲁国“初税亩”，则是把收税的效率放在第一位。正因为这样，《论语·微子》有人说孔子“四体不勤，五谷不分”。“四体”指“四肢”，“五谷”指稻、黍、稷、麦、菽。黍是黄黏米，稷是黄米，菽是豆子。不过也有人认为稷是粟，即谷子，也就是现在说的小米。

虽然有人认为这句话中的“不”应该理解为语助词，但《论语·子路》载孔子的学生樊迟向孔子学习稼圃，孔子拒绝了，并说：“小人哉，樊须！上好礼，则民莫敢不敬；上好义，则民莫敢不服；上好信，则民莫敢不用情。夫如是，则四方之民襁（qiǎng）负其子而至焉，焉用稼。”孔子认为，士大夫不应该追求物质利益，而应该全心全意为人民服务，所谓“君子喻于义，小人喻于利”（《论语・里仁》），“君子上达，小人下达”（《论语・宪问）》。毫无疑问，孔子的观点是正确的。

农家所总结的思想、农业生产技术和经验等在很长一段时间指导了中国古代农业发展。现今，在世界范围内，农业技术飞速发展，中国虽然是一个农业大国，但农业现代化进程也在积极追赶世界的脚步，相信在未来，一定会有一个新面貌。

事实上，中国古代农业的进步，始终伴随着中国与世界的交往步伐。中国的农作物中的很大一部分，是从国外引进的。一般认为，先秦时期，萝卜、燕麦从欧洲传入中国，高粱从非洲传入中国，姜、藕从印度传入中国，小麦、大麦、大葱可能原来产于亚洲。汉朝是中国农业的一个重要发展时期。张骞出使西域以后，中国与欧洲的联系逐渐增多，苜蓿、红蓝花、葡萄、核桃、石榴、黄瓜、大蒜、蚕豆、旱芹、香菜、豌豆、莳萝、胡椒从西域传入中国，芋头从东南亚传入中国。三国魏晋南北朝时期，茉莉、茄子由印度传入中国，扁豆从东南亚传入中国。隋唐五代时期，无花果、菠菜、莴苣、开心果等从地中海和波斯传入中国。宋元时期，西瓜、丝瓜、胡萝卜从色目人所在的西域传入中国，香蕉从东南亚传入中国。明朝的时候哥伦布到达新大陆，向日葵、玉米、花生、菠萝、辣椒、南瓜、马铃薯、甘薯从美洲传入中国，苦瓜从东印度传入中国。清朝时期，西葫芦、番木瓜、番茄、草莓从南美传入中国，苹果、菜花、卷心菜等从日本或者欧洲传入中国。可可、烟草民国时期才传入中国。

在中国当代社会，工业化和商业的发展，对农村、农业、农民问题是一个严重挑战。这就需要我们重新学习农家的思想和中国古代农业技术先驱们对农业发展的贡献，从他们的思想和贡献中寻求智慧的力量，把振兴乡村、建设美丽乡村、留住乡愁作为民族复兴中国梦的核心内容之一。

对于中国人来说，生存问题始终是一个大问题。对广大中国人来说，生存问题虽然包括很多方面，但吃饭问题仍然是大问题。毕竟中国人中的大部分人可以吃饱饭也还没有多少年，而且，中国人中的一部分人也始终会存在温饱无法解决的困境，这就需要我们继续关注农业问题、农村问题和农民问题。

农家学派关注农业问题，主要是因为他们站在农民、农村人和农业的立场上。他们强调农业的重要性，认为农业是国民经济的基础，所以要以农为本；他们为民着想，不仅提出了平等爱民的政治主张，也从事农业生产研究，对农业生产技术和经验进行总结，提出了种种解决农民困苦生活的措施；他们还强调了发展农业可以使百姓思想淳朴，而民风淳朴是乡村稳定、国家稳定的前提。

中国有世界上最多的农业人口，没有农民的幸福，就不可能有民族的复兴。

由于工业化的影响，以及重商主义的流行，长期以来，中国的农民处于社会最底层，因此，在当代很多中国人的意识中，农业是没有前途的行业，也是不需要技术的行业。事实上，在现代社会，先进的农业技术是现代农业的基础。中国古代的农家思想家既强调农业的根本地位，更强调农业技术的重要性。战国之后，农家将全部心血投入农业生产研究中，总结了许多农业思想和技术措施，这些农业思想和技术不仅对中国古代农业发展产生了一定的影响，对当今农业发展也有一定价值。比如，在农业思想方面，农家要求在农业发展中要注重“天时”“地利”“人和”三个因素，强调顺应自然，尊重客观规律的同时，更注意发挥人的作用，这对我们今天发挥人的主观能动性，发展生态农业都有一定启发。在农家技术方面，比如土地用养结合技术、病虫害防治技术等，在今天依然有价值。我们既要紧跟世界农业技术的新发展，同时也需要从传统农业技术中学习古代人的生态模式、技术和方法。

在诸子百家中，农家是真正站在农民的立场上，为农民着想的学派。他们从人民的角度出发，思考衣食富足、安定和谐的治国之法；他们积极参与改善民生的实践，研究农民生产、生活的方方面面。对民生的关注和改善始终贯穿着农家学派的研究，历代农书中有不少关于人民疾苦的记录，但同时也记载了很多具体解决措施。比如他们改善、创新农具，解决了百姓因为农具而无法进行农业生产，或者生产效率低下的问题；他们对医药问题进行研究和总结，一定程度上缓解了人们患上疾病的痛苦；他们提出了详细的备荒救灾措施，减轻荒年的时候人们面临的饥荒问题。

解决好民生问题，是历史上一切有道的时代首要的问题，解决好民生问题是一项长期的、艰巨的工程。正因为民生问题具有长期性和艰巨性，所以需要我们以更大的勇气、决心来解决它，而农家对民生问题的长期关注的精神和执着，可以为我们今天解决民生问题提供勇气和力量。其次，农家对改善民生问题提出的措施，涉及到衣食、生活、利益、财产安全等方面，这些都是当时百姓非常亟须改善的问题。我们今天在解决民生问题时，也需要从人民群众最关心、最直接、最现实的利益问题着手。

我国自古以来就是农业大国，农耕文明孕育的民族精神深深扎根于每一位中华民族儿女的血液之中，是中华民族生生不息的动力源泉。先秦农家亲耕亲劳，不畏严寒酷暑，一心为民，关注百姓疾苦，这种勤劳、朴素、为民的精神为后世农家所继承，他们专心钻研农业生产、生活的方方面面，从而为人民生活水平的提升做出了巨大贡献。农家精神也一直延续到了今天，我国农业正在走向现代化、科技化、自动化，这些都离不开农业工作者们的辛勤努力。

后　记

2015年前后，山东理工大学齐文化研究院承担了山东省淄博市稷下学宫诸子文化园的内容设计工作，该项工作由著名学者山东省政协原副主席王志民教授负总责。因为我曾经出版过《战国诸子概论》一书，因此，王志民主席指示我撰写诸子文化园的战国诸子总论和农家、小说家的解说资料，包括概论和文献资料。这个工作持续了两年多，在王志民主席和参与该项工作的各位专家的指导和帮助下，圆满完成了任务。研究生陈兮、赵爽、文悼艺、李晨珠、范文一参加了这一工作，最后形成了数十万字的资料。后来，淄博市稷下学宫诸子文化园的建设工程有所变化，山东理工大学和王志民教授决定在已有的资料基础上，撰写一套战国诸子的普及丛书，并命我撰写《农家》和《小说家》两部书稿。

为了写好《农家》这本书，我请现在山东济南市委党校工作的陈静博士帮助我完成这部书稿。我和陈静博士在我们过去整理的诸子文化园有关农家资料的基础上，重新设定提纲，经过一年多的努力，终于在2020年夏天完成了初稿。这一年来，王志民教授又率领本丛书的各位作者，以及中国人民大学出版社的鞠方安博士召开了两次审稿会议。我和陈静博士根据王志民教授和各位专家的意见，进行了多次大的修改。现在呈现在各位朋友面前的这本书，虽然是一本小册子，却是凝结了各位专家意见后的成果。在此，我要对王志民教授、鞠方安博士，以及《诸子百家普及丛书》的各位专家表达由衷的感谢。

在书稿的撰写过程中，主要是由陈静博士执笔，特别是战国以后农家著作的梳理，都是由陈静博士完成的，我所做的工作很少。因此，如果本书有一些价值的话，主要功绩应该归于陈静博士。由于体例和框架是我确定的，最后的定稿也是我根据王志民主席和出版社以及各位专家的意见修改完成的，因此，如果本书有不足的话，责任全部在我。

限于本书作为普及小丛书的体例，我们在撰写的过程中，参考了能见到的许多先哲和时彦的高见，并没有一一注出，在此深表歉意。同时，要感谢中国人民大学出版社各位编辑的辛勤工作，感谢山东理工大学齐文化研究院和中国人民大学出版社的各位领导和工作人员，感谢他们在多次研讨会和审稿会上热情周到的安排和关怀。博士生冯茂民，硕士生冯轶群、张嘉宝先后校对了文稿清样，在此深表感谢。

方　铭

2021年6月22日

图书在版编目（CIP）数据

农家/王志民总编纂；方铭，陈静著. --北京：中国人民大学出版社，2021.8

（诸子百家普及丛书）

ISBN 978-7-300-29810-8

Ⅰ.①农… Ⅱ.①王… ②方… ③陈… Ⅲ.①农学思想-中国-通俗读物 Ⅳ.①B229.9

中国版本图书馆 CIP 数据核字（2021）第 181467 号

诸子百家普及丛书

农家

总编纂　王志民

方　铭　陈　静　著

Nongjia

出版发行	中国人民大学出版社		
社　　址	北京中关村大街 31 号	**邮政编码**	100080
电　　话	010－62511242（总编室）		010－62511770（质管部）
	010－82501766（邮购部）		010－62514148（门市部）
	010－62515195（发行公司）		010－62515275（盗版举报）
网　　址	http://www.crup.com.cn		
经　　销	新华书店		
印　　刷	涿州市星河印刷有限公司		
开　　本	787 mm×1092 mm　1/32	**版　　次**	2021 年 8 月第 1 版
印　　张	63　插页 20	**印　　次**	2024 年 12 月第 4 次印刷
字　　数	1 160 000	**定　　价**	200.00 元（全 10 册）

中国人民大学出版社读者信息反馈表

尊敬的读者：

感谢您购买和使用中国人民大学出版社的 ____________________ 一书，我们希望通过这张小小的反馈表来获得您更多的建议和意见，以改进我们的工作，加强我们双方的沟通和联系。我们期待着能为更多的读者提供更多的好书。

请您填妥下表后，寄回或传真回复我们，对您的支持我们不胜感激！

1. 您是从何种途径得知本书的：

□书店　□网上　□报纸杂志　□朋友推荐

2. 您为什么决定购买本书：

□工作需要　□学习参考　□对本书主题感兴趣　□随便翻翻

3. 您对本书内容的评价是：

□很好　□好　□一般　□差　□很差

4. 您在阅读本书的过程中有没有发现明显的专业及编校错误，如果有，它们是：

____

____

____

5. 您对哪些专业的图书信息比较感兴趣：

____

____

____

6. 如果方便，请提供您的个人信息，以便于我们和您联系（您的个人资料我们将严格保密）：

您供职的单位：______________________________

您教授的课程（教师填写）：______________________________

您的通信地址：______________________________

您的电子邮箱：______________________________

请联系我们：黄婷　程子殊　王新文　王琼　鞠方安

电话：010-62512737，62513265，62515580，62515573，62515576

传真：010-62514961

E-mail：huangt@crup.com.cn　chengzsh@crup.com.cn　wangxw@crup.com.cn
crup_wy@163.com　jufa@crup.com.cn

通信地址：北京市海淀区中关村大街甲59号文化大厦15层　邮编：100872

中国人民大学出版社

总编纂—王志民

诸子百家普及丛书

小说家

方铭 辛鹏宇 著

小道可观 舍短取长

中国人民大学出版社
·北京·

诸子百家普及丛书

编委会

教育部重大攻关项目“稷下学派文献整理与数据库建设研究”阶段性成果

山东省齐文化传承与示范区建设协同创新中心重点项目

序　言

王志民

“诸子百家普及丛书”根据《汉书·艺文志·诸子略》所列十家学派而编纂，包括《儒家》《道家》《阴阳家》《法家》《名家》《墨家》《纵横家》《杂家》《农家》《小说家》，各自独立成册，共十本。由对各学派素有研究的著名专家学者合作撰写，是一套普及性、通俗性、大众化的学术丛书。

一

春秋战国时代的诸子百家争鸣，是中国文化史上最辉煌灿烂的文化景象。由于社会的巨大变革，“礼崩乐坏”，文化下移，私学兴起，各种出身的知识分子大量产生，形成了一个特殊的“士”阶层，这为诸子百家的产生准备了充足的人才条件。数百年中，列国纷争，诸侯割据，争霸图强，战乱频仍；各国之间，群雄崛起，风云变幻，在竞相以实现一统天下为目标而鹿死谁手迄未可知的情势下，各国统治者殚精励治，变法图强，都需要大量的人才来为自己出谋划策，奔走效力。人才多

寡成为国家力量的衡量标准，各国统治者尊重人才，“礼贤下士”就成为最普遍的现象和备受崇尚的风气了。而在这种风气的推动下，具备各种知识与才能的“士”，面对激烈复杂的斗争和出将入相、功名利禄的诱惑，也都深深地卷入这一时代大潮中。他们或游说各国，喜议政事，发表政见，以干世主，成为搅动天下局面的大政治家；他们或总结历史，研究现实，谋划未来，长于思辨，善于论说，聚徒讲学，成为名重一时的大学者。他们因而形成了学派林立、异说纷呈、九流十家、竞相争鸣的文化奇观。值得提出的是，德国现代哲学家雅思贝尔斯提出：在公元前 800 年至公元前 200 年，人类的精神基础同时地并各自独立地在中国和其他文明古国开始奠定，形成了直到今天人类仍然附着在这种基础上的“轴心时代”理论。目前中国学术界越来越多的人接受这一观点，将以诸子百家争鸣为主要标志的春秋战国时代称为中华文明史上的“轴心时代”。

纵观战国时期的诸子百家争鸣，其主要特点和巨大历史贡献至少可以从以下三个方面来总结：

1. 思想解放，学术自由，理论创新，哲学突破。在“礼崩乐坏”社会巨变中产生的“士”，从原有的“天道”“神道设教”的神学说教中解放出来，从神圣不可动摇的社会等级秩序桎梏中解放出来，从各国统治者求贤若渴的“礼贤下士”中获得地位上的平等、自由和独立。这种空前的思想自由的社会环境，为来自不同出身、地域、经历、喜好的“士”们各擅其说，标新立异，创造了条件，从而形成了不同的思想流派，带来理论的创新和哲学的突破。儒家是周礼的传承与维护者，

创新性提出“仁者爱人”的核心思想，仁、礼结合，将外在的等级制度与内在道德伦理的自觉意识结合起来，从而形成儒家制度化的理论主张。道家“哲学突破”的创始性更鲜明：提出以“道”为核心的理念。道为万物之根本，所谓“道生一，一生二，二生三，三生万物”。道法自然，以虚无为本，以因循为用，讲无为而治。墨家创始人墨翟本为儒家之徒，却独创学派，并猛烈批判尚礼乐、讲“仁”学的儒家学派，主张兼爱、非攻，节葬、非乐。法家则是从现实的政治需要出发，为寻求富国强兵之策而形成的一种改革的思潮，其先驱是伟大改革家管仲；战国时代则有主张道法结合的齐法家，和讲严刑峻法为特征的三晋法家。而阴阳五行家的邹衍，原来也是一个信奉儒学而且想大有作为的人，但在实践中感到不被人接受，于是将阴阳、五行合论，创造出“其语闳大不经”的大九州说及五德终始之论，终成一大学派。名家是以提倡循名责实为学说，提倡“正名实”、重思辨的学派，是逻辑学的创新者。值得注意的是，各学派内部，也充满了标新立异的活力。孔子去世后，“儒分为八”；墨家也分为：相里氏之墨、邓陵氏之墨、相夫氏之墨；这都是在儒、墨“显学”传承发展过程中，因创新而各有突破的结果。传至汉代司马谈首论六家学派，其“要旨”所在，正在于其理论创新和突破。诸子百家理论上的创新建树，是中华文化的智慧之源，影响极其深远。

2. 胸怀天下，服务现实，围绕政治，出谋划策。诸子百家应时而生，一经出现即与政治紧密相连。战国时期最大的政治就是一统天下。这就决定了诸子百家争鸣

始终围绕着政治这个主轴展开，从各个方面提出建国方略和一统天下的主张。儒家主张以“仁政”获取民心，包括“制民之产”，保护发展小农经济，实现天下大同。道家黄老学派以虚无为本，以因循为用，主张因俗简礼、无为而治、休养生息。墨家则主张兼爱天下，反对战争，主张尚贤、尚同以治国。法家的主张最实用，以奖励耕战，谋求富国强兵；以法、术、势三足鼎立的统治理论，谋求建立统一的中央集权君主专制国家。阴阳家邹衍则以“五德转移，治各有宜，而符应若兹”的五德终始理论，为大一统提供了合法的依据。名家看似对政治并不实用，但却正是针对战国时代礼法名存实亡，强调“名乎其实”“名实相符”，以让天下一切走上正轨。纵横家是为统一天下奔走呼号的一个特殊群体，或以合纵游说六国，或以连横游说秦王，目的都在于促进大国兼并，最终实现天下统一。农家的重农主张，杂家兼容各家学派的思想主张，目的都是为大一统的实现做理论上的准备。总之，所谓诸子百家学术，实与现实政治紧密结合，中华民族大一统理念与分久必合思想和传统的形成，实与战国诸子百家争鸣密不可分。

3. 大师辈出，人才济济；著书立说，经典传世。辉煌的时代，培育出非凡的文化巨人。孔子、老子、墨子、庄子、孟子、孙子、荀子、商鞅、韩非等一大批影响中国历史进程的伟大人物出现在这个时期，而伟大人物的出现，又进一步推动了诸子百家争鸣的繁盛与发展。这些各学派的大师和代表人物，除了以其卓越的思想创新、理论建树和哲学突破彪炳史册外，还在至少两个方面做出了历史性贡献：一是培养了大批人才。他们

大多为了实现政治抱负、思想传承及在争鸣中占据优势，广招生徒，培植后学，每个学派，实际上也是一个私学教育集团。儒、墨两家，号称“显学”，突出特点即在弟子众多，人才丛生。孔子杏坛讲学，亲授弟子竟有3 000人之众；墨子为反对战争曾率弟子数百人持械守城，可见当时弟子众多。战国之世，不仅“孔、墨徒属弟子，充满天下”，而且人才济济，多有成就，所谓“孔墨之后学，显荣于天下者众矣，不可胜数”。其他学派大师也大多徒属众多，人才辈出。因而师承相传，思想发展，学派繁盛，声势浩大。二是各派大师，著书立说，留下大量著作，被后世奉为经典，成为此后两千多年中国思想文化之源。孔子编定“五经”，不仅在汉代成为文化主流，而且后世所谓的儒家经典，其主体皆源于此。儒家经典《论语》《孟子》，既入“十三经”之数，又特列宋代之后“四书”之中，犹如中国人的《圣经》。《老子》《庄子》为道家之经典，称为《道德经》《南华经》。《荀子》《韩非子》皆为儒家、法家集成之作，对中国政治、文化影响巨大。传为管仲遗著、实际成书于战国时期的《管子》，被称为中国早期政治智慧集大成之作，为历代治国者提供了丰富的政治营养。战国诸子百家，实为此前中华文明成果之总结者、传承者，又为其后中华文明发展之开启者、奠基者。

二

战国时期诸子百家争鸣的思想学术文化中心就是设在齐国故都临淄的稷下学宫。

1. 稷下学宫的兴衰发展历程大致可描述为：初创于田齐第三位国君齐桓公（田午，公元前375—公元前357，在位），繁荣于齐威王时。齐宣王时期，扩大学宫规模，建筑高门大屋；封官加禄，吸引各派学者，鼓励百家争鸣，人数多至数千人，达到发展的鼎盛期。闵王时国破君亡，学宫遭废，襄王复国而稷下“中兴”。直到末代国君齐王建时，存而渐衰；公元前221年，秦国灭齐，学宫消亡。其存在时间基本与田齐政权相始终，前后历经六代国君，凡一百五十余年。

2. 稷下学宫是诸子百家争鸣的唯一学术中心。战国诸子百家的形成，固然与各国延揽人才、大兴养士之风有直接的关系，但如果没有一个百家汇聚的文化中心，“争鸣”的局面也是难以形成的。然而，在战国那样一个大国割据、战争频仍的时代，遍考养士之所，却少有百家学派汇聚之地。当时以养士最为著名者当属“四君子”：楚有春申君，齐有孟尝君，赵有平原君，魏有信陵君。他们都曾宾客云集，名闻天下，但在他们那里却并没有形成学术文化中心。考其原因约有以下几点：一是人数虽多，层次低下。“四君子”养士，都在“三千余人”以上，但往往“不分贵贱，客无所择”；寄食者众，有才者寡。二是服务私门，学派难入。其养士多为救急解困，主要在务实和功利层面，各派学者真正投奔者甚少。三是因人而养，聚散无常。人在则聚，人去则散。学术成就最高者当属战国末期的吕不韦，他养士三千余人，并“使其客人人著所闻”，集论而成了《吕氏春秋》；但随吕氏之亡，其士也如昙花一现，作鸟兽散。战国私门养士，风气虽炽，灿如云霞，但都未形成稳定

的学术文化中心。

战国之君，以礼贤养士最著名者首推魏文侯。他“师卜子夏，友田子方，礼段干木”，以致“四方贤士皆归之”，如李悝（kuī）、翟璜（huáng）、吴起、西门豹、乐（yuè）羊等崇尚变法图强的政治家，都聚集魏国，实行变法图强，魏成一时之霸主。但魏处秦、楚、韩、赵大国之间，疲于征战，且魏文封侯之后七年即去世，国力渐衰，在魏国并未形成一个稳定的文化中心，其学术贡献也难与稷下并论。

考察战国学术，能够成为诸子百家争鸣中心，且存在时间最长、规模最大、成果最丰、影响最深远的，唯有稷下学宫。其原因在于它有三大特点：

其一，机构开放。齐国君主延揽各国人才，不遗余力。稷下学宫尊重学者的独立自主精神，在管理上采取机构开放、来去自由的政策。一是待遇优厚。齐国统治者在稷下建设“高门大屋，尊崇之”，足见校舍之富丽堂皇；齐宣王一次封七十六名稷下先生为上大夫，足见地位之高，待遇优厚。二是来去自由。游学是其主要形式：学生可以自由来稷下寻师求学；先生也可以自由在稷下招生讲学；可以个人游学，也可以从者数百人集团游学。来者，热情欢迎，精心安置，以礼厚待；走者，以礼相送，重金馈赠。三是学者治校。齐国统治者对稷下管理充分信任、重用学者，荀子曾“三为祭酒”；在具体事务管理上，则充分尊重学者：教学内容设置，教学活动安排，师生之间，先生与先生之间，教学或学术辩论，全由稷下先生们自主组织。如此优厚、开放、宽松的办学方式，吸引各国学者纷至沓来，增加交流，开

阔视野，扩大见闻，打破了私学界限，学无常师，思想活跃，促进了学术的交流、争鸣和人才的培养、成长。

其二，思想兼容。齐国统治者对稷下各家学派制定“百家争鸣，兼容并包”的方针，实行诸子百家各派平等，多家并存的政策。从文献记载看，儒、法、道、墨、阴阳、名家及农家、兵家，举凡当时重要的学术流派都曾在稷下先后存在发展。由于思想解放，地位平等，学术活跃，各派学者尽管有不同甚至相反的主张，却都能在稷下立足、讲学、争鸣，吐纳吸收，提升发展。甚至还往往出现派中有派、派中分枝的现象。例如：学宫中儒家就分孟氏之儒、荀卿之儒，而且两派之间，观点有异，相互攻伐；道家分宋钘（xíng）派，尹文派，田骈、慎到派和环渊派。各派思想也由于百家争鸣的深入，而逐渐融合或者发生演变。诸子百家充分利用稷下讲坛，传播思想，广收徒属，扩大影响；多家思想并争，各派观点齐鸣，在争鸣中融合，在融合中发展，最终实现了各派的共荣、创新、发展。

其三，学术自由。稷下学宫的学术自由主要体现在两个方面：首先，尊重学者，平等礼遇。齐国君主不以政治干涉学术，不以好恶而行褒贬，稷下学宫所体现的学术自由，主要展现为统治者与学者之间的地位平等和尊重学术的理念，这一点史所难寻。尤其值得提出的是：稷下学宫是田齐政权的国办机构，“喜议政事”是其基本功能，“各著书言治乱之事，以干事主”是稷下先生的强烈愿望，因而，他们可以对齐统治者独立自由地发表政治见解甚至提出批判反对意见，而齐统治者则对各种意见，一概采取从善如流、平等相待的态度，这

就是一种更为珍贵堪称典范的平等精神了。其次，尊重学术，鼓励争鸣。稷下有所谓“谈说之士期会于稷下”的记载，即指各派学者按约定时间举行集会，展开“争鸣”。集会对所有人员开放，通过演讲、辩论，各家学派都能畅所欲言，充分发表自己的观点，也能积极吸收别家思想。稷下的学者们大都能言善辩，田骈、邹衍、邹奭（shì）还因雄辩而得“天口骈”“谈天衍”“雕龙奭”等雅号，可以想见，稷下先生的辩论，在形式上是不拘一格的：或双方互辩，或舌战群儒；或先生之间，或弟子之间，甚或师生之间；或大会演讲，或小会研讨；或处堂上，或在树下。他们在辩论中各抒己见，互不相让，竞长论短，争论不已，形成了百家争鸣的热烈场面。

稷下学宫不仅是战国诸子百家争鸣的唯一学术文化中心，还是中国历史上最早的大师云集的高等教育大学堂，也是为现实政治服务、带有高端智库性质的政治参议院。它的出现，是中华文明史上一个最独特的创新。郭沫若曾评价说：“这稷下之学的设置，在中国文化史上实在是有划时代的意义的。”事实不仅如此，放在世界文明史上，也是一个奇迹。稷下学宫与雅典的柏拉图学园在公元前四世纪差不多同时出现，分别在世界的东、西方以相似的方式展现出人类早期文明的智慧之光。它们都是世界上最早的集高等教育与学术研究为一体的思想学术文化中心，各具特色，共同创造了世界文明史上的辉煌：稷下学宫为广揽人才而创，具有浓厚的政治色彩；柏拉图学园为传播思想、科学而设，具有鲜明的科学理念。前者汇聚诸子，多派并存，思想交融，

形成百家争鸣的局面；后者传承师说，探求真理，追求科学，培育独立思考之精神。前者为中国秦汉大一统帝国的形成做了理论上的充分准备，对中国政治、文化、教育发展影响甚大；后者为西方大学教育奠基，对西方哲学、自然科学发展影响深远。稷下学宫与柏拉图学园极大地影响了东、西方不同学术思想与文化传统的形成，共同为构筑丰富多元的世界文明做出了卓越的历史贡献。

三

本丛书的编纂，缘起于稷下学宫发祥地山东省淄博市、临淄区政府 2017 年拟规划建设“稷下学宫与诸子百家文化园”重大文化工程项目。受市、区党委、政府的信任和委托，我担任了《展陈文案学术研究报告》项目负责人。为此，我们聘请国内高校十数名对先秦诸子百家素有研究的权威学者共同组成了项目组。经过近两年的努力，项目组圆满完成三十余万字的《报告》，同时形成了一百五十余万字的《资料汇编》，为本丛书的编纂奠定了基础。

2019 年，以我为首席专家组成的课题组，获批教育部重大攻关项目“稷下学派文献整理与数据库建设研究”立项。为了更深入、全面地开拓、展示稷下诸子百家的发展背景和学派面貌，以原项目组学者为主体，于 2019 年底正式启动了本丛书的编纂。

本丛书是弘扬优秀传统文化的普及性、通俗性读物。希望通过深入挖掘、阐释、解读“轴心时代”诸子

百家的历史渊源、学派概况、代表人物、主题思想、历史地位、深远影响，让广大人民群众全面认识民族精神的形成轨迹和丰富内涵，坚定文化自信，促进中国优秀传统文化的创造性转化和创新性发展。同时立足当代，着眼未来，从文明互鉴、文化交流的角度，努力挖掘世界文明“轴心时代”在中华大地上涌现的诸子百家的价值内涵和世界意义，讲好中国故事，让中国文化走出去，增强人类命运共同体的广泛认同，为构建不同文明和谐共荣的发展之路发挥更加积极作用。

本丛书编纂的总体要求是：权威学者写小书，以确保学术质量。每册 10 万字左右，融知识性、权威性、趣味性和普及性于一体；既适合国内大众阅读欣赏，又适宜向海外翻译推介，传播弘扬中华优秀传统文化。对于学派的表述，一方面要求有坚实的文献依据，尽量吸收相关考古新发现和学界形成共识的研究新成果，以提高读物的知识性和学术含量；另一方面要求尽量选取典型故事表述思想，以浅近语言阐述哲理；处理好具体与抽象、个别与一般、部分与整体的关系；做到主线清晰，纲举目张，故事生动，内容形象；语言文字则要求简洁易懂，以通俗书面语为主；一般不引用大段文献原文；疑难生僻字加注标准汉语拼音；配以必要的图表、画像等，让读者喜闻乐读。

在本丛书编纂过程中，我们与各位主撰者共同组成了编委会，实行统一策划、统一体例和撰写要求；多次组织研讨会，对各卷的撰写提纲和书稿逐一进行了反复研讨、审稿、统稿；各位作者通力合作、反复修改、竭尽心力；中国人民大学出版社积极支持丛书的研讨、统

稿、定稿和出版工作。我们衷心希望历经数载精心编纂的这套丛书，能让广大读者在赏心悦目的阅读中，领略中华文化的深邃魅力，获取知识的无穷力量。

2021 年 8 月 16 日

目　录

导　言

小说家——街谈巷议的学派

“小说家”是战国诸子九流十家中的第十家，同时也是中国古代文学中一种成熟的文体。鲁迅在《中国小说的历史的变迁》中说：“许多历史家说，人类的历史是进化的，那么，中国当然不会在例外。但看中国进化的情形，却有两种很特别的现象：一种是新的来了好久之后而旧的又回复过来，即是反复；一种是新的来了好久之后而旧的并不废去，即是羼（chàn）杂。然而就并不进化么？那也不然，只是比较的慢，使我们性急的人，有一日三秋之感罢了。文艺，文艺之一的小说，自然也如此。”虽然今天我们所使用的“小说”概念，常常被当作是20世纪中国学术西化的产物，其概念和标准都出自于西方近代文学的概念。而西方近代的小说观念，立足于虚构和故事，一般是指以刻画人物形象为中心，通过完整的故事情节和环境描写来反映社会生活的文学体裁，具有叙事性、虚构性和形象性。但自战国至晚近，中国的小说不断演进，而其根本，仍然有一以贯之的东西。

中国古代小说及小说家的相关说法肇始于《汉书·艺文志》。《汉书·艺文志·诸子略》中的“小说家”，指的是战国诸子九流十家中的一种。“小说家”缺乏一贯的思想体系，也很少有深刻的思想和系统的理论建树，不能算是一种学术流派，因此没有被列入“九流”之列。但此时“小说家”已经开始采用生动有趣的譬喻宣扬自己的理论。此外，诸子设譬说理，大量寓言应运而生。寓言中已具备了角色和简单情节。虽然先秦小说及诸子寓言并不是以刻画人物及描述情节为中心，但已经具备了叙事性和故事性等小说的基本特点。

清华大学藏战国竹简有一篇《赤鸠之集汤之屋》，应该属于《尚书》的一篇，记载商人伊尹在夏桀处做间谍的事情，其文体特征与小说类似，所以有学者认为这是现存最早的小说。20 世纪的中国小说研究，一般把小说按时代分为古代小说和现代小说；按语言形式分为文言小说和白话小说；按篇幅分为长篇、中篇和短篇小说；按作者分为集体创作型小说和文人小说；按内容分为志怪和传奇，还有更具体的历史演义、英雄传奇、世情小说等分类。伴随着信息时代的到来，网络小说作为快餐文学受到了大众的追捧和喜爱。

一、 小家珍说

鲁迅在《中国小说史略》中说：“小说之名，昔者见于庄周之云‘饰小说以干县令’（《庄子·外物》），然案其实际，乃谓琐屑之言，非道术所在，与后来所谓小说者固不同。桓谭言‘小说家合残丛小语，近取譬喻，以作短书，治身理家，有可观之辞。’（李善注《文选》三十一引《新论》）始若与后之小说近似，然《庄子》云尧问孔子，《淮南子》云共工争帝地维绝，当时亦多以为‘短书不可用’，则此小说者，仍谓寓言异记，不本经传，背于儒术者矣。”

“小说”一词最早见于先秦时期的《庄子·杂篇·外物论》，作者在讲完“任公垂钓”的寓言故事后，发出议论：“饰小说以干县令，其于大达亦远矣。”想要理解这句中“小说”的意思，就要先回到寓言故事本身：春秋时期任国（今山东济宁）公子用粗黑的绳子连接大鱼钩，用五十头肥牛作为鱼饵，蹲在会（kuài）稽山上，将钓钩甩到东海，每天钓鱼，却直到一年后才钓到大鱼。鱼有多大呢？鱼在挣扎时激起的波涛就像山一样，似乎整片海域为之震荡，骇人的声威能够震慑千里。这条大鱼被做成鱼干后，从制河（今浙江）以东，到苍梧（今湖南）以北的人们，没有不饱食这条鱼的。浅薄的说客们都感到惊叹并且奔走相告，纷纷效仿。他们拿着普通鱼竿和钓线赶到小沟渠旁边，结果只能钓些小虾小鱼罢了。

作者因此发出“饰小说以干县令，其于大达亦远矣”的感慨。结合寓言故事来看，与任公子的壮志大行比起来，“饰小说”的行为就如同浅薄之人拿着鱼竿和钓线赶到沟渠旁边钓鱼一样，即使把自己浅薄琐屑的言辞装饰得冠冕堂皇，也必然达不到目的。对于“干县令”的理解自古以来莫衷一是，唐人成玄英认为“干”是“求”的意思，“县”是“高”的意思，“令”是“令人知道”的意思。这句话是说修饰琐屑浅薄的言论，以求取崇高声望和美好的名誉，是不可能达到“大达”之境的。而北宋马永卿把“县令”理解为一县的最高行政长官，解读成“修饰小行、矜持言说，以求高名令闻者，必不能大通于至道”。虽对“县令”一词的解读存在分歧，但“小说”一词的内涵基本确定为“琐屑的言论”。《庄子·齐物论》还提到了：“大知闲闲，小知间间；大言炎炎，小言詹詹。”把“大言”和“小言”进行了比较，“小言”和“小说”含义相似，都是浅薄琐碎且无关大道宏旨。此时与“大达”成对比的“小说”，还不具备独立的文体意义。

“小说”一词，“小”与“大”相对，那么为什么流传下来的名词只有“小说”没有“大说”呢？我们回到

"小说"一词产生的先秦时期。那时候"说"是与"经"相对出现的概念，"说"是用来解说"经"的。先秦诸子学派均有各自的"经"，比如儒家有"六经"（《诗》《书》《礼》《易》《乐》《春秋》），而解说这些"经"的被称作"经说"（亦称"经解""经传"），比如现存的《墨子》有《经上》《经下》，又有《经说上》《经说下》，《韩非子》有《内储说》《外储说》。这些篇目中既有"经"，也有"说"，此类被奉为圭臬（guī niè）的"经说"具有"大说"性质，有时还会被直接冠以"大"字，被称为"大传""大义"，比如《隋书·经籍志》中将《汉书·艺文志》中的《尚书传》著录为"《尚书大传》三卷"。相比较而言，那些不入流的"说"被称为"小说"，与"大说"相比，它是无关"经义"的"小道"。此外，被视作"大说"的诸子"经说""经解""经传"等被刻录于竹帛、金石之上，而"小说"却在民间口耳相传。

荀子像

战国时期《荀子·正名篇》载："故知者论道而已矣。小家珍说之所愿皆衰矣。"荀子眼中，除以大智论道的儒家六经之外，其他一切学派均是"小家"，"珍说”是指自我珍爱其说，沾沾自喜自家学说。意思是说那些渺小的学派及其奇谈怪论都会衰微。

在百家争鸣的时代，诸子为了宣传自己的主张，通常会贬低别人以抬高自己，以“取合诸侯”，因此《庄子》《荀子》中均有斥别家学说为“小说”“小言”或“小家珍说”的记载。荀子所说的“小家珍说”是指不合于儒家正道的其他诸子学说，而庄子所说的“小说”是指不合于道家思想学说的其他诸子学说。这时的“小说”一词中有价值判断和功利主义色彩，含有鄙薄、轻视之意。

二、 稗官野史

中国古代小说被称为“稗官野史”，两千年来，人们一直沿用了这个词汇。“稗官野史”恰恰说明了中国古代小说的特点：第一，小说的创作者是“稗官”；第二，他们记载的内容是“野史”，即不见官方经史的轶闻琐事。稗官就是小说家，“野史”著述就是小说。到了汉代，《桓子新论》和《汉书·艺文志》当中出现了对“小说家”这一流派的记载。

西汉文学家刘向在小说史上具有里程碑式的意义，刘向、刘歆父子的目录学著作《七略》将“小说家”编入“诸子略”，并使“小说”一词与某种特定类型的知识要素形成稳定的对应关系。《七略》虽已失传，却能在东汉班固《汉书·艺文志》中略见一斑。《汉书·艺文志》载："小说家者流，盖出于稗官。街谈巷语，道听涂说者之所造也。"说明"小说家"是先秦时期造作"小说"的一个诸子学派，他们出自"稗官"。《汉书·艺文志》还有一句话说："诸子十家，其可观者九家而已。"说明虽将小说家列入了诸子，却将其置于儒、道、阴阳、法、名、墨、纵横、杂家、农家九家后，甚至被排除在九流之外。

那么稗官是什么官职呢？"稗"一是"小"的意思，"稗官"就是小官，位卑权轻；二是"偶语为稗"的意思。"稗"古音"排"，因为稗官所提供的文本资料多是对偶或排偶的"偶语"，亦称"俳语"或"排语"。汉前"以偶语为稗"，负责搜集编撰偶语的小官可称"排官"，亦即"稗官"。

中国古代存在着采言传语的制度，如西周有"官师相规，工执艺事以谏"的言谏制度和"士传言，庶人谤"的社会言论管理制度。君主除听取公卿大夫等权贵对朝政的意见外，还会安排一些官员收集民间的街谈巷语以体察民情。就中国古代生成故事的文化环境来说，这促成了中国古代政治制度中的"说故事"传统，而官位低微的稗官正担当这一职责。《左传·襄公十四年》载，史为书，瞽（gǔ，眼瞎）为诗，工诵箴谏，大夫规诲，士传言，庶人谤，商旅于市，百工献艺。这里的瞽、百工等即是给君主管理和提供采言传语服务，传达

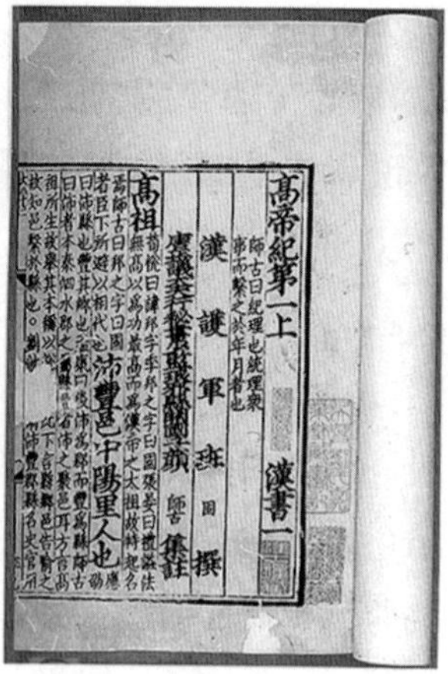

《汉书》
宋嘉定十七年白鹭洲书院刻本

闾巷风俗的“稗官”。在《汉书·艺文志》所著录的小说家中，“待诏臣饶”“待诏臣安成”就是稗官。

“稗官”往往采用“排语”或“偶语”的形式进行记录，一是便于口口相传，保持民间语言的鲜活性；二是便于小官们上达给朝廷，也便于史官记录。他们从民间市井采来街谈巷语，这些街谈巷语能够反映出黎民百姓的心声，能够使君王了解民间最真实的情况，有利于君主治国理政。这也就是孔子所说小说家“虽小道，必有可观者焉”的意义所在。

《睡虎地秦墓竹简》《云梦龙岗秦简》《张家山汉墓竹简》都载有关于稗官的材料。云梦秦简中出现“取传书乡部稗官”的记录，也佐证了稗官有记录民间街谈巷语以供君主考察民情风俗的职责。稗官并不是创作者，只是往返于君主与百姓之间的采言传语者。而“小说”的创作主体不同于“经义大说”的作者，他们不是以道为己任的先秦诸子，他们不是士人，而是民众、百姓等不入流的人物。稗官所采的“街谈巷语”“道听涂说”出于民间集体无意识的口头创作，而不是个人有意识的独立创作。

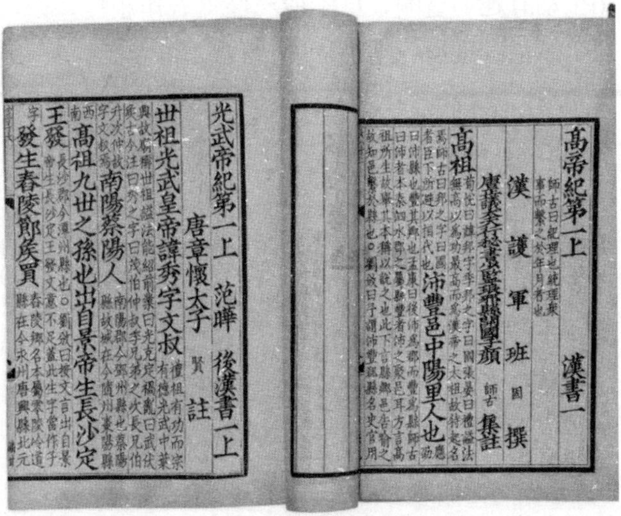

《汉书·高帝纪》

《桓子新论》已经亡佚，《文选》李善注保留了这样一段文字：“若其小说家合丛残小语，近取譬论以作短书，治身理家，有可观之辞。”这段记载说明汉以前的小说具有篇幅短小、巧设譬喻的特点。

“合丛残小语”指整合形式短小、内容丛杂的言谈。“短书”意指不为人所重视的、没有什么价值的作品。汉代在竹简上书写书籍，只有官定的经书和法律文书能使用二尺四寸的竹简，其他书籍只能用小于二尺四寸的竹简，所以这部分书籍被称为“短书”。“短书”这个词含有轻蔑之意。这段文字说明已有专门从事小说创作的小说家，小说内容是浅薄的“丛残小语”，表达方法是采用生动有趣的譬喻，虽不能与经史著作相提并论，但是对于“治身理家”来说，“有可观之辞”，具有一定的借鉴意义。小说的内容主要来自民间传说、“街谈巷语”和“道听途说”，是不符合大道、不见于经传的杂说和琐闻轶事。既有志怪，也有轶事题材。

有一个值得注意的现象，在民间采集街谈巷语的这部分稗官是小说家之流而非小说家之源，他们只采集民间街谈巷语而不从事自主创作。真正作为由稗官小说家亲自撰写的小说是《师旷》。

《汉书·艺文志》诸子略小说家类著录“《师旷》六篇”，注者认为《春秋》当中也出现了师旷的故事，但写得很浅薄，所以本篇可能是由战国时期小说家收集、改编的有关师旷的传说而成。《师旷》记载了春秋后期晋国主乐大师师旷的言论。师旷生而无目，故自称盲臣、瞑（míng）臣，他博学多才，尤精音乐，善弹琴，辨音力极强，因此以“师旷之聪”闻名于后世。师旷艺术造诣极高，民间附会出许多师旷奏乐的神异故事。

师旷是为君主服务的“稗官”代表。有一次，他作为晋国使臣与东周太子晋交涉。在师旷之前，晋大夫叔誉与晋交谈，晋虽然只有 15 岁，却把叔誉辩驳得哑口无言，叔誉回到晋国告诉晋平公应把声就、复与二邑归还给周王室，以免晋继位后报复晋国。师旷自请与晋交涉。两个人围绕尧、舜、禹、周文王的天、圣、仁、义展开了交谈，最终促进了双方的了解。师旷与太子晋的一段对话正采用了“偶语”和“排语”。太子晋即仙人王子乔。

小说虽起源于民间口头创作，“小说家”的身份是“稗官”，属于士人阶层，但他们主要是采集而非创作小说，但文本小说是由稗官整理、著写而成，所以稗官是文人意义上“小说家”，他们使小说真正以文本形式出现，促成了具有文体意义的小说诞生。“稗官”用“小说”宣传自己的主张，这些言论与诸子百家的不同之处是“丛残小语”，“街谈巷语，道听涂说者之所造”。桓谭、班固对“小说”形式特点的论述既是基于汉代“小说”的实际，也是对先秦“小说”观念的继承。

三、 小说家与中国古代小说的发展

《汉书·艺文志》引孔子说：“虽小道，必有可观者焉。致远恐泥，是以君子弗为也。”这说明仅仅把小说理解为琐碎之言并不确切。小说家的特征，是与街谈巷语、道听途说的稗官野史相关，其中一定是包含有故事的书写的。《吕氏春秋·慎行·疑似》说：“幽王击鼓，诸侯之兵皆至，褒姒（bāo sì）大说，喜之。幽王欲褒姒之笑也，因数击鼓，诸侯之兵数至而无寇。至于后戎寇真至，幽王击鼓，诸侯兵不至，幽王之身，乃死于丽山（即骊山，在今陕西临潼东南）之下，为天下笑。此夫以无寇失真寇者也。贤者有小恶以致大恶，褒姒之败，乃令幽王好小说以致大灭。”《吕氏春秋》这段话中出现的“小说”，有人认为即“小悦”，与褒姒“大说”即“大悦”相对应。不过，既然前面说周幽王虚构来敌使褒姒“大悦”，后面再说周幽王“好小悦”就难免有混乱。因此，此处周幽王“好小说”之“小说”，似应该和周幽王虚构故事联系起来。把周幽王虚构戎寇侵扰的事情称为“好小说”，这说明在先秦时期，“小说”和虚构并不是对立的。

在中国古代文献中，小说虽然不是讲大道理的，但是，却也有着重要意义。《荀子·正名》的“小家珍说”未必是个褒义词，但这个说法本身就说明起码有人是珍视“小说”的。桓谭《新论》说“若其小说家，合丛残小语，近取譬论，以作短书，治身治家，有可观之辞”。合丛残小语，可以理解为弥合故事。桓谭认为小说家之言有益于治身治家，这个看法，与孔子所谓“虽小道，必有可观者焉”就很接近了。清人孙星衍在编辑完《孔子集语》之后，给嘉庆皇帝上表说：“或有寓言依托，小说流传，恐鱼目之混珠，窥豹斑而拨雾，醇疵不杂，仿晏婴内外之篇，事类相从。”孙星衍虽离战国已远，但中国古代传承的“小说”概念，仍然一脉相承，小说和寓言的相类，就说明中国古代“小说”不仅仅是一段“故事”，其中可能还有“疑似”和“虚构”的成分。

中国古代小说经过了漫长的发展历程，到了明清时期，渐趋繁荣。当然，中国古代小说的特点也决定了小说与“大道”的境遇差别。而通俗小说更是因为其“俗”，长期并不在主流文化圈子之中。20 世纪以来，随着社会分工的变化，传媒手段的丰富，文人通过书写参与社会治理的程度降低，这些都促使文学家更多地关注文学的娱乐性。小说书写成为文学家最重要的任务，阅读小说也是广大读者最重要的文学消费方式。

兴起于西方 19 世纪的文学观念以小说、戏剧、诗歌为文学体裁的基本形态，以想象性、虚构性、形象性为文学的基本书写方式。而明清通俗小说可以实现与西方近代文学观念的无缝对接，自新文化运动以来，受到西方文学观念与社会思潮的影响，通俗文学的研究逐渐成为文学研究的热点。因此，明清通俗小说的研究也早已登堂入室，打破正统诗文的垄断，在文学史上的地位大有反超诗文而后来居上的姿态。尤其是新时期以来，通俗文学中的最重要的代表体裁——小说的研究，已成了文学研究中最受欢迎的选题方向之一。大批优秀学者在小说研究领域深耕细作，发表了众多的学术成果，彻底改变了小说的文化地位。今天，小说俨然已成为最重要的文学体裁之一。

第一章

作为诸子的小说家

《汉书·艺文志》中录入小说家小说十五篇，作者多为方士。他们为了宣传自己的学说，提高自身地位，就要迎合君主、诸侯的需要，所以他们会想尽办法夸大自己方术的效用和价值。他们或援引神话传说、或利用宗教神秘，真假相加，虚实结合。他们还假托古人之名来著书，这样既能增加神秘感，又能提高自己的道统地位。所以他们多依托古人的名字写小说，如《伊尹说》《鬻（yù）子说》《黄帝说》等均是依托之作，仿佛小说成了奇书秘籍，这便是所谓小说家言。

一、《汉书·艺文志》中的小说家

《汉书·艺文志》中有三类“说”：第一类解说儒家经典“六艺”，归入“六艺略”；第二类解说诸子学说，其中解说《荀子》的部分归入儒家类，解说《老子》的部分归入道家类。第三类解说其他道家学说者，归入小说家。如《伊尹说》二十七篇、《鬻子说》十九篇、《黄帝说》四十篇等。《汉书·艺文志》共著录了十五种小说，不幸的是均已失传，其具体记载如下：

（1）《伊尹说》二十七篇。“其语浅薄，似依托也。”

（2）《鬻子说》十九篇。“后世所加。”

（3）《周考》七十六篇。“考周事也。”

（4）《青史子》五十七篇。“古史官记事也。”

（5）《师旷》六篇。“见《春秋》，其言浅薄，本与此同，似因托之。”

（6）《务成子》十一篇。“称尧问，非古语。”

（7）《宋子》十八篇。“孙卿道宋子，其言黄、老意。”

（8）《天乙》三篇。“天乙谓汤，其言非殷时，皆依托也。”

（9）《黄帝说》四十篇。“迂诞依托。”

（10）《封禅方说》十八篇。“武帝时。”

（11）《待诏臣饶心术》。二十五篇。“武帝时。”

（12）《待诏臣安成未央术》一篇。

（13）《臣寿周纪》七篇。“项国圉（yǔ）人，宣帝时。”

（14）《虞初周说》九百四十三篇。“河南人，武帝时以方士侍郎号黄车使者。”

（15）《百家》一百三十九卷。

现在已经很难考证这些小说作者所处的时代，但其中可以肯定为汉人作品的有六种：《封禅方说》《待诏臣饶心术》《待诏臣安成未央术》《臣寿周纪》《虞初周说》《百家》。其余九种，大约为先秦人的作品。就作者的地位、身份来说，汉人作品大都是方士的创作；先秦小说的作者，则既有官吏，如《周考》《青史子》的作者，也有知识分子，如《宋子》《鬻子说》的作者。

按照《汉书·艺文志》的记载，我们大体可以把这些著作分为先秦和汉代两个部分。为了便于读者了解，我们列表如下：

《伊尹说》27篇。似依托。	《封禅方说》18篇。武帝时。
《鬻子说》19篇。不详。	《待诏臣饶心术》25篇。武帝时。
《周考》76篇。考记周事。	《待诏臣安成未央术》1篇。
《青史子》57篇。古史官记事。	《臣寿周纪》7篇。宣帝时。
《师旷》6篇。似依托。	《虞初周说》943篇。武帝时。
《务成子》11篇。	《百家》139卷。
《宋子》18篇。	
《天乙》3篇。依托。	
《黄帝说》40篇。依托。	

二、 战国小说家著作

《汉书·艺文志》所列十五家小说，是中国现存小说中最原始的文本，虽然这些著作都已经失传了，但鲁迅《古小说钩沉》及当代一些学者对这些小说的内容有过详细考证，因此，我们仍然可以推测一下这些著作的大体面貌。其中，可以归入先秦文本的，共有九种。

《伊尹说》二十七篇何时成书不可考。班固原注："其语浅薄，似依托也。"《汉书·艺文志》道家类另著录有《伊尹》五十一篇，注云"汤相"，而不称"依托"。伊尹是夏末商初政治家、思想家，商朝开国元勋、道家学派创始人之一，也是中华厨祖。伊尹辅佐商汤击溃夏桀，是商朝的开国功勋。《史记·殷本纪》之《正义》引《帝王世纪》云："伊尹名挚，为汤相，号阿衡，年百岁卒，大雾三日，沃丁以天子礼葬之。"《尚书》《墨子》《庄子》《孟子》《孙子》等先秦典籍都有关于伊尹的记载，出土的甲骨文中也有"伊尹"字样的零星词句。

《吕氏春秋·本味篇》记载了伊尹"以至味说汤"的故事，故事情节详尽，篇幅丰满，但是语言浅薄，所以推测《本味篇》出自小说家的《伊尹说》。

伊尹应该属于庶人，幼年时寄养在厨师家中，得以学习并精通烹饪技术，后来有由厨入宰的经历。"以至味说汤”是说伊尹给商汤讲述“治大国若烹小鲜”的道理。伊尹通过讲述如何烹饪好一道美味的汤，让商汤明白了只有任用贤才，推行仁义之道才可得天下。反过来得天下者才能享用人间至味。后世“伊尹煎熬”（枚乘《七发》）、“伊公调和”（梁昭明太子《七契》）、“伊尹负鼎”（《史记》）、“伊尹善割烹”（《汉书》）等都是关于伊尹“以至味说汤”之事的记载。

伊尹

儒家不信伊尹“割烹要汤”事，《孟子·万章章句上》载：“万章问曰：‘人有言伊尹以割烹要汤有诸?’孟子曰：‘否，不然。’”而老子《道德经》里说“治大国如烹小鲜”，推崇伊尹治国的道理，所以《汉书·艺文志》里小说家《伊尹说》当是道家所传。《伊尹说》虽假托伊尹之言，但是伊尹的传说由来已久。从《汉书·艺文志》道家类著录的《伊尹》五十一篇注云“汤相”，而不称“依托”来看，《伊尹说》虽是集合道家传说而成，却不如《老子》有系统条理，其解说者只能是道听途说，过于浅薄，而且多有传说成分，不本经传，所以《伊尹说》被列入了小说家。

《鬻子说》十九篇是《汉书·艺文志》著录的十五家小说之一，“道家类”另著录《鬻子》二十二篇，原注：“鬻子，名熊，为周师，自文王以下问焉。周封为楚祖。”说明班固时期跟鬻熊相关的材料一种是小说《鬻子说》，另一种是道家学说《鬻子》。《史记·楚世家》有鬻子传记，《史记·周本纪》有鬻熊归依文王的记载，《列子》多引鬻子论道语。贾谊《新书·修政语》载六条鬻子向文王、武王、成王论政语。这都说明先秦及汉初确有鬻子学说流行，而这就是《汉书·艺文志》道家著录《鬻子》二十二篇的来源。《鬻子说》或为解说《鬻子》之书。

关于鬻熊的历史及传说年代久远，楚人视火神祝融和鬻熊为祖先。在口耳相传的时代，对鬻子的传说便会有夸张的成分，甚至有神话色彩。鬻熊，又称鬻熊子、鬻子，是最早的道家人物之一，是神话传说中火神祝融的后裔。鬻熊是周文王姬昌的老师，曾辅佐姬昌起兵灭商，并成为推翻商朝后的首席巫师和杰出政治家。后来周成王感念鬻熊的功劳，封鬻熊的曾孙熊绎为子爵，并赐给他五十里土地，熊绎在这里建立了楚国，而鬻熊成为了楚国的先祖。《史记·楚世家》记载：“楚武王曰：‘吾先鬻熊，文王之师也。而早丧。’”楚武王熊通是楚国的第二十代君主。他所说的话佐证了鬻熊是具有八百年历史的楚国的创始人。

鬻子强调“道”的重要性，他说：“君子不与人谋之则已矣，若与人谋之，则非道无由也。”他又说：“故君子之谋，能必用道，而不能必见受；能必忠，而不能必入；能必信，而不能必见信。”（《鬻子》卷上《政》）认为君子谋事要遵道而行，但并非一定会被君主接受采用；君子要尽忠，要全心全意信赖君主，但并非一定会被君主重用、信赖。在行“道”的前提下，君臣互相信赖，才能铸就大业。君子贤臣的作用能否发挥，要视君主是否贤明而定。那么什么是鬻子所说的“道”呢？鬻子说：“发政施令，为天下福者谓之道。”理政治国、发号施令要站在为天下苍生谋福祉的立场上，这就是“道”。鬻子所处的商末周初时代尚属奴隶制社会，能提出为天下人谋福祉的政治思想，可谓是前沿的、进步的。

班固将街谈巷议、道听途说的材料汇集成篇，或为《汉书·艺文志》小说家《鬻子说》十九篇的生成轨迹。南朝梁代刘勰（xié）《文心雕龙·诸子》云：“至鬻熊知道，文王咨询，余文遗事，录为《鬻子》。子自肇始，莫先于兹。”说明刘勰时代有《鬻子》一书，记录了鬻熊与周文王的事迹，并且鬻熊是“诸子”之始。唐前史志在“道家类”和“小说类”所录皆为“《鬻子》一卷”，而不是《鬻子说》“说”字，《汉书·艺文志》所著录的《鬻子》《鬻子说》当为两种文体，并且内容上有所联系。后世《隋书·经籍志》子部道家著录《鬻子》一卷，小说类不著录《鬻子说》，可能《鬻子说》

此时已佚失。《旧唐书·经籍志》小说家著录《鬻子》一卷存目，《新唐书·艺文志》道家著录《鬻子》一卷存目，应均为《隋书·经籍志》道家所著录之《鬻子》，只是《新唐书·艺文志》《旧唐书·经籍志》分类不同而已，并非《汉书·艺文志》小说家《鬻子说》。

《周考》七十六篇。班固注云："考周事也。"在《汉书·艺文志》小说家中，班固明确注明述及"古事"的书籍，只有《周考》和《青史子》。从书名上看，《汉书·艺文志》小说家所载《臣寿周纪》和《虞初周说》这两部书也述及了周朝的史事，东汉人应劭为《虞初周说》做了"其书以《周书》为本"的注解。在古代汉语中"考"有考究意，"纪"有历法意，"说"有夸张虚构意。所以《周考》《臣寿周纪》《虞初周说》虽同在小说家，可能侧重点各有不同。

《青史子》五十七篇。班固注："古史官记事也。"郑樵《通志》卷二八"青史氏"条下注引《英贤传》云："晋太史董狐之子受封青史之田，因氏焉。"所以"青史"是复姓，"青史子"指汉代以前史官。

《青史子》成书不晚于西汉初年，六朝时仍有流传。《隋书·经籍志》小说家类《燕丹子》题下附注："梁有《青史子》一卷，……亡。"说明在隋代，小说《青史子》已亡佚。今存数则虽为谈礼，但多道听途说之言。贾谊《新书·胎教》引《青史氏》曰："古者胎教之道，王后有身七月而就晏室。"《大戴礼记·保傅篇》引《青史氏之记》曰："古者胎教，王后腹之七月而就晏室。"说明古代王室重视胎教，王后怀孕七个月以后要迁居到安逸、清静的别宫，以静养身心。从篇名和内容来看，《青史氏》和《青史氏之记》应当是同一本书。应劭《风俗通义》载："《青史子书说》：'鸡者，东方之牲也，岁终更始，辨秩东作，万物触户而出，故以鸡祀祭也。'"这几条记载涉及了古代王室的胎教的内容。

贾谊《新书》引"古者胎教"比《大戴礼记》多出一段文字，完整地记载了悬弧之礼，即古代男子出生后举行的悬挂弧弓的礼仪，与《风俗通义》所引"鸡者，东方之牲也"可相互印证。王太子出生后，王室要举办悬弧礼，弧就是木弓，东方要挂梧桐木弓，因为"梧桐生矣，于彼朝阳"（《诗经·大雅·卷阿》），梧桐面向东方迎接朝阳，所以梧桐代表春木，动物上选鸡来祭祀，鸡代表东方；南方悬以柳木弓，以狗祭祀；中间悬以桑木弓，以牛祭祀；西方悬以棘（jí）木弓，以羊祭祀；北方悬以枣木弓，以彘（zhì，大猪）祭祀，而后站在五个方位各射三箭。

《小戴礼记·射义》载："故男子生，桑弧蓬矢六，以射天地四方。天地四方者，男子之所有事也。故必先有志于其所有事，然后敢用谷也。饭食之谓也。"《青史子》与《礼记》不同的地方有两处：第一是将射"天地四方"改成射东南西北和中央的"五方"；第二是将统一的六枝"桑弧蓬矢"改成了分别与五方配合的植物和动物。《青史子》的记载虽故事性增强了，变得更为有声有色，但是不合乎规范，所以被《汉书·艺文志》归入小说家。刘勰《文心雕龙·诸子》："尸佼兼总于杂术，青史曲缀以街谈。""尸佼"指杂家，意谓杂家兼采儒、墨、名、法各家学说；"青史"指小说家青史子，采集琐细的街谈巷语并进行连缀整理。正点出了《青史子》小说家的特点。

《师旷》六篇。班固《汉书·艺文志》原注云："见《春秋》，其言浅薄，本与此同，似因托之。"另在兵阴阳家类著录有《师旷》八篇，班固原注云："晋平公臣"，小说家《师旷》六篇和兵阴阳家《师旷》八篇均已散佚。

师旷是春秋后期晋国主乐大师，精音乐、善弹琴、辨音力极强。他生而无目，故自称盲臣、瞑臣。他曾任晋大夫。师旷故事在《左传》《国语》《逸周书》《韩非子》《吕氏春秋》《史记》《新序》等都有记载，师旷的故事掺入到了诸子杂传当中，而小说家《师旷》逐渐失传。师旷作为乐师、兵阴阳家为人推重，在政治上也有一定建树，故后世所传师旷之事，常将审听知机、富于识见、通于鬼神、明于政理结合起来，使师旷成了一个既能够反映民意又充满神秘色彩的人物。

《务成子》十一篇，班固原注云："称尧问，非古语。"意思是尧问政于务成子，并非是务成子所作，乃是后人依托古语进行的记载。《务成子》是掺和了阴阳五行和道家方术的小说家言，成书不晚于战国中后期，东汉以后失传。《汉书·艺文志》另有五行家类著录《务成子灾异应》十四卷，房中家类著录《务成子阴道》三十六卷，也是后人托名务成子所作，均散佚。

务成子，务成是复姓，字昭，又称务成昭，传为尧舜时人。传说中常以老师的身份出现。此类传说虽不能断定出自《务成子》，但小说家《务成子》应参考采集了此类传说。有称务成子是舜的老师的记载，如《荀子·大略》载："尧学于居畴，舜学于务成昭，禹学于西王国。"有称务成子，名跗，是舜的老师的记载，如刘向《新序·杂事》载："尧学乎尹寿，舜学乎务成跗。"还有说务成子，名跗，是尧的老师，如班固《白虎通义·辟雍》载："帝尧师务成子，帝舜师尹寿。"

到汉代，汉人基本认定务成子是尧帝的老师，是天上太白星精的化身。《文选》卷四十七载："东方朔是太白星精，黄帝时为风后，尧时为务成子，周时为老聃（dān），在越为范蠡（lǐ），齐为鸱（chī）夷子。言其变化无常也。"后世道士多假借务成子以提高自身教派的道统，同时增强神秘感。这类记载里传说务成子是在洛阳得道，会炼制丹药，能够驱邪避险。晋代葛洪《抱朴子·内篇·明本》里载录了"务成子炼丹法"，并说"赤松子、王乔、琴高、老氏、彭祖、务成、郁华，皆真人，悉仕于世，不便遐遁"，将务成子视为道教的真人。

务成子的影响在宋时仍然存在。宋代道教类书《云笈七签》卷二十八载《二十四治》云：“北邙（máng）山治，在东都洛阳县，梁水在治左，务成子在此得道。”指明务成子载洛阳北部邙山得道成仙。又卷七十七载《萤火九方》云：“刘子南者，汉冠军将军武威太守也，从道士尸公，受务成子黄火丸，辟病，除百鬼、虎狼、蚖（yuán）蛇、师（狮）子、蜂虿（chài）诸毒，收五兵白刃、贼盗凶害。”讲到了务成子给汉将军受黄火丸的传说。宋代有务成子注《太上黄庭内景经》一卷（见《宋史·艺文志》）和务成子注《黄庭外景经》一卷（见《直斋书录解题》）。这些记载中务成子虽然修道，但并非是宣导“君人南面”的治国之术，而是掺和了阴阳五行和道家方术。务成子集思想、文学、道家、医学、房中术于一身，他对汉代及以后盛行的道家房中术有很大影响。

务成子本为传说中人，是尧师还是舜师尚且说法不一，《汉书·艺文志》小说家《务成子》自然非务成子所作，乃为后人之依托。《务成子》集合各类传说而成，“非古语”，也无学说体系，所以《汉书·艺文志》将《务成子》著录入小说家。东汉后未见它书著录，说明《务成子》已经失传了。

《宋子》十八篇，班固注称：“孙卿道宋子，其言黄老意。”孙卿就是荀子，班固注说荀子认为《宋子》的内容主旨是讲“黄老之意”。宋子在《庄子》作宋钘

(xíng)、《韩非子》作宋荣子、《孟子》作宋牼（jīng），孟子敬称宋子为“先生”。宋子是战国时期宋国人，哲学家，开创了宋尹学派，代表人物除宋钘外还有尹文，宋尹学派是先秦道家的流派之一，他们提倡“接万物以别宥（yòu）为始”，意谓认识万物要从摒弃主观偏见开始，提出“情欲寡”“见侮不辱”说。宋尹学派承继老子自然之道的思想，同时调和了法家、儒家。

宋子的学说“其言黄老意”，宋子是道家学派的先驱，《宋子》却被列入《汉书·艺文志》小说家，而非道家类，后世有学者认为班固此举是难以理解的，如章太炎《诸子学略说》中认为宋钘、尹文为同一学派，班固却将尹文归入“名家”，将宋子归入“小说家”，后推测可能宋子有益于社会道德，有益于民俗，所以被列入小说家。也有学者认为《宋子》列入小说家是正确的，如梁启超。这种推论依据于《荀子·正论》所载：“二三子之善于子宋子者，殆不若止之，将恐得伤其体也。子宋子曰：‘人之情，欲寡，而皆以己之情为欲多，是过也。’故率其群徒，辨其谈说，明其譬称，将使人知情之欲寡也。”这段记载中说明宋子用“辨其谈说，明其譬称”的方法让人知道要寡情少欲的道理。也就是说宋子在宣传自己的理论言说时多采用譬喻、寓言或故事等通俗形式表达观点，这和桓谭《新论》“合丛残小语，近取譬论，以作短书”有共同点，所以《宋子》被列入了小说家。

《天乙》三篇，班固原注云："天乙谓汤，其言殷时者，皆依托也。"已佚（yì）。天乙，即商汤，亦称汤、成汤、武汤、天乙汤，帝尧的异母兄契的第十四代孙，商朝开国君主。《尚书》《荀子》《新书》《史记》等皆有关于商汤的记载。

天乙最大的历史功绩是打败夏桀，建立商朝。《史记·殷本纪》载有他起用伊尹而灭夏之大致过程，并记载商汤作《汤誓》《汤诰》。《汤诰》被收入《尚书》。

关于商汤最著名的传说是"成汤三聘伊尹""汤祷雨于桑林"和"网开三面"的故事。"商汤见伊尹"表现出商汤礼贤下士、求贤若渴，择用人才只看德才，不看出身。商汤把奴隶出身的伊尹视作治国良药。《墨子·贵义》说商汤去见伊尹的时候，让彭氏之子驾车。彭氏之子半路上问汤为什么去见伊尹，伊尹出身低贱，你想见他，把他召来，这已是对他莫大的恩赐。汤批评了彭氏之子，说伊尹对于我们国家就像良药，能使病人耳聪目明。我亲自前往与伊尹见面，就像良医善药，你不想我去见他是不想我好。最终汤从车上下来，不再让彭氏之子驾车。这个故事中有人物、情节，也运用了譬喻的手法。

"汤祷雨于桑林"的故事在《吕氏春秋·顺民》《墨子·兼爱》《荀子·大略》《说苑·君道》等中均有记载，表现出商汤仁人爱民、为民请命、以人为本的精神。以《吕氏春秋·顺民》为例，书中说商汤灭夏而匡正天下。遇到了五年大旱，颗粒无收，汤亲自到桑林祈雨，大意说我一个人的罪过，不要殃及万民。即使他们有罪过，也是因为我。不要因为我一个人的不聪慧，而使上帝鬼神伤害百姓的性命。然后汤剪了头发，用木夹挤压自己的手指，以自己的肉身作为祭祀，向天帝祈雨。人民大喜过望，终于下了一场大雨。汤通晓人事鬼神，能够人事转移，成功祈雨。

《吕氏春秋·孟冬纪·异用篇》《史记·殷本纪》、贾谊《新书·谕诚》均记载了汤"网开三面"的故事。这个故事展现了汤布德施惠以得人心的智谋与仁爱。故事是说商汤外出，在野外看见有人张开四面网捕捉动物，这个人对天而祷告，希望天上地下，飞鸟走兽，皆入吾网。商汤笑着说：可以了，这么绝的事除了夏桀（jié）谁能做出来？于是收到了三面网，说："想左就左，想右就右，想上就上，想下就下，不愿如此的，就进这张网吧。"诸侯们听说后称赞商汤德行很高，连动物都能得到他的恩惠。于是四十国归顺于汤。

天乙成汤虽是历史人物，但时代久远。《史记》中载为成汤所作的《汤誓》《汤诰》已经收入《尚书》，后世视其为伪作。据《尚书·汤誓》载："伊尹相汤伐桀，升自陑（ér），遂与桀战于鸣条之野，作《汤誓》。"记载了伊尹辅佐汤讨伐夏桀，率领商部落士兵从今山西省永济县南起兵，与夏军在山西夏县之西进行了一场决战。可见《汤誓》近似宣战书，用以鼓舞将士士气。据

《汤诰》载："汤既黜（chù）夏命，复归于亳（bó），作《汤诰》。"这是商汤打败夏桀回国后对各方诸侯的一次讲话，说明商灭夏的合理性。

《汉书·艺文志》小说家著录的《天乙》显然不是成汤著述。而据班固注云："天乙谓汤，其言非殷时，皆依托也。"意思是说《汉书·艺文志》所著录之《天乙》，实是后人依托。像"成汤三聘伊尹""汤祷雨于桑林"和"网开三面"的故事虽不能说即是《天乙》之内容，但以民间可理解的方式解说成汤，大概是《天乙》的基本特点。

《黄帝说》四十篇，班固原注云"迂诞依托"，已佚。除小说家《黄帝说》外，《汉书·艺文志》所录篇名带"黄帝"的还有《黄帝四经》（四篇）、《黄帝铭》（六篇）、《黄帝君臣》（十篇）、《杂黄帝》（五十八篇）、《黄帝泰素》（二十篇）、《黄帝》（十六篇）、《黄帝杂子气》（三十三篇）、《黄帝五家历》（三十三卷）、《黄帝阴阳》（二十五卷）、《黄帝诸子论阴阳》（二十五卷）、《黄帝长柳占梦》（十一卷）、《黄帝内经》（十八卷）、《泰始黄帝扁鹊俞拊方》（二十三卷）、《神农黄帝食禁》（七卷）、《黄帝三王养阳方》（二十卷）、《黄常杂子步引》（十二卷）、《黄帝岐伯按摩》（十卷）、《黄帝杂子芝菌》（十八卷）、《黄帝杂子十九家方》（二十一卷）等共十九种。这些托名黄帝的著作水平参差不齐，《黄帝君臣》被录入道家类，班固注曰："起六国时，与《老子》相似也。”《杂黄帝》也录入道家类，注为“六国时贤者所作”；《黄帝泰素》录入阴阳家，注为“六国时韩诸公子所作”。而小说家《黄帝说》班固注云：“迂诞依托。”可见著者不详，内容荒诞。很多古籍当中有关于黄帝的言说和传说，已经很难确定哪些出自《黄帝说》了。

黄帝

黄帝是五帝之一，被尊为中华“人文初祖”。黄帝自先秦开始就已被传奇化。司马迁《史记·五帝本纪》载：“黄帝者，少典之子，姓公孙，名曰轩辕。生而神灵，弱而能言，幼而徇齐，长而教敏，成而聪明。”人们将许多远古发明创造与黄帝联系起来，如造字、养蚕、音律、舟事、医学、算数、棺椁（guǒ）等都说始于黄帝时。当然，黄帝应是轩辕氏的领导人，未必是一个人。春秋战国时期，不同学术流派对黄帝的态度不同。儒家“不语怪、力、乱、神”，谈古史只说尧、舜；而道家、神仙家、阴阳家喜欢谈黄帝。

《黄帝说》应该是战国时期稷（jì）下学者依托黄帝的众多著作之一，当然也有人认为《黄帝说》并非先秦时书，而是汉武帝时的方士伪托之作。有一种推测认为

《黄帝说》是汉武帝时方士公孙卿所作。《史记·封禅书》中载汉武帝时，汾（fén）阴出土了一口大鼎，大鼎上没有任何镂（lòu）文，时人觉得惊奇，上报给汉武帝。宝鼎是国之重器，象征国家命运。汉武帝派人查验确定属实后，举办祭祀后把宝鼎迎到甘泉宫中。汉武帝后来亲自验看宝鼎时方士公孙卿对汉武帝说自己有“札书”议宝鼎事，上面说，“汉兴复当黄帝之时……汉之圣者在高帝之孙且曾孙”，正好迎合了汉武帝想要封禅的心理。据公孙卿说，札书受之于申公，而申公“齐人，与安期生通，受黄帝言，无书，独有此鼎书”。由此可见，此“札书”或者“鼎书”，也是一部伪托黄帝之名的方士之作，有人认为很可能就是《黄帝说》。

据《汉书·郊祀志》中记载，公孙卿是汉武帝身边最引人注目的方士之一，自元鼎四年献书后，几乎每次汉武帝有封禅（shàn）郊祀之事，公孙卿都有参与。而《汉书·艺文志》却未录入公孙卿的“札书”或“鼎书”，但像待诏臣饶、待诏臣安成、方士侍郎虞初等一些次要甚至微不足道的方士小说却被收录，不符合收录原则。所以《黄帝说》的作者可能是公孙卿，是他为迎合武帝求仙封禅的需求而伪造的“圣书”。

汉武帝即位之初，黄老学说流行，但黄老学说和法家学说有天然的联系，并不能解决汉代社会所遇到的现实问题，因此，汉武帝“罢黜百家，独尊儒术”，黄老之言逐渐不为社会所重，除医经等实用性的部分作品流传下来外，《汉书·艺文志》所著录的托名黄帝的作品大多都失传了，《黄帝说》也已失传。

三、汉代小说家著作

《汉书·艺文志》所录汉代小说家著作，如果不包括前述《黄帝说》，则共有六种。

《封禅方说》十八篇，班固注曰“武帝时”，已佚。《史记·封禅书》记载：“登封报天，降禅除地。”“封”为祭天，“禅”为祭地，天子多登上泰山筑坛祭天，在泰山下的小丘除地祭地。封禅一词，最早出现于《管子·封禅篇》，是指古代帝王在太平盛世或天降祥瑞之时举行的祭祀天地的大型典礼。据《史记·五帝本纪》载，上古最早封禅的是黄帝。后来秦始皇亦有封禅。因秦皇暴虐失德，其封禅后颇有讥议。到汉文帝时曾谋议过封禅事，最终没有成行，到元封元年，汉武帝在泰山封禅。《史记·封禅书》引用了《管子·封禅篇》并记载了汉武帝封禅事，方士公孙卿为了迎合汉武帝想要封禅的野心，假托黄帝编造“鼎书”，为汉武帝封禅做出舆论准备。汉武帝得宝鼎之后，与公卿诸生议封禅之事，因为封禅用希旷绝，百官不知道如何封禅，汉武帝也主要是采纳了方士们的意见。《封禅书》对此有详细的记载。汉武帝听从方士建议，逐一确定封禅时间、地点、仪礼、礼器等。而这些内容可能构成《封禅方说》

的重要内容。《封禅方说》应是这一时期的产物，其作者不可考，但内容当是武帝时方士议论封禅的书，而作者是公孙卿一流的方士，或可能就是公孙卿本人。

《待诏臣饶心术》二十五篇，班固注曰："武帝时。"《待诏臣安成未央术》一篇，班固未注时代。二书皆佚。"待诏"是指官职，"饶"是人名，"心术"是指为君之道、治国之术。安成应与饶一样，都是方士待诏。未央术当是长生不死之术。

颜师古《汉书注》引刘向《别录》载："刘向《别录》云：'饶，齐人，不知其姓。武帝时待诏，作书，名曰《心术》。'"可作为对《汉书·艺文志》小说家《待诏臣饶心术》的补充，可知饶是齐人，只知其名，不知其姓。

《汉书》卷十一注引应劭曰："诸以材技征召，未有正官，故曰待诏。"就是说"待诏"是被君主征召而却没有正式官职的候补官员，平时不与政事，只是留京随时等待听候君主的差遣咨询。中国古代历来有"待诏"一职，比如秦始皇的待诏博士叔孙通为汉高祖刘邦制礼仪，著名诗人李白是唐玄宗的"待诏翰林"，写一些迎合玄宗及贵妃心意的诗歌，如《清平调三首》中以"云想衣裳花想容"赞美贵妃美貌。《汉书·董仲舒传》载，董仲舒对策有云："今子大夫待诏百有余人。"汉武帝时，国力强盛，对内削弱相权，加强皇权，对外开疆拓土，朝廷广泛征召人才，甚至许多官署均设待诏公车、待诏黄门、待诏金马门等职位。汉武帝追求长生、宠信方士，所以当时待诏方士也多。《史记·卫青传》载："齐人东郭先生以方士待诏受武帝赏识，拜为二千石，佩青绢。"饶是齐人，而秦汉时期齐地多出方士，齐人正是好言神仙方术者，如秦始皇时期的徐福，汉武帝宠信的公孙卿、李少君均是齐人。所以饶很可能是齐地待诏方士，亦符合《汉书·艺文志》小说家对其身份的定位。

张舜徽《汉书艺文志通释》说："心术二字，犹言主术、君道，谓人君南面之术也。"也点明了"心术"是治国之道，是帝王统御天下之术。《管子·七法》中载"治民有器，为兵有数，胜敌国有理，正天下有分"的七种方法，分别是则、象、法、化、决塞、心术、计数，其中对"心术"的解释是"实也，诚也，厚也，施也，度也，恕也"，清人姚振宗《汉书艺文志条理》据此认为《待诏臣饶心术》可能是据此六事推演为书，如后世道德报应劝诫之说。

《管子》中有《心术》上下篇，内容是阐发君道，《管子·心术上》以"心之在体，君之位也"作为开篇。《管子·心术下》说："圣人裁物，不为物使，心安是国安也，心治是国治也。"可见管子强调国君修心的重要性，而道家谈心术并不限于谈君道。《文子·九守·守易》载老子言："古之为道者，理情性，治心术，养以和，持以适，乐道而忘贱，安德而忘贫，性有不欲，无欲而不得。”说明道家的“心术”重在修养情性，旨在达到无喜怒、无苦乐的境界。《文子·九守·守弱》言：“故达于心术之论者，即嗜欲好憎外矣。是故无所喜，无所怒，无所乐，无所苦，万物玄同，无非无是。”也表述了相同的道理，道家是从大道层面谈心术，对于君道、臣道、父道、子道都是适用的。

综合来看，《待诏臣饶心术》应当更合于黄老道家的意旨，又有被方士俗化了的修心养心之类的内容，所以划入了小说家。

陕西茂陵博物馆藏西汉长生未央瓦当

《待诏臣安成未央术》内容当是讲长生不死之术，应劭注曰：“道家也，好养生事，为未央之术。”安成是谁已无从考证。《汉书·艺文志》以时代先后顺序进行著录，《待诏臣安成未央术》在汉武帝时小说家《待诏臣饶心术》之后、汉宣帝时小说家《臣寿周纪》之前，所以可以推测安成是汉武帝、汉昭帝或汉宣帝时人。如是昭帝和宣帝时人，班固应会像前面十三篇小说家予以注明。《待诏臣饶心术》已注明“武帝时”，所以紧随其后的《待诏臣安成未央术》中的安成最有可能和饶一样是汉武帝时的人。

待诏一职已在《待诏臣饶心术》中进行了说明。那么未央术是什么？原文已散佚，不可复睹，同样只能根据其他古籍记载进行推测。“未央”一词最早见于《诗经·小雅·庭燎》：“夜如何其？夜未央，庭燎之光。”“未央”的意思是“未尽”“不尽”。汉代文献中有关未央的记录大多数特指“未央宫”，因为未央宫是汉朝的政治中心和国家权力的象征。除此之外，传世文献和出土文献文物中的“未央”多与“万岁”“延寿命”等语汇同时出现，如汉瓦上刻有“长生未央”“长乐未央”“长乐未央延年永寿昌”等，表示对长生、长乐、长寿等吉祥安康的向往。在铜镜铭文中也有“未央”字眼，如“长相思，毋相忘，常贵福，乐未央”；“千秋万岁，长乐未央，结心相思，毋见忘”等，表示对于长情的期望。汉代人不论阶层，都喜欢用“未央”为名。可见在汉代“未央”是通行的吉语，含有平安、长寿、长生等意义。

据《汉书·外戚传》记载，当“一顾倾人城，再顾倾人国”的李夫人离世后，汉武帝非常思念李夫人，便命方士重现李夫人形容于帷幄之中。汉武帝看到李夫人的魂貌后作赋：“神茕茕（qióng）以遥思兮，精浮游而出畺（jiàng）。托沈阴以圹（kuàng）久兮，惜蕃华之未央。念穷极之不还兮，惟幼眇（miǎo）之相（xiāng）羊。”颜师古注曰：“未央，犹未半也。言年岁未半而早落蕃华，故痛惜之。”汉武帝悲叹李夫人芳华早逝，美人逝去再不归来，唯有一缕芳魂徘徊盘桓。《汉书·礼乐志》载汉武帝太始三年行幸东海获赤蛟，作《赤蛟》道：“灵殷殷，烂扬光；延寿命，永未央。”这里的“未央”意谓希求长生。楚辞《七谏·自悲》曰：“哀独苦死之无乐兮，惜余年之未央。”“未央”都有未已、未尽的期许。所以“未央术”当指延年益寿、图求长生的方术。汉武帝渴求长生不死，迷信道家方术，所以《待诏臣安成未央术》很可能是为了迎合了汉武帝的长生愿望而作，其中不乏神仙道术、荒诞虚构的内容，所以被《汉书·艺文志》录入小说家。

《臣寿周纪》七篇。班固注云：“项国圉（yǔ）人，宣帝时。”汉代并无项国，但周代有项国，位于河南省沈丘县与项城之间，后被鲁国灭掉。“圉”是淮阳国圉县（今河南杞县西南圉镇）。《汉书·艺文志》小说家中《周考》《臣寿周纪》无事可考，较难有更深入的了解。

《虞初周说》九百四十三篇，已佚。班固注曰：“河南人，武帝时以方士侍郎，号黄车使者。”在《汉书·艺文志》所载的十五篇小说中，《虞初周说》篇幅最大，占《汉书·艺文志》著录小说作品总量的三分之二之多。

虞初是谁呢？关于虞初，《史记·孝武本纪》和《汉书·郊祀志》记载虞初的文字相同：“丁夫人、雒（luò）阳虞初等以方祠诅匈奴、大宛焉。”虞初是西汉洛阳人，他是汉武帝身边的方士，是一名较有地位的黄衣使者。张衡《西京赋》云：“小说九百，本自虞初。”虞初被视为中国最早的小说家。

那么《虞初周说》是什么样的小说呢？三国时期薛综注《文选·西京赋》云：“小说，医巫厌祝之术。凡有九百四十三篇，言九百，举大数也。持此秘术，储以自随，待上所求问，皆常具也。”意即《虞初周说》这本“秘书”大体九百余篇。秘书在手，就可以对君主的大多数问题对答如流，性质有点近似今天的“百科全书”。书中有“医巫厌祝之术”，但不仅限于这些内容。应劭说：“其说以《周书》为本。”这里的《周书》不应是《尚书·周书》，而应是《逸周书》。《逸周书》传为孔子所不取者，仅以《尚书》之余附录于六艺略“尚书”类之末。典籍《左传》《国语》《墨子》《战国策》所引《周书》内容有些同于《逸周书》。如果《虞初周说》是解说《尚书·周书》，会被《汉书·艺文志》录入《六艺略》，而如是解说《逸周书》，就会被列入小说家。所以《虞初周说》是围绕解说《逸周书》或周代之事而集纂（zuǎn）的一部小说，是记录了周代奇闻逸事的小说作品总集。

此外，《汉书·艺文志》以时代先后为次著录作品，虞初是汉武帝时的方士，按时代应与同时代的《封禅方说》《待诏臣饶心术》相次，而《汉书·艺文志》却将其放在汉宣帝时人所作的《臣寿周纪》之后，仅在本为钞纂之书的《百家》之前，说明《虞初周说》是集众多小说而成的钞纂之书，其近千篇作品大概将有关周代的奇闻逸事囊括无遗了。

小说家中还有《百家》一百三十九卷，是小说家杂言的总汇，应该并非出于一时一人。今能找到两则佚文，一是“公输般见蠡（lí）”，一是“城门失火，殃及池鱼”。

《艺文类聚》卷七四、《太平御览》卷一八八等录《风俗通义》所引的《百家书》，讲到了“公输般见蠡”的故事。公输般是能工巧匠，有一种说法认为公输般就是鲁班。在《风俗通义·佚文》中的《门户铺首》条，曾转引《百家书》云：“公输般之水上，见蠡，谓之曰：‘开汝匣（头），见汝形。’蠡适出头，般以足画图之，蠡引闭其户，终不可得开，般遂施之门户，欲使闭藏当如此周密也。”蠡是一种贝壳，公输般看到水中螺类生物的特性，既有厚厚的螺壳，亦有一个可以随时开关的门盖，受到启发将螺首造型和原理应用于门户铺首。

《艺文类聚》卷八〇、卷九六，《太平御览》卷八六九、卷九三五等录《风俗通义》所引《百家书》，讲到了“城门失火，祸及池鱼”的故事。《太平广记》卷四六六引应劭《风俗通义》载：“城门失火，祸及池鱼。

旧说池仲鱼，人姓字也，居宋城门。城门失火，延及其家，仲鱼烧死。又云：宋城门失火，人汲取池中水，以沃灌之，池中空竭，鱼悉露死。”一种说法是池仲鱼是人名。池家住在城门附近，城门失火，蔓延到了他家里，池仲鱼最终被烧死。一种说法是宋城门失火，人们到池塘取水灭火，池塘中水被取尽了，以致水池里的鱼都死了。

那么“百家”是什么意思呢？《史记》中有几条关于百家的记载。《史记·五帝本纪》载太史公言：“学者多称五帝，尚矣。然《尚书》独载尧以来；而百家言黄帝，其文不雅驯，荐绅先生难言之。”意谓《尚书》写的是尧以后的事情，而百家内容可上溯至黄帝，百家行文不雅驯，就算是颇有见识的人，也很难断定这些内容

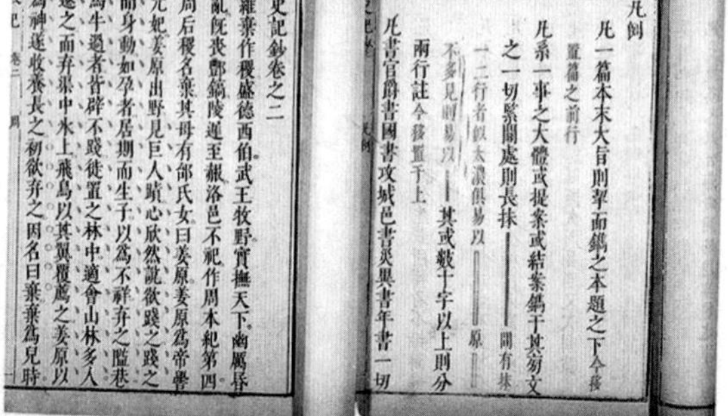
凡例
凡一篇本末大旨則挈而錄之本題之下今移
置篇之前行
凡系一事之大體或提案或結案錄于其旁文
之一切緊關處則長抹——間有抹
一二行者似太濃俱易以‖原
不多見兩易以——其或數十字以上則分
兩行註今移置于上
凡書官爵書國書攻城邑書災異書年書一切

史記鈔卷之二
維棄作稷盛德西伯武王牧野實撫天下幽厲昏
亂既喪酆鎬陵遲至赧洛邑不祀作周本紀第四
周后稷名棄其母有邰氏女曰姜原姜原爲帝嚳
元妃姜原出野見巨人跡心欣然說欲踐之踐之
而身動如孕者居期而生子以爲不祥弃之隘巷
馬牛過者皆辟不踐徙置之林中適會山林多人
遷之而弃渠中冰上飛鳥以其翼覆薦之姜原以
爲神遂收養長之初欲弃之因名曰棄棄爲兒時
史記 卷之二 周

《史记钞》

（明）秦昌元年闵振业刊朱墨套印本

的真假。《史记·秦始皇本纪》载廷尉李斯言："臣请史官非秦纪皆烧之，非博士官所职，天下敢有藏《诗》《书》、百家语者，悉诣守，尉杂烧之。"说明百家也和《诗经》《尚书》一样，无法逃过"焚书坑儒"的浩劫。《史记·平津侯主父传》载："主父偃者，齐临淄（zī）人也。学长短纵横之术，晚乃学《易》《春秋》《百家言》。"主父偃是汉武帝时大臣，他出身贫寒，早年学过纵横术，后学《易》《春秋》和百家之言。据此推测"百家"并不是指某一具体著述，而是指无法明确出处的小说总汇。班固著录《汉书·艺文志》时遵循时代顺序，各家以其总集作为收尾。《汉书·艺文志》小说家已将汉武帝时百科全书性质的《虞初周说》作为总集放在汉宣帝时《臣寿周纪》之后，而《百家》又在《虞初周说》之后，而且是小说家十五部小说中的最后一部，说明《百家》是一部小说总集。

四、 小说家著作的特点

桓谭《新论》和《汉书·艺文志》对于小说家和小说的记载，透露出汉前小说民间性、故事性和价值性三个主要特点。简要来说，民间性是指小说源自社会底层民众的口头创作；故事性是指小说具备了角色及情节；价值性是指虽然这些街谈巷议虽然是和经义大道相对的"小道"，却有一定的价值。

《汉书·艺文志》所记录的小说家作品中，有一部分取材自“街谈巷议”，例如《青史子》，班固注说明是“古史官记事也”。青史子是晋太史董狐的儿子，受封青史之田，所以就叫了这个名字。他的生平事迹不可考，只在史书中少有几篇古籍赞誉青史子才华横溢。《青史子》成书不晚于西汉初年，六朝时仍有流传，隋代散佚，今存数则，虽为谈礼，但多为道听途说之言。

小说家著述的取材，来自“街谈巷议”“道听途说”。因而小说家所记载的内容，既有人物言行和小故事，也包含志怪的方士之言。其中篇幅最大、内容最丰富的《虞初周说》就属于此类。这是一部由虞初根据《周书》改编而成的小说集，虽已亡佚，却能确立虞初是小说家的身份。《虞初周说》就被张衡认为是中国最早的小说文集，后人有以虞初为小说命名的，如《虞初志》《续虞初志》《虞初新志》等。虞初的《周说》对中国古代小说创作的影响由此可见一斑。虞初所著《周说》近千篇，今皆不传。《论语·阳货》：“道听而途说，德之

清谢墉校高诱注《吕氏春秋》

弃也。”说明这种信息源不确定的著作，在古代是不见容于统治阶级的。

小说家既然作为街谈巷议之言，其言不具有统一的思想体系，所以，《汉书·艺文志》以诸子十家，“其可观者九家而已”，不可观其思想之不入流者，即小说家。遗憾的是《汉书·艺文志》所载十五家小说，至隋时全部佚失。

在先秦时期，“小说”是与大道相对的词语，在两汉时期，小说家代表一种学派，小说取材自街谈巷语、道听途说，其中已经包含有故事的书写。虽不同于现今文体“小说”的内涵，但“小说”已采用了虚构、譬喻等文学创作手法，并且具有人物形象及故事情节。比如《吕氏春秋·慎行·疑似》载周幽王为求褒姒一笑而“击鼓戏诸侯”的故事。故事大意说西周都城位于西安西南沣河的两岸，丰京在西，镐（hào）京在东，距西戎比较近，于是周幽王与诸侯约定，在主路上建一座高堡，把鼓置于高堡上，远近都可以听见鼓声。如果戎寇入侵，就以鼓声相告，诸侯的军队听见鼓声来救幽王。有一次戎寇来袭，幽王击鼓，诸侯的军队果然都来了。闹腾的场面让宠妃褒姒大笑不已。幽王因为想看褒姒笑，于是在没有戎寇的情况下几次击鼓，让诸侯军队空跑了。到了后来戎寇真的来了，诸侯的军队以为这次击鼓依然是恶作剧，所以都没有来营救。幽王最终身死骊山之下，被天下人所嘲笑。褒姒也因祸国殃民而成为红颜祸水的代名词。篇末评价道："贤者有小恶以致大恶，褒姒之败，乃令幽王好小说以致大灭。"把周幽王虚构戎寇侵扰的事情称为"好小说"。虽然有人认为这个地方的"小说"是"小悦"的意思，但既然说褒姒"大说（悦）"，则原文显然不是"小悦"。这里的"小说"有虚构情节的含义，也就是说周幽王多次虚构了戎寇入侵的事件，导致了身死国灭、为天下笑的结局。

这个故事在《史记》中被写成"烽火戏诸侯"。无论是击鼓还是烽火戏诸侯，诸侯国距离丰镐近则几百里，远则几千里，要同时召集那么多的诸侯博得美人一笑的做法很难实现。2012 年初，清华大学藏战国竹简，有关于周幽王亡国的内容，似可以还原这一段历史，或者击鼓戏诸侯、烽火戏诸侯并不是真实发生的故事，周幽王父子三人的争权夺利才是西周灭亡的原因。周幽王第一任王后是申国（今河南南阳）申侯的女儿，生了周平王姬宜臼。后来周幽王又娶了褒国的褒姒，生了伯盘，褒姒和周幽王想废掉太子，周平王便逃到申国，周幽王带兵围攻申国。于是申国和投降西戎的曾国人合力抗击周幽王，最终周幽王和伯盘战败，西周灭亡。周平王东迁洛邑（今河南洛阳），此后周朝开始了东周时期，也就是春秋战国时期。

汉前小说除了有虚构的成分，还有譬喻的修辞手法。桓谭《新论》说小说家"近取譬论，以作短书"，说明小说家会采用譬喻的手法进行创作。清人孙星衍在编辑完《孔子集语》之后，给嘉庆上表说："或有寓言依托，小说流传，恐鱼目之混珠，窥豹斑而拨雾，醇疵（chún cī）不杂，仿晏婴内外之篇，事类相从。"孙星衍虽离战国已远，但中国古代传承的"小说"概念，仍然一脉相承，这段话说明小说和寓言的相类，中国古代"小说"不仅仅是一段"故事"，其中可能还有"疑似"和"虚构"的成分。

东汉桓谭《新论》说小说家"合丛残小语，近取譬论，以作短书，治身治家，有可观之辞"，是说小说家之言有益于"治身治家"，虽为小道，亦有可取之处，与孔子所谓"虽小道，必有可观者焉"如出一辙。从内容形式上来说，小说是"尺寸短书"，口语创作，便于流传，受众面广；从作用意义上来说，小说具有生动的故事性，有较强的观赏性、知识性，对"治身治家"的生活有指导作用；从艺术手法上来说，小说已具备人物形象和故事情节，同时使用了比喻、夸张、虚构、譬喻等修辞手法，使小说生动形象，正说明了汉前诸子小说与后世小说文体是一脉相承的。

汉前时期的小说家，虽然在当时并不入流，如今也未能看到作品传世，但我们从现在的文献遗存及小说创作中，或多或少地都能看到其渊源与影响。小说家将个人试图改造社会的愿望，融进搜集整理而来的民间传说、家长里短中进行再创作。即使这些作品中没有完整的思想体系，但我们依旧能从所谓的"丛残小语"中探寻、捕捉到蛛丝马迹。我们在从事中国古代小说研究时，应立足于中国文学本位立场，看到中国小说自身的特质，不必一定认为符合西方小说叙事风格的小说才是小说。中国古代小说有一个不断发展的过程，先秦时期搜集民间传说、街谈巷论的意识流传下来，形成了中国古代甚至现代的小说家从历史故事、身边琐事搜集写作素材的意识。在这个意义上来说，汉前小说家的影响是相当深远的。

第二章

小说家之外的小说

汉前小说与上古历史、诸子和神话传说混杂在一起，史传文学的叙事笔法，诸子中的“说体”和寓言故事等都对小说的产生起到决定性作用。上古历史叙事、诸子的言论和神话传说中的原型人物、典故及虚构想象共同孕育着中国古代小说的诞生，比如《左传》叙事的丰富性及戏剧性，《庄子》寓言的虚构性、情节性和描摹性，《史记》的人物描写，甚至《诗经》《楚辞》都对小说产生了影响。中国古代小说从开始就不是纯粹虚构意义的叙事文体，而是以实为主、虚实结合的一种叙事文体。胡应麟《少室山房笔丛》将小说分为志怪、传奇、杂录（志人）、丛谈、辩订、箴规六类。这说明中国古代的小说内容比西方的小说文体内涵和外延要丰富很多。

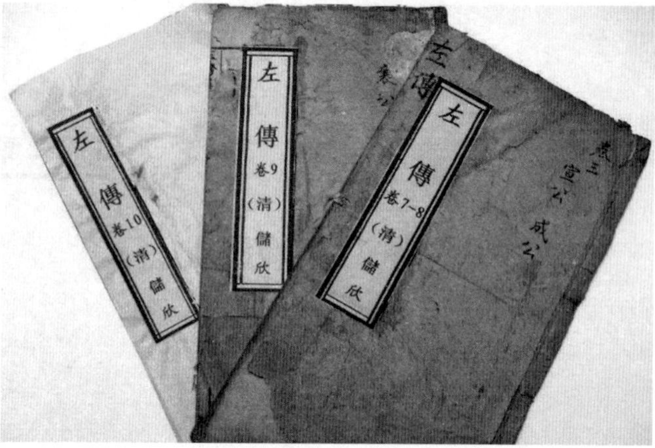

《左传》

一、 史传等叙事文学

清华大学藏战国竹简《赤鸠之集汤之屋》不仅可能时间早，而且篇幅长，记载的故事曲折复杂：一只赤鸠落到汤的屋子上，汤射获赤鸠，让厨师伊尹做成羹。伊尹做好了羹，汤的妻子纴巟（rèn huāng）要吃，伊尹说如果给纴巟吃了，汤会杀了他。纴巟说不给她吃她也会杀了伊尹，伊尹只好给纴巟尝了羹。这件事被商汤发现，商汤追查谁偷吃了他的羹，伊尹恐惧，逃亡夏。汤用巫术诅咒伊尹，伊尹昏倒在路上，一群乌鸦准备吃伊尹，灵乌说伊尹不能吃，灵乌帮助伊尹解除了巫术，伊尹根据灵乌的启示给夏王治了病。故事跌宕起伏，人物关系复杂，对话生动有趣，真实和虚构结合，体现了野史的特点。

在先秦文献中，除了小说家以外，还存在大量叙事文学，主要是史传体，如《左传》《国语》《战国策》等文献，都有叙事性文体，情节完整、生动性可能超越了先秦小说家的著作。清代文人冯镇峦在《读〈聊斋〉杂说》中就将《左传》当作小说来看，他说："千古文学之妙，无过《春秋左氏传》，最喜叙怪异事，予尝以之当小说看。"这里所说的小说，聚焦于《左传》中的叙怪异事，指向了《左传》生动的情节描写、完整的叙事结构及鲜明的人物形象。

《左传》是一部反映春秋时代历史事件和社会生活的纪实体的传记。作为一部解经的历史著作，《左传》为了使解经的内容更加生动，采取了合理想象的第三人称叙述方式，赋予了其情节生动、叙事完整的特点，体现了后代小说家常用的成熟的小说笔法。如《隐公元年·郑伯克段于鄢（yān）》记载的郑武公两个儿子庄公与共叔段之间的斗争，就是一篇比后世小说更精彩的故事。

郑国在今河南省新郑县一带，郑伯指郑庄公，郑属伯爵，所以称郑伯。"克"意思是战胜。"段"是指庄公的弟弟共叔段，叔段后来失败出奔共国，所以称"共叔段”。《郑伯克段于鄢》并不费笔墨讲郑伯战胜段的谋略、战术，而是从两兄弟的身世讲起。郑武公娶申国武姜为妻，育有长子庄公和次子段。庄公出生时脚先出来，就是难产，武姜因此叫他“寤（wù）生”。武姜偏爱次子共叔段，想立共叔段为世子，多次向武公请求，武公都不答应。到庄公即位的时候，武姜就替共叔段请求分封到制邑（今河南省郑州市荥阳西北）去，庄公说：“制邑险要，从前虢（guó）叔就死在那里，若是封给其他城邑，我都可以听您的。”武姜便请封京邑（河南省荥阳县东南），庄公答应了，让他住在那里，称他为京城大（tài）叔。大夫祭仲提醒说共叔段分封的都城不合法度，会对庄公不利，请庄公防患于未然。庄公说：“多行不义，必自毙。”过了不久，共叔段占领郑国的西边和北边的边邑，背叛庄公。公子吕对庄公说：国家不能有两个国君，现在您打算怎么办？您如果打算把郑国交给大叔，那么我就去服侍他；如果不给，那么就请除掉他，不要使百姓们产生疑虑。庄公说：不用除掉他，他自己将要遭到灾祸的。大叔段继续扩大地盘，修治城廓，聚集百姓，修整军备，将要偷袭庄公。武姜打算开城门作内应。庄公知道了公叔段偷袭的时间，知道时机到了，说：“可以出击了！”命令子封率车二百乘去讨伐京邑，京邑的人民舍弃大叔段，追随郑庄公，段于是逃到鄢城。庄公又追到鄢城，大叔段只好逃往共国。

郑庄公不满母亲，于是把武姜安置在城颍，发誓道："不及黄泉，无相见也！"不久庄公就后悔了。颍考叔听到这件事，就求见郑庄公。庄公赐食，颍考叔在吃饭的时候，把肉留着，庄公问他为什么这样，颍考叔答道：小人有个老娘，我吃的东西她都尝过，只是从未尝过君王的肉羹，请让我带回去送给她吃。庄公说：你有个老娘可以孝敬，唉，唯独我就没有！颍考叔说：请问您这是什么意思？庄公把原因告诉了他，还告诉他后悔的心情。颍考叔答道：您有什么担心的！只要挖一条地道，挖出了泉水，从地道中相见，谁还说您违背了誓言呢？庄公依了他的话。庄公走进地道去见武姜，赋诗道："大隧之中，其乐也融融！"武姜走出隧道赋诗曰："大隧之外，其乐也洩洩（yì）。"母子和好如初。此段记载虽是解释《春秋》的，但原文中只有约四十字与《春秋》及《春秋公羊传》《春秋穀（gǔ）梁传》一致，其余部分都是敷衍生发出的，完全就是一个有情节、有人物、有始终的小说作品。

《左传》记事生动，特别喜欢记载各种奇闻怪事，如《宣公十五年》载"秦人伐晋"中写到了"结草以报"之事，讲秦桓公率兵伐晋，晋将军魏颗在辅氏打败了秦军，俘虏了力士杜回。作者并不写正面战场，而是话说当初，魏颗的父亲魏武子有一位爱妾，魏武子生病时，让魏颗在自己死后把爱妾嫁出去，后来魏武子病危时，又改口说要让爱妾为自己殉葬。魏武子死后，魏颗就把这位妾嫁出去了，他说："人病危时头脑昏乱，我服从他清醒时说的话。”到辅氏战役时，魏颗看见有一位老人把茅草结在一起，绊倒敌人，秦国名将杜回于是成了魏颗的俘虏。魏颗在梦中才知道结草那位老人是那位妾的父亲，来报答他不杀女儿的恩情。

《成公十年》晋侯梦大厉载“病入膏肓”事，说晋景公梦见一个厉害的鬼，披散的长发拖到地上，拍打着胸膛跳起来说景公杀了自己的孙子，现在自己要开始报仇，桑田巫人释梦说景公吃不上新麦。后来景公病倒了，秦桓公派医生缓来为其治病，景公又梦见了他的病变成了两个儿童商量躲在膏肓（心与膈间的部分）之间，缓果然无从下手。新麦收获，晋景公想尝新麦，命人做饭，麦饭做熟后，景公召见桑田巫人，杀之，认为巫言为妄言。将要吃饭，肚子却突然发胀，上厕所时跌入厕所死了。有一个宦官当天早晨梦见背着晋景公升天，到了下午，果然是这名宦官将景公背出厕所，最终这名宦官成了殉葬人。

《左传》依据传闻把本来“一字寓褒贬”的《春秋》之事敷衍成情节生动、叙述完整的故事。鬼魂梦兆是子虚乌有，“子不语怪力乱神”，史传文学也基本不谈虚妄之言，而《左传》却采之为史实，虽反映了《左传》成书时代人们对神秘文化的迷信，却也使《左传》有了虚构性的特征，使《左传》充满了离奇色彩。

《左传》在人物刻画方面取得了非常高的成就。比如前面所讲《郑伯克段于鄢》当中，自私的武姜、奸猾的庄公、膨胀的共叔段、忠诚的大夫祭仲、公子吕以及颍考叔等，他们的形象皆能跃然纸上。此外，还侧面描写了京邑百姓在这场政治争夺中的态度。作者把人物置于一定的时间和空间之中，善于通过人物的言行来刻画人物形象，并在冷静的叙述中表明自己的倾向性。

《左传》的人物刻画更突出地表现在战争描写和对外交场合的记叙中，如《庄公十年》载“曹刿（guì）论战”事。当时，齐强鲁弱，曹刿一介平民，却充满智慧，他见国难当头，挺身而出，建议鲁庄公要取信于民。曹刿在战术上随机应变，知己知彼，才能以弱胜强。作者特意描写了曹刿在作战过程中注重战争细节的微妙变化，他深谙“夫战，勇气也。一鼓作气，再而衰，三而竭”的道理，抓住彼竭我盈的战机，以少胜多，大获全胜。这段记述中，从曹刿请见可以看出他忠君爱国；从曹刿问战可以看出他的真知灼见；从曹刿参战能看出他卓越的军事才干；从曹刿论战能看出他过人的谋略和辩才。

曹刿是《左传》塑造个人形象的典型，晋公子重耳之亡则在塑造重耳个人形象的同时，成功刻画了随从重耳流亡的群体形象。重耳在流亡之初，年少气盛，还有公子脾气。重耳一行在卫国没有得到卫文公的礼遇，他们向农夫乞食，农夫却拿土块给他们，重耳发怒，要鞭打农夫。在齐国时重耳贪图安逸，不愿离去。最终在漫长的流亡过程中重耳由幼稚走向成熟。后来能够不卑不亢的与楚王对答，表现出镇静、沉着、成熟的应变能力和外交才能，在秦国受到轻视也能虚心接受批评。这样的重耳最终回到晋国，成就霸业。重耳的随从中，狐偃（yǎn）阻止重耳鞭打拿土块给他们的农夫，说农夫所献土块象征社稷，表现出狐偃的智谋与忠心。赵衰（cuī）在流亡期间悉心照顾重耳，与重耳走散时宁肯挨饿也不吃随身带着的食物，他要留着给重耳。他甚至是重耳的监督员，督促重耳归国完成大业。

在晋文公流亡的这段记载中，既有赵衰、狐偃为代表的名士，也有几位普通人物和女子，比如被狄人俘虏的叔隗（wěi）、季隗，诸侯之女姜氏、怀嬴，寺人披、竖头须，以及赵姬、介之推等，或刚烈，或机智，维护着自己的尊严和清白。这些人虽所占篇幅不多，却给人留下了深刻的印象。

鲁迅《中国小说史略》也把《山海经》和《穆天子传》列入小说家著作中。《山海经》是中国古代早期的一部地理著作，其中包含着传说和神话内容，应该成书于战国时期。《穆天子传》也写定于战国时期，在晋太康二年（公元 281 年），汲县古墓出土一批文物，其中包括《穆天子传》和《竹书纪年》。《竹书纪年》的纪事终止于魏王二十年（前 299 年），《穆天子传》最晚不得晚于这个历史阶段。

《山海经》的条目按照空间位置依次编排，其中《五藏山经》所列的山，都明确标出所处位置，《海经》

和《荒经》虽然没有明确标示，但也是按照空间次序依次展开的。《穆天子传》以周穆王西游为背景，是周穆王西行的游记。其中的故事包括时间、地点、人物，穆天子从东都洛阳为出发，经位于今河北山西交界处的漳水滹（hū）沱河，最终抵达今陕西汉中境内的南郑，行程共三万有五千里。在周穆王旅游途中，有徒手搏虎的场面，有盛姬盛大的丧礼，甚至还曾与西王母会于瑶池之上。显然，穆天子会见西王母，是不可能真实发生的事情。

二、 诸子中的叙事与寓言

小说家是战国诸子之一，除了小说家以外，属于《六艺略》的《论语》及其他诸子著作也有与小说家相通的书写特征。

《论语》虽然不属于诸子著作，但也包含不少与孔子相关的情节和故事。孔子是位伟大的“圣人”，他诲人不倦，杏坛树蕙，教导弟子。他倡导仁、义、礼、智，好义而不言利，重视人，爱人而具深情，当弟子颜回去世，他“哭之恸”。他把“仁”当作最高责任，强调君子无终食之间违仁，“造次必于是，颠沛必于是”。孔

孔子像

子文质彬彬，端庄典雅，不卑不亢，不骄不躁。虽以其博大精深，却于饮食投足此小事见其真性情。

《孟子》通过孟子与其他人的谈话阐释孟子的观点。通过孟子的言行，我们强烈地感受到了孟子这样一位有浩然之气、有历史使命感的士人形象。他有“虽千万人吾往矣”的勇气，有大义当前舍生忘死、慷慨赴难的气概。孟子象征着坚忍不拔、坚强不屈、不折节、不妥协的独立人格。他强调富贵不能淫，贫贱不能移，威武不能屈，具有顶天立地的气魄。孟子强调“穷则独善其身”“不得志独行其道”，但他依然爱人，时刻关注苍生，不忘拯救万民。

《晏子春秋》是重要的儒家著作，全书记载形形色色的有关晏婴的故事。晏婴重礼、尊君、爱民、禁暴的品德，预言家的料事如神，预卜祸福，预见齐军之败等情节，都体现了故事性。

诸子著作中记载有大量真实故事以外，还有不少寓言。寓言故事一般可以认为是虚构的，不过，也可能包含着把虚构的故事附着在真实的人身上的例子。如《韩非子》常用寓言假托孔子来宣传其法家思想，笔下的孔子从历史上的圣人摇身一变成为了法家的先驱者。在“陨霜杀寂”“鲁人败北”“鲁人烧积泽”等篇中的孔子，极力主张严刑重罚，俨然是酷吏形象。在《庄子》《列子》等道家寓言中，孔子时而成为被道家揶揄的对象，时而成为道家思想的衬托者和传声筒。

墨子、孟子、韩非子是以现实生活或历史人物为主角，而庄子的主角往往带有神话色彩。如“倏（shū）”“忽”“浑沌”“黄帝”“离珠”“云将”等神话中的人物，或者是至真、至善、至美的“至人”“真人”“神人”，或者是会说话的青蛙、鹤雏、鸥、神龟，或者是光怪陆离的形象，如硕大无朋而又能飞腾变化的鲤鹏，跛脚驼背、貌恶能骇天下却令孔子敬佩的哀骀（dài）它。这些形象打破了以历史和生活故事作为寓言取材对象的局限，成为先秦寓言乃至整个中国古代寓言上的一道奇观。

“寓言”一词最早见于《庄子》，《庄子·寓言》说：“寓言十九，藉外论之。”清刘熙载说庄子寓言妙在“寓真于诞，寓实于玄”（《艺概·诗概》），可见这里的“寓言”指的是有所寄托之言，借其他事物寄托本意。所以事实上寓言是一段虚构的故事，本质特征一是简单的情节，二是寓意。诸子常常引用民间流传的或自编的寓言来总结历史经验、宣传各自的政治主张，因此先秦诸子中出现了大量的寓言。在韩非之前，寓言故事几乎都是零散分布于诸子或史传文学中，战国末年韩非编成了《说林》《储说》两部寓言专集。

先秦寓言内容丰富、手法灵活、风格多样，已经发展成独立的文学体裁，虽篇幅简短，但结构完整，已经可以从原著中离析出来，作为独立的文体活跃在人们的语言交际之中。

在诸子的寓言中，除了以历史人物为主角，还出现了神话人物的形象。除了个别人物形象，诸子还成功塑造了“宋人”“郑人”“女人”等人物群像。

寓言包含着丰富的哲理，但却将哲理与形象完美地结合了起来，达到了水乳交融的境界，成功塑造了很多典型形象，如揠苗助长、守株待兔的宋人，刻舟求剑、画蛇添足的楚人，忧天的杞人，滥竽充数的南郭先生，甚至假借虎威的狐狸等生动可爱、发人深思的形象，早已妇孺皆知，成为某种观念或行为的象征。滥竽充数、刻舟求剑、狐假虎威这些成语让人想到的是有趣的情节和滑稽可笑的人物形象，而不是枯燥乏味的说理。

先秦寓言在人物指称上出现了符号化倾向。如韩非子塑造的愚人形象系列中，最典型的就是“宋人”和“郑人”，如《储说·郑人买履》以只相信尺子量的尺寸而不相信自己脚的郑人，讽刺不从实际出发而迷信教条的做法。再如《外储说左上》郑县人卜子之妻给卜子做裤子，当妻子问希望裤子做成什么样时，卜子说：“像我原来裤子的那样。”妻子因此把新裤子弄坏，故意弄成像他原来的旧裤子一样了。这则寓言以郑县人卜子之妻讽刺机械呆板、思想陈旧、与新事物格格不入的行为。以“守株待兔”的宋人讽刺固守经验、不知变通的行为。

韩非子寓言中还塑造了女性群像。如“美人掩鼻”中的郑袖争宠，给楚王的新宠献谗言让其见楚王时掩鼻，而这个动作惹怒了楚王，楚王下令割掉了美人的鼻子；有自损身体嫁祸正妻、蛊惑春申君杀掉正妻和孩子的妾余；有唆使晋献公杀死太子申生的骊姬；有用毒药杀死郑君的郑君夫人。这些女性阴险歹毒，蛇蝎心肠，巧舌如簧，她们蛊惑君主，陷害忠良，正是现实中以谗言蛊惑君王甚至弑君篡位的阴谋家的真实写照。

先秦寓言的故事情节曲折有致，有始有终。相对长篇的寓言如《韩非子》中的“滥竽充数”和“扁鹊见蔡桓公”，它们结构很完整，即使是短则几句的寓言也保持了情节的完整性，如《孟子·梁惠王上》里的“五十步笑百步”：“填然鼓之，兵刃既接，弃甲曳兵而走。或百步而后止，或五十步而后止。以五十步笑百步，则何如?”这则寓言简要地交代了两个逃兵“弃甲曳兵”的两种情况，暗示出梁惠王“移民移粟”跟邻国统治者的治国不用心在本质上没有区别。再如《韩非子·五蠹（dù）》里的寓言“守株待兔”说战国时一个宋国农民，偶然碰见一只兔子撞死在树桩上，便放下锄头在树桩旁等待，希望再得到撞死的兔子。用一个长句子讽刺“法先王”的保守主张。

诸子寓言有着丰富的思想内涵及鲜明的主观倾向。诸子用寓言宣传各家的政治主张及哲学思想，寓言中蕴含着各家价值判断的衡量标准。

诸子的寓言故事本质上是为了宣扬本学派的哲学思想和政治主张，如庄子寓言宣扬“顺应自然”“齐生死、等得失”的道家思想；孟子寓言阐释“仁政”“王道”的儒家主张；韩非子寓言讲述“法”“术”“势”相结合的法家学说。虽是从弘扬政治主张出发，诸子寓言却成功地讽刺了现实，具有积极的批判意义。《孟子》倡导“仁政”，例如《滕文公下》中的“攘（rǎng）鸡”，针对当时宋国大夫戴盈之横征暴敛的恶政。戴盈主张慢慢减少赋税，待来年再停止关市的征税，孟子编造了“攘鸡”寓言，塑造一个可笑又可鄙的偷鸡人形象，这个人不想从根本上改变自己偷鸡的本性，而是用“请损之，月攘一鸡”这种无赖式的手法来哄骗别人。孟子用诙谐而锐利的词锋，揭穿了统治阶级像偷鸡贼一样用诡计愚弄人民的嘴脸，进而宣扬了他“省刑罚、薄税敛”的“仁政”思想。再如《梁惠王》中的“五十步笑百步”说明只是数量上的减少并不能改变事物的本质，不从根本上改变做法，即使“尽心”治国，也还是达不到目的，隐讳地讽刺了梁惠王的伪善，揭示了梁惠王实行暴政的本质。《孟子》寓言具有很强的现实针对性，这与孟子“以民为本”的王道思想和积极用世的态度是分不开的。

作为法家思想的集大成者《韩非子》中的寓言更是投身政治者的政治教科书。《韩非子》中有许多寓言突出地反映了法家严刑峻法的政治主张，如“董阏（yān）于法无赦”说太守董阏于得知深涧虽险却而无人畜跌失，悟到立法严格则无人敢犯的道理，宣传了法治思想。

《庄子》“抱瓮老人”说子贡见一位老人一次又一次地抱着瓮去浇菜，就建议他用机械汲水。老人却说这样做会滋生人的机心。这则寓言反映了道家摒弃智巧、力求保持纯真的主张。

先秦寓言富含哲理，如“庖丁解牛”“揠苗助长”告诫人们应依循客观规律办事；“郑人买履”“守株待兔”“刻舟求剑”告诫人们不能因循守旧；“望洋兴叹”“坎井之蛙”启示人们不要孤陋寡闻、孤芳自赏，要增长见识；“扁鹊见蔡桓公”提醒人们要防微杜渐；“买椟还珠”说明不应颠倒主次；“画蛇添足”阐释物极必反的道理。“唇亡齿寒”说明了局部与整体的辩证关系。

寓言常讽刺批判种种假恶丑的现象，让人吸取教训、引以为戒。如《墨子·兼爱》中说“昔者楚灵王好士细腰，故灵王之臣皆以一饭为节，胁息然后带，扶墙然后起。比期（jī）年，朝有黧（lí）黑之色。”“楚王好细腰”揭露了朝廷上梁不正下梁歪的不良风气，说明对于位高权重的人物来说，提倡或反对，须谨慎行事，否则会招致严重后果。在《吕氏春秋·先识览·去宥（yòu）》的“齐有攫金者”中，说有一齐人想要金子，于是去市场上抢别人的金子，差役逮住他问道：主人在那里，你为什么还要抢金子？齐人回答说：我没看见人，只看到了金子。这则寓言辛辣地讽刺了因为财迷心窍、见钱眼开而做出的愚蠢行动。

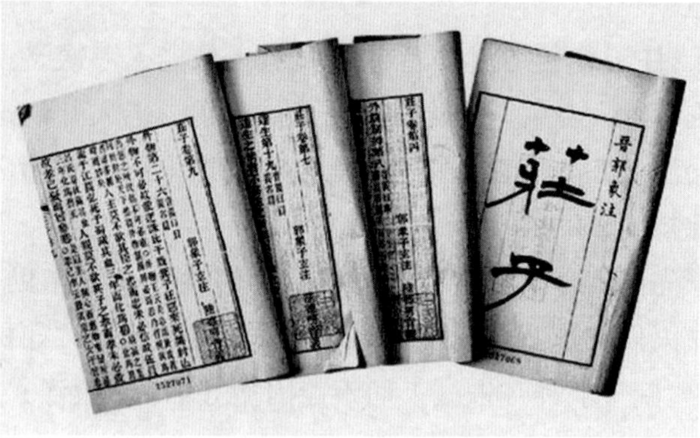

《庄子》

《庄子·应帝王》云："南海之帝为儵（shū），北海之帝为忽，中央之帝为混沌。儵与忽时相与遇于混沌之地，混沌待之甚善。儵与忽谋报混沌之德，曰：'人皆有七窍，以视听食息，此独无有，尝试凿之。'日凿一窍，七日而混沌死。"这则寓言虚构了一个象征自然的神混沌，而好事之儵、忽譬如所谓有为之君主，意欲有为，实则害民。

寓言长于讽刺批判的同时也颂扬真善美。如《列子·汤问》"愚公移山"赞颂了愚公一家不怕艰苦的移山精神，另一则"两小儿辩日"赞扬了两小儿积极探索自然奥秘的精神。《左传》"子罕不受玉"赞扬了子罕廉洁的宝贵品质。《韩非子·外储说右下》"公仪休嗜鱼"以公仪休爱吃鱼，但不受鱼，同样赞扬了主人公为政清廉的高尚品格。

诸子寓言虽是为宣传其学派思想及主张服务，但其中已经具有鲜明的人物形象、完整的故事情节、丰富的思想内涵，尤其《墨子》《孟子》《庄子》《韩非子》在寓言方面取得了突出的成就。先秦寓言有故事情节及具体形象，具有虚构性、形象性、故事性及讽刺性，是中国小说最直接的源头。

三、 杂史《燕丹子》

小说家出现在战国，汉代小说已经可以看作是一种独立的、基本的文体形式。汉代具有小说性质的作品往往与史书、传记及其他论说文章相杂糅，所以称之为“杂史”“杂传”“杂说”。这些作品均由文人创作，有鲜明的创作宗旨，所讲述的故事为说教服务，但其中已经出现了粗略的情节和为情节服务的角色形象。杂史著作中蕴含历史小说创作的雏形，如《燕丹子》；刘向所编著的《说苑》《新序》《列女传》被称为“刘向三书”，具有杂传、杂说的性质，是人物传记小说的雏形。

《燕丹子》是一部杂史著作，生动描述了“荆轲刺秦王”事件的始末。战国末年，燕国太子丹在秦国做人质时被秦王政无礼相待，下定决心找时机向秦王复仇。返回燕国后，募得刺客荆轲，荆轲冒死赴秦行刺秦王，结果“壮士一去兮不复返”。故事有声有色，跌宕起伏，充溢着悲壮的气氛。《燕丹子》的作者及成书年代难以得到确切考证，就遗存史料来看，北魏郦道元《水经注》卷十一“易水”注最早引用了《燕丹子》，《隋书·经籍志·小说家》最早著录了《燕丹子》，而《汉书·艺文志》中并未见著录，因此《燕丹子》应在东汉中叶至魏晋之间著成，但“荆轲刺秦王”的故事早在《史记》撰写之前就已经流传。

西汉刘向按照国别编订了《战国策》，其中《燕策》载“燕太子丹质秦亡归”之事见于《史记》。传世文献中完整记载“荆轲刺秦王”始末的是《史记·刺客列传》与《燕丹子》。《史记·刺客列传》遵循史家“据事直书”的原则，力求尊重史实，《燕丹子》则充分发挥“小说家言”的想象，所以两本著作呈现了不一样的风貌。《燕丹子》开篇极力渲染燕丹子自秦逃归的传奇经历：“燕太子丹质于秦，秦王遇之无礼，不得意，欲求归。秦王不听，谬言曰：‘令乌白头、马生角，乃可许耳。’丹仰天叹，乌即白头，马生角。秦王不得已而遣之，为机发之桥，欲陷丹。丹过之，桥为不发。夜到关，关门未开。丹为鸡鸣，众鸡皆鸣，遂得逃归。深怨于秦，求欲复之。奉养勇士，无所不至。”燕太子丹在秦国做人质，秦王却很无礼，以至于太子丹想回燕国。秦王提出如太子丹能让乌鸦白头、马长出角就允许他返回燕国。太子丹仰天长叹，于是乌鸦白了头，马长出了角。秦王无奈但心有不甘，于是特别设计“机发之桥”陷害太子丹，而这座桥却在燕丹子经过时失灵。半夜赶到关口，城门未开。丹学鸡鸣，其他鸡也跟着鸣叫，守城人以为到了开门时间，太子丹最终顺利逃归。太子丹与秦结下了积怨，下定决心要报复，于是奉养勇士。这段叙述中“乌白头、马生角”“丹为鸡鸣，众鸡皆鸣”这些夸大其词的书写是太史公所不认同的，司马迁评价说：“世言荆轲，其称太子丹之命，‘天雨粟，马生角’也，太过。”（《史记·刺客列传》）。《史记》的书写则只提到燕太子丹“亡归”：“燕太子丹者，故尝质于赵，而秦王政生于赵，其少时与丹欢。及政立为秦王，而丹质于秦。秦王之遇燕太子丹不善，故丹怨而亡归。”这是近乎于客观的记述。

荆轲刺秦王画像砖

再来对两者的结尾进行比较。对于故事的结尾，《燕丹子》同样进行了虚构处理。原文如下：“轲奉於期首，武阳奉地图。钟鼓并发，群臣皆呼万岁。武阳大恐，两足不能相过，面如死灰色。秦王怪之。轲顾武阳，前谢曰：‘北蕃蛮夷之鄙人，未见天子。愿陛下少假借之，使得毕事于前。’秦王曰：‘轲起，督亢图进之。’秦王发图，图穷而匕首出。轲左手把秦王袖，右手揕（zhèn）其胸，数之曰：‘足下负燕日久，贪暴海内，不知厌足。於期无罪而夷其族。轲将海内报仇。今燕王母病，与轲促期，从吾计则生，不从则死。’秦王曰：‘今日之事，从子计耳！乞听琴声而死。’召姬人鼓琴，琴声曰：‘罗縠（hú）单衣，可掣而绝。八尺屏风，可超而越。鹿卢之剑，可负而拔。’轲不解音。秦王从琴声，负剑拔之，于是奋袖超屏风而走，轲拔匕首擿（tī）之，决秦王，刃入铜柱，火出。秦王还断轲两手。轲因倚柱而笑，箕踞而骂曰：‘吾坐轻易，为竖子所欺。燕国之不报，我事之不立哉！’”

樊於期本是秦国将军，因参与了嫪毐（lào ǎi）谋反，畏罪潜逃到燕国。太子丹派荆轲谋刺秦王政时，荆轲请求以樊於期首级与庶地督亢（在河北高碑店一带）地图作为进献秦王的礼物，以利于行刺。樊於期慷慨自刎赴死。荆轲奉樊於期首级，与少年杀人的武阳同行。武阳奉地图，觐见秦王，一时钟鼓齐鸣，群臣疾呼“万岁”，武阳大惊失色，双脚不听使唤，面如死灰。秦王有所警觉，荆轲看了一眼武阳，上前对秦王解释道：北藩蛮夷的鄙人，见不得天子。希望陛下您能允许我上前，将所有东西呈现在您面前。秦王应允。秦王慢慢打开地图，没想到地图在最后的部分藏着匕首。荆轲左手死死抓住秦王衣袖，右手拿刀刺向秦王胸口，并说道：“你长时间以来有负于燕国，贪婪暴虐，为害海内，却贪得无厌，不知满足。樊於期无罪，你却将他灭族。荆轲今天为海内的人报仇。如今燕王母很烦恼，你听我的，我放你一条生路，不听我的，今天就是你的死期。”在这里，荆轲义正辞严为天下除害，秦王狡黠阴险。在刺杀的千钧一发之际，荆轲居然同意秦王的请求，“召姬人鼓琴”，而秦王从琴声中听到暗示到屏风后找到了剑，扭转了局势，断了荆轲的手，荆轲刺秦王以失败告终。

而《史记》中的这段描述，太史公明确说明“始公孙季功、董生与夏无且游，具知其事，为余道之如是”。即司马迁是亲听了当事人的口述的，其记载贴近史实，《史记·刺客列传》曰：“荆轲奉樊於期头函，而秦舞阳奉地图柙，以次进。至陛，秦舞阳色变振恐，群臣怪之。荆轲顾笑舞阳，前谢曰：‘北蕃蛮夷之鄙人，未尝见天子，故振慑。愿大王少假借之，使得毕使于前。’秦王谓轲曰：‘取舞阳所持地图。’轲既取图奏之，秦王发图，图穷而匕首见。因左手把秦王之袖，而右手持匕首揕之。未至身，秦王惊，自引而起，袖绝。拔剑，剑长，操其室。时惶急，剑坚，故不可立拔。荆轲逐秦王，秦王环柱而走。群臣皆愕，卒起不意，尽失其度。而秦法，群臣侍殿上者不得持尺寸之兵；诸郎中执兵皆陈殿下，非有诏召不得上。方急时，不及召下兵，以故荆轲乃逐秦王。而卒惶急，无以击轲，而以手共搏之。是时侍医夏无且以其所奉药囊提荆轲也。秦王方环柱走，卒惶急，不知所为，左右乃曰：‘王负剑！’负剑，遂拔以击荆轲，断其左股。荆轲废，乃引其匕首以擿秦王，不中，中桐柱。秦王复击轲，轲被八创。轲自知事不就，倚柱而笑，箕踞以骂曰：‘事所以不成者，以欲生劫之，必得约契以报太子也。’于是左右既前杀轲，秦王不怡者良久。”

同样是“荆轲刺秦王”的故事，《燕丹子》为了凸显人物，创造戏剧化情节，对故事进行了虚构。秦王临危要求听琴，而琴声里隐含了在屏风后藏有刀的信息，荆轲临死前发出感慨等虚构的情节增添了故事性，使情节更为丰满，所以《燕丹子》被视为小说。而《史记》坚持了“实录”与批判的精神，所以成为“史家之绝唱”。

四、《列女传》、《说苑》与《新序》

刘向是西汉末期的一位大学者，在历史上以校勘群书而享誉千载，同时他也是中国小说史上的里程碑人物。他所撰《别录》，是我国最早的目录书。刘向死后，其子刘歆（xīn）在《别录》基础上，分门别类编成《七略》。《别录》《七略》已佚，东汉班固《汉书·艺文志》是以《七略》为蓝本而编成。今存刘向校勘编撰《新序》《说苑》《列女传》《战国策》《列仙传》等书，《楚辞》也是由刘向编订成书，刘向还与其子刘歆共同编订《山海经》。其著作《五经通义》有清人马国翰辑本。

刘向编订了三部杂糅历史、传记与小说特点的著作，即《列女传》、《新序》和《说苑》，被称为“刘向三书”。关于编书目的，《汉书・楚元王传》有明确陈述。刘向眼见着奢淫成风，而且赵卫之属逾越礼制，心生忧虑。他认为王者的教化应该由内而外，从最近的人开始。所以刘向采取《诗经》《尚书》中所载贤妃贞妇的故事，这些女性兴国显家，是值得效仿的对象；还选取了祸国殃民的宠妾事例按顺序编成《列女传》，一共八篇，用以警戒天子。后来采其他人物传记及事迹，著写《新序》《说苑》总共五十篇，都呈递给君主。刘向认为这些书有助于君主了解天下事，以补遗阙。虽然君主不能把所有内容都用上，但经常夸赞刘向编的三书。所以刘向是针对逾礼制、尚奢淫等社会弊端创作的这三部著作以“言得失”“助观览”“补遗阙”，最终通过劝诫皇帝以实现革除社会弊端的目的。“刘向三书”的内容表露出刘向的伦理道德观念和治国理政的思想。

“刘向三书”收录的故事以先秦为主，也有一些西汉故事。故事来源不仅有先秦经传和诸子如《管子》《晏子春秋》和《荀子》等著作中的材料，而且也有汉朝著作如《新书》、《韩诗外传》及《淮南子》等著作中的大量材料。另有一部分材料来源于他校书过程中积累的各种著作在传写和传说过程中形成的异文。刘向在遵循历史的基础上进行编辑。“刘向三书”用一篇篇短小精悍的历史故事来表达自己的思想观点，今存篇目 900 余则，是唐前规模最大的短篇历史故事集。东汉王充

《论衡·超奇篇》云："儒生……或抽列古今，纪著行事，若司马子长、刘子政之徒，累积篇第，文以万数，其过子云、子高远矣，然而因成纪前，无胸中之造。"司马子长是司马迁，刘子政是刘向，子云是扬雄，子高是张敞。司马迁、刘向二人均采用了"抽列古今，纪著行事""累积篇第"的编撰方式，就是把古今事选取排列出来，累积材料编成篇目，记载下来写成书。

《新序》《说苑》《列女传》同《史记》一样，大量采录了史料，但和《史记》不一样的地方在于"刘向三书"不论是为人物写传记，还是搜集旧闻逸事，刘向的目的都不是修史，而是通过在史实基础上进行编排以宣扬某个主题。

《新序》是现存刘向所编撰的最早的一部作品，原三十卷，今存十卷。《新序》10 卷中主旨明确的有《刺奢》《节士》《义勇》《善谋》等。《新序》中的故事可以在《战国策》《晏子春秋》《吕氏春秋》《韩诗外传》等书中找到原委。例如《新序·善谋九》取材自《左传》、《战国策》及《史记》；而《善谋十》取材自《史记》。这部书是以讽谏为政治目的的历史故事类编。如《新序·节士》载关龙逢的事迹。夏桀建了个酒池，酒池之大可以行船其中，酒量之多酿酒的糟堆积成山，站在上面能瞭望十里之外，击鼓聚集人饮酒，一次可供三千人同时狂饮。关龙逢向夏桀进谏，他说为人君就要以礼义为行事标准，爱护人民，节约用度，如此才能国泰民安，福祚永昌。而夏桀却反其道而行之，亲近佞（nìng）臣，挥霍无度，长此以往，必有天祸，希望君主能够改正。关龙逢立于朝上，久不离去，夏桀因此大怒把他囚禁起来。关龙逢最终因忠谏被杀，成为华夏史上第一个以死谏君的忠臣，所以刘向将其作为“节士”代表。

其他篇目如《新序·刺奢》中载夏桀建瑶台，商纣王建鹿台的“酒池肉林”典故，借夏桀和商纣王的穷奢极欲和悲惨结局讽谏君主要节欲戒奢；《新序·节士》中载比干、屈原、程婴、苏武等节义之士的故事；《新序·义勇》中载陈恒弑君、庄善殉白公胜的“好义”之举；《新序·善谋》载管仲辅齐桓公、狐偃辅晋文公、黄歇解楚围等故事说明善谋贤臣的重要性，以暴虐的商鞅变法造成国怨的故事讽谏君主要认识到“仁恩，谋之本”的道理。由此可见，《新序》通过分门别类辑录历史故事，是要达到讽谏劝说的政治目的。

《说苑》的著述目的与《新序》相同。《说苑》二十卷，以记述诸子言行为主，内容指向治国安民、家国兴亡，主要体现了儒家的政治思想、政治理想以及政治伦理观念。

《说苑》每一卷都主旨明晰，甚至可以说是开卷明义，其中如《君道》讲为君之道，篇目中以师旷、尹文、伯禽、孔子等人的观点讲述对君道的理解，核心是儒家所倡导的仁政；《臣术》则讲为臣之道，举伊尹、

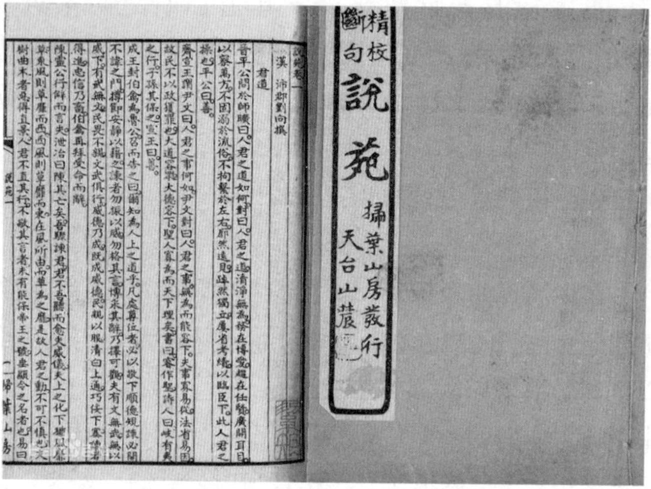

《说苑》

晏婴等贤臣事迹阐明为人臣子应当顺应天命，无所敢专，忠于职守。《君道》和《臣术》在遵循历史的基础上加以编排推演，为刘向的政治主张服务，具有了鲜明历史加小说的叙述特点。而《说苑·贵法》所载“爱屋及乌”的故事则更多地凸显了譬喻的特点。当周武王攻克商朝都城殷后，问姜太公如何处置商朝遗留下来的权臣贵族、官宦将士，姜太公答道：我听说，如果喜爱一个人，就会连其屋顶被视为不祥之兆的乌鸦都喜欢；如果憎恨一个人，就连带厌恶他的仆从，让他们一个也不留，您看怎样？

和《新序》一样，刘向编撰《说苑》的主要目的既不是为了记载历史，也不是为了文学创作，《说苑》的

《君道》《建本》《贵德》《复恩》《正谏》《善说》《奉使》《权谋》《指武》等诸篇都是为了服务于宣扬道德、有益风化的政治目的。

《列女传》

《列女传》是刘向采择《诗》《书》等经传典籍中列女故事而成，和《新序》《说苑》一样采用了“以类相从”的原则，共编成《母仪传》《贤明传》《仁智传》《贞顺传》《节义传》《辩通传》《孽嬖（bì）传》七卷，每卷选取十五位代表女性凸显一个主题。

《列女传·母仪传》彰显母性相夫教子的化育之功。如“有虞二妃”娥皇女英承舜为妻，“弃母姜嫄”履迹而孕生后稷，“契母简狄”吞卵产子，“启母涂山”教以善道，“汤妃有新女”明而有序，“周室三母”母仪天下等。

《列女传·贤明传》彰显为妻之道要有德行。如“周宣姜后”贤而有德，“齐桓卫姬”信而有行，“晋文齐姜”言行不怠，“秦穆公姬”敬慎威仪，“楚庄樊姬”执事有恪，“柳下惠妻”光耀其夫等。

《列女传·仁智传》选录了为人母、为人妻目光如炬，以一己之智劝导丈夫或儿子的事迹。如“密康公母”能识微，“楚武邓曼”知天道，“许穆夫人”慈惠远识，“曹僖氏妻”明哲保身，“赵氏括母”不受赵括纸上谈兵所迷惑保全家周全等。

《列女传·贞顺传》赞扬女性守礼，礼是高于一切的行为准则，倡导女性要顺从夫君，持守贞操。如“召南申女”因夫礼不备而不肯嫁从，“宋恭伯姬”因恪守夜不下堂礼而葬身火海，“卫寡夫人”虽为望门寡妇却卒守死君，“蔡人之妻”虽夫有恶疾依然不离不弃等。

《列女传·节义传》彰显了女性的气节、节操和义气。如“鲁孝义保”保母以其子命换孝公命，“楚昭越姬”勾践之女信能死义，“鲁义姑姊”见军走山弃子抱侄，“鲁秋洁妇”秋胡子妻耻夫无义投河自尽等。

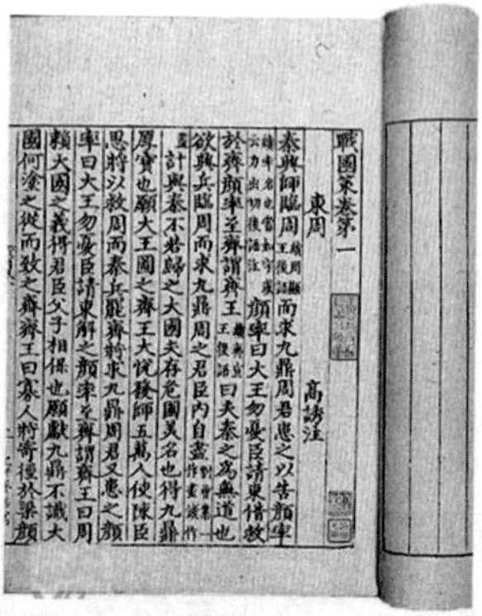

《战国策》明穴研斋抄本

《列女传·辩通传》选取女子以辩才解父困、解夫忧的故事，赞扬智勇双全的女性。如“齐管妾婧”管仲之妾以智辩解夫忧，“楚江乙母”善以微喻解子困，“晋弓工妻”引经据典勇救夫命，“齐伤槐女”陈“爱树而贱人”之理以释其父囹圄之祸等。

《列女传·孽嬖传》选取历史上误君误国的“孽嬖”，这些宠妾或淫荡、或恃宠而骄、或贪欲炽盛，刘向作为反例来说明女性德行的重要性。这些反例如“夏桀末喜”骄奢自恣，终致亡国；“殷纣妲己”酒池肉林，挖比干心；“周幽褒姒”烽火戏诸侯；“卫宣公姜”谋害太子伋及五世等。

“刘向三书”虽取材自史传、诸子、《诗》《书》等文献，但并不按原典直录故事，而是根据突出讽谏的目的进行修改，改变原材料本意。如《列女传·节义传》所录“周主忠妾”的故事，刘向编订《战国策·燕策一》时亦有录入，见于“人有恶苏秦于燕王者”一章。“燕王曰：‘夫忠信，又何罪之有也？’对曰：‘足下不知也。臣邻家有远为吏者，其妻私人。其夫且归，其私之者忧之。其妻曰：公勿忧也，吾已为药酒以待之矣。后二日，夫至。妻使妾奉卮（zhī）酒进之。妾知其药酒也，进之则杀主父，言之则逐主母。乃阳僵弃酒。主父大怒而笞之。故妾一僵而弃酒，上以活主父，下以存主母也。忠至如此，然不免于笞，此以忠信得罪者也。’”《战国策》中苏秦讲了一个故事说：丈夫即将归家，妻子为了与情夫保持不正当关系而要毒害自己的丈夫，而这件事被妾知道了。恰巧妻命妾去向丈夫（主父）敬这杯毒酒。妾便假装跌倒，洒掉了毒酒。因此惹怒了主父而被鞭笞。这名妾这样的行为对上保全了主父，对下保住了主母，如此忠信，依然逃不过鞭笞。这就是以忠信而获罪的例子。苏秦为燕国奔忙游说，鞠躬尽瘁，但却受到谗言陷害。苏秦讲了这个寓言故事来为自己辩护，立足点是表达忠信反而获罪。

同为刘向所著述，在《列女传·节义传》中他却丰富了这个故事，将结局改为主父获知真相后笞杀其妻，想要立妾为妻，但是忠妾认为这是无礼逆礼之举，要自杀以全节义。于是主父给了她丰厚的嫁妆，要将其嫁人为妻，四邻争相娶之。故事发展宣扬了“节义”这个主题：“主父弟闻其事，具以告主父，主父惊，乃免媵（yìng）婢，而笞杀其妻。使人阴问媵婢曰：‘汝知其事，何以不言，而反几死乎?’媵婢曰：‘杀主以自生，又有辱主之名，吾死则死耳，岂言之哉!’主父高其义，贵其意，将纳以为妻，媵婢辞曰：‘主辱而死而妾独生，是无礼也。代主之处，是逆礼也。无礼逆礼有一犹愈，今尽有之，难以生矣。’欲自杀，主闻之，乃厚币而嫁之，四邻争娶之。君子谓忠妾为仁厚。夫名无细而不闻，行无隐而不彰。诗云：‘无言不酬，无德不报。’此之谓也。”

可见“刘向三书”是确定每一篇宗旨后再选择相应故事，即使是相同的故事，在为不同宗旨服务时，著录的切入点也是不同的。如“赵氏孤儿”故事见于《新序·节士》和《说苑·复恩》，同样的事迹在两书中侧重点不同。在《新序·节士》中以公孙杵臼、程婴为故事主角，介绍二人在赵朔冤死后，二人竭尽全力保护赵氏孤儿赵武，最后公孙杵臼为了藏匿赵武牺牲自己，程婴抚养孤儿长大、完成复仇大业后，自尽以告亡友，结尾作者对程婴、公孙杵臼的赞语是“信交厚士”，故事的重点在于突出公孙杵臼、程婴的节义行为。在《说苑·复恩》中主角是受过赵朔提拔的韩厥，在赵武复仇过程中，韩厥作为内应提供帮助，结尾作者对韩厥的赞语是“不忘恩”，故事的重点在于突出韩厥知恩图报的品德。

“刘向三书”在原材料的基础上补充新的内容和情节，使故事更为完整和生动，并且有明确的主题。这使得三部书具有“非子非史或亦子亦史”的特征。《新序》《说苑》《列女传》是战国小说家在汉代的新发展，因为刘向是九流十家著作的整理者，因此，他知道战国小说的优与劣，能扬长避短，开拓创新，把小说家提升到一个新境界和新层次。刘向无疑是中国古代小说发展的重要里程碑。

第三章

志怪的小说家

《汉书·艺文志》所录小说家，虽然以记人记事为主，但其中收录的方士之著作，其内容可能会兼及神怪。魏晋小说家主要分为“志人”与“志怪”两类，“志人”的源头在先秦小说，秉承了语体文献箴谏传统的特点；“志怪”的源头在汉代方士小说，主要讨论封禅、养生、医巫厌祝之术，秉承了虚诞怪妄的特点。两者反映出先秦两汉小说演进的两种类型，同时也预示了魏晋时期志人与志怪小说的嬗变。

魏晋南北朝的政治、经济、思想文化成为志怪小说成长的沃土。首先，魏晋南北朝三百余年的动乱使人们处于水深火热之中。人们在神仙巫术、佛道宗教中寻找精神的寄托。再加上统治阶级出于麻痹人们思想的需要，对宗教迷信进行提倡和宣传。同时，佛教的传播、佛经的翻译，文人和方士的鼓吹，使巫风、方术日益兴盛，社会上弥漫着谈鬼神、道灵异的风气。灵魂不死、轮回报应、鬼神显验、肉体飞升等说法成为一种普遍的社会心理和社会意识，而鬼神迷信、神仙方术，成为志怪小说的主要题材。这对魏晋南北朝时期志怪小说的发展起到了至关重要的作用。其次，魏晋时期清言盛行，魏晋名士好清谈和闲谈，清谈是谈论玄理，而闲谈是说些玩笑、嘲戏之语或讲故事，这使民间发生和流传的各种故事集中到文人手里，经加工创作后汇集成书。

魏晋南北朝志怪小说从数量看是相当可观的，现在保存下来的完整与不完整的尚有三十余种。魏晋时期较著名的志怪小说有题为魏文帝曹丕撰的《列异传》、晋张华的《博物志》、郭璞的《玄中记》、干宝的《搜神记》、葛洪的《神仙传》、王嘉的《拾遗记》、祖台之的《志怪》、戴祚（zuò）《甄异传》等；南北朝时期较著名的有署名陶渊明的《搜神后记》、刘义庆的《幽明录》《宣验记》、刘敬叔的《异苑》、东阳无疑的《齐谐记》、祖冲之的《述异记》、任昉的《述异记》、吴均的《续齐谐记》、颜之推的《冤魂志》等。

魏晋六朝志怪的作者如张华、葛洪、干宝等，都曾任过专掌文史的著作郎或大著作一职，组织或参与了修史的工作。在今天看来，著写史书和编撰志怪著作是截然不同的，但魏晋时期，史学家将志怪视为史书中特别的一部分，他们认为超越现实的世界是真实存在的。所以这些史学家并不是以小说家的身份在创作志怪。

由于志怪小说以记鬼神怪异之事为基本内容，其中虽不乏迷信，但大多数故事传说具有强烈的反抗性和虚构性、想象性特征。其中，张华《博物志》、干宝《搜神记》、葛洪《神仙传》就是优秀的代表性作品。

一、张华《博物志》

西晋张华的《博物志》是魏晋南北朝时期地理博物类志怪小说的代表。张华（232—300 年），字茂先，范阳方城（今河北固安）人。少时家贫，靠牧羊为生。但他学业优博，言行守礼且为人仗义，急人之所急。张华曾著《鷦鷯（jiāo liáo）赋》寄托己志，阮籍读后叹为“王佐之才”，声名由此而起。在晋武帝时，因力主伐吴有功，受封广武县侯。惠帝时，历任要职，官至司空，位次三公。后来皇后贾南风因惠帝懦弱而一度专权，十分倚重张华。贾后谋杀愍（mǐn）怀太子司马遹（yù），赵王司马伦起兵杀贾后，张华也成为政治权力角逐中的牺牲品。

《晋书》卷三六《张华传》载：“华著《博物志》十篇。”东晋王嘉《拾遗记》称，此书原有四百卷。但今本《博物志》内容混杂，文辞简略，而且有其他书明确

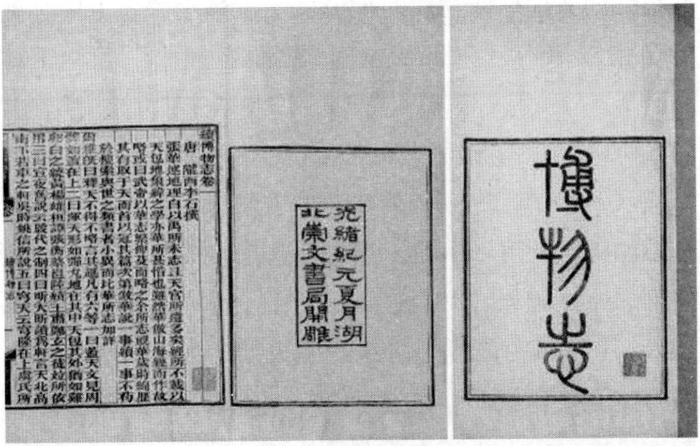

《博物志》

说明引自张华《博物志》，而今本《博物志》中却没有记载的材料，说明我们今天看到的并非《博物志》的原始面貌。

《博物志》分类记载了异境奇物、奇事、奇人、古代杂事及神仙方术等。内容多取材于晋以前的古籍，如《山海经》《括地图》《神仙传》《春秋》《左传》等。《博物志》的特点在于兼具“记怪”与“博物”，被视为地理博物志怪小说。《博物志》中有山川地理的知识，有历史人物的传说，也有奇异的动植物的描述，还有怪诞虚妄的神仙故事等等。就其体例看，当属杂家，书中主要记载山川、地理、异物、奇境、殊俗、神话、野史，乃至礼制、服饰等等，着重宣扬神仙与方术。书中的地理博物部分文字不属于志怪小说范畴，而另一部分故事性很强的非地理博物性的传说属于志怪小说。书中耳熟能详的故事有“牛郎织女”“猕猴盗妇人”和“千日酒”等。

《博物志》卷十载“牛郎织女”故事，也称作“八月槎（chá）”，充满了美妙的神思遐想。故事说有人八月乘浮槎至天河见牛郎、织女，这是有关牛郎织女神话故事的原始记录：“旧说云天河与海通。近世有人居海渚者，年年八月有浮槎去来，不失期。人有奇志，立飞阁于槎上，多资粮，乘槎而去。十余日中犹观星月日辰，自后茫茫忽忽亦不觉昼夜。去十余日，奄至一处，有城郭状，屋舍甚严。遥望宫中多织妇，见一丈夫牵牛渚次饮之。牵牛人乃惊问曰：‘何由至此?’此人具说来意，并问此是何处，答曰：‘君还至蜀郡访严君平则知之。’竟不上岸，因还如期。后至蜀，问君平，曰：‘某年月日有客星犯牵牛宿。’计年月，正是此人到天河时也。”住在海边的人在能够浮槎去天河，天上有和人间一样的城郭和屋舍。宫中也多有织妇，牛郎牵着牛在天河边饮水。回到人间，按牛郎指引找到严君平，竟发现自己浮槎入天河的事情被作为客星犯牵牛星宿而记载了下来。这个故事里有关于星宿、流星的记载，这是对天文现象的记载，而见到牛郎织女始末的记载就非常有故事性了。

《博物志》卷三载“猕猴盗妇人”的故事：“蜀山南高山上，有物如猕猴，长七尺，能人行健走，名曰猴玃

(jué)，一名化，或曰猳（jiā）玃。伺行道妇女有好者，辄盗之以去，人不得知。行者或每过其旁，皆以长绳相引，乃得免。此得男子气，自死，故取女也。取去为室家。其年少者终身不得还，十年之后，形皆类之，意亦迷惑，不复思归。有子者，辄俱送还其家，产子皆如人，有不食养者，其母辄死，故无敢不养也。及长，与人不异。皆以杨为姓，故今蜀中西界多谓杨，率皆猳玃化之子孙，大约皆有玃爪者也。”“猿猴盗妇”本是西南边地流传的民间故事，被收入《博物志》。这个故事中，猕猴能像人一样行走，还要盗取漂亮女子作妻室，产子后还把孩子送回女家养育。曲折而生动地反映了汉晋时期蜀南及西南地区羌族以猿猴为图腾，并且民间存在抢婚的风俗。

这是猿类故事的原型，后在其启发下，产生了唐传奇的《补江总白猿传》，南宋周去非《岭外代答》卷一〇所载“桂林猴妖”被认为是《补江总白猿传》的延续。宋代这个故事演化成南戏与话本小说《陈巡检梅岭失妻记》，故事说陈巡检前往广东南雄赴任，途经江西梅岭时妻子被猿精劫走。到了元明时期，演变成杂剧《时真人四圣锁白猿》，内容是丈夫出海经商，而在家的妻子却被猿精霸占。明末凌濛初编著的拟话本小说集《初刻拍案惊奇》中有《会骸山大士诛邪》，讲述会骸山有猴妖强夺平民之女，观音大士显圣诛猴妖的故事。明代瞿佑《剪灯新话》所收《申阳洞记》也讲了猕猴盗女的故事。在“猕猴盗妇”原型故事的发展中，呈现出故事内容逐渐宗教化、边地色彩逐渐淡化的特点。

《博物志》卷十所载“千日酒”的故事也很有小说韵味。《博物志·千日酒》：“昔刘玄石于山中酒家酤酒，酒家与千日酒，忘言其节度。归至家当醉，不醒数日，而家人不知，以为死也，权葬之。酒家计千日满，乃忆玄石前来酤酒，醉向醒耳。往视之，云玄石亡来三年，已葬。于是开棺，醉始醒。俗云：‘玄石饮酒，一醉千日。’”故事说刘玄石饮“千日酒”昏醉过去，家人以为他死了便将其埋葬了。千日后酒家来探视，开棺才醒酒，因有“玄石饮酒，一醉千日”的传说。

《博物志》以“奇”为特点，想象奇特，手法夸张。自然方面，世上有“食之乃寿”的“不死树”，有“饮之不老”的“赤泉”；作者还改变事物的原有形象，夸大身体的某一部分创造新的形象，如“崇丘山有鸟，一足一翼，相得而飞，名曰䖟（méng），见则吉良，乘之寿千岁。”（《博物志》卷三）或将人兽结合呈现新的形象，如“驩（huān）兜国，其民尽似仙人。帝尧司徒，驩兜民常捕海岛中，人面鸟口，去南国万六千里，尽似仙人也。”“羽民国，民有翼，飞不远。多莺鸟，民食其卵。去九疑四万三千里。”这类记述在书中比比皆是。人文方面，书中有对奇特民俗的记载，如“越之东有骇沐之国，其长子生，则解而食之，谓之宜弟。父死则负其母而弃之，言鬼妻不可与同居。”（《博物志》卷二）

食长子、抛寡母，这在礼乐文明中是难以想象的。

《博物志》对志怪小说影响深远，单从续书来看，唐、宋时期林登著《续博物志》（已佚，《太平广记》卷二一〇、卷四六六引录二条）；李石著《续博物志》十卷；明代董斯张著《广博物志》五十卷、游潜著《博物志补》；清代徐寿基著《续广博物志》十六卷等。《博物志》影响了明代的神魔小说，最具代表性的如《西游记》。《西游记》中仙境鬼域灵界的描写、孙悟空的猴身人智、猪八戒的人身猪头形象，还有各路神仙鬼怪、魑魅魍魉（chī mèi wǎng liǎng）的形象塑造都受到了《博物志》的启发。

二、干宝《搜神记》

《搜神记》作者干宝，字令升，原籍汝南郡新蔡县（今属河南）人，后定居海盐（今浙江海盐），晋元帝时历史学家，生卒年不详。《晋书·干宝传》中说："遂撰集古今神祇（qí）灵异人物变化，名为《搜神记》。"干宝搜集了许多古今神怪故事编成《搜神记》三十卷，今存二十卷。他在《搜神记·序》中写道："及其著述，亦足以发明神道之不诬也。"也就是说他编撰《搜神记》的目的是要证明世上真的有鬼神，证明神道不是虚构的。《搜神记》的故事内容涉及神道、方术、佛教等，有神仙鬼怪、妖祥卜梦、报应还魂、法术变化诸事。此外干宝从民间采集了大量材料，所以《搜神记》中也保存了很多优美动人的民间故事传说，这部分故事虽然也有“志怪”特点，却真实地反映出了当时人们的理想愿望，显露出普通民众的智慧果敢和拼搏精神。《搜神记》当中有很多到现在依然脍炙人口的故事，比如“东海孝妇”“干将莫邪”“韩凭夫妇”等。故事虽然是虚构的，却反映出人们的真实愿望、真实情感。

身处战火硝烟中的人们渴望和平生活，自己实现不了的事情就希望能够得到神仙的帮助，逢凶化吉，解除危难。如“董永葬父”“杨伯雍施水”。这类故事把佛教“善恶报应”的理论落实为了一种生活逻辑。如《搜神记》卷一载“董永”的故事：“汉董永，千乘人，少偏孤，与父居。肆力田亩，鹿车载自随。父亡，无以葬，乃自卖为奴，以供丧事。主人知其贤，与钱一万，遣之。永行三年丧毕。欲还主人，供其奴职。道逢一妇人曰：‘愿为子妻。’遂与之俱。主人谓永曰：‘以钱与君矣。’永曰：‘蒙君之惠，父丧收藏。永虽小人，必欲服勤致力，以报厚德。’主曰：‘妇人何能？’永曰：‘能织。’主曰：‘必尔者，但令君妇为我织缣百匹。’于是永妻为主人家织，十日而毕。女出门，谓永曰：‘我，天之织女也。缘君至孝，天帝令我助君偿债耳。’语毕，凌空而去，不知所在。”以耕田为生的董永，卖身葬父，感动天帝，于是织女下凡，与之结为夫妻，并帮助他织布还债。

身处黑暗吏治，忍受剥削的人们渴望英雄主义的救济，讴歌敢于反抗的精神，如《搜神记》卷十一载“干将莫邪”故事：“楚干将莫邪为楚王作剑，三年乃成。王怒，欲杀之。剑有雌雄，其妻重身当产，夫语妻曰：‘吾为王作剑，三年乃成。王怒，往必杀我。汝若生子是男，大，告之曰：出户望南山，松生石上，剑在其背。’于是即将雌剑，往见楚王。王大怒，使相之：‘剑有二，一雄一雌。雌来，雄不来。’王怒，即杀之。莫邪子名赤，比后壮，乃问其母曰：‘吾父所在？’母曰：‘汝父为楚王作剑，三年乃成。王怒，杀之。去时嘱我语汝，子出户望南山，松生石上，剑在其背。’于是子出户南望，不见有山，但睹堂前松柱下，石砥之上，即以斧破其背，得剑。日夜思欲报楚王。王梦见一儿，眉间广尺，言：‘欲报仇。’王即购之千金。儿闻之，亡去。入山行歌。客有逢者，谓：‘子年少，何哭之甚悲耶？’曰：‘吾干将莫邪子也。楚王杀吾父，吾欲报之！’客曰：‘闻王购子头千金，将子头与剑来，为子报之。’儿曰：‘幸甚！’即自刎，两手捧头及剑奉之，立僵。客曰：‘不负子也。’于是尸乃仆。客持头往见楚王，王大喜。客曰：‘此乃勇士头也。当于汤镬（huò）煮之。’王如其言。煮头三日三夕，不烂。头踔（chuō）出汤中，瞋目大怒。客曰：‘此儿头不烂，愿王自往临视之，是必烂也。’王即临之。客以剑拟王，王头随堕汤中。客亦自拟己头，头复堕汤中。三首俱烂，不可识别。乃分其汤肉葬之，故通名‘三王墓’（今在汝南北宜春县界）。”干将莫邪为楚王铸剑，剑成却被楚王杀害。莫邪之子赤比长大后不惜献上自己的头颅，以资山中侠客作为投名状靠近楚王，头颅放于锅中煮三日之久而不烂，山中侠客助赤比报父仇后自尽殉义。这个故事曲折离奇，悲壮慷慨，一方面真实地反映了当时百姓遭受的苦难，鞭挞了统治阶级的凶残暴虐，另一方面表现了人们英勇顽强的反抗精神。

在专制集权社会，底层百姓无人权可言，他们渴望司法公正，讴歌敢于反抗不公的精神，如《搜神记》卷十六载“东海孝妇”的故事：“汉时，东海孝妇，养姑甚谨。姑曰：‘妇养我勤苦。我已老，何惜余年，久累年少。’遂自缢死。其女告官云：‘妇杀我母。’官收系之，拷掠毒治。孝妇不堪苦楚，自诬服之。时于公为狱吏，曰：‘此妇养姑十余年，以孝闻彻，必不杀也。’太守不听。于公争不得理，抱其狱词，哭于府而去。自后郡中枯旱，三年不雨。后太守至，于公曰：‘孝妇不当死，前太守枉杀之，咎当在此。’太守即时身祭孝妇冢，因表其墓。天立雨，岁大熟。长老传云：‘孝妇名周青。青将死，车载十丈竹竿，以悬五幡。立誓于众曰：青若有罪，愿杀，血当顺下；青若枉死，血当逆流。既行刑已，其血青黄，缘幡竹而上标，又缘幡而下云。’”故事说寡妇周青孝养婆婆十余年，婆婆死了，她却被冤作杀人犯判处死刑，死时鲜血逆着幡竿上流，沿着幡竹流下，以明深冤。死后，大旱三年，新太守祭奠孝妇，为她伸冤，天立即下雨，是年五谷丰收。这个故事成为元代关汉卿杂剧《窦娥冤》的原型。

人民的反抗精神还表现在与鬼妖的斗争上，如《搜神记》卷十九“李寄斩蛇”。故事是说东越闽中一条为害地方的大蛇，地方官吏束手无策，听信巫祝之言，每年选“童女年十二三者……至八月朝祭，送蛇穴口。蛇出，吞啮之”。少女李寄不顾家中阻挠，挺身应募，设计杀死大蛇。故事歌颂了李寄为民除害、勇敢无畏的高贵品质，同时嘲讽和鞭挞了无能的官吏。

歌颂美好忠贞的爱情，表达对自由婚姻的向往也是《搜神记》中十分突出的主题。《搜神记》卷十六载“韩凭夫妇”故事，这段故事被赞为中国最早的爱情传奇，也被当作是“梁祝化蝶”“孔雀东南飞”等民间传奇故事的原型。这个故事歌颂了韩凭夫妇至死不渝的爱情。韩凭与何氏伉俪情深，康王强夺了何氏，囚禁了韩凭，韩凭被逼自杀了，何氏跳楼殉情。何氏留下遗书请求与韩凭合葬，康王却让两墓对面相望。然而，一夜之间，两墓之上各生出一棵大樟树，根下相交，枝叶相抱；他们的英魂化成一对鸳鸯鸟，双飞双栖永不离。这个故事赞美了忠贞的爱情，故事富有理想色彩的神奇结尾，象征着韩凭夫妇的精神不死，永不分离。

《搜神记》中有很多人神相恋、人鬼相恋、魂体分离之爱、起死回生之爱的故事，这些故事或反映对自由爱情的向往，或反映女子对美好婚姻的渴望，情节曲折，楚楚动人。如《搜神记》卷十六《紫玉韩重》生动地描写了紫玉与韩重之间生死不渝的爱情。紫玉是吴王夫差的小女儿，与平民青年韩重相爱，私订终身，遭到吴王的极力反对，紫玉最终抑郁而死。待韩重游学归来，到紫玉坟上痛哭，紫玉魂灵与韩重相见，并约韩重到墓中“与之饮宴，留三日三夜，尽夫妇之礼”，临别时赠给韩重一颗明珠。后来韩重去见吴王，吴王认为他是“发冢取物”，要处治他，紫玉的灵魂再度出现维护韩重。故事表现出作者对等级制度破坏青年男女自由婚姻的强烈控诉。

《搜神记》还有一部分故事表现出人们的避世思想，他们希求无官民之分、无征战之苦、无压迫剥削、人民自耕自食的理想社会。《搜神记》卷十九“千日酒”的故事是在张华《博物志》记述上加以铺排演绎。故事说刘玄石因喝了狄希的“千日酒”而昏醉，家人以为他死了，便将他埋葬。三年之后，狄希得知，叫人掘坟启棺，刘玄石果然醒来，但旁观者被玄石散发出来的酒气冲入鼻中，亦各醉卧三月。这个故事透过赞酒的表象，表露出消极避世的思想。宋人王中《干戈》诗云“安得中山千日酒，酩然直到太平时”，正是契合了这个故事所蕴含的思想。

三、葛洪《神仙传》

葛洪（公元 284～364 年），字稚川，自号抱朴子，是东晋道教代表人物，世称“小仙翁”。葛洪的《神仙传》是在《列仙传》的基础上创作的一部仙人传记。《列仙传》是中国第一部系统叙述神仙的传记，多认为出自西汉史学家刘向之手，但具体成书时间与作者是谁的问题一直存在争议。《列仙传》主要记述了上古及三代、秦、汉之间的70多位神仙的仙迹。葛洪在《神仙传·自序》中说明自己编撰《神仙传》的目的是补《列仙传》的不足。葛洪认为《列仙传》中所记载的仙人数量太少，“犹千不得一者也”，而且“殊甚简略，美事不举”。于是葛洪编撰了神妙奇异的《神仙传》，记载了数量众多的仙人方士，系统梳理了道教教理，呈现了众多的道教流派，描述了多种多样的成仙途径，建构了异彩纷呈的仙境。不仅所载仙人数量增多，篇幅也大大加长，叙事更加曲折完整，人物形象鲜明生动，表达技巧也更为巧妙了。

现存《神仙传》有九十二位神仙本，有八十四位神仙本，将《神仙传自序》《抱朴子外编自序》和《晋书》卷七六《葛洪传》并作十卷。唐代梁肃说：“《神仙传》凡一百九十人。”说明今存《神仙传》均非原本。由于葛洪著《神仙传》的目的是自神其教，所以在记述众多仙人仙迹时，多流露出服药、修炼、度人的说教意味。过于追求宗教宣传，夸大道家修炼的功用，使一些故事成为说教而显得枯燥乏味。如《李仲甫传》中写书生张某跟李仲甫道士学隐身术，李仲甫对他说：“你性子偏急，不是术中人，是学不成的。”但张生坚持要跟李道士学道。可是供应酒食的钱已经花费数十万钱了，仍然学不会。张生以为李道士骗人，怀中私藏着匕首，假装着和李道士谈话，突然用匕首左右乱刺，岂知神奇的李道士还坐在床上，笑着说道：“天下竟有你这种愚人，学道学不成，反要杀人，难道我是你能杀得了的吗?”他吩咐人把一只狗牵到张生身边，说一声“看我怎样杀狗!”狗头应声已经落下，肚腹已经破裂。然后厉声斥责张生道：“我也能这样杀死你!”吓得张生跪地求饶。

《神仙传》虽是仙人传记，但有许多仙人原型取自史实，再加以民间传说和作者的虚构、想象进行再创造。比如古代传说中的黄帝、娥皇、女英、巫咸、彭祖、介子推等人物；历史上的吕尚、范蠡（lǐ）、务光、东方朔、刘安等人物；还有老子、关令尹、墨子、张道陵、葛玄、左慈等具有宗教意味的人物。这些人物向来具有传说色彩，更容易将其神仙化。比如传说著作《道德经》的老子，是历史人物，但传说和道教故事中，有着浓重的神秘色彩，葛洪在《神仙传》中进行加工，说老子

老子像（元·赵孟頫）

西行目的地是西王母的道场昆仑仙山，关尹子通过“占风气”知道了将有得道神人路过，于是四十里相迎。老子知道关尹子“命应得道”，于是将《道德经》传授给他。

再如《神仙传·广成子》中载黄帝向仙人广成子拜请治身之道：“广成子者，古之仙人也。居崆峒山石室之中。黄帝闻而造焉，曰：‘敢问至道之要。’广成子曰：‘尔治天下，云不待簇而飞，草木不待黄而落，奚足以语至道哉?’黄帝退而闲居三月，复往见之。广成子方北首而卧，黄帝膝行而前，再拜，请问治身之道。广成子蹶然而起曰：‘至哉！子之问也，至道之精，窈窈冥冥，至道之极，昏昏默默，无视无听，抱神以静，形将自正；必静必清，无劳尔形，无摇而精，乃可长生。慎内闭外，多知为败。我守其一，以处其和。故千二百岁而形未尝衰。得吾道者，上为皇；入吾道者，下为王。吾将去汝，适无何之乡，入无穷之门，游无极之野，与日月齐光，与天地为常，人其尽死，而我独存焉。’”一方面借黄帝来提升道家广成子的地位，另一方面宣扬了道家“无视无听，抱神以静，形将自正；必静必清，无劳尔形，无摇尔精，乃可长生”的养生理念。

彭祖本是传说中的人物，葛洪却在《神仙传·彭祖》里详细记述了彭祖的成仙方式，并叙述了仙人有无边的法力：“仙人者，或竦（sǒng）身入云，无翅而飞；

或驾龙乘云，上造天阶；或化为鸟兽，浮游青云；或潜行江海，翱翔名山；或食元气；或茹芝草；或出入人间则不可识……长在世间，寒温风湿不能伤，鬼神众精莫敢犯，五兵百虫不能近，忧喜毁誉不为累。”

《神仙传》中最广为人知的是“沧海桑田”的故事，这个故事见于《神仙传·王远》。故事原文很长，大意是说古代神仙王远外出路过吴地，借宿在蔡经家里，蔡经为远道而来的客人准备了佳肴美酒，王远于是请仙女麻姑赴宴。麻姑很快就来了，麻姑看起来是十七八岁小姑娘的模样。麻姑说：“接待以来，已见东海三为桑田。”后面的故事开始呈现道术的神秘和强大。说蔡经看到麻姑的手想到用这双手挠痒痒一定很舒服，王远洞穿了蔡经亵渎麻姑的心理，并用法力鞭笞了蔡经。“沧海桑田”本说麻姑长寿，多次看到大海变成农田，农田变成大海，后人用这个成语比喻世事变化巨大。

第四章

轶事与传奇

志怪小说主要是记“异闻”。轶事小说主要是记“轶事”，即记载人物言行、传闻故事等，所以鲁迅《中国小说史略》认为应该称其为志人小说。轶事小说是在先秦诸子、两汉史传文学的基础上发展起来的。与志怪小说不同的是，轶事小说所记唯人间言行、传闻故事。在当时清谈之风和品评人物风气的影响下，轶事小说多描写了名人士大夫等人物的言行，也出现了专记历史琐闻轶事的作品。《西京杂记》和《世说新语》是其中的集大成者。志怪小说和轶事小说共同为文言小说——唐传奇的出现打下了坚实的基础。

一、《西京杂记》

《西京杂记》主要记述了西汉人物的轶事，书写笔法亦带有怪诞色彩。《西京杂记》中的“西京”指西汉都城长安，“杂记”说明了书的内容博杂，既有历史也有许多遗闻轶事，展现了西汉的自然和人文等方方面面的内容。自然如草木虫鱼、珍禽异兽等；人文涵盖了上至朝廷政治、典章制度，下至民俗风情、服饰饮食，甚至文人轶事都有记载，被视为轶事小说（志人小说），是笔记小说的滥觞。笔记小说是一种笔记式的短篇故事，篇幅短小、内容繁杂，具有散文化的倾向，兼有“笔记”和“小说”特征。

《西京杂记》的作者问题存在争议，主要有西汉刘歆，东晋葛洪，南朝吴均、萧贲（bēn）四说。也有可能是刘歆作《西京杂记》，葛洪进行了整理编订。《西京杂记》内容驳杂，妙趣横生，如“昭君出塞”“卓文君夜奔司马相如”“匡衡凿壁借光”等许多妙趣横生的故事皆首出此书。

《西京杂记》卷二载“昭君出塞”事：“元帝后宫既多，不得常见，乃使画工图形，案图召幸之。诸宫人皆赂画工多者十万，少者亦不减五万，独王嫱不肯，遂不得见。匈奴入朝求美人为阏氏，于是上案图以昭君行。及去召见，貌为后宫第一，善应对，举止闲雅。帝悔之，而名籍已定。帝重信于外国，故不复更人。乃穷案其事，画工皆弃市，籍其家资皆巨万。画工有杜陵毛延寿，为人形，丑好老少必得其真。安陵陈敞、新丰刘白、龚宽，并工为牛马飞鸟众势。人形好丑，不逮延寿。下杜阳望亦善画，尤善布色，樊育亦善布色，同日弃市。京师画工，于是差稀。”这个故事以历史上的昭君出塞故事为题材，最早见于范晔《后汉书·南匈奴传》。《后汉书》秉持史书的实录精神，记述昭君在宫中见不到汉元帝，于是自请赴匈奴和亲，临行“昭君丰容盛饰，光明汉宫，顾影徘徊，竦动左右”，汉元帝悔不当初，但不能失信。而到了晋代葛洪《西京杂记》，出现了诛画工毛延寿之说，使得王昭君这个人物逐渐从历史融入了虚构创作，情节也越来越丰富。在此基础上，元代马致远创作了杂剧《汉宫秋》，更是虚构了汉元帝偶遇昭君，两人如胶似漆，毛延寿闻风逃到匈奴，鼓动呼韩邪单于指名昭君和亲，汉元帝和昭君难舍难分，最后昭君为国舍身，在两国分界线投江自尽。

《西京杂记》卷二载“卓文君夜奔司马相如”事：“司马相如初与卓文君还成都，居贫，愁懑（mèn）。以所著鹔鹴（sù shuāng）裘就市人阳昌贳（shì）酒，与文君为欢。既而文君抱颈而泣，曰：‘我平生富足。今乃以衣裘贳酒。’遂相与谋于成都卖酒。相如亲著犊鼻裈（kūn）涤器以耻王孙。王孙果以为病，乃厚给文君，文君遂为富人。文君姣好，眉色如望远山，脸际常若芙蓉，肌肤柔滑如脂，十七而寡，为人放诞风流，故悦长卿之才而越礼焉。长卿素有消渴疾，及还成都，悦文君之色，遂以发痼疾，乃作《美人赋》。欲以自刺而终不能改，卒以此疾至死。文君为诔（lěi）传于世。”卓文君本家境阔绰，因爱慕司马相如才华而私奔。两个人回到成都，生活贫困，卓文君不得已，将自己的鹔鹴裘卖掉，进了些酒在市集上卖。司马相如穿着短裤洗酒器，为了让卓文君的父亲卓王孙觉得羞耻。卓王孙果然看不下去，给了卓文君一大笔财产。卓文君姿色娇美，通音律，善抚琴，十七岁守寡，为人放诞风流，因爱慕司马相如的才华而做了越礼之事。司马相如素有糖尿病，最后病发而亡，文君创作了诔文，悼念司马相如。

《西京杂记》卷二载“匡（kuāng）衡凿壁借光”事：“匡衡，字稚圭，勤学而无烛。邻居有烛而不逮，衡乃穿壁引其光，以书映光而读之。邑人大姓文不识，家富多书，衡乃与其佣作而不求偿。主人怪，问衡，衡曰：‘愿得主人书遍读之。’主人感叹，资给以书，遂成大学。”这个故事成为劝人勤学的典型。

《西京杂记》中有部分记载反映出西汉崇信天人感应说，如《旌旗飞天堕井》篇：“济北王兴居反，始举兵，大风从东来，直吹其旌旗，飞上天入云，而堕城西井中。马皆悲鸣不进。左右李廓等谏，不听。后卒自杀。”济北王举兵前旌旗堕井，马皆悲鸣，李廓等人视为不祥之兆，体现了古人根据自然现象推断人事的天人感应思想。《西京杂记》中也有关于方术神仙、神异故事的记载，如《黄公幻术》曰："余所知有鞠道龙，善为幻术，向余说古时事：有东海人黄公，少时为术，能治蛇御虎。佩赤金刀，以绛缯束发，立兴云雾，坐成山河。"方士有神力，汉高祖亦有神器，汉高祖斩白蛇故事带有神话色彩，而所持的斩蛇剑亦是神异之物："汉帝相传，以秦王子婴所奉白玉玺，高帝斩白蛇剑。剑上有七采珠、九华玉以为饰，杂厕五色琉璃为剑匣。剑在室中光景犹照于外，与挺剑不殊。十二年一加磨莹，刃上常若霜雪。开匣拔鞘，辄有风气，光彩射人。"（《高祖斩蛇剑》）刘邦"斩蛇起义"的历史典故成为后世叙事类文学作品的取材渊薮（sǒu），普遍存在于艺术作品中，京剧《白蟒台》《萧何月下追韩信》《大保国》中均有体现。

《西京杂记》的作者虽然没有定论，但书的内容是由汉代史料编集而成，这点是毫无争议的。记录的轶事虽有和正史相悖的地方，但也多有相合之处，所以关注其志人小说的文学价值的同时，其史料价值亦不容忽视。

二、《世说新语》

《世说新语》，又称《世说》《世说新书》，原本有八卷，现存三卷，每卷又分上下，共计三十六门，总一千一百三十条，每篇文章字数在二三百字左右，言语简洁，立意深远。梁刘孝标曾为《世说新语》作注，引用到了四百余种古书，许多散佚的古书因此而被保存下来。

《世说新语》是中国古代小说史的瑰宝，深受文人学者的喜爱。古有零碎研究散见于笔记、文集中，今有鲁迅、陈寅恪等学者对《世说新语》进行注释、考证，再有大量《世说新语》的研究论文、著作不断问世，《世说新语》的人物品评、语言鉴赏、史学价值和玄学之说成为研究重点。

《世说新语》的撰者主要有二说：一说为刘义庆单独完成，一说是由刘义庆招聚文士共同完成的。可以肯定的是，刘义庆对成书起到了至关重要的作用。《世说新语》的材料来源一是史书，如《魏书》《吴书》等；二是杂史，如《列女传》《名士传》等；三是其他轶事小说，如东晋裴启的《语林》、郭澄之的《郭子》等。

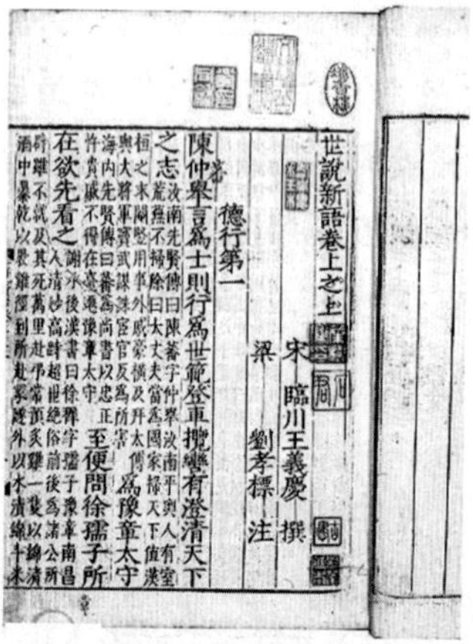
世說新語卷上之上
宋 臨川王義慶 撰
梁 劉孝標 注
德行第一
陳仲舉言爲士則行爲世範登車攬轡有澄清天下之志
至便問徐孺子所在欲先看之

《世说新语》

明嘉靖十四年吴郡袁氏嘉趣堂刻本

《世说新语》所记轶事时间是从西汉初年到南朝刘宋初，主要集中在魏晋时期，内容涉及政治、经济、思想、文化、风俗、习尚等各方面，提到的人物一千五百余人，上自帝王卿相，下至士庶僧徒，均囊括其中，主要记载了魏晋时期的名士、世族的言谈品行和逸闻趣事，为我们还原了最为浓情的魏晋时代，为魏晋名士打上了洒脱风流的烙印，被鲁迅先生誉为“一部名士的教科书”，可谓是一部中古文化的百科全书。

《世说新语》记录了很多历史人物和事件，但与史书有很大差别。史书上多选择在政治或者军事方面做出历史性贡献的人物，而《世说新语》选录人物的标准是魏晋名士的逸闻轶事和玄言清谈，所以一方面有的人物没有被写进史传的资格，另一方面即使是史书中有的人物，《世说新语》则多着眼于这些人物的日常生活。以东晋政治家名相王导为例，《晋书》着眼于其拥立元帝、建立东晋的历史功绩，而《世说新语》通过王公权贵、朝廷重臣的轶事琐言反映出魏晋南北朝时期的政治风貌。《方正篇》第 24 则载：“王丞相初在江左，欲结援吴人，请婚陆太尉。对曰：‘培塿（ lǒu）无松柏，薰（xūn）莸（yóu）不同器。玩虽不才，义不为乱伦之始。’”陆太尉指吴郡陆玩，是江东的名门望族。这则轶事反映出晋室南渡以后，面临如何处理与江南大姓士族关系的问题。王导想用联姻的方式“结援吴人”，被陆玩以“乱伦”，即门第不相当的理由给以拒绝。可见东晋司马氏政权征服江东之初，与当地豪门大族之间仍有很深的芥蒂。《世说新语》另有几则记录说明了王导始终以宽容团结的态度对待陆玩，后来他们建立了友好的关系。王导是非常有政治家风度的人物。《政事篇》第12则载："王丞相拜扬州，宾客数百人并加沾接，人人有说色。唯有临海一客姓任及数胡人为未洽。公因便还到，过任边云：'君出，临海便无复人。'任大喜说。因过胡人前，弹指云：'兰闍！兰闍！'群胡同笑，四座并欢。"在王导官拜扬州的庆祝会上，门庭若市，王导待客不问出身，"并加沾接"，使人人面露喜色，只有任姓［任颙（yóng）］客人和西域胡僧没有受到接待，心里不高兴。王导就到任颙面前，赞扬他是临海的杰出人物，又用胡人的习俗，跟胡僧弹指问安并用梵语赞美他们，最终"群胡同笑，四座并欢"。

书里对另一位名相谢安也有精彩生动的刻画。《雅量篇》第35则载："谢公与人围棋，俄而谢玄淮上信至。看书竟，默然无言，徐向局。客问淮上利害？答曰：'小儿辈大破贼。'意色举止，不异于常。"这则轶事反映了历史上著名的以少胜多的淝水之战。前秦出兵伐晋，于淝水（现今安徽省寿县）交战，最终东晋仅以八万军力大胜八十余万前秦军。《世说新语》中作者用极为简约的文字间接呈现了规模宏大、无比惨烈的"淝水之战"。在下围棋的闲适环境中，把谢安荣辱不惊、镇定自若的神采风韵表现了出来。

除王导、谢安外，书中还写到晋武帝司马炎、简文帝司马昱等帝王；张华、王敦、桓温、祖逖（tì）、谢玄等军政要人。《世说新语》并不完整地叙述重大历史事件，也不会完整叙述某位人物的一生，而是通过个别事件和人物特写生动地展现魏晋时期的历史风貌。

《世说新语》中各色人物对自然、人伦、生命等保持着饱满的、充沛的情感，《世说新语》展现出魏晋文人的精神风貌和个性才情，塑造了丰富多彩的情感世界，展现出魏晋名士豁达超脱的精神特质。面向自然，他们长于发现山水自然的美，向外发现自然，沉迷于山水，把一腔浓情寄托于自然山水，在山水间安放自己的志趣与性情。自然山水在魏晋名士的眼中是“虚灵化”和“情致化”的，他们把外物之情与内心感情进行转化，把情志寄托于山水自然之中，把自然万物归入自身审美范畴，享受山水之乐，品悟自然之道，与自然山水相通相融。

《世说新语·言语》记载：“过江诸人，每至美日，辄相邀新亭，籍卉饮宴。”魏晋名士雅好秀丽自然，他们在偏安的生活环境、明媚的江南山水、玄佛信仰的人生境界之中，形成了一种崇尚潇散脱俗的审美意境。魏晋名士颇爱举办饮酒作诗的风雅聚会，他们通常相约在山水秀美、风光如画之地，引流觞曲水，列坐其次，觞咏间畅叙幽情。顾恺之曾这样描绘过在会稽山举办的兰亭之会的山川美景：“千岩竞秀，万壑争流，草木蒙笼其上，若云兴霞蔚。”（《世说新语·言语第二》）短短的十九个字，便将会稽山的秀美景色呈现无遗。“竞”“争”二字巧妙地把本为静态的自然山川描绘出动感之美。草木葱葱茏茏，像云般翻腾，像霞般笼罩，为平常的景色染上野性、动态的颜色。顾恺之虽然没有对景色加入自身的评价，只对景物进行客观的描绘，但字里行间都饱含了他对秀美风光的喜爱悦享之情。

魏晋名士情迷山水，向往隐居生活，以此达到躲避黑暗现实的目的，满足自己对自然万物的向往之情。魏晋时代，不仅文人雅士爱好隐居，出身豪门世族的士大夫阶层也向往隐逸生活。谢安生于豪门世家，曾在会稽山隐居二十年。《世说新语·雅量》载：“谢太傅盘桓东山时，与孙兴公诸人泛海戏。风起浪涌，孙、王诸人色并遽（jù），便唱使还。太傅神情方王（旺），吟啸不言。舟人以公貌闲意说，犹去不止，既风转急，浪猛，渚人皆喧动不坐。公徐云：‘如此，将无归！’”面对风起浪涌，谢安仍能气定神闲，这是因为在他眼里，风浪并不是骇人之物，而是自然本真的、澎湃的美，他在惊涛骇浪中获得美的愉悦。

晋人钟情山水，渴望回归自然世界。他们在秀丽风光中，感受自然的气象万千，体悟自然的本真之美，在和自然的审美交流中卸下烦忧，达到超脱世俗的境界。

魏晋时期，社会动荡，导致社会心理发生变化，儒学衰落，道家、玄学兴盛，儒家独尊的社会现象有了极大的变化。魏晋名士摒弃儒学，推崇老庄，一些人一改过去克己复礼、一味崇尚礼法的风气，雅好任性适意的生活方式，他们我行我素，表面上看似乎是顺应内心情感的呼唤，放浪形骸，突破世俗礼法，体现了鲜明的个性色彩，但其实质是故作清高洒脱以掩饰懦弱卑怯之心性。

不同于过去的含蓄保守，魏晋时期，世风开放热烈，名士追求自我和自由，对待男女之情带有热情开放的鲜明特征。魏晋之前，男女授受不亲、发乎情止乎礼的思想深深影响了男女间的相处方式。魏晋以来，儒学式微，男女之间尽享爱恋的热烈甜蜜，常有不顾礼法地表达爱意的行为，感情更显热情奔放。《世说新语·惑溺》载："王安丰妇，常卿安丰。安丰曰：'妇人卿婿，于礼为不敬，后勿复尔。'妇曰：'亲卿爱卿，是以卿卿；我不卿卿，谁当卿卿？'遂恒听之。"在当时，"卿"字有轻贱之意，一般专用于称呼官位较低或辈分低的人，于是王戎认为被妻子称为卿，有不尊重之意。但王戎的妻子并不在意别人的说法，她在乎的是"卿"字才能够将内心对王戎的爱意尽数表达出来。

窈窕淑女，君子好逑。比起女子的姿色，更应看重女子的贤淑。魏晋人对生命的情感更加直接纯粹，他们关注个体生命的存在形式，尤其是个体生命的外在呈现方式——相貌。《世说新语》表现了魏晋名士对女性外貌美的迷恋。《世说新语·任诞》载："公邻家妇，有美色，当垆酤（gū）酒。阮与王安丰常从妇饮酒，阮醉，便眠其妇侧。夫始殊疑之，伺察，终无他意。”阮籍不顾“男女不亲授”的礼仪，喝醉后就睡在他人妇人身侧，但经过妇人丈夫的观察发现，阮籍只是单纯欣赏妇人的容貌，以发现美、肯定美的目光欣赏女性，并没有任何非分之想。

韩寿俊美无双，贾充聘他当属官。贾充每次宴请宾客，他女儿都会从窗格中张望，看到韩寿后很是喜欢，对他念念不忘，将他写进咏唱里。她的婢女到韩寿家中，形容了小姐的鲜艳夺目，倾诉了小姐对他的爱慕之情。韩寿为之心动，便请这个婢女悄悄传递消息，和贾充之女相约了日期，翻墙入院，和她同居。贾充发现女儿较往日更喜装扮，韩寿身上时常有家中特有的香味，怀疑韩寿和女儿私通，派人蹲守并审问侍女后发现实情，贾充便把女儿嫁给了韩寿。贾充之女爱慕韩寿，没有像过去的女子般含蓄羞怯，而是大胆送信求爱。韩寿也冲破礼仪，翻墙偷香，直到贾充发现，嫁了女儿。贾女和韩寿大胆追求自由爱恋的故事广为流传，他们追求爱情的执着、恣意令人印象深刻。

因为政治上的无望，社会的堕落，促使魏晋名士追求个性自由。当时人们对女性贞洁观念的看法有所改变，撼动了女子从一而终的思想，对女子再嫁持宽容态度。若婚后丈夫去世，女子可寻人再嫁，社会予以理解宽容。如《世说新语·伤逝》载，庾亮的儿子庾会在苏峻叛乱中被杀，诸葛道明的女儿是庾会的妻子，守寡后，准备改嫁，诸葛道明写信给庾亮谈及此事，庾亮回信道："贤女尚少，故其宜也。"同意儿媳再嫁。庾亮对儿媳再嫁的理解恰恰反映了时代的特殊，这种开明宽容的态度在古代各朝代是少见的。

这是一个重情的时代，名士间的友情往往经得住生死的考验，展现出生死相交的感人画面。《世说新语·德行》载："荀巨伯远看友人疾，值胡贼攻郡，友人语巨伯曰：'吾今死矣，子可去！'巨伯曰：'远来相视，子令吾去。败义以求生，岂荀巨伯所行邪？'贼既至，谓巨伯曰：'大军至，一郡尽空，汝何男子，而敢独止？'巨伯曰：'友人有疾，不忍委之，宁以我身代友人命。'贼相谓曰：'我辈无义之人，而入有义之国！'遂班军而还，一郡并获全。"荀巨伯远道去看望朋友，不想遇到外寇攻城，荀巨伯不肯舍下生病的朋友离开，并愿意代朋友受死，敌寇被他的义举感动，撤兵离开。

面对生命，《世说新语》中的名士也表现出强烈的尚情特质。魏晋时期被称为中国古代历史上最为黑暗的时期，三百年多来，安宁和平的时期少之又少。动荡的社会，充满血污和恐慌。士人被迫害，他们的精神与肉体被戕害，整个社会弥漫着朝不保夕的恐慌气氛。混乱的时局，使名士们产生人生无常的现实感触，这让他们对生命保持着珍惜的态度。一部分名士以拯救天下为己任，凭着一腔热血和炙热良知与黑暗势力作殊死搏斗，将自身命运和社会前途紧密相连，渴望兼济天下，建功立业。

魏晋一代枭雄桓温仪态俊伟，渴望建功立业，一统家国，完成自己的愿望，实现自己的人生价值。《世说新语·豪爽》记载：“桓宣武平蜀，集参僚置酒于李势殿，巴、蜀缙（jìn）绅，莫不来萃。桓既素有雄情爽气，加尔日音调英发，叙古今成败由人，存亡系才，其状磊落，一坐叹赏。既散，诸人追味馀言，于时寻阳周馥曰：‘恨卿辈不见王大将军！’”李势，字子仁，汉昭文帝李寿之子，成汉末代皇帝。桓温灭成汉后，李势投降。平定蜀地后，桓温带僚属设宴招待乡绅，英姿勃发。后来桓温亲自率兵北伐三次，期望能征下北方，一统天下，然而都以失败告终。后来“桓公北征经金城，见前为琅邪时种柳，皆已十围，慨然曰：‘木犹如此，人何以堪’”。（《世说新语·言语第二》）他攀枝执条，泫然流泪，时光飞逝，人生苦短，三十多年过去，自己青年时期所种的柳树都长至合抱，而自己两鬓霜白，但功名未成，不禁心酸落泪。他虽未完成统一国家的心愿，但通过三次北伐名声大噪，成为颇有声望的英雄。

魏晋时期政权更迭、频繁战乱，死亡常常不期而至。魏晋名士认为生命的价值并不是用长度来衡量的，而是用深度来衡量的。他们还认为人的一生也许只能和友人见面几次，因此他们每次相聚都会怀着难得一见的珍惜心情对待友人。这种无常的、珍惜当下的情感，被称为“一期一会”。一期一会的思想让他们珍惜当下的缘分。今朝有酒今朝醉，魏晋士人喜欢一期一会，每逢佳节或是定期相聚于风景秀美之地，举办名士集会的热潮。

早在西周初年，中国古代民间就有“曲水流觞”的传统，这是上巳（sì）节派生出来的一种习俗。上巳节人们进行“曲水流觞”等活动，期望可以祓（fú）除洁身、禳（ráng）灾祈福。到了魏晋时期，曲水流觞成为名士们每年定期的聚会活动。每年上巳节，他们都选择一处风雅僻静之地，众多好友从各地赶至集会地点赴约，安坐在潺潺流波的曲水边，在上游放置酒杯，酒杯顺流而下，停下便取而饮之，乘兴赋诗，畅叙幽情。以一期一会之情，解长久分别之遗憾。史上最有名的春日“曲水流觞”活动，就是王羲之在园林兰亭主办的兰亭聚会，他邀请了谢安、孙绰等四十余位亲朋好友，在举行修禊（xì）祭祀仪式后，在兰亭曲水流觞，饮酒聚会。王羲之乘着酒兴写下了著名的《兰亭集序》，发出“快然自足，不知老之将至”“死生为虚诞”的感慨。这次聚会也成为中国历史上最著名的春游之一。

西晋时有著名的金谷会，当时征虏将军石崇在河南的金谷有一别院，这座别院在清泉茂林间，清幽雅致，非同一般，因此，常常引来名士文人到此集会赋诗。石崇在《金谷诗序》里对金谷会有非常生动的记录：“时征西大将军祭酒王诩当还长安，余与众贤共送往涧中，昼夜游宴，屡迁其坐。或登高临下，或列坐水滨。时琴、瑟、笙、筑，合载车中，道路并作。及往，令与鼓吹递奏。遂各赋诗，以叙中怀。或不能者，罚酒三斗。感性命之不永，惧凋落之无期。”（石崇《金谷诗序》）这种令人陶醉神往的画面，在其乐融融的氛围里，谁还能想起战争的硝烟，生灵的涂炭？好景当前，石崇感慨生命的短暂，害怕死亡没有确定的期限，更加珍惜一期一会的有限缘分，因此还一一列举当时相聚的人的官号、姓名、年纪，并把他们所写的诗著录在后面。

魏晋名士每年定期举行集会，在一起畅饮抒发情怀，所谈主题或是宇宙人生，或是修竹清泉，也有俯仰一世的哲学意义上的话题。一期一会，似乎没有尔虞我诈的复杂，也没有死亡的笼罩，弥漫着心情舒畅的安然快乐的气息。

《世说新语》内容博杂，既有非常重要的史料价值，也有不可忽视的文学价值。《世说新语》在轶事小说中形成了源远流长的“世说体”流派，如唐刘肃的《大唐新语》、宋王谠（dǎng）《唐语林》、明何良俊《何氏语林》、清王晫（zhuó）《今世说》、民国初年易宗夔（kuí）《新世说》等。

魏晋南北朝志怪、志人小说处于小说发展的重要时期。从小说艺术发展来看，故事叙述更为完整和丰富，情节跌宕起伏，引人入胜。魏晋南北朝志怪、志人为后世小说的蓬勃发展奠定了基础，唐代传奇就是在志怪、志人小说和史传文学的共同影响下而发展起来的。

三、传奇小说

唐代在魏晋南北朝志怪小说和杂史杂传的基础上，诞生了传奇小说。“传奇”作为唐代出现的一种新小说，它传写奇事，搜奇记逸，其中虽也有虚构的内容，但大多取材于现实。“传奇”一词最早见于元稹《莺莺传》，晚唐裴铏（xíng）则将其短篇小说集取名为《传奇》。宋以后认为唐代这类小说具有记叙奇行异事的特点，所以用“传奇”概指唐代这类文言短篇小说。鲁迅先生《中国小说史略》中认为：“小说亦如诗，至唐代而一变……而尤显者乃在是时则始有意为小说。”鲁迅认为，唐代文人开始有意识地创作小说，通过塑造故事情节和人物形象来反映现实，表达情感，寄予理想。鲁迅的观点未必正确，但却可以看出唐代小说创作的繁荣。

传奇在唐代发展成熟是由唐代的政治、经济、文化等因素共同铸就的。唐代是个繁荣的社会，却也是个轻浮的时代。唐代经济发展，市民阶层兴起，对文化娱乐的需要也与日俱增，而传奇的故事性正具有喜闻乐见的效果；思想方面，经过魏晋南北朝的洗礼，中国人和胡人融合，文化方面胡化现象扎根在中国人的观念中，因此，较为开明，人们思想活跃，言论自由，让文人敢于创作讽喻性、反叛性作品；佛教的兴起为传奇创作提供了素材；此外，唐代举子们在参加科举考试之前，往往撰写诗文呈献给主考官或文坛名流，以求能被留意或推荐，但当诗文很难凸显特色时，举子们开始尝试用传奇故事求新，因而传奇便从而汗牛充栋的行卷文稿中脱颖而出。传奇在初唐到盛唐完成了从志怪、志人到传奇的转变，摆脱了对神异玄妙的关注，而关注故事情节、人物形象本身，在中唐发展到巅峰，晚唐时期衰落。

唐传奇文辞生动华艳，情节委婉曲折，结构首尾完整，表达了一定的思想观念。唐传奇题材多样，代表性著作有以爱情为题材的《李娃传》《莺莺传》，寓言讽刺类的《枕中记》《南柯太守传》等。

以爱情婚姻为题材的传奇歌颂坚贞不渝的爱情，塑造了一系列敢于抗争、坚忍不拔的女性形象。《李娃传》作者白行简（776 年—826 年），字知退，下邽（guī）（今陕西渭南东北）人。贞元末进士，曾任左拾遗、主客郎中诸职。《李娃传》虚构了娼妓李娃与荥阳公子郑生历经层层磨难，终于修成正果的故事。故事说唐玄宗天宝年间，荥阳公子郑生赴京赶考，在长安他迷恋上了妓女李娃，终日流连妓馆，所带的盘缠很快被挥霍一空。重利轻别离的妓馆将郑生逐出，李娃也不见了踪迹。郑生身无分文，病倒街头，被丧铺伙计救活后以唱挽歌为生。结果郑生父亲来长安城，恰巧碰到郑生正与别人竞技唱挽歌，父亲暴怒，将郑生痛打一顿，郑生昏死在路上。捡回来一条命的郑生沦为乞丐，在一个大雪纷飞的冬日不经意间走到了李娃的门口，李娃看到曾经风流倜傥的公子现在面目全非，心如刀割，她毅然决然给自己赎了身，怀着一颗悔过、赎罪的心付诸所有去救郑生，使他重新出人头地。在李娃的照料和鼓励下，郑生调养好了身体，并开始重新准备科举考试，最终高中榜首。郑生被任命去成都做官，离开长安前，李娃提出要离开。在郑生的恳求下，他们二人共同前往蜀地，结果遇见了郑生父亲，而郑生父亲正是成都地方长官。郑生的父亲原谅了改过自新的郑生，并且同意了二人的婚事。李娃相夫教子，被封汧（qiān）国夫人。两个人的爱情故事以喜剧收尾。

《李娃传》不是单纯地把李娃写成一个纯情善良的女子，而是根据她妓女的身份，深刻揭示了她思想性格的复杂性，并展现出人物心理和行为逐步演化的过程。她在多情、绝情、深情中不断地转换。我们看到一个风尘女子纯洁而痛苦的灵魂。她不是不爱公子，不是利用公子，而是清醒地意识到，他们之间存在一条难以逾越的阶级鸿沟。然而，作品虚构了完美的结局，妓女李娃被名门郑家明媒正娶，并进而受封汧国夫人。在小说的世界中，可以突破门当户对的藩篱，寄予了人们对于冲破等级制度、渴望爱情婚姻自由的美好愿望。

《莺莺传》，作者元稹（779 年—831 年），唐代著名诗人。《莺莺传》写张生与崔莺莺相爱，后来又负心背弃的故事。崔莺莺出身权贵，举止端庄，聪慧可人，德才双馨。她强烈地渴望爱情，开始却表现得比较隐晦，行为的矛盾也体现了她内心的挣扎。她约张生幽会，可是当张生赴会时，她又感到十分惊惧和羞耻，竟然斥责张生非礼。经过内心的激烈斗争，她终于不顾一切后果地与张生私自结合。这一行为是对专制礼教的最大叛逆。但张生却始乱终弃，认为莺莺是天下之“尤物”，假借商纣、周幽王亡国的例子，说自己“德不足以胜妖孽”，只好割爱舍弃莺莺。后来，莺莺另嫁，张生另娶。张生再次路过莺莺家门时，想见莺莺，遭莺莺拒绝。莺莺作诗曰：“弃置今何道，当时且自亲。还将旧时意，怜取眼前人。”小说站在张生的立场，将其始乱终弃的行为美化为“善为补过”。鲁迅《中国小说史略》对此评价道：“篇末文过饰非，遂堕恶趣。”《莺莺传》中的张生始乱终弃，与崔莺莺私订终身后，又抛弃了她另娶高门。宋代赵令畤以莺莺故事为蓝本，改编创作了可以演唱的《商调蝶恋花》鼓子词。金代董解元在此基础上编撰了《西厢记诸宫调》（简称《董西厢》）。《董西厢》中张生成为多情才子，但张生要崔夫人答应许崔莺莺为妻后才去搬救兵，有乘人之危之嫌，故事以莺莺、张生私奔团圆作为结局。元代王实甫进行改造，著写成“自王公贵人，逮闺秀里孺，世无不知”的杂剧《西厢记》。

寓言讽刺类的传奇揭露了官场的黑暗和政治的险恶，如沈既济《枕中记》、李公佐《南柯太守传》。这两篇传奇用虚幻的故事，典型地、形象地揭示了中唐时期社会政治生活的复杂面貌。

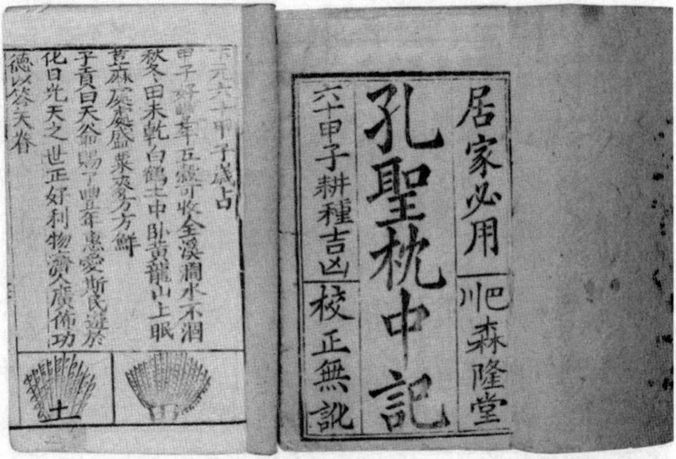

《枕中记》

沈既济，吴兴德清（今属浙江）人，一说苏州吴县（今江苏苏州）人。唐代小说家、史学家。“黄粱一梦”的典故就出自《枕中记》。故事写卢生醉心仕途，认为人生在世，应当建功立业，出将入相，享尽荣华富贵，成为豪门世族，而不应该落魄潦倒，困居乡里。但他却考场失意，郁郁不得志。旅途中经过邯郸时遇见了道士吕翁，吕翁便拿出一个瓷枕头让他枕上。卢生倚枕而卧，梦中娶了温柔美丽的权贵清河崔氏为妻，中了进士，仕途得意，封为燕国公。卢生儿孙满堂，享尽荣华富贵。80 岁时，生病久治不愈，终于死亡。断气时，卢生一惊而醒，转身坐起，左右一看，一切如故，吕翁仍坐在旁边，梦中仿佛过了一世的世间，而现实中店主人蒸的黄粱饭还没熟呢。这个故事是要劝诫世人不要热衷于功名富贵，富贵如过眼云烟，无法久住，寄予了作者历尽沧桑看破红尘的人生感悟。《枕中记》的“黄粱一梦”对后世文学影响深远，元朝马致远作《邯郸道省悟黄粱梦》、明朝汤显祖改编成“临川四梦”之一的《邯郸记》，清代蒲松龄作有《续黄粱》。

李公佐，生卒年不详，贞元、元和间人，进士及第，曾任江西判官、淮南录事参军等职。“南柯一梦”典故出自《南柯太守传》。这本传奇说东平人淳于棼（fén）有一天喝醉了在一棵古槐树下睡着了，梦见自己变成大槐国的驸马，任南柯太守二十年，与公主生了五男二女，倚仗公主荣耀一时。后来檀萝国突然入侵，淳于棼率兵抗敌，却屡战屡败，又逢金枝公主不幸病故，淳于棼辞去太守职务，扶柩回京，从此失去国君宠信。最终君王准他回家。回到家中，淳于棼从梦中醒来，发现“槐安国”和“檀萝国”竟都是蚁穴，而在蚁穴中经历的一切盛衰荣辱却如此真实。篇末李肇（zhào）赞语进一步点明了小说主旨：“贵极禄位，权倾国都。达人视此，蚁聚何殊。”意谓在达人眼中，再尊贵的身份，再大的权力也不过南柯一梦，而追逐这些的人不过是蚁聚之徒。

除爱情传奇和寓言传奇外，唐代还有取材自历史题材的传奇小说，如《长恨歌传》。《长恨歌传》的作者陈鸿是唐代史官，但是“鸿之事迹颇晦”，作者生平事迹较难考证。元和元年（806），陈鸿与白居易、王质夫同游盩厔（zhōu zhì）仙游寺。王质夫说："夫希代之事，非遇出世之才润色之，则与时消没，不闻于世。乐天深于诗、多于情者也，试为歌之者，如何?"于是白居易作长篇叙事诗《长恨歌》，而陈鸿作传奇《长恨歌传》。二者均取材自唐明皇和杨贵妃的爱情故事。

唐传奇《长恨歌传》以历史为题材，记述了杨玉环的一生。从杨妃入宫写起，到安史之乱后随唐玄宗入蜀，到路上死于马嵬（wéi）坡，死后唐玄宗寻道人用招魂术与杨妃魂灵相见，而方士招魂的情节正体现了该小说的虚构性。

总体来说，唐传奇的谋篇布局、人物塑造和语言艺术都达到了一个新的水平，标志着古代小说发展到了一个新阶段。

第五章

章回体四大奇书

先秦时期街谈巷议、只言片语的小说，到明清时期，终于发展成为了一种雅俗共赏的流行文学形式。中国古代长篇小说主要的甚至唯一的体裁——章回体小说的发展和定型，可以看作是明代文学的重要贡献。

明代出现了“四大奇书”，即《三国演义》《水浒传》《西游记》《金瓶梅》。“四大奇书”有着漫长的成长过程，一般认为是世代累积的集体创作型小说，其成书不在于某一时某一人。同时，在宋元话本小说的基础上，明代中后期的白话短篇小说也发展得更为精致，出现了短篇小说集“三言二拍”，“三言”是指冯梦龙所编纂的《喻世明言》、《警世通言》和《醒世恒言》。“二拍”是指凌濛初所编的

《初刻拍案惊奇》和《二刻拍案惊奇》。

明清小说

清代小说在明代小说的基础上，发展到了个人创作小说的阶段。小说取材愈发贴近作家生活，爱情婚姻小说雅化，变为才子佳人小说，堪称中国专制集权社会百科全书的《红楼梦》就是这种类型的代表。小说内容增加了讽世的意味，出现了《儒林外史》这样的作品。同时，蒲松龄的《聊斋志异》将我国短篇文言小说推上了巅峰。

中国现存重要小说的最早版本有《三国志通俗演义》（嘉靖元年，公元 1522 年）、《水浒传》天都外臣即汪道昆序本（万历十七年，公元 1589 年）、《西游记》世德堂百回本（万历二十年，公元 1592 年）、《金瓶梅词话》（万历四十五年，1617 年）、《隋唐两朝史传》龚绍山绣梓本（万历四十七年，公元 1619 年）、《三遂平妖传》和《封神演义》刊于万历年间，具体刊行年代不详。其中《三国演义》《水浒传》《西游记》和《金瓶梅》成就最高，被并称为中国古代小说的“四大奇书”。清代小说《林兰香·序》曰：“《三国》以利奇而人奇之，《水浒》以怪奇而人奇之，《西游》以神奇而人奇之，《金瓶》以乱奇而人奇之。”四部小说内容新奇、构思奇特、篇幅奇伟，代表了中国古代小说的四种基本类型。《三国演义》开创了历史演义小说的先河；《水浒传》开创了英雄传奇小说的先河；《西游记》开创了神魔小说的先河；《金瓶梅》开创了世情小说的先河。历史演义事实上就是历史传奇，《西游记》的神魔描写事实上就是英雄书写。这四部著作不是一人一时完成的，而是世代累积的集体创作型小说，经历了漫长的时间，在明代文人手中得以定型。

一、 历史传奇《三国志演义》

《三国志演义》是我国第一部长篇章回小说，也是历史演义小说的开山之作。小说“依史以演义”（李渔《三国志演义序》），“七分实事，三分虚构”（清代章诚《章氏遗书外编·丙辰札记》），在史实的基础上进行了合理的艺术虚构，将战争兴废、朝代更替等为基干的历史题材，组织、敷演成了完整的故事。

三国题材从正史走进小说创作有一个漫长的过程，晋代陈寿著《三国志》是对三国的正史记载，后三国故事流入民间，成为说话艺人宣讲的故事素材，在这个阶段三国历史被民间化、传说化，加进了很多民间集体创作的成分。到了明代，罗贯中搜集各种历史及传说资料，改编写定为《三国志通俗演义》，最终清初毛宗岗父子在明刊本的基础上进行了修订和润色，写成现在流传最广的定本《三国演义》。

《三国演义》主要是写魏、蜀、吴三国间的政治斗争和军事斗争，作品倡导“仁政”的政治观念、“忠义”的人格观念以及“智勇”的人才观念。记事起于汉灵帝中平元年（184 年），终于晋武帝太康元年（280 年）。小说第一到三十三回主要写汉末动乱、群雄并起以及曹操平定北方、势力壮大的过程。第三十四到八十五回写刘备集团的崛起以及以此为中心而展开的三国鼎立、互相争雄的历史。第八十六到一百二十回写三国归晋的过程。小说第一回以“分久必合，合久必分”开篇，最后一回以“合久必分，分久必合”结束，展现了历史的大循环观。

《三国演义》秉持“尊刘贬曹”的态度，以蜀汉为中心展开叙述，开篇简略交代汉祚（zuò）衰微，然后转入叙述刘备、关羽、张飞桃园结义（第一回），后刘备被汉朝宗室、益州太守刘焉认为子侄并领兵讨伐黄巾军，出身市井“贩屦（jù）织席”的刘备、“逃难江湖”的关羽、“卖酒屠猪”的张飞三兄弟开始置身群雄角逐之中。从第三十九回诸葛亮出山至一百零四回诸葛亮星殒五丈原，小说以蜀汉为中心展开情节，塑造人物。全书共出现四百多个人物，有很多突出的、耀眼的人物形象，如奸诈雄豪的曹操，忠义勇武的关羽，仁厚宽宏的刘备，谋略超人的孔明，浑身是胆的赵云，心胸狭窄的周瑜，忠厚老实的鲁肃，老奸巨猾的司马懿……但受制于“尊刘贬曹”的倾向，因“尊刘”而将人物进行理想化的处理，甚至完美到了不食人间烟火的程度，以至于“欲显刘备之长厚而似伪，状诸葛亮之多智而近妖”（鲁迅《中国小说史略》）。小说虽“贬曹”，却因保留了人物真实性而成功塑造了曹操这一丰满的人物形象。毛宗岗认为《三国演义》人物塑造有“三奇”“三绝”。“三奇”是说诸葛亮是“古今来贤相中第一奇人”，关羽是“古今来名将中第一奇人”，曹操是“古今来奸雄中第一奇人”。“三绝”意谓诸葛亮“智绝”，关羽“义绝”，曹操“奸绝”（《读三国志法》）。

诸葛亮是名相楷模，小说主要在诸葛亮与周瑜、司马懿的博弈中突显诸葛亮的绝世才智。对周瑜，抓住其气量狭小的致命弱点而巧施妙计，让周瑜一失南郡、二赔夫人、三败荆州，最后仰天长叹“既生瑜，何生亮”，被活活气死。对司马懿，诸葛亮抓住其谨慎多疑的特点，在街亭即将失守的千钧一发之际大胆使用空城计，还有“死诸葛能走生仲达”的情节，使司马懿感叹：“吾能料其生，不能料其死也!”除书写诸葛亮善谋外，还以“先帝托孤”“六出祁山”“北伐中原”等事迹塑造了诸葛亮鞠躬尽瘁、死而后已的忠臣形象。

关羽是忠义的化身，“桃园三结义”“温酒斩华雄”“三英战吕布”“斩颜良，诛文丑”“过五关，斩六将”“义释曹操”“单刀赴会”“刮骨疗毒”等情节塑造了关羽的“义绝”形象。

曹操是《三国演义》中最丰满的人物形象。作者本想把曹操写成“奸贼”，但出于尊重历史又不能抹杀其英雄的一面，所以曹操成为“奸”与“雄”的合体，展现出双重性格。曹操的奸诈在第一回就被凸现出来：“操幼时，好游猎，喜歌舞；有权谋，多机变。操有叔，见操游荡无度，尝怒之，言于曹嵩。嵩责操。操忽心生一计：见叔父来，诈倒于地，作中风之状。叔父惊告嵩。嵩急视之，操故无恙。嵩曰：‘叔言汝中风，今已乎？’操曰：‘儿自来无此病，因失爱于叔父，故见罔耳。’嵩信其言。后叔父但言操过，嵩并不听。因此，操得恣意放荡。”

曹操奉持“宁教我负天下人，休教天下人负我”的人生信条：误杀吕伯奢，知道有误而干脆斩草除根、梦中杀人、杀杨修、向王垕“借头”稳定军心、杀神医华佗等情节，表现出曹操“奸”的一面；而曹操也有善于用人、爱才思贤、豁达通脱的一面，比如官渡之战以少胜多、爱关羽之才、义释“单骑救主”的赵云，尤其赤壁之战大败后，狼狈逃窜时“三次大笑”写得尤其精彩：“操坐于疏林之下，仰面大笑。众官问曰：‘适来丞相笑周瑜、诸葛亮，引惹出赵子龙来，又折了许多人马。如今为何又笑？’操曰：‘吾笑诸葛亮、周瑜毕竟智谋不足。若是我用兵时，就这个去处，也埋伏一彪军马，以逸待劳，我等纵然脱得性命，也不免重伤矣。彼见不到此，我是以笑之。’正说间，前军后军一齐发喊，操大惊，弃甲上马。众军多有不及收马者。早见四下火烟布合，山口一军摆开，为首乃燕人张翼德，横矛立马，大叫：‘操贼走那里去！’又行不到数里，操在马上扬鞭大笑。众将问：‘丞相何又大笑？’操曰：‘人皆言周瑜、诸葛亮足智多谋，以吾观之，到底是无能之辈。若使此处伏一旅之师，吾等皆束手受缚矣。’言未毕，一声炮响，两边五百校刀手摆开，为首大将关云长，提青龙刀，跨赤兔马，截住去路。操军见了，亡魂丧胆，面面相觑。操曰：‘既到此处，只得决一死战！’”在生死存亡之际，曹操依然能大笑，恰恰显示了其豪雄的人物特征。

《三国演义》以战略、战术、战争为线索，展开了一幅巨幅的历史英雄画卷，书中战争书写取得了极高的成就。在东汉末年，人心依然向汉的政治大环境下，曹魏集团“奉天子以令不臣”，蜀汉集团以正统之名追求“中兴汉室”，孙吴集团则“联刘抗曹”以求自保发展。三大集团以自身的政治纲领来指导战争，例如曹操一生不曾称帝，一直以天子作为要挟诸侯的筹码，发动一系列战争统一北方；诸葛亮六出祁山北伐中原，企图中兴汉室；孙吴集团联手蜀汉集团，赢得赤壁之战，之后又在与蜀汉集团进行了夷陵之战后同蜀汉集团复归盟好等。

二、 英雄传奇《水浒传》《西游记》

《水浒传》源于真实历史，据《宋史》记载，在徽宗宣和年间，宋江等“三十六人横行齐魏”，势力强大，“转略十郡，官军莫敢撄（yīng）其锋”，后被张叔夜招降。另有一些史书也记载了宋江投降后征方腊。虽故事取材自历史，但与《三国演义》相比，《水浒传》几乎不依赖于历史而完全是小说创作。一般认为，罗贯中先搜集并加工说话、戏剧中的水浒故事，“编次”成《水浒传》的雏形，后施耐庵在此基础上加以润色，成为艺术成就最高的“的本”。

《水浒传》是一部英雄的传奇，虚构了一次大规模的民众起义，描写了发生、发展、失败的全过程，谱写了“忠义”的悲歌。虽以“忠义”号召，但《水浒传》中的“忠义”，与孔子和原始儒家的“忠义”相去已甚远。小说把一向被斥为盗贼的起义者“替天行道”，成为正义和力量的化身，被赋予了浓厚的传奇英雄的色彩，以至于“已为盗者读之而自豪，未为盗者读之而为盗也”（金圣叹《第五才子书施耐庵水浒传》）。小说中某些英雄人物的“匪气”，对普通人生命的蔑视，从其中可见“胡化”文化的烙印。

通行版本的《水浒传》共一百二十回，前七十回写

梁山

各路英雄殊途同归、聚义梁山、替天行道的过程，人物故事相对独立，后五十回相对集中，是对前者的合理延续。前七十一回以人为线索，七十一回后以事件为线索，其中七十二至八十一回，写义军同官军对抗，而以宋江为首的梁山谋划招安。八十三至九十回，梁山好汉奉命征辽。九十一至一百回，出征田虎；一百零一至一百一十回，出征王庆。一百一十一至一百二十回，出征方腊，最终英雄凋零，以众英雄“神聚蓼（liǎo）儿洼”收束了全书。

《水浒传》在人物塑造上取得了巨大的成就，书中一百单八将，一百单八样。一百单八将出身各有不同。有平民，如李逵、白胜、石秀、武松、刘唐、时迁、燕青、“三阮”；有官吏，如晁盖、宋江、朱仝（tóng）、雷横、杨雄、戴宗；有大地主，如史进、柴进、卢俊义、李应；有武将出身的林冲、杨志、鲁智深、关胜、索超、董平、花荣、徐宁、秦明、呼延灼、黄信、孙立；有技艺人士，如吴用、公孙胜、安道全、皇甫端、汤隆、蒋敬、金大坚、萧让；有地方势力者或强盗，如王英、孔明、张青、孙二娘、李俊、张横、张顺、穆春、陈达、杨春、燕顺、周通。“人有其性情，人有其气质，人有其形状，人有其声口。”（金圣叹《〈第五才子书施耐庵水浒传〉序三》）即使同为粗鲁的性格，也各有各的不同。比如李逵是天真、轻信于人（“真假李逵”），粗野（“江州劫法场”），而鲁达则是有股子豪气（“大闹野猪林”），粗中有细（“拳打镇关西”），武松则是要面子（“武松打虎”），恩怨心重（“血溅鸳鸯楼”）。塑造这些英雄人物既有“近人之笔”，又有“骇人之举”。“近人之笔”指通过细节展示人物的性格，比如武松面对潘金莲的挑逗一退再退，最后怒斥嫂嫂不识廉耻。塑造人物亦写“骇人之举”，将英雄理想化，具有传奇色彩，比如鲁智深有能够“倒拔垂杨柳”、武松有“景阳冈打虎”的神力。

水浒 108 好汉图

《水浒传》产生了强大的社会影响，由于其内容具有强烈的反抗精神，明清时期严禁刊刻流传。后世很多农民起义以水浒英雄作为榜样，比如万历间山东农民起义的“代天行道”，清末黑旗军的“替天行道”“劫富济贫”，太平天国的“顺天行道”，义和团的“替天行道”等口号都直接秉持了《水浒传》的政治口号。道光年间桂阳农民起义领袖被称为“宋大哥”，太平天国的石达开自称是“小宋公明”，足以见《水浒传》的社会影响力。

《水浒传》也产生了深远的文学影响，大大提升了小说的地位，并为后世戏曲、说唱艺术等提供了丰富的素材。《水浒传》开创了英雄传奇型小说，后世出现了说杨系列的《北宋志传》《杨家府演义》，说岳系列的《大宋中兴通俗演义》。清代甚至出现了《水浒后传》《后水浒传》《结水浒传》三部续书。

《西游记》常被称为神魔小说，实际上也是一部英雄传奇。明代的百回本无作者署名，清代出现有署名元代丘处机的版本，但内容是写元太祖西征，丘处机随军西行的见闻，是一部地理学著作。乾隆年间，吴玉搢（jìn）据天启间《淮安府志》有“吴承恩《西游记》”的著录，方提出吴氏说，经鲁迅、胡适等人认定，已基本成为共识。

《西游记》取唐代玄奘法师赴印度取经事为现实依据。玄奘（602—664 年）法师 11 岁出家，26 岁只身赴天竺，43 岁（贞观十九年）回到长安。历时 17 年，行程五万里，取回佛经 657 部。译经 73 部，凡一千三百卷，回大唐后译经 19 年。《西游记》的中心故事虽然是玄奘取经，但是更多的是作者运用想象力虚构出了一部新神话。前七回可谓是“齐天大圣传”，讲述了孙悟空横空出世、大闹天宫、被压五行山的故事，塑造了一位虽败犹荣的英雄形象；第七至十二回，写取经的因缘和取经人物；从第十三回至一百回写师徒四人取经路上遇到的八十一难。

“八十一难”的灵感一部分取材于玄奘本传里所记载的困难事实，如从沙漠的风沙想到黄风大王的怪风和罗刹女的铁扇风，沙漠里四日五夜的枯焦转化为八百里的火焰山，烈日炎风的大沙河变成了八百里“鹅毛飘不起”的流沙河。一部分取材于佛教经典《华严经·入法界品》，善财童子在文殊菩萨的指引下，用40多年的时间，遍历110座城的故事。还有一部分源自作者的生活经历和虚构想象。虽有神话特质，但《西游记》中现实与神话两个世界彼此相通，后者是前者的折射，神魔的世界是现实社会的折射，神魔们戴着面具，扮演着人间角色，表现人间的种种世相。

《西游记》擅长以动物形貌拟其容，以常人情性铸其心，创造观感全新的神魔形象。形象塑造上物性、人性、神性相统一，物性，指采用动植物形象并保持其习性；人性，指神魔鬼怪具有人的七情六欲；神性，指动

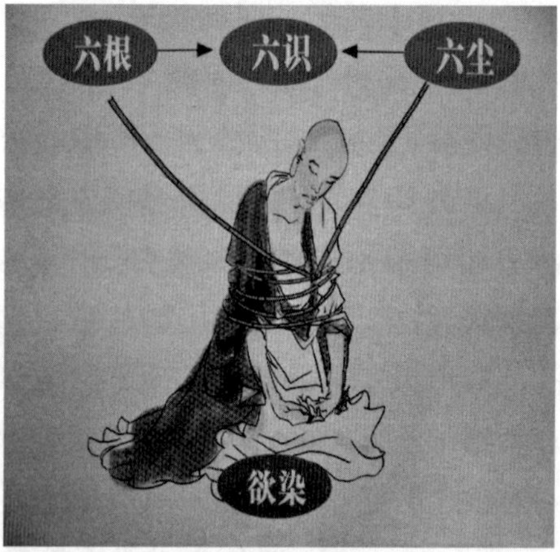

三藏欲染图

物植物一旦成精变怪，就有了神奇的本领。比如孙悟空采用了猴子的形象，从物性上说，孙悟空像猴子一样好动；从人性上来说，孙悟空有争强好胜的性格，以“英雄主义”为处世原则；从神性来说，孙悟空有七十二变等神奇本领。同理，猪八戒有着世俗人情味儿，憨厚纯朴、吃苦耐劳，却贪吃、睡、财、色，无视戒律和权威，以“老猪学得乌龟法，得缩头时且缩头”为处世原则，也具有一定的神奇本领。

孙悟空之所以用猴子形象，是因为作者将其作为人心的幻象来刻画。人心喜攀援，像猴子一样看见桃子摘桃子，看见苹果摘苹果，所以用“心猿意马”来比喻人

佛魔一念图

攀援不息、奔腾不止的贪心；在《西游记》回目中有“六贼”“六耳猕猴”等词，就是说人的眼、耳、鼻、舌、身、意六种感知世界的根本器官是贼，攀援外界的色、声、香、味、触、法六境，迷失了自己的本心本性。很多回目直接表现出心性的内涵，如：

第一回　灵根育孕源流出 心性修持大道生

第四回　官封弼马心何足 名注齐天意未宁

第七回　八卦炉中逃大圣 五行山下定心猿

第十四回　心猿归正 六贼无踪

第十五回　蛇盘山诸神暗佑 鹰愁涧意马收缰

第三十六回　心猿正处诸缘伏 劈破傍门见月明

第九十九回　九九数完魔灭尽 三三行满道归根

《西游记》全书的构架其实就是“心猿归正”的修心过程。孙悟空大闹天宫是妄心炽动，被压五行山下

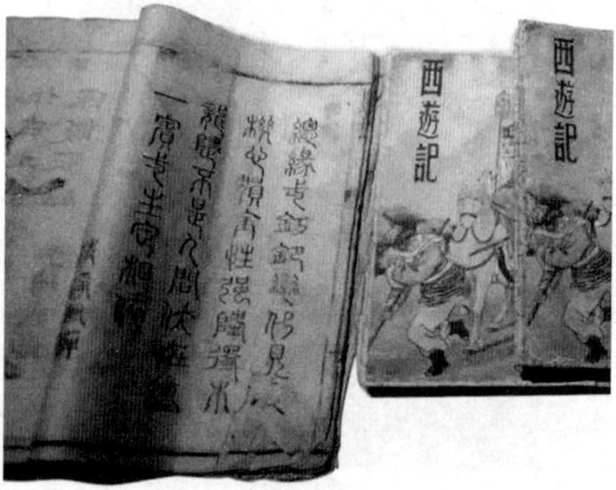

《西游记》

是降伏妄心，去西天取经一路斩妖除怪是修心炼心。这个修行的过程是从兽——人——佛的过程。人在兽佛间，是佛是兽在一念之中，人的内心有魔性，魔性被张扬了就成为魔鬼；人的内心有佛性，佛性被开显就成佛。

《西游记》在“四大奇书”中是最为喜闻乐见、老少皆宜的作品，不止对中国神魔小说有开山之功，更对后世儿童文学作品、影视、戏剧、民间说唱艺术、世界文学乃至现代网络游艺等方面都产生了深远而巨大的影响。

三、世情传奇《金瓶梅》

《金瓶梅》是我国第一部以世俗人物为描写对象的长篇小说。至于作者，有一种观点认为这本小说是首部文人独立创作的白话长篇小说，作者是兰陵笑笑生；另一种说法认为《金瓶梅》是中国小说史上最后一部集体创作型长篇小说。鲁迅《中国小说史略》把《金瓶梅》和《红楼梦》视为“人情小说”。《金瓶梅》“寄意于时俗”（明代欣欣子《金瓶梅词话序》），是第一部以描写普通家庭生活和世态人情为主题的长篇白话小说，开了中国世情长篇小说的先河。小说立意上，从歌颂理想变为暴露黑暗，从表现美变为表现丑，着力表现世俗社会中的反面人物。小说中露骨的性描写备受争议，但其现实主义描写，对人性的剖析获得了前所未有的成功，其在文学史上造成的积极影响远远超过了其性描写所产生的负作用。小说以北宋末年生活为背景，但描绘的世态人情却有鲜明的晚明时代特征。

晚明商品经济的发展在社会上形成了一股“向钱看”的风气，《金瓶梅》塑造的西门庆就是这个时代的产物，他身上有着浓重的市井气息，他利欲熏心，贪财重色，仗权图财，凭财猎色。《金瓶梅》一反传统小说才子佳人、英雄传奇的模式，首次塑造了集权欲、财欲及色欲于一身的反面人物西门庆，他混迹于家庭与妓院、官场与商场。作为山东提刑所理刑副千户，西门庆是弄权的政客；作为商人，他是赚钱的能手，也能仗义疏财，救人贫难；作为混迹情场的男人，他又是纵欲的淫棍。

小说一至一十回主体写潘金莲和西门庆的故事，大体同于《水浒传》，但却补充丰富了诸如潘金莲可怜身世等很多细节，穿插书写西门庆和潘金莲如胶似漆的同时，还写了偷娶孟玉楼之事；十一至七十九回西门庆死，写西门庆的发家史和家庭生活，与《水浒传》完全不同；八十回至一百回集中表现西门庆家的“树倒猢狲散”，西门家的衰落与周守备府的兴起形成对照。这段故事中间第八十七回又插进了武松复仇、杀死潘金莲之事。潘金莲这个形象孕育于罪恶，毁灭才是她的救赎。

《金瓶梅》奠定了世情小说的发展基础，影响了世情小说的几个流派，如家庭小说、才子佳人小说、艳情小说、以暴露为主的讽刺和谴责小说，后世出现了《玉娇李》《续金瓶梅》等众多续书。《金瓶梅》的问世推动了后代作家独立创作的热情，文人独创长篇小说从此成长起来了。

从内容来看，“四大奇书”颠覆了以往小说的书写范式。《三国演义》依史演义，作者有意识地在塑造人物形象，虚构故事情节，语言上是半文半白。这部著作塑造了以“忠义智勇”为核心的道德理想，将“胜者为王败者寇”的评价标准转化为“不以成败论英雄”。《水浒传》在人物塑造上取得了巨大成功，语言上采用纯白话进行小说创作。这部著作颠覆了约定俗成的是非判断标准，草莽可为英雄，绿林好汉可以替天行道，成功塑造了“英雄不问出处”的价值观。《西游记》颠覆了虚实，极其富有象征性，它不再是简单的志怪，而是创造了一部新神话，神魔鬼怪戴着面具演绎着人间的角色。而《金瓶梅》直接颠覆了前三部著作对英雄的呼唤，这部著作不再以英雄或者才子佳人为主角，而是以西门庆为中心，写了大宅院的日常琐事。

“四大奇书”之“奇”不仅指其内容新奇、篇幅宏伟，这四部作品的艺术形式也可称奇。《三国演义》以蜀汉矛盾为中心，以三国矛盾斗争为主线来展开情节，保证了情节发展的一贯性，既富于曲折变化，又脉络清晰，构成了既宏伟又严密的结构。《三国演义》以历史为结构的形式，作者叙述三国故事，你中有我，我中有你，一国故事总与其他两国有内在联系，首尾大照应，中间大关联，自首至尾无一处可断，这种结构形式在西方的历史小说中是罕见的，研究者称之为绳辫式结构。《三国演义》开始注意圆形人物的塑造，不是简单分割所谓好人坏人，这为古典小说的人物画廊贡献了众多鲜明的形象。它在人物塑造上的成就，标志着中国古典小说人物塑造的新发展。英雄传奇小说《水浒传》的结构形式用金圣叹的术语叫作“鸾胶续弦法”，即描写一个人物的经历时，与互不相识的另一个人物在特定的场合相遇，从而引出另一个人物的故事。例如鲁智深倒拔垂杨柳，引出林冲；宋江在柴荣家中，引出武松。此种结构的关键在于精心构思一个特定的场合，使一个人物过渡到另一个人物的故事自然而巧妙。金圣叹《读第五才子书法》总结得好：“《水浒传》，一个人出来是一篇列传，至于中间事迹，又逐段自成文字。”神魔鬼怪小说《西游记》采用了单线发展的纵式结构，但作者凭借其高超的艺术手段，把错综复杂光怪陆离的内容有机地组织在一个统一完整的巨大结构中，人们称之为珠链式结构。世情小说《金瓶梅》的结构特点是透过家庭看社会人生和时代。正如有学者指出的那样，《金瓶梅》因西门庆一户人家写好几户人家。百回巨著，其中的主线则是西门庆家的兴衰史和罪恶史，以及一群女子的悲剧命运，事实上揭示了明代世俗社会的苟且与邪恶。总体来看，四大奇书是粗线条的叙事，因为是世代累积型集体创作的小说，长期活在口头文学中，具有“事胜于文”的特点。“四大奇书”为清代个人独立创作的文事兼备的小说奠定了基础。

第六章

清代小说家

在明代小说基础上，小说到了清代得到长足发展，从世代累积的集体创作型小说发展到了个人独立创作小说的阶段。清代出现了“四大流派”，即以《聊斋志异》为代表的妖怪派、以《红楼梦》为代表的世情派、以《儒林外史》为代表的讽刺派和以《三侠五义》为代表的侠义派，这四部著作在中国古典小说的发展史上都有重要地位。

一、 妖怪小说《聊斋志异》

《聊斋志异》是蒲松龄创作的文言短篇小说集，通行本有八卷，或分开成为十六卷，一共 431 篇故事。故事虽是写鬼怪狐精，但作者笔下的鬼怪精魅被赋予了人的情感和生活，使读者倍觉可亲，而浑然不觉其为异类。

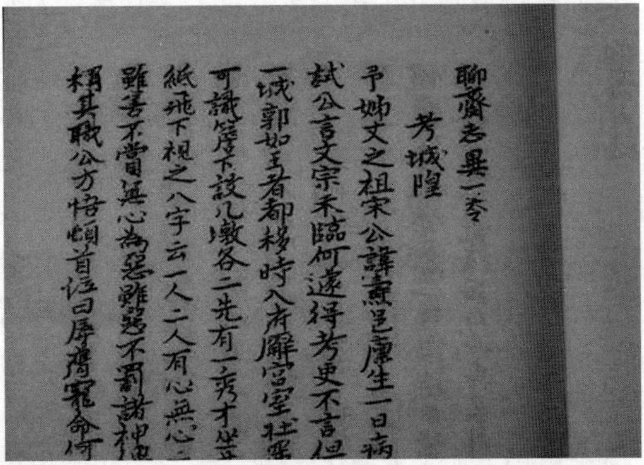
聊齋志異一卷
考城隍
予姊丈之祖宋公諱燾邑廩生一日病
試公言文宗未臨何遽得考吏不言但
一城郭如王者都移時入府廨宮室壯麗
可識簷下設几墩各二先有一秀才坐
紙飛下視之八字云一人二人有心無心
雖善不賞無心為惡雖惡不罰諸神傳
稱其職公方悟頓首泣曰辱膺寵命何

《聊斋志异》

作者蒲松龄（1640—1715 年），字留仙，山东淄川人。蒲松龄从青年时期就喜欢搜集并记述奇闻异事，创作狐鬼故事，被人视为不务正业之举，“可怜无补费精神”。为此，他曾受到友好的劝阻，也承受着不友好的讥讽。他在农村三十多年的教书生涯，让他有充分的机会去研习学问，搜集民间传说，从事聊斋创作。四十岁时，他将已做成的篇章结集成册，定名为《聊斋志异》，并且撰写了《聊斋自志》：“披萝带荔，三闾氏（指屈原）感而为骚；牛鬼蛇神，长爪郎（指李贺）吟而成癖。自鸣天籁，不择好音，有由然矣。松（作者自指），落落秋萤之火，魑魅争光；逐逐野马之尘，魍魉见笑。才非干宝，雅爱搜神；情类黄州（指苏轼），喜人谈鬼。闻则命笔，遂以成编。久之，四方同人，又以邮筒相寄，因而物以好聚，所积益夥（huǒ）。甚者，人非化外，事或奇于断发之乡；睫在目前，怪有过于飞头之国。遄（chuán）飞逸兴，狂固难辞；永托旷怀，痴且不讳。展如之人，得毋向我胡卢（形容笑声）耶？然五父衢（qú）头（孔子葬父叔梁讫五父衢），或涉滥听；而三生石（前生、今生、来生为三生，三生石指情谊久长）上，颇悟前因。放纵之言，或有未可概以人废者。”蒲松龄以屈原、李贺、苏东坡等为例，说明神怪之事并非末流，从而自述写作的苦衷。

蒲松龄用了大半生创作《聊斋志异》，纪昀说这部著作是“一书而兼二体”，因为《聊斋志异》约五百篇的故事当中有的如同六朝志怪小说，简约记述奇闻异事；有的如同唐人传奇，故事委婉、记叙曲微；有的采自当时社会传闻或直录友人笔记者，篇首或篇末注明某人言、某人记。在白话小说蔚为风行的时代，蒲松龄却拟魏晋志怪、唐传奇的古，采用古文进行创作。

这本小说借鬼怪摹写人世，寄托幻想，抨击丑恶，颂扬善美，其目的不是单纯的写鬼怪，其内容广泛，意旨深刻，故事委婉，形象真切。小说中写得最多、流传最广的部分是“人鬼之恋”“人怪之恋”。如《聂小倩》载聂小倩风华月貌，却只活到了十八岁，死后葬在古寺旁，不幸被老妖胁迫，不得不去害人。书生宁采臣旅居寺院，小倩本是来谋害书生的，却被书生的善良所打动，助采臣转危为安并两人最终结合的故事。《莲香》中写狐仙莲香和女鬼李氏同时爱上了桑生，一开始莲香与桑生欢好，后来女鬼李氏乘莲香不来时与桑生欢会，结果桑生元阳受损，性命垂危，莲香医好了桑生并让李氏认识到鬼身会伤害桑生，于是李氏借体还魂，与桑生结为夫妻。莲香则是产下狐儿后死去，转世后又跟李氏和桑生再续前缘。《香玉》中写黄生爱恋白牡丹花神，当白牡丹花被移走而失去花妖时，黄生作哭花诗五十首，日日凭吊，感动得花神再生。黄生死后也变为牡丹花，与白牡丹花连根同生。

《聊斋志异》中还有抨击科举制度的作品。如《叶生》写淮阳叶生“文章词赋，冠绝当时”，可惜屡考不中，对他有知遇之恩的丁县令离开了淮阳，后有一天叶生突然来到丁家，成为丁公子的老师，丁公子连中三元，第二年叶生也中了举人，当叶生回到自己家时才发现自己三年前已病死。有才的书生生时屡试不中，死后教的学生和自己的阴魂都能考中。这则故事讽刺性极强，虽未直言科举弊端，却刀刀指向科举的荒谬。

《聊斋志异》中也有歌颂侠义精神的故事，如《红玉》中的狐女和冯生夜夜往来，被冯生父亲发现后，红玉不仅没有忤逆冯父，还帮助冯生娶了卫氏女为妻，从此断了往来。后来乡绅宋御史为霸占卫氏女，打死了冯生的父亲，并把冯生关进监狱，卫氏女抗暴身亡，孤儿被弃于野外。红玉抚养照料了孤儿，并在冯生出狱后与其结为夫妻。

《聊斋志异》一问世就受到了大众的喜爱，翻刻本竞相出现，相继出现了注释本、评点本，风行一时，“流播海内，几千家有其书”，艺术魅力经久不衰，到今天依然为文学、影视、戏剧提供素材和灵感，这是蒲松龄为中国文学宝库做出的杰出贡献。

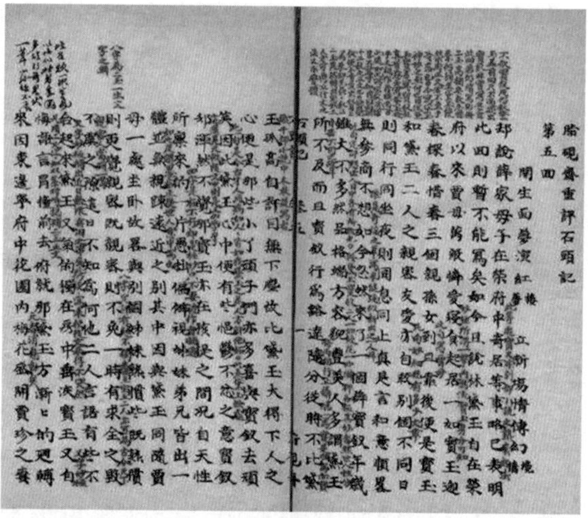

《脂砚斋重评石头记》

二、 世情小说《红楼梦》

《红楼梦》亦称《石头记》，被认为是中国古代白话小说中最杰出的代表作品，特别是近代西方小说理论传入中国以后，《红楼梦》更受到受西方文学理论影响的学者的追捧。王国维说《红楼梦》是“哲学的也，宇宙的也，文学的也”，而《中国大百科全书》评价说，《红楼梦》的价值怎么估计都不为过。这些评价，显然已经超出了《红楼梦》这本小说本身所具有的内涵。清代是中国历史发展的一个特别时期，操阿尔泰语的通古斯人和投靠满洲的汉族人及被明朝驱逐到漠北的蒙古人勾结，一路烧杀抢掠，最终入主中原，通过“剃发易服”，实现了对明朝人民的种族奴役，直接导致了中国社会的急剧衰落。而《红楼梦》这样的小说在“辛亥革命”前后被挖掘出来，不同的人从其中看到了不同的意味。鲁迅在《绛洞花主小引》一文中说：“经学家看见《易》，道学家看见淫，才子看见缠绵，革命家看见排满，流言家看见宫闱秘。”鲁迅的观点，无疑是有启发性的。

《红楼梦》通过讲述一块顽石在“富贵场”“温柔乡”的历劫过程，给我们展示了一个时代的历史记忆。作者曹雪芹出身富贵，后家族败落。其先祖曹俊是汉人，在明朝以军功发迹，煊赫一时。到了明末清军攻陷沈阳，曹雪芹五世祖曹锡远和其子曹振彦兵败后投降满清，被编入满洲内务府籍正白旗。就曹氏家族来说，在明朝人和辛亥革命家的眼中，应该是典型的汉奸一类人，属于汉民族的罪人。曹家成为八旗的世家，祖孙三代中有四个人总共做了五十八年的江宁织造。当康熙南巡时，曹家曾办过四次以上的接驾的差。《红楼梦》以贾宝玉为叙事中心，笔笔“写尽大家”，书中所展现的种种情节，都是建立于满清和投靠满清的汉族权贵的“大家规范”“大族规矩”“大家风范”“大人家规矩礼法”之上，《红楼梦》是唯一一部叙写清代权贵世家的小说。

女娲补天

《红楼梦》分为“抄本”和“刊本”，“抄本”是指曹雪芹“批阅十载，增删五次，纂写目录，分出章目”的八十回未完稿，书内有“脂评”。脂砚斋是《红楼梦》评点者的笼统称呼，至少有脂砚斋、畸笏（hù）叟、棠村、松斋、梅溪等人，他们身兼批评家、读者、客串创作者的三重身份。“刊本”是指后来程伟元、高鹗补成的一百二十回版本，续写了宝、黛爱情悲剧，一般研究者认为结尾有违曹雪芹原意，艺术也较八十回逊色。

《红楼梦》以“女娲补天”“娥皇女英”两个神话作为基石架构起全书。《红楼梦》讲述一块石头在“富贵场”“温柔乡”的历尽悲欢离合、世态炎凉的一段故事。而这块石头是女娲补天剩下的一块弃石：“当年女娲氏炼石补天之时，于大荒山无稽崖炼成高经十二丈，方经二十四丈，顽石三万六千五百零一块。娲皇氏只用了三万六千五百块，只单单的剩下了一块未用，便弃在此山青埂峰下。谁知此石自经锻炼之后，灵性已通，因见众石俱得补天，独自己无材不堪入选，遂自怨自叹，日夜悲号惭愧。”（第一回）

石头神话的第一重内涵是以通灵的玉石喻权贵血统，凡心炽动落入凡尘后，到了公侯富贵之家，幻化为通灵宝玉，与贾宝玉融为一体，成为情痴情种的化身。而这块石头是女娲补天后剩下的一块弃石，“无材补天，幻形入世”（第二回），脂批说“这八字便是作者一生惭恨”，“无材补天”的弃石隐喻了“无才济世”的宝玉公子，第三回的《西江月》中道出了这一特征：“富贵不知乐业，贫穷难耐凄凉。可怜辜负好韶光，于国于家无望。天下无能第一，古今不肖无双。寄言纨绔与膏粱：莫效此儿形状！”

《红楼梦》中跟石头有关的除补天遗石外，还有青埂峰大石、通灵宝玉、神瑛侍者、贾宝玉和甄宝玉。“青埂峰”意指“情根”，空空道人经过青埂峰看见大石头上记录了一段故事，便将其抄录回来命名为《情僧录》；“通灵宝玉”是茫茫大士、渺渺真人将补天遗石幻化而成；“神瑛侍者”的“神”与“俗”相对，“瑛”是指玉光，他要下凡造历幻缘，与绛珠仙子续未了缘。贾宝玉身上集合了每一种石的特质，是各种“玉石”的合体。

娥皇女英

宝玉是“石头神话”的结晶，而黛玉则是绛珠仙草的转世。绛珠仙草与“娥皇女英”神话密切相关。南朝梁任昉《述异记》卷上载：“昔舜南巡而葬于苍梧之野。尧之二女娥皇、女英追之不及，相与恸哭，泪下沾竹，竹文上为之斑斑然。”舜帝率兵征战南进到苍梧，不幸病逝，被葬于苍梧。娥皇女英得知噩耗后，恸哭不止，泪珠洒在竹子上，竹遂有泪斑，被后世称为“斑竹”。绛珠仙草转世是为了报答神瑛侍者灌溉之德，报恩的方式是“一生所有的眼泪还给他”。这两个神话共同的关键词是“情”“泪”“死亡”。《红楼梦》第三十七回载探春言："当日娥皇女英洒泪在竹上成斑，故今斑竹又名湘妃竹，如今他住的是潇湘馆，她又爱哭，将来他想林姐夫，那些竹子也是要变成斑竹的，以后都叫他作潇湘妃子就完了。"

斑竹

宝玉与黛玉要在凡世再续"木石前盟"的因缘。前世，西方灵河三生石畔的绛珠仙草，得了神瑛侍者的甘露灌溉，汲收天地日月的精华灵秀之气，脱胎换骨成就了女儿身。今生，神瑛侍者转世凡间成宝玉，绛珠仙草则幻化成黛玉，要把她"一生所有的眼泪"还给这位前世用甘露灌溉她的恩人。绛珠草前世生于三生石畔，"三生"意为与宝玉的宿世因缘。前世的绛珠仙草承受了一份甘露，今生的黛玉就要还一份眼泪。《红楼梦》中，从宝黛二人第一次相见，宝玉因黛玉无玉而痛摔自己的通灵宝玉起，黛玉的"一双似泣非泣含露目"便为宝玉而流泪，从秋流到冬，从春流到夏，湿透了整整的一部《红楼梦》，为的就是偿还这份情缘。当痴情女儿的泪流干了，"欠命的，命已还；欠泪的，泪已尽"（《红楼梦曲·收尾》），她与宝玉今生今世的缘分也就了结了，在《红楼梦·枉凝眉》这首曲子中便描画出二人爱情理想的幻灭："一个是阆（làng）苑仙葩，一个是美玉无瑕。若说没奇缘，今生偏又遇着他；若说有奇缘，如何心事终虚化？一个枉自嗟呀，一个空劳牵挂。一个是水中月，一个是镜中花。想眼中能有多少泪珠儿，怎经得秋流到冬尽，春流到夏！"

《红楼梦》是青春生命的挽歌。众女儿心灵清净、容貌可爱、出身富贵，却最终都香消玉殒。如《葬花吟》一曲所云："花谢花飞花满天，红消香断有谁怜？游丝软系飘春榭，落絮轻沾扑绣帘。闺中女儿惜春暮，愁绪满怀无释处。手把花锄出绣帘，忍踏落花来复去？柳丝榆荚自芳菲，不管桃飘与李飞。桃李明年能再发，明年闺中知有谁？三月香巢已垒成，梁间燕子太无情！明年花发虽可啄，却不道人去梁空巢也倾。……试看春残花渐落，便是红颜老死时。一朝春尽红颜老，花落人亡两不知！"金陵十二钗的绝代风华，终逃不脱千红一哭、万艳同悲的宿命。

《红楼梦》是权贵家族的挽歌。《红楼梦曲·飞鸟各投林》云："为官的，家业凋零；富贵的，金银散尽；有恩的，死里逃生；无情的，分明报应。欠命的，命已还；还泪的，泪已尽。冤冤相报实非轻，分离聚合皆前定。欲知命短问前生，老来富贵也真侥幸。看破的，遁入空门；痴迷的，枉送了性命。好一似食尽鸟投林，落了片白茫茫大地真干净！"这个因投靠满洲从龙入关的曹氏家族走到了末世，子孙不肖，难振家业，最终大厦将倾，“树倒猢狲散”。

《红楼梦》是尘世人生之挽歌。这部小说的总纲是“美中不足，好事多磨。乐极悲生，人非物换。到头一梦，万境归空”。正如一曲《红楼梦·好了歌》总括云：“世人都晓神仙好，惟有功名忘不了。古今将相在何方，荒冢一堆草没了。世人都晓神仙好，只有金银忘不了。终朝只恨聚无多，及到多时眼闭了。世人都晓神仙好，只有娇妻忘不了。君生日日说恩情，君死又随人去了。世人都晓神仙好，只有儿孙忘不了。痴心父母古来多，孝顺儿孙谁见了。”

《好了歌》说，世人都晓神仙“好”，却尘缘万种不能“了”。可纵然你千种牵缠万般执着，结果又能如何？执着于功名，纵然成为帝王将相，终不免荒冢一堆；执着于金钱，纵然拥有金山银山，终不免无常来到；执着于美艳娇妻，纵然海誓山盟，终不免另结新欢！“可知世上万般，好便是了，了便是好。若不了，便不好；若要好，须是了！”跛足道人阐释《好了歌》主旨的话，道尽了人世的沧桑无常，警醒世人莫迷尘世繁华处，忘却涅槃（pán）寂静途：“喜荣华正好，恨无常又到。眼睁睁，把万事全抛。荡悠悠，把芳魂消耗！……天伦呵，须要退步抽身早！”（《恨无常》）只有深切地经历过无常体验的人，才有着这痛彻心髓的话语。《金刚经》：“一切有为法，如梦幻泡影，如露亦如电，应作如是观!”只有打开金刚般若的慧眼，才能洞彻世事的无常幻灭，从而离幻得真，离苦得乐。若能“了”，便是“好”。

三、讽刺小说《儒林外史》

《红楼梦》《儒林外史》在小说史上具有里程碑的意义，《红楼梦》聚焦于权贵世家，而《儒林外史》则聚焦于社会百态，成功塑造了清康乾时期科举制度下的读书人群像。作者吴敬梓以丰富的阅历、独特的视角、犀利的笔触和幽默的语言揭露了科举制度对人的戕（qiāng）害，展现了当时的士子既可怜又可恨、士人名流庸俗可笑、贪官污吏卑劣丑恶等等。《儒林外史》是我国古典文学中最好的讽刺小说，鲁迅《中国小说史略》说：“讽刺小说从《儒林外史》而后，就可以谓之绝响。”

吴敬梓，字敏轩，自号文木老人，安徽全椒人。他天资聪颖，18 岁考中秀才，23 岁继承家产，但很快挥霍一空，一贫如洗。33 岁移居金陵，36 岁因内心抗拒科举制度，拒绝了博学鸿词科的考试。54 岁客死扬州，朋友为其买棺收殓，最后葬于南京。作者的一生经历了从骄子到浪子再到逆子的转换，思想上从热衷功名转为弃绝仕途，从笃信儒学到批判儒林，为他创作《儒林外史》奠定了基础。

《儒林外史》通行本有五十五回及六十回本两种。《儒林外史》没有一以贯之的情节，全书没有主干线索，写完一个人，就换到下一个人，全书用这种模式蝉联而成，形成了独特的“短篇连缀”结构。清朝本是异族入侵，汉族士人在清初受到残酷屠戮，清初士人从反清到屈服，本就体现了苟且的境遇。作者在小说中“穷极文士情态”（程晋芳《文木先生传》），通过记述这些人物的故事反映了清初知识分子的生活境况及其心理活动，深刻揭露科举制度对人的精神摧残，它使人神魂颠倒、愚昧无知，犀利地批判了儒林士人追求功名利禄而迷失自我的苟且，热情地赞扬了轻视功名富贵的贤者名流，深刻地揭露了“八股取士”对知识分子的戕害，以及对社会造成的危害。

《儒林外史》

《儒林外史》所传人物很多是实有其人，其笔锋“机锋所向，尤在士林”（《中国小说史略》）。在第一回作者借王冕形象批评“用《五经》《四书》八股文的取士之法……定的不好！将来读书人既有此一条荣身之路，把那文行出处都看得轻了。”吴敬梓不只是停留在表面上塑造行尸走肉的知识分子形象，更揭示了造成知识分子们异化的社会根源，把“八股取士”的科举制看作是戕害知识分子心灵和人生的刽子手。以周进和范进为例，他们在科举道路上人不人、鬼不鬼，发疯发痴，神魂颠倒。周进皓首穷经、迷信经典，尽管生活穷困潦倒，依然坚信科举入仕是唯一的出路。因此他不得不忍受士林的羞辱，甚至市井小民也瞧不起他。而当他侥幸考中举人、进士时，那些曾经冷落讥讽他的人立刻“不是亲的也来认亲，不相与的也来认相与”，门槛都快被踏破了！更具讽刺性的是薛家集做学堂的观庵里居然高高供奉起了“周大老爷的长生牌”！

范进也有着相似的经历。曾经穷苦的范进中举之后，胡屠户对他的评价立马从原来的“尖嘴猴腮”的“癞虾蟆”，变成了“才学又高，品貌又好”的“天上星宿”，溜须拍马，笑脸相迎，亲切地称范进为“贤婿老爷”，跟在后面“替他扯衣裳后襟皱褶”。范进中举之前，家里无米下锅，穷在陋巷无人问，而喜报一到，好心的邻居们“有拿鸡蛋来的，有拿白酒来的，也有背了斗米来的，也有捉两只鸡来的”。还有“送田产的，有送店房的”，真是“一登龙门，声价十倍”，荣华富贵，立时飞来。科举制度使士子们能够麻雀变凤凰，能从穷途末路一跃而飞黄腾达，从无人问津转变为门庭若市，从受害者变为害人者，从社会上无用的废人一变而为害人的罪人。

《儒林外史》毫不留情地揭露了清代社会伦理的虚伪与残酷。书中第四十八回写生父王玉辉鼓励女儿自杀殉夫的故事，可谓颠覆人伦，骇人听闻。王玉辉是个年逾六十的穷秀才，他有四个女儿，三女儿出嫁不到一年，就死了丈夫，守了寡，她觉得生无意义，要“寻一条死路跟着丈夫一处去”，公婆劝她“快不要如此”，而作为亲生父亲，王玉辉却非但不加劝阻，反而鼓励女儿去“殉节”，他说：“我儿，你既如此，这是青史上留名的事，我难道反拦阻你？你竟是这样做罢。”亲家再三阻拦，老妻痛哭流涕，他却无动于衷，坚持己见。最终在他的怂恿下，三女儿饿死了。老妻哭死过去，王玉辉却说：“你哭她怎的？她这死的好，只怕我将来不能像她这一个好题目死哩！”于是仰天大笑道：“死的好！死的好！”女儿死去后，王玉辉才后知后觉，看到体貌相似的妇人便想起女儿，老泪纵横。作者在黑色幽默里让人看到既可恨又可怜的王玉辉形象，他害死了女儿，而自己又何尝不是受害者？吴敬梓讽刺艺术的高超处在于他不刻意去讽刺，而是通过情节的自然发展引人深思。

《儒林外史》既是儒林“丑史”，更是儒林“痛史”。作者善将讽刺对象的喜剧性与悲剧性结合，“从悲剧中发现喜剧”，“从生活的绝对庸俗里发现悲剧”（《别林斯基论文学》）。而反过来喜剧性人物都有某种悲剧性，在令人捧腹大笑的同时，发人深省，令人心痛，所以这种笑是含泪的。

四、侠义小说《三侠五义》

《三侠五义》原名《忠烈侠义传》，是一部公案侠义小说，一共一百二十回，鲁迅《中国小说史略》说："大旨在揄扬勇侠，赞美粗豪，然又必不背于忠义。"作者石玉昆，字振之，是著名的民间说唱艺人，在咸丰、同治年间以唱单弦轰动一时，他曾在一个无人问津多年的杂耍馆子里唱《包公案》，听众能每过千人。《三侠五义》述写了以包拯、颜查散为代表的清官公正无私、不畏权贵、刚正不阿的事迹，同时歌颂了"三侠五义"，"三侠"是指南侠展昭、北侠欧阳春、双侠丁兆兰丁兆蕙；"五义"是指钻天鼠卢方、彻地鼠韩彰、穿山鼠徐庆、翻江鼠蒋平、锦毛鼠白玉堂等侠义之士，他们打抱不平、除暴安良、扶危济困，所作所为都是侠义行为。

《三侠五义》最初的蓝本，就是石玉昆时常演唱的《龙图公案》十卷，亦名《包公案》，记包公断奇案 63 件，但是文辞简略。《三侠五义》有因袭的部分，写包公故事以因袭居多，写各位侠客义士的故事基本出于作者的虚构和创造。原《包公案》中"五鼠闹东京"本是一桩神怪故事，在《三侠五义》中，五鼠成了人的绰号，并上演了一幕幕侠义故事。

小说前半部分讲述包拯率领"三侠"展昭、欧阳春、丁兆惠，及"五鼠"卢方、韩彰、徐庆、蒋平、白玉堂到处破大案、平冤情、除恶盗，并平定了襄阳王之乱。这其中民间广为流传的故事有“铡美案”“五鼠闹东京”“狸猫换太子”等。《三侠五义》本是一部新的龙图公案，但是作者完全是独立的创作。后半部分脱离了包公故事，专力去写侠客义士除暴安良以及跟随巡按颜查散以“稽查水灾，兼理河工民情”为缘由，收服定军山、剿灭襄阳王。但前后故事中又有穿插，充分体现清官与侠客、侠义与公案相结合的倾向。在后半部分里，作者成功塑造了白玉堂、蒋平、智化、艾虎四位侠义之士。其中最成功的就是白玉堂。

白玉堂虽豪气仗义，却也有骄傲、狠毒、好胜、毛躁等缺点，他不再是以往文学作品中完美的英雄，而是丰满的、有血有肉的形象，是更贴近现实的人，而读者也因此更加爱惜和欣赏他。作者也没有给白玉堂安排英雄传奇式的、或慷慨悲壮或喜剧式的结局，而是让他在冲霄楼中闯入了机关，结果被射成了“刺猬”，血肉模糊，“漫说面目，连四肢俱各不分了”。

《三侠五义》不但写侠客出色，将小厮雨墨也塑造得丰满生动，惹人喜爱。雨墨是当朝状元颜查散的书童，有雨墨的情节便生动新鲜，如第三十四回中雨墨道：“这金相公也真真的奇怪。若说他是诓嘴吃的，怎的要了那些菜来，他连筷子也不动呢？就是爱喝好酒，也不犯上要一坛来；却又酒量不很大，一坛子喝不了一零儿，就全剩下了，白便宜了店家。就是爱吃活鱼，何不竟要活鱼呢？说他有意要冤咱们，却又素不相识，无仇无恨。饶白吃白喝，还要冤人，更无此理，小人测不出他是甚么意思来。”雨墨的机警识见与伶俐口齿跃然纸上。

鲁迅说：“《三侠五义》为市井细民写心，乃似较有《水浒》余韵，然亦仅其外貌，而非精神。”（《中国小说史略》）《三侠五义》虽和《水浒传》一样写行侠仗义之事，但人物形象更为真实，贴近常情。《三侠五义》故事新颖独特，情节曲折多变。书中写了上百个故事，有的大故事套小故事，有的故事连故事，还有故事相互穿插，但是故事虽多而不乱，繁而不缛。《三侠五义》成为中国古代侠义公案小说的高峰之作。

第七章

小说的中与西

小说虽是虚构的文学作品，甚至很多小说写的是子虚乌有的故事，但这恰恰是小说的魅力，它给我们呈现了一个超越人生经历的世界，小说家用想象力对现实进行加工，创造出一个虚拟的文学世界。但文学即人学，小说从本质上反映的是人与世界、人与自然、人与自己的关系。虚构的文学作品寄予着人们最真实的愿望、最真实的理想。无论是中西方小说，在传播过程中，都会成为人们亲身经历外的文化烙印。虚拟的小说，能让人看到比现实更真实的一面。其引人入胜的情节，往往更能令读者产生情感共鸣，从而实现教化作用，启迪人们思考。小说是超国界的，但小说家是有特定国界的，不同的文化土壤赋予了中西方小说不同的特质及不同的发展历程，而这也造就了小说的多样性特点。

中国小说和西方小说存在差异性。第一，从源头上来看，中国小说的源头在道听途说的稗官野史，而西方小说的源头在神话。第二，从发展历程上来说，中国小说经历了历史传说、志人志怪、唐传奇、宋金话本，到明清时期发展为长篇章回小说；西方小说经历了史诗、戏剧，到 17 世纪成熟，在 18、19 世纪迎来高峰。

一、有限演绎与虚构

通过梳理先秦小说及小说家的内涵，可以发现中国古代小说的起源在史传叙事，这决定了中国古代小说的叙事内容、架构布局及叙事手法上都具有史传特色。从叙事内容来看，后世小说家偏向于从历史中寻找小说素材，如明代四大奇书中《三国演义》的创作是“七分实事、三分虚构”，《水浒传》虽有历史线索，但与《三国演义》相比，几乎不依赖于历史而完全是虚拟创作，但小说却是从真人真事的传说出发而开始演义的。《金瓶梅》从《水浒传》取出潘金莲和西门庆的故事，丰富细节，展开了一个全新的故事，书中取北宋末年为背景，描绘的却是具有晚明时代特征的世态人情。即使是充满新神话色彩的神魔小说《西游记》，也取材自唐代玄奘法师赴天竺取经的历史。

近代以来，受到西方文艺思潮的影响，有学者提出中国小说的起源是上古神话，认为上古神话最初以口耳相传的样态在民间流传，后来被采集、加工成为中国古代小说。这种观点有一定合理性，后世有部分小说取材自神话，但中国的神话往往来自现实中存在过的历史人物，而且这些神话只是提供素材，而并没有从根本上改变中国古代小说的史传叙事特点，如《红楼梦》虽取女娲炼石补天、娥皇女英的神话为小说架构，但主要呈现的却是清代权贵没落的悲剧。

此外，中国神话虽广为流传，却杂乱无章，不成体系。中国古代神话没有系统的、专门的记载，神话传说散见于《山海经》《淮南子》《庄子》等古籍之中，但大部分残缺不全，不成体系，无法给予后世丰富的素材源泉。中国文化以儒家思想为基石，孔子“不语怪力乱神”，而后来影响深远的道家讲求“道法自然”，两家学说弘扬理性。而农耕文明孕育的“天人合一”思想使神和人关系密切，神多了人文色彩，这推动了中国古代神话的历史化进程，如大禹治水、蚩尤之战等神话都具有鲜明的历史特点。

马克思在《政治经济学批判》导言中说：“希腊神话不只是希腊艺术的宝库，而且是它的土壤。”神话是古希腊罗马文化和古希伯来文化的基础。摩西和耶稣是希伯来人的先知，他们为全人类带来了《圣经》。古希腊神话分为神的故事和英雄传说两部分内容，在文艺复兴时期被广泛传播和接受，许多欧洲作家从神话中汲取素材。《荷马史诗》记录了希腊神话，相传是由古希腊诗人荷马在民间采集故事传说，用短歌编辑而成，分为《伊利亚特》和《奥德赛》两部分。欧洲作家从神话和史诗里寻找人物形象和故事原型，赫西俄德《神谱》及古希腊的诗歌、戏剧、历史、哲学等著作中记录下来了很多神话，如举世闻名的古希腊三大悲剧，埃斯库罗斯《被缚的普罗米修斯》取材于普罗米修斯为保护人类而盗取天火，因此受到了天神宙斯的惩罚。这部悲剧成功塑造了普罗米修斯爱护人类、不屈于暴力的神的形象。索福克勒斯的《俄狄浦斯王》被亚里士多德《诗学》赞誉为"悲剧艺术的典范"，这部悲剧取材于希腊神话传说中俄狄浦斯杀父娶母的故事，描述俄狄浦斯王子从出生就被注定他要杀死自己的父亲，娶自己的母亲为妻，他从出生被送走远离父母，虽然终生小心，极力避免，但仍在不知不觉中杀父娶母，悲剧展示了人跟命运的冲突。精神分析学家弗洛伊德将"杀父娶母"称为"俄狄浦斯情结"，认为这个神话反映了男孩爱母憎父的本能，这种情愫永远留存在人类的无意识领域。欧里庇得斯《美狄亚》取材于古希腊的英雄传说，写古希腊英雄时代，科尔喀斯公主美狄亚对伊俄尔科斯王子伊阿宋由爱生恨的故事。为了爱，美狄亚杀死自己的兄弟，抢走了父王的金羊毛，保护伊阿宋并随他到希腊结婚生下两子。为了恨，美狄亚为了报复背叛、遗弃她的丈夫伊阿宋，在伊阿宋另娶科任托斯公主为妻的婚礼上将浸透毒药的袍子和金冠送给新娘作贺礼，新娘因此身亡，美狄亚更狠心杀死两个儿子，以彻底地报复伊阿宋。

希腊神话故事

古希腊的神话和史诗，先是深刻影响了悲剧创作，同时也直接影响到西方小说的产生及发展。西方神权统治一直维持到中世纪末，宗教文化一直处于中心地位，神话也就随之深刻地影响了西方各国的文学创作。哪怕神权统治时代结束了，神话文化基因却一直延续了下来。在 20 世纪、21 世纪，西方小说、散文、诗歌等创作依旧从古希腊神话里寻找灵感和素材，英国诗人托马斯·艾略特的长诗《荒原》借用神话来表达西方一代人精神上的幻灭，1957 年诺贝尔文学奖获得者加缪的代表作《西西弗神话》借西西弗推石上山、永无止境的苦役揭示人类存在的荒诞性。20 世纪初，英国的古典学界崛起的仪式学派掀起了“神话批评”的热潮，学者们挖掘作品中的神话原型，并将原型广泛应用于分析、阐释和评价作品上，为文学研究开辟了新的角度和空间。

二、 史传印记与戏剧性

有人说中国古代小说晚熟，这是建立在与同期诗歌、散文发展做比较的基础上。如果与西方相比，中国古代小说的井喷期要早得多。

虽然诗歌、散文、小说、戏剧的滥觞都在上古诗乐舞为一体的文学样态中，但中国古代知识分子经世致用的价值追求使得诗歌、散文处于中国古代文学发展的核心地位，早在先秦就已经发展成熟，虽然有唐代才“始有意为小说”的说法，中国古代小说戏剧因作者和读者群的文化素养决定了它们的边缘地位，为文人士大夫所鄙薄，所以小说戏剧的发展相对晚熟。

细说中国小说的发展历程，在先秦两汉时期，虽有“小说家”，但却不入流，所持言论是取诸譬喻的不见经传的道听途说，这些小说被后世定义为“野史”，虽然有了虚构的手法，但作品也只是停留于片段而没有完整的逻辑及结构，没有超越故事的深度寓意，也就无所谓社会典型意义。但这一时期出现了《史记》《汉书》等极具成就的史书，历史人物的故事为后世小说创作提供了丰富的素材。

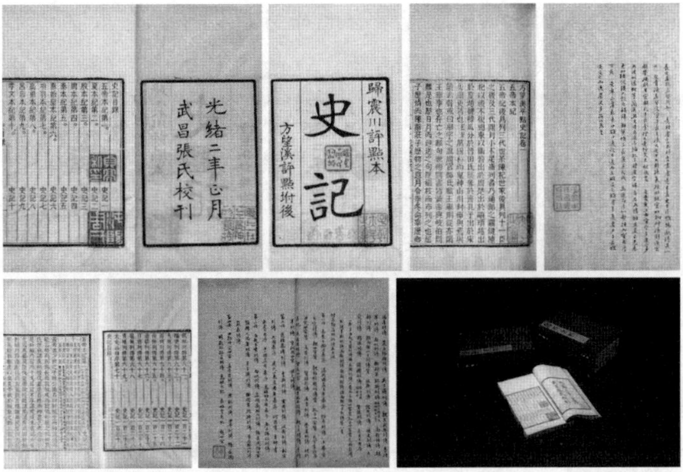

《史记》

到了魏晋南北朝，出现了志人志怪作品，志人代表作《世说新语》和志怪代表作《搜神记》等呈现出比先秦两汉更为丰富的故事性，但篇幅短小、形象单一。且志人、志怪作者多为史官，他们秉持实录精神将从民间采集来的材料进行加工和记载，所以志人、志怪依然是依附于历史著作。虽然志人、志怪没有发展成独立的文学样式，但已经具备了小说的雏形。后人为了将它们与唐传奇以后的小说区别开，通常称志人、志怪为古小说。

唐代传奇汲取了古小说的传统，博采史传文学的精华，获得了巨大的发展。从篇幅来看，唐传奇并不长，但对人物事件的描写都更为细致，并且有了完整的故事情节，能看到作者是有意识地在进行创作，在人物情节中注入了自己的思想及情感，在故事基础上，赋予了作品更深刻的思想情感内涵，能够引发读者思考。所以无论是从人物形象、情节塑造、思想内容还是艺术表现上来看，唐传奇的出现标志着中国小说的繁荣。

宋金话本是中国古代白话小说的开端，最初的样态是挑选史传中的精彩人物故事进行敷演，把它改造成民间喜闻乐见的样式，这推动了小说内容、表现手法的发展。这一时期的代表作《三国志平话》《金瓶梅词话》《大唐三藏取经诗话》等等都为明清时期小说巅峰期的到来奠定了基础。

经过了漫长的积累和孕育，由民间集体创作的宋金话本，在明清时期由文人搜集、修订，撰写成章回体小说，如《三国演义》《水浒传》《金瓶梅》《西游记》等长篇巨制，迎来了巅峰期。

西方小说的源头在神话和史诗。公元前 9 世纪至前 8 世纪古希腊出现了《荷马史诗》，在漫长的时间里以口耳相传的形态存在。到公元前 6 世纪，《荷马史诗》从口述文学发展到了文字记载，成为古希腊最伟大的作品，也是西方文学中最伟大的作品。《荷马史诗》是古希腊文明的遗存，为后世文学、历史、地理、考古学和民俗学等方面提供了重要的原始资料。

公元前 1 世纪，古罗马出现了维吉尔的诗集《埃涅阿斯纪》，这部作品以荷马史诗为范本，取材自古罗马神话传说，叙述了英雄埃涅阿斯在特洛伊城被希腊联军攻破后，率众来到意大利拉丁姆地区，开创了罗马的经历，《埃涅阿斯纪》被称为罗马帝国的“史记”，成功塑造了埃涅阿斯的勇猛形象，语言富有节奏感，风格庄重，诗集中既有宏大的战争场面，具有恢宏的史诗特点，也有细微的爱情心理描写，狄多与埃涅阿斯的爱情故事曲折生动。

11 世纪武功歌《罗兰之歌》是法兰西的英雄史诗，以当时民间语言罗曼语写成。史诗以查理大帝出兵西班牙，征讨阿拉伯人为背景，讲述罗兰英勇战死的故事。12 世纪《熙德之歌》是游唱诗，是西班牙文学史上最早的一部史诗，以西班牙英雄熙德英勇善战为聚焦点，创作出了恢宏的史诗。

公元 14—16 世纪，欧洲迎来了文艺复兴，14 世纪但丁的《神曲》，15 世纪弥尔顿的《失乐园》，文学的笔触从聚焦于英雄扩展到描写地狱、炼狱和天堂，具有史诗传统中的宗教神圣性。14 世纪中叶，意大利薄迦丘所著的《十日谈》是欧洲最早成熟的小说，开启了欧洲短篇小说的先河。而这比中国的唐传奇要晚了五六百年。《十日谈》的问世使得意大利短篇小说风行，涌现了许多反映现实的短篇小说。文艺复兴时期最早出现的长篇小说，是法国拉伯雷的《巨人传》。1605 年塞万提斯的《堂·吉诃德》是西班牙最有成就的小说，堂·吉诃德成为世界文学中的一个著名的典型，标志着欧洲长篇小说进入一个新的发展阶段。

17—18 世纪欧洲开始了启蒙运动，欧洲各国的小说蓬勃发展。英国现实主义小说奠基人笛福创作了《鲁滨逊漂流记》，歌颂了资产阶级的积极进取精神，斯威夫特的讽刺小说《格列佛游记》讽刺、抨击英国政治及法律，开创了英国文学中的讽刺传统。菲尔丁现实主义小说《汤姆·琼斯》描写了 18 世纪英国社会的真实画面，批判了权贵的贪婪及虚伪。法国出现了孟德斯鸠的书信体哲理小说《波斯人信札》，讽刺黑暗的君权及畸形的制度。伏尔泰的哲理小说《老实人》表达了作者对人类美好未来的幻想。卢梭的教育小说《爱弥尔》探讨了教育问题，晚年撰写的《忏悔录》为传记文学树立了典范。德国则出现了歌德《浮士德》，更是世界文学史上的一颗璀璨明星。《浮士德》写一个先进知识分子不满现实，与魔鬼进行交换，开始探索人生意义和社会理想的心路历程。这是德国浪漫主义思潮时期代表性的作品，达到了极高的艺术水平。

到了 19 世纪、20 世纪，小说获得了更加蓬勃的发展，出现了大批的名家名作，各式各样的小说杰作层出不穷。

通过对比可以发现，当西方最早的小说薄迦丘的《十日谈》问世时，中国小说早已出现了唐传奇；当 1605 年塞万提斯长篇小说《堂·吉诃德》出现时，中国已经到了明代中叶，《三国演义》《水浒传》《西游记》

已发展成熟，在小说形象塑造、创作技巧上已经积累了丰富的经验，冯梦龙、金圣叹、李贽（zhì）等人已经开始了小说批评，构建了古代小说理论的独特体系。中国古代小说在明清迎来了高峰，小说数量虽然众多，但并不为文人士大夫阶层所认同，小说依旧被排斥在主流文学外。直到晚清，梁启超掀起了“小说界革命”，小说才取得了合法地位。

三、梁启超对小说意义的挖掘

鲁迅在《文学和出汗》一文中说：“上海的教授对人讲文学，以为文学当描写永远不变的人性，否则便不久长。例如英国，莎士比亚和别的一两个人所写的是永久不变的人性，所以至今流传，其余的不这样，就都消灭了云。这真是所谓‘你不说我倒还明白，你越说我越糊涂’了。英国有许多先前的文章不流传，我想，这是总会有的，但竟没有想到它们的消灭，乃因为不写永久不变的人性。现在既然知道了这一层，却更不解它们既已消灭，现在的教授何从看见，却居然断定它们所写的都不是永久不变的人性了。只要流传的便是好文学，只要消灭的便是坏文学；抢得天下的便是王，抢不到天下的便是贼。莫非中国式的历史论，也将沟通了中国人的文学论欤（yú）？”鲁迅的这段话，很适合于评价中国古代的小说。就一般意义上说，战国时期的小说家没有留存下来，但中古以后，小说逐渐流行，但就其意义而言，即使中国古代最著名的小说，可能有很丰富的世情描写，但就思想的深刻性而言，可能也是很肤浅的。因此，近代思想家梁启超提出的“小说革命”口号，就格外有针对性。

梁启超（1873 年—1929 年），字卓如，一字任甫，号任公，又号饮冰室主人，广东新会人。中国近代思想家、政治家、教育家、史学家、文学家。作为杰出的政治家，梁启超是戊戌变法领袖之一，对中国政治体制和社会体制改革做出了杰出的贡献。作为文学家，梁启超领导了“诗界革命”“文界革命”“小说界革命”，其中倡导政治小说的“小说界革命”影响最大，让一直处于文学界边缘、被轻视的小说成为与诗、词、文等主流文类并举的文体。

梁启超先是受到了英国传教士和翻译家傅兰雅“时新小说”的启迪，时新小说旨在通过小说创作祛除时文、鸦片、缠足三种社会弊端，但并没有产生实质性的社会影响。梁启超了解到上海图书销量最高的、读者群最广泛的是小说和八股选本，小说的销量甚至超出八股选本稳居销售榜首位。人们出于功利目的不得不购买八股选本，而购买小说则是出于真正的个人需求。可见受众对小说的喜爱度。后来梁启超了解到日本在“明治维新”时利用小说教育百姓，这使他认识到小说是可以产生社会效应的文体。

戊戌变法失败后，梁启超流亡日本。期间翻译了日本政治小说《佳人奇遇》，梁启超在翻译实践中更加确定小说也可以作为政治主张的载体，发挥政治影响功用。1902 年 11 月，即满清签订《辛丑条约》的第二年，梁启超正式发起“小说界革命”。他在日本横滨创办《新小说》杂志，并在创刊号上发表《论小说与群治之关系》一文，文章中说：“欲新一国之民，不可不先新一国之小说。故欲新道德，必新小说；欲新宗教，必新小说；欲新政治，必新小说；欲新风俗，必新小说；欲新学艺，必新小说；乃至欲新人心，欲新人格，必新小说。何以故？小说有不可思议之力支配人道故。”“欲新一国之民”指向了梁启超“新民”的政治主张。梁启超在《新民说》中集中阐述了其新民思想。“新民”语出“大学之道，在明明德，在亲民，在止于至善”。（《大学》）《新民丛报》申明“报取《大学》新民之意，以为欲维新督国，当维新民”。“新”有向内和向外两重维度，“向内”是指“吾人所当保存之勿失坠也”，需要“淬厉其所本有而新之”，追本溯

梁启超

源，在继承传统的、优秀的、可贵的精神特质基础上推陈出新；“向外”是指“采补其所本无而新之”，借鉴外来的优秀文化，进行革新。“新民”是要加强国民特质及独立精神，因为国民的素质品格决定一个国家的未来，只有新民，新制度才有用，只有新民，才能阻挡帝国主义的侵略。

梁启超认为戊戌变法失败的根源在于“民智不开”，而小说可以“开民智”，可以新民，于是他振聋发聩地喊出小说革命的口号：“今日欲改良群治，必自小说界革命始；欲新民，必自新小说始。”他疾呼想要新民，就要先新小说，让小说可以在国民道德、宗教、政治、风俗、学艺等方面发挥导向作用，而这正是看到了小说具有通俗性、受众广的特点，小说内容源于现实又能超越现实，贯通古今中外，作者可以取材于社会改革的现实，在此基础上加入虚构的文学创作，进而实现价值导向作用，即实现“新民”的政治主张。中国近代“小说革命”就此拉开了帷幕。

“小说界革命”是一个深化、泛化和俗化的过程。深化是指在不断加强小说创作理论和实践的过程中，梁启超致力于宣传、推进小说的社会功用，倡导翻译、印制政治小说，还亲自参与到翻译外文小说和创作政治小说的实践之中。他翻译并连载了日本政治小说《佳人奇遇》《经国美谈》等，并“顾确信此类之书，于中国前途，大有裨助，夙夜志此不衰”（《新中国未来记·序言》）。至于如何革新小说，梁启超在从事小说翻译的同时，提出在学习日本政治小说和西方小说经验的基础上，发展中国小说。他提出了新的小说理论，肯定小说的作用，把小说作为“文学之最上乘”。他创办了《新小说》等专门的小说杂志，用新媒介连载小说的方式推动小说的传播，此外，梁启超创作了小说《新中国未来记》，虽然没有完成，但却为政治小说的创作提供了范本。

泛化是指为了进一步扩大“小说界革命”的影响，梁启超将戏剧“传奇”也纳入到“小说界革命”的范畴之中，成为“戏曲界革命”的倡导者。梁启超创作了《劫灰梦》《新罗马》《侠情记》等新传奇，同样是为了实现戏曲的政治功用，提升国民品格、振奋国民精神。

俗化是指梁启超倡导的小说界革命运动实际上是看到小说及戏曲浅而易解、乐而多趣、引人入胜的特点，利用小说及戏曲受众广的优势，发挥小说“熏”“浸”“刺”“提”四种艺术感染力量，来实现以文化民、以文新民的政治主张。这促使小说和戏剧创作日趋通俗化，成为一个大众化的、能够启蒙民智的工具。

梁启超所倡导的“小说界革命”改变了几千年来中国小说叙事、娱乐积习，为小说创作开辟了一条新的发展道路。“小说界革命”所产生的最直接的结果是小说在晚清时期呈现出异军突起之势，迅速发展繁荣。纵观文学史，宋词和元曲的兴起均是得益于城市的发展，城市人口增长后，市民对文学的娱乐性需求激增。小说同样是民间孕育的文学样式，其在晚清的崛起却并不是因为城市的发展。晚清小说繁荣发展的状况与当时的城市发展、市民人口的增长并不同步。上海是晚清时期的小说重镇，当时最著名的四大小说杂志《新小说》《绣像小说》《月月小说》《小说林》均是在上海发行。当时上海人口增加了百分之三十，而小说的销量却翻了几十倍。因此，晚清小说迅速繁荣并不是因为城市人口的激增，而是受到了梁启超发动的“小说界革命”的影响。

从创作身份来说，梁启超不是小说家，他所创作的小说艺术性并不高，他并非是小说界的领袖。如果从个人影响力来说，梁启超是当时的中流砥柱，可是他在文学界同时掀起了“诗界革命”、“文界革命”和“小说界革命”，却唯独“小说界革命”取得了颠覆性的成就。那么，为什么“小说界革命”造成这么大的影响呢？甚至在世界文学史上也能称之为奇迹呢？

小说自古以来都是处于边缘的文学样式，被人视为雕虫小技之文，为正统文学所鄙视，小说家自先秦到明清的地位一直低下，被主流文学圈所摒弃。而梁启超“小说界革命”，肯定了小说的政治功用，使小说成为与诗、词、文等主流文类并举的文体。小说创作者的社会地位也随之大幅提升，可以说扬眉吐气，得到了安身立命的根本。以往士大夫对小说是嗤之以鼻的，而梁启超的政治小说主张大大提升了小说的地位，使小说成为政治主张、社会教化的载体，这契合了士大夫阶层救时拯世的时代使命。随着小说地位的提升，士大夫支持梁启超的主张，成为小说的读者，甚至纷纷加入到小说创作的洪流当中。士大夫既是小说的创作者，也是小说的读者，这大大刺激了小说市场的发展。

另一方面受“小说界革命”影响，政治小说井喷式出现在市场上，从创作者到读者，从小说文本到报纸媒介，都在小说传播中做出了贡献。这个时期的小说有的宣传西方传入的民主、自由、科学等新思想；有的小说揭露满清政府的无能及腐败现象；有的小说或秉承传统或借鉴西方文学元素，供人娱乐、消遣。不管是哪一类小说，“政治小说”的元素都融入其中，所有小说都在为“新民”服务，小说家也从此“入流”了。

后　记

2015年前后，山东理工大学齐文化研究院承担了山东省淄博市稷下学宫诸子文化园的内容设计工作，该项工作由著名学者山东省政协原副主席王志民教授总负责。因为我曾经出版过《战国诸子概论》一书，因此，王志民教授指示我撰写诸子文化园的战国诸子总论和农家、小说家的解说资料，包括概论和文献资料。这个工作持续了两年多，在王志民教授和参与该项工作的各位专家的指导和帮助下，终于完成了任务。研究生陈兮、赵爽、刘卓艺、李晨珠、范文一参加了这一工作，最后形成了数十万字的资料。后来，淄博市稷下学宫诸子文化园的建设工程有所变化，山东理工大学和王志民教授决定在已有资料的基础上，撰写一套战国诸子的普及小丛书，并命我撰写《农家》和《小说家》两部书稿。

为了写好《小说家》这本书，我请现在西安外国语大学中文学院任教的辛鹏宇博士帮助我完成这部书稿。我和辛鹏宇博士在我们过去整理的诸子文化园有关小说家资料的基础上，重新设定提纲，经过一年多的努力，终于在2021年夏天完成了初稿。这一年来，王志民教授又率领该丛书的各位作者以及中国人民大学出版社的鞠方安博士召开了两次审稿会议。我和辛鹏宇博士根据王志民教授、鞠方安博士和各位专家的意见，进行了多次比较大的修改。现在呈现在各位朋友面前的这本书，虽然是一本小册子，却是凝结了各位专家的意见的成果。在此，我要对王志民教授、鞠方安博士，以及《诸子百家普及丛书》的各位作者表达由衷的感谢。

在书稿的撰写过程中，主要由辛鹏宇博士执笔，特别是战国以后小说家的梳理，都是辛鹏宇博士完成的，我所做的工作很少。因此，如果本书有一些价值的话，主要功绩应该归于辛鹏宇博士。由于体例和框架是我确定的，最后一稿的定稿也是我根据王志民教授和出版社以及各位专家的意见修改完成的，因此，如果本书有谬误的话，责任全部在我。

限于本书作为普及丛书的体例，我们在撰写的过程中，参考了能见到的许多先哲和时彦的高见，并没有一一注出，在此深表歉意。同时，感谢中国人民大学出版社各位编辑的辛勤工作；感谢山东理工大学齐文化研究院和中国人民大学出版社的各位领导和工作人员，感谢他们在多次研讨会和审稿会上热情周到的安排和关怀。

博士生冯茂民、硕士生冯铁群、张嘉宝同学先后校对了文稿和清样，在此深表感谢。

方铭

2021 年 6 月 22 日

图书在版编目（CIP）数据

小说家/王志民总编纂；方铭，辛鹏宇著．--北京：中国人民大学出版社，2021.8
（诸子百家普及丛书）
ISBN 978-7-300-29810-8

Ⅰ.①小… Ⅱ.①王… ②方… ③辛… Ⅲ.①小说家-人物研究-中国-战国时代 Ⅳ.①K825.6

中国版本图书馆 CIP 数据核字（2021）第 181466 号

诸子百家普及丛书
小说家
总编纂　王志民
方　铭　辛鹏宇　著
Xiaoshuojia

出版发行	中国人民大学出版社		
社　　址	北京中关村大街 31 号	邮政编码	100080
电　　话	010－62511242（总编室）		010－62511770（质管部）
	010－82501766（邮购部）		010－62514148（门市部）
	010－62515195（发行公司）		010－62515275（盗版举报）
网　　址	http://www.crup.com.cn		
经　　销	新华书店		
印　　刷	涿州市星河印刷有限公司		
开　　本	787 mm×1092 mm　1/32	版　　次	2021 年 8 月第 1 版
印　　张	63　插页 20	印　　次	2024 年 12 月第 4 次印刷
字　　数	1 160 000	定　　价	200.00 元（全 10 册）

中国人民大学出版社读者信息反馈表

尊敬的读者：

感谢您购买和使用中国人民大学出版社的＿＿＿＿＿＿＿＿＿＿＿＿一书，我们希望通过这张小小的反馈表来获得您更多的建议和意见，以改进我们的工作，加强我们双方的沟通和联系。我们期待着能为更多的读者提供更多的好书。

请您填妥下表后，寄回或传真回复我们，对您的支持我们不胜感激！

1. 您是从何种途径得知本书的：

□书店　□网上　□报纸杂志　□朋友推荐

2. 您为什么决定购买本书：

□工作需要　□学习参考　□对本书主题感兴趣　□随便翻翻

3. 您对本书内容的评价是：

□很好　□好　□一般　□差　□很差

4. 您在阅读本书的过程中有没有发现明显的专业及编校错误，如果有，它们是：

＿＿＿＿＿＿＿＿＿＿＿＿＿＿＿＿＿＿＿＿＿＿＿＿＿＿＿＿＿＿

＿＿＿＿＿＿＿＿＿＿＿＿＿＿＿＿＿＿＿＿＿＿＿＿＿＿＿＿＿＿

＿＿＿＿＿＿＿＿＿＿＿＿＿＿＿＿＿＿＿＿＿＿＿＿＿＿＿＿＿＿

5. 您对哪些专业的图书信息比较感兴趣：

＿＿＿＿＿＿＿＿＿＿＿＿＿＿＿＿＿＿＿＿＿＿＿＿＿＿＿＿＿＿

＿＿＿＿＿＿＿＿＿＿＿＿＿＿＿＿＿＿＿＿＿＿＿＿＿＿＿＿＿＿

＿＿＿＿＿＿＿＿＿＿＿＿＿＿＿＿＿＿＿＿＿＿＿＿＿＿＿＿＿＿

6. 如果方便，请提供您的个人信息，以便于我们和您联系（您的个人资料我们将严格保密）：

您供职的单位：＿＿＿＿＿＿＿＿＿＿＿＿＿＿＿＿＿＿＿＿＿＿＿

您教授的课程（教师填写）：＿＿＿＿＿＿＿＿＿＿＿＿＿＿＿＿＿

您的通信地址：＿＿＿＿＿＿＿＿＿＿＿＿＿＿＿＿＿＿＿＿＿＿＿

您的电子邮箱：＿＿＿＿＿＿＿＿＿＿＿＿＿＿＿＿＿＿＿＿＿＿＿

请联系我们：黄婷　程子殊　王新文　王琼　鞠方安

电话：010-62512737，62513265，62515580，62515573，62515576

传真：010-62514961

E-mail：huangt@crup.com.cn　chengzsh@crup.com.cn　wangxw@crup.com.cn
crup_wy@163.com　jufa@crup.com.cn

通信地址：北京市海淀区中关村大街甲59号文化大厦15层　邮编：100872

中国人民大学出版社